本書の特色・凡例

 第1編で各項目の概要を簡記し、その記述に当たっては、関連法令等の索引が容易であるように心がけました。

 第2編以下には法令・通達等を掲記し、ある条項に関連する政令、省令、通達（基本通達、個別通達）、情報、事前照会に対する文書回答事例、判例（裁判例）、裁決例等については、その順序に従い、一括して掲記するようにしています。

 専ら、法令等を読み易く、理解又は解釈の便宜に資するという趣旨から、法令等の条項につき以下のような工夫をしています。

① 法令・通達中の本文をゴシック体、かっこ書を明朝体による表示にしています（さらに、かっこ書については、活字の大きさを変えています）。

② 一つの条文が、多数の項から成っているような場合には、索引等の便宜のため、各項の頭に［編注：……］として、その項の内容等を示す適当な見出しを挿入しています。

③ 条項中の「政令で定める」等については、「政令［相令N条Y項。Pxx参照。編注］で定める」のようにして、索引の便宜を図っています。

④ 条項中の読み難いと思われる部分に［……。編注］として、用語の意義・内容、引用されている他の条項の見出し等を簡記しています。

⑤ 条文中に著しく長い文章がある場合には、その文理解釈上問題が生じないよう細心の注意を払い、文中の適当な箇所に［，］を挿入し、読みやすくしています。

⑥ 条文中の適当な箇所に【編者注】を挿入し、用語の意義のほか、その条項の解釈・適用に必要と思われる事項を、その条項の脚注に【編者注】として詳細に記述しています。

（注）上記①から⑥のいずれもが、それ自体その条項に関する著者の解釈又は意見であることはいうまでもありません。

実務家のための

生命保険・損害保険をめぐる評価と課税の実務

税理士
山口 昇
Noboru Yamaguchi

TKC出版

はじめに

　生命保険・損害保険・保険契約の年金に関する税務は、契約者・保険
金受取人・保険料負担者の相違等により課税関係が複雑になり、し
かも相続税・所得税・法人税の取扱いが必ずしも一様でなく、実務
家にとっては、厄介な税務の一つです。
　また、近時、生命保険・損害保険に関する各税法の改正が行
われています。

　本書は、税の実務家を対象としています。著者の経験から、実
務家がその事務処理に当たって生ずる疑問点や、難渋する点は、
個別的で特殊な事例や、事務のツメとして避けることのできない点
の相互関係・細部の確認などに関するようなものであると思います。
　これらの事柄についての解答の大部分は、関係法令及びその解釈
である各種通達に示されていることはいうまでもありません。しかしな
がら、税法はとても読み難く（規定の内容が難しいのではなく、表現
が独特で読みづらい）、しかも実務家は、日常の業務の中で、直接条
文を読み、解釈・適用しなければならない場面に立たされることが少な
くありません。
　そこで本書では、読みやすく、理解しやすいように様々な工夫をし
て（「本書の特色・凡例」をご覧下さい）、生命保険・損害保険の税務
等を徹底的に解剖し、その相互関連を明らかにしています。

　本書が、実務家の方々にとって、保険等に係る適正な課税・事
務遂行の一助となれば、これに勝る喜びはありません。

平成23年8月吉日

4．本書の内容は、平成23年6月30日現在の法令・通達等に準拠しています。

5．本書で用いる各税法等の略称は、以下のとおりです。
  ・相続税法……………………相法
  ・相続税法施行令……………相令
  ・相続税法施行規則…………相規
  ・相続税法基本通達…………相基通
  ・財産評価基本通達…………評価基本通達又は評基通
  ・所得税法……………………所法
  ・所得税法施行令……………所令
  ・所得税法施行規則…………所規
  ・所得税基本通達……………所基通
  ・法人税法……………………法人法
  ・法人税法施行令……………法人令
  ・法人税法施行規則…………法人規
  ・法人税基本通達……………法基通
  ・租税特別措置法……………措法
  ・租税特別措置法施行令……措令
  ・租税特別措置法施行規則…措規
  ・租税特別措置法通達………措通

目　次

第1編
生命保険・損害保険に関する税務の概要

第1章　生命保険金・損害保険金等と相続税・贈与税の課税関係（概要）　3

【第1節】生命保険金等・みなす相続財産に対する相続税の課税 …… 4
1. 相続税のみなす相続財産　4
2. 生命保険金・損害保険金　5
3. 死亡退職金等　10
4. 生命保険契約に関する権利　12
5. 定期金に関する権利（給付事由の発生していないもの）　15
6. 給付事由の生じている保証期間付定期金に関する権利　16
7. 契約に基づかない定期金に関する権利　18

【第2節】生命保険金等・みなす贈与財産に対する贈与税の課税 …… 20
1. みなす贈与財産　20
2. 生命保険金等・損害保険金等　20
3. 定期金に関する権利（給付事由の発生したもの）　24
4. 給付事由の生じている保証期間付定期金に関する権利　26

【第3節】保険契約(生損保)に関する権利、定期金(年金)の評価 ……… 28
1. 生命保険契約等に関する権利の評価〔相続税〕　28
2. 損害保険契約等に関する権利の評価〔相続税〕　29
3. 定期金(年金)に関する権利の評価(給付事由の発生しているもの)〔相続税〕　29
4. 定期金(年金)に関する権利の評価（給付事由の発生していないもの）〔相続税〕　36

5　所得税・法人税における「生命保険契約・損害保険契約に関する権利」の価額　*37*

第2章　生命保険金・損害保険金等と所得税の課税関係（概要）　*39*

【第1節】非課税所得となる生命・損害保険金等 ……………………… *40*
【第2節】非課税所得となる保険金等と他の規定との関係 …………… *43*
　1　資産損失の必要経費と保険金との関係　*43*
　2　生活に通常必要でない資産の災害損失と保険金との関係　*44*
　3　被災事業用資産の損失金額と保険金との関係　*44*
　4　雑損控除と保険金との関係　*45*
　5　医療費控除と保険金等（生損保）との関係　*46*
　6　関係法令等　*47*
【第3節】事業所得等の収入金額となる保険金（生損保）等 ………… *48*
【第4節】一時所得・雑所得となる保険金（生損保）等 ……………… *50*
　1　一時所得となる生命保険金等　*50*
　2　一時所得となる損害保険契約の満期返戻金等　*52*
　3　雑所得となる生命保険契約に基づく年金　*54*
　4　雑所得となる損害保険契約に基づく年金　*55*
　5　相続等に係る生命保険契約の年金に関する雑所得の計算　*57*
　6　相続等に係る損害保険契約の年金に関する雑所得の計算　*61*
　7　関係法令等　*63*
【第5節】源泉分離課税となる一時払養老保険等 ……………………… *65*
【第6節】源泉徴収の対象となる保険契約の年金等 …………………… *67*
【第7節】給与所得とされる生保・損保の保険料 ……………………… *69*
【第8節】事業所得等の必要経費となる保険料（生損保） …………… *72*
【第9節】生命保険料控除 ………………………………………………… *74*

1　平成23年分までの生命保険料控除　*74*

　　2　平成24年分以降の生命保険料控除　*74*

　　3　生命保険料控除に関する書類　*77*

　　4　関係法令等　*78*

【第10節】地震保険料控除 …………………………………………………… *79*

　　1　地震保険料控除　*79*

　　2　長期損害保険料控除　*79*

　　3　関係法令等　*80*

第3章　生命保険金・損害保険金等と法人税の課税関係（概要）　*81*

【第1節】益金となる生命・損害保険金等 …………………………………… *82*

【第2節】保険差益の圧縮記帳 ………………………………………………… *84*

【第3節】保険料の損金算入等 ………………………………………………… *88*

第4章　契約者配当金、契約変更、消費税をめぐる課税関係等（概要）　*95*

【第1節】保険契約の契約者配当金と課税関係 ……………………………… *96*

　　1　相続税・贈与税関係　*96*

　　2　所得税関係　*97*

　　3　法人税関係　*98*

【第2節】生命保険契約の契約変更と課税関係 ……………………………… *100*

　　1　相続税・贈与税関係　*100*

　　2　所得税関係　*102*

　　3　法人税関係　*103*

【第3節】生命保険金・損害保険金等と消費税の課税関係 ……………… *105*

【第4節】生命保険金・損害保険金等と支払調書 ………………………… *107*

1 相続税法に規定するもの　*107*
2 所得税法に規定するもの　*108*
3 関係法令等　*109*
【第5節】生命保険相互会社が株式会社へ組織変更した場合の保険契約者に係る課税関係 …………………………………… *110*

第2編
生命保険金・損害保険金等と相続税・贈与税の課税関係

第1章　みなす相続財産──生命保険金・損害保険金に関連する法令・通達等　*115*

【第1節】みなす相続財産──生命保険金・損害保険金に関連する法令・通達等の索引 ………………………………… *116*
【第2節】みなす相続財産──生命保険金・損害保険金の基本条項 ……………………………………………………………… *119*
【第3節】生命保険契約・損害保険契約の範囲等に関連する各条項 ……………………………………………………………… *155*
【第4節】生命保険・損害保険の保険金の額等に関連する各条項 … *164*
【第5節】生命保険・損害保険の保険金受取人に関連する各条項 … *175*
【第6節】生命保険契約・損害保険契約の保険料に関連する各条項 ……………………………………………………………… *182*
【第7節】生命保険金・損害保険金の非課税に関連する各条項 …… *194*

第2章　みなす相続財産——退職手当金等に関連する法令・通達等　209

【第1節】みなす相続財産——退職手当金等に関連する法令・通達等の索引 …… *210*
【第2節】みなす相続財産——退職手当金等の基本条項 ………… *212*
【第3節】退職手当金等の範囲等に関連する各条項 ……………… *225*
【第4節】弔慰金に関連する各条項 ………………………………… *241*
【第5節】退職手当金等の支給を受けた者に関連する各条項 …… *257*

第3章　みなす相続財産——生命保険契約に関する権利に関連する法令・通達等　259

【第1節】みなす相続財産——生命保険契約に関する権利に関連する法令・通達等の索引 ……………… *260*
【第2節】みなす相続財産——生命保険契約に関する権利に関連する各条項 ……………………………… *261*

第4章　みなす相続財産——給付事由の発生していない定期金に関する権利に関連する法令・通達等　273

【第1節】みなす相続財産——給付事由の発生していない定期金に関する権利に関連する法令・通達等の索引 ……… *274*
【第2節】みなす相続財産——給付事由の発生していない定期金に関する権利に関連する各条項 ……………………… *275*

| 第5章 | みなし相続財産——給付事由の発生している保証期間付定期金に関する権利 *281* に関連する法令・通達等 |

【第1節】みなし相続財産——給付事由の発生している保証期間付定期金に関する権利に関連する各条項 ………… *282*

| 第6章 | みなし相続財産——契約に基づかない定期金に関する権利 *289* に関連する法令・通達等 |

【第1節】みなし相続財産——契約に基づかない定期金に関する権利に関連する各条項 ………… *290*

| 第7章 | 贈与により取得したものとみなす生命保険金・損害保険金に関連する法令・通達等 *295* |

【第1節】贈与により取得したものとみなす生命保険金・損害保険金に関連する法令・通達等の索引 ………… *296*

【第2節】贈与により取得したものとみなす生命保険金・損害保険金の基本条項 ………… *298*

【第3節】贈与により取得したものとみなす損害保険契約の保険金・返還金等に関連する条項 ………… *309*

【第4節】贈与により取得したものとみなす生命保険金・損害保険金に関連する他の条項 ………… *318*

第8章	贈与により取得したものとみなす定期金に関連する法令・通達等	*327*

【第1節】贈与により取得したものとみなす定期金に関連する法令・通達等の索引 ………………………………………… *328*

【第2節】贈与により取得したものとみなす定期金の基本条項 …… *329*

【第3節】贈与により取得したものとみなす定期金に関連する他の条項 ……………………………………………………………… *336*

第9章	相続税等における「生命保険・損害保険に関する権利」「定期金に関する権利」の評価に関連する法令・通達等	*343*

【第1節】相続税等における「生命保険・損害保険に関する権利」「定期金に関する権利」の評価に関連する法令・通達等の索引 ……………………………………………………………… *344*

【第2節】定期金に関する権利——給付事由が発生しているものの評価に関する基本条項（平成22年改正後）……………… *346*

【第3節】定期金に関する権利——給付事由が発生しているものの評価に関連する他の条項（平成22年改正後）………… *356*

【第4節】定期金に関する権利——給付事由が発生しているものの評価に関連する各条項（平成22年改正前）…………… *373*

【第5節】定期金に関する権利——給付事由が発生していないものの評価に関連する各条項（平成22年改正後）………… *388*

【第6節】定期金に関する権利——給付事由が発生していないものの評価に関連する各条項（平成22年改正前）………… *395*

【第7節】生命保険契約・損害保険契約に関する権利——保険事故が発生していないものの評価に関連する各条項…………… *396*

第3編
生命保険金・損害保険金等と所得税の課税関係

第1章　非課税所得となる生命保険金・損害保険金等に関連する法令・通達等　　*403*

【第1節】非課税所得となる生命保険金・損害保険金等に関連する
　　　　法令・通達等の索引 …………………………………………… *404*
【第2節】非課税所得に関連する各条項 ………………………………… *405*

第2章　非課税所得となる保険金等と他の規定との関係　　*421*

【第1節】非課税所得となる保険金等と他の規定との関係に関する
　　　　法令・通達等の索引 …………………………………………… *422*
【第2節】損害保険金等と資産損失に関する基本条項 ………………… *424*
【第3節】損害保険金等と資産損失に関するその他の各条項 ………… *431*
【第4節】損害保険金等と生活に通常必要でない資産の災害等損失
　　　　との関係条項 …………………………………………………… *439*
【第5節】損害保険金等と純損失との関係条項 ………………………… *444*
【第6節】損害保険金等と雑損控除との関係条項 ……………………… *450*
【第7節】保険金等（生損保）と医療費控除との関係条項 …………… *463*

| 第3章 | 事業所得の収入金額となる生命保険金・損害保険金等に関連する法令・通達等 | 473 |

【第1節】 事業所得の収入金額となる保険金等に関連する法令・通達等の索引 …………… 474
【第2節】 棚卸資産等の損害に係る保険金等に関する条項 ………… 475
【第3節】 個人事業の従業員に係る収入保険金等に関する条項 …… 480

| 第4章 | 一時所得、雑所得の収入金額となる生命保険金・損害保険金等に関連する法令・通達等 | 489 |

【第1節】 一時所得、雑所得の収入金額となる生命保険金・損害保険金等に関連する法令・通達等の索引 ……………… 490
【第2節】 一時所得の収入金額となる生命保険金等に関連する一般的条項 ……………………………………………………… 494
【第3節】 生命保険契約の保険金等（一時金）に係る一時所得の計算に関する基本条項 …………………………………… 505
【第4節】 生命保険契約の保険金等（一時金）に係る一時所得の計算に関連するその他の条項 …………………………… 519
【第5節】 一時所得の収入金額となる損害保険契約の満期返戻金等に関する条項 ……………………………………………… 548
【第6節】 雑所得の収入金額となる生命保険契約に基づく年金に関する条項 ……………………………………………………… 558
【第7節】 雑所得の収入金額となる損害保険契約に基づく年金に関する条項 ……………………………………………………… 576
【第8節】 相続税・贈与税の課税対象となる年金受給権～生命保険契約～に係る雑所得の計算に関連する条項 …………… 580
【第9節】 相続税・贈与税の課税対象となる年金受給権～損害保険契約～に係る雑所得の計算に関連する条項 …………… 649

| 第5章 | 源泉分離課税の対象となる一時払養老保険、一時払損害保険等の差益に関連する法令・通達等 | 655 |

【第1節】源泉分離課税の対象となる一時払養老保険、一時払損害保険等の差益に関連する法令・通達等の索引 ……………… 656
【第2節】源泉分離課税の対象となる一時払養老保険、一時払損害保険等の差益に関連する法令等の条項 ………………… 657

| 第6章 | 源泉徴収の対象となる生命保険契約等、損害保険契約等に基づく年金に関連する法令・通達等 | 663 |

【第1節】源泉徴収の対象となる生命保険契約等、損害保険契約等に基づく年金に関連する法令・通達等の索引 ……………… 664
【第2節】源泉徴収の対象となる生命保険契約等、損害保険契約等に基づく年金に関連する法令等の条項 ………………… 665

| 第7章 | 所得税における生命保険契約等、損害保険契約等に関する権利の評価に関連する法令・通達等 | 673 |

【第1節】所得税における生命保険契約等、損害保険契約等に関する権利の評価に関連する法令等の条項 ………………… 674

| 第8章 | 給与所得の収入金額とされる生命保険契約・損害保険契約の支払保険料に関連する法令・通達等 | 677 |

【第1節】給与所得の収入金額とされる生命保険契約・損害保険契約の支払保険料に関連する法令・通達等の索引 ………… 678

【第2節】養老保険の保険料で給与所得の収入金額とされるものに関連する法令等の条項 ……………………………………… 680

【第3節】定期保険の保険料で給与所得の収入金額とされるものに関連する法令等 ……………………………………………………… 692

【第4節】定期付養老保険の保険料で給与所得の収入金額とされるものに関連する法令等 ………………………………………………… 699

【第5節】傷害特約等の特約の保険料で給与所得の収入金額とされるものに関連する法令等 ……………………………………… 701

【第6節】傷害保険・損害保険等の保険料で給与所得の収入金額とされるものに関連する法令等 ……………………………………… 704

【第7節】従業員等が契約した保険契約の保険料を使用者が負担した場合の給与所得に関連する法令等 ……………………………… 718

| 第9章 | 事業所得等の必要経費となる生命保険契約・損害保険契約の支払保険料に関連する法令・通達等 | 719 |

【第1節】事業所得等の必要経費となる生命保険契約・損害保険契約の支払保険料に関連する法令・通達等の索引 ……… 720

【第2節】個人事業の従業員に係る生命保険・損害保険の保険料の必要経費算入に関連する法令等の条項 …………………… 722

【第3節】青色事業専従者を被保険者とする生命保険・損害保険の保険料の必要経費算入に関連する法令等 ……………… 731

【第4節】事業用固定資産等に係る損害保険料の必要経費算入に関連する法令等 ……………………………………………………… 734

第10章	生命保険料控除に関連する法令・通達等	741

【第1節】生命保険料控除に関連する法令・通達等の索引 ………… 742
【第2節】生命保険料控除に関する基本条項（平成22年改正前）……… 745
【第3節】生命保険料控除の対象となる生命保険契約等の範囲等
　　　　に関連する法令等（平成22年改正前）……………………… 756
【第4節】生命保険料控除の対象となる個人年金保険契約等の範囲
　　　　等に関連する法令等（平成22年改正前）…………………… 773
【第5節】生命保険料控除の対象となる支払保険料等に関連する
　　　　法令等（平成22年改正前）……………………………………… 790
【第6節】新・生命保険料控除に関する基本条項（平成22年改正後）…… 802
【第7節】新・生命保険料控除に関連する法令等（平成22年改正後）… 822
【第8節】生命保険料控除の控除証明に関する法令等 ………………… 843

第11章	地震保険料控除に関連する法令・通達等	857

【第1節】地震保険料控除に関連する法令・通達等の索引 ………… 858
【第2節】地震保険料控除に関連する法令等の条項 ……………………… 860

第4編
生命保険金・損害保険金等と法人税の課税関係

第1章	受け取る保険金・給付金等に関連する法人税の法令・通達等	883

- 【第1節】受け取る保険金（生命保険金・損害保険金）・給付金等に関連する法人税の法令・通達等の索引 …………… *884*
- 【第2節】受け取る生命保険金・給付金等に関する法人税の基本的条項 …………… *887*
- 【第3節】生存給付金・満期生存保険金に関する課税関係 …………… *928*
- 【第4節】法人契約の個人年金保険契約（生命保険）に関連する法人税の各条項 …………… *931*
- 【第5節】受け取る損害保険金・給付金等に関する法人税の基本的条項 …………… *953*
- 【第6節】受け取る損害保険金・給付金に関する法人税の他の条項 …………… *958*
- 【第7節】保険差益の圧縮記帳に関連する各条項 …………… *973*
- 【第8節】保険差益につき特別勘定を設けた場合の損金算入に関連する各条項 …………… *1008*
- 【第9節】特別勘定を設けた場合の保険金等で取得した固定資産の圧縮記帳に関連する各条項 …………… *1019*

第2章　支払保険料に関連する法人税の法令・通達等　　*1025*

- 【第1節】支払保険料（生命保険料・損害保険料）に関連する法人税の法令・通達等の索引 …………… *1026*
- 【第2節】生命保険料等の損金算入時期に関連する法人税の各条項 …………… *1028*
- 【第3節】養老保険に係る保険料の損金算入等に関連する法人税の各条項 …………… *1048*
- 【第4節】法人契約の個人年金保険契約（生命保険）に係る保険料の損金算入等に関連する法人税の各条項 …………… *1071*

【第5節】定期保険に係る保険料の損金算入等に関連する法人税の
　　　　各条項 ··· *1073*

【第6節】長期平準定期保険・逓増定期保険に係る保険料の損金
　　　　算入等に関連する法人税の各条項 ······························ *1094*

【第7節】定期付養老保険に係る保険料の損金算入等に関連する
　　　　法人税の各条項 ·· *1104*

【第8節】傷害特約等に係る保険料の損金算入等に関連する法人税
　　　　の各条項 ··· *1106*

【第9節】終身保険に係る保険料の損金算入等に関連する法人税の
　　　　各条項 ··· *1109*

【第10節】がん保険・医療保険に係る保険料の損金算入等に関連
　　　　する法人税の各条項 ·· *1111*

【第11節】団体信用保険に係る保険料の損金算入等に関連する
　　　　法人税の各条項 ·· *1120*

【第12節】損害保険に係る保険料の損金算入等に関連する法人税の
　　　　各条項 ··· *1129*

【第13節】賃借建物等に係る長期損害保険契約の保険料の損金算入
　　　　等に関連する法人税の各条項 ······································ *1140*

第5編
保険契約の契約者配当金と課税関係

第1章　契約者配当金等に関連する相続税・贈与税の法令・通達等　*1147*

【第1節】契約者配当金等と相続税・贈与税の課税関係 ············· *1148*

| 第2章 | 契約者配当金等に関連する所得税の法令・通達等 | 1151 |

【第1節】契約者配当金等と所得税の課税関係 ………………………… 1152

| 第3章 | 契約者配当金等に関連する法人税の法令・通達等 | 1159 |

【第1節】契約者配当金等に関連する法人税の各条項 ……………… 1160
【第2節】損害保険契約に係る配当金と法人税の課税関係 ………… 1169

第6編
生命保険契約の契約変更と課税関係

| 第1章 | 生命保険契約の転換・契約変更等に関連する相続税・贈与税の法令・通達等 | 1173 |

【第1節】生命保険契約の転換・変更等に関連する相続税・贈与税
　　　　の法令・通達等の索引 ………………………………………… 1174
【第2節】生命保険契約の転換に関連する相続税・贈与税の各条項 … 1175
【第3節】払済保険・延長保険（生命保険契約）に関連する相続税・
　　　　贈与税の各条項 ………………………………………………… 1182
【第4節】保険金の減額、解約、失効、「保険金を支払わない場合」、
　　　　保険期間の短縮等に関連する相続税・贈与税の各条項 … 1185
【第5節】生命保険契約の契約者・保険金受取人の変更に関連する
　　　　相続税・贈与税の各条項 …………………………………… 1186

| 第2章 | 生命保険契約の転換・契約変更等に関連する所得税の法令・通達等 | 1191 |

【第1節】 生命保険契約の転換・変更等に関連する所得税の法令・通達等の索引 …………………………………………………… 1192

【第2節】 生命保険契約の転換と所得税の課税関係 …………… 1193

【第3節】 使用者契約の生命保険契約を転換した場合の給与等の取扱いに関連する所得税の各条項 ……………………… 1196

【第4節】 払済保険・延長保険（生命保険契約）と所得税の課税関係 ……………………………………………………………… 1199

【第5節】 保険金の減額、解約、失効、復活、「保険金を支払わない場合」、保険期間の短縮等に関連する所得税の各条項 … 1202

【第6節】 生命保険契約の契約者・保険金受取人の変更と所得税の課税関係 …………………………………………………… 1206

| 第3章 | 生命保険契約の転換・契約変更等に関連する法人税の法令・通達等 | 1209 |

【第1節】 生命保険契約の転換・変更等に関連する法人税の法令・通達等の索引 …………………………………………………… 1210

【第2節】 生命保険契約の転換に関連する法人税の各条項 ……… 1211

【第3節】 払済保険・延長保険（生命保険契約）に関連する法人税の各条項 ………………………………………………………… 1217

【第4節】 保険金の減額、保険契約の解約・解除等、契約者・保険金受取人の変更等と法人税の課税関係 ……………… 1229

第7編
生命保険金・損害保険金等と消費税の課税関係

【第1節】生命（損害）保険金、生命（損害）保険料に関連する
消費税の法令・通達等の索引 …………………………………… *1259*
【第2節】支払を受ける生命保険金・損害保険金等に関連する
消費税の各条項 …………………………………………………… *1261*
【第3節】生命保険（損害保険）契約等の支配保険料に関連する
消費税の各条項 …………………………………………………… *1274*

第8編
生命保険金・損害保険金等と支払調書

【第1節】生命保険金・損害保険金等に係る支払調書に関連する
法令・通達等の索引 ……………………………………………… *1279*
【第2節】生命保険金・損害保険金等の支払調書に関連する
相続税法の各条項 ………………………………………………… *1280*
【第3節】生命保険金・損害保険金等の支払調書に関連する
所得税法の各条項 ………………………………………………… *1288*

第9編
生命保険相互会社が株式会社へ組織変更した場合の
保険契約者に係る課税関係

【第1節】生命保険相互会社の株式会社への組織変更に伴う
保険契約者をめぐる課税関係に関連する各条項 ………… *1309*

第10編
生命保険等の税務に関連する他の法令等

第1章 生命保険等の税務に関連する他の法令等の索引 　　*1319*

第2章 生命保険等の税務に関連する他の法令等の各条項 　　*1327*

【第1節】保険法・保険業法 ……………………………………… *1328*
【第2節】その他の法令 …………………………………………… *1350*
【第3節】保険約款(例) ──「養老保険」 …………………………… *1366*
【第4節】保険約款(例) ──「無配当年満期定期保険
　　　　　(無解約払戻金型)」 ………………………………… *1423*
【第5節】保険約款(例) ──「個人年金保険」 ……………………… *1432*

■参考文献 …………………………………………………………… *1451*
■法令等の総合索引 ………………………………………………… *1453*

第1編

生命保険・損害保険に関する税務の概要

第1章

生命保険金・損害保険金等と相続税・贈与税の課税関係（概要）

第1節　生命保険金等・みなす相続財産に対する相続税の課税

1　相続税のみなす相続財産

　生命保険金等は、相続により取得するものではないので、本来の相続財産ではない。ところで、相続税法においては、個人が取得した生命保険金等一定のものについては、その経済的な側面に着目し、相続税の課税対象財産としている。

(1) 本来の相続財産とみなす相続財産との差異
① 　相続財産（本来の相続財産）とは、被相続人に属していた一切の財産（権利）である。
　　被相続人が契約し、かつ、その保険料等を被相続人が負担していたものであっても、保険金（生保・損保）、退職金、契約に基づく個人年金等は、被相続人から「相続」によって取得するのではなく、これら保険金等の取得者が、契約等により原始的に取得するものとされていることから、相続税法では、これらを相続財産とみなして相続税の課税対象としている。
② 　みなす相続財産は遺産分割の対象とならず、また、相続を限定承認した者、相続を放棄した者又は相続権を失った者がこれらのみなす相続財産を取得しても、被相続人の負担に属している債務の弁済を強いられることはない（相法3条1項1号の編者注5-4②、③、④・P130参照）。
③ 　みなす相続財産を取得した者が、その財産の全部又は一部を任意に他の相続人等に分配すると、単なる金銭等の贈与となり、相続税の他に贈与税の課税対象ともなる。
　　このような場合には、遺産分割協議書において代償金として位置づけ、代償金の支払として処理することにより贈与税の課税対象外とすることができる（相法3条1項1号の編者注5-4⑤・P131参照）。

(2) みなす相続財産の取得の区分等

① 相法3条のみなす相続財産の取得は、次のように区分される（相法3①本文・P119参照）。
  i 相続人が取得した場合：相続による取得
  ii 相続人以外の者が取得した場合：遺贈による取得
② 相続人が死亡保険金（生保・損保）等又は死亡退職金等を取得した場合には、それぞれ相続税の非課税限度額の適用を受けることができる（相法3条1項1号の編者注5-4①・P130、相法12①五、六・P195参照）。
③ 被相続人の一親等の血族及び配偶者以外の者が、みなす相続財産を取得した場合には、その者の算出相続税額につき相続税額の20％加算の適用がある（相法3条1項1号の編者注5-4⑥・P131、相法18・P204参照）。

2 生命保険金・損害保険金

(1) 生命保険契約・損害保険契約の意義と範囲

みなす相続財産となる死亡保険金に係る生命保険契約、損害保険契約の意義及び範囲については、相法3条1項1号の編者注3（P121）参照。

■実務のポイント

【Point①】
i 相続税法において生命保険契約とは、生命保険会社等と契約した生命保険契約（生命共済を含む）をいい、その契約した商品の内容を問わず、全て生命保険契約に該当する（個人年金保険契約も生命保険契約に該当する。相法3条1項1号の編者注3・P121参照）。
ii 外国の生命保険会社等・損害保険会社等と契約した生命保険契約又は損害保険契約の取扱いについては、相令1条の2の編者注1（P157）参照。
iii 旧簡易生命保険契約の取扱いについては、相令1条の2の編者注3（P158）参照。

【Point②】
i 小規模企業共済の給付金の課税関係については、相令1条の2の編

者注4（P159）参照。
ⅱ　地方公共団体が実施する精神又は身体に障害のある者に対する共済制度の課税関係については、相令1条の2の編者注5（P159）参照。

(2) 相続財産となる生命保険金等の範囲

相続財産とされる生命保険金等とは、次に掲げるもので、その保険契約の保険料の全部又は一部を被相続人が負担していたものである。
① 被相続人を被保険者とする生命保険契約に係る死亡保険金（死亡の原因は問わない）
② 被相続人を被保険者とする損害保険契約に係る保険金で、偶然な事故に基因する死亡保険金

■実務のポイント

【Point①】
ⅰ　被相続人の死亡によって支払われるものであっても、それが企業年金等である場合は死亡退職金等（相法3①二）に該当し、死亡保険金の支払を伴わない個人年金保険である場合は、保証期間付定期金（相法3①五）に該当する（相法3条1項1号の編者注3-3①・P122参照）。
ⅱ　保証期間付個人年金契約の被保険者が、年金開始日前に死亡したことにより支払われる死亡給付金は、相法3条1項1号の保険金として扱われる（相法3条1項1号の編者注3-3②・P123参照）。
ⅲ　小規模企業共済法の旧第2種共済契約で、共済契約者の死亡による共済金は相法3条1項1号の死亡保険金に該当する（相令1条の2の編者注4・P159参照）。

【Point②】
ⅰ　養育年金付こども保険の保険契約者が死亡した場合の課税関係については、相基通3-15（P177参照）に取扱いがある。
ⅱ　簡易保険の「夫婦年金保険」の課税関係については、P138参照。

【Point③】
被保険者の死亡を原因としない疾病給付金等（入院給付金を含む）が、被保険者の死亡後に支払われた場合には、その給付金等は被相続人の本

来の相続財産（未収金債権）となる（相法3条1項1号の編者注3-3⑤・P124、相基通3-7の編者注2-2・P259、同編者注2-4・P261参照）。

生命保険契約の高度障害保険金の課税関係については、相基通3-7の編者注2-3（P166）参照。

【Point④】

生命保険契約における高度障害保険金、入院給付金等傷害特約給付金の受取人を誰にするかは課税上重大な影響の生ずることがある。これについては相基通3-7の編者注4（P168）参照。

(3) 相続財産とされる保険金の額

相続財産とされる生命保険金等（損害保険金を含む）の額は、次による（相法3条1項1号の編者注3-4・P124参照）。

① 保険金には、保険金とともに支払われる剰余金・割戻金、前納保険料の額を含む。
② 保険金には、一時金で受ける保険金に限らず、年金の方法により支払を受けるものも含まれる。
　　この場合の「保険金の額」は、原則として、相法24条の定期金の評価の規定により評価した金額となる。

■実務のポイント

【Point①】
i 年金の方法による場合には、相続税の他、年金の受給時に雑所得の課税が行われる（相法3条1項1号の編者注3-5・P125参照）。
　　その場合の雑所得の金額の計算については所令185条（P580参照）又は同186条（P649参照）に定めるところによる。
ii 契約者貸付金（未納保険料を含む）がある場合の保険金額の計算については、相基通3-9（P170参照）に取扱いがある。

【Point②】
i 無保険車傷害保険契約に基づいて取得する保険金（死亡保険金）は、相続税のみなす相続財産に該当せず（相続税の課税対象外）、かつ、所得税の非課税所得として取り扱われている（相基通3-10・P173、同3-10の編

者注1、2・P173参照）。
ⅱ　住宅ローンに付随する生命保険契約に関する課税関係については、相法3条1項1号の編者注3-6（P125）参照。

【Point③】
ⅰ　雇用主が契約者である団体定期保険に係る死亡保険金を雇用主を経由して支払を受けたとしても、その保険金に相当する金額を雇用主が死亡退職金等として支給したものであるなどの事情のない限り、その保険金は相法3条1項1号の死亡保険金に当たるとされている（相法3条1項1号の編者注3-4⑥・P124、相基通3-17の編者注3・P190参照）。
ⅱ　死亡保険金の取得の時期については、相法3条1項1号の編者注4（P126）参照。

(4) 保険金受取人
保険金受取人は、次による（相法3条1項1号の編者注5・P126参照）。
①　保険金受取人とは、一義的には、保険契約上の保険金受取人をいう。
②　保険契約上の受取人が「被保険者」となっている場合には、保険契約上、保険金を受け取る権利を有する者とする。

■実務のポイント
ⅰ　保険契約上の保険金受取人以外の者が保険金を取得している場合で、そのことに相当な理由があると認められるときは、現実の保険金受取人を保険金受取人とする（相法3条1項1号の編者注5-1②・P127、相基通3-12・P175参照）。
ⅱ　生命保険契約の指定受取人の死亡後、指定受取人を再指定しない状態で保険事故が発生した場合の保険金受取人については、相法3条1項1号の編者注5-2（P127）参照。
ⅲ　生命保険金受取人を「被保険者の相続人」とした場合の保険金の取得割合については、相法3条1項1号の編者注5-3（P129）参照。

(5) 被相続人が負担した保険料
①　その保険契約に係る保険料の全部を、被相続人が負担している場合

には（保険契約者を問わない）、保険金の全額が相続財産とされる。
② 被相続人がその保険契約の保険料の一部を負担している場合は、保険金額に被相続人の保険料負担割合を乗じて得た金額が、相続財産とされる。

　この負担割合計算の基礎となる「被相続人が負担した保険料」、「保険契約に係る保険料の全額」等については、相法3条1項1号の編者注6（P132）参照。

■実務のポイント

【Point①】
i　生命保険料を負担した者が2人となる場合の課税関係については、相基通3-13の編者注7（P184）参照。
ii　雇用主が保険料を負担している場合については、相基通3-17（P187参照）に取扱いがある。

【Point②】
　保険契約者である者が、生前に被相続人から贈与を受けた金銭でその保険料の支払をしているような場合の課税関係については、相法3条1項1号の編者注6①ii（P132）参照。

【Point③】
i　被相続人の先代等が負担していた保険料等については、相法3条1項3号の編者注3-2（P266）、同法3条1項1号の編者注9（P137）参照。
ii　払込保険料とは、約定上の表定保険料をいい、保険契約期間中の契約者配当金等を控除しないで計算する（相基通3-13の編者注1・P183参照）。

(6) 同時死亡と生命保険金等の課税関係

　次に掲げるような場合の、生命保険金等（損害保険金を含む）の課税関係については、相法3条1項1号の編者注7（P133）参照。
① 被保険者でかつ保険料負担者である者と、保険金受取人とが同時に死亡した場合
② 保険契約者である被保険者と保険料負担者とが同時に死亡した場合

(7) 生命保険契約の契約形態と課税関係の一覧

　生命保険等の契約形態（契約者、被保険者、保険金受取人）と、保険料負担者との関係で、受取保険金の課税関係が異なる。これについては、相法3条1項1号の編者注8（P135）参照。

(8) 関係法令等

　本項に関連する法令等及びその編者注は、次のように掲載した。
① 　法令・通達等の索引：2編1章1節（P116）
② 　基本条項：2編1章2節（P119）
③ 　生命・損害保険契約の範囲等に関連する条項：2編1章3節（P155）
④ 　生命・損害保険の保険金額に関連する条項：2編1章4節（P164）
⑤ 　生命・損害保険の保険金受取人に関連する条項：2編1章5節（P175）
⑥ 　生命・損害保険契約の保険料に関連する条項：2編1章6節（P182）
⑦ 　生命・損害保険金の非課税に関連する条項：2編1章7節（P194）

3　死亡退職金等

(1) 死亡退職金等の意義等

① 　相続財産とされる退職手当金等の意義等については、相法3条1項2号の編者注2（P212）参照。
② 　退職手当金等から除かれる弔慰金等については、相基通3-20から3-23まで（P231・241参照）に取扱いがある。

■実務のポイント
【Point①】
ⅰ 　雇用主が従業員の親族等を被保険者とする生命保険契約又は損害保険契約を締結し、従業員の死亡により相続人等が、その保険契約の権利を取得した場合には、退職手当金等に該当するものとされる（相基通3-28・P235参照）。
ⅱ 　生前に退職し、死亡後に具体的な退職金の額が確定したような場合でも、その退職金は、相法3条1項2号の退職手当金等に該当する（相

基通3-18の編者注・P229)。

【Point②】
i　退職手当金等には、現物で支給されるものも含まれる（相法3条1項2号の編者注2・P212参照）。
ii　退職手当金等には、年金の方法により支払を受けるものも含まれる。この場合、相続財産とされる退職金の額は、相法24条の定期金に関する権利の評価規定により評価した金額となる（相法3条1項2号の編者注5-1・P213参照）。

【Point③】
確定拠出年金の概要と課税関係については、相令1条の3の編者注1（P226）参照。

【Point④】
i　支給された退任慰労金等の名目が「退任慰労金及び弔慰金」、「退任慰労金（弔慰金を含む）」というようなもので、弔慰金に相当する部分の金額が明らかでないような場合における弔慰金部分の判定については、P247に掲げる裁決例の判断のⅠ2（P252）及びⅡ（P255）が参考になる。
ii　業務上の死亡に係る弔慰金に関し、「業務上の死亡」について判断した裁決例として、P247に掲げるものがある。

(2) 相続財産とされる退職手当金等

相続財産とされる退職手当金等は、被相続人の死亡後3年以内に支給が確定し、かつ、その支給を受けたものである（実際の支給がなくても、その退職手当金等に係る支払請求権を行使できる状況にある場合を含む。相法3条1項2号の編者注3-1・P213参照）。

■実務のポイント
【Point①】
i　被相続人の死亡から3年経過後に確定した退職手当金等の支給を受けた場合には、その支払を受けた者の一時所得となる（相法3条1項2号の編者注3-2・P213参照）。

ⅱ 被相続人の死亡後に支給される賞与、給与等に係る相続税及び所得税の課税関係については、相基通3-32、同3-33及びこれらの編者注（P238）参照。

ⅲ 相基通3-23（P231参照）に掲げる弔慰金等は、相続税の課税対象とならない。

【Point②】

ⅰ 小規模企業共済の共済金で、共済契約者の死亡により支給されるものは、旧第2種共済契約に係るものを除き、相法3条1項2号の死亡退職金等に該当する（相令1条の2の編者注4・P159参照）。

ⅱ 支給した死亡退職金等につき、法人税において不相当に高額な退職金等として損金に算入されない部分の金額がある場合であっても、相続税においては支給された退職金等の全額がみなす相続財産とされる（相基通3-19の編者注1・P230参照）。

(3) 退職手当金等の支払を受けた者

退職手当金等の支払を受けた者については、相法3条1項2号の編者注4（P213）参照。

(4) 関係法令等

本項に関連する法令等及びその編者注は、次のように掲載した。

① 法令・通達等の索引：2編2章1節（P210）
② 基本条項：2編2章2節（P212）
③ 退職手当金等の範囲等に関連する条項：2編2章3節（P225）
④ 弔慰金に関連する条項：2編2章4節（P241）
⑤ 退職手当金等の支払を受けた者に関連する条項：2編2章5節（P257）

4 生命保険契約に関する権利

(1) 生命保険契約に関する権利

相続財産とみなされる生命保険契約に関する権利とは、次の要件のいずれにも該当するものに限られる。
① 相続開始等の課税時期において、まだ保険事故（保険金の給付事由をいい、満期の到来を含む）が発生していない生命保険契約であること。
② 被相続人が、自己が契約者となっていない生命保険契約の保険料等の全部又は一部を負担していること。
③ 上記①及び②に該当しても、保険期間内に保険事故が発生しなかった場合には、保険期間終了時において満期保険金・返還金その他これに準ずるもの（相法3条1項3号の編者注2-1②・P262参照）の支払のない生命保険契約は除かれる（一般的にいえば、保険期間終了時に返戻金等のない定期保険契約がこれに当たる）。

■実務のポイント

【Point①】
ⅰ　相続財産とみなされる生命保険契約に関する権利には、専ら年金の給付を目的とする個人年金保険も含まれる（相法3条1項3号の編者注2-1①・P262参照）。
ⅱ　被相続人が生命保険契約の契約者である場合には、その保険契約に関する権利は本来の相続財産に該当する（相法3条1項3号の編者注3-1・P266参照）。
ⅲ　被保険者でない保険契約者が死亡した場合の課税関係については、相法3条1項3号の編者注3-3（P266）参照。

【Point②】
ⅰ　長期平準定期保険契約が、上記③に該当する保険契約であるかどうかについては、相法3条1項3号の編者注2-2①（P263）参照。
ⅱ　長期平準定期保険契約を締結している非上場会社の株式を純資産価額方式で評価する場合の、資産計上している保険料の取扱いについては、相法3条1項3号の編者注2-2②（P264）参照。

【Point③】
ⅰ　被相続人以外の者が保険契約者となっている損害保険契約に係る保険料を被相続人が負担しており、その契約に満期返戻金等のあるもの

であっても、その保険契約に関する権利は、相法3条1項3号の相続財産（保険事故の発生していない生命保険契約に関する権利）とみなされることはない（相法3条1項3号の編者注2-3①、②・P265参照）。
ⅱ 他方、被相続人が損害保険契約の契約者で、その保険契約に満期返戻金等の支払の約定のあるものは、当然本来の相続財産となる（相法3条1項3号の編者注2-3③・P265参照）。

【Point④】
ⅰ 生命保険契約に関する権利を相続により取得したものとみなされ、又は本来の相続財産として取得した場合には、以後、その契約に係る保険料は、被相続人が負担した部分を含め、自己が負担した保険料となる（相法3条1項3号の編者注3-2・P266参照）。
ⅱ 相続財産とされた生命保険契約（契約に関する権利）につき、相続開始後保険金が支払われた場合の課税関係については、相法3条1項3号の編者注3-4（P266）参照。

(2) 相続財産とされる生命保険契約に関する権利の価額

相続財産とみなされ、又は本来の相続財産である生命保険契約に関する権利の価額は、評基通214（P396）により評価した金額である。

■実務のポイント

本来の相続財産である損害保険契約に関する権利の価額は、評基通214に準じて評価する（評基通214の編者注5・P398参照）。

(3) 権利を取得したものとみなされる者

生命保険契約の権利を取得した者とされるのは、その生命保険契約の契約者である。

■実務のポイント

本来の相続財産である生命保険契約・損害保険契約に関する権利は、遺産分割協議等において、その権利を承継した者が取得者となる。

(4) 被相続人が負担した保険料

被相続人が負担した保険料等については、上記2(5)(P8)参照。

(5) 関係法令等

本項に関連する法令等及びその編者注は、次のように掲載した。
① 法令・通達等の索引：2編3章1節（P260）
② 生命保険契約に関する権利に関連する条項：2編3章2節（P261）

5 定期金に関する権利（給付事由の発生していないもの）

(1) 定期金に関する権利

相続財産とみなされる、給付事由の発生していない定期金に関する権利とは、次の要件のいずれにも該当するものに限られる。
① 相続開始等の課税時期において、まだ定期金の給付事由が発生していない定期金給付契約であること。
② 被相続人が、自己が契約者となっていない定期金給付契約の掛金又は保険料等の全部又は一部を負担していること。

■実務のポイント
ⅰ　定期金給付契約の典型は旧郵便年金法による年金契約で、その意義等については、相法3条1項4号の編者注2（P275）参照。
ⅱ　生命保険会社等と契約した個人年金保険で、課税時期において年金給付事由の生じていないものは、上記4の生命保険契約に関する権利に該当する（相法3条1項4号の編者注2-2・P276参照）。
ⅲ　被相続人が定期金給付契約の契約者である場合には、その保険契約に関する権利は本来の相続財産に該当する。
ⅳ　定期金受取人が死亡した場合で、課税関係の生じない場合については、相基通3-40（P277）参照。
ⅴ　定期金給付事由の発生前に契約者が死亡した場合の課税関係については、相基通3-41（P277）参照。
ⅵ　定期金給付事由の発生前に掛金又は保険料の負担者が死亡した場合

の課税関係については、相基通3-42（P278）参照。

(2) 相続財産とされる定期金に関する権利の価額

相続財産とみなされ、又は本来の相続財産である定期金に関する権利（給付事由の発生していないもの）の価額は、相法25条（P388・395）により評価した金額である。

(3) 権利を取得したものとみなされる者

定期金に関する権利を取得した者とされるのは、その定期金給付契約の契約者である。

■実務のポイント

本来の相続財産である定期金に関する権利については、遺産分割協議等において、その権利を承継した者が取得者となる。

(4) 被相続人が負担した保険料

被相続人が負担した掛金又は保険料等については、上記2(5)(P 8)参照。

(5) 関係法令等

本項に関連する法令等及びその編者注は、次のように掲載した。
① 法令・通達等の索引：2編4章1節（P274）
② 定期金に関する権利に関連する条項：2編4章2節（P275）

6 給付事由の生じている保証期間付定期金に関する権利

(1) 保証期間付定期金に関する権利

相続財産とみなされる、保証期間付定期金に関する権利とは、次の要件のいずれにも該当するものに限られる。
① 保証期間付定期金給付契約の定期金受取人が、相続開始前に年金の支給を受けており、その定期金受取人（生命保険会社等の個人年金保険契

約の場合は被保険者）の死亡により、相続人その他の者が定期金の継続受取人となったこと（年金の継続受取りに代えて一時金を受け取る場合を含む）。
② 被相続人が、その定期金給付契約の掛金又は保険料等の全部又は一部を負担していること（定期金給付契約の契約者が誰であるかを問わない）。

■実務のポイント
ⅰ 相続開始前において定期金の支給が開始されているものの他、定期金受取人（生命保険会社等の個人年金保険契約の場合は被保険者）の死亡が定期金（年金）支給の開始となっている場合も、給付事由が発生している定期金に該当する（相法24条の編者注3・P350参照）。
ⅱ 個人年金保険の被保険者が年金開始日前に死亡したことにより、遺族等が支払を受ける死亡給付金は、相法3条1項1号の死亡保険金に当たるとされている（相法3条1項5号の編者注6②・P285参照）。
ⅲ 保証期間付定期金の種類については、相法3条1項5号の編者注3-2（P283）参照。

(2) 相続財産とされる定期金に関する権利の価額

相続財産とみなされる、保証期間付定期金に関する権利（給付事由の発生しているもの）の価額は、相法24条（P346・373参照）により評価した金額である。

(3) 権利を取得したものとみなされる者

保証期間付定期金契約の権利を取得した者とされるのは、その定期金契約の継続年金受取人又は一時金受取人である。

■実務のポイント
保証期間付定期金給付契約の継続年金受取人（一時金受取人を含む）が取得する権利は、その契約の約定により取得するものであるから、本来の相続財産となることはない。

(4) 被相続人が負担した保険料

被相続人が負担した掛金又は保険料等については、上記2(5)(P8)参照。

■実務のポイント

相続財産とされた保証期間付定期金（定期金に関する権利）につき、相続開始後支払を受ける年金の課税関係については、相法3条1項5号の編者注7（P285）参照。

(5) 関係法令等

本項に関連する法令等及びその編者注は、次のように掲載した。
・保証期間付定期金に関する権利に関連する条項：2編5章1節（P282）

7　契約に基づかない定期金に関する権利

(1) 契約に基づかない定期金に関する権利

被相続人の死亡により、相続人その他の者が契約に基づかない定期金に関する権利（一時金を含む）を取得した場合には、その取得した者がその権利（又は一時金）を相続又は遺贈により取得したものとみなす（相法3条1項6号・P290参照）。

■実務のポイント

【Point①】

i 適格退職年金契約等、相令1条の3（P225参照）に規定する年金又は一時金で、従業員の死亡により支給されるもの（支給の開始されるもの）は、相法3条1項2号（P212参照）の死亡退職金等に該当する。

ii 従業員が生前に、上記iの年金又は上記i以外の非適格年金等の支給を受けており、その支給期間中に死亡したことにより、相続人等が年金の継続受取人となった場合の年金に関する権利は、相法3条1項6号（P290参照）の契約に基づかない定期金に関する権利に該当する（相法3条1項6号の編者注2-1②・P291参照）。

iii 生前に退職した役員等が、その退職時に一時に支給されるべき退職

金を分割支給されている場合における相続開始時の未収退職金債権は本来の相続財産である（相法3条1項6号の編者注2-1②・P291参照）。
【Point②】
次に掲げるようなものは、みなす相続財産にも、本来の相続財産にも該当せず、かつ、相続開始後の受給には所得税も課されない（相法3条1項6号の編者注2-2・P291参照）。

恩給法の扶助料、厚生年金保険法・国民年金法等に規定する遺族年金
【Point③】
被相続人が構成員となっていた団体等から、被相続人の死亡により給付される弔慰金、香典その他の一時金の課税関係については、相基通3-46の編者注・2（P293）参照。

(2) 相続財産とされる、契約に基づかない定期金に関する権利の価額

相続財産とみなされる、契約に基づかない定期金に関する権利の価額は、相法24条（P346・373）により評価した金額である。

(3) 関係法令等

本項に関連する法令等及びその編者注は、次のように掲載した。
・定期金（契約によらない）の権利に関連する条項：2編6章1節（P290）

| 第2節 | 生命保険金等・みなす贈与財産に対する贈与税の課税 |

1 みなす贈与財産

　生命保険金等は、贈与契約により取得するものではないので、本来の贈与財産ではない。ところで、相続税法においては、個人が取得した生命保険金等一定のものについては、その経済的な側面に着目し、贈与税の課税対象財産としている。

2 生命保険金等・損害保険金等

(1) 贈与財産となる生命保険金等の範囲

　贈与財産とされる生命保険金等とは、次に掲げるもので、保険料の全部又は一部を被保険者及び保険金受取人以外の者が負担していたものである。
　① 生命保険契約に係る死亡保険金、満期保険金
　② 生命保険契約の解約返戻金等

■実務のポイント

【Point①】

i 　被保険者の死亡によって支払われる保険金等であっても、保険料の全部を被保険者が支払っているときには、その保険金は相法3条1項1号（みなす相続財産となる生命保険金・P119参照）、又は同項2号（みなす相続財産となる死亡退職金等・P212参照）の規定が優先して適用される。

ii 　一の生命保険契約の保険料を、被保険者と保険金受取人以外の者とが負担している場合において、被保険者の死亡により保険金の支払を受ける場合には、それぞれの保険料負担割合を算定し、保険金のうち、被保険者の負担割合に応ずる部分の金額は相法3条1項1号又は2号によるみなす相続財産となり、その他の者の負担割合に応ずる部分の

金額が相法5条1項によるみなす贈与財産に該当する（相基通3-13の編者注7・P184参照）。
iii　返還金の意義については、相基通3-39（P270参照）に取扱いがあり、相基通5-6（P315参照）によって相法5条にも準用される。
iv　生命保険会社等と契約した個人年金保険契約等に係る年金支払開始は、相法5条1項に規定する贈与税の課税原因となる（相法5条の編者注1-2②・P300参照）。
（注）個人年金保険に関する権利が贈与税の対象となる場合であっても、具体的な年金受給時には、支払を受ける年金につき雑所得の課税が行われる（相法5条の編者注4-1①ⅱ・P302参照）。

【Point②】
i　生命保険契約の保険金、給付金であっても、死亡を伴わない傷害、疾病に係るもの、又は高度障害保険金は贈与税の課税対象にならない（相法5条の編者注4-1①ⅰ（注4）・P302参照）。
ii　生命保険金等で贈与税の課税対象となるものを整理すると、相法5条の編者注4-1①ⅰ、ⅱ（P301参照）のようになる。
iii　生命保険契約の返還金等で贈与税の課税対象となるものを整理すると、相法5条の編者注4-1②ⅰ、ⅱ（P303参照）のようになる。

(2) 贈与財産となる損害保険金等の範囲

　贈与財産とされる損害保険金等とは、次に掲げるもので、その保険契約の保険料の全部又は一部を被保険者及び保険金受取人以外の者が負担していたものである。
①　損害保険契約の保険金で、偶然な事故に基因する死亡保険金のうち、損害賠償責任に関する保険契約の保険金を除いたもの（相法5①・P298、相令1条の4・P309参照）
②　傷害を保険事故とする損害保険契約の解約返戻金等のうち、損害賠償責任に関する保険契約に係る解約返戻金等を除いたもの（相法5②・P298、相令1条の5・P310参照）

■実務のポイント
【Point①】
i 損害保険金等で贈与税の課税対象となるものを整理すると、相法5条の編者注4-1①ⅲ（P302参照）のようになる。
ⅱ 損害保険契約の返還金等で贈与税の課税対象となるものは、相令1条の5（P310参照）に規定するものに限られる（相法5条の編者注4-1②ⅲ・P304、相令1条の5の編者注の1・P311参照）。
ⅲ 損害保険契約の死亡保険金であっても、相令1条の4（P309）に規定する損害賠償金としての性質を有するものは、贈与により取得したものとならない。
ⅳ 傷害を保険事故とする損害保険契約以外の損害保険契約に係る解約返戻金等を取得したときは、その保険料の全部を返戻金受取人以外の者が負担している場合においても、相法5条による贈与課税は行われない（相令1条の5の編者注の3・P312参照）。

【Point②】
i 「傷害」の意義については、相令1条の5の編者注の2（P311）参照。
ⅱ 損害賠償責任に関する保険契約の例としては、相令1条の4（P309参照）に掲げるものの他、相基通5-4（P313参照）に掲げるようなものがある。
ⅲ 搭乗者保険等の契約による保険金につき、相続税と贈与税の課税関係を整理したものとして相基通5-5（P314参照）がある。

【Point③】
損害保険契約の満期返戻金は、全てについて相法5条によるみなす贈与財産とされることはない（相法5条の編者注1-2①・P300参照）。

(3) 贈与財産とされる保険金額

贈与財産とされる生命保険金等、損害保険金等の額は、相続の場合と同様である（P7参照）。

■実務のポイント
i 人身傷害保障保険に係る保険金の課税関係については、個別通達「人

身傷害補償保険金に係る所得税、相続税及び贈与税の取扱い等について」（平11課資2-287・P319参照）に取扱いがある。
ⅱ　交通事故傷害保険の取扱いについては、個別通達「交通事故傷害保険の保険料等の取扱いについて」（昭44官審(所) 4・P724）参照。

(4) 受贈者・贈与者

① 　生命保険金等・損害保険金等の受贈者とみなされる者は、保険金受取人であり、贈与者は保険料負担者である。
　　保険金受取人については、相続の場合と同様である（P 8参照）。
② 　生命保険契約・損害保険契約の解約返還金の受贈者とみなされる者は、保険契約者であり、贈与者は保険料負担者である。

(5) 保険金受取人以外の者が負担した保険料

　被保険者及び保険金受取人以外の者が負担した保険料等については、相続の場合と同様である（P 8参照）。

(6) 贈与税の課税時期

① 　生命保険金等、損害保険金等に対する贈与税の課税時期は、保険事故が発生した時である（相法5①・P298参照）。
　　具体的な保険金の支払を受けた時と、保険事故発生の時とが異なる年（暦年）に属するような場合においても、保険事故発生時の年分の贈与税の課税対象となる（相法5条の編者注3-2・P301参照）。
② 　生命保険契約等・損害保険契約等に係る解約返還金等に対する贈与税の課税時期は、解約等の確定した日と解される（相法5条の編者注3-1・P300参照）。

(7) 同時死亡と生命保険金等の課税関係

　保険契約者である被保険者と保険料負担者とが同時に死亡した場合の生命保険金（損害保険金を含む）に係る課税関係については、相法3条1項1号の編者注7-3（P135）参照。

(8) 受取保険金等が贈与とみなされない場合における他の課税関係

受取保険金・解約返戻金等が贈与税の課税対象とならない場合の、他の課税関係については、相法5条の編者注8（P305）参照。

(9) 関係法令等

本項に関連する法令等及びその編者注は、次のように掲載した。
① 法令・通達等の索引：2編7章1節（P296）
② 基本条項：2編7章2節（P298）
③ 損害保険の保険金・返還金等に関連する条項：2編7章3節（P309）
④ 生命保険金・損害保険金に関連する他の条項：2編7章4節（P318）

3 定期金に関する権利（給付事由の発生したもの）

(1) みなす贈与財産とされる定期金

贈与財産とみなされる定期金に関する権利は、次に掲げるものに限る。
① 定期金の給付事由が発生した定期金給付契約であること（相法6①）
② 定期金給付契約の解約返戻金等（失効・変更等に伴うものを含む）の支払を受けたこと（相法6②）
③ 定期金給付契約の掛金又は保険料の全部又は一部が、定期金受取人以外の者によって負担されていること（契約者が誰であるかを問わない）

■実務のポイント

【Point①】
i 定期金給付契約の意義等については、相法3条1項4号の編者注2（P275）参照。
ii 生命保険会社等と契約した個人年金保険で、年金給付事由の生じたものは、上記2の生命保険金等に該当する。
iii 定期金受取人が死亡した場合で、課税関係の生じない場合については、相基通3-40（P277）参照。
iv 定期金給付事由の発生前に契約者が死亡した場合の課税関係については、相基通3-41（P277）参照。

ⅴ　定期金給付事由の発生前に掛金又は保険料の負担者が死亡した場合の課税関係については、相基通3-42（P278）参照。

【Point②】
　贈与財産とされた定期金（定期金に関する権利）であっても、具体的な年金が給付される時には、年金受取人に対し、雑所得としての課税が行われる（相法５条の編者注4-1①ⅱ・P302参照）。

(2) 贈与財産とされる定期金に関する権利の価額

　贈与財産とみなされる定期金に関する権利（給付事由の発生したもの）の価額は、相法24条（P346参照）により評価した金額である。なお、解約返戻金等については、その支払を受けた金額が贈与価額となる。

(3) 権利を取得したものとみなされる者

　定期金に関する権利を取得した者とされるのは、その定期金給付契約上の定期金受取人である（相法６条の編者注２・P331参照）。

(4) 定期金受取人以外の者が負担した保険料

　定期金受取人以外の者が負担した掛金又は保険料等については、相続の場合と同様である（P８参照）。

■実務のポイント
　定期金受取人が自ら掛金等を負担している場合の課税関係については、相基通6-3（P337）参照。

(5) 贈与税の課税時期

　定期金に対する贈与税の課税時期は、定期金の給付事由が発生した時であり、発生の日の属する年分（暦年）の贈与として課税対象になる（相法６条の編者注３・P331参照）。

(6) 関係法令等

　本項に関連する法令等及びその編者注は、次項参照（P27）。

4　給付事由の生じている保証期間付定期金に関する権利

(1) 贈与財産とされる保証期間付定期金に関する権利

　贈与財産とみなされる保証期間付定期金に関する権利とは、次の要件のいずれにも該当するものに限られる。

① 　保証期間付定期金給付契約により、定期金受取人が既に年金の受給を受けており、その定期金受取人（生命保険会社等の個人年金保険契約の場合は被保険者。次の②において同じ）の死亡により、相続人その他の者が定期金の継続受取人となったこと（年金の継続受取りに代えて一時金を受け取る場合を含む）。

② 　死亡した定期金受取人及び定期金の継続受取人（一時金受取人を含む）以外の者が、その定期金給付契約の掛金又は保険料等の全部又は一部を負担していること（定期金給付契約の契約者が誰であるかを問わない）。

■実務のポイント

ⅰ 　相続開始前において定期金の支給が開始されているものの他、定期金受取人（生命保険会社等の個人年金保険契約の場合は被保険者）の死亡と同時に定期金支給が開始される場合も、相法6条3項の給付事由が発生している定期金に該当する（相法24条の編者注3・P350参照）。

ⅱ 　保証期間付定期金給付契約の年金受取人が死亡した場合の課税関係を整理したものとして、相基通3-45（P286参照）がある。

ⅲ 　相法6条3項の保証期間付定期金給付契約は、同条1項及び2項の場合と異なり、生命保険契約に該当するもの（生命保険会社等と契約した個人年金保険等）も含まれる（相法6条の編者注8・P332参照）。

ⅳ 　相法6条3項（P329参照）と同法3条1項5号（P282参照）との関係、同6条3項と雑所得又は一時所得との課税関係については、相法6条の編者注10（P332）参照。

ⅴ 　年金払積立傷害保険の課税関係については、P338参照。

(2) 贈与財産とされる定期金に関する権利の価額

　贈与財産とみなされる保証期間付定期金に関する権利の価額は、相法

24条（P346参照）により評価した金額である。

(3) 権利を取得したものとみなされる者
　保証期間付定期金契約の権利を取得した者とされるのは、その定期金契約の継続受取人又は一時金受取人である。

(4) 定期金受取人以外の者が負担した保険料
　定期金受取人以外の者が負担した掛金又は保険料等については、相続の場合と同様である（P 8参照）。

■実務のポイント
　保証期間付定期金の継続受取人（一時金受取人を含む）が保険料等を負担している場合の課税関係については、相基通6-3（P337）参照。

(5) 贈与税の課税時期
　保証期間付定期金に関する権利に対する贈与税の課税時期は、定期金受取人（生命保険会社等の個人年金保険の場合は被保険者）の相続開始の時であり、相続開始の日の属する年分（暦年）の贈与としての課税対象になる（相法6条の編者注3・P331参照）。

(6) 関係法令等
　前項及び本項に関連する法令等及びその編者注は、次のように掲載した。
① 　法令・通達等の索引：2編8章1節（P328）
② 　基本条項：2編8章2節（P329）
③ 　定期金の贈与に関連するその他の条項：2編8章3節（P336）

第3節　保険契約（生損保）に関する権利、定期金（年金）の評価

1　生命保険契約等に関する権利の評価〔相続税〕

(1) 評価対象となる権利の範囲等
① 評価するもの

相続税法上、評価の対象となる生命保険契約（生命共済契約を含む）に関する権利は、相続開始時等の課税時期において、保険金支払事由が発生していない生命保険契約等に関する権利である。

② 評価しないもの

保険金支払事由の発生していない生命保険契約等に関する権利であっても、定期保険など保険期間終了の時に返還金等が支払われない保険契約に係るものは、相続税及び贈与税においては評価の対象にならない（評基通214(注) 1・P396参照）。

■実務のポイント
i　保険金支払事由の発生していない生命保険契約等には、生命保険会社等と契約した、専ら年金の給付を目的とする個人年金保険契約で、課税時期において年金支給開始事由の発生していないものも含まれる（評基通214の編者注2・P397参照）。
ii　返還金等のない生命保険契約の意義等については、評基通214の編者注3（P398）参照。

(2) 評価の方法
① 課税時期において、その生命保険契約等を解約したとした場合に支払われる解約返戻金の額を評価額とする（評基通214・P396参照）。
② 解約返戻金には、支払われるべき前納保険料の額、剰余金の分配額等を含み、解約返戻金について源泉徴収されるべき所得税額がある場合には、その額を控除する（評基通214・P396参照）。

■**実務のポイント**
ⅰ 上記の源泉徴収については、評基通214の編者注1（P397）参照。
ⅱ その契約につき、契約者貸付金等がある場合には、その貸付金等に相当する金額は、相続債務として債務控除の対象とする（評基通214の編者注4・P398参照）。

2 損害保険契約等に関する権利の評価〔相続税〕

(1) 評価対象となる権利の範囲等

損害保険契約等のうち、満期返戻金等を支払う旨の約定のあるものにつき、その契約者及び保険料の負担者が被相続人である場合には、その契約に関する権利は、本来の相続財産となる（評基通214の編者注5・P398参照）。

（注）損害保険契約等に関する権利については、みなす相続財産という概念はない（相法3条1項3号の編者注2-3・P265参照）。

(2) 評価の方法

評価は、上記1の(2)の方法に準じて行う（評基通214の編者注5・P398参照）。

（注）年金払積立傷害保険で課税時期に給付事由が生じていないものは、相法25条により評価する（国税庁・文書回答事例「年金払積立傷害保険の相続税法第24条及び第25条の取扱いについて」（平23.2.25））。

(3) 関連法令等

前項及び本項に関連する法令等は、次のように掲載した。
・生命（損害）保険の権利の評価に関連する条項：2編9章7節（P396）

3 定期金(年金)に関する権利の評価（給付事由の発生しているもの）〔相続税〕

(1) 評価の原則

　課税時期において定期金（年金）給付事由が発生している定期金に関する権利は、その種類ごとに評価する。

(2) 課税時期が平成23年4月1日以後である場合の評価

　Ａ．有期定期金（保証期間付有期定期金を含む）

① 約定等による一定の期間内については、年金受取人（生命保険会社等の個人年金保険の場合は被保険者）の生死に関係なく、定期金を給付するもの（相法新24①一・P346参照）。

② 評価方法

　次のイ、ロ、ハのうち、いずれか多い金額を評価額とする。

　イ　権利を取得した時（相続等の課税時期）における解約返戻金相当額

　ロ　継続年金受取りと一時金による支払とのいずれかを選択できる契約であるものは、課税時期における一時金相当額

　ハ　年金の残存期間（保証期間付のものにあっては、保証期間の残存期間）に応じ、その期間に受けるべき1年当たり平均額に、その契約の予定利率による複利年金現価率を乗じて計算した金額

　　（注）年金に関する権利取得後、具体的な年金支給開始までに据置期間がある場合には、ハの金額は次の③によって計算する（国税庁・文書回答事例「変額個人年金保険の相続税法第24条の取扱いについて」(平22.11.26)）。

③ 予定利率による複利年金現価率により計算した金額について

ｉ　取得した年金の取得後初回年金の支払日が権利取得日と同日で（以下「期首払い」という）、具体的な年金支払開始日を権利取得日の翌日以後1年以内に指定する場合

☆設　例

〔権利取得日〕平23.4.1

〔初回年金支払日（約定）〕平23.4.1

〔年金給付の残期間〕7年（年1回払）

〔年金支払開始日・年金給付期間〕平24.4.1から7年（年1回払）

☆上記②ハの計算

上記②ハの通りに計算する。

　１年当たり年金の平均額×実際給付期間（７年）に応ずる予定利率による複利年金現価率

(注)　この場合の給付期間は、平23.4.2から30.4.1までの７年となるので、据置期間は考慮しない。

ii　期首払い年金（上記ⅰ参照）で、具体的な年金支払開始日を１年を超えて据置いた場合

☆設　例

〔権利取得日〕平23.4.1

〔初回年金支払日（約定）〕平23.4.1

〔年金給付の残期間〕７年（年１回払）

〔年金支払開始日・年金給付期間〕平26.4.1から５年（年１回払）

☆上記②ハの計算

　１年当たり年金の平均額×実際給付期間（５年）に応ずる予定利率による複利年金現価率×据置期間の年数（２年）に応ずる予定利率による複利年金現価率

(注)　据置期間は、平23.4.2から25.4.1までの２年となる。

iii　取得年金の取得後初回年金の支払日が権利取得日の翌年の応当日で（以下「期末払い」という。）、具体的な年金支払開始日を１年を超えて据置いた場合

☆設　例

〔権利取得日〕平23.4.1

〔初回年金支払日（約定）〕平24.4.1

〔年金給付の残期間〕７年（年１回払）

〔年金支払開始日・年金給付期間〕平26.4.1から５年（年１回払）

☆上記②ハの計算

　１年当たり年金の平均額×実際給付期間（５年）に応ずる予定利率による複利年金現価率×据置期間の年数（２年）に応ずる予定利率による複利年金現価率

(注)　据置期間は、平23.4.2から25.4.1までの２年となる。

B．無期定期金
① 無期限にわたり年金を給付するもの（相法新24①二・P346参照）。
② 評価方法
　次のイ、ロ、ハのうち、いずれか多い金額を評価額とする。
　イ　上記A②イの額
　ロ　上記A②ロの額
　ハ　課税時期において受けるべき1年当たり平均額を、その契約の予定利率で除して計算した金額

C．終身定期金
① 定められた年金受取人（生命保険会社等の個人年金保険の場合は被保険者）が生存している限り年金を給付し、その者の死亡により給付は終了する（相法新24①三・P347参照）。
② 評価方法
　次のイ、ロ、ハのうち、いずれか多い金額を評価額とする。
　イ　上記A②イの額
　ロ　上記A②ロの額
　ハ　課税時期におけるその年金の目的とされた者（生命保険会社等の個人年金保険の場合には被保険者）の余命（相令5の7・P356、相規12の3・P357参照）に応じ、受けるべき年金の1年当たりの平均額に、その契約の予定利率による複利年金現価率を乗じて計算した金額
　　（注）年金に関する権利取得後、具体的な年金支給開始までに据置期間がある場合には、ハの金額は次の③によって計算する（国税庁・文書回答事例「変額個人年金保険の相続税法第24条の取扱いについて」（平22.11.26））。
③ 予定利率による複利年金現価率により計算した金額について
ⅰ　期首払い年金（上記A③ⅰ参照）で、具体的な年金支払開始日を権利取得日の翌日以後1年以内に指定する場合
　☆設　例
　〔権利取得日〕平23.4.1
　〔初回年金支払日（約定）〕平23.4.1

〔権利取得時の年齢〕80歳3か月（男）
〔年金支払開始日・年金給付期間〕平24.4.1から終身
〔この場合の平均余命〕8.22年≒8年

☆上記②ハの計算

上記②ハの通りに計算する。

1年当たり年金の平均額×平均余命期間（8年）に応ずる予定利率による複利年金現価率

(注) この場合の給付期間は、平23.4.2から31.4.1までの8年となるので、据置期間は考慮しない。

ⅱ 期首払い年金（上記A③ⅰ参照）で、具体的な年金支払開始日を1年を超えて据置いた場合

☆設　例

〔権利取得日〕平23.4.1
〔初回年金支払日（約定）〕平23.4.1
〔権利取得時の年齢〕80歳3か月（男）
〔年金支払開始日・年金給付期間〕平27.4.1から終身
〔この場合の平均余命〕8.22年≒8年

☆上記②ハの計算

1年当たり年金の平均額×実際給付期間に相当する期間（5年）に応ずる予定利率による複利年金現価率×据置期間の年数（3年）に応ずる予定利率による複利年金現価率

(注) 据置期間は、平23.4.2から26.4.1までの3年とし、実際給付期間に相当する期間は5年となる。

ⅲ 期末払い年金（上記A③ⅲ参照）で、具体的な年金支払開始日を1年を超えて据置いた場合

☆設　例

〔権利取得日〕平23.4.1
〔初回年金支払日（約定）〕平24.4.1
〔権利取得時の年齢〕80歳3か月（男）
〔年金支払開始日・年金給付期間〕平27.4.1から終身

〔この場合の平均余命〕8.22年≒8年

☆上記②ハの計算

　1年当たり年金の平均額×実際給付期間に相当する期間（5年）に応ずる予定利率による複利年金現価率×据置期間の年数（3年）に応ずる予定利率による複利年金現価率

（注）据置期間は、平23.4.2から26.4.1までの3年とし、実際給付期間に相当する期間は5年となる。

D．専ら一時金の支払をするもの

　年金受給権を取得した者に継続年金受取りの選択権がなく、約定によって専ら一時金のみが支払われる年金契約（年金の種類を問わない）については、その支払を受けるべき一時金に相当する金額を評価額とする（相法新24①四・P347参照）。

E．生存条件付有期定期金

① 約定等による一定の期間内、年金受取人（生命保険会社等の個人年金保険の場合には被保険者）が生存している場合に限り年金を給付するが、その者の死亡により給付は終了する（相法新24③・P348参照）。

② 評価方法

　上記AとCの金額のうち、いずれか少ない金額を評価額とする。

F．保証期間付終身定期金

① 年金の目的とされた者（生命保険会社等の個人年金保険の場合には被保険者）が生存している限り年金の給付をし、その者が給付保証期間内に死亡した場合には、残存保証期間につき年金継続受取人に対し、年金を給付するもの（相法新24④・P348参照）。

② 評価方法

　上記AとCの金額のうち、いずれか多い金額を評価額とする。

■実務のポイント

【Point①】
　変額個人年金保険の評価については、次のように行う（国税庁・文書回答事例「変額個人年金保険の相続税法第24条の取扱いについて」（平22.11.26））。

ⅰ　変額個人年金保険のうち、変動型年金（契約により予め定めた年金額を一定期間又は被保険者の終身にわたって支払い、残りの年金を一括して支払う時に、その時点で残存する積立金等により支払額を清算するもの）については、相法新24条1項各号に規定する予定利率が存しないことから、この部分については、同各号に規定する「解約返戻金の金額」と「一時金の金額」のうちいずれか多い金額を評価額とする。

ⅱ　上記変動型年金以外の年金（定額年金）については、相法新24条1項各号（同各号のイ、ロ、ハ）により評価する。

ⅲ　権利取得日において、変動年金部分につき割合(100％まで可能)をもって定額年金とすることができる特則（定額年金特則）が付加されている場合には、実際の定額年金選択割合に係らず、100％定額年金としたものとして上記ⅱと同様の評価を行う。

【Point②】
ⅰ　相法新24条は、平23.4.1以後、相続・遺贈又は贈与により定期金の権利を取得した場合に適用される（平22改正法附則32条・P357参照）。

ⅱ　平22.4.1から23.3.31までの間に一定の事実に該当する定期金の権利については、新24条の適用がある（上記附則32条の編者注・P358参照）。

ⅲ　年金払積立傷害保険（損害保険契約）で、給付金支給開始日の到来が贈与税の課税原因となる場合、その定期金に関する権利は相法新24条により評価する（国税庁・文書回答事例「年金払積立傷害保険の相続税法第24条及び第25条の取扱いについて」（平23.2.25））。

【Point③】
ⅰ　死亡保険金又は死亡退職金が年金の方法で支払われる場合には、それらの金額は、相法24条の規定により評価した金額となる（相基通新24-2及びその編者注・P364、同旧24-3及びその編者注・P378参照）。

ⅱ　被相続人が生前に退職し、本来一時金として支給されるべき退職金

が分割払いの方法で支給されていた場合、相続開始時現在の未収退職金債権の評価については、相基通旧24-3の編者注5（P379）参照。

【Point④】
i 確定拠出年金と相法24条及び25条との関係については、相法新24条の編者注14（P354）参照。
ii 相続財産とみなされる、契約に基づかない定期金に関する権利（相法3①六）の評価にも、相法24条の適用がある（相法新24⑤・P349参照）。

(3) 課税時期が平成23年3月31日以前である場合の評価
① 平23.3.31以前に相続・遺贈又は贈与により定期金の権利を取得した場合は、相法旧24条（平22改正前のもの・P373）により評価を行う（平22改正法附則32条・P357参照）。
② 平22.4.1から23.3.31までの間に一定の事実に該当する定期金の権利については、上記①に係らず、新24条の適用がある（上記附則32条の編者注・P358参照）。

(4) 関連法令等
本項に関連する法令等及びその編者注は、次のように掲載した。
① 法令・通達等の索引：2編9章1節（P344）
② 基本条項（平22改正後のもの）：2編9章2節（P346）
③ 定期金の評価に関する他の条項（平22改正後のもの）：2編9章3節（P356）
④ 定期金の評価に関する条項（平22改正前のもの）：2編9章4節（P373）

4 定期金（年金）に関する権利の評価（給付事由の発生していないもの）〔相続税〕

(1) 課税時期が平成23年4月1日以後である場合の評価
課税時期において定期金（年金）給付事由が発生していない定期金に関する権利は、その契約に解約返戻金を支払う旨の定めがあるか否かの

区分によって評価する（相法新25・P388参照）。

(2) 課税時期が平成23年３月31日以前である場合の評価

全ての定期金に関する権利につき、相法旧25条（平22改正前のもの・P395参照）により評価する。

■実務のポイント

【Point①】
生命保険会社等と契約した個人年金保険等で、相続開始時等の課税時期において、年金給付事由の発生していないものについては、相法25条の適用がなく、上記１（P28参照）の生命保険契約等に関する権利として評価する。

【Point②】
年金払積立傷害保険（損害保険契約）で課税時期に給付事由が生じていないものは、相法25条により評価する（国税庁・文書回答事例「年金払積立傷害保険の相続税法第24条及び第25条の取扱いについて」（平23.2.25））。

(注) 年金払積立傷害保険とは、保険期間の全期間を通じて傷害保険の保険金（死亡保険金・後遺障害保険金）が付保され、保険料払込終了後の一定時点（給付金支払開始日）から、給付金受取人に対して、一定期間、毎年、年金払方式により給付金が支払われるものをいう。契約当事者は、保険契約者、被保険者、給付金受取人（保険契約者又は被保険者のいずれかに限る）。

(3) 関連法令等

本項に関連する法令等及びその編者注は、次のように掲載した。
① 定期金の評価に関する条項（平22改正後のもの）：２編９章５節（P388）
② 定期金の評価に関する条項（平22改正前のもの）：２編９章６節（P395）

５ 所得税・法人税における「生命保険契約・損害保険契約に関する権利」の価額

所得税及び法人税では、その関連法令において生命保険契約・損害保

険契約に関する権利の価額の評価に関する規定を置いていない。

　所基通36-37（P674参照）にこれらの権利の価額の評価に関する取扱いがある。この取扱いは給与所得に関するものであるが、他にこれに類するものがないことから、同36-37の取扱いは、所得税及び法人税におけるこれらの権利の価額一般についても、その適用があるものと考えられる（所基通36-37の編者注１・P674参照）。

第2章

生命保険金・損害保険金等と所得税の課税関係（概要）

第1節　非課税所得となる生命・損害保険金等

(1) 相続又は贈与により取得したもの

生命保険金・損害保険金で、その保険金が相続税又は贈与税の課税対象となるものは、所得税の課税対象にならない（所法9①一六・P405参照）。

■実務のポイント

みなす相続財産・贈与財産となる死亡保険金又は満期保険金につき、一時金で支払を受ける場合には、所得税では非課税所得となるが、これらを年金の方法で支払を受けると、年金の受取時に原則として雑所得の課税関係が生ずる。

この場合の雑所得の金額の計算については、所令185条（P580）、同186条（P649）参照。

(2) 身体の傷害に基因して支払を受ける保険金等

生命保険契約の給付金、損害保険契約の保険金で、身体の傷害に基因して支払を受けるものは、非課税所得となる（所令30一・P407参照）。

■実務のポイント

i これらの保険金・給付金であっても、各種所得の必要経費を補塡するものは、非課税所得にならない（所令30本文・P407参照）。
　この場合の取扱いについては、所基通9-19及び同編者注1、2（P412）参照。なお、所令30条1号の非課税となる収益の補償と、同令94条1項2号の各種所得の収入金額とされる収益の補償との関係については、所令30条の編者注5（P410）参照。

ii 損害保険契約・生命保険契約の範囲については、所令30条の編者注2（P409）参照。

iii 身体の傷害を受けた者以外の者が傷害保険金等を取得した場合については、所基通9-20（P414）参照。

iv 生命保険契約の高度障害保険金・入院給付金等は非課税所得となる

（所基通9-21・P417参照）。
v 所得補償保険金については、所基通9-22（P418）参照。
vi 個人事業主が使用人を被保険者とする、いわゆる事業上の保険契約に基づき、被保険者の傷害等に基因して支払を受ける傷害給付金（高度障害保険金を含む）については、事業所得の収入金額となる（所基通9-20の編者注1-2・P415参照）。

(3) 心身に加えられた損害につき支払を受ける慰謝料・損害賠償金

心身に加えられた損害につき、加害者等から支払を受ける慰謝料・損害賠償金は、非課税所得となる（所令30一・P407参照）。

■実務のポイント
i 無保険車傷害保険、人身傷害補償保険の保険金は、非課税の損害賠償金に当たる（所令30条の編者注4・P410参照）。
ii 損害に基因して勤務又は業務に従事することができなかったことによる給与・収益の補償は、非課税所得に当たる（所令30条の編者注5・P410参照）。

(4) 資産の損害に基因する損害保険金

損害保険契約の保険金で、資産の損害に基因して支払を受けるものは、非課税所得となる（所令30二・P408参照）。

■実務のポイント
資産の損害による損害保険金は、その資産が事業・業務用であっても、非課税所得になる（所法9条の編者注2③・P406参照）。

(5) 資産に加えられた不法行為等による損害の損害賠償金

不法行為その他突発的な事故により、資産に加えられた損害につき支払を受ける損害賠償金は、非課税所得となる（所令30二・P408参照）。

(6) 心身又は資産に加えられた損害に係る見舞金

心身又は資産に加えられた損害につき支払を受ける相当の見舞金は、

非課税所得となる（所令30三・P408参照）。

(7) 関係法令等
　本節に関連する法令等及びその編者注は、次のように掲載した。
① 　法令等の索引：3編1章1節（P404）
② 　非課税所得に関連する条項：3編1章2節（P405）

第2節 非課税所得となる保険金等と他の規定との関係

1 資産損失の必要経費と保険金との関係

(1) 事業の用に供される資産の損失と保険金等との関係

　事業所得、事業的規模の不動産所得、山林所得の事業の用に供される固定資産（繰延資産を含む）につき生じた損失額を、これらの所得の必要経費に算入する場合、その損失を補填する保険金等（損害賠償金を含む）があるときには、損失額から保険金等を控除する（所法51①・P424）。

■実務のポイント
i 　損失の範囲については、所法51条の編者注3（P425）参照。
ii 　損失の金額については、所基通51-2(P432)、同51-3(P433)、同51-5(P435)参照。
iii 　所法51条各項に規定する「保険金等により補てんされる部分の金額を除く」の趣旨等については、所法51条の編者注5（P426）参照。
iv 　保険金等の範囲については、所基通51-6（P437）参照。
v 　保険金・損害賠償金等が、損失の生じた年分の確定申告を提出する時までに確定していない場合は、保険金等の見積額により控除する（所基通51-7・P437参照）。

(2) 業務の用に供される資産の損失と保険金等の関係

　不動産所得（事業的規模のものを除く）、雑所得の業務の用に供される資産、又はこれらの所得の基因となる資産につき生じた損失額をこれらの所得の必要経費に算入する場合、その損失を補填する保険金等（損害賠償金を含む）があるときには、損失額から保険金等を控除する（所法51④・P424）。

■実務のポイント
i 　業務用（事業用を除く）資産及び損失の範囲については、所法51条の

編者注8-1（P427）参照。
ⅱ　業務用（事業用を除く）資産損失の必要経費算入と、雑損控除との適用関係については、所法51条の編者注8-2（P429）参照。

2　生活に通常必要でない資産の災害損失と保険金との関係

　災害、盗難、横領により、生活に通常必要でない資産について生じた損失の金額は、その損失の生じた日の属する年分又は翌年分の譲渡所得（総合課税の譲渡所得に限る）の金額から控除する。
　この場合、その損失を補填する保険金等があるときは、損失額から保険金等を控除する（所法62・P439参照）。
■実務のポイント
ⅰ　所法62条に規定する「保険金等により補てんされる部分の金額を除く」の趣旨等については、所法51条の編者注5（P426）参照。
ⅱ　生活に通常必要でない資産の範囲等については、所令178条の編者注1～3（P441）参照。
ⅲ　生活に通常必要でない資産損失額は、取得価額（又は未償却残額）ベースで計算する（所令178条の編者注5・P443参照）。

3　被災事業用資産の損失金額と保険金との関係

(1)　被災事業用資産損失額の繰越控除
　確定申告書を提出する年の前年以前3年内に生じた事業用資産（業務用資産を含まない）について生じた災害による損失額（損失の生じた年分につき青色申告書を提出しているものに限る）は、総所得金、退職所得金額又は山林所得金額から控除する（所法70②・P444参照）。
■実務のポイント
　土地等の分離譲渡所得金額等からは控除できない。

(2) 被災事業用資産損失の金額

① 被災事業用資産損失とは、棚卸資産、事業用固定資産（業務用資産を含まない）等につき生じた、災害による損失である（所法70③・P444参照）。
② 損失金額には災害関連支出額のうち一定のもの（所令203条・P448参照）を含み、損失を補填する保険金、損害賠償金等を控除する。

■実務のポイント
ⅰ 災害の意義については、所法2条1項27号（P447）参照。
ⅱ 事業用固定資産の被災損失の金額については、所法70条の編者注2（P445）参照。
ⅲ 保険金等の範囲については、所法70条の編者注2②（P446）参照。

4 雑損控除と保険金との関係

(1) 雑損失の控除

雑損失とは、自己又は自己と生計を一にする配偶者・その他の親族（所令205）の有する資産（生活に通常必要でない資産、及び事業用資産を除く）につき、災害、盗難、横領により生じた損失をいい、その金額が一定額を超える場合には、その生じた年分の総所得金額、退職所得金額、山林所得金額から控除する（所法72①・P450参照）。

■実務のポイント
ⅰ 配偶者・その他の親族の範囲については、所法72条の編者注1（P451）、雑損控除に該当する資産の範囲については、所法72条の編者注2（P451）参照。
ⅱ 雑損控除の対象となる損失には、詐欺、恐喝による損失は含まれない（所法72条の編者注3・P452参照）。
ⅲ 土地等の分離譲渡所得等の分離課税所得がある場合の雑損控除の適用については、所法72条の編者注5（P453）参照。

(2) 雑損失の金額

雑損失の金額は、災害時の時価により計算し（所令206③・P457参照）、

災害関連支出のうち一定のもの（所令206①・P456参照）を含み、損失を補填する保険金、損害賠償金等を控除する。

■実務のポイント
i　控除すべき保険金等については、所法72条の編者注4（P453）参照。
ii　業務用資産の損失と雑損控除の比較については、所基通72-1の編者注（P455）参照。
iii　原状回復のために支出する金額の取扱いについては、所令206条の編者注2（P458）、災害関連支出額から控除する保険金等については、所令206条の編者注3（P459）参照。
iv　雑損控除の損失金額の計算については、所令206条の編者注4（P460）参照。

5　医療費控除と保険金等（生損保）との関係

自己又は自己と生計を一にする配偶者・その他の親族に係る医療費を支払った場合には、支払った医療費額から一定額を控除した後の金額（最高額は200万円）を、総所得金額、退職所得金額、山林所得金額から控除する（所法73①・P463参照）。

■実務のポイント
i　配偶者その他の親族の範囲については所法73条の編者注1（P463）、配偶者その他の親族に係る医療費については所基通73-1（P466）、支払った医療費の意義については所基通73-2（P467）参照。
ii　医療費から控除する保険金等については所法73条の編者注4（P465）、保険契約に基づく保険金等の例については所基通73-8の編者注2（P468）参照。
iii　土地等の分離譲渡所得等の分離課税所得がある場合の雑損控除の適用については、所法72条の編者注5（P453）参照。
iv　医療費の支払者に非居住期間がある場合については、所基通73-2の編者注2（P467）参照。
v　医療費から控除すべき保険金等に該当しないものについては、所基

通73-9及びその編者注1～3（P469）参照。

6　関連法令等

本節に関連する法令等及びその編者注は、次のように掲載した。
① 　法令・通達等の索引：3編2章1節（P422）
② 　損害保険金等と資産損失に関する基本条項：3編2章2節（P424）
③ 　損害保険金等と資産損失に関するその他の条項：3編2章3節（P431）
④ 　損害保険金等と生活に通常必要でない資産の災害損失との関係条項：3編2章4節（P439）
⑤ 　損害保険金等と純損失との関係条項：3編2章5節（P444）
⑥ 　損害保険金等と雑損控除との関係条項：3編2章6節（P450）
⑦ 　保険金等（生損保）と医療費控除との関係条項：3編2章7節（P463）

第3節　事業所得等の収入金額となる保険金(生損保)等

(1) 事業所得等の収入金額とされる保険金等

不動産・事業・山林又は雑所得に係る棚卸資産（譲渡所得とされない棚卸資産に準ずる資産を含む。所令81）の損害により受ける保険金、損害賠償金、見舞金等は、これらの所得の収入金額とされる（所令94①一・P476参照）。

■実務のポイント
i 　保険金（生保・損害）、損害賠償金等が事業所得等の収入金額となる場合の収益計上の時期については、所法36条の編者注（P475）参照。
ii 　事業所得等の収入金額とされる保険金等の経理方法については、所令94条の編者注1（P477）参照。

(2) 事業所得等の収入金額とされる補償金等

不動産所得、事業所得、山林所得又は雑所得を生ずべき業務の全部又は一部の休止、転換、廃止等により、その収益の補償として取得する補償金等は、これらの所得の収入金額とされる（所令94①二・P476参照）。

(3) 事業所得等の収入金額とされる個人事業の使用人に係る保険金等

個人事業の遂行上必要とされる保険契約で（以下「事業上の保険契約」）、使用人を被保険者、保険契約者及び保険料負担者を事業主とする生命保険・損害保険契約に係る保険金・各種給付金等は、事業所得（事業的な不動産所得を含む）の収入金額とされる（所基通27-5の編者注2・P481参照）。

■実務のポイント
事業上の保険契約の意義等については所基通27-5の編者注2⑤(P483)、青色事業専従者に係る保険金については所基通27-5の編者注2⑥(P484)、事業所得等の収入とされる保険金・契約者配当金の経理については所基通27-5の編者注3（P485）、同4（P486）参照。

(4) 関係法令等

本節に関連する法令等及びその編者注は、次のように掲載した。

① 法令・通達等の索引：3編3章1節（P474）
② 棚卸資産等の損害に係る保険金等に関する条項：3編3章2節（P475）
③ 個人事業の使用人に係る保険金等に関する条項：3編3章3節（P480）

第4節　一時所得・雑所得となる保険金（生損保）等

1　一時所得となる生命保険金等

(1)　一時所得となる生命保険金の範囲等

　生命保険契約等による保険金（死亡・満期保険金）が一時所得となるのは、保険金受取人と保険料負担者とが同一人で、かつ、一時に支払われるものである（所基通34-1の編者注①・P496参照）。

■実務のポイント
　保険契約者及び被保険者が誰であるかは、保険金が一時所得となるか否かの判定に影響しない。

(2)　保険金に係る一時所得の金額

① 　収入保険金には、保険金（満期・死亡保険金。解約返戻金を含む）と共に受ける積立配当金等を含む（所令183②一・P505参照）。
② 　保険金に係る一時所得金額は、保険金から支払保険料の総額を控除した金額である（所令183②二・P505参照）。

■実務のポイント
【Point①】
i 　同一年に2以上の保険金がある場合、一の保険損を他の保険益と通算することができる（所法34条の編者注2・P495参照）。
ii 　保険料を借入金によって支払っている場合には（保険料自動貸付に係る支払利息を含む）、その支払利息相当額を収入保険金から控除することができる（所法34条の編者注1③・P495参照）。
iii 　退職金として生命保険契約の権利を現物支給され、その後、その契約を解約した場合の解約返戻金に係る一時所得の計算については、所法34条の編者注1①（P494）参照。
iv 　外貨建て保険金の邦貨換算については、所令183条2項の編者注1

(P513）参照。

v 一時金の意義及び前納保険料の取扱いについては、所令183条2項の編者注2（P513）参照。

vi 保険期間中の生存給付金の課税関係については、所令183条4項の編者注8（P518）参照。

【Point②】

i 保険金等の収入すべき時期については、所基通36-13の編者注（P521）参照。

ii 一時金として支払われるべき保険金等を据置にした場合の課税関係については、所基通36-13の編者注④（P522）参照。

(3) 控除する保険料について

① 支払保険料の総額は、実支払保険料（表定保険料から保険期間中の現金配当、実際に支払を受けた積立配当及び相殺配当を控除した金額）により計算する（所令183④四・P512参照）。

② 保険料又は掛金には、所令183条2項2号本文カッコ書（P505参照）に規定する移換年金給付等積立金、移換積立金、承継年金給付金等積立金、移換脱退一時金相当額、個別管理資産に充てる資産が含まれる。

③ 所令183条2項2号ただし書（P506参照）に規定する掛金、金額又は個人型年金加入者掛金は、上記①の総額に算入しない。

④ 生命保険契約等が一時金と年金の双方の支払をするものである場合の支払保険料の総額は、保険料の総額に、一時金と年金の合計額に対する年金収入の割合（所令183①三・P562）を乗じて得た金額を控除した金額となる（所令183②三・P507参照）。

⑤ 所令183条4項（P509参照）に掲げる保険料等がある場合には、その保険料等は保険料の総額から控除する。

■実務のポイント

i 保険金と共に支払われる積立配当金は、収入保険金とされるので、支払保険料からは控除しない。

ii 満期生命保険金等に係る一時所得の計算上、収入保険金から控除す

る保険料について、保険金受取人が負担したものの他、保険契約者である法人が損金として経理した保険料も含まれるかどうかに関しては所法34条の編者注1②（P494）参照。
iii　前納保険料・他の者が負担した保険料の取扱いについては、所令183条4項の編者注7（P516）参照。

(4) 生命保険契約等の範囲
　一時金で受ける保険金が一時所得となる生命保険契約の範囲は、次のとおり（所令183③・P508参照）。
① 　生命保険会社、外国生命保険会社等（国内営業免許を有するもの）と契約した生命保険契約、平17年廃止前の旧簡易生命保険契約（平17年以降契約の簡易生命保険は、生命保険会社との契約に含まれる）、生命共済契約
② 　所令183条3項2号から6号までに掲げるもの

■実務のポイント
i　生命保険契約には、個人年金保険契約も含まれる。
ii　退職所得とみなす一時金（所法31）と一時所得となる保険金との関係については、所令183条2項の編者注4（P514）参照。
iii　生命保険契約等に含まれる外国生命保険会社の範囲については、所令183条3項の編者注5（P515）参照。
iv　適格退職年金契約を契約者である会社が解約し、その一時金の支給を受けた場合の課税関係については、所令183条3項の編者注6（P516）参照。

2　一時所得となる損害保険契約の満期返戻金等

(1) 一時所得となる損害保険金・満期返戻金の範囲等
　損害保険契約等による満期返戻金等（解約返戻金を含む）で、かつ、一時に支払われるものは一時所得となる（所令184②・P549参照）。

■実務のポイント
i　損害保険契約の死亡保険金は、それが非課税となる場合を除き、一

時所得に該当する（所基通34-1の編者注③・P496参照）。
ⅱ 損害保険契約に基づく一時金の課税関係については、所基通34-1の編者注（P548）参照。
ⅲ 一時所得となる損害保険契約の解約返戻金については、所令184条4項の編者注6（P555）参照。

(2) 保険金に係る一時所得の金額
① 収入保険金には、満期返戻金と共に受ける積立配当金等を含む（所令184②一・P550参照）。
② 保険金に係る一時所得金額は、保険金から支払保険料の総額を控除した金額である（所令184②二・P550参照）。

■実務のポイント
ⅰ 満期返戻金の収入すべき時期については、所令184条2項の編者注2（P554）参照。
ⅱ 保険料の総額・前納保険料・他の者が負担した保険料の取扱いについては、所令184条3項の編者注3（P554）参照。

(3) 控除する保険料について
① 支払保険料の総額は、実支払保険料（表定保険料から保険期間中の現金配当、実際に支払を受けた積立配当及び相殺配当を控除した金額）により計算する（所令184③・P550参照）。
② 損害保険契約の保険料の総額は、実支払保険料の合計額から、保険期間中の各年において各種所得の必要経費に算入した額を控除した残額となる（所基通36・37共－18の6・P557参照）。

■実務のポイント
保険金と共に支払われる積立配当金は、収入保険金とされるので、支払保険料からは控除しない。

(4) 満期返戻金等の範囲
一時所得又は雑所得となる損害保険契約等の範囲、満期返戻金等が一

時所得となる損害保険契約等の範囲、一時所得となる損害保険契約の解約返戻金の範囲等については、次に掲げる条項の編者注を参照。

所令184条2項の編者注1（P551）、同4項の編者注5（P554）、同4項の編者注6（P555）、同4項の編者注7（P556）

3　雑所得となる生命保険契約に基づく年金

(1) 雑所得となる生命保険契約等に基づく年金

生命保険契約等に基づく年金は、雑所得となる（所令183①・P561参照）。

■実務のポイント

i　年金に代えて一時金で支払を受ける場合、一定の要件を満たすものについては、一時所得に該当する（所基通35-3・P568参照）。

ii　在職中に使用人が使用者に掛金を拠出し、退職後、使用者から支給される年金は、公的年金等に該当する（所基通35-5）。

iii　保険金の支払を据置く場合に支払を受ける据置保険金に係る利息は、雑所得とされる（所基通35-1の編者注1・P559参照）。

iv　一時払の保険金等を年金の方法で支払を受ける場合の課税関係については、所基通35-1の編者注2（P560）参照。

v　生命保険契約等に係る年金の収入すべき時期については、所令183条1項の編者注3（P563）参照。

(2) 年金に係る雑所得の金額

① 収入金額には、年金支払開始日以後に分配を受ける剰余金等を含む（所令183①一・P561参照）。

② 年金に係る雑所得金額は、その年の年金額を収入金額とし、その年金額に、次の算式によって計算した割合を乗じて得た金額を必要経費とする（所令183①二・P562参照）。

〔算式〕年金契約に係る保険料等の総額÷年金支払総額（総額が確定していな場合は支払総額見込額）

③ 年金契約が一時金と年金との双方を支払うものである場合、上記②

の算式中の保険料等の総額は、保険料等の総額に次の算式による割合を乗じた金額とする（所令183①三・P562参照）。

〔算式〕年金支払総額÷（年金支払総額＋一時金の額）

■実務のポイント

【Point①】

ⅰ　保険料に関する事項については上記1の(3)(P51)・所令183条1項の編者注8(P567)、生命保険契約等の範囲については上記1の(4)(P52)参照。

ⅱ　年金の収入すべき時期については、所令183条1項の編者注3（P563）参照。

ⅲ　相続又は贈与財産とされる年金の権利と具体的な年金受給時の課税関係については、所令183条1項の編者注4（P563）参照。

ⅳ　年金支払開始後に生じた剰余金をもって、一時払の年金保険を買増した場合の課税関係については、所令183条1項の編者注5（P564）参照。

ⅴ　変額個人年金保険に係る雑所得の計算については、所令183条1項の編者注6（P564）参照。

ⅵ　年金の支払総額については、所令183条1項の編者注7（P564）参照。

ⅶ　被相続人の死亡を年金支払開始事由とする年金につき、年金受給開始日前に、年金の全部を一時金で支払を受ける場合の課税関係については、所基通9-18（P567）参照。

【Point②】

雑所得の計算上、公的年金等に係る雑所得金額と、生命保険契約等の年金に係る雑所得の赤字とは通算できる（所法35条の編者注・P558参照）。

4　雑所得となる損害保険契約に基づく年金

(1) 雑所得となる損害保険契約等に基づく年金

損害保険契約等に基づく年金は、雑所得となる（所令184①・P576参照）。

■実務のポイント
i 所令184条1項の損害保険契約等の範囲については、P551に掲げる所令184条の編者注1参照。
ii 年金に代えて一時金で支払を受ける場合、一定の要件を満たすものについては、一時所得に該当する（所基通35-3・P568参照）。
iii 損害保険契約等に係る年金の収入すべき時期については、所令184条1項の編者注3（P577）参照。
iv 相続又は贈与財産とされる年金の権利と具体的な年金受給時の課税関係については、所令184条1項の編者注4（P577）参照。
v 年金支払開始後に生じた剰余金をもって、一時払の年金保険を買増した場合の課税関係については、所令184条1項の編者注5（P577）参照。

(2) 年金に係る雑所得の金額

① 収入金額には、年金支払開始日以後に分配を受ける剰余金等を含む（所令184①一・P576参照）。
② 年金に係る雑所得金額は、その年の年金額を収入金額とし、その年金額に、次の算式によって計算した割合を乗じて得た金額を必要経費とする（所令184①二・P576参照）。
　〔算式〕年金契約に係る保険料等の総額÷年金支払総額（総額が確定していない場合は支払総額見込額）

■実務のポイント
i 年金の支払総額については、所令184条1項の編者注6（P578）参照。
ii 年金の支払総額の見込額については、所令184条1項の編者注7（P578）参照。
iii 保険料に関する事項については上記2の(3)(P53)、所令184条1項の編者注8（P578）参照。

5　相続等に係る生命保険契約の年金に関する雑所得の計算

(1) 相続等により取得した生命保険契約の年金の雑所得の計算について
① 相続等に係る生命保険契約又は損害保険契約の年金を所令185条及び同186条に規定する方法で計算することの経緯・適用時期については、所令185条の編者注1（P600）参照。
② 相続等に係る生命保険契約又は損害保険契約の年金の雑所得の計算は、年金総額を所得税の課税部分の金額と非課税部分の金額とに区分する。課税部分に係る各年の年金額を収入金額とし、その年金額に対応する保険料を必要経費として所得金額を計算するというものである（国税庁・個人課税課情報3号〔平22.10.29〕Ⅲ・P610参照）。

■実務のポイント
上記②の考え方は、年金を一括して一時に受ける場合の一時所得の計算にも適用される（所基通35-3の解説・P605参照）。

(2) 上記(1)の計算の適用を受けられる者
相続等に係る生命保険契約又は損害保険契約の年金を、所令185条及び同186条に規定する方法で計算することができる者は、次の者に限られる（所令185③・P597、同186①・P649参照）。
① 相法3条1項1号（みなす相続財産・P119参照）の死亡保険金の受取人
　(注) 一時金で受けるべき死亡保険金の支払を、年金の方法により受ける者などに適用される。
② 相法3条1項5号（みなす相続財産・P282参照）の給付事由が発生している保証期間付定期金の継続年金受取人又は一時金受取人
　(注) 被相続人の相続開始と同時に年金給付が開始されるものを含む。
③ 相法3条1項6号（みなす相続財産・P290参照）の契約に基づかない定期金を取得した者
④ 相法5条1項（みなす贈与財産・P298参照）の保険金受取人
　(注) 生命保険の死亡・満期保険金又は損害保険の死亡保険金の支払を年金の方法により受ける者、生命保険会社と契約した個人年金保険の年金支給開始に伴う

年金受給者などに適用される。
⑤　相法5条2項（みなす贈与財産・P298参照）の生命保険契約（一定の損害保険契約を含む）の解約返戻金等の受取人
（注）一時金で受けるべき解約返戻金等の支払を、年金の方法により受ける者などに適用される。
⑥　相法6条1項（みなす贈与財産・P329参照）の定期金の受取人
⑦　相法6条2項（みなす贈与財産・P329参照）の定期金給付契約の解約返戻金の受取人
⑧　相法6条3項（P329参照）の定期金受取人
（注）保証期間付定期金の受取人が死亡し、その定期金が相続税・贈与税の課税対象となる場合の継続年金受取人等をいう。
⑨　相続、遺贈又は個人からの贈与により保険金受取人又は定期金受取人となった者
（注）給付事由の発生している年金の受給権を、個人からの贈与等によって取得した者等をいう。

(3) 課税対象年金額の計算

　所得税の課税対象となる年金額及びその必要経費は、相続等による年金の評価方法の別、年金の種類より次の各条項によって計算する。

ア．年金の評価が平成22年改正前の相法24条（以下「旧24条」という）により行われるもの
①　確定年金：所令185条1項1号（P580参照）
（注）保証期間付有期定期金を含む。
②　終身年金：所令185条1項2号（P583参照）
③　有期年金：所令185条1項3号（P585参照）
（注）生存条件付有期定期金をいう。
④　保証期間付終身年金：所令185条1項4号（P586参照）
⑤　年金支払総額の確定していない保証期間付有期年金：所令185条1項5号（P587参照）
⑥　上記①から⑤によって計算した金額が、支払を受ける年金額を超え

る場合の調整：所令185条1項6号（P589参照）

⑦ 年金支払開始日以後に分配を受ける剰余金・割戻金等は、その全額を雑所得の収入金額とする（所令185①七・P589参照）。

■実務のポイント
ⅰ 年金の種類の判定については、所基通35-4の2（P607）参照。
ⅱ 保証期間における当初年金受取人の契約年額と当初年金受取人以外の者の契約年額が異なる場合については、所基通35-4の3（P609）参照
ⅲ 年金の種類の内容については、国税庁・個人課税課情報3号（平22.10.29）Ⅲ1(2)①（P612）参照。

イ．年金に係る必要経費の計算

上記アの年金に係る必要経費の金額は、次の区分に応じ、それぞれ次のようになる。

① 被相続人の死亡等により年金の支払が開始される年金に関する権利を、保険金受取人等（上記(2)に掲げる者）が取得する場合（所令185①八・P590参照）

◇算　式

〔その年の年金額として上記アにより計算した金額〕×〔次の算式による割合〕＝必要経費

※割合の算式：その保険契約等に係る支払保険料の総額÷年金支払総額（支払総額が確定していない場合は、支払総額の見込額）

（注）保険料等の総額については、通常の生命保険契約に係る年金の場合と同様の扱いとなる（所令185④・P600、上記1の(3)・P51、所令183条1項の編者注8・P567参照）。

② 約定等による年金支払開始時の受取人（当初年金受取人）が被相続人等である場合（既に年金支払が開始されていた年金に関する権利を上記(2)に掲げる者が取得した場合。所令185①九・P590参照）。

◇算　式

〔その年の年金額として上記アにより計算した金額〕×〔次の算式に

よる割合〕＝必要経費
　　※割合の算式：約定等による年金支払開始日の現況により次の算式により計算し
　　　　　　　　た割合又は上記①の割合
　　　　　　　その保険契約等に係る支払保険料の総額÷年金支払総額（支払総
　　　　　　　額が確定していない場合は、支払総額の見込額）
③　その生命保険契約が年金と一時金の双方の支払をするものである場合、上記①の支払保険料の総額は、次の算式により計算した金額とする（所令185①十・P591参照）。
　　◇算　式
　　〔支払保険料の総額〕×〔次の算式による割合〕
　　※割合の算式：年金の支払総額（支払総額が確定していない場合にはその見込額）
　　　　　　　　÷〔年金支払総額又はその見込額＋一時金の額〕

ウ．年金の評価が平成22年改正後の相法24条（以下「新24条」という）により行われるもの
①　確定年金（相続税評価割合の別に次による）
（注１）保証期間付有期定期金を含む。
（注２）相続税評価割合とは、「相法新24条によるその年金の権利の評価額÷年金支払総額（又はその見込額）」によって計算した割合をいう（所令185③三・P598参照）。
　　ⅰ　評価割合が100分の50を超えるもの
　　　所令185条２項１号イ（P591参照）
　　ⅱ　評価割合が100分の50以下のもの
　　　所令185条２項１号ロ（P592参照）
②　終身年金（相続税評価割合の別に次による）
　　ⅰ　評価割合が100分の50を超えるもの
　　　所令185条２項２号イ（P592参照）
　　ⅱ　評価割合が100分の50以下のもの
　　　所令185条２項２号ロ（P593参照）
③　有期年金：所令185条２項３号（P594参照）

(注) 生存条件付有期定期金をいう。

④ 保証期間付終身年金：所令185条2項4号（P594参照）
⑤ 年金支払総額の確定していない保証期間付有期年金：所令185条2項5号（P595参照）
⑥ 上記①から⑤によって計算した金額が、支払を受ける年金額を超える場合の調整：所令185条2項6号（P597参照）
⑦ 年金支払開始日以後に分配を受ける剰余金・割戻金等は、その全額を雑所得の収入金額とする（所令185条②七・P597参照）。

エ．年金に係る必要経費の計算

上記ウの年金に係る必要経費の金額は、上記イと同様である（所令185②本文後段・P591参照）。

6 相続等に係る損害保険契約の年金に関する雑所得の計算

相続等に係る損害保険契約の年金についての所令186条の適用関係は、上記5の(1)、(2)(P57参照)と同様である。

所得税の課税対象となる年金額及びその必要経費は、相続等による年金の評価方法の別、年金の種類より次の各条項によって計算する。

(1) 年金の評価が相法旧24条により行われるもの

① 確定型年金：所令185条1項1号（P580参照）の例による（所令186①一・P649参照）

(注) 保証期間付有期定期金を含む。

② 年金支払総額の確定していない保証期間付有期年金：所令185条1項5号（P587参照）の例による（所令186①二・P650参照）
③ 上記①から②によって計算した金額が、支払を受ける年金額を超える場合の調整：所令185条1項6号（P589参照）の例による（所令186①三・P650参照）
④ 年金支払開始日以後に分配を受ける剰余金・割戻金等は、その全額

を雑所得の収入金額とする（所令186条①四・P650参照）。

■実務のポイント
　上記5の(3)アの「実務のポイント」（P59参照）は、損害保険契約の年金についても同様である。

(2) 年金に係る必要経費の計算
　上記(1)の年金に係る必要経費の金額は、次の区分に応じ、それぞれ次のようになる。
① 被相続人の死亡等により年金の支払が開始される年金に関する権利を、保険金受取人等（上記5の(2)に掲げる者）が取得する場合（所令186①五・P650参照）

　◇算　式
　〔その年の年金額として上記（1）により計算した金額〕×〔次の算式による割合〕＝必要経費

　※割合の算式：その保険契約等に係る支払保険料の総額÷年金支払総額（支払総額が確定していない場合は、支払総額の見込額）

　（注）保険料等の総額、年金総額及び年金総額の見込額については、通常の損害保険契約に係る年金の場合と同様の扱いとなるものと考えられる（上記4の(2)の「実務のポイント」・P56参照）。

② 約定等による年金支払開始時の受取人（当初年金受取人）が被相続人等である場合（既に年金支払が開始されていた年金に関する権利を、上記5の(2)に掲げる者が取得した場合。所令186①六・P651参照）。

　◇算　式
　〔その年の年金額として上記(1)により計算した金額〕×〔次の算式による割合〕＝必要経費

　※割合の算式：約定等による年金支払開始日の現況により次の算式により計算した割合又は上記①の割合
　　　　　　　その保険契約等に係る支払保険料の総額÷年金支払総額（支払総額が確定していない場合は、支払総額の見込額）

(3) 年金の評価が相法新24条により行われるもの

① 確定型年金：所令185条2項1号（P591参照）の例による（所令186②一・P652参照）

（注）保証期間付有期定期金を含む。

② 年金支払総額の確定していない保証期間付有期年金：所令185条2項5号（P595参照）の例による（所令186②二・P652参照）

③ 上記①から②によって計算した金額が、支払を受ける年金額を超える場合の調整：所令185条2項6号（P597参照）の例による（所令186②三・P652参照）

④ 年金支払開始日以後に分配を受ける剰余金・割戻金等は、その全額を雑所得の収入金額とする（所令186条②四・P652参照）。

(4) 年金に係る必要経費の計算

上記(3)の年金に係る必要経費の金額は、上記(2)と同様である（所令186②本文後段・P652参照）。

7　関係法令等

本節に関連する法令等及びその編者注は、次のように掲載した。

① 法令・通達等の索引：3編4章1節（P490）
② 一時所得となる生命保険金等の一般的条項：3編4章2節（P494）
③ 生命保険金等の一時所得計算の基本条項：3編4章3節（P505）
④ 生命保険金等の一時所得計算に関連するその他の条項：3編4章4節（P519）
⑤ 一時所得となる損害保険の満期返戻金等に関する条項：3編4章5節（P548）
⑥ 雑所得となる生命保険の年金に関する条項：3編4章6節（P558）
⑦ 雑所得となる損害保険の年金に関する条項：3編4章7節（P576）
⑧ 相続等に係る生命保険の年金についての雑所得に関する条項：3編4章8節（P580）

⑨ 相続等に係る損害保険の年金についての雑所得に関する条項：3編4章9節（P649）

第5節　源泉分離課税となる一時払養老保険等

(1) 対象となる保険契約の範囲

源泉分離課税の対象となる生命保険契約、損害保険契約の範囲は、次のとおり（所法174八・P659参照）。

① 下記②に掲げる生命保険契約、損害保険契約等で、次の要件のいずれにも該当するもの

　a．保険料一時払（一時払に準ずる方法として所令298条5項に規定するものを含む）の養老保険等であること

　b．死亡保険金と満期保険金との保障倍率が所令298条6項の定めに該当するものであること

　c．保険期間等が5年以下のもの（保険期間等が5年を超えるものでも、契約から5年以内に解約されたものを含む）であること

② 生命保険会社等で次に掲げるもの

　a．生命保険会社（国内営業免許を有する外国生命保険会社等を含む）、損害保険会社（国内営業免許を有する外国損害保険会社等を含む）、少額短期保険業者と締結した保険契約又は旧簡易生命保険契約

　b．上記aに類する共済契約

■実務のポイント

ⅰ　分離課税の対象となる生命保険契約の範囲については、所法174条の編者注3（P660）参照。

ⅱ　保険差益の分離課税と評基通214（生命保険契約に関する権利の評価）との関係については、所法174条の編者注2（P660）参照。

(2) 課税対象額と税率

分離課税の対象額は保険差益で、税率は20％（国税15％、地方税5％）である（措法41条の10・P657参照）。

(3) 関係法令等
　本節に関連する法令等及びその編者注は、次のように掲載した。
① 　法令等の索引：3編5章1節（P656）
② 　源泉分離課税となる保険差益に関連する条項：3編5章2節（P657）

第6節　源泉徴収の対象となる保険契約の年金等

(1) 対象となる保険契約の範囲
　源泉徴収の対象となる年金は、次の保険契約に係るものである（所法207・P665参照）。
① 所法旧76条3項1号から4号（P747参照）まで（平24.1.1以後は新76条6項1号から4号まで・P810参照）に掲げる生命保険料控除に関する保険契約
② 所法77条2項（P861参照）に掲げる地震保険料控除に関する保険契約
③ 所令326条2項（P668参照）に掲げる契約

■実務のポイント
ⅰ　年金支払開始後に生じた剰余金をもって一時払年金保険を買増した場合の源泉徴収については、所法207条の編者注1（P665）参照。
ⅱ　上記①の内容については、所法207条の編者注2（P665）参照。
ⅲ　上記②の内容については、所法207条の編者注3（P666）参照。

(2) 源泉課税対象額、税率
① 源泉課税の対象額は、支払う年金額から、所令326条3項（P669参照）により計算した金額を控除した金額（いわゆる保険差益に相当する金額）である（所法208・P667参照）。
② 税率は、10％（所法208・P667参照）。

(3) 源泉徴収を要しない年金
　上記(2)①の保険差益に相当する金額が、25万円未満の場合には、源泉徴収の対象とならない（所法209・P667、所令326⑤・P670参照）。
　この他、所令326条6項（P670参照）に掲げる契約に係る年金については、年金の支払額に関わらず源泉徴収を要しないものとされた（平23法82によ

る所法209ニ追加、平23政195による所令326⑥追加。平25.1.1から施行)。

(4) 関係法令等
　本節に関連する法令等及びその編者注は、次のように掲載した。
① 　法令等の索引：3編6章1節（P664）
② 　源泉徴収の対象となる保険契約の年金に関連する条項：3編6章2節（P665）

第7節　給与所得とされる生保・損保の保険料

　使用者を契約者、役員又は使用人（以下「使用人等」という）を被保険者とする生命保険契約・損害保険契約の保険料相当額が、使用人等の給与所得の収入金額とされる場合の概要は、以下のようになる。

(1) 実務上の一般的な取扱い

① 　生命保険・損害保険契約の全ての保険金・給付金の受取人が、使用者となっているものに係るこれらの保険料については、いわゆる普遍的加入要件の有無を問わず、給与とされることはない。
　（注）生命保険契約等の範囲については、所基通36-31の6の編者注（P689）参照。
② 　養老保険等、満期保険金（満期返戻金を含む）のある保険契約で、死亡保険金及び満期保険金の受取人を使用人等（その遺族を含む）とする場合には、いわゆる普遍的加入要件の有無を問わず、その保険料は給与とされる。
　（注1）給与される場合の課税関係については、所基通36-31の編者注3（P682）参照。
　（注2）いわゆる普遍的加入要件については、所基通36-31の編者注6（P686）参照。
③ 　上記②の保険契約の死亡保険金受取人が使用人等で、満期保険金受取人が使用者である場合には、給与とされる保険料はない。
　　ただし、役員又は特定の使用人のみを被保険者とするものに係る保険料については、保険料の2分の1相当額を使用人等に対する給与とする。
　（注）死亡保険金受取人を使用者、満期保険金受取人を使用人等とする契約に係る保険料についても、上記ただし書と同様の取扱いとなる（所基通36-31の編者注4・P685参照）。

(2) 保険の種類ごとの具体的な取扱い

　保険の種類ごとに給与とされる保険料の取扱いが明示されており、そ

の法令・通達等を掲げると次のようである。

① 〔所令64条〕使用者が負担する確定給付企業年金の掛金等、同64条に規定するものに係る掛金等は、いわゆる普遍的加入要件の有無にかかわらず、使用人等に対する給与とならない（P689参照）。

② 〔所令65条〕使用者が負担する不適格退職金共済契約等、同65条に規定するものに係る掛金等は、使用人等に対する給与とされる（P690参照）。

③ 〔所基通36-31〕養老保険に係る経済的利益：P680参照

④ 〔所基通36-31の2〕定期保険に係る経済的利益：P692参照
　（注）定期保険に係る剰余金等が被保険者に支払われる場合の課税関係については、所基通36-31の2の編者注3（P693）参照。

⑤ 〔所基通36-31の3〕定期付養老保険に係る経済的利益：P699参照

⑥ 〔所基通36-31の4〕傷害特約に係る経済的利益：P701参照
　（注）主契約の経済的利益と特約の経済的利益との関係については、所基通36-31の4の編者注2（P701）参照。

⑦ 〔所基通36-31の7〕傷害、損害保険等に係る経済的利益：P704参照
　（注1）所得補償保険は、損害保険契約に該当する（同7の編者注9・P706参照）。
　（注2）介護費用保険の取扱いについては、P707に掲げる個別通達参照。

⑧ 〔所基通36-31の8〕使用人等が契約した保険に係る経済的利益：P718参照

(3) 関係法令等

本節に関連する法令等及びその編者注は、次のように掲載した。

① 法令等の索引：3編8章1節（P678）
② 養老保険の保険料で給与とされるものに関連する条項：3編8章2節（P680）
③ 定期保険の保険料で給与とされるものに関連する条項：3編8章3節（P692）
④ 定期付養老保険の保険料で給与とされるものに関連する条項：3編8章4節（P699）

⑤　傷害特約等の保険料で給与とされるものに関連する条項：3編8章5節（P701）

⑥　傷害・損害保険の保険料で給与とされるものに関連する条項：3編8章6節（P704）

⑦　使用人等が契約した保険に係る保険料で給与とされるものに関連する条項：3編8章7節（P718）

第8節　事業所得等の必要経費となる保険料（生損保）

(1) 従業員を被保険者とする保険契約の保険料

個人事業（事業的規模の不動産貸付業等を含む）の従業員を被保険者とする生命保険契約、損害保険契約の保険料の必要経費算入に関しては、所得税に明示の取扱いがなく、実務上、法人税の取扱いに準じて取り扱われている（3編9章2節の編者解説(1)・P722参照）。

■実務のポイント

ⅰ　法人税の取扱いに準ずるとしても、無制限に法人税の例によるのではなく、必要経費となるのは、その保険契約が事業の遂行上必要なもの（事業上の保険）に係る保険料に限られる。
　「事業上の保険」については、3編9章2節の解説(2)（P722）参照。
ⅱ　事業主を被保険者とする生命保険・損害保険の保険料は、必要経費とならない（3編9章2節の編者解説(2)③・P723参照）。
ⅲ　交通事故傷害保険については、P724に掲げる個別通達参照。
ⅳ　定期保険については、P727に掲げる個別通達参照。
ⅴ　介護費用保険については、P707に掲げる個別通達参照。

(2) 青色事業専従者を被保険者とする保険契約の保険料

青色事業専従者を被保険者とする生命・損害保険の保険料の必要経費算入については、昭43官審(所)31（個別通達）の編者注（P732）参照。

(3) 事業用固定資産等に係る損害保険の保険料

事業用固定資産（業務用固定資産を含む）に係る損害保険料の必要経費算入については、3編9章4節（P734）に掲げる所得税基本通達がある。

(4) 関係法令等

本節に関連する法令等及びその編者注は、次のように掲載した。

第1編　第2章　生命保険金・損害保険金等と所得税の課税関係（概要）

① 法令等の索引：3編9章1節（P720）
② 個人事業の従業員の保険料に関する条項：3編9章2節（P722）
③ 青色事業専従者の保険料に関する条項：3編9章3節（P731）
④ 事業用固定資産に係る保険料に関する条項：3編9章4節（P734）

第9節　生命保険料控除

1　平成23年分までの生命保険料控除

① 所法76条（生命保険料控除）は、平成22年に全文が改正され、改正前の生命保険料控除（旧76条）は平成23年分までの所得税に適用される（平22改正附則4）。
② 改正前の生命保険料控除に関する法令・通達等及びその編者注は3編10章2節（P745参照）、同3節（P756参照）、同4節（P773参照）、同5節（P790参照）にそれぞれ掲載した。

2　平成24年分以降の生命保険料控除

平成22年改正後の所法76条（以下「新76条」という）は、平24.1.1から施行される（平22改正附則4）。

(1) 生命保険料控除額の計算
次の区分ごとに控除額を計算し、総所得金額、退職所得金額、山林所得金額から控除する（所法新76①本文・P802参照）。
（注）分離課税所得がある場合の控除については、所法72条の編者注5（P453）参照。
① 新生命保険料に係る控除額
　所法新76条1項1号（P802参照）により計算する。最高額4万円。
② 旧生命保険料に係る控除額
　所法新76条1項2号（P803参照）により計算する。最高額5万円。
③ 新生命保険料と旧生命保険料との双方がある場合の控除額の計算
　所法新76条1項3号（P804参照）により計算する。最高額4万円。
④ 介護医療保険料に係る控除額
　所法新76条2項（P805参照）により計算する。最高額4万円。

⑤　新個人年金保険料に係る控除額
　所法新76条3項1号（P806参照）により計算する。最高額4万円。
⑥　旧個人年金保険料に係る控除額
　所法新76条3項2号（P807参照）により計算する。最高額5万円。
⑦　新個人年金保険料と旧個人年金保険料とがある場合の控除額の計算
　所法新76条3項3号（P808参照）により計算する。最高額4万円。
⑧　生命保険料控除額の上限
　上記①から⑦までにより計算した金額の合計額が12万円を超える場合の控除額は、12万円とする（所法新76④・P808参照）。

■実務のポイント
ⅰ　各保険料の控除額計算の区分、新生命保険料の範囲については、所法新76条の編者注1（P813）参照。
ⅱ　介護医療保険料については、所法新76条の編者注4（P814）参照。
ⅲ　新生命保険料と介護医療保険料との区分については、所令新208条の3の編者注2（P823）参照。
ⅳ　新生命保険料等から控除する剰余金等については、所令新208条の5の編者注（P831）参照。
ⅴ　生命保険料控除額の上限は、所法新76条の編者注5（P815）参照。

(2) 新生命保険契約等の意義

　新生命保険契約等とは、平24.1.1以降に締結した所法新76条5項に掲げる契約で、保険金等の受取人のすべてを保険料の支払者、その配偶者その他の親族とするものに限る（P808参照）。

■実務のポイント
ⅰ　新生命保険契約等の意義・範囲については、所法新76条の編者注7（P817）参照。
ⅱ　契約の判定時期、その他の親族については、所法新76条の編者注8（P818）参照。
ⅲ　契約締結の意義、失効した契約が復活した場合の取扱いについては、所法新76条の編者注6（P815）参照。

(3) 旧生命保険契約等の意義

　旧生命保険契約等とは、平23.12.31以前に締結した所法新76条6項に掲げる契約で、保険金等の受取人のすべてを保険料の支払者、その配偶者その他の親族とするものに限る（P810参照）。

■実務のポイント
　旧生命保険契約等の意義・範囲については、所法新76条の編者注9（P818）参照。

(4) 介護医療保険契約等の意義

　介護医療保険契約等とは、平24.1.1以後に締結した所法新76条7項に掲げる契約で、保険金等の受取人のすべてを保険料の支払者、その配偶者その他の親族とするものに限る（P811参照）。

■実務のポイント
　介護医療保険契約等の意義・範囲については、所法新76条の編者注10（P819）参照。

(5) 新個人年金保険契約等の意義

　新個人年金保険契約等とは、平24.1.1以後に締結した所法新76条8項に掲げる契約で、次の要件の定めがあるものとする（P811参照）。

　　a．年金の受取人は、保険料の支払をする者、又はその者の配偶者が生存している場合には、保険料の支払者か配偶者のいずれかとする。
　　b．掛金等の払込期間は、年金支払開始前10年以上の期間にわたって定期的に行うこと。
　　c．年金の支払は、年金受取人の年齢が60歳に達した日以後10年以上の期間であること等、所法新76条8項3号に規定するものであること。

■実務のポイント
ⅰ　新個人年金保険契約等の意義・範囲については、所法新76条の編者注11（P820）参照。
ⅱ　上記aからcについては、所法旧76条の編者注9〜12（P753）参照。

(6) 旧個人年金保険契約等の意義

旧個人年金保険契約等とは、平23.12.31以前に締結した所法新76条9項に掲げる契約で、上記(5)のaからcの要件の定めがあるものとする（P812参照）。

(7) 旧生命保険契約等、旧個人年金保険契約等の締結時期の特例

平24.1.1以後に、旧生命保険契約等、旧個人年金保険契約等に付帯して新生命保険契約等、介護医療保険契約等又は新個人年金保険契約等を締結した場合には、その旧生命保険契約等又は旧個人年金保険契約等は、平24.1.1以後に締結したものとみなし、それぞれ新生命保険契約等又は新個人年金保険契約等として取り扱われる（所法新76⑩・P812参照）。

■実務のポイント

上記(7)の趣旨等については、所法新76条の編者注13（P820）参照。

3 生命保険料控除に関する書類

(1) 平成23年分までの生命保険料控除

① 生命保険料の支払額が9千円（契約ごとに、剰余金等の分配額を控除した後の金額）を超えるもの、及び個人年金保険料（支払金額に制限はない）については、確定申告書等にその支払を証する書類を添付し、又は提示しなければならない（所令旧262五・P844参照）。

② 確定申告を電子申告する場合の上記①の書類については、所令旧262条の編者注（P845）参照。

■実務のポイント

「生命保険料控除証明書」については、所規旧47条の2の編者注1（P849）参照。

(2) 平24.1.1以後の生命保険料控除

新生命保険料、介護医療保険料、新個人年金保険料及び旧個人年金保険料については支払金額の多寡に拘わらず、旧生命保険料については

9千円を超える支払額につき確定申告書等にその支払を証する書類を添付し、又は提示しなければならない（所令新262五・P846参照）。
　（注）電子申告をする場合及び「生命保険料控除証明書」については、上記(1)と同様である。

4　関係法令等

　本節に関連する法令等及びその編者注は、次のように掲載した。
① 　法令等の索引：3編10章1節（P742）
② 　旧生命保険料控除に関する基本条項：3編10章2節（P745）
③ 　所法旧76条の生命保険契約等に関する条項：3編10章3節（P756）
④ 　所法旧76条の個人年金保険契約等に関する条項：3編10章4節（P773）
⑤ 　所法旧76条の支払保険料に関する条項：3編10章5節（P790）
⑥ 　新生命保険料控除に関する基本条項：3編10章6節（P802）
⑦ 　新生命保険料控除に関連する条項：3編10章7節（P822）
⑧ 　生命保険料控除の控除証明に関する条項：3編10章8節（P843）

第10節 地震保険料控除

1 地震保険料控除

(1) 控除対象となる地震保険料

控除対象となる保険料は、自己若しくは自己と生計を一にする配偶者その他の親族が有する居住用の家屋、又はこれらの者の有する家庭用動産を保険の目的とし、かつ、地震等損害による損失を補填する保険金が支払われる損害保険契約等に係る保険料のうち、地震等損害部分の保険料である（所法77①・P860参照）。

（注１）地震等損害部分の保険料については、所法77条の編者注５（P862）参照。
（注２）店舗併用住宅等に係る地震保険料の金額については、所法77条の編者注７（P862）参照。
（注３）一の契約に基づく地震保険料のうち控除対象となるものとならないものとがある場合の区分については、所基通77-5（P865）参照。

(2) 地震保険料控除額

地震保険料控除額は、支払った地震等損害部分の保険料から剰余金等の額を控除した金額。その金額が５万円を超える場合は５万円（所法77①・P860参照）。

(3) 損害保険契約等の範囲

損害保険契約等は、所法77条２項（P861参照）に規定する契約である。

2 長期損害保険料控除

平18.12.31までに締結した旧長期損害保険契約等（平18所法改正附則10条の編者注２・P875参照）に係る保険料を支払った場合には、同附則10条２

項（P871参照）に規定するところにより計算した金額を地震保険料控除とすることができる。

3　関係法令等

本節に関連する法令等及びその編者注は、次のように掲載した。
① 　法令等の索引：3編11章1節（P858）
② 　地震保険料控除に関する条項：3編11章2節（P860）

第3章

生命保険金・損害保険金等と法人税の課税関係（概要）

第1節　益金となる生命・損害保険金等

(1) 生命保険金等

① 法人が支払を受ける生命保険金等は、保険契約の種類、保険金又は給付金の支払原因の如何を問わず、益金の額に算入される。
② 保険金等の収益計上時期は、法人法22条の解説第2（P889）参照。
③ 受取保険金等の経理は、法人法22条の解説第3（P893）参照。
④ 高度障害保険金、生存給付金（リビング・ニーズ特約の保険金を含む）の受取時の処理は、法人法22条の解説第4（P895）参照。
⑤ 入院給付金等の受取時の処理は、法人法22条の解説第5（P897）参照。
⑥ 入院給付金と見舞金との関係は、法人法22条の解説第6（P898）参照。
⑦ 保険金と退職金支払との関係は、法人法22条の解説第7（P901）、死亡保険金と社葬費との関係は、法人法22条の解説第8（P902）参照。
⑧ 契約者貸付、保険料自動振替貸付のある保険金の支払を受けた場合の処理は、法人法22条の解説第9（P903）参照。
⑨ 外貨建て保険金等の邦貨換算は、法人法22条の解説第10（P903）参照。
⑩ 生存給付金に対する課税関係は、4編1章3節（P928）参照。

■実務のポイント

ⅰ 公益法人等が生命保険金等を取得する場合の課税関係については、法人法22条の解説第1の2（P887）参照。
ⅱ 法人を契約者、役員又は使用人を被保険者、役員等（その遺族を含む）を保険金受取人とする生命保険金が支払われる場合、法人における経理処理等については、法人法22条の解説第1の3、4（P888）参照。
ⅲ 死亡保険金と死亡役員退職金について税務上考慮すべきこと等、その事前対応については、P904に掲げる裁判例の編者注1（P908）、同2（P910）参照。

(2) 法人契約の個人年金保険

法人が契約する個人年金保険に係る法人及び被保険者である個人の課税関係については、4編1章4節（P931）参照。
■実務のポイント
　法人が負担する確定給付企業年金等、法人令135条（P951参照）に掲げる掛金等については、法人の損金となる（役員等の給与等にならない）。

(3) 損害保険金等

① 法人が支払を受ける損害保険金等は、保険契約の種類、保険金又は給付金の支払原因の如何を問わず、益金の額に算入される。
② 損害保険金の益金算入の時期は、法人法22条の解説第2（P954）参照。
③ 損害保険金取得時の経理は、法人法22条の解説第3（P955）参照。
④ 被災資産等の損失と損害保険金の計上時期は、法人法22条の解説第4（P956）参照。
⑤ 損害保険金と消費税の関係は、法人法22条の解説第5（P956）参照。

■実務のポイント
ⅰ　公益法人等が損害保険金等を取得する場合の課税関係については、法人法22条の解説第1の②（P953）参照。
ⅱ　損害賠償金等の収益計上時期等については、法基通2-1-43及びその編者注（P958）、P966に掲げる裁決例の編者注1（P971）参照。
ⅲ　支払う損害賠償金については、法基通2-2-13及びその編者注（P960）参照。
ⅳ　保険事故発生による積立保険料の処理は、法基通9-3-12及びその編者注（P962）参照。
ⅴ　法人が支出する役員等の損害賠償金等については、法基通9-7-16及びその編者注（P963）参照。
ⅵ　自動車による人身事故に係る内払の損害賠償金については、法基通9-7-18及びその編者注（P965）参照。

(4) 関連法令等

　本節に関連する法令等については、次節の(5)(P86) 参照。

第2節　保険差益の圧縮記帳

(1) 保険金の支払を受けた事業年度に代替資産を取得する場合

① 内国法人（清算中のものを除く）が、有する固定資産の滅失・損壊により保険金、共済金又は損害賠償金（法人令84条・P982に規定するもの）（以下「保険金等」）の支払を受け、その支払を受けた事業年度中に、その保険金等をもって代替資産を取得し又は損壊等した固定資産の改良を行い、保険差益の圧縮限度額以内の金額で損金経理等による経理をした金額は損金に算入する（法人法47①・P973参照）。

② 保険差益の圧縮限度額は、法人令85条（P987参照）に定めるところにより計算する。同条の編者注はP989以降参照。

③ 圧縮限度額の経理方法は、次のいずれかとなる（法人法47①・P973参照）。

　ａ．帳簿価額を損金経理により減額する。
　ｂ．取得等をした事業年度の確定した決算で積立金として積み立てる方法。
　ｃ．取得等をした事業年度の決算において剰余金の処分による積立金とする方法（法人令86・P992参照）。

■実務のポイント

【Point①】
ⅰ　固定資産の意義・範囲は、法人法47条の編者注１（P975）参照。
ⅱ　圧縮記帳の対象となる保険金等の範囲については、法人法47条の編者注２（P977）、法人令84条の編者注２（P983）参照。
ⅲ　同一種類の判定については、法人法47条の編者注３（P977）参照。
ⅳ　代替資産取得の意義等は、法人法47条の編者注４（P978）参照。
ⅴ　資産の改良の意義は、法人法47条の編者注５（P978）参照。
ⅵ　確定した決算の意義は、法人法47条の編者注７（P979）参照。
ⅶ　圧縮額を積立金とする方法は、法人法47条の編者注８（P979）参照。

ⅷ 固定資産の滅失・損壊の意義は、法人令84条の編者注1（P983）参照。

【Point②】
ⅰ 圧縮記帳をする場合の資産損失の計上時期については、法人法47条の編者注10（P981）参照。
ⅱ 保険差益の圧縮記帳と特定資産買換の圧縮記帳との併用については、法人法47条の編者注12（P981）参照。
ⅲ 圧縮限度額を超えて圧縮した場合については、法人法47条の編者注13（P982）参照。

(2) 代替資産の交付を受けた場合

① 内国法人（清算中のものを除く）が、有する固定資産の滅失等による保険金等の支払に代えて代替資産の交付を受けた場合は、保険差益の圧縮限度額以内の金額で損金経理等による経理をした金額は損金に算入する（法人法47②・P974参照）。
② 保険差益の圧縮限度額は、法人令87条により計算する。
③ 圧縮限度額の経理方法は、上記(1)③と同様（法人法47②・P974参照）。

(3) 保険金等を取得した事業年度に特別勘定を設ける場合

① 保険金等の支払を受ける内国法人（清算中のものを除く）が、その支払を受ける事業年度終了の日から2年以内に、その保険金等をもって代替資産の取得又は改良をしようとする場合において、保険差益の特別勘定繰入限度額（法人令89・P1014参照）以内の金額を、保険金等を取得した事業年度の確定した決算で特別勘定を設ける方法により経理等した場合は、損金に算入する（法人法48①・P1008参照）。
② 特別勘定の金額は、法人令90条（P1015参照）に該当する場合、同条に規定する金額を取り崩さなければならない（法人法48②・P1009参照）。
③ 上記②により取り崩すべき金額、又は上記②に該当しない任意の取崩額は、その取り崩すべき日又は取り崩した日の属する事業年度の益金となる（法人法48③・P1009参照）。
④ 特別勘定繰入限度額の計算例は、法人令89条の編者注（P1014）参照。

■実務のポイント

【Point①】
i　経理した金額には、保険金等を取得した事業年度の決算において剰余金の処分として積立金とする方法を含む（法人令86・P992参照）。
ii　保険金等の支払を受ける事業年度の意義については、法人法48条の編者注１（P1010）参照。
iii　特別勘定を設けることができない事業年度については、法人法48条の編者注２（P1010）参照。
iv　２年以内に代替資産を取得することが困難な場合には、納税者の申請により、税務署長の指定する日まで取得すべき期間を延長することができる（法人法48①・P1008、法人令88・P1013参照）。
v　上記ivの困難事由については、法人法48条の編者注３（P1011）参照。
vi　保険金等の支払を受ける事業年度終了の日から２年以内とは、その事業年度終了の日の翌日から起算し、２年目の起算日に応当する日の前日までの期間をいう。

【Point②】
i　特別勘定の経理の方法は、法人法48条の編者注５（P1011）参照。
ii　特別勘定を設けている場合の代替資産の取得又は改良の意義は、法人法48条の編者注７（P1012）参照。

(4) 特別勘定を設けている場合の代替資産の取得等
①　特別勘定を設けている場合において、代替資産を取得し又は改良したときは、法人令91条（P1020）により計算した金額で、損金経理等による経理をした金額は損金に算入する（法人法49①・P1019参照）。
　(注) 経理等については、上記(1)の③（P84参照）と同様である。
②　上記①の取得又は改良をした場合には、上記(3)②、③により特別勘定を取り崩し、益金に算入する。

(5) 関連法令等
　前節及び本節に関連する法令等については、次のように掲載した。

第1編　第3章　生命保険金・損害保険金等と法人税の課税関係（概要）

① 法令・通達等の索引：4編1章1節（P884）
② 生命保険金等の益金算入に関する基本的条項：4編1章2節（P887）
③ 生存給付金等の課税関係：4編1章3節（P928）
④ 法人契約の個人年金保険に関する条項：4編1章4節（P931）
⑤ 損害保険金等の益金算入に関する基本的条項：4編1章5節（P953）
⑥ 損害保険金等の益金算入に関するその他の条項：4編1章6節（P958）
⑦ 保険差益の圧縮記帳の関連条項：4編1章7節（P973）
⑧ 保険差益の特別勘定の関連条項：4編1章8節（P1008）
⑨ 特別勘定を設けた場合の取得固定資産等に係る圧縮記帳関連条項：4編1章9節（P1019）

第3節　保険料の損金算入等

(1) 生命保険料等の損金算入時期等
① 　生命保険料の損金算入時期は、法基通2-2-12の編者注（P1028）参照。
② 　「口座振替払込」又は「団体・集団扱払込」の場合の第1回目の保険料の損金算入時期は、法基通2-2-12の編者注(1)②（P1029）参照。
③ 　前払保険料の取扱いは、法基通2-2-12の編者注(3)（P1032）参照。
④ 　未納保険料については、法基通2-2-12の編者注(4)（P1033）参照。
⑤ 　保険料の自動貸付がある場合については、法基通2-2-12の編者注(5)（P1034）参照。
⑥ 　短期で支払う保険料は、法基通2-2-12の編者注(6)（P1035）参照。
⑦ 　生命保険料についての短期前払費用の適用関係については、法基通2-2-14の編者注4（P1043）参照。

(2) 養老保険料の損金算入等（法基通9-3-4・P1048参照）
① 　死亡保険金及び満期保険金の受取人が法人である場合は、保険料の全額を資産計上する。
② 　死亡及び満期保険金の受取人が被保険者（その遺族を含む）である場合は、保険料は役員又は使用人（以下「役員等」）の給与とする。
③ 　死亡保険金の受取人が被保険者の遺族、満期保険金の受取人が法人で、普遍的加入要件を具備している場合は、保険料の2分の1を損金（給与以外の損金）、他の2分の1を資産計上とする。
④ 　上記③の契約形態の場合で、役員又は特定の使用人のみを被保険者としているときは、保険料の2分の1を役員等の給与とする。

■実務のポイント
i 　被保険者の健康状態による特別条件付保険特約の保険料については、法基通9-3-4の編者注2（P1049）参照。
ii 　保険料を資産計上することの効果については、法基通9-3-4の編者注

5（P1051）参照。
iii 保険料が給与とされることの効果については、法基通9-3-4の編者注7（P1051）参照。
iv いわゆる「普遍的加入」要件については、法基通9-3-4の編者注8（P1054）参照。
v 死亡保険金の受取人を法人、満期保険金の受取人を被保険者とする契約の保険料については、法基通9-3-4の編者注9（P1056）参照。

(3) 法人契約の個人年金保険の保険料

法人が契約する個人年金保険の保険料については、4編2章4節（P1071）参照。

(4) 定期保険料の損金算入等（法基通9-3-5・P1073参照）

① 死亡保険金の受取人が法人の場合、保険料は損金とする。
② 死亡保険金の受取人が被保険者の遺族で、普遍的加入要件を具備している場合、保険料は損金とする。
③ 上記の契約形態の場合で、役員又は特定の使用人のみを被保険者としているときは、保険料を役員等の給与とする。

■実務のポイント
i 死亡保険金の取得と退職金との関係については、法基通9-3-5の編者注9（P1076）参照。
ii 下請・特約店等の従業員を被保険者とする定期保険の保険料については、法基通9-3-5の編者注10（P1077）参照。
iii 団体定期保険の税務は、法基通9-3-5の編者注11（P1078）参照。
iv 集団定期保険の税務は、法基通9-3-5の編者注12（P1080）参照。
v 役員退職慰労金規程の例はP1082参照。

(5) 長期平準定期保険・逓増定期保険の保険料の損金算入等

長期平準定期保険又は逓増定期保険の保険料の損金算入等については、4編2章6節（P1094）参照。

(6) 定期付養老保険料の損金算入等（法基通9-3-6・P1104参照）
① 定期保険部分の保険料と養老保険部分の保険料とが、保険証券等において区分されている場合は、定期保険部分の保険料は上記(4)の例、養老保険部分の保険料は上記(2)の例による。
② 定期部分と養老部分の保険料が区分されていない場合は、保険料の全部につき上記(2)の例による。

(7) 傷害特約保険料の損金算入等（法基通9-3-6の2・P1106参照）
① 養老保険、定期保険又は定期付養老保険に付した傷害特約等の特約の保険料で、普遍的加入要件を具備しているものは、損金とすることができる。
② 上記の特約保険料で普遍的加入要件を満たしている場合であっても、役員又は特定の使用人のみを特約給付金の受取人としているときは、保険料を役員等の給与とする。

■実務のポイント
ⅰ 特約給付金の受取人を法人とする場合は、普遍的加入要件を問わず、特約保険料を損金とすることができる（法基通9-3-6の2の編者注4・P1107参照）。
ⅱ 役員又は特定の使用人のみを被保険者とし、かつ、特約給付金の受取人としている場合は、特約保険料は役員等の給与とする（法基通9-3-6の2の編者注6・P1107参照）。
ⅲ 特約保険料を資産計上した場合の取扱いについては、法基通9-3-6の2の編者注5（P1107）参照。

(8) 終身保険料の損金算入等（4編2章9節・P1109参照）
① 終身保険の保険料は、実務上、養老保険料に準じた扱いとなる。
② 法人が保険金受取人の場合は、保険料の全額を資産計上する。
③ 保険金受取人が役員等である場合、保険料は役員等の給与となる。
④ 保険料払込期間が有期型である場合は、同9節の解説4（P1109）参照。

⑤ 終身保険に付加した定期保険特約又は傷害特約等の保険料については、同9節の解説5（P1109）参照。

(9) がん・医療保険料の損金算入等

がん保険・医療保険の保険料については、個別通達「がん保険（終身保障タイプ）・医療保険（終身保障タイプ）の保険料の取扱いについて」（平13課審4-100・P1111）参照。

(10) 団体信用保険の保険料の損金算入等

団体信用保険の保険料については、個別通達「団体信用保険に係る課税上の取扱いについて」（昭44官審(法)34・P1120）参照。

(11) 損害保険の保険料の損金算入等

① 短期損害保険料

ⅰ 短期損害保険契約（長期損害保険契約に該当しない契約をいう）の保険料は、原則として、販売費・一般管理費の損金算入基準に従って取り扱われる（4編2章12節の解説1・P1129参照）。

ⅱ 損害保険料に対する短期前払費用の取扱いについては、4編2章12節の解説1③（P1129）参照。

ⅲ 交通事故傷害保険の保険料は損金となるが、この場合、被保険者に対する給与課税については、4編2章12節の解説1④（P1130）参照。

② 所得補償保険料

法人契約の所得補償保険の保険料については、4編2章12節の解説2（P1131）参照。

③ 損害賠償責任保険料

法人契約の各種の損害賠償責任保険契約に係る保険料については、4編2章12節の解説3（P1131）参照。

④ ゴルファー保険の保険料

法人契約のゴルファー保険料は、4編2章12節の解説4（P1132）参照。

⑤ 介護費用保険料

法人契約の介護医療保険の保険料については、個別通達「法人又は個人事業者が支払う介護費用保険の保険料の取扱いについて」（平元直審4-52・P707）参照。

⑥ 長期損害保険料

i　長期損害保険料（保険期間が3年以上で、満期返戻金を支払う旨の定めのある損害保険の保険料をいう）は、積立部分の保険料は資産計上とし、他の部分の保険料は時の経過に応じて損金とする（法基通9-3-9・P1142参照）。

ii　長期損害保険に係る保険金の支払を受けても、その契約が失効しない場合は、資産に計上している積立保険料は損金に算入することができない（法基通9-3-12・P1145参照）。

■実務のポイント

i　長期損害保険契約の意義は、法基通9-3-9の編者注1（P1142）参照。
ii　積立部分の保険料の計算は、法基通9-3-9の編者注2（P1143）参照。
iii　保険料の損金算入と、役員等に対する給与等との関係については、法基通9-3-9の編者注3（P1143）参照。
iv　特約保険料については、法基通9-3-9の編者注4（P1144）参照。
v　特約店の従業員等を被保険者及び保険金受取人とする長期損害保険料については、法基通9-3-9の編者注6（P1144）参照。

⑦ 賃借建物等の長期損害保険料

i　法人が賃借している建物等に係る長期損額保険料を支払った場合は、次のようになる（この考え方は、法基通9-3-10の編者注2（P1147）参照）。
　a．法人が契約者となり、建物等の所有者が被保険者となっている場合（つまり、保険金の受取人が建物等の所有者、満期返戻金及び解約返戻金

の受取人が法人となっている場合）は、上記⑥と同様な取扱いとなる。
　b．建物等の所有者が契約者及び被保険者となっている場合（つまり、保険金、満期返戻金及び解約返戻金の受取人が建物等の所有者となっている場合）は、支払保険料の全額をその賃借物の賃借料とする。

■実務のポイント
　役員・使用人から建物等を借り上げ、その賃借物を当該役員等に使用させている場合は、次のⅱの扱いとなる（法基通9-3-10の編者注1・P1140参照）。

ⅱ　法人が役員等の所有する建物等に係る長期損額保険料支払った場合は、次のようになる。
　a．法人が契約者となり、役員等が被保険者となっている場合（つまり、保険金の受取人が役員等、満期返戻金及び解約返戻金の受取人が法人となっている場合）は、積立部分の保険料額を資産計上し、他の部分の保険料を給与とする。
　　ただし、保険目的物が居住用建物等で、いわゆる普遍的加入要件を具備している場合の掛捨部分の保険料については、法人が給与として経理しない限り給与としない（法基通9-3-11の編者注2・P1142参照）。
　b．役員等が契約者及び被保険者となっている場合（つまり、保険金、満期返戻金及び解約返戻金の受取人が役員等となっている場合）は、支払保険料の全額をその役員等の給与とする。

■実務のポイント
　役員等が法人に建物を賃貸し、その建物の長期損害保険料が上記ⅱに該当する場合、役員等の不動産所得の計算については、法基通9-3-11の編者注4（P1143）参照。

(12) 関連法令等
　本節に関連する法令等については、次のように掲載した。
①　法令・通達等の索引：4編2章1節（P1026）
②　生命保険料等の損金算入時期の関連条項：4編2章2節（P1028）

③　養老保険料の関連条項：4編2章3節（P1048）
④　法人契約の個人年金保険料の関連条項：4編2章4節（P1071）
⑤　定期保険料の関連条項：4編2章5節（P1073）
⑥　長期平準定期保険料・逓増定期保険料の関連条項：4編2章6節（P1094）
⑦　定期付養老保険料の関連条項：4編2章7節（P1104）
⑧　傷害特約等の保険料の関連条項：4編2章8節（P1106）
⑨　終身保険料の関連条項：4編2章9節（P1109）
⑩　がん保険料・医療保険料の関連条項：4編2章10節（P1111）
⑪　団体信用保険料の関連条項：4編2章11節（P1120）
⑫　損害保険料の関連条項：4編2章12節（P1129）
⑬　賃借建物等に係る長期損害保険料の関連条項：4編2章13節（P1140）

第4章

契約者配当金、契約変更、消費税をめぐる課税関係等（概要）

第1節　保険契約の契約者配当金と課税関係

1　相続税・贈与税関係

(1) 保険金と共に支払われる契約者配当金等
① 死亡保険金がみなす相続財産となる場合は、保険金と共に支払われる契約者配当金等も保険金に含まれる（相基通3-8・P170参照）。
② 保険金（死亡・満期）がみなす贈与財産となる場合は、保険金と共に支払われる契約者配当金等も保険金に含まれる（相基通5-1・P318参照）。
③ 生命保険契約又は一定の損害保険契約の解約等による解約返戻金がみなす贈与財産となる場合、返戻金と共に支払われる契約者配当金等も返戻金に含まれるものと考えられる（相法5条の編者注4-1②・P303参照）。
④ 例えば、契約者・甲(子)、被保険者・甲(子)、保険金受取人・乙(母)、保険料負担者・丙(父)とする生命保険契約において、保険期間中に甲が支払を受ける契約者配当金の課税関係については、5編1章1節の解説1③（P1148）参照。

(2) 定期金の評価と契約者配当金
　① 平成22年改正前
ⅰ　相続開始等の課税時期に給付事由の生じている定期金又は個人年金保険契約の評価には、契約者配当金は影響を及ぼさない（5編1章1節の解説2①・P1149参照）。
ⅱ　上記ⅰの定期金又は個人年金保険につき、年金に代えて、相続開始時又は年金支払開始時に一時金として支払を受ける場合のこれらの評価額は、一時金と共に支払われる契約者配当金を含む一時金の額となるものと考えられる（5編1章1節の解説2①・P1149参照）。

② 平成22年改正後

ⅰ 定期金（給付事由の発生しているもの、及び発生していないもの）を、相続開始時等の課税時期における解約返戻金相当額で評価する場合は、積立配当金も解約返戻金に含まれる（5編1章1節の解説2②・P1150参照）。

ⅱ 上記①ⅱは、平成22年改正後においても同様である。

(3) 生命保険契約に関する権利の評価と契約者配当金

相続開始時において保険事故の発生していない生命保険契約（個人年金保険契約を含む）に関する権利の評価額は、その時における積立配当金を含めた解約返戻金相当額となる（評基通214・P396参照）。

2 所得税関係

① 契約者配当金の支払請求権と保険金の支払請求権との関係については、5編2章1節の解説1（P1152）参照。
② 保険金が非課税所得となる場合には、保険金と共に支払われる契約者配当金も、保険金に含めて非課税になるものと考えられる（5編2章1節の解説2・P1152参照）。
③ 生命保険契約期間中に支払を受ける契約者配当金は、支払保険料の修正要素と捉え、課税所得とは認識しない。その詳細は、5編2章1節の解説3（P1152）参照。
④ 生命保険契約の配当金等の種類と、所得税の具体的な課税関係は、5編2章1節の解説4（P1154）参照。
⑤ 損害保険契約について、保険契約期間中に支払を受ける契約者配当金、及び保険金と共に支払を受ける契約者配当金の所得税の取扱いは、生命保険契約の場合と概ね同様である。
⑥ 据置保険金（選択により、一時金で支払われるべき保険金を保険会社に据置き、据置期間満了時又は随時に支払を受ける保険金をいう）には、据置期間中利息が付される。この利息は、毎年の雑所得の収入金額とされる（5

編2章1節の解説6・P1157参照)。

3　法人税関係

① 法人税においては、生命保険契約に係る配当金は、その種類を問わず、原則として、支払通知を受けた日の属する事業年度の益金となる（法基通9-3-8の編者注1-2・P1161参照）。
② 定期保険に係る契約者配当金の経理等については、法基通9-3-8の編者注1-3（P1161）参照。
③ 養老保険の契約者配当金
 i 　養老保険に係る契約者配当金の経理等については、法基通9-3-8の編者注2-2（P1163）参照。
 ii 　積立保険料から控除することができる配当金等を過去において控除していない場合の課税関係については、法基通9-3-8の編者注3（P1166）参照。
④ 定期付養老保険に係る契約者配当金の経理等については、法基通9-3-8の編者注2-3（P1164）参照。
⑤ 終身保険に係る契約者配当金の経理等については、法基通9-3-8の編者注2-4（P1165）参照。
⑥ 保険期間中に契約者配当金の受取方法を変更した場合の課税関係については、法基通9-3-8の編者注4（P1166）参照。
⑦ 契約者配当金をもって買増保険の保険料に充てた場合の課税関係については、法基通9-3-8の編者注5（P1166）参照。
⑧ 積立配当金、前払保険料、据置保険金に付される利息は、利息が付された日の属する事業年度の益金となる（法基通9-3-8の編者注6・P1167参照)。
⑨ 法人契約の個人年金保険契約の配当金については、個別通達「法人が契約する個人年金保険に係る法人税の取扱いについて」（平2直審4-19）の3及び4（P933）参照。
⑩ 損害保険契約の契約者配当金

ⅰ 損害保険契約の配当金は、満期時又は解約時等に一括して経理すれば足りるとされている（5編3章2節の解説1・P1169参照）。
ⅱ 建物更生共済の割戻金の課税関係については、5編3章2節の解説2（P1169）参照。

第2節　生命保険契約の契約変更と課税関係

1　相続税・贈与税関係

(1) 生命保険契約の転換

① 生命保険契約の転換とは、現在の保険契約を解約することなく、旧契約の責任準備金（一般的にいえば、その契約に係る解約返戻金に相当する金額）や積立配当金等を転換価格として新契約の保険料の一部に充当し、旧契約を消滅させるものである（契約転換に関する特則(例)3条の編者注1・P1402参照）。

② 契約転換が行われても、原則として、転換による旧契約の消滅を贈与税の課税原因とはしない（相基通5-7の編者注2・P1175参照）。

③ 消滅する旧契約に契約者貸付金、未払込保険料がある場合には、転換時に解約返戻金に相当する金額をもって清算されることから、旧契約の保険料の全部又は一部を契約者以外の者が負担している場合には、清算された貸付金等の金額を旧契約の一部解約による解約返戻金として捉え、贈与税の課税対象となる（相基通5-7の編者注2③・P1176参照）。

(2) 払済保険・延長保険

① 払済保険とは、養老保険・終身保険等につき保険期間の中途で保険料の支払を止め、その時の解約返戻金に応じ、保険金額を減額し、変更後の保険は元契約と同種とされる。

　この場合、元契約に契約者貸付金・未払込保険料がある場合には、解約返戻金をもって清算される（6編1章3節の解説①ⅰ・P1182参照）。

② 延長保険

　延長保険とは、養老保険等につき保険期間の中途で保険料の支払を止め、定期保険に変更するもの。保険金は元契約の死亡保険金と同額

とし、保険期間は解約返戻金に応じて計算する。元契約の貸付金等については、上記①と同様である（6編1章3節の解説①ⅱ・P1182参照）。
③　元契約に係る積立配当金
　払済保険・延長保険の元契約に係る積立配当金は、一般的に、変更後の契約に承継される（6編1章3節の解説①ⅲ・P1183参照）。
④　変更時の課税関係は、上記(1)②、③と同様である（6編1章3節の解説②・P1183参照）。

(3) 保険金の減額、解約、失効、保険期間の短縮等
①　養老保険等につき保険金の減額、解約、失効、保険期間の短縮が行われ、又は自殺等で保険金を支払わない場合には、保険契約の定めるところにより解約返戻金等が契約者に支払われるのが通常である。
②　これらの保険契約の保険料の全部又は一部を契約者以外の者が負担している場合には、支払われる解約返戻金等が贈与税の課税対象となる（6編1章4節の解説・P1185参照）。

(4) 生命保険契約の契約者・保険金受取人の変更
①　被保険者でない保険契約者が死亡した場合には、保険契約に関する権利は相続財産として相続税の課税対象となる（6編1章5節の解説2②・P1187参照）。
②　上記(1)の場合を除き、保険期間中に、個人間において生命保険契約の契約者の変更が無償で行われても、贈与税が課税されることはない（6編1章5節の解説2③・P1187参照）。
③　保険事故発生前に行われる保険金受取人の変更について、格別の課税関係は生じない（6編1章5節の解説3・P1188参照）。

(5) 関係法令等
本項に関連する法令等及びその編者注は、次のように掲載した。
①　法令・通達等の索引：6編1章1節（P1174）
②　生命保険契約の転換に関連する条項：6編1章2節（P1175）

2　所得税関係

(1) 生命保険契約の転換

① 生命保険契約の転換（上記1の(1)①参照）があっても、所得税の課税関係は生じない。転換前契約に契約者貸付金等がある場合には、転換時に清算された貸付金等に相当する金額が一時所得の収入金額となる。この一時所得の計算等については、6編2章2節の解説1②（P1193）参照。

② 契約転換と生命保険料控除との関係については、6編2章2節の解説2（P1194）参照。

③ 使用者契約の生命保険契約を転換した場合については、所基通36-31の5及びその編者注（P1196）参照。

(2) 払済保険・延長保険

① 払済保険・延長保険（上記1の(2)参照）に変更しても、所得税の課税関係は生じない（6編2章4節の解説2①・P1199参照）。これらの元契約に契約者貸付金等がある場合は、上記(1)①と同様に一時所得が生ずる。この場合の一時所得の計算等については、6編2章4節の解説2②、③（P1199）参照。

② 払済保険・延長保険への変更と生命保険料控除については、同4節の解説3（P1200）参照。

(3) 保険金の減額、解約、失効、保険期間の短縮、復活等

① 養老保険等につき保険金の減額、解約、失効、保険期間の短縮が行われ、又は自殺等で保険金を支払わない場合に支払われる解約返戻金等は、一時所得の収入金額となり、その所得金額の計算については、6編2章5節の解説（P1202）参照。

② 生命保険契約を復活した場合は、同5節の解説5（P1203）参照。

(4) 生命保険契約の契約者・保険金受取人の変更

① 生命保険の契約者及び保険金受取人を変更しても、一般的に所得税の課税関係は生じない（6編2章6節の解説1、2・P1206）参照。
② 個人間において、生命保険契約の契約者を有償で変更した場合の課税関係については、6編2章6節の解説2②（P1206）参照。

(5) 関係法令等
本項に関連する法令等及びその編者注は、次のように掲載した。
① 法令・通達等の索引：6編2章1節（P1192）
② 使用者契約の生命保険契約の転換に関連する条項：6編2章3節（P1196）
③ 保険金の減額・解約・失効等に関連する条項：6編2章5節（P1202）

3　法人税関係

(1) 生命保険契約の転換
① 生命保険契約の転換（上記1の(1)参照）があった場合、法人税においては、転換前契約につき一種の清算があったものとして、転換前契約の保険料の清算処理を行う（法基通9-3-7の編者注4・P1212参照）。
② 契約転換に際しての経理処理等については、法基通9-3-7の編者注4、同5（P1212）参照。

(2) 払済保険
① 払済保険（上記1の(2)①、法基通9-3-7の2の編者注1・P1218参照）が行われた場合は、上記(1)と同様となり、その経理処理等については法基通9-3-7の2の編者注3、4、5（P1219）参照。
② 払済保険を復旧した場合は、同9-3-7の2の編者注6（P1222）参照。

(3) 延長保険
延長保険（上記1の(2)②、昭47直審4-13通達の編者注1・P1224参照）が行われた場合は、上記(1)と同様となり、その経理処理等については昭47直

審4-13通達の編者注3（P1225）参照。

(4) 保険金を減額した場合等の課税関係
① 保険金を減額した場合は、6編3章4節の解説第1（P1229）参照。
② 生命保険を解約した場合は、同4節の解説第2（P1232）参照。
③ 保険期間を短縮した場合は、同4節の解説第3（P1234）参照。
④ 生命保険が失効した場合は、同4節の解説第4(2)①（P1235）参照。
⑤ 生命保険が復活した場合は、同4節の解説第4(2)②（P1236）参照。
⑥ 生命保険の契約者・保険金受取人を変更した場合は、同4節の解説第5（P1237）参照。

(5) 関係法令等
本項に関連する法令等及びその編者注は、次のように掲載した。
① 法令・通達等の索引：6編3章1節（P1210）
② 生命保険契約の転換に関連する条項：6編3章2節（P1211）
③ 払済保険・延長保険に関連する条項：6編3章3節（P1217）

第3節　生命保険金・損害保険金等と消費税の課税関係

(1) 保険金・解約返戻金・配当金・利息等

① 生命保険金及び損害保険金は、資産の譲渡対価に当たらないので、不課税取引となる（消法2条の編者注1①・P1261参照）。

（注）損害保険金については、その保険金が棚卸資産に係るもの、あるいは、保険金の圧縮記帳の特例を受けたものであっても不課税取引となる（消基通5-2-4の編者注・P1263参照）。

② 生命保険・損害保険の解約返戻金、配当金は、資産の譲渡対価に当たらないので、不課税取引となる（消法2条の編者注1②・P1261参照）。

③ 前払保険料、積立配当金、据置保険金等に付される利息は、「貸付金」についての利息と同視することができることから、非課税売上げに該当するものと考えられる（消法2条の編者注1③・P1262参照）。

(2) 外交員報酬・代理店報酬・手数料等

生命保険・損害保険の外交員報酬、これらの代理店報酬、事業者が支払を受ける団体払保険の手数料等は、課税売上げに該当する（消法2条の編者注1④、⑤、⑥・P1262参照）。

(3) 生命保険契約上の権利の譲渡代金

生命保険の契約者・保険金受取人の変更等に伴う権利の譲渡代金は、非課税売上げに該当する。この代金は、課税売上割合の計算上、「分母」に算入しない（消法2条の編者注1⑦、⑧・P1262参照）。

(4) 保険料

生命保険料・損害保険料は、課税仕入れに該当しない。しかし、適格年金保険契約等の保険料で、その保険料が年金等の事務費に充てる部分とその他の部分の金額とに区分されているものについては、事務費に充

てる部分の金額は課税仕入れに該当する（消法2条の編者注4・P1275参照）。

(5) 関係法令等
　本節に関連する法令等及びその編者注は、次のように掲載した。
① 　法令・通達等の索引：7編1節（P1259）
② 　生命保険金・損害保険金等に関連する条項：7編2節（P1261）
③ 　生命保険料・損害保険料に関連する条項：7編3節（P1274）

第4節　生命保険金・損害保険金等と支払調書

1　相続税法に規定するもの

(1) 生命保険金・損害保険金の支払調書

① 保険会社等は、支払った保険金につき、支払日の翌月15日までに支払調書を提出する（相法59①・P1280参照）。

（注）国内営業非免許の外国保険事業者から支払を受ける保険金は、支払調書提出の対象とならない（相法59条の編者注1・P1281参照）。

② 支払調書提出の対象となる生命保険金の範囲は、相法59条の編者注2（P1281）参照。

③ 支払調書提出の対象となる損害保険金の範囲は、相法59条の編者注3（P1283）参照。

④ 生命保険金及び損害保険金とも、1回に支払う金額が100万円以下のものは、調書の提出を要しないものとされている（相法59①・P1280、相規30①・P1285参照）。

（注）100万円の判定については、相規30条の編者注1（P1286）参照。

⑤ 保険金を年金の方法で支払う場合も（定期金給付契約・個人年金保険契約等に係るものを除く）、調書提出の対象となる（相法59条の編者注2①・P1281参照）。

(2) 退職手当金の支払調書

① 退職手当金等を支払った者（法人・個人事業者）は、支払日の翌月15日までに支払調書を提出する（相法59①・P1280参照）。

（注）この調書の対象となるのは、死亡退職金に限られる（相法59条の編者注4・P1284参照）。

② 1回に支払う金額が100万円以下の退職金等については、調書の提出を要しないものとされている（相法59①・P1280、相規30①・P1285参照）。

（注）100万円の判定については、相規30条の編者注2（P1286）参照。

2　所得税法に規定するもの

(1) 生命保険契約に係る保険金・年金等
① 　生命保険契約に基づく保険金・年金については、支払確定日の翌年1月31日までに支払調書を提出する（所法225四・P1288参照）。
② 　支払調書提出の対象となる生命保険金等の範囲については、所令351条の編者注1（P1290）参照。
③ 　1回に支払う金額が100万円以下の保険金については、調書の提出を要しない（所規86③二・P1298参照）。
（注）100万円の判定については、所令351条の編者注1③（P1291）参照。
④ 　1暦年中に支払う金額が20万円以下の年金については、調書の提出を要しない（所規86③一・P1298参照）。
（注）年金の範囲については、所令351条の編者注2・P1292参照。
⑤ 　相法59条により支払調書が提出されているものについては、所法の規定による調書の提出は不要である（所令351条の編者注1⑤・P1292参照）。

(2) 損害保険契約に係る保険金・年金等
① 　損害保険契約に基づく保険金・年金については、支払確定日の翌年1月31日までに支払調書を提出する（所法225五・P1288参照）。
② 　支払調書提出の対象となる損害保険金等の範囲については、所令351条の編者注3（P1293）参照。
③ 　1暦年中に支払う金額が100万円以下の保険金については、調書の提出を要しない（所規87③二・P1302参照）。
（注）100万円の判定については、所令351条の編者注3⑥（P1295）参照。
④ 　1暦年中に支払う金額が20万円以下の年金については、調書の提出を要しない（所規87③一・P1302、所令351条の編者注3⑥ⅱ（P1296）参照）。

第1編　第4章　契約者配当金、契約変更、消費税をめぐる課税関係等（概要）

3　関係法令等

本節に関連する法令等及びその編者注は、次のように掲載した。
① 　法令・通達等の索引：8編1節（P1279）
② 　生命・損害保険金等の支払調書に関連する相続税の条項：8編2節（P1280）
③ 　生命・損害保険金等の支払調書に関連する所得税の条項：8編3節（P1288）

第5節　生命保険相互会社が株式会社へ組織変更した場合の保険契約者に係る課税関係

　生命保険相互会社が株式会社へ組織変更をするに際して、保険契約者が受ける経済的利益の課税関係については、国税庁・文書回答事例「大同生命保険相互会社が株式会社へ組織変更した場合の税務上の取扱いについて」（平13.7.11・P1309参照）があり、その概要は以下のとおり。

(1)　割当てを受けた株式に係る利益
① 　契約者が個人の場合
ⅰ　割当てを受けた株式に係る利益は、一時所得の収入金額となり、収入から控除すべき金額はない。収入金額は、売出価格で計算する。
ⅱ　端株は強制売却されることから、株式の譲渡行為が生ずるが、売却価額とその取得価額とが同額であることから、譲渡所得は生じない。
② 　契約者が法人の場合
　整数株式に対応する金額を有価証券として益金に算入し、端株に係る金銭として交付を受ける金額を益金とする。

(2)　割当てを受けた株式について金銭での受取りを選択する場合
　割当てを受けた整数株式の全部について、予め株式の交付に代えて金銭の交付を選択する場合もある。この場合の課税関係は次のようである。
① 　契約者が個人の場合
　株式の割当後その株式を譲渡したと同様の行為があったものとし、組織変更の日を含む年分の申告分離課税の上場株式の譲渡として扱う。
　この場合、収入金額と譲渡の取得費とは、通常、同額となる。
② 　契約者が個人の場合
　組織変更の日を含む事業年度において、通常の有価証券の譲渡と同様の経理を行う。

(3) 消費税

株式の割当てによる取得は不課税取引であり、取得株式の譲渡は非課税売上げとなる。

第2編

生命保険金・損害保険金等と相続税・贈与税の課税関係

第1章

みなす相続財産——生命保険金・損害保険金に関連する法令・通達等

第1節　みなす相続財産――生命保険金・損害保険金に関連する法令・通達等の索引

　みなす相続財産である生命保険金・損害保険金について、相続税の関連法令・通達、情報、質疑応答事例、事前照会に対する文書回答事例、判例、裁決例等で、本章に収録したものは、以下のとおり。

法令等の索引

□相続税法
　第3条第1項　　　相続又は遺贈により取得したものとみなす場合　119
　　　　第1号　　　［死亡保険金］　119
　第3条第2項　　　［被相続人の被相続人が負担した保険料等］　120
　第3条第3項　　　［遺言により払い込まれた保険料等］　120
　第12条　　　　　相続税の非課税財産　195
　第15条　　　　　遺産に係る基礎控除　201
　第18条　　　　　相続税額の加算　204

□相続税法施行令
　第1条の2　生命保険契約等の範囲　155
　第2条の2　心身障害者共済制度の範囲　199
　第3条の2　特別養子縁組等による養子に準ずる者の範囲　205

□相続税法施行規則
　第1条の2　漁業協同組合等の締結した生命保険契約等に類する共済に係る契約の要件　160

□大蔵・財務省告示
・　相続税法施行令第1条の2第1項第6号に規定する生命共済に係る契約を指定する等の件（昭56・大蔵125）　161
・　相続税法施行令第1条の2第2項第5号に規定する傷害共済に係る契約を指定する等の件（昭56・大蔵126）　162

第2編 第1章 みなす相続財産——生命保険金・損害保険金に関連する法令・通達等

□相続税法基本通達
- 3-1 「相続を放棄した者」の意義 *194*
- 3-2 「相続権を失った者」の意義 *194*
- 3-4 法施行令第1条の2第1項に含まれる契約 *163*
- 3-5 法施行令第1条の2第2項に含まれる契約 *163*
- 3-6 年金により支払を受ける保険金 *164*
- 3-7 法第3条第1項第1号に規定する保険金 *164*
- 3-8 保険金とともに支払を受ける剰余金等 *170*
- 3-9 契約者貸付金等がある場合の保険金 *170*
- 3-10 無保険車傷害保険契約に係る保険金 *173*
- 3-11 「保険金受取人」の意義 *175*
- 3-12 保険金受取人の実質判定 *175*
- 3-13 被相続人が負担した保険料等 *182*
- 3-14 保険料の全額 *187*
- 3-15 養育年金付こども保険に係る保険契約者が死亡した場合 *177*
- 3-17 雇用主が保険料を負担している場合 *187*
- 12-8 相続を放棄した者等が取得した保険金 *199*
- 12-9 保険金の非課税金額の計算 *199*
- 12-10 保険金についての取扱いの準用［退職手当金等についての保険金に関する取扱いの準用］ *200*
- 18-1 遺贈により財産を取得した一親等の血族 *205*
- 18-3 養子、養親の場合 *206*

□租税特別措置法関係通達
- 70-1-5 「相続又は遺贈により取得した財産」の範囲 *207*
- 70-3-1 保険金又は退職手当金等 *208*

□相続税関係個別通達
- 相続税法基本通達の一部改正に伴う相続税等関連事務の運営について（昭57直資2-178） *180*
- 団体信用保険にかかる課税上の取扱いについて（昭44官審(資)9） *141*

□裁決例
- 取得した保険金が、固有財産か相続財産かを判断した事例（昭59. 2.27裁決）*192*
- みなす相続財産とされる死亡保険金の取得の時期等を判断した事例（平18. 2.27裁決）*147*
- 雇用主が保険料を負担していた団体定期保険契約の保険金を相続人が取得した場合、それが死亡保険金か退職手当金等かを判断した事例（昭55.10. 4裁決）*145*
- 団体信用生命保険契約による死亡保険金をもって住宅ローン残債務の弁済が行われた場合の債務控除等（昭57年分相続税）*143*

□参　考
- 簡易保険の「夫婦年金保険」の課税関係　*138*

| 第2節 | みなす相続財産——生命保険金・損害保険金の基本条項 |

相 続 税 法

（相続又は遺贈により取得したものとみなす場合）
第3条　次の各号のいずれかに該当する場合においては、当該各号に掲げる者が、当該各号に掲げる財産を相続又は遺贈により取得したものとみなす。

　この場合において、その者［次の各号に掲げる者。編注］が相続人（相続を放棄した者及び相続権を失った者【編者注1】を含まない。第15条［遺産に係る基礎控除。編注］、第16条［相続税の総額。編注］、第19条の2第1項［配偶者に対する相続税額の軽減。編注］、第19条の3第1項［未成年者控除。編注］、第19条の4第1項［障害者控除。編注］及び第63条［税務署長による相続人の数に算入される養子の数の否認。編注］の場合並びに「第15条第2項に規定する相続人の数［遺産に係る基礎控除額を計算する場合の相続人の数。編注］」という場合を除き、以下同じ【編者注2】。）であるときは当該財産を相続により取得したものとみなし、その者［次の各号に掲げる者。編注］が相続人以外の者［相続を放棄した者及び相続権を失った者を含む。編注］であるときは当該財産を遺贈により取得したものとみなす。（直近改・平22法6）

［編注：生命保険金等（被相続人の死亡により支払われる生命保険金等）］
一　被相続人の死亡により相続人その他の者が生命保険契約（保険業法（平成7年法律第105号）第2条第3項（定義［編注：P1345参照］）に規定する生命保険会社と締結した保険契約（これに類する共済に係る契約を含む。以下同じ。）その他の政令［保険令1条の2第1項・P155参照。編注］で定める契約をいう。以下同じ。）の保険金（共済金を含む。以下同じ。【編者注3】）［,］又は損害保険契約（同条［保険業法2条。編注］第4項に規定する損害保険会社と締結した保険契約［共済に係る契約を含む。編注］

その他の政令［相令１条の２第２項・P156参照。編注］で定める契約をいう。以下同じ。）の保険金（偶然な事故に基因する死亡に伴い支払われるものに限る。【編者注３】）を取得【編者注４】した場合においては、当該保険金受取人（共済金受取人を含む。以下同じ。【編者注５】）について、当該保険金（次号［死亡退職金・P212参照。編注］に掲げる給与及び第５号［相続開始時に給付事由の生じている定期金・P282参照。編注］又は第６号［契約に基づかない定期金・P290参照。編注］に掲げる権利に該当するものを除く。【編者注３】）のうち被相続人が負担した保険料（共済掛金を含む。以下同じ。【編者注６】）の金額［分子。編注］の当該契約に係る保険料で被相続人の死亡の時までに払い込まれたものの全額［編注：分母、編者注６］に対する割合に相当する部分【編者注７，８】
二～六　［省略］

［編注：被相続人の被相続人が負担した保険料等］
2　前項第１号［生命保険金等。編注］又は第３号から第５号［生命保険契約に関する権利、給付事由の発生していない定期金に関する権利、保証期間附定期金に関する権利。編注］までの規定の適用については、被相続人の被相続人が負担した保険料又は掛金は【編者注９】、被相続人が負担した保険料又は掛金とみなす。

　　ただし、同項第３号［生命保険契約に関する権利・P261参照。編注］又は第４号［給付事由の発生していない定期金に関する権利・P275参照。編注］の規定により当該各号に掲げる者［生命保険契約の契約者又は定期金給付契約の契約者。編注］が当該被相続人の被相続人［今回の被相続人の先代。編注］から当該各号に掲げる財産［生命保険契約に関する権利、給付事由の発生していない定期金に関する権利。編注］を相続又は遺贈により取得したものとみなされた場合においては、当該被相続人の被相続人が負担した保険料又は掛金については、この限りでない【編者注９】。

［編注：遺言により払い込まれた保険料等］
3　第１項第３号［生命保険契約に関する権利・P261参照。編注］又は第４号［給付事由の発生していない定期金に関する権利。P275参照。編注］の規定の適用については、被相続人の遺言により払い込まれた保険料又

は掛金は、被相続人が負担した保険料又は掛金とみなす。

【編者注１】相続を放棄した者及び相続権を失った者の意義
　相続を放棄した者の意義については相基通3-1（P194参照）に、相続権を失った者の意義については同3-2（P194参照）にそれぞれ取扱いがある。
【編者注２】相続税法における相続人
　相続税法における相続人には、原則として、相続を放棄した者及び相続権を失った者を含まない。ただし、相法３条１項本文カッコ書に掲げる各条項（P119参照）においては、これらの者を相続人に含める。
【編者注３】生命保険契約・損害保険契約の範囲、生命保険金・損害保険金の範囲
　１　生命保険契約・損害保険契約の意義
　　相続税の法令及び通達には生命保険契約及び損害保険契約自体についての定義規定は置かれておらず、これらの契約の範囲が、平成22年の相法３条及び相令１条の２の改正により法令上明らかになった。
　　（注）従前は相基通3-4及び同3-5において、上記の各条項と同様の内容が明示されていたが、平成22年におけるこれらの法令の改正を受けて、同3-4及び同3-5はそれぞれ削除された。
　　　これらの改正及び削除に関して、その前後を通じて、結果的には、実務上の変更はないものといえる。
　２　生命保険契約及び損害保険契約の範囲
　①　相法３条１項１号では、「生命保険契約（保険業法（[省略]）第２条第３項（定義）に規定する生命保険会社と締結した保険契約（これに類する共済に係る契約を含む。以下同じ。）その他の政令で定める契約をいう。以下同じ）」、「損害保険契約（同条［保険業法。編注］第２条第４項に規定する損害保険会社と締結した保険契約その他の政令で定める契約をいう。以下同じ）」と規定する。

つまり、生命保険会社等と契約した保険契約は、その保険契約の内容の如何を問わず「生命保険契約」に該当し（専ら年金の給付を目的とする個人年金保険契約も「生命保険契約」に含まれる）、損害保険会社等と契約した保険契約は同様に「損害保険契約」となる。

(注) 生命保険契約及び損害保険契約ともに、「その他の政令で定める契約をいう」と規定することから、その具体的な範囲は、生命保険契約については相令1条の2第1項（P155参照）、損害保険契約については相令1条の2第2項（P156参照）に規定するところによる。

② 以上を前提に、生命保険契約と、相続税法に規定する生命保険金・生命保険に関する権利・定期金給付契約に関する権利との関係を整理すると、次のようになる。

i 相法3条1項1号（P119参照）の生命保険契約（みなす相続財産たる死亡保険金に係るもの）は、生命保険契約のうち死亡保険金の支払をするものに限られる。

ii 相法3条1項3号（P261参照）の生命保険契約（相続開始時に保険金支払事由の発生していない生命保険契約に関する権利に係るもの）には、保険事故が発生していない全ての生命保険契約（年金の給付が開始されていない個人年金保険契約を含む）が該当する。

iii 全ての生命保険契約（年金の給付が開始されていない個人年金保険契約等を含む）は、相法3条1項4号（P275参照）の定期金給付契約（相続開始時に給付事由の発生していない定期金に関する権利）に該当しない。

iv 相法3条1項5号（P282参照）の定期金給付契約（相続開始時において給付事由の発生している保証期間付定期金に関する権利に係るもの）には、生命保険契約のうち個人年金保険契約等年金の給付を目的とするもので、年金の給付が開始されているものが該当する。

3 相法3条1項1号の生命保険契約・損害保険契約の保険金の範囲

① 本号の相続財産とみなされる生命保険契約の保険金又は損害保険契約の保険金は、被保険者の死亡を保険事故とする死亡保険金

に限られる。

(注) その根拠は、同3条1項1号の「当該保険金（次号に掲げる給与［死亡退職金。編注］及び第5号［相続開始時に給付事由の生じている保証期間付定期金。編注］又は第6号［契約に基づかない定期金。編注］に掲げる権利に該当するものを除く。）」の定めによる。

つまり、被相続人の死亡によって支払われるものであっても、相令1条の3に規定する企業年金等は相法3条1項2号（P212参照）の死亡退職金に該当し、死亡保険金の支払を伴わない個人年金保険は相法3条1項5号（P282参照）の保証期間付定期金に該当するなど、保険契約に基づく保険金であっても上記(注)の規定に該当するものは本号の保険金に当らず、上記(注)のそれぞれの号に規定するみなす相続財産に該当する。相基通3-7(P164参照)は、このことを確認的に明示したものである。

なお、生命保険契約の高度障害保険金、損害保険契約の死亡の直接の基因となった傷害を保険事故とする死亡保険金の取扱いについては、相基通3-7の編者注1及び2（P165）参照。

② 保証期間付個人年金保険契約の被保険者（年金の対象となる者で、年金受取人とは異なる。）が年金開始日前に死亡したことにより、遺族等が一時金として支払を受ける次の給付金は、実務上、相法3条1項1号の死亡保険金に該当するものとされている。ただし、被保険者が年金契約の掛金を負担している場合に限る。

i　死亡給付金（例えば、個人年金保険契約の確定年金、又は保証期間付終身年金に係る年金開始前の被保険者の死亡による死亡給付金。個人年金保険約款(例)7条・P1437参照。新日本保険新聞社「保険税務のすべて」平成21年版・P1086参照）

ii　被保険者の死亡を年金支払開始の原因とする年金保険契約で、相続開始時から第1回目の年金支払が行われるまでの間に、その年金の全部が一時金で支払われるもの（年金総額の現在価値に相当する。所得税基本通達9-18の編者注・P567参照）

　この場合、相続税の課税価格に算入すべき金額（相続税の評価額）

は、相法24条（給付事由の発生している定期金の評価）によって計算した金額ではなく、支払を受けた死亡給付金の額である。

　その年金契約に定期保険が付加されている場合における死亡保険金部分は、当然に相法3条1項1号の保険金になる。
③　養育年金付こども保険の保険契約者が死亡した場合の課税関係については、相基通3-15（P177参照）の取扱いがある。
④　簡易保険の「夫婦年金保険」の課税関係については、P138参照。
⑤　被保険者の死亡を給付原因としない疾病給付金又は入院給付金等が被保険者の死亡後に支払われた場合には、その保険金又は給付金は被保険者である被相続人に属する未収金債権として本来の相続財産になる（相基通3-7(注)・P164参照）。

4　相法3条1項1号の保険金額
①　本号の保険金には、保険金とともに支払われる剰余金・割戻金、前納保険料の額を含む（相基通3-8・P170参照）。
②　本号の保険金には、一時金により支払を受けるものに限られず、年金の方法により支払を受けるものも含まれる（相基通3-6・P164参照）。

　年金の方法により支払を受ける場合の本号の「当該保険金」の額は、原則として、相法24条の定期金に関する評価の規定により評価した金額となる（相基通新24-2・P364、同旧24-3・P378参照）。
③　契約者貸付金等（保険料の未納額を含む）がある場合の保険金額の計算については、相基通3-9（P170参照）に取扱いがある。
④　無保険車傷害保険契約に基づいて取得する保険金は、本号のみなし相続財産に該当しないという取扱いがある（相基通3-10・P173参照）。
⑤　人身傷害補償保険に基づく保険金は、みなし相続財産に該当しないものとされている（個別通達「人身傷害補償保険金に係る所得税、相続税及び贈与税の取扱い等について」平11課資2-287・P319参照）。
⑥　雇用主である法人が契約した団体定期保険に係る死亡保険金を、被相続人（死亡した従業員）の相続人等が雇用主を経由して支

払を受けたとしても、その保険金に相当する金額を雇用主が死亡退職金等として支給したものであるなどの格別の事情のない限り、その保険金は相法3条1項1号の死亡保険金に該当する、という裁決例がある（P145参照）。

5　死亡保険金が年金方式により支払われる場合の所得税の課税関係

①　相法3条1項1号の死亡保険金について、年金の方法で支払を受ける場合の相続税の課税関係は上記4②のとおり、死亡保険金としてみなす相続財産となり、所法9条1項16号では、相続又は遺贈により取得したもの（取得したとみなされるものを含む）は、所得税を課さないと規定している。

②　他方、所令183条及び184条においては、生命保険契約又は損害保険契約に基づく年金は、雑所得とする旨規定されており、従前の課税の実務では、死亡保険金を年金方式で受ける場合には、相続税と所得税の双方の課税対象とされてきた。

すなわち、その雑所得の金額の計算方法は同183条・184条に定める通常の方法と同一とされ、相続税と所得税の二重課税の調整に格別な配慮はされていなかったのである。

この点につき、平22政令214号により所得税法施行令の一部改正が行われ、185条（相続等に係る生命保険契約等に基づく年金に係る雑所得の金額の計算・P580参照）及び186条（相続等に係る損害保険契約等に基づく年金に係る雑所得の金額の計算・P649参照）が追加され、相続税との調整が図られた。

6　住宅ローンに附随する生命保険契約の課税関係

住宅ローンに附随する団体信用生命保険契約に関する課税関係については、個別通達「団体信用保険にかかる課税上の取扱いについて」（昭44官審(資)9・P141参照）がある。なお、同旨の裁決例としてP143に掲げるものがある（昭57年分相続税・東国裁決例集37-8。）。

【編者注４】みなす相続財産である死亡保険金の取得の時

　相法３条１項１号に規定する「保険金を取得した」時とは、実務上、保険事故の発生時、すなわち被保険者の死亡の時と解されている（裁決例　平18.2.27裁決・裁決事例集71号29頁。P147参照）。

　その理由は、保険約款により保険金の支払事由が明示されており（養老保険約款（例）２条・P1366参照）、保険金受取人は、保険事故の発生と同時に保険金支払請求権を取得するに至るのであるから（約款に基づきいつでも保険会社に対し、具体的な保険金支払の請求をし得る状態。同約款（例）５条・P1369参照）、相法３条１項１号の「保険金を取得した」とは、現実に保険金の支払を受けた状態をいうのではなく、保険金支払請求権を取得したことをいう、とされている。

　一義的には上記のように解しても格別の問題はないと考えられるが、保険会社が保険金の支払を拒否したため、保険金受取人の生命保険会社に対する保険金請求訴訟が係属しているような場合、その保険金の取得の時期は、その訴訟の判決確定日か、上記のとおり被保険者の死亡の時（相続開始の時）かという問題がある。

　上掲裁決では、このような場合であっても、被保険者の死亡の時に保険金を取得したものとして、相続税の期限内申告において課税価格に算入すべきものと判断している。

【編者注５】保険金受取人に関する事項

１　保険金受取人の意義

①　相法３条１項１号（P119）の保険金受取人とは、一義的には保険契約上の保険金受取人をいう（相基通3-11・P175参照）。

　ところで、保険金受取人が被相続人である「被保険者」となっている場合には、私法上その保険金の請求権は相続財産に属する（被相続人が保険金の請求権を取得し、相続人はその請求権を相続したに過ぎない）と解される余地があるときであっても、相基通3-11（P175参照）、保険法46条（保険金受取人の死亡・P1338参照）、旧簡易生命保険法55条（無指定の場合の保険金受取人・P1353参照）等により、保険契約上、保険金を受け取る権利を有する者が同号（相法３①一）の

保険金受取人とされる。
② 保険契約上の保険金受取人以外の者が現実に保険金を取得している場合で、そのことに相当な理由があると認められるときは、現実の受取人を相法3条1項1号の保険金受取人とするという取扱いがある（相基通3-12・P175参照）。

　なお、次の2及び3に掲げるようなケースにおいても、関係者の協議により、保険金受取人とされるべき者とは異なる者が保険金を取得、又は取得すべき保険金割合とは異なる割合で保険金を取得したような場合、その協議が合理的であれば同3-12の適用があるものと考えられる。

2　生命保険契約の受取人の死亡後、受取人の再指定がなされないまま保険事故が発生した場合の保険金受取人

① 設　例
　◇契約上の保険金受取人：乙（2年前に死亡・保険契約者Bの実母）
　◇保険契約者及び被保険者：B（保険料支払者である被相続人）
　◇相続人関係
　　　・　乙の相続人：甲・乙間の子であるB及びC
　　　　　　　→　乙は、死亡時には夫甲と離婚している。
　　　・　Bの相続人：C及び異母兄弟であるD
　　　　　　　→　Bは独身、父甲は3年前に死亡しているが、甲は乙と離婚後丙と再婚し、甲丙間に子Dがある。
　　※　C及びD（Bの半血兄弟）は、Bの相続開始時現在生存している。
　◇保険金受取人の指定関係
　　契約者Bは、指定保険金受取人乙の死亡後、その再指定を行わないまま死亡している。

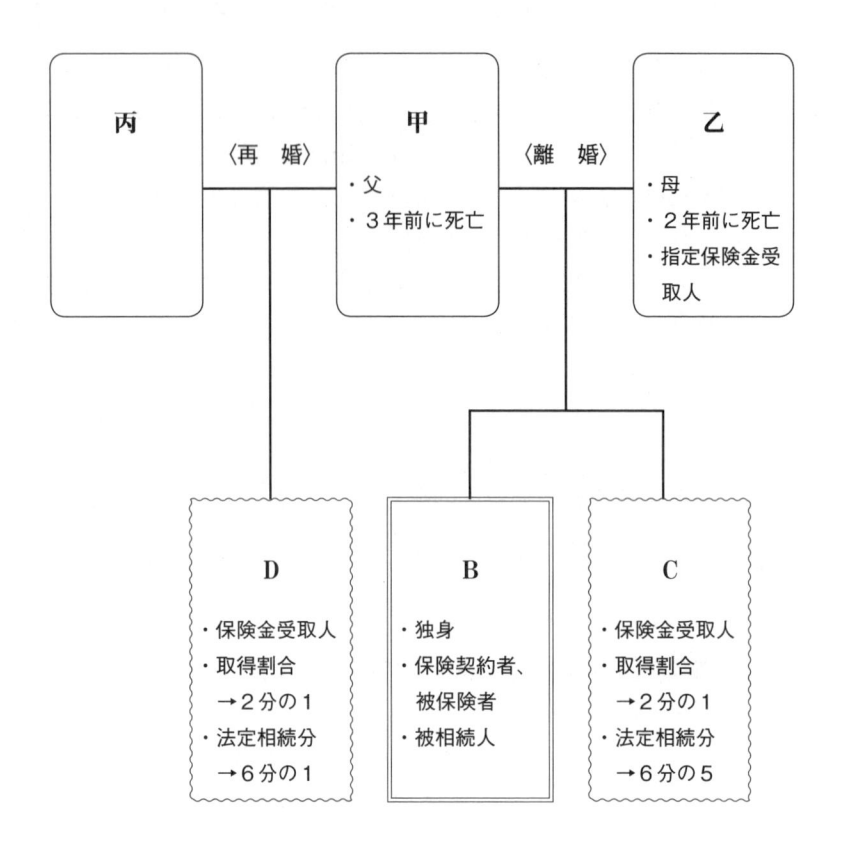

```
        ┌─────────┐        ┌─────────┐        ┌─────────┐
        │   丙    │〈再婚〉│   甲    │〈離婚〉│   乙    │
        │         │────────│・父      │────────│・母      │
        │         │        │・3年前に │        │・2年前に │
        │         │        │  死亡    │        │  死亡    │
        │         │        │         │        │・指定保険金│
        │         │        │         │        │  受取人  │
        └─────────┘        └─────────┘        └─────────┘
                                                    │
                              ┌─────────────────────┼─────────────────────┐
                      ┌───────┴───┐         ┌───────┴───┐         ┌───────┴───┐
                      │     D     │         │     B     │         │     C     │
                      │・保険金受取人│         │・独身      │         │・保険金受取人│
                      │・取得割合   │         │・保険契約者、│         │・取得割合   │
                      │ →2分の1   │         │  被保険者  │         │ →2分の1   │
                      │・法定相続分 │         │・被相続人  │         │・法定相続分 │
                      │ →6分の1   │         │           │         │ →6分の5   │
                      └───────────┘         └───────────┘         └───────────┘
```

② 保険金受取人

　保険契約者Bが保険金受取人の再指定を行っていないので、この場合には保険法46条（P1338参照）により、死亡した保険金受取人の「相続人の全員」が保険金の受取人になると規定されていることからすると、受取人は死亡した保険金受取人乙の子Cだけとなりそうである。

　ところで、最高裁第三小法廷は平5.9.7判決（P1340参照）で、大審院大11.2.7判決を援用し、商法676条2項（現行・保険法46条）に規定する「相続人」とは、指定受取人（乙）の法定相続人と指定受取人の順次の法定相続人であって、被保険者の死亡時に生存している者をいうとしている（養老保険約款(例)32条・P1381参照）。

（注）この場合の「法定相続人」には、子及び兄弟姉妹の代襲相続人が含まれるのは当然である。

　　これを本例に当てはめると、指定受取人乙の法定相続人は甲・乙間の子であるＢ及びＣであるが、Ｂは被保険者であるから被保険者の死亡時に生存していないことになり、乙の法定相続人はＣのみとなる。

　　他方、指定受取人の順次の法定相続人は、乙の法定相続人Ｂの死亡によりＢの法定相続人たるＤ（甲・丙間の子、Ｂの半血兄弟）である（前記最高判決の編者注・P1342参照）。

　　そうすると、本例において、保険法46条に規定する死亡した指定保険金受取人乙の「相続人」はＣ及びＤとなる。この場合の保険金額の取得割合は、民法に定める相続分（Ｃ＝全血・5/6、Ｄ＝半血・1/6）による割合ではなく、民法427条に従い各自均等の割合によるべきものとされている（保険法46条の編者注①・P1338参照）。

③　課税関係

　　Ｂが保険料負担者である被保険者であるから、Ｃ及びＤの取得した保険金は、共にＢのみなす相続財産である死亡保険金となり、Ｃ及びＤはそれぞれ被相続人Ｂの相続人（Ｂの兄弟）であるので、相法12条の定めるところにより非課税限度額の適用がある。

　　また、相続により取得したものとみなされるのであるから、その保険金が一時金で支払われる限り、当然に所得税は非課税となる。

3　保険金受取人を「被保険者の相続人」とした場合の保険金の取得割合

　　最高裁第二小法廷平6.7.18判決（民集48巻5号1233頁）によれば、保険金受取人を「被保険者の相続人」と指定した場合の各人の保険金取得割合は、民法427条による均等の割合ではなく、民法に定める相続分の割合とすることが、保険契約者の通常の意思に合致し、合理的であるとしている。

4　保険金受取人となることの効果

①　相続人（相続を放棄した者及び相続権を失った者を含まない。相法3条1項本文カッコ書き）が保険金を取得すると、保険金の非課税限度額（相法12①五・P195参照）までの金額は、相続税の非課税財産として相続税が課されない。
②　保険金受取人はその保険金を原始的に取得するから（受取人の固有財産である）、受取人が相続人であっても保険金は遺産分割の対象にならない。

　　したがって、相続人である保険金受取人がその相続を限定承認（民915）した場合でも、保険金支払の効力発生（通常は保険事故の発生）と同時に相続人の固有財産となり、保険契約者で、かつ、被保険者である被相続人の遺産より分離しているから（最高昭40.2.2判決）、相続債務の引き当てになることはない（大審昭11.5.13判決）。つまり、被相続人の債権者はその保険金を差し押さえることはできないし、限定承認した相続人はその保険金に相当する金額の相続債務を弁済すべき法律上の義務はない（民922）。
③　上記②のことは、相続を放棄した者（民938条の規定による法律上の放棄をした者に限る。）、又は相続権を失った者（民891・892・893等）が保険金を取得した場合も同様である。

　　つまり、相続を放棄した者は、その相続については初めから相続人にならなかったことになるので（民939）、被相続人の債務を弁済する義務がなく、他方、保険金は被相続人の財産に属するものではないから、相続を放棄した者でも保険金受取人の地位において保険金を原始取得することになる（民896）。

　　なお、相続を放棄した者が被相続人の債務につき保証人となっている場合には、相続の放棄をしても保証人としての債務を免れることはないので、このような場合には、取得した保険金も保証債務の履行の引き当て財産になる。
④　保険金受取人である相続人が民法938条所定の相続放棄の手続きを行うことなしに、保険金のみを取得し、遺産分割協議において被相続人の財産及び債務を相続しない旨を同協議書に明示した

ような場合、被相続人の債権者との関係はどのようになるかという問題がある。

相続債務については、遺産分割協議により、任意に分割して承継したり、特定の相続人のみがその債務の全部を承継するという合意は、共同相続人間におけるその有効性は措くとしても、被相続人の債権者は、相続の放棄（法律上の放棄）がない限り、その遺産分割の結果にかかわらず、各相続人に対し、その法定相続分により弁済請求をなし得ると解されている（共同相続人のうち、相続放棄をした者に請求をなし得ないのは当然である）。

以上のことから、共同相続人のうち保険金を取得する者が被相続人の債務を承継しない場合には、相続放棄手続きを行うことは必須の要件となる（保険金のみを取得し、相続人の全員が相続債務を承継しないという場合には、相続人全員が相続放棄の手続きを行う必要がある）。

⑤　相続人である保険金受取人が、その取得した保険金を任意に他の共同相続人その他の者に分け与えた場合には、単なる金銭等の贈与となり、相続税の他に贈与税の課税対象にもなる。

ところで、相続人である保険金受取人が、保険金を取得するほか、他の財産も相続により取得し、その代償として他の共同相続人に対し、その取得した保険金により代償金を支払う旨を遺産分割協議書で定めたような場合には、その代償金は相続に関して生じたものであるから贈与には該当しないというのが税務上の取扱いである（被相続人の負担していた保険料が相当多額で、他に高額の相続財産がないような場合には、実務上、その保険金の取得者が、他の共同相続人に代償金の支払をすることも認められているようである）。

⑥　生命保険金等の受取人が、被相続人（通常は被保険者である保険料負担者）の一親等の血族（父母及び子）及び配偶者以外の者である場合には、その者に対する算出相続税額（相法17）につき20％加算の適用がある（相法18・P204参照）。

この場合、一親等の血族は、次による。

i　子の代襲相続人（子の死亡、又は子が相続権を失ったことにより孫等

が相続人となる場合、民887②）は、一親等の血族とする（相法18条①）。
　ⅱ　養子については、次による（相基通18-3・P206参照）。
　　ア　養子、養親は、一親等の血族である（民727、809）。
　　イ　上記アに係わらず、被相続人の孫、ひ孫等（被相続人の直系卑属）が被相続人の養子となっている場合には、次のウに該当するときを除き、その者については20％加算の適用がある（この者は民法上の一親等の血族であるが、相法18条の適用上は一親等の血族と扱わない。相法18②）。
　　ウ　上記イの孫等が養子となっている場合において、その者が同時に被相続人の子の代襲相続人にも該当する場合（上記ⅰ）には、その養子である孫等は一親等の血族として扱うことになる（相法18②但し書）。
　ⅲ　相続を放棄した者、又は相続権を失った者が生命保険金等を取得するときは、遺贈によりそれを取得したことになるが、その者が被相続人の一親等の血族である場合には、相続の放棄等によっても一親等の血族たる身分に変動はないから、20％加算の適用はない（相基通18-1・P205参照）。

【編者注6】被相続人が負担した保険料、保険料の全額
　①　保険料の支払義務者
　ⅰ　生命保険契約等の保険料の支払義務者は、保険契約者である（保険法2三・P1329参照）。保険契約者以外の者が保険料の支払を行った場合においても、税務上はその保険料の支払の都度に保険料支払者から保険契約者に対する贈与とは認識せず、保険金受取人が保険金受取時に保険金相当額を保険料支払者から相続又は贈与により取得したものとみなして相続税又は贈与税を課する法制になっている。
　ⅱ　保険契約者（例えば子）が保険契約者以外の者（例えば父）から保険料支払のため金銭の贈与を受け、その金銭を保険料の支払に充てている等の事実が明らかであり、その事実を贈与税の申告書などで証明できるような場合には、保険契約者（子）が保険料を

負担したことになるものと解されている（P192に掲げる昭59.2.27裁決例参照）。
② 「被相続人が負担した保険料」及び「保険料の全額」

「被相続人が負担した保険料」及び「保険料の全額」については、相基通3-13（P182参照）、同3-14（P187参照）、同3-17（P187参照）にそれぞれ取扱いがある。

【編者注7】同時死亡と生命保険金等の課税関係
1　同時死亡の推定
　民法32条の2では、「数人の者が死亡した場合において、そのうちの一人が他の者の死亡後になお生存していたことが明らかでないときは、これらの者は、同時に死亡したものと推定する」と規定している。
　この規定の効果は、
ⅰ　同時に死亡した者（例えば父と子）の間においては相互に相続は開始しない。
ⅱ　代襲相続関係：例えば父・母・長男が同時死亡し、長男（配偶者と子がある）と次男がいる場合の相続関係は、父・母の相続人は次男及び長男の子である孫（民887②）、長男の相続人は長男の配偶者及び長男の子（民887①）となる。
ⅲ　遺言者と受遺者とが同時死亡すると遺言の効力が生じない（民994）。
2　保険契約者（保険料支払者・被保険者）と保険金受取人とが同時死亡の場合の課税関係
①　保険契約者で保険料支払者、かつ、被保険者である夫Ａと、保険金受取人である妻Ｂとが同時死亡した場合の保険金受取人
イ　保険金受取人が死亡したときには保険契約者は受取人を再指定することができるが（保険法43・P1334参照）、保険契約者と保険金受取人とが同時に死亡した場合には通常受取人の再指定が行われていないことから、保険法46条により受取人を決することになる。
　つまり、妻Ｂの保険金請求権は発生しないから保険金請求権が

妻Bの財産として相続されることはなく、夫Aが受取人を再指定しないで死亡した場合として、仮にAB間に子がいない場合（AB間の子もABと同時に死亡している場合を含む）には、妻Bの相続人が保険金受取人となる、と解されている（谷口知平編集「注釈民法１」有斐閣・P302参照）。

この場合、妻Bの相続人である保険金受取人が２人以上いるときは、各保険金受取人の取得すべき金額はそれらの者の相続分（妻Bの相続人としての相続分）に応ずる金額ではなく、支払を受ける保険金額を受取人の数で除した均等額である。

ロ　簡易生命保険の場合には、保険金受取人が上記イとは異なっている。

受取人が再指定されていない場合の保険金受取人は、被保険者（上例では夫A）の遺族とされ、遺族が数人あるときは旧簡易生命保険法55条２項に定める者が同項に掲げる順序で保険金の全部を取得する（同55・P1353参照）。なお、同順位の者が複数いる場合には、それらの者の取得すべき保険金額は上記イと同様に均等額となる。

②　保険金に対する課税

イ　死亡した保険金受取人の相続人（簡易保険の場合には被保険者の遺族）がその保険金を原始取得するのであるから、その保険金は相法３条１項１号に規定するみなす相続財産に該当する。

この場合、保険料支払者（通常は保険契約者、上記①の夫A）と保険金受取人（上記①の妻B）とが同時死亡した場合に、その保険金が夫Aと妻Bとのいずれの相続財産とみなされるかという問題がある。

ロ　夫Aと妻Bと間に子がある場合には、妻Bの相続人として子が保険金を取得するが、相法３条１項１号の適用については被保険者及び保険料負担者である夫Aのみなす相続財産となる（妻Bのみなす相続財産にならないことに留意）。

なお、この場合の相法12条５号の保険金の非課税（いわゆる非課

税限度額）については、保険金受取人が夫Aの相続人に限られるところ、保険金受取人である子は夫Aの相続人でもあるので同号の適用があり、夫Aの相続人の数（妻Bは同時死亡であるから相続人に含まれない）を基に非課税限度額を計算する。

ハ　夫Aと妻Bと間に子がなく、夫Aと妻Bにそれぞれ親がいる場合には、妻Bの相続人として妻Bの親が保険金を取得するが、相法3条1項1号の適用については、上記ロと同様に被保険者及び保険料負担者である夫Aのみなす相続財産となる（妻Bのみなす相続財産にならないことに留意）。

　　この場合の相法12条5号の保険金の非課税については、保険金受取人が夫Aの相続人に限られるところ、妻Bの親は夫Aの相続人ではないので同号の非課税の適用はない（その保険契約が簡易保険である場合には、保険金受取人は夫Aの親となり（上記①ロ）、夫Aの親は夫Aの相続人であるから上記ロと同様に同法12条5号の非課税の適用がある。）。

3　保険契約者で被保険者である者と保険料負担者が同時死亡した場合の課税関係

　　例えば、保険契約者で被保険者である子Aとその保険料の支払をしていた父Bとが同時死亡し、保険金受取人が母C（父Bの配偶者）である場合の課税課税関係は、次のようになる（昭57.5.17直資2-178個別通達・P180参照）。

　　一義的には、相法5条の規定により、母Cが父Bから保険金相当額の贈与を受けたものとして贈与税の課税対象となる。

　　しかし、このような場合には、上掲個別通達（P180参照）の取扱いにより、母Cが受け取る保険金を保険料の負担者父Bのみなす相続財産として、父Bの相続税の課税対象財産とすることを選択することができる。

【編者注8】保険料負担者及び保険契約形態と受取保険金の課税関係

　　生命保険金等に対する課税は、保険事故（給付原因の発生）により保険金の支払があった時において、保険金受取人に対する課税とし

て律されている。その概要は以下のようである。

契約者	保険料負担者	被保険者	受取人	課税関係
B	B	B	C	★Bの死亡 　Bのみなす相続財産としてCに相続税課税（相法3①一）、CがBの相続人のときは非課税限度の適用がある（相法12①五）。 ★満期 　BからCへの贈与としてCに贈与税課税（相法5①）。
B	D	B	C	★Bの死亡、満期ともに 　DからCへの贈与としてCに贈与税課税（相法5①）。 ★Dの死亡 　生命保険に関する権利をDのみなす相続財産としてBに相続税課税（相法3①三）。
B	B	B	B	★Bの死亡 　Bのみなす相続財産として現実に保険金を取得した者に相続税課税（相法3①一）、その者がBの相続人のときは非課税限度の適用がある（相法12①五）。 ★満期 　Bの一時所得として所得税、住民税の課税（所令183②・184②、所基通34-1）。
B	B	D	B	★Dの死亡、満期ともに 　Bの一時所得として所得税、住民税の課税（所令183②・184②、所基通34-1）。 ★Bの死亡 　生命保険に関する権利がBの本来の相続財産となり、契約の権利承継者（通常はBの相続人）に相続税課税。
雇用主	雇用主	従業員	従業員の相続人	雇用主が支払った保険料は従業員が負担していたものとされ、死亡した従業員のみなす相続財産として、保険金受取人に相続税課税。ただし、雇用者が保険金を退職金に充てる旨の定めをしている場合を除く（相基通3-17）。

【編者注9】被相続人の被相続人の意義、相法3条2項ただし書（被相続人の被相続人が負担した保険料）の趣旨
 1　被相続人の被相続人の意義
　　被相続人の被相続人とは、字義どおり今回の被相続人の直前の被相続人をいい、その先代以前の被相続人は含まないものと解されている。
 2　相法3条2項本文が適用される場合
① 　本項本文の規定は、昭和22年より前に被相続人の被相続人が死亡している場合についてのみ、その適用がある（加藤千博編「相続税法基本通達逐条解説」平成22年版　大蔵財務協会・P133参照）。
② 　理由（相法3条2項ただし書の趣旨）
　　本項本文の規定は、昭和22年の相続税法の改正により定められ、昭和25年同法の改正で本項ただし書が定められた。本項ただし書の趣旨は、以下のようなものである。
　　被相続人が保険料等を負担していた生命保険契約に関する権利（保険事故の発生していないもの）、又は給付事由の発生していない定期金に関する権利で、同法3条1項3号又は4号に該当するものはみなす相続財産とされる。他方、これらの契約の契約者が被相続人で、かつ、保険料の負担者である場合には本来の相続財産として相続税の課税対象となる。いずれの場合も相続開始以後においては、その権利を取得した者が被相続人の負担した保険料等を自らが負担したことになる。
　　つまり、被相続人の被相続人（先代）の負担した保険料等については、先代の相続開始時に相続税の課税関係が終了していることから、本項本文の規定を適用する理由がないことに帰する。
　　この結果、本項本文は先代が昭和22年より前に死亡した場合について経過的に適用されるに過ぎないものとなっている。

■参考：簡易保険の「夫婦年金保険」の課税関係

夫婦年金保険とは、旧簡易生命保険法16条（夫婦年金保険・P1352参照）に基づくもので、その概要は次のようである。

1　「特別夫婦年金保険」の概要
（1）契約関係
一の契約で、夫婦のうち一方が「保険契約者でかつ主たる被保険者」となり、夫婦の他方が「配偶者たる被保険者」となる。
（2）年金の支給開始等
①　年金支払開始年齢に達し、かつ、その後夫婦のいずれか一方が死亡した日から、夫婦のうち生存している者に対し、その者の生存中年金を支払う（一定の保証期間がある）。
②　年金支払開始年齢に達する日前に夫婦のいずれか一方が死亡した場合には、年金支払開始年齢に達した日から、夫婦のうち生存している者に対し、一定の期間中（保証期間がある）年金を支払う。
（3）継続年金の支給
上記(2)の保証期間中に年金受取人が死亡したときは、その死亡の時から保証期間の満了まで、次に掲げる者に対し、残存期間に対応する年金（継続年金）が支払われる。
①　主たる被保険者（保険契約者）が死亡したとき
　　主たる被保険者の相続人
②　配偶者たる被保険者が死亡したとき
　　配偶者たる被保険者の相続人

2　相続税、贈与税及び所得税の課税関係
保険契約者である主たる被保険者（以下、単に保険契約者）が、保険料の全額を負担しているものとすると、この保険に係る相続税、贈与税の課税関係は以下のようになる。
（1）年金支払開始年齢到達前の課税関係
①　年金支払開始年齢到達前に保険契約者が死亡した場合

配偶者たる被保険者がその契約者の地位を承継する。この場合の相続財産は、被相続人が保険料を負担しているので、被相続人である保険契約者の本来の相続財産である生命保険契約に関する権利であり（相法3①三のみなす相続財産ではない）、その相続税の価額は評基通214により評価した金額である。
② 年金支払開始年齢到達前に配偶者たる被保険者が死亡した場合
　配偶者たる被保険者は保険料を負担していないので、その死亡によっても相続税及び贈与税の課税関係は生じない。
(2) 年金支払開始年齢到達時の課税関係
① 年金の給付が開始されない場合（年金支払開始年齢到達時において、夫婦の双方が生存している場合）
　年金の支払が行われないので格別の課税関係は生じない。
② 年金の給付が開始される場合
ⅰ 年金支払開始年齢到達時前に保険契約者が死亡している場合
　保険契約者が年金支払開始年齢に達する日前に死亡した場合には、保険契約者が生存していたとした場合に年金支払開始年齢に達することとなる日から、配偶者たる被保険者に年金が支払われる。
　この課税関係は、年金受取人である配偶者たる被保険者の雑所得の収入金額とされる（所基通35-1）。それは、保険契約者の死亡時に、この契約の権利を配偶者たる被保険者が相続により取得していることによる（上記(1)①参照）。
ⅱ 年金支払開始年齢到達時前に配偶者たる被保険者が死亡している場合
　保険契約者が年金支払開始年齢に達する日前に、配偶者たる被保険者が死亡した場合には、保険契約者が年金支払開始年齢に達した日から、保険契約者に年金が支払われる。
　この課税関係は、年金受取人である保険契約者の雑所得の収入金額とされる（所基通35-1）。
(3) 年金支払開始年齢到達後の課税関係
① 年金支払開始年齢に達した後において年金の支払が開始される場合
ⅰ 年金支払開始年齢到達後に保険契約者が死亡した場合

年金支払開始年齢到達後に保険契約者が死亡した場合には、その死亡の日から配偶者たる被保険者に年金が支払われる。

この場合の課税関係は、保険契約者が保険料の全部を負担しているので、みなす相続財産である生命保険金等として被相続人である保険契約者の相続税の課税対象財産となる。

相続税の課税価格に算入される金額は、相法24条4項（保証期間付終身定期金の評価）の定めにより評価した金額であり（相続税法3条1項1号の編者注3-4・P124参照）、年金の受給者が被相続人の配偶者であるから、生命保険金等の非課税限度額の対象となる（同編者注5-4①・P130参照）。

ii　年金支払開始年齢到達後に配偶者たる被保険者が死亡した場合

この年金は、年金支払開始年齢到達後において、夫婦のいずれか一方が死亡した日から、生存している者に対し年金の支払をするというものであるから、年金支払開始年齢到達後において配偶者たる被保険者が死亡したときには保険契約者に年金の支払が開始される。

この場合の課税関係は、年金受取人である保険契約者が保険料の全額を負担しているので、年金受取人である保険契約者の雑所得の収入金額とされる（所基通35-1）。

②　年金受給者が保証期間中に死亡した場合

年金受給者が保証期間中に死亡した場合には、年金受給者（夫又は妻）の相続人等が保証期間の終了するまでの間、継続年金受取人となる。

この場合の課税関係は、次のようになる。

i　年金受給者である配偶者たる被保険者が死亡した場合

年金受給者であった配偶者たる被保険者の相続人等が継続年金受取人になる。

この保険料の全額を保険契約者が負担していたものであるところ、保険契約者の死亡により配偶者たる被保険者がその契約に係る権利を相続により取得しているのであるから（上記2(1)①参照）、その保険料は被相続人である配偶者たる被保険者自身が負担したものとされるので（相続税法3条1項3号の編者注3-2・P266参照）、継続年金受取人が保証期間付定期金に関する権利を相続又は遺贈により取得したものとされる（相法3①五）。この場

合の評価は、相法24条１項１号の規定により行う。
ⅱ　年金受給者である保険契約者が死亡した場合
　　年金受給者であった保険契約者の相続人等が継続年金受取人になる。
　　この保険料の全額を保険契約者が負担していたものであるから、上記ⅰと同様、継続年金受取人が保証期間付定期金に関する権利を相続又は遺贈により取得したものとされる。この場合の評価は、相法24条１項１号の規定により行う。

■参考：相続税関係個別通達「団体信用保険にかかる課税上の取扱いについて」（昭44官審（資）9）

　標題のことについては、別紙２のとおり○○生命保険相互会社取締役社長○○から照会があり、別紙１のとおり当庁特別審理室参事官名をもって回答したから、了知されたい。

《別紙１》
　　［前略］
　　標題のことについては、貴見のとおりでさしつかえありません。

《別紙２》
　　［前略］
　団体信用保険は、企業の信用販売制度における利用をねらいとしたもので、**債権者である信用供与機関**（月賦販売会社，銀行等）が債務者の死亡または廃疾に際して支払われる保険金をもってその債務者に対する賦払債権の回収を確実に行うことを目的とする特殊の団体保険であり、その内容はおおむね次のとおりであります。
（1）契約者及び保険金受取人
　　　賦払償還によって債務の弁済を受ける信用供与機関または信用供与機関に対して保証債務を負う販売機関等（月賦販売会社、銀行等）
（2）被保険者

同一の信用供与機関に対して賦払償還債務を負う債務者の全部または一部の集団で、契約者と保険会社との協議をもって定める者（顧客）
(3) 保険金
被保険者の保険事故発生時における賦払償還債務残額相当額。
(4) 保険事故
被保険者の死亡及び一定程度以上の廃疾
(5) 被保険期間
賦払期間。ただし、被保険者の一部に一定年齢（60歳または65歳）に達した者が生じた場合または被保険者の一部が脱退した場合には、それらの部分についてはその一定年齢に達した時または脱退の時までとし、解約があった場合には解約の時をもって終了する。
(6) 保険料
保険料は、保険金額（賦払償還債務残額）に応じて年1回改算し、月払いとする。なお、料率は、被保険者の年齢に応じて逓増する。
(7) 返戻金
保険契約の解除、解約、被保険者の脱退等による返戻金はない。
(8) 社員配当金
年1回契約応当日において有効な契約に対し社員配当金を保険料相殺により支払う。

以上に基づき保険金受取人たる月賦販売会社、銀行等は被保険者たる顧客との間に、保険金の受領を停止条件として賦払償還債務を免除する旨の特約を結ぶ。

しかして、これについてその課税関係は下記のとおりと解してさしつかえありませんか。お伺いいたします。

記

1　保険料の損金算入
契約者たる月賦販売会社、銀行等が保険会社に払い込む保険料は、いわゆる債権の保全費用または販売費用（顧客の借入れについて保証する場合）の性格を有するものと認められ、かつ返戻金のないいわゆる掛捨てであることから、単純な期間費用として損金算入を認められる。

なお、契約上被保険者たる顧客が負担することとしている保険料を月賦販売会社等が負担することとしている場合においても、実質的には販売代金等に変形して回収しているということもできるので寄附金または交際費に該当せず、同様に損金算入を認められる。

2 保険金を収入した場合の債務免除

債権者たる月賦販売会社、銀行等が保険金受取人になっていることは、実質的には顧客が受取人となっている保険金請求権上に質権を設定し、これに基づいて本来の弁済を受けるものと解することもできるし、あるいは保険会社から契約に基づいて代位弁済を受けるものと解することもできる。したがって、この場合の顧客に対する債務免除について、貸倒れの判定は要しない。

すなわち、債権者たる月賦販売会社、銀行等が受け取った保険金は、単に入金処理をすればよい（益金とする必要はない）。

3 死亡事故が起きた場合

保険事故が死亡であった場合の賦払償還債務の免除に関しては、相続税の課税上は相続人によって承継される債務がないものとし、被保険者たる顧客および相続人について所得税の課税関係は生じない。

4 廃疾事故が起きた場合

保険事故が廃疾であった場合の賦払償還債務の免除に関しては、その利益が身体の障害に基因して受けるものであるので、所得税の課税関係は生じない。

■**参考：裁決例「団体信用生命保険契約による死亡保険金をもって住宅ローン残債務の弁済が行われた場合の債務控除等」**（東京審裁決・昭57年分相続税・東国裁例集No37-8。租税裁決例研究会編「国税不服審判所裁決例集7」ぎょうせい・P9663）

《**判断**（要旨）》

※編者注：以下は、編者が同書から要旨と思われる部分を抜粋し、適宜付番したものであり、文中の［　］は編注である。

1　当審判所が［、］B生命保険及びA銀行並びに請求人［相続人］及び原処分庁が当審判所に提出した証拠書類を調査したところによれば、次の事実が認められる。
① 　団体信用生命保険契約の約款によれば、本件保険契約は、保険契約者及び保険金受取人をA銀行［住宅ローン債権者］、被保険者を被相続人［住宅ローン債務者］とするものであり、その目的は、A銀行が被相続人の死亡又は所定の高度障害に際し支払われる保険金をもって被相続人に対する賦払償還債権の回収を確実に行い、また、被相続人の賦払債務償還中の生計の安定を図ることにあること。
② 　本件保険契約は、被保険者である被相続人の死亡により、その賦払償還債務が免除されるものであること。
③ 　B生命は、本件保険契約に基づき昭和58年1月14日A銀行から5,471,517円（融資残高5,436,993円、延滞利息34,524円）の保険金支払請求を受け、同月21日同金額の保険金を支払ったこと。
④ 　A銀行が請求人に対して本件債務［融資残高5,436,993円］の返済を請求した事実はないこと。
⑤ 　本件保険契約に係る保険料は、A銀行が同行の負担において支払っていること。
　　なお、請求人は、本件保険契約の保険料相当額が本件借入金の利子に含まれていると主張するが、それを証する資料を提出せず、当審判所がA銀行を調査したところ、被相続人と借入れの時期を同じくする他の者の借入利率は、団体信用生命保険の加入の有無にかかわらず同率であること。
⑥ 　［省略］
2　相続税の課税価格の計算上財産の価額から控除すべき債務については、次のように解されている。
① 　［省略］
② 　相続税法第13条及び第14条によれば、相続税の課税価格の計算上控除される債務は、被相続人の債務で相続開始の際現に存し、相続又は遺贈により財産を取得した者の負担に属する金額であることを要するとともに、確実と認められる債務でなければならない。

そして、確実と認められる債務とは、債務が存在するとともに債権者の債務の履行を求める意思が客観的に認識し得る債務又は債権債務成立に至る経緯から、事実的、道義的に履行が義務付けられているか、あるいは履行せざるを得ない債務をいうもの、すなわち債務の存在のみならず履行の確実と認められる債務をいう。

3 そこで、本件債務について判断すると次のとおりである。
① 本件債務は、被相続人の相続開始の日現在5,436,993円であったが、本件保険契約に基づき保険金によって補てんされることが確実であって、請求人が支払う必要のない債務であるから相続税法第14条に規定する「確実な債務」に当らない。
② ［省略］
③ 請求人は、本件債務については相続税法に規定する債務控除を適用し、債務が消滅したときに一時所得として課税すべきであると主張するが、前記のとおり本件債務自体が相続税法にいう債務に当らないのであるから、この点に関する請求人の主張も採用できない。
④ 請求人は、本件債務に充当された保険金を被相続人から相続により取得したものとみるべきである旨主張するが、本件保険契約による保険金受取人はA銀行であり、また、被相続人が本件保険契約に係る保険料を負担していた事実もないから、この点に関する請求人の主張も採用できない。

■参考：裁決例「雇用主が保険料を負担していた団体定期保険契約の保険金を相続人が取得した場合、それが死亡保険金か退職手当金等かを判断した事例」（昭55.10.4裁決　昭和52年分相続税　国裁例集昭和55年度第2 No21-2、前掲「国税不服審判所裁決例7」P9339-367）

1 事案の概要
① 被相続人は、雇用主（B社）が契約し、同社が保険料を負担する団体定期保険の被保険者となっており、その死亡によって相続人が死亡保険金（950万円）を取得した。
② 保険金は雇用主であるB社を経由して、相続人の預金口座に振込まれ、

B社から送付された振込通知書には「弔慰金」と明示されていた（なお、B社の経理は、この保険金を「仮受金」勘定で経理している。）。
③　B社には、「団体定期保険取扱規程」、「職員退職金規程」、「職員及び職員家族弔慰金規程」があるが、これらの規程その他B社の社内規程、就業規則、労働協約等のいずれにも、本件保険金を退職金とし、又は弔慰金とする規程はない。
④　相続人は、本件保険金の他、退職金173万円余、弔慰金110万円の支給を受けている。
⑤　請求人（納税者である相続人）は、本件保険金は、相法3条1項2号の退職手当金等に当ると主張した（課税庁は、本件保険金を相法3条1項1号の死亡保険金等として更正処分）。

2　**判断**（要旨）
イ　本件保険金のように、保険金受取人を被相続人の遺族とする生命保険契約により遺族が直接取得する保険金については、雇用主である企業の社内規則、就業規則、労働協約等において、当該保険金を退職給付金として支給されるものである旨の関係者の意思が明白に表示されている場合に限り、退職手当金等に該当すると解すべきであり、

ロ　相続税法基本通達第21条［現行相基通3-20］の弔慰金は、従業員の死亡の際に、雇用主等が弔意を表し、遺族を慰めるために好意的、恩恵的に支給する金品をいうものと解すべきところ、雇用主たるB社は、従業員の生存中に保険契約を締結し、保険料を負担するのみで、本件保険金についてはなんらの権利がなく、請求人は、被相続人（従業員）の死亡により、当然に本件保険金を取得するのであるから、これを弔慰金とする請求人の主張には理由がない。

請求人は、B社が本件保険金の振込通知書に「弔慰金」と表示し、かつ、本件保険契約の趣旨について、B社の担当部課でも弔慰金的性格がある旨説明していることも立論の根拠としている。

しかし、本件保険金については、B社は権利者でなく、ただ団体定期保険の特殊性から、請求人の代理人として保険金を請求し、受領しているだ

けであるから、Ｂ社がした振込通知書の表示には格別の意味がないというべきものである。

■**参考：裁決例「みなす相続財産とされる死亡保険金の取得の時期等を判断した事例**（平18.2.27裁決　ＴＫＣ法律情報データーベース・番号26011993）

《事案の概要》
1　請求人（相続を放棄した生命保険金受取人）が受取人となっている生命保険契約の一部（保険会社５社のうち２社分）について、生命保険会社がその支払を拒絶したため、請求人の生命保険会社に対する保険金請求訴訟が係属していた間に、原処分庁がその２社分の生命保険金に相当する金額を相続税の課税価格に含めて相続税の決定処分（相続税は無申告）及び無申告加算税の賦課決定処分を行った。
　　請求人は、判決によって２社分の生命保険金の支払が確定する前の課税は違法であるとして、その全部の取消しを求めた。
2　被相続人は平成13年９月に死亡した。法定相続人は４人で、その全員が平成13年10月に適法な相続放棄の手続きを行った。
3　生命保険会社５社のうち３社の保険契約に係る生命保険金は、平成13年10月及び11月にその全額が請求人に支払われている（裁決書(抄)からはその金額が詳らかでないので、この３社分の生命保険金のみで相法27条に規定する相続税申告書の提出義務があったどうかは不明）。
4　２社分（Ｃ生保及びＦ生保）の生命保険契約に係る保険金請求訴訟（以下「本件各訴訟」）は、いずれも平成16年中に判決が確定し、それぞれ平成16年11月と同年12月に生命保険金（以下「本件各生命保険金」）の全額が請求人に支払われた。
5　請求人は、平成16年12月に本件各訴訟に係る弁護士費用として〇円を訴訟代理人に支払をした。

《争　点》

本件の争点は、次のとおり。

① 本件各生命保険金（上記概要の4）について、その取得の時期は被相続人の死亡時か。

② 本件各生命保険金の評価において、本件弁護士費用（上記概要の5）は控除されないか。

③ 相続税の期限内申告書の提出がなかったことについて、無申告加算税を賦課しない「正当な理由」（通則法66条1項）があるか。

（編注）その他本件弁護士費用について債務控除の適否の主張もあるが、本項では省略している。

《主張（要旨）》

1　請求人の主張（要旨）

① 争点①について

i 本件各訴訟（保険金請求訴訟）が係属している間は、本件各生命保険金請求権（保険会社が保険金の支払を拒否している生命保険契約に係る保険金請求権）の存在が確実とはいえず、本件各訴訟の判決確定により初めてその存在が確実となる以上、請求人が本件各生命保険金について「保険金を取得した」のは本件各訴訟の判決確定日であって、被相続人の死亡時ではない。

ii 相続税法上、請求人が本件相続に基づき取得した財産は生命保険金のみであるから（請求人は、適法な相続放棄手続きを行っている）、本件各生命保険金の取得時期を本件各訴訟の判決確定日より前とすることは、請求人の担税力の面からみても不当である。

② 争点②について

相続財産として課税されるべきものは、納税義務者が受領した資産であり、受領できるかどうか不確実な資産を確実に受領できるようにするために要した費用は、必要経費として控除するのが課税の大原則であるから、本件各生命保険金（前記概要の4）の額の評価において、本件弁護士費用（前記概要の5）は控除されるべきである。

③ 争点③について

本件各生命保険金の支払が確定していなかったことは、「正当な理由」に当たる。

2　原処分庁の主張（要旨）
① 争点①について

「保険金を取得した」とは、金銭によって現実に生命保険金の支払を受けたことをいうのではなく、保険事故の発生により保険金受取人が保険契約に基づき保険金請求権を取得したことをいうから、本件各生命保険金について訴訟が係属中であっても、請求人が本件各生命保険金について「保険金を取得した」のは被相続人の死亡時である。

② 争点②について

相続財産の評価において、相続財産の取得に係る必要経費を控除することについて、相続税法に規定はないから、本件各生命保険金の額の評価において本件弁護士費用は控除されない。

③ 争点③について

「正当な理由」とは、納税者の責めに帰さない事情、例えば、災害、交通・通信の途絶等により期限内に申告書の提出ができない事情を指すところ、本件の場合はこれに該当しない。

《**判断**（要旨）》

※編者注：1、2、①、②等の付番は、編者が適宜に付したものであり、文中の［　］は編注である。

1　争点①（保険金を取得した時期）について
① 「保険金を取得した」とは、相続又は遺贈により相続財産を取得したのとその経済的実質において同視できる状態になったことをいうと解するが、［中略］、保険金について、相続又は遺贈により相続財産を取得したのとその経済的実質において同視できる状態とは、保険金の経済的利益が保険金受取人に発生することをいうと解するのが相当である。
② 生命保険金の受取人は、生命保険契約により一義的に定められており、同様に定められた被保険者の保険事故の発生を条件に、同様に定められた保険金額の請求権を取得する。

③ このような生命保険金の性質からすると、その支払義務の有無について訴訟が係属中であっても、保険事故の発生により、保険金請求権が保険金の経済的利益として確定し、同利益が保険金受取人に発生したものとみることができる。

④ 以上からすると、「保険金を取得した」時期とは、保険事故の発生時、すなわち被保険者の死亡時と解するのが相当である。

⑤ これに対し、請求人は上記2(1)ロ(ロ)［前記1請求人の主張（要旨）①ⅰ］のとおり主張するが、相続税の申告後、当該申告において課税価格に算入されていた財産が、訴訟で敗訴し取得できないこととなった場合には、通則法第23条《更正の請求》第2項第1号の規定により更正の請求ができることとなるから、請求人の主張は前記判断を覆すに足りず、採用できない。

2 争点②（保険金の額の評価における弁護士費用控除の可否）について

　相続税の課税対象となる保険金は、「取得した保険金［中略］」であり（相続税法第3条第1項第1号）、保険金の支払を受けるための諸経費を控除した額を取得した保険金の価額とする旨の法令等の規定もないから、相続税の課税対象となる生命保険金の額の評価において［、］保険金の支払を受けるための諸経費を考慮する余地はない。

　したがって、本件各生命保険金［前記概要の4］の額の評価においても本件弁護士費用［前記概要の5］は控除されない【編者注1】。

3 争点③（無申告加算税を賦課しない「正当な理由」の有無）について

① 通則法第66条第1項ただし書にいう「正当な理由」とは、例えば、災害、交通・通信の途絶など、期限内申告ができなかったことについて納税者の責めに帰すことができない外的事情など、無申告加算税を賦課することが不当又は酷と考えられる真にやむをえない理由をいうと解する。

② これを、相続財産に属するとみなされる特定の財産を相続税の計算の基礎としないがゆえに期限内に申告をせず、後に当該財産を計算の基礎とする決定処分がされた場合についてみれば、期限内に申告書を提出しなかったのが、当該財産が相続財産に属するとみなされないか［、］又は属するとみなされる可能性が小さいことを客観的に裏付けるに足る事実を認識したためであれば、上記やむをえない理由があると解すべきである【編者注2】。

③　これを本件についてみるに、一方で、上記１(2)争いの事実等ハ(ニ)及び(ホ)［前記事案の概要４］記載のとおり、本件相続税の申告期限において、本件各生命保険金［前記事案の概要４］につき本件各訴訟が係属中であり、当審判所の調査によれば、本件各訴訟の第１審判決はそれぞれ平成15年11月○日及び平成16年４月○日に言い渡されたことが認められる。

　しかしながら他方で、［中略］本件各訴訟はそれぞれ平成16年10月○日ころ及び同年11月○日に請求人勝訴のまま確定しており、原処分関係資料及び当審判所の調査の結果によれば、Ｃ生保及びＦ生保が本件各保険金［前記事案の概要４］の支払拒絶をした理由は、被相続人の行為の公序良俗違反等であったこと、請求人は、同理由が抽象的で、確たる証拠を欠き、推測の域を出ないものでしかないとして、本件各訴訟を提起したこと、本件各訴訟の第１審判決は、Ｃ生保及びＦ生保の各主張を全て退け、請求人の請求をほぼ全部認容する内容であったこともそれぞれ認められる。

④　これらの事実を総合考慮すると、確かに、異なる２社の生命保険会社が本件各保険金の支払を拒絶しているものの、本件相続の発生から本件訴訟の確定まで一連の推移からすれば、請求人が期限内申告書を提出しなかったのが、本件各生命保険金が相続財産に属するとみなされないか又は属するとみなされる可能性が小さいことを客観的に裏付けるに足る事実を認識したためであったと認めるに足らず［請求人において、本件各保険金の支払われる可能性が極めて低いと合理的に認識した結果、期限内申告書を提出しなかったと認められないから、］、請求人に「正当な理由」があったとはいえないといわざるを得ない。

４　結　論（要旨）

①　請求人は、本件各生命保険金を被相続人の死亡時に取得しており、本件弁護士費用を本件各生命保険金の評価において控除することはできないから、本件決定［相続税額の決定］処分は適法である。

②　請求人には、期限内申告書を提出がなかったことについて「正当な理由」は認められないから、無申告加算税の賦課決定処分は適法である。

【編者注１】係争中の生命保険金請求権と訴訟中の権利の評価との関係
1　訴訟中の権利の評価方法
　訴訟中の権利の評価については、実務上、「訴訟中の権利の価額は、課税時期の現況により係争関係の真相を調査し、訴訟進行の状況をも参酌して原告と被告との主張を公平に判断して適正に評価する。」（評基通210）とされている。
　その趣旨は、その争いが終結した状態における財産価額ではなく、係争状態における、課税時期現在のその権利の換価価値等に基づく適正額を求めることになるものと考えられる。
2　本件各生命保険金請求権の評価
① 　請求人の主張は、前記「１請求人の主張（要旨）」②記載のとおりで、所得計算の法理をそのまま相続財産評価に当て嵌めたようなもので、その主張には説得力に欠けるものと思われる。
② 　本件各生命保険金請求権は、被相続人の死亡と同時に取得したものであることは本判断に示すとおりであるとしても、その取得により行使した保険金支払請求について、各生命保険会社（２社）がその支払を拒絶したものであることは争いのない事実である。
　そうすると、本件各生命保険金請求権（債権）は上記１の訴訟中の権利に該当することになり、評基通210によって評価すべきものと考えられる。
　本件各生命保険金支払拒絶の理由は「被相続人の行為の公序良俗違反等」とされており（保険約款等に定める具体的な支払拒絶理由ではないようである）、本件訴訟の結果、保険金が支払われる蓋然性は相当高いものであるとすると、その評価上、考慮すべき事項は次のようなものであろう。
　　ｉ 　本件各生命保険金請求権は現にその支払が拒絶され、請求権から生ずる経済上の利益（保険金を収受し、又はその保険金に相当する金額を運用することによる利益等）が凍結されている状態であることから、無利息又は著しい低利での長期の金銭債権の評価

の例に準じ、保険金が現実に支払われることとなる時期を期限とする無利息債権として、基準年利率（評基通4-4）による複利現価率によって、支払われるべき保険金額を割引くこと。

　なお、保険金が支払われることとなる時期については、相続税の申告期限等において、経験則などから合理的に推測される判決の確定時期（必ずしも第１審の判決時期をいうものではなく、控訴審及び上告審の判決時期をも含む）や和解の時期をいうことになろう。

ⅱ　本件各生命保険請求権に係る保険金は、各保険会社がその支払を拒絶したものであり、仮に、請求人が本件各訴訟を提起しなかったとすると、その保険金の支払は行われず、結局、相続開始と同時に取得したものとされる保険金請求権の経済的価値は零に帰することとなる。

　本件各訴訟の実質は、取得した保険金請求権の経済的価値の実現のため避けられない行為であり、その原因は本件各生命保険契約自体に内包されていた瑕疵等によるもので、請求人の責めに帰すべき事由はない。

　そうすると、通常の保険金請求事務を行うことによって保険金が支払われる生命保険金請求権に比べ、本件各生命保険金請求権の経済的価値が著しく減価しているものというべきで、その減価を何等考慮しないというのは相法22条（評価の原則）に照らし相当でないといわざる得ない。

　以上のことを総合して、相当な減価をすべきものと思われる。

③　本裁決の判断においては、「保険金の支払を受けるための諸経費を控除した額を取得した保険金の価額とする旨の法令等の規定もない」ことのみを理由として本件各生命保険金の減価を否定している。

　しかし、前記評基通210の適用を検討していないなど、相当でないと考えられる。

④　本件各生命保険金の支払拒絶の場合と異なり、その支払拒絶理

由が保険約款に定める具体的な事由によるものである場合には、一般的に、生命保険金の支払われる蓋然性は極めて低いものと考えられる。

このような生命保険金請求権に係る生命保険金の評価については、上記②のような評価を行うことは相当ではなく、その生命保険契約に係る相続開始時における解約払戻金等に相当する金額をもって評価額とすべきものとも考えられる。

【編者注2】判断3②の趣旨

本裁決の判断3②の趣旨は、次のように考えられる。

保険会社における生命保険金支払拒絶の理由が、例えば、保険約款等に定める具体的な支払拒絶事由によるものである場合には、一般的に、生命保険金の支払われる蓋然性は極めて低いものと考えられる。

納税者が、そのような保険金請求権に係る生命保険金であることを理由として、本件のように期限内申告書を提出しなかった場合には、無申告加算税を賦課しない「正当な理由」に該当する、という旨を示したものであろう。

第3節　生命保険契約・損害保険契約の範囲等に関連する各条項

相続税法施行令

（生命保険契約等の範囲）
［編注：生命保険契約の範囲］
第1条の2　法第3条第1項第1号［編注：P119参照］に規定する生命保険会社と締結した保険契約その他の政令で定める契約は、次に掲げる契約とする。（直近改・平22政52）

　一　保険業法（平成7年法律第105号）第2条第3項（定義［編注：P1345参照］）に規定する生命保険会社と締結した保険契約［、］又は同条第6項に規定する外国保険業者【編者注1】若しくは同条第18項に規定する少額短期保険業者［編注：P1346参照］と締結したこれ［生命保険会社と締結した保険契約。編注］に類する保険契約【編者注2】

　二　郵政民営化法等の施行に伴う関係法律の整備等に関する法律（平成17年法律第102号）第2条（法律の廃止）の規定による廃止前の簡易生命保険法（昭和24年法律第68号）第3条（政府保証）に規定する簡易生命保険契約（簡易生命保険法の一部を改正する法律（平成2年法律第50号）附則第5条第15号（用語の定義）に規定する年金保険契約及び同条第16号に規定する旧年金保険契約を除く。）【編者注3】

　三　次に掲げる契約
　　イ　農業協同組合法（昭和22年法律第132号）第10条第1項第10号（事業の種類）の事業を行う農業協同組合又は農業協同組合連合会と締結した生命共済に係る契約
　　ロ　水産業協同組合法（昭和23年法律第242号）第11条第1項第11号（事業の種類）若しくは第93条第1項第6号の2（事業の種類）の事業を行う漁業協同組合若しくは水産加工業協同組合又は共

済水産業協同組合連合会と締結した生命共済に係る契約（漁業協同組合又は水産加工業協同組合と締結した契約にあっては、財務省令［相規１条の２・P160参照。編注］で定める要件を備えているものに限る。）

ハ 消費生活協同組合法（昭和23年法律第200号）第10条第１項第４号（事業の種類）の事業を行う消費生活協同組合連合会と締結した生命共済に係る契約

ニ 中小企業等協同組合法（昭和24年法律第181号）第９条の２第７項（事業協同組合及び事業協同小組合）に規定する共済事業を行う同項に規定する特定共済組合と締結した生命共済に係る契約

ホ 独立行政法人中小企業基盤整備機構と締結した小規模企業共済法（昭和40年法律第102号）第２条第２項（定義）に規定する共済契約のうち〔、〕小規模企業共済法及び中小企業事業団法の一部を改正する法律（平成７年法律第44号）附則第５条第１項（旧第２種共済契約に係る小規模企業共済法の規定の適用についての読替規定）の規定により読み替えられた小規模企業共済法第９条第１項各号（共済金）に掲げる事由により共済金が支給されることとなるもの【編者注４】

ヘ 法第12条第１項第４号［地方公共団体の行う精神又は身体障害者に係る共済制度。編注］に規定する共済制度に係る契約【編者注５】

ト 法律の規定に基づく共済に関する事業を行う法人と締結した生命共済に係る契約で、その事業及び契約の内容がイからニまで［農業協同組合等、漁業協同組合等、消費生活協同組合連合会、中小企業等協同組合法に規定する共済事業を行う特定共済組合の締結した生命共済。編注］に掲げるものに準ずるものとして財務大臣の指定するもの［昭和56年10月１日大蔵省告示125号・P161参照。編注］

［編注：損害保険契約の範囲］

２ 法第３条第１項第１号［編注：P119参照］に規定する損害保険会社と締結した保険契約その他の政令で定める契約は、次に掲げる契約とする。

一 保険業法第２条第４項［編注：P1346参照］に規定する損害保険

会社と締結した保険契約［、］又は同条第６項に規定する外国保険業者【編者注１】若しくは同条第18項に規定する少額短期保険業者［編注：P1346参照］と締結したこれ［損害保険会社と締結した保険契約。編注］に類する保険契約【編者注６】

二　次に掲げる契約

　　イ　前項第３号イ［農業協同組合等と締結する生命共済。編注］に規定する農業協同組合又は農業協同組合連合会と締結した傷害共済に係る契約

　　ロ　前項第３号ロ［漁業協同組合等と締結する生命共済。編注］に規定する漁業協同組合若しくは水産加工業協同組合又は共済水産業協同組合連合会と締結した傷害共済に係る契約（漁業協同組合又は水産加工業協同組合と締結した契約にあっては、財務省令［相規１条の２・P160参照。編注］で定める要件を備えているものに限る。）

　　ハ　前項第３号ハ［消費生活協同組合連合会と締結する生命共済。編注］に規定する消費生活協同組合連合会と締結した傷害共済に係る契約

　　ニ　前項第３号ニ［中小企業等協同組合法に規定する共済事業を行う特定共済組合と締結した生命共済。編注］に規定する特定共済組合と締結した傷害共済に係る契約

　　ホ　条例の規定により地方公共団体が交通事故に基因する傷害に関して実施する共済制度に係る契約

　　ヘ　法律の規定に基づく共済に関する事業を行う法人と締結した傷害共済に係る契約で、その事業及び契約の内容がイからニまで［農業協同組合等、漁業協同組合等、消費生活協同組合連合会、中小企業等協同組合法に規定する共済事業を行う特定共済組合の締結した傷害共済。編注］に掲げるものに準ずるものとして財務大臣の指定するもの［昭和56年10月１日大蔵省告示126号・P162参照。編注］

【編者注１】外国保険業者の意義等

　相令１条の２第１項に規定する「外国保険業者」とは、保険業法

の規定による日本国内における営業について免許を得ている外国保険会社等（生命保険会社及び損害保険会社）の他、国内営業非免許の外国保険会社（生命保険会社及び損害保険会社）を含む（保険業法2条6項の編注・P1346参照）。

したがって、相令1条の2に規定する「生命保険会社と締結した保険契約」（いわゆる生命保険契約）には、国内営業の免許を得ている外国の生命保険会社（外国生命保険会社等・保険業法2⑧・P1346参照）と締結した生命保険契約は当然として、国内営業非免許の外国の生命保険会社と、外国において締結した生命保険契約も含まれる。

以上のことは、同条2項1号に規定する「損害保険会社と締結した保険契約」についても同様である。

(注) 外国保険業者に関する事項は、平成22年改正により追加されたものであるが、平成19年相法11条の改正により、同19.4.1以後相続又は贈与により取得した生命保険金について同様に取り扱われていた。

【編者注2】傷害疾病定額保険契約の取扱い

生命保険会社等と契約した傷害疾病定額保険契約（保険法2条9号・P1330参照）も、相令1条の2第1項1号の保険契約に含まれる（平22改正後の相基通3-4・P163参照）。

【編者注3】旧簡易生命保険契約の取扱い

平成17年に廃止された旧簡易生命保険法による簡易生命保険契約は、平3.4.1以後、年金保険契約を含み相続税法上の生命保険契約に当たるものとされている。

ただし、これらの契約のうち、平成2年に廃止された旧郵便年金法によって締結されていた年金契約（具体的には、平成2年簡易生命保険法改正附則7条1項から4項までに掲げる年金契約をいう。・P1355参照）については、相続税法上「生命保険契約」に当たらず、同法3条4項の定期金給付契約に該当するものとされている。

なお、平成2年簡易生命保険法改正附則5条15号及び16号については、P1354参照。

(注) 相令1条の2第1項2号の規定は、平成22年改正により追加されたもの

であるが、従前からの実務上の取扱いと同様の内容である（平22改正により削除された相基通旧3-4(2)の取扱い）。

【編者注4】小規模企業共済の給付金の課税関係

　小規模企業共済法に基づく給付金の課税関係は、次のようになる。
① 生命保険金等に当たる場合
　旧第2種共済契約で、小規模企業共済法附則5条1項（P1360参照）により読み替えられた同法9条1項各号（共済金・P1358参照）による共済金の支給が、共済契約者の死亡によるものであるときは、相続財産とみなされる生命保険金等に該当する。
　したがって、これを相続人が取得する場合には、生命保険金の非課税限度の適用がある（相法12①五）。
② 退職手当金等に当たる場合
　共済契約者の死亡による共済金は、旧第2種共済契約（上記①）を除き、相続財産とみなされる死亡退職金に該当する（相令1条の3六）。
　したがって、これを相続人が取得する場合には、退職手当金等の非課税限度額の適用がある（相法12①六）。
③ 共済金につき分割支給を受けていた場合
　共済金は原則として一時金として支給されるのであるが（小規模企業共済法9条の2）、共済契約者の選択により分割の方法により支給を受けることもできる（同法9条の3・P1358参照）。生前に被相続人が共済金の分割支給を受け、その分割支給期間の満了前に死亡した場合には、その遺族が残余の分割金を一括して支給をうける（同法9条の4・P1359参照）。
　この場合、遺族が支給を受ける一時金については、相法3条1項6号に規定する契約に基づかない定期金に関する権利に当たると解され（相法3条1項6号の編者注2-1②・P291参照）、その価額（相続税評価額）は支給される一時金に相当する金額であると考えられる（相基通新24-2・P364、同旧24-3・P378参照）。

【編者注5】地方公共団体が実施する精神又は身体に障害のある者に

対する共済制度
　相令1条の2第1項3号へが引用する相法12条1項4号（P195参照）は、地方公共団体が実施する精神又は身体に障害のある者に対する共済制度で、相令2条の2（P199参照）に該当するものについては相続税を課税しないというものである。
　「相令1条の2第3号へ」と「相法12条1項4号」との関係は、以下のようになる。
　上記共済制度に係る契約は相法3条1項1号の生命保険契約に該当し、したがって、同制度により加入者（掛金負担者）の死亡により支給を受ける金額については、原則として、みなす相続財産たる生命保険金（共済金支払事由が生じていない時は、生命保険契約に関する権利）に当たるが、その契約内容が相法12条1項4号（具体的には相令2条の2）に該当する場合には、同4号によって相続税の非課税財産となる。
　地方公共団体が実施するこれらの共済制度であっても、同4号の要件を具備していないものに係る給付金については、同4号に規定する相続税の非課税財産にならないので、みなす相続財産たる生命保険金等に該当する。この場合、その支給を受ける者が加入者（掛金負担者）の相続人であるときは、生命保険の非課税限度額の適用がある。

【編者注6】傷害疾病定額保険契約の取扱い
　損害保険会社等と契約した傷害疾病定額保険契約（保険法2条9号・P1330参照）も、相令1条の2第2項1号の保険契約に含まれる（平22改正後の相基通3-4・P163参照）。

相続税法施行規則

（漁業協同組合等の締結した生命保険契約等に類する共済に係る契約の要件）
第1条の2　相続税法施行令（昭和25年法律第71号。以下「施行令」という。）

第1条の2第1項第3号ロ［漁業協同組合等が締結した生命共済。編注］及び第2項第2号ロ［漁業協同組合等が締結した傷害共済。編注］に規定する財務省令で定める要件は、これらの規定に規定する漁業協同組合又は水産加工業協同組合（以下この条において「漁業協同組合等」という。）が、その締結した生命共済又は傷害共済に係る契約により負う共済責任を共済水産業共同組合連合会（当該漁業協同組合等を会員とするものであって、その業務が全国の区域に及ぶものに限る。）との契約により連帯して負担していること（当該契約により当該漁業協同組合等が当該共済責任について負担部分を有しない場合に限る。）とする。（直近改・平22財務令14）

大蔵・財務省告示

◇相続税法施行令第1条の2第1項第6号［現行3号ハ。編注］に規定する生命共済に係る契約を指定する等の件（昭56・大蔵125）（直近改：平20・財務121）

相続税法施行令（昭和25年政令第71号）第1条の2第1項第6号［現行3号ハ。編注］の規定に基づき、同号に規定する生命共済に係る契約を次のように指定し、昭和56年10月1日以後に相続若しくは遺贈（贈与をした者の死亡により効力を生ずる贈与を含む。）又は贈与（贈与をした者の死亡により効力を生ずる贈与を除く。）により取得する財産に係る相続税又は贈与税について適用する。

なお、相続税法施行令第1条第1項第6号に規定する生命共済に係る契約を指定する件（昭和50年7月大蔵省告示第65号）は、廃止する。

消費生活協同組合法（昭和23年法律第200号）第10条第1項第4号の事業を行う次に掲げる法人の締結した生命共済に係る契約
一　教職員共済生活協同組合
二　警察職員生活協同組合

三　埼玉県民共済生活協同組合
四　全国交通運輸産業労働者共済生活協同組合
五　全日本自治体労働者共済生活協同組合
六　電気通信産業労働者共済生活協同組合
七　日本郵政グループ労働者共済生活協同組合

◇相続税法施行令第１条の２第２項第５号［現行２号ハ。編注］に規定する傷害共済に係る契約を指定する等の件（昭56・大蔵126）（直近改：平16・財務341）　大蔵省告示

　相続税法施行令（昭和25年政令第71号）第１条の２第２項第５号［現行２号ハ。編注］の規定に基づき、同号に規定する傷害共済に係る契約を次のように指定し、昭和56年10月１日以後に相続若しくは遺贈（贈与をした者の死亡により効力を生ずる贈与を含む。）又は贈与（贈与をした者の死亡により効力を生ずる贈与を除く。）により取得する財産に係る相続税又は贈与税について適用する。
　なお、相続税法施行令第１条第２項第５号に規定する傷害共済に係る契約を指定する件（昭和50年７月大蔵省告示第66号）は、廃止する。

　消費生活協同組合法（昭和23年法律第200号）第10条第１項第４号の事業を行う次に掲げる法人の締結した交通傷害共済に係る契約
一　秋田県共済生活協同組合
二　尼崎市民共済生活協同組合
三　大阪市民共済生活協同組合
四　金沢市民共済生活協同組合
五　神戸市民共済生活協同組合
六　生活協同組合都民共済会
七　全国交通運輸産業労働者共済生活協同組合
八　全国たばこ販売生活協同組合
九　電気通信産業労働者共済生活協同組合

十　新潟市火災共済生活協同組合
十一　西宮市民共済生活協同組合
十二　姫路市民共済生活協同組合

相続税法基本通達

（法施行令第１条の２第１項に含まれる契約）

3-4　相続税法施行令（昭和25年政令第71号。以下「法施行令」という。）第１条の２第１項第１号［編注：P155参照］に規定する保険契約及び同項第３号［編注：P155参照］に規定する契約［生命保険契約の範囲。編注］には、同項［相令１条の２第１項。編注］第１号［生命保険会社等。編注］又は第３号［農業協同組合等。編注］に掲げる者と締結した保険法（平成20年法律第56号）第２条第９号《定義［編注：P1330参照］》に規定する傷害疾病定額保険契約（以下3-5において同じ。）が含まれることに留意する。（平22課資2-12追加）

（法施行令第１条の２第２項に含まれる契約）　　相基通

3-5　法施行令第１条の２第２項第１号［編注：P156参照］に規定する保険契約及び同項第２号［編注：P157参照］に規定する契約には、同項［相令１条の２第２項。編注］第１号［損害保険会社等。編注］又は第２号［農業協同組合等。編注］に掲げる者と締結した傷害疾病定額保険契約［保険法２条第９号・P1330参照］が含まれることに留意する。（平22課資2-12追加）

第4節　生命保険・損害保険の保険金の額等に関連する各条項

相続税法基本通達

（年金により支払を受ける保険金）

3-6　法第3条第1項第1号［生命保険金等・P119参照。編注］の規定により相続又は遺贈により取得したものとみなされる保険金には、一時金により支払を受けるもののほか、年金の方法により支払を受けるものも含まれるのであるから留意する【編者注1、2】。（直近改・昭46直審（資）6）

【編者注1】本項の趣旨等
　本項については、相続税法3条1項1号の編者注3-4（P124）参照。
【編者注2】贈与とみなす生命保険金等への準用
　本項は、相法5条1項の贈与により取得したものとみなす生命保険金等についても準用される。

（法第3条第1項第1号に規定する保険金）　相基通

3-7　法第3条第1項第1号の生命保険契約又は損害保険契約（以下3-7から3-9まで及び3-11から3-13までにおいてこれらを「保険契約」という。）の保険金は、被保険者（被共済者を含む。以下同じ。）の死亡（死亡の直接の基因となった傷害を含む【編者注1】。以下3-16及び3-17において同じ。）を保険事故（共済事故を含む。以下同じ。）として支払われるいわゆる死亡保険金（死亡共済金を含む。以下同じ。）に限られ、被保険者の傷害（死亡の直接の基因となった傷害を除く。以下3-7において同じ。）、疾病その他これらに類するもので死亡を伴わないものを保険事故として支払われる保険金（共済金を含む。以下同じ。）又は給付金は、当該被保険者の死亡後に支払われたものであっても、これ［法3条1項1号の保険金。編注］に含まれな

いのであるから留意する。（直近改・昭57直資2-177）
（注）被保険者の傷害［死亡の直接の基因となった傷害を除く。本項本文参照。編注］、疾病その他これらに類するもので死亡を伴わないものを保険事故として被保険者に支払われる保険金又は給付金が、当該被保険者の死亡後に支払われた場合には、当該被保険者たる被相続人の本来の相続財産になるのであるから留意する。【編者注2、3、4】

【編者注1】死亡の直接の基因となった傷害の意義等
　本項の「生命保険契約又は損害保険契約の保険金は、被保険者の死亡（死亡の直接の基因となった傷害を含む。）を保険事故として支払われるいわゆる死亡保険金」の「（死亡の直接の基因となった傷害を含む。）」の部分につき、前掲「相続税法基本通達逐条解説」では、次のように解説されている（同書P69参照）。
　「相基通3-7の前段においては、同号［相法3条1項1号。編注］に規定する保険金に該当するものは、次のような保険金に限られることを留意的に明らかにしている。
　ⅰ　生命保険契約の保険金については、被保険者の死亡を保険事故として支払われる死亡保険金
　ⅱ　損害保険契約の保険金については、被保険者の死亡又は被保険者の死亡の直接の基因となった傷害を保険事故として支払われる死亡保険金
　　（注）例えば、損害保険契約の場合には、事故により即死した場合のほか傷害を受けた日から180日以内に、その傷害の直接の結果として被保険者が死亡した場合には、いわゆる死亡保険金が支払われることになっているが、この保険金については、法第3条第1項第1号（相続財産とみなされる死亡保険金）の規定が適用されることになる。」

【編者注2】本項の趣旨等
　1　本項の趣旨等
　　本項については、相法3条1項1号の編者注3-3（P122）参照。

2　死亡を伴わない傷害・疾病等に起因する保険金・給付金が被保険者の死亡後に支払われた場合等の取扱い

　高度障害保険金又は入院給付金等の傷害給付金の取扱いは、以下のようになる。

①　これらの保険金・給付金の保険契約上の受取人が、被保険者たる被相続人である場合

　　その保険金・給付金の請求権は被相続人たる受取人に帰属するので、被相続人の死亡後、被相続人の遺族等にこれらの保険金・給付金の支払が行われる場合には、その保険金・給付金は被相続人の本来の相続財産となる。

②　これらの保険金・給付金の保険契約上の受取人が、被保険者たる被相続人以外の者である場合

　　その保険金・給付金は死亡に伴うものではないから、みなす相続財産に該当せず、これらの請求権は約定上の受取人が原始的に取得する。したがって、被保険者たる被相続人の本来の相続財産にはならない。

　　なお、この場合には、これらの保険金・給付金が身体の損害（傷害）に起因して支払われるものであることから、贈与税及び所得税は原則として非課税となる（次の3参照）。

③　以上を整理すると、次の3及び4のようになる。

3　生命保険契約の高度障害保険金等の課税関係

　生命保険契約の養老保険普通保険約款(例) 3条（P1367参照）によれば、傷害又は疾病により所定の高度障害状態となった場合に、死亡保険金と同額を高度障害保険金として支払うとされている。

　例えば、被保険者が傷害により所定の高度障害状態となり、保険契約上の高度障害保険金受取人が保険会社に対しその支払請求を行い、その支払が実行される前に被保険者が死亡したような場合、高度障害保険金の課税関係はどうなるか、という問題がある。

①　高度障害保険金受取人が、被保険者である場合

　　高度障害保険金の保険契約上の受取人が、被保険者である場合

には、上記2①記載のように、高度障害保険金は相法3条1項1号のみなす相続財産たる死亡保険金に該当しないことになり、その保険請求権は、被保険者である被相続人の本来の相続財産とならざるを得ない（高度障害保険金については、保険料の負担者が誰であるかを問わず、贈与税の課税対象となることはない。相法5条の編者注4-1①ⅰ（注）4・P302参照）。

　この場合の他の規定の適用関係は、次のようになる。
　ⅰ　保険金の非課税枠（相法12条1項5号）の適用がない。
　ⅱ　請求権の価額は、それが一時金で支払われるものであれば、支払われるべき高度障害保険金の額であり、年金の方法で支払われる場合には、給付事由の発生している定期金（相法24条）として評価した金額である。
　ⅲ　被相続人の所得税については、高度障害保険金の全額が非課税所得となる（所基通9-21）。
② 高度障害保険金受取人が、被保険者の親族である場合
　　高度障害保険金の保険契約上の受取人が、所基通9-20（P414参照）に掲げる被保険者の親族である場合にも、保険金の全額が非課税所得とされる（高度障害保険金については、保険料の負担者が誰であるかを問わず、贈与税の課税対象となることはない。上記①参照）。
　　また、その請求権及び支払われる保険金は、被保険者の生死にかかわらず保険金受取人の財産に属することになるので、被保険者が死亡しても、高度障害保険金がその死亡した被保険者の相続及び相続税に関係することはない（保険料の支払者が誰であるかを問わない）。
③ 高度障害保険金受取人が、上記①及び②以外の者である場合
ⅰ　高度障害保険金の保険契約上の受取人が、上記①及び②以外の者（個人事業者を除く）である場合には、その保険金は、受取人の一時所得となると考えられる（相法5条の編者注8-3①ⅳ・P307参照）。
ⅱ　高度障害保険金の受取人が、被保険者の雇用主たる個人事業者である場合には、その保険金は、個人事業者の事業所得の総収入

金額に算入される（所基通9-20の編者注1-2・P415参照）。

iii その請求権又は支払われる保険金は、被保険者の生死にかかわらず保険金受取人の財産に属することになるので、被保険者が死亡しても、高度障害保険金がその死亡した被保険者の相続及び相続税に関係することはない（保険料の支払者が誰であるかを問わない）。

4 入院給付金等の傷害給付金の課税関係

被保険者の死亡を伴わない入院給付金等の傷害給付金に係る課税関係は、上記3の場合とほぼ同様である。

なお、入院給付金等医療費の補てんを目的として支払を受ける給付金は、被相続人の準確定申告の医療費控除額の計算上、支払医療費から控除すべきものとなる。この給付金受取人が被保険者である被相続人以外の者であっても、被相続人に係る準確定申告の医療費控除額の計算上は、その給付金は支払医療費から控除すべきものと考えられる（所法73条の編者注4②・P465参照）。

【編者注3】本来の相続財産となる場合における準確定申告の取扱い

本項(注)により、支払を受ける保険金、給付金が被相続人の本来の相続財産となる場合における、被相続人の準確定申告上の取扱いは通常の確定申告におけると同様である。

【編者注4】生命保険契約における高度障害保険金・入院給付金等傷害特約給付金の受取人についてのコメント

生命保険契約に係る高度障害保険金又は入院給付金等傷害特約給付金の保険契約上の受取人については、一般的に、次のように整理することができよう。

① 前提として、保険料負担者である被保険者が、その者の配偶者その他の親族（推定相続人）よりも財産（相続財産）が多く、かつ、被保険者の相続開始がこれらの者より早いと予想されるという状況にあること。

② 上記の前提条件にあるような場合には、被保険者の相続税額の負担軽減という観点からすると、高度障害保険金又は入院給付金等傷害特約給付金の保険契約上の受取人は、被保険者の配偶者そ

の他親族（直系血族又は被保険者と生計を一にするその他の親族をいう）とすることが望ましいものといえる。
③　つまり、高度障害保険金・傷害特約給付金の受取人を被保険者としている場合には、これらの保険金・給付金は被保険者の本来の相続財産となる（生前にこれらの保険金・給付金の支払を受けているときは、相続開始時におけるその残額が相続財産に、また、生前にこれらの支払の対象となるべき保険事故が発生し、相続開始後これらの保険金・給付金の支払を相続人等が支払を受けるときは、その支払を受けるべき金額の全額が本来の相続財産となる。）。

　これに対し、被保険者の配偶者・直系血族、被保険者と生計を一にするその他の親族がこれらの保険金・給付金の受取人になっている場合には、その受取人が原始的にその保険金・給付金を取得し、かつ、その取得の原因が被保険者の死亡ではないから、これらの保険金・給付金が被保険者のみなす相続財産になることはない（本来の相続財産に該当しないことは当然である）。

　また、その受取人に対して、贈与税及び所得税が課税されないことは、上記編者注2-3のとおりである。
④　なお、保険約款(例)によると、高度障害保険金及び傷害給付金(入院給付金等)の受取人は、原則として、被保険者であるが（養老保険約款(例)３②・P1368、総合医療特約(例)８・P1409参照）、高度障害保険金については契約者又は死亡保険金受取人を高度障害保険金の受取人に（同約款(例)３②(2)・P1368参照）、傷害特約の入院給付金等については主契約の高度障害保険金の受取人を障害給付金の受取人に（同特約(例)８・P1409、給付特約付加に関する特則(例)16・P1391参照）それぞれ指定することができるとされている。

　これによれば、例えば、契約者（保険料負担者）及び被保険者を甲、死亡保険金受取人を甲の配偶者乙とする契約にあっては、高度障害保険金及び傷害給付金の受取人を乙とする契約を締結することができることになる。

(**保険金とともに支払を受ける剰余金等**)　相基通

3-8　法第3条第1項第1号［編注：P119参照］の規定により相続又は遺贈により取得したものとみなされる保険金［いわゆる死亡保険金。編注］には、保険契約［生命保険契約又は損害保険契約。相基通3-7・P164参照。編注］に基づき分配を受ける剰余金、割戻しを受ける割戻金及び払戻しを受ける前納保険料の額で、当該保険契約に基づき保険金とともに当該保険契約に係る保険金受取人（共済金受取人を含む。以下同じ。）が取得するものを含むものとする【編者注】。（昭57直資2-177追加）

【編者注】贈与とみなす生命保険金等への準用
　　本項は、相法5条1項の贈与により取得したものとみなす生命保険金等についても準用される。

(**契約者貸付金等がある場合の保険金**)　相基通

3-9　保険契約［生命保険契約又は損害保険契約。相基通3-7・P164参照。編注］に基づき保険金が支払われる場合において、当該保険契約の契約者（共済契約者を含む。以下「保険契約者」という。）に対する貸付金若しくは保険料（共済掛金を含む。以下同じ。）の振替貸付けに係る貸付金【編者注1】又は未払込保険料の額（いずれもその元利合計金額とし、以下3-9及び5-7においてこれらの合計金額を「契約者貸付金等の額」という。）があるため、当該保険金の額から当該契約者貸付金等の額が控除されるときの法第3条第1項第1号の規定の適用については、次に掲げる場合の区分に応じ、それぞれ次による。（昭57直資2-177追加）

(1)　被相続人が保険契約者である場合
　　保険金受取人は、当該契約者貸付金等の額［本項本文参照。編注］を控除した金額に相当する保険金を取得したものとし、当該控除に係る契約者貸付金等の額に相当する保険金及び当該控除に係る契約者貸付金等の額に相当する債務はいずれもなかったものとする【編者注2】。

(2)　被相続人以外の者が保険契約者である場合

保険金受取人は、当該契約者貸付金等の額［本項本文参照。編注］を控除した金額に相当する保険金を取得したものとし、当該控除に係る契約者貸付金等の額に相当する部分については、保険契約者が当該相当する部分［契約者貸付金等の額に相当する金額。編注］の保険金を取得したものとする【編者注3、4】。

【編者注1】保険契約者に対する貸付金等の意義
① 保険契約者は、その保険契約の解約返戻金の範囲内で、保険会社から金銭の貸付を受けることができ、この契約者貸付金は、保険事故の発生により保険金が支払われるときには、保険約款により、支払保険金から控除される。
② 保険契約者が保険料の払込を遅滞した場合には、保険契約の失効を防ぐため、保険会社が保険料を自動的に保険契約者に貸し付け、保険料の払込に充当する。これを保険料の振替貸付といい、この貸付についても上記①と同様に支払保険金から控除される。
③ この契約者貸付金等（上記①及び②の元利金をいう）の法的性質については、相殺予約を含む金銭消費貸借と解されており、保険契約者と保険金受取人とが異なる場合における保険金受取人との関係については、貸付金相当部分の保険金について、保険契約者を保険金受取人とする指定変更があったものと解されており、本項の取扱いはこの考え方に即したものであるとされている（前掲「相続税法基本通達逐条解説」・P72参照）。

【編者注2】契約者貸付金等がある場合の保険金額
　本項(1)の取扱いによれば、相続財産である保険金と相続債務である借入金とを両建てせず、これらを相殺した後の純受取保険金のみを相続財産とするというもので、一見、相続税の課税価格に影響は生じない。
　ところで、次のような場合には、相続人の取得した保険金のうち、生命保険金の非課税限度額に相当する金額につき不都合が生じ、本号の取扱いによる以上はこの不都合は解消しない。

	設例その1	設例その2
被相続人	甲（夫）	甲（夫）
保険契約者	甲	丙（妻）
被保険者	甲	甲
保険料負担者	甲	甲
保険金受取人	乙（子）	乙（子）
死亡保険金	1,500万円 （他に保険金はないものする）	同左
契約者貸付金	500万円	同左
相続人の数	3人※	同左

※ 相続人はすべて、相続開始の直前において被相続人と生計を一にしていたものとする（平成23年度の税制改正法案における相法12条5号の改正案による。平23.6.22現在、国会審議中）。

① 設例その1の場合、相続税の課税価格に算入する保険金は0円（1,500万円−500万円（契約者貸付金）−500万円×3人）となり、契約者貸付金に相当する債務控除はない。本例の場合、計算上の保険金非課税限度額は1,500万円であるが、受取保険金の額が1,000万円（1,500万円−500万円〔契約者貸付金〕）となるので、保険金の非課税限度額は1,000万円となる。

② 説例その1の場合において、契約者貸付金に相当する金額を、銀行借入金により調達していたものとすると、相続税の課税価格に算入すべき保険金は0円（1,500万円−500万円×3人）であるが、銀行借入金500万円を他の相続財産の価額から控除することができる。この結果、銀行借入金による場合に比べ、契約者貸付金を受けていた場合の方が課税価格が多くなるようなことも生ずる。

【編者注3】被保険者が保険契約者でなく、契約者貸付金等がある場合の課税関係

上記の設例その2の場合、相続税の課税価格は次のようになる。
◇保険金
ⅰ 乙（保険金受取人）の受取保険金：1,000万円（本項(1)）

ⅱ　丙（保険契約者）の受取保険金：500万円（本項(2)）
　ⅲ　保険金非課税限度額（500万円×3人）：1,500万円
　ⅳ　差引相続税の課税価格に算入すべき保険金：0円
　　→（1,500万円−1,500万円）
　　（注）本例において、保険契約者である丙は被保険者甲の相続人であるから、丙の取得したものとされる保険金500万円についても、非課税限度額の適用がある。

　なお、契約者貸付金500万円は、保険契約者丙の固有債務であるから被相続人甲の相続には何らの関係を有しない。

【編者注4】贈与とみなす生命保険金等への準用
　本項は、相法5条1項の贈与により取得したものとみなす生命保険金等についても準用される。

（無保険車傷害保険契約に係る保険金）　　相基通
3-10　無保険車傷害保険契約【編者注1】に基づいて取得する保険金は、損害賠償金としての性格を有することから［、］法第3条第1項第1号［生命保険金等・P119。編注］の規定により相続又は遺贈により取得したものとみなされる保険金には含まれないものとして取り扱うものとする【編者注2、3】。（昭57直資2-177追加）

【編者注1】無保険車傷害保険契約とその課税関係
　1　無保険車傷害保険契約
　　無保険車傷害保険とは、自家用自動車保険契約の無保険車傷害条項に基づく保険契約で、概ね次のようなものである。
　①　他の車との事故で、無保険車傷害保険契約をしている車に搭乗中の人が死亡し、又は後遺症となり、相手方に損害賠償金を請求することができる場合で、相手方の車が以下に該当するときに、保険金が支払われる。
　ⅰ　相手方の車に、対人賠償保険が付いていないとき。
　ⅱ　相手方の車に、対人賠償保険は付いているが、その事故に対し

ては保険金が支払われないとき。
  ⅲ 相手方の車に、対人賠償保険は付いているが、自分の無保険車傷害保険金より低い場合、支払限度額（相手方の対人賠償保険の支払限度額）を超える部分の金額につき支払われる。
  ⅳ ひき逃げ等で相手方の車が明らかでないとき。
 ② 無保険車傷害保険の限度額は、対人賠償保険と同じ額が支払最高額となる。
 ③ 対人賠償保険金額が２億円以上（無制限）の場合は、２億円が支払限度額となる。
 ２ 無保険車傷害保険契約の課税関係
　無保険車傷害保険契約の保険金は本項により、相続税の課税対象外となり、他方、所得税においても、この保険金が損害賠償金としての性質を有することから、被害者本人が支払を受ける場合はもとより、被害者の配偶者・直系血族・生計を一にするその他の親族が受けるときも、身体の傷害に基因して支払を受ける損害保険金、又は心身に加えられた損害について支払を受ける損害賠償金として、非課税所得に該当する（所令30、所基通9-20）。

【編者注２】自動車損害賠償保障法に基づく自動車損害賠償責任保険の保険金
　交通事故等により死亡した者の相続人等が、加害者である運転者その他の者に対して有する損害賠償請求権のうち、自動車損害賠償責任保険等により保険会社から支払を受ける保険金は、その実質が損害賠償金であり、相法３条１項１号に規定する損害保険金及び生命保険金に該当しないので相続財産とならない。
　他方、この損害賠償金は所法９条１項17号により非課税所得とされている。

【編者注３】贈与とみなす生命保険金等への準用
　本項は、相法５条１項の贈与により取得したものとみなす生命保険金等についても準用される。

第5節 生命保険・損害保険の保険金受取人に関連する各条項

相続税法基本通達

（「保険金受取人」の意義）
3−11　法第3条第1項第1号［生命保険金等・P119参照。編注］に規定する「保険金受取人」とは、その保険契約［生命保険契約又は損害保険契約。相基通3-7・P164参照。編注］に係る保険約款等の規定【編者注1】に基づいて保険事故の発生により保険金を受け取る権利を有する者（以下3−12において「保険契約上の保険金受取人」という。）をいうものとする【編者注2】。（直近改・昭57直資2-177）

【編者注1】保険約款等の規定の意義
　　本項の「保険約款等の規定」については、保険約款の他、例えば保険法46条（保険金受取人の死亡・P1338参照）、旧簡易生命保険法55条（無指定の場合の保険金受取人・P1353参照）等を含むものと解されている。
　　したがって、保険金受取人が、被相続人である「被保険者」となっているような場合には、保険法46条によって被保険者の相続人が保険金受取人となり、その者は本項にいう「保険契約上の保険金受取人」に該当することになる（前掲「相続税法基本通達逐条解説」・P76参照）。なお、本項に関しては、相続税法3条1項1号の編者注5（P126）参照。

【編者注2】贈与とみなす生命保険金等への準用
　　本項は、相法5条1項の贈与により取得したものとみなす生命保険金等についても準用される。

（保険金受取人の実質判定）　相基通
3-12　保険契約［生命保険契約又は損害保険契約。相基通3-7・P164参照。編

注］上の保険金受取人［相基通3-11参照。編注］以外の者が現実に保険金を取得している場合において、保険金受取人の変更の手続きがなされていなかったことにつきやむを得ない事情があると認められる場合など、現実に保険金を取得した者がその保険金を取得することについて相当な理由があると認められるときは、3-11にかかわらず、その者［現実に保険金を取得した者。編注］を法第３条第１項第１号［生命保険金等。編注］に規定する保険金受取人とするものとする【編者注１、２、３】。（昭57直資2-177追加）

【編者注１】相法３条との関係
　本項については、相法３条１項１号の編者注５（P126）参照。
【編者注２】本項の趣旨等
　１　本項の趣旨
　　保険証券に記載されている保険金受取人と、現実に保険金を取得した者とが異なる場合、相続税法にいう保険金受取人とはそのいずれを指すのかという問題がある。これに関し、大阪高裁・昭39.12.21判決では要旨次のように判示している。
　　「法第５条第１項［贈与により取得したものとみなす生命保険金等。編注］にいう「保険金受取人」は、保険契約によって決定された契約上（但し名義人をいう趣旨ではない。）の受取人をいうものであるが、保険契約上殊に保険証券等の文書上に受取人として記載された者即ち名義人が常に右法条［相法５条１項。編注］の受取人に該当するものと解することはできず、名義人が形式的に指定されたに過ぎないような場合は、すでに当該契約上、保険者との関係においても、実質的な契約上の受取人は右名義人とは別人である。」
　　本項は、この判決を踏まえ、相続税における保険金受取人の取扱いを明示したものであるとされている。
　２　本項が適用される場合の例示（前掲「相続税法基本通達逐条解説」・P79参照）
　　①　夫が独身の時に母を保険金受取人とする保険契約を締結し、結

婚後、保険金受取人を妻に変更しないまま夫（被保険者）が死亡し、その保険金を母が取得しないで現実に妻が取得したような場合において、その保険金は妻が受け取るべきものであったとして、妻を受取人として相続税の申告があったとき。

②　被相続人が取引先に対する債務の担保として、取引先を保険金受取人とする生命保険契約を締結し、被相続人の死亡により保険会社から支払われた保険金が取引先に対する債務に充当されたような場合において、その保険金は相続人が受け取ったものとし、取引先に対する債務を債務控除の対象となる債務として相続税の申告があったとき。

3　本項に該当しない場合の効果

本項に該当する場合を除き、保険契約上の保険金受取人以外の者が保険金を取得する場合には、原則として、相続税（契約上の受取人に対する相続税の課税）の他、契約上の保険金受取人から実際の受取人に対し、保険金に相当する金銭の贈与があったものとして贈与税の課税対象にもなるものと解される。

【編者注3】贈与とみなす生命保険金等への準用

本項は、相法5条1項の贈与により取得したものとみなす生命保険金等についても準用される。

（養育年金付こども保険に係る保険契約者が死亡した場合）　相基通

3-15　被保険者（子）が一定の年齢に達するごとに保険金が支払われるほか、保険契約者（親）が死亡した場合にはその後の保険料を免除［相基通3-13の編者注2・P183参照］するとともに［、］満期に達するまで年金を支払ういわゆる養育年金付こども保険【編者注1】に係る契約者が死亡した場合における取扱いは、次に掲げるところによるものとする。
（直近改・平22課資2-12）

(1)　年金受給権に係る課税関係

保険契約者の死亡により被保険者等［契約上は原則として被保険者である子。編注］が取得する年金［編注：編者注1-3参照。］の受給権の課

税関係については、次による。
イ　保険契約者［親など。編注］が負担した保険料【編者注２】に対応する部分の年金の受給権

　　法第３条第１項第１号に規定する保険金［編注：編者注1-3②参照。］とする。

ロ　保険契約者以外の者（当該受給権を取得した被保険者を除く【編者注３】。）が負担した保険料に対応する部分の年金の受給権

　　法第５条第１項に規定する保険金［編注：編者注1-3②参照。］とする。

（注）イ及びロの年金の受給権の評価については、24-2［年金により支払を受ける生命保険金等の額。旧24-3・P378、新24-2・P364。編注］参照

(2) 生命保険契約に関する権利に係る課税関係

　　保険契約者の死亡後被保険者［子。編注］が一定の年齢に達するごとに支払われる保険金［入学祝金、満期祝金等。編注］に係る生命保険契約に関する権利のうち［、］保険契約者が負担した保険料に対応する部分については、当該保険契約者の権利義務を承継する被保険者［子。編注］について法第３条第１項第３号［生命保険契約に関する権利・P261参照。編注］の規定を適用する［編注：編者注1-3①参照］。

【編者注１】こども保険及び養育年金付こども保険の意義等
１　こども保険
①　こども保険は、一般に、こどもの学資金、結婚資金、独立資金等の確保を図ることを目的にしており、被保険者が小学校、中学校、高校及び大学の入学適齢期に達したときに所定の一時金（祝金）を給付するほか、被保険者（子）が満期まで生存したときに保険金（満期祝金等）を支払うというものである。

　　これに加え、被保険者である子が死亡した場合には、死亡給付金（既払込保険料の合計額 − 既払済入学祝金等の合計額 ＋ 積立配当金）を、契約者に支払うとしているものも多い。

②　契約関係者

契約者　　　：被保険者を扶養する父母その他の親族
被保険者　　：子供
保険金受取人：入学祝金、満期祝金等、死亡給付金ともに契約者
契約者の死亡：保険料の支払免除、被保険者が契約者の権利義務
　　　　　　　を承継する

2　こども保険の課税関係

① 　入学祝金、満期祝金等が支払われるつど、受取人である契約者の一時所得の収入金額となる。

② 　死亡給付金も受取人である契約者の一時所得の収入金額となる。

③ 　契約者が死亡した場合

　　生命保険契約に関する権利が、契約者である被相続人の本来の相続財産となる。

　　その評価額は、相続開始時の解約返戻金である（評基通214）。

3　養育年金付こども保険

　上記1のこども保険に加え、契約期間中に契約者が死亡した場合には、ⅰ）以後保険料の払込を免除する、ⅱ）満期に達するまで被保険者である子に養育年金を支払う、ⅲ）被保険者である子が死亡した契約者の権利義務のすべてを承継する、というものである。

　したがって、この保険契約には次のように2人の被保険者が存することになり、連生保険といわれるものに該当する。

① 　子である被保険者

　　被保険者が一定の年齢まで生存している場合に保険金（入学祝金、満期祝金等）を支払い、又は契約期間中に被保険者が死亡したとき死亡給付金の支給をするものであるから、契約者が死亡した場合においても、子を被保険者とするこの保険契約にあっては保険事故の発生にならず、相法3条1項3号の生命保険に関する権利に該当する（相基通3-15(2)に該当）。

　　なお、この権利の評価については、上記2③の場合と同様である。

②　契約者兼被保険者

　　養育年金部分については、契約者の死亡を保険事故として年金の支払が開始されるのであるから、この部分については、契約者が被保険者となり、契約者が保険料を負担しているときは、契約者の死亡により子が養育年金という保険金を取得したものとして同法3条1項1号の相続財産とみなされる生命保険金に該当するものとされる（同3-15(1)イ）。

　　保険料を契約者以外の者が負担しているときは、子が保険金を保険料の負担者から贈与により取得したものとされている（同3-15(1)ロ）。

　　なお、相続税の課税価格又は贈与税の課税価格に算入する保険金の額は、相法24条（定期金に関する権利の評価）の規定により評価した金額である。

【編者注2】　保険契約者が負担した保険料

　　養育年金付こども保険の保険料は、年金部分の保険料とこども保険部分の保険料からなっているが、これを区分することができない。従って、同3-15(1)イに掲げる契約者が負担した保険料と、同(2)に掲げる契約者が負担した保険料（生命保険契約に関する権利に係る保険料）は、同一の金額を用いて計算することになるものと考えられる。

【編者注3】　被保険者である子が保険料を負担している場合

　　親等から金銭の贈与を受け、又は子の固有財産から被保険者である子が自ら保険料を負担している場合は、その負担していた部分に対応する保険金は、子の一時所得の収入金額に該当することになる。同3-15(1)ロのカッコ書はこのことを明示したものである。

相続税関係個別通達

◇相続税法基本通達の一部改正に伴う相続税等関連事務の運営について
　（昭57直資2-178）

《保険料負担者と被保険者が同時死亡した場合について》

　保険契約に係る保険料の全部又は一部が当該契約に係る被保険者［相法3条1項1号の編者注7-3の例（P135）の子A。編注］又は保険金受取人［同例の母C。編注］以外の者［同例の父B。編注］によって負担されている場合において、当該保険料の負担者［同例の父B。編注］と当該被保険者［同例の子A。編注］が同時に死亡したものと推定されるときは、当該保険料の負担者［同例の父B。編注］を相続税法（昭和25年法律第73号。以下「法」という。）第3条第1項第1号［相続財産とみなす保険金等。編注］に規定する被相続人として取り扱う［同例の父Bのみなし相続財産とする。編注］ことができるものとすること。

第6節　生命保険契約・損害保険契約の保険料に関連する各条項

相続税法基本通達

（被相続人が負担した保険料等）

3-13　法第3条第1項第1号［生命保険金等・P119参照。編注］、第3号［生命保険契約に関する権利・P261参照。編注］及び第5号［保証期間付定期金の受給権・P282参照。編注］に規定する「被相続人が負担した保険料」は、保険契約［生命保険契約又は損害保険契約。相基通3-7・P164参照。編注］に基づき払い込まれた保険料の合計額【編者注1】によるものとし、次に掲げる場合における保険料については、それぞれ次によるものとする。（直近改・平15課資2-1）

（1）保険料の一部につき払込みの免除があった場合【編者注2】

　　当該免除に係る部分の保険料は保険契約に基づき払い込まれた保険料には含まれない。

（2）振替貸付け［編注：相基通3-9の編者注1・P171参照。］による保険料の払込みがあった場合（当該振替貸付けに係る貸付金の金銭による返済がされたときを除く［振替貸付金を返済した場合には、保険料の支払が行われたことになる。編注］。）又は未払込保険料があった場合

　　当該振替貸付けに係る部分の保険料又は控除された未払込保険料［支払われるべき保険金から控除された未払込保険料。編注］に係る部分の保険料は保険契約者が払い込んだものとする【編者注3、7】。

（注）　法第3条第1項第1号に規定する生命保険契約（以下「生命保険契約」という［相令1条の2第1項及び大蔵省告示125号に掲げるものを含む。編注］。）が、いわゆる契約転換制度により、既存の生命保険契約（以下3-13及び5-7において「転換前契約」という。）を新たな生命保険契約（以下5-7において「転換後契約」という。）に転換したものである場合における法第3条第1項第1号［生命保険金等。

編注]、第3号［生命保険契約に関する権利。編注］及び第5号［保証期間付定期金の受給権。編注］に規定する「被相続人が負担した保険料」には、転換前契約に基づいて被相続人が負担した保険料（5-7［転換前契約の契約者貸付金等の額が、転換時に転換前契約の責任準備金【編者注4】により精算された場合・P1175参照。編注］の適用がある場合の当該保険料［被相続人が負担した保険料。編注］の額については、転換前契約に基づき払い込まれた保険料の額の合計額に、当該転換前契約に係る保険金額［分母。編者注5］のうちに［、］当該転換前契約に係る保険金額から責任準備金（共済掛金積立金、剰余金、割戻金及び前納保険料を含む。）をもって精算された契約者貸付金等［相基通3-9本文・P170参照。編注］の金額を控除した金額［分子。編注］の占める割合を乗じて得た金額）も含むものであるから留意する【編者注6】。

【編者注1】払込保険料の意義・贈与とみなす生命保険金等への準用等

① 払込保険料の意義

　本項にいう「払い込まれた保険料の合計額」及び「保険料」とは、約定上の表定保険料及びその合計額をいい、契約期間中に配当金又は剰余金等の分配を受けていても（払込保険料との相殺を含む）、実務上、その配当金等を支払うべき表定保険料から控除する必要はないと考えられている（前掲「相続税法基本通達逐条解説」・P81参照）。

② 本項は、相法5条1項の贈与により取得したものとみなす生命保険金等についても準用される。

③ 本項については、相法3条1項1号の編者注6（P132）参照。

【編者注2】保険料払込みの免除の意義

　保険料の払込みの免除は次のような場合に行われ、免除があった場合には、その旨が保険証券に裏書される。保険約款では、免除以後、払込期日ごとに保険料の払込みがあったものとして権利関係を律する。

　しかし、相続税においては、相基通3-13の取扱いにより、免除さ

れた保険料は被相続人の負担した保険料に含まれないし、払い込まれた保険料の全額にも含まれない（相基通3-14・P187参照）。
　ⅰ　被保険者が不慮の事故により、その事故の日から起算して180日以内に所定の身体障害の状況に該当したとき。
　ⅱ　保険契約者が死亡した又は所定の高度障害状態に該当したとき（養育年金付こども保険等）。

【編者注3】振替貸付保険料又は未払込保険料を保険契約者が払込んだものとされる効果
　後掲の編者注7に掲げる設例のように、相続税の他、所得税又は贈与税の課税関係の生ずることがある。

【編者注4】責任準備金の意義
　責任準備金とは、保険会社が将来の保険金支払の責任を果たすため、毎年保険契約者から受け取る保険料の中から積み立てるべきものとされている金額で、一般的にいえば、その保険契約（転換の場合には転換前契約）に係る解約返戻金に相当する金額（転換の場合には転換価格）ということになる。なお、責任準備金の計算等については、保険業法116条等に規定されている。

【編者注5】保険金額
　相基通3-13(注)に掲げる転換前契約に係る保険料で、被相続人が負担した額を計算する場合の保険金額の意義については明示されていないが、平成15年の改正により廃止された旧相令4条の20第2項2号の定めと同様、災害割増特約を含む死亡保険金をいうものと考えられる。

【編者注6】転換制度との関係
　転換制度に関する課税関係については、個別通達「契約転換制度の所得税法及び相続税法上の取扱いについて」（P1177）参照。

【編者注7】生命保険の保険料を負担した者が2人となる場合の課税関係
《設例》（この設例は、前掲「相続税法基本通達逐条解説」P83を基にしている）
　◇被相続人　　：甲（夫）

◇被保険者　　　：甲
◇保険契約者　　：乙（妻）
◇保険料負担者　：甲
◇保険金受取人　：丙（子）
◇保険契約の内容
　　ⅰ　保険金額　　　　　　　→　2,000万円（死亡保険金）
　　ⅱ　契約者貸付金　　　　　→　440万円（元利合計）
　　ⅲ　甲が払い込んだ保険料　→　190万円（次のⅳ及びⅴを除く）
　　ⅳ　振替貸付けによる保険料　→　5万円
　　ⅴ　振替貸付けの利息　　　→　2万円
　　ⅵ　未払保険料　　　　　　→　5万円（この利息は0円）

1　保険契約者・乙が取得したものとされる保険金
(1)　設例のⅱ（440万円）、ⅳ（5万円）、ⅴ（2万円）及びⅵ（5万円）の合計452万円が保険契約者乙の取得した保険金となる（相基通3-9(2)・P170参照）。
(2)　上記(1)の452万円のうち、所得税の対象となる保険金
　　設例のⅳ（5万円）及びⅵ（5万円）は、保険契約者乙が負担した保険料となるので（相基通3-13(2)・P182参照）、次により計算した金額に相当する保険金は、乙が自己を保険金受取人とし、甲を被保険者として自らその保険料を支払ったものとなり、一時所得の収入金額になる（所基通34-1・P495参照）。
2,000万円（ⅰ）× B ＝ 100万円（乙の一時所得の収入金額）
B＝乙が負担した保険料の割合（C ÷ D）＝ 0.05
C＝乙の負担した保険料（5万円(ⅳ)＋5万円(ⅵ)）＝ 10万円
D＝保険料の全額（190万円(ⅲ)＋5万円(ⅳ)＋5万円(ⅵ)）＝ 200万円
(3)　上記(1)の452万円のうち、甲からの相続により取得したものとみなされる保険金
2,000万円（ⅰ）×（35.2万円（E）÷200万円（D））＝352万円
　E＝乙の取得した保険金に対応する保険料　｛200万円（D）×（452万円(1)÷2,000万円（ⅰ））－10万円（C）｝ ＝ 35万2千円

2 保険金受取人・丙が取得した保険金
(1) 2,000万円から乙（保険契約者）が取得したものとされる452万円（上記1(1)）を控除した1,548万円が、保険金受取人・丙が取得した保険金となる（相基通3-9(1)・P170参照）。
(2) 丙（保険金受取人）が甲（被相続人）から相続によって取得したものとされる保険金
① 甲（被相続人）の相続財産とみなされる保険金
2,000万円(ⅰ)×（190万円(ⅲ)÷200万円（1(2)D））＝1,900万円
② 上記①のうち、乙（保険契約者）が甲（被相続人）から相続によって取得したものとされる保険金　352万円（1(3)）
③ 丙（保険金受取人）が甲（被相続人）から相続によって取得したものとされる保険金
1,900万円(①)－352万円(②)＝1,548万円
3 仮に、設例中、契約者貸付金がないものとした場合の課税関係は、次のようになる。
(1) 保険契約者・乙が取得したものとされる保険金
① 設例のⅳ（5万円）、ⅴ（2万円）及びⅵ（5万円）の合計12万円が保険契約者・乙の取得した保険金となる（相基通3-9(2)・P170参照）。
② 所得税の対象となる保険金
イ 乙が負担した保険料に対応する部分の保険金
2,000万円×（10万円（1(2)C）÷200万円（1(2)D））＝100万円
ロ 所得税の課税対象となる保険金は、上記①とイのうち、いずれか低い金額となるから、①の12万円である。
(2) 保険金受取人・丙が取得したものとされる保険金
① 2,000万円から乙（保険契約者）が取得したものとされる12万円（上記(1)①）を控除した1,988万円が、保険金受取人丙が取得した保険金となる（相基通3-9(1)・P170参照）。
② 上記①の1,988万円のうち、丙（保険金受取人）が甲（被相続人）から相続によって取得したものとされる保険金（甲の相続財産とみなされる保険金）

2,000万円（ⅰ）× （190万円（ⅲ）÷200万円（1(2)D）) ＝ 1,900万円

③　上記①の1,988万円のうち、丙（保険金受取人）が保険契約者・乙からの贈与により取得したものとされる保険金

100万円（上記(1)②ⅰ）－ 12万円（上記(1)②ⅱ）＝ 88万円

（保険料の全額）　相基通

3-14　法第3条第1項第1号［生命保険金等・P119参照。編注］に規定する「当該契約に係る保険料で被相続人の死亡の時までに払い込まれたものの全額」並びに同項第3号［生命保険契約に関する権利・P261参照。編注］及び第5号［保証期間付定期金の受給権・P282参照。編注］に規定する「当該契約に係る保険料で当該相続開始の時までに払い込まれたものの全額」の計算については、3-13［被相続人が負担した保険料等・P182参照。編注］の取扱いに準ずるものとする【編者注】。（昭57直資2-177追加）

【編者注】贈与とみなす生命保険金等への準用
　　本項は、相法5条1項の贈与により取得したものとみなす生命保険金等についても準用される。

（雇用主が保険料を負担している場合）　相基通

3-17　雇用主［法人又は個人である雇用主。編注］がその従業員（役員を含む。以下同じ【編者注1】。）のためにその者（その者の配偶者その他の親族を含む。）を被保険者とする生命保険契約又はこれらの者の身体を保険の目的とする損害保険契約に係る保険料の全部又は一部を負担している場合において【編者注2】、保険事故の発生により従業員その他の者が当該契約に係る保険金を取得したときの取扱いは、次に掲げる場合の区分に応じ、それぞれ次によるものとする。

　　ただし、雇用主が当該保険金を従業員の退職手当金等として支給することとしている場合【編者注3】には、当該保険金は法第3条第1項第2号［死亡退職金・P212参照。編注］に掲げる退職手当金等に該当するものとし、この取扱いを適用しない。（直近改・昭47直資2-130）

(1) 従業員の死亡［死亡の直接の基因となった傷害を含む。相基通3-7・P164参照。編注］を保険事故としてその相続人その他の者が当該保険金を取得した場合

　雇用主が負担した保険料は、当該従業員が負担していたものとして、当該保険料［雇用主が負担した保険料。編注］に対応する部分については、法第3条第1項第1号［相続財産とみなす死亡保険金等・P119参照。編注］の規定を適用する。

(2) 従業員以外の者の死亡［死亡の直接の基因となった傷害を含む。相基通3-7・P164参照。編注］を保険事故として当該従業員が当該保険金を取得した場合

　雇用主が負担した保険料は、当該従業員が負担していたものとして、当該保険料［雇用主が負担した保険料。編注］に対応する部分については、相続税及び贈与税の課税関係は生じないものとする【編者注4】。

(3) 従業員以外の者の死亡［死亡の直接の基因となった傷害を含む。相基通3-7・P164参照。編注］を保険事故として当該従業員及びその被保険者以外の者が当該保険金を取得した場合

　雇用主が負担した保険料は、当該従業員が負担していたものとして、当該保険料［雇用主が負担した保険料。編注］に対応する部分については、法第5条第1項［贈与により取得したものとみなす生命保険金等・P298参照。編注］の規定を適用する【編者注5】。

　(注)　雇用主が契約者で、かつ、従業員以外の者が被保険者である生命保険契約に係る保険料を雇用主が負担している場合において、当該従業員が死亡したときは、当該生命保険契約に関する権利については、法第3条第1項第3号［相続財産とみなす生命保険に関する権利・P261参照。編注］の規定は適用がないものとする【編者注6】。

【編者注1】3-17の趣旨と従業員の範囲
　1　本項の趣旨

本項の趣旨については、要旨次のように説明されている（前掲「相続税法基本通達逐条解説」・P92参照）。

本項の取扱いは、所得税や法人税の取扱いにおいて、使用者（法人又は個人事業者）を契約者とし、従業員（役員及びこれらの者の親族を含む）を被保険者とする養老保険等の保険料を支払った場合で、保険金受取人が被保険者又はその遺族である場合には、その支払った保険料の額は当該従業員に対する給与等とされていることとの平仄を合せたものである。

なお、所得税や法人税の取扱いでは、保険金受取人が被保険者やその遺族である場合であっても、一定の要件のもとに従業員に対する給与等として取り扱わない場合もある。このような場合であっても、従業員は使用者からその保険料相当額の経済的利益を実質的には、いわば福利厚生として享受したものとみるべきであることから、その保険料は実質的に従業員自らが負担していたものとする考え方によるものである。

2　従業員の範囲

相基通3-17にいう「従業員」には役員が含まれ、「役員」等の範囲については同項に格別の明示はないが、同項の趣旨が上記1のようなものであることからすると、役員の範囲等は所基通36-31の編者注5（P685参照）記述のように理解すべきものと考えられる。

ところで、「従業員」のなかに青色事業専従者が含まれるか、という問題がある。このことは、本項の趣旨との関連で理解すべきものと思われる。

青色事業専従者を被保険者とする保険料（生保・損保）が、事業所得等の必要経費に算入されるような場合等（個別通達〔昭43官審（所）31〕の編者注・P732参照）には、その保険料については従業員に対する保険料に関する各所得税基本通達の適用があることになり、そうでない場合には、その保険料は事業主の家事関連費として処理される。

結局、青色事業専従者に係る保険料については、その保険料が事

業上の保険として事業所得等の必要経費に算入される場合等に限り、相基通3-17の適用があるものと考えられる。

【編者注2】保険の契約形態等
① 相基通3-17における保険契約の典型は、雇用主が保険契約者、被保険者を従業員、死亡保険金受取人を従業員又はその親族等とする保険契約であるが、本項本文の物言いからすると、契約者は必ずしも雇用主に限られず、契約者が従業員又はその親族等である契約も含まれるものと考えられる。
② 雇用主が負担していた保険料は、所得税における課税関係（給与所得とされていたか、福利厚生費として給与に該当しないものとされていたか）に係わりなく、本項においては全て従業員が負担していたものと解されている。

【編者注3】死亡退職金に該当する場合
1 従業員の死亡により相続人その他の者が、雇用主が保険料を負担していた保険契約（保険契約の形態を問わない）の保険金を保険会社等から直接取得するような場合においても、雇用主がその保険金を社内規則、就業規則、労働協約等において、当該保険金を退職金等として支給するものである旨を明白に表示している場合に限り、相法3条1項1号の死亡保険金ではなく同条1項2号の死亡退職手当金等に該当する、として扱うというものである。

つまり、相基通3-17ただし書によりその保険金が退職金に該当するというためには、雇用主が社内規則等において、その保険金相当額を退職金として支給することを明定するとともに、退職金支給に関する一連の事務手続きにおいても、その保険金相当額を退職金として処理する等のことが必要になるものと考えられる。

雇用主が従業員を被保険者、保険金受取人を被保険者の遺族等とする保険契約の保険料を負担していたというだけでは、同項ただし書には該当しないものとされる（P145に掲げる裁決例参照）。

2 保険契約者及び死亡保険金受取人を雇用主とし、被保険者を従業員とする保険契約の場合には、死亡保険金は雇用主に支払われ、

その後、雇用主が死亡退職金又は弔慰金等として従業員の遺族その他の者に支給することになる。

このような場合においては、支給の原資が保険金であっても、支給を受ける遺族その他の者は保険金を原始的に取得するものではないので、死亡退職金等として扱われるのは当然である。

【編者注4】 一時所得となる場合

相基通3-17(2)の場合には、結果的に、保険金受取人である従業員が、自己の負担で保険料の支払をしていた保険契約の保険金を取得したことになるので、その取得した保険金は一時所得の収入金額となる。

【編者注5】 贈与税の課税対象となる場合

相基通3-17 (3)に該当するのは、次のような場合である。

例えば、保険料の負担者が雇用主、被保険者を従業員の配偶者、保険金受取人を従業員の子とする保険契約（契約者は雇用主でも従業員その他の者でも問わない）により、子が死亡保険金を取得した場合においては、保険金受取人である子が従業員からその保険金を贈与により取得したものとされる。

【編者注6】 従業員が死亡しても、生命保険契約に関する権利が相続税の課税対象とならない場合

生命保険契約に関する権利は保険契約者に留保されているので、雇用主が契約者である場合には、被保険者でない従業員の死亡によっても、その契約に関する権利は雇用主に留保されており、当然には死亡した従業員の相続人等に移転しない。このことから、相基通3-17(注)において、このような場合には生命保険に関する権利を相続財産にしないことを明示したものである。

したがって、保険契約者が従業員である場合には、従業員の死亡によりその契約に関する権利は当然に従業員の相続人に承継され、かつ、同項の取扱いによって保険料を従業員が負担していたものとされることから、生命保険に関する権利はその者の本来の相続財産として相続税の課税対象になる。

■参考：裁決例「取得した保険金が、固有財産か相続財産かを判断した事例」（昭59.2.27裁決、昭和56年分相続税、国裁例集昭和59年度第1No27、前掲「国税不服審判所裁決例集7」P9449-13参照）

《事案の概要》
　請求人（相続人）は、被相続人（父）の死亡により生命保険金（保険金2,000万円、配当金804,056円）の支払を受けた。
　ところで、その保険契約に係る保険料の全部は、生前において被相続人から贈与により取得した金銭によって請求人自身が支払をしていたものであるから、その保険金は請求人の固有財産ともいうべき保険契約に係る権利により取得したものであり、相続税法3条1項1号に規定するみなし相続財産たる保険金には当たらないとして、その保険金相当額を相続税の課税価格に算入しないで相続税の申告書を提出した。
　原処分庁（税務署長）は、本件保険金はみなし相続財産たる保険金に当たるとして、更正処分をした。

《原処分庁主張の要旨》
　原処分庁は、要旨次のように主張した。
① 本件普通預金（請求人の保険料支払口座）は、保険料支払のみを目的として設定されたものである。
② 本件保険契約の経緯及び本件保険料払込み手続きからみて、被相続人が行為者であると推認される。
③ 請求人は、本件契約当時未成年者(13歳)であり、被相続人と生計を一にして、その扶養を受けており、ほかに資産所得としてみるべものがないこと。
④ 以上の事実から判断すると、本件契約は、実質的には、被相続人が契約し、本件保険料の負担も被相続人が行ったと認められる。

《判断要旨》
　※編者注：付番は編者が適宜付したものであり、[　]は編注である。
1　請求人［相続人］は、本件保険金は、請求人の固有財産であって、相続

財産ではないと主張するので審理したところ、次のとおりである。
① 請求人が、契約者及び保険金受取人となり、父である被相続人を被保険者とする保険金2,000万円の30年満期の保険契約を昭和51年9月8日付でB生命と締結したこと。
② 本件契約にかかる保険料支払期間［昭和51.9から55.10の期間］の振込保険料（年1回払い）5,140,000円は、［省略］、いずれも、被相続人が払込期日前にC銀行D支店の被相続人名義の普通預金（［省略］）から本件普通預金［請求人名義の普通預金］に入金させた上、これを引き出して、それぞれの保険料の払込みに充てていること［保険料払込期間中の被相続人からの贈与金額の合計額は520万円］。
③ 昭和56年5月20日、被相続人である被保険者の死亡により、昭和56年10月16日に本件保険金（2,000万円と配当金804,056円）が保険金受取人である請求人に支払われていること。
④ 保険契約者となっている請求人は、保険契約時［昭51.9.8］には13歳の未成年者であり、当時被相続人と生計を一にしていて、その扶養を受けていること。
⑤ 本件契約締結の交渉及び本件保険料の払込みの行為者は、被相続人であること。
⑥ 本件保険料は、被相続人の昭和51年分ないし昭和55年分［本件保険契約の継続期間中］の所得税の確定申告に係る生命保険料控除において控除されていないこと。
⑦ 請求人は、前記の贈与［上記②の贈与］に基づき、それぞれの年分において贈与税の申告書を提出し納税していること。

2 結 論

以上の事実を総合すると、未成年者である請求人の本件保険契約を被相続人が親権者として代行し、本件保険料の支払に当っては、その都度、被相続人が自己の預金を引き出して贈与し、これを請求人の預金口座に入金させ、その預金から保険料を払い込んだものであり、上記⑥及び⑦に照らしても、法律行為は有効に成立しているものと認めるのが相当である。したがって、本件保険金を相続財産とした更正処分は、不相当であり取消しを免れない。

第7節　生命保険金・損害保険金の非課税に関連する各条項

相続税法基本通達

（「相続を放棄した者」の意義）

3-1　法第3条第1項［相続又は遺贈により取得したものとみなす場合・P119参照。編注］に規定する「相続を放棄した者」とは、民法第915条《相続の承認又は放棄をすべき期間》から第917条までに規定する期間内に同法第938条《相続の放棄の方式》の規定により家庭裁判所に申述して相続の放棄をした者（同法第919条第2項《相続の承認及び放棄の撤回及び取消し》の規定により放棄の取消しをした者を除く。）だけをいうのであって、正式に放棄の手続きをとらないで事実上相続により財産を取得しなかったにとどまる者はこれに含まれないのであるから留意する。（直近改・平17課資2-4）

【編者注】事実上相続財産を取得しなかった者

　相続放棄の手続きをしないで、遺産分割等において事実上相続財産を取得しなかった者が、みなす相続財産とされる生命保険金等又は退職手当等を取得する場合には、その者についても生命保険金等の非課税又は退職手当等の非課税限度額の規定の適用がある。

（「相続権を失った者」の意義）　相基通

3-2　法第3条第1項［相続又は遺贈により取得したものとみなす場合・P119参照。編注］に規定する「相続権を失った者」とは、民法第891条の各号《相続人の欠格事由》に掲げる者並びに同法第892条《推定相続人の廃除》及び第893条《遺言による推定相続人の廃除》の規定による推定相続人［現在の状況下で最優先順位で相続人となるべき者。編注］の廃除の請求に基づき相続権を失った者（同法第984条《推定相続人の廃除の取消し》の規定によ

り廃除の取消しのあった者を除く。）だけをいうものであるから留意する。
（直近改・平17課資2-4）

相　続　税　法

（相続税の非課税財産）
第12条　次に掲げる財産の価額は、相続税の課税価格に算入しない。（直近改・平15法8）

一～三　［省略］

四　条例の規定により地方公共団体が精神又は身体に障害のある者に関して実施する共済制度で政令［相令２条の２・P199参照。編注］で定めるものに基づいて支給される給付金を受ける権利【編者注1】

五　相続人【編者注2】の取得した第３条第１項第１号［生命保険金等・P119参照。編注］に掲げる保険金（前号［地方公共団体が実施する精神又は身体の障害に関する共済制度の給付金。編注］に掲げるものを除く。以下この号において同じ。）については、イ又はロに掲げる場合の区分に応じ、イ又はロに定める金額に相当する部分

　イ　第３条第１項第１号の被相続人のすべての相続人［相続を放棄した者及び相続権を失った者を含まない。相法３条１項本文・P119参照。編注］が取得した同号に掲げる保険金の合計額【編者注3】が［、］500万円に当該被相続人の第15条第２項［編注：P201参照］に規定する相続人の数（当該相続人の数のうち次に掲げる者の合計数とし、その者が次の(1)から(3)までのうち二以上に該当する者である場合には、その者の数を一とする。）を乗じて算出した金額（ロにおいて「保険金の非課税限度額」という。）以下である場合

　　　当該相続人の取得した保険金の金額［全ての相続人の取得した保険金の全額が非課税となる。編注］

　(1) 20歳未満の者
　(2) 第19条の４第２項に規定する障害者

(3) 相続の開始の直前において当該被相続人と生計を一にしていた者

　　※編注：▢▢▢の部分は、平成23年度の税制改正法案において追加されたものである（平成23年6月22日現在、国会審議中）。

　ロ　イに規定する合計額［相続人の全員が取得した保険金の額の合計額。編注］が当該保険金の非課税限度額［上記イ参照。編注］を超える場合

　　当該保険金の非課税限度額に［、］当該合計額［相続人の全員が取得した保険金の額の合計額。分母。編注］のうちに当該相続人の取得した保険金の合計額［各相続人ごとの取得保険金額、保険金が2以上ある場合にはその合計額。分子。編注］の占める割合を乗じて算出した金額【編者注4】

六　相続人【編者注2】の取得した第3条第1項第2号［死亡退職手当金等・P212参照。編注］に掲げる給与（以下この号において「退職手当金等」という。）については、イ又はロに掲げる場合の区分に応じ、イ又はロに定める金額に相当する部分

　イ　第3条第1項第2号の被相続人のすべての相続人［相続を放棄した者及び相続権を失った者を含まない。相法3条1項本文・P119参照。編注］が取得した退職手当金等の合計額【編者注3】が［、］500万円に当該被相続人の第15条第2項［編注：P201参照］に規定する相続人の数を乗じて算出した金額（ロにおいて「退職手当金等の非課税限度額」という。）以下である場合

　　当該相続人の取得した退職手当金等の金額［全ての相続人の取得した退職手当金等の全額が非課税となる。編注］

　ロ　イに規定する合計額［相続人の全員が取得した退職手当金等の額の合計額。編注］が当該退職手当金等の非課税限度額［上記イ参照。編注］を超える場合

　　当該退職手当金等の非課税限度額に［、］当該合計額［相続人の全員が取得した退職手当金等の額の合計額。分母。編注］のうちに当該相続人の取得した退職手当金等の合計額［各相続人ごとの取

得退職手当金等の額、2以上の退職手当金等がある場合にはその合計額。分子。編注]の占める割合を乗じて算出した金額

【編者注1】地方公共団体が行う精神・身体に傷害のある者に係る共済制度の給付金に対する相続税の課税関係

　本条4号に掲げる共済制度に係る給付金の非課税と、相令1条の2第1項3号（生命保険契約とみなすもの）との関係については、相令1条の2の編者注5（P159）参照。

【編者注2】養子がいる場合の保険金又は退職手当金等の非課税の取扱い

　相続人の取得した保険金又は退職手当金等に係る非課税限度額の計算について、相続人中に養子がある場合には、その養子の数が制限される（相続税の基礎控除額の計算における養子の数と同様となっている）。

　このことから、養子の数が上記制限を超える場合においては、非課税の対象となる養子の範囲につき疑問の生ずることがあるかも知れない。

　このことについては、次のように整理すればよい。

① 　相法12条1項5号及び6号に規定する「相続人」とは、民法887条以下に規定する法定相続人と同一の範囲（相続を放棄したもの又は相続権を失った者を含まない。胎児がある場合については相法15条の編者注2・P202参照。）であるから、養子がある場合には、その数に関わらず、全ての養子がこれに含まれる。

② 　他方、同5号イ及び6号イに規定する相続税法「15条2項に規定する相続人の数」は、保険金・退職手当金等の非課税限度額を計算する場合における養子の「数」を制限しているに過ぎない。つまり、具体的な養子を特定して養子の「数」を計算しているわけではない。

③ 　そうすると、保険金又は退職手当金等を取得した養子の全員が非課税限度額の適用の対象者となる（相続を放棄した者又は相続権を

失った者がこれらの財産を取得しても、これらの者について非課税の対象とならないのは当然である。相基通12-8・P199参照）。

【編者注3】すべての相続人が取得した保険金の合計額の意義
1　相法12条1項5号イ及びロに規定する「すべての相続人が取得した…保険金の合計額」は、被相続人の死亡により相続人の全員が取得した保険金の合計額をいい、相続を放棄した者等の取得した保険金は含まれない（退職手当金等において同じ）。
2　生命保険金又は退職手当金等を国等に寄付した場合の非課税限度額の計算
　　生命保険金を取得したものが、国・地方公共団体・公益法人等に対し、その取得した保険金の全部又は一部を寄付し、措法70条（国等に対して相続財産を贈与した場合等の相続税の非課税等）の適用を受ける場合における、生命保険金等の非課税限度額の計算は次のようになる（相基通12-9・P199参照）。
①　寄付した保険金に相当する金額は、相法12条5号イの「すべての相続人が取得した保険金の合計額」に算入しない。
②　寄付した保険金に相当する金額は、同号ロの各相続人ごとの「取得した保険金の合計額」にも算入しない。
　　したがって、相続人の全員がその取得した保険金の全部を寄付した場合には、非課税限度額の計算の対象となるべき保険金を取得していないことになるので、保険金の非課税限度額は零円となる。また、共同相続人のうち取得した保険金の全部を寄付した者がある場合には、その者の非課税限度額は零円となる。

【編者注4】本条1項5号及び6号ロの計算式
　相法12条1項5号及び6号ロの算式については、相基通12-9（P199）参照（退職手当金等についても、相基通12-10（P200参照）により同12-9が準用される）。

■参考：相続税法施行令2条の2
　（心身障害者共済制度の範囲）

第2条の2　法第12条第1項第4号［相続税の非課税財産・P195参照。編注］及び第21条の3第1項第5号［贈与税の非課税財産。編注］に規定する政令で定める共済制度は、所得税法施行令第20条第2項（地方公共団体が実施する共済制度）に規定する共済制度とする。（直近改・平15政132）

■参考：相続税法基本通達12-8～12-10

（相続を放棄した者等の取得した保険金）

12-8　相続を放棄した者［編注：3-1・P194参照］又は相続権を失った者［編注：3-2・P194参照］が取得した保険金については、法第12条第1項第5号［編注：P195参照］に掲げる保険金の非課税金額の規定の適用がないのであるから留意する。（直近改・昭57直資2-177）

（保険金の非課税金額の計算）　相基通

12-9　相続人［相続を放棄した者及び相続権を失った者を含まない。相法3条1項本文・P119参照。編注］の取得した法第3条第1項第1号［相続財産とみなす死亡保険金等・P119参照。編注］に掲げる保険金（法第12条第1項第4号［非課税とされる身体・精神障害者等に係る給付金・P195参照。編注］に掲げる給付金を受ける権利を除く。以下12-9において同じ。）の合計額の全部又は一部について［、］租税特別措置法（昭和32年法律第26号。以下「措置法」という。）第70条第1項［相続財産を国等に贈与した場合の相続税の非課税。編注］（同条第10項において準用する場合を含む。）又は第3項［相続により取得した金銭を特定公益信託とした場合で、一定の目的に適合するもの。編注］の規定の適用を受ける部分［措法70条により非課税とされる保険金。編注］がある場合には、同条［措法70条。編注］の規定の適用を受ける部分の金額［措法70条により非課税となる保険金。編注］を控除した後の保険金の額を基礎として［、］法第12条第1項第5号に掲げる保険金の非課税金額を計算するものとする【編者注1】。

なお、同号ロ［相法12条1項5号ロ・P196参照。編注］の規定によるこの保険金の非課税金額の計算を算式で示せば、次のとおりである。（直近改・平8課資2-116）

（500万円×n）×B／A＝各相続人の非課税金額

(注)
1　算式中の符号は、次のとおりである。
　　nは、法第15条第2項［編注：P201参照］に規定する相続人の数
　　Aは、各相続人が取得した保険金の合計額の総額［全ての相続人が取得した保険金の総額。編注］
　　Bは、各相続人が取得した保険金の合計額
2　各相続人が取得した保険金の合計額の総額が、500万円に法第15条第2項に規定する相続人の数を乗じて算出した金額以下の場合には、各相続人の取得した保険金の合計額に相当する金額が、その者の保険金の非課税金額となるのであるから留意する［実際に取得した保険金の全額が非課税となる。編注］。
3　保険金を取得した被相続人の養子（相続を放棄した者を除く。）については、全員保険金の非課税金額の適用があることに留意する【編者注2】。

【編者注1】関連通達等
　　措置法通達70-1-5（「相続又は遺贈により取得した財産」の範囲・P207）、70-3-1（保険金又は退職手当金等・P208）参照
【編者注2】養子についての非課税限度額の適用
　　養子についての非課税限度額の適用に関しては、相法12条の編者注2（P197）参照。

（保険金についての取扱いの準用）　相基通
12-10　相続を放棄した者等の取得した退職手当金等及び退職手当金等の非課税金額の計算については、12-8及び12-9の取扱いに準ずるものとする。
（直近改・昭57直資2-177）

■参考：相続税法15条・18条
　　（遺産に係る基礎控除）

第15条　相続税の総額を計算する場合においては、同一の被相続人から相続又は遺贈により財産を取得したすべての者に係る相続税の課税価格（［省略］）の合計額から、5,000万円と1,000万円に当該被相続人の相続人の数【編者注1、2】を乗じて得た金額との合計額（以下「遺産に係る基礎控除額」という。）を控除する。（直近改・平15法8）

　※編注：　　の部分は、平成23年度の税制改正法案において、「3,000万円と600万円」に改められている（平成23年6月22日現在、国会審議中）

2　前項の相続人の数は、同項に規定する被相続人の民法第5編第2章（相続人）の規定による相続人の数【編者注1、2】（当該被相続人に養子がある場合【編者注3】の当該相続人の数［基礎控除額計算上の相続人の数。編注］に算入する当該被相続人の養子の数は、次の各号に掲げる場合の区分に応じ当該各号に定める養子の数に限るものとし、相続の放棄［編注：相基通3-1・P194参照］があった場合［相続の放棄に限り、相続権を失った場合は含まない。編注］には、その放棄がなかったものとした場合における相続人の数とする。）とする。

　一　当該被相続人に実子がある場合又は当該被相続人に実子がなく、養子の数が1人である場合

　　　1人　［編注：実子の有無に関わらず養子の絶対数が1人である場合には、本号の相続人の数は、民法に規定する法定相続人の数と同数となる。］

　二　当該被相続人に実子がなく、養子の数が2人以上である場合

　　　2人【編者注4】

3　前項の規定の適用［2項かっこ書による同項1号及び2号の適用。編注］については、次に掲げる者は実子とみなす【編者注5】。

　一　民法第817条の2第1項（特別養子縁組の成立）に規定する特別養子縁組による養子となった者、当該被相続人の配偶者の実子で当該被相続人の養子となった者【編者注3】［、］その他これらに準ずるものとして政令［相令3条の2・P205参照。編注］で定める者

　二　実子若しくは養子又はその直系卑属［実子又は養子の子・孫等。編注］が相続開始以前［今回の相続開始以前。編注］に死亡し、又は相続権を失ったため民法第5編第2章の規定［民法886条から895条まで。編注］

による相続人［代襲相続人。編注］（相続の放棄があった場合には、その放棄がなかったものとした場合における相続人）となったその者［死亡又は相続権を失った実子・養子である被代襲者。編注］の直系卑属［代襲相続人。編注］

【編者注１】養子がいない場合等の相続人の数
①　養子がいない場合の相続人の数は、民法886条から895条までの規定による被相続人の法定相続人の数と同一である。したがって、次の例のA及びBは、被相続人（母）の相続人である養子丙（被代襲者）の代襲相続人であり、A及びBはいずれも被相続人（母）の養子ではないから、相法15条2項かっこ書に規定する養子には該当しない。

　以上のことから、本例の相法15条2項に規定する相続人の数は甲、乙、A及びBの4人となる（丙は既に死亡しているので相続人の数には入らない）。

《例》

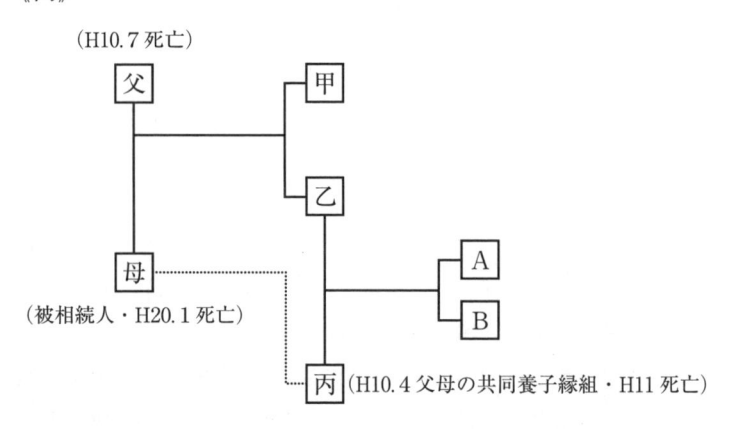

（H10.7死亡）
父―――――甲
　｜　　　　｜
　｜　　　　乙
　｜　　　　｜
　母　　　　｜―――A
（被相続人・H20.1死亡）　｜―――B
　　　　　　｜
　　　　　　丙（H10.4父母の共同養子縁組・H11死亡）

②　相続の放棄があった場合、代襲相続人がいる場合、特別養子縁組による養子がある場合における相続人の数の計算については、相基通15-2に取扱いがある。

【編者注２】胎児がある場合の相続人の数等

相続人中に胎児がいる場合の相法15条1項及び2項に関する行政解釈については、以下に掲げる相続税法基本通達がある。
- 相基通11の2-3：胎児が生まれる前における共同相続人の相続分
- 同15-3：胎児がある場合の相続人の数
- 同19の3-3：胎児の未成年者控除
- 同27-4：「相続の開始があったことを知った日」の意義
- 同27-5：申告期限の直前に認知等があった場合の申告書の提出期限の延長
- 同27-6：胎児がある場合の申告期限の延長
- 同32-1：「その他の事由により相続人に異動が生じたこと」の意義

【編者注3】養子がある場合の意義等について

相続人に養子がある場合の意義等については、相基通15-4、15-5、15-6にそれぞれ取扱いがある。

【編者注4】本条2項2号の趣旨

① 被相続人に実子があり（実子の数は問わない）、かつ、養子の数が2人以上である場合については、相法15条2項に格別の定めがないが、同条2項2号によって実子のない場合においても養子の最大数が2人とされていることから、この場合には同2項1号に準じ養子の数は1人となるものと解されている。

② 相法15条2項2号により2人とされる養子の数は、2人以上の養子のうちから特定の者を選定する意ではなく、相続税の基礎控除額計算上の養子の数を制限するに止まるものである。

したがって、この数の制限は、法定相続人である養子の全員について相続税法上の「相続人」たる地位に何等の影響を及ぼすものではないから、例えば、死亡保険金等を取得した養子の全員について非課税限度額の適用がある。

【編者注5】実子とみなされる養子

① 相法15条3項1号及び2号に掲げる者（実子とみなす養子）は、被相続人の養子であっても、その者は被相続人の実子としてみな

されるのであるから、相法15条2項かっこ書により相続人の数に算入される養子の数の制限の対象から除外される。

　被相続人に、本項に掲げる養子と、それ以外の養子とがある場合には、本項に掲げる養子を実子として、15条2項1号又は2号の養子の数（本項以外の養子の数）を計算することになる。

② 　相法15条3項は、法定相続人中に被相続人の養子がいる場合にのみ適用されるものである。

　したがって、被相続人の養子が既に死亡し、又は推定相続人である養子が相続権を失ったことにより代襲相続人がある場合、その代襲相続人が被相続人の養子となっていない限り、被相続人には養子がないのであるから、15条2項による相続人の数の計算については、民法の規定による相続人の数と同一となる。なお、上記編者注1①の設例参照。

（相続税額の加算）　相法
第18条　相続又は遺贈により財産を取得した者が［、］当該相続又は遺贈に係る被相続人の一親等の血族［民725、726、727、父母及び子、養子及び養親を含む。編注］（当該被相続人の直系卑属［子等。編注］が相続開始［今回の被相続人の相続開始。編注］以前に死亡し、又は相続権を失ったため、代襲して相続人となった当該被相続人の直系卑属［孫等。編注］を含む。）及び配偶者以外の者である場合においては、その者に係る相続税額は、前条［各相続人等の算出相続税額。編注］の規定にかかわらず、同条の規定により算出した金額に［、］その100分の20に相当する金額を加算した金額とする。（直近改・平15法8）

2　前項の一親等の血族には、同項の被相続人の直系卑属［孫等。編注］が当該被相続人の養子となっている場合を含まないものとする。

　ただし、当該被相続人の直系卑属［子等。編注］が相続開始［今回の被相続人の相続開始。編注］以前に死亡し、又は相続権を失ったため、代襲して相続人となっている場合［養子である孫等が、死亡等した子等を代襲して今回の被相続人の相続人となっている場合。編注］は、この限りでない【編

【編者注】。

【編者注】本条に関連する通達
本条に関連して次の相基通がある。
・18-1：遺贈により財産を取得した一親等の血族（後掲参照）
・18-3：養子、養親の場合（P206参照）

■参考：相続税法施行令３条の２
（特別養子縁組等による養子に準ずる者の範囲）
第３条の２　法第15条第３項第１号に規定する政令で定める者［実子とみなす者・P201参照。編注］は、同号に規定する被相続人［死亡した妻又は夫。編注］と当該被相続人の配偶者との婚姻前に当該被相続人の配偶者の同号［相法15条３項１号。編注］に規定する特別養子縁組による養子となった者で、当該婚姻後に当該被相続人の養子となったものとする【編者注】。
（昭63政362追加）

【編者注】本条の趣旨
　　婚姻前に特別養子縁組による養子を有する者と結婚し、結婚後、その特別養子を妻又は夫である被相続人の養子（いわゆる通常の養子）とした場合には、その養子は被相続人の実子とみなされる。なお、相基通15-6参照

■参考：相続税法基本通達18-1、18-3
（遺贈により財産を取得した一親等の血族）
18-1　相続の放棄をした者［相基通3-1・P194参照。編注］［、］又は欠格若しくは廃除の事由により相続権を失った者［相基通3-2・P194参照。編注］が遺贈により財産を取得した場合［相法３条により取得したものとみなす場合を含む。編注］において、その者が当該遺贈に係る被相続人の一親等の血族（法第18条第１項［編注：P204参照］に規定する一親等の血族に限る［民725、726、727、父母及び子、養子及び養親を含む。編注］。）であるときは、その者［相続を放

棄等した一親等の血族で、遺贈により財産を取得した者。編注］については、法第18条の相続税額の加算の規定の適用がないのであるから留意する【編者注】。（直近改・平15課資2-1）

【編者注】本項の趣旨
1　相続を放棄した者又は相続権を失った者は相続人ではないが、相法18条の規定による相続税額の加算については、相続人要件はなく、専ら被相続人の一親等の血族要件のみである。本項は、このことを確認的に明らかにしたものである。
2　本項カッコ書「（法第18条第１項に規定する一親等の血族に限る。）」の意義
　　この部分は、相法18条１項カッコ書「（当該被相続人の直系卑属が相続開始以前に死亡し、又は相続権を失ったため、代襲して相続人となった当該被相続人の直系卑属を含む。）」により、一親等の血族とされる代襲相続人を指しているものとされている。
　　上記「代襲して相続人となった」とは、代襲相続人については上記１の場合と異なり相続人であることが要件とされている。したがって、代襲相続人が相続を放棄し、遺贈によって財産を取得している場合には、「相続人」ではなくなり、代襲相続人は本来一親等の血族でないことから、その代襲相続人については相続税額の加算対象となる。

（養子、養親の場合）　　相基通
18-3　養子又は養親が［、］相続又は遺贈により被相続人たる養親又は養子の財産を取得した場合においては、これらの者は被相続人の一親等の法定血族であるので［民法727条。編注］、これらの者については［、］法第18条の相続税額の加算の規定の適用がないのであるから留意する。
　　ただし、被相続人の直系卑属［孫等。編注］が当該被相続人の養子となっている場合【編者注】（当該被相続人の直系卑属［子等。編注］が相続開始［今回の被相続人の相続開始。編注］以前に死亡し、又は相続権を失ったため、代襲

して相続人となっている場合［養子である孫等が死亡等した子等を代襲して今回の被相続人の相続人となっている場合。編注］を除く。）の当該直系卑属［孫等。編注］については、相続税額の加算の規定が適用されるのであるから留意する。（直近改・平15課資2-1）

【編者注】本項ただし書の趣旨
　本項ただし書により相続税額の加算対象とされる養子は、被相続人の直系卑属（孫等）に限られる。
　被相続人の直系卑属でない者（例えば、子の配偶者、養子縁組前に出生している養子の子（民法887条））が被相続人の養子となっている場合には、その養子は相続税額の加算対象とならない。
　なお、直系卑属である養子（孫等）が代襲相続人でもある場合には、その者については相続税額の加算対象とならない。

■参考：租税特別措置法関係通達70-1-5、70-3-1
（「相続又は遺贈により取得した財産」の範囲）
70-1-5　措置法第70条第１項又は第10項［国等に相続財産を贈与した場合等の相続税の非課税等。編注］の規定の適用がある「相続又は遺贈により取得した財産」には、相続税法第３条《相続又は遺贈により取得したものとみなす場合》、第７条《贈与又は遺贈により取得したものとみなす場合》から第９条《贈与又は遺贈により取得したものとみなす場合》［,］及び［編注：相続税法］第１章第３節《信託に関する特例》（［省略］）までの規定により相続又は遺贈により取得したものとみなされた財産を含み、［中略。編注：相続開始前３年以内の贈与財産で相続税の課税価格に算入されたもの等は含まれない］のであるから留意する。
　なお、［以下省略。編注：相続税の申告書の提出期限後に死亡退職金等の支給が確定した場合における、その退職手当金等についての措置法70条１項等の適用の取扱いを明示している。］（直近改・平22課資2-14）

（保険金又は退職手当金等）　措置法通達

70-3-1　措置法第70条第３項［相続により取得した金銭を特定公益信託とした場合で、一定の目的に適合するもの。編注］に規定する相続又は遺贈により取得した財産に属する金銭には、相続税法第３条第１項第１号［相続財産とみなす死亡保険金。編注］［、］又は第２号［相続財産とみなす退職手当金等。編注］の規定により相続又は遺贈により取得したものとみなされた保険金又は退職手当金等として取得した金銭を含むものとする。

　なお、相続税の申告書の提出期限後において、退職手当金等の支給の確定があったときにおける当該退職手当金等については、70-1-5《「相続又は遺贈により取得した財産」の範囲》の後段の取扱いに準じて取り扱うものとする。

第2章

みなす相続財産──退職手当金等に関連する法令・通達等

第1節 みなす相続財産——退職手当金等に関連する法令・通達等の索引

みなす相続財産である退職手当金等について、相続税の関連法令・通達、情報、質疑応答事例、事前照会に対する文書回答事例、判例、裁決例等で、本章に収録したものは、以下のとおり。

法令等の索引

□相続税法
　第3条第1項　　　相続又は遺贈により取得したものとみなす場合
　　　　　　　第2号　［退職手当金等］ *212*
□相続税法施行令
　第1条の3　退職手当金等に含まれる給付の範囲　*225*
□相続税法基本通達
　3-18　　退職手当金等の取扱い　*229*
　3-19　　退職手当金等の判定　*229*
　3-20　　弔慰金等の取扱い　*241*
　3-21　　普通給与の判定　*244*
　3-22　　「業務上の死亡」等の意義　*245*
　3-23　　退職手当金等に該当しないもの　*231*
　3-24　　「給与」の意義　*233*
　3-25　　退職手当金等の支給を受けた者　*257*
　3-26　　「その他退職給付金に関する信託又は生命保険の契約」の意義　*234*
　3-27　　「これに類する契約」の意義　*234*
　3-28　　退職手当金等に該当する生命保険契約に関する権利等　*235*
　3-29　　退職年金の継続受取人が取得する権利　*236*
　3-30　　「被相続人の死亡後3年以内に支給が確定したもの」の意義

3-31	被相続人の死亡後支給額が確定した退職手当金等	*238*
3-32	被相続人の死亡後確定した賞与	*238*
3-33	支給期の到来していない給与	*238*
3-47	退職手当金等を定期金として支給する場合	*239*
21の3-9	社交上必要と認められる香典等の非課税の取扱い	*246*

□所得税基本通達
9-2	非課税とされる年金の範囲	*215*
9-17	相続財産とされる死亡者の給与等、公的年金等及び退職手当等	*216*
9-23	葬祭料、香典等	*247*
34-2	遺族が受ける給与等、公的年金等及び退職手当等	*217*
36-9	給与所得の収入金額の収入すべき時期	*218*
36-10	退職所得の収入金額の収入すべき時期	*218*
36-14	雑所得の収入金額又は総収入金額の収入すべき時期	*219*

□労働基準法
　第9条　定義　*239*

□会社法
　第329条　選任　*240*

□判　例
・相続財産とみなされる退職手当金等は、死亡退職金に限られないとした事例（死亡退職手当金等がみなす相続財産とならない場合には、その退職金等は一時所得に該当するとされた事例）（最判昭47.12.26判決）　*220*

□裁決例
・会社が役員の死亡退職に伴い遺族に支給した弔慰金は、その全額が退職手当金等に当たるとした原処分の一部を取り消した事例（業務上の死亡について判断した事例）（昭和54年分相続税）　*247*

| 第2節 | みなす相続財産——退職手当金等の基本条項 |

相 続 税 法

(相続又は遺贈により取得したものとみなす場合)
第3条　次の各号のいずれかに該当する場合においては、当該各号に掲げる者が、当該各号に掲げる財産を相続又は遺贈により取得したものとみなす。［中略］【編者注1】

[編注：退職手当金等]
二　被相続人の死亡により相続人その他の者が当該被相続人に支給されるべきであった退職手当金、功労金その他これらに準ずる給与（政令［相令1条の3・P225参照。編注］で定める給付を含む。【編者注2】）で［、］被相続人の死亡後3年以内［死亡の日の翌日から起算し、3年目の起算日に応当する日の前日まで。編注］に支給が確定したものの支給を受けた場合【編者注3】においては、当該給与の支給を受けた者【編者注4】について、当該給与【編者注5】

三　［以下省略］

【編者注1】3条1項本文の詳細
　相法3条1項本文の詳細は、2編1章2節に掲げる3条1項（P119）及びその編者注を参照。

【編者注2】退職手当金等の意義等
1　退職手当金等の判定については、相基通3-18（P229参照）、同3-19（P229参照）の取扱いがあり、退職手当金等には現物で支給されたものを含むものとされている（同3-24・P233参照）。
　特殊なものとして、雇用主が契約している生命保険契約又は損害保険契約に関する権利のうち退職手当金等に該当するものとして同3-28（P235参照）の取扱いがある。

2 弔慰金

　弔慰金については、同3-20から3-23まで（P241以降参照）に取扱いがある。

【編者注3】死亡後3年以内に支給が確定したものの支給を受けた場合の意義

1 相続財産とみなされる退職手当金等

　相続財産とみなされる退職手当金等は、被相続人の死亡後3年以内に支給が確定し（相基通3-30、同3-31、同3-32、同3-33・P237以降参照）、かつ、その支給を受けたものである。

　この場合において、支給を受けたとは、現実に現金等による支払を受けるものの他、支払者における支給日、支給方法の決定等によりその支払を受ける者が退職手当金等に係る請求権を行使できる状況にあるような場合も含まれるものと解される。

　したがって、3年以内に支給が確定しても、その支給を受け、又は上記の権利行使が可能な状態に至るまでは、みなす相続財産にならないものと解される。

2 死亡の3年後に確定した退職手当金等の課税関係

　被相続人の死亡した日の翌日から起算し、3年目の起算日に応当する日以後に確定した退職手当金等の支給を受けた場合には、その支払を受けた者の一時所得として所得税が課される（所基通34-2・P217、P220に掲げる判例参照）。

【編者注4】退職手当金等の支給を受けた者の意義等

① 退職手当金等の支給を受けた者の意義については、相基通3-25（P257参照）に取扱いがある。

② 退職手当金等の支給を受けた者が、相続人（代襲相続人を含み、相続を放棄した者、相続権を失った者を含まない）である場合には、退職手当金等に対する非課税限度の適用がある（この詳細については、2編1章7節・P194参照）。

【編者注5】年金の方法により支給される退職手当金等

1 相続税の課税関係

① 相法3条1項2号（P212参照）の退職手当金等には、一時金により支払を受けるものに限られず、年金の方法により支払を受けるものも含まれる（相基通3-47・P239参照）。

これに該当するものとしては、次に掲げるようなものがある。
ⅰ 相令1条の3（P225参照）各号に掲げる年金
ⅱ 例えば、役員が死亡退職し、支給される退職手当金、功労金等を定期金又はこれらに準ずる方法（一定の期間につき年賦又は月賦等）で支給されるようなものがこれに当ると解されている（前掲「相続税法基本通達逐条解説」・P132参照）。

② 年金の方法により支給を受ける場合の相法3条1項2号の「当該金額」（相続財産とみなされる退職手当金等の額）は、原則として、相法24条の規定により評価した金額となる（相基通新24-2・P364、同旧24-3・P378参照）。

2 所得税の課税関係

相続財産とみなされる死亡退職金等に対する所得税の課税関係は、次のようになる。

① 退職手当金等が一時金で支払われる場合

死亡した者の遺族等が、使用者であった者から死亡退職金等を一時金で支給される場合、又は相令1条の3（P225参照）に掲げる一時金の支給を受ける場合は、所基通9-17（P216参照）により、所得税は課税されない。

② 年金で支給される退職手当金等

死亡した者の遺族等が、所法35条3項に掲げる公的年金とされる年金の給付を受ける場合、又は使用者であった者から死亡退職金等につき一時金での支払に代えて年金の支給を受ける場合は、所法9条1項3号により非課税所得に該当する（所基通9-2・P215参照）。

■参考：所得税基本通達9-2、9-17、34-2、36-9〜10、36-14
（非課税とされる年金の範囲）

9-2　法第9条第1項第3号ロに掲げる年金［非課税所得となる年金。編注］には、次に掲げるものが含まれる。（直近改・昭63直所3-1）
（1）死亡した者の勤務に基づき、使用者であった者から当該死亡した者の遺族に支給される年金【編者注1】
（2）死亡した者が［、］その勤務に直接関連して加入した社会保険又は共済に関する制度、退職年金制度等に基づき、当該死亡した者の遺族に支給される年金で、当該死亡した者が生存中に支給を受けたとすれば法第35条第3項《雑所得［公的年金の範囲。編注］》の規定によりその者の公的年金等とされるもの【編者注2】

【編者注1】本項(1)の年金
　本項(1)は、いわば自社年金ともいうべきもので、相法3条1項2号の編者注5-1①ⅱ（P214参照）に掲げるようなものがこれに当たると考えられる。

【編者注2】本項(2)の年金の範囲等
①　所基通9-2(2)の年金は、所法35条3項に規定する（具体的には、所令82条の2第2項及び3項に規定する）公的年金とされるものに係る遺族年金をいう。
　これらの年金については、被相続人の死亡により年金の支給が開始されるものの他、被相続人が生前にこれらの年金の受給を受けており、その死亡によって遺族が残余の年金を遺族年金として受ける場合も含まれるものと考えられる。
②　所基通9-2(1)及び(2)に掲げる年金には、生命保険会社等と契約した個人年金保険等の非適格年金（所令82条の2第1項及び第2項に該当しない年金）が含まれないことは明らかであるから、個人年金保険の継続受取人に対しては、保障期間付定期金給付契約に関する権利として相続税のみなす相続財産になる（相法3①五）ほか、その年金受取時に雑所得として所得税の課税対象ともなる。
　なお、所令185条（相続等に係る生命保険契約等に基づく年金に係る雑所得の金額の計算・P580）参照。

③ 所法 9 条 1 項 3 号と所基通9-17との関係

　所法 9 条 1 項 3 号は、恩給及び遺族年金については、それらが生活保障的な性格を有するものであることから、相続税の課税関係とは切り離して本来的に非課税所得とされている。

　他方、所基通9-17（後掲）により所得税を課さないとされる死亡退職金等（死亡退職金とみなされる年金契約の一時金を含む）については、所法 9 条 1 項16号の規定を基として、本来は所得税の課税対象所得となるべきものであるが、相続税の課税対象となるものは所得税を課さないというものである。

（相続財産とされる死亡者の給与等、公的年金等及び退職手当等）　所基通

9-17　死亡した者に係る給与等、公的年金等及び退職手当等（法第30条第 1 項《退職所得》に規定する退職手当等をいう【編者注 1 】。）で、その死亡後に支給期の到来するもののうち［、］相続税法の規定により相続税の課税価格計算の基礎に算入されるもの【編者注 2 】については、課税しないものとする【編者注 3 】。（直近改・平元直所3-14）

（注）上記の給与等、公的年金等及び退職手当等の支給期については、36-9 ［給与所得の収入金額の収入すべき時期・P218参照。編注］、36-10 ［退職所得の収入金額の収入すべき時期・P218参照。編注］及び36-14の(1) ［公的年金等の収入金額の収入すべき時期・P219参照。編注］に定めるところによる。

【編者注 1 】退職手当等みなす一時金に対する所得税の課税関係

　本項の退職手当等には、所法31条に規定する退職手当等とみなす一時金が含まれるのは明らかである。

　そうすると、相令 1 条の 3 （P225参照）各号に掲げる一時金（適格退職年金等のいわゆる遺族一時金）のうち、所法31条 3 号（退職所得となる確定給付企業年金の退職一時金）及び所令72条 2 項（退職所得となる各種年金の退職一時金）に規定するもの（相令 1 条の 3 と、所法31条 3 号及

び所令72条2項に掲げるものとは、概ね同一の内容）には、所基通9-17により所得税は課税されない。

【編者注2】**相続財産となる給与等**

次に掲げるものは、相法3条1項2号のみなす相続財産たる退職手当金等に該当せず、本来の相続財産として相続税の課税対象となる（相基通3-32・P238、同3-33・P238参照）。

そうすると、これらは、所基通9-17の取扱いにおいては「相続税の課税価格計算の基礎に算入されるもの」に該当することになるので、所得税は課税されないことになる。

① 被相続人の死亡後に確定した賞与
② 相続開始の時に、支給期の到来していない給与等（被相続人の死亡後に行われた給与規程又は退職金規程の改訂等による追加支給される給与、退職金等を含む）

【編者注3】**所基通9-17の趣旨**

本項に掲げるようなものは、本来、給与所得等として所得税の課税対象となるものであるが、所法9条1項16号（相続等により取得したものに対する所得税の非課税）との関係等により、被相続人の相続財産として相続税の課税対象となるべきものについては、所得税を課さないというものである（このことを端的に現しているのが、相続開始後3年経過後に支払われる死亡退職金で、それは相続財産とはみなされないので、支払を受けた者の一時所得として所得税の課税対象とされる）。

（遺族が受ける給与等、公的年金等及び退職手当等）　所基通

34-2　死亡した者に係る給与等、公的年金等及び退職手当等で、その死亡後に支給期の到来するもの［所基通36-9・P218、36-10・P218、36-14(1)・P219参照。編注］のうち9-17［相続財産とされる死亡者の給与等、公的年金等及び退職給与等・P216参照。編注］により**課税しない**［所得税を課税しない。編注］ものとされるもの以外のもの［例えば、相続開始後3年経過後に支給の確定した退職手当金等。編注］に係る所得は、その支払を受ける遺族の一時所得に該当するものとする。（直近改・平元直所3-14）

（給与所得の収入金額の収入すべき時期）　所基通

36-9　給与所得の収入金額の収入すべき時期は、それぞれ次に掲げる日によるものとする。（直近改・平19課法9-1）

(1)　契約又は慣習その他株主総会の決議等により支給日が定められている給与等（次の(2)に掲げるものを除く。）についてはその支給日、その日が定められていないものについてはその支給を受けた日

(2)　役員に対する賞与のうち、株主総会の決議等によりその算定の基礎となる利益に関する指標の数値が確定し支給金額が定められるもの［、］その他利益を基礎として支給金額が定められるものについては、その決議等があった日。

　ただし、その決議等が支給する金額の総額だけを定めるにとどまり、各人ごとの具体的な支給金額を定めていない場合には、各人ごとの支給金額が具体的に定められた日

(3)　給与規程の改訂が既往にさかのぼって実施されたため既往の期間に対応して支払われる新旧給与の差額に相当する給与等で、その支給日が定められているものについてはその支給日、その日が定められていないものについてはその改訂の効力が生じた日

(4)　いわゆる認定賞与とされる給与等で、その支給日があらかじめ定められているものについてはその支給日、その日が定められていないものについては現実にその支給を受けた日（その日が明らかでない場合には、その支給が行われたと認められる事業年度の終了の日）

（退職所得の収入金額の収入すべき時期）　所基通

36-10　退職所得の収入金額の収入すべき時期は、その支給の基因となった退職の日によるものとする。

　ただし、次の退職手当等については、それぞれ次に掲げる日によるものとする。（直近改・平14課個2-22）

(1)　役員に支払われる退職手当等で、その支給について株主総会その他正当な権限を有する機関の決議を要するものについては、その役員の退職後その決議があった日。

ただし、その決議が退職手当等を支給することだけを定めるにとどまり、具体的な支給金額を定めていない場合には、その金額が具体的に定められた日
(2) 退職給与規程の改訂が既往にさかのぼって実施されたため支払われる新旧退職手当等の差額に相当する退職手当等で、その支給日が定められているものについてはその支給日、その日が定められていないものについてはその改訂の効力が生じた日
(3) 法第31条《退職手当等とみなす一時金》「同31条3号及び所令72条2項に掲げるもののうち、相令1条の3に規定するものは相法3条1項2号のみなす相続財産たる退職手当金等に該当する。編注] に規定する退職手当等とみなされる一時金については、その一時金の支給の基礎となる法令、契約、規程又は規約により定められた給付事由が生じた日
(4) [省略]
(5) 年金に代えて支払われる一時金で30-4 [過去の勤務に基づき使用者であった者から支給される年金に代えて支払われる一時金。編注] 及び31-1 [厚生年金基金等から支払われる一時金。編注] により退職手当等とされるものについては、当該退職手当等とされるものの給付事由が生じた日
(注) 令第77条《退職所得の収入の時期》の規定 [2ヶ所以上から退職金等を収入する場合の収入時期。編注] が適用される退職手当等の課税年分については、(1)から(5)までに掲げる日にかかわらず、同条の規定によることに留意する。

(雑所得の収入金額又は総収入金額の収入すべき時期)　所基通
36-14　雑所得の収入金額又は総収入金額の収入すべき時期は、次に掲げる区分に応じそれぞれ次に掲げる日によるものとする。(直近改・平14課個2-22)
(1) 法第35条第3項（雑所得）に規定する公的年金等
　　イ　公的年金等の支給の基礎となる法令、契約、規程又は規約（以下この(1)において「法令等」という。）により定められた支給日
　　ロ　法令等の改正、改訂が既往にさかのぼって実施されたため既往の期

間に対応して支払われる新旧公的年金等の差額で、その支給日が定められているものについてはその支給日、その日が定められていないものについてはその改正、改訂の効力が生じた日

(注) 裁定、改定等の遅延、誤びゅう等により既往にさかのぼって支払われる公的年金等については、法令等により定められた当該公的年金等の計算の対象とされた期間に係る各々の支給日によることに留意する。

(2) (1) 以外のもの

［以下省略］

■参考：判例「相続財産とみなされる退職手当金等は、死亡退職金に限られないとした事例（死亡退職金等がみなす相続財産とならない場合には、その退職金等は一時所得に該当するとされた事例）」（最判昭47.12.26判決・民集26・10・2013　ＴＫＣ法律情報データベース・文献番号21041110）

《判決要旨》

　　※編者注：付番は、便宜編者が付したものであり、［　］は編注である。

1　［編注：本件における問題の要点］

　本件の問題の要点は、旧相続税法4条1項4号［現行3条1項2号］の規定の解釈にあり、同条1項が「退職手当、功労金及びこれらの性質を有する給与（以下、退職手当金等という。）で被相続人に支給せらるべきものであったものが被相続人が死亡したためその相続人その他の者に支給された場合におけるその退職手当金等」につき、「これを相続財産とみなす。」とした趣旨をめぐって、同号［旧相法4条1項4号］の適用範囲をどう解すべきかの点にある。

　すなわち、同号が適用されるのは、

① 　被上告人［課税庁］主張のように、死亡退職の場合に限られるかどうか、

② 　かりに生前退職の場合が含まれるとしても、被相続人の生前退職を原因として相続人その他の者（以下、相続人等という。）に支給される退職

手当金のうち、本来の相続財産以外に相続財産とみなされるべきものの範囲をどう解すべきかが問題であり、

以下、右の諸点［上記①及び②］につき順次判断することとする。

2 死亡退職に限られるとする見解について

① 被相続人が生前に退職して退職手当金等が支給されるべき場合において、退職手当金支給規程等によりその支給が当然に確定され、被相続人に具体的な退職手当金等請求権が発生したものについては、当該請求権自体が、被相続人の退職所得として所得税を課税されたうえ、相続（遺贈及び死因贈与を含む。以下同じ。）の対象ともなり、これにつき相続税が課せられることとなる。

② これに対して、いちおう退職手当金等の支給が予定されるとしても、被相続人の死亡による相続開始の際、その支給額がまったく定まらず、そのため被相続人について退職手当金等請求権が発生しなかったものについては、その後、支給額が確定されてはじめて、支給を受ける具体的な権利が相続人等に発生することになるのであって、その実質が被相続人に支給されるべきであった退職手当金等であっても、その法律関係は、退職手当金等の支給者と相続人等との間に直接発生したものであるから、右の被相続人に対する退職手当金等名義の金員ないし請求権は、相続の対象となるべき財産ではありえず、しかも、相続人等にとって、もとより退職所得ではありえないから、相続人等の一時所得として所得税の課税の対象となるのが筋道である。

③ しかし、法は、相続という法律上の原因によって財産を取得した場合でなくても、実質上、相続によって財産を取得したと同視すべき関係にあるときは、これを相続財産とみなして、所得税ではなく相続税を課することとしている。

④ 旧相続税法4条1項4号［現行3条1項2号］は、その趣旨の規定の一つであり、被相続人の死亡後その支給が確定され、これにより相続人等が退職手当金等の支給者に対して直接に退職手当金等の請求権を取得した場合［相続人等による退職金等の原始取得］についても、これを相続財産とみなして相続税を課することとしたものであって、もとより生前退職の場合を含

むものと解すべく、同号の規定の文理に照らせばもとより、また、被上告人［課税庁］主張の諸点を考慮しても、これをもって死亡退職の場合に限るものと解すべき根拠は見出し難い。

3　相続財産とみなされるべきものの範囲について

① 生前退職の場合を含めて、退職手当金等の支給を受けるべき被相続人が死亡した際、その支給額が客観的に未確定であるため、具体的な退職手当金等請求権として相続の対象となるべき権利が存しなかった場合であっても、もともと被相続人に支給されるべくして、たまたま同人が死亡したため相続人等に支給されることとなった退職手当金については、原則として、本来の相続財産と同視されるべき実質関係にあるものというべきものであるが、旧相続税法4条1項4号［現行3条1項2号］に該当するというためには、なお、次の点につき考慮することを必要とする。

i　すなわち、実質上、相続によって財産を取得したものと同視すべき関係にあるという以上、被相続人の死亡による相続開始の際、その支給額はたとえ未確定であるにせよ、少なくとも退職金の支給されること自体は、退職手当金支給規程その他明示又は黙示の契約等により、当然に予定された場合であることを要するものというべく【編者注】、

ii　また、所得税としてではなく相続税としての課税を期待するものである以上、相続税として課税可能な期間内に支給額が確定する場合でなければならないのは当然である（昭和28年改正後の相続税法3条1項2号において、相続により取得したものとみなされる退職手当金等は、「被相続人の死亡後3年以内に支給が確定したものに限る。」とするのも、被相続人の死亡による相続開始の際、退職手当金等の支給が当然予定され、また、その支給額がその後3年以内に確定したものにかぎり、相続財産とみなされるとの趣旨にほかならない）。

② ところで、本件の訴外会社に限らず、一般に諸法人において、役員に対する退職手当金等の支給は株主総会等において決議され、さらに取締役会等において支給額が決議されるのが例であり、株主総会等の決議に先だって退職者たる役員が死亡したときは、厳密には、その死亡による相続開始の際、退職手当金等の支給自体は法律上なお未確定であるということができるが、一般に行われているところの慣行に照らし、特段の事情のないか

ぎり、退職手当金等の支給自体は、被相続人の死亡による相続開始の際、当然に予定されたところであるといって妨げないものと考えられる［編注：本②は、上記①ⅰを補足したものと考えられる。］。

4 本件の退職慰労金について

① 被相続人甲は、昭和22年7月乙社［訴外会社］を退職し、同年11月19日死亡して相続が開始したが、当時、乙社は［他の法令その他の制度により］役員に対する退職手当金等の支給を含む一定の行為を禁止・制限されていたこと等から、甲に対する退職手当金等の支給については、その額はもとより、支給すること自体もなんら確定されることなく、その死亡による相続開始後4年以上を経過した昭和27年1月の株主総会において、はじめて甲に対する退職金贈呈の件が議決され、その後、同年11月28日の取締役会において、甲に対する退職慰労金名義で4,500万円をその相続人3名に支給することが決議されたというものである。

② これによると、甲の死亡による相続開始の際、甲に対して退職手当金等の支給されることが当然に予定されていたといえないことが明らかであって、本件の退職慰労金4,500万円の支給は、旧相続税法4条1項4号［現行3条1項2号］に該当しないものといわなければならない【編者注】。

③ 退職者が退職手当金等請求権を取得することなく死亡したときは、その相続人等が取得するのは退職手当金等請求権それ自体ではなく、数量的にこれと内容を同じくする請求権であって、その所得は、相続人等にとっては、もとより退職所得ではありえず、一時所得にほかならない。

　したがって、本件のごとき事案において、一方、法人がその支出した金員を退職手当金等に相当するものとして損金に算入したことを是認し、他方、退職手当金等の支給を受けた相続人等に一時所得ありとして課税することは、なんら矛盾ではない。

【編者注】本判決と現行法との関係

　　現行の相法3条1項2号は「被相続人の死亡により相続人その他の者が当該被相続人に支給されるべきであった退職手当金、功労金その他これらに準ずる給与［中略］の支給を受けた場合」と規定し

ていることから、本判決3①ⅰ及び4②の判断基準は、現行3条1項2号の解釈においてもなおその効力を有しているものと考えられる。

第3節　退職手当金等の範囲等に関連する各条項

相続税法施行令

(退職手当金等に含まれる給付の範囲)
第1条の3　法第3条第1項第2号［死亡退職金等・P212参照。編注］及び第10条第1項第6号［退職手当金等の所在。編注］に規定する政令で定める給付は、次に掲げる年金又は一時金に関する権利（これらに類するものを含む。）とする。（直近改・平19政84）
　一　確定給付企業年金法（平成13年法律第50号）第3条第1項（確定給付企業年金に係る規約）に規定する確定給付企業年金に係る規約に基づいて支給を受ける年金又は一時金（同法第115条第1項（移行後の厚生年金基金が支給する死亡を支給理由とする給付等の取扱い）に規定する年金たる給付又は一時金たる給付を含む。）
　二　確定給付企業年金法第91条の2第3項（中途脱退者に係る措置）、第91条の3第3項（終了制度加入者等である老齢給付金の受給権者等に係る措置）、第91条の4第3項（終了制度加入者等である障害給付金の受給権者に係る措置）又は第91条の5第5項（終了制度加入者等である遺族給付金の受給権者に係る措置）の規定により［、］企業年金連合会から支給を受ける一時金
　三　確定拠出年金法（平成13年法律第88号）第4条第3項（企業型年金規約）に規定する企業型年金規約［、］又は同法56条第3項（個人型年金規約）に規定する個人型年金規約に基づいて支給を受ける一時金【編者注1】
　四　法人税法（昭和40年法律第34号）附則第20条第3項（退職年金等積立金に対する法人税の特例）に規定する適格退職年金契約その他退職給付金に関する信託又は生命保険の契約に基づいて支給を受ける年金又は一時金【編者注2】

五　独立行政法人勤労者退職金共済機構若しくは所得税法施行令（昭和40年政令第96号）第73条第１項（特定退職金共済団体）に規定する特定退職金共済団体が行う退職金共済に関する制度に係る契約その他同項［所令73条１項。編注］第１号に規定する退職金共済契約又はこれ［所令73条１項１号の退職金共済契約。編注］に類する契約【編者注3】に基づいて支給を受ける年金又は一時金

六　独立行政法人中小企業基盤整備機構の締結した小規模企業共済法第２条第２項（定義）に規定する共済契約（前条第１項第３号ホ［生命保険金等とみなされるもの。編注］に掲げるものを除く。）に基づいて支給を受ける一時金【編者注4】

七　独立行政法人福祉医療機構の締結した社会福祉施設職員等退職手当共済法（昭和36年法律第155号）第２条第９項（定義）に規定する退職手当共済契約に基づいて支給を受ける一時金

【編者注1】確定拠出年金の概要と課税関係

　確定拠出年金には、企業型と個人型とがあり、その概要と課税関係は、以下のとおり。

１　企業型

(1)　概　要

①　制度の対象は、一般の民間企業である。

②　掛金は、従業員１人当たり月額46,000円（既に別の企業年金を実施している企業の場合は23,000円）が限度となる。

③　事業主掛金については、定額又は給与に一定の率を乗ずる方法その他これに類する方法により算定した額であること。また、従業員の資格、職種、勤続年数、年齢等で「額」や「率」に差をつけることはできない。

④　従業員の追加拠出は認められない。

⑤　最低３年以上勤務すれば、転勤の際、それまで企業が積み立てた掛金について全額の受給権がその従業員に付与され、再就職先での継続が可能となる。

⑥ 原則として、60歳前の任意の中途脱退は認められない。
(2) 課税関係
① 事業主掛金は、上記(1)②の金額を限度として、その全額が損金の額に算入される。
② 老齢給付金
　受給権者が年金の方法か、一時金の受給かを選択できる。
ⅰ 年金（分割払）の場合
　所得税の雑所得となる。雑所得金額の計算に際しては、他の公的年金の収入金額と合算の上、公的年金控除額の対象となる。
ⅱ 一時金の場合
　所得税の退職所得となる。退職所得金額の計算に際しては、他の退職所得と合算の上、退職所得控除額の対象となる。
③ 障害給付金
　所得税及び住民税の非課税所得に該当する（所法9）。
④ 死亡一時金
　加入者の死亡によって遺族が受ける死亡一時金は、相法3条1項2号のみなす相続財産たる死亡退職金等に該当し、退職金等の非課税限度額の対象となる。
⑤ 脱退一時金
　結婚等の理由で脱退する場合に支給される脱退一時金は、所得税の一時所得に該当する。
2 個人型
(1) 概　要
① 制度の対象は、60歳未満の自営業者、年金制度のない民間企業の従業員である。公務員及び専業主婦は除かれる。
② 掛金
ⅰ 民間企業の従業員の場合　月額18,000円が限度である。
ⅱ 自営業者の場合　月額68,000円（その者が国民年金基金に加入している場合には、68,000円から年金基金掛金を控除した金額）が限度である。
(2) 課税関係

① 上記(1)②の金額を限度として、その全額が社会保険料控除の対象になる。
② この制度の運用期間中に生じた利子又は配当等に対しては、所得税及び住民税の課税は行われない。
③ 老齢給付金
受給権者が年金の方法か、一時金の受給かを選択できる。
 i 年金（分割払）の場合
所得税の雑所得となる。雑所得金額の計算に際しては、他の公的年金の収入金額と合算の上、公的年金控除額の対象となる。
 ii 一時金の場合
所得税の退職所得となる。退職所得金額の計算に際しては、他の退職所得と合算の上、退職所得控除額の対象となる。
④ 障害給付金
所得税及び住民税の非課税所得に該当する（所法9）。
⑤ 死亡一時金
加入者の死亡によって遺族が受ける死亡一時金は、相法3条1項2号のみなす相続財産たる死亡退職金等に該当し、退職金等の非課税限度額の対象となる。
⑥ 脱退一時金
結婚等の理由で脱退する場合に支給される脱退一時金は、所得税の一時所得に該当する。

【編者注2】第3号の「その他退職給付に関する信託又は生命保険の契約」の意義
　本号の「その他退職給付に関する信託又は生命保険の契約」については、相基通3-26（P234参照）に取扱いがある。
【編者注3】第4号の「これらに類する契約」の意義
　本号の「これらに類する契約」については、相基通3-27（P234参照）に取扱いがある。
【編者注4】小規模企業共済の一時金
　小規模企業共済の一時金の課税関係については、相令1条の2の

編者注4（P159）参照。

相続税法基本通達

（退職手当金等の取扱い）

3-18　法第3条第1項第2号［死亡退職金等・P212参照。編注］に規定する「被相続人に支給されるべきであった退職手当金、功労金その他これらに準ずる給与」（以下「退職手当金等」という。）とは、その名義のいかんにかかわらず実質上被相続人の退職手当金等として支給される金品をいうものとする【編者注】。（直近改・昭46直審（資）6）

【編者注】みなす退職手当金等と本来の相続財産となる未収退職金債権

　相法3条1項2号の退職手当金等は、通常、被相続人の死亡により支給される死亡退職金をいい、生前に退職し、相続開始時までに退職金の額が具体的に確定している場合には、仮に、相続開始時までにその支払がなされていない時であっても、その確定した退職金相当額は未収退職金債権として本来の相続財産に該当する。

　ところで、生前に退職し、相続開始時までに具体的な退職金の額が確定せず、死亡後その額が確定したような場合にも同号の退職手当金等に該当する（つまり、本来の相続財産ではなく、みなす相続財産に当る。相基通3-31・P238、P220に掲げる判例参照）。

　この場合において、退職金を取得した者が相続人であるときは、その退職金につき退職金の非課税限度額の適用があるのは当然である。

（退職手当金等の判定）　相基通

3-19　被相続人の死亡により相続人その他の者が受ける金品が退職手当金等［相基通3-18参照。編注］に該当するかどうかは、当該金品が退職給与規程その他これに準ずるものの定めに基づいて受ける場合にお

いてはこれにより【編者注1】、その他の場合においては当該被相続人の地位、功労等を考慮し、当該被相続人の雇用主等が営む事業と類似する事業における当該被相続人と同様な地位にある者が受け、又は受けると認められる額等を勘案して判定するものとする【編者注2】。

【編者注1】不相当に高額な退職手当金等、弔慰金名下で支払われる退職金

① 法人税の課税上、被相続人に支給した退職手当金等のうち不相当に高額な部分があるものとして、その損金算入が否認されているような場合においても、相法3条1項2号の死亡退職金については、その支給を受けた全額が退職手当金等として相続財産に該当する。

② 例えば、「退職金を弔慰金として遺族に支給する」というような社内規程（就業規則、労働協約、退職金規程又はこれらに準ずるもの）により、その規程に従って支給された弔慰金は相法3条1項2号の退職手当金等に該当するのか、それとも相基通3-20（P241参照）の弔慰金に該当するのかという問題がある。

その支給される金員の支給の原因、算定される金額、算定根拠が一般に退職金とされるものと同様な方法（又はこれに準ずる方法）に基づいており、実質的に退職金と認められる場合には、それは同号に規定する退職手当金等に該当すると解すべきものと考えられる（同旨・前掲「相続税法基本通達逐条解説」P96参照）。

【編者注2】退職給与規程等が存しない場合

退職給与規程等が存しない場合、相続人等が受けた金品が退職手当金等に当るかどうかの判定については、本項後段に掲げる基準によって行うことになり、その基準は具体的には法人令70条2号（過大な役員退職給与）に掲げる基準と同様であると解されている（前掲「相続税法基本通達逐条解説」・P96参照）。

ところで、受けた金品の額が上記の基準を超えるような場合、つまり、不相当に高額な部分の金額があると判定される場合、その高

額な部分に相当する金額は相法3条1項2号の死亡退職金等に該当するのかどうかという問題がある。

このことについては必ずしも詳らかでないが、本項の物言いからすると、その高額である部分に相当する金額は相続財産とみなされる退職手当金等に該当しないことになると考えることもできる。この場合には、その支給を受けた者が退職手当金等に該当しない部分の金額を法人（被相続人の雇用主）から贈与により取得したものとして、その者に一時所得の課税関係が生ずるとも考えられる。

しかし、上記編者注1との権衡からすると、明らかに雇用主から贈与を受けたと認められる特段の事情があるような場合を除き、その受けた金品の全額が相続財産とみなされる退職手当金等に当ると解するのが相当ではないかと思料される。

（退職手当金等に該当しないもの）　相基通

3-23　次に掲げる法律等の規定により遺族が受ける弔慰金等については、法第3条第1項第2号［死亡退職金等・P212参照。編注］に規定する退職手当金等に該当しないものとする。（直近改・平22課資2-12）
(1)　労働者災害補償保険法（昭和22年法律第50号）第12条の8第1項第4号及び第5号《業務災害に関する保険給付》に掲げる遺族補償給付及び葬祭料並びに同法第21条第4号及び第5号《通勤災害に関する保険給付》に掲げる遺族給付及び葬祭給付
(2)　国家公務員災害補償法（昭和26年法律第191号）第15条《遺族補償》及び第18条《葬祭補償》に規定する遺族補償及び葬祭補償
(3)　労働基準法（昭和22年法律第49号）第79条《遺族補償》及び第80条《葬祭料》に規定する遺族補償及び葬祭料
(4)　国家公務員共済組合法（昭和33年法律第128号）第63条《埋葬料及び家族埋葬料》、第64条及び第70条《弔慰金及び家族弔慰金》に規定する埋葬料及び弔慰金
(5)　地方公務員等共済組合法（昭和37年法律第152号）第65条《埋葬料及び家族埋葬料》、第66条及び第72条《弔慰金及び家族弔慰金》に規定す

る埋葬料及び弔慰金
(6) 私立学校教職員共済法（昭和28年法律第245号）第25条《国家公務員共済組合法の準用》の規定において準用する国家公務員共済組合法第63条［埋葬料及び家族埋葬料。編注］、第64条及び第70条［弔慰金及び家族弔慰金。編注］に規定する埋葬料及び弔慰金
(7) 健康保険法（大正11年法律第70号）第100条《埋葬料》に規定する埋葬料
(8) 船員保険法（昭和14年法律第73号）第72条《葬祭料》に規定する葬祭料
(9) 船員法（昭和22年法律第100号）第93条《遺族手当》及び第94条《葬祭料》に規定する遺族手当及び葬祭料
(10) 国会議員の歳費、旅費及び手当等に関する法律（昭和22年法律第80号）第12条《弔慰金》及び第12条の2《特別弔慰金》に規定する弔慰金及び特別弔慰金
(11) 地方公務員災害補償法（昭和42年法律第121号）第31条《遺族補償》及び第42条《葬祭補償》に規定する遺族補償及び葬祭補償
(12) 消防組織法（昭和22年法律第226号）第24条《非常勤消防団員に対する公務災害補償》の規定に基づく条例の定めにより支給される消防団員の公務災害補償
(13) 従業員（役員【編者注】を除く。以下この(13)において同じ。）の業務上の死亡に伴い、雇用主から当該従業員の遺族に支給された退職手当金等［相基通3-18・P229参照。編注］のほかに、労働協約、就業規則等に基づき支給される災害補償金、遺族見舞金、その他の弔慰金等［相基通3-20本文・P241参照。編注］の遺族給付金（当該従業員に支給されるべきであった退職手当金等に代えて支給される部分を除く。）で、(1)から(12)までに掲げる弔慰金等に準ずるもの

【編者注】本項(13)の役員の意義

　本項(13)に掲げる役員の意義については、本項その他に格別の定義がない。本項(1)から(12)に掲げるものは、概ね労働者の労働災

害等に基因する死亡等による給付金、遺族補償、葬祭料等であり、そのことからすると、本項の役員とは、会社法329条（P240参照）等に規定する役員のうち、労働基準法9条（P239参照）に規定する「労働者」に該当しない者と考えられる。

いわゆる使用人兼務役員については、労基法9条の「労働者」に当たるとされていることから、原則として、本項の役員には当たらないものと考えられる（本項の趣旨からみて、本項の役員を法人税法2条15号に規定する役員と同義に解すべき合理的な理由はないものと思料される。）。

なお、労基法9条の注解として、吾妻光俊編「注解労働基準法」（青林書院新社・P242）に次のような記述がある。

「会社・法人等の団体の代表者・執行機関等も、原則として、労働者ではない（昭和23.1.9基発14号）。但し、『法人のいわゆる重役で業務執行権又は代表権を持たないが、工場長、部長の職にあって、賃金を受ける場合は、その限りにおいて法第9条に規定する労働者であり』（昭和23.5.17基発461号）、共同経営の出資者でも、いわゆる団体と間に、使用従属関係があれば、労働者に該当する（昭和23.3.24基発498号）。」

（「給与」の意義）　相基通
3-24　法第3条第1項第2号［死亡退職金等・P212参照。編注］に規定する「給与」には、現物で支給されるもの【編者注】も含むのであるから留意する。

【編者注】現物の価額
① 　現物で支給された場合（支給の条件が現物である場合）の退職手当金等の金額は、雇用主（法人又は個人事業者）が経理した金額に係わらず、その「物」を財産評価基本通達によって評価した場合の金額とされている（前掲「相続税法基本通達逐条解説」・P104参照）。
② 　上記①と異なり、確定した退職手当金等の支払のために現物を受領した場合、つまり、退職金請求権の清算として代物弁済を受

けた場合には、その取得した「物」の価額（取引時価及び相続税評価額）ではなく、確定した退職手当金等の金額そのものが退職手当金等の額となる（前掲同書）。
③　上記いずれの場合にも、相続人が取得したものであるときは、退職金の非課税限度額の適用がある。

（「その他退職給付金に関する信託又は生命保険の契約」の意義）
　　　相基通
3-26　法施行令第１条の３第４号［編注：P225参照］に規定する「その他退職給付金に関する信託又は生命保険の契約」とは、雇用主がその従業員（その従業員が死亡した場合には、その者の遺族を含む。）を受益者又は保険金受取人として信託会社（信託業務を営む金融機関を含む。以下同じ。）又は生命保険会社と締結した信託又は生命保険の契約で、当該信託会社又は生命保険会社が当該雇用主の従業員の退職について当該契約に基づき退職手当金等を支給することを約したものをいい、当該契約に係る掛金又は保険料の負担者が誰であるかは問わない【編者注】のであるから留意する。（直近改・平18課資2-2）

【編者注】従業員が掛金を負担していた場合
　　相令１条の３第４号に掲げる契約（P225参照）に係る保険料等を従業員が負担していた場合においても、その契約の給付原因が当該従業員の死亡によるものである場合には、所得税の課税関係（一時所得又は雑所得）は生ぜず、その給付金は相続税上のみなす相続財産たる退職手当金等に該当することになる。

（「これに類する契約」の意義）　　相基通
3-27　法施行令第１条の３第５号に規定する「これに類する契約」とは、雇用主が退職手当金等を支給する事業を行う団体に掛金を納付し、その団体が当該雇用主の従業員の退職について退職手当金等を支給することを約した契約をいうものとする【編者注】。（直近改・平18課資2-2）

【編者注】本項の契約の範囲

　本項の契約には従業員がその掛金の一部を負担しているものを含み、雇用主における掛金の損金又は必要経費算入の有無、従業員に対する給与所得課税の有無に関係なく、この契約に該当するかどうかを判定するものとされている（前掲「相続税法基本通達逐条解説」P108参照）。

（退職手当金等に該当する生命保険契約に関する権利等）　相基通
3-28　雇用者がその従業員のために、次に掲げる保険契約又は共済契約（これらの契約のうち一定期間内に保険事故が発生しなかった場合において返還金その他これに準ずるものの支払がないものを除く【編者注1】。）を締結している場合【編者注2】において、当該従業員の死亡によりその相続人その他の者がこれらの契約に関する権利を取得したとき【編者注2】は、当該契約に関する権利は、法第3条第1項第2号［死亡退職金等・P212参照。編注］に規定する退職手当金等に該当するものとする。（直近改・平15課資2-1）

(1)　従業員の配偶者その他の親族を被保険者とする生命保険契約又は損害保険契約

(2)　従業員又はその者の配偶者その他の親族等の有する財産を保険又は共済の目的とする損害保険契約又は共済契約

(注)上記[本項本文。編注]の場合において退職手当金等とされる金額は、生命保険契約に関する権利として時価で評価【編者注3】したときの金額による。

【編者注1】返還金等の意義
　返還金その他これに準ずるものの意義については、相法3条1項3号の編者注2（P261）参照。

【編者注2】本項に該当する保険契約の範囲
① 本項の保険契約は、雇用主を保険契約者、かつ、保険料の負担者とし、被保険者等を本項(1)又は(2)に掲げる者等とし、従業員

を保険金受取人とする保険契約で、従業員の死亡時に保険事故の発生していないものである。

　なお、雇用主の負担した保険料相当額が、死亡した従業員の給与所得として課税されていたものであるかどうかを問わないことは、相基通3-17の編者注2②（P190参照）の場合と同様である。

②　相基通3-17（雇用主が保険料を負担している場合）の(注)との関係

　同3-17(注)（P188参照）によれば、雇用主が契約者で、かつ、保険料の負担者であり、被保険者が従業員以外の者である場合には、従業員の死亡によっても原則的には、相続税等の課税関係は生じないとされている（相基通3-17の編者注6・P191参照）。

　本項では、「従業員の死亡によりその相続人……が契約に関する権利を取得したとき」とされていることから、その保険の契約者が雇用主から相続人等に変更されたような場合には、同3-17(注)によらず、本項の取扱いによることとなるものと考えられる。

【編者注3】時価で評価した金額の意義

　具体的には、評基通214（生命保険契約に関する権利の評価）により評価した金額である。

（退職年金の継続受取人が取得する権利）　　相基通

3-29　退職年金を受けている者の死亡により、その相続人その他の者が当該年金を継続して受けることとなった場合（これに係る一時金を受けることとなった場合を含む。）においては、当該年金の受給に関する権利は、その継続受取人となった者が法第3条第1項第6号［契約に基づかない定期金に関する権利。編注］の規定により相続又は遺贈により取得したものとみなされるのであるから留意する。【編者注1、2】（昭和46直審(資)6追加）

【編者注1】本項の趣旨等

　本項に関しては、相法3条1項6号の編者注2（P290）参照。

【編者注2】退職年金の継続受取人が取得する権利について

① 退職年金の継続受取人が取得する権利は、退職金の原始取得ではなく、被相続人の生前に発生していた退職年金を継続して受けるというものであるから、いわゆる死亡退職金に当らず、したがって、死亡退職金に対する非課税限度の適用はない。この場合の権利の評価は、相法24条の規定により行う。
　なお、相続人その他の者が支払を受ける継続年金に対する所得税の課税関係は、非課税所得となる（相法3条1項2号の編者注5-2・P214参照）。
② 例えば、適格退職年金の場合には、契約の当事者は雇用主と保険会社等であり、従業員又はその親族等は契約の当事者でないということから、退職年金の受給権は契約に基づかない権利と解されている。

（「被相続人の死亡後3年以内に支給が確定したもの」の意義）相基通
3-30　法第3条第1項第2号［死亡退職金等・P212参照。編注］に規定する「被相続人の死亡後3年以内に支給が確定したもの」とは、被相続人に支給されるべきであった退職手当金等［相基通3-18・P229参照。編注］の額が被相続人の死亡後3年以内［死亡の日の翌日から起算し、3年目の応答日の前日までの間。編注］に確定したものをいい、実際に支給される時期が被相続人の死亡後3年以内であるかどうかを問わないものとする【編者注1】。
　この場合において、支給されることは確定していてもその額が確定しないものについては、同号［相法3条1項2号。編注］の支給が確定したものには該当しないものとする【編者注2】。

【編者注1】本項の趣旨等
　本項については、相法3条1項2号の編者注3（P213）参照。
【編者注2】「その額が確定していないもの」について
　本項後段の「その額が確定していないもの」とは、支給すべき金額自体が未確定のものをいい、例えば、役員退任慰労金規程その他

の定めにより支給すべき金額は具体的に算定されるが、たまたま死亡後3年以内に株主総会等の決議を経ていない等のため法律上の債権・債務として確定していないような場合には、その事情等により「その金額が確定している」場合に該当することもあり得ると考えられる（P220に掲げる判例の判決要旨3参照）。

（被相続人の死亡後支給額が確定した退職手当金等）　相基通

3-31　被相続人の生前退職による退職手当金等［相基通3-18・P229参照。編注］であっても、その支給されるべき額が、被相続人の死亡前に確定しなかったもので、被相続人の死亡後3年以内［死亡の日の翌日から起算し、3年目の応当日の前日までの間。編注］に確定したものについては、法第3条第1項第2号［死亡退職金等・P212参照。編注］に規定する退職手当金等に該当するのであるから留意する【編者注】。（直近改・昭57直資2-177）

【編者注】本項の趣旨等

　　本項の趣旨については、P220に掲げる判例の判決要旨3参照。

（被相続人の死亡後確定した賞与）　相基通

3-32　被相続人が受けるべきであった賞与の額が被相続人の死亡後確定したものは、法第3条第1項第2号［死亡退職金等・P212参照。編注］に規定する退職手当金等には該当しないで、本来の相続財産に属するものであるから留意する【編者注】。

【編者注】所得税の課税関係

　　この場合の所得税の課税関係については、所基通9-17の編者注2、3（P217）参照。

（支給期の到来していない給与）　相基通

3-33　相続開始の時において支給期の到来していない俸給、給与等は、

法第3条第1項第2号［死亡退職金等・P212参照。編注］に規定する退職手当金等には該当しないで、本来の相続財産に属するものであるから留意する【編者注】。

【編者注】所得税の課税関係
　この場合の所得税の課税関係については、所基通9-17の編者注2、3（P217）参照。

（退職手当金等を定期金として支給する場合）　相基通
3-47　法第3条第1項第6号［契約に基づかない定期金に関する権利・P290参照。編注］に規定する「（第2号［退職手当金等。編注］に掲げる給与に該当するもの）」とは、定期金又はこれに準ずる方法【編者注1】で支給される退職手当金等をいうのであって、これらのものについては、法第3条第1項第2号に規定する退職手当金等［編注：P212参照］として課税するのであるから留意する【編者注2】。

【編者注1】定期金又はこれに準ずる方法の意義
　本項の「定期金又はこれに準ずる方法」の意義については、相法3条1項2号の編者注5-1①（P214）参照。
【編者注2】生前の退職金に係る未収金
　死亡前に支給額の確定している退職手当金等が割賦の方法で支払われていた場合における、相続開始時の未収金については相法3条1項6号の編者注2-1②（P291）参照。

■参考：労働基準法9条
（定義）
第9条　この法律で「労働者」とは、職業の種類を問わず、事業又は事務所（以下「事業」という。）に使用される者で、賃金を支払われる者をいう。

■**参考:会社法329条**

　　(選任)

第329条　役員(取締役、会計参与及び監査役をいう。以下この節［第3節　役員及び会計監査人の選任及び解任。編注］、［中略］において同じ。)及び会計監査人は、株主総会の決議によって選任する。

　2　［以下省略］

第4節　弔慰金に関連する各条項

相続税法基本通達

（弔慰金等の取扱い）

3-20　被相続人の死亡により相続人その他の者が受ける弔慰金、花輪代、葬祭料等（以下「弔慰金等」という。）については、3-18［退職手当金等の取扱い・P229参照。編注］及び3-19［退職手当金等の判定・P229参照。編注］に該当すると認められるもの［明らかに退職手当金等に該当するものと認められるもの。編注］を除き【編者注1】、次に掲げる金額を弔慰金等に相当する金額として取り扱い【編者注2】、当該金額［次に掲げる金額。編注］を超える部分の金額があるときは、その超える部分に相当する金額は退職手当金等［相基通3-18・P229参照。編注］に該当するものとして取り扱うものとする。（直近改・昭57直資2-177）

(1) 被相続人の死亡が業務上の死亡［相基通3-22・P245参照。編注］であるときは、その雇用主等から受ける弔慰金等［本項本文参照。編注］のうち【編者注3】、当該被相続人の死亡当時における賞与以外の普通給与（俸給、給料、賃金、扶養手当、勤務地手当、特殊勤務地手当等【編者注4】の合計額をいう。以下同じ。）の３年分（遺族の受ける弔慰金等の合計額のうち3-23［退職手当金等に該当しないもの・P231参照。編注］に掲げるものからなる部分の金額が３年分を超えるときはその金額［現実に支払を受けた3-23に掲げる弔意金等の額。編注］【編者注5】。）に相当する金額

(2) 被相続人の死亡が業務上の死亡［相基通3-22・P245参照。編注］でないときは、その雇用主等から受ける弔慰金等のうち、当該被相続人の死亡当時における賞与以外の普通給与［上記(1)参照。編注］の半年分（遺族の受ける弔慰金等の合計額のうち3-23［退職手当金等に該当しないもの・P346参照。編注］に掲げるものからなる部分の金額が半年分を超えるときはその金額［現実に支払を受けた3-23に掲げる弔意金等の額。編注］【編者

注5】。)に相当する金額

【編者注1】会社等から支給された退任慰労金等に弔慰金に相当する部分が含まれている場合における弔慰金額の判定等

　会社等から、被相続人の遺族に支給された退任慰労金等の支給名目が、例えば、「退任慰労金及び弔慰金」又は「退任慰労金（弔慰金を含む）」というようなときで、弔慰金に相当する部分の金額が明らかでないような場合におけるその弔慰金の額の判定については、P247に掲げる裁決例の判断のⅠ2（P252）及びⅡ（P255）が参考になる。

【編者注2】弔慰金等に該当することの効果

1　相続税等の非課税

　　本項による弔慰金等は、その多寡に係わらず、一般の香典等と同様、次のように非課税とされる。

ⅰ　本項による相続税の非課税

ⅱ　相基通21の3-9（社交上必要と認められる香典等の非課税の取扱い・P246参照）による贈与税の非課税

ⅲ　所法9条1項16号（非課税所得）、所令30（非課税とされる保険金、損害賠償金等）、所基通9-23（葬祭料、香典等・P247参照）による所得税の非課税（法人からの弔慰金等は、原則として、一時所得に該当するがこれらの規定等により非課税とされる。）

2　事例による効果

①　事例

ⅰ　5年前に退職、今年死亡

ⅱ　退職時に、退職金が全額支給されている。

ⅲ　従前の勤務先の内規によれば、退任役員が死亡した場合でも、死亡時の年齢が70歳未満であれば、一定の弔慰金が遺族に支給されることになっている。

　　これにより、死亡後1,600万円の弔慰金が遺族に支給された。なお、退職時の普通給与の月額は200万円であった。

② 考え方
i 一般的には、退職時に退職金の支給を受けていることから、この弔慰金は、被相続人の生存中の役務の対価とはみられないので、すべて支給を受けた者の一時所得に該当することになる。
ii しかし、本来弔慰金は遺族に対する弔意を表すために遺族に与えられるものであるから、一般の香典等と同様に非課税とされるべきものと考える。
iii そうすると、現在の勤務先から受ける弔慰金についての取扱いである相基通3-20とのバランスから、業務外死亡の場合の普通給与（退職時の普通給与によるべきものと考える。）の半年分相当額1,200万円（200万円×6）を超える部分の400万円（1,600万円－1,200万円）について、一時所得の収入金額として課税するのが相当であると考えられている（1,200万円については所得税及び相続税が非課税となる。）（橋本守次「資産税重要事例選集」大蔵財務協会・P94参照）。

【編者注3】弔慰金等の判定
　2以上の雇用主から弔慰金等の支払を受ける場合には、本項(1)又は(2)により弔慰金等とされる金額の判定は、その雇用主ごとに給与の3年分又は半年分の計算をして行う。

【編者注4】普通給与の意義
　普通給与とは、本給と各種手当との合計額である。手当については、本項カッコ書に掲げるものは例示でありこれに限られないが、その物言いからすると、毎月固定的に支給されるものに限られ、例えば、超過勤務手当等毎月変動するようなものは含まれないものと考えられる。
　なお、本給又は主要な給与が歩合給等で毎月著しく変動するようなものである場合には、合理的な方法により平均月額を求める等により給与の額を算定することになるものと考えられる。

【編者注5】相基通3-20と同3-23との関係
　本項の3年分又は半年分に関するカッコ書の趣旨は、次のようになるものと考えられる。

① 相基通3-23（退職手当金等に該当しないもの・P231参照）の(1)から(12)にまでに掲げるものは、各関係法令により遺族に支払われる公的な弔慰金等であり、同(13)に掲げるものは雇用主から支払われるものであるが、その支払の根拠が同(1)から(12)に準ずるものとしての弔慰金等であることから、こられについては退職手当金等に該当しない旨が明示されている。

② 同3-23(1)から(12)に掲げる弔慰金等は雇用主から支払われるものではなく、しかも同(1)から(8)までに掲げるものについては各法令によって租税の賦課が禁止され、同(9)から(12)に掲げるものもそれに準ずる性質のものであることからすると、そもそも同3-20の判定になじまない。

③ そうすると、同3-20の3年分又は半年分のカッコ書に該当するのは、同3-23(13)に掲げる雇用主から支払われる弔慰金等の場合に限られることとなる。一の雇用主から支払われる弔慰金等の全部が同3-23(13)に掲げるものであるときは、その額が給与の3年分又は半年分に相当する金額を超えるときであっても、その全額が同3-20の弔慰金等に該当する。

　一の雇用主から支払われる弔慰金等が同3-23(13)に掲げるものと、その他のものとからなっている場合には、同3-23(13)に掲げるものの金額と、給与の3年分又は半年分とのいずれか多い方の金額が同3-20の弔慰金等に該当することになる。つまり、この場合には、同3-23(13)に掲げるものとは別枠で、給与の3年分又は半年分に相当する金額の弔慰金等を判定するのでないことに留意する。

（普通給与の判定）　相基通

3-21　被相続人が非常勤役員である等のため、死亡当時に賞与だけを受けており普通給与［相基通3-20(1)・P241参照。編注］を受けていなかった場合における3-20［弔慰金等の取扱い・P241参照。編注］に定める普通給与の判定は、その者が死亡当時の直近に受けた賞与の額[、]又は

雇用主等の営む事業と類似する事業における当該被相続人と同様な地位にある役員の受ける普通給与若しくは賞与等の額等から勘案し、当該被相続人が普通給与と賞与の双方の形態で給与を受けていたとした場合において評定されるべき普通給与の額を基準とするものとする【編者注】。(直近改・昭57直資2-177)

【編者注】本項の趣旨
　本項の趣旨は、次のようなものであると考えられる。
　死亡当時、非常勤等のため普通給与の支給を受けず、賞与のみを受けていたような場合において、弔慰金等の基礎となる普通給与の額は、次のi又はⅱに掲げる額から次のⅲのようにして評定する。
ⅰ　死亡の直近における実際支給の賞与の額
ⅱ　類似の業種における被相続人と同様の地位にある者が受けている普通給与又は賞与の額
ⅲ　上記ⅰ又はⅱを勘案し、被相続人が普通給与と賞与の双方を受けていたものとした場合に、通常支払われるであろう普通給与の額を評定する。
　つまり、現実には普通給与を受けていないのであるが、上記ⅰ又はⅱにより通常支払われるであろう普通給与の額を算定するというものであるから、その物言いからすると必ずしも、実際支払の賞与の額を普通給与と賞与とに区分するというものとは考えられない。

(「業務上の死亡」等の意義)　相基通

3-22　3-20［弔慰金の取扱い・P241参照。編注］に定める「業務」とは、当該被相続人に遂行すべきものとして割り当てられた仕事をいい、「業務上の死亡」とは、直接業務に起因する死亡又は業務と相当因果関係があると認められる死亡をいうものとして取り扱うものとする【編者注】。(直近改・昭57直資2-177)

【編者注】本項の趣旨

　　本項の基準は、相続税独自のものではなく、労働法における労働者の災害補償におけるのと軌を一にするものとされている。

　　具体的な認定に当っては、労働基準局の行政上の先例に準拠して取り扱うこととされている。

　　例えば、次のような場合には、業務上の死亡に該当することになる。

　　i　自己の業務遂行中に発生した事故により死亡した場合
　　ii　自己の担当外の業務であっても、雇用主の営む業務の遂行中の事故により死亡した場合
　　iii　出張中又は赴任途上において発生した事故により死亡した場合
　　iv　自己の従事する業務により職業病を誘発して死亡した場合
　　v　作業の中断中の事故であっても、業務行為に附随する行為中の事故によって死亡した場合

　　なお、通勤災害についても業務上の災害の場合に準じて保険給付が行われるので、相続税の取扱いでも、通勤途上の死亡は業務上の死亡に準じて取り扱われている（前掲「相続税法基本通達逐条解説」・P100参照）。

　　また、業務上の死亡について判断した裁決例として次頁に掲げるものがある（同裁決の判断Ｉ-3（P253）参照）。

（社交上必要と認められる香典等の非課税の取扱い）　　相基通

21の3-9　個人から受ける香典、花輪代、年末年始の贈答、祝物又は見舞い等のための金品で、法律上贈与に該当するものであっても、社交上の必要によるもので贈与者と受贈者との関係等に照らして社会通念上相当と認められるものについては、贈与税を課税しないことに取り扱うものとする【編者注】。（直近改・平15課資2-1）

【編者注】法人から受ける香典等

　　個人が法人から受ける本項に掲げるような金品については、所基

通9-23（葬祭料、香典等・後掲）により、所得税は原則として非課税とされている。

■参考：所得税基本通達9-23
　　（葬祭料、香典等）
9-23　葬祭料、香典又は災害等の見舞金で、その金額がその受贈者の社会的地位、贈与者との関係等に照らし社会通念上相当と認められるものについては、令第30条〔非課税とされる保険金、損害賠償金等。編注〕の規定により課税しないものとする。（直近改・平元直所3-14）

■参考：裁決例「会社が役員の死亡退職に伴い遺族に支給した弔慰金は、その全額が退職手当金等に当たるとした原処分の一部を取り消した事例（業務上の死亡について判断した事例）」（東京審裁決、昭和54年分相続税、東国裁例集昭和58.5 NO26-15　前掲「国税不服審判所裁決例集7」P9339-81参照）

《事案の概要》
1　被相続人Xは、甲社の専務取締役及び乙社の代表取締役を兼任し、その在任中に死亡により退任した。
2　甲社がXの相続人に支給した金員
①　甲社は、昭和55年6月○日の定時株主総会においてX（以下、被相続人）に対し、弔慰金を含む退職慰労金を支給すること、その金額は従来の慣行に従い同社の規程に基づく相当額の範囲内とし、その具体的金額及び支給方法・時期等については取締役会に一任する旨の決議をした。
②　同日開催した同社の取締役会において、被相続人に対する弔慰金を含む退任慰労金として支給する金額は、同社の支給基準による計算の結果、退任慰労金総額を5,500万円とし、これを弔慰金2,800万円、功労金2,700万円として遺族に支給することを決定した。
③　請求人（相続人）は、相続税の申告において弔慰金名義の2,800万円については相続税の非課税財産とし、功労金2,700万円のみをみなす相続財産（死

亡退職金等）として相続税の課税価格に算入した。
④　原処分庁（課税庁）は、弔慰金名義の金員を含む5,500万円の全部がみなす相続財産たる退職手当金等に当たるとして更正処分をした。
3　乙社がXの相続人に支給した金員
①　乙社は、昭和55年1月○日に開催した臨時株主総会において、同社の代表取締役であった被相続人（X）に対し、同人が同社の創立者であること、また創立時から代表者として同社の事業に多大な功績があったことから、社会通念上相当額の弔慰金を支給すること、支給する金額、時期、方法等については、取締役会に一任する決議をした。
②　同日開催の取締役会において、その金額は報酬月額（70万円）の6か月分420万円と決定し、同年1月25日に弔慰金名目の金員420万円を被相続人の遺族に支給した。
③　請求人（相続人）は、その全額が相続税の非課税財産に当たるとして相続税の課税価格には算入していない。
④　原処分庁（課税庁）は、弔慰金名目の金員の全部がみなす相続財産たる退職手当金等に当たるとして更正処分をした。

《請求人の主張（要旨）》
1　甲社から贈呈された弔慰金について
①　弔慰金を含む退任慰労金の総額5,500万円を弔慰金2,800万円と功労金2,700万円とした根拠について、甲社の丙総務部長は、被相続人の死亡が業務上の死亡であることから、会社としての弔意を十分表すようにとの社長の意向もあったので、被相続人の月額報酬のおおむね3年間分を弔慰金の額の計算の背景としたと申述しているところであり、また、同社の他の退任役員に対する退職慰労金支給実績と比較してみても、被相続人に対する功労金の2,700万円は相当であり、それを超える2,800万円部分が弔慰金であることは明らかである。
②　原処分庁（課税庁）は、甲社の従業員の慶弔贈与金支給規程（以下、従業員用支給規程という）により計算した金額と比較して、同社から請求人（相続人）に贈呈された弔慰金の額が多額であることをもって、当該弔慰金が

退職手当金等に該当する理由であるとしているところ、従業員の業務上の死亡への補償は労働災害法令で手厚く保護されているが、役員には労働災害法令の適用はないから、これを比較することに意味がない。
2　原処分庁は、社葬費用が弔慰金に含まれるとする見解を示しているが、社葬は、会社が社員、関係会社等に対し、故人に対する会社の誠意をしめすもので、弔慰金とはその性質を異にするものであるから、社葬費用の額を弔慰金に含める認定は誤りである。

《原処分庁の主張（要旨）》
1　請求人（相続人）が弔慰金の名目で甲社及び乙社から支給された2,800万円及び420万円については、次の認定事実により、いずれもその実質は被相続人に係る退職手当金等に当たるものと認められる。
①　甲社から支給された役員退任慰労金関係
ⅰ　甲社の丙総務部長の答述によれば、同社の支給基準には「役員退任慰労金（弔慰金を含む。）」との文言があるが、このかっこ書の弔慰金の金額について何ら具体的に想定したものはないが、死亡退任した役員の遺族に支給される役員退任慰労金には弔慰金も含まれているということを認識させるために当該かっこ書が挿入されたものであること。
ⅱ　甲社の昭和55年1月○日付の「X専務退職慰労金算式計算書」には、支給基準による算出額3,500万円、特別功労加算金2,000万円、合計額5,500万円と記載され、同社のB相談役、C代表取締役社長及び丙総務部長の押印があること。
ⅲ　甲社は、昭和55年6月○日の取締役会で、被相続人の退任慰労金の額を5,500万円とし、これを弔慰金2,800万円、功労金2,700万円とすることを決議し、同年7月○日請求人（相続人）に全額支給しているが、丙総務部長の答述によれば、当該退任慰労金5,500万円を2,800万円と2,700万円に分けた根拠は特になかったこと、及び支給基準には受給権者の定めがないので、従業員用支給規程の定めを準用して受給権者を請求人にしたものであること。
ⅳ　従業員用支給規程（上記請求人の主張（要旨）の1②参照）における弔慰

金の算定方法に基づいて被相続人に支給すべき弔慰金の額を算出すると、基本給74万円の120％相当額の88.8万円となること。
v 甲社は、弔慰金の一種である葬祭料として被相続人に係る社葬費用8,729,914円を支出していること。
② 乙社から支給された役員退職手当金関係
i 乙社においては、役員退職金支給取扱内規（以下、支給取扱内規という）が昭和54年6月1日から実施されているところ、当該内規においては、退職手当基準支給額の算式が定められていること。
ii 請求人が乙社から支給された弔慰金の金額は、支給取扱内規により算出された役員退職金の金額と同額であること。
2 およそ、退職手当金等については、相続税法第3条第1項第2号の規定において「被相続人に支給されるべきであった退職手当金、功労金その他これらに準ずる給与」と定義され、なお、その支給された金員が退職手当金等であるか弔慰金であるかの判定に当たっては、基本通達第19条ないし第21条（現行相基通3-18から3-20）において、その支給名義のいかんにかかわらず、その支給を受けた金額の合計額のうち、実質的に退職手当金等と認められる部分の金額を算定し、その残余の部分の金額があればその金額のうち同通達第21条（現行相基通3-20）に定める一定部分を弔慰金として取り扱うこととされている。
3 してみると、被相続人の死亡が業務上の死亡に当たるか否かの主張を検討するまでもなく、請求人が支給を受けた弔慰金名目の金員の実質は、前記1のとおり退職手当金等に当たるものであるから請求人の主張には理由がない。

《判断（要旨）》

※編者注：付番は編者が適宜付したものであり、[　]は編注である。

甲社及び乙社からそれぞれ支給された弔慰金名目の金員が相続税法第3条第1項第2号に規定する退職手当金等に当たるか否かについて争いがあるので、この点について審理したところ、次のとおりである。
I 甲社から支給された弔慰金について

[確認した事実]
1　原処分関係資料及び当審判所の甲社等を調査した資料によれば、次の事実が認められる。
①　甲社においては、「役員退任慰労金（弔慰金を含む。）」の金額は、同社の支給基準に基づき役員在任年数及び役員報酬月額を基準として所定の率を乗じて算定されることとされており、また、当該支給基準によれば、更に功績による範囲内で加算することができることが定められていること。
　　なお、当該支給基準には、役員在任年数等による基準（以下「役員在任年数等基準」という。）及び功績による加算（以下「功績加算基準」という。）以外に特に弔慰金についての支給算定基準等は定められていないこと。
②　甲社で作成された「故Ｘ専務退職慰労金」と題する昭和55年１月○日付の社内文書（以下「社内計算書」という。）には、同社が支給した金員の算定方法について次の趣旨の記載がされていること。
算定基準額　報酬月額740,000円×0.4＝296,000円
役員在任期間14年に応ずる支給率　116
役員在任年数等基準算定額　296,000円×116＝34,400,000円（10万円未満切り上げ、更に切り上げて3,500万円とする）
特別功労金を2,000万円として加算
支給総額　5,500万円
③　弔慰金の金額2,800万円については、被相続人の死亡が業務上の死亡に該当し、この場合には、相続税法上、報酬月額の３年分が弔慰金として認められる旨の会社の顧問税理士からの説明があり、丁総務部次長が被相続人の概算報酬月額80万円の３年分として算定したものであること。
④　甲社の丙総務部長の答述によれば、同社においては、弔慰金の金額を被相続人の報酬月額のおおむね３年分と算定したことに基づいて、退任慰労金5,500万円を弔慰金2,800万円と功労金2,700万円とに区分したものであること。
⑤　弔慰金を含む退任慰労金の支給について、甲社の昭和55年６月○日開催の取締役会に係る議事録及び同年７月○日付請求人（相続人）あての退任慰労金贈呈書には、いずれも同社の慣行に加え、被相続人が業務執行中に

急逝したこと並びに同人の在任中の技術開発、特許取得及び国内外○業界への貢献など顕著な功労に報いるものである旨が記載されていること。
⑥　同社は、被相続人の死亡について、葬儀委員長をB相談役とする社葬を執り行い、その費用を8,729,914円支出したこと。
⑦　甲社は、弔慰金及び功労金の合計5,500万円の支出に当たって役員給与として経理処理していること。

［本件弔慰金名目の金員は「弔慰金」に当たるか］
２　請求人は、甲社が支給した弔慰金名目の金員2,800万円は、実質的にも弔慰金であり、退職手当金等には当たらないと主張するので、以上の事実に基づいて、この点について検討する。
①　人の死亡に伴って、［中略］、弔慰金、花輪代あるいは葬祭料等の名目の金品が遺族に贈られることは、一般的な慣行とされているところであるが、およそこれらの授受は儀礼上のものであるから、その額にもおのずから社会通念からくる一定の限度があるものというべきである。
②　甲社が本件弔慰金等の支給に当たってその算定基礎とした支給基準には、支給される役員退任慰労金について「(弔慰金を含む。)」とのかっこ書を付しており、一方、同社においては、当該支給基準以外に死亡退任役員に係る弔慰金の支給に関する定めはないことが認められる。
③　同社における役員退任慰労金支給事例をみるに、昭和50年に死亡退職したR副社長の場合も前記支給基準のもとに弔慰金700万円及び退職慰労金1,300万円を支給している事実が認められることを併せ考えれば、同社において支給基準により支給する退任慰労金には、死亡退任の場合は弔慰金部分も含むものであって、支給総額を当該支給基準の定めの範囲で行っていたものと認めるのが相当である。

してみると、同社が被相続人の遺族に支給した5,500万円の金員の中には、退職手当金等に該当しない弔慰金部分も含まれていたものと認められるところである。
④　甲社が被相続人の遺族に支給した金員5,500万円は、前記１②によれば、役員在任年数等基準による部分3,500万円と、功労金加算基準による部分2,000万円で構成されていることが認められ、前記役員在任年数等基準に係

る3,500万円部分は、仮に、被相続人が一般退任したとしても同人が支給を受けることができたであろうと認められるから、当該部分は全額退職手当金等に該当するものと認めるのが相当である。

　一方、功労加算基準に係る2,000万円についても、「功労による」との表現のみからは、これもまた、一般退任したとしても支給を受けることができたものと推測できないこともないが、前記R副社長の死亡退任の場合の支給事例との比較、更に前記1⑤によれば、同社は、被相続人の死亡が業務上執行中の急逝であったとして当該2,000万円の加算額を決定したものと推認できるから、当該金額には、弔慰金部分が含まれているものと認めるのが相当である。

［本件死亡は業務上の死亡に当たるか］

3　弔慰金の取扱いについては、名義が弔慰金であってもその実質が退職手当金等に該当するものを除き、業務上の死亡であるときは、その雇用主等から受ける弔慰金等のうち、当該死亡者の死亡当時における賞与以外の普通給与の3年分に相当する金額を弔慰金等に相当する金額として取り扱われているところである。

　請求人は、被相続人の死亡は業務上の死亡に当たると主張するので、この点について当審判所が調査したところ次のとおりである。

①　被相続人が昭和54年○月○日当日の死亡に至る経緯について検討したところ、次のとおりである。

　当日開催された○公団主催の○研究会に、業界代表委員4人のうちの1人として初めて出席したこと。［中略］被相続人は当該研究会に出席していたところ突然発病し、主治医のいるF病院に直ちに入院したが、同日死亡したものであり、同病院医師の死亡診断書によれば、その直接死亡原因は、脳出血による死亡であって、解剖所見としては大動脈硬化等の症状があったこと。

②　以上の認定事実によれば、○研究会における討議は、○の需要の見通し、○の内外価格差等について各委員が、その知識、経験を踏まえ自由に発言するものであったことが認められ、この事実によれば、被相続人が当該討議の進行過程において、とりわけ強度の精神的緊張、興奮を強いられてい

たものと推測することはできない。
③　してみれば、被相続人が当該研究会に業界代表として出席したことが発病そして死亡の原因となったものではないと認定するのが相当である。
4　次に、被相続人の発病及び死亡が、同人の従前からの業務の遂行に基因するものか否かについて、検討したところ、次のとおりである。
①　［中略］被相続人は、日曜日及び休業日とされている土曜日には、出張期間にかかるものは若干あったものの、ほとんど業務に就いていないこと、また、死亡直前の業務が従来からのそれと比べても特に過重になったとか、急激に担当が変更されたことはないことが認められ、当審判所の調査によっても、同人の業務と甲社と同規模程度の会社の最高幹部の業務に比し、質、量ともに著しく過重であったとの事実を確認することができず、他にこれを認めるに足りる証拠はない。
②　してみれば、被相続人の業務が、同人にとって肉体的、精神的に過重な負担になっていた、あるいは、それにより過度の疲労、心労が蓄積していたものと認めることはできない。
5　以上3及び4の認定を総合すれば、被相続人が○研究会への出席その他同人の従事した業務の遂行に直接基因して、健康を害し又は潜在していた疾病が発症して死亡に至ったものと認めることはできない。
　　してみると、被相続人の死亡は業務上の死亡には当たらないと認定するのが相当である。
　　なお、請求人は、この点の主張に係る証拠を提出しないが、当審判所の調査したところによっても、ほかに、請求人主張の事実を認めるに足りる証拠はない。
［本件において弔慰金とされる部分の金額について］
6　被相続人の死亡が業務上の死亡に当たらない場合における弔慰金等については、被相続人の死亡当時における普通給与の半年分に相当する金額を弔慰金等とする旨取り扱われているところである。
　　本件においても、この取扱いを適用し、前記功績加算基準に係る金額2,000万円のうち、被相続人の死亡当時の普通給与805,000円の半年分483万円を弔慰金等と認定するのが相当である。

[原処分庁のその他の主張について]
7 ① 原処分庁は、甲社の支給基準において「役員退任慰労金（弔慰金を含む。）」としている点について、同かっこ書は意味を持たないもののごとく認定しているが、仮にそのような見解に従えば、同社が当該支給基準より支給される金員のすべてを退職手当金等と事実上認定せざるを得ないこととなり、このことは、同社は当該支給基準によっている限り弔慰金の支給はなし得ないとの結論を招来するばかりでなく、この結果、一般の弔慰金等の支給実態と遊離し、社会通念に比し著しく不合理な帰結を招くこととなる。

したがって、原処分庁のこの点に係る主張は相当でない。
② 被相続人が甲社の専務取締役であり、同社では役員を対象とする支給基準が存することは争いのない事実であるから、被相続人の遺族への弔慰金等の支給について、従業員用支給規程を適用すべき理由はない。
③ 原処分庁は、本件弔慰金の判定に当たって、甲社が被相続人に係る社葬を行ったことについて、社葬費用も弔慰金の一部に当たるとの認定をしているが、社葬は、会社として故人の生前の地位、功績等に応じて対外的な立場から行うのが通例であり、一方、弔慰金の支給は、前述のとおり、故人を弔い、遺族を慰めるという、いわば遺族に対する範囲で行うにとどまるものであるから、当該社葬費用をもって当該弔慰金等の一部に当たるということはできない。

また、社葬執行と弔慰金支給とは、一般にみられるとおり併せて行われているところであって、特に、社葬を行ったから弔慰金の支給はしないという慣行が存するとの事実は当審判所の調査によっても確認することはできない。

Ⅱ 乙社から支給された弔慰金について
1 原処分関係資料及び当審判所が調査した資料によれば、次の事実が認められる。
① 乙社には、取扱内規があり、当該規程は昭和54年6月1日から実施され、その後における退任役員に対して適用されているとこ。
② 同社においては、上記内規以外には退任役員に係る退職手当金又は弔慰

金などの支給に係る定めはないこと。
③　被相続人の死亡退任の場合について、前記①の取扱内規を適用して役員退職金の金額を算定すると420万円となること。
④　同社は、被相続人の遺族に対して、上記420万円以外の一切の金員の支給をしていないこと。
2　以上の事実を総合すれば、乙社が支給した弔慰金名目の金員420万円は、被相続人の同社に対する多大な功績に報いるため、同人の役員退任を原因として支給されたものであり、その金額は、取扱内規により計算された退職手当金等であると認められる。
3　請求人は、被相続人の死亡が乙社にとっても業務上の死亡に該当する等の主張をするが、被相続人の死亡が業務上の死亡に当たらないことは前記のとおりであり、請求人の主張には理由がない。
4　してみると、乙社から支給された420万円については、その余の主張を判断するまでもなくその全部を退職手当金等と認定するのが相当である。
Ⅲ　〔結　論〕
　以上、甲社及び乙社から弔慰金として支給された金員合計3,220万円については、その一部すなわち甲社から支給された金員のうち483万円については弔慰金等と認定し、その余の2,737万円については退職手当金等と認定するのが相当である。

第5節 退職手当金等の支給を受けた者に関連する各条項

相続税法基本通達

（退職手当金等の支給を受けた者）

3-25　法第3条第1項第2号［死亡退職金等・P212参照。編注］の被相続人に支給されるべきであった退職手当金等［相基通3-18・P229参照。編注］の支給を受けた者とは、次に掲げる場合の区分に応じ、それぞれ次に掲げる者をいうものとする。（昭57直資2-177追加）

(1) 退職給与規程その他これに準ずるもの（以下3-25において「退職給与規程等」という。）の定めによりその支給を受ける者が具体的に定められている場合

　　当該退職給与規程等により支給を受けることとなる者

(2) 退職給与規程等により支給を受ける者が具体的に定められていない場合［、］又は当該被相続人が退職給与規程等の適用を受けない者である場合【編者注1】

　イ　相続税の申告書を提出する時又は国税通則法（昭和37年法律第66号。以下「通則法」という。）第24条から第26条までの規定による更正（以下「更正」という。）若しくは決定（以下「決定」という。）をする時までに当該被相続人に係る退職手当金等を現実に取得した者があるとき

　　　その取得した者

　ロ　相続人全員の協議により当該被相続人に係る退職手当金等の支給を受ける者を定めたとき

　　　その定められた者

　ハ　イ及びロ以外のとき【編者注2】

　　　その被相続人に係る相続人の全員

　　　(注) この場合［ハの場合。編注］には、各相続人は、当該被相

続人に係る退職手当金等を各人均等に取得したものとして取り扱うものとする。

【編者注1】退職給与規程等の適用を受けない者の意義
　例えば、従業員の退職給与については退職給与規程等が存するが、役員退任慰労金規程がない場合（慰労金規程に具体的な受給者の定めのない場合を含む）の役員等が、これに該当する。

【編者注2】ハの場合
　ハの場合とは、つまり、相続財産の未分割の状態をいうものであるから、具体的な取得者が確定した時点で、イの扱いによる修正申告又は更正の請求をし、あるいは更正を受けることになる。

第3章

みなす相続財産——生命保険契約に関する権利に関連する法令・通達等

第1節 みなす相続財産——生命保険契約に関する権利に関連する法令・通達等の索引

　みなす相続財産である生命保険契約に関する権利（保険事故の発生していない生命保険契約に関する権利）について、相続税の関連法令・通達、情報、質疑応答事例、事前照会に対する文書回答事例、判例、裁決例等で、本章に収録したものは、以下のとおり。

法令等の索引

□相続税法
　第3条第1項　　　相続又は遺贈により取得したものとみなす場合
　　　　第3号　［保険事故の発生していない生命保険契約に係る権利］
　　　　　　　　261

□相続税法基本通達
　3-35　契約者が取得したものとみなされた生命保険契約に関する権利
　　　　268
　3-36　被保険者でない保険契約者が死亡した場合　*268*
　3-37　保険契約者の範囲　*269*
　3-38　保険金受取人が取得した保険金で課税関係の生じない場合　*269*
　3-39　「返還金その他これに準ずるもの」の意義　*270*

第2節 みなす相続財産――生命保険契約に関する権利に関連する各条項

相 続 税 法

（相続又は遺贈により取得したものとみなす場合）
第3条　次の各号のいずれかに該当する場合においては、当該各号に掲げる者が、当該各号に掲げる財産を相続又は遺贈により取得したものとみなす。［中略］【編者注1】
［編注：保険事故の発生していない生命保険契約に係る権利］
三　相続開始の時において、まだ保険事故（共済事故を含む。以下同じ。）が発生していない生命保険契約［相令1条の2に掲げる契約を含む。本項1号・P119参照。編注］（一定期間内に保険事故が発生しなかった場合において返還金その他これに準ずるものの支払がない生命保険契約【編者注2】を除く。）で被相続人が保険料の全部又は一部を負担し、かつ、被相続人以外の者が当該生命保険契約の契約者であるものがある場合においては、当該生命保険契約の契約者について【編者注3】、当該契約に関する権利【編者注4】のうち被相続人が負担した保険料【編者注5】の金額［分子。編注］の当該契約に係る保険料で当該相続開始の時［保険料負担者の相続開始の時。編注］までに払い込まれたものの全額［分母。編注］【編者注5】に対する割合に相当する部分

2　［省略。編注：被相続人の被相続人が負担した保険料等・P120参照］

3　［省略。編注：遺言により払い込まれた保険料等・P120参照］

【編者注1】3条1項本文の詳細
　　相法3条1項本文の詳細は、2編1章2節に掲げる3条1項（P119）及びその編者注を参照。

【編者注2】返還金その他これに準ずるものの意義等

1 生命保険契約に関する権利に該当しない契約の範囲等

① 相法3条1項3号のカッコ書は「一定期間内に保険事故が発生しなかった場合において返還金その他これに準ずるものの支払がない生命保険契約」と規定している。

保険期間内（一定期間内）に被保険者の死亡等保険契約に定める保険事故（保険金支払事由）が発生しなかった場合でも、保険期間の満了のときに返還金等の支払がない保険契約は、みなす相続財産（又は本来の相続財産）に該当しないというものである。その典型は、いわゆる掛捨保険と称される定期保険契約（定期付養老保険等を除く）である。

養老保険契約など満期保険金（生存保険金）のあるものは、満期の到来が保険金支払事由の発生となり、個人年金保険契約は年金支給時期の到来が年金支払開始の事由となることから、これらの保険契約は相法3条1項3号に規定する生命保険契約に該当する。

② この場合の返還金等については「返還金その他これに準ずるもの」とされ、その意義については、相基通3-39（P270参照）に取扱いがある。

それによれば、返還金その他これに準ずるものとは、次のi又はiiのようなものと例示されている（同3-39の表現等からすると、そこに掲げられているものは例示であると考えられる）。

i 保険契約の解除、保険金の減額、失効により支払を受ける金額（いずれも保険契約の消滅を原因として支払を受けるものである。保険金の減額も減額部分につき保険契約の消滅に当る。）

ii 被保険者が死亡したときでも保険金を支払わない場合（例えば、一定期間内の被保険者の自殺等）において、支払を受ける払戻金（この場合も、保険契約の消滅を原因とするものである。）

なお、定期保険契約についても、保険期間中に生じた社員配当金（保険料の運用剰余金の分配金等）を積み立てている場合には、保険契約の終了（保険期間の満了等）のときに、その支払を受けるこ

とになる。

　この積立配当金の性質は、生命保険契約に基づき支払を受けるべき保険金（満期保険金を含む）・返還金・解約返戻金等のように生命保険契約に関する権利としての債権（保険金等支払請求権）ではなく、これとは独立した別個の債権で、生命保険契約から派生した配当金支払請求権（債権）であると解される。このような次第から、相基通3-39においては、当然のことながら支払を受ける積立配当金を返還金等に含めていないものと考えられる。

③　定期保険についていえば、定期保険契約の期間満了による契約消滅のときに、上記②に掲げるような返還金等の支払をうけるべき定期保険契約が相法３条１項３号に規定する生命保険契約に関する権利（みなす相続財産又は本来の相続財産）に該当すると考えられる。

　したがって、保険期間の中途において解約等により保険契約が消滅した場合には、上記②に掲げるような返還金等の支払を受けるものであっても、保険期間満了のときにおいてはその支払のない保険契約（定期保険契約においては、一般的に、保険期間の経過により返還金等の額が異動－増加・減少－するが、期間満了の時には零になる）については、同３号カッコ書に該当するものと解される。

　なお、同３号は「一定期間内において保険事故が発生しなかった場合において返還金その他これに準ずるものの支払がない」と規定し、"相続開始時において返還金その他これに準ずるものの支払がない"となっていないことからも、上記のように解することができるものと思料される。

2　長期平準定期保険等と相法３条１項３号カッコ書との関係

①　保険期間が一定期間以上の長期で、その保険期間中に支払うべき保険料の額が全期間を通じて定額である定期保険契約（いわゆる長期平準定期保険契約）については、保険期間の中途において解約その他の事由により保険契約が消滅した場合には、保険約款等の定めるところにより、その消滅時に返還金等（上記１参照）の支

払を受けることがある。しかし、その契約が定期保険契約である限り、定期保険の性質に従い保険期間満了の時に返還金等の額は零となることに変わりはない。

したがって、保険期間中の解約等に伴う返還金それ自体は、相基通3-39（P270参照）の例示に掲げる「返還金その他これに準ずるもの」に当るとしても、期間満了時においては返還金等の支払がないことに帰するから、長期平準定期保険契約は相法3条1項3号カッコ書により、同号の生命保険契約に関する権利（みなす相続財産又は本来の相続財産）には該当しないものと解される。

② 法人税においては、「法人が支払う長期平準定期保険等の保険料の取扱いについて」（個別通達・昭62直法2-2・P1094参照）により、支払保険料を一定の基準によって「損金算入額」と「資産計上額」とに区分している。

ところで、取引相場のない株式（非上場株式等）を相続税の純資産価額方式（評基通185）により評価する場合、この「資産計上額」をどのように扱うかという問題がある。

法人税の上記個別通達にいう「資産計上額」は、保険料の支払をした事業年度において損金に算入されない保険料相当額を経理しているに過ぎないので、その実質は費用の繰延（前払費用）であり、その前払費用として経理した金額相当額については未経過分の返還請求権を有するというものでもない。他方、評基通214（生命保険契約に関する権利の評価・P396参照）によれば、保険期間満了時までなど、一定の期間内に保険事故が発生しなかった場合において返還金等の支払のない保険契約は、同214により財産として評価すべき生命保険契約には含まれないとされている。

そうすると、長期平準定期保険に関する権利は、相続財産として評価すべき財産に当たらないことになるので、評価会社が前記前払費用に相当する金額を資産として貸借対照表に計上している場合であっても、その金額は取引相場のない株式の評価明細書第5表の「相続税評価額」及び「帳簿価額」の双方に記載しないも

のと考えられる（返還請求権のない前払費用の記載方法による）。

　なお、定期保険（長期平準定期保険を含む）につき積立配当金（上記1②参照）がある場合には、課税時期において支払を受けるべき積立配当金に相当する金額を、評価明細書第5表の「相続税評価額」及び「帳簿価額」の双方に記載する（積立配当金を資産として貸借対照表に計上している場合であっても、「帳簿価額」に記載する金額は、貸借対照表計上額ではなく、上記支払を受けるべき配当金額となる）。

3　生命保険契約の範囲（損害保険契約は含まれない）

① 　相法3条1項3号においては「生命保険契約」と限定している。この生命保険契約には、相令1条の2（P155参照）及び大蔵省告示125号（P161参照）に掲げる契約が含まれるが、損害保険契約を含まないことは文理上明らかである（相法3条1項1号の編者注3-2・P121参照）。

② 　例えば、被相続人が、自己が契約者となってない損害保険契約の保険料の支払をしており、その損害保険契約には満期返戻金の支払があるものであっても、その損害保険契約に関する権利は、相法3条1項3号のみなす相続財産に該当しないことになる。

　他に、これを相続財産とみなす旨の法令上の定めがないことから、実務においても、このような損害保険契約に関する権利は相続財産に当らないものと考えられている（笹岡宏保「財産評価の実務Ⅱ」（平成22年改訂版）清文社・P1931参照）。同書によれば、その理由として、このような保険契約に係る保険料については、その保険料の支払の都度、保険料に相当する利益が保険料負担者から契約者に贈与によって移転しているものと考えられている。

③ 　上記②の場合と異なり、被相続人が損害保険契約の契約者で、その保険料を負担し、かつ、その契約に満期返戻金等がある場合には、その契約に関する権利は本来の相続財産として、相続税の課税対象になる。

　この権利の相続税上の価額は、評基通214（生命保険契約に関する権利の評価・P396参照）に準じて評価した金額と解されている（笹

岡前掲書P1931参照）。

【編者注3】生命保険契約に関する権利の趣旨等
1 生命保険契約に関する権利の趣旨

保険金の支払事由が発生していない生命保険契約に関する権利は、保険契約者に帰属する。被相続人が保険契約者で、かつ、保険料の支払をしている場合には、その生命保険契約に関する権利は当然に本来の相続財産となり、相続又は遺贈により相続人その他の者に承継される。

ところで、被相続人以外の者が契約者となっている生命保険契約の保険料を、被相続人が支払っていた場合には、保険料負担者の死亡等を契機として相法3条1項3号により保険契約者がその生命保険契約に関する権利を、被相続人から相続又は遺贈により取得したものとみなされる。

2 相続財産とされる生命保険契約の権利に係る保険料の効果

本号により保険契約者が取得したものとみなされた生命保険契約に関する権利、又は本来の相続財産である生命保険契約に関する権利を相続等により承継した者は、以後、その契約に係る保険料のうち被相続人が負担した部分も含めて自己（契約者又は承継者）が負担した保険料となる。相基通3-35（P268参照）、同3-37（P269参照）は、このことを確認的に明示したものである。

3 被保険者でない保険契約者が死亡した場合の課税関係

保険契約者であるが被保険者でない者が死亡した場合には、死亡した者がその保険契約の保険料を支払っているかどうかにより次のようになる（相基通3-36はこのことを確認的に明示したものである。P268参照）。

① 保険料の全部又は一部の支払をしている場合には、その契約に関する権利は本来の相続財産となる（上記1参照）。

② 保険料を全く負担していない場合には、生命保険契約に関する権利は相続税の課税対象財産とならない。

4 相続財産とされた生命保険契約に関する権利に係る保険金等の

受取時の課税関係

① 相法3条1項3号により相続財産とみなされた生命保険契約、又は本来の相続財産である生命保険契約につき、相続開始後保険契約に定める保険事故（満期の到来を含む）の発生により、保険金等（年金を含む）が支払われる場合の課税関係は、次のようになる。

　保険契約者（みなす相続財産の場合）又は保険契約を承継した者（本来の相続財産の場合）が、被相続人の負担していた保険料等を含めて自己が保険料等の全部を支払ったもの（相続開始後の保険料等の全部をその者が支払っている場合）として、相法3条1項1号の編者注8（P135参照）に掲げるような、保険金に対する通常の課税関係が生ずる。

　つまり、生命保険契約に関する権利が相続税の課税対象財産となっても、その契約に係る保険金の受取時の課税関係は、通常の場合と異なるところがない。相基通3-38（P269参照）は、このことを確認的に明示したものである。

② 相続税の課税対象財産となるべき生命保険契約（相続開始時において保険事故が発生していないもの）を、相続開始の直後に解約して保険金等（年金契約に係る解約一時金を含む）の支払を受けたとしても、相続財産となるのは支払を受けた保険金等ではなく、生命保険契約に関する権利であるから、その権利の評価額が相続税の課税価格に算入され、別途、受取保険金については、上記①と同様の課税関係になるものと考えられる。

【編者注4】生命保険契約に関する権利の価額

　生命保険契約に関する権利の価額は、評基通214（生命保険契約に関する権利の評価・P396参照）により評価した金額である。

【編者注5】被相続人が負担した保険料等

　被相続人が負担した保険料、保険料の全額については、相法3条1項1号の編者注6（P132）参照

相続税法基本通達

(契約者が取得したものとみなされた生命保険契約に関する権利)
3-35　法第3条第1項第3号の規定により、保険契約者が相続又は遺贈によって取得したものとみなされた部分の生命保険契約に関する権利は、そのみなされた時以後は当該契約者が自ら保険料を負担したものと同様に取り扱うものとする【編者注】。

【編者注】本項の趣旨等
　本項については、相法3条1項3号の編者注3-2（P266）参照。

(被保険者でない保険契約者が死亡した場合)　　相基通
3-36　被保険者［被共済者を含む。相基通3-7・P164参照。編注］でない保険契約者が死亡した場合における生命保険契約に関する権利についての取扱いは、次に掲げるところによるものとする【編者注1】。（直近改・昭57直資2-177）

(1) その者［死亡した被保険者でない保険契約者。編注］が当該契約（一定期間内に保険事故［共済事故を含む。相基通3-7・P164参照。編注］が発生しなかった場合においては、返還金その他これに準ずるもの【編者注2】の支払がない生命保険契約を除く。以下(2)において同じ。）による**保険料を負担している場合**（法第3条第1項第3号［生命保険に関する権利・P261参照。編注］の規定により、相続又は遺贈によって保険契約に関する権利を取得したものとみなされる場合を含む【編者注3】。）には、当該契約に関する**権利は、相続人その他の者が相続又は遺贈により取得する財産**［本来の相続財産。編注］となること。

(2) その者［死亡した被保険者でない保険契約者。編注］が当該契約［上記(1)参照。編注］による**保険料を負担していない場合**（法第3条第1項第3号［生命保険に関する権利。編注］の規定により、相続又は遺贈によって保険契約に関する権利を取得したものとみなされる場合を除く【編者注3】。）には、**課税しないものとすること**［相続税及び贈与税の課税関係は生じない。編

注]。

【編者注1】本項の趣旨等
　本項の趣旨等については、6編1章5節の解説1及び2（P1186）参照。
【編者注2】「返還金その他これに準ずるもの」の意義
　「返還金その他これに準ずるもの」の意義については、相法3条1項3号の編者注2（P261）参照。
【編者注3】保険料を負担している場合のカッコ書の意義
　死亡した保険契約者が、生前にその契約に係る権利を先代等から相続又は遺贈により取得している場合（又は取得したものとみなされる場合）には、その取得後においては先代等の負担した保険料も含めて、死亡した保険契約者が負担していたことになる。なお、相法3条1項3号の編者注3-2（P266）参照。

（保険契約者の範囲）　　相基通
3-37　法第3条第1項第3号に規定する「生命保険契約の契約者」には、当該契約に関する権利を承継したもの［本来の相続財産である契約に関する権利を相続等により承継した者。編注］を含むものとする【編者注】。

【編者注】本項の趣旨等
　本項については、相法3条1項3号の編者注3-2（P266）参照。

（保険金受取人が取得した保険金で課税関係の生じない場合）　　相基通
3-38　保険金受取人の取得した保険金の額［必ずしも死亡保険金に限らない。編注］のうち、法第3条第1項第3号［生命保険契約に関する権利・P261参照。編注］の規定により当該保険金受取人が相続又は遺贈により取得したものとみなされた部分に対応する金額【編者注1】又は自己［保険金受取人。編注］の負担した保険料の金額に対応する部分の金額につ

いては、相続又は贈与によって取得する財産とはならないのであるから留意する【編者注2】。

【編者注1】「当該保険金受取人が相続又は遺贈により取得したものとみなされた部分に対応する金額」の意義

　「当該保険金受取人が相続又は遺贈により取得したものとみなされた部分に対応する金額」とは、次のことをいう。

① 　保険金受取人が保険事故発生前に、先代等からその契約に関する権利を本来の相続財産として相続（又は遺贈）により取得し、又は相法3条1項3号により相続（又は遺贈）により取得したものとみなされていた場合には、その取得以後においては、その保険契約に係る保険料のうち先代等の負担していたものは、その保険契約の権利を取得した保険金受取人が負担したことになる。

② 　したがって、その取得以後その保険契約の保険料を保険金受取人が支払っている場合には、結局、その保険契約の保険料の全部を保険金受取人が負担したものであるから、その課税関係は所得税の課税関係（一時所得又は雑所得）に属することになる。

③ 　その取得後の保険料の全部又は一部を保険金受取人以外の者が負担している場合には、保険金額を保険料の負担割合により按分し、保険金受取人の負担割合に対応する部分（先代等からの相続等による部分を含む）は一時所得等に該当し、その他の者の負担割合に対応する部分は相続又は贈与によるものとして、相続税又は贈与税の課税関係が生ずる。

　本項は、以上のことを確認的に明示したものである。

【編者注2】本項の趣旨等

　本項については、相法3条1項3号の編者注3-4①（P267）参照。

（「返還金その他これに準ずるもの」の意義）　相基通

3-39　法第3条第1項第3号［編注：P261参照］に規定する「返還金その他これに準ずるもの」とは、生命保険契約の定めるところにより生命

保険契約の解除【編者注1】（保険金の減額【編者注2】の場合を含む。）又は失効【編者注3】によって支払を受ける金額［、］又は一定の事由（被保険者の自殺等【編者注4】）に基づき保険金の支払をしない場合において支払を受ける払戻金等をいうものとする【編者注5、6】。（直近改・昭46直審(資) 6）

【編者注1】解除の意義

　養老保険約款(例)19条では、保険会社がする保険期間中の保険契約の終了を解除といい、同23条（P1374参照）では、契約者がする保険期間中の保険契約の終了を解約といって、用語を区別している。

　本項にいう「解除」には、上記の解除と解約とが含まれているものと考えられる。

【編者注2】保険金の減額

　保険金の減額については、養老保険約款(例)34条（P1382）参照。

【編者注3】失効

　失効については、養老保険約款(例)22条（P1374）参照。

【編者注4】自殺等により保険金を支払わない場合

　自殺等により保険金を支払わない場合の例については、養老保険約款(例)2条(3)「免責事由」（P1367）参照。

【編者注5】満期保険金

　本項において満期保険金を掲げていないのは、満期保険金は保険期間の到来を保険金支払事由の発生とするものであることから当然である。ところで、満期保険金のある生命保険契約を解約した場合には、通常解約返戻金等があるので、その解約返戻金等は本項の返還金に該当する。

【編者注6】本項の趣旨等

　本項については、相法3条1項3号の編者注2（P261）参照。

第4章

みなす相続財産──
給付事由の発生していない定期金に関する権利
に関連する法令・通達等

第1節 みなす相続財産——給付事由の発生していない定期金に関する権利に関連する法令・通達等の索引

　みなす相続財産である、給付事由の発生していない定期金に関する権利について、相続税の関連法令・通達、情報、質疑応答事例、事前照会に対する文書回答事例、判例、裁決例等で、本章に収録したものは、以下のとおり。

法令等の索引

□相続税法
　第3条第1項　　　相続又は遺贈により取得したものとみなす場合
　　　　　　　　第4号［給付事由の発生していない定期金に関する権利］ 275

□相続税法基本通達
　3-40　定期金受取人が死亡した場合で課税関係の生じない場合 277
　3-41　定期金給付事由の発生前に契約者が死亡した場合 277
　3-42　定期金給付事由の発生前に掛金又は保険料の負担者が死亡した場合 278
　3-44　被相続人が負担した掛金又は保険料等 279

第2節 みなす相続財産――給付事由の発生していない定期金に関する権利に関連する各条項

相 続 税 法

（相続又は遺贈により取得したものとみなす場合）
第3条　次の各号のいずれかに該当する場合においては、当該各号に掲げる者が、当該各号に掲げる財産を相続又は遺贈により取得したものとみなす。〔中略〕【編者注1】
〔編注：給付事由の発生していない定期金に関する権利〕
　四　相続開始の時において、まだ定期金給付事由が発生していない定期金給付契約（生命保険契約を除く。【編者注2】）で被相続人が掛金又は保険料の全部又は一部を負担し、かつ、被相続人以外の者が当該定期金給付契約の契約者であるものがある場合においては、当該定期金給付契約の契約者について、当該契約に関する権利【編者注2】のうち被相続人が負担した掛金又は保険料【編者注3】の金額〔分子。編注〕の当該契約に係る掛金又は保険料で当該相続開始の時〔掛金又は保険料負担者の相続開始の時。編注〕までに払い込まれたものの全額〔分母。編注〕【編者注3】に対する割合に相当する部分【編者注4】
　2　〔省略。編注：被相続人の被相続人が負担した保険料等・P120参照〕
　3　〔省略。編注：遺言により払い込まれた保険料等・P120参照〕

【編者注1】3条1項本文の詳細
　相法3条1項本文の詳細は、2編1章2節に掲げる3条1項（P119）及びその編者注を参照。
【編者注2】定期金給付契約の意義等
　1　定期金給付契約の意義

① 定期金給付契約とは、一般的に契約当事者の一方（申込人）が掛金等を支払い、他方（引受人）が一定の期間内、金銭その他の資産を契約に定める者に給付するというものである（民689）。

その典型は旧郵便年金法による終身年金契約・定期年金契約である。

(注) 同法は平成2年に廃止されたが、廃止前のこれらの契約は以後簡易生命保険法に定める保険契約として存続し、同廃止前に契約したこれらの年金契約は本号の定期金給付契約に該当する（相令1条の2の編者注3・P158参照）。

なお、生命保険会社等との個人年金契約は、本号の定期金給付契約に該当しない（次の2参照）。

② 定期金債権は、基本債権（定期金契約の全存続期間を通じて給付を請求し得る基本的・抽象的な債権）と、支分債権（毎期に具体的に発生する給付金請求権）とに区分される。

相続税の評価においては、支分債権を個別に評価するのではなく、給付事由の発生しているものについては、相法24条により評価した金額を基本債権の価額とし、給付事由の発生していないものについては、同25条により評価した金額を基本債権の価額とする。

2 「生命保険契約を除く」の意義

相法3条1項4号の定期金給付契約には生命保険契約に該当するものは含まれず、生命保険契約に該当するものは同条1項3号（P261参照）の生命保険に関する権利として取り扱うことになる。

つまり、生命保険会社等の個人年金保険契約等で死亡保障を付保していない年金契約等は、その実質は定期金給付契約と考えられるが、相続税法においては、それらも「生命保険契約」の範囲に含まれる（相法3条1項1号の編者注3-2・P121参照）。

【編者注3】保険料等について

「被相続人の負担した掛金又は保険料」及び「掛金又は保険料の全額」については、相基通3-44（P279参照）の他、相法3条1項1号

の編者注6（P132）参照。

【編者注4】定期金受給時の課税関係

相続開始時において給付事由が生じていないため、給付事由の発生していない定期金給付契約に関する権利として相続税の課税対象財産とされるものにつき、相続開始後給付事由が発生し、具体的に定期金（年金）を受給する場合の所得税の課税関係は、年金保険契約等に係る年金と同様、雑所得（一時金として支払われるものは、原則として、一時所得）として所得税の課税対象ともなる（相法3条1項3号の編者注3-4・P266参照）。

相続税法基本通達

（定期金受取人が死亡した場合で課税関係の生じない場合）

3-40　定期金受取人となるべき者が死亡した時において、まだ給付事由の発生していない定期金給付契約（生命保険契約を除く【編者注】。以下3-43までにおいて同じ。）で当該定期金受取人が契約者でなく、かつ、掛金又は保険料の負担者でもないものについては、当該定期金受取人の死亡した時においては課税関係は生じないものとする。（直近改・平4課資2-158）

【編者注】「生命保険契約を除く」の意義

「生命保険契約を除く」の意義については、相法3条1項4号の編者注2-2（P276）参照。

（定期金給付事由の発生前に契約者が死亡した場合）　相基通

3-41　定期金給付契約［生命保険契約を除く。相基通3-40参照。編注］の契約者が死亡した時において、まだ給付事由の発生していない定期金給付契約で当該契約者が掛金又は保険料の負担者でないものについては、当該契約者の死亡した時においては当該定期金給付契約に関する権利については、課税しないものとする［相続税及び贈与税の課税関係は生じ

ない。編注]。

　ただし、法第3条第1項第4号［編注：P275参照］の規定により当該契約者［死亡した契約者。編注］が［編注：生前において］掛金又は保険料の負担者から当該定期金給付契約に関する権利を相続又は遺贈によって取得したものとみなされた場合における［、］そのみなされた部分については、この限りでない【編者注】。（直近改・平4課資2-158）

【編者注】本項ただし書の趣旨
　　死亡した定期金給付契約の契約者自身がその契約に係る掛金又は保険料を負担していない場合であっても、その者が生前において、その契約に係る掛金又は保険料を負担していた先代等から、その契約に関する権利を相続（又は遺贈）により取得した場合（本来の相続財産）、又は取得したものとみなされる場合（相法3①四によるみなす相続財産に該当するとき）には、その取得以後においては、先代等が負担していた掛金又は保険料は契約者自身が負担したものとなるので、定期金に関する権利は死亡した契約者の本来の相続財産となる（相法3条1項3号の編者注3・P266、相基通3-38の編者注1・P270参照）。

（定期金給付事由の発生前に掛金又は保険料の負担者が死亡した場合）　相基通

3-42　定期金給付事由の発生前に掛金又は保険料の負担者が死亡した場合におけるその定期金給付契約［生命保険契約を除く。相基通3-40・P277参照。編注］に関する権利は、契約者と掛金又は保険料の負担者とが同一人でないときは［、］法第3条第1項第4号［編注：P275参照］の規定によって契約者が掛金又は保険料の負担者から［、］その負担した掛金又は保険料の金額［分子。編注］のその相続の開始の時までに払い込まれた掛金又は保険料の全額［分母。編注］に対する割合に相当する部分【編者注】を相続又は遺贈により取得したものとみなされ、契約者と掛金又は保険料の負担者が同一人であるときは［、］当該掛金又は保険料の負担者の本来の相続財産となることに留意する。（直近改・

平4課資2-158)

【編者注】定期金の価額

　負担割合を乗ずべき金額は、相法25条によって評価した金額である。

（被相続人が負担した掛金又は保険料等）　相基通

3-44　法第3条第1項第4号［編注：P275参照］及び第5号［編注：P282参照］に規定する「被相続人が負担した掛金又は保険料」及び「当該契約に係る掛金又は保険料で当該相続開始の時までに払い込まれたものの全額」の計算については、3-13［被相続人が負担した保険料・P182参照。編注］及び3-14［保険料の全額・P187参照。編注］の取扱いに準ずるものとする。
（直近改・平4課資2-158）

第5章

みなす相続財産――
給付事由の発生している保証期間付定期金に関する権利
に関連する法令・通達等

第1節 みなす相続財産——給付事由の発生している保証期間付定期金に関する権利に関連する各条項

相 続 税 法

（相続又は遺贈により取得したものとみなす場合）
第3条　次の各号のいずれかに該当する場合においては、当該各号に掲げる者が、当該各号に掲げる財産を相続又は遺贈により取得したものとみなす。［中略］【編者注1】
［編注：給付事由の発生している保証期間付定期金に関する権利］
　五　定期金給付契約で定期金受取人に対しその生存中又は一定期間にわたり定期金を給付し、かつ、その者［定期金受取人。編注］【編者注2】が死亡したときはその死亡後遺族その他の者に対して定期金又は一時金を給付するもの【編者注3】に基づいて［、］定期金受取人たる被相続人の死亡後相続人その他の者が定期金受取人又は一時金受取人［年金継続受取人又は一時金受取人。編注］となった場合においては、当該定期金受取人又は一時金受取人［年金継続受取人等。編注］となった者について、当該定期金給付契約に関する権利【編者注4】のうち被相続人［死亡した定期金受取人。生命保険会社等の個人年金保険契約の場合は、死亡した被保険者。編注］が負担した掛金又は保険料の金額［分子。編注］【編者注5】の当該契約に係る掛金又は保険料で当該相続開始の時［掛金又は保険料負担者で、かつ、定期金受取人である者（生命保険会社等の個人年金保険契約の場合には被保険者）の相続開始の時。編注］までに払い込まれたものの全額［分母。編注］【編者注5】に対する割合に相当する部分【編者注6、7】
　2　［以下省略。編注：被相続人の被相続人が負担した保険料等・P120参照］

【編者注1】3条1項本文の詳細

相法3条1項本文の詳細は、2編1章2節に掲げる3条1項 (P119) 及びその編者注を参照。

【編者注2】定期金受取人の意義等

相法3条1項5号に規定する「その者が死亡したとき」の「その者」は、文理上「定期金受取人」を指す。

ところで、生命保険会社等と締結した個人年金保険契約においては、同号の「その者」は年金保険契約上の「被保険者」(年金の対象となる者)をいう(個人年金保険契約において、被保険者でなく、保険料負担者でもない年金受取人が死亡した場合、その者の相続人等が継続年金又は一時金受取人になるとしても、継続年金等の受取人には本号の適用はなく、相法6条3項(P329参照)の適用となる)。

【編者注3】給付事由の発生している保証期間付定期金に関する権利の範囲等

1　相法3条1項5号に規定する定期金給付契約の範囲

相法3条1項5号に規定する定期金給付契約については同条1項4号(P275参照)の場合と異なり、「生命保険契約を除く」と規定されていないので、生命保険会社等との個人年金保険契約等も当然に含まれる。同5号の定期金は一般に保証期間付定期金といわれる。

2　保証期間付定期金の種類

年金契約には次のような種類があり、保証期間付定期金とは次の③、④及び⑤に掲げるものをいう。

① 有期年金

約定等による一定期間内に限り金銭等の定期金(年金)を支給するものである。しかし、年金受取人が、定められた年金の支給期間内に死亡した場合には、その後の期間については年金を支給しない。例えば、簡易保険の定期年金(簡易生命保険法15・P1352参照)。

② 終身年金

年金受取人が生存している限り年金の支給をし、死亡によりその支給が終了する。

③ 保証期間付有期年金
　i 年金受取人が、定められた支給予定期間中生存している場合には、その支給予定期間中年金を支給し、期間満了によりその支給が終了する。
　ii 年金受取人が、予め定められた年金の支給期間（保証期間）中に死亡した場合には、残存期間につき年金継続受取人に年金を支給する（保証期間は、支給予定期間より短いのが通例である）。
④ 保証期間付終身年金
　　年金受取人が生存している限り年金を支給するほか、年金受取人が予め定められた支給期間（保証期間）中に死亡した場合には、残存期間につき年金継続受取人に年金を支給する。例えば、旧郵便年金法11条の保証即時年金（P1356参照）、同法12条の保証すえ置年金（P1357参照）等である（相基通3-45・P286にいう「保証据置年金」は、保証期間付終身年金と同一である）。
⑤ 確定年金
　　生命保険会社等の締結する個人年金保険契約に係るもので、予め定められた年金支払期間中については、被保険者の生死に関係なく年金の支払をするもの（個人年金保険約款（例）1条・P1432参照）。

【編者注4】保証期間付定期金に関する権利の価額
　　保証期間付定期金の価額は、相法24条により評価した金額である。

【編者注5】「被相続人が負担した掛金又は保険料」及び「掛金又は保険料の総額」
　　「被相続人の負担した掛金又は保険料」及び「掛金又は保険料の全額」については、相基通3-44（P279参照）の他、相法3条1項1号の編者注6（P132）参照。

【編者注6】保証期間付個人年金契約の年金受取人が死亡した場合の課税関係
① 保証期間付個人年金契約の年金受取人が死亡した場合の課税関係については、相基通3-45（P286参照）に取扱いがあるが、それは、相法3条1項5号（みなす相続財産である保証期間付定期金に関する権

利・P282参照）と同法6条3項（贈与とみなす保証期間付定期金に関する権利・P329参照）の適用関係を確認したものである。

② 個人年金保険の被保険者が年金開始日前に死亡した場合の課税関係

個人年金保険契約の被保険者（個人年金保険契約の目的とされている者。通常は、被保険者と年金受取人とが同一人であることが多い。契約上の受取人が誰であるかを問わない。）が、年金開始日（第1回目の年金が支払われる日で、被保険者の年齢が年金支払開始年齢となった直後に到来する契約応当日）前に死亡したことにより遺族等（死亡給付金受取人）が支払を受ける死亡給付金（個人年金保険約款(例)7条・P1437参照。なお、年金保険契約に定期保険が付加されている場合の死亡一時金は、本来の死亡保険金であるから死亡給付金とは区分する）は、相続税の実務上、相法3条1項1号の死亡保険金に当たるものとされている（前掲「保険税務のすべて」・P1086参照）。

被相続人の死亡を年金支払開始原因とする個人年金保険につき、具体的な第1回目の年金支払日前に、年金総額を一時金で支払を受ける場合も上記と同様になるものとされている（次の編者注7②参照）。

【編者注7】保証期間付定期金の受給時の課税関係

① 相続財産とみなされる保証期間付定期金給付契約につき、その定期金（年金）の継続受取人（一時金受取人を含む）が具体的に定期金（年金）を受給する場合の所得税の課税関係は、年金保険契約等に係る年金と同様、雑所得（一時金として支払われるものは、原則として、一時所得）として所得税の課税対象ともなる。

つまり、保証期間付定期金に関する権利については、相続税の課税対象となった上、更に、具体的な年金受給時には所得税の課税対象にもなる（通常は雑所得、一時金で支払を受ける場合には一時所得）。

従前、その雑所得の金額の計算方法は同183条・184条に定める通常の方法と同一とされ、相続税と所得税の二重課税の調整に格

別な配慮はされていなかった。

　この点につき、平22政令214号により所得税法施行令の一部改正が行われ、185条（相続等に係る生命保険契約等に基づく年金に係る雑所得の金額の計算・P580参照）及び186条（相続等に係る損害保険契約等に基づく年金に係る雑所得の金額の計算・P649参照）が追加され、相続税との調整が図られた。

②　所基通9-18（P567参照）によれば、個人年金保険契約で被相続人の死亡を年金支払開始原因とするものにつき、具体的な年金の支払が始まる前に、その年金の全部を一時金として支払を受ける場合には（上記編者注6②の死亡給付金を含む）、その一時金については所得税を課さない（非課税所得）とされている。

　つまり、相続開始直後に、年金保険の全部を一時金で取得した場合には、相法3条1項1号（P119参照）に規定する死亡保険金との課税上のバランスから、その一時金に相当する金額をみなす相続財産（死亡保険金等）とするのみで、所得税上は、死亡保険金と同様に相続により取得したものとして所得税を課さないものとされる。

相続税法基本通達

（保証据置年金契約の年金受取人が死亡した場合）

3-45　保証据置年金契約（年金受取人が年金支払開始年齢に達した日からその死亡に至るまで年金の支払をするほか、一定の期間内に年金受取人が死亡したときは、その残存期間中年金継続受取人に継続して年金の支払をするものをいう。【編者注1】）又は保証期間付年金保険契約（保険事故が発生した場合に保険金受取人に年金の支払をするほか、一定の期間内に保険金受取人が死亡した場合には、その残存期間中継続受取人に継続して年金の支払をするものをいい、これに類する共済契約を含む。【編者注1】）の年金給付事由又は保険事故が発生した後、保証期間内に年金受取人（保険金受取人を含む。以下3-45において同じ。）が死亡した場合には、次に掲げるところによるのであるか

ら留意する。（直近改・昭57直資2-177）

(1) 年金受取人［死亡した年金受取人。編注］【編者注2】が掛金又は保険料の負担者であるときは、法第3条第1項第5号［保証期間付定期金に関する権利・P282参照。編注］の規定により継続受取人が掛金又は保険料の負担者から［、］その負担した掛金又は保険料の金額［分子。編注］のその相続開始の時までに払い込まれた掛金又は保険料の全額［分母。編注］に対する割合に相当する部分【編者注3】を［、］相続又は遺贈によって取得したものとみなされること。

(2) 年金受取人［死亡した年金受取人。編注］【編者注2】が掛金又は保険料の負担者でないときは、法第6条第3項［贈与とみなされる保証期間付定期金に関する権利・P329参照。編注］の規定により継続受取人が掛金又は保険料の負担者から［、］その負担した掛金又は保険料の金額［分子。編注］の相続開始の時までに払い込まれた掛金又は保険料の全額［分母。編注］に対する割合に対応する部分【編者注3】を［、］贈与によって取得したものとみなされること【編者注4】。

(3) 掛金又は保険料の負担者と継続受取人とが同一人【編者注5】であるときは、［編注：相続税及び贈与税を］課税しないものとすること【編者注6】。

【編者注1】年金の種類
　年金の種類は、相法3条1項5号の編者注3-2（P283）参照。

【編者注2】年金受取人の意義
　年金受取人については、相法3条1項5号の編者注2（P283）参照。

【編者注3】定期金の価額
　負担割合を乗ずる定期金の価額は、相法24条によって評価した金額である。

【編者注4】死亡した定期金受取人が保険料等の負担をしていない場合の課税関係
　本項(2)の場合には、死亡した年金受取人は、相法6条3項（P329参照）により、既に、その年金支払開始の時において、掛金等の負

担者からその年金に関する権利を贈与により取得したものとして贈与税の課税対象とされている。

したがって、この場合には、同一の年金に関する権利につき二度贈与税が課税されることになるので留意する。

【編者注5】**先代等の負担した掛金等**

継続年金受取人が、その定期金の給付開始前に、その権利を相続又は遺贈により取得したもの（又は取得したものとみなされるもの）である場合には、先代等の負担した掛金等は継続年金受取人が負担していたことになる（相法3条1項3号の編者注3-2・P266参照）。

【編者注6】**継続年金受取人となった者が年金の掛金等を負担している場合の課税関係**

本項(3)の場合には、その年金収入が継続受取人の雑所得となり（所令183①）、所得税の課税に属するので、相続税及び贈与税の課税関係は生じない。

第6章

みなす相続財産──
契約に基づかない定期金に関する権利
に関連する法令・通達等

第1節 みなす相続財産──契約に基づかない定期金に関する権利に関連する各条項

相続税法

（相続又は遺贈により取得したものとみなす場合）
第3条　次の各号のいずれかに該当する場合においては、当該各号に掲げる者が、当該各号に掲げる財産を相続又は遺贈により取得したものとみなす。［中略］【編者注1】

［編注：契約に基づかない定期金に関する権利］
　　六　被相続人の死亡により相続人その他の者が定期金（これに係る一時金を含む。）に関する権利で契約に基づくもの以外のもの（恩給法（大正12年法律第48号）の規定による扶助料に関する権利を除く【編者注2】。）を取得した場合においては、当該定期金に関する権利を取得した者について、当該定期金に関する権利【編者注3】（第2号［退職手当金等。編注］に掲げる給与に該当するものを除く。）
　2　［以下省略］

【編者注1】3条1項本文の詳細
　相法3条1項本文の詳細は、2編1章2節に掲げる3条1項（P119）及びその編者注を参照。
【編者注2】契約に基づかない定期金に関する権利
　1　退職年金
　①　適格退職年金契約等、相令1条の3（P225参照）に規定する年金又は一時金で、従業員の死亡により支給される（支給が開始される）ものは、相法3条1項2号（P212参照）の退職手当金等に該当するので、同法3条1項6号の契約に基づかない定期金には該当しない。

同6号後段のカッコ書「第2号に掲げる給与に該当するものを除く」の規定は、このことを明示したものである。
② 従業員が生前に退職し、上記①の年金又はそれ以外の非適格年金等の受給を受けており、その受給期間中に死亡したことにより、相続人その他の者がその年金の継続受取人になった場合には、継続受取人の取得した権利は相法3条1項6号に規定する契約に基づかない定期金に該当する（相基通3-29・P236参照）。この場合、継続受取人が受ける年金は非課税所得となる（所基通9-2・P215、同9-17・P216参照）。

なお、役員又は従業員であった者が生前に退職し、その退職時に退職金の総額が確定し、一時金として支給されるべきものにつき、雇用主の都合（例えば資金繰りの状況等）により、当事者間における任意の合意によって、その支払を年賦又は月賦等の分割払いの方法により支払われていた場合には、その役員等であった者の相続開始の時に存する未収退職金は未収金債権として本来の相続財産に当る（つまり、相法3条のみなし相続財産にならない）。

この場合の未収退職金債権の評価については、相基通旧24-3の編者注5（P379）参照。

2　契約に基づかない定期金に該当しないもの
次に掲げるようなものの本質は契約に基づかない定期金であるが、相法3条1項6号の定期金に該当しない（みなし相続財産にも、本来の相続財産にもならない）。
　ⅰ　恩給法に規定する扶助料（相法3条1項6号カッコ書に明示。恩給法73条・P1365参照）
　ⅱ　厚生年金保険法、国民年金法等に規定する遺族年金（相基通3-46・次頁参照）
　　なお、遺族等が受けるこれらの年金については非課税所得となる（これらの遺族年金については、それぞれの法律に非課税の規定がある。同3-46参照）。

【編者注3】定期金の権利の価額

相法3条1項6号の定期金の権利の価額は、相法24条により評価した金額となる。

相続税法基本通達

（契約に基づかない定期金に関する権利）
3-46　法第3条第1項第6号［契約に基づかない定期金に関する権利・P290参照。編注］に規定する「定期金に関する権利で契約に基づくもの以外のもの」には、3-29［退職年金の継続受取人が取得する権利・P236。編注］の定めに該当する退職年金の継続受取人が取得する当該年金の受給に関する権利のほか、国家公務員共済組合法の規定による遺族年金、地方公務員等共済組合法の規定による遺族年金、船員保険法の規定による遺族年金、厚生年金保険法（昭和29年法律第115号）に規定による遺族年金等があるのであるが、これらの法律による遺族年金等については、それぞれそれらの法律［本項に掲げる各法律。編注］に非課税規定［編注：例えば、厚生年金法41条・P1365、国民年金法25条・P1365参照。］が設けられているので、相続税は課税されないことに留意する【編者注】。（直近改・平元課資2-207）

【編者注】本項の定期金について
1　契約に基づかない定期金の区分
　契約に基づかない定期金に関する権利は、次のように区分されている。
　ⅰ　被相続人の死亡により、相続人等がその権利を原始的に取得するもので、その典型は、各法律に規定する遺族年金である。なお、遺族年金については、各法律に非課税の規定が置かれているので、相続税及び所得税等一切の租税は課されない。
　ⅱ　被相続人が受給していた契約に基づかない定期金が保証期間付のもので、相続人その他の者がその継続受取人となるもの。
　　その典型は、退職年金等の継続受取人となる場合である。

2 被相続人が構成員となっていた団体等から、被相続人の死亡により給付される弔慰金・香典、その他の一時金等の課税関係

被相続人が、勤務先、同業者団体等において組織される互助会・共済会（いずれも、通常は人格のない団体のようである）に加入している場合、その共済会等から交付される次のようなものの課税関係は、それぞれ次のようになる。

① 弔慰金、香典等

共済会等から交付される弔慰金、香典等については、勤務先等から給付されるものと同様、その額が社会通念上相当なものであるときは、相続税、贈与税及び所得税の課税対象にならない（相基通3-20の編者注2-1・P242参照）。

② 死亡給付金、退職見舞金、死亡見舞金等

共済会等の会員が生前において、その共済会等の規約等に定める掛金等の払込をし、その死亡時においては掛金等の金額に応じ、死亡した会員（被相続人）の遺族等に対し直接に、一定の死亡給付金、退職見舞金、死亡見舞金等の名目で給付される場合がある。

この場合の課税関係は、実務上次のように取り扱われている。

ⅰ 給付を受けた金額は、その給付を受けた者の一時所得の収入金額とする。

ⅱ 被相続人が生前に払い込んだ掛金等の金額は、その給付金の受取人が負担したものとして、一時所得の計算上必要経費に算入する。なお、共済会によっては、被相続人が生前に払い込んだ掛金等の全部又は一部を「生前前払金」等として給付金に加算して交付するものもあるようである（一般に、加算の事実は明細書等に明示されている）。

このような場合には、「生前前払金」を含む給付を受けた金額の総額を一時所得の収入金額とし、必要経費とすべき金額は、被相続人の払込掛金等の総額から交付を受けた「生前前払金」を控除した残額に相当する金額（従って、掛金等の全額に相当する金額を加算して交付を受けるときには、必要経費に算入すべき金額は零となる。）

として取り扱われている。

 つまり、本2に掲げるような死亡給付金等の場合には、相続税及び贈与税の課税関係ではなく、所令183条2項（生命保険契約の一時金等の一時所得の計算）に準じ、その給付金の取得者の一時所得にするというものである。

 なお、会員である被相続人が掛金等の全部を負担している等のことからすれば、相法3条1項6号（P290参照）等に該当し、相続税の課税関係が生ずる余地がないとはいえないが、その実体は区々であり、金額的にも多額でない等のことから上記のように一時所得として簡便な取扱いがされているものと考えられる。

第7章

贈与により取得したものとみなす
生命保険金・損害保険金に関連する
法令・通達等

第1節 贈与により取得したものとみなす生命保険金・損害保険金に関連する法令・通達等の索引

贈与により取得したものとみなす生命保険金・損害保険金について、相続税の関連法令・通達、情報、質疑応答事例、事前照会に対する文書回答事例、判例、裁決例等で、本章に収録したものは、以下のとおり。

法令等の索引

□相続税法
　第5条　贈与により取得したものとみなす場合　*298*
□相続税法施行令
　第1条の4　贈与により取得したものとみなされる損害保険契約の保険金　*309*
　第1条の5　返還金等が課税される損害保険契約　*310*
□相続税法基本通達
　3-16　保険料の負担者が被相続人以外の者である場合　*318*
　5-1　法第3条第1項第1号の規定の適用を受ける保険金に関する取扱いの準用　*318*
　5-2　保険金受取人の取扱いの準用　*318*
　5-3　保険金受取人以外の者が負担した保険料等　*319*
　5-4　損害賠償責任に関する保険又は共済の契約に基づく保険金　*313*
　5-5　搭乗者保険等の契約に基づく保険金　*314*
　5-6　返還金その他これに準ずるものの取扱いの準用　*315*
□個別通達
・　人身傷害補償保険金に係る所得税、相続税及び贈与税の取扱い等について（平11課資2-287）　*319*
□自動車保険搭乗者傷害危険担保特約

第1条　当会社の支払責任　*316*
第4条　死亡保険金　*316*
□自動車損害賠償保障法
　第5条　責任保険又は責任共済の契約の締結強制　*316*
□原子力損害の賠償に関する法律
　第8条　原子力損害賠償責任保険契約　*316*

> **第2節** 贈与により取得したものとみなす
> 生命保険金・損害保険金の基本条項

相 続 税 法

(贈与により取得したものとみなす場合)

［編注：贈与により取得したものとみなす生命保険金・損害保険金等］

第5条　生命保険契約［相令1条の2第1項（P155）に掲げる共済契約を含む。相法3条1項1号・P119参照。編注］の保険事故（傷害、疾病その他これらに類する保険事故で死亡を伴わないものを除く【編者注1】。）又は損害保険契約［相令1条の2第2項（P156）に掲げる共済契約を含む、相法3条1項1号・P119参照。編注］の保険事故（偶然な事故に基因する保険事故で死亡【編者注1】を伴うものに限る。）が発生した場合において、これらの契約に係る保険料の全部又は一部が保険金受取人【編者注2】以外の者によって負担されたものであるときは、これらの保険事故が発生した時【編者注3】において、保険金受取人が、その取得した保険金【編者注4】（当該損害保険契約の保険金［偶然な事故に基因する保険事故で死亡を伴う保険金。編注］については、政令［相令1条の4・P309参照。編注］で定めるものに限る【編者注4】。）のうち［、］当該保険金受取人以外の者が負担した保険料の金額［分子。編注］【編者注5】の［、］これらの契約に係る保険料でこれらの保険事故が発生した時までに払い込まれたものの全額［分母。編注］【編者注5】に対する割合に相当する部分を［、］当該保険料を負担した者から贈与により取得したものとみなす【編者注6】。（直近改・平15法8）

［編注：贈与により取得したものとみなす生命保険契約・損害保険契約の返還金等］

2　前項の規定は、生命保険契約又は損害保険契約（傷害を保険事故とする損害保険契約で政令［相令1条の5・P310参照。編注］で定めるものに限る。）について返還金その他これに準ずるものの取得があった場合

について準用する【編者注4-1②】。

［編注：被相続人が負担した保険料等］
3　前２項の規定の適用については、第１項（前項［贈与により取得したものとみなす返還金等。編注］において準用する場合を含む。）に規定する保険料を負担した者の被相続人［保険料負担者の先代等。編注］が負担した保険料は、その者［保険料を負担した者。編注］が負担した保険料とみなす【編者注7】。

　　ただし、第３条第１項第３号［相続により取得したものとみなす生命保険契約に関する権利・P261参照。編注］の規定により前２項に規定する保険金受取人又は返還金その他これに準ずるもの【編者注4-1②】の取得者が［、］当該被相続人［保険料負担者の先代等。編注］から同号［相法３条１項３号。編注］に掲げる財産［生命保険契約に関する権利。編注］を相続又は遺贈により取得したものとみなされた場合においては、当該被相続人［保険料負担者の先代等。編注］が負担した保険料については、この限りでない【編者注7】。

［編注：相続財産とみなされる生命保険金等との関係］
4　第１項［贈与により取得したものとみなす生命保険金・損害保険金。編注］の規定は、第３条第１項第１号［相続により取得したものとみなす生命保険金等・P119参照。編注］又は第２号［相続により取得したものとみなす死亡退職金等・P212参照。編注］の規定により［、］第１項に規定する保険金受取人が同条第１項第１号［相法３条１項１号。編注］に掲げる保険金又は同項第２号［相法３条１項２号。編注］に掲げる給与を相続又は遺贈により取得したものとみなされる場合においては、当該保険金又は給与に相当する部分については、適用しない【編者注4-1①、8】。

【編者注1】死亡、保険事故の意義等
　1　死亡の意義
　　相法３条１項１号に規定する相続財産とみなされる死亡保険金の「死亡」には、死亡の直接の基因となった傷害を含むとされて

いるが（相基通3-7・P164参照）、相法5条の死亡については同3-7の取扱いが準用されていない（下記編者注6参照）。

　したがって、相法5条の死亡保険金は、生命保険金も損害保険金も文字どおり「死亡」を原因として保険金を取得する場合に限られることになる。

2　保険事故の範囲

①　生命保険契約の保険事故には満期の到来が含まれるが、損害保険契約においては満期の到来は、保険事故から除かれている。

　つまり、生命保険契約については、相法5条1項の「生命保険の保険事故（傷害、疾病その他これらに類する保険事故で死亡を伴わないものを除く。）」のカッコ書の規定により、保険事故から除かれるもののうちには、満期の到来が含まれないことは文理上明らかである。

　他方、損害保険契約については、同項の「損害保険契約の保険事故（偶然な事故に基因する保険事故で死亡を伴うものに限る。）が発生した場合」の規定により、文理上、満期の到来が保険事故に該当する余地のないことが明らかである。なお、損害保険契約の満期返戻金の課税関係については、本条の編者注8-2②参照。

②　生命保険会社等と締結した個人年金保険契約等に係る年金支給開始事由の到来は、相法5条1項に規定する保険事故の発生に該当する（下記編者注4①ⅱ参照）。

【編者注2】保険金受取人の意義

　相法5条1項の保険金受取人については、相法3条1項1号の編者注5（P126）参照。

【編者注3】保険事故の発生の時と課税時期

1　保険事故の発生の意義と事故発生の時

　相法5条1項に規定する保険事故の発生の時とは、次に掲げるような時（日）をいう。

　　ⅰ　生命保険契約又は損害保険契約の被保険者の死亡の時
　　ⅱ　生命保険契約の満期到来の日の翌日（養老保険約款(例)1条・

P1366参照）
iii 生命保険契約又は損害保険契約の解約の日（解約申込日ではなく、解約確定の日と解される。養老保険約款(例)23条・P1374参照）
iv 保険金の減額確定の日（養老保険約款(例)34条・P・1382参照）、保険契約の失効による解約払戻金確定の日（養老保険約款(例)22条・P1374参照）
v 生命保険会社等と締結した個人年金契約等の年金給付事由の発生した日（年金給付開始時期の到来した日。個人年金保険約款(例)3条②項・P1434参照）

2 保険金に対する贈与税の課税時期

相法5条による保険金に対する贈与税の課税時期については、同条1項が「保険事故が発生した時において、……贈与により取得したものとみなす」と規定しており、文理上、保険事故の発生と同時に取得したものとされている。

したがって、保険事故の発生の時と、現実の保険金取得の時とが異なる年（暦年）に属するような場合においても、保険事故発生の時の年分の贈与税として課税されるものと解される。

【編者注4】保険金の範囲等
1 贈与とされる保険金（個人年金保険契約の年金を含む）
① 相法5条1項の規定により贈与税の課税対象となるもの
i 生命保険契約の保険料負担者と保険金受取人がそれぞれ別人で、被保険者の死亡又は満期により取得する保険金。

（注1）保険料負担者が被保険者で、被保険者の死亡により保険金を取得する場合には、相法3条1項1号によるみなす相続財産たる死亡保険金（又は退職手当金等）となる（相法5④）。

（注2）被保険者の死亡又は満期により保険金を取得した場合においても、保険金受取人が自らその保険料を負担していた場合（負担していたものとされる場合（相法3条1項3号の編者注3-2・P266参照）を含む）には、その保険金は受取人の一時所得とされる。

（注3）死亡保険金の場合には、保険料負担者、被保険者及び保険金受取人

のそれぞれが別人であると、その保険金は贈与とみなされ、生命保険の満期保険金の場合には、保険料負担者と保険金受取人のみが異なればその保険金は贈与とみなされる。

(注4) 保険金受取人以外の者が保険料を負担している場合であっても、被保険者の死亡を伴わない高度障害保険金（被保険者の余命が6月以内と判断される場合において、いわゆるリビング・ニーズ特約（P1409参照）に基づき、死亡前に支払を受ける死亡保険金を含む）、傷害・疾病等に係る保険金又は給付金は、相法5条1項の保険金に該当せず、贈与税の課税対象にならない（相法5条1項カッコ書・P298参照）。この場合の課税関係については、下記編者注8参照。

ⅱ 個人年金保険契約等で死亡保障を付保しないもの（専ら年金である定期金の給付を目的とするようなもの）でも、生命保険会社等と締結したものは、相続税法上「生命保険契約」に該当する（相法3条1項1号の編者注3-2・P121参照）。

したがって、生命保険会社等と締結した個人年金保険契約等につき年金給付事由が発生した場合（一般的にいえば、個人年金の給付開始時期が到来した時）には、相法5条の保険事故の発生となり、その保険料の負担関係が同5条に該当するときは、個人年金に関する権利も贈与により取得したものとみなされることになる。

つまり、これらの年金契約は、相法6条の定期金給付契約に当らない（同6条では「定期金給付契約（生命保険契約を除く。）」と規定されている）。

なお、個人年金保険契約等につき年金給付事由の発生によって、その給付額に相当する金額（金額の評価については下記③参照）を贈与によって取得したものとして贈与税の課税対象となる場合であっても、各年において受ける具体的な年金については、別途、年金の受給時に雑所得として所得税の課税対象にもなることに留意する（相法3条1項5号の編者注7・P285参照）。

ⅲ 損害保険契約の保険料負担者、被保険者、保険金受取人がそれぞれ別人で、被保険者の偶然な事故による死亡に伴って取得する

保険金。

　ただし、この死亡保険金のうち、相令1条の4（P309参照）により贈与税の課税対象とならない自動車損害賠償責任保険の保険金等、又は無保険車傷害保険契約の保険金（相基通3-10・P173参照）は相法5条1項の保険金に該当せず、その課税関係については、下記編者注8参照。

(注1) 保険料負担者が被保険者で、被保険者の死亡により上記ⅲの損害保険金を取得する場合には、相法3条1項1号によるみなす相続財産たる死亡保険金（又は退職手当金等）となる（相法5④）。なお、相令1条の4の編者注2-1①・P309参照。

(注2) 被保険者の死亡により上記ⅲの損害保険金を取得した場合においても、損害保険金受取人が自らその保険料を負担していた場合（負担していたものとされる場合（相法3条1項3号の編者注3-2・P266参照）を含む）には、その保険金は受取人の一時所得とされる。

(注3) 損害保険契約の満期返戻金及び上記ⅲの自動車損害賠償責任保険等の保険金に関する課税関係については、下記編者注8参照。

② **相法5条2項の規定により贈与税の課税対象となるもの**

ⅰ　生命保険契約（個人年金保険契約を含む）の解約等により返還金等（相法3条1項3号の編者注2・P261参照）を取得した場合で、その取得者（通常は保険契約者）以外の者が、その生命保険契約の保険料を負担しているもの。

　なお、返還金等と共に契約者配当金等（積立配当金等を含む）の支払を受ける場合には、その契約者配当金等の額も相基通3-8（P170参照）の例により、贈与税の課税対象となる返還金等に含めることになるものと考えられる。

ⅱ　生命保険契約の転換があり、その転換時に責任準備金をもって契約者貸付金の清算が行われた場合において、保険契約者以外の者が保険料を負担しているときは、保険契約者が保険料負担者から、清算された契約者貸付金に相当する金額を贈与により取得したものとされる（相基通5-7・P1175参照）。

ⅲ　傷害を保険事故とする損害保険契約（上記①ⅲの但し書に該当する保険契約を除く）の解約等により返還金等を取得した場合で、その取得者（通常は保険契約者）以外の者が、その損害保険契約の保険料を負担しているもの。
　　（注１）ⅰ及びⅲの解約返還金等を取得した場合でも、その保険契約の保険料をその返還金等を取得した者が負担している場合（負担していたものとされる場合を含む）には、その取得した者の一時所得となる。
　　（注２）ⅲに該当する損害保険契約の解約返戻金等は、損害保険契約の解約返戻金等のうち、相令１条の５（P310参照）に掲げる傷害を保険事故とするいわゆる傷害保険に係るものに限られる。
　　（注３）年金払積立傷害保険の課税関係については、P338の「参考」を参照。
　③　年金により支払われる保険金
　　　上記①及び②の保険金には、一時金により支払われるものに限らず、年金の方法により支払われるものも含まれる。この場合の「保険金」の額は、相法24条により評価した金額である（相法３条１項１号の編者注3-4・P124参照）。
　２　生命保険契約及び損害保険契約の範囲、保険金額
　　　生命保険契約及び損害保険契約の意義・その範囲、取得した保険金の金額については、相法３条１項１号の編者注３（P121）参照。
【編者注５】保険金受取人以外の者が負担した保険料、保険料の全額の計算等
　①　保険金受取人以外の者が負担した保険料、保険料の全額については、相法３条１項１号の編者注６（P132）参照。
　②　従業員の雇用主が保険料を負担している保険契約につき、従業員その他の者が保険金を取得した場合の課税関係については、相基通3-17（P187参照）に取扱いがあり、その概要は次のようである。
　ⅰ　従業員が死亡し、相続人等が死亡保険金を取得したとき
　　　死亡した従業員のみなす相続財産である死亡保険金となる。
　ⅱ　従業員以外の者（例えば、従業員の親族等）が死亡し、従業員が死亡保険金を取得したとき

従業員の一時所得となる。
iii 従業員以外の者（例えば、従業員の配偶者）が死亡し、従業員以外の者（例えば、従業員の子）が死亡保険金を取得したとき
相法5条1項により、従業員から従業員の子に対するみなし贈与財産として、子に対する贈与税の課税対象とされる。

【編者注6】相法5条において準用される相続税法基本通達
相基通5-1、5-2、5-3（P318・319参照）、5-6（P315参照）により準用される相基通の取扱いは、次のとおり。
・3-6　年金により支払を受ける保険金（P164参照）
・3-8　保険金とともに支払を受ける剰余金等（P170参照）
・3-9　契約者貸付金等がある場合の保険金（P170参照）
・3-10　無保険車傷害保険契約に係る保険金（P173参照）
・3-11　「保険金受取人」の意義（P175参照）
・3-12　保険金受取人の実質判定（P175参照）
・3-13　被相続人が負担した保険料等（P182参照）
・3-14　保険料の全額（P187参照）
・3-39　「返還金その他これに準ずるもの」の意義（P270参照）

【編者注7】被相続人の被相続人が負担した保険料について
相法5条3項の趣旨については、相法3条2項と同義に解されるので、相法3条2項の編者注9（P137）参照。

【編者注8】受取保険金が贈与とならない場合における他の課税関係
保険金等を取得した場合において、相法5条による贈与により取得したものとならない場合、その保険金等に対する他の課税は、次のようになる。

1　相続税の課税対象となるもの
被相続人が被保険者及び保険料の負担者で、被相続人の死亡によって取得する死亡保険金は、相続税の課税対象となる。
この場合には、相令1条の4（P309参照）の適用がない。したがって、その死亡保険金が相令1条の4に掲げられている自動車損害賠償責任保険等の保険金であっても、贈与税の場合と異なり、相続税

の課税対象となる。ただし、無保険車傷害保険契約の保険金は相続税の課税対象にならない（相基通3-10・P173参照）。

2　保険金等の取得者の一時所得となるもの

次に掲げるものは、保険金等の取得者の一時所得の課税対象となる。

①　保険金受取人が保険料を負担していた生命保険契約に係る死亡保険金、満期保険金、解約返戻金等。

②　損害保険契約（保険の目的の種類を問わない）に係る満期返戻金

　　損害保険に係る満期返戻金の支払は、相法5条1項の「保険事故」の発生に含まれていないことは、前記編者注1-2に記述するおりである。

　　したがって、損害保険契約の保険料を契約者以外の者が負担している場合における満期返戻金についても、その満期返戻金の受取人（通常は契約者）が同5条1項により贈与によって取得したものとされることはない。

　　他方、相続税の実務においては、損害保険契約の保険料を契約者以外の者が負担している場合には、その保険料相当額をその支払の都度、保険料の負担者から保険契約者に贈与されたものと考えられていることからすると（相法3条1項3号の編者注2-3②・P265参照）、その保険料は満期返戻金受取人が自ら保険料を負担していたことになるので、満期返戻金受取人の一時所得となる。

③　損害保険契約の解約返戻金等

　　損害保険契約に係る解約返戻金を取得した場合において、その取得者（通常は契約者）以外の者がその保険料を負担していたもののうち、前記編者注4-1②iiiに掲げるものに該当しないもの（例えば、建物等の火災保険等）は、上記②後段と同様の理由により返戻金等の受取人が保険料を負担していたことになり、返戻金受取人の一時所得となる。

3　非課税所得となるもの

①　傷害、疾病等死亡を伴わない保険事故により支払われる保険金・

給付金

死亡を伴わない傷害・疾病等に係る保険金又は給付金（以下傷害保険金等という。具体的な保険金等の内容については、所基通9-21の編者注-1・P417参照）の課税関係は、その保険契約の保険料の支払者が誰であるかに係わらず、傷害保険金等受取人の地位等により、次のようになる。

ⅰ　保険金受取人が取得した傷害保険金等は、常に、贈与税の課税の対象とならない（相法5条1項カッコ書・P298参照）。

ⅱ　傷害保険金等の受取人が、その保険契約の被保険者である場合には、原則として、所令30条により、非課税所得に該当する（所令30条）。

ⅲ　傷害保険金等の受取人が、被保険者の配偶者、直系血族、生計を一にするその他の親族である場合には、所基通9-20（P414）により、非課税所得とされる。

ⅳ　傷害保険金等の受取人が、上記ⅱ又はⅲに該当しない場合には、保険会社である法人からの寄附金として、受取人の一時所得となる（前掲「保険税務のすべて」P731参照）。

②　損害賠償責任に関する保険契約の保険金

偶然な事故による被保険者の死亡に伴い取得する保険金であっても、その保険金が自動車損害賠償責任保険の保険金など相令1条の4（P309参照）に掲げるもの、又は無保険車傷害保険契約の保険金は、保険料の支払者が誰であるかに係わらず、非課税所得となる（所令30条）。

③　火災保険、車両保険等の保険金

火災保険、車両保険等のように「物」の損失を補填する保険金は、保険料の負担者に係わりなく、非課税所得となる（所法9①十七）。

ただし、これらの保険金のうち、事業所得、不動産所得又は雑所得を生ずべき業務の用に供されている物の損失で、これらの所得金額の計算上必要経費に算入される金額を補填するための金額がある場合には、その補填する金額を除いた残余の金額が非課税

所得となる（所令30条本文カッコ書）。
　4　搭乗者保険等の課税関係
　搭乗者保険契約等に係る保険金の課税関係については、相基通5-5（P314参照）に取扱いがある。
　5　人身傷害補償保険金の課税関係
　人身傷害補償保険に係る保険金の課税関係については、個別通達「人身傷害補償保険金に係る所得税、相続税及び贈与税の取扱い等について」（平11課資2-287・P319参照）に取扱いがある。

第3節　贈与により取得したものとみなす損害保険契約の保険金・返還金等に関連する条項

相続税法施行令

（贈与により取得したものとみなされる損害保険契約の保険金）
第１条の４　法第５条第１項［贈与により取得したものとみなす保険金・P298参照。編注］に規定する政令で定める損害保険契約の保険金は、法第３条第１項第１号［相続により取得したものとみなす死亡保険金等・P119参照。編注］に規定する損害保険契約【編者注１】の保険金のうち、自動車損害賠償保障法（昭和30年法律第97号）第５条（責任保険又は責任共済の契約の締結強制［編注：P316参照］）に規定する自動車損害賠償責任保険又は自動車損害賠償責任共済の契約、原子力損害の賠償に関する法律（昭和36年法律第147号）第８条（原子力損害賠償責任保険契約［編注：P316参照］）に規定する原子力損害賠償責任保険契約［、］その他の損害賠償責任に関する保険又は共済に係る契約に基づく保険金（共済金を含む。以下同じ。）以外の保険金とする【編者注２】。（直近改・平19政84旧１条の５繰上）

【編者注１】損害保険契約の範囲
　　本条にいう損害保険契約の範囲自体は、相法３条１項１号に規定する損害保険契約の範囲と同一であり、相令１条の２第２項（P156参照）に定める傷害共済契約及び大蔵省告示126号（P162参照）に定める傷害共済契約を含む。

【編者注２】本条の趣旨等
１　相令１条の４の趣旨
①　本条に掲げる自動車損害賠償責任保険のような保険金は、いわば損害賠償金の性質を有するものとして、贈与により取得したものとみなす保険金から除外されている。

なお、本条に掲げる自動車損害賠償責任保険のような保険契約の保険料を被相続人が負担しており、被相続人の死亡によってその保険金が相続人その他の者に支払われた場合には、本条の適用がないので、相法3条1項1号の規定により、その保険金を取得した者が、その保険金を相続又は遺贈によって取得したものとみなされる。
②　上記①との関連でいえば、例えば、甲（被相続人）がＹ（損害賠償責任を負う者）の運転する自動車による交通事故で死亡し、乙（甲の相続人）が自動車損害賠償保障法に基づきＹの損害賠償金として保険会社から支払を受ける保険金は、相法3条1項1号に規定する生命保険金又は損害保険金に該当せず、本来の相続財産にもならない。
　つまり、乙が損害賠償請求権を原始的に取得し、その賠償金の支払として保険会社等から保険金を受ける、というものである。
　他方、乙の取得した保険金の実質は損害賠償金であるから、所法9条1項17号により非課税所得とされる。
2　「その他の損害賠償責任に関する保険」の範囲等
　本条では「その他の損害賠償責任に関する保険」と規定しているので、本条に掲げる保険は例示である。本条に掲げるものの他、具体的な損害賠償責任保険の例としては相基通5-4（P313参照）に取扱いがある。
3　相令1条の4に規定する損害保険契約の保険金
　本条に定める損害保険契約の保険金は、偶然な事故に基因する保険事故で死亡に伴い支払を受ける保険金である。ただし、そのうちに、本条に掲げる損害賠償責任に関する保険金がある場合には、その賠償責任に係る保険金は、贈与税の課税対象から除外される。

（返還金等が課税される損害保険契約）　　相令
第１条の５　法第５条第２項［贈与により取得したものとみなす損害保険契約

に係る返還金等・P298参照。編注］に規定する政令で定める損害保険契約は、前条に規定する損害賠償責任に関する保険若しくは共済に係る契約［相令1条の4に定める贈与により取得した保険金とみなされない損害保険金等に係る保険契約。編注］以外の損害保険契約で傷害を保険事故とするもの［、］又は共済に係る契約で第1条の2第2項第2号イからへまでに掲げるもの［相続により取得したものとみなされる損害保険契約に類する傷害共済契約等・P157参照。編注］とする【編者注】。（直近改・平19政84旧1条の6繰上。）

【編者注】損害保険契約の範囲等
1 相令1条の5の損害保険契約等の範囲
　損害保険契約等の解約返戻金等で、贈与により取得したものとされる保険契約の範囲は、次のいずれかに該当するものに限られる。
ⅰ 傷害を保険事故とする損害保険契約。これらの保険契約であっても、相令1条の4（P309参照）により、贈与により取得したものとされない損害賠償責任に関する保険に該当するものは除かれる。
　なお、損害保険契約の範囲については、相法3条1項1号の編者注3（P121）参照。
ⅱ 相令1条の2第2項（P156参照）に掲げる傷害共済に係る契約。これらの共済契約であっても、相令1条の4（P309参照）により、贈与により取得したものとされない損害賠償責任に関する共済に該当するものは除かれる。
2 傷害の意義
　相令1条の5に規定する「傷害」の意義については、相続税に関連する法令・通達に明示がない。
　なお、傷害保険とは、被保険者が急激かつ偶然な外来の傷害事故によって生活機能若しくは業務能力の減少を来たし、医師の治療を受けたとき、あるいは、身体の一部を失い若しくはその機能

を失って後遺障害が生じたとき、あるいは、死亡した場合において保険給付をすることを目的とする保険をいうとされている（国税速報・平12.2.21・第5207号参照）。

一般的に、いわゆる第三分野の保険契約といわれる傷害保険契約がこれに該当するものと考えられる。

3　相令1条の5と所令184条との関係

① 損害保険契約の解約返戻金等で贈与により取得したものとみなされるのは、上記1に掲げる傷害に関する損害保険契約又は共済契約に限られる。

　これらの損害保険契約等の保険料等を保険契約者以外の者が負担しても、その負担した時においては贈与税の課税関係は生ぜず、解約返戻金等を取得した時において、相法5条2項による贈与税の課税が生ずる。

② 上記1に掲げる損害保険契約等以外の損害保険契約等に係る保険料等を保険契約者以外の者が負担した場合においては、その負担の都度、その負担した時において、保険契約者がその負担者から負担した保険料等に相当する金額の贈与を受けたものとされるので（相法5条の編者注8-2②・P306参照）、その保険料等は保険契約者自身が支払ったものとなる。

　この場合、贈与とされる保険料等に相当する金額は通常の贈与の場合と同様に、その年分の贈与税の課税価格に算入されるので、他の贈与の価額と合計し、その合計額が贈与税の基礎控除額（110万円・措法70条の2の2）を超えるときには当然に贈与税が課税される。

③ 所得税において、一時所得又は雑所得とされる損害保険契約又は損害に係る共済契約の満期返戻金・解約返戻金等の範囲は相令1条の5に掲げるものに限られず、建物又は動産の火災保険（火災共済）等も含まれている（所令184④）。

　そこで、相令1条の5に該当しない損害保険契約（例えば、積立型建物火災保険）に係る満期返戻金又は解約返戻金等を取得した場

合において、その取得した者（通常は保険契約者）とその保険契約の保険料負担者とが異なるときにおいても、上記②によりその保険料等は保険契約者自身が負担したことになるから、その返戻金等は贈与税の課税対象とならず、その取得した者（通常は保険契約者）の一時所得又は雑所得となる。

相続税法基本通達

（損害賠償責任に関する保険又は共済の契約に基づく保険金）
5-4 次に掲げる保険又は共済の契約（これらに類する契約を含む。）に基づき支払われるいわゆる死亡保険金のうち［,］契約者［本項に掲げる各保険契約の契約者で損害賠償責任を負う者。編注］の損害賠償責任に基づく損害賠償金に充てられることが明らかである部分［契約者が取得する死亡保険金のうち、契約者の損害賠償責任として他の者に支払う金額。編注］については、法施行令第1条の4［編注：P309参照］に規定する「損害賠償責任に関する保険又は共済に係る契約に基づく保険金」に該当するものとして取扱ってもさしつかえないものとする【編者注】。（直近改・平19課資2-5）

（1）自動車保険搭乗者傷害危険担保特約［編注：P316参照］
（2）分割払自動車保険搭乗者傷害危険担保特約
（3）月掛自動車保険搭乗者傷害危険担保特約
（4）自動車運転者損害賠償責任保険搭乗者傷害危険担保特約
（5）航空保険搭乗者傷害危険担保特約
（6）観覧入場者傷害保険
（7）自動車共済搭乗者傷害危険担保特約

【編者注】本項の趣旨
　相令1条の4（P309参照）に掲げる保険契約等は例示であり、その具体的な内容については、個々の事例ごとに同条の趣旨により判断することになる（前掲「相続税法基本通達逐条解説」・P146参照）。

本項に掲げるものについては、行政解釈として同令1条の4に掲げる損害賠償に関する保険契約に該当する、としたものである。

(搭乗者保険等の契約に基づく保険金)　相基通
5-5　5-4［損害賠償責任に関する保険又は共済の契約に基づく保険金。編注］に掲げる保険又は共済の契約（これらに類する契約を含む。）に基づき相続人が取得した死亡保険金については、次によることとなるのであるから留意する。（直近改・昭57直資2-177）

(1) 被相続人が当該契約［相基通5-4に掲げる保険等の契約。編注］に係る保険料の全部又は一部を負担した場合［被相続人が相基通5-4に掲げる保険等の搭乗者等たる被保険者、かつ、保険料等の負担者で、その者の死亡により保険金が支払われる場合。編注］

　当該保険金［相基通5-4に掲げる保険等の保険金。編注］のうち被相続人の負担した保険料に対応する部分は、法第3条第1項第1号に規定する保険金［相続等により取得したものとみなす死亡保険金・P119参照。編注］に該当する【編者注1】。

(2) 被相続人及び保険金受取人以外の者が当該契約に係る保険料を負担した場合［被相続人が相基通5-4に掲げる搭乗者等たる被保険者で、その者の死亡により保険金が支払われるときで、その保険料を被相続人及び保険金受取人以外の者が負担している場合。編注］

　当該保険金のうち被相続人及び保険金受取人以外の者が負担した保険料に対応する部分は、法第5条第1項［贈与により取得したものとみなす保険金・P298。編注］に規定する保険金に該当する（5-4により損害賠償責任に関する保険金又は共済に係る契約に基づく保険金として取り扱われる部分を除く【編者注2、3】。）。

【編者注1】みなす相続財産となる場合
　本項(1)の場合は、搭乗者である被保険者が自ら保険料を負担し、その死亡により相続人等が保険金を取得するのであるから、それが無保険車傷害保険契約に基づく保険金（相基通3-10・P173参照）に該

当するものを除き、原則どおり、相続財産とみなされる死亡保険金に該当することを確認的に明示したものである。

【編者注2】みなす贈与財産となる場合

本項(2)の場合は、搭乗者である被保険者の死亡により、相続人等が保険金を取得するのであるが、その保険契約の保険料を被相続人（搭乗者）及び保険金受取人以外の者が負担しているので、原則どおり、贈与により取得したものとみなされる保険金に該当することを確認的に明示したものである。

ただし、その取得した保険金のうちに、その保険契約の契約者が加害者等としての立場で被害者等に対し、その損害の賠償に充てられる部分が含まれている場合には、その支払に充てることが明らかな部分の金額は相基通5-4により、贈与により取得したものとみなされる金額から除かれる（贈与税・相続税及び所得税の非課税）。

【編者注3】所得税の課税関係

搭乗者保険等に対する所得税の課税関係は、次のようになる。

① 搭乗者（被保険者）の死亡により支払を受ける保険金で、その保険料を保険金受取人が負担している場合には、保険金受取人の一時所得に該当する（所基通34-1）。

② 搭乗者（被保険者）の死亡を伴わないで搭乗者に支払われる後遺傷害保険金・医療保険金（自動車保険搭乗者傷害危険担保特約1条1項・P316参照）は、その保険料の負担者が誰であるかを問わず、非課税所得に該当し（所令30）、贈与により取得したものとみなされる保険金にも該当しない（相法5条1項カッコ書）。

（返還金その他これに準ずるものの取扱いの準用）　相基通

5-6　法第5条第2項［編注：P298参照］に規定する「返還金その他これに準ずるもの」については、3-39［「返還金その他これに準ずるもの」の意義・P270参照。編注］の取扱いに準ずるものとする。（直近改・昭57直資2-177）

■参考：自動車損害賠償保障法５条
　（責任保険又は責任共済の契約の締結強制）
第５条　自動車は、これについてこの法律で定める自動車損害賠償責任保険（以下「責任保険」という。）又は自動車損害賠償責任共済（以下「責任共済」という。）の契約が締結されているものでなければ、運行の用に供してはならない。

■参考：原子力損害の賠償に関する法律８条
　（原子力損害賠償責任保険契約）
第８条　原子力損害賠償責任保険契約（以下「責任保険契約」という。）は、原子力事業者の原子力損害の賠償の責任が発生した場合において、一定の事由による原子力損害を原子力事業者が賠償することにより生ずる損失を保険者（保険業法（平成７年法律第105号）第２条第４項に規定する損害保険会社又は同条第９項に規定する外国損害保険会社等で、責任保険の引受けを行う者に限る。）がうめることを約し、保険契約者が保険者に保険料を支払うことを約する契約とする。

■参考：自動車保険搭乗者傷害危険担保特約１条、４条
　　　　　　　　　　　〔出典：日本損害保険協会「自動車保険のしおり」〕
　（当会社の支払責任）
第１条　当会社は、保険証券記載の自動車（原動機付自転車を含みます。以下「被保険自動車」といいます。）の正規の乗車用構造装置のある場所に搭乗中の者（以下「被保険者」といいます。）が被保険自動車の運行に起因する偶然な外来の事故により身体に傷害（ガス中毒を含みます。）を被ったときは、この特約に従い、保険金（死亡保険金、後遺障害保険金及び医療保険金をいいます。以下同様とします。）を支払います。
　②　前項の傷害には、日射、熱射又は精神的衝動による傷害を含みません。

　（死亡保険金）　　自動車保険搭乗者傷害危険担保特約
第４条　当会社は、被保険者［搭乗者。編注］が第１条（当会社の支払責任）

の傷害を被り、その直接の結果として、被害の日から180日以内に死亡したときは、保険証券記載の１名保険金額の全額を死亡保険金として被保険者の相続人に支払います。

【編者注】**自動車保険搭乗者傷害危険担保特約の契約関係**
　自動車保険搭乗者傷害危険担保特約の契約関係は、次のようになる。
◇契約者
　　自動車保険搭乗者傷害危険担保特約の契約者
◇保険料の負担者
　　保険料の支払義務者は契約者であるが、他の者がその支払をすることもできる。
◇搭乗者
　　被保険者となる。
　　死亡を伴わない後遺傷害保険金及び医療保険金の受取人
◇搭乗者の相続人
　　死亡保険金の受取人
◇保険会社
　　契約の引受人

| 第4節 | 贈与により取得したものとみなす
生命保険金・損害保険金に関連する他の条項 |

相続税法基本通達

（保険料の負担者が被相続人以外の者である場合）
3-16　法第3条第1項第1号［相続財産とみなす生命保険金等・P119参照。編注］の規定により相続又は遺贈により取得したものとみなされる保険金は、保険料の負担者の死亡［死亡の直接の基因となった傷害を含む。相基通3-7・P164参照。編注］により支払われるものに限られ、その死亡した者及びその受取人［保険金の受取人。編注］以外の者が保険料を負担していたものについては、法第5条第1項［贈与により取得したものとみなす生命保険金等・P298参照。編注］の規定により保険金受取人が保険料を負担した者から贈与により取得したものとみなされるのであるから留意する。（直近改・昭57直資2-177）

（法第3条第1項第1号の規定の適用を受ける保険金に関する取扱いの準用）　相基通
5-1　法第5条第1項［編注：P298参照］の規定により贈与により取得したものとみなされる保険金については、3-6及び3-8から3-10までの取扱いに準ずるものとする。（昭57直資2-177追加）

【編者注】取扱いの準用
　　本項については、相法5条の編者注6（P305）参照。

（保険金受取人の取扱いの準用）　相基通
5-2　法第5条第1項［編注：P298参照］に規定する「保険金受取人」については、3-11［保険金受取人の意義・P175参照。編注］及び3-12［保険金受取人の実質判定・P175参照。編注］の取扱いに準ずるものとする。（直

(保険金受取人以外の者が負担した保険料等)　相基通
5-3　法第5条第1項［編注：P298参照］に規定する「保険金受取人以外の者が負担した保険料」及び「これらの契約に係る保険料でこれらの保険事故が発生した時までに払い込まれたものの全額」の計算については、3-13［被相続人が負担した保険料等・P182参照。編注］及び3-14［保険料の全額・P187参照。編注］の取扱いに準ずるものとする。（直近改・昭57直資2-177）

相続税関係個別通達

◇**人身傷害補償保険金に係る所得税、相続税及び贈与税の取扱い等について**（平11課資2-287）

標題のことについては、東京海上火災保険株式会社から別紙2のとおり照会があり、これに対して当庁課税部長名をもって別紙1のとおり回答したから、了知されたい。

《別紙1》
［前略］
　標題のことについては、貴見のとおりで差し支えありません。

《別紙2》
［前略］
　弊社は、下記「1　人身傷害補償保険の概要」に記載する人身傷害補償保険を発売しています。
　この保険契約に係る被保険者が死亡し、保険金請求権者［下記1（注）2。編注］が人身傷害補償保険金を受領した場合の所得税、相続税及び贈与税の課税関係等について、下記「2　人身傷害補償保険金の課税関係」

以下のとおりと考えますが、貴庁のご意見をお伺い申し上げます。
記
1 人身傷害補償保険の概要
　人身傷害補償保険は、自動車事故により被保険者が死亡し又は傷害を被った場合に、運転者等の過失割合にかかわらず契約金額の範囲内で被保険者の人的損害に係る実損害額を補填する保険です。
　(注)1 被保険者は次のいずれかに該当する者をいいます。
　　　① 保険証券記載の者（記名被保険者）
　　　② ①の配偶者
　　　③ ①又は②の同居の親族
　　　④ ①又は②の別居の未婚の子
　　　⑤ ①～④以外の者で保険証券記載の自動車（被保険自動車）に搭乗中の者
　(注)2 被保険者が死亡した場合の保険金請求権者は、次のいずれかに該当する者をいいます。
　　　① 被保険者の法定相続人
　　　② 被保険者の父母、配偶者または子
　この人身傷害補償保険では、保険金の支払方式として、定額給付方式でなく損害填補方式を採用しているので、
① 保険金請求権者は、自過失部分に対応する損害額についても補償を受けることができ、また、
② これまで事故の相手方等に対して損害賠償請求をして取得していた損害賠償金をも含めて保険金として受け取り［損害賠償金に相当する部分は、弊社が事故の相手方等に代わって支払う。編注］、弊社が、保険金支払後、事故の相手方等［相手方の保険契約に係る保険会社を含む。編注］に対して損害賠償請求権の代位請求を行う［損害賠償金相当額を弊社が相手方等に代わって支払うことから、弊社にその代位請求権が生ずる。編注］ことになるため、保険金請求権者は事故の相手方等と示談交渉も不要です。
　〈死亡事故の場合における保険金、損害賠償金の流れ〉［略図省略。編注］
2 人身傷害補償保険金の課税関係

(1) 課税関係

被保険者［上記1（注）1。編注］の死亡により保険金請求権者［上記1（注）2。編注］が人身傷害補償保険金を取得した場合には、原則として、保険料の負担者に応じて所得税、相続税又は贈与税の課税関係が発生します（所得税法第34条［一時所得。編注］、所得税基本通達9-20［身体に損害を受けた者以外の者が支払を受ける傷害保険金等。編注］、相続税法第3条第1項第1号［相続財産とみなす死亡保険金。編注］、同法第5条第1項［贈与により取得したものとみなす生命保険金等。編注］）【編者注】。

ただし、「(2)損害賠償金の性格を有する金額」に掲げる金額については、人身傷害補償保険金の支払により、弊社が保険金請求権者［上記1（注）2。編注］の有していた損害賠償請求権を取得し、事故の相手方等に対して代位請求することから、実質的に損害賠償金と考えられるので、次のとおり取り扱われるものと考えます。

イ　所得税の課税関係（保険料負担者＝保険金受取人［損害賠償金の性格を有する金額を含む保険金の受取人が、保険料を負担している場合。編注］）

　心身に加えられた損害につき支払を受ける慰謝料その他の損害賠償金（所令30一）に該当するので非課税となる［取得した保険金のうち、損害賠償金の性格を有する金額が非課税所得となり、その余の部分についての課税関係については下記編者注参照。編注］。

ロ　相続税の課税関係（保険料負担者＝死亡者）

　相続税法基本通達3-10（無保険車傷害保険契約に係る保険金）の取扱いと同様に、相続により取得したものとみなされる保険金に含まれないものと取り扱われる［取得した保険金のうち、損害賠償金の性格を有する金額については相続税及び所得税が非課税となり、その余の部分についての課税関係については下記編者注参照。編注］。

ハ　贈与税の課税関係（保険料負担者＝保険金受取人及び死亡者以外の者）

　相続税法基本通達5-1（法第3条第1項第1号の適用を受ける保険金に関する取扱いの準用）の取扱いと同様に、贈与により取得したものとみなされる保険金に含まれないものと取り扱われる［取得した保険金のうち、損害賠償金の性格を有する金額については贈与税及び所得税が非課税となり、そ

の余の部分についての課税関係については下記編者注参照。編注]。
(2) 損害賠償金の性格を有する金額
イ　事故の相手方過失割合に応ずる金額

　人身傷害補償保険金の支払により、保険金請求権者は事故の相手方過失割合に応ずる保険金の額に相当する損害賠償請求権を弊社に移転し、弊社は事故の相手方等に代位請求します。

　したがって、人身傷害補償保険金のうち、相手方過失割合に応ずる金額は、弊社からみれば、相手方の負担すべき損害賠償金を被害者たる保険金請求権者に一時的に立替払いしたのと同様であり、保険金請求権者からみれば事故の相手方に対して直接損害賠償請求をして取得する損害賠償金と異ならないということができます。

（注）1　上記の相手方過失割合は、保険金支払に当たり弊社が算定しますが、
　　① 　事故状況の調査報告に基づき「民事交通訴訟における過失相殺率の認定基準」(東京地裁民事第27部(交通部)編、別冊判例タイムス)等に従って算定するものであること、
　　② 　この割合により弊社が相手方に代位請求すること、
　　③ 　各損害保険会社も同様のプロセス、判断基準に基づき過失割合の算定を行っていること等から客観的なものといえます。
　　　なお、この割合は、別添1または別添2の「死亡保険金のお支払いについて」により弊社が代位請求する金額について保険金請求権者の了解を得るため明らかです。
　　2　保険金支払後における代位請求により、弊社が相手方と合意する相手方過失割合に応ずる損害賠償金額は、原則として、別添1または別添2に記載される金額と一致すると考えますが、仮に差が生ずる場合であっても、
　　① 　保険金支払に当たり弊社が算定する相手方過失割合は、上記1のとおり客観的なものであること、
　　② 　弊社と保険金請求権者は、相手方との合意内容に基づく精算は行わないこと、

③　保険金支払後は、保険金請求権者は相手方に対する損害賠償請求権がなく、相手方との合意内容は保険金請求権者には及ばないこと等から、

　　人身傷害補償保険金の支払時に弊社が算定する相手方過失割合に応ずる金額が実質的に損害賠償金として取り扱われるものと考えます。

　　なお、事故状況の事実認定に明らかな誤認がある場合など、事故の相手方過失割合の算定が合理的になされていない場合に、実質的に損害賠償金として取り扱われる金額が訂正されるべきことは、いうまでもありません。

ロ　被保険自動車に同乗の他人が死亡した場合の自己過失割合に応ずる金額

　　被保険自動車［１（注）１⑤。編注］に同乗していた他人（自動車損害賠償保障法（以下「自賠法」といいます。）による自動車損害賠償責任保険契約（以下「自賠責保険」といいます。）や任意保険の対人賠償条項による保険金の支払が免責されない者をいいます。）が死亡した場合には、人身傷害補償保険金の支払により、保険金請求権者は被保険自動車の運転者及び保有者に対する損害賠償請求権を弊社に移転し、弊社は当該車両の自賠責保険の保険会社及び運転者の対人賠償条項に係る保険会社等に代位請求します。

　　したがって、この場合には、同乗車両の運転者等が負担すべき損害賠償金を被害者たる保険金請求権者に一時的に立替払いしたのと同様であり、実質的に運転者等からの損害賠償金と異ならないということができます。

　　ただし、死亡した同乗の他人に過失がある場合の好意同乗者減額に相当する人身傷害補償保険金額は、損害賠償請求をしても過失相殺により取得することができず、損害賠償金としての性格は認められないので、好意同乗者減額に相当する部分の人身傷害補償保険金額は除かれます［これにより除かれる部分に相当する保険金は、上記(1)に掲げる課税関係が生ずる。編注］。

ハ　いわゆる親族間事故における自賠法第16条に規定する被害者直接請求権に応ずる金額

　例えば、保険契約者（車両保有者）、保険料負担者及び運転者が夫の場合において、同乗の妻が死亡したときには、相続人である子は、自賠法第16条による自賠責保険の保険会社に対する被害者直接請求権を有することとなり、弊社の保険金支払により、保険金請求権者である子は、損害賠償請求権を弊社に移転し、弊社は自賠責保険の保険会社に代位請求します。

　したがって、この場合には、自賠責保険の保険会社が負担すべき損害賠償金を被害者たる保険金請求権者である子に一時的に立替払いしたのと同様であり、実質的に自賠責保険の保険会社からの損害賠償金と異ならないということができます。

（注）1　上記の例の親族間事故の場合、加害者（運転者＝上記の例の夫）が死亡した被害者（上記の例の妻）の相続人に含まれますので、夫の被害者直接請求権は、法定相続分に応じて混同により消滅しますが、加害者以外の相続人（上記の例の子）は、自賠法第16条による自賠責保険の保険会社に対する被害者直接請求権を有することとなります。

　　　2　保険金は、保険金請求権者の代表者（例えば夫）に一括支払しますが、保険金請求権者の代表者（夫）と他の保険金請求権者（子）との法的関係（委任）により、代表者への保険金支払は、他の保険金請求権者（子）に対する保険金支払の効果を生じ、自賠責保険の保険会社に対する被害者直接請求権に応ずる人身傷害補償保険金額は、被害者直接請求権を有する子が取得したものといえます。

　　　3　上記の例で、代表者に一括支払した保険金のうち、自賠法第16条の被害者直接請求権に応ずる金額を当該請求権を有する子が取得しないときには、保険金受領とは別途の法律関係（例えば、いったん取得した保険金の贈与等）が生じていると考えられます（別添3「設例による具体的な課税関係の概要」の死亡者妻の②参照）

ので、弊社は、別添２のとおり、被害者直接請求権に応ずる人身傷害補償保険金額を被害者直接請求権を有する子が取得するよう指導することとしています。

(3) 設例による具体的な課税関係

上記(1)及び(2)に基づき、設例による具体的な課税関係をとりまとめると、別添３［編注：省略］のとおりとなります。

3　支払調書の記載方法

「損害（死亡）保険金・共済金受取人別支払調書」（相続税法施行規則第６号書式）については、人身傷害補償保険金の支払総額から損害賠償金としての性格が認められる金額を控除した金額が100万円を超える場合に、別添４［編注：省略］のとおり記載して提出します。

なお、参考までに、摘要欄に支払った人身傷害補償保険金の総額を記載するほか、保険金支払時における事故状況の事実確認に誤認が存する等により、相手方過失割合の算定が合理的にされていない場合には、保険金額等を訂正の上、支払調書を再提出します。

（別添４の説例）［省略］

【編者注】損害賠償金の性格を有する金額を除く人身傷害補償保険金の課税関係

　　支払を受ける保険金のうち、損害賠償金の性格を有する金額を除く部分の金額（身体の傷害に係る保険金部分）の課税関係は、保険料の負担者との関係で、次のようになる。

1　保険料の負担者が保険金受取人である場合

①　被保険者の死亡を伴わない傷害等の保険金であるとき

　　所令30条１号及び所基通9-20により、非課税所得となる。

②　被保険者の死亡による死亡保険金であるとき

　　所法34条及び所基通34-1により、保険金受取人の一時所得となる。ただし、死亡保険金であっても、それが相基通3-10に掲げる無保険車傷害保険契約に係る保険金に該当するときには、上記①と同様に非課税所得となる。

2　保険料の負担者が死亡した被保険者である場合

　相法3条1項1号により、被相続人である被保険者の相続財産とみなされる。ただし、その保険金が相基通3-10に掲げる無保険車傷害保険契約に係る保険金に該当するときには、相続税及び所得税とも非課税となる。

3　保険料の負担者が保険金受取人及び死亡した被保険者以外の者である場合

　相法5条1項により、保険金受取人が保険料の負担者から贈与により取得したものとみなされる。ただし、その保険金が相基通3-10に掲げる無保険車傷害保険契約に係る保険金に該当するときには、贈与税及び所得税とも非課税となる。

第8章

贈与により取得したものとみなす定期金に関連する法令・通達等

第1節 贈与により取得したものとみなす定期金に関連する法令・通達等の索引

　贈与により取得したものとみなす定期金について、相続税の関連法令・通達、情報、質疑応答事例、事前照会に対する文書回答事例、判例、裁決例等で、本章に収録したものは、以下のとおり。

法令等の索引

☐相続税法
　第6条［贈与により取得したものとみなす定期金］ *329*
☐相続税法基本通達
　3-43　定期金給付契約の解除等があった場合　*336*
　6-1　「定期金受取人」等の意義　*336*
　6-2　定期金受取人以外の者が負担した掛金又は保険料　*337*
　6-3　定期金受取人が掛金又は保険料の負担者である場合　*337*
☐参　考
　・　年金払積立傷害保険に係る課税関係　*338*

第2節 贈与により取得したものとみなす定期金の基本条項

相 続 税 法

［編注：贈与により取得したものとみなす定期金］
第6条　定期金給付契約（生命保険契約を除く【編者注1】。次項において同じ。）の定期金給付事由が発生した場合において、当該契約に係る掛金又は保険料の全部又は一部が定期金受取人【編者注2】以外の者によって負担されたものであるときは、当該定期金給付事由が発生した時【編者注3】において、定期金受取人が、その取得した定期金給付契約に関する権利【編者注4】のうち［、］当該定期金受取人以外の者が負担した掛金又は保険料の金額［分子。編注］【編者注5】の当該契約に係る掛金又は保険料で当該定期金給付事由が発生した時までに払い込まれたものの全額［分母。編注］【編者注5】に対する割合に相当する部分を［、］当該掛金又は保険料を負担した者から贈与により取得したものとみなす【編者注6】。（直近改・平2法50）

［編注：贈与により取得したものとみなす定期金給付契約の返還金等］
2　前項の規定は、定期金給付契約［生命保険契約を除く。前項参照。編注］について返還金その他これに準ずるものの取得があった場合について準用する【編者注7】。

［編注：保証期間付定期金の受取人が死亡した場合］
3　第3条第1項第5号［保証期間付定期金給付契約に係る受取人の死亡により、相続人その他の者が定期金の継続受取人等となった場合・P282参照。編注］の規定に該当する場合において、同号に規定する定期金給付契約【編者注8】に係る掛金又は保険料の全部又は一部が［、］同号に規定する定期金受取人【編者注9】又は一時金受取人【編者注9】及び被相続人【編者注9】以外の第三者によって負担されたもの【編

者注10】であるときは、相続の開始［死亡した定期金受取人（個人年金保険契約の場合には被保険者）の相続開始。編注］があった時において、当該定期金受取人［定期金の継続受取人。編注］又は一時金受取人が、その取得した定期金給付契約に関する権利【編者注4】のうち［、］当該第三者が負担した掛金又は保険料の金額［分子。編注］【編者注5】の当該契約に係る掛金又は保険料で当該相続開始の時［死亡した定期金受取人（個人年金保険契約の場合には被保険者）の相続開始時。編注］までに払い込まれたものの全額［分母。編注］【編者注5】に対する割合に相当する部分を［、］当該第三者［掛金又は保険料の負担者。編注］から贈与により取得したものとみなす。

［編注：被相続人が負担した保険料等］

4　前3項の規定の適用については、第1項（第2項において準用する場合を含む。）又は前項に規定する掛金又は保険料を負担した者の被相続人［今回の被相続人の被相続人。編注］が負担した掛金又は保険料は、その者［掛金又は保険料を負担した今回の被相続人。編注］が負担した掛金又は保険料とみなす。

　　ただし、第3条第1項第4号［給付事由の生じていない定期金に関する権利・P275参照。編注］の規定により前3項に規定する定期金受取人［本条第3項の場合には、定期金の継続受取人。編注］若しくは一時金受取人又は返還金その他これらに準ずるもの［本条2項参照。編注］の取得者が［、］当該被相続人［掛金又は保険料を負担した今回の被相続人の被相続人。編注］から同号に掲げる財産［3条1項4号の給付事由の生じていない定期金に関する権利。編注］を相続又は遺贈により取得したものとみなされた場合においては、当該被相続人［掛金又は保険料を負担した今回の被相続人の被相続人。編注］の負担した掛金又は保険料については、この限りでない【編者注11】。

【編者注1】生命保険契約の意義等

　「定期金給付契約」、「生命保険契約を除く」の意義等については、相法3条1項4号の編者注2（P275）、同5条の編者注4-1①ⅱ（P302）

参照。

　相法6条に規定する定期金給付契約の典型は、旧郵便年金法により締結した年金契約である（相法3条1項4号の編者注2-1①・P276参照）。

　なお、「年金払積立傷害保険」に係る課税関係についてはP338参照。

（注）生命保険会社等と締結した個人年金保険契約等は、生命保険契約に該当するので、その年金支払開始時における課税関係は、相法5条1項の適用となり、本6条の適用はない。

【編者注2】定期金受取人

　相法6条に規定する定期金受取人については、相基通3-12（保険金受取人の実質判定・P175参照）の取扱いが準用されていないので、定期金給付契約の契約上の受取人を指すものと解される。

【編者注3】定期金に対する贈与税の課税時期

　定期金に対する贈与税の課税時期は、定期金給付契約による給付事由が発生した時であり、発生の日の属する年分（暦年）の贈与として課税対象になる。

【編者注4】定期金に関する権利の価額

　相法6条に規定する給付事由の発生した（又は発生している）定期金に関する権利の価額（贈与税の課税対象となる価額）は、相法24条により評価した金額である。

【編者注5】定期金受取人以外の者が負担した掛金又は保険料

　定期金受取人以外の者が負担した掛金又は保険料については、相基通3-13（P182参照）の取扱いが準用されている（相基通6-2・P337参照）。なお、相法3条1項1号の編者注6（P132）参照。

　相基通6-2では明示されていないが、掛金又は保険料の全額の計算についても、相基通3-14（保険料の全額・P187参照）に準じて計算するものと考えられる。

【編者注6】定期金受取人が掛金又は保険料を負担している場合の課税関係

　定期金受取人が自ら掛金又は保険料を負担している場合（負担し

たものとみなされる場合を含む）の定期金に関する課税関係については、相基通6-3（P337参照）に取扱いがある。

【編者注7】定期金給付契約の解約等の場合の取扱い

定期金給付契約の解除、失効、変更等により返還金等を取得した場合の課税関係については、相基通3-43（P336参照）に取扱いがある。

【編者注8】相法6条3項の定期金給付契約の意義

相法6条3項に規定する定期金給付契約は、同条1項の定期金給付契約と異なり、生命保険契約に該当するものを含む保証期間付定期金給付契約である。

【編者注9】相法6条3項の定期金受取人、一時金受取人、被相続人の意義

相法6条3項の「同号［相法3条1項5号。編注］に規定する定期金受取人又は一時金受取人及び被相続人」とは、具体的にはそれぞれ次の者をいう（相基通6-1・P336参照）。

① 定期金受取人

保証期間付定期金契約に係る定期金（年金）の継続受取人をいう。

② 一時金受取人

保証期間付定期金契約に係る定期金（年金）受取人（生命保険会社等の個人年金保険契約にあっては、被保険者）の死亡により、残余の保証期間分の年金を一時金として取得する者をいう。

③ 被相続人

死亡した定期金受取人（生命保険会社等の個人年金保険契約にあっては、死亡した被保険者（年金の対象となる者））をいう（相法3条1項5号の編者注2・P283参照）。

【編者注10】相法6条3項・相法3条1項5号と一時又は雑所得との関係

1 保証期間付定期金給付契約に関する権利の非相続財産性

保証期間付定期金給付契約（定期金受取人が死亡しても、約定による一定の期間は継続受取人に定期金を給付するもの）に係る定期金受取

人の死亡により、定期金の継続受取人（一時金の受取人を含む）が承継するその定期金給付契約に関する権利は、定期金受取人たる被相続人の死亡により、その相続の効果として承継されるものではなく、その契約の約定又は関係法令等の定めにより承継されるものであるから、被相続人の相続財産に当らない（遺産分割の対象にならない）。

2　相続財産とみなす場合

保証期間付定期金給付契約の定期金受取人が自らその掛金又は保険料を負担しており、その者の死亡によって、相続人その他の者が定期金の継続受取人（一時金受取人を含む）になった場合には、その継続受取人はその契約に関する権利の価額を相続又は遺贈により取得したものとされる（相法3①五）。

3　贈与により取得したものとみなされる場合

保証期間付定期金給付契約の定期金受取人の死亡により、その相続人その他の者が定期金の継続受取人となった場合において、その契約の掛金又は保険料を死亡した定期金受取人及び継続受取人（一時金の受取人を含む）以外の者が負担していた場合には、継続受取人が掛金等の負担者から、その保証期間付定期金に関する権利の価額を贈与により取得したものとみなされる（相法6③）。

例えば、生命保険会社の個人年金保険契約（保証期間付）の契約関係は次のようであったとする。

契約者・保険料負担者　　　　　甲
（乙の死亡時においても存命とする。）
被保険者・年金受取人　　　　　乙
被保険者の死亡による継続年金受取人　丙

① 年金支払開始時の課税関係

乙は甲から年金に関する権利を贈与により取得したものとされる（相法6①）。

② 乙の死亡時

丙は、甲から保証期間付定期金に関する権利を贈与により取得

したものとされる（相法6③・P329、相基通3-45(2)・P286参照）。
(注)　相法6条1項によって贈与により取得したものとみなされる定期金に関する権利（給付事由の発生しているもの）については、相続の場合と異なり、その契約に係る保険料支払の効果が受贈者に移転しない。

　つまり、このような場合には、給付開始時と定期金受取人の死亡時の双方において贈与税の課税対象となり（もっとも、課税対象となる価額は、時の経過によって減少している）、同一の権利につき二重の負担を負うことになる。

4　雑所得等所得税の課税対象となる場合
①　保証期間付定期金給付契約の定期金受取人の死亡によって、その定期金の継続受取人（一時金の受取人を含む）となった者が、その契約の掛金又は保険料を負担していたものであるときは、その定期金に関する権利は相続税又は贈与税の課税対象とならず、継続受取人の雑所得又は一時所得として所得税の課税対象となる。
②　みなす相続財産（又はみなす贈与財産）に該当するときにおいても、その定期金（年金）の継続受取人（一時金受取人を含む）が具体的に定期金（年金）を受給する場合の所得税の課税関係は、年金保険契約等に係る年金と同様、雑所得（一時金として支払われるものは、原則として、一時所得）として所得税の課税対象ともなる。

　つまり、保証期間付定期金に関する権利については、相続税（又は贈与税）の課税対象となった上、更に、具体的な年金受給時には所得税の課税対象にもなる（通常は雑所得、一時金で支払を受ける場合には一時所得）。

　従前、その雑所得の金額の計算方法は所令183条・184条に定める通常の方法と同一とされ、相続税・贈与税と所得税の二重課税の調整に格別な配慮はされていなかった。

　この点につき、平22政令214号により所得税法施行令の一部改正が行われ、185条（相続等に係る生命保険契約等に基づく年金に係る雑所得の金額の計算・P580参照）及び186条（相続等に係る損害保険契約等に基づく年金に係る雑所得の金額の計算・P649参照）が追加され、相

続税・贈与税との調整が図られた。

（注）相続又は贈与により取得したものとされる一時金については、所得税の課税は生じない（所法9①一六・P405参照）。

【編者注11】相法6条4項の趣旨等

相法6条4項の趣旨等については、相法3条1項1号の編者注9（P137）参照。

第3節　贈与により取得したものとみなす定期金に関連する他の条項

相続税法基本通達

（定期金給付契約の解除等があった場合）

3-43　定期金給付契約の解除、失効又は変更等により返還金又はこれに準ずるもの【編者注】の取得があった場合には、法第6条第2項［編注：P329参照］の規定によりその受取人が掛金又は保険料の負担者から［、］その負担した掛金又は保険料の金額［分子。編注］のこれらの事由［解除等。編注］が発生した時までに払い込まれた掛金又は保険料の全額［分母。編注］に対する割合に相当する部分［返還金等に本項の割合を乗じた金額。編注］を贈与によって取得したものとみなされるのであるから留意する。（直近改・平4課資2-158）

【編者注】返還金等の意義

　　本項の返還金その他これに準ずるもの意義については格別の明示はないが、定期金給付契約の解除、失効又は変更等を原因として支払を受ける払戻金等（剰余金の分配金等を含む）を指すものと考えられる。

　　（参考）生命保険契約の「返還金その他これに準ずるもの」の意義については、相基通3-39（P270参照）に取扱いがある。

（「定期金受取人」等の意義）　　相基通

6-1　法第6条第3項［編注：P329参照］に規定する「定期金受取人」とは定期金の継続受取人をいい、「被相続人」とは、法第3条第1項第5号［編注：P282参照］に規定する定期金受取人たる被相続人［生命保険会社等の個人年金保険契約にあっては、死亡した被保険者。編注］をいうのであるから留意する【編者注】。

【編者注】本項の意義等

本項については、相法6条の編者注9（P332）参照。

（定期金受取人以外の者が負担した掛金又は保険料）　相基通
6-2　法第6条第1項［編注：P329参照］に規定する「定期金受取人以外の者が負担した掛金又は保険料」及び同条第3項に規定する「当該第三者が負担した掛金又は保険料」の金額の計算については、3-13［編注：P182参照］の取扱いに準ずるものとする。（直近改・平4課資2-158）

（定期金受取人が掛金又は保険料の負担者である場合）　相基通
6-3　定期金給付契約（生命保険契約を除く【編者注1】。）の定期金の給付事由が発生した場合においても、その定期金受取人が取得した定期金給付契約に関する権利【編者注2】のうち、その者［定期金受取人。編注］が法第3条第1項第4号［給付事由の生じていない定期金に関する権利・P275参照。編注］の規定により相続又は遺贈によって取得したとみなされた部分【編者注3】［、］及び自ら［定期金受取人が。編注］負担した掛金又は保険料の金額［分子。編注］のその給付事由の発生した時までに払い込まれた掛金又は保険料の全額［分母。編注］に対する割合に相当する部分については、相続税及び贈与税の課税関係は生じないのであるから留意する。（直近改・平4課資2-158）

【編者注1】「生命保険契約を除く」の意義

「生命保険契約を除く」の意義については、相法3条1項4号の編者注2-2（P276）参照。

【編者注2】定期金給付契約に関する権利

定期金に関する権利（定期金債権）は、基本債権（定期金契約の全存続期間を通じて給付を請求し得る基本的・抽象的な債権）と、支分債権（約定による支給期ごとに具体的に発生する給付金請求権）とに区分される（相法3条1項4号の編者注2-1・P275参照）。

本項の定期金給付契約に関する権利とは、上記の基本債権をいう。

【編集者注3】給付事由発生前に定期金に関する権利を相続等により取得したものとされている場合の課税関係

　給付事由が発生（給付時期が到来）した定期金につき、その到来前に、その定期金給付契約に関する権利について、すでに相続等により取得したものとされている部分がある場合、その部分の課税関係がどうなるかという問題がある。

　給付事由の生じていない定期金に関する権利を相続等により取得したものとなるのは、次の場合である。
　ⅰ　被相続人が掛金等の負担者で、かつ、契約者である場合（本来の相続財産）
　ⅱ　契約者でない被相続人が掛金等を負担していた場合（みなす相続財産）

　相続開始後、その契約を承継した者（本来の相続財産の場合）又は契約者（みなす相続財産の場合）は、以後被相続人の負担していた掛金等を自己が負担したものとして定期金の課税関係を律するものとされている（相法3条1項3号の編者注3-2・P266、相基通3-35・P268参照）。

　したがって、上記の承継者又は契約者が定期金の受取人である場合には、相基通6-3の「自ら負担した掛金」と同様に定期金の受給に関しては、専ら所得税の課税関係（雑所得又は一時所得）に属し、贈与税及び相続税の課税関係は生じない。

　相基通6-3の「相続又は遺贈によって取得したとみなされた部分」という物言いは、上記の次第をいうものと考えられ、具体的に相続税の課税価額に算入された「給付事由の生じてない定期金に関する権利の価額」を指すものでないと考えられる。

■参考：年金払積立傷害保険に係る課税関係

1　年金払積立傷害保険の概要
　この保険の概要は、次のとおり。
①　保険期間中の傷害を原因として、被保険者が死亡したときに死亡保険金

を支払い、被保険者に後遺障害が生じたときに後遺障害保険金の支払をする。
② 保険料払込終了後、給付金（年金）の支払開始時から一定期間、給付金受取人に年金払方式による給付金の支払をする。
③ 保険金、給付金の受取人は、次のとおり。
 i 死亡保険金：契約により指定された者、その者がないときは被保険者の法定相続人
 ii 後遺障害保険金：被保険者
 iii 給付金（年金）：契約者又は被保険者のうち予め指定された者
④ 給付金（年金）の種類
 i 確定型
　　給付金（年金）は、支払開始以降、被保険者が生存し、契約が有効に存続している場合に支払われる（但し、被保険者に後遺障害保険金の全部が支払われる場合を除く）。給付金支払期間は、保証期間の5年～20年間。保証期間中の事故死による保険金（後遺障害保険金を含む）又は病死による失効返戻金の支払により給付停止。
 ii 保証期間付有期型
　　給付金（年金）は、支払開始以降、被保険者が生存し、契約が有効に存続している場合に支払われる（但し、被保険者に後遺障害保険金の全部が支払われる場合を除く）。給付金支払期間は、保証期間は10年～15年で、非保証期間5年の20年間。保証期間中の事故死による保険金（後遺障害保険金を含む）又は病死による失効返戻金の支払により給付停止。非保証期間中の病死については、失効返戻金の支払はない。
⑤ 契約の解除
 i 契約者は、いつでも保険契約を解除することができる。
 ii 保険契約が解除された場合には、契約者に解約返戻金が支払われる。ただし、保証期間付有期型の場合には、保証期間経過後に解除した場合には、解約返戻金の支払はない。
 iii 給付金（年金）支払開始後に保険契約が解除された場合には、解約返戻金の受取人は、給付受取人となる。

2　給付金（年金）、解約返戻金に係る相続税・贈与税の課税関係
①　設例の契約関係
　　◇保険契約者・保険料負担者　　　：甲
　　◇被保険者・給付金（年金）受取人：乙
②　給付金（年金）の支払開始前に甲（保険契約者・保険料負担者）が死亡した場合

契約者でかつ保険料負担者である甲の死亡であるから、この保険契約に関する権利は、甲の本来の相続財産として相続税の課税対象になる。なお、その価額は、相法25条により評価した金額である。

（注）上例において、仮に、保険契約者が乙であったとすると、その課税関係は、次のようになる。

　　契約者でない保険料負担者甲の死亡であるから、相法3条1項4号（P275参照）により、乙が甲から給付事由の発生していない定期金に関する権利を相続又は遺贈により取得したものとみなされる。この場合の価額は上記と同様である。

③　給付金（年金）の支払が開始した場合

相法6条1項（P329参照）により、乙は甲から給付金（年金）受給権を贈与により取得したものとみなされる（本件保険契約は生命保険契約に該当しないので相6①の適用となる。なお、年金受給権の基となる契約が「生命保険契約」に該当する場合には、その年金受給権は相法5条1項（P298参照）により贈与によって取得したものとみなされる）。

この場合の給付金（年金）受給権の評価については、次のように考えられている（大蔵財務協会・国税速報平11. 7.15第5151号・鬼塚太美参照）。

　　ⅰ　確定型の場合

　　　相法24条1項1号（新24①一・P346、旧24①一・P373参照）を適用し、課税時期（給付開始時等）後の保証期間を同号の残存期間として評価する。

　　（注）平成23年4月1日以後に年金支払開始時期が到来するものについては、新相法24条1項1号に掲げる金額のうち、いずれか多い金額となる。

　　ⅱ　保証期間付有期型の場合

　　　保証期間と非保証期間（この期間内については失効返戻金又は解約返戻金

の支払がなく、被保険者の死亡により給付金が停止される）とからなっていることを考慮し、次のように評価する。

次のアとイのうち、いずれか高い方の額を評価額とする。なお、給付金支払開始時にあっては、商品設計上、常にアの額がイの額より高くなるので、相法24条1項1号を適用し、課税時期（給付開始時等）後の保証期間を同号の残存期間として評価すればよいことになる。

　ア　相法24条1項1号を適用し、課税時期（給付開始時等）後の保証期間を同号の残存期間として評価する。

　（注）平成23年4月1日以後に年金支払開始時期が到来するものについては、新相法24条1項1号に掲げる金額のうち、いずれか多い金額となる。

　イ　相法24条3項（新24③・P348、旧24③・P374参照）により評価した額。

④　給付金（年金）の支払開始後に給付金受取人（乙）が解約返戻金を取得した場合

　この保険契約の場合には、給付金（年金）受給権の内容の中に「解約返戻金」に相当する部分も含まれていると考えられている。そうすると、乙（給付金受取人）は、給付金支払開始時において甲（契約者かつ保険料負担者）から解約返戻金に相当する部分を含めて贈与により取得したものとなるのであるから、具体的に取得した「解約返戻金」につき相法6条2項（P329参照）を適用するのは相当でないと考えられている（前掲「国税速報」参照）。

結局、乙が取得した解約返戻金は、乙の一時所得として所得税が課税される（所令184条2項、4項）。

（注）乙（給付金受取人）が保証期間内に死亡した場合には、乙の法定相続人に失効返戻金が支払われる。この場合の課税関係は、次のようになる。

　　ⅰ　失効返戻金の取得者が甲（保険料負担者）である場合

　　　甲は自らが負担した保険料に係る保険契約の一時金（失効返戻金）を取得したものとして、甲の一時所得となる（所令184条2項、4項）。

　　ⅱ　失効返戻金の取得者が甲（保険料負担者）以外の者である場合

　　　相法6条2項（P329参照）により、失効返戻金の取得者が、甲から失効返戻金に相当する金額を贈与により取得したものとみなされる。

　　※　乙（被保険者かつ給付金受取人）は保険料の負担をしていないので、乙

の死亡によっても、乙の相続税の関係に何等の影響を及ぼさない。

※　本件保険契約においては、乙の死亡によって給付金自体の支給が停止されるのであるから、相法6条3項（P329参照）の適用はないことになる。

第9章

相続税等における「生命保険・損害保険に関する権利」「定期金に関する権利」の評価に関連する法令・通達等

第1節 相続税等における「生命保険・損害保険に関する権利」「定期金に関する権利」の評価に関連する法令・通達等の索引

　相続税・贈与税における生命保険契約・損害保険契約に関する権利、定期金に関する権利の評価について、相続税の関連法令・通達、情報、質疑応答事例、事前照会に対する文書回答事例、判例、裁決例等で、本章に収録したものは、以下のとおり。

法令等の索引

□相続税法
　第24条　　　定期金に関する権利の評価［給付事由が発生しているもの］　*346*
　第24条［旧］定期金に関する権利の評価［給付事由が発生しているもの］　*373*
　第25条　　　［給付事由が発生していない定期金に関する権利の評価］　*388*
　第25条［旧］［給付事由が発生していない定期金に関する権利の評価］　*395*
　平成22年改正附則
　　第32条　　定期金に関する権利の評価に関する経過措置　*357*

□相続税法施行令
　第5条の7　　［余命年数］　*356*
　平成22年改正附則
　　第2条　　　定期金に関する権利の評価に関する経過措置　*360*

□相続税法施行規則
　第12条の2　複利年金現価率　*356*
　第12条の3　平均余命　*357*
　第12条の4　複利年金終価率　*390*
　平成22年改正附則
　　第1条　　　施行期日　*362*
　　第2条　　　定期金に関する権利の評価に関する経過措置　*362*

□相続税法基本通達
　24-1［新］　「定期金給付契約に関する権利」の意義　*363*
　24-2［新］　年金により支払を受ける生命保険金等の額　*364*
　24-3［新］　解約返戻金の金額　*365*
　24-3［旧］　年金により支払を受ける生命保険金等の額　*378*
　24-4　　　　解約返戻金の金額等がない場合　*365*
　25-1　　　　解約返戻金の金額　*390*
□財産評価基本通達
　200［新］　給付を受けるべき金額の１年当たりの平均額　*366*
　200-2　　　定期金に関する権利を取得した日が定期金の給付日である場合の取扱い　*369*
　200-3　　　完全生命表　*372*
　200-4　　　予定利率の複利による計算をして得た元利合計額　*391*
　200-5　　　経過期間に払い込まれた掛金又は保険料の金額の１年当たりの平均額　*392*
　200-6　　　予定利率　*372、393*
　214　　　　生命保険契約に関する権利の評価　*396*
□事前照会に対する文書回答事例
・　変額個人年金保険に関する課税上の取扱いについて（平14.6.7　東京国税局課税総括課長）　*380*
□判　例
・　無利息債権の評価は、複利現価率を用いて計算した元本の現在価値によるのが相当であるとされた事例（福島地裁　昭38.11.28判決）　*386*

第2節 定期金に関する権利——給付事由が発生しているものの評価に関する基本条項（平成22年改正後）

相 続 税 法

(定期金に関する権利の評価［給付事由が発生しているもの。編注］)
［編注：定期金の評価の原則］
第24条　定期金給付契約で当該契約に関する権利【編者注1】を取得した時【編者注2】において［、］定期金給付事由が発生しているもの【編者注3】に関する権利の価額は、次の各号に掲げる定期金又は一時金の区分に応じ、当該各号に定める金額による。（直近改・平22法6）
一　有期定期金【編者注4】
　　次に掲げる金額のうちいずれか多い金額
　イ　当該契約に関する権利を取得した時において［、］当該契約を解約するとしたならば支払われるべき解約返戻金の金額【編者注5】
　ロ　定期金に代えて一時金の給付を受けることができる場合には【編者注6】、当該契約に関する権利を取得した時において［、］当該一時金の給付を受けるとしたならば給付されるべき当該一時金の金額
　ハ　当該契約に関する権利を取得した時における当該契約に基づき定期金の給付を受けるべき残りの期間【編者注7】に応じ、当該契約に基づき給付を受けるべき金額の1年当たりの平均額に【編者注8】、当該契約に係る予定利率【編者注9】による複利年金現価率（複利の計算で年金現価を算出するための割合として財務省令［相規12条の2・P356参照。編注］で定めるものをいう。第3号ハにおいて同じ。）を乗じて得た金額
二　無期定期金【編者注4】
　　次に掲げる金額のうちいずれか多い金額

イ　当該契約に関する権利を取得した時において[、]当該契約を解約するとしたならば支払われるべき解約返戻金の金額【編者注5】

　ロ　定期金に代えて一時金の給付を受けることができる場合には【編者注6】、当該契約に関する権利を取得した時において[、]当該一時金の給付を受けるとしたならば給付されるべき当該一時金の金額

　ハ　当該契約に関する権利を取得した時における、当該契約に基づき給付を受けるべき金額の1年当たりの平均額を【編者注8】、当該契約に係る予定利率【編者注9】で除して得た金額

三　終身定期金【編者注4】

　次に掲げる金額のうちいずれか多い金額

　イ　当該契約に関する権利を取得した時において[、]当該契約を解約するとしたならば支払われるべき解約返戻金の金額【編者注5】

　ロ　定期金に代えて一時金の給付を受けることができる場合には【編者注6】、当該契約に関する権利を取得した時において[、]当該一時金の給付を受けるとしたならば給付されるべき当該一時金の金額

　ハ　当該契約に関する権利を取得した時におけるその目的とされた者【編者注10】に係る余命年数として政令［相令5条の7・P356参照。編注］で定めるものに応じ、当該契約に基づき給付を受けるべき金額の1年当たりの平均額に【編者注8】、当該契約に係る予定利率【編者注9】による複利年金現価率［本項1号参照。編注］を乗じて得た金額

四　第3条第1項第5号に規定する一時金［保証期間付定期金給付契約に基づき受ける一時金・P282参照。編注］

　　その給付金額［支払を受けるべき一時金に相当する金額。編注］【編者注11】

［編注：終身定期金の受取人等が、相続税申告書等の提出期限まで

347

に死亡した場合の終身定期金の評価]

2　前項に規定する定期金給付契約に関する権利で同項第3号［終身定期金。編注］の規定の適用を受けるものにつき、その目的とされた者【編者注10】が当該契約に関する権利を取得した後第27条第1項［相続税の申告書。編注］又は第28条第1項［贈与税の申告書。編注］に規定する申告書の提出期限までに死亡し、その死亡［終身定期金給付契約の目的とされた者の死亡。編注］によりその給付が終了した場合においては、当該定期金給付契約［終身定期金給付契約。編注］に関する権利の価額は、同号［1項3号。編注］の規定にかかわらず、その権利者［死亡した終身定期金の受取人。編注］が当該契約に関する権利を取得した後給付を受けた又は受けるべき金額（当該権利者［死亡した終身定期金の受取人。編注］の遺族その他の第三者が当該権利者の死亡により給付を受ける場合には、その給付を受け、又は受けるべき金額を含む。）による。

［編注：生存条件付有期定期金の評価］

3　第1項に規定する定期金給付契約に関する権利［課税時期において給付事由の生じている定期金に関する権利。編注］で、その権利者［定期金の受取人。編注］に対し、一定期間、かつ、その目的とされた者【編者注10】の生存中、定期金を給付する契約【編者注12】に基づくものの価額は、同項［本条1項。編注］第1号に規定する有期定期金として算出した金額［，］又は同項［本条1項。編注］第3号に規定する終身定期金として算出した金額のいずれか少ない金額による。

［編注：保証期間付終身定期金の評価］

4　第1項に規定する定期金給付契約に関する権利［課税時期において給付事由の生じている定期金に関する権利。編注］で、その目的とされた者【編者注10】の生存中定期金を給付し、かつ、その者［目的とされた者。生命保険会社等の個人年金保険契約の場合には、被保険者。編注］が死亡したときは［，］その権利者［約定等による定期金の継続受取人。編注］又はその遺族［死亡した定期金受取人の遺族。編注］その他の第三者に対し継続して定期金を給付する契約［保証期間付終身定期金給付契約。編注］に基づくものの価額は、同項［本条1項。編注］第1号に規定する有

期定期金として算出した金額【編者注13】[、]又は同項［本条１項。編注］第３号に規定する終身定期金として算出した金額のいずれか多い金額による。

［編注：契約に基づかない定期金に関する権利の評価］

5　前各項の規定は、第３条第１項第６号［契約に基づかない定期金に関する権利・P290参照。編注］に規定する定期金に関する権利で契約に基づくもの以外のものの価額の評価について準用する【編者注14、15】。

【編者注１】定期金給付契約の意義

①　定期金給付契約の意義等については、相法３条１項４号の編者注２（P275）参照。

②　相法24条の定期金給付契約については、生命保険会社等と締結した個人年金保険契約等を含む全ての定期金給付契約をいう。

③　定期金債権は、基本債権と支分債権とに区分される。

ⅰ　基本債権とは、定期金契約の全存続期間を通じて給付を請求し得る基本的・抽象的な債権である。

ⅱ　支分債権とは、基本債権の効果として、毎期（約定等に基づく定期金の支給期）に、具体的に発生する給付金の請求権をいう。

④　相法24条に規定する「定期金給付契約に関する権利」とは、上記③の基本債権をいい（相基通24-1・P363参照）、その評価は次のように行う。

ⅰ　給付事由の発生しているものについては、課税時期における残存期間の給付金総額に相当する金額を相法24条によって計算する。

ⅱ　給付事由の発生していないものについては、課税時期における既払掛金等の額を基にして、相法25条によって、その時の価額を計算する。

⑤　年金の方法により支払を受ける保険金（生命保険金及び損害保険金）、年金の方法により支給される退職手当金等の評価額は、相

法24条の規定により計算する、という相基通新24-2（平22改正後のもの。P364参照）の取扱いがある。

【編者注2】権利を取得した日が定期金の給付日である場合

定期金に関する権利を取得した日と、定期金の給付日とが同日である場合の取扱いについては、評基通200-2（P369）参照。

【編者注3】「給付事由が発生しているもの」の意義

「取得した時において定期金給付事由が発生しているもの」とは、定期金給付契約に関する権利を、相続又は贈与により取得（相続・遺贈又は贈与により取得したものとみなされる場合を含む）した時において既に給付事由が生じているものの他、相続の開始又は贈与の時と同時に定期金の給付が開始されるものも含む、と解されている（前掲「保険税務のすべて」・P590参照）。

【編者注4】定期金の種類と意義

定期金の種類とその意義は、次のとおり（なお、相法3条1項5号の編者注3-2・P283参照）。

① 有期定期金（評価方法・相法24①一・P346参照）

約定等による一定の期間（定期金の給付予定期間）内においては、その受取人（生命保険会社等の個人年金保険の場合は被保険者）の生死に関係なく、定期金（年金）を給付するものである（生命保険会社等の個人年金保険契約においては、「確定年金」といわれている）。

② 生存条件付有期定期金（評価方法・相法24③・P348参照）

約定等による一定の期間（定期金の給付予定期間）内において定期金受取人に定期金（年金）を給付するが、その期間内に定められた受取人（生命保険会社等の個人年金保険の場合は被保険者）が死亡した場合には、以後の期間については給付しない（生命保険会社等の個人年金保険契約においては、「有期年金」といわれている）。

③ 終身定期金（評価方法・相法24①三、②・P347参照）

定められた定期金受取人（生命保険会社等の個人年金保険の場合は被保険者）が生存している限り定期金（年金）を給付し、その者の死亡により給付が終了する（生命保険会社等の個人年金保険契約にお

いては、「終身年金」といわれている）。

④ 無期定期金（評価方法・相法24①二・P346参照）
　文字どおり無期限にわたり定期金を給付するもの。

⑤ 保証期間付有期定期金（評価方法・相法24①一・P346参照）
　次のものをいう（生命保険会社等の個人年金保険契約においては、「保証期間付年金」といわれている）。

i　年金受取人（生命保険会社等の個人年金保険の場合は被保険者）が、定められた支給予定期間中生存している場合には、その支給予定期間中年金を支給し、期間満了によりその支給が終了する。

ii　年金受取人（生命保険会社等の個人年金保険の場合は被保険者）が、予め定められた年金の支給期間（保証期間）中に死亡した場合には、残存期間につき年金継続受取人に年金を支給する（保証期間は、支給予定期間より短いのが通例である）。

（注）i　上記①の有期定期金と⑤の保証期間付有期定期金との違いは、給付予定期間と給付保証期間とが異なること。給付保証期間は常に給付予定期間以内である。

　　ii　上記②の生存条件付有期定期金と⑤の保証期間付有期定期金との違いは、②の場合には給付予定期間の中途で受取人が死亡すると、それにより定期金の給付は終了するが、⑤の場合には受取人の死亡が給付保証期間内であれば、残余の保証期間につき継続受取人に定期金の給付がされること。

⑥ 保証期間付終身定期金（評価方法・相法24④・P348参照）
　定められた定期金受取人（生命保険会社等の個人年金保険の場合は被保険者）が生存している限り定期金（年金）を給付する他、その者が約定等による給付保証期間中に死亡した場合には、残存期間につき定期金の継続受取人に対し、定期金を給付するもの（生命保険会社等の個人年金保険契約においては、「保証期間付終身年金」といわれている）。

【編者注5】解約返戻金の金額
　相法24条1項各号に規定する「支払われるべき解約返戻金の金額」

については、相基通新24-3（平22改正後のもの・P365参照）及び同24-4（P365参照）に取扱いがある。

【編者注6】一時金の支給を受けることができる場合の意義

　相法24条1項各号に規定する「定期金に代えて一時金の給付を受けることができる場合」とは、約定等により被保険者等の死亡によって定期金の権利を取得した者が、継続年金の給付と一時金の給付とのいずれかを選択することができる契約の場合をいうものと解される（個人年金保険約款（例）3条④項・P1434参照）。

　その選択権が権利者に付与されていない場合（被保険者等が死亡した場合には、約定により、常に、一時金の支払をするとなっているもの）に係る定期金の権利の価額は、相法24条1項5号によって評価することになる（下記編者注11参照）。

【編者注7】保証期間付有期定期金の評価

　相法24条1項1号ハに規定する「権利を取得した時における……定期金の給付を受けるべき残りの期間」とは、課税時期（相続開始時、贈与とみなされる年金支払開始時等）における、有期定期金給付契約の給付保証期間の残存期間をいうものと解される。

　したがって、保証期間付有期定期金についても同1号によって評価をする（同号イ～ハのうちいずれか多い金額を評価額とする）ことになるものと解される。

　（注）平成22年改正前においては、保証期間付有期定期金については法令・通達に明示がなかったので、同改正前24条の編者注7（P376参照）に掲げるような評価が行われていた。

【編者注8】給付を受けるべき金額の1年当たり平均額

　相法24条1項1号ハに規定する「給付を受けるべき金額の1年当たりの平均額」については、評基通200（平22課評2-18による改正後のもの・P366参照）に取扱いがある

【編者注9】予定利率について

　相法24条1項各号に規定する「当該契約に係る予定利率」とは、取得した定期金に関する権利に係る契約により定められた予定利率

をいう（評基通200-6・P372参照）。

【編者注10】終身定期金給付契約の目的とされた者の意義

　相法24条1項3号ハ及び同2項から4項に規定する「その目的とされた者」とは、それぞれ次に掲げる者をいう。

　なお、生命保険会社等の個人年金保険契約の場合には、通常、被保険者が年金受取人となっていることが多い（簡易生命保険法34条・P1353、個人年金保険約款(例)3条⑤・P1434参照）。

ⅰ　相法24条1項3号及び同条2項の場合

　　終身定期金給付契約における給付の対象となる者。例えば、生命保険会社等の個人年金保険契約の「被保険者」。

ⅱ　相法24条3項の場合

　　生存条件付有期定期金給付契約における給付の対象となる者。例えば、生命保険会社等の個人年金保険契約の「被保険者」。

ⅲ　相法24条4項の場合

　　保証期間付終身定期金給付契約における給付の対象となる者。例えば、生命保険会社等の個人年金保険契約の「被保険者」。

【編者注11】現実に支払を受けた一時金額で定期金を評価する場合

①　相法24条1項4号に規定する「第3条第1項第5号に規定する一時金」とは、定期金に関する権利を取得した者に継続年金受給の請求と一時金支払請求との選択権がなく、約定によって専ら権利取得者に一時金のみが支払われることとなっている場合の一時金をいう。

　　このような契約の場合には、定期金の種類にかかわらず、全て同4号により、現実に支払われ又は支払われるべき一時金の額が、その定期金に関する権利の評価額となる。

②　同4号の「その給付金額」とは、約定により支払われるべき一時金の総額をいうものと解されるので、一時金と共に支払われ又は支払われるべき契約者配当金等（積立配当金等を含む）がある場合には、相基通3-8（P170参照）の例により、その配当金等の額も「給付金額」に含まれるものと解される。

(注)「給付金額」は、課税時期において支払われるべき一時金の額をいうものと解されるので、何らかの都合により、課税時期から相当期間経過後に現実の支払を受けるようなときには、実際の支払額ではなく、課税時期において支払われるべき金額を評価額とすべきものと考えられる。

【編者注12】「一定期間、かつ、その目的とされた者の生存中、定期金を給付する契約」の意義

相法24条3項に規定する「一定期間、かつ、その目的とされた者の生存中、定期金を給付する契約」とは、約定等による定期金の給付予定期間内において、定期金受取人(生命保険会社等の個人年金保険の場合は被保険者)が生存している場合にのみ定期金(年金)を給付する契約、つまり、生存条件付有期定期金契約をいう(上記編者注4②に当たる)。

【編者注13】保証期間付終身定期金の評価

保証期間付終身定期金の評価(相法24条4項・P348参照)における「有期定期金として算出した金額」を計算する場合の、相法24条1項1号の「残りの期間」は、当然に保証期間としての残存期間をいう。

【編者注14】確定拠出年金と相法24条及び25条との関係

確定拠出年金には、企業型と個人型とがある。そのいずれの場合においても、加入者が死亡した場合には、死亡一時金が支給され、これは相法3条1項3号のみなす相続財産たる死亡退職金等に該当する(相令1条の3の編者注1・P226参照)。

確定拠出年金は、定期金給付契約の一種であるが、その加入者(掛金負担者)の死亡と同時に死亡一時金の支払が行われ、その契約は終了することになるので、相法24条及び25条の定期金の評価の問題は生じない。

なお、仮に、その死亡一時金を年金の方法で支払を受けるようなことがあれば、その部分につき上記編者注1-⑤(P349参照)と同様になる。

【編者注15】平成22年改正24条の適用時期

新相法24条の規定は、原則として、平成23年4月1日以後に同条

に規定する定期金給付契約に関する権利を相続・遺贈又は贈与により取得する場合に適用され、同23年3月31日までに取得するこれらのものに関しては、なお旧24条の評価方法が適用される。

　この詳細は、改正法附則32条（P357）参照。

第3節 定期金に関する権利——給付事由が発生しているものの評価に関連する他の条項（平成22年改正後）

相続税法施行令

［編注：余命年数］
第5条の7　法第24条第1項第3号ハ［編注：P347参照］に規定する余命年数として政令で定める年数は、同号の終身定期金に係る定期金給付契約の目的とされた者【編者注】の年齢及び性別に応じた厚生労働省の作成に係る生命表を勘案して財務省令［相規12条の3・P357参照。編注］で定める平均余命とする。（平22政52追加）

【編者注】定期金給付契約の目的とされた者の意義
　本条に規定する終身定期金給付契約の「目的とされた者」については、相法24条の編者注10（P353）参照。

相続税法施行規則

（複利年金現価率）
第12条の2　法第24条第1項第1号ハ［編注：P346参照］に規定する複利年金現価率は、1から特定の割合（同項［法24条1項。編注］の定期金給付契約に係る予定利率に1を加えた数を給付期間の年数で累乗して得た数をもって［、］1を除して得た割合をいう。）を控除した残数を［、］当該予定利率で除して得た割合（当該割合に小数点以下3位未満の端数があるときは、これを四捨五入する。）とする。（平22財務令14追加）
　2　前項に規定する給付期間の年数は、次の各号に掲げる定期金の区分に応じ、当該各号に定める年数とする。
　　一　有期定期金　定期金給付契約に関する権利を取得した時における当該契約に基づき定期金の給付を受けるべき残りの期間に係る

年数（1年未満の端数があるときは、これを切り上げた年数）
二　終身定期金　定期金給付契約に関する権利を取得した時におけるその目的とされた者【編者注】に係る施行令第5条の7［編注：P356参照］に規定する余命年数

【編者注】定期金給付契約の目的とされた者の意義
　本条に規定する終身定期金給付契約の「目的とされた者」については、相法24条の編者注10（P353）参照。

（平均余命）　相規
第12条の3　施行令第5条の7［編注：P356参照］に規定する財務省令で定める平均余命は、厚生労働省の作成に係る完全生命表【編者注】に掲げる年齢及び性別に応じた平均余命（1年未満の端数があるときは、これを切り捨てた年数）とする。（平22財務令14追加）

【編者注】完全生命表について
　完全生命表については、評基通200-3（P372参照）に取扱いがある。

所得税法等の一部を改正する法律（附則）

（平22法6）

（定期金に関する権利の評価に関する経過措置）
第32条　新相続税法第24条［編注：P346参照］の規定は、平成23年4月1日以後に相続若しくは遺贈又は贈与により取得する定期金給付契約に関する権利に係る相続税又は贈与税にについて適用し、同日前に相続若しくは遺贈又は贈与により取得した定期金給付契約に関する権利に係る相続税又は贈与税については、なお従前の例による。
2　施行日［平成22年4月1日。編注］から平成23年3月31日までの間に締結された定期金給付契約に関する権利（新相続税法第24条に規定するものに限る。）を同日［平成23年3月31日。編注］までに相続若しくは遺贈又は贈与により取得する場合には、当該権利の価額は、前項

の規定にかかわらず、同条［新24条。編注］に規定する金額による。
　ただし、次に掲げるものに係る定期金給付契約に関する権利については、この限りでない【編者注】。
一　保険者が被保険者の死亡に関し保険金を支払うことを約する生命保険契約における当該保険金（所得税法第76条第４項に規定する個人年金保険契約等に係るものその他の政令［相令附則２条・P360参照。編注］で定めるものを除く。［編注：「その他の政令で定めるもの」となっているので、個人年金保険契約を含めて相令附則２条に定める。］）
二　確定給付企業年金法（平成13年法律第50号）第３条第１項に規定する確定給付企業年金に係る規約に基づいて支給を受ける年金その他の政令［相令附則２条・P360参照。編注］で定める年金［編注：「その他の政令で定めるもの」となっているので、確定給付企業年金を含めて相令附則２条に定める。］

【編者注】新定期金に関する権利（給付事由の生じているもの）の評価についての適用時期
①　新法24条（給付事由の生じている定期金の評価）の規定は、原則として、平成23年４月１日以後、相続・遺贈又は贈与により取得したものについて適用され、同日前に取得するものについては、旧24条の規定が適用される。
　（注）相続等により、定期金給付契約に関する権利を取得する時期については、一般的に、次のようになる。
　　　ⅰ　相続・遺贈による取得
　　　　　被相続人の相続開始の時。
　　　ⅱ　贈与による取得
　　　ア　贈与により取得したものとみなされる場合
　　　　　給付金（年金）支払開始時期の到来した日。
　　　イ　既に給付金の支払が開始されている契約に係る年金受取人を変更する場合
　　　　　年金受取人を変更した時。

② 例外として、平成22年4月1日から同23年3月31日までの間に締結された定期金給付契約（生命保険会社等との個人年金保険契約を含む）で、上記の期間中に定期金（年金）の支給開始時期が到来するもの（被保険者の死亡により年金支給が開始されるものを含む）につき、その権利を、相続・遺贈（被相続人のみなす相続財産又は本来の相続財産となる場合）、又は贈与（定期金・年金の支給開始時期の到来によるみなす贈与財産に該当する場合）により取得する場合には、新24条の規定により評価することになる。
③ 上記②に該当する場合であっても、次に掲げるものに係る定期金については、上記①の原則が適用される。
i 生命保険契約の死亡保険金を年金の方法で支払を受ける場合の定期金（年金）に関する権利（附則32②一）。
　ただし、次に掲げるものに係る定期金（年金）に関する権利は除かれる（相令附則2①・P360参照）。つまり、これらについては、上記②が適用される。
　ア 生命保険会社等と契約した個人年金保険契約（平成22年改正前の所法76条4項（P748）に掲げる個人年金保険契約をいう。相令附則2条の編者注1・P361参照）の被保険者の死亡によって支払われる死亡給付金等（個人年金保険約款(例)7条・P1437参照）を年金の方法で支払われる場合の年金に関する権利
　イ 一時払終身保険の死亡保険金を年金の方法で支払を受ける場合の年金に関する権利
ii 次に掲げる年金契約に関する権利（附則32②二）。
　ア 確定給付企業年金契約に基づいて支給を受ける年金に関する権利
　イ 適格退職年金契約に基づいて支給を受ける年金に関する権利
④ 定期金給付契約を締結したものとみなす場合
　平成22年4月1日から同23年3月31日までの間に締結された定期金給付契約（生命保険会社等との個人年金保険契約を含む）で、その期間中に定期金に関する権利を相続・遺贈又は贈与により取得す

ると、その定期金に関す権利は、上記②のように新24条によって評価されることとなっている。

　つまり、平成22年３月31日までに契約した定期金給付契約については、同23年３月31日までの間に、これに関する権利を相続・遺贈又は贈与によって取得した場合には、新24条の適用がなく、旧24条による評価ができることとなる。

　このこととの関連で、平成22年４月１日前に締結されていた定期金給付契約であっても、同22年４月１日から同23年３月31日までの間に従前の契約を変更し、同期間中に変更後の契約に係る定期金給付契約の権利を取得する場合には、その契約は、変更をした日に新たな定期金給付契約が締結されたものとして、上記②を適用するとされている。

　なお、従前の契約を変更する場合であって、その変更の程度が相規附則２条各号（P362参照）に掲げるものに該当しないときは、みなす締結にならない（相令附則２③・後掲参照）。

■参考：「相続税法施行令の一部を改正する政令」附則２条（平22政令52）
（定期金に関する権利の評価に関する経過措置）
第２条　所得税法等の一部を改正する法律（平成22年法律第６号。以下この条において「改正法」という。）附則第32条第２項第１号（定期金に関する権利の評価に関する経過措置［編注：P358参照］）に規定する政令で定める保険金は、次に掲げる保険契約の保険金とする。
　一　所得税法（昭和40年法律第33号）第76条第４項（生命保険料控除【編者注１】）に規定する個人年金保険契約等
　二　保険期間が被保険者の終身である保険契約で、その保険料を一時に払い込むもの
２　改正法附則第32条第２項第２号［定期金に関する権利の評価に関する経過措置・P358参照。編注］に規定する政令で定める年金は、次に掲げる年金とする。
　一　確定給付企業年金法（平成13年法律第50号）第３条第１項（確定給付

企業年金に係る規約）に規定する確定給付企業年金に係る規約に基づいて支給を受ける年金
二　法人税法（昭和40年法律第34号）附則第20条第３項（退職年金等積立金に対する法人税の特例）に規定する適格退職年金契約に基づいて支給を受ける年金
3　この政令の施行の日［平成22年４月１日。編注］前に締結された定期金給付契約のうち［、］同日から平成23年３月31日までの間に変更（財務省令［相規附則２条・P362参照。編注］で定める軽微な変更を除く。）があったものに係る改正法附則第32条第２項の適用［平成22年４月１日以後同23年３月31日までの間に取得した定期金給付契約に係る権利につき、新相続税法24条の規定により評価を行う場合。編注］については、当該契約［変更された契約。編注］は、当該変更があった日に新たに締結された定期金給付契約とみなす【編者注２】。

【編者注１】個人年金保険の範囲等
①　所法76条は、平成22年に大幅な改正が行われているが、改正後の規定は平成24年分以降の所得税から適用されることから（22年改正法附則４条）、相令附則２条１項１号に規定する所法76条４項は、改正前の76条４項（P748参照）をいう。
②　同附則２条１項１号が「76条４項に規定する個人年金保険契約等」と規定していることから、同１号の個人年金保険契約等は、所法76条４項に規定する全ての要件を充足するものに限られる。

【編者注２】既存契約の変更と課税関係
①　平成22年３月31日以前に締結した定期金給付契約（生命保険会社等の契約した個人年金保険契約を含む）を、同22年４月１日以後において、相規附則２条（P362参照）に掲げるような変更をしたとしても、その変更自体を直接の原因として、定期金給付契約に関する権利が贈与税の課税対象となることはない。
②　同22年４月１日以後に相規附則２条に掲げるような変更を行い、かつ、同４月１日から同23年３月31日までの間に、変更後の

定期金給付契約に係る給付金（年金）の支払開始時期が到来するものにつき、その権利を、相続・遺贈又は贈与により取得する場合には、その権利の価額を新24条の評価方法によって評価するというものである。

■参考：「相続税法施行規則の一部を改正する省令」附則1～2条（平22財務省令14）

（施行期日）
第1条　この省令は、平成22年4月1日から施行する。
　　　ただし、第12条の次に3条を加える改正規定［12条の2、12条の3、12条の4をいう。編注］（第12条の4に係る部分を除く。）は、平成23年4月1日から施行する。

（定期金に関する権利の評価に関する経過措置）　相規附則
第2条　相続税法施行令の一部を改正する政令（平成22年政令第52号）附則第2条第3項（定期金に関する権利の評価に関する経過措置［編注：P361参照］）に規定する財務省令で定める軽微な変更［平成22年3月31日以前に締結された定期金給付契約を変更した場合においても、その変更が新たな契約の締結とみなされない変更の範囲。編注］は、同項の定期金給付契約に係る次に掲げる変更以外の変更とする［編注：次の掲げる変更は、新たな定期金給付契約の締結とみなされる。］。
　一　次に掲げる事項の変更その他当該契約に関する権利の価額の計算の基礎に影響を及ぼす変更
　　イ　解約返戻金の金額
　　ロ　定期金に代えて一時金の給付を受けることができる契約に係る当該一時金の金額
　　ハ　給付を受けるべき期間又は金額
　　ニ　予定利率
　二　契約者又は定期金受取人の変更【編者注】
　三　当該契約に関する権利を取得する時期の変更

四　前3号に掲げる変更に類する変更

【編者注】契約者又は定期金受取人の変更と課税関係
① 定期金給付事由の生じていない定期金給付契約に関する契約者又は定期金（年金）受取人を変更しても、その変更を直接の原因として、その変更時に定期金給付契約に関する権利が贈与税の課税対象となることはない。
② 既に給付事由の生じている定期金給付契約の給付金（年金）受取人を変更する場合
　その変更時に定期金給付契約に関する権利が贈与税の課税対象となる。
③ 平成22年3月31日までに締結されていた個人年金保険契約で、既に定期金給付事由が発生しているもの（平22. 4. 1～23. 3.31までの間に給付事由が発生するものを含む）につき、平成22年4月1日から同23年3月31日までの間に、定期金（年金）受取人を変更した場合、その定期金給付契約に関する権利の価額の計算は、旧法24条によるのか新法24条によるのかという問題がある。
　この場合の受取人の変更は、相令附則2条3項及び相規2条2号に該当し、新たな定期金給付契約の締結とみなされる場合に該当することは明らかである。
　他方、この場合の受取人変更の効果は即時に生ずることから、新たな契約の締結と同時に定期金給付契約に関する権利を取得したものとして、新法24条の規定により評価すべきことになるものと解される。

相続税法基本通達

（「定期金給付契約に関する権利」の意義）
新24-1　法第24条［編注：P346参照］に規定する「定期金給付契約に関する権利」とは、契約によりある期間定期的に金銭その他の給付を受

けることを目的とする債権をいい、毎期に受ける支分債権ではなく、基本債権をいうのであるから留意する。(直近改・平22課資2-12)
　(注) 法第24条の規定の適用に当たっては、**評価基本通達第８章第３節**《定期金に関する権利》[編注：200から200-6まで・P366以降参照]の定めに留意する【編者注】。

【編者注】改正後の適用関係
　本項の平22改正は、(注)部分を追加するもので、相法新24条の適用があるものから適用される。

(年金により支払を受ける生命保険金等の額)　　相基通
新24-2　年金の方法により支払又は支給を受ける生命保険契約若しくは損害保険契約に係る保険金又は退職手当金等の額は、法第24条の規定により計算した金額による。
　なお、一時金で支払又は支給を受ける生命保険契約若しくは損害保険契約に係る保険金又は退職手当金等の額は、当該一時金の額を分割の方法により利息を付して支払又は支給を受ける場合であっても当該一時金の額であることに留意する【編者注１、２】。(直近改・平22課資2-12)

【編者注１】改正後の適用関係
　本項の平22改正は、なお書部分を改正したもので、相法新24条の適用があるものから適用される。
【編者注２】なお書の趣旨等
　本来、一時金で支払を受ける保険金又は退職手当金等の額を、利息を付して分割の方法により支払を受けるものについては、その支払方法が定期的に行われるものであっても、相法24条の適用がなく、定期的に支払われるべき金額の総額(利息部分の金額を含まない)が課税の対象となる、というものである。
　(注) 平22改正前の旧24-3のただし書部分と表現は異なるが、趣旨はほぼ同様

である（旧24-3及びその編者注（P378以降）参照）。

　（解約返戻金の金額）　相基通
新24-3　法第24条第1項第1号イ［編注：P346参照］、同項第2号イ及び同項第3号イに規定する解約返戻金の金額は、定期金給付契約に関する権利を取得した時において定期金給付契約を解約するとした場合に支払われることとなる解約返戻金に、当該解約返戻金とともに支払われることとなる剰余金の分配額等がある場合にはこれらの金額を加算し、解約返戻金の金額につき源泉徴収されるべき所得税の額に相当する金額【編者注1】がある場合には当該金額を減算した金額をいうことに留意する【編者注2】。（平22課資2-12追加）

【編者注1】源泉徴収される所得税の額について
　　源泉徴収される所得税の額については、評基通214の編者注1（P397）参照。
【編者注2】改正後の適用関係
　　本項は、相法新24条の適用があるものから適用される。

　（解約返戻金の金額等がない場合）　相基通
24-4　法第24条第1項第1号［編注：P346参照］に規定する有期定期金の評価に当たって、次に掲げる場合に該当するときは、それぞれに掲げる金額により評価することに留意する【編者注】。（平22課資2-12追加）
（1）同号イ［定期金の権利取得時における解約返戻金に相当する金額。編注］に規定する解約返戻金の金額がない場合
　　同号ロ［定期金に代えて給付されるべき一時金の額。編注］又はハ［残存給付期間の1年当たり平均給付金に予定利率による複利年金現価率を乗じた金額。編注］に掲げる金額のうちいずれか多い金額による。
（2）同号ロ［定期金に代えて給付されるべき一時金の額。編注］に規定する一時金の金額がない場合
　　同号イ［定期金の権利取得時における解約返戻金に相当する金額。編注］

又はハ［残存給付期間の1年当たり平均給付金に予定利率による複利年金現価率を乗じた金額。編注］に掲げる金額のうちいずれか多い金額による。
(3) 同号イ［定期金の権利取得時における解約返戻金に相当する金額。編注］に規定する解約返戻金の金額［、］及び同号ロ［定期金に代えて給付されるべき一時金の額。編注］に掲げる一時金の金額がない場合

　同号ハ［残存給付期間の1年当たり平均給付金に予定利率による複利年金現価率を乗じた金額。編注］の金額による。
(注) 同項第2号［無期定期金の評価。編注］及び第3号［終身定期金の評価。編注］の規定の適用に当たっても同様であることに留意する。

【編者注】改正後の適用関係
　本項は、相法新24条の適用があるものから適用される。

財産評価基本通達

（給付を受けるべき金額の1年当たりの平均額）
新200　相続税法第24条《定期金に関する権利の評価》第1項第1号ハ［編注：P346参照］、同項第2号ハ［編注：P347参照］及び同項第3号ハ［編注：P347参照］に規定する「給付を受けるべき金額の1年当たりの平均額」は、これらの規定の定期金給付契約に基づき1年間に給付を受けるべき定期金の金額による【編者注2】。（直近改・平22課評2-18）【編者注1】

　ただし、次に掲げる場合における「給付を受けるべき金額の1年当たりの平均額」については、それぞれ次によるものとする。
(1) 有期定期金に係る定期金給付契約のうち、年金により給付を受ける契約（年1回一定の金額が給付されるものに限る。）以外の契約の場合

　当該定期金給付契約に係る給付期間（定期金給付契約に関する権利を取得した時における当該契約に基づき定期金の給付を受けるべき残りの期間をいう。以下同じ。）に給付を受けるべき金額の合計額を当該給付期間の年数（その年数に1年未満の端数があるときは、その端数は、切り上げる。）

で除して計算した金額
(2) 終身定期金に係る定期金給付契約のうち、1年間に給付を受けるべき定期金の金額が毎年異なる契約の場合

　　当該定期金給付契約に関する権利を取得した時後当該契約の目的とされた者に係る余命年数（相続税法第24条第1項第3号ハ［編注：P347参照］に規定する余命年数をいう。以下同じ。）の間に給付を受けるべき金額の合計額を当該余命年数で除して計算した金額

【編者注1】改正後の適用関係
　　本項は、相法新24条の適用があるものから適用される。
【編者注2】1年当たり平均額
1　残存期間に係る年金給付額につき、予定利率による複利年金現価率を用いて評価額を算出する場合の「給付を受けるべき金額の1年当たり平均額」については、次のようになる。
① 原則（本項本文）
　　年金給付の残存期間中、年1回の給付でその額が一定額で、かつ、課税時期（年金の権利取得時期）から最終の年金給付日までの期間に年未満の端数がないときは、1年間に給付されるべき金額が、給付を受けるべき金額の1年当たり平均額となる。
　　例えば、年1回の給付で、1回の給付金額500万円、課税時期から最終の給付時期までの期間が3年とすると、1年当たり給付金額は500万円となる。
② 上記①以外の場合（本項ただし書）
　　次の2又は3による。
2　有期定期金の場合（本項ただし書(1)）
① 設　例
　ⅰ　給付は年2回、1回の給付付：250万円
　ⅱ　最終の給付日は課税時期から2年4か月後で、給付回数5回、給付金額合計：1,250万円
　ⅲ　予定利率：1.5%

② 計　算
　　i　給付年数：3年（2年4か月。本項ただし書による1年未満切上げ）
　　ii　給付を受けるべき金額の1年当たり平均額：4,166,666円
　　　→　1,250万円（250万円×5）÷3年
　　iii　予定利率1.5％の給付期間3年に対応する複利年金現価率：
　　　≒2.912
　　　→　複利年金現価率に小数点以下3位未満の端数があるときは、四捨五入する（相規12条の2①・P356参照）。
　　iv　予定利率による金額：12,133,331円
　　　→　4,166,666円×2.912

3　終身定期金のうち、1年間に受ける給付金額が毎年異なる場合（本項ただし書(2)）
① 設　例
　　i　給付金は1年1回、各年の給付額は次のとおり。
　　　・1年目～10年目：100万円
　　　・11年目～15年目：120万円
　　　・16年目以降：140万円
　　ii　定期金契約の目的とされる者（被保険者）：男、課税時期（年金の権利取得時）におけるその者の年齢：70歳
　　iii　被保険者が65歳の時から年金の給付が行われ、課税時期までに5回の給付がされている。
　　iv　予定利率：2.0％
② 計　算
　　i　給付期間の年数（被保険者の余命年数）：14年
　　　→　平成22年1月1日に公表されている完全生命表（評基通200-3・P372参照）の70歳男の平均余命：14.39年。1年未満の端数切捨て（相規12条の3・P357参照）。
　　ii　給付を受けるべき金額の1年当たり平均額：1,185,714円
　　　→　iの給付期間中に受ける年金の総額1,660万円※÷14年
　　　　　※　100万円×5回＋120万円×5回＋140万円×4回＝1,660万円

iii 予定利率2.0％の給付期間14年に対応する複利年金現価率：
≒12.106
→ 複利年金現価率に小数点以下３位未満の端数があるときは、四捨五入する（相規12条の２①・P356参照）。
iv 予定利率による金額：14,354,253円
→ 1,185,714円×12.106

（定期金に関する権利を取得した日が定期金の給付日である場合の取扱い）　評基通

200-2　定期金給付契約に関する権利を取得した日が定期金の給付日（当該契約に基づき定期金の給付を受けた日又は給付を受けるべき日をいう。）である場合における、相続税法第24条第１項第１号から第３号まで【編者注１】の規定（同項第２号ハを除く【編者注１】。）の適用に当たっては、当該権利を取得した日に給付を受けた、又は受けるべき定期金の額が含まれる【編者注２】のであるから留意する。（平22課評2-18追加）【編者注３】

【編者注１】本項の適用範囲
相法24条１項１号から３号までの規定とは、次のようになる。
① 有期定期金を評価する場合の次の金額の計算（相法24①一）
　ⅰ　解約返戻金相当額
　ⅱ　年金に代えて支払われる一時金の額
　ⅲ　残存期間中に支払われる年金の１年当たり平均額を基に、予定利率による複利年金現価率で計算される金額
② 無期定期金を評価する場合の次の金額の計算（相法24①二）
　ⅰ　解約返戻金相当額
　ⅱ　年金に代えて支払われる一時金の額
　（注）１年当たり年金の平均額を予定利率で除して得る金額（相法24①二ハ）の計算は、除かれる。
③ 終身定期金を評価する場合の次の金額の計算（相法24①三）
　ⅰ　解約返戻金相当額

ⅱ　年金に代えて支払われる一時金の額
　　ⅲ　平均余命による年金支払期間中に支払われる年金の１年当たり平均額を基に、予定利率による複利年金現価率で計算される金額

【編者注２】本項の趣旨等

　定期金に関する権利を取得した日（課税時期）が、ちょうど年金の給付日（契約に基づき年金の給付を受けた日、又は給付を受けるべき日。例えば、被保険者の死亡が年金給付開始の日であるような場合など）に当たる場合がある。

　この場合、権利取得の日に支払を受け、又は支払を受けるべき年金（以下「一次給付金」という）の額を、定期金に関する権利の価額に含めるのか、定期金とは別に、現金・預金等の財産として取り扱うのかという疑問がある。

　本項は、この一次給付金の額については、上記編者注１の①から③に掲げる各金額に含まれることを明示している（一次給付金は権利取得日においてその支払を受けているが、解約返戻金相当額及び年金に代えて支払われる一時金の額には、支払を受けた一次給付金の額も含まれることになる）。

　なお、上記①ⅲ及び③ⅲの金額を計算するに際しては、一次給付金の額を除いてこれらの金額を計算し、その計算した金額に一次給付金の額を加算するものとされている（平22.7.1「『財産評価基本通達の一部改正について』通達等のあらましについて（情報）」の2-2(2)参照）。

　つまり、一次給付金の額は定期金の権利の価額に含めて評価するが、一次給付金の額については、予定利率による複利年金現価率を影響させないというものである。

◇設　例

①　定期金の給付は年２回、１回：250万円。
②　権利取得日（同日が定期金の給付日でもある）：平23.6.1
③　最終給付日：平25.6.1
④　予定利率：1.5％

◇計　算
① 給付期間：2年（23.6.2～25.6.1）
　→　一次給付金を含めないで計算するので、〔23.6.2～25.6.1〕の2年となる。仮に、一次給付金を含めると〔23.6.1～25.6.1〕の2年と1日間で、3年となる（評基通200(1)・P366参照）。
② 年金の1年当たり平均額：500万円
　→　1,000万円（250万円×2回×2年）÷2年
　　※　一次給付金の500万円を含めないので支払回数は4回（2回×2年）となる。仮に、一次給付金を含めると支払回数は5回、合計年金額は1,250万円、1年当たり平均額は4,166,666円（1,250万円÷3年）となる。
③ 残存期間中に支払われる年金の1年当たり平均額を基に、予定利率による複利年金現価率で計算される金額
ⅰ　予定利率：1.5％、給付期間2年の複利年金現価率：≒1.956
　→　複利年金現価率に小数点以下3位未満の端数があるときは、四捨五入する（相規12条の2①・P356参照）。
ⅱ　一次給付金の額を含めずに計算した1年当たり平均額：978万円
　→　500万円×1.956
ⅲ　一次給付金の額：250万円
ⅳ　評価額となる年金の価額：1,228万円
　→　978万円（ⅱ）＋250万円（ⅲ）
（注）本設例において、一次給付金の額を含めて給付期間及び1年当たり平均額を計算すると、次のように計算の結果が上掲の情報と異なることに注意すべきである。
　　・250万円×支給回数5回＝1,250万円
　　・給付期間3年（〔23.6.1～25.6.1〕の2年と1日間で、3年となる）
　　・1年当たり平均額　4,166,666円（1,250万円÷3年）
　　・給付期間3年の予定利率1.5％に対応する複利年金現価率≒2.912
　　・4,166,666円×2.912＝12,133,331円

【編者注3】改正後の適用関係
　本項は、相法新24条の適用があるものから適用される。

（完全生命表）　評基通
200-3　相続税法施行規則第12条の3に規定する「完全生命表」は、定期金給付契約に関する権利を取得した時の属する年の1月1日現在において公表されている最新のものによる。（平22課評2-18追加）【編者注】

【編者注】改正後の適用関係等
　本項は、相法新24条の適用があるものから適用される。
　完全生命表は、厚生労働省が公表しているもので、国勢調査等を基に5年ごとに改定されている。

（予定利率）　評基通
200-6　相続税法第24条及び第25条の規定により定期金給付契約に関する権利を評価する場合の「予定利率」は、当該定期金給付契約に関する権利を取得した時における当該契約に係る「予定利率」をいうのであるから留意する。（平22課評2-18追加）【編者注】
　（注）「予定利率」については、端数処理は行わないのであるから留意する。

【編者注】改正後の適用関係等
① 本項は、相法新24条の適用があるものから適用される。
② 予定利率が変動する場合には、定期金に関する権利を取得した時（課税時期）における、その契約に係る予定利率をいう。
③ 「親族間等における定期金給付契約などで、解約返戻金の金額及び一時金の金額が欠ける場合であって、予定利率が明らかでないときは、基準年利率等の合理的な利率を用いて予定利率による金額を計算することが考えられる」とされている（前掲「情報」4参照）。

第4節 定期金に関する権利——給付事由が発生しているものの評価に関連する各条項（平成22年改正前）

相 続 税 法

（定期金に関する権利の評価［給付事由が発生しているもの。編注］）
［編注：定期金の評価の原則］
第24条　定期金給付契約で当該契約に関する権利を取得した時において［、］定期金給付事由が発生しているものに関する権利の価額は、次に掲げる金額による。（直近改・平15法8）
一　有期定期金については、その残存期間に応じ、その残存期間に受けるべき給付金額の総額に、次に定める割合を乗じて計算した金額【編者注7】。
　　ただし、1年間に受けるべき金額【編者注1】の15倍を超えることができない［本号本文により計算した金額が、1年間に受けるべき金額の15倍を超える場合には、15倍に相当する金額を評価額とする。編注］。

　　残存期間が5年以下のもの　　　　　　　　100分の70
　　残存期間が5年を超え10年以下のもの　　　100分の60
　　残存期間が10年を超え15年以下のもの　　 100分の50
　　残存期間が15年を超え25年以下のもの　　 100分の40
　　残存期間が25年を超え35年以下のもの　　 100分の30
　　残存期間が35年を超えるもの　　　　　　　100分の20

二　無期定期金については、その1年間に受けるべき金額の15倍に相当する金額
三　終身定期金については、その目的とされた者【編者注3】の当該契約に関する権利の取得の時における年齢【編者注2】に応じ、1年間に受けるべき金額【編者注1】に、次に定める倍数を乗じて算出した金額
　　25歳以下の者　　　　　　　11倍

25歳を超え40歳以下の者　　8倍
　　40歳を超え50歳以下の者　　6倍
　　50歳を超え60歳以下の者　　4倍
　　60歳を超え70歳以下の者　　2倍
　　70歳を超える者　　　　　　1倍

　四　第3条第1項第5号に規定する一時金［保証期間付定期金給付契約に基づき受ける一時金・P282参照。編注］については、その給付金額［支払を受けるべき一時金に相当する金額。編］【編者注4】

［編注：終身定期金の受取人等が、相続税申告書等の提出期限までに死亡した場合の終身定期金の評価］

2　前項に規定する定期金給付契約に関する権利で同項第3号［終身定期金。編注］の規定の適用を受けるものにつき、その目的とされた者【編者注3】が当該契約に関する権利を取得した時後第27条第1項［相続税の申告書。編注］又は第28条第1項［贈与税の申告書。編注］に規定する申告書の提出期限までに死亡し、その死亡［終身定期金給付契約の目的とされた者の死亡。編注］によりその給付が終了した場合においては、当該定期金給付契約に関する権利の価額は、前項第3号の規定にかかわらず、その権利者［終身定期金の継続年金受取人。編注］が当該契約に関する権利を取得した時後給付を受け、又は受けるべき金額（当該権利者の遺族［継続年金受取人が死亡した場合のその遺族。編注］その他の第三者が当該権利者の死亡により給付を受ける場合には、その給付を受け、又は受けるべき金額を含む。）による。

［編注：生存条件付有期定期金の評価］

3　第1項に規定する定期金給付契約に関する権利［課税時期において給付事由の生じている定期金に関する権利。編注］で、その権利者［定期金の受取人。編注］に対し、一定期間、かつ、その目的とされた者【編者注3】の生存中、定期金を給付する契約【編者注5】に基づくものの価額は、同項［本条1項。編注］第1号に規定する有期定期金として算出した金額［、］又は同項［本条1項。編注］第3号に規定する終身定期金として算出した金額のいずれか低い方の金額による。

[編注:保証期間付終身定期金の評価]
4　第1項に規定する定期金給付契約に関する権利［課税時期において給付事由の生じている定期金に関する権利。編注］で、その目的とされた者【編者注3】の生存中定期金を給付し、かつ、その者［目的とされた者。生命保険会社等の個人年金保険契約の被保険者等。編注］が死亡したときは［、］その権利者［約定等による定期金の継続受取人。編注］又はその遺族［死亡した定期金受取人の遺族。編注］その他の第三者に対し継続して定期金を給付する契約［保証期間付終身定期金給付契約。編注］に基づくものの価額は、同項［本条1項。編注］第1号に規定する有期定期金として算出した金額【編者注6】［、］又は同項［本条1項。編注］第3号に規定する終身定期金として算出した金額のいずれか高い方の金額による。

[編注:契約に基づかない定期金に関する権利の評価]
5　前各項の規定は、第3条第1項第6号［契約に基づかない定期金に関する権利・P290参照。編注］に規定する定期金に関する権利で契約に基づくもの以外のものの価額の評価について準用する。

【編者注1】1年間に受けるべき金額
　　1年間に受けるべき金額の意義については、評基通旧200（平22改正前のもの）に取扱いがある。
【編者注2】終身定期金の評価における年齢の計算方法
　　終身定期金を評価する場合における年齢の計算方法については、相基通旧24-2（平22改正前のもの）に取扱いがある。
【編者注3】終身定期金給付契約の目的とされた者の意義
　　相法24条1項3号及び2項から4項に規定する「その目的とされた者」については、相法新24条の編者注10（P353）参照。
【編者注4】現実に支払を受けた一時金額で定期金を評価する場合
　　相法24条1項4号に規定する「第3条第1項第5号に規定する一時金」については、相法新24条の編者注11（P353）参照。
【編者注5】「一定期間、かつ、その目的とされた者の生存中、定期金

を給付する契約」の意義

相法24条3項に規定する「一定期間、かつ、その目的とされた者の生存中、定期金を給付する契約」については、相法新24条の編者注12（P354）参照。

【編者注6】保証期間付終身定期金の評価

保証期間付終身定期金の評価（相法24条4項・P375参照）における「有期定期金として算出した金額」を計算する場合の、相法24条1項1号の「残存期間」は、当然に保証期間としての残存期間をいう。

【編者注7】保証期間付有期定期金の評価方法

保証期間付有期定期金の評価方法については、法令・通達に明示はないが、次のように行うものとされている（前掲「保険税務のすべて」・P1145参照）。

次のAとBのうち、いずれか高い方の金額を評価額とする。

◇Aの金額

次のⅰとⅱのうち、いずれか低い方の金額

ⅰ　（1年間に受けるべき基本給付金＋増額給付金）× 終身年金権利評価の倍数［編注：相法24①三の倍数・P373参照］

ⅱ　（1年間に受けるべき基本給付金＋増額給付金）× 年金支払期間の残存期間［編注※］× 確定年金［編注：有期定期金］権利評価の割合［編注※］

［編注※］年金支払期間の残存期間とは、その定期金給付契約における約定給付予定期間の残存期間をいい、確定年金権利評価の割合とは、給付予定期間の残存期間に応ずる相法24条1項1号の評価割合（P373参照）をいう。

◇Bの金額

（1年間に受けるべき基本給付金＋増額給付金）× 保証期間の残存期間 × 確定年金［編注：有期定期金］権利評価の割合［編注※］

［編注※］確定年金権利評価の割合とは、保証期間の残存期間に応ずる相法24条1項1号の評価割合（P373参照）をいう。

なお、1年間に受けるべき金額（年金・定期金）が毎年異なる場合

（逓増払の場合）には、上記A及びBの「1年間に受けるべき基本給付金 ＋ 増額給付金」は、次のように計算する（平22改正前評基通旧200）。

◇Aⅰの場合

　イ ÷ ロ

　イ ＝ 評基通旧200(3)により計算した基本給付金及び増額給付金の合計額。つまり、課税時期における被保険者等の年齢に対応する評価倍数（相法24条1項3号に掲げる倍数）と同数の期間に受けるべき基本給付金と増額給付金との合計額をいう。

　ロ ＝ イの評価倍数と同一の数

◇Aⅱの場合

　イ ÷ ロ

　イ ＝ 評基通旧200(1)により計算した基本給付金及び増額給付金の合計額。つまり、課税時期における約定給付予定期間の残存期間に受けるべき基本給付金と増額給付金との合計額をいう。

　ロ ＝ イの残存期間の年数

◇Bの場合

　イ ÷ ロ

　イ ＝ 評基通旧200(1)により計算した基本給付金及び増額給付金の合計額。つまり、課税時期における保証期間の残存期間に受けるべき基本給付金と増額給付金との合計額をいう。

　ロ ＝ イの残存期間の年数

相続税法基本通達

（年金により支払を受ける生命保険金等の額）

※　編注：本項は、平22課資2-12より、P364に掲げる新24-2のように改正されたが、平22年改正前の相法24条が適用される場合には本項の適用がある。

旧24-3　年金の方法により支払又は支給を受ける生命保険契約若しくは損害保険契約に係る保険金又は退職手当金等の額は、法第24条［給付事由の生じている定期金の評価・P373参照。編注］の規定により計算した金額による【編者注1】。

　ただし、当該保険金又は退職手当金等［年金の方法により支払を受ける生命保険金、損害保険金又は退職手当金等。編注］を選択により【編者注2】一時金で支払若しくは支給を受けた場合［、］又は当該一時金の額を分割の方法により利息を付して支払若しくは支給を受ける場合【編者注3】には、当該一時金の額【編者注4、5】による。（直近改・昭46直審（資）6）

【編者注1】計算の方法
　　保険金又は退職手当金等を年金の方法で受ける場合には、通常、相法24条1項1号（P373参照）の有期定期金として、その評価額を計算することになるものと考えられる。
　　ただし、年金の支払が受取人の生存中に限られているような場合には、同24条3項（P374参照）の生存条件付有期定期金として評価する。

【編者注2】選択権を行使する時期等
　　本項ただし書の選択権を行使する時期については、格別明示されていないが、これらの保険金又は退職手当金等の支給を受ける時（支払の決定等があった時）までに行使する場合をいうものと考えられる。

【編者注3】選択した一時金の評価
　①　年金を一時金の受給で選択し、その選択した一時金の支払方法が、定期的な分割払によるものであっても、一時金に利息を付するものについては、本項ただし書によるものとされている。
　②　本来一時金として支給されるべき死亡退職金を、一定の期間につき年賦又は月賦等で支給されるような場合（相法3条1項2号の編者注5-1・P213参照）にも、本項の適用があると考えられる。
　　　この場合において、その分割支払金額に利息を付する約定がある場合には、相法24条の評価によらず、本項ただし書により、そ

の支払を受けるべき退職金の総額（利息に相当する金額を含まない）が相続財産価額になる、と考えられる。

【編者注4】「当該一時金の額」の意義

　本項ただし書に掲げる「当該一時金の額」とは、具体的に支払を受ける一時金の総額をいい、その「総額」に利息を付して分割して支払を受ける場合（年金の方法によるものを除く）においても、利息相当額を含まない支払総額をいうものとされている（前掲「相続税法基本通達逐条解説」P461参照）。

【編者注5】分割支払を受けている未収退職金債権の評価

1　役員又は従業員であった者が生前に退職し、その退職時に退職金の総額が確定し、一時金として支給されるべきものにつき、雇用者の資金繰りその他の事情による当事者間の任意の合意により、その支払を年賦又は月賦等の分割方法により定期的になされているような場合、その者の相続開始時における未収退職金債権（本来の相続財産、相法3条1項6号の編者注2-1②・P291参照）の評価をどのように考えるか、という問題がある。

2　分割支払につき利息が付されない場合

　　上記1の合意による退職金の分割支払が利息を付さないもので、退職後相続開始の時までの支払状況が概ねその約定のとおりされており、将来においてもそのように行われると認められるような場合においては、それは無利息の長期金銭債権であるから、基準年利率（評基通4-4）による複利現価率を用いて計算した課税時期の現在価値によるべきものと解される。その具体的な計算方法についてはP386に掲げる判例参照。

3　上記2以外のものの場合

　　分割払につき利息を付するものや、その支払状況等が上記2に該当しない未収退職金債権である場合には、評基通204（貸付金債権の評価）により、相続開始時における未収金の金額（将来の利息相当額は含まないが、その時における既経過利息相当額を含む）を評価額とすることになるものと考えられる。

■参考：事前照会に対する文書回答事例「変額個人年金保険に関する課税上の取扱いについて」（平14.6.7　東京国税局課税総括課長）

※編注1　ハートフォード生命保険株式会社が平13.10.24付で行った事前照会に対する回答。前掲「保険税務のすべて」（P1172）から転載。
　　　2　この照会は、所得税に係る部分（照会の1～3）と、相続税に係る部分（照会の4）とからなっている。

　標題のことについては、ご照会に係る事実関係を前提とする限り、貴見のとおりで差し支えありません。
　ただし、ご照会に係る事実関係が異なる場合又は新たな事実が生じた場合には、この回答内容と異なる課税関係が生じることがあることを申し添えます。

《別　紙》
変額個人年金保険に関する課税上の取扱いについて

1　変額個人年金保険における年金の必要経費の算出方法について
　［編注：変額型個人年金保険の意義等］
　当社が発売する変額個人年金保険（以下「本保険」といいます。）は、変額個人年金保険の資金だけを取扱う特別勘定により資金を管理・運用し、年金額、保険金額、払戻金額は、運用実績により変動することになる保険料一時払いの保険です。
　本保険による年金の支払方法は、年金支払開始以後の年金原資を特別勘定で運用する**変動型年金方式**と［、］年金支払開始以後の年金原資を特別勘定で運用しない**定額型年金方式**があり、保険種類に応じていずれかの方式で契約を締結します（ただし、年金支払開始時まで変更可能です。）。したがって、変動型年金方式を選択した場合、年金支払開始時において年金支払総額は確定していません。
　また、変動型年金方式には、確定した年金支払期間に限り年金が受け取れる**変動型確定年金**と［、］被保険者の生存中は年金を受け取り、一定の保証期

間中に被保険者が死亡した場合には残存期間に対応する死亡一時金が支払われる変動型保証期間付終身年金があります。

　[編注：支払総額が確定していない年金に係る雑所得金額の通常の計算方法]

　ところで、個人年金は、雑所得として課税され、その計算方法は所得税法施行令（以下「所令」といいます。）第183条第1項に規定しており、年金支払開始日において年金支払総額が確定していない年金（変動型確定年金及び変動型保証期間付終身年金のいずれもこれに該当します。）の雑所得の計算は次のとおり取り扱うこととされています［編注：算式は便宜表示を変えている。］。

　　$B - (B \times C / D)$
　　B = その年に支払を受ける年金の額
　　C = 支払保険料の総額
　　D = 所令第82条の3第2項の規定に準じて計算した年金支払総額の見込額
　　　　（所令第183条第1項第2号イ(2)）

　上記算式上の「所令第82条の3第2項の規定に準じて計算した年金支払総額の見込額」は、支給の基礎となる契約において定められている［、］その年額に一定の年数を乗じて算出することとしていますが、本契約において、変動型年金方式を選択した場合には、支給を受ける年金は毎年変動し、年金支給を開始した年の年金額は確定された年額ではありませんから、所令第82条の3第2項を準用することはできません。

　［編注：変額型個人年金に係る雑所得の金額の計算方法］

　以上のことから、雑所得の金額を次のとおり算出することとして取り扱って差し支えないでしょうか。

（1）　変額型確定年金の場合［編注：算式は便宜表示を変えている。］

　　$B - (F \times C / G) = B - C / H$
　　B = その年に支払を受ける年金の額
　　C = 支払保険料の総額
　　F = 年金支払開始時に支払を受ける年金の額
　　G = $F \times H$
　　H = 年金支払期間

（2）　変動型保証期間付終身年金の場合［編注：算式は便宜表示を変えている。］

381

$B-(F \times C / K) = B - C / L$

B = その年に支払を受ける年金の額
C = 支払保険料の総額
F = 年金支払開始時に支払を受ける年金の額
K = F × L
L = 年金の支払開始時の余命年数又は年金支払保証期間のうち、いずれか長い方の年数

2 定額型一時金付終身年金により年金を受取った場合の必要経費の算出方法について

［編注：定額型個人年金の意義等］

年金支払開始以後の年金原資を特別勘定で運用しない**定額型年金方式**には、確定した年金支払期間中に定額の年金が受け取れる**定額型確定年金**と［、］被保険者の生存中は年金を受け取り、一定の保障期間中に被保険者が死亡した場合には残存期間に対応する死亡一時金が支払われる**定額型保証期間付終身年金**［、］及び被保険者の生存中は年金を受け取り、被保険者が死亡した場合に年金支払開始時の年金原資から受取年金累計額を差し引いた残額を死亡一時金として受け取れる**定額型一時金付終身年金**があります。

［編注：年金のほか一時金が支払われる場合の、年金に係る雑所得の通常の必要経費の計算方法］

ところで、年金のほか一時金が支払われる場合には、所令第183条第1項第3号の規定により［、］次の金額が雑所得の必要経費として控除されることとなっています ［編注：算式は便宜表示を変えている。］。

B × C／D

B = その年に支払を受ける年金の額
C = 支払保険料の総額
D = 所令第82条の3第2項の規定に準じて計算した支払総額の見込額※
　　＋ 一時金の額
　　※ その年において契約に基づいて支給される年金の額 × 支給開始時における余命年数

定額型一時金付終身年金において支払われる死亡一時金は、年金受取開始時の年金原資から支払われた年金総額を控除したものであり、年により順次逓減していくものですから、一時金の額を不変のものとすることを前提としている上記算式により定額型一時金付終身年金の必要経費を算出することはできません。

［編注：定額型一時金付終身年金に係る雑所得の必要経費の計算方法］

　以上のことから、年金支払開始時において、次のA、Bいずれか小さいものを必要経費として取り扱って差し支えないでしょうか。

　A＝イ×ロ／ハ
　　イ＝その年に支払を受ける年金の額
　　ロ＝支払保険料の総額
　　ハ＝年金受取開始時の年金原資の額
　B＝イ×ロ／ニ
　　イ＝その年に支払を受ける年金の額
　　ロ＝支払保険料の総額
　　ニ＝所令第82条の3第2項の規定に準じて計算した支払総額［年金の支払総額。編注］の見込額

3　変額個人年金保険を定期的に一部解約した場合（定時定額引出）の課税上の取扱いについて［雑所得の金額の計算方法。編注］

　当社の変額個人年金保険［上記1参照。編注］は一部解約について、定期的かつ一定額ずつ行っていく定時定額引出（解約期間は、毎月、3ケ月、6ケ月又は12ケ月ごとの中から選択することになります。）を選択することもできます。

　定時定額引出は支払時期を定めて支払うものであって、臨時一時的な所得でないことから雑所得として課税されると考えますが、その場合の雑所得の金額を次の算式により算出することとして取り扱ってよろしいでしょうか。

　雑所得の金額＝一部解約時払戻金額－必要経費
　　一部解約時払戻金額＝一部解約請求金額－解除控除額（保険会社の定めた期間中に早期解約した場合に負担していただくものです。）

必要経費 ＝ B×C／D
  B ＝ 一部解約請求金額
  C ＝ 一部解約時の既払保険料（過去に必要経費とした部分は除く。）
  D ＝ 一部解約時の積立残高

4 定額型一時金付終身年金における年金受給権の課税上の取扱いについて

［保険料負担者である年金受取人が死亡した場合の相続税の課税関係。編注］

契約者（保険料負担者）妻、被保険者夫、年金受取人妻という保険契約における定額型一時金付終身年金［上記2・定額型個人年金の意義等参照。編注］の年金受取開始後に妻［保険料負担者である年金受取人。編注］が死亡し、夫に年金受取人を変更した場合の年金受給権について、次のとおり取り扱って差し支えないでしょうか。

(1) 課税関係について

相続税法第3条第1項第5号［保証期間付定期金に関する権利。編注］に基づき、夫は当該年金受給権を妻から相続により取得したものとみなされ、当該年金受給権は相続税の課税対象となる。

(2) 年金受給権の評価額について

給付事由が発生している定期金受給権の評価額は、通常、相続税法第24条［給付事由が発生している定期金の評価。編注］により計算した金額になります。

しかしながら、定額型一時金付終身年金は、年金受取人に対して被保険者が生存しているかぎり年金が支払われ、かつ、一定の場合には死亡一時金が支払われるものですから、同条［相法24条。編注］各項に定める定期金には該当しません。

　　【編注】相法24条2項から4項までの規定は、定期金給付契約の「目的とされた者」（つまり被保険者）の死亡を原因として、相続人その他の者が年金継続受取人又は一時金受取人となった場合の規定である。本4の契約は、被保険者でない年金受取人の死亡により、その相続人である夫が一時金受取人となることから、相法24条各項をそのまま適用することができない。

［編注：定額型一時金付終身年金の評価方法］

以上のこと及び定額型一時金付終身年金の性質から、同条第4項［保証期

間付終身定期金の評価。編注］の規定に準じて、次のイ又はロのいずれか高い金額により評価することとして取り扱う。
　イ　相続税法第24条第1項第3号に規定する終身年金により評価した金額
　ロ　相続税法第24条第1項第1号に規定する有期定期金により評価した金額※
　　※　相続税法第24条第1項第1号の準用に際して、「残存期間に受けるべき給付金の総額」は、相続開始時における死亡一時金相当額（年金受取開始時の年金原資額から相続開始時までに妻が給付を受けた年金累計額を控除した額をいう。以下同じ。）とし、「残存期間」は、保証期間に準ずる期間（年金受取開始時の年金原資額を1年間に受ける給付金額で除して求めた年数をいう。以下同じ。）から妻が年金の給付を受けた期間を控除した期間とします。

上記のように考えるのは、定額型一時金付終身年金は被保険者が死亡した時点で［、］それまで受け取った年金の累計額が年金受給開始時の年金原資額に満たない場合に［、］その差額を死亡一時金として受け取ることができますが、これについては、定額型一時金付終身年金が定額型年金方式の一態様であることを踏まえると、年金受取人は年金受取開始時において、「保証期間に準ずる期間」［上記※参照。編注］に応じた有期定期金を取得したものと実質的に異ならないからです。

【計算例】

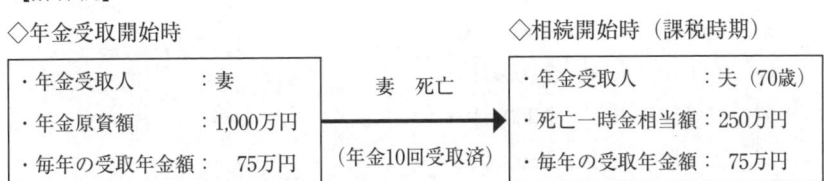

◇年金受取開始時

- 年金受取人　　　：妻
- 年金原資額　　　：1,000万円
- 毎年の受取年金額：　75万円

妻　死亡
（年金10回受取済）

◇相続開始時（課税時期）

- 年金受取人　　　：夫（70歳）
- 死亡一時金相当額：250万円
- 毎年の受取年金額：　75万円

　イ　相続税法第24条第1項第3号［終身年金。編注］の規定により評価した額
　　　75万円×2＝150万円（60歳を超え70歳以下の者　→　2倍）
　ロ　相続税法第24条第1項第1号［有期定期金。編注］の規定に準じて評価した額
　　・保証期間に準ずる期間：1,000万円÷75万円＝13.333年

・課税時期後の保証期間に準ずる期間：13.333年－10年＝3.333年
・250万円×70％＝175万円（残存期間5年以下 → 70％）
・評価額：175万円（イ＜ロ）

■参考：判例「無利息債権の評価は、複利現価率を用いて計算した元本の現在価値によるのが相当であるとされた事例」（福島地裁　昭38.11.28判決・租税判例研究会編「判例租税法4」新日本法規・P4107参照。行集14.11.1947、訟月10.2.411）

《事案の概要》

遺産の分割に代えて代償分割による金銭債権を取得した場合、その金銭債権が無利息及び数回にわたる分割支払であるときの、当該金銭債権の元本の評価をめぐる争い。

《判決要旨》

※編者注：①、②等の付番は編者が適宜付したものであり、[ ] 等は編注である。

① 本件のように相続開始後に至って、遺産分割にかえて債権を取得した場合には、当該債権を相続開始時にひきなおして評価するのが妥当である。

② 右1千万円の債権は

　　昭和34年4月末日　　金300万円
　　同　34年10月末日　　金100万円
　　同　35年12月末日　　金300万円
　　同　36年12月末日　　金300万円

このように数回に分割して支払われることになっており、かつ利息の約定は認められないから、本件1千万円の債務［債権］は無利息のものといいうる。

③ ところで、このような場合の債権評価の方法は、各分割支払金ごとに、それぞれの約定支払期日より相続開始日まで、各別に中間利息を控除することによってなされるべきものと考える［税の実務においては、各支払期日の元本金額に複利現価率を乗じて計算することが多い。］。

けだし、分割して支払われるべき債権であるのにも拘らずそれを何ら斟酌せずに債権発生の日［代償分割成立の日］を基準にして、その日より相続開始日までの中間利息のみを控除することによって評価するものとすれば、債権発生の日以後約定支払期日までの中間利息を無視することとなるが、利息付債権の場合であればとも角、本件のような無利息債権の場合には、それは甚だ妥当ならざる結果となるからである。［中略］。

④　故に、本件の場合、被告［課税庁］主張の年8分［現行評価基本通達4-4・基準年利率に相当］の複利現価率で減価すると別紙三［省略］のとおりとなり、結局、原告［納税者］は相続開始時において金7,778,376円の債権を取得したとみなすべきことになる。

| 第5節 | 定期金に関する権利——給付事由が発生していないものの評価に関連する各条項（平成22年改正後） |

相 続 税 法

　［編注：給付事由が発生していない定期金に関する権利の評価］
第25条　定期金給付契約（生命保険契約を除く【編者注1】。）で当該契約に関する権利を取得した時において［、］定期金給付事由が発生していないものに関する権利の価額は、次の各号に掲げる場合の区分に応じ、当該各号に定める金額による。（直近改・平22法6【編者注6】）
　一　当該契約に解約返戻金を支払う旨の定めがない場合
　　　次に掲げる場合の区分に応じ、それぞれ次に定める金額に、100分の90を乗じて得た金額
　　イ　当該契約に係る掛金又は保険料が一時に払い込まれた場合
　　　　当該掛金又は保険料の払込開始の時から当該契約に関する権利を取得した時までの期間（ロにおいて「経過期間」という。）につき、当該掛金又は保険料の払込金額に対し、当該契約に係る予定利率【編者注2】の複利による計算をして得た元利合計額【編者注3】
　　ロ　イに掲げる場合以外の場合
　　　　経過期間［イ参照。編注］に応じ、当該経過期間に払い込まれた掛金又は保険料の金額の1年当たりの平均額【編者注4】に、当該契約に係る予定利率【編者注2】による複利年金終価率（複利の計算で年金終価を算出するための割合として財務省令［相規12条の4・P390参照。編注］で定めるものをいう。）を乗じて得た金額
　二　前号に掲げる場合以外の場合
　　　当該契約に関する権利を取得した時において［、］当該契約を解約するとしたならば支払われるべき解約返戻金の金額【編者注5】

【編者注1】「生命保険契約を除く」の意義

本条に規定する「生命保険契約を除く」の意義については、相法3条1項4号の編者注2-2（P276参照）と同義に解すべきものと考える。

つまり、生命保険会社等と契約した個人年金保険契約、簡易生命保険の年金保険契約等で、課税時期において給付事由が生じていないものについては、本条の定期金に該当せず、評基通214（P396参照）により評価することになる。

なお、簡易生命保険の年金保険契約のうち、平成3年4月1日前に旧郵便年金法（平2廃止）の規定により契約した年金契約で、課税時期に給付事由が生じていないものは本条の定期金に該当する（相法3条1項4号の編者注2・P275参照）。

【編者注2】予定利率について

相法25条に規定する予定利率については、新相法24条の編者注9（P352）参照。

【編者注3】予定利率の複利による元利合計額について

相法25条1号イの予定利率による複利で計算した元利合計額については、評基通200-4（P391参照）に取扱いがある。

【編者注4】経過期間に払い込まれた掛金等の金額の1年当たり平均額

相法25条1号ロの経過期間に払い込まれた掛金又は保険料の1年当たり平均額については、評基通200-5（P392参照）に取扱いがある。

【編者注5】解約返戻金の金額

相法25条2号の解約返戻金の額については、相基通25-1（P390）に取扱いがある。

【編者注6】新法25条の適用時期

改正後の25条は、平成22年4月1日以後に相続若しくは遺贈又は贈与により取得したものから適用される（平成22年改正法附則30条参照）。

（注）新法24条のような経過措置はないことに留意する。

相続税法施行規則

（複利年金終価率）
第12条の4　法第25条第1号ロ［編注：P388参照］に規定する複利年金終価率は、特定割合（同条の定期金給付契約に係る予定利率に1を加えた数を払込済期間の年数［次項参照。編注］で累乗して得た割合をいう。）から［、］1を控除した残数を［、］当該予定利率で除して得た割合（当該割合に小数点以下3位未満の端数があるときは、これを四捨五入する。）とする。

2　前項に規定する払込済期間の年数は、同項［本条1項。編注］の定期金給付契約に基づく掛金又は保険料の払込開始の日から当該契約に関する権利を取得した日までの年数（1年未満の端数があるときは、これを切り上げた年数）とする。

相続税法基本通達

（解約返戻金の金額）
25-1　法第25条第2号に規定する解約返戻金の金額については、24-3《解約返戻金の金額［編注：P365参照］》を準用する【編者注1、2】。（平22課資2-12追加）

　（注）法第25条の規定の適用に当たっては、評価基本通達第8章第3節《定期金に関する権利［編注：200-4から200-6まで・後掲参照］》の定めに留意する。

【編者注1】前納保険料について
　相基通24-3には、前納保険料についての取扱いの明示はない。それは、既に定期金給付事由の生じている定期金給付契約には、一般的に前納保険料は生じないことによるものと考えられる。
　ところで、課税時期において未だ給付事由が発生していないものについては、前納保険料の生ずることがある。この前納保険料の取扱いについては、法令・通達に明示はないが、前掲「情報」（評基

通200-2の編者注2・P370参照)「第25条関係」に次のような記述があり、課税時期において返還されるべき前納保険料に相当する金額は、相法25条2号の解約返戻金に加算されることになる。

「なお、相続税法25条2号に規定する解約返戻金の金額には、例えば、損害保険契約である定期金給付契約を解約するとした場合に、解約返戻金とともに支払われる前納保険料も加算の対象となる。」

【編者注2】改正後の適用関係

本項は、平22.4.1以後の相続・遺贈又は贈与に係るものから適用される。

財産評価基本通達

(予定利率の複利による計算をして得た元利合計額)

200-4 相続税法第25条第1号イ［掛金又は保険料が一時に払い込まれた場合・P388参照。編注］に規定する「当該掛金又は保険料の払込金額に対し、当該契約に係る予定利率の複利による計算をして得た元利合計額」の算出方法を算式で示すと、次のとおりである【編者注1】。(平22課評2-18追加)【編者注2】

定期給付金契約に係る掛金又は保険料の金額×複利終価率

複利終価率＝$(1+r)^n$　(小数点以下3位未満の端数があるときは、その端数は、四捨五入する)

上記算式中の「r」及び「n」は、それぞれ次による。

「r」＝当該定期金給付契約に係る予定利率

「n」＝当該定期金給付契約に係る掛金又は保険料の払込開始の時から当該契約に関する権利を取得した時までの期間(以下本項及び次項において「経過期間」という。)の年数(その年数に1年未満の端数があるときは、その端数は、切り捨てる。)

【編者注1】一時払保険料に係る元利合計額の計算例

□設　例

① 一時払保険料の額：1,000万円
② 経過期間（保険料払込日から課税時期までの期間）：5年3か月
③ 予定利率：1.0％
④ この定期金給付契約には、解約払戻金を支払う旨の定めがないものとする。

□計　算
① 経過期間の年数：5年（本項「n」により1年未満は切捨て）
② 予定利率1.0％の経過期間5年に対応する複利終価：1.051
　※　本項により、小数点以下3位未満の端数があるときは、その端数を四捨五入。
③ 一時払保険料の複利終価率による元利合計額：10,510,000円
　→　10,000,000万円×1.051
④ 相法25条1号イの評価額：9,459,000円
　→　10,510,000円×0.9

【編者注2】改正後の適用関係
本項は、平22.4.1以後の相続・遺贈又は贈与に係るものから適用される。

（経過期間に払い込まれた掛金又は保険料の金額の1年当たりの平均額）　評基通
200-5　相続税法第25条第1号ロ［編注：P388参照］に規定する「経過期間に払い込まれた掛金又は保険料の金額の1年当たりの平均額」は、経過期間［200-4・P391参照。編注］に払い込まれた掛金又は保険料の額の合計額を経過期間の年数（その年数に1年未満の端数があるときは、その端数は、切り上げる。）で除して計算した金額による【編者注1】。

年1回一定の金額の掛金又は保険料が払い込まれる契約の場合の「経過期間に払い込まれた掛金又は保険料の金額の1年当たりの平均額」は、当該定期金給付契約に基づき1年間に払い込まれた掛金又は保険料の金額によっても差し支えない。（平22課評2-18追加）【編者注2】

【編者注1】一時払以外の保険料に係る元利合計額の計算例
　□設　例
　①　保険料払込方法：年2回、1回250万円
　②　払込開始時期：課税時期の2年4か月前。以後6か月ごとに5回の払込が行われている（払込保険料の合計額1,250万円）。
　③　予定利率：1.20％
　④　この定期金給付契約には、解約払戻金を支払う旨の定めがないものとする。
　□計　算
　①　経過期間の年数：3年（2年4か月。本項により1年未満は切上げ）
　②　予定利率1.20％の経過期間3年に対応する複利年金終価：3.036
　　※　相規12条の4①により、小数点以下3位未満の端数があるときは、その端数を四捨五入。
　③　払込保険料の1年当たり平均額：4,166,666円
　　→　1,250万円（250万円×5回）÷3年
　④　1年当たり平均保険料の複利年金終価率による元利合計額：12,649,997円
　　→　4,166,666円×3.036
　④　相法25条1号ロの評価額：11,384,997円
　　→　12,649,997円×0.9

【編者注2】改正後の適用関係
　本項は、平22.4.1以後の相続・遺贈又は贈与に係るものから適用される。

　（予定利率）　評基通
200-6　相続税法第24条及び第25条の規定により定期金給付契約に関する権利を評価する場合の「予定利率」は、当該定期金給付契約に関する権利を取得した時における当該契約に係る「予定利率」をいうのであるから留意する。（平22課評2-18追加）
　（注）「予定利率」については、端数処理は行わないのであるから留

意する。

【編者注】予定利率について
　本項については、P372に掲げる評基通200-6の編者注参照。

第6節 定期金に関する権利——給付事由が発生していないものの評価に関連する各条項（平成22年改正前）

相続税法

［編注：給付事由が発生していない定期金に関する権利の評価］
第25条　定期金給付契約（生命保険契約を除く【編者注】。）で当該契約に関する権利を取得した時において［、］定期金給付事由が発生していないものに関する権利の価額は、その掛金又は保険料の払込開始の時から当該契約に関する権利を取得した時までの経過期間に応じ、その時までに払い込まれた掛金又は保険料の合計金額に、次に定める割合を乗じて算出した金額による。（直近改・平2法50）

　　経過期間が5年以下のもの　　　　　　　　100分の90
　　経過期間が5年を超え10年以下のもの　　　100分の100
　　経過期間が10年を超え15年以下のもの　　 100分の110
　　経過期間が15年を超えるもの　　　　　　 100分の120

【編者注】「生命保険契約を除く」の意義
　本条に規定する「生命保険契約を除く」の意義については、新法25条の編者注1（P389）参照。

第7節 生命保険契約・損害保険契約に関する権利 ——保険事故が発生していないものの評価に関連する各条項

財産評価基本通達

（生命保険契約に関する権利の評価）
214 相続開始の時において、まだ保険事故（共済事故を含む。この項において同じ。）が発生していない生命保険契約に関する権利の価額は、相続開始の時において当該契約を解約するとした場合に支払われることとなる解約返戻金の額（解約返戻金のほかに支払われることとなる前納保険料の金額、剰余金の分配額等がある場合にはこれらの金額を加算し、解約返戻金の額につき源泉徴収されるべき所得税の額【編者注1】に相当する金額がある場合には当該金額を減算した金額）によって評価する。（平15課評2-24追加）

　(注)1　本項の「生命保険契約」とは、相続税法第3条《相続又は遺贈により取得したものとみなす場合》第1項第1号［P119参照。編注］に規定する生命保険契約をいい【編者注2】、当該生命保険契約には一定期間内［保険期間又は保険期間中の一定期間内。編注］に保険事故［被保険者の死亡等。編注］が発生しなかった場合において返還金その他これに準ずるものの支払がない生命保険契約【編者注3】は含まれないのであるから留意する。

　　　2　被相続人が生命保険契約の契約者である場合において、当該生命保険契約の契約者に対する貸付金若しくは保険料の振替貸付けに係る貸付金又は未払込保険料の額（いずれもその元利合計金額とする。）があるときは、当該契約者貸付金等の額について相続税法第13条《債務控除》の適用がある【編者注4】のであるから留意する【編者注5、6】。

【編者注1】解約返戻金に対する源泉徴収税額

　解約返戻金に対する源泉所得税の課税とは、一時払養老保険等の差益に対する所得税の源泉分離課税で（措法41の10）、その課税関係の概要は次のとおり。なお、この制度の詳細については、3編5章（P656以降）参照。

① 要　件

　以下の3要件の全部を満たす保険契約であること。

ⅰ　生命保険契約又は損害保険契約で保険期間が5年以下のもの、又は保険期間が5年を超えるものを契約後5年以内に解約したもの（所法174八）。

　評基通214による相続税の評価との関連でいえば、保険期間が5年以下のもの、又は保険期間5年超のもので契約後5年以内に相続の開始があった場合がこれに当る（相続開始時等の課税時期に、現実に解約したかどうかを問うことなく、課税時期に解約したものと仮定して評価するのであるからこのようになる）。

ⅱ　保険料の払込が一時払（所法174八）、又は一時払に準ずる方法（所令298⑤、所基通174-5）により払い込まれていること。

ⅲ　満期保険金又は満期返戻金のある保険契約で、災害死亡等保険金が満期保険金の5倍未満、かつ、普通死亡保険金が満期保険金と同額以下であるもの（所令298⑥、所規72）

② 税　率

　税率は20％（国税15％、地方税5％）で、上記①に掲げる要件に該当するときは、現実に課税されているかどうかを問わず、評価上この所得税相当額を控除する。

【編者注2】生命保険契約の範囲等

　評基通214にいう生命保険契約の意義、範囲等については、相法3条1項1号の編者注3（P121参照）に記載するところと同様である。

　これによれば、同214の「まだ保険事故が発生していない生命保険に関する権利」には、生命保険契約（簡易生命保険契約を含む）の他、生命保険会社等と契約した個人年金保険（簡易保険の年金保険を含む）

で給付事由の生じていないものも含まれる（相法25条編者注1・P389参照）。

【編者注3】返還金等のない生命保険契約の意義等

　評基通214（注）1の「一定期間内に保険事故が発生しなかった場合において返還金その他これらに準ずるものの支払がない生命保険契約」については、相法3条1項3号カッコ書（P261参照）と全く同文の表現があることから、この意義等については、同3号と同義に解すべきものと考える。その意義等は、相法3条1項3号の編者注2（P261参照）に記載するとおりである。

　これに当る典型的なものは、満期保険金又は満期返戻金のない定期保険（定期付養老保険を除く）である。その定期保険につき、仮に、課税時期においては解約返戻金等が計算されるような場合であっても、そのことによって「定期保険契約」の性質自体には何らの影響が生じないことは同編者注2記載のとおりである。

【編者注4】（注）2の趣旨

　評基通214（注）2の趣旨は、次のとおりである。

　相基通3-9（契約者貸付金等がある場合の保険金・P170参照）によれば、相続財産とみなされる生命保険金等につき、契約者貸付金等がある場合には、支払を受けるべき保険金からその貸付金等を控除し、控除後の保険金額をみなす相続財産の額にする（つまり、受取保険金と借入金等の債務を両建てしない）、とされている。

　ところで、評基通214による評価においては、現実に保険金等の支払を受けるものの評価でないこと等から、同3-9と同様の取扱いをするのは相当でないとし、同214による評価額と契約者貸付金等に係る債務とを両建てする、というものである。

　なお、契約者貸付金等の意義については、相基通3-9の編者注1（P171）参照。

【編者注5】満期返戻金等のある損害保険契約の評価等

　損害保険契約で満期返戻金等のあるもの（例えば、長期建物更生共済）であっても、その損害保険契約に関する権利は、相法3条1項3号

に規定するみなす相続財産（生命保険契約に関する権利）には該当しない。

　しかし、これらの損害保険契約で、被相続人が契約者及び保険料の負担者となっているものについては、本来の相続財産に該当する（相法3条1項3号の編者注2-3・P265参照）。

　この場合の損害保険契約に関する権利の評価は、評基通214に準じ、課税時期の解約返戻金に相当する金額によるものと考えられている（同編者注参照）。

【編者注6】所得税及び法人税における生命保険契約に関する権利の評価

　所得税及び法人税における生命保険契約（生命共済契約を含む）又は損害保険契約（これに類する共済契約を含む）に関する権利の価額（取引時価）は、その取引の時における解約返戻金（前納保険料、積立配当金等を含む）に相当する金額とされている（所基通36-37・P674参照）。

第3編

生命保険金・損害保険金等と所得税の課税関係

第1章

非課税所得となる生命保険金・損害保険金等に関連する法令・通達等

第1節 非課税所得となる生命保険金・損害保険金等に関連する法令・通達等の索引

　支払を受ける生命保険金・損害保険金等について、非課税所得に関連する法令・通達、情報、質疑応答事例、事前照会に対する文書回答事例、判例、裁決例等で、本章に収録したものは、以下のとおり。

法令等の索引

□所得税法
　第9条　　　　　　　非課税所得
　　　第1項第16号　　［相続、遺贈、個人からの贈与により取得するもの］ *405*
　　　第1項第17号　　［損害保険金、損害賠償金等］ *405*

□所得税法施行令
　第30条　非課税とされる保険金、損害賠償金等 *407*

□所得税基本通達
　9-19　必要経費に算入される金額を補てんするための金額の範囲 *412*
　9-20　身体に損害を受けた者以外の者が支払を受ける傷害保険金等 *414*
　9-21　高度障害保険金等 *417*
　9-22　所得補償保険金 *418*
　9-23　葬祭料、香典等 *419*

□相続税法基本通達
　21の3-9　社交上必要と認められる香典等の非課税の取扱い *419*

第2節 非課税所得に関連する各条項

所　得　税　法

(非課税所得)
第9条　次に掲げる所得については、所得税を課さない。
一～十五　［省略］
十六　相続、遺贈又は個人からの贈与により取得するもの（相続税法（昭和25年法律第73号）の規定により相続、遺贈又は個人からの贈与により取得したものとみなされるものを含む。）（直近改・平22法6）［編注：号数の繰下げ。］
十七　保険業法（平成7年法律第105号）第2条第4項（定義［編注：P1346参照］）に規定する損害保険会社又は同条第9項［編注：P1346参照］に規定する外国損害保険会社等【編者注1】の締結した保険契約に基づき支払を受ける保険金及び損害賠償金（これらに類するものを含む。）で、心身に加えられた損害又は突発的な事故により資産に加えられた損害に基因して取得するものその他の政令［所令30・P407参照。編注］で定めるもの【編者注2】（直近改・平22法6）

［以下省略］

【編者注1】損害保険契約に含まれる外国損害保険会社等の範囲
　17号に規定する損害保険契約には、外国損害保険会社等と契約した損害保険契約が含まれる。
　ところで、同号が引用する保険業法2条9項に規定する外国損害保険会社等とは、外国の保険業者のうち、国内営業についての免許を受けた外国の損害保険会社等のみをいい、国内営業非免許のものは「外国保険業者」（生命保険会社及び損害保険会社の双方を指す）と明

確に区別されている（保険業法2⑥～⑧・P1346参照）。

この区分に従えば、国内営業非免許の外国保険業者と締結した損害保険契約に基づく保険金は、その内容が所令30条（P407参照）各号に該当するものであっても、非課税所得に当たらないことになる。

なお、これらの者から支払われる保険金（一時金）は一時所得に該当しないこととなったので、雑所得になるものと考えられる（所令183条の編者注5・P515参照）。

【編者注2】損害保険金等、損害賠償金等で非課税所得となるものの範囲

17号は「保険契約に基づき支払を受ける保険金……その他の政令で定めるもの」と規定しているので、本号に掲げるものは例示であり、具体的な非課税の内容は所令30条（P407参照）に規定し、その概要は次のようになる。

① 身体の傷害に基因して支払を受ける損害保険契約の保険金、生命保険契約の給付金（所令30一）
② 心身に加えられた損害につき支払を受ける慰謝料、その他の損害賠償金（その損害に基因して勤務又は業務に従事することができなかったことによる給与又は収益の補償として受けるものを含む。）（所令30一）
③ 資産の損害に基因して支払を受ける損害保険契約の保険金（これに類する共済金を含み、事業所得の収入金額とされる保険金等を除く・所令94）（所令30二）

なお、所得税においては法人税のように保険金等で取得した固定資産の圧縮記帳という概念がなく、非業務用資産の損失による保険金はその全額が非課税の収入となり、事業用（業務用を含む）資産の損失による保険金については、収入した保険金から下記⑥に掲げる金額を控除した残額が非課税の収入となる（次の④において同じ。所基通9-19の編者注1・P412参照）。

（注）事業用又は業務用の固定資産等の損失金額を計算する場合には、発生した損失額から保険金等を控除することとなるが、それは、所法9条1項16号及び所令30条の規定によるものではなく、所法51条の規定による

ものである(所基通9-19の編者注2・P413参照)。

④ 不法行為その他突発的な事故により資産に加えられた損害につき支払を受ける損害賠償金(事業所得の収入金額とされる損害賠償金等を除く・所令94)(所令30二)

⑤ 心身又は資産に加えられた損害につき支払を受ける相当の見舞金(事業所得の収入金額とされる損害賠償金等・所令94、役務の対価としての性質を有するものを除く。)(所令30三)

⑥ 上記①から⑤に掲げるものであっても、それぞれの金額の内に、その損害を受けた者の各種所得の金額の計算上必要経費に算入される金額を補填するための金額(所基通9-19)が含まれている場合には、①から⑤に掲げるそれぞれの金額から、その補填するための金額を控除した残額が非課税所得となる(所令30条本文カッコ書)。

なお、その補填する金額は、事業所得、不動産所得又は雑所得等の所得金額の計算上、収入金額に算入される(所令94)。

所得税法施行令

(非課税とされる保険金、損害賠償金等)

第30条 法第9条第1項第17号(非課税所得[編注:P405参照])に規定する政令で定める保険金及び損害賠償金(これら[保険金・損害賠償金。編注]に類するものを含む。)は、次に掲げるものその他これら[次に掲げるもの。編注]に類するもの(これらのもの[次に掲げるものと、次に掲げるものに類するもの。編注]の額のうちに[,]同号[所法9条1項17号。編注]の損害を受けた者の各種所得の金額の計算上必要経費に算入される金額を補てんするための金額が含まれている場合【編者注1】には、当該金額[必要経費を補填する金額。編注]を控除した金額に相当する部分)とする。(直近改・平22政50)

一 **損害保険契約**(保険業法(平成7年法律第105号)第2条第4項(定義[編注:P1346参照])に規定する損害保険会社若しくは同条第9項[編注:P1346参照]に規定する外国損害保険会社等【編者注2】の締結した保険契

約又は同条第18項［編注：P1346参照］に規定する少額短期保険業者（以下この号において「少額短期保険業者」という。）の締結したこれに類する保険契約をいう。以下この条において同じ。）に基づく保険金、生命保険契約（同法第２条第３項［保険業法２条３項・P1345参照。編注］に規定する生命保険会社若しくは同条第８項［編注：P1346参照］に規定する外国生命保険会社等【編者注２】の締結した保険契約又は少額短期保険業者の締結したこれに類する保険契約をいう。以下この号において同じ。）［、］又は旧簡易生命保険契約（郵政民営化法等の施行に伴う関係法律の整備等に関する法律（平成17年法律第102号）第２条（法律の廃止）の規定による廃止前の簡易生命保険法（昭和24年法律第68号）第３条（政府保証）に規定する簡易生命保険契約をいう【編者注２】。）に基づく給付金［、］及び損害保険契約又は生命保険契約に類する共済に係る契約に基づく共済金で、身体の傷害に基因して支払を受けるもの【編者注３】並びに心身に加えられた損害につき支払を受ける慰謝料その他の損害賠償金【編者注４】（その損害に基因して勤務又は業務に従事することができなかったことによる給与又は収益の補償として受けるもの【編者注５】を含む。）【編者注６】

二　損害保険契約［前号参照。編注］に基づく保険金及び損害保険契約に類する共済に係る契約に基づく共済金（前号に該当するもの［身体の傷害に基因して支払を受ける損害保険金、共済金。編注］及び第184条第４項（満期返戻金等の意義［編注：P551参照。]）に規定する満期返戻金等その他これ［満期返戻金等。編注］に類するものを除く【編者注７】。）で資産の損害に基因して支払を受けるもの［、］並びに不法行為その他突発的な事故により資産に加えられた損害につき支払を受ける損害賠償金（これら［損害保険金、共済金、損害賠償金。編注］のうち第94条（事業所得の収入金額とされる保険金等［編注：P476参照］）の規定に該当するものを除く【編者注８】。）【編者注９】

三　心身又は資産に加えられた損害につき支払を受ける相当の見舞金（第94条［事業所得の収入金額とされる保険金等・P476参照。編注］の規定に該当するものその他役務の対価たる性質を有するものを除く。）【編

者注10】

【編者注１】必要経費を補填するための金額

　所令30条本文に規定する「各種所得の金額の計算上必要経費に算入される金額を補てんするための金額」については、所基通9-19（P412参照）に取扱いがある。

【編者注２】損害保険契約、生命保険契約の範囲

　所令30条に規定する損害保険契約及び生命保険契約の範囲は、次のようになる。

① 損害保険契約
　　次に掲げる損害保険契約等
ⅰ 損害保険会社と契約した損害保険契約
ⅱ 外国損害保険会社等と契約した損害保険契約
　　※ 外国損害保険会社等の意義等については、所法９条の編者注１（P405）参照。
ⅲ 少額短期保険業者と契約した損害保険契約に類する契約
ⅳ 損害保険契約に類する共済に係る契約

② 生命保険契約
　　次に掲げる生命保険契約等
ⅰ 生命保険会社と契約した生命保険契約
ⅱ 外国生命保険会社等と契約した生命保険契約
　　※ 外国生命保険会社等の意義等については、所令183条の編者注５（P515）参照。
ⅲ 少額短期保険業者と契約した生命保険契約に類する契約
ⅳ 旧簡易生命保険契約
　　※ 旧簡易生命保険契約の詳細については、相令１条の２の編者注３（P158）参照。
ⅴ 生命保険契約に類する共済に係る契約

【編者注３】身体の傷害に基因して支払を受けるものの範囲等

　所令30条１号に規定する「身体の傷害に基因して支払を受けるも

の」については、次の取扱いがある。
・所基通9-20　身体に傷害を受けた者以外の者が支払を受ける傷害保険金等（P414参照）
・同　　9-21　高度障害保険金等（P417参照）

【編者注4】無保険車傷害保険、人身傷害補償保険
　無保険車傷害保険及び人身傷害補償保険の保険金は、所令30条1号の損害賠償金に当ると解されている（相基通3-10の編者注1-2・P174、「人身傷害補償保険金に係る所得税、相続税及び贈与税の取扱い等について（平11課資2-287）」P319参照）。

【編者注5】所令30条1号カッコ書と所令94条1項2号との関係等
① 　所令30条1号カッコ書の収益の補償は、損害に基因して損害を受けた者自身が業務に従事することができなかったことによる収益の補償をいう。
　例えば、個人事業者自身が傷害等を受け、これによってその者がその事業に従事することができなかったことにより支払を受ける、得べかりし収益（いわゆる利益額に相当する部分をいい、個人事業者の事業が継続されていたか、休止されていたかを問わないものと解される）の減少額を補填するようなものは、本号に該当し、非課税所得となる。
　また、給与所得者が交通事故等に遭い、加害者等から支払を受ける休職期間中の給料等に相当する金額についても、本号に該当し、非課税所得となる。
　なお、所得補償保険金については、所基通9-22（P418参照）の取扱いがある。
② 　所令94条1項2号（P476参照）の収益の補償は、事業所得、不動産所得、雑所得、山林所得を生ずべき業務自体の全部又は一部の休止、転換又は廃止等を事由として受ける収益の補償であり、これらの事由が生じた原因は限定されていない。
　例えば、個人事業者が傷害等を受けたことにより、そのことに基因してその事業の全部又は一部を休業し、又は事業を廃業した

こと等により受ける事業自体の収益の補償金は所令94条1項2号に該当し、事業所得の収入金額となる。

【編者注6】身体の傷害に基因する保険金・給付金と医療費控除との関係

身体の傷害に基因して支払を受ける保険金・給付金等は非課税所得であるが、そのうち、医療費を補てんする保険金等（所基通73-8・P467参照）に該当するものは、医療費控除の計算上、支払った医療費から控除する必要がある（所法73条・P463参照）。

【編者注7】損害保険契約の満期返戻金等に対する課税

損害保険契約の満期返戻金、解約返戻金等は、所令184条2項（P549参照）の規定により、一時所得の収入金額とされる。

【編者注8】事業所得の収入金額とされる保険金等

所令94条（P476参照）により事業所得の収入金額とされる損害保険金等の典型は、棚卸資産の損害による保険金であり、その他上記編者注5②に掲げる事業（又は業務）の休業又は廃業等による収益の補償がある。

【編者注9】資産の損害に基因して支払を受ける保険金等と損失控除との関係

資産の損失に基因して支払われる保険金・共済金は、原則として、非課税所得であるが、生活に通常必要でない資産の災害による損失（所法62条・P439参照）、被災事業用資産損失の純損失繰越控除（所法70条2項・3項・P444参照）、雑損控除の対象となる資産の損失（所法72条・P450参照）の金額の計算上、これらの損失を補てんする部分の保険金・共済金は、生じた損失額から控除する必要がある。

【編者注10】所令30条3号の趣旨等

所令30条3号に規定する相当の見舞金は、必ずしも、心身又は資産に損害を加えた者（加害者等）からの見舞金等に限られないと解される。そのことは、所基通9-23（葬祭料、香典等・P419参照）の取扱いからも窺える。

所得税基本通達

(必要経費に算入される金額を補てんするための金額の範囲)
9-19 令第30条［編注：P407参照。］本文かっこ内に規定する「必要経費に算入される金額を補てんするための金額」とは、例えば、心身又は資産の損害に基因して休業する場合に［、］その休業期間中における使用人の給料、店舗の賃借料その他通常の維持管理に要する費用を補てんするものとして計算された金額のようなものをいい【編者注１】、法第51条第１項又は第４項《資産損失の必要経費算入［編注：P424参照］》の規定により［、］これらの項［所法51条１項、４項。編注］に規定する損失の金額の計算上控除される保険金、損害賠償金その他これらに類するものは、これに［必要経費を補填する金額。編注］含まれない【編者注２】。(直近改・平元直所3-14)

【編者注１】必要経費を補填するための損害保険金等
　必要経費に算入される金額を補填するための保険金・損害賠償金等は、非課税所得から除くものとされ、本項によれば、それは事業又は業務に係る通常の維持管理に要する費用を補填するものとして特に計算された金額等をいうものとされる。
　一般的に、事業用（業務用を含む）固定資産等を保険の目的とする損害保険契約においては、目的物の損害等に基因し、その損害等の程度に応じて保険金が支払われものである。
　そうだとすると、その保険金は上記に掲げるような事業（業務を含む）の通常の維持管理に要する費用を補填するものとして計算されるものとはならないので、例えば、事業用固定資産が破損し、破損に応ずる損害保険金の支払を受け、その保険金の全部又は一部に相当する金額の修繕費を支出をしたような場合でも、当該保険金は修繕費を補填のものとして計算されたものではないから、所令30条本文カッコ書に該当せず、同条２号により非課税所得となり、他方、支出した修繕費は所法37条（必要経費）の規定により必要経

費に算入することになるものと解される。

【編者注2】所令30条本文カッコ書と所法51条1項カッコ書との関係

① 所令30条（P407参照）本文の「（……これらのもの［所令30条により非課税となる保険金、損害賠償金等。編注］の額のうちに同号［所法9①十七。編注］の損害を受けた者の各種所得の金額の計算上必要経費に算入される金額を補てんするための金額が含まれている場合には、当該金額［必要経費を補填する金額。編注］を控除した金額に相当する部分）」の趣旨は、次のようである。

　各種所得の必要経費となるべき金額は通常の例により必要経費に算入し、それを補填するために支払を受けた保険金、損害賠償金等は、各種所得の収入金額として両建て経理をするというものである。

　つまり、両建て経理により収入と経費とが通算されることにより、補填金＝必要経費のような場合には結果的に課税対象となる所得金額は生じないが、補填金自体を非課税の収入とするものではない（補填金＞必要経費の場合には、その差額に相当する部分の金額は課税対象となる収入金額になる）。

② 所法51条1項（P424参照）の「（保険金、損害賠償金その他これらに類するものにより補てんされる部分の金額……を除く。）」の趣旨は、事業用固定資産の損失を必要経費に算入する場合において、その損失を補填するために支払われた保険金等（損失と保険金等が個別的に対応関係にあるもの）がある場合には、先ず、必要経費に算入すべき損失の金額から保険金等を控除し、控除した残額を必要経費にするというものである。

　つまり、所令30条の場合には収入と経費とを両建て経理するのに対し、所法51条1項（同4項についても同様）の場合には、必要経費に算入すべき金額を計算する中で個別的に損失と保険金等とを通算することになる。

　この結果、「保険金等＞発生した損失の金額」の場合には、その差額に相当する保険金等は所令30条2号に該当して非課税の収

入となる。

（身体に損害を受けた者以外の者が支払を受ける傷害保険金等）　所基通

9-20　令第30条第1号［編注：P407参照。］の規定により非課税とされる「損害保険契約に基づく保険金及び生命保険契約に基づく給付金で、身体の傷害に基因して支払を受けるもの」は、自己の身体の傷害に基因して支払を受けるものをいうのであるが【編者注1】、その支払を受ける者と身体に傷害を受けた者とが異なる場合であっても、その支払を受ける者がその身体に傷害を受けた者の配偶者若しくは直系血族又は生計を一にするその他の親族［傍系血族又は姻族で身体に傷害を受けた者と生計を一にするもの。編注］であるときは、当該保険金又は給付金［配偶者、直系血族、生計を一にするその他の親族が受ける傷害保険金又は給付金。編注］についても同号［所令30一。編注］の規定の適用があるものとする【編者注2】。（直近改・平元直所3-14）

　　（注）いわゆる死亡保険金は、「身体の傷害に基因して支払を受けるもの」には該当しないのであるから留意する【編者注3】。

【編者注1】所令30条1号の趣旨
1　所令30条1号に規定する「損害保険契約に基づく保険金及び生命保険契約に基づく給付金で、身体の傷害に基因して支払を受けるもの」とは、保険契約（生保又は損保）の被保険者と、損害保険金又は生命保険の給付金（いずれも身体の傷害に基因するものに限る）の受取人とが同一人である場合を前提にしている、と解されている（後藤昇他編「所得税基本通達逐条解説（平成21年版）」大蔵財務協会・P81参照）。

　　この場合には、保険契約者及び保険料負担者が誰であるかを問わず、常に、保険金受取人の非課税所得となり、仮に、受取人以外の者が保険料を負担していても、その保険金及び給付金が贈与税の課税対象となることはない（相法5条の編者注8-3①・P307参照）。

2① 個人事業主が次に掲げるような保険契約に基づき、被保険者の傷害に起因して傷害給付金（又は損害保険金）、高度障害保険金の支払を受けた場合には、個人事業主の非課税所得には該当しない。

◇保険契約の内容

契約者（保険料負担者）及び保険金（死亡・満期保険金、高度障害保険金、傷害等給付金等とも）の受取人を個人事業主、従業員等を被保険者とする傷害特約付生命保険契約、又は損害保険契約（傷害保険）

② この場合の課税関係については、実務上、その受け取る傷害給付金（又は損害保険金、高度障害保険金）は、事業所得の総収入金額に算入すべきものとされている（渡辺淑夫監修「保険・年金の税務Q&A」ぎょうせい・P145参照）。

その理由としては、次のように考えられている。

個人事業主がこのような保険に加入するのは、使用人の雇用により将来の経費を担保するもので、事業活動上必要と認められることから、支払保険料が必要経費に算入される等の取扱いとなっている。

従って、このような保険契約に基づく保険金（死亡・満期）、傷害給付金の支払を受けた場合には、事業所得の総収入金額に算入することになる。

③ 個人事業主がその受け取った傷害給付金等の全部又は一部を、被保険者である従業員に見舞金等として支払うとしても、給付金の受入れと見舞金の支払とは別個の行為であるから、その支払額が見舞金等として相当なものは厚生費等とし、相当な額を超える部分がある場合には、その超える部分を従業員に対する給与等とし、いずれも個人事業者の必要経費に算入される。

他方、従業員については、見舞金等として相当なものは、所令30条3号（P408参照）により非課税所得となり、それを超える部分の金額が給与所得の収入金額になるものと考えられる。

④　生命保険の傷害特約のように、傷害給付金の受取人のみを被保険者である従業員等にすることが選択できるような契約である場合には、予めそのように選択することにより、上記①記載のとおり、所令30条1号の規定によって給付金等の全額が非課税所得となる。

【編者注2】所基通9-20の趣旨
　例えば、夫を保険契約者及び保険金受取人、被保険者を妻とする保険契約において、妻の交通事故により傷害給付金が夫に支払われたような場合には、所令30条1号の文理上、その傷害給付金は、当然には非課税所得とならない。
　しかし、このような場合であっても、その受ける傷害給付金は、被保険者と保険金受取人とが同一人（例の場合は妻）であるときと実質的に大差がなく、課税に踏み切ることができない実状にあった。このようなことから、本項に掲げる者が傷害給付金（又は損害保険金）の受取人となっている場合に限り、所令30条1号により非課税所得にする、というものである（前掲「所得税基本通達逐条解説」・P81参照）。
　なお、本項に掲げる者以外の者（個人事業者を除く）が傷害給付金等の受取人となっている場合には、その給付金等は受取人の一時所得に該当する。

【編者注3】死亡保険金の課税関係
　死亡保険金の課税関係は、保険料の支払者が誰であるかによって、概ね次のようになる。
①　被保険者である被相続人が保険料を負担しているとき
　　被相続人のみなす相続財産
②　保険金受取人が保険料を負担しているとき
　　保険金受取人の一時所得（年金の方法で支払を受ける場合には、雑所得）
③　上記①及び②以外の者が保険料を負担しているとき
　　保険料負担者からのみなす贈与財産

（高度障害保険金等）　所基通

9-21　疾病により重度障害の状態になったことなどにより、生命保険契約又は損害保険契約に基づき支払を受けるいわゆる高度障害保険金、高度障害給付金、入院費給付金等（一時金として受け取るもののほか、年金として受け取るものを含む。）は、令第30条第１号に掲げる「**身体の傷害に基因して支払を受けるもの**」に該当するものとする【編者注】。（直近改・平元直所3-14）

【編者注】本項の趣旨等
1　「身体の傷害に基因」するものの範囲
　　本項の趣旨は、所令30条１号に規定する「身体の傷害に基因」するものの範囲を明示するもので、「傷害」に限らず、疾病による高度障害保険金、高度障害給付金、入院費給付金等も含まれる、とするものである。
　　本項に掲げるものは例示と考えられるので、次に掲げるような保険金又は給付金にも所令30条１号の適用があるとされている（前掲「保険税務のすべて」P1002参照）。
①　災害又は疾病による高度障害保険金・障害給付金（養老保険普通保険約款(例)３条・P1367、無配当傷害特約(例)１条・P1407に掲げるようなもの）、リビング・ニーズ特約（保険約款・リビング・ニーズ特約(例)１条・P1409）に基づく保険金
②　特定疾病保険金（ガン、急性心筋梗塞、脳卒中に係るもの）、重度慢性疾患保険金（重度血圧症、重度糖尿病、慢性腎不全、慢性膵炎、肝硬変に係るもの）
③　損害保険契約又は生命保険契約（これらに類する共済契約を含む）に基づき、医療費の補てんを目的として支払を受ける医療費用保険金、医療保険金、入院給付金等
　　なお、これらの保険金等については、所得税の医療費控除の計算上、支払った医療費の額からその給付金等に相当する金額を控除することになる（所基通73-8・P467参照）。

2 高度障害保険金等を年金の方法で支払を受ける場合

養老保険約款・年金支払特約(例)1条①項(P1412参照)によれば、高度障害保険金、高度障害給付金(災害高度障害給付金を含む)、重大疾病保険金、重度傷害給付金、生活障害保険金についても年金支払特約により年金の方法で支払を受けることができる。

死亡を伴わないこれらの一時払保険金等については、本項により非課税所得に該当することが明らかにされている。

ところで、これらの保険金等を年金の方法により支払を受ける場合には、その毎年の年金についてもその全額が非課税所得に該当するものと解されている(前掲「所得税基本通達逐条解説」・P82参照)。

3 高度障害保険金(高度障害給付金)と相続税及び贈与税との関係

高度障害保険金(高度障害給付金)と相続税及び贈与税の課税関係については、相基通3-7の編者注2-3・P166参照。

(所得補償保険金)　所基通

9-22 被保険者の傷害又は疾病により当該被保険者が勤務又は業務に従事することができなかったことによる〔、〕その期間の給与又は収益の補てんとして損害保険契約に基づき当該被保険者が支払を受ける保険金は、令第30条第1号に掲げる「身体の傷害に基因して支払を受けるもの」に該当するものとする【編者注】。(直近改・平元直所3-14)

(注) 業務を営む者が自己を被保険者として支払う当該保険金〔所得補償保険金。編注〕に係る保険料は、当該業務に係る所得の金額の計算上必要経費に算入することができないのであるから留意する。

【編者注】本項の趣旨

① 本項は、所令30条1号(P407参照)との関係で、たとえその保険金の性質が被保険者の収益(個人事業者等の事業収益を含む)を補償するものとして支払われるものとしても、身体の傷害又は疾病

に基因して支払を受ける保険金あることも否定できないことから、本項に掲げるような保険金は非課税とすることを明示したものであるとされている（前掲「所得税基本通達逐条解説」・P83参照）。

　なお、事業所得等の必要経費を補填する保険金の取扱いについては、所基通9-19（P412）及びその編者注参照。

② 　本項は、現在発売されているいわゆる所得補償保険の保険金支払事由が、所得税法の非課税とされるものの範囲に含まれている、と解されることが前提となっている。したがって、今後、保険の内容が変わるようなことがあれば、その時点で見直されて然るべきであると考えられている（前掲「所得税基本通達逐条解説」・P83参照）。

（葬祭料、香典等）　所基通

9-23　葬祭料、香典又は災害等の見舞金で、その金額がその受贈者の社会的地位、贈与者との関係等に照らし社会通念上相当と認められるものについては、令第30条［非課税とされる保険金、損害賠償金等・P407参照。編注］の規定により課税しないものとする【編者注】。（直近改・平元直所3-14）

【編者注】本項の趣旨

　法人からの金銭等の贈与は、原則として、一時所得として課税の対象となるが、法人からの贈与であっても、本項に掲げるようなものは、非課税所得として取扱うというものである。

　なお、個人からこれらの贈与を受けた場合には、相基通21の3-9（後掲）により、贈与税は課税しないものとされている。

■参考：相続税法基本通達21の3-9

（社交上必要と認められる香典等の非課税の取扱い）

21の3-9　個人から受ける香典、花輪代、年末年始の贈答、祝物又は見舞い等のための金品で、法律上贈与に該当するものであっても、社交上の必要によるもので贈与者と受贈者との関係等に照らして社会通念上相当と認め

られるものについては、贈与税を課税しないことに取り扱うものとする。(直近改・平15課資2-1)

第2章

非課税所得となる保険金等と他の規定との関係

第1節　非課税所得となる保険金等と他の規定との関係に関する法令・通達等の索引

　非課税所得になる保険金等と他の規定との関係に関する法令・通達、情報、質疑応答事例、事前照会に対する文書回答事例、判例、裁決例等で、本章に収録したものは、以下のとおり。

法令等の索引

□所得税法
　　第2条　　　　　　定義
　　　　第1項第27号　災害　*447*
　　第51条　　　　　　資産損失の必要経費算入　*424*
　　第62条　　　　　　生活に通常必要でない資産の災害による損失　*439*
　　第70条　　　　　　純損失の繰越控除　*444*
　　第72条　　　　　　雑損控除　*450*
　　第73条　　　　　　医療費控除　*463*
□所得税法施行令
　　第9条　　災害の範囲　*447*
　　第142条　必要経費に算入される資産損失の金額　*431*
　　第178条　生活に通常必要でない資産の災害による損失額の計算等　*440*
　　第202条　被災事業用資産の損失等に係る純損失の金額　*448*
　　第203条　被災事業用資産の損失に含まれる支出　*448*
　　第206条　雑損控除の対象となる雑損失の範囲等　*456*
□所得税基本通達
　　51-2　　損失の金額　*432*
　　51-3　　原状回復のための費用　*433*
　　51-5　　親族の有する固定資産について生じた損失　*435*
　　51-6　　保険金、損害賠償金に類するものの範囲　*437*

51-7	保険金等の見込控除	*437*
51-8	盗難品等の返還を受けた場合のそ及訂正	*438*
72-1	事業以外の業務用資産の災害等による損失	*454*
72-3	原状回復のための支出と資本的支出との区分の特例	*462*
73-1	生計を一にする親族に係る医療費	*466*
73-2	支払った医療費の意義	*467*
73-8	医療費を補てんする保険金等	*467*
73-9	医療費を補てんする保険金等に当たらないもの	*469*
73-10	医療費を補てんする保険金等の見込控除	*470*

第2節　損害保険金等と資産損失に関する基本条項

所　得　税　法

（資産損失の必要経費算入）
［編注：事業用固定資産等の損失］
第51条　居住者の営む不動産所得、事業所得又は山林所得を生ずべき事業［事業に至らない業務を含まない。編注］の用に供される固定資産【編者注1】その他これに準ずる資産で政令で定めるもの［繰延資産。所令140。編注］について、取りこわし、除却【編者注2】、滅失（当該資産の損壊による価値の減少を含む。）その他の事由【編者注3】により生じた損失の金額【編者注4】（保険金、損害賠償金その他これらに類するものにより補てんされる部分の金額【編者注5、6】及び資産の譲渡【編者注7】により又はこれ［譲渡。編注］に関連して生じたものを除く。）は、その者のその損失の生じた日の属する年分の不動産所得の金額、事業所得の金額又は山林所得の金額の計算上、必要経費に算入する。

2　［省略。編注：事業上の金銭債権の損失］
3　［省略。編注：山林の損失］
［編注：事業に至らない業務に係る資産の損失］
4　居住者の不動産所得若しくは雑所得を生ずべき業務［事業と称するに至らない程度の業務。編注］の用に供され又はこれらの所得の基因となる資産【編者注1、8】（山林及び第62条第1項（生活に通常必要でない資産の災害による損失［編注：P439参照］）に規定する資産を除く。）の損失【編者注8】の金額（保険金、損害賠償金その他これらに類するものにより補てんされる部分の金額【編者注5、6】、資産の譲渡【編者注7】により又はこれ［譲渡。編注］に関連して生じたもの及び第1項［事業用資産の損失。編注］若しくは第2項［事業に係る金銭債権の貸倒損。編注］又は第72条第1項（雑損控除［編注：P450参照］）に規定するものを除く。）は、それぞれ、そ

の者のその損失の生じた日の属する年分の不動産所得の金額又は雑所得の金額【編者注9】（この項の規定を適用しないで計算したこれらの所得の金額［資産損失の額を経費としないで計算した場合のこれらの所得の金額。編注］とする。）を限度として、当該年分［損失の生じた日の属する年分。編注］の不動産所得の金額又は雑所得の金額の計算上、必要経費に算入する。
［編注：損失金額の計算］
5　第1項及び第2項に規定する損失の金額の計算に関し必要な事項は、政令［所令142条・P431。編注］で定める【編者注10】。

【編者注1】固定資産の範囲
　所法51条1項又は4項の規定を適用する場合の固定資産には、建設・製造・制作中のものも含まれる（所基通51-1）。
【編者注2】固定資産の除却
　所法51条1項の固定資産の除却については、所基通51-2の2（有姿除却）、同51-2の3（ソフトウエアの除却）の取扱いがある。
【編者注3】その他の事由の範囲
　所法51条1項に規定する「その他の事由」の範囲については、格別の定めがない。同項が「取りこわし、除却、滅失（当該資産の損壊による価値の減少を含む。）その他の事由により生じた損失」と規定していることからすると、取りこわし、除却及び滅失は例示であり、損失の発生原因がこれらに限られないことは明らかである。なお、次に掲げる損失については、次のように解される。
① 所法51条1項及び4項の損失には、盗難又は横領による損失が含まれることは、所基通51-8（P438参照）の取扱いから明らかである。
② 所法51条1項の損失に災害等によるものが含まれることは、所法70条3項（被災事業用資産の損失・P444参照）の規定から明らかである。なお、被災事業用資産（業務用資産を含まない）の損失については、白色申告の場合であっても、純損失として3年間の繰越

控除が認められている（所法70②・P444参照）。
③　詐欺又は恐喝による損失が所法51条の損失に当たるかについては詳らかでないが、詐欺又は恐喝を原因として事業用固定資産等の取壊し等による損失が生じたような場合には、同51条1項が損失の発生原因を特定することなく、その結果である取壊し等の事実による損失の発生を規定することからすれば、それによる損失が同1項に該当する損失である限り、所法51条の適用があるものと考えられる。

【編者注4】損失の金額の意義等
　所法51条の損失の金額については、所基通51-2（P432参照）、同51-3（P433参照）、同51-5（P435参照）に取扱いがある。

【編者注5】「保険金等により補てんされる部分の金額を除く」の趣旨
　所法51条1項、3項及び4項には、それぞれ「損失の金額（保険金、損害賠償金その他これらに類するものにより補てんされる部分の金額〔省略〕を除く。）」と規定されている。
　この規定の趣旨は、次のとおりである。
　所得税においては、資産の損害に基因して支払を受ける保険金等（例えば、建物の火災保険金等）は、本来、非課税所得とされ（所令30条2号）、法人税のように、保険差益についての圧縮記帳というような概念がない。
　そこで、損失の生じた資産が事業用（又は業務用）の固定資産である場合には、その損失額と、受入保険金との調整が必要となる。その調整の方法として、所法51条各項のカッコ書の規定が定められている。
　これによれば、事業用（又は業務用）固定資産の損失を必要経費に算入する場合には、先ず、生じた損失の額から、その損失を補てんするための保険金等の額を控除し、その残額を必要経費に算入するというものである。
　したがって、生じた損失額よりも受入保険金等の額が多い場合には、必要経費に算入すべき損失は零となる。この場合において、損

失額を超える部分の保険金等があっても、その保険金等は元々非課税所得であるから、その超える部分の金額が課税所得となることはない（所基通9-19の編者注2②・P413参照）。

（注1）損失に関連して支出する費用がある場合においても、その費用は所法51条による損失には当たらない（つまり、所法37条に規定する本来の必要経費に該当）。したがって、損失関連費用の額から保険金等を控除する必要はない（所基通51-2の編者注・P433参照）。

（注2）同時に取壊し等をした固定資産が2以上ある場合において、一の固定資産につき保険が付保され、他の固定資産には保険が付されていないというような場合には、保険の目的とされる資産の損失額からのみ保険金を控除すれば足り、保険金がその損失額を超えるときであっても、その超える部分の金額を他の資産の損失額から控除することを要しないと解される（所法51条1項カッコ書「保険金…により補てんされる部分の金額…を除く」）。

【編者注6】保険金等の範囲

所法51条各項に規定する保険金等の範囲等については、所基通51-6（P437参照）、同51-7（P437参照）に取扱いがある。

【編者注7】資産の譲渡に関連して生じた損失

資産の譲渡に関連して生じた損失は、所法51条1項又は4項カッコ書により譲渡所得に関連する費用（所基通33-7・譲渡費用の範囲）として同条の資産損失から除外されており、所法51条の損失と譲渡経費との選択の余地はない。

【編者注8】所法51条4項の資産、損失の範囲

1　資産、損失の範囲

①　所法51条4項は同条1項から3項の場合と異なり、資産及び損失原因等の範囲を個別的に特定していないで、「業務の用に供され又はこれらの所得の基因となる資産（山林及び第62条第1項（生活に通常必要でない資産の災害による損失）に規定する資産を除く。）の損失の金額（……及び第1項若しくは第2項又は第72条第1項（雑損控除）に規定するものを除く。）」と規定している。

同4項の規定の仕方は、損失の対象となる資産から除外すべきものとして、山林と生活に通常必要でない資産のみを掲げ、対象となるべき資産の範囲を特定していない。また、損失についても、損失の金額から除くもののみを掲げ、損失の発生事由を特定していない。

この趣旨については、次のように解することができる。

雑所得についていえば、その業務に供される資産、又は所得の基因となる資産は各々で類型化できず、現に雑所得を生ずべき業務に供され、又はその所得の起因となっている程のものであれば、すべて対象資産とし、損失発生事由についてもその原因を問わない、とするものと解される。なお、事業的な規模に至らない不動産所得に係る資産の損失については、所法51条1項に準じて判断することになろう。

② 「不動産所得若しくは雑所得を生ずべき業務の用に供され又はこれらの所得の基因となる資産［省略］の損失」については注意を要する。

非事業的な規模の貸家や貸金の元本は、これらの資産に当るので、その損失が所法51条4項に該当するのは当然である。

しかし、家賃や利息の未収金債権がこれらの資産に該当しないことは、文理上明らかであるから、これらの債権の全部又は一部の回収不能による損失が生じても、その損失を同4項の損失とすることはできない。

この場合には、所法64条1項（資産の譲渡代金が回収不能となった場合等の所得計算の特例）の規定により、その債権が発生した年（所得として申告した年分）に遡って、その所得金額を訂正する（回収不能相当額の所得金額を減少させる）ことになる。

その趣旨は、非事業的な規模の不動産所得又は雑所得については継続性がないこと、その他所得計算上の諸制度との関係等から、損失の発生年分の必要経費とするより、所得の発生自体がなかったとして処理する方が、担税力等からしても妥当であるというこ

とによるものと解される。

訂正の具体的な方法は、所法152条（各種所得の金額に異動を生じた場合の更正の請求の特例）の規定により、行うことになる。

２　所法72条１項との関係

所法51条４項に規定する「損失の金額（……及び第１項若しくは第２項又は第72条第１項（雑損控除）に規定するものを除く。）」の部分について検討する。

① 「第１項若しくは第２項……に規定するものを除く」の部分については、所法54条１項及び２項の規定が、事業と称するに至らない業務を含まない事業に係る損失の金額であり、同条４項は専ら事業と称するに至らない業務に係る損失の金額を定めるものであることからすると、その各適用関係は明確であり、重複適用の問題は起こらない。

② 「第72条第１項（雑損控除）に規定するものを除く」の部分については、次のような問題がある。

所法72条１項（P450）の雑損控除と、51条４項の資産損失との適用関係については、法令上優先順位が明定されていない。しかも、72条１項の損失金額は時価ベースで計算するのに対し、51条４項のそれは帳簿価額（取得価額、減価償却資産についていえば未償却残高相当額）ベースで計算することになっている。

このことから、同一の損失につきこれらの規定のいずれを適用するかによって、利害得失が異なる結果となることも生ずる。そこで、所基通72-1（P454参照）では、72条１項と51条４項との適用関係は、納税者の選択に委ね、一方を適用したときには他方の適用はないことを明示している。

【編者注９】「不動産所得の金額又は雑所得の金額」の意義

所法51条４項の「不動産所得の金額又は雑所得の金額（〔省略〕）を限度として、当該年分の不動産所得の金額又は雑所得の金額の計算上、必要経費に算入する」の部分については、次のように解されている。

①　例えば、同一年（暦年）に、甲貸家と乙貸家があり（甲及び乙を合わせても事業的規模の貸家とならない程度とする）、甲貸家について生じた所法51条4項の損失は、乙貸家の収入からも控除することができる。

　それは、この場合の控除が、所法69条に定める損益通算ではなく、不動産所得という同一の所得の範疇に属する所得金額計算上、総収入金額から必要経費を控除するという計算技術上の行為に過ぎないからである。

②　例えば、同一年（暦年）に、雑所得に属する収入として・甲業務に係るものと乙業務に係るものとがあり（甲と乙とは相互に何ら関係がないものとする）、甲に係る業務上生じた51条4項の損失を乙の収入と通算できるか、という問題がある。

　このことについては、通算できるとし、次のように説明されている（注解所得税法研究会編「三訂版注解所得税法」大蔵財務協会・P801参照）。

　雑所得は他の所得のカテゴリーに入らない種々の所得を包含しているので、たまたま雑所得の範疇に入る所得の間では無条件で資産損失の通算が認められるというのは、あまり理論的でないようであるが、税制と税務執行の簡易化のため、あまり精緻な仕組みにするにも限界があったためと考えられる。

【編者注10】損失が生じた資産の取得費等

　所法51条1項、3項又は4項の規定の適用を受けた固定資産について、その後、その固定資産の償却費等を計算する場合の取得費等については、所基通51-9（損失が生じた資産の取得費等）に取扱いがある。

第3節 損害保険金等と資産損失に関するその他の各条項

所得税法施行令

（必要経費に算入される資産損失の金額）

第142条　次の各号に掲げる資産について生じた法第51条第1項、第3項又は第4項（資産損失の必要経費算入［編注：P424参照］）に規定する損失の金額の計算の基礎となるその資産の価額は、当該各号に掲げる金額とする【編者注1】。

一　固定資産　当該損失の生じた日にその資産の譲渡があったものとみなして［、］法第38条第1項又は第2項（譲渡所得の金額の計算上控除する取得費）の規定を適用した場合に［、］その資産の取得費とされる金額に相当する金額【編者注2】

二　山林　当該損失の生じた日までに支出したその山林の植林費、取得に要した費用、管理費その他その山林の育成に要した費用の額

三　繰延資産　その繰延資産の額からその償却費として法第50条（繰延資産の償却費の計算及びその償却の方法）の規定により［、］当該損失の生じた日の属する年分以前の各年分の不動産所得の金額、事業所得の金額、山林所得の金額又は雑所得の金額の計算上必要経費に算入される金額の累計額を控除した金額【編者注3】

【編者注1】本条の趣旨

　　固定資産、繰延資産又は山林の損失につき所法51条により必要経費とする金額は、いわゆる帳簿価額（未償却残高相当額又は取得価額）ベースで計算すべきことを明示したものである。

　　本条の特例として所令143条（昭和27年12月31日以前に取得した資産の損失の特例）がある。

【編者注2】固定資産の損失金額

固定資産については、事業用及び業務用とも次に掲げる金額が損失金額の基礎となる。
① 非減価償却資産
　取得価額（所法38①）。
② 減価償却資産
　損失が生じた日の直前の未償却残高相当額（所法38②）。
　年の中途で損失が生じた場合には、その年1月1日から損失の生じた日の直前までの期間については、選定した償却方法（選定していない場合は法定償却方法）によって計算した償却費を控除した後の未償却残高となる（所令132①二）。

【編者注3】繰延資産の損失金額
　繰延資産については、事業用も業務用も、損失の生じた日の直前の未償却残高相当額が損失金額の基礎となる。
　年の中途で損失が生じた場合には、本条3号及び所令137条の規定により、その年1月1日から損失が生じた日の直前までの期間につき、所令137条所定の方法によって計算される償却費を控除した後の金額となる。

所得税基本通達

（損失の金額）
51-2　法第51条第1項、第3項又は第4項［編注：P424参照］に規定する損失の金額とは、資産そのものについて生じた損失の金額をいい、当該損失の金額は、当該資産について令第142条《必要経費に算入される資産損失の金額［編注：P431参照]》又は第143条《昭和27年12月31日以前に取得した資産の損失の金額の特例》の規定を適用して計算した金額［所令142条の編者注2・P431参照］から［、］その損失の基因となった事実の発生直後における当該資産の価額［損失を受けた状態でのその資産の売却可能額。編注］及び発生資材の価額［いわゆるスクラップとしての処分可能額。編注］の合計額を控除した残額に相当する金額とする【編者注】。

第3編　第2章　非課税所得になる保険金等と他の規定との関係

【編者注】本項の趣旨等
① 所法51条に規定する固定資産等の損失の金額は、その資産の帳簿価額から、損失を受けた状態でのその資産の処分可能額（時価）を控除して計算する。
② 損失が生じたことに伴い支出する損壊資産の取壊し費用、除去費用等の関連費用は、所法51条により必要経費に算入されるのではなく、必要経費の本則である所法37条によって必要経費に算入されることになる。
　したがって、損失を補填する保険金等があっても、これらの関連費用の額から保険金等を控除することなく、その全額を必要経費に算入することができる（もっとも、関連費用を必要経費に算入した結果、雑所得の金額がマイナスとなるような場合には、そのマイナスの額は損益通算の対象とならないことは当然である）。

（原状回復のための費用）　所基通
51-3　法第51条第1項又は第4項［編注：P424参照］に規定する資産が損壊した場合において、当該資産の修繕その他の原状回復のために支出した費用の額があるときは、その費用の額のうち、当該資産について令第142条［必要経費に算入される資産損失の金額。P431参照。編注］又は第143条［昭和27年12月31日以前に取得した資産の損失の金額の特例。編注］の規定を適用して計算した金額［いわゆる帳簿価額。編注］から［、］当該損壊直後における当該資産の価額［損壊した状態での売却可能額。編注］を控除した残額に相当する金額までの金額［資産損失の額とされるべき金額。編注］は［、］資本的支出とし、残余の金額［支出額から資本的支出額を控除した金額。編注］を当該支出をした日の属する年分の必要経費に算入するものとする【編者注】。

【編者注】本項の趣旨等
① 所法51条各項は、損失の金額を「必要経費に算入する」と規定し、資産損失がある場合には、納税者の選択の余地なく、必要経

費に算入することを強制する法制となっている。

　したがって、固定資産の損壊等による損失が生じ、それにより原状回復費用の支出があるような場合には、先ず、資産損失の額を必要経費とし、原状回復費用については、本項によって資本的支出と修繕費等の必要経費との区分をすることになる。

② 本項と所令181条との関係

　本項にいう「修繕その他の原状回復のために支出した費用」には、所令181条（資本的支出）に定める資本的支出となるべきものは含まれない。

　つまり、損壊等による資産につき支出する費用がある場合には、先ず、所令181条所定の方法により、同条に定めるいわゆる「資本的支出」と「その他の費用」（必要経費となるべき部分の金額）とに区分し、次に、本項によって「その他の費用」を更に本項にいう資本的支出と必要経費部分とに区分することになる。

③ 損失を補填する保険金等と本項との関係

　損失を補填する保険金等がある場合には、上記①にいう損失額の強制必要経費算入額の計算上、保険金額を損失額から控除する。

　他方、本項による原状回復費用を資本的支出と必要経費とに区分するに際しては、保険金及び発生資材の有無は考慮しないものとされている（前掲「所得税基本通達逐条解説」P543参照）。

　設例で示すと、次のようになる。

◇固定資産の損失額：50

◇原状回復費用：90

　→　所令181条にいう、いわゆる資本的支出に該当する金額はないものとする。

◇損害保険金の受入額：40

　〈仕　訳〉

　・損失発生時

　　損失　　　10　／　固定資産　50
　　店主勘定　40

(損害保険金相当額)

・原状回復費用支出時

　　固定資産※　50　／　現金　90
　　修繕費　　　40

　　※　所基通51-3にいう「資本的支出」となるべき金額。

(注) 上例において、受入保険金が60であった場合の仕訳は、次のようになる。

　　損失　50　／　固定資産　50
　　店主　50　／　損失　　　50

(保険金のうち損失に充当する金額。この場合には、結果として、必要経費となる損失金額はないものとなる。なお、保険金60のうち損失50に充当した残余の金額10は、非課税所得となるので、現状回復費用の仕訳には何ら影響しない。)

　　固定資産　50　／　現金　90
　　修繕費　　40

(親族の有する固定資産について生じた損失)　所基通
51-5　不動産所得、事業所得又は山林所得を生ずべき事業【編者注1】を営む者が[、]自己と生計を一にする配偶者その他の親族［所基通2-46・配偶者。同2-47・生計を一にするの意義。編注］の有する固定資産又は繰延資産を当該事業［居住者の営む事業。編注］の用に供している場合には、当該事業を営む者が当該資産を所有しているものとみなして[、]法第51条第1項［編注：P424参照］の規定を適用することができるものとする。

　ただし、自己又は自己と生計を一にする配偶者その他の親族が法第72条第1項《雑損控除［編注：P450参照]》の規定の適用を受ける場合は、この限りではない【編者注2】。

【編者注1】事業の範囲

　　本項は所法56条(事業から対価を受ける親族がある場合の必要経費の特例)との関連で設けられているものであるから、本項にいう不動産

所得の範囲は、当然ながら「事業的な規模」としての不動産貸付業に限られ、いわゆる事業的な規模に至らない程度の不動産賃貸業は含まれず、雑所得を生ずべき業務については、本項を適用すべき余地はないものと考えられる。

【編者注2】本項ただし書の趣旨

① 本項本文に掲げる固定資産等の損失が所法72条（雑損控除・P450参照）に規定する災害等による損失である場合には、その資産の所有者である親族についていえば、その資産は親族が貸付の用に供する資産（事業者から対価を得ているか否かを問わない）であるから、その者の雑損控除の対象とすることもできる（所法51条の編者注8-2・P429参照）。

本項ただし書は、資産の所有者である親族がその損失を自己の雑損控除の対象とした場合には、事業者については本項を適用しないことを明示したものである。

② 資産の使用者である事業者についていえば、使用する資産は事業用固定資産であることから本項を適用し、その損失額を事業的規模の不動産所得、事業所得又は山林所得の必要経費に算入することができる。

なお、その損失が所法72条（雑損控除・P450参照）に規定する災害等による損失である場合において、その損失を事業者の雑損控除の対象として選択することができるか、という問題がある。

事業用固定資産等が事業者自身の所有である場合には、その損失を雑損控除の対象とすることができないことは所法72条1項の規定から明らかである（所法72条の編者注2・P451参照）。

ところで、所基通51-5においては「事業を営む者が当該資産を所有しているものとみなして法第51条第1項の規定を適用することができるものとする」としているのであるから、事業者が同51-5の適用を受けない限り、その資産は事業者と生計を一にする親族が貸付の用に供する資産（事業者から対価を得ているか否かを問わない）であるから、その損失が所法72条に規定する災害等によ

るものであれば、事業者は同72条によりその損失を自己の雑損控除とすることができるものと解される（所法72条の編者注2・P451参照）。

(保険金、損害賠償金に類するものの範囲)　所基通

51-6　法第51条第1項、第3項又は第4項［編注：P424参照］に規定する「その他これらに類するもの」には、次に掲げるようなものが含まれる【編者注】。
(1) 損害保険契約又は火災共済契約に基づき被災者が支払を受ける見舞金
(2) 資産の損害の補てんを目的とする任意の互助組織から支払を受ける災害見舞金

【編者注】本項の趣旨等

　本項は、所法51条1項等に規定する「その他これらに類するもの」の例示である。

　その趣旨は、見舞金等の名称で支払を受ける金品であっても、その実質が損害の補填を目的として支払われる本項に掲げるようなものは、保険金、損害賠償金等と同様に取り扱うというものである。

　本項に掲げるものはいずれも、契約又は規約等により、ある事実が生じた場合には、当然に、損失の補填としての見舞金等の支払を受けることがその前提となっていると考えられる。

　したがって、例えば、同業者団体等が定める一般的ないわゆる慶弔規程等による見舞金、個人的な見舞金等は、本項の見舞金に当たらないのはいうまでもない。

(保険金等の見込控除)　所基通

51-7　法第51条第1項、第3項又は第4項［編注：P424参照］に規定する「保険金、損害賠償金その他これらに類するもの」(以下この項において「保険金等」という。)の額が［、］損失の生じた年分の確定申告書を

提出する時までに確定していない場合には、当該保険金等の見積額に基づいてこれらの規定を適用する【編者注】。

この場合において、後日、当該保険金等の確定額と当該見積額とが異なることとなったときは、そ及して各種所得の金額を訂正するものとする。(直近改・昭49直所2-23)

(注)[省略]

【編者注】保険金等の収入すべき時期と損失から控除する保険金

保険金等の収入すべき時期は、原則として、保険金等の額が確定した年分の収入金額となる(所法36参照)。しかし、所法51条各項による損失金額から控除する保険金等については、損失金額の必要経費算入時期との関係から、本項のようにするものとされている。

(盗難品等の返還を受けた場合のそ及訂正)　所基通

51-8　法第51条第1項、第3項又は第4項[編注:P424参照]に規定する資産について盗難又は横領による損失が生じた場合において、当該盗難又は横領に係る資産の返還を受けたときは、そ及して各種所得の金額を訂正する。

第4節 損害保険金等と生活に通常必要でない資産の災害等損失との関係条項

所 得 税 法

(生活に通常必要でない資産の災害による損失)

第62条 居住者が、災害［所法2条1項27号・P447参照。編注］又は盗難若しくは横領により、生活に通常必要でない資産として政令［所令178条1項・次頁参照。編注］で定めるものについて受けた損失の金額（保険金、損害賠償金その他これらに類するものにより補てんされる部分の金額を除く【編者注1】。）は、政令［所令178条2項・次頁参照。編注］で定めるところにより、その者のその損失を受けた日の属する年分又はその翌年分の譲渡所得の金額の計算上控除すべき金額［譲渡所得の特別控除額を控除する前の譲渡益から控除する金額。編注］とみなす。

2 前項に規定する損失の金額の計算に関し必要な事項は、政令［所令178条3項・次頁参照。編注］で定める【編者注2】。

【編者注1】「保険金等により補てんされる部分の金額を除く」の趣旨

「保険金等により補てんされる部分の金額を除く」の趣旨については、所法51条の編者注5（P426）参照。

【編者注2】本条に関連する通達

本条には次の取扱いが準用される。

・所基通51-2　損失の金額（P432参照）
・同　　51-6　保険金、損害賠償金に類するものの範囲（P437参照）
・同　　51-7　保険金等の見込控除（P437参照）
・同　　51-8　盗難品等の返還を受けた場合のそ及訂正（P438参照）
・同　　51-9　損失が生じた資産の取得費等

所得税法施行令

（生活に通常必要でない資産の災害による損失額の計算等）
［編注：生活に通常必要でない資産の範囲］
第178条　法第62条第１項（生活に通常必要でない資産の災害による損失）に規定する政令で定めるものは、次に掲げる資産とする。（直近改・昭49政75）
　　一　競争馬（その規模、収益の状況その他の事情に照らし事業と認められるものの用に供されるものを除く。）その他射こう的行為の手段となる動産【編者注１】
　　二　通常自己及び自己と生計を一にする親族が居住の用に供しない家屋で［、］主として趣味、娯楽又は保養の用に供する目的で所有するもの［、］その他主として趣味、娯楽、保養又は鑑賞の目的で所有する不動産【編者注２】
　　三　生活の用に供する動産で［、］第25条（譲渡所得について非課税とされる生活用動産の範囲）の規定に該当しないもの【編者注３】
［編注：損失の控除方法］
２　法第62条第１項の規定により、同項に規定する生活に通常必要でない資産について受けた同項に規定する損失の金額を［、］その生じた日の属する年分及びその翌年分の譲渡所得の金額の計算上控除すべき金額とみなす場合には、次に定めるところによる。
　　一　まず、当該損失の金額をその生じた日の属する年分の法第33条第３項第１号（譲渡所得［いわゆる短期譲渡所得。編注］）に掲げる所得の金額の計算上控除すべき金額とし、当該所得の金額［短期譲渡所得の金額。編注］の計算上控除しきれない損失の金額があるときは、これを当該年分［損失の生じた日の属する年分。編注］の同項第２号［いわゆる長期譲渡所得。編注］に掲げる所得【編者注４】の金額の計算上控除すべき金額とする。
　　二　前号の規定によりなお控除しきれない損失の金額があるときは、これをその生じた日の属する年の翌年分の法第33条第３項

第1号に掲げる所得の金額の計算上控除すべき金額とし、なお控除しきれない損失の金額があるときは、これを当該翌年分の同項第2号に掲げる所得の金額の計算上控除すべき金額とする。
［編注：損失の金額の計算等］
3　法第62条第1項に規定する生活に通常必要でない資産について受けた損失の金額の計算の基礎となる資産の価額は、次の各号に掲げる資産の区分に応じ当該各号に掲げる金額とする【編者注5】。
　一　法第38条第1項（譲渡所得の金額の計算上控除する取得費）に規定する資産［非減価償却資産。編注］（次号に掲げるものを除く。）
　　当該損失の生じた日にその資産の譲渡があったものとみなして同項［所法38条1項。編注］の規定（その資産が昭和27年12月31日以前から引き続き所有していたものである場合には、法第61条第2項（昭和27年12月31日以前に取得した資産の取得費）の規定）を適用した場合に［、］その資産の取得費とされる金額に相当する金額
　二　法第38条第2項に規定する資産［時の経過により減価する資産。編注］
　　当該損失の生じた日にその資産の譲渡があったものとみなして同項［所法38条2項。編注］の規定（その資産が昭和27年12月31日以前から引き続き所有していたものである場合には、法第61条第3項の規定）を適用した場合に［、］その資産の取得費とされる金額に相当する金額

【編者注1】射こう的行為の手段となる動産の意義
　①　射こう的行為の手段となる動産の判断は、「対象となる資産の性質、資産を保有するに至った目的及び保有・使用状況等を総合的に考慮すべきものと解するのが相当である。」（京都地裁平8.1.19判決、税資215・1）と判示したが、同事案の控訴審では、「これを保有するに至った目的や保有・使用状況などの主観的要素を考慮することなく、その動産の性質から客観的にするのが相当というべきである」（大阪高裁平8.11.8判決、行集47・11＝12・1117）と判示し、

上記京都地裁の判断を否定している。
② 所令178条2号では「主として趣味、娯楽、保養又は鑑賞の目的で所有する」と規定しているが、同1号にはこのような条件が付されていない。

このことにつき、上記大阪高裁判決では、1号の資産は「動産自体の性質から客観的に生活に通常必要でないものかどうかを判断することが可能である」が、2号の資産は「その客観的性質だけからは生活に通常必要でない資産であるかどうかを判別することができないことから、一定の目的で保有する場合に限って、これに当たるとしたもの」であると判示している。

【編者注2】 2号の資産の範囲
① 所令178条1項2号前段では「家屋」といい、同後段で「不動産」と規定しているから、いわゆる別荘やリゾートマンションの土地建物がこれに当たる。
② コンドミニアム形式のリゾートホテルの一室を購入し、それをホテル経営会社に貸し付けているような場合であっても、その実質が同2号に掲げる資産に当たると認められるようなときには、その資産は貸付の用に供する資産ではなく、同2号の資産に該当するという裁判例がある（東京地裁平10.2.24判決、判タ1004・15）。

【編者注3】 3号の資産の範囲
① 所令25条は、「生活に通常必要な動産のうち、次に掲げるもの以外のもの」として、一個又は一組の価額（時価）が30万円超の書画・骨董、貴金属製品等を掲げている。

したがって、所令178条1項3号による生活に通常必要のない動産とは、具体的には、所令25条に掲げる一個又は一組の時価30万円超の書画・骨董、貴金属製品等ということになる。
（注）金地金は生活に通常必要でない資産に該当すると解されている（須佐正秀編「税務相談事例集」大蔵財務協会・P922参照）。

したがって、投資目的で所有する金地金も所令178条1項3号に該当し、「生活に通常必要でない資産」になる。

②　所令25条の「生活に通常必要な動産」につき、サラリーマン・マイカー税金訴訟の控訴審判決では「本件自動車が生活に通常必要なものとしての用に供されたとみられるのは、X［原告、控訴人］が通勤のため自宅・高砂駅間において使用した場合のみであり、それは本件自動車の使用全体のうち僅かな割合を占めるにすぎないから、本件自動車はその使用の態様よりみて生活に通常必要でない資産に該当すると解するのが相当である。」と判示し（大阪高裁昭63.9.27判決、判時1300・47）、最高裁もこの見解を支持している（最判平2.3.23判決、判時1354・59）。

　この見解によれば、このような自動車の災害による損失については、雑損控除の適用を受けることはできず、専ら、所法62条所定の生活に通常必要でない資産の災害損失控除を受けるほかはないことになる。

　なお、実務上、サラリーマンが専ら通勤に使用している自動車は、生活に通常必要な動産とされている（所法72条の編者注2③・P452参照）。

【編者注4】譲渡所得の範囲

　所令178条2項1号及び2号に規定する譲渡所得とは、いわゆる総合課税となる譲渡所得に限られ、土地・建物等その他分離課税の対象とされている資産の譲渡による所得は含まれないと解されている。

　（注）土地等の譲渡所得の分離課税を定める措置法31条等において、所法62条に関する読替規定が置かれていないことから、上記のように解される。

　　　なお、雑損失の繰越控除（所法71条）及び雑損控除（同72条）については、措置法31条3項3号に必要な読替規定があることから、これらの控除については土地・建物等の分離譲渡所得からも控除することができる。

【編者注5】損失額の計算について

　所令178条3項の損失金額の計算方法等は、所令142条1項と概ね同様であり、非減価償却資産については取得価額をベースとし、時の経過により減価する資産については未償却残額に相当する金額をベースとして、損失金額を計算する。なお、所令142条の編者注1、2（P431）参照。

第5節　損害保険金等と純損失との関係条項

所　得　税　法

（純損失の繰越控除）
第70条　［第1項省略。編注：青色申告書を提出している年分について生じた純損失の繰越控除。純損失とは、事業的規模の不動産所得の金額、事業所得の金額、山林所得の金額又は一定の譲渡所得の金額の計算上生じた損失の金額で、他の所得と損益通算をしてもなお残る損失額をいう。所法2条1項25号］
［編注：変動所得の金額の計算上生じた損失金額、被災事業用資産の損失金額の繰越控除］

2　確定申告書を提出する居住者［本条4項参照。編注］の［、］その年［確定申告書を提出する年。編注］の前年以前3年内の各年において生じた**純損失の金額**（前項の規定の適用を受けるもの【編者注1】及び第142条第2項［純損失の繰戻しによる還付の手続等。編注］の規定により還付を受けるべき金額の計算の基礎となったものを除く。）のうち、当該各年において生じた次に掲げる損失の金額に係るもので政令［所令202条・P448参照。編注］で定めるものがあるときは、当該政令で定める純損失の金額に相当する金額は、政令［所令201条・控除の順序等。編注］で定めるところにより、当該申告書に係る年分［本項の適用を受ける年分の確定申告書。編注］の総所得金額、退職所得金額又は山林所得金額の計算上控除する。
　一　変動所得の金額の計算上生じた損失の金額
　二　被災事業用資産の損失の金額
［編注：被災事業用資産の損失の金額の意義］

3　前項第2号に掲げる被災事業用資産の損失の金額とは、棚卸資産又は第51条第1項若しくは第3項（資産損失の必要経費算入［編注：P424参照］）に規定する資産［事業用（業務用を含まない）固定資産、山林。

編注］の災害［所法2条1項27号・P447参照。編注］による**損失の金額**（その災害に関連するやむを得ない支出で政令［所令203条・P448参照。編注］で定めるものの金額を含むものとし、保険金、損害賠償金その他これらに類するものにより補塡される部分の金額を除く【編者注2】。）で**前項第1号**［変動所得の損失。編注］**に掲げる損失の金額に該当しないものをいう**【編者注3】。

4　［以下省略］

【編者注1】「前項の規定の適用を受けるもの」の趣旨
　青色申告書を期限内に提出した年分に係る純損失の金額については、本条1項に規定する純損失の繰越控除の対象となるのであるから、その純損失のうちに本条2項に規定する損失の金額が含まれている場合においても、その全額につき同1項を適用する。
　したがって、本条2項の損失の金額は、白色申告書を提出している年分において生じたこれらの損失の金額ということになる。

【編者注2】事業用固定資産の被災損失の金額について
① 　本条3項により被災損失額を計算する場合、事業用固定資産の損失額から控除すべき損害保険金等については、所法51条の編者注5（P426参照）に記載するところと基本的に同様である。
　　その要点は、次のようになる。
　 ⅰ 　損害保険金等は、保険契約の目的物に係る損失額のみから控除すればよい。同一の災害により2以上の資産が被災したような場合において、一の資産（例えば、建物）にのみ保険が付され、他の資産（例えば、営業用什器）については無保険であったとすると、損害保険金は建物の損失額から控除すれば足り、仮に、損害保険金額が建物の損失額を上回るときにおいても、その上回る額を什器の損失額から控除することを要しない。
　 ⅱ 　上記ⅰとの関連で、災害関連費用の支出があった場合においても、一般的には、その関連費用については保険金支払の対象となっていないことから、災害関連費用額から保険金を控除す

ることを要しない（もっとも、損害保険金等のうちに、明らかに災害関連費用を補填するために支払われたものがある場合には、その部分の金額からは損害保険金等を控除することになるものと考えられる）。

iii　損害保険金等の額が、その対象となる資産の損失額を超える場合は、その超える部分の金額は、対象資産が事業用資産であっても、非課税所得となる。

② 本条３項に規定する事業用固定資産の被災損失の金額の計算、同３項カッコ内の保険金・損害賠償金その他これらに類するものについては、次の取扱いが準用される（所基通70-4）。

◇所基通51-2：損失の金額（P432参照）

（注）所法70条３項は損失の金額について、「損失の金額（その災害に関連するやむを得ない支出として政令で定めるものの金額を含むのとし、保険金、損害賠償金その他これらに類するものにより補てんされる部分の金額を除く。）」と規定することから、災害関連費用の支出がある場合には、その災害関連費用からも損害保険金等を控除する必要があるのか、という問題がある。

　　所法70条３項の被災事業用資産の損失の金額の計算については、所基通70-4により同51-2の取扱いに準ずるものとされる。同51-2は事業用資産の損失があった場合のその損失の金額の計算方法等を明らかにしているものであり、所法70条２項２号の被災事業用資産の損失も事業用資産の損失の一形態であることからすれば、同３項の損失金額の計算方法等も同51-2と同一とするのが合理的であろう。

　　そうだとすると、同51-2の取扱いの効果は、災害関連費用の支出があっても、その費用の額からは損害保険金等を控除することを要しないというものであるから、被災事業用資産の損失金額の計算においても、同様の取扱いとなるものと考えられる。

　　つまり、所法70条３項のカッコ書の趣旨はカッコ書の前段にあり、被災事業用資産の損失の場合には災害という特殊性に着目し、同51-2によって計算された損失金額に災害関連費用の額を加算するというもので（その結果は、一般的に、納税者に有利となる）、同後段の部分は、所法51

条1項の場合と同様に、同51-2によって計算される被災資産自体の損失金額からのみ損害保険金等を控除するという旨を規定したものと解することができる。

◇所基通51-6：保険金、損害賠償金に類するものの範囲（P437参照）
(注) 通達では引用の明示はないが、所法70条3項カッコ書の文理からすれば、所基通51-7「保険金等の見込控除」（P437参照）の取扱いは、本項にも適用されるものと考えられる。

【編者注3】所法70条3項に関連する通達
本条3項に関連して、次の通達がある。
・所基通70-1　被災事業用資産に含まれるもの
・同　　70-2　棚卸資産の被災損失額
・同　　70-3　未収穫農作物の被災損失額

■参考：所得税法2条1項27号
（定義）
第2条　この法律において、次の各号に掲げる用語の意義は、当該各号に定めるところによる。
　　二十七　災害　震災、風水害、火災その他政令［所令9条。編注］で定める災害をいう。

■参考：所得税法施行令9条
（災害の範囲）
第9条　法第2条第1項第27号（災害の意義）に規定する政令で定める災害は、冷害、雪害、干害、落雷、噴火［以上は例示。編注］その他の自然現象の異変による災害及び鉱害、火薬類の爆発［以上は例示。編注］その他の人為による異常な災害【編者注】並びに害虫、害獣［以上は例示。編注］その他の生物による異常な災害とする。

【編者注】人為による異常な災害の意義
　所法72条（雑損控除）に関し、所令9条の人為による異常な災害

の意義については、次のように解されている（裁決昭54.9.4、事例集19・54）。

「所得税法72条1項に規定する災害に該当する人為による異常な災害とは、社会生活上通常予見し得る単なる不法行為によって発生した損害ではなく、予見及び回避不可能で、かつ、その発生が劇的な経過を経て発生した損害であることを要するものであると解される。」

所得税法施行令

（被災事業用資産の損失等に係る純損失の金額）
第202条　法第70条第2項（被災事業用資産の損失等に係る純損失の繰越控除）に規定する政令で定める純損失の金額は、同項［所法70条2項。編注］に規定するその年［確定申告書を提出する年。編注］の前年以前3年内の各年において生じた純損失の金額のうち、同項各号に掲げる損失の金額［変動所得の損失金額及び事業用資産の災害による損失金額。編注］に達するまでの金額（既に同項の規定により［、］その年［確定申告書を提出する年。編注］の前年以前において控除されたものを除く。）とする。

（被災事業用資産の損失に含まれる支出）　所令
第203条　法第70条第3項（被災事業用資産の損失の金額）に規定する政令で定める支出は、次に掲げる費用の支出とする【編者注】。（直近改・昭56政71）

　一　災害［所法2条1項27号、所令9条・P447参照。編注］により法第70条第3項に規定する資産［たな卸資産、事業用（業務用を含まない）固定資産、山林。編注］（以下この条において「事業用資産」という。）が滅失し、損壊し又はその価値が減少したことによる当該事業用資産の取壊し又は除去のための費用その他の付随費用

　二　災害により事業用資産［前号参照。編注］が損壊し又はその価値が減少した場合［、］その他災害により当該事業用資産を業務の

用に供することが困難となった場合において、その災害のやんだ日の翌日から１年を経過した日の前日［災害がやんだ日の翌日から起算して１年目の応当日の前日。編注］までに支出する次に掲げる費用その他これらに類する費用
　　イ　災害により生じた土砂その他の障害物を除去するための費用
　　ロ　当該事業用資産の原状回復のための修繕費
　　ハ　当該事業用資産の損壊又はその価値の減少を防止するための費用
　三　災害により事業用資産［本条１号参照。編注］につき現に被害が生じ、又はまさに被害が生ずるおそれがあると見込まれる場合において、当該事業用資産に係る被害の拡大又は発生を防止するため緊急に必要な措置を講ずるための費用

【編者注】所令203条に関連する通達
　本条に関連して、次の通達がある。
　・所基通70-5　　　　災害があった年の翌年に支出した災害関係費用
　・同　　70-6　　　　災害後１年以内に取壊し等をした資産に係る損失額の特例
　・同　　70-7　　　　登記登録の抹消費用
　・同　　70-8　　　　第三者に対する損害賠償金等
　・同　　70-9　　　　取壊し、除去等に従事した使用人の給与等
　・同　　70-10　　　 損壊等を防止するための費用
　・同　　70-10の２　 災害関連費用に含まれる被害の発生防止費用
　・同　　70-11　　　 賃借建物等に係る原状回復のための修繕費等
　・同　　70-12　　　 船舶等の捜索費用

第6節　損害保険金等と雑損控除との関係条項

所　得　税　法

（雑損控除）

第72条　居住者又はその者と生計を一にする配偶者その他の親族で政令［所令205条。編注］で定めるもの【編者注1】の有する資産（第62条第1項（生活に通常必要でない資産の災害による損失［編注：P439参照］）及び第70条第3項（被災事業用資産の損失の金額［編注：P444参照］）に規定する資産を除く【編者注2】。）について［、］災害［所法2条1項27号、所令9条・P447参照。編注］又は盗難若しくは横領【編者注3】による損失が生じた場合（その災害又は盗難若しくは横領に関連してその居住者が政令［所令206条1項・P456。編注］で定めるやむを得ない支出をした場合を含む。）において、その年における当該損失の金額（当該支出［所令206条1項に定める支出。編注］をした金額を含むものとし、保険金、損害賠償金その他これらに類するものにより補てんされる部分の金額を除く【編者注4】。以下この項において「損失の金額」という。）の合計額が［、］次の各号に掲げる場合の区分に応じ［、］当該各号に掲げる金額を超えるときは、その超える部分の金額を、その居住者のその年分の総所得金額、退職所得金額又は山林所得金額【編者注5】から控除する。（直近改・昭56法11）

　一　その年における損失の金額［本項本文、所令206条3項・P457参照。編注］に含まれる災害関連支出の金額（損失の金額のうち［、］災害に直接関連して支出をした金額として政令［所令206条2項・P457参照。編注］で定める金額をいう。以下この項において同じ。）が5万円以下であるある場合（その年における災害関連支出の金額がない場合を含む。）

　　その居住者のその年分の総所得金額、退職所得金額及び山林所得金額の合計額【編者注5】の10分の1に相当する金額

二　その年における損失の金額［前号参照。編注］に含まれる災害関連支出の金額［前号参照。編注］が５万円を超える場合

　　その年における損失の金額の合計額から災害関連支出の金額のうち５万円を超える部分の金額を控除した金額と［、］前号に掲げる金額との［、］いずれか低い金額　［編注：損失の合計額－（災害関連支出額－５万円）と、所得の合計額の10分の１とのいずれか低い金額］

三　その年における損失の金額がすべて災害関連支出の金額である場合

　　５万円と第１号に掲げる金額とのいずれか低い金額　［編注：５万円と、所得の合計額の10分の１とのいずれか低い金額］

2　前項に規定する損失の金額の計算に関し必要な事項は、政令［所令206条・P456参照。編注］で定める【編者注６】。

3　第１項の規定による控除は、雑損控除という。

【編者注１】雑損控除の対象となる配偶者その他の親族の範囲

　所法72条の「生計を一にする配偶者その他の親族」の範囲については所令205条（雑損控除の適用を認められる親族の範囲）に定めがあり、その判定の時期については所基通72-4（雑損控除の適用される親族の判定）に取扱いがある。

　所令205条によれば、所法72条の「生計を一にする配偶者その他の親族」とは、必ずしも雑損控除を受けようとする者の控除対象配偶者（所法２①三十三）又は扶養親族（所法２①三十四）に限られないが、所得金額（総所得金額、退職所得金額、山林所得金額の合計額）が基礎控除の額（平成22年現在38万円・所法86）以下である者に限られるなど一定の制限がある。

【編者注２】雑損控除に該当する資産の範囲

①　雑損控除の対象となる資産の範囲は、生活に通常必要な財産と、業務用（事業用を除く）の資産である。つまり、本条１項カッコ書によれば、生活に通常必要でない資産と、事業の用に供される資産（棚卸資産及び事業用固定資産・繰延資産）とが本条の対象から除

かれている。

　生活に通常必要でない資産の災害損失は、譲渡所得のみから控除するものとされ（所法62・P439参照）、事業用資産の災害損失については、所法70条2項（P444参照）に規定する被災事業用資産損失の規定が優先して適用される法制となっている。

②　業務用（事業用を含まない）資産の災害損失については、所法51条4項により、事業的規模でない不動産所得又は雑所得の金額の計算上、必要経費とするか、本条による雑損控除の適用を受けるか、そのいずれかを選択できることになる（所基通72-1・P454、所法51条の編者注8-2・P429参照）。

③　サラリーマンが専ら通勤に使用している自動車は、生活に通常必要な動産とされている（村川満夫編「所得税実務問答集」（平20.12改定版）納税協会連合会・P420参照）。したがって、この自動車の災害損失については、所法72条の雑損控除の対象となる（通勤用のほかレジャー用にも使用されているようなものについては、雑損控除の対象にならないとされているようである）。

　なお、その自動車が専ら通勤に使用されているかどうかについては、次のように説明されている（上掲同書・P420参照）。

　「自動車が専ら通勤に使用されているかどうかは、その実質によって判定することになりますが、例えば、勤務先に対して自動車通勤の届出をしており、その自動車通勤の経路及び方法が、その者の通勤に係る運賃、時間、距離その他の事情に照らして最も経済的かつ合理的であると認められる場合には、おおむねその自動車は通勤用であるとみて差し支えないものと思われます。」

【編者注3】詐欺、恐喝による損失

　所法72条に規定する雑損控除の対象となる損失には、詐欺、恐喝による損失は含まれない（前掲「注解所得税法」・P881参照）。

　なお、雑損控除の対象となる「横領」の概念については、刑法上の横領罪（刑法252～254等）と同義に解されている（名古屋高裁平元10.31判決、税資174.521）。

【編者注4】雑損失の金額の計算上控除すべき保険金等について

　雑損失額を計算する場合に、本条1項本文カッコ書による雑損失額から控除すべき損害保険金等については、次のようになる。

① 　損害保険金等は、保険契約の目的物に係る損失額のみから控除すればよい。同一の災害により2以上の資産が被災したような場合において、一の資産（例えば、建物）にのみ保険が付され、他の資産（例えば、家財）については無保険であったとすると、損害保険金は建物の損失額から控除すれば足り、仮に、損害保険金額が建物の損失額を上回るときにおいても、その上回る額を家財の損失額から控除することを要しない（村川前掲書・P450参照）。

② 　災害等関連費用を支出した場合、明らかにその関連費用を補填するための保険金等があるときには、災害等関連費用額からも保険金等を控除することとなることに留意する（所令206条の編者注3・P459参照）。

③ 　損害保険金等の額が、その対象となる資産の損失額を超える場合は、その超える部分の金額は、非課税所得となる。

④ 　保険金・損害賠償金については、次の通達が準用される（所基通72-6）。

　　・所基通51-6　保険金、損害賠償金に類するものの範囲（P437参照）
　　・同　　51-7　保険金等の見込控除（P437参照）
　　・同　　51-8　盗難品等の返還を受けた場合のそ及訂正（P438参照）

【編者注5】分離課税の所得金額がある場合

　分離課税所得がある場合の雑損控除は、次のようになる（措法28の4⑤二・⑥、同31③三、同32④、37の10⑥五、同41の14②三、措令25の11の2⑨、同25の12の2⑲、26の26⑧）。

1　控除対象となる所得とその控除の順序

　総所得金額、土地等に係る事業所得等の金額（H10.1.1からH25.12.31までの間については適用がない）、特別控除後の分離短期譲渡所得の金額、特別控除後の分離長期譲渡所得の金額、株式等に係る

譲渡所得等の金額（上場株式等に係る譲渡損失の繰越控除、及び特定株式に係る譲渡損失の繰越控除の特例の適用後の金額）、先物取引に係る雑所得等の金額（先物取引の差金等決済に係る損失の繰越控除の適用後の金額）、山林所得金額又は退職所得金額の順に控除する。

　2　所法72条1項1号の10分の1に相当する金額

　　上記1に掲げる各所得金額の合計額の10％相当額となる。

【編者注6】損失の生じた資産の取得費

　所法72条の規定の適用を受けた固定資産について、その後、その固定資産の償却費等を計算する場合の取得費等については、所基通72-7（損失の生じた資産の取得費等）に取扱いがある。

所得税基本通達

（事業以外の業務用資産の災害等による損失）

72-1　不動産所得、山林所得又は雑所得を生ずべき業務（事業を除く。）の用に供され又はこれらの所得の基因となる資産（令第81条第1号《譲渡所得の基因とされないたな卸資産に準ずる資産》に規定する資産を含み、山林及び生活に通常必要でない資産［所法62条・P439参照］を除く。）につき［、］災害又は盗難若しくは横領（以下72-7までにおいて「災害等」という。）による損失が生じた場合において、居住者が当該損失の金額及び令第206条第1項各号《雑損控除の対象となる雑損失の範囲［編注：P456参照］》に掲げる支出［災害関連支出。編注］（資本的支出［所令181条。編注］に該当するものを除く。）の額のすべてを［、］当該所得［不動産所得、山林所得、雑所得。編注］の金額の計算上必要経費に算入しているときは、これを認めるものとする［納税者が、所法72条の適用に代えて、資産損失額と災害関連支出の全部につき同法51条4項を選択することができる。編注］。

　この場合において、当該損失の金額の必要経費算入については［、］法第51条第4項《資産損失の必要経費算入［編注：P424参照］》の規定に準じて取り扱うものとし、法第72条第1項［雑損控除・P450参照。編注］の規定の適用はないものとする【編者注】。

454

（注）この取扱いの適用を受けた資産につき、修繕その他原状回復のため支出した費用の額があるときは、51-3の適用がある［51-3に掲げる修繕費となる部分と、同51-3にいう資本的支出との区分を行うこと。P433参照。編注］。

【編者注】所法51条４項と同法72条との比較
1　所法51条４項（業務用資産の資産損失・P424参照）による必要経費算入
①　損失金額は帳簿価額（取得価額又は未償却残額）ベースで計算する（災害関連支出は、通常の必要経費又は資本的支出として処理するので、資産損失に含まれない）。
②　損失を補填する保険金等は、資産の損失金額からのみ控除し、災害関連支出があっても、その金額から保険金等を控除することを要しない（保険金が損失額を上回るときは、必要経費となるべき損失はゼロ、上回る部分の金額は非課税所得となる）。
③　損失金額（保険金等の控除後）の全額が必要経費となる。ただし、損失額が、その年分の不動産所得又は雑所得の金額を超える場合には、その超える部分の金額は他の所得との損益通算及び翌年以降への繰越はできない。
2　所法72条による雑損控除
①　損失金額は時価（災害時等の中古資産としての通常の取引価額）ベースで計算し、災害関連支出額を含む。
②　損失を補填する保険金等は、次のようになるものと解される。
ⅰ　資産の損失を補填する損害保険金等は、資産の損失額からのみ控除する。
ⅱ　災害等関連支出を補填することが明らかである損害保険金等がある場合には、その明らかである部分の保険金等を災害等関連支出額から控除する。
　（注）1　上記ⅰ及びⅱの保険金等は、それぞれの損失額又は支出額からのみ控除すれば足り、損失額又は支出額を上回る部分の保険金があっ

ても、それを他の損失額又は支出額から控除する必要はないものと考えられる（所令206条の編者注3・P459参照）。
　　2　上記ⅰ及びⅱの保険金がそれぞれの損失額又は支出額を上回るときは、雑損失となるべき金額はゼロ、上回る部分の金額は非課税所得となる。
　　3　上記ⅰの損失額又はⅱの支出額のうち、いずれか一方の金額が損害保険金等を上回る場合には、その上回る部分の金額のみが雑損控除の対象となる損失となる。
③　雑損控除の対象となるべき金額は、原則として、損失額からその年の合計所得金額（総所得金額、退職所得金額及び山林所得金額の合計額をいうが、分離課税所得がある場合については、所法72条の編者注5・P453参照）の10％相当額を控除した金額であり、これをその年分の合計所得金額から控除する。
④　上記③の控除対象雑損失金額が、その年の合計所得金額を超える場合には、その超える部分の金額は、その年の翌年以降3年間に限り、繰り越すことができる（所法71）。

所得税法施行令

（雑損控除の対象となる雑損失の範囲等）
第206条　法第72条第1項（雑損控除）に規定する政令で定めるやむを得ない支出は、次に掲げる支出とする【編者注1】。（直近改・昭56政71）
　一　災害［所法2条1項27号、所令9条・P447参照。編注］により法第72条第1項［編注：P450参照］に規定する資産（以下この項において「住宅家財等」という。）が滅失し、損壊し又はその価値が減少したことによる当該住宅家財等の取壊し又は除去のための支出その他の付随する支出
　二　災害により住宅家財等［前号参照。編注］が損壊し又はその価値が減少した場合［、］その他災害により当該住宅家財等を使用することが困難となった場合において、その災害のやんだ日の翌日

から１年を経過した日の前日［災害のやんだ日の翌日から起算して、１年目の応当日の前日。編注］までにした［、］次に掲げる支出その他これらに類する支出
　　イ　災害により生じた土砂その他の障害物を除去するための支出
　　ロ　当該住宅家財等の原状回復のための支出【編者注２】（当該災害により生じた当該住宅家財等の第３項に規定する損失の金額に相当する部分の支出を除く【編者注２】。第４号において同じ。）
　　ハ　当該住宅家財等の損壊又はその価値の減少を防止するための支出
　三　災害により住宅家財等［本項１号参照。編注］につき現に被害が生じ、又はまさに被害が生ずるおそれがあると見込まれる場合において、当該住宅家財等に係る被害の拡大又は発生を防止するため緊急に必要な措置を講ずるための支出
　四　盗難又は横領による損失が生じた住宅家財等［本項１号参照。編注］の原状回復のための支出［本項２号ロ参照。編注］その他これに類する支出
２　法第72条第１項第１号に規定する政令で定める金額［災害に直接関連して支出した金額。編注］は、その年においてした前項第１号から第３号までに掲げる支出の金額（保険金、損害賠償金その他これらに類するものにより補てんされる部分の金額を除く【編者注３】。）とする。
３　法第72条第１項の規定を適用する場合には、同項に規定する資産について受けた損失の金額は、当該損失を生じた時の直前におけるその資産の価額［いわゆる中古資産としての通常の取引時価。編注］を基礎として計算する【編者注４】ものとする。

【編者注１】所令206条に関連する通達
　本条に関連する通達には、次に掲げるものがある。
　・所基通72-5　災害等関連支出の控除年分
　・所基通72-6により、70-6から70-12まで（所令203条編者注・P449参照）の取扱いが準用される。

【編者注2】資産の損失額・原状回復のための支出
1 資産の損失額、災害等に関連するやむを得ない支出
① 資産の損失額 ＝ 災害直前の時価 － 災害直後の時価 － 廃材等の処分価額（所法72①、所令206③）
② 災害等関連支出額 ＝ 被災資産の取壊し等の支出（所令206①一）＋下記「※」に掲げる支出 ＋ 被害の拡大等を防止するため緊急に要する支出（所令206①三）＋ 盗難・横領による損失が生じた資産の原状回復のための支出（所令206①四）
※ 災害のやんだ日から1年以内に支出した次に掲げるもの。
　i 土砂等を除去するための支出（所令206①二イ）
　ⅱ 被災資産の原状回復の支出（所令206①二ロ）
　ⅲ 被災資産の価値の減少を防止するための支出（所令206①二ハ）
③ 雑損失の金額 ＝ （① ＋ ②） － 保険金等（所令206条2項により、②の関連支出を補填するための保険金等がある場合には、その保険金も控除する必要がある。）
2 原状回復のための支出の意義、所令206条1項2号ロカッコ書の趣旨
① 原状回復のための支出の意義
　所令206条1項2号ロ及び4号に規定する「原状回復のための支出」とは、各種所得計算上における「修繕費」と概ね同様の概念である。
　したがって、原状回復支出金額のうちに、いわゆる資本的支出（所令181条に規定する資産の価値を増加させる部分の金額、耐用年数を延長させる部分に対応する金額）に該当する金額がある場合には、その部分の金額を支出額から除外する必要がある。
　この場合において、その区分が困難であるときは、所基通72-3（原状回復のための支出と資本的支出との区分の特例・P462参照）に取扱いがある。
② 所令206条1項2号ロカッコ書の趣旨
　上記①によって計算した原状回復（つまり、修繕費）の支出により、

被災資産の価値（価額）が災害直前の状況に復元したと観念すると、原状回復支出額のうち、所令206条3項により計算される損失金額（後記編者注4）に達するまでの金額は、資産の損失額に含まれていることになることから、これを除外するというものである。

《設　例》（単位：千円）
◇被災直前の資産の時価：3,000
◇被災直後の資産の時価：2,800
◇被災関連支出額　　　：1,000
◇支払を受けた保険金　：　150
　※　資本的支出と原状回復費の区分が困難であるものとする。

《計　算》
ⅰ　資産の損失額　→　3,000 − 2,800 ＝ 200
ⅱ　原状回復支出額　→　1,000 × 0.30 ＝ 300（所基通72-3による）
ⅲ　資本的支出額　→　1,000 × 0.70 ＝ 700（所基通72-3による）
ⅳ　災害関連支出とされる原状回復のための支出額
　　→　300(ⅱ) − 200(ⅰ) ＝ 100（所令206①二ロに規定する額）
（注）保険金等の有無は、この計算に影響を及ぼさない。
ⅴ　雑損控除の対象となる損失金額
　　→　200(ⅰ) + 100(ⅳ) − 150(保険金) ＝ 150

【編者注3】災害等関連支出額から控除する保険金額等

　所法51条4項による業務用資産の損失額の損金算入の場合には、損失関連支出額があっても、その金額から損害保険金等を控除することを要しない（所基通51-2の編者注・P433参照）。

　他方、所法72条の雑損控除の場合には、所令206条2項（P457参照）により、災害等関連支出額を補填するための保険金等がある場合には、その保険金を同支出額から控除することとなる。

　同2項の文理からすれば、同項に規定する保険金・損害賠償金とは、明らかに災害等関連支出額を補填するための保険金等に限られるものと解される。

資産自体の損害額を補填する保険金等の額が、資産の損失額を超える場合に、その超える部分の金額を災害等関連支出額から控除する必要があるか、という問題がある。

　所得税における損害保険金等の課税関係は、一般に、保険金等の目的となった資産等の損失等との個別的対応関係によって律せられていること、及び所令206条2項の文理からすれば、資産自体の損失額を補填する保険金等はその損失額からのみ控除し、災害等関連支出額を補填する保険金等はその支出額のみから控除すると解するのが相当であり、一方の保険金超過額を他方の損失又は支出額から控除する必要はないものと考えられる。

【編者注4】損失金額の計算
1　雑損控除の損失金額は、資産の損失額と災害等関連支出額との合計額である。

　　この場合における資産の損失額は、損失発生時におけるその資産の時価（中古資産としての通常の取引価額としての時価）を基にして計算するが、所令206条3項に規定する「損失を生じた時の直前におけるその資産の価額」とは、「再取得価額を基準とする時価（再取得価額から減価の額を控除した額）をいうものと考えられています」とされている（苫米地邦男編「所得税質疑応答集（平成18年版）」大蔵財務協会・P830参照）。

2　実際に資産の時価を特定するのは容易ではない。実務上は、次に掲げるようなものから、その資産の時価算定に最も適する方法で計算ないしは推定することになるものと思われる。
①　自動車、マンションのように、その資産の中古取引市場があるものについては、その市場における通常の取引価額。
②　建物で中古市場価額が明らかでないもの
　　災害発生時におけるその建物と同種相規模の再建築価額から、実際の取得時から災害時までの経過年数に応ずる減価の額を控除した金額。
（注1）再建築価額は、建物の構造等による標準的な建築価額がある場合に

はそれにより、標準的な価額が明らかでないようなときは、合理的な見積額による。

なお、次のような方法も考えられる。

◇実際の取得価額×（災害発生時の建築指数÷実際取得時の建築指数）＝再建築価額

　※　建築指数は、各年分の相続税の「財産評価基準書」の「参考」の部に掲載されている。

（注2）減価の額については、次のように考えられる。

① 業務用資産については、法定耐用年数による定率法により計算した金額。

② 非業務用の資産については、所令85条（非事業用資産の減価の額の計算）の例に準じ、法定耐用年数の1.5倍の年数による定額法によって計算することも許されるのではないか。

③ 家具什器等については、災害発生時における同種の新品小売価額から、上記②に準じて計算した減価の額を控除した金額。

④ 火災保険等の損害保険が付されている資産については、上記①から③によるほか、その付保されている保険金額（通常、損害保険契約においては、その資産の時価を著しく超えるような保険金を付することはないものと考えられる）。

3　損失金額の計算

① 全損の場合

（災害直前の資産の時価－廃材等の処分見込額）＋災害等関連支出額－保険金等＝雑損失の金額

② 一部損失の場合

（災害直前の資産の時価－災害直後の資産の時価－廃材等の処分見込額）＋災害等関連支出額－保険金等＝資産の損失金額

（注1）保険金等を控除した後の金額がマイナスとなるときは、雑損失の額はゼロ、損失を超える部分の保険金等の額は非課税所得となる。

（注2）保険金は、その保険の目的とされている資産の損失と、その資産に係る災害関連支出のみから控除すれば足り、同一の災害で他の資産の損

害があっても、その保険金を他の資産の損害等から控除する必要はない。
（注３）雑損控除の損失額の計算には、その資産の帳簿価額（取得価額又は未償却残額）は何らの影響がない（所法51条４項の資産損失の計算と異なる）。

■参考：所得税基本通達72-3
（原状回復のための支出と資本的支出との区分の特例）

72-3　災害等により損壊した法第72条第１項に規定する資産について支出した金額［雑損控除の対象となる資産の災害等による損壊に関連して支出した金額。編注］で、その金額を当該資産の原状回復のための支出の部分［いわゆる修繕等に相当する。編注］の額と［、］その他の部分［いわゆる資本的支出に相当する。編注］の額とに区分することが困難なものについては、その金額［支出した金額から、明らかに修繕等に相当する金額、及び明らかに資本的支出に相当する金額を除いた金額。編注］の30パーセントに相当する金額を原状回復のための支出の部分の額とし、残余の額を資本的支出の部分の額とすることができる。（直近改・昭57直所3-1）

（注）上記により計算された原状回復のための支出の額であっても、令第206条第１項第２号ロかっこ書の規定により［所令206条の編者注2-2②・P458参照］、法第72条第１項に規定する損失の金額に含まれないものがあることに留意する。

第7節　保険金等（生損保）と医療費控除との関係条項

所　得　税　法

（医療費控除）
第73条　居住者が、各年において、自己又は自己と生計を一にする配偶者その他の親族【編者注1】に係る医療費【編者注2】を支払った場合において、その年中に支払った当該医療費【編者注3】の金額（保険金、損害賠償金その他これらに類するものにより補てんされる部分の金額を除く【編者注4】。）の合計額が［、］その居住者のその年分の総所得金額、退職所得金額及び山林所得金額の合計額【編者注5】の100分の5に相当する金額（当該金額が10万円を超える場合には、10万円）を超えるときは、その超える部分の金額（当該金額が200万円を超える場合には、200万円）を、その居住者のその年分の総所得金額、退職所得金額又は山林所得金額【編者注5】から控除する。（直近改・昭62法96）
2　前項に規定する医療費とは、医師又は歯科医師による診療又は治療、治療又は療養に必要な医薬品の購入その他医療又はこれに関連する人的役務の対価のうち通常必要であると認められるものとして政令［所令207条。編注］で定めるものをいう。
3　第1項の規定による控除は、医療費控除という。

【編者注1】所法73条の生計を一にする配偶者その他の親族の意義
　①　配偶者とは、民法の規定による配偶者（婚姻関係にある者）に限られる（所基通2-46）。外国人で民法によれない者については、法の適用に関する通則法（平18法律78号）の規定による（同2-46）。
　②　親族とは、民法725条に規定する六親等内の血族（養子・養親とその直系血族を含む。民727、809）、三親等内の姻族をいう。
　③　生計を一にするとは、所基通2-47（生計を一にするの意義）と同義

である。
④　本条に規定する配偶者その他の親族は、上記①から③に該当すれば足り、控除対象配偶者又は扶養親族に当たるかどうかを問わない。

(注)　所法73条の「その他の親族」に所法2条1項34号に規定する「里親に委託された児童」(以下「委託児童」)及び「養護受託者に委託された老人」(以下「委託老人」)が含まれるかという問題がある。

　同34号は、扶養親族とは「親族並びに…委託児童及び…委託老人」をいうと規定し、親族・委託児童・委託老人はそれぞれ並列となっている。また、これらの者が扶養親族に該当するどうかの判定についての取扱いである所基通85-1においては「配偶者その他の親族（法第2条第1項第34号に規定する児童及び老人を含む。以下この項において「親族等」という。)」としていることからすると、委託児童及び委託老人は「扶養親族」のみに含まれ、所得税一般において「親族」又は「配偶者その他の親族」と規定される場合には、文理上、委託児童及び委託老人は「親族」には含まれないものと解される。

　所法73条の医療費控除の対象となる者は「生計を一にする親族」であれば足り、「扶養親族」であることを要しないことは既述のとおりである。

　一般的に、「生計を一にする親族」は「扶養親族」よりその範囲は広い場合が多いと考えられ、医療費控除についてもその制度の趣旨からその対象者を「扶養親族」に限らなかったものと思われる。

　ところで、上述のように、委託児童及び委託老人が「親族」に含まれないとすれば、扶養親族である委託児童及び委託老人に係る医療費は、同73条所定の医療費控除の対象にならないという、誠に奇妙な結果を生ずることになる。控除対象者の範囲を扶養親族よりも広く、生計を一にする親族にまで拡張することが法意であるとすれば、73条の「親族」には委託児童及び委託老人も含まれると解すべきものと思料されるがいかがであろうか。

【編者注2】生計を一にする配偶者その他の親族に係る医療費の意義

　生計を一にする配偶者その他の親族に係る医療費の意義について

は、所基通73-1（P466参照）に取扱いがある。

【編者注3】支払った医療費の意義

支払った医療費の意義については、所基通73-2（P467参照）に取扱いがある。

【編者注4】医療費から控除する保険金等

① 支払った医療費から控除すべきものとされる保険金等については、所基通73-8（P467参照）に取扱いがある。

② 保険金等の支払を受ける者と医療費の支払をした者とが異なる場合においても、所法73条の文理からすれば、医療費控除の対象となるべき医療費を補てんする目的で支払われる保険金等である限り、その保険金等の受取人が誰であるかを問わず、控除すべきものと解されている（苦米地前掲書・P907参照）。

しかし、保険金等を医療費から控除する趣旨が、受取保険金等の非課税所得との関連で規定されているものであるとすれば、受取保険金等が課税所得とされる場合（所基通9-20の編者注2・P416参照）、又は保険金等の受取人が法人等（個人事業者の事業上の保険に該当し、その保険金等が事業所得等の収入金額とされるものを含む）の場合には、控除する必要はないものと考えられている。

③ 所法73条1項カッコ書の「保険金、損害賠償金その他これらに類するものにより補てんされる部分の金額を除く」の趣旨

支払った医療費から控除する保険金等の額は、その保険金等の給付原因となった医療費のみから、その医療費を限度として控除すれば足り、その結果、医療費を超過する保険金等があっても、これを他の医療費から控除する必要はないと解されている（苦米地前掲書・P909参照）。

つまり、保険金等はその給付原因となった医療費とひも付きで精算（控除）する関係にあるので、給付原因である医療費を超過する保険金等は他の医療費から控除することなく、非課税所得になる。

【編者注5】分離課税所得がある場合の所得の合計額、及び控除の順

序

分離課税所得がある場合の所得の合計額、及び控除の順序については、所法72条の編者注5（P453）参照。

所得税基本通達

（生計を一にする親族に係る医療費）
73-1　法第73条第1項に規定する「自己と生計を一にする配偶者その他の親族に係る医療費」とは、医療費を支出すべき事由が生じた時［具体的に診療、治療等を受けた時。編注］［、］又は現実に医療費を支払った時の現況において居住者と生計を一にし、かつ、親族［配偶者を含む。編注］である者に係る医療費をいう【編者注】。

【編者注】本項の趣旨
　　配偶者その他の親族のための医療費であるかどうかの判定は、実際に診療等を受けた時、又はその支払の時のいずれかおいて所法73条の編者注1（P463参照）にいう親族（配偶者を含む）に該当するか否かにより行う。
　　したがって、診療を受け又は支払をした後、離婚・離縁（養子の場合）により親族でなくなった場合、死亡・結婚等により生計を一にしないこととなった場合においても、そのことにより医療費控除に影響が生ずることはない。
　　なお、死亡した者の医療費については、次のことに注意する。
① 死亡した者に係る医療費で、生前に支払があったものについては、通常の例により医療費控除を行う。
② 死亡した者に係る医療費をその死亡後、被相続人と生計を一にしていた親族（配偶者を含む）が支払をした場合には、その支払をした者の医療費となり、その余の者（相続人を含む）が支払をした場合には、その支払者の医療費とならない（このことは、被相続人の相続税申告に際し、未払の医療費債務として債務控除したかどうか、又

は被相続人の相続財産である現金・預金等から支払われたものであるかどうかによって影響を受けることはない)。

(支払った医療費の意義)　所基通
73-2　法第73条第1項に規定する「その年中に支払った当該医療費」とは、その年中に現実に支払った医療費をいうのであるから、[編注：その年の12月31日、死亡の日又は出国の時等において] 未払となっている医療費は現実に支払われるまでは控除の対象とならないことに留意する【編者注1、2】。

【編者注1】信販会社等の医療費ローンによる支払
　歯科ローン等による医療費の支払については、ローン利用者が信販会社等からの借入れによりその全額の支払をしたものと観念することができることから、実務においては、信販会社等に対する債務の成立した日の属する年分の医療費控除の対象とされている。
【編者注2】非居住者期間の医療費
　その年に居住者期間と非居住者期間とがある場合には、居住者期間内に支払った医療費のみが控除の対象となる(所法73、102、165、所令258③二、所基通165-1)。
　なお、足切限度額の計算の基礎となる所得の合計額は、居住者期間に生じた総所得金額、退職所得金額及び山林所得金額の合計額(分離課税所得があるときは所法72条の編者注5・P453参照)と、非居住者期間内の国内源泉所得(所法161)とを合計した金額となる(所令258①一・二・③二)。

(医療費を補てんする保険金等)　所基通
73-8　法第73条第1項[編注：P463参照]かっこ内に規定する「保険金、損害賠償金その他これらに類するもの」(以下73-10までにおいて「医療費を補てんする保険金等」という。)には、次に掲げるようなもの[例示。編注]があることに留意する。(直近改・平21課個2-29)

(1) 社会保険又は共済に関する法律その他の法令の規定に基づき支給を受ける給付金のうち、健康保険法第87条第２項《療養費》、第97条第１項《移送費》、第101条《出産育児一時金》、第110条《家族療養費》、第112条第１項《家族移送費》、第114条《家族出産育児一時金》、第115条第１項《高額療養費》又は第115条の２第１項《高額介護合算療養費》の規定により支給を受ける療養費、移送費、出産育児一時金、家族療養費、家族移送費、家族出産育児一時金、高額療養費又は高額介護合算療養費のように医療費の支出の事由を給付原因として支給をうけるもの【編者注１】

(2) 損害保険契約又は生命保険契約（これらに類する共済契約を含む。）に基づき医療費の補てんを目的として支払を受ける傷害費用保険金、医療保険金又は入院費給付金等（これらに類する共済金を含む。）【編者注２】

(3) 医療費の補てんを目的として支払を受ける損害賠償金

(4) その他の法令の規定に基づかない任意の互助組織から医療費の補てんを目的として支払を受ける給付金

【編者注１】健康保険法の各規定
　　本項(1)に掲げる健康保険法の各規定についてはP1362以降参照。
【編者注２】保険契約に基づく保険金等
　　保険契約に基づく保険金等には、次のようなものがある。
① 主保険に付加する災害入院特約、疾病入院特約、成人病・特定疾病（ガン、高血圧性疾患、心臓疾患、脳血管疾患、糖尿病等）入院特約等に基づく入院給付金及び手術給付金
② 主保険に付加する高度先進医療特約に基づく特約基本保険金等
③ ガン保険、疾病保険などの医療保険等に基づく入院給付金、看護給付金、在宅療養給付金等（これらの保険に死亡保険金、高度障害保険金等が付されている場合には、こられの保険金は、医療費の補てんを目的とするものではないから、医療費から控除することを要しない。）
　（注）死亡保険金又は高度障害保険金等と上記①から③に掲げる給付金等を同

時に受けるようなときにおいても、医療費から控除するのは上記①から③に掲げるものに限る。

(医療費を補てんする保険金等に当たらないもの)　所基通
73-9　次に掲げるようなものは、医療費を補てんする保険金等に当たらないことに留意する。(直近改・平15課個2-23)
(1) 死亡したこと、重度障害の状況となったこと、療養のため労務に服することができなくなったことなどに基因して支払を受ける保険金、損害賠償金等【編者注1】
(2) 社会保険又は共済に関する法律の規定により支給を受ける給付金のうち、健康保険法第99条第1項《傷病手当金》又は第102条《出産手当金》の規定により支給を受ける傷病手当金又は出産手当金その他これらに類するもの【編者注2】
(3) 使用者その他の者から支払を受ける見舞金 (73-8の (4) [任意の互助組織から受ける医療費の補てんを目的とする給付金。編注] に該当するものを除く。)【編者注3】

【編者注1】**高度障害保険金等**
　　高度障害保険金等については所基通9-21 (高度障害保険金等・P417)、所得補償保険金については同9-22 (所得補償保険金・P418) を参照。
　　生命保険契約又は損害保険契約に基づく死亡保険金・高度障害保険金等身体の傷害等のみに基因して支払を受ける保険金又は給付金 (医療費の補てんを目的として支払を受けるものを除く) は、全て医療費から控除すべき保険金等には当たらない。
【編者注2】**本項(2)に掲げるようなものの性質**
　　本項(2)に掲げるようなものは、医療費の補てんを目的とするものではなく、いわゆる休業補償の性質を有するものであるから、医療費から控除しないのは当然である。
　　なお、健保法99条、102条についてはP1363以降参照。
【編者注3】保険契約者及び給付金等の受取人である法人から受ける

　　　　　見舞金
　例えば、法人がその役員又は従業員を被保険者とし、契約者及び保険金（給付金）受取人を法人とする生命保険契約・損害保険契約を締結し、被保険者の疾病等により法人が入院給付金等の支払を受け、その全部又は一部に相当する金額を役員・従業員に見舞金として支出したような場合においても、一般的には、その金員は所基通73-9(3)（前頁参照）の使用者から受ける見舞金に当たるものと考えられるので、これらの金額については医療費から控除する必要はないものと考えられる。

（医療費を補てんする保険金等の見込控除）　所基通
73-10　医療費を補てんする保険金等の額が医療費を支払った年分の確定申告書を提出する時までに確定していない場合には、当該保険金等の見込額に基づいて同項［所法73条1項。編注］の規定を適用する【編者注1】。
　この場合において、後日、当該保険金等の確定額と当該見込額とが異なることとなったときは、そ及してその医療費控除額を訂正するものとする【編者注2】。

【編者注1】　年をまたいで支出した医療費を補てんする保険金等
　保険金等の給付原因となる医療費を年をまたいで支払った場合に、給付を受けた保険金等をいつの年分の医療費から控除するかという問題がある。
　このことについては、保険金等の額を各年の実際に支払った医療費の比（保険金等の給付対象となる医療費の各年の支払済医療費額÷保険金等の給付対象医療費の総額）により按分するのが合理的であると考えられている。

【編者注2】　医療費給付金を返還した場合
　例えば、何らかの事由により、既に給付を受けていた高額医療費等を翌年以降にその支給者（健康保険組合など）に返還した場合には、

その支給を受けた年分に遡及して医療費控除の額を訂正（この場合には、医療費の増額訂正であるから更正の請求）をすることになる。

第3章

事業所得の収入金額となる
生命保険金・損害保険金等
に関連する法令・通達等

第1節 事業所得の収入金額となる保険金等に関連する法令・通達等の索引

　支払を受ける生命保険金・損害保険金等について、事業所得の収入金額となるものに関連する法令・通達、情報、質疑応答事例、事前照会に対する文書回答事例、判例、裁決例等で、本章に収録したものは、以下のとおり。

法令等の索引

□所得税法
　　第36条　収入金額　*475*
□所得税法施行令
　　第94条　事業所得の収入金額とされる保険金等　*476*
□所得税基本通達
　　27-5　事業の遂行に付随して生じた収入　*480*

第2節　棚卸資産等の損害に係る保険金等に関する条項

所　得　税　法

（収入金額）
第36条　その年分の各種所得の金額の計算上収入金額とすべき金額又は総収入金額に算入すべき金額は、別段の定めがあるものを除き、その年において収入すべき金額（金銭以外の物又は権利その他経済的な利益をもって収入する場合には、その金銭以外の物又は権利その他経済的な利益の価額［本条2項参照。編注］）とする【編者注】。

2　前項の金銭以外の物又は権利その他経済的な利益の価額は、当該物若しくは権利を取得し、又は当該利益を享受する時における価額［通常の取引価額としての時価。編注］とする。

3　［省略］

【編者注】生命保険金、損害保険金、損害賠償金等の収入の計上時期
　　各種所得の金額の計算上、収入金額に算入される保険金、損害賠償金の計上時期については、次のようになる。
　①　生命保険金・損害保険金等
　ⅰ　保険事故の発生（満期の到来を除く）による生命保険金については、原則として、支払を受ける金額が確定したとき、具体的には、保険会社からの支払通知を受けた日の属する年分の収入金額とされている（渡辺前掲書P127参照）。
　ⅱ　保険事故の発生（満期の到来を除く）による損害保険金が事業所得の収入金額となる場合、その収入計上時期については、法人税と同様の取扱いになるものと解される（法人法22条の解説第1・P953参照）。
　ⅲ　生命保険契約の満期保険金、損害保険契約の満期返戻金につい

ては、その満期の到来した日の属する年分の収入金額とされる（満期保険金の支払通知を受けた日ではない。所基通36-13の編者注・P521参照）。

② 損害賠償金等

損害賠償金をいつの年分の収入金額にするかについては、所得税の法令・通達には明示がない。

法基通2-1-43（損害賠償金等の帰属の時期・P958参照）に法人が受ける損害賠償金の益金の計上時期の取扱いがあり、所得税においてもこれと異なる取扱いをする合理的な理由はないものと考えられることから、所得税においても同2-1-43の例によることが許されるものと考えられる。

所得税法施行令

（事業所得の収入金額とされる保険金等）

第94条　不動産所得、事業所得、山林所得又は雑所得を生ずべき業務を行う居住者が受ける次に掲げるもので、その業務の遂行により生ずべきこれらの所得に係る収入金額に代わる性質を有するものは、これらの所得に係る収入金額とする。（直近改・昭46政70）

一　当該業務［不動産所得、事業所得、山林所得、雑所得を生ずべき業務。編注］に係る棚卸資産（第81条各号（譲渡所得の基因とされない棚卸資産に準ずる資産）に掲げる資産を含む。）、山林、工業所有権その他の技術に関する権利、特別の技術による生産方式若しくはこれらに準ずるもの又は著作権（出版権及び著作隣接権その他これに準ずるものを含む。）につき損害を受けたことにより取得する保険金、損害賠償金、見舞金その他これらに類するもの（山林につき法第51条第3項（山林損失の必要経費算入）の規定に該当する損失を受けたことにより取得するものについては、その損失の金額をこえる場合におけるそのこえる金額に相当する部分に限る。）【編者注1】

二　当該業務［不動産所得、事業所得、山林所得、雑所得を生ずべき業務。編注］の全部又は一部の休止、転換又は廃止その他の事由により

当該業務の収益の補償として取得する補償金その他これに類するもの【編者注2】

2　［省略］

【編者注1】事業所得等の収入金額とされる保険金等の経理
1　棚卸資産等の損害による保険金等を取得した場合には、その保険金等の額を事業所得等の総収入金額に算入し、損害を受けた棚卸資産等の帳簿価額の全部又は一部を棚卸資産の評価等の方法により必要経費に算入する。

棚卸資産等には、所令81条各号に規定する次に掲げる各資産が含まれることに留意する。したがって、これらの資産の損害つき取得する保険金、損害賠償金等は、事業所得等の収入金額に算入することになる。

①　不動産所得、山林所得又は雑所得に係る棚卸資産に準ずる資産。

　　※　棚卸資産の範囲は、所令3条に規定がある。消耗品等もこれに含まれる。

②　取得時に必要経費とされる不動産所得、事業所得、山林所得又は雑所得に係る取得価額10万円未満の少額減価償却資産。

③　不動産所得、事業所得、山林所得又は雑所得に係る取得価額20万円未満の減価償却資産で、一括償却資産として必要経費に算入したもの。

（注1）「基本的な重要資産」

少額減価償却資産は、原則として、譲渡所得の基因となる資産に該当しないが、少額減価償却資産のうち基本的な重要資産（少額重要資産）は譲渡所得の基因となる資産に該当する。

したがって、少額重要資産の損害につき保険金等を取得しても、その資産は所令94条1項1号に該当しないので、その保険金等は事業所得等の収入金額とならず、事業用（又は業務用）固定資産の損失に係る保険金等として処理することになる（この場合の課税関係については、所法

51条・P424参照)。

　なお、少額重要資産の意義については所基通33-1の2（少額重要資産の範囲）に取扱いがある。

　使用可能期間が1年未満である減価償却資産（通常消耗品等として経理されているもの）については、それが少額重要資産に当る場合においても、その資産は譲渡所得の基因となる資産に該当しないから（所基通33-1の3）、その資産の損害につき保険金等を取得する場合には、その保険金等は所令94条1項1号により事業所得等の収入金額とされる。

(注2)「取得価額30万円未満の資産」

　措法28条の2の定めにより、取得価額30万円未満の減価償却資産につき、その取得価額を業務供用時の必要経費に算入している場合においても、その資産は所令81条各号に掲げる資産（譲渡所得の基因とされない棚卸資産に準ずる資産）に当たらないことは文理上明らかである。

　したがって、これらの資産は、譲渡所得の基因となる資産に該当し、これらの資産の損害につき保険金等を取得する場合においても、その保険金等は所令94条1項1号に該当しないから、その保険金等が事業所得等の収入金額となることはない（この場合は、所法51条に規定する事業用固定資産の損失の税務となる。P424参照）。

2　損害を受けた年中に保険金等の額が確定していないような場合の取扱いについては、法令・通達に明示がないが、損害額と保険金等とは収益・費用の対応関係にあるので、次のように考えられる。

① 　棚卸資産等の損失額をその年分の必要経費に算入し、事業用固定資産の資産損失に係る取扱いである所基通51-7（保険金等の見込控除・P437参照）の例により、合理的に見積った保険金等の額を総収入金額に算入する方法。

② 　保険金等の額を合理的に見積ることが著しく困難なとき、又は相当な事由があるような場合には、棚卸資産等の損失額を仮払金等として経理し、保険金等の額が確定した年分の事業所得の収入・必要経費として処理することも許されるのではないかと思わ

れる。

【編者注2】業務の休止等に係る補償金等と非課税所得とされる収益補償との関係

　本条1項2号により事業所得等の収入金額とされる補償金等と、所令30条1号カッコ書により非課税所得とされる「給与又は収益の補償」との関係については、所令30条の編者注5（P410）参照。

第3節 個人事業の従業員に係る収入保険金等に関する条項

所得税基本通達

（事業の遂行に付随して生じた収入）
27-5 事業所得を生ずべき事業の遂行に付随して生じた次に掲げるような収入は、事業所得の金額の計算上総収入金額に算入する。（直近改・平13課個2-30）

(1) ［以下省略。編注：次のものが掲げられている。①取引先又は使用人に対する貸金の利息、②仕入商品等の景品、③新聞販売店の折込広告収入、④浴場業・飲食業の広告掲示の収入、⑤医師等が受ける夜間診療等の委嘱料、⑥固定資産税の前納による報奨金］【編者注1、2、3、4】

【編者注1】本項の趣旨

　所法27条1項が「事業所得とは、…事業…から生ずる所得」と定めた趣旨は、事業が総合的な活動であることに着目して、たとえ個々の所得発生の原因となった事実についてみれば事業所得以外の所得とされるものであっても、事業の遂行に付随して生じた所得については、これを事業所得に含める、というものであると解されている（前掲「所得税基本通達逐条解説」・P142参照）。

　ただし、事業用の固定資産の譲渡による所得については、動産・不動産を問わず事業所得とせず、全て譲渡所得とする旨が同27条1項カッコ書によって明示されている。また、事業に関連して生ずる収入であっても、例えば、事業用の固定資産等の損失を補填する保険金等で、それが所法9条1項17号及び所令30条等により本来非課税所得とされているものは、事業所得とはならず、非課税所得となるのは当然である。

　本項は、事業の遂行に付随して生ずる収入の例示であり、当然に

この例示に限られるものではない。

【編者注2】個人事業の使用人に係る生命保険金等の収入

1 事業所得の収入金額となる保険金

① 生命保険金等

　個人事業主を保険契約者及び保険金受取人とし、被保険者をその使用人とする生命保険契約等（生命共済契約を含む）の保険金（死亡保険金・高度障害保険金・満期保険金等、これらを年金で受ける場合の年金を含む）、各種給付金（入院給付金等）は、実務上、事業所得の収入金額とされている（収入の計上時期については、下記編者注3参照）。

　入院給付金等傷害特約に係る給付金の受取人を使用人等（使用人の親族を含む）としている場合には、その給付金は直接その使用人等に支払われ、事業主の収入となることはないし、支払を受ける使用人等については、一般的に非課税所得に該当する（所法9①十七、所令30）。

　なお、このような生命保険契約等に係る解約一時金についても、事業所得の収入金額とされる（前掲「保険税務のすべて」・P1025参照）。

② 損害保険金等

ⅰ　個人事業主を保険契約者及び保険金受取人とし、被保険者をその使用人とする損害保険契約等（次のⅱ及びⅲにおいて事業上の損害保険契約等という）の保険金（死亡保険金・高度障害保険金）、各種給付金（傷害給付金等）は、実務上、事業所得の収入金額とされている。

　なお、傷害給付金の受取人を使用人等（使用人の親族を含む）としている場合には、傷害給付金は直接その使用人等に支払われ、事業主の収入となることはないし、支払を受ける使用人等については、一般的に非課税所得となる（所法9①十七、所令30）。

ⅱ　事業上の損害保険契約等に係る満期返戻金、及び満期返戻金を支払う旨の特約がある損害保険契約（いわゆる積立型の保険）の解約返戻金については、実務上、次のように取り扱われている（前掲「保険税務のすべて」・P1280以降参照）。

　生命保険契約等の場合と異なり、このような損害保険契約等に

係る満期返戻金及び解約返戻金については、いずれも事業所得の収入金額とはされず、それらが所令184条4項に規定する満期返戻金等に該当する場合（多くの場合、該当することになるものと思われる）には、個人事業主の一時所得となるとされている。

ⅲ　いわゆる掛捨型の損害保険で、事業上の損害保険契約について生じた解約返戻金等（保険期間が長期で、保険料が平準化されているような場合に生ずることがある）については、法令・通達等に明示はないが、これらの損害保険契約は事業の遂行に必要な保険契約として支払保険料の全部又は一部が事業所得等の必要経費に算入されている等のことから、上記①の生命保険金に準じて事業所得等の収入金額に該当するものと考えられる。

　　終身の損害保険契約（例えば、終身の介護費用保険等）についても保険契約上、当然のことながら満期返戻金の支払特約はないことから、その解約返戻金については上記と同様に事業所得等の収入金額とされているようである（介護費用保険の保険料の取扱いに関する個別通達〔平元直審4-52他〕の編者注9・P715参照）。

　　なお、事業者以外の個人が契約する掛捨型の損害保険に係る解約返戻金は、雑所得の収入金額になるものと解される（非課税所得には該当しない）。

③　支払を受ける保険金等が事業所得等の収入金額とされる根拠等
　上記①及び②ⅰ・ⅲのように生命保険金及び損害保険金が事業所得の収入金額となることについては、所得税の法令及び通達には明示はないが、これらの保険等は事業の遂行上必要なものとして契約され、その結果として保険金等を取得するのであるから、所法27条の合目的的解釈、あるいは所基通27-5の「事業の遂行に付随して生じた収入」との関係等から、実務においては上記のように取り扱われているものと考えられる。

　なお、このことについては、一般的に次に掲げるように説明されている。

「個人事業者が使用人を被保険者とし、死亡保険金の受取人を事

業主とする定期保険に係る保険料を支払った場合には、事業主の事業所得の計算上必要経費に算入することができるとされています。これは、このような、使用人を保険に加入させるのは使用人の雇用により将来の経費を担保するもので事業活動上必要と認められるからにほかなりません。

したがって、当該定期保険契約により死亡保険金を受取った場合は事業所得の収入として計算する必要があります。」（渡辺前掲書145参照）

④ 保険金と退職金

事業所得の収入金額とされる保険金の全部又は一部を使用人の死亡退職金等の支払に充てるような場合、一般的には、その支払額は事業所得の必要経費になる。しかし、受取保険金と退職金の支払とは次元の異なる事項である（つまり、ひも付きでない）ことに留意すべきである。

所得税の法令においては、法人法36条（過大な使用人給与の損金不算入）に相当する規定がない（所法157条・同族会社等の行為又は計算の否認等の規定は、同族会社等との取引に基因する行為計算の否認規定であり、個人事業者が単独で行う行為には同条の適用はない）。

しかし、その支給した退職金等の額が必要経費に算入されるためには、所法37条（必要経費）所定の範囲に限られるのは当然であるから、死亡保険金等を原資にして退職金等の支給をするような場合においても、その計算根拠等を明確にすべきであろう。

⑤ 事業の遂行上必要な保険契約

事業所得の収入金額とされる保険金等は、「事業の遂行上必要なものとして」契約した保険金（定期保険に限らず、養老保険金等も含まれる）に係るものに限られると解される（事業の遂行に必要な保険契約の考え方については、9章2節の編者解説(2)・P722参照）。

したがって、例えば、事業の遂行上必要でないと認められる養老保険契約の保険金は、仮に、その保険契約に係る保険料を事業に係る資産と経理している場合（誤って、その一部を各年の必要経費に算入し

ているような場合を含む）であっても、その保険金は事業所得の収入金額とならず、一般的には、事業者の一時所得等になるものと考えられる。

⑥ 青色事業専従者に係る保険金

青色事業専従者を被保険者とする生命保険契約等が事業上の保険とされるのは、定期保険で、かつ、死亡保険金等の受取人を事業主以外の青色事業専従者の遺族とするものに限られていることから（9章3節・P731参照）、青色事業専従者に係る生命保険金等が事業所得の収入金額とされることはない。

2 所令183条及び184条と上記1との関係

所令183条1項は「生命保険契約等に基づく年金…の支払を受ける…当該年金に係る雑所得の金額の計算については、次に定めるところによる」、同2項は「生命保険契約等に基づく一時金…の支払を受ける…当該一時金に係る一時所得の金額の計算については、次に定めるところによる」として、それぞれ計算の方法等を定めている（損害保険契約については同令184条に同様の規定がある）。

これらの規定の趣旨は、生命保険契約又は損害保険契約に係る年金又は一時金が、常に、雑所得又は一時所得に該当する旨を定めるものではなく、年金が雑所得に当たる場合、又は一時金が一時所得に当たる場合におけるそれぞれの所得金額の計算方法等を定めたものに過ぎない。

所得税の法令においては、生命保険契約又は損害保険契約の年金又は一時金につき、これを雑所得又は一時所得の収入金額とする一般的な規定は置かれていない。

このため、所基通34-1（一時所得の例示）(4)に「令第183条第2項…に規定する生命保険契約等に基づく一時金（業務に関して受けるものを除く。）及び令第184条第4項…に規定する損害保険契約等に基づく満期返戻金等」、同35-1（雑所得の例示）(9)に「令第183条第1項…、令第184条第1項…、令第185条…及び令第186条…の規定の適用を受ける年金」は、それぞれ一時所得又は雑所得に該当するという行

政解釈を明示している。

　例えば、個人事業者が事業用建物・事業用固定資産に満期返戻金のある損害保険を付保し、満期の到来によって満期返戻金等の支払を受けたような場合には、その返戻金は所令184条4項に該当することは文理上疑問の余地なく明らかであるから、事業用資産に係る保険契約の返戻金であっても事業所得の収入金額とはならず、一時所得の収入金額となる（火災その他の保険事故の発生により保険金を取得するときは、所法9条、所令30条により、非課税所得に該当することも文理上明らかである）。

　以上のことから、上記1による事業所得の収入金額とされる保険金等と、所令183条及び184条とは相互に矛盾しないものと考えられているようである。

【編者注3】事業所得の収入金額とされる保険金等の経理

　事業所得の収入金額とされる死亡保険金、高度障害保険金、満期保険金等の経理は、次のようになる。

① 定期保険等の保険金

　定期保険又は損害保険で、その支払保険料の全部が各年の必要経費に算入されているものは、支払を受ける保険金等（前払保険料、配当金等を含む。以下同じ）の額を、その支払通知を受けた日の属する年分の収入金額に計上する（所法36条の編者注・P475参照）。

② 養老保険等の保険金

　支払を受ける保険金等を事業所得の収入金額に計上するほか、その保険に係る保険積立金等の金額の全部を必要経費に算入する。

　その計上時期は、死亡保険金、高度障害保険金等については、上記①と同様であり、それが満期保険金、満期返戻金等である場合は、保険契約の満期到来の日の属する年分の収入金額に計上する（所法36条の編者注・P475）。

③ 年金の方法で支払を受ける保険金

　事業所得の収入金額となるべき保険金等を年金の方法で受け取る場合には、その年金の受取期日に受け取るべき年金の額を事業所得

の収入金額に計上する。

　この場合、その保険契約が養老保険等で、支払保険料のうち保険積立金等として資産に計上している金額がある場合には、次の算式で計算される金額をその年分の事業所得の必要経費に算入する。

〈算式〉保険積立金（配当金等の積立金を含む）×（その年の受取金額÷年金総額）

(注1) 保険会社等から交付される年金の支払調書等に記されている「年金の支払額に対応する掛金額」は、通常の雑所得の金額の計算上必要経費となるべき金額であるから、その年金（保険金）が事業所得の収入となる場合には、この金額を必要経費に算入することはできない。

(注2) 定期保険等で保険積立金として経理している金額がない場合には、既に各年分の事業所得の計算上保険料の全部を必要経費に算入しているのであるから、年金に対応する必要経費を計上することはない。

【編者注4】保険金受取人を個人事業主とする生命保険等の契約者配当金

　事業の遂行上必要な生命保険契約等に係る契約者配当金等の課税関係については、所得税の法令・通達等に明示はないが、法基通9-3-8（P1160参照）に準じて取り扱われており、その概要は次のようである。

① 契約者配当の種類
i 　現金配当：現金で契約者に支払う
ii 　相殺配当：支払保険料と配当金を相殺する
iii 　据置配当（積立配当）：配当金を保険会社に留保（積立）して保険会社が運用する（配当金に運用利子が付される）
iv 　買増保険：配当金でいわゆる増加保険金を買増し、その保険料に充当する

② 定期保険に係る契約者配当金

　定期保険に係る契約者配当金は、その支払通知のあった日の属する年分の事業所得の収入金額に計上する。据置配当は保険積立金等

として経理し、相殺配当については原則として、〔保険料／雑収入〕として両建て経理するが、この経理を省略しても事業所得の金額には影響がない。

　買増保険に係るものは原則として、〔保険料／雑収入〕として両建て経理する。この場合において、その保険料中に前払保険料に相当する金額があるときは〔前払費用／雑収入〕として経理する。

③　養老保険に係る配当金
ⅰ　養老保険（定期付養老保険を除く）に係る現金配当金は、資産計上している保険積立金から控除する経理が認められる。仕訳を示せば〔現金／保険積立金〕となる。

　　その根拠は、養老保険については支払保険料の全額が資産計上されており、その内には貯蓄性のない危険保険料部分も含まれていることから、配当金を危険保険料に対応するものとみなして積立金から控除することを認めるというものである。

ⅱ　養老保険に係る相殺配当及び据置配当については、格別の経理（仕訳）を要しない。ただし、積立配当等に利息が付された場合には、その利息相当額につき、〔保険積立金／雑収入〕の仕訳を要する。

④　定期付養老保険に係る配当金
　定期付養老保険に係る配当金は、上記②と同様の経理となる。それは、定期保険部分の保険料が、各年分の事業所得金額の計算上必要経費に算入されていることによる。なお、仮に、定期付養老保険に係る保険料の全額を資産計上しているようなときは、その配当金については上記③と同様の経理になるものと考えられる。

第4章

一時所得、雑所得の収入金額となる
生命保険金・損害保険金等に関連する
法令・通達等

第1節 一時所得、雑所得の収入金額となる生命保険金・損害保険金等に関連する法令・通達等の索引

　支払を受ける生命保険金・損害保険金等について、一時所得又は雑所得の収入金額となるものに関連する法令・通達、情報、質疑応答事例、事前照会に対する文書回答事例、判例、裁決例等で、本章に収録したものは、以下のとおり。

法令等の索引

□所得税法
　　第34条　一時所得　*494*
　　第35条　雑所得　*558*
□所得税法施行令
　　第76条　　　　　退職金共済制度等に基づく一時金で退職手当等とみなさないもの　*524*
　　第82条の3　　　確定給付企業年金の額から控除する金額
　　　　第2項　　　［支払開始の日において支給総額が確定していない年金の支給総額の見込額の計算方法］　*573*
　　第183条　　　　生命保険契約等に基づく年金に係る雑所得の金額の計算上控除する保険料等
　　　　第1項　　　［生命保険契約等に基づく年金に係る雑所得の金額の計算方法］　*561*
　　　　第2項　　　［生命保険契約等に基づく一時金に係る一時所得の金額の計算方法］　*505*
　　　　第3項　　　［生命保険契約等の意義］　*508*
　　　　第4項　　　［保険料又は掛金の総額の計算］　*509*
　　第184条　　　　損害保険契約等に基づく年金に係る雑所得の金額の計

算上控除する保険料等

　　第1項　[損害保険契約等に基づく年金に係る雑所得の金額の計算方法] *549*、*576*

　　第2項　[損害保険契約等に基づく満期返戻金等に係る一時所得の金額の計算方法] *549*

　　第3項　[保険料又は掛金の総額の計算] *550*

　　第4項　[満期返戻金等の意義] *551*

第185条　相続等に係る生命保険契約等に基づく年金に係る雑所得の金額の計算　*580*

第186条　相続等に係る損害保険契約等に基づく年金に係る雑所得の金額の計算　*649*

別表　余命年数表　*575*

「所得税法施行令の一部を改正する政令」附則（平22政令214）　*605*

□所得税法施行規則

　第38条の3　損害保険契約等に基づく年金に係る支払総額の見込額の計算　*578*

□所得税基本通達

9-18	年金の総額に代えて支払われる一時金　*567*
34-1	一時所得の例示　*495*、*548*
34-4	生命保険契約等に基づく一時金又は損害保険契約等に基づく満期返戻金等に係る所得金額の計算上控除する保険料等　*519*
35-1	雑所得の例示　*558*
35-3	年金に代えて支払われる一時金　*568*、*605*
35-4	生命保険契約等又は損害保険契約等に基づく年金に係る所得金額の計算上控除する保険料等　*570*
35-4の2	年金の種類の判定　*607*
35-4の3	保証期間における当初年金受取人の契約年額と当初年金受取人以外の者の契約年額が異なる場合　*609*
36-13	一時所得の総収入金額の収入すべき時期　*520*

36・37共-18の6　満期返戻金等の支払を受けた場合の一時所得の金額の計算　*557*

「『所得税基本通達の制定について』の一部改正等について」附則（平22課個2-25）　*610*

□所得税関係個別通達
- 年金支払開始の日以後に生じた剰余金をもって一時払の年金保険を買増しすることができることとされている個人年金保険の所得税法上の取扱いについて（昭60直審3-222）　*570*
- 相続等に係る生命保険契約等に基づく年金に係る雑所得の金額の計算書（様式）の制定について（平22課個2-27）　*643*

□個人課税課情報
- 相続等に係る生命保険契約等に基づく年金に係る雑所得の計算について（平22.10.29　個人課税課情報3号）　*610*

□事前照会に対する文書回答事例
- 積立利率変動型個人年金保険（米ドル建）の保険料及び保険金の邦貨換算について　（平17.12.5　東京国税局審理課長）　*522*

□質問例
- 生命保険契約に係る保険料の支払利息について　*502*

□裁決例
- 退職金として現物支給された生命保険契約に関する権利につき、その後その保険契約を解約したことによる解約返戻金に係る一時所得の金額の計算上控除すべき金額につき判断した事例（平13.12.12）　*497*
- 契約者及び死亡保険金受取人を使用者（法人）、被保険者及び満期保険金受取人を役員とする養老保険契約に係る満期保険金につき、受取人である役員の一時所得の計算に際し、使用者が負担した保険料のうち使用者が保険料として損金に算入していた部分の金額は、一時所得の収入から控除することはできないとされた事例（平18.6.30）　*528*

□判　例
- 生命保険契約に基づき、保険金受取人が支払を受ける年金につき、「みなす相続財産である保険金」として相続税が課税されるときは、年金受

取人がその後に受け取る年金については、所得税を課すことはできないとされた事例
最高裁　　平22.7.6判決　*637*

- 満期生命保険金に係る一時所得金額の計算上、収入保険金から控除すべき保険料には、保険金受取人が負担した保険料の他、契約者である法人が損金として経理した保険料も含まれるとした事例
福岡地裁　　平21.1.27判決　*529*

> **第2節** 一時所得の収入金額となる生命保険金等に関連する一般的条項

所　得　税　法

（一時所得）
第34条　一時所得とは、利子所得、配当所得、不動産所得、事業所得、給与所得、退職所得、山林所得及び譲渡所得以外の所得のうち、営利を目的とする継続的行為から生じた所得以外の一時の所得で〔、〕労務その他の役務又は資産の譲渡の対価としての性質を有しないものをいう。（直近改・昭50法13）

2　一時所得の金額は、その年中の一時所得に係る総収入金額から〔、〕その収入を得るために支出した金額（その収入を生じた行為をするため、又はその収入を生じた原因の発生に伴い直接要した金額に限る。【編者注1】）の合計額を控除し、その残額から一時所得の特別控除額を控除した金額とする【編者注2】。

3　前項に規定する一時所得の特別控除額は、50万円（同項に規定する残額が50万円に満たない場合には、当該残額）とする。

【編者注1】生命保険契約に基づく一時金に係る一時所得の計算上控除する金額（いわゆる経費）の範囲
　①　退職に際し、退職金として生命保険契約に関する権利を現物支給され、その後その契約を解約したことによる解約返戻金につき、一時所得金額の計算上控除すべき金額（いわゆる経費に相当する）は、既払いの保険料に限られず、退職所得の収入金額とされた額（退職時における解約返戻金相当額）とするのが相当である、とする裁決例がある（P497参照）。
　②　満期生命保険金等の一時所得の計算上、収入金額から控除する保険料には、保険金受取人が負担した保険料のほか、契約者であ

る法人が損金として経理した保険料も含まれるかにつき、見解が分かれていた。つまり、裁決例では含まれないとし（P528参照）、判例では含まれるとしていた（P529参照）。これにつき、平23政195により所令183条4項3号が追加され、含まれないことが明示された（所令183条の編者注7④・P517参照）。

③　生命保険契約の保険料を借入金によって支払ったような場合には、その支払利息相当額は、その生命保険契約に基づく一時金に係る一時所得の計算上控除する（いわゆる経費とする）ことができる、とされている（「国税速報」・P502参照）。

【編者注2】一時所得の計算方法

本条によれば、一時所得の金額は、一時所得となるべき「総収入金額」から「支出した金額の合計額」を控除して「残額」を計算する。例えば、その年の一時所得の収入となるべき保険金等の一時金が2以上あるような場合には、その各別に収入保険金額から支出した金額となるべき保険料の総額を控除して差益又は差損を算出し、その差益と差損とを合計（通算）して「残額」を計算しても結果は同じであろう。

所得税基本通達

（一時所得の例示）

34-1　次に掲げるようなものに係る所得は、一時所得に該当する。（直近改・平18課個2-18）

(1) ～ (3) ［省略］

(4) **令第183条第2項《生命保険契約等に基づく一時金に係る一時所得の金額の計算［編注：P505参照］》に規定する生命保険契約等に基づく一時金**（業務に関して受けるものを除く。）[、]**及び令第184条第4項《損害保険契約等に基づく満期返戻金等［編注：P551参照］》に規定する損害保険契約等に基づく満期返戻金等**【編者注】

(5) ［以下省略］

【編者注】一時所得となる死亡保険金

① 本項が引用する所令183条2項は、生命保険契約等に基づく一時払の保険金等が一時所得となる場合における、その一時所得の計算方法等を規定するに過ぎず、同条ではいかなる場合にその一時金が一時所得に該当するかの要件を明示していない（次頁の裁決例の編者注・P501参照）。

生命保険契約等に基づく保険金等の課税関係は、その契約の保険料負担者、被保険者及び保険金受取人の組合せにより、みなす相続財産となる場合、みなす贈与財産となる場合、一時所得となる場合とに分かれる。

実務上、その保険金等（一時金）が一時所得となるのは、保険金受取人が自ら保険料を負担している場合（負担したものとされる場合を含む）に限られると解されている（この場合であっても、事業所得の収入とされるものがある）。

また、その保険金等の一時金が一時所得となる「生命保険契約等」の範囲については、所令183条3項（P508参照）に「生命保険契約及び生命共済に係る契約」をはじめとする精緻な規定があり、文理上、同3項に掲げるものに損害保険契約等が含まれる余地はない、と解される。

② 他方、所令184条2項は、損害保険契約等に基づき一時に支払われる満期返戻金・解約返戻金が一時所得となる場合における、その一時所得の計算方法等を定めている。

その満期返戻金・解約返戻金が一時所得となる「満期返戻金等」の範囲については、同条4項（P551参照）に精緻な規定があり、文理上、損害保険契約等に基づき一時に支払を受ける「死亡保険金」が同4項の「満期返戻金等」に含まれると解する余地はない。

③ そうすると、損害保険契約等に基づく「死亡保険金」が非課税となる場合（相基通3-10の編者注1-2・P174、所令30条の編者注4・P410参照）を除き、損害保険契約等の契約者（保険料を負担している者とする）と死亡保険金受取人とが同一の場合には、その死亡保険金は何所

得に該当するかという問題がある（保険料を死亡保険金受取人以外の者が負担している場合には、相法5条1項により贈与税の課税関係となる）。

実務上、この場合の損害保険契約等に基づく死亡保険金は、一時所得とされており、その根拠は所令183条2項に拠っているようである（例えば、渡辺前掲書・P285参照）。

■参考：裁決例「退職金として現物支給された生命保険契約に関する権利につき、その後その保険契約を解約したことによる解約返戻金に係る一時所得の金額の計算上控除すべき金額につき判断した事例」（平13.12.12裁決　国裁例集平成13年度第2 No 62-13、前掲「国税不服審判所裁決例集」2-2・P3663-17参照）

［編注：事案の概要］
1　本件の争点は、生命保険契約の解約一時金に係る一時所得の金額の計算上、過去に、その保険契約に関する権利を退職金として現物支給された際、退職所得として課税された生命保険に係る権利の価額相当額（退職時の解約返戻金相当額）を、「収入を得るために支出した金額」として収入金額から控除できるか、というものである。
2　事実関係
　①　審査請求人（納税者）は、平9.5.11役員を退任し、同年6.25次の生命保険に関する権利を退職金の一部として現物支給（保険契約者及び保険金受取人の名義変更）されている。
　　終身保険、従前の契約者及び保険金受取人・勤務先であるH社、被保険者・請求人、払込保険料・一時払い3,000万円、死亡保険金9,198万円、退職所得の収入金額とされた保険契約の価額（退職時の解約返戻金相当額）37,758,702円、受給後契約者及び保険金受取人を請求人に変更
　②　請求人は、平11.1.6本件生命保険契約を解約し、解約返戻金39,744,665円（配当金を含む、以下本件解約返戻金）を受領した。
　③　請求人は、当初確定申告では一時所得の計算上、退職所得の収入金額とされた37,758,702円を支出した金額として控除、その後、支出した金額

（一時所得の経費に相当する）を支払保険料に相当する3,000万円とする修正申告を行い（裁決書からは修正申告に至る経緯は詳らかでないが、調査等による修正申告の慫慂に従ったものと思われる）、次いで当初申告と同一の方法で一時所得金額を計算するのが相当であるとして更正の請求をしたが、課税庁から更正すべき理由がない旨の処分を受けた。

［編注：原処分庁（課税庁）の主張要旨］
① 保険契約の契約者及び保険金受取人の変更は、新たな生命保険契約の締結に当たらず、請求人は、本件生命保険契約上の権利義務をＨ社から承継したに過ぎない。
② 所得税法第34条第2項は、一時所得の金額の計算上、総収入金額からその収入を得るために支出した金額の合計額を控除する旨、同法施行令第183条第2項第2号は、生命保険契約等に係る保険料総額は、一時所得の金額の計算上支出した金額に算入する旨規定している。
③ このように、請求人が本件生命保険契約上の権利義務を承継したに過ぎない以上、本件解約返戻金を得るために支出した金額は、Ｈ社が支払った本件保険料の金額のみであるから、本件金員（退職所得の収入金額とされた本件保険の評価額と、支払保険料との差額である7,758,702円）は当該支出した金額には含まれない。
④ 本件生命保険に関する権利を退職金の一部として受領したことは認められる。しかし、退職所得の金額の計算は、同法第30条第2項の規定を適用して行われるものであり、支給された現金及び本件生命保険契約に関する権利の経済的利益の累計額（ここにいう累計額の意義は必ずしも明確でないが、過去に生じていたと目される経済的利益の合計額という程の意か）を収入金額としたものである。

　すなわち、退職所得の金額の計算に当たって、その経済的利益の累計額を評価する方法として本件退職時解約返戻金相当額を使用しただけであり、退職時における本件生命保険契約の解約返戻金そのものを退職所得の金額の計算上収入金額としたものでないことから、退職所得と一時所得の二重課税になるとの請求人の主張に理由がない。

《**判断**（要旨）》

※編者注：1、2等の付番は編者が適宜付したものであり、［　］は編注である。

本件審査請求の争点は、本件解約返戻金に係る一時所得の金額の計算上、本件保険料のほか本件金員［上記原処分庁の主張要旨③］が、収入を得るために要した金額に含まれるか否かにあるので、以下審理する。

1　所得税法第34条第2項と同法施行令第183条第2項との関係については、同項［所令183条2項］は、生命保険契約等に基づく一時金に係る一時所得の金額の計算方法を完結的・網羅的に規定したものではなく、同項第2号［所令183条2項2号］は、生命保険契約等に基づく一時金に係る一時所得の金額の計算上、保険料の総額［所令183条2項2号に規定する保険料の総額］のみしか控除できない旨を規定した特例規定［所法34条2項の特例］ではないものと解され、当該一時金係る一時所得の金額の計算に当たっては、保険料総額以外に所得税法第34条第2項に規定する収入を得るために支出した金額がある場合には、その支出した金額を一時所得に係る総収入金額から控除できるものと解される。

2　本件保険料が本件解約返戻金に係る一時所得の金額の計算上、所得税法施行令第183条第2項第2号に規定する保険料総額に含まれるかどうかについて検討する。

①　一般に、使用者が契約者として保険料を払い込んだ生命保険契約等について、その生命保険契約等の契約者又は保険金受取人の名義を使用人等に変更することは、使用者が使用人に対し、その保険契約上の契約者又は保険金受取人たる地位、すなわちその権利を付与することにほかならず、この権利は使用者が保険会社に対し保険料を支払ったことによって成立しているものであるから、権利の付与は、保険料の額を使用者から使用人等が引き継いだとみることができる。

②　そうすると、使用人等が使用者から保険契約上の権利を取得した場合には、生命保険契約等に基づく一時金の支払を受ける者以外の者が支払った保険料であっても、所得税法施行令第183条第2項第2号に規定する保険料総額に含まれるものと解される。

所得税基本通達34-4《生命保険契約等に基づく一時金又は損害保険契約等

に基づく満期返戻金等に係る所得金額の計算上控除する保険料等》の定めは、この趣旨を明らかにしたものと認められる。

3 一方、本件金員は、所得税法施行令183条第2項第2号に規定する保険料総額とは認められないから、同号に規定する支出した金額には含まれないことになる。

そこで次に、本件金員が、所得税法第34条第2項の規定により一時所得の金額の計算上収入を得るために支出した金額に含まれるか否かについて検討する。

① 所得税法第34条第2項が「収入を得るために支出した金額」について、「その収入を生じた行為をするため、又はその収入を生じた原因の発生に伴い直接要した金額」としているのは、一時所得に係る収入に関連して、あるいは収入があったことに基づいて支出されるようなものは収入を得るために支出した金額とするものであると解されるところ、このことは、収入から支出を差し引いた純所得に課税するという所得税の本旨からすれば、条理上当然であると考えられる。

② ところで、上記(イ)[上記2]のとおり使用者が使用人等に使用者契約の生命保険の契約上の権利を付与した場合は、使用人等は保険料の額を使用者から引き継いだことになるのであるが、本件の場合、使用人等は、その権利を取得したとこにより、上記1の(3)の基礎事実のイ及びハ[前記事案の概要の2①]のとおり、本件退職時解約返戻金相当額から本件保険料を差し引いた本件金員相当額の経済的利益額が発生している。

③ この場合において、使用人等が使用者から引き継いだ生命保険契約上の権利の額は、保険料の総額ではなく、その支給時において生命保険契約等を解除したとした場合に支払われることとなる解約返戻金で評価することになると解され、そのことは、当該解約返戻金の額で権利を取得したものとみることができる。

④ すなわち、保険の場合、上記1の(3)の基礎事実のロ[前記事案の概要の2①]のとおり退職金の一部として保険契約者及び保険金受取人の名義が変更されたことにより、請求人は、本件生命保険契約に係る保険契約上の権利を取得し、上記1の3の基礎事実のハ及びニ[前記事案の概要

の2①］のとおり本件金員を含む本件退職時解約返戻金相当額をもって退職所得としての課税を受け、その後、上記1の(3)の基礎事実ホ［前記事案の概要の2②］のとおり本件生命保険契約を解約して本件解約返戻金を受けていることが認められる。

⑤　そうすると、一時所得の金額の計算上控除する金額については、一般には保険料額とするのが相当であるとしても、本件においては、本件退職時解約返戻金相当額が保険料総額を上回っており、本件金員を含めて退職所得課税の対象となっていることから【編者注】、本件金員は、所得税法第34条第2項に規定する一時所得の金額の計算上収入を得るために支出した金額に含まれると解するのが相当である。

4　以上のとおり、本件解約返戻金に対する一時所得の金額の計算に当たり、本件解約返戻金から本件保険料及び本件金員を控除するのが相当であるから、請求人の主張する一時所得と譲渡所得の計算の整合性［請求人は、譲渡所得計算における取得費についての借入金利息の「ひも付」の例による経費性を主張している］［、］及び所得税法上の二重課税［請求人は、退職所得と一時所得との二重課税についても主張している］に関する主張については、判断するまでもない。

　したがって、更正をすべき理由がない旨の通知処分はその全部を取り消すべきである。

【編者注】本裁決の意義

1　生命保険契約等の一時金が常に一時所得に該当するのではなく、その契約の保険料負担者、被保険者及び保険金受取人の組合せにより、みなす相続財産となる場合、みなす贈与財産となる場合、一時所得となる場合とに分かれる。

　その一時金が一時所得に該当するのは、保険金受取人が自らその契約の保険料を負担している場合（負担したものとされる場合を含む）に限られ、通常、一時所得となるときであっても、それが非課税所得に該当する場合には、非課税規定が優先されて、その一時金は非課税となる。

また、外形上は一時所得に該当するとみられるような場合であっても、その保険契約の目的が、個人事業主がその使用人等を被保険者とするなど、事業の遂行に必要なものであると認められるような場合には、その一時金は事業所得の収入金額となると解されている。

2　所令183条2項の規定は、これらのことを前提として、生命保険契約等の一時金が一時所得に該当する場合における、一時所得の計算方法等を定めたものに過ぎない。

　本裁決の意義は、所令183条2項と所法34条2項との関係を明確にしたところにある。つまり、所令183条2項は所法34条2項の特例規定として位置するものではなく、同183条2項によることが相当でないような場合には、同183条2項を基礎としながら所法34条2項の規定によって所得金額を計算すべきものとする。

　本裁決の全趣旨を総合すれば、生命保険契約等の契約上の権利を有償取得しているような場合（本件退職金としてその権利を現物支給されたような場合も有償取得の一形態である）で、その取得の対価の額が、所令183条2項所定の保険料総額を上回るときには、その上回る部分の金額に相当する額を所法34条2項に規定する「支出した金額」に当たるものとして、一時所得の計算上控除すべき金額に該当する、というものである。

　本裁決例からすれば、仮に、有償取得の対価の額が、その保険契約に係る権利取得時までに払い込まれた保険料総額に満たないような場合には、本裁決の指摘のように、通常、その契約上の権利・義務を承継しているのであるから、所令183条2項の規定により、その保険契約に係る保険料総額が一時所得の計算上控除すべき金額になるものと解される。

■参考：質問例「生命保険契約に係る保険料の支払利息について」（平11.2.8「国税速報」参照）

第3編　第4章　一時所得、雑所得の収入金額となる生命保険金・損害保険金等に関連する法令・通達等

《質　問》
　私は、平成10年10月１日に次の内容の生命保険契約に基づく満期保険金を受け取りました。この場合、確定申告では、どのような内容の申告をすればよいのでしょうか。
　①保険の種類：特別養老保険
　②保険契約者・被保険者・保険金受取人：いずれも私
　③保険期間：30年
　④保険料：600万円（A生命保険会社の振替貸付による支払500万円を含む）
　⑤振替貸付による支払利息：1,000万円
　⑥満期保険金：3,000万円、受け取った金額：3,000万円－500万円－1,000万円＝1,500万円

《回　答》
1　お尋ねの生命保険契約に基づく満期返戻金のような一時金（［省略］）は、所得税では、一時所得の収入金額として取り扱われます。
　一時所得の金額は、その年中の一時所得に係る総収入金額からその収入を得るために支出した金額（その収入を生じた行為をするため、又はその収入を生じた原因の発生に伴い直接要した金額に限ります。）の合計額を控除し、更にその残額から一時所得の特別控除額（50万円（［省略］））を控除した金額とすることとされています（所法34②、③）。
　（注）［省略］
2　また、生命保険等の満期返戻金に係る一時所得の金額の計算は、その満期返戻金による収入金額からこれまで支払った保険料や掛金の額（［省略］）を控除し（所令183②、④）、その残額から上記の特別控除額を控除して算出することとされています。
　ただし、これまでに支払った保険料又は掛金の額以外に、上記１の「収入を得るために支出した金額」がある場合には、その金額はその満期返戻金による収入金額から控除することができると解するのが相当と考えられます［編注：この考え方は、上記参考に掲げる裁決例の判断と軌を一にするものと思われる。］。

3 この場合の「収入を得るために支出した金額」には、収入を得るために支出した金額のほか、それに直接関連して支出したと認められる金額も含まれるものと解されますので、お尋ねの生命保険会社の振替貸付による保険料は、「収入を得るために支出した金額」に該当するものであり、その振替貸付に係る支払利息は、生命保険会社の振替貸付による保険料に関連して生じたものですから、「収入を得るために支出した金額」に該当するものと認められます。

したがって、振替貸付に係る支払利息の金額はその満期返戻金による収入金額から控除することができるものと考えられます。

なお、生命保険会社の振替貸付に係る支払利息のほか、生命保険会社等又は金融機関からの借入金をもって、明らかに生命保険契約等に基づく一時金に係る保険料等の支払に充てられていると認められるものに係る支払利息についても同様と考えられます。

4 お尋ねの場合の一時所得の計算は、次のとおりとなります。

◇一時所得の金額

＝3,000万円（満期返戻金の金額）－600万円（支払保険料）－1,000万円（支払利息）－50万円（特別控除額）＝1,350万円

◇総所得に算入される金額

＝1,350万円×1／2＝675万円

第3節 生命保険契約の保険金等（一時金）に係る一時所得の計算に関する基本条項

所得税法施行令

（生命保険契約等に基づく年金に係る雑所得の金額の計算上控除する保険料等）

第183条　[第1項省略。編注：生命保険契約等に基づく年金に係る雑所得の金額の計算方法・P561参照]

[編注：生命保険契約等に基づく一時金に係る一時所得の金額の計算方法]

2　生命保険契約等［本条3項参照。編注］に基づく一時金（法第31条各号（退職手当等とみなす一時金）に掲げるものを除く【編者注4】。以下この項において同じ。）の支払を受ける居住者の[、]その支払を受ける年分【編者注1】の当該一時金に係る一時所得の金額の計算については、次に定めるところによる。（直近改・平17政98）

[編注：収入金額の計算]

一　当該一時金【編者注2】の支払の基礎となる生命保険契約等に基づき分配を受ける剰余金[、]又は割戻しを受ける割戻金の額【編者注3】で、当該一時金とともに又は当該一時金の支払を受けた後に支払を受けるものは、その年分の一時所得に係る総収入金額に算入する。

[編注：収入金額から控除する保険料等の計算]

二　当該生命保険契約等に係る保険料又は掛金（厚生年金保険法第165条の2第2項（連合会からの確定給付企業年金への年金給付等積立金の移換）の規定により企業年金連合会から移換された同法［厚生年金保険法。編注］第165条第5項（連合会から基金への権利義務の移転及び年金給付等積立金の移換）に規定する年金給付等積立金（以下この号及び第4項において「移換年金給付等積立金」という。）、確定給付企業年金法第110条の2

第3項（厚生年金基金の設立事業所に係る給付の支給に関する権利義務の確定給付企業年金への移転）の規定により厚生年金基金から権利義務が承継された同条［確定給付企業年金法110条の2。編注］第4項に規定する移換する積立金（以下この号及び第4項において「移換積立金」という。）、同法［確定給付企業年金法。編注］第111条第2項（厚生年金基金から規約型企業年金への移行）又は第112条第4項（厚生年金基金から基金への移行）の規定により厚生年金基金から権利義務が承継された厚生年金法第130条の2第2項（年金たる給付及び一時金たる給付に要する費用に関する契約）に規定する年金給付等積立金（以下この号及び第4項において「承継年金給付等積立金」という。）、確定給付企業年金法第115条の3第2項（厚生年金基金から確定給付企業年金への脱退一時金相当額の移換）の規定により厚生年金基金から移換された同条［確定給付企業年金法115条の3。編注］第1項に規定する脱退一時金相当額(以下この号及び第4項において「移換脱退一時金相当額」という。)［、］及び確定拠出年金法第54条第1項（他の制度の資産の移換）、［編注：確定拠出年金法］第54条の2第1項（脱退一時金相当額等の移換）又は［編注：確定拠出年金法］第74条の2第1項（脱退一時金相当額等の移換）の規定により移換された同法［確定拠出年金法。編注］第2条第12項（定義）に規定する個人別管理資産に充てる資産を含む。第4項において同じ。）**の総額**［本条4項参照。編注］**は、その年分の一時所得の金額の計算上、支出した金額**［いわゆる経費。編注］**に算入する。**［編注：本号のカッコ書の意は、保険料又は掛金には、本号に規定する「移換年金給付等積立金」、「移換積立金」、「承継年金給付等積立金」、「移換脱退一時金相当額」、「個人別管理資産に充てる資産」を含むとするものである。］

　　ただし、次に掲げる掛金［本号イ、ハ。編注］**、金額**［本号ロ。編注］**又は個人型年金加入者掛金**［本号ニ。編注］**の総額については、当該支出した金額**［いわゆる経費。編注］**に算入しない。**

　　イ　**厚生年金保険法第9章**（厚生年金基金及び企業年金連合会）**の規定に基づく一時金**（法第31条第2号［退職手当等とみなす一時金。編注］に掲げるものを除く。）**に係る同号**［所法31条2号。編注］**に規定す**

る加入員の負担した掛金

ロ　確定給付企業年金法第３条第１項（確定給付企業年金の実施）に規定する確定給付企業年金に係る規約に基づいて支給を受ける一時金（法第31条第３号［退職手当等とみなす一時金。編注］に掲げるものを除く。）に係る同号［所法31条３号。編注］に規定する加入者の負担した金額（厚生年金保険法第165条の２第２項の規定により企業年金連合会から移換された移換年金給付等積立金、確定給付企業年金法第110条の２第３項の規定により厚生年金基金から権利義務が承継された移換積立金、同法［確定給付企業年金法。編注］第111条第２項若しくは第112条第４項の規定により厚生年金基金から権利義務が承継された承継年金給付金等積立金［、］又は同法［確定給付企業年金法。編注］第115条の３第２項の規定により厚生年金基金から移換された移換脱退一時金相当額［「移換年金給付等積立金」、「移換積立金」、「承継年金給付金等積立金」、「移換脱退一時金相当額」。編注］のうち、当該加入者が負担した部分に相当する金額に限る。）

ハ　小規模企業共済法第12条第１項（解約手当金）に規定する解約手当金（［編注：所令］第72条第２項第３号ロ及びハ（退職手当等とみなす一時金）に掲げるものを除く。）に係る同号イ［所令72条２項３号イ。編注］に規定する小規模企業共済契約［所法75条２項１号に規定する小規模企業共済法２条２項に定める共済契約、具体的には、小規模企業共済掛金控除の対象となる共済契約。編注］に基づく掛金

ニ　確定拠出年金法附則第２条の２第２項及び第３条第２項（脱退一時金）に規定する脱退一時金に係る同法第55条第２項第４号（規約の承認）に規定する個人型年金加入者掛金

［編注：一時金と年金とが並存する場合の一時金から控除する保険料等の計算］

三　当該生命保険契約等が一時金【編者注２】のほか年金を支払う内容のものである場合には、前号に規定する保険料又は掛金の総額は、当該生命保険契約等に係る保険料又は掛金の総額から、当該保険料又は掛金の総額に［、］前項第３号に規定する割合［所

令183条1項3号に規定する一時金と年金との合計額に対する年金収入の割合、P562参照。編注］を乗じて計算した金額［年金に対応する部分の保険料等。編注］を控除した金額に相当する金額とする。

［生命保険契約等の意義。編注］
3　前2項に規定する生命保険契約等とは、次に掲げる契約又は規約をいう。(平22年政50改正。［編注：この改正は、平22.4.1から施行される。］)

　一　生命保険契約（保険業法第2条第3項（定義）に規定する生命保険会社又は同条第8項に規定する外国生命保険会社等【編者注5】の締結した契約をいう。第3号ロ及び次条第1項において同じ）、旧簡易生命保険契約（第30条第1号（非課税とされる保険金、損害賠償金等［編注：P407参照］）に規定する旧簡易生命保険契約をいう。）及び生命共済に係る契約

　二　第73条第1項第1号（特定退職金共済団体の要件）に規定する退職金共済契約

　　［編注：被共済者の退職により支払われる一時金は、所令72条2項1号により退職所得となる。本号により一時所得とされるものは、所令76条1項各号（P524参照）に掲げる一時金、及び特定退職金共済団体から給付される解約手当金のようなものである。］

　三　退職年金に関する次に掲げる契約
　　イ　信託契約
　　ロ　生命保険契約［本項1号参照。編注］
　　ハ　生命共済に係る契約

　　［編注：適格退職年金契約で退職に基因して支払われる一時金は、所令72条2項4号により退職所得となる。本号により一時所得とされるものは、所令76条2項1号及び2号（P526参照）に掲げるようなものである。【編者注6】］

　四　確定給付企業年金法第3条第1項に規定する確定給付企業年金に係る規約

　　［編注：加入者の退職により支払われる一時金は、所法31条3号により退職所得となる。］

五 法第75条第2項第1号（小規模企業共済等掛金控除）に規定する契約

　［編注：小規模企業共済法9条1項（P1358参照）に規定する共済金（同項3号に掲げる年齢65歳以上の契約者が支給を受ける共済金を含む）、年齢65歳以上の共済契約者が同法7条3項（P1357参照）により契約を任意解除したことにより同法12条1項（P1360参照）によって支給される解約手当金、同法7条4項（P1357参照）により共済契約（旧第1種共済契約）が解除されたものとみなされることによって同法12条1項（P1360参照）によって支給される解約手当金は、所令72条2項3号により退職所得となる。

　本号により一時所得とされるものは、共済契約（旧第1種共済契約）が掛金の滞納、不正受給により解除され、又は上記の任意解除以外の解除により支給される解約手当金、及び旧第2種共済契約に基づく全ての給付金である。］

六 確定拠出年金法第4条第3項（承認の基準等）に規定する企業型年金規約［、］及び同法第56条第3項（承認の基準等）に規定する個人型年金規約

　［編注：企業型年金規約又は個人型年金規約に基づいて、同法28条1号又は73条に規定する老齢給付金として支給される一時金は、所令72条2項5号により退職所得となる。

　本号により一時所得とされるものは、次のようなものである。

(1) 確定拠出年金法第4条第3項に規定する企業型年金規約により支給される脱退一時金（平成17年10月1日以後に支給されるものに限る。平17改正法附則1条2号）

(2) 確定拠出年金法第55条第2項に規定する個人型年金規約により支給される脱退一時金］

［編注：保険料又は掛金の総額の計算］

4　第1項及び第2項に規定する保険料又は掛金の総額は、当該生命保険契約等に係る保険料又は掛金の総額から［、］次に掲げる金額を控除して計算するものとする【編者注7、8】。

[編注：承認の取消し等があった退職共済契約等に係る保険料等]
一 ［編注：所令］第75条第1項（特定退職金共済団体の承認の取消し）の規定による承認の取消しを受けた法人に対し前項第2号に掲げる退職金共済契約に基づき支出した掛金、確定給付企業年金法第102条第3項若しくは第6項（事業主等に対する監督）の規定による承認の取消しを受けた当該取消しに係るこれらの規定［確定給付企業年金法102条3項及び6項。編注］に規定する規約型企業年金に係る規約に基づき支出した掛金［、］又は同項［確定給付企業年金法102条6項。編注］に規定による解散の命令を受けた同項［確定給付企業年金法102条6項。編注］に規定する基金の同法第11条第1項（基金の規約で定める事項）に規定する規約に基づき支出した掛金［、］及び法人税法施行令附則第18条第1項（適格退職年金契約の承認の取消し）の規定による承認の取消しを受けた第76条第2項第1号（退職金共済制度等に基づく一時金で退職手当等とみなさないもの）に規定する信託会社等に対し当該取消しに係る同号［所令76条2項1号。編注］に規定する契約に基づき支出した掛金又は保険料のうち、これらの取消し又は命令［解散命令。編注］を受ける前に支出したものの額（次号に該当するものを除くものとし、これらの掛金又は保険料の額［取消し等の前に支出した保険料等の額。編注］のうちに、法第31条第3号［退職手当等とみなす一時金。編注］若しくは［編注：所法］第35条第3項第3号［公的年金の意義。編注］に規定する加入者の負担した金額（厚生年金保険法第165条の2第2項の規定により企業年金連合会から移換された移換年金給付等積立金、確定給付企業年金法第110条の2第3項の規定により厚生年金基金から権利義務が承継された移換積立金、同法［確定給付企業年金法。編注］第111条第2項若しくは第112条第4項の規定により厚生年金基金から権利義務が承継された承継年金給付等積立金［、］又は同法［確定給付企業年金法。編注］第115条の3第2項の規定により厚生年金基金から移換された移換脱退一時金相当額のうち、当該加入者が負担した部分に相当する金額を除く。）［、］又は［編注：所令］第72条第2項第4号若しくは［編注：所令］第82条の2第2項第4号（公的年金等とされ

る年金）に規定する勤務をした者の負担した金額がある場合には、これらの金額を控除した金額とする。）

　［編注：承認の取消し等があった退職金共済契約等の保険料等については、その支出が承認の取消し等の前に行われているものは、一時所得の金額の計算上収入金額から控除する保険料等の総額には含まれない。この場合において、その支出した保険料等のうちに、加入者が負担した金額で本号カッコ書の要件を満たすもの、又は勤務した者が負担した金額がある場合には、その金額は収入金額から控除する保険料等の総額に含まれる。］

［編注：一定の事実に該当する退職金共済制度等の給付に係る保険料等］

二　次に掲げる保険料又は掛金（第65条（不適格退職金共済契約等に基づく掛金の取扱い）の規定により給与所得に係る収入金額に含まれるものを除く。）**の額**　［編注：使用者が支出した次に掲げる保険料又は掛金のうち、所令65条により使用人の給与所得の収入金額とされるものは、保険金等に係る一時所得又は雑所得の計算上、支出した金額又は必要経費に含まれる。］

　イ　第76条第１項第２号又は第２項第２号［退職金共済制度等に基づく一時金で退職手当等とみなさないもの。編注］**に掲げる給付に係る保険料又は掛金**

　ロ　厚生年金保険法第９章の規定に基づく一時金（法第31条第２号［退職手当等とみなす一時金。編注］に掲げるものを除く。）**に係る掛金**（当該掛金の額のうちに同号に規定する加入員の負担した金額がある場合には、当該金額［加入員の負担した金額。編注］を控除した金額に相当する部分に限る。）

　ハ　確定給付企業年金法第３条第１項に規定する確定給付企業年金に係る規約に基づいて支給を受ける一時金（法第31条第３号［退職手当等とみなす一時金。編注］に規定する加入者の退職により支払われるものを除く。）**に係る掛金**（当該掛金の額のうちに同号に規定する加入者の負担した金額がある場合には、当該金額を控除した金額に相当する部分に限る。）

ニ　法人税法附則第20条第３項（退職年金等積立金に対する法人税の特例）に規定する適格退職年金契約に基づいて支給を受ける一時金（第72条第２項第４号［退職手当等とみなす一時金。編注］に規定する勤務をした者の退職により支払われるものを除く。）に係る掛金又は保険料（当該掛金又は保険料の額のうちに同号に規定する勤務をした者の負担した金額がある場合には、当該金額を控除した金額に相当する部分に限る。）

　ホ　確定拠出年金法附則第２条の２第２項及び第３条第２項に規定する脱退一時金に係る掛金（当該掛金の額のうちに同法第55条第２項第４号に規定する個人型年金加入者掛金の額がある場合には、当該金額を控除した金額に相当する部分に限る。）

　ヘ　中小企業退職金共済法第16条第１項（解約手当金）に規定する解約手当金［、］又は第74条第５項（特定退職金共済団体の承認）に規定する特定退職金共済団体が行うこれ［解約手当金。編注］に類する給付に係る掛金

［編注：給与以外の損金又は必要経費に算入した保険料等］

三　事業を営む個人又は法人が当該個人のその事業に係る使用人又は当該法人の使用人（役員を含む。次条第３項第１号において同じ。）のために支出した当該生命保険契約等に係る保険料又は掛金で当該個人のその事業に係る不動産所得の金額、事業所得の金額若しくは山林所得の金額又は当該法人の各事業年度の所得の金額の計算上必要経費又は損金の額に算入されるもののうち、これらの使用人の給与所得に係る収入金額に含まれないものの額（前２号に掲げるものを除く。）【編者注７】（平23政195追加）［編注：この新３号は、平23.6.30以後に支払を受ける年金等について適用。同改正附則５条］

［編注：生命保険契約等の剰余金、割戻金］

四　当該年金［雑所得の収入金額となる年金。編注］の支払開始の日［年金の支払事由発生の日。編注］前［、］又は当該一時金［一時所得の収入金額となる一時金。編注］の支払の日［保険事故発生の日、満期日、保険契約等の解約の日等。編注］前に［、］当該生命保険契約等［本条３項

参照。編注]に基づく剰余金の分配若しくは割戻金の割戻しを受け、又は当該生命保険契約等に基づき分配を受ける剰余金若しくは割戻しを受ける割戻金をもって〔、〕当該保険料若しくは掛金の払込みに充てた場合における当該剰余金又は割戻金の額【編者注3】

【編者注1】一時金の収入すべき時、ドル建て生命保険の邦貨換算
① 一時金の収入すべき時期
　生命保険契約に係る一時金（死亡保険金、満期保険金等）がいつの年分の収入金額となるかについては、所基通36-13（P520参照）に取扱いがある。
② ドル建て生命保険の邦貨換算
　ドル建て生命保険の保険料を支払った場合の保険料控除、又はドル建てで保険金の支払を受けた場合の一時所得・雑所得の計算に際しては、邦貨換算を行うことになる。この邦貨換算については、平17.12.5付東京国税局の事前照会に対する文書回答事例がある（P522参照）。

【編者注2】一時金の意義・前納保険料の取扱い
① 所令183条2項の一時金とは、保険契約に基づいて一時に支払われる死亡保険金、満期保険金の他、解約返戻金等も含まれ、いずれも剰余金等所令183条2項1号に規定するものを含む。
　　なお、一時に支払われる保険金であっても、死亡を伴わない高度障害保険金等で非課税所得に該当するもの（所法9条の編者注2・P406、所令30条・P407、同条の編者注3・P409参照）は所令183条2項の一時金に含まれないのは当然である。
② 生命保険契約に基づく年金は、原則として、雑所得となる。ただし、年金に代えて支払われる一時金で、その年金の受給開始前に支払われたものは、一時所得に該当する（所基通35-3・P568参照）。また、年金受給開始後に支払われる一時金であっても、将来受けるべき年金の総額に代えて支払われるものは、一時所得としてもよいとされている（所基通35-3但し書・P568参照）。

③　保険金、解約返戻金等と共に前納保険料の払戻しを受けた場合、その払戻し前納保険料が一時所得の収入金額に含まれるかについては所令183条2項本文及び同項1号の規定上明らかでない（これに関連する通達も明示されていない）。

　ところで、前納保険料とは、一定の保険期間が継続することを前提として、その期間の保険料の全部又は一部を先払いするものである。保険期間の中途で保険契約が消滅（解約、保険事故の発生等）するときは、以後の期間につき保険料の支払義務がなく、前納保険料については前払金債権として返還請求権を有することとなる（つまり、保険契約者と保険会社等との間における前納保険料の法律関係は、保険契約から派生する預託金等としての債権債務関係であり、保険契約の消滅によりその清算として返還、受領を行うに過ぎない。定期保険普通保険約款(例)12条・P1428参照）。

　したがって、その前払金である前納保険料相当額が保険金等の一時金と共に支払われる場合（個人年金保険契約においても、前納保険料相当額は年金の支払とは別に、年金支給事由開始後直ちにその支払（返還）が行われる）においても、それは単に金銭債権の回収であり、各種所得金額の計算上収入金額となることはない。

【編者注3】剰余金・割戻金の意義等
　所令183条及び184条に規定する剰余金又は割戻金とは、生命保険契約等の契約期間中における支払保険料等に係る差益等で、その呼称は「社員配当金」、「契約者配当金」等区々であるが、保険約款等により支払われるものである。

【編者注4】所令183条2項と所法31条との関係
①　所令183条2項によれば、同条3項に掲げる生命保険契約等であっても、所法31条（退職手当等とみなす一時金）及び所令72条（退職手当等とみなす一時金）にも掲げる契約等である場合には、同31条の規定が優先適用され、同31条に該当する一時金は退職手当等（退職所得）に該当する。
②　上記所令72条に掲げる契約に基づく一時金であっても、所令76

条（P524参照）に掲げる一時金に該当するものは、退職所得とならず、一時所得の収入金額とされる。

【編者注5】生命保険契約に含まれる外国生命保険会社の範囲

　所令183条3項1号に規定する生命保険契約には、外国生命保険会社等と契約した生命保険契約が含まれる。

　ところで、同号が引用する保険業法2条8項に規定する外国生命保険会社等とは、外国の保険業者のうち、国内営業についての免許を受けた外国の生命保険会社等のみをいい、国内営業非免許のものは「外国保険業者」（生命保険会社及び損害保険会社の双方を指す）と明確に区別されている（保険業法2⑥～⑧・P1346参照）。

　この区分に従えば、国内営業非免許の外国保険業者と締結した生命保険契約に基づく一時金又は年金契約に基づく年金については、一時所得又は雑所得（所令183条1項の雑所得）の収入金額に該当しないことになるものと解される。

　従前の取扱いは、所令183条3項においては、生命保険契約の範囲を格別に特定していなかったことから、外国保険業者から支払を受ける保険金も、保険金受取人の一時所得となるものとして取り扱われていた。

　なお、相令1条の2第1項1号では、みなす相続財産となる生命保険契約の死亡保険金には、「外国保険業者」と締結した保険契約に係る死亡保険金と規定されていることから、国内営業の免許の如何を問わず、外国の生命保険会社等と契約した保険に基づく死亡保険金もみなす相続財産に該当することが明らかにされている。

　この結果、国内非免許の外国の保険会社から支払われる死亡保険金は相続税の課税対象となり、所得税は非課税所得となるが（所法9①十六）、例えば、これらの者から支払われる満期保険金等で、相続税又は贈与税の課税対象とならないものは他に非課税所得とする旨の規定も存しないので、雑所得にならざるを得ないものと考えられる。

　（注）国内営業非免許の外国保険業者から支払われる保険金（生命保険金及び

損害保険金）は、所法9条1項17号（P405参照）及び所令30条（P407参照）の非課税所得に該当しない。

【編者注6】業績不振から適格退職年金契約を契約者である会社が解約し、その一時金の支給を受けた場合の所得区分

　生命保険会社と締結した適格退職年金契約を、契約者である会社が業績不振を理由として解約し、その年金契約の受給者である従業員が解約一時金の支給を受けた場合においても、その一時金の受給の前後を通じ継続して勤務していると認められるときには、その一時金は退職所得とならず、一時所得に該当する（平16.11.26裁決、国裁例集平16年度第2 No 68-8、前掲「国税不服審判所裁決例集」2・P3305-99参照）。

【編者注7】保険料等の総額、前納保険料、他の者が負担した保険料等

　所令183条4項（損害保険契約の場合は所令184条3項）の規定より計算した保険料又は掛金の総額は、一時所得又は雑所得の金額の計算上控除する必要経費（又は支出した金額）となるべき金額であるが、次のことに留意する。

① 　前納保険料の扱い

　前納保険料等の額がこの総額に含まれないことは上記編者注2記述のとおりである（所令183条4項の「当該生命保険契約等に係る保険料又は掛金」の文意はこのことを指しているものと解される）。

　生命保険金及び損害保険金に関する各種支払調書の「既払込保険料等」欄に記載されている金額は、所令183条4項の規定によって計算した「保険料又は掛金の総額」が記載されているので（所規86条1項4号・P1297参照）、一時所得の金額の計算に際しては、その記載されている金額を一時所得の計算上経費（支出した金額）とすれば足りる。

② 　他の者が負担した保険料等の取扱い

　一時所得となる生命保険金又は損害保険契約の満期返戻金等に係る保険料・掛金等を、これらの保険金・満期返戻金の受取人以外の者がその全部又は一部を負担している場合には、他の者の負担した

保険料等も所令183条4項（損害保険契約の場合は所令184条3項）の保険料の総額に含まれるとする所基通34-4（P519参照）の取扱いがある。

③　所令183条4項1号及び2号の趣旨

　所令183条4項1号及び2号の規定により保険料又は掛金の総額から除くべきものとされているものは、概ね、その保険料等（掛金を含む）は事業主等が負担すべきものとされており、事業主等がその保険料等を支出した時においては、被共済者等（これらの給付金の受給者をいう）につき給与所得その他の課税が行われていない。

　したがって、これらの一時金が一時所得の収入金額となる場合においても、被共済者等がこれらの保険料等を負担した事実がないことは明らかであるから、一時所得の計算上、これらの保険料等を収入金額から控除しないというものである。

　なお、被共済者が自らこれらの保険料等を負担している場合、又は事業主等がこれらの保険料等を支出した時に、被共済者等に対する給与として課税されるべきもの（例えば、所令65条の不適格退職金共済契約等の掛金等。現実に給与所得として課税されているか否かは問わないと解される）は、被共済者等が負担したものであるから、これらの保険料等については一時所得の計算上、収入金額から控除するのは当然であることから、所令183条4項1号及び2号のカッコ書で「これらの金額を控除した金額とする」、「当該金額を控除した金額に相当する部分に限る」と規定している。

④　所令183条4項3号の趣旨

　法人又は個人事業者が損金又は必要経費としていた生命保険料又は損害保険料のうち、それらの金額が使用人（役員を含む）に対する給与とされる場合を除き、単純損金（又は必要経費）とされているものについては、雑所得又は一時所得の金額の計算上、必要経費又は支出した金額には算入しないというものである。

　従前、法人が単純損金（給与以外の損金）として処理していた生命保険料につき、使用人（役員を含む）の一時所得計算の段階で、この金額（法人が単純損金とした保険料相当額）を、収入保険金額から控除

することができるかについて、不服審判所の見解（P528参照）と司法判断（P529参照）とが異なっていた。つまり、不服審判所の見解は、税務当局のそれと同様、この金額については保険金額から控除できないとし、他方、司法判断においては控除できるとされていた。

　本3号は、この問題につき、立法上の解決を図ったものである。

【編者注8】**保険期間中の生存給付金に係る一時所得金額の計算**

　保険期間中の一定期間ごと（例えば、加入後5年目、10年目等）に生存給付金を支払うという保険契約がある。

　この生存保険金は、その支払を受けた年分（具体的には支払通知を受けた日の属する年分）の一時所得の収入金額となるが、この場合の一時所得金額の計算上控除する保険料の額（いわゆる経費に相当する）は、支払を受ける生存保険金と同額となり、結果的に課税される一時所得の金額は生じない、とする取扱い（個別通達「家庭計画保険の生存給付金および保険金に対する法人税および所得税の取扱いについて（昭43官審(法)29）」・P928参照）がある。

第4節 生命保険契約の保険金(一時金)に係る一時所得の計算に関連するその他の条項

所得税基本通達

(生命保険契約等に基づく一時金又は損害保険契約等に基づく満期返戻金等に係る所得金額の計算上控除する保険料等)

34-4　令第183条第2項第2号［編注：P505参照］又は第184条第2項第2号［編注：P550参照］に規定する保険料又は掛金の総額には、その一時金又は満期返戻金等の支払を受ける者以外の者が負担した保険料又は掛金の額（これらの金額［他の者が負担した保険料等。編注］のうち、相続税法の規定により相続、遺贈又は贈与により取得したものとみなされる一時金又は満期返戻金等に係る部分の金額を除く【編者注1】。）も含まれる【編者注2】。
(直近改・平11課所4-1)

(注)　使用者が負担した保険料又は掛金で36-32［課税しない経済的利益…使用者が負担する少額な保険料等。編注］により給与等として課税されなかったものの額は、令第183条第2項第2号又は第184条第2項第2号に規定する保険料又は掛金の総額に含まれる［編注：給与等として課税されるものは、当然に自己が負担したものとして保険料等の総額に含まれる。］。

【編者注1】本項カッコ書の趣旨
　保険金受取人以外の者がその保険契約の保険料を負担している場合には、その契約形態によって、保険金又は契約に関する権利が相続財産又は贈与財産とみなされる（相法3条、5条）。
　これらの場合には、その保険契約に係る保険料等は所得税の課税関係に何ら影響を及ぼさないのであるから、一時所得の計算上も所得から控除する保険料に含まれないことを明らかにしたものである。

例えば、甲（被保険者で被相続人）と乙（保険金受取人）とがそれぞれ保険料の一部を負担しているような場合には、その保険料の負担割合で保険金を按分し、甲の負担した保険料に相当する保険金はみなし相続財産となり、乙の負担した保険料に相当する保険金が乙の一時所得の収入金額となるので、一時所得の計算上控除するのは、乙の負担した保険料のみとなる（この場合の計算例については、相基通3-13の編者注7・P184参照）。

【編者注2】本項の趣旨等

生命保険に関する権利（本来の相続財産又はみなし相続財産）又は損害保険契約に関する権利（本来の相続財産）に係る被相続人の負担した保険料は、以後、その保険契約を承継した者（みなし相続財産の場合は契約者）が自ら負担した保険料となる（相法3条1項3号の編者注3-2・P266参照）。

本項のものいいからすると、上記のほか、一時所得の収入金額となるべき保険金等に係る保険料を、保険金受取人以外の者が負担している場合（例えば、損害保険契約の保険料を保険契約者以外の者が負担しているとき）には、その負担者が誰であるかを問わず、一時所得金額の計算上は、その保険料も控除すべき保険料の総額に算入するというものである。

（一時所得の総収入金額の収入すべき時期）　所基通

36-13　一時所得の総収入金額の収入すべき時期は、その支払を受けた日［現実に支払を受けた日。編注］によるものとする。

ただし、その支払を受けるべき金額が［､］その日［支払を受けた日。編注］前に支払者から通知されているものについては、当該通知を受けた日により、令第183条第2項《生命保険契約等に基づく一時金に係る一時所得の金額の計算［編注：P505参照］》に規定する生命保険契約等に基づく一時金［､］又は令第184条第4項《損害保険契約等に基づく満期返戻金等［編注：P551参照］》に規定する損害保険契約等に基づく満期返戻金等のようなものについては、その支払を受けるべき事実が生じた日【編者注】

による。（直近改・平11課所4-1）

【編者注】生命保険金又は損害保険金の収入すべき時期
① 死亡保険金等の収入すべき時期

　死亡保険金等で保険事故の発生（満期の到来を除く）により支払を受ける生命保険金等又は損害保険金等については、本項ただし書前段により、保険会社等からの支払通知を受けた日の属する年分の収入となる。

② 満期保険金等の収入すべき時期

　生命保険契約の満期保険金、損害保険契約の満期返戻金は、保険契約に定める期間の満了によって当然に約定上の保険金（又は満期返戻金）の支払を受ける権利が確定するものであるから、満期日が経過した日（満期日の翌日）を満期保険金等の収入すべき日としているのが本項ただし書後段である（養老保険約款(例)5条・P1369に掲げるように、満期保険金についても受取人は保険会社に対し保険金支払請求を行うのであるが、その請求によって満期保険金の支払が確定するのではなく、その請求行為は既に約定によって確定している満期保険金の支払事務に係る単なる事実行為と解すべきものと考えられる）。

　なお、本項ただし書後段の「生命保険契約等に基づく一時金」とは、生命保険契約等に基づき一時に支払われる保険金一般をいうのではなく、一時に支払を受ける満期生命保険金（損害保険契約については満期返戻金）及び解約返戻金のみを指し、「支払を受ける事実が生じた日」とは、保険期間満了の日の翌日又は解約の効力の発生した日と考えられる。

③ 解約返戻金の収入のすべき時期

　生命保険契約又は損害保険契約の解約返戻金については、本項ただし書後段により、解約の効力の発生した日の属する年分の収入となるものと考えられる。

（注）生命保険契約の失効により支払われる解約払戻金（養老保険約款(例)22条・P1374参照）の収入すべき時期については、失効による解約払戻金の

支払通知を受けた日の属する年分の収入になるものと考えられる。
　つまり、解約の場合には契約者の明確な意思表示によりその時期を特定し得るが、失効の場合は契約者の意思表示として行われるのではなく、保険料不払いの結果として失効という効果が生ずることなどに違いがあり、上記のように考えるのが常識的であろうと思われる。

④　保険金を据置いた場合の収入すべき時期
　一時金として支払われるべき満期保険金・死亡保険金等を保険会社等との約定（例えば、養老保険約款(例) 5 条⑩項・P1370参照）により、その保険金等の全部又は一部を据置きした場合に、その保険金の係る一時所得の収入すべき時期はいつであるかという問題がある。
　保険金の支払と保険金据置（契約）とは別個の行為であることから、据置保険金についても、通常その保険金について支払を受けるべき時に一時所得が生じたものとして、上記1～3により収入すべき時期を判定することになる（所基通35-1の編者注1・P559参照）。

■参考：事前照会に対する文書回答事例「積立利率変動型個人年金保険（米ドル建）の保険料及び保険金の邦貨換算について」（平17.12.5　東京国税局審理課長）

　標題のことについては、下記の理由から、貴見のとおり取り扱われるとは限りません。
　なお、この回答内容は東京国税局としての見解であり、事前照会者の申告内容等を拘束するものではないことを申し添えます。
記
（理由）
　ご照会の保険は、保険料円入金特約又は円支払特約を付さない限り、米ドルから円に交換することを予定していない商品ですから、米ドルで当該保険に係る金銭の授受が行われた場合の払込保険料及び年金に係る雑所得の金額の計算は、貴社の主要取引金融機関が公表する対顧客直物電信売相場（ＴＴＳ）と対顧客直物電信買相場（ＴＴＢ）の仲値（ＴＴＭ）により邦貨換算を行うの

が相当です。

《別紙》
積立利率変動型個人年金保険（米ドル建）の保険料及び保険金の
邦貨換算について

1　事実関係

　当社が発売する積立利率変動型個人年金保険（米ドル建）（以下「本保険」といいます。）は、保険料一時払いの個人年金保険で、積立利率保証期間毎に定められた一定の積立利率を積立金に付利することにより、年金額、死亡保険金額、返戻金額が定められる米ドル建の保険です。

　本保険に係る保険料の払込み及び年金の支払等、金銭の授受はすべて米ドルにより行われることを原則としていますが、本保険に「保険料円入金特約」及び「円支払特約」を付すことにより、米ドルに換えて円貨により金銭の授受を行うこともできます。

　「保険料円入金特約」は、米ドル建の保険料を円により払い込む特約であり、その場合の邦貨換算に用いる為替レートは、当社の主要取引金融機関が公表する対顧客直物電信売相場（TTS）を指標として社内で設定したレートとなります。

　また、「円支払特約」は、米ドル建の年金等を円により支払う特約であり、その場合の邦貨換算に用いる為替レートは、当社の主要取引金融機関が公表する対顧客直物電信買相場（TTB）を指標として社内で設定したレートとなります。

※　以下において「保険料円入金特約」において用いる邦貨換算レートを「円入金特約レート」といい、「円支払特約」において用いる邦貨換算レートを「円支払特約レート」といいます。

2　照会の趣旨

　本保険において、生命保険料控除額及び生命保険契約に基づく年金に係る雑所得の金額を計算する際に、保険料の払込み及び年金の支払が円貨で行われる場合には、実際に授受される円貨の額により計算を行いますが、保険料の払込み及び年金の支払いが米ドルで行われる場合には、米ドルを邦貨に換

算する必要があります。その場合の邦貨換算に用いる為替レートについて、上記1の「円入金特約レート」及び「円支払特約レート」を準用し、次のとおり邦貨換算することとしてよろしいか伺います。

(1) 払込保険料の邦貨換算について

米ドルで支払われる保険料については、保険料受領日における「円入金特約レート」により邦貨換算した額とする。

(2) 生命保険契約に基づく年金に係る雑所得の金額の邦貨換算について

［編注：雑所得金額の計算式、省略］

本保険の年金に係る雑所得の金額は、次のとおり邦貨に換算して計算することとする。

A その年の年金支払額

年金支払日における「円支払特約レート」により邦貨換算した額とする。

B 支払保険料の総額

保険料受領日における「円入金特約レート」により邦貨換算した額とする。

C 年金の支払総額又は支払総額の見込額

年金支払開始日における「円支払特約レート」により邦貨換算した額とする。

■参考：所得税法施行令76条

(退職金共済制度等に基づく一時金で退職手当等とみなさないもの)

［編注：特定退職金共済団体に係る給付金のうち、退職所得に該当しないものの範囲］

第76条 第72条第2項第1号（退職手当等とみなす一時金［退職所得となる特定退職金共済団体の支給する一時金。編注］）に掲げる一時金は、次に掲げる給付（一時金に該当するものに限る。）を含まないものとする。（直近改・平18政124）

一 特定退職金共済団体が前条第1項［特定退職金共済団体の承認の取消し。編注］の規定による承認の取消しを受けた場合において、その取

消しを受けた法人が［、］その取消しを受けた時以後に行う給付

　　［編注：本号に該当して給付される一時金は、一時所得の収入金額となる。］

二　特定退職金共済団体が行う給付で、これに対応する掛金のうちに次に掲げる掛金が含まれているもの

　イ　第73条第1項第1号（特定退職金共済団体の要件）に掲げる要件に反して被共済者［退職給付金の支給を受けるべき者。編注］が自ら負担した掛金

　　［編注：所令73条1項1号によれば、掛金の負担者は事業主に限られている。本イに該当する場合には、給付金の全部が退職所得に該当せず、給付を受ける一時金は一時所得の収入金額となる。］

　ロ　第73条第1項第2号に掲げる要件に反して、当該特定退職金共済団体の被共済者［退職給付金の支給を受けるべき者。編注］が既に他の特定退職金共済団体の被共済者となっており、その者について、当該他の特定退職金共済団体の退職金共済契約［事業主が退職金共済事業を行う団体に掛金を納付し、その団体がその事業主の雇用する使用人の退職について退職給付金を支給することを約する契約、所令73条1項1号参照。編注］に係る共済期間が［、］当該特定退職金共済団体［後から加入した特定退職金共済団体。編注］に係る共済期間と重複している場合における［、］当該特定退職金共済団体［後から加入した特定退職金共済団体。編注］に係る掛金

　　［編注：所令73条1項2号によれば、使用人は、同一の期間に2以上の特定退職金共済団体の被共済者となることができない。本ロに該当する場合には、加入の前後を問わず全ての共済団体から支給される給付金は、その全部が退職所得に該当せず、一時金で給付されるものは一時所得の収入金額となる。］

　ハ　第73条第1項第3号に掲げる要件に反して被共済者とされた者についての掛金

　　［編注：所令73条1項3号によれば、次の者は被共済者となることができない。個人事業主、個人事業主と生計を一にする親族、加入者である法人の使用人兼務役員を除く役員。本ハに該当する者が受ける給付金は、

525

その全額が退職所得に該当せず、一時金で給付されるものは一時所得の収入金額となる。]

二　掛金の月額が[、]第73条第1項第6号に定める限度[被共済者1人3万円以下](同項第7号に規定する過去勤務等通算期間に対応する掛金の額にあっては、同号[所令73条1項7号。編注]ロに定める限度)を超えて支出された場合における当該掛金

　　[編注：過去勤務等通算期間とは、被共済者が加入事業主の下で被共済者となった日の前日まで引き続き勤務しており、この期間を退職給付金の額の計算の基礎に含める場合における、被共済者となった日前の勤務期間をいう。本二に該当する場合には、その給付金の全部が退職所得に該当せず、一時金で給付されるものは一時所得の収入金額となる。]

ホ　第73条第1項第7号イ[過去勤務等通算期間の計算等。編注]に掲げる要件に反して同号に規定する過去勤務等通算期間を定め、当該過去勤務等通算期間に対応するものとして払い込んだ掛金

　　[編注：所令73条1項7号イ(1)及び(2)によれば、過去勤務等通算期間は最長10年とするなど所定の要件が定められている。本ホに該当する場合には、その給付金の全部が退職所得に該当せず、一時金で給付されるものは一時所得の収入金額となる。]

ヘ　当該特定退職金共済団体の被共済者となった日前の期間(当該被共済者の第73条第1項第7号に規定する過去勤務等通算期間[前ホの編注参照]を除く。)を給付の計算の基礎に含め、当該期間に対応するものとして払い込んだ掛金

　　[編注：本ヘに該当する場合には、その給付金の全部が退職所得に該当せず、一時金で給付されるものは一時所得の収入金額となる。]

[編注：適格退職年金契約に係る給付金のうち、退職所得に該当しないものの範囲]

2　第72条第2項第4号(退職手当等とみなす一時金)に規定する適格退職年金契約に基づいて支給を受ける一時金は、次に掲げる給付(一時金に該当するものに限る。)を含まないものとする。

一　法人税法附則第20条第1項(退職年金等積立金に対する法人税の特例)

に規定する適格退職年金契約に係る信託、生命保険又は生命共済の業務を行う信託会社（金融機関の信託業務の兼営等に関する法律により同法第１条第１項（兼営の認可）に規定する信託業務を営む銀行を含む。）、生命保険会社（保険業法第２条第３項（定義）に規定する生命保険会社及び同条第８項に規定する外国生命保険会社等をいう。）［、］又は農業協同組合連合会（以下この項において「信託会社等」という。）が［、］法人税法附則第20条第３項に規定する適格退職年金契約につき［、］法人税法施行令附則第18条第１項（適格退職年金契約の承認の取消し）の規定による承認の取消しを受けた場合において、その信託会社等が当該契約に基づきその取消しを受けた時以後に行う給付

　　［編注：本号に該当して給付される一時金は、一時所得の収入金額となる。］
　二　前号に規定する業務を行う信託会社等が行う給付で、これに対応する掛金又は保険料のうちに［、］法人税法施行令附則第16条第１項第３号（適格退職年金契約の要件）に掲げる要件に反して［、］同項第２号に規定する受益者とされた者［給付金の受取人とされる者。編注］に係る掛金又は保険料が含まれているもの

　　［編注：法人法附則16条１項３号によれば、次の者は受益者となることができない。個人事業主、個人事業主と生計を一にする親族、事業主である法人の使用人兼務役員を除く役員。これらの者が受ける給付金は、その全額が退職所得に該当せず、一時金で給付されるものは一時所得の収入金額となる。］
３　［省略。編注：本条１項又は２項に該当する者がある場合の、税務署長による特定退職金共済団体又は信託会社等への通知。］
４　第１項及び第２項に規定する給付として支給される金額は、一時所得に係る収入金額とする。

【編者注】その他一時所得となる年金契約に係る一時金
　本条中の［編注］に記載するものの他、次の掲げるようなものも一時所得となる。
　①　勤労者退職金共済機構から支給される解約手当金

② 小規模企業共済契約により支給される解約手当金のうち、旧第１種共済契約の掛金の滞納、不正受給、又は年齢65歳以上の者が行う契約の任意解除以外の任意解約によるもの

③ 企業型年金規約又は個人型年金規約により支給される脱退一時金

■参考：裁決例「契約者及び死亡保険金受取人を使用者（法人）、被保険者及び満期保険金受取人を役員とする養老保険契約に係る満期保険金につき、受取人である役員の一時所得の計算に際し、使用者が負担した保険料のうち使用者が保険料として損金に算入していた部分の金額は、一時所得の収入から控除することはできないとされた事例」（平18.6.30裁決・裁決事例集71号299頁）

1　事実関係

　生命保険契約者を使用者（法人）、被保険者を役員、死亡保険金受取人を使用者、満期保険金受取人を被保険者又はその親族とする養老保険契約を締結し、その保険料の２分の１相当額を契約者の「保険料」として損金経理し、他の２分の１相当額を被保険者に対する役員報酬（一部は貸付金経理）としていた。

　請求人（満期保険金受取人）は、この契約の満期保険金に係る一時所得の金額の計算上、使用者が負担していた保険料の全額（使用者において「保険料」として損金経理していた部分の金額を含む）を「支出した金額」として保険金から控除した。

2　判断（要旨）

① 所得税法施行令183条４項においては、厚生年金保険法等に基づき事業主が保険料等を支出する場合に、事業主が支出した保険料で加入員が実質的に負担していないと認められるものは、その保険料等の総額［収入保険金から経費として控除する保険料の総額。編注］から控除する旨規定し、所得者である当該加入員自らが負担したと認められる保険料等に限って「収入を得るために支出した金額」に算入することとしている。

② 以上のことから、所得税法34条2項に規定する「収入を得るために支出した金額」とは、所得者である請求人［保険金受取人。編注］自らが負担した金額（実質的に負担した金額を含む）に限られると解するのが相当である。
③ 本件支払保険料［使用者が支出した本件保険契約に係る保険料の総額。編注］のうち本件費用処理保険料［使用者が「保険料」として損金経理した部分の金額。編注］については、「保険料」として費用処理されており、経済的利益として給与課税した事実もないことから、請求人自らが負担したものとは認められず、所得税法34条2項に規定する「収入を得るために支出した金額」に算入することはできない。

■参考：判例「満期生命保険金に係る一時所得金額の計算上、収入保険金から控除すべき保険料には、保険金受取人が負担した保険料の他、契約者である法人が損金として経理した保険料も含まれるとした事例（福岡地裁　平21.1.27判決　ＴＫＣ法律情報データベース・文献番号25451258）

※編者注：本件における当事者のそれぞれの主張には、実務上重要な示唆が含まれていると思料されるので、それぞれの主張の全部を掲載した。なお、［　］は編注である。

第1　［省略］

第2　事案の概要
1　本件は、原告ら［本件における原告は複数である。］の経営する法人が契約者となり、原告らと同法人が保険料を各2分の1ずつ負担した養老保険契約の満期保険金を受領した原告らが、同法人負担分も含む保険料全額を、所得税における一時所得の金額の計算上控除し得る「収入を得るために支出した金額」（所得税法34条2項）に当たるものとして、各税務署長に対し、平成13年分から平成15年分の所得税に係る確定申告をしたところ、各税務署長から、同法人が負担した（保険料として損金処理した）2分の1の保険料は、「収入を得るために支出した金額」に当たらないとして、更正処分及

び過少申告加算税賦課決定処分を受けたことから，その判断を争い，被告に対し，上記各処分の取消しを求めた事案である。

2 ［省略］

3 **前提事実**（争いのない事実並びに証拠及び弁論の全趣旨により容易に認められる事実）
(1) 当事者
［省略］
(2) 養老保険契約の締結
　原告らは，平成8年から平成10年にかけて，契約者をu又はw（以下，この2社をあわせて「u等」ということがある。［原告らが現に取締役であるか、又は取締役であった法人］)，被保険者を原告ら又はその親族，保険期間を3年又は5年，死亡保険金の受取人をu等［本件保険契約者である法人］，満期保険金の受取人を原告ら（一部，途中から原告らに変更されたものも含む。）とする養老保険に加入した（これらの保険を全てあわせて，以下「本件養老保険契約」という。）。
　その際，社員総会において，u等［本件保険契約者である法人］が受け取る死亡保険金の全部又は相当部分は，退職金又は弔慰金の支払に充当するものとすることなどを定めた「生命保険契約付保に関する規定」を議決した。
(3) 支払保険料の処理等
　u等［本件保険契約者である法人］は，本件養老保険契約の支払保険料の経理処理について，その2分の1を保険料として損金処理［原告らに対する給与等に該当しない単純損金処理。］したため，この部分はu等が負担した扱いとなった。
　他方，残りの2分の1の保険料については，原告らに対する貸付金等の科目で経理処理されたため，実質的に原告らが負担した扱いとなった。
(4) 満期保険金の受領等
　本件養老保険契約の保険期間（3年又は5年）が満了した時（平成13年12月16日から平成15年12月17日までの間の日），被保険者である原告ら又はその親族

は生存していたため，原告らは，平成13年分,14年分,15年分の満期保険金及び割増保険金（以下「本件満期保険金等」という。）をそれぞれ受領した。

原告らは，本件満期保険金等を受領した際に，前記(3)のようにu等が原告らに対する貸付金として処理した金額を返済した。

(5) 確定申告等

原告らは，受領した満期保険金を一時所得として確定申告するに当たり，u等［本件保険契約者である法人］が支払った保険料の全額［法人が損金経理した部分を含む支払保険料の全額］を「その収入を得るために支出した金額」（所得税法34条2項）として控除できるものとして，［中略］，平成13年分,14年分,15年分の所得税の確定申告を行った。［以下略］

(6) ［省略］

4　争点及び当事者の主張

　法人損金処理保険料（保険料総額の2分の1）は，原告らの一時所得の金額の計算上控除できる「収入を得るために支出した金額」（所得税法34条2項）に当たるか。

〈原告らの主張〉

(1) 所得税法34条2項は，一時所得の金額の計算上，「その収入を得るために支出した金額」を控除できる旨規定しており，その文言上，収入を得た本人が負担したものしか控除できないという限定はされていない。

　次に，所得税法施行令183条2項2号は，「生命保険契約等に係る保険料又は掛金の総額」は一時所得の計算上控除できる旨規定しており，その文言上，本人負担部分しか控除できないという限定はない。同項の解釈に関するDHCコンメンタール所得税法2も，生命保険契約等に基づく一時金の支払を受けた場合について，何ら限定を付することなく，「使用者が負担した保険料又は掛金で給与等として課税されなかったものの額は，保険料又は掛金の総額に含まれる。」と明記している。

　菅原恒夫編『改訂新版生命保険と税金』も，一時所得の計算に関し，何ら限定を付することなく，「算式中の支払保険料や配当金には，契約者である会社や個人事業主が支払っていたり，受け取っていた金額も含まれま

す。」と明記している。

　そして，所得税基本通達34-4は，一時所得の計算上控除できる保険料等の額には「満期返戻金等の支払を受ける者以外の者が負担した保険料又は掛金の額も含まれる」と明記している。

　なお，被告は，同規定〔所基通34-4〕の注書きからすると，控除できるのは所得者本人に給与課税等されている場合に限られることが前提になっていると解釈できると主張するが，同注書きは，少額非課税とされた保険料は，年末調整における生命保険料控除の対象とならない（所得税基本通達76-4参照）ので，注書きがなければ一時所得の計算上も控除できないとの誤解を招くおそれがあることから，あえて原則どおり控除できることを規定したものとみるべきであって，被告の上記解釈は誤りである。

　このような規定等からすれば，原告ら負担保険料のみならず，法人損金処理保険料についても，原告らの一時所得の計算上控除できるというべきである。

(2) 契約者（保険料支払者）を法人，被保険者を従業員の家族等，死亡保険金の受取人を従業員等，満期保険金の受取人を法人とする養老保険契約を想定する（以下「ケースＡ」という。）。

　これは，死亡保険金と満期保険金の受取人を本件養老保険契約と逆にしたものである。

　ケースＡ〔本(2)の前記参照〕の場合，法人税基本通達9-3-4(3)によれば，法人は支払保険料の２分の１を資産計上し，残りの２分の１を損金算入する処理をすることになるところ，前者の資産計上した部分は従業員等の実質的な負担がないことになる。

　他方，相続税法基本通達3-17(2)は，雇用主（法人に相当する。）が負担した保険料につき，「当該従業員が負担していたものとして，相続税及び贈与税の課税関係は生じないものとする。」と規定しているから，ケースＡ〔本(2)の前記参照〕で従業員等が受領した死亡保険金を一時所得として申告する場合，雇用主（法人）が負担した保険料全額を控除できることとなる。

　そして，死亡と生存は保険事故としては同質であり表裏の関係にあるから，被保険者が死亡して従業員等が死亡保険金を受け取る場合（ケースＡ）

と，被保険者が満期に生存していて従業員等が満期保険金を受け取る場合（本件養老保険契約）とでは，従業員等の一時所得の金額の計算上，控除されるべき範囲は同じになるべきである。

したがって，本件養老保険契約においては，原告らの一時所得の計算上，u等［本件保険契約者である法人］の支払保険料全額が控除されるべきである。

被告は，法人が支払った保険料のうち，従業員等の一時所得の計算上控除できるのは，保険料支払段階で従業員等に給与課税等がなされ，保険金受取人が実質的に負担しているとみられる部分に限られるから，本件養老保険契約における法人損金処理保険料は控除できないと主張する。

しかし，ケースＡ［本(2)の前記参照］においては，前記のとおり，従業員等に実質的な負担がない部分も含めて控除されるのであるから，保険料支払段階での保険金受取人への課税と保険金課税段階での控除とを結びつける必然性はなく，被告の主張は誤りである。

また、原告らの上記反論を受け，被告は，ケースＡにおいて従業員等に給与課税されていない保険料部分もその一時所得の計算上控除できるのは，相続税法基本通達3-17(2)が，保険料相当額の経済的利益を従業員等が法人から福利厚生として享受していたものとする趣旨で特別に控除を認めたものであり，これを本件養老保険契約にあてはめることはできないと主張する。

しかし，福利厚生として享受したものとして控除を認めたという点は直ちに受け入れ難い上，被告の主張によれば，相続税法基本通達3-17(2)は，法律が定める課税要件（原則）を通達によって特例的に緩和する，いわゆる緩和通達の性質を有することとなり，租税法律主義に違反することとなるのであって，認められるべきではない。

(3) 法人税基本通達9-3-4(3)が制定された昭和55年には，国税当局は本件養老保険契約のような契約形態を想定し得たはずであるのに，所得税法34条2項，同法施行令183条2項，所得税基本通達34-4は長年改正されておらず，納税者は，本件養老保険契約のような場合，支払を受ける者以外の者（u等［本件保険契約者である法人］）が負担した保険料も控除できるものとして，

経済活動や納税を行ってきた。

これに反する本件更正処分等は，原告らの予測可能性・法的安定性を害し，違法である。

また，租税法は侵害規範であるから，法的安定性の要請が働き，「疑わしきは納税者の利益に」の観点から，租税法の解釈においてみだりに拡張解釈や類推解釈を行うことは許されない。本件養老保険契約においては，前記のように，法令の規定等によれば法人損金処理保険料も控除されるべきなのであるから，これと異なる本件更正処分等は違法である。

(4) 被告は，所得税法施行令183条2項2号ただし書イないしニは，所得者において実質的な負担がないものを例示列挙し，これを「支出した金額」に算入しない（控除しない）としたものであり，所得者に実質的な負担がない保険料部分は控除できないという原則に沿うものであると主張する。

しかし，例えば同ただし書イをみると，所得者である加入員において掛金を支払ったという実質的な負担がある場合にもこの掛金を控除することはできないとしているのであり，被告の上記論理は誤りである。

また，同ただし書を例示列挙とみることは，イないしニに個別かつ詳細に列挙された場合以外にも控除を認めない（国民に租税の負担が課される）とするものであり，租税法律主義に反する。

(5) 被告は，所得税の生命保険料控除に関する所得税法76条1項，所得税基本通達76-4を指摘する。

しかし，一時所得の計算上の控除と，所得税の生命保険料控除とでは，考え方が異なっているのであり，これらを同列に扱おうとする被告の解釈は誤りである。

(6) 仮に，被告が主張するように，法人の支払保険料のうち受取人の一時所得から控除できるのは受取人に課税されたものに限られるという解釈を採ったとしても，保険料支払段階の50パーセントの課税をもって，支払保険料の総額について課税済みと捉えるべきであるから，原告らの一時所得の計算上，法人損金処理保険料についても控除を認めるべきである。

(7) 被告は，法人損金処理保険料に対応する満期保険金は，実質的には原告らが法人から贈与により取得したものとみられるから，原告らの一時所得

の計算上控除できないと主張する。しかし，原告らは，満期時に生存又は死亡のいずれの結果が生ずるかが分からないことから生じるリスクを負担していたことなどからして，贈与による取得とみることはできないから，被告の主張は失当である。

〈被告の主張〉
(1) 生命保険契約等に基づく一時金に係る一時所得の金額の計算において控除される保険料等の金額は，以下述べるように，収入を得た本人が負担した保険料及び事業主が負担した保険料で使用人に対して給与課税された保険料等に限られ，本人が負担していない保険料は控除されない。

　したがって，本件養老保険契約に係る法人損金処理保険料は，原告らの一時所得の計算上控除されない。

ア　所得税法施行令183条2項2号は，そのただし書において，生命保険契約等に係る保険料又は掛金のうち，加入員自身が負担して所得控除の対象となっているもの及び事業主が負担して経費処理されたものについては，所得者の一時所得の計算上控除しないものとしている。

　このような規定によれば，法は，所得者において実質的な負担がない保険料等は控除しないものとしているというべきである。

イ　所得税基本通達36-32は，使用者が使用人等のために負担した生命保険料等が少額であれば，その金額は使用人に対し給与課税しない旨規定しているところ，同通達34-4がこのように課税されない場合について注記している（所得者において，給与課税されていないにもかかわらず一時所得の計算上控除できるということをあえて注意書きしている）ことからすると，同規定［所基通34-4］はそのような場合を例外とみていると解される。

　つまり，同規定［所基通34-4］が，所得者以外の者が負担した保険料等をも控除できるとしているのは，使用者が使用人等のために負担した保険料等は使用人等に対し給与課税等されているということが前提になっているのである。そして，同規定［所基通34-4］は，給与課税等されていれば当該保険料等は実質的に使用人等が負担しているとみられることから，使用人等が保険金を受領した場合の一時所得の計算においてこれを控除できる旨定めているのである。

そうすると，法人損金処理保険料は，u等［本件保険契約者である法人］が支出し原告らに給与課税されておらず，実質的に原告らが負担しているとみることはできないから，所得税法施行令183条2項2号，所得税基本通達34-4によっても，原告らの一時所得の計算上控除することはできない。

ウ　法人税基本通達9-3-4(1)ないし(3)の各場合を想定すると，本件養老保険契約と同様に満期保険金が個人に対する一時所得となるのは(2)の場合［死亡保険金及び生存保険金の受取人が被保険者等である場合］のみであるところ，この場合，法人が負担した保険料については従業員等の給与等として課税する扱いとされている。

　　すなわち，所得税基本通達34-4が，所得者以外の者が負担した保険料等も控除できると定めているのは，保険料負担者が法人である場合，当該保険料は従業員等に対する給与等として課税されていることを前提としているのである。

　　このような規定［所基通34-4］からは，保険金の受取人が支払った保険料等のほかに控除できる保険料は，法人が支払った保険料等のうち，保険金の受取人である従業員等の給与等として課税されたもののみであることが導かれる。

エ　所得税の生命保険料控除に関する規定をみると，法人が負担した保険料等について，所得税基本通達76-4本文は，使用人等が総所得金額から控除することを認めていないが，ただし書は，使用人等の給与等として課税されたものは控除できると定めており，同規定［所基通76-4］の注書きは，給与等として課税されない生命保険料等は控除の対象とならないと定めている。

　　これは，生命保険料控除は，その生命保険料を支払った者について適用すべきものであるが，使用者が負担した生命保険料であっても，その従業員等の給与として課税されたものは，その従業員等が課税対象とされた給与等から支払ったものと同様であるので，その従業員等が支払った生命保険料の金額に含まれることとしたものである。

　　この考え方に従えば，本件のような場合に，法人が負担した保険料で

従業員等の一時所得の計算上控除できるのは，従業員等の給与等として課税されたもの（給与課税を受けない程度のものと認められたものを含む。）に限られるというべきである。

オ　一時所得の計算に関し，昭和62年法律第96号による改正所得税法の解説（国税庁発行『昭和62年改正税法のすべて』）は，「一時金等の額から控除する保険料又は掛金の総額は，課税済の本人負担分に限られ，…事業主が負担した保険料又は掛金で給与所得として課税が行われていないものは，その控除する保険料又は掛金の総額から除くこととされています。」と規定している。

これによれば，一時所得の計算上控除されるのは，本人が負担した保険料及び事業主が負担した保険料で使用人に対し給与課税された保険料等に限られ，本人が負担していない保険料は控除されないことになる。

また，財団法人大蔵財務協会発行の国税速報に記載されているように，所得税基本通達34-4が，支払を受けた者以外の者が負担した保険料等も控除することとしているのは，契約者や受取人以外の者が保険料を負担した場合には，原則的に，その段階で給与課税や相続税課税がなされていることが前提となっているのであり，本件養老保険契約のように，受取人に給与課税等がされていない場合には，同規定［所基通34-4］による控除は認められるべきではないのである。

(2)　ケースA［前記原告主張(2)参照］では，前記のとおり，法人税基本通達9-3-4(3)によれば，法人が負担した保険料のうち2分の1は損金処理され，残りの2分の1は資産計上になる一方，相続税法基本通達3-17(2)によれば，従業員等が死亡保険金を受け取った場合，従業員等の一時所得の計算上，法人が負担した保険料全額を控除できることになる。

この点，原告らは，法人が損金処理した保険料の2分の1は，従業員等に実質的な負担がないにもかかわらず，従業員等の一時所得の計算上控除が認められているのであり，「控除できるのは本人が負担した保険料及び事業主が負担した保険料で従業員等に対して給与課税された保険料等（従業員等に実質的な負担があるもの）に限られる」という法の原則ないし趣旨は存在しない旨主張する。

しかし，相続税法基本通達3-17(2)は，従業員等が死亡保険金を受領してこれが一時所得となる場合，使用者からその保険料相当額の経済的利益を，いわば福利厚生として享受したものとみるべきであるから，当該経済的利益については従業員等の給与として所得税を課税しない（従業員が法人から経済的利益を受けた場合には給与とみなされ所得税が課税されるのが原則であるが，従業員が死亡保険金を受け取った場合には，当該死亡保険金は実質的には法人から遺族に対する香典ないし弔慰金の性質を有するものであるから，従業員は当該保険料相当額の経済的利益を福利厚生として享受したものとして，上記原則にかかわらず，所得税の課税をしないという特別の扱いをした。）というものであり，雇用主が負担した保険料は実質的には従業員等に課税済みと同視できるのである。

　そうであるから，従業員等の一時所得の計算上控除できるのである。したがって，原告らの上記主張は当たらない。

(3) 本件養老保険契約は，法人税基本通達9-3-4(3)において規定の対象とされている養老保険契約の死亡保険金と満期保険金の受取人をそれぞれ逆にしたものであり，法令，通達等に規定されていない類型であるから，法令の原則的な規定・趣旨に従って処理すべきである。

　生命保険の性質や保険料の算定方法等については，養老保険は死亡保険と生存保険を組み合わせたものであり，本件養老保険契約も，この両者を組み合わせたものとなっている。

　そして，死亡保険（定期保険）についての保険料の性質は掛け捨ての危険保険料であり，本件養老保険契約のように死亡保険金受取人が法人である場合には，法人税基本通達9-3-5(1)に従い，法人が支払った死亡保険料部分は損金に算入されるべきことになる。

　この危険保険料部分について，原告らは，法人税基本通達9-3-4(3)を類推し，福利厚生的なものとみて損金処理したとする。この点，当該部分が損金処理されるべきことは争わないが，本件養老保険契約は死亡保険金受取人が法人であるから，当該部分は法人税基本通達9-3-4(3)の想定する福利厚生的なものとは異なるのであり，同規定を類推すべきことにはならない。

　当該部分（法人損金処理保険料）は，法人の一種の金融費用的なものとし

て損金処理されることになる。そして，当該部分については，原告らが負担したものでも原告らに給与課税等されたものでもないから，原告らの一時所得の計算上，控除されるべきではない。

　他方，生存保険についての保険料は，満期保険金の支払財源に充てるための積立保険料（貯蓄部分）であり，本件養老保険契約のように満期保険金受取人が原告らである場合には，原告らが貯蓄部分の利益を享受するのであるから，積立保険料部分は原告らの給与として課税されるのが本来である（法人税基本通達9-3-4(2)）。

　この積立保険料部分について，原告らは，u等［本件保険契約者である法人］からの借入金として処理したとする。そうすると，借入金処理された部分（原告ら負担保険料）は，実質的には当該借入金相当部分の保険料等に相当する資金を法人から借入れて被保険者自身が支払ったということになり，もともと法人が負担しておらず従業員等が実際に負担したものといえるから，法人税基本通達9-3-4(3)とは何ら関係はなく，その類推適用も受けない。

　そして，この部分については，原告らが負担したものであるから，原告らの一時所得の計算上，控除されるべきである。

　以上のように，本件養老保険契約の法人損金処理保険料は，原告らの一時所得の計算上，控除されるべきではない。

(4) 原告らは，法人税基本通達9-3-4(3)を類推適用したとし，保険料の2分の1について給与課税されれば，保険料全額を原告らの一時所得の計算上控除できると主張する。

　しかし，同規定［法基通9-3-4(3)］は，法人が負担した保険料に対する法人側の課税関係を定めたものであって，保険金を受け取った側の課税上の取扱いについては何ら規定するものではないから，原告らの主張は失当である。

(5) 原告らは，ケースA［前記原告主張(2)参照］では，相続税法基本通達3-17(2)によれば，保険料全額を従業員の一時所得の計算上控除できるところ，生命保険契約においては生存も死亡も同質の保険事故であるから，被保険者が死亡した場合も満期に生存していた場合も保険金の課税上の取扱いは同様にすべきであり，本件養老保険契約においても，保険料全額の控除を認

539

めるべきであると主張する。

しかし，税法（所得税法34条，同法施行令183条2項，相続税法3条,5条等）は，個人が満期保険金や死亡保険金を受け取った場合，当該保険金受取人が保険料を負担していたか否かや，保険金の支払が死亡に起因するものか満期によるものかによって異なる取扱いをしているのであるから，原告の主張は前提において誤っており，失当である。

(6) 法人損金処理保険料部分に対応する満期保険金（2分の1）については，受取人（原告ら）がu等［本件保険契約者である法人］から贈与によって取得したものとみるべきである（相続税法5条1項）。

そして，法人からの贈与であれば，受取人の一時所得として課税されることになるところ，贈与税の場合，その計算上贈与者が負担した経費は一切考慮されないことからすれば，本件の場合，原告らの一時所得の計算上，u等が負担した保険料（贈与者が負担した経費に相当する。）を控除できないのは当然である。

(7) 本件養老保険契約は，通常の企業が締結する生命保険契約とは全く目的を異にし，原告らにとっては，自己資金を一切負担することなく，法人の資金のみで，短期間（3年又は5年）で，数億円もの金員を取得することができる仕組みとなっており，しかも，保険料を負担したu等［本件保険契約者である法人］にとっても当該保険料は損金に算入でき，税負担を免れるものとなっている。

そうすると，本件養老保険契約は，原告らがほとんど税負担を負うことなく資金の移転を受けることを企図した不自然な契約形態であり，法人税基本通達9-3-4や相続税法基本通達3-17(2)が想定する通常の保険契約とはいえないから，これらの規定を根拠に，法人損金処理保険料をも控除できるとする原告らの主張は失当である。

(8) 法人損金処理保険料部分も控除できるとする原告らの主張は，会計上も不合理である。

第3 当裁判所の判断
1 本件では，所得税法34条2項にいう「収入を得るために支出した金額」

の解釈が問題となっているところ，憲法84条は，法律の根拠に基づかずに租税を課すことはできないという租税法律主義の原則を定めている。

そして，この定めの趣旨は，国民生活の法的安定性と予測可能性を保障することにあることからすると，租税法規はできるだけ明確かつ一義的であることが望ましく，その解釈に当たっては，法令の文言が重視されるべきである。

もっとも，課税対象となる納税者側の社会生活上の事象は千差万別であるから，それらの全てを法令により明確かつ一義的に規定することは不可能であり，公正な租税の実現の必要性も考慮すると，法令の趣旨・目的，租税の基本原則，税負担の公平性・相当性等を総合考慮し，法的安定性，予測可能性を損なうことのない限度で，租税法令を客観的，合理的に解釈することも許されるというべきである。

なお，通達は，上級行政庁が下級行政庁に対して行う命令ないし示達であり（国家行政組織法14条2項），国民に対する関係で拘束力を有する法規範ではないから，通達の定めは，一応の行政解釈として裁判所の解釈の参考となり得るにとどまる。

しかしながら，租税行政は通達の下に統一的・画一的に運用され，通達が極めて重要な役割を果たしており，国民が納税義務の有無等を判断するに当たっても重要な指針となっていると考えられることにかんがみると，通達の文言，趣旨及びその合理性等も十分に検討した上で，租税法令の解釈を行うべきものと解される。

以上の観点から，本件養老保険契約における法人損金処理保険料が「収入を得るために支出した金額」に当たるか否かを検討する。

2 (1) まず，所得税法34条2項は，一時所得の計算における控除の対象を「収入を得るために支出した金額（その収入を生じた行為をするため，又はその収入を生じた原因の発生に伴い直接要した金額に限る。）」と規定しているが，その文言上，所得者本人が負担した部分に限られるのか，所得者以外の者が負担した部分も含まれるのかは，必ずしも明らかでない。

そして，所得税法施行令183条2項2号本文は，生命保険契約等に基づく一時金が一時所得となる場合，保険料又は掛金の「総額」を控除できるも

のと定めており，この文言からすると，所得者本人負担分に限らず保険料等全額を控除できるとみるのが素直である。

　そして，同号ただし書イないしニは，控除が認められない場合を，包括的・抽象的文言を用いることなく，法律と条文を特定して個別具体的に列挙しており，他に控除が認められない場合が存することをうかがわせる体裁とはなっていない。

　このような所得税法及び同法施行令の規定を併せ考慮すれば，生命保険金等が一時所得となる場合，同号ただし書イないしニに列挙された場合以外は，所得者以外の者が負担した保険金等［控訴審判決で「保険料等」と改められている。］も控除できるものと解釈するのが自然である。

(2) 所得税基本通達34-4も，明確に，控除し得る金額には「支払を受ける者以外の者が負担した保険料又は掛金の額（これらの金額のうち，…の金額を除く。）も含まれる。」と規定しており，括弧書きで除かれた部分以外に控除し得る金額が限定される場合があると読み取ることは困難である。

3 (1) 被告は，関連法令及び通達を合理的に解釈すれば，一時所得の計算上控除し得るのは，収入を得た本人が負担した保険料及び事業主が負担した保険料で使用人に対して給与課税された保険料に限られ，原告らが法人損金処理保険料を控除することは認められないと主張するので，以下，検討する。

(2) 被告は，所得税法施行令183条2項2号ただし書は，所得者において実質的な負担がない保険料等は控除しないことを例示的に定めたものであり，原告らにとって法人損金処理保険料は実質的負担がないものであるから，控除は認められないと主張する。

　確かに，同号ただし書イないしニを仔細に検討すれば，控除の対象から除かれているのは，加入員自身が負担して所得控除の対象となっているもの及び事業主が負担して経費処理されたものであると読み取ることも可能ではある。

　しかしながら，イないしニの列挙事由から上記法の趣旨ないし原則を直ちに導き得るものとはいえず，納税者の観点からしても，そのような解釈をすることは困難といわざるを得ない。

同号［所令183条2項2号］本文が総額控除を原則的なものとして定め，ただし書が例外的に控除できない場合を個別具体的に法律と条文を列挙して示していることからすると，イないしニは例示列挙ではなく，限定列挙とみるのが相当である。

そうすると，被告の上記主張は採用できない。

なお，同号本文を，被告の主張するような趣旨に限定解釈するという論理も，文言上無理があるといわざるを得ず，採用することができない。

(3) 被告は，所得者以外の者が負担した保険料等も控除できる旨の所得税基本通達34—4の規定は，所得者以外の者が保険料等を負担した場合，原則として所得者（保険金受取人）に給与課税等されていることを前提としたものであると主張し，同規定［所基通34-4］の注書きは，上記のような前提があるからこそ，少額非課税であっても控除できるという例外的取扱いをあえて明確化したものであるとする。

確かに，証拠によれば，同規定［所基通34-4］が所得者以外の者が負担した保険料等も控除できるとしていることの背景には，原則的に所得者に給与課税等されているという点があることがうかがわれる。

しかし，そのような背景があるとしても，何ら明文がないのに，所得者に給与課税等されていなければ控除できないと限定的に解釈することは困難である。

むしろ，所得税法施行令183条2項2号，所得税基本通達34-4の文言からすると，誰が保険料等を支払ったか，所得者に給与課税等されたか否かにかかわらず，控除を認めることとしているとみる方が合理的である。

関連する通達をみても，生命保険料等控除に関する同通達76-4は，本文において，役員又は使用人に給与課税されたか否かを明確に区別しているのに対し，同通達34-4本文ではその区別がされていないことからすると，行政解釈としても，一時所得の計算上の控除の場面では，生命保険料等控除の場面とは異なり，給与課税の有無を問わず控除を認めることとしているものと解される。

また，同規定［所基通34-4］の注書きが，所得者に対し少額非課税とされた場合にも控除できる旨定めているのは，少額非課税とされた生命保険料

等については生命保険料控除の対象とならない（同通達76-4の注書き参照）ので，注書きがなければ一時所得の計算上も控除できないとの誤解を招くおそれがあることから，あえて原則（本文）どおり控除できることを規定した確認的なものであると解するのが相当であり，注書きによって本文の例外を定めたものとみることになる被告の主張は採用できない。

(4) 被告は，所得税法76条1項（生命保険料控除）及び所得税基本通達76-4を根拠に，法人が保険料等を負担して使用人に給与課税されていない場合は，使用人の一時所得の計算上その保険料等を控除できないことを指摘する。

確かに，上記各規定は，使用者が負担した保険料であっても使用人等に給与課税されていれば使用人等が支払ったのと同様であるという観点から，給与課税されている場合に限定して，生命保険料等控除を認めたものと解される。

しかし，上記各規定が定める生命保険料控除と，一時所得の計算上の控除は，別の場面の問題であるから，前者に関する解釈から後者に関する解釈を導くことは相当でない。

(5) 被告は，法人税基本通達9-3-4(1)ないし(3)の各場合のうち，満期保険金が個人に対する一時所得となるのは(2)の場合のみであり，この場合，法人が負担した保険料については従業員等に給与課税等されることになっていることを指摘する。

しかし，上記(2)の場合の取扱いをもって，従業員等が一時所得の計算上控除できる保険料は法人が支払った保険料のうち従業員等に給与課税されたものに限られるとの法の趣旨ないし原則を読み取ることは相当とはいえず，被告の上記指摘は採用できない。

(6) 法人税基本通達9-3-4(3)，相続税法基本通達3-17(2)によれば，ケースA［前記原告主張(2)参照］においては，従業員の一時所得の計算上，法人が負担した保険料全額を控除できることになるところ，これについて，被告は，従業員が使用人から保険料相当額の経済的利益を福利厚生として享受したものとして，従業員等に課税済みと同視したものであり，所得税基本通達34-4の特則であると主張する。

しかし，相続税法基本通達3-17(2)が福利厚生という観点から定められた

ものであるとしても，そこから被告の主張するような解釈を導くことはできない。
(7) 被告は，法人損金処理保険料部分に対応する満期保険金（2分の1）については，原告らがu等［本件保険契約者である法人］から贈与によって取得したものとみるべきであるから，法人損金処理保険料は原告らの一時所得の計算上控除できないと主張する。

　しかし，保険金の受領を直ちに贈与と見ることはできず，被告の主張は採用できない。
(8) 被告は，本件養老保険契約は通常行われる保険契約と異なり，原告らがほとんど税負担を負うことなくu等［本件保険契約者である法人］から資金の移転を受けることを企図した不自然な契約形態であるとして，法人損金処理保険料の控除を認めるべきではないと主張する。

　しかし，本件養老保険契約のように，契約者を法人，被保険者を従業員等，死亡保険金の受取人を法人，満期保険金の受取人を従業員等とする契約形態は，必ずしも想定不可能なほど不自然・不合理なものとはいえないのであり，被告の上記主張は採用できない。

　確かに，本件で原告らが法人損金処理保険料を控除することを認めれば，原告らがほとんど税負担を負わずにu等［本件保険契約者である法人］から資金の移転を受けることができることになるが，それは法令上許された契約を締結したことによる結果であって，これが直ちに租税の基本原則に抵触するとか，租税の公平性を害するものということはできない。
4　以上検討したように，所得税法34条2項，同法施行令183条2項2号の規定の文言を重視すると，所得者以外の者が負担した保険料等を，所得者に対する給与課税の有無にかかわらず控除できるものと解するのが自然であること，所得税基本通達34-4は，所得者以外の者が負担した保険金等も明確に控除できると規定し，給与課税等の有無によって区別していないこと，そのような中，所得税法34条2項，同法施行令183条2項2号の規定を被告の主張のように限定解釈又は類推解釈することは，法的安定性，予測可能性確保の観点からして相当性を欠くといわざるを得ないことなどを総合考慮すると，被告の主張する解釈を採用することはできず，養老保険契約に

545

基づく満期保険金が一時所得となる場合，所得者以外の者が負担した保険料も控除できると解するのが相当である。
5　以上によれば，各税務署長が原告らに対してした本件更正処分等は，法令の解釈・適用を誤ったものであって違法であるから，これを取り消すべきである。

　【編者注】本件の控訴・上告について
　　1　本件については、被告・課税庁が福岡高裁に控訴し、下記2のような判決が言い渡されている。控訴人・課税庁はさらに上告しているが、平成23年3月末現在、上告に係る判決は示されていない模様である。
　　2　福岡高裁判決（平21.7.29）の概要
　　①　当裁判所も、被控訴人ら（納税者）の請求はいずれも理由があるものと判断する。
　　②　所得税法施行令183条2項2号本文は、生命保険契約に基づく一時金が一時所得となる場合、保険料又は掛金の「総額」を控除できるものと定めており、同文言を素直に読むと、原判決（第一審判決）が判示するとおり、所得者本人の負担分に限らず、保険料等全額を控除できるとする解釈に軍配を上げざるを得ない。
　　③　控訴人（課税庁）は、本件満期保険金等に係る一時所得の計算上、法人損金処理保険料を控除できるとすることは、結論においても不合理であると主張する（控訴審における課税庁の追加主張）。
　　　しかし、行政による恣意的課税から国民を保護することを目的とした租税法律主義の趣旨からすれば、国民生活の法的安定性と予見可能性を保護するため、課税要件はできるだけ一義的で明確でなければならないのであり、国民に対する課税は、同要件を規定する法令等の文言にできるだけ忠実に行わなければならない。
　　　そして、その結果、仮に結論において控訴人（課税庁）が指摘するような不合理が生じたとしても、それは法令等の不備によるものであるから、その是正は当該法令等を改正することによって

なすべきであって、解釈の名の下に、規定されていない要件を付加することにより、国民に予測できない課税をすることは許されない。

したがって、控訴人（課税庁）の上記主張は採用できない。

④ 以上によれば、被控訴人ら（納税者）の請求はいずれも理由があるから、これを認容した原判決（第一審判決）は相当であって、本件控訴は理由がないから、これを棄却すべきものである。

第5節 一時所得の収入金額となる損害保険契約の満期返戻金等に関する条項

所得税基本通達

（一時所得の例示）

34-1 次に掲げるようなものに係る所得は、一時所得に該当する。（直近改・平18課個2-18）

(1) ～ (3) ［省略］

(4) 令第183条第2項《生命保険契約等に基づく一時金に係る一時所得の金額の計算》に規定する生命保険契約等に基づく一時金（業務に関して受けるものを除く。）[、]及び令第184条第4項《損害保険契約等に基づく満期返戻金等》に規定する損害保険契約等に基づく満期返戻金等【編者注】

(5) ［以下省略］

【編者注】損害保険契約に基づく一時金の課税関係

　損害保険契約に基づく保険金、給付金、満期返戻金、解約返戻金で、一時に支払われるものについての所得税の課税関係を示すと概ね次のようになる。

① 損害保険契約に基づく死亡保険金は、非課税所得となるものを除き、一時所得となる（P495に掲げる所基通34-1の編者注参照）。

② 死亡を伴わない傷害保険金、疾病その他身体の障害等に基因する保険金・給付金等は、原則として非課税所得となる。

③ 物の損失等に基因する保険金、給付金等は、原則として非課税所得となる。

④ 損害保険契約等のうち、満期返戻金を支払う旨の約定のある契約（保険の目的は、人、物を問わない）に基づく満期返戻金及びその契約の解約返戻金は、所基通34-1・所令184条2項により一時所

得となる。
⑤ 特殊なものとして、ゴルファー保険がある。身体の傷害や物の損害に基因する保険金は非課税所得であるが、ホールインワン費用保険金は一時所得になるとされている（渡辺前掲書・P290参照）。

その保険が積立型のものである場合には、満期返戻金及び解約返戻金で一時に支払われるものは、一時所得となる。

所得税法施行令

（損害保険契約等に基づく年金に係る雑所得の金額の計算上控除する保険料等）

［編注：損害保険契約等に基づく年金に係る雑所得の金額の計算方法］

第184条　損害保険契約等（法第76条第3項第4号（生命保険料控除［編注：P748参照］）に掲げる保険契約で生命保険契約以外のもの、法第77条第2項各号（地震保険料控除［編注：P861参照］）に掲げる契約［、］及び［編注：所令］第326条第2項各号（第2号を除く。）（生命保険契約等に基づく年金の源泉徴収［編注：P668参照］）に掲げる契約【編者注1】をいう。以下この項において同じ。）に基づく年金の支払を受ける居住者の［、］その支払を受ける年分の当該年金に係る雑所得の金額の計算については、次に定めるところによる。

※編注：平24.1.1以降、■■■の部分は、「第6項」に改まる（平22政50改正）。

一　［以下省略。編注：P576参照］

［編注：損害保険契約等に基づく満期返戻金等に係る一時所得の金額の計算方法］

2　損害保険契約等（前項に規定する損害保険契約等［、］及び保険業法第2条第18項（定義［編注：P1346参照］）に規定する少額短期保険業者の締結した同条第4項［編注：P1346参照］に規定する損害保険会社又は同条第9項［編注：P1346参照］に規定する外国損害保険会社等の締結した保険契約（第4項において「損害保険契約」という。）に類する保険契約をいう。以下この項及

び次項において同じ。)【編者注1】に基づく満期返戻金等［本条4項。編注］の支払を受ける居住者の［、］その支払を受ける年分【編者注2】の当該満期返戻金等に係る一時所得の金額の計算については、次に定めるところによる。(直近改・平22政50)

一 当該満期返戻金等の支払の基礎となる損害保険契約等に基づき分配を受ける剰余金又は割戻しを受ける割戻金の額で、当該満期返戻金とともに［、］又は当該満期返戻金等の支払を受けた後に支払を受けるものは、その年分の一時所得に係る総収入金額に算入する。

二 当該損害保険契約等に係る保険料又は掛金の総額［本条3項。編注］は、その年分の一時所得の金額の計算上、支出した金額［いわゆる経費。編注］に算入する。

［編注：保険料又は掛金の総額の計算］

3 前2項に規定する保険料又は掛金の総額【編者注3】は、当該損害保険契約等に係る保険料又は掛金の総額から次に掲げる金額を控除して計算するものとする。(直近改・平23政195)［編注：この新3項は、平23.6.30以後に支払を受ける年金等について適用。同改正附則6条］

一 事業を営む個人又は法人が当該個人のその事業に係る使用人又は当該法人の使用人のために支出した当該損害保険契約等に係る保険料又は掛金で当該個人のその事業に係る不動産所得の金額、事業所得の金額若しくは山林所得の金額又は当該法人の各事業年度の所得の金額の計算上必要経費又は損金の額に算入されるもののうち、これらの使用人の給与所得に係る収入金額に含まれないものの額

二 当該年金の支払開始の日前又は当該満期返戻金等の支払の日前に当該損害保険契約等に基づく剰余金の分配若しくは割戻金の割戻しを受け、又は当該損害保険契約等に基づき分配を受ける剰余金若しくは割戻しを受ける割戻金をもって当該保険料若しくは掛金の払込みに充てた場合における当該剰余金又は割戻金の額【編者注4】

［編注：満期返戻金等の意義］
4　前２項に規定する満期返戻金等とは、次に掲げるものをいう。
　一　第１項に規定する保険契約、法第77条第２項第１号［地震保険料控除の対象となる損害保険契約等の範囲・P861参照。編注］に掲げる契約［、］又は法第207条第３号に掲げる契約［損害保険契約等に基づく年金に係る源泉徴収の対象となる損害保険契約等の範囲（P665参照）、及び所令326条（P667参照）に掲げる契約。編注］で損害保険契約［本条２項本文カッコ書参照。編注］に該当するもののうち［、］保険期間の満了後満期返戻金を支払う旨の特約がされているものに基づき支払を受ける満期返戻金及び解約返戻金【編者注5、6】（第１項に規定する損害保険契約等に基づく年金として［、］当該損害保険契約等の保険期間の満了後に支払われる満期返戻金を除く【編者注7】。）
　二　法第77条第２項第２号に掲げる契約［地震保険料控除の対象となる建物更生共済契約等の範囲（P861参照）、及び所令214（P869参照）に掲げる契約。編注］［、］又は法第207条第３号に掲げる契約［損害保険契約等に基づく年金に係る源泉徴収の対象となる損害保険契約等の範囲（P665参照）、及び所令326条（P667参照）に掲げる契約。編注］で［、］損害保険契約［本条２項本文カッコ書参照。編注］以外【編者注5】のもののうち［、］建物又は動産の共済期間中の耐存を共済事故とする共済に係る契約［共済期間満了の時に、共済の目的物が現存していることを共済金支払の事由とする契約の意。編注］に基づき支払を受ける共済金（当該建物又は動産の耐存中に当該期間が満了したことによるものに限る［共済期間満了の時に共済目的物が現存し、その現存することを保険事故として支払われる共済金の意。編注］。）及び解約返戻金
　三　保険業法第２条第18項［編注：P1346参照］に規定する少額短期保険業者の締結した損害保険契約［本条２項本文カッコ書参照。編注］に類する保険契約のうち［、］返戻金を支払う旨の特約がされているものに基づき支払を受ける返戻金

【編者注1】所令184条１項及び２項の損害保険契約等の範囲等

1　所令184条１項（雑所得の収入金額となる）の損害保険契約等の範囲

　保険契約による年金が雑所得とされる損害保険契約等とは、所令183条３項１号に規定する生命保険契約の場合と異なり、損害保険契約一般をいうのではなく、所令184条１項に掲げる次のものに限られている。

　ここで注意すべきことは、同１項に「掲げる契約」に該当すれば足り、具体的な生命保険料控除又は地震保険料控除に該当する要件を満たす契約であるかどうかを問わないものと解される。

　したがって、所法76条３項４号（P748参照。なお、平24.1.1以降は76条６項４号・P810参照）又は所法77条２項各号（P861参照）の規定によりこれらの控除に該当しないものとされている契約についても、次に掲げる契約に該当すれば所令184条１項に規定する損害保険契約等に当たるものと考えられる。

① 　損害保険会社が販売する、いわゆる第三分野の保険契約といわれるもので、具体的には医療保険、介護保険、医療費用保険、介護費用保険、傷害保険等に係る契約である（所法76③四・P748、所法76条の編者注８・P752参照）。

② 　所法77条２項（地震保険料控除の対象となる損害保険契約・P861参照）、及び所令214条（地震保険料控除の対象となる共済契約の範囲・P869参照）に掲げる損害保険契約又は共済契約

③ 　所法207条３号（P665参照）による所令326条に掲げる契約（年金の支払の際、源泉徴収すべきものとされる契約・P667参照）

　（注１）旧長期損害保険料（平18改正所法附則10条・P871参照）に係る長期損害保険契約等は、所法77条２項に掲げる損害保険契約に当たることは明らかであるから、これらの契約も所令184条１項に規定する損害保険契約等に含まれるものと解される。

　（注２）上記①から③の契約には、国内営業非免許の外国保険業者（保険業法２条６項・P1346参照）と契約した損害保険契約は含まれない（所法９条の編者注１・P405参照）。

2 所令184条2項（一時所得の収入金額となる）の損害保険契約等の範囲

　保険契約に基づく満期返戻金等（一時金）が一時所得とされる損害保険契約等とは、損害保険契約一般をいうのではなく、所令184条2項に掲げる次のものに限られている。
① 　上記1に掲げる各保険契約及び共済契約
② 　少額短期保険業者と締結した損害保険契約に類する契約

3 　所令184条1項と所法76条3項4号との関係

　損害保険契約等に基づく満期返戻金、解約返戻金又は年金に係る一時所得・雑所得の計算方法等を定める所令184条1項に規定する「法第76条第3項第4号（生命保険料控除）に掲げる保険契約で生命保険契約以外のもの」とは、所法76条3項4号に規定する「保険業法第2条第4項に規定する損害保険会社若しくは同条第9項に規定する外国損害保険会社等の締結した身体の傷害又は疾病により保険金が支払われる保険契約」の部分のみをいうものと解される。

　そうだとすると、所法76条3項本文に規定する要件、同3項4号カッコ書の除外要件及び同4号後段の保険金の支払事由要件は所令184条1項には引用されていないことになる。

　つまり、所法76条3項4号の規定は、具体的に生命保険料控除の対象となるべき保険契約を定めるものであり、所令184条1項は、損害保険契約等に基づく年金に係る雑所得、又は損害保険契約等に基づく満期返戻金・解約返戻金に係る一時所得の対象となるべき損害保険契約等の範囲を定めるものであるから、基本となる保険契約の範囲は同一であっても、細部についてまで同一であることを要しないとしたものと思われる。

4 　所令184条1項と所法77条2項との関係

　損害保険契約等に基づく満期返戻金、解約返戻金又は年金に係る一時所得・雑所得の計算方法等を定める所令184条1項に規定する「法第77条第2項各号（地震保険料控除）…に掲げる契約」とは、次のようになるものと考えられる。

① 所法77条2項1号についていえば、同号に規定する「保険業法第2条第4項に規定する損害保険会社又は同条第9項に規定する外国損害保険会社等の締結した損害保険契約」の部分のみをいう。
② 同2号についていえば、「農業協同組合の締結した建物更生共済又は火災共済に係る契約」と、「政令〔所令214条。編注〕で定めるこれらに類する共済に係る契約」の部分のみをいう（なお、所令214条各号の規定は、その規定する内容からみて、その全部が引用されるものと解される）。

そうだとすると、所法77条2項本文に規定する要件、同2項1号カッコ書の除外要件及び同77条1項に規定する要件は所令184条1項には引用されていないことになる。

【編者注2】満期返戻金等の収入すべき時期

損害保険契約等に係る満期返戻金等がいつの年分の収入金額となるかについては、所基通36-13（P520参照）に取扱いがある。

【編者注3】保険料等の総額、前納保険料、他の者が負担した保険料等

保険料等の総額、前納保険料、他の者が負担した保険料等の取扱いについては、所基通36・37共－18の6（P557参照）のほか、所令183条の編者注7①、②及び④（P516）参照。

【編者注4】剰余金、割戻金の意義等

損害保険契約等に係る剰余金、割戻金の意義については、所令183条の編者注3（P514）参照。

【編者注5】満期返戻金等が一時所得となる損害保険契約等の範囲

所令184条4項の規定により、その満期返戻金、解約返戻金が一時所得の収入金額になるものとされる損害保険契約等の範囲については、概ね次のようになる。

① 損害保険会社（外国損害保険会社等を含む）の締結した、いわゆる第三分野の保険契約で、満期返戻金の支払特約があるもの（所令184条④一、所令184①該当）
② 損害保険会社（外国損害保険会社等を含む）の締結した、一定の偶

然の事故によって生ずる損害をてん補する契約で、満期返戻金の支払特約のあるもの（所令184④一、所法77②一該当）

③　損害保険会社（外国損害保険会社等を含む）、農協（連合会を含む）、漁協（水産加工業協同組合及び共済水産業協同組合連合会を含む）、生協連合会等の締結した身体の傷害（農協等契約分については医療費の支出に関するものが含まれる。所令326②三・六）に基因して保険金、共済金が支払われる契約で、満期返戻金の支払特約があるもの（所令184④一、所法207三、所令326②一・三～六該当）

④　法律の規定に基づく共済に関する事業を行う法人が締結する火災共済、自然災害共済、身体の傷害、医療費の支出に関する共済契約で、満期返戻金の支払特約があるもの（所令184④一、所法207三、所令326②七該当）

⑤　農協（連合会、農業共済組合及び同連合会を含む）、漁協（水産加工業協同組合及び共済水産業協同組合連合会を含む）、火災共済協同組合、生協連合会、財務省告示139号（P871参照）に掲げる生協の締結する建物更生共済契約等のうち、共済期間満了の時に共済目的物が現存している場合に限り共済金の支払を約するもの（所令184④二、所法77②二、所令214各号該当）

⑥　上記④の法人の締結する火災共済契約等のうち、共済期間満了の時に共済目的物が現存している場合に限り共済金の支払を約するもの（所令184④二、所法207三・所令326②七該当）

⑦　少額短期保険業者の締結する損害保険契約に類する保険契約のうち、返戻金の支払を約するもの（所令184④三該当）

《商品群による例示》

　　以上の内容を主な商品群によって例示すると、概ね以下のようになる（いずれも、類似の共済契約を含む）。

　　積立傷害保険、年金払積立傷害保険（解約返戻金のみ該当）、積立火災保険、積立介護費用保険、農協等の建物更生共済等

【編者注6】一時所得となる損害保険契約等の解約返戻金

1　所令184条4項1号に規定する解約返戻金は、「保険期間の満了

後満期返戻金を支払う旨の特約がされているものに基づき支払を受ける……解約返戻金」と読めるので、損害保険契約一般の解約返戻金をいうのではなく、満期返戻金支払特約のある損害保険契約等に係る解約返戻金に限るものと解される。

　いわゆる掛捨て型の損害保険契約（満期返戻金支払特約のない損害保険契約。終身型の契約を含む）であっても、その保険期間が相当長期で、保険期間中の保険料が平準化されているような契約にあっては、解約時に解約返戻金等の生ずる場合がある。このような解約返戻金がどの所得に当たるかについては、所得税の法令・通達等に明示がない。他に該当する所得がなく、非課税所得にも該当しないことから、雑所得に当たるものと考えられる（なお、その損害保険契約が、個人事業の使用人を被保険者とするもので、事業の遂行上必要な保険契約として、その保険料の全部又は一部を事業所得の必要経費に算入しているようなものについての解約返戻金は、事業所得の収入金額とされる。）。

2　所令184条4項2号に規定する解約返戻金は、「共済期間中の耐存を共済事故とする共済に係る契約に基づき支払を受ける……解約返戻金」と読めるので、共済期間満了の時に共済目的物が現存することを条件とする共済契約の解約返戻金に限るものと解される。

3　解約返戻金と共に前納保険料の払戻しを受ける場合の課税関係については、所令183条の編者注2③（P514）参照。

【編者注7】所令184条4項1号カッコ書の趣旨

　所令184条4項1号のカッコ書の趣旨は、一時所得となるべき損害保険契約の満期返戻金は、一時金として支払を受ける満期返戻金に限るのであって、満期返戻金であっても年金として支払われるものは、一時所得の収入金額にならないということを明示したものと解される。

　なお、所基通35-3（年金に代えて支払われる一時金・P568参照）によれば、生命保険契約等に基づく年金を一時金で支払われる場合で、一

定の要件に該当する場合には、その一時金は一時所得に当たるとされており、損害保険契約に係る満期返戻金についても同35-3の取扱いが適用されるものと思われる（所基通35-3の編者注・P569参照）。

所得税基本通達

（満期返戻金等の支払を受けた場合の一時所得の金額の計算）
36・37共－18の6　長期の損害保険契約［保険期間が3年以上で、かつ、保険期間満了後に満期返戻金を支払う旨の定めのあるものをいう。36・37共－18の2参照。編注］に基づく満期返戻金若しくは満期共済金又は解約返戻金の支払を受けた場合には、当該満期返戻金若しくは満期共済金又は解約返戻金に係る一時所得の金額の計算に当たっては、当該損害保険契約に係る保険料の総額から［,］そのうちのその者［個人事業者、不動産の賃貸人等。編注］の各年分の各種所得の金額の計算上必要経費に算入している部分の金額［過去における必要経費算入額の累計額。編注］を控除した残額を、令第184条第2項第2号《損害保険契約に基づく満期返戻金等に係る一時所得の金額の計算》に規定する「保険料又は掛金の総額」として、同号の規定を適用する。（直近改・平11課所4-1）

第6節　雑所得の収入金額となる生命保険契約に基づく年金に関する条項

所 得 税 法

（雑所得）
第35条　雑所得とは、利子所得、配当所得、不動産所得、事業所得、給与所得、退職所得、山林所得、譲渡所得及び一時所得のいずれにも該当しない所得をいう。（直近改・平16法14）
　2　雑所得の金額は、次の各号に掲げる金額の合計額とする【編者注】。
　　一　その年中の公的年金等の収入金額から公的年金等控除額を控除した残額
　　二　その年中の雑所得（公的年金等に係るものを除く。）に係る総収入金額から必要経費を控除した金額
　3　［以下省略］

【編者注】本条2項の1号と2号との通算の可否
　　本条2項2号に掲げる金額は赤字となる場合がある。この場合、1号の金額と2号の赤字を通算できるかという問題がある。本条2項は、1号と2号の金額の「合計額」とのみ規定し、格別の除外要件を定めていないし、また本条2項内の通算はいわゆる「損益通算」ではない。このような次第で、本条2項2号の赤字は、同1号の金額と通算できると解されている（今田繁雄編「所得税確定申告の手引（平成20年分）」税務研究会出版局・P572参照）。

所得税基本通達

（雑所得の例示）
35-1　次に掲げるようなものに係る所得は、雑所得に該当する。（直近改・

平22課個2-25）

(1)～(8)［省略］

(9) 令第183条第1項《生命保険契約等に基づく年金に係る雑所得の金額の計算上控除する保険料等》、令第184条第1項《損害保険契約等に基づく年金に係る雑所得の金額の計算上控除する保険料等》、令第185条《相続等に係る生命保険契約等に基づく年金に係る雑所得の金額の計算》及び令第186条《相続等に係る損害保険契約等に基づく年金に係る雑所得の金額の計算》の規定の適用を受ける年金【編者注1、2】

(10)［以下省略］

【編者注1】保険金据置の利息

　死亡保険金又は満期保険金を保険事故発生時（死亡又は満期到来時）に一時に受け取らず、その保険金の全部又は一部を据置き、据置期間満了時又は請求により保険金の支払を受けるという方法選択することができる（例えば、養老保険約款（例）5条⑩・P1370参照）。

　この場合には、据置期間中、毎年利息が付され、毎年の利息相当額は雑所得の収入金額とされる（前掲「保険税務のすべて」・P1000参照）。

　なお、一時払保険金（死亡保険金・満期保険金等）を据置く場合には、その保険事故発生時（満期到来を含む）に、その保険契約関係（保険料の支払状況を含む）、保険金の内容等により、通常の課税関係（非課税を含む）が生ずる（通常保険金を支払うべき時に保険金の支払調書が提出される。なお、所基通36-13の編者注・P521参照）。

　据置保険金の性質は、保険金に係る債権から離脱し、保険会社と保険金受取人との間における預け金に係る金銭債権というべきものであるから、据置保険金の全部又は一部の払戻しを受けても、新たな課税関係（20%の源泉徴収課税を含む）が生ずることはないし、保険金に係る支払調書の提出も行われない。

　（注）保険金の据置き制度は、次の編者注2に述べる主契約に予め年金支払特約を付加することによる、一時払保険金を年金の方法で支払われる場合とは異なる。

【編者注２】 一時払の保険金等を年金の方法で支払を受ける場合

　死亡保険金等（高度障害保険金等を含む）又は満期保険金で、本来一時払されるべき保険金につき、主契約に年金支払特約（P1412参照）を付加することにより、これらの保険金の全部又は一部につき、年金の方法で支払を受けることができる。

　年金支払特約(例) 1 条①項（P1412参照）によれば、この特約を主契約に付加することができるのは次のようになっている。
ⅰ　契約の有効継続中は、保険契約者の随時の申込
ⅱ　保険金支払事由発生（満期到来を含む）後は、その事由発生日（満期保険金の場合は満期到来日）以後具体的な保険金支払が行われる日の前日までの間に限り、保険金受取人の申込（保険金の支払後においては、年金支払特約を締結することができない旨明示されている同 1 ①ただし書）。

　一時払の保険金を年金の方法で支払を受ける場合、実務上、所得税の課税関係は、次のように取り扱われている（この取扱いは、昭和62年、損保業界が「保険金又は満期返戻金等の分割払に関する特約」に関し、国税庁にその税務処理について照会し回答を得たもので、生命保険についても同様に取り扱うこととされたものである、とされている（前掲「保険税務のすべて」・P1184参照）。

① 年金支払特約が、保険事故発生日（満期保険の場合は、満期到来日）前に付されている場合
ⅰ　保険事故発生日の属する年分においては、年金の基礎となる保険金について一時所得の課税を行わない。
ⅱ　具体的に年金の支払を受けるとき、年金を雑所得の収入金額とする。
　　この場合の年金に係る雑所得金額の計算は、次のように行う。
　　〈算式〉
　　年金年額－年金年額×（払込正味保険料の総額÷年金支払総額）
　　＝課税される年金額
② 年金支払特約が、保険事故発生日（満期保険の場合は、満期到来日）

以後に付された場合
i 保険事故発生日の属する年分において、一時金として支払われるべき保険金の全額につき、原則どおり、一時所得の課税が行われる。
ii 具体的に年金の支払を受けるとき、年金を雑所得の収入金額とする。

この場合の年金に係る雑所得金額の計算は、次のように行う。
〈算式〉
年金年額－年金年額×（A÷年金支払総額）＝課税される年金額
A＝一時金として支払を受けるべき保険金のうち、年金基金に充当された金額

（注）死亡を伴わない高度障害保険金等で年金支払特約(例)1条①項（P1412参照）に掲げる保険金等についても、年金支払特約の対象とされ、これらの保険金等を年金の方法で受けることができる。

これらの保険金等を一時に支払を受ける場合には、その全額が非課税所得とされ、これらの保険金等を年金の方法で支払を受ける場合も、その年金の全額が非課税所得に該当するものと解されている（所基通9-21の編者注-2・P418参照）。

所得税法施行令

（生命保険契約等に基づく年金に係る雑所得の金額の計算上控除する保険料等）
［編注：生命保険契約等に基づく年金に係る雑所得の金額の計算方法］
第183条　生命保険契約等［本条3項参照。編注］に基づく年金【編者注1】（法第35条第3項(公的年金等の定義)に規定する公的年金等を除く【編者注2】。以下この項において同じ。）の支払を受ける居住者の［、］その支払を受ける年分【編者注3】の当該年金に係る雑所得の金額の計算については、次に定めるところによる【編者注4】。（直近改・平23政195）
一　当該年金の支払開始の日以後に［、］当該年金の支払の基礎と

なる生命保険契約等に基づき分配を受ける剰余金又は割戻しを受ける割戻金の額は、その年分の雑所得に係る総収入金額に算入する【編者注5】。

二 その年に支払を受ける当該年金の額に、イに掲げる金額［分母。編注］のうちに［、］ロに掲げる金額［分子。編注］の占める割合を乗じて計算した金額は、その年分の雑所得の金額の計算上、必要経費に算入する【編者注6】。

　イ　次に掲げる年金の区分に応じそれぞれ次に定める金額
　　（1）その支払開始の日において支払総額が確定している年金　当該支払総額【編者注7】
　　（2）その支払開始の日において支払総額が確定していない年金　第82条の3第2項（確定給付企業年金の額から控除する金額［支給総額の見込額の計算・P573参照。編注］）の規定に準じて計算した支払総額の見込額【編者注7】
　ロ　当該生命保険契約等に係る保険料又は掛金の総額［本条4項参照。編注］【編者注8】

三 当該生命保険契約等が年金のほか一時金を支払う内容のものである場合には、前号ロに掲げる保険料又は掛金の総額は、当該生命保険契約等に係る保険料又は掛金の総額［本条4項参照。編注］に、同号［前号。編注］イ(1)又は(2)に定める支払総額又は支払総額の見込額と当該一時金［一時に支払われる保険金等。編注］の額との合計額［分母。編注］のうちに［、］当該支払総額又は支払総額の見込額［年金で支払われる部分の金額の総額。分子。編注］の占める割合を乗じて計算した金額とする。

四 前2号に規定する割合は、小数点以下二位まで算出し、三位以下を切り上げたところによる。

2　［省略。編注：生命保険契約等に基づく一時金に係る一時所得の金額の計算方法　P505参照］

3　［省略。編注：生命保険契約等の意義　P508参照］

4　［省略。編注：保険料又は掛金の総額の計算　P509参照］

【編者注1】年金に代えて支払われる一時金の課税関係

　生命保険契約等に基づく年金の受取人が、年金に代えて一時金で支払を受ける場合、一定の要件を満たすものについては一時所得に該当する、という所基通35-3（P568参照）の取扱いがある。

【編者注2】公的年金等に含まれるもの

　在職中に使用人が使用者に掛金を拠出し、退職後、使用者から支給される年金は、所法35条3項に規定する公的年金等に該当する、という所基通35-5（受給者が掛金を拠出することにより退職後その使用者であった者から支給される年金）の取扱いがある。

【編者注3】生命保険契約等に係る年金の収入すべき時期

　公的年金等以外の年金で雑所得となるものの収入すべき時期については、所基通36-14（雑所得の収入金額又は総収入金額の収入すべき時期）の(2)に「その収入の態様に応じ、他の所得の収入金額又は総収入金額の収入すべき時期の取扱いに準じて判定した日」とする取扱いがある。

　生命保険契約等に係る年金については、所法225条（支払調書及び支払通知書・P1288参照）1項の規定により、保険会社等は「その支払（「省略」）の確定した日の属する年の翌年1月31日」までに支払調書を提出すべきものとされている。

　所得税の実務においては、この支払調書記載金額を基にして雑所得に係る年金の収入金額及び必要経費とすべき保険料等の額を確認しているのが実状であろう。

　このことからすれば、保険契約等に基づく年金支払日等により保険会社等がその支払額を確定させた日（通常は具体的な支払日をいい、受取人に着金した日とは異なる場合がある）の属する年分の収入となるものと解される。

【編者注4】相続（又は贈与）財産とされる年金に関する権利等と、具体的な年金受給時の課税関係

　従前は、みなす相続（又は贈与）財産とされる死亡保険金を年金方式で受ける場合、あるいは、相続（又は贈与）財産とされる年金

に関する権利に係る年金については、相続税と所得税の双方の課税対象とされていた。

　すなわち、その雑所得の金額の計算方法は所令183条・184条に定める通常の方法と同一とされ、相続税又は贈与税と所得税の二重課税の調整に格別な配慮はされていなかったのである。

　この点につき、平22政令214号により所得税法施行令の一部改正が行われ、185条（相続等に係る生命保険契約等に基づく年金に係る雑所得の金額の計算・P580参照）及び186条（相続等に係る損害保険契約等に基づく年金に係る雑所得の金額の計算・P649参照）が追加され、相続税又は贈与税との調整が図られた。

【編者注5】年金支払開始後に生じた剰余金をもって、一時払の年金保険を買増した場合の取扱い

　個人年金保険で年金支払開始の日以後に、その剰余金（配当金）で年金保険を買増し、いわゆる増加年金等として給付するという場合の雑所得の計算等については、個別通達「年金支払開始の日以後に生じた剰余金をもって一時払の年金保険を買増しすることができるとされている個人年金保険の所得税法上の取扱いについて」（昭60直審3-222・P570参照）がある。

【編者注6】変額個人年金保険に係る雑所得の計算について

　変額個人年金保険に係る雑所得の計算方法については、文書回答事例「変額個人年金保険に関する課税上の取扱いについて」（平14.6.7東京国税局課税総括課長）（P380参照）に詳細な明示がある。

【編者注7】年金の支払総額について

(1) 所令183条1項2号イに規定する支払総額が確定している年金とは、次のものをいう。

　　◇確定年金

　　　年金受取人（個人年金保険契約の場合は被保険者、つまり年金の対象となる者。以下同じ）の生死に関係なく約定等による年金の支給予定期間中、年金を支払うもの（その期間中に受取人が死亡した場合には、年金の継続受取人に残余の期間分の年金の支払が継続されるもの）で、次

の算式により支払総額を計算する。

〈算式〉年金の支払総額＝年金年額×支払予定期間の年数

(注１) 年金年額は、基本年金と増額年金（年金支払開始前に生じた積立配当金を原資とする年金の増額部分を指す）の合計額をいう。年金支払開始後に生ずる配当金は、仮に、その配当金をもって付加（又は増加）年金を買増す場合においても、配当金及び付加（又は増加）年金部分はこの算式の「年金年額」には含まれない（昭60個別通達3-222の別紙２の２（注）・P572参照）。次の(2)において同じ。

(注２) 逓増型年金の場合「年金の支払総額又はその見込額」は、約定等による期間の経過等により増加する年金の単純総和となる。一般的には、次の算式によって計算される。

〈算式〉年金支払総額見込額＝｛Ｎ×Ａ×［２＋（Ｎ－１）×Ｂ］｝÷２
　　　Ｎ＝年金支給期間　Ａ＝第１回年金額　Ｂ＝増加率

(注３) 利率変動型個人年金保険（いわゆる変額年金保険）で、受け取る年金そのものが変動する年金について、年金支払総額又は年金支払総額の見込額を計算する場合には、その変動年金は考慮せず、年金年額を基にそれぞれの受取方法に応じて定められている計算方法によって年金総額又は総額の見込額を計算する、とされている（前掲「保険税務のすべて」P1136参照）。

(2) 所令183条１項２号イに規定する支払総額が確定していない年金とは、次のものをいい、年金支払総額の見込額は所令82条の３第２項（P573参照）に準じて計算するが、その概要は以下のとおり。

① 有期年金

年金受取人が年金の支給期間内に死亡した場合には、残余の期間については年金の支払をしないもの（例えば、簡易保険の定期年金など）の、年金の支払総額の見込額は次の算式で計算する。

〈算式〉年金の支払総額の見込額＝年金年額×支給期間の年数
　　　　と、年金支払開始日における受取人の余命年数とのうち、
　　　　いずれか短い年数

(注) 上記(1)の算式の注１、２、３参照。余命年数表はP575参照。

②　保証期間付有期定年金

　支給予定期間（例えば、20年）と支給保証期間（例えば、15年）とがあり、ⅰ）受取人が支給予定期間中生存している限り支給が継続され、支給期間の満了によって支給は終了する。ⅱ）例えば、上例で、受取人が16年目に死亡したような場合には、支給保証期間が満了しているので、残余の支給予定期間に対応する部分の年金の支給はない。ⅲ）上例で、受取人が5年経過後に死亡したような場合には、残余の支給保証期間（15年－5年＝10年）に対応する年金は、その相続人等に支給される、というもので、その年金の支払総額の見込額は次の算式で計算する。

　〈算式〉年金の支払総額の見込額＝年金年額×支給保証期間の年数又は年金支払開始日における受取人の余命年数とのうちいずれか長い方の年数と、支給予定期間とのうちいずれか短い年数（例えば、上記の例で、余命年数を25年とすると、15年（支給保証期間）と25年のうち長い方の25年と、20年（支給予定期間）とを比べ、短い20年となる。）

（注）上記(1)の算式の注1、2、3参照。余命年数表はP575参照。

③　終身年金

　受取人が生存している限り年金が支給され、死亡によって年金の支給は終了する、というもので、その年金の支払総額の見込額は次の算式で計算する。

　〈算式〉年金の支払総額の見込額＝年金年額×余命年数

（注）上記(1)の算式の注1、2、3参照。余命年数表はP575参照。

④　保証期間付終身年金

　受取人の生存中年金の支給が継続され、受取人の死亡によって年金の支給は終了する。ただし、受取人が支給保証期間内に死亡した場合には、残余の保証期間に対応する部分の年金は、年金の継続受取人に支給されるというもので、その年金の支払総額の見込額は次の算式で計算する。

　〈算式〉年金の支払総額の見込額＝年金年額×年金支払開始日に

おける受取人の余命年数と、支給保証期間とのうちいずれか長い年数

(注) 上記(1)の算式の注1、2、3参照。余命年数表はP575参照。

【編者注8】年金受取人以外の者が負担している保険料等の取扱い

所令183条1項2号ロ及び同条4項による保険料等の総額を計算する場合には、年金受取人以外の者が負担した保険料又は掛金も含まれる、とする所基通35-4（P570参照）の取扱いがある。

■参考：所得税基本通達9-18、35-3～4

（年金の総額に代えて支払われる一時金）

9-18　死亡を年金給付事由とする令第183条第3項《生命保険契約等に基づく年金に係る雑所得の金額の計算上控除する保険料等［生命保険契約等の意義・P508参照。編注］》に規定する生命保険契約等の給付事由が発生した場合［被相続人の死亡を年金支払開始原因とする保険契約。編注］で［、］当該生命保険契約等に係る保険料又は掛金がその死亡した者によって負担されたものであるときにおいて、当該生命保険契約等に基づく年金の受給資格者が［、］当該年金の受給開始日以前【編者注】に年金給付の総額に代えて一時金の支払を受けたときは、当該一時金については課税［所得税の課税。編注］しないものとする。（直近改・平元直所3-14）

【編者注】年金の受給開始日以前の意義、本項の趣旨

本項の「年金受給開始日以前」については、「年金の支払が始まる前」とされている（前掲「所得税基本通達逐条解説」・P80参照）。

被相続人の死亡を年金支払開始原因とする保険契約（被相続人が保険料等を負担しているものに限る）で、年金受取人（約定上の受取人）が、相続開始の時から具体的な第1回目の年金支払が行われるまでの間に、その年金の全部につき一時金で支払を受ける場合には、その一時金はいわゆる死亡保険金（相法3①一）として取り扱われ、相続税の課税対象財産となる（この場合の価額は、相法24条の年金受給権としての評価額ではなく、支払を受けた一時金の額である。相法3条1項1号の編者

注3-3②・P123参照）ので、所得税においては非課税所得に該当する（所法９①十六）。

　本項の表現が「令183条３項に規定する生命保険契約等」となっていることから、一見生命保険契約等に限られるのではないかとの疑問が生ずる。しかし、本項の趣旨からすれば、殊更に損害保険契約等に基づく年金を排除する合理的な理由は見出し難いので、本項の年金には、損害保険契約等に基づくものも含まれるものと考えられる（所基通9-18についての前掲「所得税基本通達逐条解説」においても「保険年金契約」として説明されている。同書・P79参照）。

　なお、本項に掲げる期間内において、年金の一部につき一時金で支払を受ける場合、あるいは第１回目の年金の支払が行われた後、残余の年金の全部又は一部につき一時金で支払を受けるような場合には、その年金に関する権利は、相続開始時に給付事由の発生している定期金に関する権利として相続税の課税対象財産となり（相法３①五）、一時金の支払を受ける時には所基通35-3（後掲）による所得税の課税が行われる。

（年金に代えて支払われる一時金）　　所基通
35-3　令第183条第１項［編注：P561参照］、令第184条第１項、令第185条又は令第186条の規定の対象となる年金の受給資格者に対し［、］当該年金に代えて支払われる一時金のうち、当該年金の受給開始日以前に支払われるものは一時所得の収入金額とし、同日後に支払われるものは雑所得の収入金額とする【編者注】。

　ただし、同日後に支払われる一時金であっても、将来の年金給付の総額に代えて支払われるものは、一時所得の収入金額として差し支えない。（直近改・平22課個2-25）

　（注）死亡を給付事由とする生命保険契約等の給付事由が発生した場合において［、］当該生命保険契約等に基づく年金の支払に代えて［、］受給開始日以前に支払われる一時金については、9-18［編注：P567］参照。

【編者注】本項の趣旨等

　本項によると、年金保険契約に係る一時金については、その支払が「年金受給開始の日以前」か、「受給開始の日後」かによって、一時所得又は雑所得に区分される（本項本文）。

　なお、「年金受給開始日以前」については、所基通9-18の編者注（P567参照）と同様に「年金の支払が始まる前」と考えられるので、契約に基づく「具体的な第1回目の年金支払のときまで」になるものと思われる。

　また、本項では「生命保険契約等に基づく年金」と表現されているが、所基通9-18の編者注（P567参照）と同様の理由から、損害保険契約等に係る年金についても、本項の適用があるものと考えられる。

　本項による所得区分を整理すると、次のようになる。

① 第1回目の年金支払が行われる前に、年金に代えて支払われる一時金は、一時所得となる。この場合の「年金に代えて支払われる一時金」とは、契約に基づく年金の支払事由が発生したものについての一時金をいうものと考えられる。

　　そうだとすると、年金の支払事由発生前にその保険契約の全部又は一部を解約することにより支払を受ける一時金は、本項によるまでもなく、所令183条2項（P505参照）又は同令184条2項（P549参照）によって、一時所得になるものと解される。したがって、その一部の解約が2回以上にわたって行われるような場合においても、その解約の都度一時所得に該当することになる。

② 第1回目の年金が支払われた後に、その契約に係る残余の年金の一部につき一時金で支払を受ける場合には、その一時金は雑所得となる。

③ 第1回目の年金の支払が行われた後に支払を受ける一時金であっても、その契約に係る残余の年金の全部を一時金で支払を受ける場合には、その一時金は上記②にかかわらず、一時所得となる（本項ただし書）。

④ 被相続人の死亡が年金の給付原因となっている場合で、死亡後

第１回目の年金が支払われるまでの間に、その契約に係る年金の全部につき一時金で支払を受けるときは、所得税は課税されない（非課税所得となる。本項(注)）。

（生命保険契約等又は損害保険契約等に基づく年金に係る所得金額の計算上控除する保険料等）　所基通

35-4　令第183条第１項第２号ロ［編注：P562参照］又は第184条第１項第２号ロ［編注：P577参照］に規定する保険料又は掛金の総額には、その年金の支払を受ける者以外の者が負担した保険料又は掛金の額も含まれる【編者注】。（直近改・平11課所4-1）

（注）使用者が負担した保険料又は掛金で36-32［課税しない経済的利益…使用者が負担する少額な保険料等。編注］により給与等として課税されなかったものの額は、令第183条第１項第２号ロ又は第184条第１項第２号ロに掲げる保険料又は掛金の総額に含まれる［編注：給与等として課税されるものは、当然に自己が負担したものとして保険料等の総額に含まれる。］。

【編者注】本項の趣旨等

　本項の趣旨等については、所基通34-4の編者注２（P520）参照。

■参考：所得税関係個別通達「年金支払開始の日以後に生じた剰余金をもって一時払の年金保険を買増しすることができることとされている個人年金保険の所得税法上の取扱いについて」（昭60直審3-222）

　標題のことについては、社団法人生命保険協会から別紙２のとおり照会があり、これに対して当庁直税部長事務取扱名をもって別紙１のとおり回答したから了知されたい。

《別紙1》

［前略］

標題のことについては、貴見のとおり取り扱って差し支えありません。

《別紙2》

［前略］

　生命保険契約に基づく個人年金保険には、別紙のように「年金支払開始の日以後に剰余金（配当金）が生じた場合には、その剰余金の額を年金保険に買増し、いわゆる増加年金又は付加年金として給付する」という商品があります。

（注）年金支払開始の日以後に生じた剰余金（配当金）の支払方法は、全て増加年金の買増しによる方法とは限らず、本人の選択により現金払い、又は積立（自由引出し）の方法もできるとするのが一般です。

　このような年金支払開始の日以後に生じた剰余金（配当金）をもって年金保険を買増しすることができるとされる個人年金保険の年金に係る、①源泉徴収すべき所得税の額の計算、②源泉徴収の要否の判定、③雑所得の金額の計算、および④支払調書の記載金額については、それぞれ下記のとおり取扱われるものと解してよいか貴意をお伺いいたします。

記

1　源泉徴収すべき所得税の額の計算

　源泉徴収をする所得税の額の計算は次の算式により行う。

　［(支払年金の額＋増加年金の額) －（支払年金の額＋増加年金の額）×（支払保険料総額÷年金支払総額（年金支払総額の見込額）］×10／100

（注）支払年金の額とは、年金支払開始の日以後に生じた剰余金を原資とする年金以外の年金をいい、別紙「概略図」［編注：省略］の基本年金及び増額年金［年金支払開始前に生じた積立配当金を原資とする年金の増額部分を指す。編注］の合計額をいう。また、年金支払開始の日以後に生じた剰余金の支払方法が現金払い又は積立（自由引出し）の方法の場合には、これらの現金等の額は支払年金の額及び増加年金の額には含まれない。

2　源泉徴収の要否の判定

　源泉徴収の要否の判定は次の算式により行い、Ａの金額が25万円未満の場

合は源泉徴収を要しない。

　［(年金年額＋増加年金年額) － (年金年額＋増加年金年額) × (支払保険料総額÷年金支払総額 (年金支払総額の見込額))］ ＝ A

(注) 年金年額とは、年金支払開始の日またはその年単位の応当日より1年以内に支払われる年金額とし、年金支払開始の日以後に生じた剰余金を原資とする年金の年金年額を含まないものとする。

3　雑所得の金額の計算

雑所得の金額の計算は次の算式により行う。

(支払年金の額＋増加年金の額又は現金払配当金の額・積立配当金の額 (自由引出し)) －支払年金の額× (支払保険料総額÷年金支払総額 (年金支払総額の見込額))

(注) このように雑所得に係る収入金額について、①増加年金の額、②現金払配当金の額、③積立配当金(自由引出し)の額のいずれかを加算するが、必要経費の額の計算に当たってはこれら増加年金等の額はいずれも加算しないで行う。

4　支払調書 (生命保険契約等の年金の支払調書) の記載金額

生命保険契約等の年金の支払調書の次の各欄にはそれぞれ次の金額を記載する。

(1)「年金の支払金額」欄

増加年金を含む年金の額を記載する。なお、現金払の配当金額又は積立配当金については外書する。

(2)「年金の支払金額に対応する掛金額」欄

雑所得の計算上、必要経費に算入される金額を記載する。

(注) 具体的には次に算式により計算された額とする。

支払年金の額× (支払保険料総額÷年金支払総額 (年金支払総額の見込額)

◇別　紙

年金支払開始の日以後に生じた剰余金をもって一時払の年金保険を買増しすることができることとされている個人年金保険の例

〈給付内容〉

保険料支払終了後に確定した保険料の積立額等を原資とする基本年金及び増額年金[年金支払開始前に生じた積立配当金を原資とする年金の増額部分を指す。編注]を支払うほか年金支払開始の日以後に剰余金（配当金）が生じた場合には、本人の選択において当該剰余金の額を、①年金保険を買増し、増加年金として支給する　②現金払とする　③積立（自由引出し）の方法のいずれかの方法で支払う。

〈概略図〉

　　［編注：省略］

■参考：所得税法施行令82条の３
　（確定給付企業年金の額から控除する金額）
第82条の３　［第１項省略］

　　［編注：支給開始の日において支給総額が確定していない年金の支給総額の見込額の計算方法］
　２　前項第１号ロに定める支給総額の見込額は、次に掲げる金額とする。(直近改・平13政375)
　　一　前項に規定する年金のうち次に掲げるもの（次号に該当するものを除く。）については、その支給の基礎となる規約において定められているその年額（剰余金額を除く。）［個人年金保険契約等の場合は、その保険契約に基づく年金年額。編注］に、次に掲げる年金の区分に応じそれぞれ次に定める年数を乗じて計算した金額
　　　イ　有期の年金で、受給権者（その年金の支給開始の日における確定給付企業年金法第30条第１項（裁定）に規定する受給権者をいう［個人年金保険契約の場合には、年金保険契約の被保険者。編注］。以下この項において同じ。）がその期間内［約定上の年金支給予定期間内。編注］に死亡した場合には［、］その死亡後の期間につき支給を行わないもの
　　　　その支給期間に係る年数（その年数が［、］その受給権者についての[、］その年金の支給開始の日における別表［編注・P575］に定める余命年数（以下この項において「支給開始日における余命年数」という。）を超える場

合には、その余命年数)

ロ 有期の年金で、受給権者がその支給開始の日以後一定期間（以下この項において「保証期間」という。）内に死亡した場合には［、］その死亡後においてもその保証期間の終了の日まで［、］その支給を継続するもの

その支給期間［約定上の年金支給予定期間。編注］に係る年数（その年数が［、］その保証期間に係る年数と［、］その受給権者に係る支給開始日における余命年数とのうち［、］いずれか長い年数を超える場合には、そのいずれか長い年数［支給予定期間が、保証期間と余命年数のうち長い方の年数を超える場合は、保証期間と余命年数とのうち、いずれか長い方の年数を限度とする意。編注］)

ハ 終身の年金で、受給権者の生存中に限り支給するもの
その受給権者に係る支給開始日における余命年数

ニ 終身の年金で、受給権者の生存中支給するほか、受給権者が保証期間内に死亡した場合には［、］その死亡後においてもその保証期間の終了の日までその支給を継続するもの

その受給権者に係る支給開始日における余命年数（当該余命年数がその保証期間に係る年数に満たない場合には、その保証期間に係る年数)

二 前号ロ［保証期間付有期年金。編注］又はニ［保証期間付終身年金。編注］に掲げる年金のうち［、］支給総額の見込額の計算の基礎となる年数が保証期間に係る年数とされるもので、受給権者に支給する年金の年額［生前の年金年額。編注］と［、］受給権者の死亡後に支給する年金の年額とが異なるものについては、受給権者に支給する年金の年額［生前の年金年額。編注］に［、］受給権者に係る支給開始日における余命年数を乗じて計算した金額［A。編注］と［、］受給権者の死亡後に支給する年金の年額に［、］保証期間に係る年数と当該余命年数との差に相当する年数［保証期間が余命年数より長い場合における、保証期間から余命年数を控除した年数。編注］を乗じて計算した金額［B。編注］との合計額［AとBとの合計額。編注］

三 その支給の条件が前2号に定めるところと異なる年金については、

その支給の条件に応じ、その年額、受給権者（受給権者の死亡後その親族その他の者に支給する年金については、受給権者及び当該親族その他の者）に係る余命年数及び保証期間（受給権者の死亡後一定期間年金を支給する旨を定めている場合におけるその一定期間を含む。）を基礎として［、］前２号の規定に準じて計算した金額

3　［省略］

■参考：所得税法施行令・別表「余命年数表（第82条の３関係）」

年金の支給開始日における年齢	余命年数		年金の支給開始日における年齢	余命年数		年金の支給開始日における年齢	余命年数	
	男	女		男	女		男	女
（歳）	（年）	（年）	（歳）	（年）	（年）	（歳）	（年）	（年）
0	74	80	33	43	48	66	14	18
1	74	79	34	42	47	67	14	17
2	73	78	35	41	46	68	13	16
3	72	77	36	40	45	69	12	15
4	71	77	37	39	44	70	12	14
5	70	76	38	38	43	71	11	14
6	69	75	39	37	42	72	10	13
7	68	74	40	36	41	73	10	12
8	67	73	41	35	40	74	9	11
9	66	72	42	34	39	75	8	11
10	65	71	43	33	38	76	8	10
11	64	70	44	32	37	77	7	9
12	63	69	45	32	36	78	7	9
13	62	68	46	31	36	79	6	8
14	61	67	47	30	35	80	6	8
15	60	66	48	29	34	81	6	7
16	59	65	49	28	33	82	5	7
17	58	64	50	27	32	83	5	6
18	57	63	51	26	31	84	4	6
19	56	62	52	25	30	85	4	5
20	55	61	53	25	29	86	4	5
21	54	60	54	24	28	87	4	4
22	53	59	55	23	27	88	3	4
23	52	58	56	22	26	89	3	4
24	51	57	57	21	25	90	3	3
25	50	56	58	20	25	91	3	3
26	50	55	59	20	24	92	2	3
27	49	54	60	19	23	93	2	3
28	48	53	61	18	22	94	2	2
29	47	52	62	17	21	95	2	2
30	46	51	63	17	20	96	2	2
31	45	50	64	16	19	97歳以上	1	1
32	44	49	65	15	18			

第7節 雑所得の収入金額となる損害保険契約に基づく年金に関する条項

所得税法施行令

(損害保険契約等に基づく年金に係る雑所得の金額の計算上控除する保険料等)
[編注:損害保険契約等に基づく年金に係る雑所得の金額の計算方法]

第184条　損害保険契約等(法第76条第3項第4号(生命保険料控除[編注:P748参照])に掲げる保険契約で生命保険契約以外のもの、法第77条第2項各号(地震保険料控除[編注:P861参照])に掲げる契約[、]及び[編注:所令]第326条第2項各号(第2号を除く。)(生命保険契約等に基づく年金に係る源泉徴収[編注:P668参照])に掲げる契約【編者注1】をいう。以下この項において同じ。)に基づく年金【編者注2】の支払を受ける居住者の[、]その支払を受ける年分【編者注3】の当該年金に係る雑所得の金額の計算については、次に定めるところによる【編者注4】。

※編注:平24.1.1以降、　　の部分は、「第6項」に改まる(平22政50改正)

一　当該年金の支払開始の日以後に[、]当該年金の支払の基礎となる損害保険契約等[本項本文参照。編注]に基づき分配を受ける剰余金又は割戻しを受ける割戻金の額【編者注5】は、その年分の雑所得に係る総収入金額に算入する。

二　その年に支払を受ける当該年金の額に、イに掲げる金額[分母。編注]のうちにロに掲げる金額[分子。編注]の占める割合を乗じて計算した金額は、その年分の雑所得の金額の計算上、必要経費に算入する。

　　イ　次に掲げる年金の区分に応じそれぞれに定める金額

　　　(1)　その支払開始の日において支払総額が確定している年金　当該支払総額【編者注6】

(2) その支払開始の日において支払総額が確定していない年金支払見込期間に応じた支払総額の見込額として財務省令［所規38条の３・P578参照。編注］で定めるところにより計算した金額【編者注７】

ロ　当該損害保険契約等に係る保険料又は掛金の総額［本条３項。編注］【編者注８】

三　前号に規定する割合は、小数点以下２位まで算出し、３位以下を切り上げたところによる。

2　［省略。編注：損害保険契約等に基づく満期返戻金等に係る一時所得の金額の計算方法・P549参照］

3　［省略。編注：保険料又は掛金の総額の計算・P550参照］

4　［省略。編注：満期返戻金等の意義・P551参照］

【編者注１】所令184条１項の損害保険契約等の範囲

　　所令184条１項に規定する損害保険契約の範囲等については、第５節に掲げる所令184条の編者注１（P551）参照。

【編者注２】年金に代えて支払われる一時金の課税関係

　　損害保険契約等に基づく年金の受取人が、年金に代えて一時金で支払を受ける場合の課税関係については、所基通35-3（P568）及びその編者注参照。

【編者注３】損害保険契約等に係る年金の収入すべき時期

　　損害保険契約等に基づく年金の収入すべき時期については、第６節に掲げる所令183条の編者注３（P563）参照。

【編者注４】相続財産とされる年金と、具体的な年金受給時の課税関係

　　相続財産とされる年金に関する権利（本来の相続財産である年金に関する権利で、相続開始時に年金支給事由が生じているもの、あるいは、被相続人の死亡保険金を年金で受けるもの）についての課税関係は、第６節に掲げる所令183条の編者注４（P563）参照。

【編者注５】年金支払開始後に生じた剰余金をもって、一時払の年金

保険を買増した場合の取扱い
　個人年金保険で年金支払開始の日以後に、その剰余金で年金保険を買増すことができるとされているものの所得税上の取扱いについては、第6節に掲げる所令183条の編者注5（P564）参照。
【編者注6】年金の支払総額について
　所令184条1項2号イに規定する「支払総額が確定している」及び「支払総額」については、第6節に掲げる所令183条の編者注7（P564参照）と同様に解される。
【編者注7】年金支払総額の見込額について
　年金支払開始の日において年金支払総額が確定していない場合の支払総額の見込額の計算方法は、生命保険契約等に基づく年金の場合と異なり、所規38条の3（後掲）に規定するところにより計算する（生命保険契約等の場合には、所令82条の3第2項に準じて計算するものとされている）。
　なお、「支払総額が確定していない」ものの意義等については、第6節に掲げる所令183条の編者注7(2)(P565)参照。
【編者注8】年金受取人以外の者が負担している保険料等の取扱い
　所令184条1項2号ロ及び同条4項による保険料等の総額を計算する場合には、年金受取人以外の者が負担した保険料又は掛金も含まれる、とする所基通35-4（P570参照）の取扱いがある。

所得税法施行規則

（損害保険契約等に基づく年金に係る支払総額の見込額の計算）
第38条の3　令第184条第1項第2号イ(2)（損害保険契約等に基づく年金に係る雑所得の金額の計算上控除する保険料等［年金の支払総額が確定していない場合の支払総額の見込額・P577参照。編注］）に規定する財務省令で定めるところにより計算した金額は、同号イ(2)に掲げる年金（有期の年金で契約対象者が保証期間内に死亡した場合にはその死亡した日からその保証期間の終了の日までの期間に相当する部分の金額の支払が行われるもの

に限る。）の支払の基礎となる損害保険契約等（同項［所令184条１項。編注］に規定する損害保険契約等をいう。以下この条において同じ。）において定められているその年額（当該年金の支払開始の日以後に［、］当該損害保険契約等に基づき分配を受ける剰余金又は割戻しを受ける割戻金の額を除く【編者注】。）に、**当該損害保険契約等において定められているその支払期間に係る年数**（その年数が［、］その保証期間に係る年数とその契約対象者に係る当該年金の支払開始の日における令別表に定める余命年数とのうちいずれか長い年数を超える場合には、そのいずれか長い年数）を乗じて計算した金額とする。（直近改・平23財令29）

2　前項において、次の各号に掲げる用語の意義は、当該各号に定めるところによる。（平23財令29追加）

　一　契約対象者　年金の支払の基礎となる損害保険契約等においてその者の生存が支払の条件とされている者をいう。

　二　保証期間　有期の年金の支払開始の日以後一定期間をいう。

【編者注】年金支払開始後に生ずる配当金等

　年金の支払総額の見込額を計算する場合における年金支払開始の日後に生ずる配当金については、第６節に掲げる所令183条の編者注７(1)の算式の注１（P565）参照。

第8節 相続税・贈与税の課税対象となる年金受給権～生命保険契約～に係る雑所得の計算に関連する条項

所得税法施行令

（相続等に係る生命保険契約等に基づく年金に係る雑所得の金額の計算）

［編注：旧相続税法対象年金（相続税法における年金に関する権利の評価が、平成22年改正前の相法24条により行われるもの）に係る雑所得の金額の計算］

第185条　第183条第3項（生命保険契約等に基づく年金に係る雑所得の金額の計算上控除する保険料等［生命保険契約等の意義・P508参照。編注］）に規定する**生命保険契約等**（以下この項及び次項において「生命保険契約等」という。）**に基づく年金**（同条［所令183条。編注］第1項に規定する年金をいう。以下この条において同じ。）**の支払を受ける居住者が、当該年金**（当該年金に係る権利につき所得税法等の一部を改正する法律（平成22年法律第6号）第3条（相続税法の一部改正）の規定による改正前の相続税法（昭和25年法律第73号。次条第1項において「旧相続税法」という。）第24条（定期金に関する権利の評価［編注：P373参照］）の規定の適用があるもの（次項において「旧相続税法対象年金」という。）に限る。）**に係る保険金受取人等**［本条3項。編注］**に該当する場合には、当該居住者のその支払を受ける年分の当該年金に係る雑所得の金額の計算については、第183条第1項の規定にかかわらず、次に定めるところによる**【編者注1】。（直近改：平23政令195）

［編注：確定年金に係る雑所得の収入金額とされる金額］

一　**その年に支払を受ける確定年金**（年金の支払開始の日（その日［生命保険契約等による約定上の年金支払開始日。編注］において年金の支払を受ける者が当該居住者以外の者［被相続人等すでに年金を受給していた

者。編注］である場合には、当該居住者が最初に年金の支払を受ける日。以下この項及び次項において「支払開始日」という【編者注２】。）において支払総額（年金の支払の基礎となる生命保険契約等において定められている年金の総額のうち当該居住者が支払を受ける金額をいい、支払開始日以後に当該生命保険契約等に基づき分配を受ける剰余金又は割戻しを受ける割戻金の額に相当する部分の金額を除く【編者注３】。以下この条において同じ。）が確定している年金をいう。以下この項及び次項において同じ。）の額（第７号の規定により総収入金額に算入される金額［年金支払開始後に受ける配当金等。編注］を除く。）のうち次に掲げる確定年金の区分に応じそれぞれ次に定める金額は、その年分の雑所得に係る総収入金額に算入する。

イ　残存期間年数（当該居住者に係る支払開始日【編者注２】におけるその残存期間に係る年数をいい、当該年数に１年未満の端数を生じたときは、これを切り上げた年数をいう。以下この条において同じ。）が10年以下の確定年金

　　１課税単位当たりの金額（当該確定年金の支払総額に100分の40（残存期間年数が５年以下である場合には、100分の30）を乗じて計算した金額を［、］課税単位数（残存期間年数に当該残存期間年数から１年を控除した年数を乗じてこれを２で除して計算した数をいう。）で除して計算した金額をいう。）に経過年数（支払開始日からその支払を受ける日までの年数をいい、当該年数に１年未満の端数を生じたときは、これを切り捨てた年数をいう。以下この項及び次項において同じ。）を乗じて計算した金額に係る支払年金対応額（当該計算した金額にその支払を受ける年金の額に係る月数を乗じてこれを12で除して計算した金額をいう。以下この項及び次項において同じ。）の合計額【編者注４】

ロ　残存期間年数が10年を超え55年以下の確定年金

　　当該確定年金の支払を受ける日の次に掲げる場合の区分に応じそれぞれ次に定める金額の合計額【編者注５】

　（1）その支払を受ける日が特定期間（その支払開始日から［、］残存期間年数［上記イ参照。編注］から調整年数［本条３項２号。編注］

を控除した年数を経過する日までの期間をいう【編者注6】。ロにおいて同じ。）内の日である場合

　　当該確定年金の支払総額【編者注3】を総単位数（残存期間年数から調整年数を控除した年数に［、］当該残存期間年数を乗じて計算した数をいう。）で除して計算した金額（ロにおいて「1単位当たりの金額」という。）に経過年数［上記イ参照。編注］を乗じて計算した金額に係る支払年金対応額［上記イのカッコ書参照。編注］

　(2)　その支払を受ける日が特定期間の終了の日後である場合

　　当該確定年金に係る1単位当たりの金額［上記(1)参照。編注］に［、］残存期間年数［上記イ参照。編注］から調整年数［本条3項2号。編注］に1年を加えた年数を控除した年数を乗じて計算した金額に係る支払年金対応額［上記イのカッコ書参照。編注］

ハ　残存期間年数が55年を超える確定年金

　　当該確定年金の支払を受ける日の次に掲げる場合の区分に応じそれぞれ次に定める金額の合計額【編者注7】

　(1)　その支払を受ける日が支払開始日から27年を経過する日までの期間内の日である場合

　　当該確定年金の支払総額【編者注3】を特定単位数（残存期間年数［上記イ参照。編注］に27を乗じて計算した数をいう。）で除して計算した金額（ハにおいて「1特定単位当たりの金額」という。）に経過年数［上記イ参照。編注］を乗じて計算した金額に係る支払年金対応額［上記イのカッコ書参照。編注］

　(2)　その支払を受ける日が支払開始日から27年を経過する日後である場合

　　当該確定年金に係る1特定単位当たりの金額［上記(1)参照。編注］に26を乗じて計算した金額に係る支払年金対応額［上記イのカッコ書参照。編注］

［編注：終身年金に係る雑所得の収入金額とされる金額］

二 その年に支払を受ける終身年金(その支払開始日【編者注2】)において支払総額が確定していない年金のうち、終身の年金で契約対象者(年金の支払の基礎となる生命保険契約等においてその者の生存が支払の条件とされている者をいう【編者注8】。以下この項において同じ。)の生存中に限り支払われるものをいう。以下この項及び次項において同じ。)の額(第7号の規定により総収入金額に算入される金額[年金支払開始後に受ける配当金等。編注]を除く。)のうち次に掲げる終身年金の区分に応じそれぞれ次に定める金額は、その年分の雑所得に係る総収入金額に算入する。

イ 支払開始日余命年数(当該契約対象者【編者注8】についての支払開始日【編者注2】における別表[編注:P575参照]に定める余命年数をいう。以下この条において同じ。)が10年以下の終身年金

当該終身年金の支払を受ける日の次に掲げる場合の区分に応じそれぞれ次に定める金額の合計額【編者注9】

(1) その支払を受ける日が余命期間(その支払開始日から支払開始日余命年数を経過する日までの期間をいう。以下この項及び次項第2号において同じ。)内の日である場合

当該終身年金の支払総額見込額(契約年額(年金の支払の基礎となる生命保険契約等において定められている年金の年額のうち当該居住者が支払を受ける金額をいい、支払開始日【編者注2】以後に当該生命保険契約等に基づき分配を受ける剰余金又は割戻しを受ける割戻金の額に相当する部分の金額を除く。以下この項及び次項において同じ。)に支払開始日余命年数[上記イ本文カッコ書参照。編注]を乗じて計算した金額をいう。以下この号及び次項第2号において同じ。)に100分の40(支払開始日余命年数が5年以下である場合には、100分の30)を乗じて計算した金額を課税単位数(支払開始日余命年数に当該支払開始日余命年数から1年を控除した年数を乗じてこれを2で除して計算した数をいう。)で除して計算した金額(イにおいて「1課税単位当たりの金額」という。)に経過年数[本条1項1号イ参照。編注]を乗じて計算した金額に係る支払年金対応

額〔本条1項1号イのカッコ書参照。編注〕

(2) その支払を受ける日が余命期間〔上記(1)参照。編注〕の終了の日後である場合

当該終身年金に係る1課税単位当たりの金額〔上記(1)参照。編注〕に支払開始日余命年数〔上記イ本文カッコ書参照。編注〕から1年を控除した年数を乗じて計算した金額に係る支払年金対応額〔本条1項1号イのカッコ書参照。編注〕

ロ　支払開始日余命年数〔上記イ本文カッコ書参照。編注〕が10年を超え55年以下の終身年金

当該終身年金の支払を受ける日の次に掲げる場合の区分に応じそれぞれ次に定める金額の合計額【編者注10】

(1) その支払を受ける日が特定期間（その支払開始日【編者注2】から支払開始日余命年数から調整年数〔本条3項2号参照。編注〕を控除した年数を経過する日までの期間をいう。ロにおいて同じ。）内の日である場合

当該終身年金の支払総額見込額を総単位数（支払開始日余命年数から調整年数を控除した年数に〔、〕当該支払開始日余命年数を乗じて計算した数をいう。）で除して計算した金額（ロにおいて「1単位当たりの金額」という。）に経過年数〔本条1項1号イ参照。編注〕を乗じて計算した金額に係る支払年金対応額〔本条1項1号イのカッコ書参照。編注〕

(2) その支払を受ける日が特定期間〔上記(1)参照。編注〕の終了の日後である場合

当該終身年金に係る1単位当たりの金額〔上記(1)参照。編注〕に支払開始日余命年数から調整年数に1年を加えた年数を控除した年数を乗じて計算した金額に係る支払年金対応額〔本条1項1号イのカッコ書参照。編注〕

ハ　支払開始日余命年数〔上記イ本文カッコ書参照。編注〕が55年を超える終身年金

当該終身年金の支払を受ける日の次に掲げる場合の区分に応

じそれぞれ次に定める金額の合計額【編者注11】
(1) その支払を受ける日が支払開始日【編者注2】から27年を経過する日［支払開始日の翌日から起算し、27年後の起算日に応当する日の前日。編注］までの期間内の日である場合

当該終身年金の支払総額見込額［本条1項2号イ(1)参照。編注］を特定単位数（支払開始日余命年数に27を乗じて計算した数をいう。）で除して計算した金額（ハにおいて「1特定単位当たりの金額」という。）に経過年数［本条1項1号イ参照。編注］を乗じて計算した金額に係る支払年金対応額［本条1項1号イのカッコ書参照。編注］

(2) その支払を受ける日が支払開始日から27年を経過する日後である場合

当該終身年金に係る1特定単位当たりの金額［上記(1)参照。編注］に26を乗じて計算した金額に係る支払年金対応額［本条1項1号イのカッコ書参照。編注］

［編注：有期年金に係る雑所得の収入金額とされる金額］
三 その年に支払を受ける有期年金（その支払開始日【編者注2】において支払総額［本条1項1号本文カッコ書参照。編注］が確定していない年金のうち、有期の年金で契約対象者【編者注8】がその期間（以下この号及び次項第3号において「支払期間」という。）内に死亡した場合にはその死亡後の支払期間につき支払を行わないものをいう。以下この号及び次項第3号において同じ。）の額（第7号の規定により総収入金額に算入される金額［年金支払開始後に受ける配当金等。編注］を除く。）のうち当該有期年金について当該支払期間に係る年数（当該年数に1年未満の端数を生じたときは、これを切り上げた年数。以下この号及び次項第3号において「支払期間年数」という。）を残存期間年数［本条1項1号イ参照。編注］とし、支払総額見込額（当該有期年金の契約年額に当該支払期間に係る月数を乗じてこれを12で除して計算した金額をいう。）を支払総額とする確定年金とみなして第1号の規定の例により計算した金額は、その年分の雑所得に係る総収入金額に算入する。

ただし、当該支払期間年数が支払開始日余命年数［本条１項２号イ参照。編注］を超える場合には、当該有期年金について当該有期年金の契約年額に当該支払開始日余命年数を乗じて計算した金額を支払総額見込額（前号イ(1)に規定する支払総額見込額をいう。）とする終身年金とみなして前号の規定の例により計算した金額を、その年分の雑所得に係る総収入金額に算入する【編者注12】。

［編注：特定終身年金（いわゆる保証期間付終身年金）に係る雑所得の収入金額とされる金額］

四　その年に支払を受ける特定終身年金（その支払開始日において支払総額が確定していない年金のうち、終身の年金で、契約対象者【編者注８】の生存中支払われるほか、当該契約対象者がその支払開始日以後一定期間（以下この項及び次項において「保証期間」という。）内に死亡した場合にはその死亡後においてもその保証期間の終了の日までその支払が継続されるものをいう［いわゆる保証期間付終身年金をいう。編注］。以下この号及び次項第４号において同じ。）の額（第７号の規定により総収入金額に算入される金額［年金支払開始後に受ける配当等。編注］を除く。）のうち次に掲げる特定終身年金の区分に応じそれぞれ次に定める金額は、その年分の雑所得に係る総収入金額に算入する。

　イ　ロに掲げる特定終身年金以外の特定終身年金

　　　当該特定終身年金の支払を受ける日の次に掲げる場合の区分に応じそれぞれ次に定める金額の合計額【編者注13】

　　(1)　その支払を受ける日が保証期間内の日である場合

　　　　当該特定終身年金について当該保証期間に係る年数（当該年数に１年未満の端数を生じたときは、これを切り上げた年数。以下この項及び次項において「保証期間年数」という。）を残存期間年数［本条１項１号イ参照。編注］とし、支払総額見込額（当該特定終身年金の契約年額に当該保証期間に係る月数を乗じてこれを12で除して計算した金額をいう。）を支払総額とする確定年金とみなして第１号の規定の例により計算した金額

　　(2)　その支払を受ける日が保証期間［本号本文カッコ書参照。編注］

の終了の日後である場合

　　当該保証期間の最終の支払の日において支払を受けた特定終身年金の額のうち(1)の規定により雑所得に係る総収入金額に算入するものとされる金額

ロ　(1)に掲げる金額が(2)に掲げる金額を超える特定終身年金
　　当該特定終身年金について(1)の終身年金とみなして第2号の規定の例により計算した金額【編者注14】

　　(1)　余命期間内［本条1項2号イ(1)参照。編注］の各年において当該特定終身年金について当該特定終身年金の契約年額に支払開始日余命年数［本条1項2号イ本文参照。編注］を乗じて計算した金額を支払総額見込額（第2号イ(1)に規定する支払総額見込額をいう。）とする終身年金とみなして同号の規定の例により計算した金額の総額を当該支払総額見込額から控除した金額

　　(2)　保証期間内［本号本文カッコ参照。編注］の各年において当該特定終身年金についてイ(1)の確定年金とみなして第1号の規定の例により計算した金額の総額をイ(1)に規定する支払総額見込額から控除した金額

［編注：年金支払総額が確定していない保証期間付有期年金に係る雑所得の収入金額とされる金額］

五　その年に支払を受ける特定有期年金（その支払開始日【編者注2】において支払総額［本条1項1号本文カッコ書参照。編注］が確定していない年金のうち、有期の年金で契約対象者【編者注8】が保証期間内に死亡した場合にはその死亡後においてもその保証期間の終了の日までその支払が継続されるものをいう。以下この号及び次項第5号において同じ。）の額（第7号の規定により総収入金額に算入される金額［年金支払開始後に受ける配当金等。編注］を除く。）のうち当該特定有期年金について当該有期の期間（以下この号及び次項第5号において「支払期間」という［約定等による支払予定期間をいい、保証期間ではない。編注］。）に係る年数（当該年数に1年未満の端数を生じたときは、これを切り上げた年

数。以下この号及び次項第5号において「支払期間年数」という。）を残存期間年数［本条1項1号イ参照。編注］とし、支払総額見込額（当該特定有期年金の契約年額に当該支払期間に係る月数を乗じてこれを12で除して計算した金額をいう。）を支払総額［本条1項1号本文カッコ書参照。編注］とする確定年金とみなして第1号の規定の例により計算した金額は、その年分の雑所得に係る総収入金額に算入する【編者注15】。

ただし、当該支払期間年数［本号本文参照。編注］が支払開始日余命年数［本条1項2号イ参照。編注］を超える場合には、次に掲げる特定有期年金の区分に応じそれぞれ次に定める金額を、その年分の雑所得に係る総収入金額に算入する【編者注15】。

イ　ロに掲げる特定有期年金以外の特定有期年金
　　当該特定有期年金の支払を受ける日の次に掲げる場合の区分に応じそれぞれ次に定める金額の合計額
　(1)　その支払を受ける日が保証期間内の日である場合
　　　当該特定有期年金について保証期間年数を残存期間年数［本条1項1号イ参照。編注］とし、支払総額見込額（当該特定有期年金の契約年額に当該保証期間に係る月数を乗じてこれを12で除して計算した金額をいう。）を支払総額［本条1項1号本文カッコ書参照。編注］とする確定年金とみなして第1号の規定の例により計算した金額
　(2)　その支払を受ける日が保証期間の終了の日後である場合
　　　当該保証期間の最終の支払の日において支払を受けた特定有期年金の額のうち(1)の規定により雑所得に係る総収入金額に算入するものとされる金額
ロ　(1)に掲げる金額が(2)に掲げる金額を超える特定有期年金
　　当該特定有期年金について(1)の終身年金とみなして第2号の規定の例により計算した金額
　(1)　余命期間内［本条1項2号イ(1)参照。編注］の各年において当該特定有期年金について当該特定有期年金の契約年額に当

該支払開始日余命年数［本条1項2号イ本文参照。編注］を乗じて計算した金額を支払総額見込額（第2号イ(1)に規定する支払総額見込額をいう。）とする終身年金とみなして同号の規定の例により計算した金額の総額を当該支払総額見込額から控除した金額

(2) 保証期間内の各年において当該特定有期年金についてイ(1)の確定年金とみなして第1号の規定の例により計算した金額の総額をイ(1)に規定する支払総額見込額から控除した金額

［編注：計算される雑所得の収入金額とされる金額が支払を受ける年金額を超える場合の調整］

六　その支払を受ける年金につき第1号又は第2号（前3号の規定によりその例によることとされる場合を含む。）の規定により計算した支払年金対応額がその支払を受ける年金の額以上である場合には、前各号の規定にかかわらず、これらの規定により計算した支払年金対応額は、第1号又は第2号に規定する1課税単位当たりの金額［1項1号イ、1項2号イ(1)、同(2)参照。編注］、1単位当たりの金額［1項1号ロ(1)、同(2)、1項2号ロ(1)、同(2)参照。編注］又は1特定単位当たりの金額［1項1号ハ(1)、同(2)、1項2号ハ(1)、同(2)参照。編注］の整数倍の金額に当該年金の額に係る月数を乗じてこれを12で除して計算した金額のうち当該年金の額に満たない最も多い金額とする【編者注16】。

［編注：年金支払開始後に受ける配当金等の雑所得の収入金額への算入］

七　当該年金の支払開始日【編者注2】以後に当該年金の支払の基礎となる生命保険契約等に基づき分配を受ける剰余金又は割戻しを受ける割戻金の額は、その年分の雑所得に係る総収入金額に算入する。

［編注：年金に係る雑所得の必要経費額の計算等（当初年金受取人が相続等に係る保険金受取人等である場合）］

八　その年に支払を受ける当該年金（当該年金の支払開始の日［約定等による年金支払開始の日。編注］における当該年金の支払を受ける者（次号において「当初年金受取人」という。）が当該居住者である場合の年金に限る［被相続人の死亡等により年金の支払が開始される年金に関する権利を保険金受取人等が取得した場合に限る。編注］。）の額（第１号から第６号までの規定により総収入金額に算入される部分の金額に限る。）に、イに掲げる金額［分母。編注］のうちにロに掲げる金額［分子。編注］の占める割合［端数処理については本条１項11号参照。編注］を乗じて計算した金額は、その年分の雑所得の金額の計算上、必要経費に算入する【編者注17】。

　　イ　次に掲げる年金の区分に応じそれぞれ次に定める金額
　　　（1）その支払開始日【編者注２】において支払総額が確定している年金
　　　　　当該支払総額［本条１項１号本文カッコ書参照。編注］
　　　（2）その支払開始日において支払総額が確定していない年金
　　　　　第２号から第５号までの規定によりその年分の雑所得に係る総収入金額に算入すべきものとされる金額の計算の基礎となるべき支払総額見込額
　　ロ　当該生命保険契約等に係る保険料又は掛金の総額［本条４項参照。編注］

［編注：年金に係る雑所得の必要経費額の計算等（当初年金受取人が被相続人等である場合）］

九　その年において支払を受ける当該年金の当初年金受取人［本条１項８号参照。編注］が当該居住者以外の者である場合［被相続人等が年金の支払開始当初の年金受取人であった場合。編注］におけるその年分の雑所得の金額の計算上必要経費に算入する金額は、当該年金の額（第１号から第６号までの規定により総収入金額に算入される部分の金額に限る。）に、当該当初年金受取人に係る当該年金の支払開始の日における第183条第１項第２号又は前号に規定する割合を乗じて計算した金額とする【編者注17】。

［編注：年金と一時金とを支払うものである場合の保険料額等の総額の計算］

十　当該生命保険契約等が年金のほか一時金を支払う内容のものである場合には、第8号ロに掲げる保険料又は掛金の総額は、当該生命保険契約等に係る保険料又は掛金の総額に、同号イ(1)又は(2)に定める支払総額又は支払総額見込額と当該一時金の額との合計額のうちに当該支払総額又は支払総額見込額の占める割合［次号参照。編注］を乗じて計算した金額とする。

［編注：必要経費となるべき保険料額を計算する場合の割合の端数処理］

十一　第8号及び前号に規定する割合は、小数点以下2位まで算出し、3位以下を切り上げたところによる。

［編注：相続税法における年金に関する権利の評価が、平成22年改正後の相法24条により行われるものに係る雑所得の金額の計算］

2　生命保険契約等に基づく年金の支払を受ける居住者が、当該年金（旧相続税法対象年金［本条1項本文カッコ書参照。編注］を除く。）に係る保険金受取人等［本条3項1号参照。編注］に該当する場合には、当該居住者のその支払を受ける年分の当該年金に係る雑所得の金額の計算については、第183条第1項の規定にかかわらず、次に定めるところによる。

　この場合において、必要経費に算入する金額の計算については、前項第8号から第11号までの規定を準用する。

［編注：確定年金に係る雑所得の収入金額とされる金額］

一　その年に支払を受ける確定年金［本条1項1号参照。編注］の額（第7号の規定により総収入金額に算入される金額［年金支払開始後に受ける配当金等。編注］を除く。）のうち次に掲げる確定年金の区分に応じそれぞれ次に定める金額は、その年分の雑所得に係る総収入金額に算入する【編者注18】。

　　イ　相続税評価割合［本条3項3号参照。編注］が100分の50を超える確定年金

1 課税単位当たりの金額（当該確定年金の支払総額［本条1項1号本文カッコ書参照。編注］に課税割合［本条3項4号参照。編注］を乗じて計算した金額を課税単位数（残存期間年数［本条1項1号イ参照。編注］に［、］当該残存期間年数から1年を控除した年数を乗じて［、］これを2で除して計算した数をいう。）で除して計算した金額をいう。）に経過年数［本条1項1号イ参照。編注］を乗じて計算した金額に係る支払年金対応額の合計額

　ロ　相続税評価割合が100分の50以下の確定年金
　　当該確定年金の支払を受ける日の次に掲げる場合の区分に応じそれぞれ次に定める金額の合計額
　　（1）その支払を受ける日が特定期間（その支払開始日【編者注2】から特定期間年数［本条3項5号参照。編注］を経過する日までの期間をいう。ロにおいて同じ。）内の日である場合
　　　当該確定年金の支払総額を総単位数（特定期間年数に残存期間年数［本条1項1号イ参照。編注］を乗じて計算した数をいう。）で除して計算した金額（ロにおいて「1単位当たりの金額」という。）に経過年数を乗じて計算した金額に係る支払年金対応額［本条1項1号イかっこ書参照。編注］
　　（2）その支払を受ける日が特定期間［上記(1)参照。編注］の終了の日後である場合
　　　当該確定年金に係る1単位当たりの金額［上記(1)参照。編注］に特定期間年数を乗じて計算した金額から1円を控除した金額に係る支払年金対応額［本条1項1号イかっこ書参照。編注］

［編注：終身年金に係る雑所得の収入金額とされる金額］
二　その年に支払を受ける終身年金［本条1項2号本文カッコ書参照。編注］の額（第7号の規定により総収入金額に算入される金額［年金支払開始後に受ける配当金等。編注］を除く。）のうち次に掲げる終身年金の区分に応じそれぞれ次に定める金額は、その年分の雑所得に係る総収入金額に算入する【編者注19】。
　イ　相続税評価割合［本条3項3号参照。編注］が100分の50を超

える終身年金

　当該終身年金の支払を受ける日の次に掲げる場合の区分に応じそれぞれ次に定める金額の合計額

(1) その支払を受ける日が余命期間［本条1項2号イ(1)参照。編注］内の日である場合

　　当該終身年金の支払総額見込額［本条1項2号イ(1)参照。編注］に課税割合［本条3項4号参照。編注］を乗じて計算した金額を課税単位数（支払開始日余命年数［本条1項2号イ本文参照。編注］に当該支払開始日余命年数から1年を控除した年数を乗じてこれを2で除して計算した数をいう。）で除して計算した金額（イにおいて「1課税単位当たりの金額」という。）に経過年数［本条1項1号イ参照。編注］を乗じて計算した金額に係る支払年金対応額［本条1項1号イかっこ書参照。編注］

(2) その支払を受ける日が余命期間の終了の日後である場合

　　当該終身年金に係る1課税単位当たりの金額［上記(1)参照。編注］に支払開始日余命年数から1年を控除した年数を乗じて計算した金額に係る支払年金対応額［本条1項1号イかっこ書参照。編注］

ロ　相続税評価割合が100分の50以下の終身年金

　当該終身年金の支払を受ける日の次に掲げる場合の区分に応じそれぞれ次に定める金額の合計額

(1) その支払を受ける日が特定期間（その支払開始日から特定期間年数［本条3項5号参照。編注］を経過する日までの期間をいう。ロにおいて同じ。）内の日である場合

　　当該終身年金の支払総額見込額［本条1項2号イ(1)参照。編注］を総単位数（特定期間年数に支払開始日余命年数［本条1項2号イ本文参照。編注］を乗じて計算した数をいう。）で除して計算した金額（ロにおいて「1単位当たりの金額」という。）に経過年数［本条1項1号イ参照。編注］を乗じて計算した金額に係る支払年金対応額［本条1項1号イかっこ書参照。編注］

（2）　その支払を受ける日が特定期間［上記(1)参照。編注］の終了の日後である場合

　　当該終身年金に係る1単位当たりの金額［上記(1)参照。編注］に特定期間年数［本条3項5号参照。編注］を乗じて計算した金額から1円を控除した金額に係る支払年金対応額［本条1項1号イ参照。編注］

［編注：有期年金に係る雑所得の収入金額とされる金額］

　三　その年に支払を受ける有期年金［本条1項3号カッコ書参照。編注］の額（第7号の規定により総収入金額に算入される金額［年金支払開始後に受ける配当金等。編注］を除く。）のうち当該有期年金について支払期間年数［本条1項3号カッコ書参照。編注］を残存期間年数［本条1項1号イ参照。編注］とし、支払総額見込額（当該有期年金の契約年額に支払期間に係る月数を乗じてこれを12で除して計算した金額をいう。）を支払総額［本条1項1号本文カッコ書参照。編注］とする確定年金［本条1項1号本文参照。編注］とみなして第1号の規定の例により計算した金額は、その年分の雑所得に係る総収入金額に算入する【編者注20】。

　　ただし、当該支払期間年数が支払開始日余命年数［本条1項2号イ本文参照。編注］を超える場合には、当該有期年金について当該有期年金の契約年額に当該支払開始日余命年数を乗じて計算した金額を支払総額見込額（前項第2号イ(1)に規定する支払総額見込額をいう。）とする終身年金とみなして前号の規定の例により計算した金額を、その年分の雑所得に係る総収入金額に算入する。

［編注：特定終身年金（いわゆる保証期間付終身年金）に係る雑所得の収入金額とされる金額］

　四　その年に支払を受ける特定終身年金［本条1項4号本文カッコ書参照。編注］の額（第7号の規定により総収入金額に算入される金額［年金支払開始後に受ける配当金等。編注］を除く。）のうち当該特定終身年金の支払を受ける日の次に掲げる場合の区分に応じそれぞれ次に定める金額は、その年分の雑所得に係る総収入金額に算入する【編

者注21〕。

　ただし、支払開始日余命年数［本条1項2号イ参照。編注］が保証期間年数［本条1項4号(1)参照。編注］を超える場合には、当該特定終身年金について当該特定終身年金の契約年額に当該支払開始日余命年数を乗じて計算した金額を支払総額見込額（前項第2号イ(1)に規定する支払総額見込額をいう。）とする終身年金とみなして第2号の規定の例により計算した金額を、その年分の雑所得に係る総収入金額に算入する。

　イ　その支払を受ける日が保証期間［本条1項4号本文カッコ書参照。編注］内の日である場合

　　当該特定終身年金について当該保証期間年数［本条1項4号イ(1)参照。編注］を残存期間年数［本条1項1号イ参照。編注］とし、支払総額見込額（当該特定終身年金の契約年額に当該保証期間に係る月数を乗じてこれを12で除して計算した金額をいう。）を支払総額［本条1項1号本文カッコ書参照。編注］とする確定年金［本条1項1号本文参照。編注］とみなして第1号の規定の例により計算した金額

　ロ　その支払を受ける日が保証期間の終了の日後である場合

　　当該保証期間の最終の支払の日において支払を受けた特定終身年金の額のうちイの規定により雑所得に係る総収入金額に算入するものとされる金額

［編注：年金支払総額が確定していない保証期間付有期年金に係る雑所得の収入金額とされる金額］

　五　その年に支払を受ける特定有期年金［本条1項5号参照。編注］の額（第7号の規定により総収入金額に算入される金額［年金支払開始後に受ける配当金等。編注］を除く。）のうち当該特定有期年金について支払期間年数［本条1項5号カッコ書参照。編注］を残存期間年数［本条1項1号イ参照。編注］とし、支払総額見込額（当該特定有期年金の契約年額に支払期間に係る月数を乗じてこれを12で除して計算した金額をいう。）を支払総額［本条1項1号本文カッコ書参照。編注］とする

確定年金［本条1項1号本文参照。編注］とみなして第1号の規定の例により計算した金額は、その年分の雑所得に係る総収入金額に算入する【編者注22】。

　ただし、当該支払期間年数が支払開始日余命年数［本条1項2号イ本文参照。編注］を超える場合には、次に掲げる特定有期年金の区分に応じそれぞれ次に定める金額を、その年分の雑所得に係る総収入金額に算入する。

　イ　ロに掲げる特定有期年金以外の特定有期年金
　　　当該特定有期年金の支払を受ける日の次に掲げる場合の区分に応じそれぞれ次に定める金額の合計額
　　（1）その支払を受ける日が保証期間［本条1項4号本文カッコ書参照。編注］内の日である場合
　　　　当該特定有期年金について保証期間年数［本条1項4号イ(1)参照。編注］を残存期間年数［本条1項1号イ参照。編注］とし、支払総額見込額（当該特定有期年金の契約年額に当該保証期間に係る月数を乗じてこれを12で除して計算した金額をいう。）を支払総額［本条1項1号本文のカッコ書参照。編注］とする確定年金［本条1項1号本文参照。編注］とみなして第1号の規定の例により計算した金額
　　（2）その支払を受ける日が保証期間の終了の日後である場合
　　　　当該保証期間の最終の支払の日において支払を受けた特定有期年金の額のうち(1)の規定により雑所得に係る総収入金額に算入するものとされる金額
　ロ　支払開始日余命年数［本条1項2号イ本文参照。編注］が当該保証期間年数［本条1項4号イ(1)参照。編注］を超える特定有期年金
　　　当該特定有期年金について当該特定有期年金の契約年額に当該支払開始日余命年数を乗じて計算した金額を支払総額見込額（前項第2号イ(1)に規定する支払総額見込額をいう。）とする終身年金［本条1項2号参照。編注］とみなして第2号の規定の例により計

算した金額

[編注：計算される雑所得の収入金額とされる金額が支払を受ける年金額を超える場合の調整]

六　その支払を受ける年金につき第１号又は第２号（前３号の規定によりその例によることとされる場合を含む。）の規定により計算した支払年金対応額がその支払を受ける年金の額以上である場合には、前各号の規定にかかわらず、これらの規定により計算した支払年金対応額は、第１号又は第２号に規定する１課税単位当たりの金額［２項１号イ、２項２号イ(1)、同(2)参照。編注］又は１単位当たりの金額［２項１号ロ(1)、同(2)、２項２号ロ(1)、同(2)。編注］の整数倍の金額に当該年金の額に係る月数を乗じてこれを12で除して計算した金額のうち当該年金の額に満たない最も多い金額とする。

[編注：年金支払開始後に受ける配当金等の雑所得の収入金額への算入]

七　当該年金の支払開始日以後に当該年金の支払の基礎となる生命保険契約等に基づき分配を受ける剰余金又は割戻しを受ける割戻金の額は、その年分の雑所得に係る総収入金額に算入する。

[編注：用語の意義]

3　この条において、次の各号に掲げる用語の意義は、当該各号に定めるところによる。

一　保険金受取人等

次に掲げる者をいう。

イ　相続税法第３条第１項第１号（相続又は遺贈により取得したものとみなす場合［編注：P119参照］）に規定する保険金受取人

[編注：相続財産とみなす死亡保険金の受取人をいう。]

ロ　相続税法第３条第１項第５号［編注：P282参照］に規定する定期金受取人となつた場合における当該定期金受取人

[編注：相続財産とみなす給付事由の発生している保証期間付定期金（年金）の継続受取人、又は一時金の受取人をいう。]

ハ　相続税法第3条第1項第6号［編注：P290参照］に規定する定
　　　期金に関する権利を取得した者
　　　　［編注：相続財産とみなす契約に基づかない定期金に関する権利を取得
　　　　した者をいう。］
　　ニ　相続税法第5条第1項（贈与により取得したものとみなす場合［編
　　　注：P298参照］）（同条第2項において準用する場合を含む。）に規定す
　　　る保険金受取人
　　　　［編注：贈与により取得したものとみなす生命保険金、損害保険金等の
　　　　受取人をいう。］
　　ホ　相続税法第6条第1項（贈与により取得したものとみなす場合［編
　　　注：P329参照］）（同条第2項において準用する場合を含む。）に規定す
　　　る定期金受取人
　　　　［編注：贈与により取得したものとみなす定期金の受取人をいう。］
　　ヘ　相続税法第6条第3項［編注：P329参照］に規定する定期金受
　　　取人
　　　　［編注：保証期間付定期金（年金）の受取人が死亡し、その定期金が相
　　　　続税又は贈与税の課税対象となる場合の継続年金受取人等をいう。］
　　ト　相続、遺贈又は個人からの贈与により保険金受取人又は定期
　　　金受取人となつた者
　　　　［編注：給付事由の発生している年金の受給権を個人から贈与等によつ
　　　　て取得した者等をいう。］
　二　調整年数
　　残存期間年数又は支払開始日余命年数の次に掲げる場合の区分
　に応じそれぞれ次に定める年数をいう。
　　イ　10年を超え15年以下の場合　　1年
　　ロ　15年を超え25年以下の場合　　5年
　　ハ　25年を超え35年以下の場合　　13年
　　ニ　35年を超え55年以下の場合　　28年
　三　相続税評価割合
　　当該居住者に係る年金の支払総額又は支払総額見込額（前項

第2号から第5号までの規定によりその年分の雑所得に係る総収入金額に算入すべきものとされる金額の計算の基礎となるべき支払総額見込額をいう。）［分母。編注］のうちに当該年金に係る権利について相続税法第24条（定期金に関する権利の評価）の規定により評価された額［分子。編注］の占める割合をいう。

四　課税割合

相続税評価割合の次に掲げる場合の区分に応じそれぞれ次に定める割合をいう。

- イ　相続税評価割合が100分の50を超え100分の55以下の場合 100分の45
- ロ　相続税評価割合が100分の55を超え100分の60以下の場合 100分の40
- ハ　相続税評価割合が100分の60を超え100分の65以下の場合 100分の35
- ニ　相続税評価割合が100分の65を超え100分の70以下の場合 100分の30
- ホ　相続税評価割合が100分の70を超え100分の75以下の場合 100分の25
- ヘ　相続税評価割合が100分の75を超え100分の80以下の場合 100分の20
- ト　相続税評価割合が100分の80を超え100分の83以下の場合 100分の17
- チ　相続税評価割合が100分の83を超え100分の86以下の場合 100分14
- リ　相続税評価割合が100分の86を超え100分の89以下の場合 100分の11
- ヌ　相続税評価割合が100分の89を超え100分の92以下の場合 100分の8
- ル　相続税評価割合が100分の92を超え100分の95以下の場合 100分の5

ヲ　相続税評価割合が100分の95を超え100分の98以下の場合　100分の２
　　ワ　相続税評価割合が100分の98を超える場合　零
　五　特定期間年数
　　残存期間年数又は支払開始日余命年数に［、］相続税評価割合の次に掲げる場合の区分に応じそれぞれ次に定める割合を乗じて計算した年数から１年を控除した年数（当該年数に１年未満の端数を生じたときは、これを切り上げた年数）をいう。
　　イ　相続税評価割合が100分の10以下である場合　100分の20
　　ロ　相続税評価割合が100分の10を超え100分の20以下である場合　100分の40
　　ハ　相続税評価割合が100分の20を超え100分の30以下である場合　100分の60
　　ニ　相続税評価割合が100分の30を超え100分の40以下である場合　100分の80
　　ホ　相続税評価割合が100分の40を超え100分の50以下である場合　１

［編注：保険料等の総額］

4　第183条第４項の規定は、第１項第８号ロ又は第10号に規定する保険料又は掛金の総額について準用する。（平23政195追加）［編注：この新４項は、平23.6.30以後に支払を受ける年金等について適用。同改正附則６条］

【編者注１】所令185条及び186条の追加の経緯とその適用の時期、計算書（様式）について

　1　所令185条及び186条は、「みなす相続財産である保険金」として相続税の課税対象となった死亡保険金につき、年金の方法で支払を受ける場合、その年金の受取時においては、所法９条１項16号（相続等により取得したものに対する所得税の非課税）との関係上、その年金には所得税を課税することは許されないとする最高裁の判例（P637参照）を受け、平22.10.20・政令214号により新たに追

加されたものである。
2 これらの適用時期は、次のとおり（政令214号附則1,2・P605参照）。
① 平成22年以降に相続等により年金受給権を取得し、かつ、同年以降受給を開始した年金の所得税について適用する。
② 平成21年以前に相続等により年金受給権を取得し、既に年金を受給している場合の平成22年分以降の所得税について適用する。
③ 平成22年10月20日以後に、平成17年分から21年分までの所得税につき還付のための確定申告書（所法122条）を提出する場合に適用する。
（注）上記各年分の所得税につき確定申告書の提出を要しないため同申告書を提出していないときには、この方法によることとなる。この申告書による所得税の還付は、申告書が提出された日から5年以内の所得税に限られる（例えば、平成17年分について言えば、平22.12.31が還付の申告書の提出期限となる。還付の申告書に係る5年の起算日は、3月15日ではなく、12月31日となることに留意する。）
④ 平成17年分から21年分の所得税について、更正の請求をする場合に適用する。
（注）既に上記各年分の所得税確定申告書を提出しているときは、この方法によることとなる。その請求の期限は、一般的にいえば、平22.12.20（平21年分については、平23.3.15）となる。
　なお、平成12年分から16年分については、別途、特別な還付措置が講ぜられるようである。
3 所令185条1項及び同186条1項の雑所得の金額の計算については、P644に掲げる計算書（様式）が用意されている。

【編者注2】年金の支払開始の日
　所令185条1項及び2項に規定する年金の「支払開始の日」とは、次のようになる。
① 年金の支払を受ける者が、保険金受取人等である場合（つまり、相続等により年金の支払が開始されるものである場合）
　その年金の支払が開始される日

② 年金の支払開始時における年金の受給者が、保険金受取人等以外の者である場合（つまり、既に被相続人等が受給していた年金を相続等により引き継ぐ場合）

その年金に関する権利を取得した者（保険金受取人等）が、その引き継ぎ後最初に年金の支払を受ける日

【編者注3】年金の支払総額

所令185条に規定する年金の「支払総額」とは、生命保険契約等において定められている年金総額のうち、相続等による年金の受給者が支払を受けるべき部分の金額をいう。

なお、年金の支払総額を計算する場合には、年金の支払開始日（上記編者注2参照）以後に分配を受ける剰余金等の額は含まれない。

【編者注4】残存期間が10年以下の確定年金に係る雑所得の収入金額の計算

所令185条1項1号イに規定する金額の計算方法等については、「相続等に係る生命保険契約等に基づく年金に係る雑所得の計算について」（個人課税課情報3号　平22.10.29）Ⅲ1(2)①ⅰイ（P615）参照。

【編者注5】残存期間年数が10年を超え55年以下の確定年金に係る雑所得の収入金額の計算

所令185条1項1号ロに規定する金額の計算方法等については、前記情報（個人課税課情報3号　平22.10.29）Ⅲ1(2)①ⅰロ（P616）参照。

【編者注6】特定期間の意義

所令185条1項1号ロに規定する「特定期間」とは、次のようになる。

年金の支払開始日※1から（残存期間年数※2－調整年数※3）に相当する期間

※1：上記編者注2参照。

※2：残存期間の1年未満の端数は切り上げる。

※3：調整年数は所令185条3項2号（P598）に定めるものをいう。

なお、特定期間内の始期は年金支払開始日。その終期は、年金支払開始日の翌日から起算し、特定期間として計算された年数後の起

算日に応当する日の前日までの間をいう。

【編者注7】残存期間年数が55年を超える確定年金に係る雑所得の収入金額の計算

　所令185条1項1号ハに規定する金額の計算方法等については、前記情報（個人課税課情報3号　平22.10.29）Ⅲ1(2)①ⅰハ（P617）参照。

【編者注8】契約対象者の意義

　所令185条1項に規定する「契約対象者」とは、例えば、生命保険会社の個人年金保険契約における「被保険者」（年金保険契約の年金支払の対象となる者で、年金の受取人とは異なる）をいう。

【編者注9】支払開始日余命年数が10年以下の終身年金に係る雑所得の収入金額の計算

　所令185条1項2号イに規定する金額の計算方法等については、前記情報（個人課税課情報3号　平22.10.29）Ⅲ1(2)①ⅱイ（P618）参照。

【編者注10】支払開始日余命年数が10年を超え55年以下の終身年金に係る雑所得の収入金額の計算

　所令185条1項2号ロに規定する金額の計算方法等については、前記情報（個人課税課情報3号　平22.10.29）Ⅲ1(2)①ⅱロ（P619）参照。

【編者注11】支払開始日余命年数が55年を超える終身年金に係る雑所得の収入金額の計算

　所令185条1項2号ハに規定する金額の計算方法等については、前記情報（個人課税課情報3号　平22.10.29）Ⅲ1(2)①ⅱハ（P619）参照。

【編者注12】有期年金に係る雑所得の収入金額の計算

　所令185条1項3号に規定する金額の計算方法等については、前記情報（個人課税課情報3号　平22.10.29）Ⅲ1(2)①ⅲ（P620）参照。

【編者注13】特定終身年金（いわゆる保証期間付終身年金のうち1項4号イに掲げるもの）に係る雑所得の収入金額の計算

　所令185条1項4号イに規定する金額の計算方法等については、前記情報（個人課税課情報3号　平22.10.29）Ⅲ1(2)①ⅳイ（P621）参照。

【編者注14】特定終身年金（いわゆる保証期間付終身年金のうち1項4号ロに掲げるもの）に係る雑所得の収入金額の計算

所令185条1項4号ロに規定する金額の計算方法等については、前記情報（個人課税課情報3号　平22.10.29）Ⅲ1(2)①ivロ（P621）参照。

【編者注15】特定有期年金（年金支払総額の確定していない保証期間付有期年金）に係る雑所得の収入金額の計算

① 所令185条1項5号本文に規定する金額の計算方法等については、前記情報（個人課税課情報3号　平22.10.29）Ⅲ1(2)①vイ（P622）参照。

② 所令185条1項5号ただし書に規定する金額の計算方法等については、前記情報（個人課税課情報3号　平22.10.29）Ⅲ1(2)①vロ（P622）参照。

【編者注16】計算された雑所得の収入金額が年金額を超える場合の調整

所令185条1項6号の趣旨等については、前記情報（個人課税課情報3号　平22.10.29）Ⅲ1(2)①vi（P623）参照。

【編者注17】年金に係る必要経費額の計算等

所令185条1項8号及び9号に規定する年金に係る保険料等の必要経費算入額の計算等については、前記情報（個人課税課情報3号　平22.10.29）Ⅲ1(2)①viii（P624）参照。

【編者注18】確定年金に係る雑所得の収入金額の計算

所令185条2項1号に規定する金額の計算方法等については、前記情報（個人課税課情報3号　平22.10.29）Ⅲ1(2)②i（P626）参照。

【編者注19】終身年金に係る雑所得の収入金額の計算

所令185条2項2号に規定する金額の計算方法等については、前記情報（個人課税課情報3号　平22.10.29）Ⅲ1(2)②ii（P627）参照。

【編者注20】有期年金に係る雑所得の収入金額の計算

所令185条2項3号に規定する金額の計算方法等については、前記情報（個人課税課情報3号　平22.10.29）Ⅲ1(2)②iii（P629）参照。

【編者注21】特定終身年金（いわゆる保証期間付終身年金）に係る雑所得の収入金額の計算

所令185条2項4号に規定する金額の計算方法等については、前

記情報（個人課税課情報3号　平22.10.29）Ⅲ1（2）②ⅳ（P629）参照。

【編者注22】特定有期年金（いわゆる保証期間付有期年金）に係る雑所得の収入金額の計算

所令185条2項5号に規定する金額の計算方法等については、前記情報（個人課税課情報3号　平22.10.29）Ⅲ1（2）②ⅴ（P630）参照。

■参考：「所得税法施行令の一部を改正する政令」附則（平22政令214）

1　この政令は、公布の日から施行する。

2　改正後の所得税法施行令（以下「新令」という。）第185条（相続等に係る生命保険契約等に基づく年金に係る雑所得の金額の計算）及び第186条（相続等に係る損害保険契約等に基づく年金に係る雑所得の金額の計算）の規定は、平成22年分以後の所得税についての雑所得の金額の計算及びこの政令の施行の日以後に所得税法第2条第1項第37号（定義）に規定する確定申告書を提出する場合又は同日以後に国税通則法（昭和37年法律第66号）第23条第1項若しくは第2項（更正の請求）の更正の請求を行う場合における新令第185条第1項に規定する生命保険契約等に基づく年金に係る雑所得の金額の計算又は新令第186条第1項に規定する損害保険契約等に基づく年金に係る雑所得の金額の計算について適用する【編者注】。

【編者注】新令の適用関係について

所令185条及び186条の適用関係については、所令185条の編者注1（P600）及び個人課税課情報3号（平22.10.29）のⅢ3（P636）参照

所得税基本通達

（年金に代えて支払われる一時金）

35-3　［省略。編者注：P568参照］

【解　説】［個人課税課情報3号（平22.10.29）Ⅳから転載］

保険契約期間の満了により一時に支払を受ける満期保険金につい

ては一時所得の収入金額となり、保険年金契約により支払を受ける年金については雑所得の収入金額となります。

　一方、例えば、特定終身年金（いわゆる保証期間付終身年金）には、保証期間分に係る年金を一括して支払を受けることができ、また、保証期間経過後に契約対象者が生存している場合には、年金の支払を受けることができるものがあります。

　本通達は、所得税法施行令第183条第1項、第184条第1項、第185条又は第186条の規定の対象となる年金の受給資格者が年金に代えて支払を受ける一時金に係る所得区分について、明らかにしたものです。

① 年金の支払開始日以前に支払われるもの ……… 一時所得

（注）死亡を給付事由とする生命保険契約等の給付事由が発生した場合において、当該年金の受給資格者が当該年金の支払開始日以前に支払われるものは、所得税非課税。

② 年金の支払開始日後に支払われるもの

ⅰ　将来の年金給付の総額に代えて支払われるもの ……… 一時所得

ⅱ　将来の年金給付の総額に代えて支払われるもの以外のもの ……… 雑所得

　なお、相続等に係る生命保険契約等に基づく年金の支払を受ける場合のその支払を受ける年金については、所得税課税部分と非課税部分に振り分けて課税することと規定されているところ、年金の受給資格者に対して支払われる一時金に係る各所得の総収入金額に算入する金額についても、これに準じて取り扱うべきであると考えられます。

（注）前記の特定終身年金について保証期間分に係る年金を一括して支払を受けた場合（保証期間経過後に契約対象者が生存しているときには、年金の支払を受けることができるもの）のその一時金に係る所得区分は、雑所得となります。

　なお、一時金の支払により契約が消滅する場合、例えば、確定年金にお

いて将来の年金給付の総額に代えて一時金を受けることで契約が終了する場合のその一時金に係る所得区分は一時所得となります。

《参　考》
　年金の受給資格者が年金の受給開始日後に支払を受ける一時金について、その一時金の支払が将来の年金給付の総額に代えての支払である場合、その一時金の額が年金支払総額（見込額）に満たないときがあります。

　この満たないこととなる額（いわゆる減額される部分の額）の算定方法等については、個々の生命保険契約等の内容により異なりますが、今回の最高裁判決（平成22年7月6日）において、相続税の対象となる年金受給権の価額は、将来にわたって受け取るべき年金の金額を被相続人死亡時の現在価値に引き直した金額の合計額に相当し、その価額と年金の総額との差額は、当該各年金の現在価値をそれぞれ元本とした場合の運用益の合計額に相当するものと判示されたこと、また、一般的には、このような減額は運用益相当部分から行われるものであると考えられることから、一時所得の金額の計算にあたっては、次のように取り扱うこととして差し支えないものと考えます。

◇残存期間年数が10年の確定年金について、受給開始6年後に将来4年分の年金給付の総額に代えて、一時金の支払を受けた場合の計算例

　　　1単位当たりの金額 × 将来4年分に相当する課税単位数
　　　＝ 一時所得の総収入金額(A)
　　　(A)× 年金の支払総額に占める保険料又は掛金の総額の割合
　　　＝ 必要経費の額(B)
　　　(A)−(B)− 減額された金額 − 50万円 ＝ 一時所得の金額

（年金の種類の判定）　所基通
35-4の2　令第185条の規定の適用において、その年に支払を受ける

生命保険契約等に基づく年金が同条に規定する確定年金、終身年金、有期年金、特定終身年金又は特定有期年金であるかどうかは、当該年金の支払を受ける者の当該年金の令第185条第１項第１号に規定する支払開始日の現況において判定することに留意する。
　令第186条の規定の適用において、その年に支払を受ける損害保険契約等に基づく年金が同条に規定する確定型年金又は特定有期型年金であるかどうかの判定も同様であることに留意する。（平22課個2-25追加）

【解　説】［個人課税課情報３号（平22.10.29）Ⅳから転載］
　所得税法施行令第185条の規定の適用においては、相続等に係る生命保険契約等に基づく年金が、確定年金、終身年金、有期年金、特定終身年金又は特定有期年金のいずれであるかにより、それに応じた計算方法で雑所得の金額の計算上総収入金額に算入する金額を計算することとされています。
　本通達は、当該規定の適用において、相続等に係る生命保険契約等に基づく年金が、確定年金、終身年金、有期年金、特定終身年金又は特定有期年金のいずれであるかの判定は、当該年金の支払を受ける者の当該年金の支払開始日の現況において判定することを留意的に明らかにしたものです。
　これは、例えば、甲（被相続人）の生命保険契約においては保証期間付終身年金であっても、当該保証期間内に甲が死亡したことにより、当該保険契約に係る年金を相続した乙が残りの保証期間内に支払を受ける年金は、確定年金として当該規定の適用を受けることとなります。
　なお、同令第186条の規定の適用において、損害保険契約等に基づく年金が、確定型年金又は特定有期型年金のいずれであるかについても同様です。

（保証期間における当初年金受取人の契約年額と当初年金受取人以

外の者の契約年額が異なる場合）　所基通
35-4の3　その年に支払を受ける生命保険契約等に基づく年金が令第185条第1項第4号に規定する特定終身年金又は同項第5号に規定する特定有期年金である場合において、支給総額見込額の計算の基礎となる年数が保証期間年数とされるもので、同項第8号に規定する当初年金受取人に係る契約年額と当初年金受取人の死亡後その親族その他の者（以下、この項において「当初年金受取人以外の者」という。）に係る契約年額とが異なるときにおける同条の規定の適用については、当該支払総額見込額は、当初年金受取人の契約年額に当初年金受取人に係る支払開始日余命年数を乗じて計算した金額と当初年金受取人以外の者の契約年額に保証期間年数と当該支払開始日余命年数との差に相当する年数を乗じて計算した金額の合計額とする。

　令第186条の規定の適用において、その年に支払を受ける損害保険契約等に基づく年金が同条第1項第2号に規定する特定有期型年金である場合も同様であることに留意する。（平22課個2-25追加）

【解　説】〔個人課税課情報3号（平22.10.29）Ⅳから転載〕
　本通達は、所得税法施行令第185条の規定の適用において、その年に支払を受ける生命保険契約等に基づく年金が特定終身年金又は特定有期年金である場合において、支払総額見込額の計算の基礎となる年数が保証期間年数とされるもので、当初年金受取人に係る契約年額と当初年金受取人の死亡後その親族その他の者（以下「当初年金受取人以外の者」といいます。）に係る契約年額とが異なるときは、当該支払総額見込額は、当初年金受取人の契約年額に当初年金受取人に係る支払開始日余命年数を乗じて計算した金額と当初年金受取人以外の者の契約年額に保証期間年数と当該支払開始日余命年数との差に相当する年数を乗じて計算した金額の合計額とすることを明らかにしたものです。

〈算式〉
　　支払総額見込額＝当初年金受取人の契約年額×甲の余命年数＋当

初年金受取人以外の契約年額×（保証期間年数−甲の余命年数）

なお、同令第186条の規定の適用において、損害保険契約等に基づく年金が特定有期型年金である場合も同様です。

■参考：「『所得税基本通達の制定について』の一部改正等について（法令解釈通達）」附則（平22課個2-25・課審4-45）

（経過的取扱い）
この法令解釈通達の改正後の取扱いは、平成22年10月20日以後に行う令第183条に規定する生命保険契約等に基づく年金に係る雑所得の金額の計算、令第184条に規定する損害保険契約等に基づく年金に係る雑所得の金額の計算、令第185条に規定する生命保険契約等に基づく年金に係る雑所得の金額の計算又は令第186条に規定する損害保険契約等に基づく年金に係る雑所得の金額の計算について適用する。

個人課税課情報

◇相続等に係る生命保険契約等に基づく年金に係る雑所得の計算について［抄］（平22.10.29　個人課税課情報3号）

※この情報は、平成22年10月29日現在において施行されている法令等に基づいて作成されています。

Ⅰ　最高裁判決（平成22年7月6日）の要旨

［省略。編注：本件最高裁判決については・P637参照。］

Ⅱ　従来の制度の概要

［省略］

Ⅲ　所得税法施行令の改正の内容

前記Ⅰのとおり、これまでは、生命保険契約等に基づく年金について

は、相続等により取得したものであるか否かを問わず、その支払を受ける年金の所得金額全額を所得税の課税対象として取り扱っていたところ、相続税の課税対象となる部分については所得税の課税対象とならないとする最高裁判所の判決（平成22年7月6日）がありました。

この判決を踏まえ、相続人等が相続等により取得した年金受給権に係る生命保険契約等に基づく年金の支払を受ける場合におけるその年金については、課税部分と非課税部分に振り分けた上で、課税部分の所得金額についてのみ課税対象とするため、所得税法施行令の一部を改正する政令（平成22年政令第214号）（以下「改正政令」といいます。）により所得税法施行令を改正して、相続等に係る生命保険契約等又は損害保険契約等に基づく年金に係る雑所得の金額の計算規定が新たに設けられました。

具体的には、相続税の課税対象部分以外を所得税の課税対象とし、確定年金、終身年金等の種類に応じて、その年金の残存期間年数、支払総額等を基に、所得税の課税対象となる一単位当たりの金額を計算し、これに経過年数を乗じて、その年分における雑所得に係る総収入金額を算出するものです。

1　相続等に係る生命保険契約等に基づく年金に係る雑所得の金額の計算

(1) 制度の概要

相続等に係る生命保険契約等に基づく年金に係る雑所得の金額の計算方法について、次のとおりとされました（令185）。

①　旧相続税法対象年金（※）に係る総収入金額又は必要経費の算入額の計算（令185①）

イ　その年に支払を受ける年金の額のうち確定年金、終身年金、有期年金、特定終身年金（いわゆる保証期間付終身年金）又は特定有期年金（いわゆる保証期間付有期年金）の種類に応じて、その支払開始日における残存期間年数又は余命年数と当該年金の支払総額又は支払総額見込額を基に計算した支払年金対応額の合計額に限り、その年分の雑所得に係る総収入金額に算入します（令185①）。

ロ　上記イの総収入金額に対応する必要経費は、その生命保険契約等に

係る支払保険料のうち、その総収入金額算入額に対応する部分とします。

※ 「旧相続税法対象年金」とは、年金に係る権利について所得税法等の一部を改正する法律（平成22年法律第6号）第3条の規定による改正前の相続税法第24条《定期金に関する権利の評価》の規定の適用があるものをいいます。改正前の相続税法第24条の規定は、平成23年4月1日前に相続若しくは遺贈又は贈与により取得した定期金に関する権利について適用されます。

　なお、平成22年4月1日から平成23年3月31日までの間に締結された（☆）定期給付金契約に関する権利（年金払いで受け取る死亡保険金（個人年金保険や一時払終身保険を除きます。）や確定給付企業年金など一定のものを除きます。）で、平成23年3月31日までの間に相続若しくは遺贈又は贈与により取得したものについても改正後の評価方法が適用されます（以下改正後の相続税法第24条の規定の適用がある年金を「新相続税法対象年金」といいます。）。

☆　平成22年4月1日前に締結された定期金給付契約のうち、平成22年4月1日から平成23年3月31日までの間に変更（軽微な変更を除きます。）があった契約については、その変更があった日に新たに定期金給付契約が締結されたものとみなされます。

② 　新相続税法対象年金に係る総収入金額又は必要経費の算入額の計算
（令185②）

イ　その年に支払を受ける年金の額のうち確定年金、終身年金、有期年金、特定終身年金又は特定有期年金の種類に応じて、その年金に係る相続税評価割合とその年金の支払総額又は支払総額見込額を基に計算した支払年金対応額の合計額に限り、その年分の雑所得に係る総収入金額に算入します。

ロ　上記イの総収入金額に対応する必要経費は、前記①ロに準じます。

(2) 制度の詳細

① 旧相続税法対象年金に係る雑所得の金額の計算

　生命保険契約等に基づく年金（公的年金等を除きます。）の支払を受ける居住者が、旧相続税法対象年金に係る保険金受取人等（※）に該当する場

合には、その者のその支払を受ける年分のその年金に係る雑所得の金額の計算については、前記Ⅱ1の計算方法（所得税法施行令第183条第１項）によらず、次によることとされました（令185①）。

その年に支払を受ける年金が、確定年金、終身年金、有期年金、特定終身年金又は特定有期年金のいずれであるかにより、次のⅰからⅴにより、その年金に係るその年分の雑所得に係る総収入金額に算入する金額を計算します。

　※　「保険金受取人等」とは、次に掲げる者をいいます（令185③一）。
　　・相続税法第３条第１項第１号に規定する保険金受取人
　　・相続税法第３条第１項第５号に規定する定期金受取人となった場合における当該定期金受取人
　　・相続税法第３条第１項第６号に規定する定期金に関する権利を取得した者
　　・相続税法第５条第１項（同条第２項において準用する場合を含みます。）に規定する保険金受取人
　　・相続税法第６条第１項（同条第２項において準用する場合を含みます。）に規定する定期金受取人
　　・相続税法第６条第３項に規定する定期金受取人
　　・相続、遺贈又は個人からの贈与により保険金受取人又は定期金受取人となった者

種　類	内　　容
確定年金 （令185①一）	年金の支払開始日（※1）において支払総額（※2）が確定している年金
終身年金 （令185①二）	年金の支払開始日において支払総額が確定していない年金のうち、終身の年金で契約対象者（※3）の生存中に限り支払われるもの
有期年金 （令185①三）	年金の支払開始日において支払総額が確定していない年金のうち、有期の年金で契約対象者がその期間（以下「支払期間」といいます。）内に死亡した場合にはその死亡後の支払期間につき支払を行わないもの

特定終身年金 (令185①四)	年金の支払開始日において支払総額が確定していない年金のうち、終身の年金で、契約対象者の生存中支払われるほか、当該契約対象者がその支払開始日以後一定期間(以下「保証期間」といいます。)内に死亡した場合にはその死亡後においてもその保証期間の終了の日までその支払が継続されるもの
特定有期年金 (令185①五)	年金の支払開始日において支払総額が確定していない年金のうち、有期の年金で契約対象者が保証期間内に死亡した場合にはその死亡後においてもその保証期間の終了の日までその支払が継続されるもの

※1 「支払開始日」とは、その年金の最初の支払開始の日において年金の支払を受ける者の次に掲げる場合に応じ、それぞれ次に定める日をいいます。
　① 保険金受取人等である居住者である場合(相続等により年金の支払が開始される場合)………その支払開始日
　② 保険金受取人等である居住者以外の者である場合(既に被相続人等が受給していた年金を相続等により引き継ぐ場合)
　　………その保険金受取人等である居住者(以下単に「居住者」といいます。)が最初に年金の支払を受ける日
※2 「支払総額」とは、年金の支払の基礎となる生命保険契約等において定められている年金の総額のうち、居住者が支払を受ける金額をいいます。なお、支払開始日以後にその生命保険契約等に基づき分配を受ける剰余金又は割戻しを受ける割戻金の額相当額を除きます。
※3 「契約対象者」とは、年金の支払の基礎となる生命保険契約等においてその者の生存が支払の条件とされている者をいいます。

〈参　考〉
　生命保険契約において、保険金支払事由が発生し、その保険金支払事由発生日以後にその保険金を原資として新たに年金契約を締結した場合のその分割して支払われる年金は、所得税法施行令第183条第1項に規定する生命保険契約等に基づく年金には当たりません。
　なお、この分割して支払われる年金に係る雑所得の金額の計算においては、保険金の額のうちその年中に受け取るべき年金の額に相当する部分の金額を必要経費に算入することとなります。

〈参　考〉

　相続等に係る生命保険契約等に基づく年金が、確定年金、終身年金、有期年金、特定終身年金又は特定有期年金のいずれであるかの判定は、年金の支払を受ける者のその年金の支払開始日の現況において行います（所基通35-4の２）。

　特定終身年金について、契約対象者が年金の支払開始日以後保証期間内に死亡した場合、年金の継続受取人が残存保証期間中に受けるときの、その年金の種類は、確定年金となります。

ｉ　確定年金の総収入金額算入額の計算

　その年に支払を受ける確定年金の額（年金の支払開始日以後にその年金の支払の基礎となる生命保険契約等に基づき分配を受ける剰余金又は割戻しを受ける割戻金の額を除きます。）のうち、その残存期間年数に基づく次のイからハに掲げる確定年金の区分に応じそれぞれ次に定める算式により計算した金額に係る支払年金対応額（※）の合計額は、その年分の雑所得に係る総収入金額に算入します（令185①一）。

※　支払年金対応額＝各算式により計算した金額×その年金の額に係る月数／12

〈参　考〉

　支払年金対応額とは、対象となる年金の支払が１年に複数回である場合において、算式により計算した金額をその支払を受ける各年金の額に対応させるために求める金額です。

イ　残存期間年数（※１）が10年以下の確定年金

【算　式】

　一課税単位当たりの金額（※２）×経過年数（※３）

※１　「残存期間年数」とは、居住者に係る年金の支払開始日におけるその年金の残存期間に係る年数（一年未満の端数切上げ）をいいます。

※２　「一課税単位当たりの金額」とは、残存期間年数に応じ次により計算した金額です。

　ａ　残存期間年数が５年以下の場合 ……… 確定年金の支払総額×30％÷課税

単位数(☆)

　ロ　残存期間年数が5年超え10年以下の場合 ……… 確定年金の支払総額×40%÷課税単位数

　　☆　課税単位数＝残存期間年数×（残存期間年数－1年）÷2

※3　「経過年数」とは、年金の支払開始日からその支払を受ける日までの年数（1年未満の端数切捨て）をいいます。

ロ　残存期間年数が10年を超え55年以下の確定年金

【算　式】

その支払を受ける日に応じて次のa又はbの算式により計算

　a　その支払を受ける日が特定期間（※1）内の日である場合

　　　一単位当たりの金額（※2）×経過年数

　b　その支払を受ける日が特定期間の終了の日後である場合

　　　一単位当たりの金額×｛残存期間年数－（調整年数＋1年）｝

※1　「特定期間」とは、年金の支払開始日から、残存期間年数から調整年数を控除した年数を経過する日までの期間をいいます。

　なお、調整年数は、残存期間年数に応じそれぞれ次のとおりです（令185③二）。

残存期間年数	調整年数
10年超 15年以下	1年
15年超 25年以下	5年
25年超 35年以下	13年
35年超 55年以下	28年

※2　一単位当たりの金額＝確定年金の支払総額÷総単位数（☆）

　　☆　総単位数＝（残存期間年数－調整年数）×残存期間年数

〈参　考〉

　経過年数の算定においては、1年未満の端数を切り捨てることとされています。

　年金支給初年における上記算式中の経過年数は「0」となることから、結果として、雑所得の総収入金額に算入する金額も「0」となります。つまり、年金支給初年は、全額非課税となります。

〈参　考〉

　相続等に係る生命保険契約等に基づく年金の支払を受けた場合のその支払を受けた年金については、相続税の課税対象部分以外が所得税の課税対象となり、また、その課税対象部分は、年金支給２年目以降同額ずつ階段状に増加していく方法により計算することとされています（年金支給初年は全額非課税）。

　ところで、単にこの方法によった場合、旧相続税法対象年金の残存期間年数が10年を超えるときには、相続税評価割合が50％以下となるところ所得税の課税対象部分が50％以上となり、一定の期間（下図「特定期間」［省略］）を経過すると、年金の全額が課税対象部分となってしまい、いわゆる元本部分が「０」となってしまいます。

　そこで、このような場合に対応するため、次の考え方［省略］に基づいて規定がされています。

〈参　考〉

　所得税の課税部分の計算について、最高裁判決を踏まえ、相続税評価額を現在価値として残存期間に割り振ることとする場合の考え方を参考に、一般的な複利現価の方法によった場合と、所得税法施行令に規定された方法によった場合を、比較したイメージは下図［省略］のとおりです。

ハ　残存期間年数が55年を超える確定年金

【算　式】

　その支払を受ける日に応じて次のａ又はｂの算式により計算

　ａ　その支払を受ける日が支払開始日から27年を経過する日までの期間内の日である場合

　　　一特定単位当たりの金額(※)×経過年数

　ｂ　その支払を受ける日が支払開始日から27年を経過する日後である場合

　　　一特定単位当たりの金額×26

※　一特定単位当たりの金額＝確定年金の支払総額÷特定単位数(☆)

　☆　特定単位数＝残存期間年数×27

ⅱ　終身年金の総収入金額算入額の計算

　その年に支払を受ける終身年金の額（年金の支払開始日以後にその年金の支払の基礎となる生命保険契約等に基づき分配を受ける剰余金又は割戻しを受ける割戻金の額を除きます。）のうち、その支払開始日余命年数に基づく次のイからハに掲げる終身年金の区分に応じそれぞれ次に定める算式により計算した金額に係る支払年金対応額の合計額は、その年分の雑所得に係る総収入金額に算入します（令185①二）。

イ　支払開始日余命年数（※１）が10年以下の終身年金

【算　式】

　その支払を受ける日に応じて次のａ又はｂの算式により計算

　　ａ　その支払を受ける日が余命期間（※２）内の日である場合

　　　一課税単位当たりの金額（※３）×経過年数

　　ｂ　その支払を受ける日が余命期間の終了の日後である場合

　　　一課税単位当たりの金額×（支払開始日余命年数－１年）

※１　「支払開始日余命年数」とは、契約対象者についての年金の支払開始日における所得税法施行令別表「余命年数表」に定める余命年数をいいます。

※２　「余命期間」とは、年金の支払開始日から支払開始日余命年数を経過する日までの期間をいいます。

※３　「一課税単位当たりの金額」とは、支払開始日余命年数に応じ次により計算した金額をいいます。

　　ａ　支払開始日余命年数が５年以下の場合

　　　年金支払総額見込額（※４）×30％÷課税単位数（☆）

　　ｂ　支払開始日余命年数が５年超え10年以下の場合

　　　年金支払総額見込額×40％÷課税単位数

　　☆　課税単位数＝支払開始日余命年数×（支払開始日余命年数－１年）÷２

※４　支払総額見込額＝契約年額（※５）×支払開始日余命年数

※５　「契約年額」とは、年金の支払の基礎となる生命保険契約等において定められている年金の年額のうちその居住者が支払を受ける金額をいいます。

　なお、年金の支払開始日以後に当該生命保険契約等に基づき分配を受ける剰余金又は割戻しを受ける割戻金の額に相当する部分の金額を除きます。

〈参　考〉
　契約年額について、その年金の支払の基礎となる生命保険契約等に定められる年金の年額が毎年同額でないときの「年金の年額」は、相続税における定期金に関する権利の評価の取扱いに準じて取り扱います。例えば、終身年金については、その契約対象者が支払開始日余命年数の間に受けるべき金額の合計額をその年数で除して得た金額となります。

ロ　支払開始日余命年数が10年を超え55年以下の終身年金
【算　式】
　その支払を受ける日に応じて次のa又はbの算式により計算
　a　その支払を受ける日が特定期間(※1)内の日である場合
　　　一単位当たりの金額(※2)×経過年数
　b　その支払を受ける日が特定期間の終了の日後である場合
　　　一単位当たりの金額×｛支払開始日余命年数－(調整年数＋1年)｝

※1　「特定期間」とは、年金の支払開始日から、支払開始日余命年数から調整年数を控除した年数を経過する日までの期間をいいます。
　　　なお、調整年数は、支払開始日余命年数に応じそれぞれ次のとおりです(令185③二)。[省略]
※2　一単位当たりの金額＝年金支払総額見込額÷総単位数(※)
　　※　総単位数＝(支払開始日余命年数－調整年数)×支払開始日余命年数

ハ　支払開始日余命年数が55年を超える終身年金
【算　式】
　その支払を受ける日に応じて次のa又はbの算式により計算
　a　その支払を受ける日が支払開始日から27年を経過する日までの期間内の日である場合
　　　一特定単位当たりの金額(※)×経過年数
　b　その支払を受ける日が支払開始日から27年を経過する日後である場合

一特定単位当たりの金額×26
※　一特定単位当たりの金額＝年金支払総額見込額÷特定単位数(☆)
　　☆　特定単位数＝支払開始日余命年数×27

iii　有期年金の総収入金額算入額の計算
　その年に支払を受ける有期年金の額（年金の支払開始日以後に当該年金の支払の基礎となる生命保険契約等に基づき分配を受ける剰余金又は割戻しを受ける割戻金の額を除きます。）のうち、次のイ又はロに掲げる有期年金の区分に応じそれぞれ次に定める算式により計算した金額は、その年分の雑所得に係る総収入金額に算入します（令185①三）。
イ　次のロに掲げる有期年金以外の有期年金
【算　式】
　その有期年金について、支払期間年数(※)を残存期間年数とし、支払総額見込額（有期年金の契約年額に支払期間に係る月数を乗じてこれを12で除して計算した金額をいいます。）を支払総額とする確定年金とみなして前記 i の例により計算した金額
※「支払期間年数」とは、支払期間に係る年数をいいます（1年未満の端数切上げ）。
ロ　支払期間年数が支払開始日余命年数を超える有期年金
【算　式】
　その有期年金について、その有期年金の契約年額に支払開始日余命年数を乗じて計算した金額を支払総額見込額（前記 ii における支払総額見込額をいいます。）とする終身年金とみなして前記 ii の例により計算した金額

iv　特定終身年金の総収入金額算入額の計算
　その年に支払を受ける特定終身年金の額（年金の支払開始日以後に当該年金の支払の基礎となる生命保険契約等に基づき分配を受ける剰余金又は割戻しを受ける割戻金の額を除きます。）のうち、次のイ及びロに掲げる特定終身年金の区分に応じそれぞれ次に定める算式により計算した金額は、その年分の雑所得に係る総収入金額に算入します（令185①四）。

イ 次のロに掲げる特定終身年金以外の特定終身年金
【算　式】
　その支払を受ける日に応じて次のa又はbの算式により計算
　a　その支払を受ける日が保証期間内の日である場合
　　　その特定終身年金について、保証期間年数(※)を残存期間年数とし、支払総額見込額（特定終身年金の契約年額に保証期間に係る月数を乗じてこれを12で除して計算した金額）を支払総額とする確定年金とみなして前記ⅰの例により計算した金額
　b　その支払を受ける日が保証期間の終了の日後である場合
　　　保証期間の最終の支払の日において支払を受けた特定終身年金の額のうちaにより雑所得に係る総収入金額に算入するものとされる金額
　　※　「保証期間年数」とは、保証期間に係る年数をいいます（1年未満の端数切上げ）。

ロ　余命期間経過時点における非課税所得累計額(※1)が保証期間経過時点における非課税所得累計額(※2)を超える特定終身年金
【算　式】
　その特定終身年金について、その特定終身年金の契約年額に支払開始日余命年数を乗じて計算した金額を支払総額見込額（前記ⅱイにおける支払総額見込額をいいます。）とする終身年金とみなして前記ⅱの例により計算した金額
※1　「余命期間経過時点における非課税所得累計額」とは、余命期間内の各年において、その特定終身年金についてその特定終身年金の契約年額に支払開始日余命年数を乗じて計算した金額を支払総額見込額（前記ⅱイにおける支払総額見込額をいいます。）とする終身年金とみなして前記ⅱの例により計算した金額の総額を当該支払総額見込額から控除した金額をいいます。
※2　「保証期間経過時点における非課税所得累計額」とは、保証期間内の各年において、その特定終身年金について上記イaの確定年金とみなして前記ⅰの例により計算した金額の総額を上記イaの支払総額見込額から控除した金額をいいます。

ⅴ 特定有期年金の総収入金額算入額の計算

　その年に支払を受ける特定有期年金の額（年金の支払開始日以後に当該年金の支払の基礎となる生命保険契約等に基づき分配を受ける剰余金又は割戻しを受ける割戻金の額を除きます。）のうち、次のイ又はロの特定有期年金の区分に応じそれぞれ次に定める算式により計算した金額は、その年分の雑所得に係る総収入金額に算入します（令185①五）。

イ　次のロに掲げる特定有期年金以外の特定有期年金

【算　式】

　その特定有期年金について、支払期間年数（※）を残存期間年数とし、支払総額見込額（特定有期年金の契約年額に支払期間に係る月数を乗じてこれを12で除して計算した金額）を支払総額とする確定年金とみなして前記ⅰの例により計算した金額

※　「支払期間年数」とは、特定有期年金の有期の期間（支払期間）に係る年数をいいます（1年未満の端数切上げ）。

ロ　支払期間年数が支払開始日余命年数を超える特定有期年金

【算　式】

　(イ)又は(ロ)の特定有期年金の区分に応じそれぞれ(イ)又は(ロ)により計算

　(イ)　次の(ロ)に掲げる特定有期年金以外の特定有期年金

　　その支払を受ける日に応じて次のa又はbの算式により計算

　　a　その支払を受ける日が保証期間内の日である場合

　　その特定有期年金について、保証期間年数を残存期間年数とし、支払総額見込額（特定有期年金の契約年額に保証期間に係る月数を乗じてこれを12で除して計算した金額）を支払総額とする確定年金とみなして前記ⅰの例により計算した金額

　　b　その支払を受ける日が保証期間の終了の日後である場合

　　保証期間の最終の支払の日において支払を受けた特定有期年金の額のうちaにより雑所得に係る総収入金額に算入するものとされる金額

　(ロ)　余命期間経過時点における非課税所得累計額（※1）が保証期間経

過時点における非課税所得累計額（※2）を超える特定有期年金
　　その特定有期年金について、その特定有期年金の契約年額に支払開始日余命年数を乗じて計算した金額を支払総額見込額（前記ⅱイにおける支払総額見込額をいいます。）とする終身年金とみなして前記ⅱの例により計算した金額
※1　「余命期間経過時点における非課税所得累計額」とは、余命期間内の各年において、その特定有期年金についてその特定有期年金の契約年額に支払開始日余命年数を乗じて計算した金額を支払総額見込額（前記ⅱイにおける支払総額見込額をいいます。）とする終身年金とみなして前記ⅱの例により計算した金額の総額を当該支払総額見込額から控除した金額をいいます。
※2　「保証期間経過時点における非課税所得累計額」とは、保証期間内の各年において、その特定有期年金について上記(イ)aの確定年金とみなして前記ⅰの例により計算した金額の総額を前記イaの支払総額見込額から控除した金額をいいます。

ⅵ　総収入金額算入額（支払年金対応額）が年金支払額を超える場合の調整

　　その支払を受ける年金につき前記ⅰ又はⅱ（前記ⅲからⅴまでの例によることとされる場合を含みます。）により計算した支払年金対応額がその支払を受ける年金の額以上である場合には、支払年金対応額は、前記ⅰ又はⅱにおける一課税単位当たりの金額、一単位当たりの金額又は一特定単位当たりの金額の整数倍の金額にその年金の額に係る月数を乗じてこれを12で除して計算した金額のうちその年金の額に満たない最も多い金額とします（令185①六）。

〈参　考〉
　　支払年金対応額は、年金の契約年額と基準となる年数を基に計算することとされていることから、年金の支払額がその支払期間を通じて定額という前提で計算されることとなります。
　　一方、実際の年金の支払方法には、いわゆるつなぎ年金のような支

払額が減少するものや、育英年金のような支払額が増加するものが存します。

そこで、このような種々の支払方法に対応するため、前記ⅰからⅴにより計算された支払年金対応額がその支払を受ける年金の額以上となる場合に設けられた調整規定が前記ⅵです。

ⅶ　剰余金又は割戻金の総収入金額算入

年金の支払開始日以後にその年金の支払の基礎となる生命保険契約等に基づき分配を受ける剰余金又は割戻しを受ける割戻金の額は、その年分の雑所得に係る総収入金額に算入します（令185①七）。

ⅷ　必要経費算入額の計算等

居住者が支払を受ける年金の次のイ又はロの区分に応じそれぞれ次のイ又はロにより計算した金額は、その年分の雑所得の金額の計算上、必要経費に算入します（令185①八、九、十一）。

なお、生命保険契約等が年金のほか一時金を支払う内容のものである場合には、次のイ(ロ)の保険料又は掛金の総額は、その生命保険契約等に係る保険料又は掛金の総額に、イ(イ)ａ又はｂの支払総額又は支払総額見込額と当該一時金の額との合計額のうちに当該支払総額又は支払総額見込額の占める割合（小数点以下２位まで算出し、３位以下切上げ）を乗じて計算した金額となります（令185①十、十一）。

イ　保険金受取人等である居住者が当初年金受取人（※）である場合

【算　式】

保険金受取人等である居住者が支払を受ける年金の額（前記ⅰからⅵにより総収入金額に算入される部分の金額に限ります。）に、次の(イ)に掲げる金額のうちに次の(ロ)に掲げる金額の占める割合（小数点以下２位まで算出し、３位以下を切上げ）を乗じて計算した金額

(イ)　次に掲げる年金の区分に応じそれぞれ次に定める金額

ａ　その支払開始日において支払総額が確定している年金
　その支払総額

b　その支払開始日において支払総額が確定していない年金

　　前記ⅱからⅴによりその年分の雑所得に係る総収入金額に算入すべきものとされる金額の計算の基礎となるべき支払総額見込額

　(ロ)　その年金に係る生命保険契約等に係る保険料又は掛金の総額

※　「当初年金受取人」とは、年金の支払開始の日におけるその年金の支払を受ける者をいいます。

　ロ　保険金受取人等である居住者以外の者が当初年金受取人である場合

【算　式】

　　保険金受取人等である居住者が支払を受ける年金の額（前記ⅰからⅵにより総収入金額に算入される部分の金額に限ります。）に、当初年金受取人であった者のその年金の支払開始の日における所得税法施行令第183条第1項第2号又は上記イの割合を乗じて計算した金額

②　新相続税法対象年金に係る雑所得の金額の計算

　生命保険契約等に基づく年金（公的年金等を除きます。）の支払を受ける居住者が、新相続税法対象年金に係る保険金受取人等に該当する場合には、その者のその支払を受ける年分のその年金に係る雑所得の金額の計算については、前記Ⅱ1の計算方法（所得税法施行令第183条第1項）によらず、次によることとされました（令185②）。

　その年に支払を受ける年金が、確定年金、終身年金、有期年金、特定終身年金又は特定有期年金のいずれであるかにより、次のⅰからⅴにより、その年金に係るその年分の雑所得に係る総収入金額に算入する金額を計算します。

　なお、必要経費に算入する金額の計算については、前記①ⅷに準じます（令185②）。

〈参　考〉

　新相続税法第24条の規定は、原則として平成23年4月1日以後の相続、遺贈又は贈与により取得する定期金給付契約に関する権利に係る相続税

又は贈与税について適用することとされていますが、一定の場合には、平成22年４月１日から適用することとされています。

したがって、平成22年分の所得税からこの「②新相続税法対象年金に係る雑所得の金額の計算」によって、年金に係る雑所得の金額を計算する場合が生じることとなります。

一方、相続等に係る生命保険契約等に基づく年金に係る雑所得の金額の計算では、支払を受ける年金について、課税部分と非課税部分に振り分けて課税するよう規定されるとともに、年金の支払開始の初年は支払を受ける年金の全額が非課税部分となり、２年目以降は課税部分が同額ずつ階段状に増加していくよう規定されています。

したがって、新相続税法第24条の規定の適用がある場合の平成22年分の相続等に係る生命保険契約等に基づく年金に係る雑所得の金額は、「０」となります。

ｉ　確定年金の総収入金額算入額の計算

その年に支払を受ける確定年金の額（年金の支払開始日以後に当該年金の支払の基礎となる生命保険契約等に基づき分配を受ける剰余金又は割戻しを受ける割戻金の額を除きます。）のうち、その相続税評価割合（※）に基づく次のイ又はロに掲げる確定年金の区分に応じそれぞれ次に定める算式により計算した金額に係る支払年金対応額の合計額は、その年分の雑所得に係る総収入金額に算入します（令185②一）。

※　「相続税評価割合」とは、その居住者に係る年金の支払総額のうちにその年金に係る権利について新相続税法第24条の規定により評価された額の占める割合をいいます（令185③三）。

イ　相続税評価割合が50％を超える確定年金

【算　式】

一課税単位当たりの金額（※）×経過年数

※　一課税単位当たりの金額＝確定年金の支払総額×課税割合（☆a）÷課税単位数（☆b）

☆a　課税割合は、相続税評価割合に応じそれぞれ次のとおりです（令185③四）。

［省略］
☆b　課税単位数＝残存期間年数×（残存期間年数－1年）÷2

ロ　相続税評価割合が50％以下の確定年金

【算　式】
　その支払を受ける日に応じて次のa又はbの算式により計算
　a　その支払を受ける日が特定期間（※1）内の日である場合
　　一単位当たりの金額（※2）×経過年数
　b　その支払を受ける日が特定期間の終了の日後である場合
　　一単位当たりの金額×特定期間年数（※3）－1円

※1　「特定期間」とは、年金の支払開始日から特定期間年数を経過する日までの期間をいいます。
※2　一単位当たりの金額＝確定年金の支払総額÷総単位数（☆）
　☆　総単位数＝特定期間年数×残存期間年数
※3　特定期間年数は、残存期間年数に相続税評価割合の次に掲げる場合の区分に応じそれぞれ次に定める割合を乗じて計算した年数から1年を控除した年数（1年未満の端数切上げ）をいいます。

相続税評価割合	割合	相続税評価割合	割合
10％以下	20％	30％超 40％以下	80％
10％超 20％以下	40％	40％超 50％以下	100％
20％超 30％以下	60％	－	－

ⅱ　終身年金の総収入金額算入額の計算

その年に支払を受ける終身年金の額（年金の支払開始日以後に当該年金の支払の基礎となる生命保険契約等に基づき分配を受ける剰余金又は割戻しを受ける割戻金の額を除きます。）のうち、その相続税評価割合（※）に基づく次のイ又はロに掲げる終身年金の区分に応じそれぞれ次に定める算式により計算した金額に係る支払年金対応額の合計額は、その年分の雑所得に係る総収入金額に算入します（令185②二）。

※　「相続税評価割合」とは、その居住者に係る年金の支払総額見込額（ⅱからⅴによりその年分の雑所得に係る総収入金額に算入すべきものとされる金額の

計算の基礎となるべき支払総額見込額をいいます。）のうちにその年金に係る権利について新相続税法第24条の規定により評価された額の占める割合をいいます（令185③三）。

イ　相続税評価割合が50％を超える終身年金

【算　式】

　その支払を受ける日に応じて次のa又はbの算式により計算

　　a　その支払を受ける日が余命期間内の日である場合

　　　一課税単位当たりの金額(※)×経過年数

　　b　その支払を受ける日が余命期間の終了の日後である場合

　　　一課税単位当たりの金額×（支払開始日余命年数－1年）

※　一課税単位当たりの金額＝年金支払総額見込額×課税割合÷課税単位数(☆)

　☆　課税単位数＝支払開始日余命年数×（支払開始日余命年数－1年）÷2

ロ　相続税評価割合が50％以下の終身年金

【算　式】

　その支払を受ける日に応じて次のa又はbの算式により計算

　　a　その支払を受ける日が特定期間(※1)内の日である場合

　　　一単位当たりの金額(※2)×経過年数

　　b　その支払を受ける日が特定期間の終了の日後である場合

　　　一単位当たりの金額×特定期間年数(※3)－1円

※1　「特定期間」とは、年金の支払開始日から特定期間年数を経過する日までの期間をいいます。

※2　一単位当たりの金額＝年金支払総額見込額÷総単位数(☆)

　☆　総単位数＝特定期間年数×支払開始日余命年数

※3　特定期間年数は、支払開始日余命年数に相続税評価割合の次に掲げる場合の区分に応じそれぞれ次に定める割合を乗じて計算した年数から1年を控除した年数（1年未満の端数切上げ）をいいます。

相続税評価割合	割合	相続税評価割合	割合
10％以下	20％	30％超 40％以下	80％
10％超 20％以下	40％	40％超 50％以下	100％
20％超 30％以下	60％	－	－

iii　有期年金の総収入金額算入額の計算

その年に支払を受ける有期年金の額（年金の支払開始日以後に当該年金の支払の基礎となる生命保険契約等に基づき分配を受ける剰余金又は割戻しを受ける割戻金の額を除きます。）のうち、次のイ又はロに掲げる有期年金の区分に応じそれぞれ次に定める算式により計算した金額は、その年分の雑所得に係る総収入金額に算入します（令185②三）。

イ　次のロに掲げる有期年金以外の有期年金

【算　式】

その有期年金について、支払期間年数を残存期間年数とし、支払総額見込額（有期年金の契約年額に支払期間に係る月数を乗じてこれを12で除して計算した金額）を支払総額とする確定年金とみなして前記 i の例により計算した金額

ロ　支払期間年数が支払開始日余命年数を超える有期年金

【算　式】

その有期年金について、その有期年金の契約年額に支払開始日余命年数を乗じて計算した金額を支払総額見込額（前記①ⅱイにおける支払総額見込額をいいます。）とする終身年金とみなして前記 ii の例により計算した金額

iv　特定終身年金の総収入金額算入額の計算

その年に支払を受ける特定終身年金の額（年金の支払開始日以後に当該年金の支払の基礎となる生命保険契約等に基づき分配を受ける剰余金又は割戻しを受ける割戻金の額を除きます。）のうち、次のイ又はロに掲げる特定終身年金の区分に応じそれぞれ次に定める算式により計算した金額は、その年分の雑所得に係る総収入金額に算入します（令185②四）。

イ　次のロに掲げる特定終身年金以外の特定終身年金

【算　式】

その支払を受ける日に応じて次の a 又は b の算式により計算

　　a　その支払を受ける日が保証期間内の日である場合

その特定終身年金について、保証期間年数を残存期間年数とし、

支払総額見込額（特定終身年金の契約年額に保証期間に係る月数を乗じてこれを12で除して計算した金額）を支払総額とする確定年金とみなして前記ⅰの例により計算した金額
　　b　その支払を受ける日が保証期間の終了の日後である場合
　　その保証期間の最終の支払の日において支払を受けた特定終身年金の額のうちaにより雑所得に係る総収入金額に算入するものとされる金額
　ロ　支払開始日余命年数が保証期間年数を超える特定終身年金
　【算　式】
　　その特定終身年金について、その特定終身年金の契約年額に支払開始日余命年数を乗じて計算した金額を支払総額見込額（前記①ⅱイにおける支払総額見込額をいいます。）とする終身年金とみなして前記ⅱの例により計算した金額

ⅴ　特定有期年金の総収入金額算入額の計算
　その年に支払を受ける特定有期年金の額（年金の支払開始日以後に当該年金の支払の基礎となる生命保険契約等に基づき分配を受ける剰余金又は割戻しを受ける割戻金の額を除きます。）のうち、次のイ又はロの特定有期年金の区分に応じそれぞれ次に定める算式により計算した金額は、その年分の雑所得に係る総収入金額に算入します（令185②五）。
　イ　次のロに掲げる特定有期年金以外の特定有期年金
　【算　式】
　　その特定有期年金について、支払期間年数を残存期間年数とし、支払総額見込額（特定有期年金の契約年額に支払期間に係る月数を乗じてこれを12で除して計算した金額）を支払総額とする確定年金とみなして前記ⅰの例により計算した金額
　ロ　支払期間年数が支払開始日余命年数を超える特定有期年金
　【算　式】
　　(イ)又は(ロ)の特定有期年金の区分に応じそれぞれ(イ)又は(ロ)により計算

(イ) 次の(ロ)に掲げる特定有期年金以外の特定有期年金
　　その支払を受ける日に応じて次のa又はbの算式により計算
　a　その支払を受ける日が保証期間内の日である場合
　　その特定有期年金について、保証期間年数を残存期間年数とし、支払総額見込額（特定有期年金の契約年額に保証期間に係る月数を乗じてこれを12で除して計算した金額）を支払総額とする確定年金とみなして前記iの例により計算した金額
　b　その支払を受ける日が保証期間の終了の日後である場合
　　その保証期間の最終の支払の日において支払を受けた特定有期年金の額のうちaにより雑所得に係る総収入金額に算入するものとされる金額
(ロ) 支払開始日余命年数が当該保証期間年数を超える特定有期年金
　　その特定有期年金について、その特定有期年金の契約年額に支払開始日余命年数を乗じて計算した金額を支払総額見込額（前記①ⅱイにおける支払総額見込額をいいます。）とする終身年金とみなして前記ⅱの例により計算した金額

vi　総収入金額算入額（支払年金対応額）が年金支払額を超える場合の調整
　　その支払を受ける年金につき前記ⅰ又はⅱ（前記ⅲからⅴまでの例によることとされる場合を含みます。）により計算した支払年金対応額がその支払を受ける年金の額以上である場合には、支払年金対応額は、前記ⅰ又はⅱにおける一課税単位当たりの金額又は一単位当たりの金額の整数倍の金額にその年金の額に係る月数を乗じてこれを12で除して計算した金額のうち当該年金の額に満たない最も多い金額とします（令185②六）。

vii　剰余金又は割戻金の総収入金額算入
　　年金の支払開始日以後にその年金の支払の基礎となる生命保険契約等に基づき分配を受ける剰余金又は割戻しを受ける割戻金の額は、そ

の年分の雑所得に係る総収入金額に算入します（令185②七）。

2 相続等に係る損害保険契約等に基づく年金に係る雑所得の金額の計算

(1) 制度の概要

相続等に係る損害保険契約等に基づく年金に係る雑所得の金額の計算方法について、次のとおりとされました（令186）。

① 旧相続税法対象年金に係る総収入金額又は必要経費の算入額の計算（令186①）

その年に支払を受ける年金の額のうち確定型年金又は特定有期型年金（いわゆる保証期間付有期年金）の種類に応じて、相続等に係る生命保険契約等に基づく年金に係る雑所得の金額の計算（前記1(1)①ⅰ又はⅴ）の例により計算した金額に限り、その年分の雑所得に係る総収入金額又は必要経費に算入します。

② 新相続税法対象年金に係る総収入金額又は必要経費の算入額の計算（令186②）

その年に支払を受ける年金の額のうち確定型年金又は特定有期型年金の種類に応じて、相続等に係る生命保険契約等に基づく年金に係る雑所得の金額の計算（前記1(1)②ⅰ又はⅴ）の例により計算した金額に限り、その年分の雑所得に係る総収入金額又は必要経費に算入します。

(2) 制度の詳細

① 旧相続税法対象年金に係る雑所得の金額の計算

損害保険契約等に基づく年金の支払を受ける居住者が、旧相続税法対象年金に係る保険金受取人等に該当する場合には、その者のその支払を受ける年分のその年金に係る雑所得の金額の計算については、前記Ⅱ2の計算方法（所得税法施行令第184条第1項）によらず、次によることとされました（令186①）。

その年に支払を受ける年金が、確定型年金又は特定有期型年金のいずれであるかにより、次のⅰ又はⅱにより、その年金に係るその年分の雑

所得に係る総収入金額に算入する金額を計算します。

種　類	内　　容
確定型年金 （令186①一）	年金の支払開始日において支払総額が確定している年金
特定有期型年金 （令186①二）	年金の支払開始日において支払総額が確定していない年金のうち、有期の年金で契約対象者がその支払開始日以後一定期間（以下「保証期間」といいます。）内に死亡した場合にはその死亡した日からその保証期間の終了の日までの期間に相当する部分の金額の支払が行われるもの

ⅰ　確定型年金の総収入金額算入額の計算

　　その年に支払を受ける確定型年金の額（年金の支払開始日以後に当該年金の支払の基礎となる損害保険契約等に基づき分配を受ける剰余金又は割戻しを受ける割戻金の額を除きます。）のうち、その確定型年金について前記1(2)①ⅰの確定年金とみなして前記1(2)①ⅰの例により計算した金額は、その年分の雑所得に係る総収入金額に算入します（令186①一）。

ⅱ　特定有期型年金の総収入金額算入額の計算

　　その年に支払を受ける特定有期型年金の額（年金の支払開始日以後に当該年金の支払の基礎となる損害保険契約等に基づき分配を受ける剰余金又は割戻しを受ける割戻金の額を除きます。）のうち、その特定有期型年金について前記1(2)①ⅴの特定有期年金とみなして前記1(2)①ⅴの例により計算した金額は、その年分の雑所得に係る総収入金額に算入します（令186①二）。

ⅲ　総収入金額算入額（支払年金対応額）が年金支払額を超える場合の調整

　　前記1(2)①ⅵは、前記ⅰ及びⅱにより計算した金額に係る支払年金対応額がその支払を受ける年金の額以上である場合について準用し

ます（令186①三）。

iv 剰余金又は割戻金の総収入金額算入

　年金の支払開始日以後にその年金の支払の基礎となる損害保険契約等に基づき分配を受ける剰余金又は割戻しを受ける割戻金の額は、その年分の雑所得に係る総収入金額に算入します（令186①四）。

v 必要経費算入額の計算等

　居住者が支払を受ける年金の次のイ又はロの区分に応じそれぞれ次のイ又はロにより計算した金額は、その年分の雑所得の金額の計算上、必要経費に算入します（令186①五、六、七）。

　イ　保険金受取人等である居住者が当初年金受取人である場合

　【算　式】

　　保険金受取人等である居住者が支払を受ける年金の額（前記 i から iii までにより総収入金額に算入される部分の金額に限ります。）に、次の(イ)に掲げる金額のうちに次の(ロ)に掲げる金額の占める割合（小数点以下2位まで算出し、3位以下切上げ）を乗じて計算した金額

　　(イ) 次に掲げる年金の区分に応じそれぞれ次に定める金額

　　　a　その支払開始日において支払総額が確定している年金
　　　　その支払総額

　　　b　その支払開始日において支払総額が確定していない年金
　　　　前記 ii によりその年分の雑所得に係る総収入金額に算入すべきものとされる金額の計算の基礎となるべき支払総額見込額

　　(ロ)　その年金に係る損害保険契約等に係る保険料又は掛金の総額

　ロ　保険金受取人等である居住者以外の者が当初年金受取人である場合

　【算　式】

　　保険金受取人等である居住者が支払を受ける年金の額（前記 i から iii により総収入金額に算入される部分の金額に限ります。）に、その当初年金受取人に係る年金の支払開始の日における所得税法施行令第184条第1

項第2号又は上記イの割合を乗じて計算した金額

②　新相続税法対象年金に係る雑所得の金額の計算
　損害保険契約等に基づく年金の支払を受ける居住者が、新相続税法対象年金に係る保険金受取人等に該当する場合には、その者のその支払を受ける年分のその年金に係る雑所得の金額の計算については、前記Ⅱ2の計算方法（所得税法施行令第184条第1項）によらず、次によることとされました（令186②）。
　その年に支払を受ける年金が、確定型年金又は特定有期型年金のいずれであるかにより、次のⅰ又はⅱにより、その年金に係るその年分の雑所得に係る総収入金額に算入する金額を計算します。
　なお、必要経費に算入する金額の計算については、前記①ⅴに準じます（令186②）。

ⅰ　確定型年金の総収入金額の計算
　　その年に支払を受ける確定型年金の額（年金の支払開始日以後に当該年金の支払の基礎となる損害保険契約等に基づき分配を受ける剰余金又は割戻しを受ける割戻金の額を除きます。）のうち、その確定型年金について前記1(2)②ⅰの確定年金とみなして前記1(2)②ⅰの例により計算した金額は、その年分の雑所得に係る総収入金額に算入します（令186②一）。

ⅱ　特定有期型年金の総収入金額の計算
　　その年に支払を受ける特定有期型年金の額（年金の支払開始日以後に当該年金の支払の基礎となる損害保険契約等に基づき分配を受ける剰余金又は割戻しを受ける割戻金の額を除きます。）のうち、その特定有期型年金について前記1(2)②ⅴの特定有期年金とみなして前記1(2)②ⅴの例により計算した金額は、その年分の雑所得に係る総収入金額に算入します（令186②二）。

ⅲ　総収入金額算入額（支払年金対応額）が年金支払額を超える場合の調整

前記1(2)②viは、前記i及びiiにより計算した金額に係る支払年金対応額がその支払を受ける年金の額以上である場合について準用します（令186②三）。

iv 剰余金又は割戻金の総収入金額算入

年金の支払開始日以後にその年金の支払の基礎となる損害保険契約等に基づき分配を受ける剰余金又は割戻しを受ける割戻金の額は、その年分の雑所得に係る総収入金額に算入します（令186②四）。

3 適用関係

この改正は、平成22年分以後の所得税についての雑所得の金額の計算及び所得税法施行令の一部を改正する政令（平成22年政令第214号）の施行日（平成22年10月20日）以後に確定申告書を提出する場合又は同日以後に更正の請求を行う場合における生命保険契約等に基づく年金に係る雑所得の金額の計算又は損害保険契約等に基づく年金に係る雑所得の金額の計算について適用することとされています（改正政令附則2）。

〈参　考〉

具体的な適用関係は、以下のとおりです。

(1) 平成22年以降に相続等により年金受給権を取得し、かつ、受給を開始した者の平成22年分以後の所得税について適用されます。

　また、平成21年以前に相続等により年金受給権を取得し、既に年金を受給している者の平成22年分以後の所得税についても適用されます。

(2) 施行日（平成22年10月20日）以後に確定申告書を提出する場合には、平成22年分以後の所得税に係る確定申告書だけでなく、施行日において提出することができる平成21年分以前の年分の所得税に係る確定申告書も含まれます。

(3) 施行日以後に国税通則法に定める更正の請求を行う場合には、平成22年分以後の年分の所得税に係る更正の請求だけでなく、施行日にお

いて行うことができる平成21年分以前の年分の所得税に係る更正の請求も含まれます。

国税通則法第23条第2項の更正の請求については、平成22年10月20日付課個2-25ほか1課共同「『所得税基本通達の制定について』の一部改正について」（法令解釈通達）を発遣し、この法令解釈通達において従来の取扱いを変更したことを受けて、納税者がその事実を知った日から2月の間行うことができます。

※　税務署長が決定や更正を行う場合についても、当然に、平成22年分以後の所得税についてのみでなく、平成21年分の所得税についても適用があります。

〈参　考〉

相続等に係る生命保険契約等に基づく年金に係る雑所得の金額の計算において、年金の支払開始の初年は支払を受ける年金の全額が非課税部分となり、2年目以降は課税部分が同額（一単位）ずつ階段状に増加していくよう規定されていることから、その年分の生命保険契約等に基づく年金に係る雑所得の金額の計算において、一単位当たり金額を算出することにより、総収入金額に算入する金額はその年分に対応する経過年数に応じて求めることができます。

例えば、過去の複数年分について更正の請求を行う場合などにおいて、一単位当たりの金額を算出し、そのいずれか1の年分に係る経過年数を算出することより、更正の請求を行おうとする全ての年分に係る雑所得の金額の計算上総収入金額に算入する金額を簡易に計算することができます。

■参考：判例「生命保険契約に基づき、保険金受取人が支払を受ける年金につき『みなす相続財産である保険金』として相続税が課税されるときは、年金受取人がその後に受け取る年金については、所得税を課すことはできないとされた事例」（最高三小　平22.7.6判決）

※　[　]は編注である。

[事案の概要]
1　甲（被相続人）は、次の生命保険契約を締結（平8.8契約）して、その保険料の支払をしていた。
　◇被保険者及び保険契約者：甲
　◇保険金及び年金受取人：乙（甲の配偶者・原告・被控訴人・上告人）
　◇保険の内容
　　以下による年金払生活保障特約付終身保険契約
　　　ⅰ　主契約
　　　　一時払死亡保険金4,000万円
　　　ⅱ　付加した特約
　　　　生活保障特約年金として、主契約の一時払保険金に加え、保険事故が発生（死亡）した場合には、年金額230万円の年金を主契約の保険金受取人（乙）に対し10年間支払うというもの
　　　　（注）この特約条項によれば、特約年金受取人（乙）は、年金支払期間中、将来の特約年金の支払に代えて、特約年金の未支払分の現在価値の一時払を請求することができ、これにより、主契約の保険金の請求と同時に特約年金の現在価値の一時払が請求された場合、その現在価値は、基本年金年額に8.956を乗じた2059万8800円とされている。

2　平14.10.28甲の死亡により、乙は同年11月、保険金4,000万円（一時金）と年金230万円（本件年金受給権に基づく年金の第1回分）に配当金を加えた金額から源泉徴収税額22万800円（所法207条に規定する生命保険契約に基づく年金に対する源泉徴収）を控除した41,902,745円の支払を受けた。

3　甲に係る相続税の申告においては4,000万円の保険金の他、本件年金受給権の総額2,300万円に0.6を乗じた1,380万円を相続財産に含めている。

4　乙（原告・被控訴人・上告人）は、平14年分確定申告に際し、本件年金を除外したところ、課税庁（被告・控訴人・被上告人）は、平15.9.16、本件年金230万円から必要経費92,000円（払込保険料のうち、本件年金に対応する部分の金額）を差し引いた2,208,000円を乙の雑所得に該当するとして、乙の平14年分の所得税の更正処分をした。

《主　文》

原判決を破棄する。

被上告人の控訴を棄却する。

控訴費用及び上告費用は被上告人の負担とする。

《理　由》

上告代理人［納税者代理人］丸山隆寛，上告復代理人山内良輝の上告受理申立て理由について

　　以下に摘示する相続税法及び所得税法の各規定は，それぞれ別表［省略］記載のものをいう。

1　本件は，年金払特約付きの生命保険契約の被保険者でありその保険料を負担していた夫が死亡したことにより，同契約に基づく第1回目の年金として夫の死亡日を支給日とする年金の支払を受けた上告人［相続人，納税者］が，当該年金の額を収入金額に算入せずに所得税の申告をしたところ，長崎税務署長から当該年金の額から必要経費を控除した額を上告人の雑所得の金額として総所得金額に加算することなどを内容とする更正を受けたため，上告人において，当該年金は，相続税法3条1項1号所定の保険金に該当し，いわゆるみなし相続財産に当たるから，所得税法9条1項15号［現行16号。以下同じ］により所得税を課することができず，上記加算は許されない旨を主張して，上記更正の一部取消しを求めている事案である。

2　原審［福岡高裁］の適法に確定した事実関係の概要は，次のとおりである。

(1) 上告人の夫であるAは，B生命保険相互会社（以下「B生命」という。）との間で，Aを被保険者，上告人を保険金受取人とする年金払特約付きの生命保険契約（以下「本件保険契約」という。）を締結し，その保険料を負担していたが，平成14年10月28日に死亡した。

　　上告人は，これにより，本件保険契約に基づく特約年金として，同年から同23年までの毎年10月28日に230万円ずつを受け取る権利（以下「本件年金受給権」という。）を取得した。上告人は，平成14年11月8日，B生命から，同年10月28日を支給日とする第1回目の特約年金（以下「本件年金」という。）として，230万円から所得税法208条所定の源泉徴収税額22万800円を控除

した金額の支払を受けた。
(2) 上告人は，平成14年分の所得税について，平成15年2月21日，総所得金額22万7707円，課税総所得金額0円，源泉徴収税額及び還付金の額2664円とする確定申告をし，次いで，同年8月27日，総所得金額37万7707円，課税総所得金額0円，源泉徴収税額及び還付金の額22万3464円（本件年金に係る源泉徴収税額22万800円を加算した金額）とする更正の請求をしたが，これらの確定申告及び更正の請求を通じて，本件年金の額を各種所得の金額の計算上収入金額に算入していなかった。

他方，上告人は，Aを被相続人とする相続税の確定申告においては，相続税法24条1項1号の規定により計算した本件年金受給権の価額1380万円を相続税の課税価格に算入していた。
(3) 長崎税務署長は，本件年金の額から払込保険料を基に計算した必要経費9万2000円を控除した220万8000円を上告人の平成14年分の雑所得の金額と認定し，平成15年9月16日，総所得金額258万5707円，課税総所得金額219万円，源泉徴収税額22万3464円，還付金の額4万8264円とする更正をし，次いで，同16年6月23日，所得控除の額を加算して課税総所得金額を32万円に減額し，これに伴い還付金の額を19万7864円に増額する再更正をした（以下，この再更正後の上記更正を「本件処分」という。）。
3 　原審〔福岡高裁〕は，上記事実関係の下において，次のとおり判示し，本件処分は適法であると判断して，上告人〔納税者〕の請求を棄却すべきものとした。

所得税法9条1項15号は，相続，遺贈又は個人からの贈与により取得し又は取得したものとみなされる財産について，相続税又は贈与税と所得税との二重課税を排除する趣旨の規定である。

相続税法3条1項1号により相続等により取得したものとみなされる「保険金」とは保険金請求権を意味し，本件年金受給権はこれに当たるが，本件年金は，本件年金受給権に基づいて発生する支分権に基づいて上告人が受け取った現金であり，本件年金受給権とは法的に異なるものであるから，上記の「保険金」に当たらず，所得税法9条1項15号所定の非課税所得に当たらない。

4　しかしながら，原審［福岡高裁］の上記判断は是認することができない。その理由は，次のとおりである。

(1)
ア　所得税法9条1項は，その柱書きにおいて「次に掲げる所得については，所得税を課さない。」と規定し，その15号において「相続，遺贈又は個人からの贈与により取得するもの（相続税法の規定により相続，遺贈又は個人からの贈与により取得したものとみなされるものを含む。）」を掲げている。

　同項柱書きの規定によれば，同号にいう「相続，遺贈又は個人からの贈与により取得するもの」とは，相続等により取得し又は取得したものとみなされる財産そのものを指すのではなく，当該財産の取得によりその者に帰属する所得を指すものと解される。そして，当該財産の取得によりその者に帰属する所得とは，当該財産の取得の時における価額に相当する経済的価値にほかならず，これは相続税又は贈与税の課税対象となるものであるから，同号の趣旨は，相続税又は贈与税の課税対象となる経済的価値に対しては所得税を課さないこととして，同一の経済的価値に対する相続税又は贈与税と所得税との二重課税を排除したものであると解される。

イ　相続税法3条1項1号は，被相続人の死亡により相続人が生命保険契約の保険金を取得した場合には，当該相続人が，当該保険金のうち被相続人が負担した保険料の金額の当該契約に係る保険料で被相続人の死亡の時までに払い込まれたものの全額に対する割合に相当する部分を，相続により取得したものとみなす旨を定めている。

　上記保険金には，年金の方法により支払を受けるものも含まれると解されるところ，年金の方法により支払を受ける場合の上記保険金とは，基本債権としての年金受給権を指し，これは同法24条1項所定の定期金給付契約に関する権利に当たるものと解される。

　そうすると，年金の方法により支払を受ける上記保険金（年金受給権）のうち有期定期金債権に当たるものについては，同項1号の規定により，その残存期間に応じ，その残存期間に受けるべき年金の総額に同号所定の割合を乗じて計算した金額が当該年金受給権の価額として相続税の課税対象となるが，この価額は，当該年金受給権の取得の時における時価（同法22条），

すなわち，将来にわたって受け取るべき年金の金額を被相続人死亡時の現在価値に引き直した金額の合計額に相当し，その価額と上記残存期間に受けるべき年金の総額との差額は，当該各年金の上記現在価値をそれぞれ元本とした場合の運用益の合計額に相当するものとして規定されているものと解される。

　したがって，これらの年金の各支給額のうち上記現在価値に相当する部分は，相続税の課税対象となる経済的価値と同一のものということができ，所得税法9条1項15号により所得税の課税対象とならないものというべきである。

ウ　本件年金受給権は，年金の方法により支払を受ける上記保険金のうちの有期定期金債権に当たり，また，本件年金は，被相続人の死亡日を支給日とする第1回目の年金であるから，その支給額と被相続人死亡時の現在価値とが一致するものと解される。そうすると，本件年金の額は，すべて所得税の課税対象とならないから，これに対して所得税を課することは許されないものというべきである。

(2)　なお，所得税法207条所定の生命保険契約等に基づく年金の支払をする者は，当該年金が同法の定める所得として所得税の課税対象となるか否かにかかわらず，その支払の際，その年金について同法208条所定の金額を徴収し，これを所得税として国に納付する義務を負うものと解するのが相当である。したがって，B生命が本件年金についてした同条所定の金額の徴収は適法であるから，上告人が所得税の申告等の手続において上記徴収金額を算出所得税額から控除し又はその全部若しくは一部の還付を受けることは許されるものである。

(3)　以上によれば，本件年金の額から必要経費を控除した220万8000円を上告人の総所得金額に加算し，その結果還付金の額が19万7864円にとどまるものとした本件処分は違法であり，本件処分のうち総所得金額37万7707円を超え，還付金の額22万3464円を下回る部分は取り消されるべきである。

　これと異なる原審の判断には，判決に影響を及ぼすことが明らかな法令の違反がある。論旨は理由があり，原判決［福岡高裁判決］は破棄を免れない。そして，以上説示したところによれば，上告人の請求には理由があり，

これを認容した第1審判決［長崎地裁18.11.7判決］は結論において是認することができるから、被上告人［課税庁］の控訴を棄却すべきである。

よって、裁判官全員一致の意見で、主文のとおり判決する。

■参考：所得税関係個別通達「相続等に係る生命保険契約等に基づく年金に係る雑所得の金額の計算書（様式）の制定について」（平22課個2-27）

　所得税法施行令の一部を改正する政令（平成22年政令第214号）の施行に伴い、当該政令の施行日（平成22年10月20日）以後に平成21年分以前の確定申告書（所得税法第2条第1項第37号）を提出する場合又は更正の請求（国税通則法第23条第1項、第2項）を行う場合における新令第185条第1項に規定する生命保険契約等に基づく年金に係る雑所得の金額の計算及び新令第186条第1項に規定する損害保険契約等に基づく年金に係る雑所得の金額の計算に使用する計算書（様式）を別表のとおり定めたから、これによられたい。

【編者注】
　　本通達による「計算書」は、法令の定めによるものではない。
　　同「計算書」は、相続税又は贈与税における年金（定期金）の評価が、平成22年改正前の相法24条により行われたものに係る年金についての雑所得の計算に用いられるものである。
　　なお、平成22年改正後の相法24条に係る計算書は、平成23年3月末現在、公表されていない。

相続等に係る生命保険契約等に基づく
年金の雑所得の金額の計算書（本表）

住 所		フリガナ 氏 名	

1 保険契約等に関する事項

年金の支払開始年	①	平成・昭和＿＿＿年	年金の残存期間等 （別表1により求めた年数）	②	＿＿＿＿年
年金の支払総額（見込額） （別表1により計算した金額）	③	円	年金の支払総額（見込額）に占める保険料又は掛金の総額の割合	④	％

2 所得金額の計算の基礎となる事項

年金の残存期間等に応じた割合 （右表により求めた割合）	⑤	％
（③×⑤）	⑥	円
年金の残存期間等に応じた単位数 （別表4により計算した単位数）	⑦	単位
1単位当たりの金額 （⑥÷⑦）	⑧	円

（表）年金の残存期間等に応じた割合

②の年数	⑤の割合
5年以下	30％
6年以上10年以下	40％
11年以上	100％

3 各年分の雑所得の金額の計算

申告又は更正の請求を行う年分	⑨	平成21年分	平成20年分	平成19年分	平成18年分	平成17年分
（⑨－①＋1）（注1）	⑩					
単位数（⑩－1）（注2）	⑪	単位	単位	単位	単位	単位
支払年金対応額（⑧×⑪）	⑫	円	円	円	円	円
年金が月払等の場合	⑬					
剰余金等の金額	⑭					
総収入金額 （（⑫又は⑬）＋⑭）	⑮					
必要経費の額 （（⑫又は⑬）×④）（注3）	⑯					
雑所得の金額 （⑮－⑯）	⑰					

(注1) ①の年号が「昭和」の場合は、「⑨＋64－①」を書きます。
　　　また、「⑨－①＋1」（又は、「⑨＋64－①」）が、②の年数を超える場合は、②の年数を書きます。
(注2) 「⑩－1」が、②の年数に応じた次の上限を超える場合は、その上限を書きます。

②の年数	上限	②の年数	上限	②の年数	上限
11年から15年	②－2	26年から35年	②－14	56年から80年	26
16年から25年	②－6	36年から55年	②－29	—	—

(注3) 「⑨－①＋1」（又は、「⑨＋64－①」）が、②の年数を超える場合は、「0」と書きます。
　　　また、⑬の金額の記載がある場合には、別紙の書き方を参照してください。

第3編 第4章 一時所得、雑所得の収入金額となる生命保険金・損害保険金等に関連する法令・通達等

【別表1】本表②及び本表③の年数等

		年　数
年金の残存期間	a	＿＿＿＿年
相続等の時（年金の支払開始日）の年齢に応じた別表2により求めた年数	b	（＿＿＿＿歳）⇒＿＿＿＿年
保証残存期間	c	＿＿＿＿年

○ 上のaからcの記載の状況に応じ、下記の表に当てはめて本表②及び③に記載する年数等を求めます。

		本表②に記載する年数	本表③に記載する金額
aのみ記載がある場合		aの年数	年金の支払総額（見込額）
bのみ記載がある場合		bの年数	
aとbに記載がある場合		aとbのいずれか短い年数	
bとcに記載がある場合		bとcのいずれか長い年数 ※ ただし、bとcの年数が別表3に掲げる組合せに該当するときは、bとcのいずれか短い年数	年金の支払総額（見込額） ※ ただし書に該当するときは、以下の算式で計算した金額
a・b・cのいずれにも記載がある場合	bがaより短いとき		
	bがaより長いとき	aの年数	年金の支払総額（見込額）

〔算式〕

```
                    bとcのいずれか
年金の支払総額（見込額）  長い年数    短い年数   本表③に記載する金額
   [        ]    ÷   [      ]  ×  [      ] =  [        ]    （小数点以下切捨て）
```

【別表2】bの年数

bの年齢	bの年齢に応じた年数		bの年齢	bの年齢に応じた年数		bの年齢	bの年齢に応じた年数	
	男	女		男	女		男	女
36	40	45	51	26	31	66	14	18
37	39	44	52	25	30	67	14	17
38	38	43	53	25	29	68	13	16
39	37	42	54	24	28	69	12	15
40	36	41	55	23	27	70	12	14
41	35	40	56	22	26	71	11	14
42	34	39	57	21	25	72	10	13
43	33	38	58	20	25	73	10	12
44	32	37	59	20	24	74	9	11
45	32	36	60	19	23	75	8	11
46	31	36	61	18	22	76	8	10
47	30	35	62	17	21	77	7	9
48	29	34	63	17	20	78	7	9
49	28	33	64	16	19	79	6	8
50	27	32	65	15	18	80	6	8

【別表3】bとcの組合せ

bcのいずれか一方がイの年数で他方がロの年数のとき （イの年数を本表②に記載します。）	
イ	ロ
10年	11年
13年	16年
14年	16・17年
15年	16～18年
20年	26・36～38年
21年	26・27・36～39年
22年	26～28・36～41年
23年	26～30・36～42年
24年	26～31・36～44年
25年	26～32・36～45年
26年	36年
27年	36～38年
28年	36～40年
29年	36～41年
30年	36～42年

【別表4】本表⑦の単位数

○ 本表②の年数が10年以下の場合

本表②の年数	単位数（本表⑦に記載）	本表②の年数	単位数（本表⑦に記載）
1年	0	6年	15
2年	1	7年	21
3年	3	8年	28
4年	6	9年	36
5年	10	10年	45

○ 本表②の年数が11年以上の場合

```
②の年数   ②の年数   【調整年数】     単位数
[   年] × ([   年] − [   年]) = [     ]
```

【調整年数】

本表②の年数	調整年数	本表②の年数	調整年数
11年から15年	1年	26年から35年	13年
16年から25年	5年	36年から55年	28年

【別表5】本表⑫の金額（申告又は更正の請求を行う年分ごとに計算します。）

各年の年金支払額	1単位当たりの金額 （本表⑧の金額）	単位数（A÷B） （注）	本表⑫に記載する金額 （B×C）
A	B	C	円

(注) 小数点以下切捨て。小数点以下の端数が生じないときは、「A÷B－1」を記載します。

書 き 方

1　この計算書は、相続等に係る生命保険契約等に基づく年金に係る雑所得のある方が、平成22年10月20日以後に、平成17年分から平成21年分に係る確定申告書を提出する場合及び更正の請求を行う場合に使用します。
2　この計算書の本表及び別表は、次により記載してください。
　　また、相続等に係る生命保険契約等に基づく年金の支払を複数受けている方は、その年金ごとにこの計算書を作成してください。

【計算書（本表）】

(1)「1　保険契約等に関する事項」欄
　イ　「①」欄は、あなたが最初に年金の支払を受けた日の属する年を書きます。
　ロ　「②」欄は、別表1により求めた年金の残存期間等を書きます。
　ハ　「③」欄は、別表1により計算した年金の支払総額（見込額）を書きます。
　ニ　「④」欄は、年金支払総額（注）に占める保険料又は掛金の総額の割合を書きます。
　　　なお、小数点以下2位まで算出し、3位以下を切り上げます。
　(注) 年金支払総額は、すでに被相続人等の方が支払を受けた年金の額も含まれます。したがって、被相続人の方が支払を受けていた年金をあなたが継続して支払を受ける場合には、③の金額と異なることとなります。

(2)「2　所得金額の計算の基礎となる事項」欄
　イ　「⑤」欄は、「（表）年金の残存期間等に応じた割合」により求めた割合を書きます。
　ロ　「⑦」欄は、別表4により計算した単位数を書きます。
　ハ　「⑧」欄は、小数点以下を切り捨てます。

(3)「3　各年分の雑所得の金額の計算」欄
　イ　「⑫」欄は、⑧×⑪を書きます。ただし、その金額が、各年に支払を受ける年金額以上となる場合は、別表5により計算した金額を書きます。

ロ 「⑬」欄は、年金の支払が月払等で行われている場合にのみ使用します。具体的には、②の年数に応じ、次により計算した金額を書きます。
　ⅰ）②の年数が、10年以下である場合
　・　年金の受給が終了する年以外の年 ……「⑫－⑧×（1年間の支払回数－最初に年金の支払を受けた年の支払回数）／1年間の支払回数」
　　　ただし、「⑨－①＋1」（又は「⑨＋64－①」）が②の年数を超える年以後、年金の受給が終了する年の前年までは、「⑫の金額」を書きます。
　・　年金の受給が終了した年 ……「⑫×（その年の支払回数／1年間の支払回数）」
　ⅱ）②の年数が、11年以上である場合
　・　⑪の単位数が最初に本表（注2）の上限と同じになる年（「特定期間終了年」）までの年 ……「（ⅰ）で計算した金額」
　・　特定期間終了年後、年金の受給が終了する年の前年まで ……「⑫の金額」
　・　年金の受給が終了した年 ……「⑫×（その年の支払回数／1年間の支払回数）」

ハ　「⑯」欄は、⑬に金額の記載がある場合には、次により計算した金額を書きます。
　・　「⑨－①」（又は、「⑨＋64－①－1」）が、②に満たない年 ……「⑬×④」
　・　「⑨－①」（又は、「⑨＋64－①－1」）が、②と同じで、かつ、その後も継続して年金の支払を受けることとなる年 ……「⑬×④×（1年間の支払回数－最初に年金の支払を受けた年の支払回数）／1年間の支払回数」
　・　「⑨－①」（又は、「⑨＋64－①－1」）が、②と同じで、かつ、年金の支払が終了した年 ……「⑬×④」
　・　「⑨－①」（又は、「⑨＋64－①－1」）が、②を超える年 ……「0」

ニ　「⑮」欄及び「⑯」欄は、「⑫」欄と「⑬」欄の両方に記載がある場合には、「⑬」欄の金額を基に計算を行います。なお、「⑯」欄の金額に小数点以下の端数が生じたときは、これを切り上げます。

(注) 年金の支払開始日以後に分配を受ける剰余金又は割戻しを受ける割戻金（以下「剰余金等」といいます。）の額は、年金の額とは別に各種の計算をすることとされていますが、各年に支払を受ける金額について、年金の額と剰余金等の額を区分できないときは、年金の額に剰余金等の額を含めて各種の計算をして差し支えありません。なお、この場合、「⑭」欄の記載は省略します。

【計算書（別表）】
(1)「別表1　本表②及び本表③の年数等」
　　イ　年金の種類に応じ次を記載します。
　　　　確定年金又は確定型年金　　　：年金の残存期間
　　　　終身年金　　　　　　　　　　：相続等の時の年齢に応じた年数(※)
　　　　特定終身年金　　　　　　　　：相続等の時の年齢に応じた年数(※)、
　　　　　　　　　　　　　　　　　　　保証残存期間
　　　　有期年金　　　　　　　　　　：年金の残存期間、相続等の時の年齢
　　　　　　　　　　　　　　　　　　　に応じた年数(※)
　　　　特定有期年金又は特定有期型年金：年金の残存期間、相続等の時の年齢
　　　　　　　　　　　　　　　　　　　に応じた年数(※)、保証残存期間
　　※　相続等の時（年金の支払開始日）の年齢を別表2に当てはめて男女の別に
　　　より求めた年数
　　ロ　下段の表中で、bとcの年数を比較する場合において、別表3の組合せ
　　　に当てはまるときは、表の下の算式により計算をした金額を計算書（本表）
　　　の③欄に書きます。
(2)「別表5　本表⑫の金額」
　　「各年の年金支払額」には、各年において実際に支払を受けた年金額を書き
　ます。

第9節 相続税・贈与税の課税対象となる年金受給権 〜損害保険契約〜 に係る雑所得の計算 に関連する条項

所得税法施行令

（相続等に係る損害保険契約等に基づく年金に係る雑所得の金額の計算）

第186条　第184条第１項（損害保険契約等に基づく年金に係る雑所得の金額の計算上控除する保険料等）に規定する損害保険契約等（以下この条において「損害保険契約等」という［所令184条１項本文に掲げる契約・P576参照。編注］。）に基づく年金の支払を受ける居住者が、当該年金（当該年金に係る権利について、旧相続税法［所令185条１項本文カッコ書・P580参照。編注］第24条（定期金に関する権利の評価［編注：P373参照。編注］）の規定の適用があるもの（次項において「旧相続税法対象年金」という。）に限る。）に係る前条第３項第１号［編注：P597参照］に規定する保険金受取人等に該当する場合には、当該居住者のその支払を受ける年分の当該年金に係る雑所得の金額の計算については、第184条第１項の規定にかかわらず、次に定めるところによる【編者注１、２】。（平22政令214追加）

一　その年に支払を受ける確定型年金（年金の支払開始の日（その日［損害保険契約等による約定上の年金支払開始日。編注］において年金の支払を受ける者が当該居住者以外の者［被相続人等ですでに年金を受給していた者。編注］である場合には、当該居住者が最初に年金の支払を受ける日。以下この条において「支払開始日」という【編者注３】。）において支払総額（年金の支払の基礎となる損害保険契約等において定められている年金の総額のうち当該居住者が支払を受ける金額をいい、支払開始日以後に当該損害保険契約等に基づき分配を受ける剰余金又は割戻しを受ける割戻金の額に相当する部分の金額を除く【編者注４】。以下この項において同じ。）が確

定している年金をいう。以下この条において同じ。）の額（第4号の規定により総収入金額に算入される金額［年金支払開始後に受ける配当金等。編注］を除く。）のうち当該確定型年金について前条第1項第1号［編注：P580参照］に規定する確定年金とみなして同号の規定の例により計算した金額は、その年分の雑所得に係る総収入金額に算入する。

二　その年に支払を受ける特定有期型年金（その支払開始日【編者注3】において支払総額［前号カッコ書参照。編注］が確定していない年金のうち、有期の年金で契約対象者（年金の支払の基礎となる損害保険契約等においてその者の生存が支払の条件とされている者をいう【編者注5】。）がその支払開始日以後一定期間（以下この号において「保証期間」という。）内に死亡した場合にはその死亡した日からその保証期間の終了の日までの期間に相当する部分の金額の支払が行われるものをいう。以下この条において同じ。）の額（第4号の規定により総収入金額に算入される金額［年金支払開始後に受ける配当金等。編注］を除く。）のうち当該特定有期型年金について前条第1項第5号［編注：P587参照］に規定する特定有期年金とみなして同号の規定の例により計算した金額は、その年分の雑所得に係る総収入金額に算入する。

三　前条第1項第6号［計算される雑所得の収入金額とされる金額が、支払を受ける年金額を超える場合の調整・P589参照。編注］の規定は、前2号の規定により計算した金額に係る同項第1号イ［所令185条1項1号イ・P581参照。編注］に規定する支払年金対応額がその支払を受ける年金の額以上である場合について準用する。

四　当該年金の支払開始日【編者注3】以後に当該年金の支払の基礎となる損害保険契約等に基づき分配を受ける剰余金又は割戻しを受ける割戻金の額は、その年分の雑所得に係る総収入金額に算入する。

五　その年に支払を受ける当該年金（当該年金の支払開始の日［約定等による年金支払開始の日。編注］における当該年金の支払を受ける者（次号において「当初年金受取人」という。）が当該居住者である場合の年金に限る。）の額（第1号から第3号までの規定により総収入金額に算入する

部分の金額に限る。）に、イに掲げる金額［分母。編注］のうちにロに掲げる金額［分子。編注］の占める割合［端数処理については本項7号参照。編注］を乗じて計算した金額は、その年分の雑所得の金額の計算上、必要経費に算入する。
　イ　次に掲げる年金の区分に応じそれぞれ次に定める金額
　　（1）その支払開始日【編者注3】において支払総額が確定している年金
　　　　当該支払総額［本項1号カッコ書参照。編注］
　　（2）その支払開始日において支払総額が確定していない年金
　　　　第2号の規定によりその年分の雑所得に係る総収入金額に算入すべきものとされる金額の計算の基礎となるべき支払総額見込額
　ロ　当該損害保険契約等に係る保険料又は掛金の総額
六　その年において支払を受ける当該年金の当初年金受取人［前号本文カッコ書参照。編注］が当該居住者以外の者である場合［被相続人等が年金の支払開始当初の年金受取人であった場合。編注］におけるその年分の雑所得の金額の計算上必要経費に算入する金額は、当該年金の額（第1号から第3号までの規定により総収入金額に算入される部分の金額に限る。）に、当該当初年金受取人に係る当該年金の支払開始の日における第184条第1項第2号又は前号に規定する割合を乗じて計算した金額とする。
七　第5号に規定する割合は、小数点以下2位まで算出し、3位以下を切り上げたところによる。
2　損害保険契約等に基づく年金の支払を受ける居住者が、当該年金（旧相続税法対象年金［本条1項本文参照。編注］を除く。）に係る前条第3項第1号［編注：P597参照］に規定する保険金受取人等に該当する場合には、当該居住者のその支払を受ける年分の当該年金に係る雑所得の金額の計算については、第184条第1項の規定にかかわらず、次に定めるところによる。
　この場合において、必要経費に算入する金額の計算については、

前項第5号から第7号までの規定を準用する。

一　その年に支払を受ける確定型年金［本条1項1号参照。編注］の額（第4号の規定により総収入金額に算入される金額を除く。）のうち当該確定型年金について前条第2項第1号［編注：P591参照］の確定年金とみなして同号の規定の例により計算した金額は、その年分の雑所得に係る総収入金額に算入する。

二　その年に支払を受ける特定有期型年金［本条1項2号参照。編注］の額（第4号の規定により総収入金額に算入される金額を除く。）のうち当該特定有期型年金について前条第2項第5号［編注：P595参照］の特定有期年金とみなして同号の規定の例により計算した金額は、その年分の雑所得に係る総収入金額に算入する。

三　前条第2項第6号［編注：P597参照］の規定は、前2号の規定により計算した金額に係る同項第1号イの支払年金対応額がその支払を受ける年金の額以上である場合について準用する。

四　当該年金の支払開始日以後に当該年金の支払の基礎となる損害保険契約等に基づき分配を受ける剰余金又は割戻しを受ける割戻金の額は、その年分の雑所得に係る総収入金額に算入する。

3　第184条第3項の規定は、第1項第5号ロに規定する保険料又は掛金の総額について準用する。（平23政195追加）［編注：この新3項は、平23.6.30以後に支払を受ける年金等について適用。同改正附則6条］

【編者注1】所令186条追加の経緯及びその適用の時期
　所令186条追加の経緯及びその適用に時期については、所令185条の編者注1（P600）参照。

【編者注2】所令186条についての「情報」
　所令186条に関しては、個人課税課情報3号（平22.10.29）のⅢ2（P632）に、一般的な解説がある。

【編者注3】年金の支払開始日
　所令186条に規定する「年金の支払開始日」については、所令185条の編者注2（P601）参照。

【編者注4】年金の支払総額
　所令186条に規定する「支払総額」については、所令185条の編者注3（P602）参照。

【編者注5】契約対象者の意義
　所令186条1項2号に規定する「契約対象者」については、所令185条の編者注8（P603）参照。

第5章

源泉分離課税の対象となる
一時払養老保険、一時払損害保険等の差益
に関連する法令・通達等

第1節 源泉分離課税の対象となる一時払養老保険、一時払損害保険等の差益に関連する法令・通達等の索引

　源泉分離課税の対象となる一時払養老保険、一時払損害保険等の差益に関連する法令・通達、情報、質疑応答事例、事前照会に対する文書回答事例、判例、裁決例等で、本章に収録したものは、以下のとおり。

法令等の索引

□所得税法
　第174条　　　内国法人に係る所得税の課税標準
　　　第8号　［一時払養老保険等に係る保険差益］　*659*
□租税特別措置法
　第41条の10　定期積金の給付補てん金等の分離課税等　*657*
□租税特別措置法関係通達
　3-1　　　　　　　　源泉分離課税の効果　*658*
　41の10・41の12共-1　利子所得に係る取扱いの準用　*658*

第2節 源泉分離課税の対象となる一時払養老保険、一時払損害保険等の差益に関連する法令等の条項

租税特別措置法

（定期積金の給付補てん金等の分離課税等）

第41条の10　居住者又は国内に恒久的施設を有する非居住者が、昭和63年4月1日以後に国内において支払を受けるべき所得税法第174条第3号から第8号まで［内国法人に係る所得税の課税標準・P659参照。編注］に掲げる給付補てん金、利息、利益又は差益（以下この条及び次条において「給付補てん金等」という。）については、同法第22条［所得税の課税標準。編注］及び第89条［税率。編注］並びに第165条［非居住者の総合課税に係る所得税の課税標準、税額の計算。編注］の規定にかかわらず、他の所得と区分し、その支払を受けるべき金額に対し100分の15の税率【編者注1】を適用して所得税を課する【編者注2】。（直近改・平5法10）

2　前項の規定は、所得税法第164条第1項第2号又は第3号［非居住者に対する課税の方法。編注］に掲げる非居住者が支払を受ける給付補てん金等［前項参照。編注］で、その者のこれらの規定に規定する事業［非居住者が行う所法164条1項2号又は3号の事業。編注］に帰せられないものについては、適用しない。

3　昭和63年4月1日以後に居住者又は非居住者に対し給付補てん金等の支払をする者については、所得税法第225条第1項［支払調書及び支払通知書。編注］のうち当該給付補てん金等［本条1項に規定する給付補てん金等。編注］に係る部分の規定は、適用しない【編者注3】。

【編者注1】税率
　　国税15％の他、地方税5％がある。

【編者注２】源泉分離課税の効果
　　本条により源泉分離課税とされることによる効果については、措置法通達41の10・41の12共-1（後掲）により、同3-1（後掲）と同様になる。
　【編者注３】支払調書
　　本条１項に規定する給付補てん金等については、本条２項により源泉分離課税の適用を受けない非居住者に係るものを含め、支払調書の提出を要しないものと解される。

租税特別措置法関係通達

（利子所得に係る取扱いの準用）
41の10・41の12共-1　措置法第41条の10第１項の規定により源泉分離課税とされる同項に規定する「給付補てん金等」[、]及び同法第41条の12第１項の規定により源泉分離課税とされる同項に規定する「償還差益」については、3-1の取扱いを準用する。（直近改・昭63直所3-9）

（源泉分離課税の効果）　措置法通達
3-1　措置法第３条第１項［利子所得の分離課税等。編注］の規定により源泉分離課税とされる同項に規定する利子等については、次の事項に留意する。（直近改・平元直所3-7）
（1）当該利子等の金額は、所得税法（昭和40年法律第33号）第22条《課税標準》に規定する総所得金額には算入されないものであること。
　　したがって、控除対象配偶者又は扶養親族に該当するかどうかの判定をする場合、雑損失の金額又は医療費控除額若しくは配偶者特別控除額の計算を行う場合等においても、当該利子等の金額は除外するものであること。
（2）当該利子等につき源泉徴収された所得税の額は、確定申告書を提出して所得税法第120条第１項第３号《確定所得申告》に掲げる所得税の額から控除することはできないものであるとともに、同法第140条《純損失の繰戻しによる還付の請求》等の規定による還付の請求

の対象ともならないものであること。

所　得　税　法

（内国法人に係る所得税の課税標準）
第174条　内国法人に対して課する所得税の課税標準は、その内国法人が国内において支払を受けるべき次に掲げるものの額（第10号に掲げる賞金については、その額から政令で定める金額を控除した残額）とする。（直近改・平23法82）

一から七　［省略］

八　保険業法第２条第２項（定義［編注：P1345参照］）に規定する保険会社［生命保険会社及び損害保険会社をいう。編注］、同条第７項［編注：P1346参照］に規定する外国保険会社等［国内営業につき免許を得ている外国生命保険会社等及び外国損害保険会社等をいう。編注］若しくは同条第18項［編注：P1346参照］に規定する少額短期保険業者の締結した保険契約［、］若しくは旧簡易生命保険契約（郵政民営化法等の施行に伴う関係法律の整備等に関する法律第２条（法律の廃止）の規定による廃止前の簡易生命保険法第３条（政府保証）に規定する簡易生命保険契約をいう。）又はこれらに類する共済に係る契約で［、］保険料又は掛金を一時に支払うこと（これに準ずる支払方法として政令［所令298条５項。編注］で定めるものを含む。）その他政令［所令298条６項。編注］で定める事項をその内容とするもののうち、保険期間又は共済期間（以下この号において「保険期間等」という。）が５年以下のもの［、］及び保険期間等が５年を超えるものでその保険期間等の初日【編者注１】から５年以内に解約されたもの【編者注２】に基づく差益（これらの契約に基づく満期保険金、満期返戻金若しくは満期共済金又は解約返戻金の金額から［、］これらの契約に基づき支払った保険料又は掛金の額の合計額を控除した金額として政令［所令298条７項。編注］で定めるところにより計算した金額をいう。）【編者注３】

※編注：　　の部分は、平23法82による改正箇所である。

659

九　［以下省略］

【編者注１】保険期間等の初日の意義

　所法174条８号に規定する「保険期間等の初日」とは、一般的には、「契約日」と解されているようである。「契約日」とは、その契約に関する保険会社の「給付責任開始の日」とされている（養老保険普通約款(例)８条②・P1371参照）。

　なお、その契約の保険料の払込方法が、年払又は一時払の場合は、保険料の支払の日（保険会社への着金日）が給付責任開始の日となっている（保険料支払前に告知されていることが前提である）ことが一般的であることから、この場合には、保険料支払の日、給付責任開始の日及び契約日とは同日となる。

【編者注２】評価基本通達214との関係

　一時払養老保険契約に関する権利を評基通214（P396参照）により評価する場合、それが次のいずれかに該当するものであるときは、措置法41条の10（P657参照）により源泉徴収されるべき所得税相当額を相続開始時の解約返戻金に相当する金額から控除する。

　ｉ　保険期間が５年以下の一時払養老保険契約等
　ⅱ　保険期間が５年を超える一時払養老保険契約等で、相続開始の時が、その保険期間の初日から５年以内であるもの

【編者注３】源泉分離課税の対象となる生命保険金等の範囲

　源泉分離課税の対象となる生命保険金等は、次のいずれにも該当するものに限られる。

　①　満期保険金（満期共済金を含む）がある生命保険契約（生命共済契約を含む）又は満期返戻金のある損害保険契約（共済契約を含む）であること。

　　(注)　満期保険金がないこと等から次に掲げるような保険契約は所法174条８号の保険契約に該当しないものと解される。

　　　ｉ　一時払終身保険契約
　　　ⅱ　個人年金保険のうち終身年金契約

ⅲ　一時払変額保険（終身型）

② 　保険期間が5年以下のものに係る満期保険金等（死亡保険金を含まない。所令298⑦）、又は保険期間が5年を超えるもののうち、保険期間開始の時から5年以内に解約された場合の解約返戻金であること（一部解約の場合については、所基通174-8に取扱いがある）。

　（注）特殊なものとして、個人年金保険契約のうち確定年金契約に係るものを、年金支払開始前に解約した場合も、本②に該当するとされている。この場合、下記⑤の保障倍率の計算等については別に取扱いが明示されている（所基通174-4）。

③ 　満期保険金等、解約返戻金につき差益が生ずること（差益とは、支払を受ける満期保険金等から支払保険料等の総額を控除した差額をいう。所令298⑦）。

④ 　保険料等の支払方法が一時払であること（一時払に準ずるものを含む。所令298⑤、所基通174-5）。

⑤ 　保障倍率が次に該当するものであること（所令298⑥、所規72、所基通174-6、同174-7）。

　　ア　死亡保険金（イに掲げる死亡保険金を除く）が、満期保険金と同額かそれ以下であること。

　　イ　災害死亡等（所規72①）の保険金（高度障害保険金を含む。所規72①、所基通174-7）が、満期保険金の5倍未満であること。

第6章

源泉徴収の対象となる
生命保険契約等、損害保険契約等に基づく年金
に関連する法令・通達等

第1節 源泉徴収の対象となる生命保険契約等、損害保険契約等に基づく年金に関連する法令・通達等の索引

　源泉徴収の対象となる生命保険契約等、損害保険契約等に基づく年金に関連する法令・通達、情報、質疑応答事例、事前照会に対する文書回答事例、判例、裁決例等で、本章に収録したものは、以下のとおり。

法令等の索引

□所得税法
　　第207条　源泉徴収義務　*665*
　　第208条　徴収税額　*667*
　　第209条　源泉徴収を要しない年金　*667*
□所得税法施行令
　　第326条　　　　生命保険契約等に基づく年金に係る源泉徴収
　　　　　第2項　［生命保険契約等に類する契約に基づく年金で、源泉徴収の対象となるものの範囲］　*668*
　　　　　第3項　［年金から控除する金額の計算］　*669*
　　　　　第4項　［源泉徴収の要否を判定する場合の保険差益計算上控除する金額］　*670*
　　　　　第5項　［源泉徴収を要しない年金の限度額］　*670*
　　　　　第6項　［金額に関わらず源泉徴収を要しない年金契約］　*670*

第2節 源泉徴収の対象となる生命保険契約等、損害保険契約等に基づく年金に関連する法令等の条項

所 得 税 法

（源泉徴収義務）

第207条　居住者に対し国内において次に掲げる契約［、］その他政令［所令326条１項・P667参照。編注］で定める年金に係る契約に基づく年金の支払をする者は、その支払の際、その年金について所得税を徴収し、その徴収の日の属する月の翌月10日まで、これを国に納付しなければならない【編者注１】。

一　第76条第３項第１号から第４号まで（生命保険料控除）に掲げる契約【編者注２】

　　※編注：平24.1.1以降、　　　の部分は、「第６項」に改まる（平22法６改正）。

二　第77条第２項各号（地震保険料控除）に掲げる契約【編者注３】

三　前２号に掲げる契約に類する契約で政令［所令326条２項・P668参照。編注］で定めるもの

【編者注１】年金支払開始後に生じた剰余金をもって、一時払年金保険を買増した場合の源泉徴収等

　年金支払開始後に生じた剰余金をもって、一時払年金保険を買増した場合における源泉徴収関係については、個別通達「年金支払開始の日以後に生じた剰余金をもって一時払の年金保険を買増しすることができることとされている個人年金保険の所得税法上の取扱いについて」（直審3-222・P570参照）がある。

【編者注２】本条１号の内容

　所法（平22改正前のもの）76条３項１号から４号（P747参照）までの規定中、本条１号により引用される具体的な内容は、次のようにな

るものと考えられる。

① 76条3項1号中「保険業法第2条第3項（定義）に規定する生命保険会社又は同条第8項に規定する外国生命保険会社等の締結した生命保険契約」の部分に限る。

　（注）同号のこの余の部分は、専ら、生命保険料控除に必要な規定であるから、本条による引用はないものと解される。

② 76条3項2号の全部。

③ 76条3項3号中「（共済期間が5年に満たない生命共済に係る契約で政令で定めるものを除く。）」の部分を除き、その余の部分の全部。

　（注）同号のこの部分は、専ら、生命保険料控除に必要な規定であるから、本条による引用はないものと解される。

④ 76条3項4号中「第1号に規定する生命保険会社若しくは外国生命保険会社等又は保険業法第2条第4項に規定する損害保険会社若しくは同条第9項に規定する外国損害保険会社等の締結した身体の傷害又は疾病により保険金が支払われる保険契約」の部分に限る。

　（注）同号のこの余の部分は、専ら、生命保険料控除に必要な規定であるから、本条による引用はないものと解される。

【編者注3】本条2号の内容

　所法77条2項各号（P861参照）の規定中、本条2号により引用される具体的な内容は、次のようになるものと考えられる。

① 77条2項1号中「（前条第3項第4号に掲げるもの及び当該外国損害保険会社等が国外において締結したものを除く。）」の部分を除き、その余の部分の全部。

　（注）同号のこの部分は、専ら、地震保険料控除に必要な規定であるから、本条による引用はないものと解される。

② 77条2項2号の全部。

(徴収税額)　所法
第208条　前条の規定により徴収すべき所得税の額は、同条に規定する契約に基づいて支払われる年金の額から〔、〕当該契約に基づいて払い込まれた保険料又は掛金の額のうち〔、〕その支払われる年金の額に対応するものとして政令〔所令326条3項・P669参照。編注〕で定めるところにより計算した金額を控除した金額〔いわゆる保険差益に相当する金額。編注〕に〔、〕100分の10の税率を乗じて計算した金額とする。

(源泉徴収を要しない年金)　所法
第209条　次に掲げる年金の支払をする者は、当該年金については、第207条（源泉徴収義務〔編注：P665参照〕）の規定にかかわらず、所得税を徴収して納付することを要しない。（直近改・平23法82）
　一　第207条に規定する契約に基づく年金の年額から〔、〕当該契約に基づいて払い込まれた保険料又は掛金の額のうち〔、〕当該年額に対応するものとして政令〔所令326条4項・P670参照。編注〕で定めるところにより計算した金額を控除した金額〔いわゆる保険差益に相当する金額。編注〕が政令〔所令326条5項・P670参照。編注〕で定める金額に満たない場合における当該年金
　二　第207条に規定する契約に基づく年金のうち当該年金の支払を受ける者と当該契約に係る保険法（平成20年法律第56号）第2条第3号（定義）に規定する保険契約者とが異なる契約その他の政令〔所令326条6項・P670参照。編注〕で定める契約に基づく年金
　※編注：　　の部分は、平23法82により追加された項目である（平成25年1月1日以後に支払うべき年金について適用）。

所得税法施行令

(生命保険契約等に基づく年金に係る源泉徴収)
第326条　〔第1項省略。編注：源泉徴収の対象となる確定給付企業年金等の範囲〕

［編注：生命保険契約等に類する契約に基づく年金で、源泉徴収の対象となるものの範囲］
2　法第207条第3号［編注：P665参照］に規定する政令で定める契約は、次に掲げる契約とする。
　一　保険業法第2条第4項（定義［編注：P1346参照］）に規定する損害保険会社若しくは同条第9項［編注：P1346参照］に規定する外国損害保険会社等又は同条第3項［編注：P1345参照］に規定する生命保険会社若しくは同条第8項［編注：P1346参照］に規定する外国生命保険会社等の締結した身体の傷害に基因して保険金が支払われる保険契約（法第77条第2項第1号（地震保険料控除）に掲げるもの［、］及び当該外国損害保険会社等又は当該外国生命保険会社等が国外において締結したものを除く。）
　二　中小企業等協同組合法第9条の2第7項（事業協同組合及び事業協同小組合）に規定する共済事業（第6号において「共済事業」という。）を行う事業協同組合若しくは事業協同小組合又は協同組合連合会（同号［本項6号。編注］において「事業協同組合等」という。）の締結した生命共済に係る契約（第210条第4号（生命保険契約等となる共済に係る契約の範囲［生命保険料控除の対象となる共済の範囲・P838参照。編注］）に掲げる契約に該当するものを除く。）
　　※編注：平24.1.1以降、■■■の部分は、「生命共済契約等」に改まる（平22政50改正）。
　三　農業協同組合法第10条第1項第10号（共済に関する施設）の事業を行う農業協同組合又は農業協同組合連合会の締結した身体の傷害又は医療費の支出に関する共済に係る契約
　四　水産業協同組合法第11条第1項第11号（漁業協同組合の組合員の共済に関する事業）若しくは［同法。編注］第93条第1項第6号の2（水産加工業協同組合の組合員の共済に関する事業）の事業を行う漁業共同組合若しくは水産加工業協同組合又は共済水産業協同組合連合会の締結した身体の傷害に関する共済に係る契約
　五　消費生活協同組合法第10条第1項第4号（組合員の生活の共済を

図る事業）の事業を行う消費生活協同組合連合会の締結した身体の傷害に関する共済に係る契約

六　共済事業［本項２号参照。編注］を行う事業協同組合等［本項２号参照。編注］の締結した身体の傷害又は医療費の支出に関する共済に係る契約

七　法第77条第２項第２号［農業協同組合の締結した建物更生共済又は火災共済等。編注］［、］及び［編注：本項］第３号から前号までに掲げる契約のほか、法律の規定に基づく共済に関する事業を行う法人の締結した火災共済若しくは自然災害共済［、］又は身体の傷害若しくは医療費の支出に関する共済に係る契約で［、］その事業及び契約の内容がこれらの規定［所法77条２項２号及び本項３号から６号まで。編注］に掲げる契約に準ずるもの

［編注：年金から控除する金額の計算］

3　法第208条（徴収税額［編注：P667参照］）に規定する政令で定めるところにより計算した金額は、次の各号に掲げる年金の区分に応じ、当該年金の額に当該各号に定める割合を乗じて計算した金額とする。（直近改・平23政195）

一　法第76条第３項第１号から第４号まで（生命保険料控除［編注：P747参照］）に掲げる契約のうち生命保険契約（第183条第３項第１号（生命保険契約等に基づく年金に係る雑所得の金額の計算上控除する保険料等）に規定する生命保険契約をいう。次号において同じ。）、旧簡易生命保険契約（第183条第３項第１号に規定する旧簡易生命保険契約をいう。）及び生命共済に係る契約に基づく年金、第１項［源泉徴収の対象となる確定給付企業年金等の範囲。編注］に規定する年金［、］又は前項第２号に掲げる生命共済に係る契約に基づく年金

　　第183条第４項第３号に掲げる金額につき同項の規定を適用しないで計算した同条第１項第２号に規定する割合［雑所得の計算に際し、年金収入から控除する保険料額を算出するときの割合・P562参照。編注］

※編注：平24.1.1以降、　　の部分は、「第６項」に改まる（平22政50改正）。

二　法第76条第3項第4号に掲げる保険契約で生命保険契約以外のもの［損害保険会社又は外国損害保険会社等が締結した所法76条3項4号に掲げる契約・P748参照。編注］、法第77条第2項各号［地震保険料控除に掲げる損害保険契約の範囲・P861参照。編注］に掲げる契約［、］又は前項各号（第2号を除く。）に掲げる契約に基づく年金

　　第184条第3項第1号（損害保険年金等に係る雑所得の金額の計算上控除する保険料）に掲げる金額につき同項の規定を適用しないで計算した同条第1項第2号に規定する割合［雑所得の計算に際し、年金収入から控除する保険料額を算出するときの割合・P576参照。編注］

　　※編注：平24.1.1以降、　　の部分は、「第76条第6項第4号に掲げる契約」に改まる（平22政50改正）。

［編注：源泉徴収の要否を判定する場合の保険差益計算上控除する金額］

4　法第209条第1号（源泉徴収を要しない年金［編注：P667参照］）に規定する政令で定めるところにより計算した金額は、前項各号に掲げる年金の区分に応じ、当該年金の年額に当該各号に定める割合［雑所得の計算に際し、年金収入から控除する保険料額を算出するときの割合。編注］を乗じて計算した金額とする。

［編注：源泉徴収を要しない年金の限度額］

5　法第209条第1号［源泉徴収を要しない年金・P667参照。編注］に規定する政令で定める金額は、25万円とする。

［編注：金額に関わらず源泉徴収を要しない年金契約］

6　法第209条第2号［編注：P667参照］に規定する政令で定める契約は、次に掲げる契約とする。（平23政195追加）［編注：この新6項は、平25.1.1施行。同改正附則1条二］

　一　法第207条に規定する契約に基づく年金の支払を受ける者（以下この項において「年金受取人」という。）と法第209条第2号に規定する保険契約者（以下この項において「保険契約者」という。）とが異なる契約（第3号に規定する団体保険に係る契約を除く。）のうち、当該契約に基づく保険金、共済金その他の給付金（以下この項におい

て「保険金等」という。）の支払の基因となる事由（当該年金受取人に係る事由に限る。以下この項において「支払事由」という。）が生じた日以後において、当該保険金等を年金として支給することとされた契約以外のもの。

二　年金受取人と保険契約者とが同一である契約のうち、当該契約に基づく保険金等の支払事由が生じたことにより当該保険契約者の変更が行われたもので、当該支払事由が生じた日以後において、当該保険金等を年金として支給することとされた契約以外のもの

三　団体保険（普通保険約款において、団体の代表者を保険契約者とし、当該団体に所属する者を保険法（平成20年法律第56号）第2条第4号（定義）に規定する被保険者（以下この号において「被保険者」という。）とすることとなっている保険をいう。）に係る契約であって、当該被保険者と当該契約に基づく年金受取人とが異なるもののうち、当該契約に基づく保険金等の支払事由が生じた日以後において、当該保険金等を年金として支給することとされた契約以外のもの

第7章

所得税における生命保険契約等、損害保険契約等に関する権利の評価に関連する法令・通達等

第1節 所得税における生命保険契約等、損害保険契約等に関する権利の評価に関連する法令等の条項

所得税基本通達

（保険契約等に関する権利の評価）

36-37 使用者が役員又は使用人に対して支給する生命保険契約若しくは損害保険契約又はこれらに類する共済契約に関する権利については、その支給時において当該契約を解約したとした場合に支払われることとなる解約返戻金の額（解約返戻金のほかに支払われることとなる前納保険料の金額、剰余金の分配額等がある場合には、これらの金額との合計額）により評価する。

【編者注1】本項は、所得税及び法人税における一般的な取扱い

　本項は給与所得に関する取扱いであるが、所得税及び法人税に関する法令・通達において、他に生命保険契約又は損害保険契約に関する権利の価額（時価）を定めるものがない。

　このことから、本項の取扱いは、所得税及び法人税におけるこれらの権利の価額一般についても、その適用があるものと考えられる。

【編者注2】本項の対象となる保険契約の範囲

　本項においては、評基通214（生命保険契約に関する権利の評価・P396参照）(注)の「評価すべき権利の範囲等」に掲げるような定期保険契約に係る権利を除く旨が明示されていない。

　このことからすると、全ての生命保険契約又は損害保険契約の権利が、本項の評価の対象になるものと考えられる。

　(注) 同214によれば、その権利が一時払養老保険等に係るものである場合には、評価時期における解約返戻金額から、源泉分離課税により課税されるべき源泉所得税等相当額（保険差益の20％相当額）を控除するものとされ

ている。本項ではそのことに触れていないが、時価を求めるという趣旨からすれば、本項ではその控除を行わないものと考えられる。

第8章

給与所得の収入金額とされる生命保険契約・損害保険契約の支払保険料に関連する法令・通達等

第1節 給与所得の収入金額とされる生命保険契約・損害保険契約の支払保険料に関連する法令・通達等の索引

　給与所得の収入金額とされる生命保険契約・損害保険契約の支払保険料に関連する法令・通達、情報、質疑応答事例、事前照会に対する文書回答事例、判例、裁決例等で、本章に収録したものは、以下のとおり。

法令等の索引

□所得税法施行令
　　第64条　確定給付企業年金規約等に基づく掛金等の取扱い　*689*
　　第65条　不適格退職金共済契約等に基づく掛金の取扱い　*690*
□所得税基本通達
　　36-31　　　使用者契約の養老保険に係る経済的利益　*680*
　　36-31の2　使用者契約の定期保険に係る経済的利益　*692*
　　36-31の3　使用者契約の定期付養老保険に係る経済的利益　*699*
　　36-31の4　使用者契約の傷害特約等の特約を付した保険に係る経済的利益　*701*
　　36-31の6　生命保険契約に係る取扱いの準用［生命共済等についての準用］　*689*
　　36-31の7　使用者契約の保険契約等［傷害保険・損害保険等］に係る経済的利益　*704*
　　36-31の8　使用人契約の保険契約等に係る経済的利益　*718*
□所得税関係個別通達
　・　団体定期保険の被保険者に退職者を含める場合の保険料の税務上の取扱いについて（昭49直審3-59）　*694*
　・　定年退職者医療保険制度に基づき負担する保険料の課税上の取扱いについて（昭60直審3-30）　*697*

- 法人又は個人事業者が支払う介護費用保険の保険料の取扱いについて
  （平元直審4-52、直審3-77） *707*

第2節　養老保険の保険料で給与所得の収入金額とされるものに関連する法令等の条項

所得税基本通達

（使用者契約の養老保険に係る経済的利益）

36-31　使用者［法人又は個人事業者。編注］が、自己を契約者とし、役員【編者注5】又は使用人（これらの者［役員又は使用人。編注］の親族を含む。）を被保険者とする養老保険（被保険者の死亡又は生存を保険事故とする生命保険をいい、傷害特約等の特約が付されているものを含むが、36-31の3に定める定期付養老保険を含まない【編者注1】。以下36-31の5までにおいて同じ。）に加入してその保険料（令第64条《確定給付企業年金規約等に基づく掛金等の取扱い》及び第65条《不適格退職共済契約等に基づく掛金の取扱い》の規定の適用があるものを除く【編者注2】。以下この項において同じ。）を支払ったことにより当該役員又は使用人が受ける経済的利益（傷害特約等の特約に係る保険料の額に相当する金額を除く［傷害特約等に係る保険料の取扱いについては、本項（注）1参照。編注］。）については、次に掲げる場合の区分に応じ、それぞれ次により取り扱うものとする。（直近改・平14課個2-7）

(1) 死亡保険金（被保険者が死亡した場合に支払われる保険金をいう。以下36-31の2までにおいて同じ。）及び生存保険金（被保険者が保険期間の満了の日その他一定の時期に生存している場合に支払われる保険金をいう。以下この項において同じ。）の受取人が当該使用者［保険契約者である法人又は個人事業者。編注］である場合

　　当該役員又は使用人［被保険者等。編注］が受ける経済的利益はないものとする［現物給与とされるものはない。編注］。

(2) 死亡保険金及び生存保険金の受取人が被保険者［役員、使用人又はこれらの者の親族。編注］又はその遺族である場合

　　その支払った保険料の額に相当する金額は、当該役員又は使用人に対する給与等とする【編者注3】。

(3) 死亡保険金の受取人が被保険者の遺族で、生存保険金の受取人が当該使用者である場合【編者注4】

　　当該役員又は使用人［被保険者等。編注］が受ける経済的利益はないものとする［現物給与とされるものはない。編注］。

　　ただし、役員【編者注5】又は特定の使用人（これらの者［役員又は特定の使用人。編注］の親族を含む。）のみを被保険者としている場合には、その支払った保険料の額のうち、その2分の1に相当する金額は、当該役員又は使用人に対する給与等とする【編者注3】。

(注) 1　傷害特約等の特約に係る保険料を使用者が支払ったことにより役員又は使用人が受ける経済的利益については、36-31の4
　　　［編注：P701］参照。
　　 2　上記(3)のただし書については、次によることに留意する。
　　　(1) 保険加入の対象とする役員又は使用人について、加入資格の有無、保険金額等に格差が設けられている場合であっても、それが職種、年齢、勤続年数等に応ずる合理的な基準により、普遍的に設けられた格差であると認められるときは、ただし書を適用しない【編者注6】。
　　　(2) 役員又は使用人の全部又は大部分が同族関係者である法人については、たとえその役員又は使用人の全部を対象として保険に加入する場合であっても、その同族関係者である役員又は使用人については、ただし書を適用する【編者注7】。

【編者注1】養老保険の意義

　　所基通36-31から36-31の5までに掲げる「養老保険」とは、いわゆる満期保険金のある生命保険契約等（生命共済契約を含む。所基通36-31の6・P689参照）をいい、主契約である養老保険契約に「傷害特約」等を付加したものを含む。しかし、主契約である養老保険契約に「定期特約」を付加した養老保険は含まない。

　　なお、傷害特約等については特に明示はないが、その主なものは、傷害特約・災害割増特約・入院特約・通院特約等が該当するものと

考えられる。

【編者注2】36-31に掲げる保険料の範囲

所令64条及び65条に規定する保険料・掛金等は、本項の保険料に含まれないものとされている。

それは、同64条（確定給付企業年金規約等に基づく掛金等の取扱い・P689参照）1項において、同64条所定の目的のために養老保険契約で運用されているものに係る保険料は、給与所得に含まれない旨が明示されており、同65条（不適格退職金共済契約等に基づく掛金の取扱い・P690参照）に該当するもの（養老保険契約で運用されているもの）に係る保険料は、同65条本文において給与所得の収入金額とする旨が明示されていることによる。

【編者注3】給与とされる場合の課税関係等

本項（所基通36-31）(2)又は(3)により、保険料が被保険者である役員又は使用人に対する給与とされる場合の課税関係は、次のようになる（給与とされる場合の法人における課税関係については、法基通9-3-4の編者注8、9・P1054参照）。

① 本項(2)又は(3)ただし書に該当する場合には、契約者である法人の損金（又は個人事業者の必要経費）に算入されているか否かなどその経理を問わず、被保険者である役員又は使用人に対する給与とする、というものであると考えられる。

② 給与とされる保険料相当額が源泉所得税の課税対象となり、その源泉税については不納付加算税の対象にもなる。

③ 保険料相当が給与所得の収入金額とされる時期

保険料相当額が、いつの月分又は年分の収入となるかについては、所得税の法令及び通達に明示がない。このことについては、次のように考えられる。

ⅰ 生命保険契約の契約者が使用者（法人又は個人事業者）の場合には、その保険料の支払義務は契約者である使用者にあり、保険料が約定上の支払期日に支払われないようなときにおいても、保険料自動貸付又は保険料の払込猶予により一定の時期までは保険契

約が有効に存続し、被保険者である役員又は使用人はその効果として保険契約に係る経済的利益を受けるというものである。

そうすると、本項(所基通36-31)本文にいう「支払ったこと」とは、必ずしも現実の支払に限定されるのではなく、保険契約が終了するまでは、未払の保険料もこれに含まれるものと考えられる余地がある。

しかし、本項は「支払ったこと」といい、格別の条件等を付していないことからすると、使用者の経理（未払保険料の計上の有無等）とは切り離し、所得税においては、使用者が保険料を現実に支払った時をもって、その保険料に係る給与の収入時期とすることに割り切ったものとも思われる。

以下、保険料の支払方法等の別に給与の収入となるべき時期について検討する。

ⅱ 月払契約の場合

一般的には、現実の保険料の支払時に給与の支払があったものとして、その月の他の給与に加算して源泉税の対象とすることになる。

仮に、保険料が未払のときには、契約上支払うべき月の給与として、その月の給与に加算することも許されるものと思われる。

ⅲ 年払又は半年払の場合

この場合には、その保険料が本項(2)又は(3)ただし書のいずれに該当するかによって、給与の収入とされる時期が異なる。

ア 本項(2)に該当する場合には、保険料を現実に支払った時に、役員又は使用人に対して、支払保険料の全額に相当する給与の支払があったものとされるのであるから、その全額を支払月の給与に加算して源泉税の対象とすることになる（その実質は、1年間又は半年間の月額保険料の一括払であることから、賞与となることはないものと思われる）。

イ 本項(3)ただし書に該当する場合には、保険料の支払者において給与とされるのは、支払保険料の2分の1に相当する金額

であり、原則として、その金額（給与とされる部分の金額）は保険料支払期間の経過に応じて損金の額に算入するものとされている（法基通9-3-4(3)・P1048参照）。

　このこととの関係から、保険料に係る給与の収入時期は、年払又は半年払に係る保険料の支払期間中の各月となり、当該各月の他の給与に加算して源泉税の対象とすることになるものと考えられる（このことは、保険料支払者が支払保険料を短期の前払費用として、支払時の損金としている場合においても異なるところがないものと思われる）。

iv　一時払、全期前納あるいは一部前納の場合

　保険料の支払が一時払である契約、保険料の全部又は一部を前納するもの（年払又は半年払のものを除く）については、実務上、本項(2)又は(3)ただし書のいずれに該当する場合においても、実際の保険料の支払時に、その支払保険料の全額又は2分の1の金額に相当する給与（賞与）の支払があったものとされている（渡辺前掲書・P37参照）。したがって、その支払時に賞与としての源泉税の課税対象となる。

　この場合、役員が被保険者であるときは、給与扱いとされる支払保険料は、支払者である法人においては定期同額給与に該当しないので損金とならないのみならず（法基通9-2-11・P1049参照）、被保険者である役員においてはその支払年の給与の収入金額とされるため、通常の保険料支払方法に比して重い税負担を強いられることに注意すべきであろう。

v　使用人契約の生命保険料を使用者が負担する場合

　役員又は使用人が契約者である生命保険契約・損害保険契約の保険料を使用者（法人又は個人事業者）が負担する場合には、その保険料相当額は契約者に対する給与とされている（所基通36-31の8・P718参照）。

　この場合には、その契約に係る保険料の支払方法如何に関わらず、使用者においては実際の負担時に給与の支払をしたと同様の

効果が生じ、その時点において負担した保険料の全額が費用となり、契約者においては同時点が給与の収入の時期となる。

使用者における保険料の負担が毎月（月払保険料など）又は毎年一定の時期（年払又は半年払の保険料など）に行われるような場合には、上記ⅲに準じ、給与として源泉税の課税対象になるものと考えられる。

使用者が一時払保険料を負担し、又は保険料の全部又は一部を前納する保険料（年払又は半年払のものを除く）を負担するような場合には、上記ⅳに準じ、賞与としての源泉税の課税対象となる。

【編者注4】養老保険の死亡保険金受取人を契約者である法人とし、満期保険金の受取人を被保険者である役員・使用人とする場合の経済的利益

養老保険の契約者及び死亡保険金受取人を法人又は個人事業者とし、被保険者及び満期保険金の受取人を役員又は使用人とする契約をした場合、その支払保険料に係る経済的利益の課税関係については、所得税基本通達等には明示がない。

このことについては、実務上、次のように取り扱われている（渡辺前掲書・P40参照）。

支払保険料の2分の1に相当する金額を給与とし、他の2分の1部分を厚生費等の損金又は必要経費とする。給与とされる部分の金額は所基通36-31の(3)に準じ、役員又は使用人の給与所得に係る収入金額となる。

【編者注5】役員の意義、役員の全員を対象とする保険契約

1　役員の意義

所得税基本通達においては、特に断りのない限り、「役員」とは、法人法2条15号に規定する役員をいい、法人令7条に規定するいわゆる「みなす役員」を含む（所基通2-8本文参照）。

2　役員の全部を対象とする保険契約

役員の全部を被保険者としているときであっても、それが役員のみを対象としている場合には、所基通36-31(3)ただし書に該当する

のは当然であり、実務上もそのように取り扱われているようである。

【編者注6】所基通36-31（注）2（1）の趣旨等（いわゆる普遍的加入要件について）

1　本項(3)本文による保険料に係る経済的利益がないものとされるのは、その前提として、同(3)に掲げる保険契約は、役員及び使用人の大部分を対象としてほぼ同一の条件で加入する限り、これらの者に対する福利厚生のためになされるものである、という考え方によっている。

　　つまり、特定（一部）の者につき殊更（恣意的）に厚く遇することとなるような場合には、福利厚生の本旨に合わないものとして、同(3)ただし書により、給与所得として課税しようとするものである。

　　ところで、会社等においては、保険を利用する福利厚生についても、数額的な平等のみで運営されているものではなく、その会社等の実態に応じて必要な格差を設けているのが実状であろう。

　　本項(注)2(1)は、その格差の許容限度について触れたものである。会社等がその経営上又は労務上の必要から、加入資格・保険金額につき、職種（役員と使用人との区分を含むものと考えられる）、年齢、勤続年数等に応じ、その会社等の実態に即した合理的な基準を設け、これを社内に周知しているようなものである場合には、その格差からは同(3)の適用上経済的利益は生じないものとして取り扱うというものである。

2　いわゆる普遍的加入要件等について

　　本項(注)2(1)の「合理的な基準により、普遍的に設けられた格差」については、次のように考えられている。

① 普遍的加入要件は、ア）先ず合理的な基準があり、イ）その基準に基づく格差が普遍的なものである、ということである。

　i　その1：職種による基準（格差）

　　例えば、運送業を営む法人が、危険頻度の比較的高い運転手、その補助者及び営業職の全部を対象として保険に加入するような

場合、その加入が報奨金として行うものでない限り、これに当るとされている（渡辺前掲書・P65参照）。

この場合には、職種による格差であり、その職種に属する者の全員が対象となることから普遍的な格差を備えているものとされているようである。したがって、役員及び事務職等が対象外となっても本項（所基通36-31）(3)ただし書の適用はないものとされる。

職種等による格差に加え、次のⅱの格差を設けるような場合においても、ⅱの要件が合理的なものである限り同様であろうと思われる。

ⅱ その2：年齢・勤続年数等による基準（格差）

例えば、役員及び使用人の全部を対象とする場合に、年齢、勤続年数等を基準とするもので、その対象者の全員が将来その基準に到達することが可能な要件（格差）を備えているもの。

これに該当する例としては、年齢40歳以上、又は勤続3年以上というようなものである。このような基準は、誰でもが将来到達可能な要件（普遍的格差）であることから、本項（所基通36-31）(3)ただし書の適用はないものとされる。

② 普遍的な格差を設ける場合には、「労使間の協定や社内規程等により社内に周知されている」ことが必要であると考えられている（渡辺淑夫他編「所得税・源泉税通達の問題点」ぎょうせい・P388参照）。

③ 普遍的な格差を設ける場合、実務上は、その格差（基準）によっても、全従業員（役員を含む）の70％～80％程度をカバーする必要があると考えられているようである。

④ 本項(3)ただし書と同趣旨のものが法基通9-3-4（養老保険に係る保険料・P1048参照）の(3)にあり、「役員又は部課長その他特定の使用人（これらの者の親族を含む。）のみを被保険者としている場合には、当該残額［支払保険料の2分の1に相当する金額。編注］は、当該役員又は使用人に対する給与とする」とされており、特に役員のみ或いは役職者以上の者のみを対象としているような場合には、そのように取り扱われている。

上記に掲げる「部課長」は特定の使用人の例示と考えられ、その法人の就業規則等に定める役付者である「主任」(役職の最下位)以上の者の全員及び役員のみを対象とした養老保険の加入は、「役員又は特定の使用人のみ」を対象としたものに当るとする裁決例がある(P1060参照)。

⑤　法人が2年以上の期間を通じて順次被保険者となるべき者の範囲を拡大し、最終的には普遍的加入要件を具備するというような場合においても、普遍的加入要件を具備しているかどうかは、それぞれの保険料の支払時の状況で判断すべきであるとした裁決例がある(P1060参照)。

3　いわゆる普遍的加入要件に関し、前掲「所得税・源泉税通達の問題点」P388に要旨次のような例が示されている。

i　会社の役員3人、従業員3人

ii　このうち保険加入資格を40歳とした場合の対象者は3人で、うち2人は同族関係者、同族関係者でない者1人

　このような場合でも、40歳以上の者に対しては、全ての役員又は使用人を被保険者とすることが労使間の協定や社内規程等により社内に周知されているものであれば、このようなものまで特定の者に対して経済的利益を供与したものとして取り扱う必要はないものとされている。

4　普遍的加入要件等につき判断した裁決例としてはP1060に掲げるようなものがある。

【編者注7】所基通36-31(注)2(2)の趣旨等（同族会社の役員等に対する特別な取扱い）

①　本項(注)2(2)に該当する場合には、その同族関係者については、上記編者注6に掲げる格差や特定の者であるかどうかを判断するまでもなく、本項(3)ただし書を適用するというもので、その理由としては、同族関係者の自由裁量を強く規制する考え方を示したものとされている。

　この場合、同族関係者外の者については、上記編者注6に掲げ

る要件等に照らして同(3)ただし書を適用するか否かを判定することになるものと考えられる。なお、本項(注)2の考え方は法基通9-3-4(3)ただし書（P1048参照）の場合にも同様に取り扱われるものとされている（窪田悟嗣編著「法人税基本通達逐条解説（五訂版）」税務研究会出版局・P807参照）。

② 本項(注)2(2)の「大部分」とは、役員及び使用人の80％以上が同族関係者である場合をいうものと解されている（前掲「所得税・源泉税通達の問題点」・P389参照）。

（生命保険契約に係る取扱いの準用）　所基通
36-31の6　36-31から36-31の5までの取扱いについては、法第76条第3項《生命保険料控除》に規定する生命保険契約等（以下36-32までにおいて「生命保険契約等」という。）のうち、同項第2号及び第3号に規定する契約【編者注】について準用する。（昭63直所3-8追加）

【編者注】本項による生命保険契約等の範囲

　生命保険契約の保険料について、給与所得に係る経済的利益の有無等の判定対象となる生命保険契約等の範囲には、生命保険会社（保険業法2③・P1345参照）及び外国生命保険会社等（保険業法2⑧・P1346参照）の締結した生命保険契約の他、次のものが含まれる。
① 　簡易生命保険契約（郵政民営化法等の施行に伴う関係法律の整備等に関する法律2条（法律の廃止）による廃止前の簡易生命保険法3条、所法76③二・P747参照）
② 　農業協同組合の締結した生命共済契約、その他所令210条（P757参照）に規定する生命共済に係る契約（所法76③三・P747参照）

■参考：所得税法施行令64～65条
（確定給付企業年金規約等に基づく掛金等の取扱い）
第64条　事業を営む個人又は法人が支出した次の各号に掲げる掛金、保険料、事業主掛金又は信託金等は、当該各号に規定する被共済者、加入者、受

益者等、企業型年金加入者又は信託の受益者等に対する給与所得に係る収入金額に含まれないものとする。(直近改・平18政124)
　一　独立行政法人勤労者退職金共済機構［、］又は第74条第5項（特定退職金共済団体の承認）に規定する特定退職金共済団体が行う退職金共済に関する制度に基づいてその被共済者のために支出した掛金（第76条第1項第2号ロからヘまで（退職金共済制度等に基づく一時金で退職手当等とみなさないもの）に掲げる掛金を除くものとし、中小企業退職金共済法（［省略］）第53条（［省略］）の規定により独立行政法人勤労者退職金共済機構に納付した金額を含む。）
　二　確定給付企業年金法（［省略］）第3条第1項（［省略］）に規定する確定給付企業年金に係る規約に基づいて同法第25条第1項（［省略］）に規定する加入者のために支出した同法第55条第1項（［省略］）の掛金（［省略］）のうち当該加入者が負担した金額以外の部分
　三　法人税法附則第20条第3項（［省略］）に規定する適格退職年金契約に基づいて法人税法施行令附則第16条第1項第2号（［省略］）に規定する受益者等のために支出した掛金又は保険料（［省略］）のうち当該受益者等が負担した金額以外の部分
　四　確定拠出年金法（［省略］）第4条第3項（［省略］）に規定する企業型年金規約に基づいて同法第2条第8項（［省略］）に規定する企業型年金加入者のために支出した同法第3条第3項第7号（［省略］）に規定する事業主掛金（［省略］）
　五　勤労者財産形成促進法第6条の2第1項（［省略］）に規定する勤労者財産形成給付金契約に基づいて同項第2号に規定する信託の受益者等のために支出した同項第1号に規定する信託金等
　2　［省略。編注：個人事業者が支出する前項に規定する掛金等の事業所得の必要経費算入］

（不適格退職金共済契約等に基づく掛金の取扱い）　所令
第65条　事業を営む個人又は法人が支出した次の各号に掲げる掛金（当該個人［事業を営む個人（事業主）。編注］のための掛金及び当該各号に規定する

者［被共済者、保険金受取人等である使用人。編注］が負担した金額に相当する部分の掛金を除く。）で、当該個人のその事業に係る不動産所得の金額、事業所得の金額若しくは山林所得の金額［、］又は当該法人の各事業年度の所得の金額の計算上必要経費又は損金の額に算入されるものは、当該各号に規定する者に対する給与所得に係る収入金額に含まれるものとする。（直近改・平22政50）

一　前条第１項第１号に規定する制度に該当しない第73条第１項第１号（特定退職金共済団体の要件）に規定する退職金共済契約［税務署長の承認を得ていない退職金共済契約。編注］（以下この号において「退職金共済契約」という。）［、］又はこれに類する契約に基づいて被共済者又はこれに類する者のために支出した掛金（第75条第１項（特定退職金共済団体の承認の取消し）の規定による承認の取消しを受けた団体に対し［、］その取消しに係る退職金共済契約に基づき支出した掛金については、その取消しの時以後に支出した掛金）［、］及び第76条第１項第２号ロからへまで（退職金共済制度等に基づく一時金で退職手当等とみなさないもの）に掲げる掛金

二　前条第１項第３号に規定する適格退職年金契約に該当しない第183条第３項第３号（生命保険契約等に基づく年金に係る雑所得の金額の計算上控除する保険料等）に掲げる契約に基づいて［、］その受益者、保険金受取人又は共済金受取人とされた使用人（法人の役員を含む。）のために支出した掛金又は保険料（法人税法施行令附則第18条第１項（適格退職年金契約の承認の取消し）の規定による承認の取消しを受けた第76条第２項第１号に規定する信託会社等に対し［、］その取消しに係る同号［所令76条２項１号。編注］に規定する契約に基づき支出した掛金又は保険料については、その取消しの時以後に支出した掛金又は保険料）［、］及び第76条第２項第２号［退職手当等とみなす一時金に含まれない給付。編注］に規定する受益者等とされた者に係る掛金又は保険料

| 第3節 | 定期保険の保険料で給与所得の収入金額とされるものに関連する法令等 |

所得税基本通達

（使用者契約の定期保険に係る経済的利益）

36-31の2　使用者［法人又は個人事業者。編注］が、自己を契約者とし、役員又は使用人（これらの者［役員又は使用人。編注］の親族を含む。）を被保険者とする定期保険（一定期間内における被保険者の死亡を保険事故とする生命保険をいい［生命共済等を含む。36-31の6・P689参照。編注］、傷害特約等の特約【編者注1】が付されてものを含む。以下36-31の5までにおいて同じ。）に加入してその保険料を支払ったことにより当該役員又は使用人が受ける経済的利益(傷害特約等の特約に係る保険料の額に相当する金額を除く［傷害特約等に係る保険料の取扱いについては、本項(注)1参照。編注］。）については、次に掲げる場合の区分に応じ、それぞれ次により取り扱うものとする【編者注2、3】。(昭63直所3-8追加)

(1) 死亡保険金［被保険者が死亡した場合に支払われる保険金をいう、所基通36-31(1)・P680参照。編注］の受取人が当該使用者［保険契約者である法人又は個人事業者。編注］である場合

　　当該役員又は使用人［被保険者等。編注］が受ける経済的利益はないものとする［現物給与とされるものはない。編注］。

(2) 死亡保険金の受取人が被保険者［役員、使用人又はこれらの者の親族。編注］の遺族である場合【編者注4】

　　当該役員又は使用人［被保険者等。編注］が受ける経済的利益はないものとする［現物給与とされるものはない。編注］。

　　ただし、役員又は特定の使用人（これらの者［役員又は特定の使用人。編注］の親族を含む。）のみを被保険者としている場合には、当該保険料の額に相当する金額は、当該役員又は使用人に対する給与等とする【編者注5、6】。

(注)1 傷害特約等の特約に係る保険料を使用者が支払ったことにより役員又は使用人が受ける経済的利益については、36-31の4［編注：P701］参照。

2 36-31の(注)2［編注：P681参照］の取扱いは、上記(2)のただし書について準用する。

【編者注1】傷害特約等の範囲
　傷害特約等の範囲については、所基通36-31の編者注1（P681）参照。

【編者注2】定年退職者のみを対象とする医療給付金付定期保険の取扱い
　本項(1)及び(2)の本文に該当するものとして、個別通達「定年退職者医療保険制度に基づき負担する保険料の課税上の取扱いについて」（昭60直審3-30・P697参照）の取扱いがある。

【編者注3】定期保険に係る剰余金等が被保険者等に支払われる場合の課税関係
　例えば、会社を契約者とし、被保険者を役員及び使用人の全部とする団体定期保険に加入し、その保険料の一部を会社が負担する場合には、死亡保険金の受取人が誰であるかを問わず、原則として、所基通36-31の2により給与所得に係る経済的利益はないものとされる。

　しかし、この場合においても、その契約に係る剰余金・割戻金を被保険者が受け取ることとなっている場合には、その支払保険料に相当する金額は、被保険者の給与所得に係る経済的利益に該当するものと解されている（前掲「所得税・源泉税通達の問題点」・P391参照）。注意すべきは、給与所得とされる金額は具体的に分配を受けた剰余金等の額ではなく、契約者である使用者（会社等）が負担した保険料の全額に相当する金額である。

【編者注4】被保険者に退職者を含める場合の取扱い
　使用者を保険契約者・保険料負担者とし、役員及び使用人を被保険者、被保険者の遺族を死亡保険金受取人とする定期保険契約に際

し、被保険者に退職した役員及び使用人を含めている場合においても、一定の条件を満たすものであるときは、その保険料についても本項(2)本文と同様の取扱いを受けるとする、下掲の個別通達「団体定期保険の被保険者に退職者を含める場合の保険料の税務上の取扱いについて」（昭49直審3-59）がある。

【編者注5】役員のみの場合の取扱い

　役員のみを被保険者とする場合の取扱いについては、所基通36-31の編者注5（P685）参照。

【編者注6】給与とされる場合の課税関係等

　保険料が給与とされる場合の課税関係については、所基通36-31の編者注3（P682）参照。

所得税関係個別通達

◇団体定期保険の被保険者に退職者を含める場合の保険料の税務上の取扱いについて（昭49直審3-59）

　標題のことについては、○○生命保険株式会社から別紙2のとおり照会があり、これに対し当庁審理課長名で別紙1のとおり回答したから、了知されたい。

《別紙1》

［前略］

　標題のことについては、次のことを前提とする限り、貴見のとおりで差し支えありません。

1　法人が在職中役員であった者のみを対象として保険料を負担するものでないこと。

2　法人が負担する保険料が御照会文中の記の(2)に掲げるような基準によるものであり、かつ、その保険料の金額が御照会文の添付資料「退職被保険者の取扱い事例」に記載された金額程度であること。

《別紙2》

［前略］

　団体定期保険（保険期間1年のいわゆる掛け捨ての死亡保険）契約で、法人を契約者、保険料負担者とし、普遍的に役員および従業員を被保険者、保険金受取人とする場合は、法人が負担する保険料については、法人税法上損金に計上し、かつ、所得税法上給与としないものと承知しておりますが、最近下記(1)のような事由から、役員、従業員の退職後も下記(2)のように、勤続年限、退職年齢等による一定の合理的な基準にもとづいて、退職後も一定期間引き続いて被保険者とする事例が間々生じております。

　この場合に、この退職後の一定期間引き続いて被保険者となる、いわゆる退職被保険者について、法人が負担する保険料についても、現に在職している役員、従業員に準じて法人税法上損金処理とし、かつ、所得の計算上、非課税と扱われるものと解しておりますが、差し支えないかお伺いします。

記

(1) 団体定期保険の被保険者に退職者を含める事由

　法人の労務管理上の施策として、退職後も一定期間、在職していたときと同一またはそれ以下等一定の条件で、いわゆる退職被保険者として取扱うことにより、退職者の退職後の生活安定を図り、かつ、在職中の者の長期勤続の奨励、福利厚生面の充実を図ることができ、きわめて有効である。

(2) 団体定期保険の被保険者に退職者を含める場合の一定の合理的な基準の事例

〔例1〕

　1　退職被保険者となる者の資格

　　役員および従業員で勤続5年以上の定年退職者、もしくは、これに準ずる者。

　2　保険金額の決定基準および保障期間

年齢	保険金額	
55〜59才	退職時保険金額の	100%
60〜65才	同	80%
65 [ママ] 〜69才	同	60%
70〜75才	同	40%
75 [ママ] 〜80才	同	20%

〔例2〕
1 退職被保険者となる者の資格
　(イ) 役員および使用人で勤続10年以上の定年退職者
　(ロ) 使用人で勤続10年以上の円満退職者
　(ハ) 使用人で勤続1年以上の傷病退職者
　上記(イ)(ロ)については、80才を上限とする。
2 保険金額の決定基準および保障期間
　加入資格に応じて次の通りとする。
　(1) 上記(イ)の場合
　　　定年退職後5年間：定年時保険金額の　100%
　　　次の5年間　　　：　同　　　　　　　70%
　　　次の5年間　　　：　同　　　　　　　50%
　(2) 上記(ロ)の場合
　　　退職後5年間　　：退職時保険金額の　100%
　　　次の5年間　　　：　同　　　　　　　50%
　(3) 上記(ハ)の場合
　　　退職後1年間　　：退職時保険金額の　100%

☆退職被保険者の取扱い事例

団体名	付保期間（最長）	退職後の付保額（最低〜最高）		月額保険料	
		役員（万円）	従業員（万円）	役員（円）	従業員（円）
○○製紙	15年	25	25	75.75	75.75
○○銀行	25年	400	45〜300	2,240	252〜1,680

| ○○銀行 | 25年 | 700～800 | 30～400 | 2,730～3,120 | 117～1,560 |
| ○○銀行 | 25年 | 600 | 80～400 | 3,144 | 419～2,096 |

◇定年退職者医療保険制度に基づき負担する保険料の課税上の取扱いについて（昭60直審3-30） 個通

　標題のことについては、株式会社○○から別紙2のとおり照会があり、これに対し当庁直税部長名をもって、別紙1のとおり回答したから了知されたい。

《別紙1》
［前略］
　標題のことについては、貴見のとおり取り扱って差し支えありません。

《別紙2》
［前略］
　当社では、創業75周年記念事業の一環として、従業員が定年退職後、満60歳から満70歳迄の間に入院した場合の医療費負担を軽減し、老後保障の充実を図るため、題記定年退職者医療保険制度を、昭和60年3月21日より実施することと致しました。
　本制度は、生命保険会社の医療保険（医療給付金付個人定期保険）を利用し、実施するものであり、本制度の概要、並びに医療保険の契約内容は下記の通りであります。
　この医療保険契約の月払保険料は、医療保険が、無配当かつ掛捨ての保険であり、また、保険期間の満了に際しても保険金は支払われないこととなっていること等から、会社が負担した保険料を、福利厚生費として損金の額に算入し、また、これにより本人が受ける経済的利益については、所得税の課税をしなくても差支えないものと考えますが、この点御回示下されます様、宜しくお願い申し上げます。

記

1　定年退職者医療保険制度の概要

　別添「定年退職者医療保険制度規約」の通り［編注：省略］

2　定年退職者医療保険制度の医療保険契約の内容

　医療保険の契約を、次の通り会社契約と定年定職者本人契約の2本立とする。

項　目	会　社　契　約	本　人　契　約
保険契約者	会社	本人
被保険者	本人	本人
保険期間	本人満60歳から10年間（70歳満期）	同左
諸給付金受取人	本人	本人
死亡保険金受取人	本人の指定による	本人の指定による
解約払戻金受取人	会社	本人
保険料負担者	会社	本人
保　険　料	（男子）2,055円 （女子）1,840円	（男子）183,399円 （女子）164,211円
保険料払込方法	月払	月払の全期前納払
未経過保険料受取人	発生せず	本人又は保険金受取人
給　付　額	① 入院給付金：一日につき5,000円　［編注：詳細略］ ② 看護給付金：一日につき5,000円　［編注：詳細略］ ③ 手術給付金：不慮の事故または疾病で入院し、下表の手術をうけたときは、一回につき次の給付金を支払う。［編注：表及び金額は略］ ④ 死亡（高度障害）保険金：50万円　［編注：詳細略］ ⑤ 災害（高度障害）保険金：100万円　［編注：詳細略］	

第4節 定期付養老保険の保険料で給与所得の収入金額とされるものに関連する法令等

所得税基本通達

(使用者契約の定期付養老保険に係る経済的利益)

36-31の3　使用者［法人又は個人事業者。編注］が、自己を契約者とし、役員又は使用人（これらの者［役員又は使用人。編注］の親族を含む。）を被保険者とする定期付養老保険（養老保険［被保険者の死亡又は生存を保険事故とする生命保険をいい、傷害特約等の特約が付されてものを含む、所基通36-31・P680参照。編注］に定期保険［一定期間内における被保険者の死亡を保険事故とする生命保険をいい、傷害特約等の特約が付されてものを含む、所基通36-31の2・P692参照。編注］を付したものをいう。以下36-31の5までにおいて同じ。）に加入してその保険料を支払ったことにより当該役員又は使用人が受ける経済的利益（傷害特約等の特約に係る保険料の額に相当する金額を除く［傷害特約等に係る保険料の取扱いについては、本項(注)参照。編注］。）については、次に掲げる場合の区分に応じ、それぞれ次により取り扱うものとする。(昭63直所3-8追加)

(1) 当該保険料の額が生命保険証券等【編者注1】において養老保険に係る保険料の額と定期保険に係る保険料の額とに区分されている場合

　それぞれの保険料の支払いがあったものとして、それぞれ36-31又は36-31の2の例による【編者注2】。

(2) (1)以外の場合

36-31の例による【編者注3】。

(注) 傷害特約等［編注：所基通36-31の編者注1・P681参照］の特約に係る保険料を使用者が支払ったことにより役員又は使用人が受ける経済的利益については、36-31の4［編注：P701］参照。

【編者注1】生命保険証券等について
　本項(1)に掲げる「生命保険証券」は例示であり、その趣旨とするところは、支払うべき保険料の内訳が、契約上何らかの方法によって養老保険に係る部分と、定期保険に係る部分とに明瞭に区分されている状態をいうものと考えられる。
　したがって、証券上に明示されている場合に限る趣旨ではなく、例えば、保険料払込案内書や保険設計書等において明示されているような場合にもこれに該当するものと考えられる。

【編者注2】本項(1)の趣旨
　本項(1)に該当する場合には、一の保険契約に係る保険料の支払いであっても、経済的利益の判定においては、養老保険契約の保険料と定期保険契約の保険料とをそれぞれ支払っているものと観念し、養老保険に基づく満期保険金の受取人、養老保険及び定期保険に基づく死亡保険金の受取人が誰であるかを基に、所基通36-31（P680参照）、36-31の2（P692参照）によって経済的利益の有無を判定する。

【編者注3】本項(2)の趣旨
　養老保険に対応する保険料と、定期保険に対応する保険料とが明瞭に区分されていない場合には、その保険料の全部が養老保険に係る保険料であるとみなし、所基通36-31（P680参照）の例により経済的利益の有無等を判定する。

第5節 傷害特約等の特約の保険料で給与所得の収入金額とされるものに関連する法令等

所得税基本通達

（使用者契約の傷害特約等の特約を付した保険に係る経済的利益）
36-31の4　使用者［法人又は個人事業者。編注］が、自己を契約者とし、役員又は使用人（これらの者［役員又は使用人。編注］の親族を含む。）を被保険者とする傷害特約等【編者注1】の特約を付した養老保険［被保険者の死亡又は生存を保険事故とする生命保険をいう。所基通36-31・P680参照。編注］、定期保険［一定期間内における被保険者の死亡を保険事故とする生命保険をいう。所基通36-31の2・P692参照。編注］又は定期付養老保険［養老保険に定期保険を付したものをいう。所基通36-31の3・P699参照。編注］に加入し、当該特約に係る保険料を支払ったことにより当該役員又は使用人が受ける経済的利益はないものとする【編者注2、3】。

　　ただし、役員又は特定の使用人（これらの者［役員又は特定の使用人。編注］の親族を含む。）のみを傷害特約等に係る給付金の受取人としている場合には、当該保険料の額に相当する金額は、当該役員又は使用人に対する給与等とする【編者注4、5】。（昭63直所3-8追加）

（注）　36-31の（注）2［加入資格等に格差を設ける場合、及び役員又は使用人の全部又は大部分が同族関係者である法人の取扱い。・P681参照］の取扱いは、上記ただし書について準用する。

【編者注1】傷害特約等の範囲
　　傷害特約等の範囲については、所基通36-31の編者注1（P681）参照。
【編者注2】主契約の経済的利益と、特約の経済的利益との関係
　　特約に係る経済的利益の取扱いは、主契約に係る経済的利益の取扱いと連動するかという問題がある。
　　このことについては、主契約に係る経済的利益の取扱いにおい

て「傷害特約等の特約に係る保険料の額に相当する金額を除く」（所基通36-31、36-31の2、36-31の3）とした上、それぞれの項の（注）において「傷害特約等の特約に係る保険料を使用者が支払ったことにより役員又は使用人が受ける経済的利益については、36-31の4参照」とされていること、そして、本項全体のものいいからすると、主契約に係る取扱いと特約に係る取扱いとは、切り離して取り扱うことになるものと考えられる。

例えば、主契約に係る保険料の全部又一部に相当する金額が、給与所得の収入金額とされる場合においても、その主契約に付加された傷害特約等の特約に係る保険料については、所基通36-31の4の取扱いにより給与とされない場合がある。

【編者注3】本項の趣旨等

① 傷害特約等の特約の保険金・給付金の受取人は、原則として、被保険者であるが、契約により、被保険者以外の者を特約の保険金・給付金の受取人とすることもできる。

（注）法人契約の場合で、主保険の高度障害保険金受取人が契約者である法人の場合には、特約の保険金・給付金の受取人も法人となるが、高度障害保険金受取人を被保険者として指定すれば、特約の保険金・給付金の受取人を被保険者とすることも可能である（給付特約付加に関する特則16条・P1391、養老保険約款・傷害特約（例）1条③・P1408参照）。

被保険者が傷害特約等の保険金又は給付金の支払を受ける場合には、通常、非課税所得となる。

これらのことを踏まえ、傷害特約等の特約に係る保険料については、その特約の保険金・給付金の受取人が誰であるかを問わず、原則として、給与等に当たらないとしたものであろうと考えられる。

② 役員又は使用人を被保険者とする傷害特約等の特約を付加する契約において、その大多数の契約に係る特約の保険金・給付金の受取人を契約者である使用者としながら、役員又は特定の使用人のみの契約につき、その特約の保険金・給付金の受取人を被保険

者（その親族を含む）としているような場合には、それらの者に係る保険料については給与とする、というものである。

なお、すべての契約について特約の保険金・給付金の受取人を被保険者としているような場合には、その特約の保険料は本項本文により給与所得にはならないものと考えられる。

【編者注4】役員のみの取扱いについて

役員のみを対象とする場合の取扱いについては、所基通36-31の編者注5（P685）参照。

【編者注5】給与とされる場合の課税関係等

保険料が給与とされる場合の課税関係については、所基通36-31の編者注3（P682）参照。

第6節　傷害保険・損害保険等の保険料で給与所得の収入金額とされるものに関連する法令等

所得税基本通達

（使用者契約の保険契約等［傷害保険・損害保険等］に係る経済的利益）
36-31の7　使用者［法人又は個人事業者。編注］が自己を契約者とし、役員又は使用人のために【編者注1】次に掲げる保険契約又は共済契約（当該契約期間の満了に際し満期返戻金、満期共済金等の給付がある場合には、当該給付［満期返戻金等。編注］の受取人を使用者としている契約に限る【編者注2、3】。）に係る保険料（共済掛金を含む。以下この項において同じ。）を支払ったことにより当該役員又は使用人が受ける経済的利益については、課税しなくて差し支えない【編者注4、5】。

ただし、役員又は特定の使用人のみを対象として当該保険料を支払うこととしている場合には、その支払った保険料の額（その契約期間の満了に際し満期返戻金、満期共済金等の給付がある場合には、支払った保険料の額から積立保険料に相当する部分の金額を控除した金額【編者注6】）に相当する金額は、当該役員又は使用人に対する給与等【編者注7】とする。（直近改・平19課法9-1）

(1) 役員又は使用人（これらの者の親族を含む。）の身体を保険の目的とする法第76条第3項第4号に掲げる保険契約【編者注8】
(2) 役員又は使用人（これらの者の親族を含む。）の身体を保険若しくは共済の目的とする損害保険契約又は共済契約【編者注9】
(3) 役員又は使用人に係る法第77条第1項《地震保険料控除》に規定する家屋［自己等の居住用の用に供する家屋。編注］又は資産［その譲渡による所得が非課税となる生活用動産、所法9条1項9号。編注］（［編注：使用者が、］役員又は使用人から賃借している建物等で当該役員又は使用人に使用させているものを含む。）を保険若しくは共済の目的とする損害保険契約又は共済契約

【編者注1】本項の保険契約に係る保険金受取人
　本項に掲げる保険契約又は共済契約に係る保険金受取人（保険金の請求権者）は、通常、被保険者となっているものが多い。このことを前提として本項では「役員又は使用人のために」と表現しているものと思われる。

【編者注2】積立保険料部分の経理
　本項に掲げる保険契約等のうち、満期返戻金等を有するものに係る保険料については、いわゆる積立部分の金額と、掛捨て部分の金額とに区分し、積立部分に相当する金額は契約者である使用者の資産として経理することになるのは当然である。

【編者注3】満期返戻金等の受取人が役員又は使用人である場合
　本項に掲げる保険契約で満期返戻金等のあるもののうち、その満期返戻金等の受取人が被保険者である役員又は使用人となっているものについては、本項ただし書によるまでもなく、その支払保険料に相当する金額は役員又は使用人に対する給与等となるものと考えられる。

【編者注4】「課税しなくても差し支えない」について
　本項本文の要件を具備するものについての経済的利益は「課税しなくても差し支えない」とされるのであるから、実務上、その経済的利益が給与所得の収入金額とされることはない。
　ところで、本項に掲げるような保険契約は、通常いわゆる掛捨てであるものが多く、仮に、満期返戻金等があっても、その受取人が契約者たる使用者である場合には、その保険契約による利益を享受することとなるのは、傷害等の保険事故が発生した場合に限られる。
　他方、養老保険又は定期保険の死亡保険金のみの受取人を被保険者である従業員等の遺族とする保険契約による利益を享受するのは、被保険者の死亡等による保険事故の発生の場合に限られる。
　この両者を比較すると、保険事故が「死亡」であるか「傷害等」であるかの違いはあるものの、保険事故が発生していない状況におけるいわゆる経済的利益については甲乙がないものと思われる。

しかし、所得税基本通達においては、一方は「経済的利益については、課税しなくても差し支えない」(本項本文)とし、他方は「経済的利益はないものとする」(所基通36-31、36-31の2、36-31の4等)として取り扱われている。
　「経済的利益については課税しなくても差し支えない」との物言いの前提には、その経済的利益は本来課税対象となる、という語感があるのに対し、「経済的利益はないものとする」にはそのような前提はないものと思料される。
　この表現の違いがどのようなことに由来するのか詳らかでないが、実務上は、そのいずれもが課税の対象にならないということにおいては差がない。

【編者注5】本項に関連する個別通達
　本項に関連し、次の個別通達がある。
　・「法人又は個人事業者が支払う介護費用保険の保険料の取扱いについて」(平元直審4-52、直審3-77・次頁参照)

【編者注6】本項ただし書の趣旨等
　本項ただし書のカッコ内の趣旨は、支払保険料のうち積立部分に相当する金額は使用者の資産として経理されるべきものであるから、役員又は特定の使用人の給与等とされる金額は、いわゆる掛捨て部分の保険料に相当する金額となることを確認したものである。

【編者注7】給与とされる場合の課税関係等
　保険料が給与とされる場合の課税関係については、所基通36-31の編者注3 (P682) 参照。

【編者注8】本項(1)の保険の範囲
　本項(1)に掲げる保険は、医療保険・介護保険等いわゆる第三分野の保険契約といわれるもので、所法76条の編者注8 (P752) 参照。

【編者注9】所得補償保険の保険料について
　所得補償保険は、本項に掲げる損害保険契約に該当する。使用者を契約者、被保険者及び保険金受取人を使用人 (役員を含む) とする所得補償保険の保険料を使用者が支払った場合の経済的利益につい

ては、本項の取扱いによる。

所得税関係個別通達

◇法人又は個人事業者が支払う介護費用保険の保険料の取扱いについて
（平元直審4-52、直審3-77）

標題のことについては、当面下記により取り扱うこととしたから、これによられたい。

（趣旨）

保険期間が終身である介護費用保険は、保険事故の多くが被保険者が高齢になってから発生するにもかかわらず各年の支払保険料が毎年平準化されているため、60歳頃までに中途解約又は失効した場合には、相当多額の解約返戻金が生ずる。

このため、支払保険料を単に支払の対象となる期間の経過により損金の額又は必要経費に算入することは適当でない。そこで、その支払保険料の損金の額又は必要経費に算入する時期等に関する取扱いを明らかにすることとしたものである。

記

1　介護費用保険の内容

この通達に定める取扱いの対象とする介護費用保険は、法人又は事業を営む個人（これらを以下「事業者」という。）が、自己を契約者とし、役員又は使用人（これらの者の親族を含む。）を被保険者として加入した損害保険で[、]被保険者が寝たきり又は痴ほうにより介護が必要な状態になったときに保険事故が生じたとして保険金が被保険者に支払われるものとする。

2　介護費用保険に係る保険料の損金又は必要経費算入の時期

事業者が介護費用保険に加入してその保険料を支払った場合（役員又は部課長その他特定の使用人（これらの者の親族を含む。）のみを被保険者とし、保険金の受取人を被保険者としているため、その保険料の額が当該役員又は使用人

に対する給与となる場合を除く。【編者注1】）には、次により取り扱うものとする。
(1) 保険料を年払又は月払する場合には、支払の対象となる期間の経過に応じて損金の額又は必要経費に算入するものとするが、保険料払込期間のうち被保険者が60歳に達するまでの支払分については、その50％相当額を前払費用等として資産に計上し、被保険者が60歳に達した場合には、当該資産に計上した前払費用等の累計額を［、］60歳以後の15年で期間の経過により損金の額又は必要経費に算入するものとする【編者注2】。
(2) 保険料を一時払する場合には、保険料払込期間を加入時から75歳に達するまでと仮定し、その期間の経過に応じて期間経過分の保険料につき(1)により取り扱う【編者注3】。
(3) 保険事故が発生した場合には、(1)又は(2)にかかわらず資産に計上している保険料について一時の損金の額又は必要経費に算入することができる【編者注4】。
(注)
1　数年分の保険料をまとめて支払った場合には、いったんその保険料の全額を前払金として資産に計上し、その支払の対象となった期間の経過に応ずる経過期間分の保険料について、(1)の取扱いによることに留意する。
2　被保険者の年齢が60歳に達する前に払済みとする保険契約又は払込期間が15年以下の短期払済みの年払又は月払の保険契約にあっては、支払保険料の総額を一時払いしたものとして(2)の取扱いによる【編者注5】。
3　保険料を年払又は月払する場合において、保険事故が生じたときには、以後の保険料の支払は免除される。しかし、免除後に要介護の状態がなくなったときは、再度保険料の支払を要することとされているが、当該支払保険料［再度支払う保険料。編注］は支払の対象となる期間の経過に応じて損金の額又は必要経費に算入するものとする。

［編注：再度支払う保険料については、上記(1)の処理によらず、事業年度又は年分に応ずる支払保険料の全額を損金・必要経費に算入する。その理由は、後記編者注4記載のように、いったん保険事故が発生した契約については、以後解約返戻金の支払がないことによる。］

3　被保険者である役員又は使用人の課税関係

　被保険者である役員又は使用人については、介護費用保険が掛け捨ての保険であるので、法人税基本通達9-3-5［定期保険に係る保険料。編注］又は所得税基本通達36-31の２「使用者契約の定期保険に係る経済的利益。編注］に定める取扱いに準じて取り扱う【編者注6】。

4　保険契約者の地位を変更した場合（退職給与の一部とした場合等）の課税関係

　保険契約者である事業者が、被保険者である役員又は使用人が退職したことに伴い［、］介護費用保険の保険契約者の地位（保険契約の権利）を退職給与の全部又は一部として当該役員又は使用人に供与した場合には、所得税基本通達36-37［保険契約等に関する権利の評価・P674参照。編注］に準じ当該契約を解除した場合の解約返戻金の額相当額が退職給与として支給されたものとして取り扱う【編者注7】。

　なお、事業者が保険契約者の地位を変更せず、定年退職者のために引き続き保険料を負担している場合であっても、所得税の課税対象としなくて差し支えない（役員又は部課長その他特定の使用人（これらの者の親族を含む。）のみを被保険者とし、保険金の受取人を被保険者としている場合を除く。）【編者注8】。

5　保険金の支払を受けた役員又は使用人の課税関係

　被保険者である役員又は使用人が保険金の支払を受けた場合には、当該保険金は所得税法施行令第30条《非課税とされる保険金、損害賠償金等》に規定する保険金に該当するものとして、非課税として取り扱う【編者注9】。

6　適用時期

　この通達は、平成元年９月１日以後の支払期日の到来分から適用する。

【編者注1】 ２の本文カッコ書の趣旨

　事業者を契約者・保険料負担者とし、役員又は使用人を被保険者とする損害保険契約の保険料については、その保険金の受取人が事業者であろうが、被保険者又はその親族等であろうが、原則として、給与所得とされる経済的利益はないものとされている（所基通36-31の７本文・P704参照）。

　ただし、役員又は特定の使用人のみを被保険者としているような場合で、かつ、保険金受取人を被保険者又はその親族等としている場合には、その支払保険料に相当する金額は、給与所得の収入金額に当たるものとされていることから（同36-31の７ただし書・P704参照）、その保険料についてはこの通達の対象にならないことを本項のカッコ書で確認的に明示したものである。

　したがって、役員又は特定の使用人のみを被保険者としている場合においても、保険金受取人が事業者である契約（保険契約の実務においてそのような契約ができるか否かは措くとして、仮にそのような契約がある場合）に係る保険料については、この通達の取扱いを受けることになるものと考えられる。

【編者注2】 月払・年払保険料の経理

　設例で示すと次のようになる。

□設　例
・年払保険料：10万円（支払時は期首とする）
・被保険者の加入時年齢：42歳

□経　理
・被保険者が60歳に達するまでの各支払時
　（借方）前払費用　５万円　（貸方）現預金　10万円
　　　　　保　険　料　５万円
・被保険者が60歳以降75歳までの各期
　（借方）保険料　10万円　（貸方）現　預　金　10万円
　　　　　保険料　６万円　　　　　前払費用　６万円※
　　※　前払費用の取崩額の計算

・前払費用とした保険料の累計額 → (60歳－42歳) × 5万円＝90万円

・60歳からの15年間に費用とする1年当りの金額 → 90万円÷15＝6万円

【編者注3】一時払保険料の経理

設例で示すと次のようになる。

□設　例

・一時払保険料：330万円

・被保険者の加入時年齢：42歳

□経　理

・支払時

（借方）前払金　330万円　（貸方）現預金　330万円

・被保険者が加入後60歳に達するまでの各期

（借方）前払費用　5万円　（貸方）前払金　10万円※

　　　　保　険　料　5万円

　　※　保険料の払込期間を75歳と仮定した場合の1年当の保険料

　　　　→　330万円÷(75歳－42)＝10万円

・被保険者が60歳以降75歳までの各期

（借方）保　険　料　10万円　（貸方）前　払　金　10万円

　　　　保　険　料　6万円　　　　　前払費用　6万円※

　　※　前払費用の取崩額の計算

　　　・前払費用とした保険料の累計額 → (60歳－42歳) × 5万円＝90万円

　　　・60歳からの15年間に費用とする1年当りの金額 → 90万円÷15＝6万円

【編者注4】保険事故が発生した時の保険料の経理等

1　前払費用・前払金としている保険料の損金算入

①　介護費用保険は終身契約で、保険事故が発生しても保険契約は終了しない。しかし、いったん保険事故が生じた場合には、以後、解約返戻金の支払はない。もっとも、一時払や、一部前納等の方法によって保険料を支払っている場合には、保険事故発生の時における未経過保険料に相当する金額が保険会社から返還される（保険事故発生後の保険料の支払が免除される（この通達（注）3に記載されているようなことから、未経過保険料の返還が行われる））。

そこで、保険事故発生時には、保険料のうち前払費用、前払金として経理している金額（事故発生時におけるこれらの残額）から、返還されるべき未経過保険料に相当する金額を控除した金額の全部を損金又は必要経費に算入する。
② この通達2(3)の「できる」の意味については必ずしも詳らかでないが、その物言いからすれば、保険事故発生時に一時の損金（必要経費）にするか、事故発生後においても従前同様に(1)又は(2)の処理を継続するかを事業者が選択することになるものとも考えられる。

しかし、上記①のように保険事故が発生した場合には、以後、解約返戻金の支払はないものとされ、他方、保険料の一部を前払金・前払費用として経理すべき理由は、解約返戻金が支払われることを前提とし、その引当てとしてこのような経理が行われるものであると考えられる。

そうすると、引当ての目的たる解約返戻金が無くなった時に損金（必要経費）に算入「する」のが相当であろう。このこととの関連で、前払費用等の保険料を事故発生時に一時の損金（必要経費）としなかった場合には、以後の事業年度（年分）においては、一時の損金（必要経費）に算入することは許されず、この通達(1)又は(2)に掲げる処理の継続を要求されることになるか、という問題がある。

解約返戻金の支払のあることが前払費用等の経理の前提であり、その前提を欠くに至った以上、同(1)又は(2)の処理を継続すべき合理的な理由はなく、また、引当てすべき解約返戻金がないのであるから、資産計上の保険料の財産的価値はゼロであり、このような数額を事故発生時に損金（必要経費）にしなかったことのみを理由として以後一時の損金（必要経費）にすることを許さないとする合理的な理由も見出し難いので、そのように経理することも許されるのではないかと思料される。

2 保険金の支払を受ける者の課税関係

介護費用保険の保険金は、身体の傷害に基因して支払を受ける保険金で、非課税所得とされる（所令30）。

【編者注5】払込期間が15年以下の短期払済みの保険契約の経理等

設例で示すと次のようになる。

□設　例
・保険料の払込期間：10年
・保険料：年払198,000円
・被保険者の加入時年齢：42歳

□経　理
・保険料の払込期間内の各期（単位：円）

（借方）前 払 金　198,000　（貸方）現預金　198,000
　　　　前払費用　 30,000　　　　　前渡金　 60,000※
　　　　保 険 料　 30,000

　※　一時払をしたものとされる保険料の総額等の計算
　　・保険料の支払総額 → 198,000円×10年（払込期間）＝198万円
　　・上記総額を保険加入後75歳までの期間に配分する1年当の金額
　　　→ 1,980,000円÷（75際－42歳）＝60,000円

・保険料払込期間経過後、被保険者が60歳までの各期（単位：円）

（借方）前払費用　30,000　（貸方）前払金　60,000
　　　　保 険 料　30,000

・被保険者が60歳以降75歳までの各期（単位：円）

（借方）保 険 料　60,000　（貸方）前 払 金　60,000
　　　　保 険 料　36,000　　　　　前払費用　36,000※

　※　前払費用の取崩額の計算
　　・前払費用とした保険料の累計額 →（60歳－42歳）×3万円＝54万円
　　・60歳からの15年間に費用とする1年当の額 → 54万円÷15＝3.6万円

【編者注6】介護費用保険の保険料に係る経済的利益について

この通達3が引用する法基通9-3-5（P1073参照）及び所基通36-31の2（P692参照）は、いずれも定期保険（いわゆる掛捨保険）に関する

取扱いで、同9-3-5は法人における支払保険料の処理を明示し、同36-31の２は被保険者である社員等が受ける経済的利益の取扱いを明示するものであり、その内容は結果的に同一のものである。

【編者注７】被保険者の退職により保険契約を変更する場合の事業者の処理

１　この通達４の本文により、被保険者の退職により保険契約の契約者を変更する場合（保険契約の権利を被保険者に与えるとき）における事業者の処理については、次のようになるものと考えられる。

①　退職時（契約変更時）における解約返戻金相当額を、次のように仕訳する。

（借方）退職金　　（貸方）雑収入等

（注）法人の場合は益金、個人事業者の場合は事業所得の総収入金額に算入する。

②　前払費用等資産に計上している保険料のうち、その被保険者に係る金額の全額を次のように仕訳する。

（借方）厚生費・保険料等　　（貸方）前払費用等

（注）法人の場合は損金に、個人事業者の場合は事業所得の必要経費に算入する。

２　役員又は特定の使用人のみを被保険者としている契約で、その保険料相当額が被保険者に対する給与とされているものにつき、被保険者の退職により保険契約者を変更する場合には、その変更によってもこの通達４本分による退職給与としての課税は生じないものと考えられる（つまり、保険料は自己の給与から支払われていたと同様の効果となる）。

【編者注８】退職者に係る保険契約を変更しない場合の事業者の処理

①　この通達４のなお書により、被保険者の退職によってもその者に係る保険契約を変更しない場合における事業者の保険料に関する処理は、保険契約が継続する限り、この通達２に掲げる保険料の処理方法等によることになるものと考えられる。

②　この通達４のなお書にいう「定年退職者」の趣旨については、

いわゆる「限定」であるのか、「例示」であるのかが詳らかでないが、この通達の全趣旨等からすると、必ずしも「定年退職者」に限る必要性は見出し難いものと思われる。

③　この通達4のなお書のカッコ書の趣旨については、次のように考えられる。

　この通達2の本文カッコ書において、この通達の取扱いの対象となるべき保険料の範囲が特定されているのであるから、役員又は特定の使用人のみを被保険者としているような保険契約は、元々この通達の取扱いの対象とならないのであるが、役員等特定の者を被保険者とする保険契約につき、被保険者が退職したときにおいてもその契約者を変更しないで、使用者が保険料の支払を継続する場合の課税関係に言及したものと考えられる。

　過去において使用者であった者が支払う保険料に係る経済的利益の課税関係については、この通達では格別な明示をしていないが、次のように考えられる。

ⅰ　給与所得との関係では、既に使用者のもとを退職しているのであるから、その保険料が給与所得の収入金額となることはない（もっとも、嘱託等なんらかの雇用関係が存する場合には、給与所得となる）。

ⅱ　退職所得との関係では、各期の保険料の支払額を退職金の一部分割払とみることも実状に合っているとも考え難い。

ⅲ　一時所得との関係では、保険料の支払が相当長期間継続することからすると、法人からの継続的な贈与となり、一時所得にも該当しない（所基通34-1(5)）。

ⅳ　そうすると、過去の勤務に基づき使用者であった者から支給される年金が、雑所得とされていること（所法35③二）との関連で、この場合の経済的利益は雑所得として課税されるものと思われている（保険実務研究会編「生命保険・損害保険をめぐる法律と税務」新日本法規・P459参照）。

【編者注9】契約者が解約返戻金の支払を受けるときの課税関係
①　使用者が契約者である場合

介護費用保険を解約した場合には、契約者である法人に解約返戻金が支払われる。法人は、その金額を益金の額に算入する。他方、前払費用・前払金等の科目で資産に計上している保険料のうち、その解約した契約に係る保険料の全額を損金の額に算入する。

　使用者が個人事業主である場合には、業務に関連する保険に係るものとして、個人事業者が契約者である生命保険契約の場合に準じ、返戻金は事業所得の収入金額となり、資産計上の保険料は、事業所得の必要経費に算入することになるものと考えられる。

② 個人（個人事業者を除く）である場合

　個人（個人事業者を除く）が契約者である生命保険会社と契約した介護費用保険を解約し、解約返戻金の支払を受ける場合には、介護費用保険契約は所令183条3項（P508参照）に規定する生命保険契約に該当することから、その解約返戻金は一時所得の収入金額となる。

　介護費用保険契約が損害保険会社と契約したものである場合には、この保険契約は終身であることから満期返戻金の支払特約がなく、ために、所令184条4項（一時所得の収入金額となる損害保険契約の満期返戻金の意義・P551）との関係で文理上いささか問題なしとしないが、実務上は生命保険会社の締結した介護費用保険の例に準じ、一時所得の収入金額とされているようである。

③ 上記①及び②に関し、次のような見解がある。

　「介護費用保険の場合は掛け捨ての保険ですので、上記［編注：保険契約の解約返戻金が一時所得に該当することを指す］の適用がありません。そこで、介護費用保険通達では、被保険者の課税関係について生命保険の定期保険の通達を準用することとしています［編注：この通達の3を指しているものと思われる］。このことから、生命保険契約等の一時金の課税に準じて取り扱い、通常の場合［編注：事業者以外の個人が契約している場合をいうものと思われる］は一時所得となり、業務に関して受けるもの［編注：事業の遂行上必要な保険として、その保険料の全部又は一部を事業所得の必要経費に算入していた契約に係る解約返戻金を指すものと思われる］に該当した場合は、その業務上の収益として

計上されることとなると思います。また、その場合、今までに資産に計上されていた保険料は、一時の必要経費に算入します（所基通34-1(4)、所令184)。」（保険実務研究会編前掲書・P461参照）

第7節 従業員等が契約した保険契約の保険料を使用者が負担した場合の給与所得に関連する法令等

所得税基本通達

(使用人契約の保険契約等に係る経済的利益) ［編注：従業員等が契約した保険契約の保険料を使用者が負担した場合の取扱い］

36-31の8　使用者［法人又は個人事業者。編注］が、役員又は使用人が負担すべき次に掲げるような保険料又は掛金［例示。編注］を負担する場合には、その負担する金額は、当該役員又は使用人に対する給与等に該当することに留意する【編者注】。(直近改・平14課個2-7)

(1) 役員又は使用人が契約した生命保険契約等［所法76条3項(生命保険料控除)に規定する生命保険契約等をいう。所基通36-31の6・P689参照。編注］(確定給付企業年金規約及び適格退職年金契約に係るものを除く。以下36-32において同じ。)［、］又は法第77条第2項［地震保険料控除の対象となる損害保険契約の範囲・P861参照。編注］に規定する損害保険契約等(以下36-32において「損害保険契約等」という。)に係る保険料又は掛金

(2) 法第74条第2項《社会保険料控除》に規定する社会保険料

(3) 法第75条第2項《小規模企業共済等掛金控除》に規定する小規模企業共済等掛金［編注：平成8年3月31日以前に契約した旧第2種共済契約を含む。］

【編者注】本項の趣旨

　　役員又は使用人が契約者となっている保険契約等の保険料・掛金は、本来、その契約者が支払義務を負っているのであるから、その契約の内容(例えば、養老保険か定期保険か)、及び対象となるのが全従業員であるか特定の者であるかを問うことなく、その保険料の全部又は一部を使用者が負担した場合には、当然にその者に対し給与等を支給したと同様の効果が生ずることを確認したものである。

第9章

事業所得等の必要経費となる
生命保険契約・損害保険契約の支払保険料
に関連する法令・通達等

第1節 事業所得等の必要経費となる生命保険契約・損害保険契約の支払保険料に関連する法令・通達等の索引

　事業所得等の必要経費となる生命保険契約・損害保険契約の支払保険料に関連する法令・通達、情報、質疑応答事例、事前照会に対する文書回答事例、判例、裁決例等で、本章に収録したものは、以下のとおり。

法令等の索引

□所得税基本通達

36・37共-18の2	長期の損害保険契約に係る支払保険料	734
36・37共-18の3	賃借建物等を保険に付した場合の支払保険料	734
36・37共-18の4	使用人の建物等を保険に付した場合の支払保険料	736
36・37共-18の5	賃借建物等を保険に付している場合の建物等の所有者の所得計算	737
36・37共-18の7	保険事故の発生により保険金の支払を受けた場合の積立保険料の処理	737
56-1	親族等の資産を無償で事業の用に供している場合	739

□所得税関係個別通達

- 青色専従者を受取人とする交通傷害保険の保険料に対する課税上の取扱いについて（昭43官審（所）31）　731
- 交通事故傷害保険の保険料等の取扱いについて（昭44官審（所）4）　724
- 集団定期保険料等の所得税法上の取扱いについて（昭47直審3-8）　725
- 定期保険の保険料にかかる所得税および法人税の取扱いについて（昭48官審3-142他）　727
- 所得税法等の施行に伴う所得税の暫定的取扱いについて・63（昭40直審（源）39）　732

□裁決例

・ 養老保険契約の保険料の必要経費性について判断した事例（平6.6.13裁決）
729

第2節 個人事業の従業員に係る生命保険・損害保険の保険料の必要経費算入に関連する法令等の条項

編者解説

◇個人事業の従業員を被保険者とする生命保険契約・損害保険契約の保険料の必要経費算入について

(1) 所得税においては、個人事業(事業的な規模である不動産賃貸業等を含む)の従業員を被保険者とする生命保険契約及び損害保険契約に係る保険料の必要経費算入等に関し、法基通9-3-4以下に掲げるような、一般的な取扱いは明示されていない。

　本節に掲げるような個別通達による取扱いを除き、実務上は一般的に、これらの生命保険料・損害保険料の必要経費算入等については、法人税の扱いに準じて取り扱われている。

(2) 所得税における固有の問題として、次のような事項がある。

① 法人税の取扱いに準ずるとしても、前提として、従業員を被保険者として保険契約をすることが事業の遂行上必要な場合(以下、事業上の保険)に限り、必要経費に算入することができるのは所法37条(必要経費)との関連で当然のことであるから、無制限に法人税の取扱いが適用されることはない。

　定期保険等のいわゆる掛捨て型の保険契約にあっては、一般の常識に照らし、その契約が著しく不合理・不自然でない限り、前記法人税基本通達に準じて必要経費算入が認められるものと思われる。

② 養老保険等貯蓄性の高い保険契約が「事業上の保険」と言い得るためには、次のような条件を満たす必要があるものと考えられている(村川前掲書・P359参照)。なお、この要件は、養老保険が事業上の保険に該当するか否かを判断した、P729に掲げる裁決例と軌を一にするものと考えられる。

ⅰ 原則として、家族従業員を除く全従業員を被保険者とする契約を締結していること（家族従業員を被保険者とする契約に係る保険料は家事費とされる。）

　（注）「全従業員」の範囲等については、所基通36-31（注）2（1）（加入資格等の基準・P681参照）と同様の基準が認められるものと考えられる。

ⅱ 各従業員の退職年齢を考慮した契約期間としているか、又は、事業主と従業員の間に退職までの期間、順次契約を更新していく旨の取決めが交わされていること

ⅲ 事業主が受け取る満期保険金について、被保険者である従業員との間に将来の退職金の原資に充てるなど、福利厚生目的に使用される旨の取り決めが交わされていること

ⅳ 事業主が当該保険契約に係る保険料、剰余金等、保険金などその契約に係る取引のすべてについて正確に記帳していること

　（注）生命保険料に関する前記法人税基本通達にはこのような要件は付されていない。しかし、所得税においては、所法37条（必要経費）の解釈上、特に事業遂行との関連が重視されるのは当然である。したがって、外形上、前記法人税基本通達に準ずれば必要経費になると思われるような場合であっても、事業遂行との関連を十分検討する必要があろう。

　　後掲裁決例（P729参照）においても、「法人税の取扱通達を個人事業主に準用するとしても、保険契約がその個人事業主の事業遂行上必要であることが前提とされるものであり、事業上必要でないと判断される場合には、保険料の全額が事業所得の計算上必要経費に算入されないと解するのが相当である」と判断している。

③ 事業主を被保険者とする生命保険・損害保険の保険料の取扱い

　個人事業主を被保険者とし、その生死又は身体の傷害等を保険事故（目的）とする生命保険契約・損害保険契約の保険料は、家事関連費（所法45条）とされるので、仮に、その保険契約に係る保険料がいわゆる掛捨てである場合、又はその保険の内容が従業員と同程度の基準で契約されているような場合においても、その保険料は事業所得等の必要経費に算入されることはない（なお、事業主を被保険者とする所得補償保険

の保険料については、所基通9-22で必要経費に算入されないことが明示されている。P418参照）。

所得税関係個別通達

◇交通事故傷害保険の保険料等の取扱いについて（昭44官審(所)4）

　標題のことについて、株式会社○○銀行東京業務部長から別紙2のとおり照会があり、当庁特別審理室参事官名をもって別紙1のとおり回答したから、了知されたい。
　なお、同様の事案についても、これにより取り扱われたい。

《別紙1》
［前略］
1　法人又は個人事業者が「○○会」に加入し、その会費としてその役員または使用人を被保険者とする交通事故傷害保険の保険料を負担したときは、その負担した保険料の額は、その法人または個人事業者の所得計算上、損金の額または必要経費に算入するものとする。
2　法人または個人事業者が保険料を負担したことについて、被保険者である役員または使用人につき給与所得としての課税は行わないものとする。
3　被保険者である役員または使用人の相続人等が受ける死亡保険金については、相続税法第3条第1項第1号［相続財産とみなす死亡保険金。編注］（その保険金を退職給与に充当する旨の明らかな定めがあるものについては、同項第2号［相続財産とみなす死亡退職金。編注］）の規定を適用するものとする。
4　被保険者である役員または使用人が受ける後遺障害保険金および医療保険金については、所得税法第9条第1項第21号［現行17号、損害保険金・損害賠償金等の非課税。編注］に規定する非課税所得とするものとする。

5 1から4までにおいて、個人事業者の使用人には、単に家族の一員としてではなく他の一般使用人と同様の条件で交通事故傷害保険の被保険者とされている青色事業専従者及び事業専従者を含むものとする。

《別紙2》
［前略］
　当行は、下記概要の交通事故傷害保険をセットした「○○交通安全定期預金」を取扱っておりますが、法人（または個人事業主）がこれに加入して、その役員または使用人を被保険者とする当該保険契約の保険料を負担したときは、損金（または必要経費）に算入され、かつその役員または使用人に対して給与所得としての課税がされないものと解しておりますがさしつかえないかお伺いします。
記

（本交通傷害保険の概要）

保険契約者	○○会代表者
保険料負担者	○○会会員（交通安全定期預金者）
被保険者	○○会会員もしくはその指定する者
保険金受取人	被保険者
保険期間	1年（預金契約の継続に応じて自動継続）
保険給付の種類	死亡保険金、後遺障害保険金、医療保険金
保険料	掛捨て

◇**集団定期保険料等の所得税法上の取扱いについて**（昭47直審3-8）個通

　標題のことについて、○○生命保険株式会社から別紙2のような照会があり、これに対し審理課長名をもって別紙1のとおり回答したから、了知されたい。

《別紙1》

［前略］

標題のことについては、下記のとおり回答します。

記

1 ご照会にかかる定期保険契約に基づき事業主が負担した保険料のうち当該年分に対応するものについては、その事業主にかかる当該年分の事業所得の金額の計算上必要経費に算入してさしつかえありません。

ただし、被保険者および保険金受取人である従業員が、契約者である事業主と生計を一にする配偶者その他の親族に該当する場合において、単にその事業者の配偶者その他の親族であるがために付保されたものと認められるときは、当該配偶者その他の親族にかかる保険料については、必要経費に算入することはできません。

2 ご照会にかかる定期保険契約に基づき事業主が保険料を負担した場合（1のただし書の場合を除きます。）に従業員が受ける利益については、所得税基本通達［省略］の36-31［現行36-31の2。編注］により課税しなくてさしつかえありません。

《別紙2》

［前略］

下記の内容をもつ集団定期保険契約或は団体定期保険契約（保険期間1年、2年、3年、5年のいわゆる掛捨ての定期保険）は貯蓄性のない死亡保険であって保険期間満了のときは満期保険金等何等の返戻金もないので保険料の性格は損害保険の保険料と同様に事業の必要経費と考えられます。

従って事業主が負担する保険料のうち各年分に対応する部分の保険料については、当該年分の所得の金額の計算上必要経費となり、かつ被保険者の給与所得にも算入されないと考えますがその正否について何分の御回答を煩したく別に保険約款等を添付してお願い申し上げます。

記
　保険契約者　　事業主
　被保険者　　　従業員
　保険金受取人　従業員
［以下省略］

◇定期保険の保険料にかかる所得税および法人税の取扱いについて（昭48直審3-142、直審4-117）個通

　標題のことについて、郵政省簡易保険局業務課長から別紙2のとおり照会があり、当庁審理課長名をもって別紙1のとおり回答したから、了知されたい。

《別紙1》
［前略］
　標題のことについては、法人が役員だけを対象として当該保険料を負担することとしている場合を除き、貴見のとおり取り扱ってさしつかえありません。

《別紙2》
［前略］
　郵政省簡易保険局では、簡易生命保険法の一部改正に伴い、新たに附記内容の定期保険を発売します。
　つきましては、法人又は個人事業主がこの定期保険に加入した場合、当該法人又は個人事業主の負担した保険料の税法上の処理については、下記のとおり取り扱ってよろしいものと思われますが、貴庁の御見解をお伺い致します。

記
1　法人が自己を契約者及び保険金受取人として役員又は従業員を被保険者として、この定期保険に加入した場合の保険料は、その法人の所

得の計算上損金に算入できる。
2　法人又は個人事業者が自己を契約者とし、役員又は従業員を被保険者とし、役員又は従業員の家族を保険金受取人として、この定期保険に加入した場合（被保険者である従業員又は保険金受取人である従業員の家族が契約者である個人事業主と生計を一にする配偶者その他の親族であり、かつ、その親族であるがために加入したと認められる場合を除く。）の保険料は、その法人又は個人事業主の所得の計算上損金に算入できる。
3　上記1及び2において、法人又は個人事業主が負担する保険料は、被保険者である役員又は従業員の給与所得には算入されない。
4　上記1から3までにおいて、傷害特約を付加した場合も税法上の取扱いは同様である。

〔附記〕
（定期保険の概要）
1　被保険者が保険期間の満了前に死亡（被保険者が効力発生後一定の廃疾となった場合を含む。）したことにより保険金を支払う。保険期間満了時には給付はない。
2　保険期間
　　5年、10年
3　保険料払込方法
　　月払（前納払込可）
4　解約返戻金
　　保険料は掛捨てで、いわゆる満期返戻金はないが、保険期間が長期で被保険者の契約年齢が高い場合には、経過年数によっては解約返戻金を生じることがある。これは、高齢化するにつれて高まる死亡率に対して保険料を平準化して算出しているからである。
5　傷害特約を付加した場合、特約による傷害保険金又は入院保険金の保険金受取人は被保険者となる。

〔以下省略〕

◇**法人又は個人事業者が支払う介護費用保険の保険料の取扱いについて**
（平元直審4-52、直審3-77）　個通
［省略。編注：事業者が負担する介護費用保険の保険料について所得税及び法人税の取扱いを明示するもので、その全文はP707に掲載。］

■**参考：裁決例「養老保険契約の保険料の必要経費性について判断した事例**（平6.6.13裁決　前掲「保険税務のすべて」・P1030参照）

［編注：事案の概要］
　本件は、請求人（事業を営む個人）が、その使用人等を被保険者とし、請求人を保険契約者及び保険金受取人とする養老保険契約に係る保険料の2分の1を事業所得の必要経費に算入すべきものとする更正の請求に対し、課税庁が更正すべき理由のない旨の通知処分をした、というものである。

《裁決要旨》
　※編者注：1、2等は編者が便宜上付したものであり、［　］は編注である。
1　所得税法第37条に規定する必要経費とは、事業の遂行上必要なものとされ、その判断は、事業主の主観的判断によるものではなく、客観的に通常かつ必要なものと認識できるものでなければならないと解されている。
　　そして、一般に、養老保険のように貯蓄性の高い保険契約の保険料が、事業の遂行上必要なものと認められるには、被保険者たる従業員の退職給与の資金に充てるために、保険満期日を退職予定日に設定し、保険金の額を退職金相当額とするなど、客観的に事業の遂行上必要であると認識し得る条件を具備する必要があると解すべきである。
2　これを本件についてみると、
　①　本件保険契約［保険契約者及び保険金受取人を請求人とし、被保険者を従業員とする養老保険契約］の満期日は、一律に保険契約日の10年後とされており、その保険金の額は、被保険者の職務内容、年齢、勤続年数及び給与支払額からみて、到底退職金に相当する額とは認められないこと、
　②　本件保険契約の締結後に新規採用した従業員についての加入手続及び退職した従業員についての解約手続きがされていないこと、

③　被保険者とされた従業員のほとんどが保険への加入事実を知らないことを併せ考えれば、

　本件保険契約は、従業員の複利厚生をも目的としたものとは認め難く、事業遂上必要なものとは認められない。

　したがって、本件保険契約の保険料は、必要経費に該当しない。

3　本件保険契約の締結後に新規採用した従業人についての加入手続き及び退職した従業員についての解約手続きがいずれもされていないことは、単に管理上の問題とは認められず、本件保険契約が従業員の福利厚生を目的としたものではない理由の一つになると認められる。

4　法人税の取扱通達を個人事業主に準用するとしても、保険契約がその個人事業主の事業遂行上必要であることが前提とされるものであり、事業遂行上必要でないと判断される場合には、保険料の全額が事業所得の計算上必要経費に算入されないと解するのが相当である。

5　よって、請求人のこれらの主張には理由がない。

第3節 青色事業専従者を被保険者とする生命保険・損害保険の保険料の必要経費算入に関連する法令等

所得税関係個別通達

◇青色専従者を受取人とする交通傷害保険の保険料に対する課税上の取扱いについて（昭43官審(所)31）

　標題のことについて、広島国税局長から別紙2のとおり上申があり、別紙1のとおり指示したから了知されたい。

《別紙1》

［前略］

　標題については、下記によることとされたい。

記

1　事業主が青色事業専従者のために負担した交通傷害保険の保険料に対する課税上の取扱い［専従者に対する給与所得に係る経済的利益。編注］については、昭和40.8.4直審(源)39・直審(所)20「所得税法（昭和40年法律第33号）等の施行に伴う所得税の暫定的取扱いについて」通達の「63」［後掲。編注］に定めるところによること。
2　保険料を負担した事業主については、当該専従者以外の従業員についても同様の条件で交通傷害保険契約が締結されている等［,］事業主の負担した保険料が使用人としての専従者の福利厚生費と認められる場合は、事業主の所得計算上必要経費に算入することができるものとするが、単に家族の一員として付保したと認められる場合における事業主負担の保険料は必要経費に算入できないものとすること。

《別紙2》

［前略］

　青色専従者を受取人とする保険期間1年以内の交通傷害保険（保険期間が継続しないもの）について、事業主が保険料を負担した場合の当該保険料は、青色専従者の給与所得として課税すべきか、また、給与所得としない場合の事業主が負担した保険料は、事業所得計算上の必要経費となるかどうか、なにぶんの指示をあおぎたく上申します。［以下省略］

■参考：所得税関係個別通達「所得税法等の施行に伴う所得税の暫定的取扱いについて」63（昭40直審（源）39）
　（雇用主が負担する損害保険の保険料）
63　従業員を保険金受取人とする次に掲げる損害保険契約（保険期間が1年をこえるもので保険期間満了の際に満期返戻金等を支払うこととされているものを除く。）に基づいて雇用主が負担する保険料については、当分の間、従業員に対する給与等として課税しないものとする。
（1）従業員もしくはその者と生計を一にする配偶者その他の親族の有する家屋で常時その居住の用に供するもの［、］またはこれらの者の有する法第9条第1項第8号《生活用動産の譲渡所得の非課税》に規定する資産を保険の目的とする火災保険契約
（2）従業員の身体を保険の目的とする傷害保険契約

【編者注】青色事業専従者に係る生命保険料・損害保険料の取扱い
　1　指針となる個別通達
　　上掲の昭43官審（所）31の個別通達は、個人事業主を契約者とし、青色事業専従者（所法57条1項の青色事業専従者）を被保険者及び保険金受取人とする損害保険契約（交通傷害保険）に係る保険料を事業主が負担した場合、その保険料の必要経費算入及び専従者の給与所得に係る経済的利益についての取扱いを明示したものである。
　　上掲の個別通達が、青色事業専従者を対象とする生命保険契約・損害保険契約に係る保険料の所得税上における取扱指針となっているようである。

これをうけて、実務においては、次の2に掲げるような取扱いがされているようである。

2 実務上の取扱い

① 定期保険（生保）

i 青色事業専従者につき、他の使用人と同一条件のもとに加入し、かつ、死亡保険金受取人を事業主以外の青色事業専従者の遺族としている場合には、事業所得等の必要経費となる（この場合には、給与所得となるべき経済的利益はない）。

ii 他の使用人と同一条件で加入していても、死亡保険金受取人を事業主とする場合には、その保険料は事業主の家事費とされる。

iii その事業に従事する者が青色事業専従者等の家族従事者のみで、他に一般の使用人がいないような場合には、仮に、それらの者の全部を被保険者とするときであっても、その保険料は必要経費に算入されないようである。

(注) 家族従事者とは、所法56条（事業から対価を受ける親族がある場合の必要経費の特例）に規定する、事業主と生計を一にする親族をいうものと解される。

したがって、事業主と生計を一にしない事業主の親族については、いわゆる一般の使用人として取り扱うことになるものと考えられる。

② 養老保険、定期付養老保険

青色事業専従者等の家族従事者を被保険者とする養老保険等満期保険金のあるものについては、保険契約の内容如何を問わず、事業主の家事費とされている（川村前掲書・P360参照）。

第4節　事業用固定資産等に係る損害保険料の必要経費算入に関連する法令等

所得税基本通達

（長期の損害保険契約に係る支払保険料）

36・37共-18の2　保険期間が3年以上で、かつ、当該保険期間満了後に満期返戻金を支払う旨の定めのある損害保険契約（これに類する共済に係る契約を含む。以下36・37共-18の7までにおいて「長期の損害保険契約」という。）で業務の用に供されている建物等に係るものについて保険料（共済掛金を含む。以下36・37共-18の6までにおいて同じ。）を支払った場合には、当該建物等のうちの業務の用に供されている部分に対応する保険料の金額のうち、積立保険料に相当する部分の金額は保険期間の満了又は保険契約の解除若しくは失効の時まで、当該業務に係る所得の金額の計算上資産として取り扱うものとし、当該対応する保険料の金額のうち、その他の部分の金額［業務の用に供されている部分に対応する保険料額のうち積立保険料額を除いた額。編注］は期間の経過に応じて当該業務に係る所得の金額の計算上必要経費に算入する。（昭46直審（所）19追加）

　　（注）支払った保険料の金額のうち、積立保険料に相当する部分の金額とその他の部分の金額との区分は、保険料払込案内書、保険証券添付書類等により区分されているところによる。

（賃借建物等を保険に付した場合の支払保険料）　所基通

36・37共-18の3　賃借して業務の用に供している建物等（使用人から賃借しているもので当該使用人に使用させているもの［、］及び自己［個人事業主。編注］と生計を一にする配偶者その他の親族の所有するものを除く［使用人から賃借し、使用人に使用させている場合の取扱いは36・37共-18の4により、生計を一にする親族が有するものの取扱いは本項(注)による。編注］。）に係る長期

の損害保険契約［保険期間が3年以上で満期返戻金のあるもの。所基通36・37共-18の2参照。編注］についての保険料を支払った場合には、当該保険料については、次に掲げる区分に応じ、それぞれ次による。（昭46直審（所）19追加）

(1) 当該業務を営む者が保険契約者となり、当該建物等の所有者が被保険者となっている場合【編者注】
　　36・37共-18の2による。
(2) 当該建物等の所有者が保険契約者及び被保険者となっている場合
　　業務の用に供されている部分の保険料の金額［積立保険料部分の金額を含む。編注］を［、］当該業務に係る所得の金額の計算上必要経費に算入する【編者注】。
(注) 業務を営む者が自己と生計を一にする配偶者その他の親族の所有する建物等を業務の用に供している場合において、当該業務を営む者又は当該建物等を所有する親族が当該建物等に係る長期の損害保険契約［保険期間が3年以上で満期返戻金のあるもの。所基通36・37共-18の2参照。編注］の保険料を支払ったときは［保険契約者は事業者でも、建物等の所有者である親族（配偶者を含む）でも問わない。編注］、当該業務に係る所得の金額の計算上、当該保険料については、法第56条《事業から対価を受ける親族がある場合の必要経費の特例》の規定［、］及び56-1［親族の資産を無償で事業の用に供している場合・P739参照。編注］の取扱いにより、36・37共-18の2と同様により取り扱われることとなる。

【編者注】損害保険契約における保険金と満期返戻金等の受取人
　　損害保険契約においては、保険事故の発生による保険金の受取人は、保険契約上の被保険者（保険の目的物の所有者）となり、満期返戻金・解約返戻金の受取人は、保険契約者となっている。
　　このことから、
① 本項(1)の場合には、契約者である個人事業者に満期返戻金等が支払われるので、事業者の所有する建物等に対する保険契約と

同様の取扱いとなる。
　②　本項(2)の場合には、貸主である建物等の所有者に満期返戻金等及び保険金が支払われることになるので、その保険料はいわば賃料に準ずる支出であり（保険契約上の保険料支払義務者は契約者であり、事業者は賃貸借契約等の約束によって保険料の支払をしているに過ぎない）、事業者にとっては何ら資産性のないものであるから、その全額（その建物等が事業用と非事業用とである場合は、事業用部分の金額に限るのは当然）を必要経費に算入するというものである。
　　なお、この場合における貸主の所得計算については、36・37共-18-5参照。

（使用人の建物等を保険に付した場合の支払保険料）　　所基通
36・37共-18の4　業務を営む者がその使用人の所有する建物等（使用人から賃借しているもので当該使用人に使用させているものを含み、自己と生計を一にする配偶者その他の親族の所有するものを除く［この場合には、36・37共-18の3（注）の取扱いとなる。編注］。）に係る長期の損害保険契約［保険期間が3年以上で満期返戻金のあるもの。所基通36・37共-18の2参照。編注］について保険料を支払った場合には、当該保険料については、次に掲げる区分に応じ、それぞれ次による。（直近改・昭63直所3-8）
(1) 当該業務を営む者が保険契約者となり、当該使用人が被保険者となっている場合
　　36・37共-18の2［編注：P734参照］による。
(2) 当該使用人が保険契約者及び被保険者となっている場合
　　保険料の全額［積立保険料部分の金額を含む。編注］を当該業務に係る所得の金額の計算上必要経費に算入する【編者注】。
　(注) 当該業務を営む者が当該保険料を負担することによりその使用人が受ける利益については、36-31の7［編注：P704］及び36-31の8［編注：P718］参照

【編者注】本項(2)の場合について
　本項(2)の取扱いについては、所基通36・37共-18の3の編者注②（P736）参照。

(賃借建物等を保険に付している場合の建物等の所有者の所得計算)
　　　所基通
36・37共-18の5　賃貸している建物等に係る長期の損害保険契約［保険期間が3年以上で満期返戻金のあるもの。所基通36・37共-18の2参照。編注］について［、］その建物等を賃借している者が保険料を支払っている場合における［、］当該建物等の所有者の当該建物等の賃貸に係る所得の金額の計算上、当該保険料［賃借人が支払った保険料。編注］の金額については、次に掲げる区分に応じ、それぞれ次による。(昭46直審(所)19追加)

(1) 当該賃借している者が契約者となり、当該建物等の所有者が被保険者となっている場合
　　保険料の金額のうち積立保険料に相当する部分［所基通36・37共-18の2(注)・P734参照。編注］以外の部分の金額［必要経費に算入される保険料の額。編注］を総収入金額に算入し、当該金額を必要経費に算入する［賃貸人の不動産所得等の計算上、いわゆる掛捨て部分の保険料相当額を両建て経理する。編注］。

(2) 当該建物等の所有者が保険契約者及び被保険者となっている場合
　　保険料の全額を総収入金額に算入し、積立保険料に相当する部分以外の部分の金額を必要経費に算入する。

(保険事故の発生により保険金の支払を受けた場合の積立保険料の処理)　所基通
36・37共-18の7　保険事故又は共済事故の発生による保険金［満期返戻金を除く。］【編者注1】又は共済金（満期共済金を除く【編者注1】。以下この項において同じ。）の支払により長期の損害保険契約［保険期間が3年以上で満期返戻金のあるもの。所基通36・37共-18の2参照。編注］が失効した

場合には、36・37共-18の2により資産として取り扱うこととしている積立保険料に相当する部分の金額［、］又は36・37共-18の5の(2)［賃貸建物等の所有者が保険契約者及び被保険者となっている損害保険の保険料を賃借人が支払っている場合。編注］により総収入金額［賃貸人の不動産所得等の総収入金額。編注］に算入することとされている金額のうち積立保険料に相当する部分の金額［賃貸人の不動産所得等の計算上、資産に計上されている積立保険料の額。編注］については、次による。（昭46直審(所)19追加）

(1) その者［業務を営む者、又は36・37共-18の5の賃貸建物等の賃貸人。編注］が所有する建物等（自己と生計を一にする配偶者その他の親族の所有するものを含む。）に係る保険金又は共済金［満期返戻金又は満期共済金を除く。編注］の支払を受けた場合には、［編注：積立保険料に相当する金額は、］各種所得金額の計算上必要経費又は支出した金額に算入しない【編者注2】。

(2) 36・37共-18の3の(1)［業務を営む者が契約者となって賃借建物等の保険料の支払をし、保険金受取人が賃貸人である場合。編注］［、］又は36・37共-18の4の(1)［使用人からの借上げ建物等につき業務を営む者が契約者となって保険料の支払をし、保険金受取人が使用人である場合。編注］に該当する長期の損害保険契約につき［、］被保険者［保険金受取人。編注］が保険金又は共済金の支払を受けた場合には、［編注：積立保険料に相当する金額は、］その業務［保険料の支払者である個人事業者等の営む業務。編注］に係る所得の金額の計算上必要経費に算入する【編者注3】。

【編者注1】損害保険の満期返戻金等の課税関係

　損害保険契約の満期返戻金・解約返戻金、共済契約の満期共済金・解約返戻金等は、その保険の目的物等が事業用（業務用を含む）のものであっても、一時所得の収入金額とされ（所基通34-1の編者注・P548参照）、事業所得等の収入金額とされることはない（生命保険契約の場合と取扱いが異なる）。

　したがって、この場合には、事業所得等の計算において資産に計

上している積立保険料等の金額は、店主勘定等に付け替え経理し、事業所得等の必要経費に算入されることはない。

【編者注2】損害保険金に対する課税関係

　火災等の保険事故により支払を受ける損害保険金（共済金を含む）は、その保険の目的物等が事業用（業務用を含む）の固定資産等であっても、非課税所得となる（所法9条の編者注2・P406参照）。

　したがって、事業所得等の計算において資産に計上されている積立保険料等の金額は、店主勘定等に付け替え経理し、事業所得等の必要経費に算入されることはない。

　なお、棚卸資産等の損失、事業（又は業務）の全部又は一部の休止・廃止等により取得する保険金で、事業所得等の収入金額とされる損害保険金等（所令94条・P476参照）に係る積立保険料の額は、その収入金額とされる保険金との対応により必要経費に算入することになる。

【編者注3】積立保険料の必要経費算入の時期等

　本項(2)の場合には、保険契約者（保険料支払者）と被保険者（保険金受取人）とが異なるので、保険契約者が保険金を取得することはない。そこで、保険事故発生による保険契約の失効を機に、積立保険料を保険契約者である事業者の事業所得等の必要経費に算入するというもので、その算入時期は、保険契約の失効時と考えられる。

■参考：所得税基本通達56-1

（親族等の資産を無償で事業の用に供している場合）

56-1　不動産所得、事業所得又は山林所得を生ずべき事業を営む居住者と生計を一にする配偶者その他の親族が［、］その有する資産を無償で当該事業の用に供している場合には、その対価の授受があったものとしたならば法第56条の規定により［、］当該居住者の営む当該事業に係る所得の金額の計算上必要経費に算入されることとなる金額を［、］当該居住者の営む当該事業に係る所得の金額の計算上必要経費に算入するものとする。

第10章

生命保険料控除に関連する法令・通達等

第1節　生命保険料控除に関連する法令・通達等の索引

　生命保険料控除に関連する法令・通達、情報、質疑応答事例、事前照会に対する文書回答事例、判例、裁決例等で、本章に収録したものは、以下のとおり。

法令等の索引

□所得税法

第76条	生命保険料控除	745
第76条〔新〕	生命保険料控除	802
第120条	確定所得申告	843

□所得税法施行令

第208条の3	生命保険料控除の対象とならない保険料	790
第208条の3〔新〕	新生命保険料の対象となる保険料又は掛金	822
第208条の4〔新〕	旧生命保険料の対象とならない保険料	828
第208条の5〔新〕	新生命保険料等の金額から控除する剰余金等の額	830
第208条の6〔新〕	介護医療保険契約等に係る保険金等の支払事由の範囲	833
第208条の7〔新〕	介護医療保険料の対象となる保険料又は掛金	834
第208条の8〔新〕	承認規定等の範囲	835
第209条	生命保険料控除の対象とならない生命保険契約等	756
第209条〔新〕	生命保険料控除の対象とならない保険契約等	836
第210条	生命保険契約等となる共済に係る契約の範囲	757
第210条〔新〕	生命共済契約等の範囲	838
第210条の2	保険金の支払事由の範囲	759
第210条の2〔新〕	退職年金に関する契約の範囲	839
第210条の3	生命保険契約等となる退職年金に関する契約の範囲	

		761
第211条	個人年金保険契約等の対象となる契約の範囲	*773*
第211条［新］	年金給付契約の対象となる契約の範囲	*839*
第212条	生命保険料控除の対象となる個人年金保険契約等の要件	*781*
第212条［新］	生命保険料控除の対象となる年金給付契約の要件	*842*
第262条	確定申告書に関する書類の提出又は提示	*843*
第262条［新］	確定申告書に関する書類の提出又は提示	*845*

□所得税法施行規則

第40条の5	生命保険契約等の対象となる共済に係る契約の要件の細目	*759*
第40条の5［新］	生命共済契約等の対象となる共済に係る契約の要件の細目	*839*
第40条の6	個人年金保険契約等の対象となる共済に係る契約の要件の細目	*778*
第40条の6［新］	年金給付契約の対象となる共済に係る契約の要件の細目	*841*
第47条の2	生命保険料控除に関する証明事項等	*848*
第47条の2［新］	生命保険料控除に関する証明事項等	*850*

□国税関係法令に係る行政手続等における情報通信の技術の利用に関する省令

第5条　電子情報処理組織による申請等　*852*

□大蔵・財務省告示

- 生命保険料控除の対象となる生命共済に係る契約を指定する件（昭62・大蔵159）　*771*
- 所得税法第76条第2項に規定する個人年金保険契約等に該当する生命共済に係る契約を指定する件（昭61・大蔵155）　*788*

□国税庁告示

- 国税関係法令に係る行政手続等における情報通信の技術の利用に関する省令第5条第3項に規定する国税庁長官が定める添付書面等を定める

件（平20・国税庁37）　*853*
- 国税関係法令に係る行政手続等における情報通信の技術の利用に関する省令第5条第3項に規定する国税庁長官が定める期間を定める件（平19・国税庁8）　*854*

□金融庁告示
- 所得税法施行令第208条の3第1項第1号の規定に基づき、所得税法第76条第7項第1号に掲げる契約の内容を主たる内容とする保険契約として、金融庁長官が財務大臣と協議して定めるものを定める件（平22・金融庁36）　*823*

□農林水産省告示
- 所得税法施行令第208条の3第1項第2号の規定に基づき、所得税法第76条第7項第2号に掲げる契約の内容を主たる内容とする共済に係る契約として農林水産大臣が財務大臣と協議して定めるものを定める件（平22・農林水産535）　*826*

□所得税基本通達
　76-1　控除の対象となる生命保険料等　*794*
　76-3　支払った生命保険料等の金額　*795*
　76-4　使用者が負担した使用人等の負担すべき生命保険料等　*798*
　76-5　保険金等の支払とともに又は保険金等の支払開始の日以後に分配を受ける剰余金等　*799*
　76-7　保険会社等に積み立てられた剰余金等で生命保険料等の金額から控除するもの　*800*
　76-8　生命保険料の金額を超えて剰余金の分配を行うこととなっている場合の取扱い　*777*

□所得税関係個別通達・情報
- いわゆる第三分野の保険契約に係る生命保険料控除等に関する質疑応答事例について（個人課税課情報3号　平14.5.17）　*762*
- 生命保険控除の対象となる個人年金保険契約等の範囲及び要件（昭59.8.27）　*783*

第2節 生命保険料控除に関する基本条項（平成22年改正前）

所　得　税　法

（生命保険料控除）

※編者注：本条は平22法6により、P802に掲げるように全文改正されたが、現行76条は平成23年分まで適用される（平22改正附則4条）。

［編注：生命保険料控除額の計算等］

第76条　居住者が、各年において、生命保険契約等［本条3項参照。編注］に係る保険料又は掛金（次項に規定する個人年金保険料その他政令［所令208条の3・P790参照。編注］で定めるものを除く。以下この項において「生命保険料」という。）を支払った場合には、次の各号に掲げる場合の区分に応じ当該各号に定める金額を、その居住者のその年分［保険料の支払をした年分。編注］の総所得金額、退職所得金額又は山林所得金額から控除する【編者注1、2】。（直近改・平18法10）

一　その年中に支払った生命保険料［本項本文参照。編注］の金額【編者注3】の合計額（その年において生命保険契約等に基づく剰余金の分配若しくは割戻金の割戻しを受け、又は生命保険契約等に基づき分配を受ける剰余金若しくは割戻しを受ける割戻金をもって生命保険料の払込みに充てた場合には、当該剰余金又は割戻金の額（生命保険料に係る部分の金額に限る。）を控除した残額【編者注4】。以下この項において同じ。）が25,000円以下である場合

　　当該合計額［剰余金等の額を控除した後の支払保険料の合計額。編注］

二　その年中に支払った生命保険料［本項本文参照。編注］の金額の合計額が25,000円を超え50,000円以下である場合

　　25,000円と［、］当該合計額［剰余金等の額を控除した後の支払保険料の合計額。編注］から25,000円を控除した金額の2分の1に相当する金額との合計額

三　その年中に支払った生命保険料［本項本文参照。編注］の金額の合計額が50,000円を超え100,000円以下である場合

　　37,500円と［、］当該合計額［剰余金等の額を控除した後の支払保険料の合計額。編注］から50,000円を控除した金額の4分の1に相当する金額との合計額

四　その年中に支払った生命保険料［本項本文参照。編注］の金額の合計額が100,000円を超える場合

　　50,000円

［編注：個人年金保険料控除額の計算等］

2　居住者が、各年において、個人年金保険契約等［本条4項参照。編注］に係る保険料又は掛金（その者の身体の傷害又は疾病その他これらに類する事由に基因として保険金、共済金その他の給付金を支払う旨の特約が付されている契約にあっては、当該特約に係る保険料又は掛金を除く【編者注5】。以下この項において「個人年金保険料」という。）を支払った場合には、次の各号に掲げる場合の区分に応じ当該各号に定める金額を、その居住者のその年分［保険料の支払をした年分。編注］の総所得金額、退職所得金額又は山林所得金額から控除する【編者注1】。

一　その年中に支払った個人年金保険料［本項本文参照。編注］の金額【編者注3】の合計額（その年において個人年金保険契約等に基づく剰余金の分配若しくは割戻金の割戻しを受け、又は個人年金保険契約等に基づき分配を受ける剰余金若しくは割戻しを受ける割戻金をもって個人年金保険料の払込みに充てた場合には、当該剰余金又は割戻金の額（個人年金保険料に係る部分の金額に限る。）を控除した残額【編者注4】。以下この項において同じ。）が25,000円以下である場合

　　当該合計額［剰余金等の額を控除した後の支払個人年金保険料の合計額。編注］

二　その年中に支払った個人年金保険料［本項本文参照。編注］の金額の合計額が25,000円を超え50,000円以下である場合

　　25,000円と［、］当該合計額［剰余金等の額を控除した後の支払個人年金保険料の合計額。編注］から25,000円を控除した金額の2分の

1に相当する金額との合計額
三　その年中に支払った個人年金保険料［本項本文参照。編注］の金額の合計額が50,000円を超え100,000円以下である場合
　　37,500円と［、］当該合計額［剰余金等の額を控除した後の支払個人年金保険料の合計額。編注］から50,000円を控除した金額の4分の1に相当する金額との合計額
四　その年中に支払った個人年金保険料［本項本文参照。編注］の金額の合計額が100,000円を超える場合
　　50,000円

［編注：生命保険契約等の意義］

3　第1項に規定する生命保険契約等とは、次に掲げる契約又は規約のうち、当該契約又は規約に基づく保険金、年金、共済金又は一時金（これらに類する給付金を含む。）の受取人のすべてを［、］その保険料若しくは掛金の払込みをする者又はその配偶者その他の親族とするものをいう【編者注6、7】。

一　保険業法第2条第3項（定義［編注・P1345参照］）に規定する生命保険会社又は同条第8項［編注・P1346参照］に規定する外国生命保険会社等の締結した生命保険契約のうち［、］生存又は死亡に基因して一定額の保険金が支払われるもの（保険期間が5年に満たない生命保険契約で政令［所令209条1項・P756参照。編注］で定めるもの［、］及び当該外国生命保険会社等［保険業法2条8項に定めるもの。編注］が国外において締結したものを除く。）

二　郵政民営化法等の施行に伴う関係法律の整備等に関する法律（平成17年法律第102号）第2条（法律の廃止）の規定による廃止前の簡易生命保険法（昭和24年法律第68号）第3条（政府保証）に規定する簡易生命保険契約
　　［編注：本号は、平17年法律102号で改正され、郵政民営化法の施行の日（平19.10.1）から施行。］

三　農業協同組合法（昭和22年法律第132号）第10条第1項第10号（共済に関する施設）の事業を行う農業協同組合の締結した生命共済に

係る契約（共済期間が5年に満たない生命共済に係る契約で政令［所令209条2項・P756参照。編注］で定めるものを除く。）その他政令［所令210条・P757参照。編注］で定めるこれに類する共済に係る契約

四　第1号に規定する生命保険会社若しくは外国生命保険会社等［、］又は保険業法第2条第4項［編注・P1346参照］に規定する損害保険会社若しくは同条第9項［編注・P1346参照］に規定する外国損害保険会社等の締結した身体の傷害又は疾病により保険金が支払われる保険契約（第1号に掲げるもの又は政令［所令209条3項・P757参照。編注］で定めるもの［、］及び当該外国生命保険会社等又は当該外国損害保険会社等が国外において締結したものを除く。）のうち、病院又は診療所に入院して第73条第2項（医療費控除）に規定する医療費を支払ったことその他の政令［所令210条の2・P759参照。編注］で定める事由に基因して保険金が支払われるもの【編者注8】

　　　［編注：本号は平18法10で改正され、平19.1.1から施行。］

五　確定給付企業年金法第3条第1項（確定給付企業年金の実施）に規定する確定給付企業年金に係る規約［、］又はこれに類する退職年金に関する契約で政令［所令210条の3・P761参照。編注］で定めるもの

［編注：個人年金保険契約等の意義］

4　第2項に規定する個人年金保険契約等とは、前項第1号から第3号までに掲げる契約（年金を給付する定めのあるもので政令［所令211条・P773参照。編注］で定めるものに限る。）のうち、次に掲げる要件の定めのあるものをいう［所令211条に定める契約で、かつ、次の各号に掲げる要件の全部を満たしているもの。編注］【編者注9】。

　一　当該契約に基づく年金の受取人【編者注10】は、次の保険料若しくは掛金の払込みをする者又はその配偶者が生存している場合には［、］これらの者［保険料支払者か、その者の配偶者。編注］のいずれかとするものであること【編者注11】。

　二　当該契約に基づく保険料又は掛金の払込みは、年金支払開始日前10年以上の期間にわたって定期的に行うものであること【編者

注12】。

三　当該契約に基づく第1号に定める個人［保険料支払者又はその配偶者である年金受取人。編注］に対する年金の支払は、当該年金の受取人【編者注10】の年齢が60歳に達した日以後の日で［、］当該契約で定める日［契約による年金支払開始日。編注］以後10年以上の期間［、］又は当該受取人が生存している期間にわたって定期に行うものであること［、］その他の政令で定める要件

　　［編注：「その他の政令」で定める要件と規定していることから、本号の具体的な要件は所令212条（P781参照）に定めるところによる。］

5　第1項及び第2項の規定による控除は、生命保険料控除という。

【編者注1】分離課税の所得金額がある場合
　　分離課税所得がある場合の生命保険料控除の順序については、所法72条の編者注5（P453）参照。

【編者注2】保険契約者と保険料支払者とが異なる場合等
①　生命保険契約の保険料の支払義務者は、一義的には契約者であるが（保険法2三・P1329参照）、保険実務においては、契約者以外の者が保険料の支払をしても格別の問題はないし、税務においても、生命保険契約者以外の者が保険料の支払をしても、その支払時においては保険料相当額を贈与税の課税対象としていない。
　　なお、損害保険契約の保険料を契約者以外の者が支払った場合には、その保険料相当額は、贈与税の課税対象となる（相法3条1項3号の編者注2-3②・P265参照）。
②　生命保険契約の契約者以外の者が保険料を支払った場合に、その保険料が、現実に保険料の支払をした者の生命保険料控除の対象になるか、という問題がある。
　　所法76条3項本文に掲げる要件は、専ら、保険料支払者とその生命保険契約に係る保険金受取人との関係を規定するのみで、契約者と保険料支払者との関係等については、格別の定めをしていない。

そうすると、例えば、契約者及び保険金受取人を妻とする生命保険契約（所法76条3項各号に掲げるものに限る）の保険料を夫が支払ったような場合には、「保険金の受取人のすべてを保険料の払込みをする者又はその者の配偶者その他の親族」（所法76③）とするとの要件を具備しているから、その保険料は支払者である夫の生命保険料控除の対象になるものと解されている（松本善夫編「年末調整のしかた（平成22年版）」大蔵財務協会・P99参照）。

　この場合、保険料の支払義務者は契約者たる妻であるから、領収書、控除証明書等の宛先は当然に妻となっているので、契約者以外の者である夫がその保険料の支払を行った事実を証明する必要が生ずるものと思われる。

【編者注3】支払った保険料等の金額
① 「その年中に支払った生命保険料の金額」の範囲等については、所基通76-3（P795参照）に取扱いがある。
② 雇用主が支払った生命保険料が、生命保険料控除の対象となるかどうかについては、所基通76-4（P798参照）に取扱いがある。

【編者注4】分配を受ける剰余金、割戻金と生命保険料控除
① 所得税においては、生命保険契約等の保険料の支払を要する期間中に支払を受ける剰余金・割戻金は、課税対象となる収入金額とは認識せず、支払保険料の修正要素として捉えている。この場合の剰余金・割戻金には、現金等により現実に支払を受けたもの（支払うべき保険料から控除されたものを含む）の他、いわゆる積立配当金等として保険会社に積み立てられているものも含まれる（所基通76-7・P800参照）。

　このこととの関係で、生命保険料控除に当たっては、支払保険料額から剰余金・割戻金を控除することになっている（所法76条①一カッコ書、同②一カッコ書）。

② 生命保険契約等に係る保険金又は年金の支払開始日以後に支払を受ける剰余金・割戻金等は、その保険金・年金が一時所得又は雑所得に該当する場合には、それぞれ一時所得又は雑所得の収入

金額とされる（所令183①一・②一）のであるから、支払保険料から控除すべき剰余金・割戻金に該当しない。

　このことを規定したのが所法76条１項１号カッコ内の「（生命保険料に係る部分の金額に限る。）」及び同条２項１号カッコ内の「（個人年金保険料に係る部分の金額に限る。）」の部分であると解される。なお、このことに関連して所基通76-5（P799参照）の取扱いがある。

③　２以上の生命保険契約等があり、１の契約につき剰余金等の額が支払保険料の額を超えているような場合、その超える部分の金額を他の契約の支払保険料額から控除する必要がある、とする所基通76-6の取扱いがある。

【編者注５】個人年金保険に付加された傷害特約等の保険料

　個人年金保険契約等に付加された傷害特約等の保険料は、個人年金保険料とは区分し、その部分の保険料は、所法76条１項の生命保険料控除の対象となる保険料に該当する（所基通76-2）。

【編者注６】控除の対象となる生命保険契約等、個人年金保険契約等の判定の時

　生命保険料控除の対象となる生命保険契約又は個人年金保険契約に該当するかどうかの判定は、保険料又は掛金を支払った時の現況により行うとする所基通76-1（P794参照）の取扱いがある。

【編者注７】配偶者その他の親族の範囲、住宅ローンに含まれる生命保険料

①　所法76条３項に規定する「配偶者その他の親族」とは、民法725条（親族の範囲）と同義であり、養子・養親（民法727、809等）も含まれる。

　なお、所法76条３項には「生計を一にする」という要件は付されていないので、従前同居していた保険金受取人である子が、結婚等により同一生計を営まなくなったような場合においても、保険金受取人に関する要件は具備することになる。

　また、満期保険金受取人と死亡保険金受取人とが異なる場合に

は、その双方の受取人がいずれも上記の配偶者又はその他の親族であるものに限ると解されている。

② 住宅ローン等の生命保険は団体信用生命保険であり、債務者が死亡した場合に、生命保険金を債務の弁済に充てるため、債権者である銀行等が自己を契約者及び保険金受取人とする生命保険契約である。

したがって、住宅ローン等に含まれる生命保険料は、所法76条3項に規定する受取人の要件を満たさないので、その保険料は生命保険料控除の対象にならない（債務者が保険料を借入金利に上乗せして負担しているような場合も同様である）。

【編者注8】本条3項4号の保険契約について

① 所法76条3項4号に規定する保険契約は、いわゆる第三分野の保険契約といわれるもので、その具体的な保険商品としては、例えば、医療保険、介護保険、医療費用保険、介護費用保険、傷害保険、がん保険等がある。

したがって、生命保険会社（保険業法に規定する生命保険会社及び外国生命保険会社等に限る。次の②参照）と締結した生命保険契約（主契約）にこれらの保険が特約（例えば、傷害特約、入院特約等）として付されている場合には、その特約の保険料を含む保険料の全額が生命保険料控除の対象となる。

② 上記①の保険契約の範囲は、保険業法に規定する生命保険会社（外国生命保険会社等を含む）及び同法に規定する損害保険会社（外国損害保険会社等を含む）の締結した保険契約に限られ、所法76条3項2号及び3号（簡易生命保険契約、農協等の生命共済契約）に規定する者と締結した保険契約は、仮に、その内容等において上記①に掲げる各種保険契約と同一のものであっても、それらの保険契約には同4号の規定の適用はないものと解される。

したがって、農業協同組合等の締結した身体の傷害に関する共済契約に係る保険料については、旧損害保険料控除の対象とされ、生命保険料控除の対象にはならない（次の③の「情報」の「改正の内

容」(注)・P763参照)。

(注) 旧損害保険料控除は、平成18年で廃止されているが、旧長期損害保険契約(平18.12.31までに締結した損害保険契約で、保険期間10年以上、満期返戻金の支払があるもの等。平18年所法改正法附則10条2項)に該当する保険契約に係る保険料は、平成19年分以降においても地震保険料控除の一部として控除対象となっている(平18改正附則10)。

③ 所法76条3項4号は平成13年の改正において規定の整備が行われたもので、この改正に関し、「いわゆる第三分野の保険契約に係る生命保険料控除等に関する質疑応答事例について(情報)」(平14.5.17 個人課税課情報3号・P762参照)がある。

④ 所法76条3項4号は「病院又は診療所に入院して第73条第2項(医療費控除)に規定する医療費を支払ったことその他の政令で定める事由」と規定しているので、「病院又は診療所に入院して……医療費を支払ったこと」の部分は例示であり、具体的な支払事由は、この例示を含めて所令210条の2(P759参照)に規定するところによる。

【編者注9】契約変更の限度

個人年金保険の契約時においては所法76条4項各号の要件(具体的には所令212条)を充足している契約であっても、保険約款等でその保険契約につき、同4項の要件を満たさないこととなるような変更ができる旨の定めのあるものは、同4項の個人年金保険契約等に該当しないものとされている(後記編者注11①の個別通達1(9)・P788参照)。

【編者注10】年金受取人の意義

① 所法76条4項1号に規定する「年金の受取人」は、年金保険料(掛金)の支払者か、又はその者の配偶者のいずれかである。

個人年金保険契約の場合には、年金受取人の範囲が極めて狭く定められ、年金受取人は上記のように制限されている。

個人年金保険普通約款(例)3条⑤(P1434参照)によれば、年金受取人は、契約者又は被保険者(年金の対象とされる者)とされて

いる。所法76条4項1号と上記約款(例)との組合せを按ずると、ⅰ)契約者・保険料支払者・被保険者（年金の対象となる者）・年金受取人が同一人である場合、ⅱ)契約者・年金受取人を妻（又は夫)、保険料支払者・被保険者を夫（又は妻）とするような契約に限られるものと考えられる。

　以上のことから、年金受取人以外の者が年金保険の保険料を支払った場合には、その支払者の配偶者が年金受取人であるときを除き、支払年金保険料をその支払者の個人年金保険料として生命保険料控除の対象とすることはできないものと解される。

　なお、所法76条4項1号に規定する「保険料の払込みをする者又はその配偶者が生存している場合」とは、被保険者（年金の対象となる者）が生存している場合に給付される年金を指すものと解される（約款例3条①・P1433参照）。

　そうだとすると、被保険者の死亡により支払を受ける未支払年金の死亡時未支払年金受取人（同約款例3条⑥項・P1434参照）は所法76条1項1号の年金受取人には含まれないから、死亡時未支払年金受取人は保険料支払者又はその配偶者に限られないものと解される。

②　所法76条4項3号及び所令212条に規定する「年金の受取人」とは、その文理からするといずれも「被保険者」（年金の対象となる）をいうものと解される（前掲「保険税務のすべて」P1117参照）。

　個人年金保険契約は、必ずしも年金受取人と被保険者が同一人である場合に限られず、上記①のように被保険者と年金受取人とが異なる場合もあり得る。

【編者注11】年金受取人を夫婦とする連生保険、死亡一時金との関係
①　一の年金保険契約で、年金受取人を夫婦とする連生保険は、所法76条4項1号の要件に該当する（後掲「生命保険料控除の対象となる個人年金保険契約等の範囲及び要件」昭59.8.27個別通達1(6)①・P787参照)。
②　年金支払開始後、被保険者が死亡した場合に一時金又は継続年

金を支払うような年金保険契約も、控除対象となる個人年金保険契約に該当する。

【編者注12】保険料一時払の個人年金保険契約

保険料を一時払とする個人年金保険契約は、所法76条4項2号に規定する要件には該当しない（つまり、生命保険料控除の対象となる個人年金保険契約に該当しない）。

しかし、年払又は月払の保険料を全期前納する場合には、その個人年金保険契約の保険料払込期間が10年以上であれば、同2号の要件に該当する（上記編者注11①の個別通達1(7)①・P788参照）。

また、契約日から10年以内に払済年金保険に変更できる契約は、同2号の要件に該当しない（上記編者注11①の個別通達1(7)②・P788参照）。

第3節 生命保険料控除の対象となる生命保険契約等の範囲等に関連する法令等(平成22年改正前)

所得税法施行令

(生命保険料控除の対象とならない生命保険契約等)

※編者注:本条は平22政50により、P836に掲げるように改正されたが、現行209条は平成23年分まで適用される(平22改正附則1条4号)。

第209条 法第76条第3項第1号(生命保険料控除[編注:P747参照])に規定する政令で定める生命保険契約[生命保険料控除の対象とならない生命保険契約。編注]は、保険期間が5年に満たない生命保険契約【編者注1】のうち、被保険者が保険期間の満了の日に生存している場合に限り保険金を支払う定めのあるもの[、]又は被保険者が保険期間の満了の日に生存している場合及び当該期間中[保険期間中。編注]に災害、感染症の予防及び感染症の患者に対する医療に関する法律第6条第2項若しくは第3項(感染症の定義)に規定する1類感染症若しくは2類感染症その他これら[災害、感染症。編注]に類する特別の事由により死亡した場合に限り保険金を支払う定めのあるものとする。(直近改・平13政136)

[編注:本項及び次項に掲げる保険契約は、いわゆる貯蓄保険と称されているものである。]

2 法第76条第3項第3号[編注:P747参照]に規定する政令で定める生命共済に係る契約[生命保険料控除の対象とならない生命共済に係る契約。編注]は、共済期間が5年に満たない生命共済に係る契約のうち、被共済者が共済期間の満了の日に生存している場合に限り共済金を支払う定めのあるもの[、]又は被共済者が共済期間の満了の日に生存している場合及び当該期間中[共済期間中。編注]に災害、前項に規定する感染症その他これら[災害、感染症。編注]に類する特別の事由により死亡した場合に限り共済金を支払う定めのあるも

のとする。(直近改・平10政421)

3　法第76条第3項第4号［編注：P748参照］に規定する政令で定める保険契約［いわゆる第三分野の保険契約のうち生命保険料控除の対象とならない保険契約。編注］は、保険業法第2条第4項（定義［編注：P1346参照］）に規定する損害保険会社若しくは同条［保険業法2条。編注］第9項に規定する外国損害保険会社等［、］又は同条［保険業法2条。編注］第3項に規定する生命保険会社若しくは同条［保険業法2条。編注］第8項に規定する外国生命保険会社等の締結した身体の傷害に基因して保険金が支払われる【編者注2】保険契約とする。
　　［編注：本項は平18政124により追加されたもので、その内容は平18法10による改正前の所法77条2項3号の規定と同一のものであり、平19.1.1から施行。］

【編者注1】生命保険契約の範囲
　　所令209条1項は「生命保険契約」と規定し、「生命保険契約等」となっていないことに留意する。つまり、同1項の生命保険契約には、所法76条3項2号（旧簡易生命保険契約）、同3号（農業協同組合等の生命共済）、及び同4号（いわゆる第三分野の保険契約）は含まれない。なお、所法76条3項3号の共済契約の取扱いについては、所令209条2項に明示の規定があり、所法76条3項4号の第三分野の保険契約の取扱いについては、所令208条の3第3号に明示の規定がある。

【編者注2】「身体の傷害に基因して保険金が支払われる」の意義
　　所令209条3項に規定する「身体の傷害に基因して保険金が支払われる」とは、傷害により死亡した場合や、傷害により後遺障害となった場合にのみ保険金が支払われる傷害保険を指しているものと解される（前記「情報」問4・P766参照）。

（生命保険契約等となる共済に係る契約の範囲）　　所令
※編者注：本条は平22政50により、P838に掲げるように改正されたが、現行210条は平成23年分まで適用される（平22改正附則1条4号）。

第210条　法第76条第3項第3号（生命保険料控除［編注：P747参照］）に

規定する共済に係る契約に類する政令で定める共済に係る契約［生命保険料控除の対象となる生命共済契約。編注］は、次に掲げる契約とする。(直近改・平19政82)
　一　農業協同組合法第10条第１項第10号（共済に関する施設）の事業を行う農業協同組合連合会の締結した生命共済に係る契約
　二　水産業協同組合法第11条第１項第11号（漁業協同組合の組合員の共済に関する事業）若しくは第93条第１項第６号の２（水産加工業協同組合の組合員の共済に関する事業）の事業を行う漁業共同組合若しくは水産加工業協同組合［､］又は共済水産業協同組合連合会の締結した生命共済に係る契約（漁業協同組合又は水産加工業協同組合の締結した契約にあっては、財務省令［所規40条の５・後掲参照。編注］で定める要件を備えているものに限る。）
　三　消費生活協同組合法（昭和23年法律第200号）第10条第１項第４号（組合員の生活の共済を図る事業）の事業を行う消費生活協同組合連合会の締結した生命共済に係る契約
　四　中小企業等協同組合法第９条の２第７項（事業協同組合及び事業協同小組合）に規定する共済事業を行う同項に規定する特定共済組合又は同法第９条の９第４項（協同組合連合会）に規定する特定共済組合連合会（当該共済事業に係る同法第９条の６の２第１項（共済規程）に規定する共済規程につき同項（同法第９条の９第５項において準用する場合を含む。）の規定による認可を受けたものに限る。）の締結した生命共済に係る契約
　五　法律の規定に基づく共済に関する事業を行う法人の締結した生命共済に係る契約で［､］その事業及び契約の内容が前各号に掲げるものに準ずるものとして財務大臣の指定するもの［昭和62年大蔵省告示159号・P771参照。編注］

■**参考：所得税法施行規則40条の５**
　（生命保険契約等の対象となる共済に係る契約の要件の細目）
　※編者注：本条は平22財務令12により、P839に掲げるように改正されたが、現行

40条の5は平成23年分まで適用される（平22改正附則1条3号）。

第40条の5　令第210条第2号（生命保険契約等となる共済に係る契約の範囲［編注：前掲参照］）に規定する財務省令で定める要件は、同号に規定する漁業協同組合又は水産加工業協同組合（以下この条において「組合」という。）が、その締結した生命共済に係る契約により負う共済責任を当該組合を会員とする共済水産業協同組合連合会（その業務が全国の区域に及ぶものに限る。）との契約により連帯して負担していること（当該契約［組合と共済水産業協同組合連合会との契約。編注］により当該組合はその共済責任についての当該負担部分を有しない場合に限る。）とする。（直近改・平20財務令24）

（保険金の支払事由の範囲）　所令

※編者注：本条は平22政50により削除されたが、現行210条の2は平成23年分まで適用される（平22改正附則1条4号）。

第210条の2　法第76条第3項第4号（生命保険料控除［生命保険料控除の対象となる、いわゆる第三分野の保険契約。編注］）に規定する政令で定める事由［いわゆる第三分野の保険契約のうち、生命保険料控除の対象となる要件である、保険金の支払事由。編注］は、次に掲げる事由とする。（平13政136追加）

一　身体の傷害を受けたこと［、］又は疾病にかかったことを原因とする人の状態【編者注1】に基因して生ずる法第76条第3項第4号に規定する医療費［所法73条2項（具体的には、所令207条）に規定する医療費控除の対象となる医療費。編注］［、］その他の費用【編者注2】を支払ったこと。

二　身体の傷害若しくは疾病又はこれらを原因とする人の状態【編者注1】（法第76条第3項第4号に掲げる契約［いわゆる第三分野の保険契約。編注］に係る約款［普通保険約款、その特約、特則等を含む。編注］に、これらの事由に基因して一定額の保険金を支払う旨の定めがある場合に限る。）

三　身体の傷害又は疾病により就業することができなくなったこと

【編者注3】。

【編者注1】「人の状態」の意義
① 所令210条の2第1号及び2号に規定する、「人の状態」という用語は、保険業法3条4項2号(いわゆる第三分野の保険契約の範囲等・P1347参照)にある。これにより按ずると、所令210条の2第1号は保険業法3条4項2号ホに、所令210条の2第2号は保険業法3条4項2号ロ又はニにそれぞれ相当するものと考えられる。

　いわゆる第三分野の保険契約における被保険者は「人」であり、その保険の目的は、人である被保険者の傷害又は疾病による保険約款等に定める一定の状態(死亡又は後遺障害を除く。専ら、死亡又は後遺障害のみを保険事故として保険金を支払う保険契約、例えば傷害保険等は所令209条3項によって、元々生命保険料控除の対象にならない。)になった場合に保険金の支払をするというものである。

　そうすると、「人の状態」とは、傷害又は疾病を原因として保険金が支払われるもののうち、死亡又は後遺障害のみを保険事故として保険金を支払う保険契約以外のものを指すために殊更に用いられている用語である、と考えられるがいかがであろうか。

② 所令210条1号と同2号との違いは、次のように考えられる。
ⅰ　1号は、傷害又は疾病を原因として医療費(医療費控除の対象となるもの)、医療費控除の対象外の費用を支払ったことに基づき保険金が支払われる保険契約。
ⅱ　2号は、傷害・疾病又はこれらを原因とする事由により、その保険約款に定める一定額の保険金が支払われる保険契約(傷害又は疾病を原因とする死亡又は後遺障害のみを保険事故とするものを除く)。

　つまり、2号の場合には、医療費等の支払の有無を問わず、傷害又は疾病等を原因として保険約款に一定額の保険金の支払が明示されていればよい、と解される。

【編者注2】その他の費用の範囲
　所令210条の2第1号に規定する「その他の費用」とは、身体の

傷害、疾病を原因とする人の状態に基因して生ずる費用で、医療費控除の対象とならないような費用をいうものと解される(前掲「情報」問5(答)の(注)・P767参照)。

【編者注3】所得補償保険
　所令210条の2第3号に規定する保険契約は、一般的に、所得補償保険といわれるもので、その取扱いについては、前掲「情報」問11・P770参照。

(生命保険契約等となる退職年金に関する契約の範囲)　所令
※編者注：本条は平22政50により、P839に掲げる新210条の2のように改正されたが、現行210条の3は平成23年分まで適用される（平22改正附則1条4号）。
第210条の3　法第76条第3項第5号（生命保険料控除［生命保険料控除の対象となる退職年金に関する契約の範囲・P748参照。編注］）に規定する退職年金に関する契約で政令で定めるものは、法人税法附則第20条第3項（退職年金等積立金に対する法人税の特例）に規定する適格退職年金契約とする【編者注】。（平13政375追加）。

【編者注】適格退職年金の保険料
① 事業主が、適格退職年金契約及び調整年金契約に基づき負担する保険料（事業主が負担すべき部分に限る）は、使用人に対する給与所得として課税されない（所令64①）。このことから、その保険料は使用人の生命保険料控除の対象とはならない。
② 適格退職年金契約に基づき、使用人が負担した保険料（使用人の負担すべき保険料の全部又は一部を使用者が負担した場合で、その金額が給与所得とされるものを含む）は、生命保険料控除の対象となる。
　なお、厚生年金基金制度の場合には、その全額が社会保険料控除の対象とされている。

個人課税課情報

◇「いわゆる第三分野の保険契約に係る生命保険料控除等に関する質疑応答事例について」（平14.5.17　個人課税課情報3号他）

　平成13年度の税制改正により、いわゆる第三分野の保険契約に係る生命保険料控除又は損害保険料控除［平18改正前のもの。編注］に関する規定が整備されたため、これらに関する質疑応答事例を別紙のとおり取りまとめたので、執務の参考として送付する。

　なお、文中使用している「医療保険」、「介護保険」等の保険種類の用語は、一般的に用いられている意味において使用しており、個々の保険商品の生命保険料控除等の適用に当たっては、当該保険契約の内容に応じて判断することに留意されたい。

《改正の内容》

　平成13年6月までは、生命保険会社又は損害保険会社（外国生命保険会社等又は外国損害保険会社等を含む）と締結する一定の保険契約のうち、生命保険会社と締結した保険契約については生命保険料控除の対象とされ、損害保険会社と締結した保険契約については損害保険料控除の対象とされていた。

　平成13年7月以降、生命保険会社と損害保険会社がいわゆる第三分野の保険契約（次の①や②の保険契約をいう。）について相互に参入できるようになったことに伴い、平成13年度の税制改正により、第三分野の保険契約については、契約先が生命保険会社であるか損害保険会社であるかにかかわらず、その保険契約の内容に応じて、次の①に該当するものは生命保険料控除の対象とされ、②に該当するものは損害保険料控除［平18改正前のもの。編注］の対象とされた。

① 　身体の傷害又は疾病により保険金が支払われる保険契約のうち、病院又は診療所に入院して医療費を支払ったこと等に基因して保険金が支払われるもの。

② 身体の傷害に基因して保険金が支払われる保険契約［編注：傷害により死亡した場合や、傷害により後遺障害の状態となった場合に保険金の支払がある傷害保険を指しているものと思われる。本情報「問4」・P766参照。］

［中略］

（注）身体の傷害又は疾病により医療費を支払ったことなどに基因して共済金が支払われる共済契約については、引き続き損害保険料控除の対象とされ、生命保険料控除の対象とならないことに留意する［編注：所法76条の編者注8②・P752参照］。【編者注1】

【編者注1】旧損害保険料控除の廃止と経過措置

　旧損害保険料控除は、平成18年で廃止されているが、旧長期損害保険契約（平18.12.31までに締結した損害保険契約で、保険期間10年以上、満期返戻金の支払があるもの等）に該当する保険契約に係る保険料は、平成19年分以降においても地震保険料控除の一部として控除対象となっている（平18改正附則10）。

《別　紙》
☆保険の分野と取扱い保険会社等
問1　保険の分野、取扱い保険会社はどうようになっているのか。
（答）

　保険の分野、取扱い保険会社は、次のようになっており、いわゆる第三分野の保険商品については、生命保険会社と損害保険会社の双方で取り扱うことができる（保険業法3④⑤［編注：P1347参照］）。

分　野	第一分野	第三分野	第二分野
販売会社	生命保険会社のみ	生命保険会社及び損害保険会社	損害保険会社のみ
保険内容	人の生存又は死亡に関し、一定額の保険金が支払われるもの	疾病又は傷害等の一定の事由に関し、一定額の保険金を支払うこと又はこれらによって生ずる損害をてん補することを約するもの	一定の偶然の事故によって生ずる損害をてん補することを約するもの

具体例	定期保険、終身保険、養老保険　等	医療保険、介護保険、医療費用保険、介護費用保険、傷害保険　等	火災保険、地震保険、賠償責任保険　等

☆第三分野の保険商品で生命保険料控除の対象となる保険契約

問2　第三分野の保険商品で、生命保険料控除の対象となる保険契約にはどのようなものがあるか。

（答）

　生命保険会社又は損害保険会社と締結した身体の傷害又は疾病により保険金が支払われる保険契約（身体の傷害のみに基因して保険金が支払われるものを除く［この保険契約は、所令209条3項（P757参照）により、生命保険料控除の対象となる保険契約から除外されている。編注］。）のうち、次に掲げる事由に基因して保険金が支払われるものは生命保険料控除の対象となる（所法76③四［編注：P748参照］、所令210の2［編注：P759参照］）。

①　身体の傷害を受けたこと又は疾病にかかったことを原因とする人の状態［編注：所令210条の2の編者注1・P760参照。］に基因して生ずる医療費控除の対象となる医療費その他の費用［医療費控除の対象となる費用と、医療費控除の対象外の他の費用。編注］を支払ったこと。

　　具体例：医療費用保険、介護費用保険

②　身体の傷害若しくは疾病又はこれらを原因とする人の状態（所得税法第76条第3項第4号［編注：具体的には所令210条の2第2号・P759参照］に掲げる契約に係る約款に、これらの事由に基因して一定額の保険金を支払う旨の定めがある場合に限る。）

　　具体例：がん保険、医療保険、介護保険

③　身体の傷害又は疾病により就業することができなくなったこと。

　　具体例：所得補償保険

（注）疾病を担保しないで身体の傷害に基因して保険金が支払われる傷害保険は、損害保険料控除［前記編注1・P763参照。編注］の対象となる［後掲「問4」参照。編注］。

☆生命保険料控除の対象とならない保険料

問3 所得税法第76条第3項に規定する生命保険契約等に係る保険料のうち、生命保険料控除の対象から除外されている保険料にはどのようなものがあるか。

(答)

次に掲げる保険料は生命保険料控除の対象とならない（所令208の3）。

[編注：所令208条の3（P790参照）は、保険契約自体は生命保険料控除の対象となる契約に該当するが、そのうち同条に規定する保険契約に係る保険料部分（次の①から③に掲げるもの）については、生命保険料控除の対象とならない。他方、所令209条（P756参照）に規定する保険契約は、その契約自体が生命保険料控除の対象となる契約から除外されている。]

① 一定の偶然の事故によって生ずることのある損害をてん補する旨の特約（第三分野の保険契約を除く。）が付されている保険契約に係る保険料のうち、当該特約に係る損害保険の保険料

(注) 主契約が生命保険料控除の対象となる保険契約である場合、当該特約［主契約である生命保険契約等に付加した損害の特約。編注］に係る保険料は、生命保険料控除、損害保険料控除［編注：前記編者注1・P763参照］いずれの控除の対象にもならないこととなる。

② 所得税法第76条第3項第4号に掲げる保険契約（第三分野のうち生命保険料控除の対象保険）の内容と［、］同法第77条第2項第1号［現行の地震保険料控除。編注］に掲げる損害保険契約（火災保険等）の内容とが一体となって効力を有する一の保険契約に係る保険料

(注) 当該契約［一体となって効力を有する契約。編注］は所得税法第77条第2項第1号［現行の地震保険料控除。編注］に掲げる損害保険契約にも該当し、その保険料［一体となって効力を有する一の契約に係る保険料の全部。編注］が［、］同条第1項本文［平18年改正前の旧所法77条1項本文。編注］に規定する保険料［平18年改正前の旧損害保険料控除の対象となる保険料。編注］に該当する場合には、損害保険料控除［編注：前記編者注1・P763参照］の対象となる。

③ 所得税法第76条第3項第4号［いわゆる第三分野の保険契約。編注］に

掲げる保険契約で保険期間が5年に満たないもののうち、いわゆる貯蓄保険に該当するもの（被保険者が保険期間の満了の日に生存している場合に限り保険金を支払う定めのあるもの、被保険者が保険期間の満了の日に生存している場合及び保険期間中に災害、特定の感染症など特別の事由により死亡した場合に限り保険金を支払う定めのあるもの）に係る保険料

(注) 当該保険の保険料は、生命保険料控除、損害保険料控除［編注：前記編者注1・P763参照］いずれの控除の対象にもならない。

☆傷害保険の保険料

問4　傷害保険は、傷害により死亡した場合や後遺障害の状態になった場合に一定の保険金を支払うものであるが、その普通保険約款において入院保険金や手術保険金なども支払うこととされている。

　入院保険金や手術保険金を支払う旨の定めのある保険契約は、所得税法施行令第210条の2第2号に規定する「身体の傷害若しくは疾病又はこれらを原因とする人の状態」に基因して保険金が支払われる保険契約に該当し、当該保険の保険料は生命保険料控除の対象になると考えるがどうか。［編注：所令210条の2（P759参照）は、いわゆる第三分野の保険契約のうち、生命保険料控除の対象となる契約の細目を定めているものである。］

(答)

　傷害保険は、その普通保険約款に基づき支払われる死亡保険金、後遺障害保険金、入院保険金、手術保険金及び通院保険金のいずれの保険金についても、身体の傷害に基因して保険金が支払われるものであることから、所得税法第77条第2項第3号に規定する保険契約［平18年改正前の旧77条2項3号に規定する損害保険契約。編注］に該当する。

　入院保険金や手術保険金が支払われる傷害保険は、生命保険料控除の対象となる生命保険契約等の保険金の支払事由を定めた所得税法施行令第210条の2第2号の規定［いわゆる第三分野の保険契約のうち、生命保険料控除の対象となるものの細目・P759参照。編注］にのみ着目すれば、当該規定［所令210条の2第2号。編注］に該当するとも解されるが、生命保険料控除

の対象となる生命保険契約等の範囲を定めた所得税法第76条第3項第4号［生命保険料控除の対象となる、いわゆる第三分野の保険契約の範囲。編注］において傷害保険契約（同法第77条第2項第3号［現行所令209条3項・P757参照。編注］に掲げるもの）を除外していることから、傷害保険契約は生命保険料控除の対象となる生命保険契約等に該当しないこととなる。

したがって、傷害保険の保険料は損害保険料控除［前記編者注1・P763参照］の対象となり、生命保険料控除の対象とはならない。

☆介護費用保険の保険料

問5 　介護費用保険の保険料は、平成13年度の所得税法の改正前は、原則として、支払った保険料の2分の1相当額が損害保険料控除の対象とされていたが、改正後においては、当該保険料の全額が生命保険料控除の対象になると考えてよいか。

（答）

従来、介護費用保険については、支払った保険料のうち所得税法第77条第1項［平18改正前の旧77条1項。編注］に該当する部分の保険料（介護療養費用保険金と臨時費用保険金の一部に対応する保険料）が損害保険料控除［前記編者注1・P763参照］の対象とされていたが、改正後［平13年改正後。編注］は、身体の傷害を受けたこと又は疾病にかかったことを原因とする人の状態［編注：所令210条の2の編者注1・P760参照。］に基因して生ずる医療費控除の対象となる医療費その他の費用を支払ったことに基因して保険金が支払われる保険契約に係る保険料は、全額生命保険料控除の対象となる（所法76③四［編注：P748参照］、所令210の2一［編注：P759参照］）。

(注) 保険金の支払事由［生命保険料控除の対象となる、いわゆる第三分野の保険契約の範囲を定める保険金の支払事由。編注］は［，］医療費控除の対象となる医療費の支払に限られず、身体の傷害を受けたこと［，］又は疾病にかかったことを原因とする人の状態に基因して生じた費用を支払ったことによるものであれば［編注：そのような費用の支払をしたことにより保険金の給付が受けられる保険契約であれば、その保険契約に係る保険料は］、生命保険料控除の対象となる。

☆保険商品の販売形態

問6 保険商品の販売形態には、①特約型、②組込み型（一体型）、③組合せ型（パッケージ・ポリシー型）といわれるものがあるが、これらの違いは何か。

(答)

保険商品の販売形態の違いは一般的に次のとおり。

特約型	組込み型	組合せ型
一の主契約に特約が付加されたもの（全体が一の保険契約）	二以上の補償内容が一体となっているもの（全体が一の保険契約）	二以上の契約が一の保険証券で表示されているもの（それぞれ別の保険契約）
特約は分離可能	契約は一体となっていて分離不可能	契約は分離可能
特約の保険期間は主契約の保険期間の途中で終了することもある。	全体が一の保険契約であるから、保険期間は1つ。	原則として、それぞれの契約の保険期間は等しい。
中途で特約を解約又は付加することができる。	原則として、中途で契約の一部を解約することはできない。	中途で一方の契約を解約することができる。
主契約の効力が失われれば特約の効力も失われる。特約の効力が失われても主契約の継続には影響しない。	一方の補償内容の効力が失われても、他方の補償内容の継続に必ずしも影響するわけではない。	一方の契約の効力が失われても、他方の契約の継続には影響しない。

（注）具体的な保険商品がいずれの販売形態に該当するかは、その保険商品の内容に応じて判断することとなる。

☆一体となって効力を有する一の保険契約

問7 所得税施行令第208条の3第2号［編注：P790参照］に規定する「一体となって効力を有する一の保険契約」とはどのような契約をいう

のか。

(答)

「一体となって効力を有する一の保険契約」とは、いわゆる組込み型の保険契約［本情報「問6」参照。編注］をいう。

☆傷害保険に医療費用保険特約を付した場合

問8　傷害保険（主契約）に医療費用保険特約を付した場合には、主契約に係る保険料は損害保険料控除の対象、特約に係る保険料は生命保険料控除の対象になると考えてよいか。

(答)

生命保険料控除の対象となる保険契約に当たるか損害保険料控除［編注：前掲編者注1・P763参照］の対象となる保険契約に当たるかは［、］主契約の内容によって判断する。

したがって、主契約に係る保険料が損害保険料控除の対象になる場合には、特約に係る保険料が別途生命保険料控除の対象になることはない。

なお、特約の補償内容が所得税法第76条第3項第4号［生命保険料控除の対象となる、いわゆる第三分野の保険契約。編注］に該当するものについては、特約保険料を含めて損害保険料控除の対象となる。

☆傷害保険にがん保険が組み込まれた場合

問9　組込み型の保険商品［本情報「問6」参照。編注］で、傷害保険とがん保険が一体となった保険契約［本情報「問7」参照。編注］は、生命保険控除と損害保険料控除のいずれが適用されるのか。あるいは、保険料を保険内容にあん分してそれぞれの控除が適用されることになるのか。

(答)

組込み型の保険商品の傷害保険部分のみに着目すれば所得税法第77条第2項第3号［平18年改正前の旧77条2項3号。編注］に規定する保険契約［旧損害保険料控除の対象となる保険契約。編注］に該当し得るが、がん保険が一体となった保険契約は、同法第76条第3項第4号の保険契約［生

命保険料控除の対象となる、いわゆる第三分野の保険契約。編注]に該当する。

　一つの保険契約に対しては、一つの控除しか適用されないと解され、また、傷害保険とがん保険が一体となって効力を有する保険契約に係る保険料は、生命保険料控除の対象から除外されていないことから（所令208の3［編注：P790参照］）、その保険料の全額が生命保険料控除の対象となる。

☆傷害保険と疾病保険が一体となった保険契約に、疾病保険不担保特約を付した場合

問10　傷害保険と疾病保険が一体となった保険契約［本情報「問7」参照。編注］に、疾病保険不担保特約［疾病保険の保険事故が発生しても、保険金の支払をしないという特約をいうものと思われる。編注］を付した場合であっても、主契約自体は所得税法第76条第3項第4号［いわゆる第三分野の保険契約。編注］に該当する保険契約であるから、その保険料の全額を生命保険料控除の対象としてよいか。

（答）

　傷害保険と疾病保険が一体となった保険契約に、疾病保険不担保特約を付した場合には、身体の傷害のみに基因して保険金が支払われ、疾病による医療保険金等が支払われないことになる。

　このような保険契約は、所得税法第77条第2項第3号［平18年改正前の旧所法77条2項3号。編注］に規定する保険契約［旧損害保険料控除の対象となる保険契約。編注］に該当するため、損害保険料控除［編注：前掲編者注1・P763参照］の対象となり、生命保険料控除の対象とはならない（所法76③四かっこ書［編注：P748参照］）。

☆所得補償保険に賠償責任保険特約が付されている場合

問11　所得補償保険（主契約）に賠償責任保険特約が付されている場合には、主契約が生命保険料控除の対象となる契約であるから、その保険料は特約部分を含めて生命保険料控除の対象としてよいか。

（答）

　身体の傷害又は疾病により就業することができなくなったことに基因して保険金が支払われるいわゆる所得補償保険は、生命保険料控除の対象となるが（所法76③四［編注：P748参照］、所令210の２三［編注：P759参照］）、一定の偶然の事故によって生ずることのある損害をてん補する旨の特約（第三分野の保険契約を除く。）が付されている保険契約に係る保険料のうち、当該特約に係る損害保険の保険料は、生命保険料控除の対象から除外されている（所令208の３一［編注；P790参照］）。

　したがって、主契約である所得補償保険の保険料のみが生命保険料控除の対象となり、特約［本例では賠償責任保険特約。編注］に係る保険料は生命保険料控除と損害保険料控除のいずれの対象にもならないこととなる。

☆**組合せ型**（パッケージ・ポリシー型）**の保険商品**

問12　火災保険と所得補償保険を組み合せたパッケージ・ポリシー型の保険商品［本情報「問６」参照。編注］の場合、火災保険に係る保険料は損害保険料控除、所得補償保険に係る保険料は生命保険料控除の対象となると考えてよいか。

　　　なお、パッケージ・ポリシー型の保険商品は、複数の独立した保険契約をパッケージ化することにより全体の保険料が割安となるなどのメリットを有し、一の保険証券で各保険契約の内容が表示されるが、それぞれの保険契約は独立している。

（答）

　それぞれの保険契約が独立しているものであれば、それぞれの保険契約ごとに保険料控除が適用され、火災保険に係る保険料は損害保険料控除［編注：前掲編者注１・P763参照］、所得補償保険に係る保険料は生命保険料控除の対象となる。

■**参考：大蔵省告示「生命保険料控除の対象となる生命共済に係る契約を指定する件**（昭62・大蔵159）（直近改：平20・財務119）

　所得税法施行令（昭和40年政令第96号）第210条第４号の規定に基づき、生

命保険料控除の対象となる生命共済に係る契約を次のように指定し、昭和62年分以後の所得税について適用する。

なお、生命保険料控除の対象となる生命共済に係る契約を指定する件(昭和57年4月大蔵省告示第65号)は、廃止する。

一 消費生活協同組合法(昭和23年法律第200号)第10条第1項第4号の事業を行う次に掲げる法人の締結した生命共済に係る契約
　イ　教職員共済生活協同組合
　ロ　警察職員生活協同組合
　ハ　埼玉県民共済生活協同組合
　ニ　全国交通運輸産業労働者共済生活協同組合
　ホ　全日本自治体労働者共済生活協同組合
　ヘ　電気通信産業労働者共済生活協同組合
　ト　日本郵政グループ労働者共済生活協同組合
二 生活衛生関係営業の運営の適正化及び振興に関する法律(昭和32年法律第164号)第54条第8号の事業を行う全国理容生活衛生同業組合連合会の締結した年金共済に係る契約
三 独立行政法人中小企業基盤整備機構の締結した小規模企業共済法及び中小企業事業団法の一部を改正する法律(平成7年法律第44号)附則第5条第1項の規定により読み替えられた小規模企業共済法(昭和40年法律第102号)第9条第1項各号に掲げる事由により共済金が支給されることとなる契約
　[編注:小規模企業共済法9条(共済金・P1358参照)、同法附則5条(旧第2種共済契約に係る小規模企業共済法の規定の適用についての読替規定・P1360参照)]

第3編　第10章　生命保険料控除に関連する法令・通達等

第4節　生命保険料控除の対象となる個人年金保険契約等の範囲等に関連する法令等（平成22年改正前）

所得税法施行令

（個人年金保険契約等の対象となる契約の範囲）

※編者注：本条は平22政50により、P839に掲げるように改正されたが、現行211条は平成23年分まで適用される（平22改正附則1条4号）。

第211条　法第76条第4項（生命保険料控除［編注：P748参照］）に規定する年金を給付する定めのある契約で政令で定めるものは、次に掲げる契約とする。（直近改・平19政82）

一　法第76条第3項第1号に掲げる生命保険契約［生命保険会社又は外国生命保険会社等の締結した生命保険契約。編注］で年金の給付を目的とするもの【編者注1】（退職年金の給付を目的とするもの【編者注2】を除く。）のうち、当該契約の内容（同条第2項［所法76条2項。編注］に規定する特約［傷害又は疾病等による保険金支払特約。編注］が付されている契約にあっては、当該特約の内容を除く［特約部分を除外して次の要件を判定する。編注］。）が次に掲げる要件を満たすもの

イ　当該契約に基づく年金以外の金銭【編者注3】の支払（剰余金の分配及び解約返戻金【編者注4】の支払を除く。）は、当該契約で定める被保険者［年金の対象となる者。編注］が死亡し、又は重度の障害【編者注5】に該当することとなった場合に限り行うものであること。

ロ　当該契約で定める被保険者［年金の対象となる者。編注］が死亡し、又は重度の障害に該当することとなった場合に支払う金銭の額は、当該契約の締結の日以後の期間又は支払保険料の総額に応じて逓増的【編者注6】に定められていること。

ハ　当該契約に基づく年金の支払は、当該年金の支払期間を通じて年1回以上定期的に行うものであり、かつ、当該契約に基づ

き支払うべき年金（年金の支払開始日から一定の期間内に年金受取人【編者注7】が死亡してもなお年金を支払う旨の定めのある契約にあっては、当該一定の期間内に支払うべき年金とする【編者注8】。）の一部を一括して支払う旨の定めがないこと【編者注9】。

ニ　当該契約に基づく剰余金の金銭による分配（当該分配を受ける剰余金をもって当該契約に係る保険料の払込みに充てられる部分を除く。）は、年金の支払開始日前において行わないもの［、］又は当該剰余金の分配をする日の属する年において払い込むべき当該保険料の金額の範囲内の額とするものであること【編者注10】。

二　法第76条第3項第2号［編注：P747参照］に掲げる簡易生命保険契約で年金の給付を目的とするもの（退職年金の給付を目的とするもの【編者注2】を除く。）のうち、当該契約の内容（同条第2項［所法76条2項。編注］に規定する特約［傷害又は疾病等による保険金支払特約。編注］が付されている契約にあっては、当該特約の内容を除く［特約部分を除外して前号イ～ニの要件を判定する。編注］。）が前号イからニまでに掲げる要件を満たすもの

三　第210条第1号及び第2号（生命保険契約等となる共済に係る契約の範囲［編注：P757参照］）に掲げる生命共済に係る契約（法第76条第3項第3号に規定する農業協同組合の締結した生命共済に係る契約を含む【編者注11】。）で年金の給付を目的とするもの（退職年金の給付を目的とするもの【編者注2】を除く。次号において同じ。）のうち、当該契約の内容（法第76条第2項に規定する特約［傷害又は疾病等による保険金支払特約。編注］が付されている契約にあっては、当該特約の内容を除く［特約部分を除外して第1号イ～ニの要件を判定する。編注］。次号ロにおいて同じ。）が第1号イからニまでに掲げる要件に相当する要件その他の財務省令［所規40条の6。編注］で定める要件を満たすもの

　　［編注：「その他の財務省令で定める要件」となっているので、具体的には、本号に掲げるものを含め所規40条の6（P778参照）に規定する要件となる。］

四　第210条第３号及び第５号に掲げる生命共済［消費生活協同組合連合会、及び昭和62年大蔵省告示159号（P771参照）に掲げる者の締結した生命共済。編注］に係る契約で年金の給付を目的とするもの【編者注１】［退職年金の給付を目的とするもの【編者注２】を除く。前号参照。編注］のうち、次に掲げる要件を満たすものとして財務大臣の指定するもの［昭61大蔵省告示155号・P788参照。編注］

　イ　当該年金の給付を目的とする生命共済に関する事業に関し、適正に経理の区分が行われていること［、］及び当該事業の継続が確実であると見込まれること［、］並びに当該契約に係る掛金の安定運用が確保されていること。

　ロ　当該契約に係る年金の額及び掛金の額が適正な保険数理に基づいて定められており、かつ、当該契約の内容［所法76条２項に規定する傷害又は疾病等による保険金支払特約が付されている契約にあっては、その特約部分を除外して第１号イ～ニの要件を判定する、前号参照。編注］が第１号イからニまでに掲げる要件に相当する要件を満たしていること。

　　　［編注：具体的に本号に該当するものは、全国労働者共済生活協同組合又は教職員共済生活協同組合の締結する年金の給付を目的とする生命共済で、昭和61年大蔵省告示155号（P788参照）に掲げる要件を具備するものに限られる。］

【編者注１】年金の給付を目的とするものの意義
　所令211条１号に規定する「年金の給付を目的とするもの」の意義については、昭59.8.27個別通達１(1)①・P783参照。

【編者注２】退職年金の給付を目的とするものの意義
　所令211条１号に規定する「退職年金の給付を目的とするもの」の意義については、前掲個別通達１(1)②・P784参照。

【編者注３】年金以外の金銭の意義等
　所令211条１号イに規定する「年金以外の金銭」の意義等については、前掲個別通達１(2)②、③・P785参照。

【編者注4】解約返戻金の意義

　所令211条1号イに規定する「解約返戻金」の意義等については、前掲個別通達1(2)①・P785参照。

【編者注5】重度の障害の意義

　所令211条1号イに規定する「重度の障害」の意義等については、前掲個別通達1(2)④・P786参照。

【編者注6】逓増的の意義

　所令211条1号ロに規定する「逓増的」の意義については、前掲個別通達1(3)・P786参照。

【編者注7】年金受取人の意義

　所令211条1号ハのカッコ内の「年金受取人」は、文理上、年金保険契約における「被保険者」と同義に解すべきものと考えられる。

【編者注8】1号ハカッコ内の趣旨

　年金契約が確定年金（年金の給付予定間内においては、被保険者の生死に関係なく、年金を給付する年金契約）である場合には、その給付予定期間の全期間に係る年金が、所令211条1号ハに規定する年金の対象となる。

【編者注9】1号ハの取扱いについて

　所令211条1号ハの取扱いについては、前掲個別通達1(4)・P786参照。

【編者注10】剰余金の金銭の分配について

① 　所令211条1号ニに規定する剰余金の金銭による分配については、所基通76-8（後掲参照）に取扱いがある。

② 　上記①のほか、剰余金の取扱いについては前掲個別通達1(5)・P787参照。

【編者注11】農業協同組合の締結した生命共済

　所令211条3号の生命共済には当然に農業協同組合の締結した生命共済も含まれる。

　同3号が引用する所令210条の規定は、所法76条3項3号の「農業協同組合の締結した生命共済に係る契約その他政令で定める」と

いう委任に基づくもので、「その他」となっていることから所令210条1号及び2号に農業協同組合が掲げられていない。以上のことから、所令211条3号ではカッコ書をもってこのことを明示したものである。

■参考：所得税基本通達76-8
（生命保険料の金額を超えて剰余金の分配を行うこととなっている場合の取扱い）

76-8　保険約款等に定めるところにより、その年において支払うべき生命保険料の金額を超えて剰余金の額の分配が行われることとなっているため、令第211条第1号ニ［編注：P774参照］の要件に該当しない生命保険契約等［剰余金の分配額が、その年において支払うべき保険料の額を超える個人年金保険契約等。編注］であっても、当該生命保険契約等を締結している保険会社に個人年金保険契約等を締結している場合［その個人年金保険契約等が「保険会社」と締結されているものである場合。編注］で、当該保険約款等の定めるところにより［、］その超える部分の剰余金の額［分配される剰余金のうち、その年の支払保険料額を超過する金額。編注］を当該個人年金保険契約等［生命保険料控除の対象となる個人年金保険契約。編注］に係る一時払の個人年金保険料に充てることとなっているとき［支払を受ける年金保険契約に係る剰余金をもって一時払個人年金保険の買い増しをするとき。編注］は、当該生命保険契約等は同号ニの要件に該当するものとして取り扱って差し支えない【編者注】。

この場合において、法第76条第2項第1号に規定する「その年中に支払った個人年金保険料の金額の合計額」は、同号の規定［その年に支払った個人年金保険料から控除すべき剰余金等。編注］にかかわらず76-6に準じて計算するものとする［編注：2口以上の個人年金保険契約があるものとした場合の支払保険料と剰余金との通算（所基通76-6）。］。（直近改・平13課個2-30）

【編者注】本項の趣旨等
生命保険料控除の対象となる個人年金保険契約の要件の一つに、

剰余金の分配額の制限がある。つまり、剰余金の分配額が、その年において支払うべき保険料の額を超えるような年金契約は、控除対象の個人年金契約に該当しないものとされている（所令211条1号ニ）。

ところで、このような個人年金保険契約であっても、その年金保険契約が「保険会社」と締結されているものである場合で、その保険約款等により、その年の支払保険料を超過する部分の剰余金額をもって、一時払の個人年金保険（生命保険料控除の対象となる個人年金保険に限る）を買い増しするときには、元契約である個人年金保険も、新たに買い増す個人年金保険も、共に生命保険料控除の対象となる個人年金保険契約に該当する。

なお、本項では「保険会社に個人年金保険契約等を締結している場合」とされており、「保険会社等」となっていない。ここにいう「保険会社」については格別の明示がないが、所法76条3項1号に掲げる「生命保険会社」又は「外国生命保険会社等」と同義に解される。

なお、平17年廃止前の旧簡易生命保険契約の個人年金契約、及び農協等の個人年金共済契約についても、本項と異なる扱いをすべき合理的な理由は見出し難いので、所令211条2号（旧簡易生命の年金契約に係る要件・P774参照）、所規40条の6（農協等の年金共済に係る要件・後掲参照）についても、それぞれ本項と同様の取扱いがなされるものと考えられる。

■参考：所得税法施行規則40条の6
（個人年金保険契約等の対象となる共済に係る契約の要件の細目）
※編者注：本条は平22財務令12によりP841に掲げるように改正されたが、現行40条の6は平成23年分まで適用される（平22改正附則1条3号）。

第40条の6　令第211条第3号(個人年金保険契約等の対象となる契約の範囲［編注：P774参照］）に規定する財務省令で定める要件は、次に掲げる要件とする。（直近改・平20財令24）

　　一　令第211条第3号に規定する生命共済に係る契約で年金の給付を目的とするもの【編者注1】（退職年金の給付を目的とするもの【編者注2】

を除く。以下この条において「年金共済契約」という。）を締結する組合［本条2項参照。編注］の定める当該年金共済契約に係る共済規程は、当該年金共済契約に係る約款を全国連合会［本条2項参照。編注］が農林水産大臣の承認を受けて定める約款と同一の内容のものとする旨の定めがあるものであること（全国連合会の締結する年金共済契約に係る共済規程にあっては、農林水産大臣の承認を受けたものであること。）。

二 当該年金共済契約を締結する組合［本条2項参照。編注］（全国連合会［本条2項参照。編注］を除く。）が当該年金共済契約により負う共済責任は、当該組合が当該組合を会員とする全国連合会との契約により連帯して負担していること（当該契約［組合と全国連合会との契約。編注］により当該組合はその共済責任についての当該負担部分を有しない場合に限る。）。

三 当該年金共済契約に基づく金銭の支払は、次に掲げる要件を満たすものであること。

 イ 当該年金共済契約に基づく年金以外の金銭【編者注3】の支払（割戻金の割戻し及び解約返戻金【編者注4】を除く。）は、当該年金共済契約で定める被共済者［年金の対象となる者。編注］が死亡し、又は重度の障害【編者注5】に該当することとなった場合に限り行うものであること。

 ロ 当該年金共済契約で定める被共済者［年金の対象となる者。編注］が死亡し、又は重度の障害に該当することとなった場合に支払う金銭の額は、当該年金共済契約の締結の日以後の期間又は支払掛金の総額に応じて逓増的【編者注6】に定められていること。

 ハ 当該年金共済契約に基づく年金の支払は、当該年金の支払期間を通じて年1回以上定期に行うものであり、かつ、当該年金共済契約に基づき支払うべき年金（年金の支払開始日から一定の期間内に年金受取人【編者注7】が死亡してもなお年金を支払う旨の定めのある年金共済契約にあっては、当該一定の期間内に支払うべき年金とする【編者注8】。）の一部を一括して支払う旨の定めがないこと【編者注9】。

 ニ 当該年金共済契約に基づく割戻金の金銭による割戻し（当該割戻しを受ける割戻金をもって当該年金共済契約に係る掛金の払込みに充てら

れる部分を除く。）は、年金の支払開始日前において行わないもの［、］又は当該割戻金の割戻しをする日の属する年において払い込むべき当該掛金の金額の範囲内の額とするものであること【編者注10】

2　前項において、次の各号に掲げる用語の意義は、当該各号に定めるところによる。

一　組合　農業協同組合法第10条第１項第10号（共済に関する施設）の事業を行う農業協同組合若しくは農業協同組合連合会［、］又は水産業協同組合法（昭和23年法律第242号）第11条第１項第11号（漁業協同組合の組合員の共済に関する事業）若しくは［編注：水産業協同組合法］第93条第１項第６号の２（水産加工業協同組合の組合員の共済に関する事業）の事業を行う漁業協同組合若しくは水産加工業協同組合若しくは共済水産業協同組合連合会をいう。

二　全国連合会　前号に規定する農業協同組合連合会又は共済水産業協同組合連合会のうち［、］その業務が全国の区域に及ぶものをいう。

【編者注１】年金の給付を目的とするものの意義

　　所規40条の６第１項１号に規定する「年金の給付を目的とするもの」の意義については、昭59.8.27個別通達１(1)①・P783参照。

【編者注２】退職年金の給付を目的とするものの意義

　　所規40条の６第１項１号に規定する「退職年金の給付を目的とするもの」の意義については、前掲個別通達１(1)②・P784参照。

【編者注３】年金以外の金銭の意義等

　　所規40条の６第１項３号イに規定する「年金以外の金銭」の意義等については、前掲個別通達１(2)②、③・P785参照。

【編者注４】解約返戻金の意義

　　所規40条の６第１項３号イに規定する「解約返戻金」の意義等については、前掲個別通達１(2)①・P785参照。

【編者注５】重度の障害の意義

　　所規40条の６第１項３号ロに規定する「重度の障害」の意義等については、前掲個別通達１(2)④・P786参照。

【編者注6】逓増的の意義
　所規40条の6第1項3号ロに規定する「逓増的」の意義については、前掲個別通達1(3)・P786参照。

【編者注7】年金受取人の意義
　所規40条の6第1項3号ハカッコ内の「年金受取人」は、文理上、年金共済契約における「被共済者」と同義に解すべきものと考えられる。

【編者注8】1項3号ハのカッコ内の趣旨
　年金共済契約が確定年金（年金の給付予定間内においては、被共済者の生死に関係なく、年金を給付する年金契約）である場合には、その給付予定期間の全期間に係る年金が、所規40条の6第1項3号ハに規定する年金の対象となる。

【編者注9】1項3号ハの取扱いについて
　所規40条の6第1項3号ハの取扱いについては、前掲個別通達1(4)・P786参照。

【編者注10】剰余金の金銭の分配について
① 所規40条の6第1項3号ニに規定する剰余金の金銭による分配については、所基通76-8（P777参照）に取扱いがある。
② 上記①のほか、剰余金の取扱いについては前掲個別通達1(5)・P787参照。

（生命保険料控除の対象となる個人年金保険契約等の要件）　所令
※編者注：本条は平22政50により、P842に掲げるように改正されたが、現行212条は平成23年分まで適用される（平22改正附則1条4号）。

第212条　法第76条第4項第3号(生命保険料控除[年金の支払に関する要件・P749参照。編注])に規定する政令で定める要件は、前条各号[所令211条・P773参照。編注] に掲げる生命保険契約、簡易生命保険契約又は生命共済に係る契約に基づく同項第1号[所法76条4項1号・P748参照。編注] に定める個人 [年金受取人。編注] に対する年金の支払を [、] 次の各号のいずれかとするものであることとする（直近改・平3政6）。

一　当該年金の受取人【編者注1】の年齢が60歳に達した日の属する年の1月1日以後の日（60歳に達した日が同年［60歳に達した日の属する年。編注］の1月1日から6月30日までの間である場合にあっては、同年［60歳に達した日の属する年。編注］の前年7月1日以後の日）で［、］当該契約で定める日以後10年以上の期間にわたって定期に行うものであること【編者注2】。

二　当該年金の受取人が生存している期間にわたって定期に行うものであること【編者注3】。

三　第1号に定める年金［確定年金、保証期間付有期年金等。編注］の支払のほか、当該契約に係る被保険者［年金の対象となる者。編注］又は被共済者の重度の障害を基因として年金の支払を開始し、かつ、当該年金の支払開始日以後10年以上の期間にわたって【編者注2】、又はその者［被保険者又は被共済者。編注］が生存している期間にわたって【編者注3】定期に行うものであること。

【編者注1】年金の受取人の意義
　所令212条に規定する「年金の受取人」とは、被保険者（年金の対象となる者）と同義である（所法76条の編者注10②・P754参照）。

【編者注2】1号の年金の種類等
　1　所令212条1号の年金は、次のような年金をいうものと解される。
① 給付予定期間を10年以上とする確定年金
　給付予定期間内においては、被保険者（年金の対象となる者）の生死に関係なく年金を給付するもの。
② 保証期間を10年以上とする保証期間付有期年金
　被保険者が給付予定期間中生存している限り年金を給付する他、給付保証期間（給付予定期間のうち一定の期間）内に被保険者（年金の対象となる者）が死亡した場合には、残存保証期間につき年金の継続受取人に対し年金を給付するもの。
　2　契約による年金支払開始の日は、次のようになること。

① 年金受取人が、その年の1月1日から6月30日までに満60歳となる場合
　　その年（満60歳となる日の属する年）の前年7月1日以降
② 年金受取人が、その年の7月1日以降満60歳となる場合
　　その年（満60歳となる日の属する年）の1月1日以降

【編者注3】2号の年金の種類
　所令212条2号の年金は、終身年金（被保険者が生存している限り年金の給付を行う）、又は保証期間付終身年金（被保険者が生存している限り年金を給付し、予め契約で定められた保証期間内に被保険者が死亡した場合には、年金の継続受取人に対し残余の保証期間に係る年金の給付を行う）をいうものと解される。
　同2号の場合には、年金支払開始の時期について格別の要件はない（前掲個別通達1(8)・P788参照）。

所得税関係個別通達

◇**生命保険料控除の対象となる個人年金保険契約等の範囲及び要件**（昭59.8.27）（出典：前掲「保険税務のすべて」P1118参照）

　個人年金保険契約等の範囲及び要件の適用に当たっては、契約の締結の日に応じて次のとおり取り扱うものとする。
　ここに、契約の締結の日は「契約日」によるものとする。

1　昭和60年1月1日以降に締結の契約の取扱い
(1) 令第211条第1号柱記［編注：P773参照］について
①　「年金の給付を目的とするもの」とは、当該契約に係る保険料の大部分が年金財源に充てられるものをいう。
　この場合、契約日から年金支払開始日【編者注1】の前日までの間において死亡［被保険者が死亡。編注］した場合（重度の障害に該当した場合を含む）に限り、一時金の支払いが行われる年金保険契約【編者注2】

（定期保険特約が付加された契約を含む）も適用対象となる。

　ただし、その一時金の額は、次の(イ)および(ロ)を満たすものでなければならない。

(イ)　普通死亡（災害、特定の疾病などの特別の事情によらない死亡）による一時金の額は、契約日から年金支払開始日の前日までの平均額が年金原資（年金支払開始日の前日における責任準備金）相当額の80％以下であること。

(ロ)　災害、特定の疾病など特別な事情により死亡した場合（重度の障害に該当した場合を含む）に支払われる一時金の額のうち、普通死亡による一時金の額を超える部分の額は、契約日から年金支払開始日の前日までの平均額が年金原資相当額以下であること。

　なお、被保険者を夫婦とする連生保険【編者注3】で、契約日から年金支払開始日の前日までの間における主たる被保険者の配偶者の死亡につき一時金が支払われるもの、および年金支払開始日以後の夫婦の一方の死亡につき一時金が支払われるものについては[、]その死亡一時金の額が主たる被保険者に係る基本年金額の2倍以下とされているものに限り適用対象となる。

②　「退職年金の給付を目的とするもの」とは、契約形態のいかんを問わず、年金給付の要件に「退職」を事由とする定めのあるものをいう。

　したがって、「退職」を事由とする定めのある従業員拠出制の企業年金保険（非適格年金）契約の従業員負担保険料は適用対象とならない。

　なお、「退職」を事由としないグループ年金保険契約（事業主等と生命保険会社との企業年金保険契約で、年金受取人および年金保険料負担者は従業員等）にあっては、個々の加入者に係る部分が法第76条第4項各号の要件［生命保険料控除の対象となる個人年金保険の要件。編注］その他の要件を満たしている場合には、当該加入者に係る部分［加入者が支払った年金保険料。編注］は適用対象となる。

【編者注1】
　年金支払開始日は、個人年金保険普通約款(例)3条②項（P1434参

照）に規定する「年金開始日」と同義と思われる。
【編者注2】
　本①の一時金には、例えば、個人年金保険普通約款（例）7条（P1437参照）に掲げる「死亡一時金」等が該当する。
【編者注3】
　夫婦連生保険についてはP138参照。

(2) 令第211条第1号イ［編注：P773参照］について
① 「解約返戻金」とは、契約の全部解約の場合に支払われるものをいい、基本年金額の減額（保険料の減額、契約の一部解約を含む。以下同じ。）に伴う返戻金は「解約返戻金」に含まれない。
　したがって、基本年金額の減額に伴う返戻金はそのまま積み立てられて年金原資に充てられるか、または当該契約の一時払保険料に充てられる旨［減額による返戻金をもって元契約と同一内容の年金保険を買い増しすること。編注］の定めのある年金保険契約に限り適用対象となる。
　なお、グループ年金保険契約にあっては、加入者の脱退に際して支払われる「中途脱退一時金」も「解約返戻金」に含まれる。
② 次に掲げる金銭はそのまま積み立てられて年金原資に充てられるか、または当該契約の一時払保険料に充てられる旨［減額による返戻金をもって元契約と同一内容の年金保険を買い増しすること。編注］の定めのある年金保険契約に限り適用対象となる。
　(イ) 保険契約の内容の変更に伴い支払われるべき金銭
　(ロ) 定期保険特約その他の特約の解約に伴い支払われるべき返戻金
　(ハ) 保険料の前納期間が終了した場合または保険料の払込みを要しなくなった場合（保険料の払込みが免除された場合を除く）に支払われるべき保険料前納金の残額
③ 入院、手術等の場合に給付が行われる定めのある年金保険契約（特約として定めのあるものを含む）は、適用対象とならない。
　この場合、この契約の保険料は、生命保険料として、生命保険料控除［所法76条1項に規定するいわゆる一般的な生命保険料控除。編注］の対象

となる。

④ 「重度の障害」とは、国民年金法別表に定める障害の程度（障害年金の支給される障害の程度）以上の障害をいう。

(3) 令第211条第1号ロ［編注：P773参照］について

「逓増的」とは、概ね、契約日からの期間の経過または支払保険料の総額の増加に応じて、比例的に増加することをいう。

したがって、契約日から年金支払開始日の前日までの間において死亡した場合（重度の障害に該当した場合を含む）に支払われる一時金の額が、次の(イ)および(ロ)を満たすものは、適用対象となる。

(イ) 普通死亡による一時金については、毎年の平均一時金額がその前年の平均一時金額を下回らず、かつ、契約日から年金支払開始日の前日までの期間を通じて一定額でないこと。

(ロ) 災害、特定の疾病など特別な事情により死亡した場合（重度の障害に該当した場合を含む）に支払われる一時金（普通死亡時に支払われる一時金の部分を含む）については、毎年の平均一時金額がその前年の平均一時金額を下回らないこと。

(4) 令第211条第1号ハ［編注：P773参照］について

［編注：所令211条1号ハは、年金支払開始後において、年金の一部を一括して支払う旨の約定のある年金保険契約は個人年金保険契約の該当しないことを明示している。

本(4)は、①に掲げるような支払方法による年金の支払は、同ハに規定する「年金の一部を一括して支払う旨の定め」に該当しないものとして取り扱うほか、②及び③に掲げるものの取扱いを明示するものである。］

① 次に掲げるものは、適用対象となる。

(イ) 契約の全部解約により、支払うべき年金の全部を一括して支払う旨の定めのあるもの。

(ロ) 確定年金［予め定められた年金支給期間中においては、被保険者の生死に係わらず年金の支給をするもの。編注］にあっては、年金支払期間の残存期間、保証期間付終身年金［被保険者が生存している限り年金を支給するほか、被保険者が年金支給の保証期間中死亡した場合には、残存保証期間

に係る年金を継続年金受取人に支給するもの。編注］または**保証期間付有期年金**［被保険者が給付予定期間中生存している限り年金を給付する他、給付保証期間内に被保険者が死亡した場合には、残存保証期間につき年金の継年受取人に対し年金を給付するもの。編注］にあっては保証期間の残存期間の年金の全部を支払う場合に限り、年金を一括して支払う旨の定めあるもの。

② 年金額を減額することにより、減額分に応じた将来の年金を一括して支払う旨のあるものは、適用対象とならない。

③ 年金が年2回以上にわたって支払われる定めのある契約について、同一暦年中に支払日の到来する年金の額をまとめて支払を受けることを選択できる旨の定めのあるものは適用対象となるが、暦年を超える支払日分の年金の額をまとめて支払を受けられるものは適用対象とならない。

(5) 令第211条第1号ニ［編注：P774参照］について

① 当該契約に基づく剰余金が個人年金保険料の一時払保険料として払い込まれる場合、その払い込まれる個人年金保険料に係る年金保険契約［買い増した元契約と同一内容の一時払年金保険契約。編注］［、］または当該契約［元契約である年金保険契約。編注］を締結している保険会社との間に締結されている適用対象となる他の年金保険契約のいずれであっても、当該契約［元年金保険契約及び新たな一時払年金保険契約。編注］は適用対象となる。

② 年金支払開始日前に積み立てられた剰余金を［、］年金支払開始日以後に一時金として支払う旨の定めがないものは適用対象となる。
　この場合、その積み立てられた剰余金は年金額の増額または年金の買増しに充てられることを要する。

③ 年金支払開始日以後の剰余金を一括して、または年金の支払とは別に分割して支払う旨の定めのあるものは適用対象とならない。

(6) 法第76条第4項第1号［編注：P748参照］について

① 一つの年金保険契約で年金の受取人を夫婦とする連生保険は適用対象となる。［編注：連生保険についてはP138参照。］

② 年金受取人〔年金保険契約の場合には被保険者。編注〕が死亡した場合の遺族に対する一時金または年金の支払については、どのような形であっても適用対象となる。

(7) 法第76条第4項第2号〔編注：P748参照〕について

① 保険料払込期間が10年以上で、かつ、年1回以上の保険料払込みの定めがあるものは、適用対象となる。

　なお、これに加えて、保険料払込期間中の一時払による保険料払い込みの定めがあるもの（買増特約によるものを含む）についても同様とする。

② 契約日から10年以内に払済年金保険へ変更ができる旨の定めがあるものは、適用対象とならない。

(8) 法第76条第4項第3号〔編注：P749参照〕および令第212条〔編注：P781参照〕について

　終身年金または保証期間付終身年金にあっては、年金支払開始日における年金の受取人〔年金保険契約にあっては被保険者。編注〕の年齢に関係なく適用対象となる。

(9) その他

　法第76条第4項各号の要件その他の要件を満たさないこととなるような保険契約の内容の変更ができる旨の定めがあるものは適用対象とならない。

2　昭和59年12月31日までに締結の契約の取扱い

〔編注：以下省略〕

■**参考：大蔵省告示「所得税法第76条第2項に規定する個人年金保険契約等に該当する生命共済に係る契約を指定する件**（昭61・大蔵155）（直近改：平10・大蔵307）

　所得税法施行令（昭和40年政令第96号）第211条第4号の規定に基づき、所得税法（昭和40年法律第33号）第76条第2項に規定する個人年金保険契約等に該当する生命共済に係る契約を次のように指定し、昭和61年分以後の所得税

について適用する。

　消費生活協同組合法（昭和23年法律第200号）第10条第1項第4号の事業を行う全国労働者共済生活協同組合連合会［、］又は教職員共済生活協同組合の締結した生命共済に係る契約で年金の給付を目的とするもののうち、同法［消費生活協同組合法］第26条の3に規定する規約で所得税法第76条第4項各号［個人年金保険契約等の意義・P748参照。編注］に掲げる要件［、］及び所得税法施行令第211条第1号イからニまでに掲げる要件「編注：P773参照」に相当する要件の定めがあるもの（当該要件に反する定めがあるものを除く。）に基づく契約（当該契約に係る年金の額及び掛金の額が適正な保険数理に基づいて定められているものに限る。）

第5節 生命保険料控除の対象となる支払保険料等に関連する法令等（平成22年改正前）

所得税法施行令

（生命保険料控除の対象とならない保険料）

※編者注：本条は平22政50により、P822に掲げるように改正されたが、現行208条の3は平成23年分まで適用される（平22改正附則1条4号）。

第208条の3 法第76条第1項（生命保険料控除［編注：P745参照］）に規定する政令で定めるもの［生命保険料控除の対象から除外される保険料等。編注］は、次に掲げる保険料とする【編者注1】。（直近改・平18政124）

一 一定の偶然の事故［保険約款等において定める一定の偶然の事故。編注］によって生ずることのある損害をてん補する旨の特約（法第76条第3項第4号［いわゆる第三分野の保険契約で、身体の傷害又は疾病により保険金が支払われる保険契約・P748参照。編注］に掲げる契約［、］又は次条第3項［所令209条3項。身体の傷害にのみ基因して保険金が支払われる保険契約・P757参照。編注］に規定する保険契約に該当するものを除く【編者注2】。）が付されている保険契約に係る保険料のうち、当該特約に係る損害保険の保険料［編注：本号は平18政124により改正され、平19.1.1から施行。］

二 法第76条第3項第4号に掲げる保険契約［いわゆる第三分野の保険契約で、身体の傷害又は疾病により保険金が支払われる保険契約・P748参照。編注］の内容と［、］法第77条第2項第1号（地震保険料控除）に掲げる損害保険契約［損害保険会社等が締結した損害保険契約で、偶然の事故による損害をてん補するもの。編注］（次条第3項［所令209条3項。身体の傷害にのみ基因して保険金が支払われる保険契約・P757参照。編注］に規定する保険契約を除く【編者注2】。）の内容とが一体となって効力を有する一の保険契約【編者注3】に係る保険料

［編注：本号は平18政124により改正され、平19.1.1から施行。］

三　法第76条第３項第４号［いわゆる第三分野の保険契約で、身体の傷害又は疾病により保険金が支払われる保険契約・P748参照。編注］に掲げる保険契約【編者注４】で保険期間が５年に満たないもののうち、被保険者が保険期間の満了の日に生存している場合に限り保険金を支払う定めのあるもの、被保険者が保険期間の満了の日に生存している場合及び当該期間中［保険期間中。編注］に災害、感染症の予防及び感染症の患者に対する医療に関する法律（平成10年法律第114号）第６条第２項又は第３項（感染症の定義）に規定する１類感染症又は２類感染症その他これらに類する特別の事由により死亡した場合に限り保険金を支払う定めのあるもの［、］その他これらに類するものとして財務省令【編者注５】で定めるものに係る保険料［編注：本号に掲げる保険契約は、いわゆる貯蓄保険と称されているものである。］

【編者注１】所令208条の３と所令209条との関係
　所令208条の３は、保険契約自体は生命保険料控除の対象となる契約に該当するが、その保険料のうち同条に規定する保険料部分については、生命保険料控除の対象とならないというものである。
　他方、所令209条（P756参照）に規定する保険契約は、その契約自体が生命保険料控除の対象となる契約から除外されているというところに違いがある。
　しかし、所令208条の３に規定する保険料も、同209条に規定する保険契約に係る保険料も、共に生命保険料控除の対象から除外されているということについては異なるところがない。

【編者注２】本条１号・２号のカッコ書の趣旨
　生命保険料控除の対象となる生命保険契約等（主契約）に付された特約であっても、その特約の内容が、偶然の事故による損害をてん補するものである場合には、主契約部分に係る保険料と特約部分に係る保険料とに区分し、主契約部分の保険料のみを生命保険料控除の対象とし、特約部分（損害保険に相当する）の保険料は生命保険

料控除の対象とはならない（この場合、特約部分の保険料は旧損害保険料控除の対象にもならない）。

　本条1号カッコ書は、特約の範囲を特定するもので、所法76条3項4号（いわゆる第三分野の保険商品で、身体の傷害又は疾病により保険金が支払われる保険契約）に掲げる契約は、同4号に該当して生命保険料控除の対象となるのであるから、本条1号の特約に該当しないことは明らかであるのでその旨を明示したものである。

　次に、所令209条3項（身体の傷害にのみ基因して保険金が支払われる保険契約）に掲げる契約は、所法76条3項4号カッコ書の規定により生命保険料控除の対象となる生命保険契約等に該当しない（生命保険会社等と契約したものを含む）のであるから、主契約（生命保険料控除の対象となる生命保険契約）に所令209条3項に掲げる契約を特約として付した場合においても、その特約部分の保険料は所法76条3項4号カッコ書により生命保険料控除の対象とならないことは明らかであり、所令208条の3第2号カッコ書はこのことを明示したものである（平14.5.17「情報」問3・P765参照）。

【編者注3】一体となって効力を有する一の保険契約の意義

　所令208条の3第2号に規定する「一体となって効力を有する一の保険契約」とは、いわゆる組込み型の保険契約をいうものと解されている（前掲「情報」問7・P768参照）。

　いわゆる第三分野の保険である身体の傷害又は疾病により保険金が支払われる保険契約と、損害保険契約（偶然の事故による損害をてん補するもの、例えば、火災保険）とが一体として組み込まれている保険契約に係る保険料は、その全額が生命保険料控除の対象にならないこととなる（この場合、その損害保険契約が旧損害保険料控除に該当する場合には、その一体となった保険契約の保険料の全額が、旧損害保険料控除の対象となる。前記「情報」問3②(注)・P765参照）。

【編者注4】所法76条3項4号に掲げる保険契約の意義

　所令208条の3第3号に規定する「法第76条第3項第4号に掲げる保険契約」とは、同4号の「第1号に規定する生命保険会社若し

くは外国生命保険会社等又は保険業法第2条第4項に規定する損害保険会社若しくは同条第9項に規定する外国損害保険会社等の締結した身体の傷害又は疾病により保険金が支払われる保険契約」（P748参照）のみをいい、同4号後段の規定は引用されていないものと解される。

そうだとすると、所令208条の3第3号にいう保険契約とは、生命保険会社（外国生命保険会社等を含む）又は損害保険会社（外国損害保険会社等を含む）と締結した保険期間5年未満の第三分野の保険契約で、身体の傷害又は疾病を保険の目的とするもののうち、次のいずれかに該当するものということになる。

ⅰ　保険金の支払が、保険期間満了時に被保険者が生存している場合に限られること（どのような保険商品がこれに該当するのか詳らかでないが、仮に、保険期間中に身体の傷害又は疾病が生じても、その時には何等の保険金の支払がないこととなる。）。

ⅱ　保険金の支払が、次のいずれかに限られていること。
　ア　保険期間満了時に被保険者が生存している場合に限り保険金が支払われるもの
　イ　保険期間中に被保険者が、災害、特定の感染症（感染症の患者に対する医療に関する法律に規定する一類感染症・二類感染症をいう）、その他これらに類する特別の事由により死亡した場合に限り保険金が支払われるもの

（注1）生命保険会社等と契約した第三分野以外の生命保険契約のうち、いわゆる貯蓄保険（上記ⅰ及びⅱに掲げるものと同一）といわれるものは、所令209条2項（P756参照）によって生命保険料控除の対象となる保険契約から除外されている。

（注2）所令208条の3第3号に掲げる保険契約に係る保険料は、生命保険控除及び旧損害保険料控除のいずれにも該当しない（前記「情報」問3③（注）・P765参照）。

【編者注5】本条3号に規定する財務省令

所令208条の3第3号に規定する「その他これらに類するものと

して財務省令で定めるもの」に該当する財務省令は、平22.4.1現在、存しない。

所得税基本通達

（控除の対象となる生命保険料等）
76-1　法第76条第１項に規定する「生命保険料」［編注：P745参照］（以下76-8までにおいて「生命保険料」という。）又は同条第２項に規定する「個人年金保険料」（以下76-8までにおいて「個人年金保険料」という。）に該当するかどうかは、保険料又は掛金を支払った時の現況により判定する【編者注】。（直近改・平2直所3-6）

【編者注】本項の趣旨
　生命保険料控除の対象となる生命保険料又は個人年金保険料は、具体的には所法76条３項又は同条４項に定める要件を具備しているものに限られる。
　本項はその要件の判定時期を明示したもので、契約時あるいは各年の年末等の状況によるのではなく、具体的な保険料の支払時ごとに、その支払時の現況によって判定するとしたものである。
　したがって、次のような場合には、他の要件を具備している限り、いずれも控除対象保険料となる。
ⅰ　年の中途で保険契約が消滅（保険事故の発生、満期の到来、解約・解除等）したような場合における、消滅前の支払保険料（この場合には、その保険料は控除対象保険料となる他、保険金等に係る一時所得、年金に係る雑所得の計算上の必要経費にも該当するのは当然である。）
ⅱ　年の中途での養子等による身分の異動があったような場合、その異動により親族となった以後の期間（離縁の場合には、親族であった期間）に応ずる支払保険料（婚姻・離婚の場合も同様。）

（支払った生命保険料等の金額）　所基通

76-3　法第76条第１項各号に規定する「支払った生命保険料の金額」又は同条第２項各号に規定する「支払った個人年金保険料の金額」については、次による。(直近改・平2直所3-6)

(1) 生命保険契約等（同条[所法76条。編注]第３項に規定する「生命保険契約等」をいう[編注：P747参照。以下76-5から76-8までにおいて同じ。]）に基づく払込期日が到来した保険料又は掛金（以下76-6までにおいて「生命保険料等」という。）であっても、現実に支払っていないものは含まれない【編者注１、２、３、４、５】。

(2) その年中にいわゆる振替貸付けにより生命保険料等[本項(1)参照。編注]の払込みに充当した金額は、その年において支払った金額とする。

　　（注）１　いわゆる振替貸付けとは、払込期日までに生命保険料等[本項(1)参照。編注]の払込みがない契約を有効に継続させるため、保険約款等に定めるところにより保険会社等が生命保険料等の払込みに充当するために貸付けを行い、その生命保険料等の払込みに充当する処理を行うことをいう。

　　　　　２　いわゆる振替貸付けにより生命保険料等[本項(1)参照。編注]に充当した金額を後日返済しても、その返済した金額は支払った生命保険料等には該当しない。

(3) 前納した生命保険料等[本項(1)参照。編注]については、次の算式により計算した金額をその年において支払った金額とする。

　　［編注：便宜上、算式の表示を変えている。］

　　$A \times B / C$

　　A＝前納した生命保険料等の総額[下記(注)参照。編注]（前納により割引された場合にはその割引後の金額）

　　B＝前納した生命保険料等に係るその年中に到来する払込期日の回数

　　C＝前納した生命保険料等に係る払込期日の総回数

　　（注）前納した生命保険料等とは、各払込期日が到来するごとに生

命保険料等の払込みに充当するものとしてあらかじめ保険会社等に払い込んだ金額で、まだ充当されない残額があるうちに［、］保険事故が生じたなどにより生命保険料等の払込みを要しないこととなった場合に［、］当該残額に相当する金額が返還されることとなっているものをいう【編者注6】。
(4) いわゆる団体扱いにより生命保険料等［本項(1)参照。編注］を払い込んだ場合において、生命保険料等の額が減額されるときは、その減額後の額を支払った金額とする。

【編者注1】復活保険料の扱い
　契約を復活して延滞保険料（養老保険約款(例)25条・P1375参照）を支払った場合は、その支払が実際に行われた年の控除対象保険料となる。

【編者注2】保険契約を転換した場合の保険料控除
　生命保険契約を転換した場合の生命保険料控除については、第6編第2章第2節の編者解説2（P1194）参照。

【編者注3】保険ファンドがある保険契約の保険料
　支払保険料の一部を保険ファンドに積み立てる保険商品がある。この支払保険料は、保険ファンド部分の保険料も含めて生命保険料控除の対象となる。
　猶予期間中に保険料が払い込まれない場合に、ファンドから一時金を引き出して保険料として払い込む未入保険料振替額も生命保険料控除の対象となる。
　ただし、継続保険料振替により保険ファンドから特約部分の保険料に充当される金額は、1契約内での資金移動に過ぎないため、生命保険料控除の対象にならない。
　なお、商品によっては、保険金や給付金を積立部分に充当する場合がある。この充当される保険金や給付金の額は、生命保険料控除の対象外となる（前掲「保険税務のすべて」・P990参照）。

【編者注4】配当金で増加保険金を買い増した場合の保険料控除

保険金買増配当金とは、配当金相当額の保険料で元契約の保険金を増加させるものである。この配当金と生命保険料控除との関係を整理すると、次のようになる。

増加保険金に対応する部分の保険料は、〔保険料－配当金＝０〕となることから、この部分の保険料は生命保険料控除の対象となる金額がないことになる。

他方、元契約部分の保険料から控除すべき配当金はない（配当金の全額が増加保険金の保険料に充てられていることから、元契約の保険料から配当金を控除する理由はない）ので、実際支払保険料の額（元契約の表定保険料額）がそのまま生命保険料控除の対象となる。

【編者注5】ドル建て生命保険契約の保険料

ドル建て生命保険契約の保険料につき生命保険料控除額を計算する場合には、支払保険料を邦貨換算をする必要がある。この計算方法等については、所令183条2項の編者注1②・P513参照。

【編者注6】一時払い保険料と全期前納保険料

一時払い保険料とは、保険契約による保険料の払込期日が1回で、かつ、保険契約期間中の保険料の全額を一時に支払うものをいい、全期前納保険料とは、保険契約期間中の各払込期日（月払、年払の払込期日）に係る保険料の総額を一括して一時に支払うというものである。

金銭的に見れば、そのいずれも保険期間中の保険料の全額を一時に支払うものであるが、保険契約上の性質等については多くの違いがある。

一時払い保険料は、その払込期日が1回しかないので、実際に支払をした年においてその全額が支払った生命保険料控除の対象となり、所基通76-3(3)の適用はない。他方、全期前納保険料は、その本質が前納であるから同76-3(3)の適用がある。

なお、保険料頭金制度は保険料の一時払いによるものであることから、その保険料は上記の一時払い保険料と同様の取扱いになるものとされている（前掲「保険税務のすべて」・P987参照）。

（使用者が負担した使用人等の負担すべき生命保険料等）　所基通

76-4　役員又は使用人の負担すべき生命保険料等［所基通76-3(1)・P795参照。編注］を使用者が負担した場合には、その負担した金額は役員又は使用人が支払った生命保険料等の金額には含まれないものとする。

　ただし、その負担した金額でその役員又は使用人の給与等として課税されたもの［課税されるべきもの。編注］は、その役員又は使用人が支払った生命保険料等の金額に含まれるものとする【編者注1、2】。（直近改・平2直所3-6）

（注）36-31から36-31の6まで［編注：P680以降参照］により給与等として課税されない生命保険料等及び36-32により給与等として課税されない少額の生命保険料等は、いずれも生命保険料控除の対象とはならない。

【編者注1】福祉厚生保険の保険料

　福祉厚生保険の契約関係は、一般に契約者が使用者、被保険者及び保険金受取人は使用人となっており、使用者の支払った保険料はその全額が、使用人に対する給与（いわゆる現物給与）として課税される。

　このことから、福祉厚生保険の保険料は、その全額が生命保険料控除の対象となる。

　なお、その保険料の全額が月額300円（年額3,600円）以下である場合には、その全額が非課税所得として取り扱われており、この場合には、その保険料は生命保険料控除の対象外となる（前掲「保険税務のすべて」・P993参照）。

【編者注2】団体定期保険の保険料等の取扱い

①　使用者が団体定期保険に加入し、その保険料の全部又は一部を使用人（被保険者）が負担している場合で、その保険金受取人が使用人自身かその親族（配偶者を含む）であるときには、使用人の負担した部分の保険料は生命保険料控除の対象となる。

②　団体保険の取扱い手数料を払込保険料に充当した場合

団体保険の取扱い手数料とは、使用者等が保険会社等と団体特約契約を締結することにより、保険会社等から集金事務等の報酬としてその団体に交付される手数料をいう。

この手数料は、本来その団体（使用者等）に帰属するものであり、これを使用人（被保険者である団体員）に分配した場合には、その分配額はその使用人に対する給与として課税される。

このことから、使用者がこの取扱い手数料の全部又は一部を使用人が負担すべき保険料に充当した場合も、上記と同様の課税関係となる。

したがって、使用人の生命保険料控除の対象となる保険料は、充当された手数料額も含めた支払うべき保険料の全額である。

（保険金等の支払とともに又は保険金等の支払開始の日以後に分配を受ける剰余金等）　所基通

76-5　生命保険契約等［所基通76-3(1)・P795参照。編注］に基づく剰余金の分配又は割戻金の割戻しで、その契約に基づく生命保険料等の払込みを要しなくなった後において保険金［解約返戻金等を含む。編注］、年金又は共済金等の支払開始の日以後に支払を受けるものは、法第76条第1項第1号又は同条第2項第1号のかっこ内に規定する剰余金の分配又は割戻金の割戻し［支払保険料等から控除する剰余金等。編注］には該当しないものとする【編者注】。（直近改・平2直所3-6）

【編者注】本項の趣旨

保険金等とともに支払を受ける剰余金等は、その保険金等の性質により、みなす相続財産又はみなす贈与財産、非課税所得、雑所得、一時所得の収入金額となる（所令183等）。

このことから、保険事故の発生（満期の到来、年金支払開始を含む）の日以後に支払を受ける剰余金等は、生命保険料控除の対象となる支払保険料額からは控除しないというものである。

本項にいう「保険料等の払込みを要しなくなった後」とは、保険

事故の発生、満期の到来、保険料の払込免除、解約、解除、失効等によって約定上保険料の払込みを要しなくなるような場合をいう。例えば、保険事故の発生の場合には、それ以後、当然に保険料の払込みを要しないことになるのであるから、保険金等と共に又は保険金等の支払の後に支払を受ける剰余金等がこれに当たる（P1175に掲げる76-5の編者注参照）。

（保険会社等に積み立てられた剰余金等で生命保険料等の金額から控除するもの）　所基通

76-7　生命保険契約等［個人年金保険契約を含む。編注］に基づき分配又は割戻しを受けるべきことが確定した剰余金又は割戻金で、保険約款等に定めるところにより保険会社等に積み立てておき、契約者から申出のあったときに随時払い戻すこととしているものは【編者注１】、その積み立てた時に分配又は割戻しがあったものとして法第76条第１項第１号又は同条第２項第１号のかっこ内［支払保険料から控除する剰余金等。編注］の規定を適用する【編者注２】。（直近改・平2直所3-6）

【編者注１】一定期間払戻しを受けられない積立剰余金等

　保険会社等に積み立てられた剰余金等については、通常、契約者の請求により随時払戻しを受けられる（養老保険約款(例)28条①(1)・P1376参照）が、保険会社等に積み立てた剰余金等であっても、保険約款等により保険契約の満了時まで、又はその他一定の時期までの払戻しを受けられないものについては、その積立て時においては本項の適用がなく、具体的に払戻しが可能となった時（年分）に、その払戻しを受けられるべき金額の全額をその年分の剰余金等として本項を適用すればよいとされている（前掲「所得税基本通達逐条解説」P739参照）。

　なお、積立配当金（積立剰余金等）の払戻しを受けた場合には、その金額の多寡を問わず、格別の課税関係は生じない（第５編第２章第１節の編者解説３・P1152参照）

【編者注2】キャッシュバック（契約通算扱特約給付金）がある場合

　毎年支払われるキャッシュバック（契約通算扱特約給付金）は、払込保険料の一部を還元するもので、その額は自動的に保険会社に積み立てられることから、いわゆる積立配当金と同様に取り扱われ、給付金の額をその積み立てた年分の支払保険料から控除することになる（前掲「保険税務のすべて」・P991参照）。

| 第6節 | 新・生命保険料控除に関する基本条項
（平成22年改正後） |

所 得 税 法

（生命保険料控除）

※編者注：本条は平22法6により全文改正され、平24.1.1から施行される（平22改正附則4条）。

［編注：新生命保険料及び旧生命保険料に係る控除額の計算方法等］

第76条　居住者が、各年において、新生命保険契約等［本条5項参照。編注］に係る保険料若しくは掛金（第5項第1号から第3号までに掲げる契約［いわゆる生命保険契約、生命共済契約。編注］に係るものにあつては［、］生存又は死亡に基因して一定額の保険金、共済金その他の給付金［死亡保険金・満期保険金等。編注］（以下この条において「保険金等」という。）を支払うことを約する部分（第3項において「生存死亡部分」という。）に係るもの［、］その他政令［新所令208条の3・P822参照。編注］で定めるものに限るものとし、次項に規定する介護医療保険料及び第3項に規定する新個人年金保険料を除く。以下この項及び次項において「新生命保険料」という【編者注1】。）又は旧生命保険契約等［本条6項参照。編注］に係る保険料若しくは掛金（第3項に規定する旧個人年金保険料その他政令［新所令208条の4・P828参照。編注］で定めるものを除く。以下この項において「旧生命保険料」という。）を支払つた場合には、次の各号に掲げる場合の区分に応じ当該各号に定める金額を、その居住者のその年分の総所得金額、退職所得金額又は山林所得金額【編者注2】から控除する。

［編注：新生命保険料控除額の計算］

一　新生命保険料を支払つた場合（第3号に掲げる場合［新旧の生命保険料を支払う場合。編注］を除く。）

　　次に掲げる場合の区分に応じそれぞれ次に定める金額

　　イ　その年中に支払つた新生命保険料［本項本文参照。編注］の金

額の合計額（その年において新生命保険契約等に基づく剰余金の分配若しくは割戻金の割戻しを受け、又は新生命保険契約等に基づき分配を受ける剰余金若しくは割戻しを受ける割戻金をもつて新生命保険料の払込みに充てた場合には、当該剰余金又は割戻金の額（新生命保険料に係る部分の金額として政令［新所令208条の5・P830参照。編注］で定めるところにより計算した金額に限る。）を控除した残額【編者注3】。以下この号及び第3号イにおいて同じ。）が2万円以下である場合

　　当該合計額［剰余金等の額を控除した後の支払保険料の合計額。編注］
ロ　その年中に支払つた新生命保険料の金額の合計額［本号イ参照。編注］が2万円を超え4万円以下である場合

　　2万円と［、］当該合計額［剰余金等の額を控除した後の支払保険料の合計額。編注］から2万円を控除した金額の2分の1に相当する金額との合計額

ハ　その年中に支払つた新生命保険料の金額の合計額［本号イ参照。編注］が4万円を超え8万円以下である場合

　　3万円と［、］当該合計額［剰余金等の額を控除した後の支払保険料の合計額。編注］から4万円を控除した金額の4分の1に相当する金額との合計額

ニ　その年中に支払つた新生命保険料の金額の合計額［本号イ参照。編注］が8万円を超える場合

　　4万円

［編注：旧生命保険料控除額の計算］

二　旧生命保険料［本項本文参照。編注］を支払つた場合（次号に掲げる場合［新生命保険料と旧生命保険料との両方を支払う場合。編注］を除く。）

　　次に掲げる場合の区分に応じそれぞれ次に定める金額

　イ　その年中に支払つた旧生命保険料［本項本文参照。編注］の金額の合計額（その年において旧生命保険契約等に基づく剰余金の分配若しくは割戻金の割戻しを受け、又は旧生命保険契約等に基づき分配を受ける剰余金若しくは割戻しを受ける割戻金をもつて旧生命保険料の払込みに充てた場合には、当該剰余金又は割戻金の額（旧生命保険料に係

る部分の金額に限る。）を控除した残額【編者注3】。以下この号及び次号ロにおいて同じ。）が２万５千円以下である場合

　　当該合計額［剰余金等の額を控除した後の支払保険料の合計額。編注］

　ロ　その年中に支払つた旧生命保険料の金額の合計額［本号イ参照。編注］が２万５千円を超え５万円以下である場合

　　２万５千円と〔､〕当該合計額［剰余金等の額を控除した後の支払保険料の合計額。編注］から２万５千円を控除した金額の２分の１に相当する金額との合計額

　ハ　その年中に支払つた旧生命保険料の金額の合計額［本号イ参照。編注］が５万円を超え10万円以下である場合

　　３万７千５百円と〔､〕当該合計額［剰余金等の額を控除した後の支払保険料の合計額。編注］から５万円を控除した金額の４分の１に相当する金額との合計額

　ニ　その年中に支払つた旧生命保険料の金額の合計額［本号イ参照。編注］が10万円を超える場合

　　５万円

［編注：旧生命保険料と新生命保険料との両方を支払う場合の控除額の計算］

　三　新生命保険料及び旧生命保険料を支払つた場合

　　その支払つた次に掲げる保険料の区分に応じそれぞれ次に定める金額の合計額（当該合計額［剰余金等の額を控除した後の支払保険料の合計額。編注］が４万円を超える場合には、４万円）

　イ　新生命保険料［本項本文参照。編注］

　　その年中に支払つた新生命保険料の金額の合計額［本項１号イ参照。編注］の第１号イからニまでに掲げる場合の区分に応じそれぞれ同号［本項１号。編注］イからニまでに定める金額

　ロ　旧生命保険料［本項本文参照。編注］

　　その年中に支払つた旧生命保険料の金額の合計額［本項２号イ参照。編注］の前号イからニまでに掲げる場合の区分に応じそれぞれ同号［本項２号。編注］イからニまでに定める金額

［編注：介護医療保険料に係る控除額の計算等］
2　居住者が、各年において、介護医療保険契約等［本条7項参照。編注］に係る保険料又は掛金（病院又は診療所に入院して第73条第2項（医療費控除）に規定する医療費を支払つたことその他の政令［新所令208条の6・P833参照。編注］で定める事由【編者注4】（第6項及び第7項において「医療費等支払事由」という。）に基因して保険金等を支払うことを約する部分に係るもの［、］その他政令［新所令208条の7・P834参照。編注］で定めるものに限るものとし、新生命保険料［本条1項本文参照。編注］を除く。以下この項において「介護医療保険料」という【編者注4】。）を支払つた場合には、次の各号に掲げる場合の区分に応じ当該各号に定める金額を、その居住者のその年分の総所得金額、退職所得金額又は山林所得金額から控除する【編者注2】。

一　その年中に支払つた介護医療保険料［本項本文参照。編注］の金額の合計額（その年において介護医療保険契約等に基づく剰余金の分配若しくは割戻金の割戻しを受け、又は介護医療保険契約等に基づき分配を受ける剰余金若しくは割戻しを受ける割戻金をもつて介護医療保険料の払込みに充てた場合には、当該剰余金又は割戻金の額（介護医療保険料に係る部分の金額として政令［新所令208条の5・P830参照。編注］で定めるところにより計算した金額に限る。）を控除した残額【編者注3】。以下この項において同じ。）が2万円以下である場合

　　当該合計額［剰余金等の額を控除した後の支払保険料の合計額。編注］
二　その年中に支払つた介護医療保険料の金額の合計額［本項1号参照。編注］が2万円を超え4万円以下である場合

　　2万円と［、］当該合計額［剰余金等の額を控除した後の支払保険料の合計額。編注］から2万円を控除した金額の2分の1に相当する金額との合計額
三　その年中に支払つた介護医療保険料の金額の合計額［本項1号参照。編注］が4万円を超え8万円以下である場合

　　3万円と［、］当該合計額［剰余金等の額を控除した後の支払保険料の合計額。編注］から4万円を控除した金額の4分の1に相当する

金額との合計額

四　その年中に支払つた介護医療保険料の金額の合計額［本項1号参照。編注］が8万円を超える場合

　　4万円

［編注：新個人年金保険料及び旧個人年金保険料に係る控除額の計算等］

3　居住者が、各年において、新個人年金保険契約等［本条8項参照。編注］に係る保険料若しくは掛金（生存死亡部分［本条1項本文参照。編注］に係るものに限る。以下この項において「新個人年金保険料」という。）又は旧個人年金保険契約等［本条9項参照。編注］に係る保険料若しくは掛金（その者の疾病又は身体の傷害その他これらに類する事由に基因して保険金等を支払う旨の特約が付されている契約にあつては、当該特約に係る保険料又は掛金を除く。以下この項において「旧個人年金保険料」という。）を支払つた場合には、次の各号に掲げる場合の区分に応じ当該各号に定める金額を、その居住者のその年分の総所得金額、退職所得金額又は山林所得金額【編者注2】から控除する。

［編注：新個人年金保険料控除額の計算］

一　新個人年金保険料［本項本文参照。編注］を支払つた場合（第3号に掲げる場合［新旧の個人年金保険料を支払う場合。編注］を除く。）

　　次に掲げる場合の区分に応じそれぞれ次に定める金額

　　イ　その年中に支払つた新個人年金保険料［本項本文参照。編注］の金額の合計額（その年において新個人年金保険契約等に基づく剰余金の分配若しくは割戻金の割戻しを受け、又は新個人年金保険契約等に基づき分配を受ける剰余金若しくは割戻しを受ける割戻金をもつて新個人年金保険料の払込みに充てた場合には、当該剰余金又は割戻金の額（新個人年金保険料に係る部分の金額として政令［新所令208条の5・P830参照。編注］で定めるところにより計算した金額に限る。）を控除した残額【編者注3】。以下この号及び第3号イにおいて同じ。）が2万円以下である場合

　　　　当該合計額［剰余金等の額を控除した後の支払保険料の合計額。編注］

ロ　その年中に支払つた新個人年金保険料の金額の合計額［本号イ参照。編注］が２万円を超え４万円以下である場合

　　２万円と［、］当該合計額［剰余金等の額を控除した後の支払保険料の合計額。編注］から２万円を控除した金額の２分の１に相当する金額との合計額

ハ　その年中に支払つた新個人年金保険料の金額の合計額［本号イ参照。編注］が４万円を超え８万円以下である場合

　　３万円と［、］当該合計額［剰余金等の額を控除した後の支払保険料の合計額。編注］から４万円を控除した金額の４分の１に相当する金額との合計額

ニ　その年中に支払つた新個人年金保険料の金額の合計額［本号イ参照。編注］が８万円を超える場合

　　４万円

［編注：旧個人年金保険料控除額の計算］

二　旧個人年金保険料を支払つた場合（次号に掲げる場合［新旧の個人年金保険料を支払う場合。編注］を除く。）

　　次に掲げる場合の区分に応じそれぞれ次に定める金額

イ　その年中に支払つた旧個人年金保険料［本項本文参照。編注］の金額の合計額（その年において旧個人年金保険契約等に基づく剰余金の分配若しくは割戻金の割戻しを受け、又は旧個人年金保険契約等に基づき分配を受ける剰余金若しくは割戻しを受ける割戻金をもつて旧個人年金保険料の払込みに充てた場合には、当該剰余金又は割戻金の額（旧個人年金保険料に係る部分の金額に限る。）を控除した残額【編者注３】。以下この号及び次号ロにおいて同じ。）が２万５千円以下である場合

　　当該合計額［剰余金等の額を控除した後の支払保険料の合計額。編注］

ロ　その年中に支払つた旧個人年金保険料の金額の合計額［本号イ参照。編注］が２万５千円を超え５万円以下である場合

　　２万５千円と［、］当該合計額［剰余金等の額を控除した後の支払保険料の合計額。編注］から２万５千円を控除した金額の２分の１に相当する金額との合計額

ハ　その年中に支払つた旧個人年金保険料の金額の合計額［本号イ参照。編注］が５万円を超え10万円以下である場合
　　　　３万７千５百円と［、］当該合計額［剰余金等の額を控除した後の支払保険料の合計額。編注］から５万円を控除した金額の４分の１に相当する金額との合計額
　　ニ　その年中に支払つた旧個人年金保険料の金額の合計額［本号イ参照。編注］が10万円を超える場合
　　　　５万円
［編注：旧個人年金保険料と新個人年金保険料との両方を支払う場合の控除額の計算］
　三　新個人年金保険料及び旧個人年金保険料を支払つた場合
　　　その支払つた次に掲げる保険料の区分に応じそれぞれ次に定める金額の合計額（当該合計額が４万円を超える場合には、４万円）
　　イ　新個人年金保険料［本項本文参照。編注］
　　　　その年中に支払つた新個人年金保険料の金額の合計額［本項１号イ参照。編注］の第１号イからニまでに掲げる場合の区分に応じそれぞれ同号［本項１号。編注］イからニまでに定める金額
　　ロ　旧個人年金保険料［本項本文参照。編注］
　　　　その年中に支払つた旧個人年金保険料の金額の合計額［本項２号参照。編注］の前号イからニまでに掲げる場合の区分に応じそれぞれ同号［本項２号。編注］イからニまでに定める金額
［編注：生命保険料控除額の上限］
４　前３項の規定によりその居住者のその年分の総所得金額、退職所得金額又は山林所得金額から控除する金額の合計額が12万円を超える場合には、これらの規定により当該居住者のその年分の総所得金額、退職所得金額又は山林所得金額から控除する金額は、これらの規定にかかわらず、12万円とする【編者注５】。
［編注：新生命保険契約等の意義・範囲］
５　第１項に規定する新生命保険契約等とは、平成24年１月１日以後に締結した【編者注６】次に掲げる契約（失効した同日［平24.1.1。編

注］前に締結した当該契約［本項各号に掲げる契約。編注］が同日以後に復活したものを除く【編者注6】。以下この項において「新契約」という。）若しくは他の保険契約（共済に係る契約を含む。第7項及び第8項において同じ。）に附帯して締結した新契約［平24.1.1以後に附帯して締結した本項各号に掲げる契約。編注］［、］又は同日［平24.1.1。編注］以後に確定給付企業年金法第3条第1項第1号（確定給付企業年金の実施）その他政令［新所令208条の8・P835参照。編注］で定める規定（次項において「承認規定」という。）の承認を受けた第4号に掲げる規約若しくは同条［確定給付企業年金法3条。編注］第1項第2号その他政令［新所令208条の8・P835参照。編注］で定める規定（次項において「認可規定」という。）の認可を受けた同号［確定給付企業年金法3条1項2号。編注］に規定する基金（次項において「基金」という。）の第4号に掲げる規約（以下この項及び次項において「新規約」と総称する。）のうち【編者注7】、これらの新契約又は新規約に基づく保険金等の受取人のすべてを［、］その保険料若しくは掛金の払込みをする者又はその配偶者その他の親族とするものをいう【編者注8】。

一　保険業法第2条第3項（定義［編注：P1345参照］）に規定する生命保険会社又は同条第8項［編注：P1346参照］に規定する外国生命保険会社等の締結した保険契約のうち［、］生存又は死亡に基因して一定額の保険金等が支払われるもの（保険期間が5年に満たない保険契約で政令［新所令209条・P836参照。編注］で定めるもの（次項において「特定保険契約」という。）及び当該外国生命保険会社等［保険業法2条8項に規定する外国生命保険会社等。編注］が国外において締結したものを除く。）

二　郵政民営化法等の施行に伴う関係法律の整備等に関する法律（平成17年法律第102号）第2条（法律の廃止）の規定による廃止前の簡易生命保険法（昭和24年法律第68号）第3条（政府保証）に規定する簡易生命保険契約（次項及び第7項において「旧簡易生命保険契約」という。）のうち生存又は死亡に基因して一定額の保険金等が支払われるもの［編注：旧簡易生命保険法についてはP1351参照。］

三　農業協同組合法（昭和22年法律第132号）第10条第1項第10号（共済に関する施設）の事業を行う農業協同組合の締結した生命共済に係る契約（共済期間が5年に満たない生命共済に係る契約で政令［新所令209条・P836参照。編注］で定めるものを除く。）その他政令［新所令210条・P838参照。編注］で定めるこれに類する共済に係る契約（次項及び第7項において「生命共済契約等」という。）のうち生存又は死亡に基因して一定額の保険金等が支払われるもの

四　確定給付企業年金法第3条第1項に規定する確定給付企業年金に係る規約又はこれに類する退職年金に関する契約で政令［新所令210条の2・P839参照。編注］で定めるもの

［編注：旧生命保険契約等の意義・範囲］

6　第1項に規定する旧生命保険契約等とは、平成23年12月31日以前に締結した次に掲げる契約（失効した同日［平23.12.31。編注］以前に締結した当該契約［本項各号に掲げる契約。編注］が同日後に復活したものを含む【編者注6】。）［、］又は同日［平23.12.31。編注］以前に承認規定［前項本文参照。編注］の承認を受けた第5号に掲げる規約若しくは認可規定［前項本文参照。編注］の認可を受けた基金［前項本文参照。編注］の同号［本項5号。編注］に掲げる規約（新規約［前項本文参照。編注］を除く。）のうち【編者注9】、これらの契約又は規約に基づく保険金等の受取人のすべてを［、］その保険料若しくは掛金の払込みをする者又はその配偶者その他の親族とするものをいう【編者注8】。

一　前項第1号に掲げる契約

二　旧簡易生命保険契約［前項2号参照。編注］

三　生命共済契約等［前項3号参照。編注］

四　前項第1号に規定する生命保険会社若しくは外国生命保険会社等又は保険業法第2条第4項［編注：P1346参照］に規定する損害保険会社若しくは同条第9項［編注：P1346参照］に規定する外国損害保険会社等の締結した疾病又は身体の傷害その他これらに類する事由に基因して保険金等が支払われる保険契約（第1号に掲げるもの、保険金等の支払事由が身体の傷害のみに基因することとされてい

るもの、特定保険契約［前項1号参照。編注］、当該外国生命保険会社等又は当該外国損害保険会社等が国外において締結したものその他政令［新所令209条・P836参照。編注］で定めるものを除く。）のうち、**医療費等支払事由**［本条2項本文参照。編注］に基因して保険金等が支払われるもの【編者注9】

五　前項第4号に掲げる規約又は契約

［編注：介護医療保険契約等の意義・範囲］

7　第2項に規定する**介護医療保険契約等**とは、平成24年1月1日以後に**締結した**【編者注6】次に掲げる契約（失効した同日［平24.1.1。編注］前に締結した当該契約［本項各号に掲げる契約。編注］が同日以後に復活したものを除く【編者注6】。以下この項において「新契約」という。）［、］又は他の保険契約に附帯して**締結した新契約**［平24.1.1以後に附帯して締結した本項各号に掲げる契約。編注］のうち、これらの新契約に基づく保険金等の受取人のすべてを［、］その保険料若しくは掛金の払込みをする者又はその配偶者その他の親族とするものをいう。

一　前項第4号に掲げる契約

二　疾病又は身体の傷害その他これらに類する事由に基因して保険金等が支払われる旧簡易生命保険契約［本条5項2号参照。編注］又は**生命共済契約等**［本条5項3号参照。編注］（第5項第2号［旧簡易生命保険契約で死亡保険金又は満期保険金の支払を約するもの。編注］及び第3号［生命共済契約で死亡共済金又は満期共済金の支払を約するもの。編注］に掲げるもの、保険金等の支払事由が身体の傷害のみに基因するもの【編者注10】［、］その他政令［新所令209条・P836参照。編注］で定めるものを除く。）のうち**医療費等支払事由**［本条2項本文参照。編注］に基因して保険金等が支払われるもの【編者注10】

［編注：新個人年金保険契約等の意義・範囲］

8　第3項に規定する**新個人年金保険契約等**とは、平成24年1月1日以後に**締結した**【編者注6】第5項第1号から第3号まで［新生命保険契約等の範囲。編注］に掲げる契約（年金を給付する定めのあるもので政令［新所令211条・P839参照。編注］で定めるもの（次項において「年金給

付契約」という。）に限るものとし、失効した同日［平24.1.1。編注］前に締結した当該契約［本条5項1号から3号までに掲げる契約。編注］が同日以後に復活したものを除く【編者注6】。以下この項において「新契約」という。）［、］又は他の保険契約に附帯して締結した新契約［平24.1.1以後に附帯して締結した本条5項1号から3号までに掲げる契約。編注］のうち、次に掲げる要件の定めのあるものをいう【編者注11、12】。

一　当該契約に基づく年金の受取人は、次号の保険料若しくは掛金の払込みをする者又はその配偶者が生存している場合にはこれらの者のいずれかとするものであること。

二　当該契約に基づく保険料又は掛金の払込みは、年金支払開始日前10年以上の期間にわたつて定期に行うものであること。

三　当該契約に基づく第1号に定める個人に対する年金の支払は、当該年金の受取人の年齢が60歳に達した日以後の日で当該契約で定める日以後10年以上の期間又は当該受取人が生存している期間にわたつて定期に行うものであることその他の政令［新所令212条・P842参照。編注］で定める要件

［編注：旧個人年金保険契約等の意義・範囲］

9　第3項に規定する旧個人年金保険契約等とは、平成23年12月31日以前に締結した第6項第1号から第3号まで［旧生命保険契約等の範囲。編注］に掲げる契約（年金給付契約に限るものとし、失効した同日［平23.12.31。編注］以前に締結した当該契約［本条6項1号から3号までに掲げる契約。編注］が同日後に復活したものを含む【編者注6】。）のうち、前項各号に掲げる要件の定めのあるものをいう。

［編注：旧生命保険契約等又は旧個人年金保険契約等に係る締結時期に関する特例］

10　平成24年1月1日以後に第6項に規定する旧生命保険契約等又は前項に規定する旧個人年金保険契約等に附帯して第5項［新生命保険契約等の意義。編注］、第7項［介護医療保険契約等の意義。編注］又は第8項［新個人年金保険契約等の意義。編注］に規定する新契約［5項、7項及び8項のそれぞれに規定する「新契約」をいう。編注］を締結した場

合には、当該旧生命保険契約等又は旧個人年金保険契約等は、同日［平24.1.1.編注］以後に締結した契約とみなして、第１項から第５項まで、第７項及び第８項の規定を適用する【編者注13】。
11　第１項から第４項までの規定による控除は、生命保険料控除という。

【編者注１】各保険料の控除適用の区分、新生命保険料の範囲
1　平22改正後の所法（以下「新所法」）76条による生命保険料控除の各控除額の計算に当たっては、新生命保険料、介護医療保険料又は新個人年金保険料の区分ごとに、その控除額を計算することとされた。
　したがって、例えば、新生命保険契約等に介護医療保険契約等を付加する契約をしているような場合には、原則として、それぞれの保険料を区分し、その区分ごとの保険料に基づいて各保険料控除額を計算することになる。
（注１）平22改正前の生命保険料控除額の計算にあっては、このような場合には、主契約の内容によって控除額を計算していた。
（注２）同改正後において、上記の例外は次の２②、後記編者注4-2②に掲げるような場合に限られる。
2　新生命保険料の範囲
　新所法76条１項本文に規定する「新生命保険料」とは、次に掲げるものをいう。
①　平24.1.1以降に契約した、いわゆる生命保険契約・生命共済契約の死亡保険金又は満期保険金、その他の給付金（その範囲については、同76条、その関連政令等において格別の明示がない）に係る部分の保険料。
②　死亡保険金又は満期保険金を支払ういわゆる新生命保険契約と、介護医療保険契約とが組込型となっている保険契約（平22改正後の所令［以下「新所令」］208条の3・P822参照）については、これらの保険契約のうち、「特定介護医療保険契約」及び「特定介護

医療共済契約」に該当しない契約に係る保険料については、その全額が新生命保険料に該当する。

【編者注2】 **分離課税の所得金額がある場合**

分離課税所得がある場合の生命保険料控除の順序については、所法72条の編者注5（P453）参照。

【編者注3】 **分配を受ける剰余金、割戻金と生命保険料控除**

剰余金・割戻金と生命保険料控除との関係については、平22改正前の所法（以下「旧所法」）76条の編者注4（P750）参照。

【編者注4】 **介護医療保険料の範囲**

1　控除対象となる介護医療保険料を定める新所法76条2項は、「病院又は診療所に入院して第73条第2項（医療費控除）に規定する医療費を支払ったことその他の政令で定める事由」と規定しているので、「病院又は診療所に入院して第73条第2項（医療費控除）に規定する医療費を支払ったこと」は例示であり、「事由」の具体的内容は、この部分を含め新所令208条の6（P833参照）で定めるところによる。

2　新所法76条2項本文に規定する「介護医療保険料」とは、次に掲げるものをいう。

①　介護医療保険契約等に係る保険料のうち、新所令208条の6（P833参照）に掲げる医療費等支払事由を基因として保険金、給付金等が支払われる部分に係る保険料をいう。

保険商品で例示すると、次のようなものがある。

医療費用保険、介護費用保険、医療保障保険、介護保障保険、所得補償保険

②　死亡保険金又は満期保険金を支払ういわゆる新生命保険契約等と、介護医療保険契約等とが組込型となっている保険契約（新所令208条の7・P834参照）については、これらの保険契約のうち、「特定介護医療保険契約」及び「特定介護医療共済契約」に該当する保険料は、その全額が介護医療保険料に該当する。

（注1）「特定介護医療保険契約」、「特定介護医療共済契約」の意義につい

ては、新所令208条の3（P822）参照。

（注2）本②の組込型の保険契約保険料のうち、介護医療保険料に該当しないものは、その全額が新生命保険料に該当する（上記編者注1参照）。

【編者注5】生命保険料控除額の上限について

新所法76条では、生命保険料控除額の上限は、次のようになる。

1 平24.1.1以後の新契約のみに係るもの
① 一般生命保険料控除　40,000円
② 介護医療保険料控除　40,000円
③ 個人年金保険料控除　40,000円
合計120,000円

2 平23.12.31までの旧契約に係るもの
① 一般生命保険料控除　50,000円
※この中には、いわゆる生命保険の他、介護・医療保障等に該当するものも含まれていた。
② 個人年金保険料控除　50,000円
合計100,000円

3 上記1と2の双方の契約に係る保険料を支払う場合
① 一般生命保険料控除　40,000円
※新旧の契約に係る保険料を併せて4万円となる。
② 介護医療保険料控除　40,000円
③ 個人年金保険料控除　40,000円
※新旧の契約に係る保険料を併せて4万円となる。
合計120,000円

【編者注6】契約の締結の意義、失効した契約が復活した場合の取扱い

1 契約の締結の意義

新生命保険契約等の意義（新所法76⑤）、介護医療保険契約等の意義（同76⑦）、新個人年金保険契約等の意義（同76⑧）における「締結した」には、平24.1.1以後に新たに契約を締結した場合のほか、平23.12.31以前に締結していた契約を、平24.1.1以後に転換、保障

見直し、更新、継続、満期更改、中途更改、特約の付加、被保険者の増加、特約の更新によって新たに保険契約が締結された場合も含まれると解されている（「改正税法のすべて（平22年版）」大蔵財務協会・P77参照）。

2　失効し契約が復活した場合

①　生命保険契約等が、保険料不払い等によって失効した場合であっても、一定の要件を満たすときは、契約者は保険会社等に対し、失効した保険契約を復活すべきことを請求することができる。

　復活に当たって、契約者は従前の契約に係る未払保険料等を一括して払込む必要があり、復活の前後を通じて、保険契約の同一性は保たれる（養老保険約款(例)26・P1375参照）。

②　新生命保険契約等の範囲を定める新所法76条5項において、平23.12.31までに締結した生命保険契約等が失効し（失効の時期は問わない）、同24.1.1以後に復活した場合にあっては、その契約は「新契約」に当たらないことを明示した。

③　旧生命保険契約等の範囲を定める新所法76条6項において、平23.12.31までに締結した生命保険契約等が失効し、平24.1.1以後に復活した場合には、その契約は旧生命保険契約等に含まれることが明示されている。

④　介護医療保険契約等の範囲を定める新所法76条7項において、平23.12.31までに締結した介護医療保険契約等が失効し（失効の時期は問わない）、同24.1.1以後に復活した場合にあっては、その契約は「新契約」に当たらないことを明示した。

⑤　新個人年金保険契約等の範囲を定める新所法76条8項において、平23.12.31までに締結した個人年金保険契約等が失効し（失効の時期は問わない）、同24.1.1以後に復活した場合にあっては、その契約は「新契約」に当たらないことを明示した。

⑥　旧個人年金保険契約等の範囲を定める新所法76条9項において、平23.12.31までに締結した旧個人年金保険契約等が失効し、平24.1.1以後に復活した場合には、その契約は旧個人年金保険契

約等に含まれることが明示されている。

【編者注7】新生命保険契約等の意義・範囲
1　新生命保険契約等とは、平24.1.1以後に締結した次に掲げる契約で、保険金等（死亡保険金及び満期保険金とも）の受取人を全て保険料の支払者又はその配偶者その他の親族とするものに限る。
　（注）次のうち、特定保険契約（新所令209・P836参照）に該当するもの、及び外国生命保険会社等が国外において締結したものは除かれる。

① 生命保険会社（外国生命保険会社等を含む）と契約した死亡保険金又は満期保険金の支払を約する保険契約（新所法76⑤一）

② 平成17年改正で廃止された旧簡易生命保険契約で、死亡保険金又は満期保険金の支払を約するもの（新所法76⑤二）
　（注）平24.1.1以降、新たにこの契約をすることはあり得ないと考えられるが、上記編者注6-1に該当する場合、又は次の④の場合には、旧簡易生命保険契約でも新生命保険契約等となる。

③ 農協等と契約した生命共済契約で、死亡共済金又は満期共済金の支払を約するもの（新所法76⑤三）

④ 平24.1.1以後に締結した上記①から③の契約に、これらの契約を特約等として付加する（他の契約に附帯して締結する）場合は、付加部分の契約は新生命保険契約になるのは当然であるが、旧生命保険契約等（平23.12.31以前に契約した上記①から③に掲げるもの）に、平24.1.1以後上記①から③の契約を付加して契約した場合（例えば、旧養老保険契約に平24.1.1以後定期保険契約を付加するような場合）には、旧生命保険契約等（旧養老保険契約部分）及び付加した新契約（付加した定期保険契約部分）の双方が新生命保険契約とみなされる（新所法76条10項参照）。

2　平24.1.1以後に、確定給付企業年金法の規定に基づく承認を受けた確定給付企業年金に係る規約、又は同法の規定に基づく認可を受けた企業年金基金の規約に係る年金で、その規約に基づく年金等の受取人を全て保険料の支払者又はその配偶者その他の親族とするものも、新生命保険契約等に該当する（新所法76⑤本文及び

同四)。

(注1)「確定給付企業年金法の規定に基づく承認を受けた確定給付企業年金に係る規約」とは、具体的には、新所令208条の8第1項（P835参照）に掲げるものをいう。

(注2)「同法の規定に基づく認可を受けた企業年金基金の規約」とは、具体的には、新所令208条の8第2項（P835参照）に掲げるものをいう。

【編者注8】その他の親族、保険金受取人等について

① 新生命保険契約等に該当するかどうかの判定の時期については、旧所法76条の編者注6（P751）参照。

② 配偶者その他の親族の範囲等については、旧所法76条の編者注7（P751）参照。

【編者注9】旧生命保険契約等の意義・範囲

1 旧生命保険契約等とは、平23.12.31以前に締結した次に掲げる契約で、保険金等（死亡保険金及び満期保険金とも）の受取人を全て保険料の支払者又はその配偶者その他の親族とするものに限るもので、その内容は、旧所法76条3項（P747参照）に規定するものと同様である。

① 生命保険会社（外国生命保険会社等を含む）と契約した死亡保険金又は満期保険金の支払を約する保険契約（新所法76⑥一）

② 平成17年改正で廃止された旧簡易生命保険契約で、死亡保険金又は満期保険金の支払を約するもの（新所法76⑥二）

③ 農協等と契約した生命共済で、死亡共済金又は満期共済金の支払を約するもの（新所法76⑥三）

④ 生命保険会社等（外国生命保険会社等を含む）、損害保険会社等（外国損害保険会社等を含む）と締結した、いわゆる第三分野の保険契約といわれるもので、例えば、医療保険、介護保険、医療費用保険、介護費用保険、傷害保険、がん保険のようなものである。

(注1) これらの保険契約については、旧所法76条の編者注8（P752）参照。

(注2) 新所法76条6項4号に規定する「保険金等の支払が身体の傷害のみに基因することとされているもの」については、平22改正前の所令（以

下「旧所令」）209条の編者注2（P757）参照。

(注3) 旧所法76条3項及び旧所令209条に規定されていなかったが、新所令209条3項により、海外旅行期間中に発生した疾病・身体の傷害に基因して保険金が支払われる、いわゆる海外旅行保険に係る契約は上記④の契約には該当しないこととされた。

⑤　適格退職年金契約

(注) 平23.12.31以前に締結した上記①から⑤の契約に、平24.1.1以後、新生命保険契約等、介護医療保険契約等又は新個人年金保険契約等となるべき契約を付加して契約した場合（例えば、平23.12.31以前締結の養老保険契約に平24.1.1以後定期保険契約を付加するような場合）には、旧生命保険契約等（旧養老保険契約部分）及び付加した新契約（付加した定期保険契約部分）の双方が新生命保険契約等とみなされる（新所法76条10項参照）。

2　平23.12.31以前に、確定給付企業年金法の規定に基づく承認を受けた確定給付企業年金に係る規約、又は同法の規定に基づく認可を受けた企業年金基金の規約（新生命保険契約等に該当する規約を除く）に係る年金で、その規約に基づく年金等の受取人を全て保険料の支払者又はその配偶者その他の親族とするものも、旧生命保険契約等に該当する（新所法76⑥本文及び同五）。

(注1)「確定給付企業年金法の規定に基づく承認を受けた確定給付企業年金に係る規約」とは、具体的には、新所令208条の8第1項（P835参照）に掲げるものをいう。

(注2)「同法の規定に基づく認可を受けた企業年金基金の規約」とは、具体的には、新所令208条の8第2項（P835参照）に掲げるものをいう。

【編者注10】介護医療保険契約の意義・範囲

介護医療保険契約等とは、平24.1.1以後に締結した次に掲げる契約（他の保険契約に付加して契約するものを含む）で、保険金等の受取人を全て保険料の支払者又はその配偶者その他の親族とするものに限る。

①　上記編者注9の1④に掲げる、いわゆる第三分野の保険契約に

該当する契約
② 農協等と締結した生命共済その他これに類する契約で、上記①の内容を有する契約
③ 旧簡易生命保険契約で、上記①の内容を有する契約
　（注）新所法76条7項2号（上記②及び③の契約）に規定する「保険金等の支払事由が身体の傷害のみに基因するもの」については、旧所令209条の編者注2（P757）参照。

【編者注11】新個人年金保険契約等の意義・範囲
　新個人年金保険契約等とは、平24.1.1以後に締結した次に掲げる契約で、年金の給付を定めるもの（新所令211・P839参照）のうち、新所法76条8項各号に規定する要件を満たすものに限る。
① 生命保険会社（外国生命保険会社等を含む）と契約した保険契約
② 平成17年改正で廃止された旧簡易生命保険契約
　（注）上記編者注7-1②（注）参照。
③ 農協等と契約した生命共済
④ 平23.12.31以前に契約していた旧個人年金保険契約等に、平24.1.1以後、新生命保険契約等又は介護医療保険契約等を付加して（附帯して）契約した場合（例えば、旧個人年金保険契約に平24.1.1以後定期保険契約を付加するような場合）には、旧個人年金保険契約等及び付加した新契約（付加した定期保険契約部分）の双方が新契約とみなされる（新所法76条10項参照）。
　つまり、旧個人年金保険契約は、新個人年金保険契約になり、付加した定期保険契約部分は、新生命保険契約等となる。

【編者注12】新個人年金保険契約等の要件
　新所法76条8項各号に定める要件は、旧所法76条4項各号に定めるところと同一であるので、同4項の編者注9～11（P753）参照。

【編者注13】10項の趣旨等
　平23.12.31までに締結した旧生命保険契約等又は旧個人年金保険契約等に、平24.1.1以後、新生命保険契約等、介護医療保険契約等又は新個人年金保険契約等を付加した場合（附帯して契約を締結した

場合）には、元契約である旧生命保険契約等又は旧個人年金保険契約等は、平24.1.1以後に締結した保険契約とみなし、元契約の内容により新生命保険契約等又は新個人年金保険契約等として取り扱うというものである。

　この場合、新たに付加された新生命保険契約等、介護医療保険契約等又は新個人年金保険契約等がそれぞれの保険契約に該当するのは当然である。

第7節 新・生命保険料控除に関連する法令等
（平成22年改正後）

所得税法施行令

（新生命保険料の対象となる保険料又は掛金）

※編者注：本条は、平22年政50により追加され、平24.1.1から施行。

新第208条の3　法第76条第1項（生命保険料控除［編注：P802参照］）に規定する政令で定める新生命保険契約等に係る保険料又は掛金は、次に掲げる保険料又は掛金とする。

一　法第76条第5項第1号に掲げる契約［生命保険会社と契約した新生命保険契約等・P809参照。編注］の内容と［、］同条第7項第1号に掲げる契約［生命保険会社・損害保険会社と契約した介護医療保険契約等・P811参照。編注］の内容とが一体となつて効力を有する一の保険契約のうち【編者注1】、同号［新所法76条7項1号。編注］に掲げる契約の内容を主たる内容とする保険契約として金融庁長官が財務大臣と協議して定めるもの［本条2項参照。編注］（第208条の7第1号（介護医療保険料の対象となる保険料又は掛金）において「特定介護医療保険契約」という。）以外のものに係る保険料【編者注2】

二　法第76条第5項第3号に掲げる契約［農協等と契約した新生命保険契約等・P810参照。編注］の内容と［、］同条第7項第2号に掲げる生命共済契約等［農協等と契約した介護医療保険契約等・P811参照。編注］の内容とが一体となつて効力を有する一の共済に係る契約のうち【編者注1】、同号［新所法76条7項2号。編注］に掲げる契約の内容を主たる内容とする共済に係る契約として農林水産大臣が財務大臣と協議して定めるもの［本条3項参照。編注］（第208条の7第2号において「特定介護医療共済契約」という。）以外のものに係る掛金【編者注2】

2　金融庁長官は、前項第1号の規定により保険契約を定めたときは、

これを告示する［平22金融庁告示36号・後掲参照。編注］。

3　農林水産大臣は、第１項第２号の規定により共済に係る契約を定めたときは、これを告示する［平22農水省告示535号・P826参照。編注］。

【編者注１】一体となつて効力を有する一の保険契約の意義

　本条１項に規定する「一体となって効力を有する一の保険契約」の意義等については、「いわゆる第三分野の保険契約に係る生命保険料控除等に関する質疑応答事例について」（平14.5.17・情報）問７（P768）参照。

【編者注２】新生命保険料と介護医療保険料との区分

① 　新生命保険契約等と介護医療保険契約等とが一体となって効力を有する一の保険契約（いわゆる組込型の保険契約）のうち、後掲告示（金融庁36号、農水省353号）に該当するものは、「特定介護医療保険契約」、「特定介護医療共済契約」として、その保険料の全額が介護医療保険料に該当する。

② 　新生命保険契約等と介護医療保険契約等とが一体となって効力を有する一の保険契約（いわゆる組込型の保険契約）のうち、後掲告示（金融庁36号、農水省353号）に該当しないものは、その保険料の全額が新生命保険料に該当することになる。

　　（注）平成22年改正後の生命保険料控除の対象となる保険料については、原則として、各保険契約の内容ごとにその保険料を区分することになっているが、上記の組込型の保険契約に係る保険料については、保険契約の内容ごとに保険料を区分せず、その全額を、上記①か②のいずれかの保険料として取り扱うというものである。

■参考：金融庁告示「所得税法施行令第208条の３第１項第１号の規定に基づき、所得税法第76条第７項第１号に掲げる契約の内容を主たる内容とする保険契約として、金融庁長官が財務大臣と協議して定めるものを定める件」（平22・金融庁36）

所得税法施行令（昭和40年政令第96号）第208条の３第１項第１号の規定に

基づき、所得税法（昭和40年法律第33号）第76条第7項第1号に掲げる契約［介護医療保険契約等・P811参照。編注］の内容を主たる内容とする保険契約として金融庁長官が財務大臣と協議して定めるものを次のように定め、平成24年1月1日から適用する。

（定義）
第1条　この告示において、次の各号に掲げる用語の意義は、当該各号に定めるところによる。
　　一　組込型保険契約
　　　　所得税法第76条第5項第1号［新生命保険契約等・P809参照。編注］に掲げる契約の内容と同条第7項第1号［介護医療保険契約等・P811参照。編注］に掲げる契約の内容とが一体となって効力を有する一の保険契約をいう【編者注1】。
　　二　入院給付日額
　　　　治療を直接の目的として被保険者が病院又は診療所に入院したことに関し支払われる一日当たりの保険金又は給付金の額をいう。
　　三　保険料積立金
　　　　保険法（平成20年法律第56号）第63条［保険料積立金の払戻し・P1344参照。編注］及び第92条［保険料積立金の払戻し。編注］に定める保険料積立金をいう。

（介護医療保険契約等を主たる内容とする保険契約の範囲）
第2条　所得税法施行令第208条の3第1項第1号の規定に基づく所得税法第76条第7項第1号に掲げる契約の内容を主たる内容とする保険契約として金融庁長官が財務大臣と協議して定めるものは、組込型保険契約（人の生存に関し一定額の保険金又は給付金を支払う保険契約を除く。）のうち、その保険契約において支払われる死亡保険金又は死亡給付金の額が次のいずれかに該当するものとする【編者注2】。
　　一　その保険契約において支払われる入院給付日額の100倍に相当する額を限度とするもの（入院の原因となる事由を制限するものを除く。）

二 その保険契約に係る保険料積立金の額又は保険契約者が既に支払ったその保険契約に係る保険料の累計額のいずれか大きい額を限度とするもの
三 がんに罹患したこと又は常時の介護を要する身体の状態になったことに基因してその保険契約において支払われる保険金又は給付金の額の5分の1に相当する額を限度とするもの

【編者注1】「一体となって効力を有する一の保険契約」の意義
　「一体となって効力を有する一の保険契約」の意義等については、「いわゆる第三分野の保険契約に係る生命保険料控除等に関する質疑応答事例について」（平14.5.17・情報）問7（P768）参照。
【編者注2】特定介護医療保険契約、特定介護医療共済契約の内容
　本告示による「特定介護医療保険契約」（下記農水省告示535号の「特定介護医療共済契約」において同じ）とは、次に掲げる要件の全部を満たすものをいう。
① 新生命保険契約等と介護医療保険契約等とが一体となって（つまり、それぞれの契約を分離することができない状態で）一の保険契約となっているものであること。
② その保険契約に生存保険金（いわゆる満期保険金）の支払がないこと。一般的にいえば、死亡保険金（定期保険）と疾病・傷害等による保険金・給付金（介護医療保険金）の支払とが一の契約に組み込まれている保険契約ということになる。
　（注）「人の生存に関し一定額の保険金又は給付金を支払う保険契約」の意義は、保険契約期間満了の時に被保険者が生存していることを原因として保険金を支払うことをいうものと解される。
　　　そうだとすると、死亡保険金の支払を約するほか、保険期間中に疾病・傷害等による保険金・給付金の支払がなかったことを原因として、保険期間終了時に何らかの払戻金等を支払うというような保険契約は、本②の要件に該当しないものと解する余地は残るものと考えられる。
③ いわゆる入院給付金の支払を約するものである場合には、その

入院の原因を問わないものであること（例えば、疾病・傷害等を問わず、入院給付金の支払対象となるものであること）。
④ 死亡保険金又は死亡給付金の支払金額は、次のいずれかに該当するものであること。（死亡保険金等の額が、次のいずれかに該当すれば足り、次のうちいずれか少ない金額であることを要しない。）
　i 死亡保険金等の額は、入院給付金の日額の100倍以下であること。
　ii 死亡保険金等の額は、その契約に係る保険料積立金（保険契約の解約等により保険契約が終了した場合に保険契約者に払い戻すべき解約払戻金等の額）と、その契約による既払い保険料累計額とのうち、いずれか多い額以下であること。
　iii 死亡保険金等の額は、がんの罹患又は常時の要介護状態により支払われるべき保険金等の額の5分の1以下であること。

■参考：農林水産省告示「所得税法施行令第208条の3第1項第2号の規定に基づき、所得税法第76条第7項第2号に掲げる契約の内容を主たる内容とする共済に係る契約として農林水産大臣が財務大臣と協議して定めるものを定める件」（平22・農林水産535）

所得税法施行令（昭和40年政令第96号）第208条の3第1項第2号の規定に基づき、所得税法（昭和40年法律第33号）第76条第7項第2号に掲げる契約の内容を主たる内容とする共済に係る契約として農林水産大臣が財務大臣と協議して定めるものを次のように定め、平成24年1月1日から適用する。

（定義）
第1条　この告示において、次の各号に掲げる用語の意義は、当該各号に定めるところによる。
　一　組込型共済契約
　　所得税法第76条第5項第3号に掲げる契約の内容と同条第7項第2号に掲げる生命共済契約等の内容とが一体となって効力を有する一の共済に係る契約であって、農業協同組合法（昭和22年法律第132号）第

10条第１項第10号の事業を行う農業協同組合の締結するものをいう。
二　入院給付日額
　　治療を直接の目的として被共済者が病院又は診療所に入院したことに関し支払われる一日当たりの共済金又は給付金の額をいう。
三　共済掛金積立金
　　保険法（平成20年法律第56号）第63条及び第92条に定める保険料積立金であって、農業協同組合法第11条の８に規定する共済金等の給付に充てるべきものをいう。

（介護医療保険契約等を主たる内容とする共済に係る契約の範囲）
第２条　所得税法施行令第208条の３第１項第２号の規定に基づく所得税法第76条第７項第２号に掲げる契約の内容を主たる内容とする共済に係る契約として農林水産大臣が財務大臣と協議して定めるものは、組込型共済契約（人の生存に関し一定額の共済金又は給付金を支払う共済に係る契約を除く。）のうち、その共済に係る契約において支払われる死亡共済金又は死亡給付金の額が次のいずれかに該当するものとする。
一　その共済に係る契約において支払われる入院給付日額の100倍に相当する額を限度とするもの（入院の原因となる事由を制限するものを除く。）
二　その共済に係る契約に係る共済掛金積立金の額又は共済契約者が既に支払ったその共済に係る契約に係る共済掛金の累計額のいずれか大きい額を限度とするもの
三　がんに罹患したこと又は常時の介護を要する身体の状態になったことに基因してその共済に係る契約において支払われる共済金又は給付金の額の５分の１に相当する額を限度とするもの

【編者注】
　　本告示に関しては、前掲金融庁告示36号の編者注参照。

（旧生命保険料の対象とならない保険料）　所令
※編者注：現行所令208条の３は、平22政50により次のように改正（条数も208条

の4と改正）され、平24.1.1から施行される。

新第208条の4　法第76条第1項（生命保険料控除［旧生命保険契約等に係る保険料から除く保険料等。76条1項本文・P802参照］）に規定する政令で定める旧生命保険契約等に係る保険料又は掛金は、次に掲げる保険料とする【編者注1】。

　一　一定の偶然の事故［保険約款等において定める一定の偶然の事故。編注］によつて生ずることのある損害をてん補する旨の特約（法第76条第6項第4号に掲げる契約又は同条第1項に規定する保険金等［平23.12.31までに契約したいわゆる第三分野の保険契約で、身体の傷害又は疾病により保険金が支払われる保険契約の保険金（新76⑥四・P810参照）、又はいわゆる生命保険契約等に係る保険金（新76①・P802参照）。編注］（第208条の6（介護医療保険契約等に係る保険金等の支払事由の範囲）及び第209条（生命保険料控除の対象とならない保険契約等）において「保険金等」という。）の支払事由が身体の傷害のみに基因することとされているもの（次号において「傷害保険契約」という。）を除く【編者注2】。）が付されている保険契約に係る保険料のうち、当該特約に係る保険料

　二　法第76条第6項第4号に掲げる契約［平23.12.31までに契約したいわゆる第三分野の保険契約で、身体の傷害又は疾病により保険金が支払われる保険契約・P810参照。編注］の内容と法第77条第2項第1号（地震保険料控除）に掲げる契約［損害保険会社が締結した損害保険契約で、偶然の事故による損害を補てんするもの・P861参照。編注］（傷害保険契約［前項参照。編注］を除く。）の内容とが一体となつて効力を有する一の保険契約に係る保険料

【編者注1】本条の趣旨等

　1　本条は、旧生命保険契約等に係る保険料のうち、生命保険料控除額の計算の対象とならない保険料の範囲を定めるものである。
　　本条に掲げる保険契約自体は、平22改正後の所法（以下「新所法」）76条1項本文の旧生命保険契約等に該当するものであるが、本条に定める契約に係る保険料は、旧生命保険料控除額の対象としな

いというものである。

(注) これに対し、平22改正後の所令（以下「新所令」）209条（P836参照）は、同条に規定する保険契約は、契約自体が生命保険料控除の対象となる契約から除外されるというところに、本条との違いがある。

2　本条により、旧生命保険料から除かれるものは、次のようになる。

①　旧生命保険契約に付加した損害特約（一定の偶然の事故による損害を補てんするもの）に係る保険料のうち、「傷害保険契約」に係る部分の保険料を除いたもの（本条1号）。

　傷害保険契約の意義については、次の編者注2参照。

②　いわゆる第三分野の保険である身体の傷害又は疾病により保険金が支払われる保険と、損害保険契約（偶然の事故による損害を補てんするもの、例えば、火災保険）とが一体として組み込まれている保険契約に係る保険料の全額（本条2号）。

(注1) この場合の保険料は、その全額が生命保険料控除の対象とならないことになる（平22改正前の所令（以下「旧所令」）208条の3の編者注3・P792参照）。

(注2)「一体となって効力を有する一の保険契約」の意義等については、「いわゆる第三分野の保険契約に係る生命保険料控除等に関する質疑応答事例について」（平14.5.17・情報）問7（P768）参照。

3　本条の基本的な考え方は、旧所令208条の3と同様であるので、同条の編者注1～5（P791以下）参照。

【編者注2】傷害保険契約の意義

　本条（新所令208条の4）1号に規定する傷害保険契約とは、次に掲げる保険契約で、保険金等が身体の傷害のみに基因して支払われることとなっている契約をいう。

①　いわゆる第三分野の保険契約（身体の傷害又は疾病により保険金等が支払われる契約）

②　いわゆる生命保険契約（死亡又は満期保険金、その他給付金［例えば、高度障害保険金等］の支払を約する契約）

(注１)「保険金等の支払事由が身体の傷害のみに基因することとされている」とは、傷害により死亡した場合や、傷害により後遺障害となった場合にのみ保険金が支払われることをいうものと解される（旧所令209条の編者注２（P757）参照）。

(注２)傷害保険契約に係る保険料が本条から除外されているのは、傷害保険契約自体がそもそも旧生命保険契約等に該当しないことから（新所法76⑥四・P810参照）、その保険料は初めから旧生命保険料に該当していないことによる。

（新生命保険料等の金額から控除する剰余金等の額）　所令
※編者注：本条は、平22政50により追加され、平24.1.1から施行。

新第208条の５　法第76条第１項第１号イ（生命保険料控除［新生命保険料控除額の計算・P802参照。編注］）に規定する政令で定めるところにより計算した金額［支払保険料から控除する剰余金等の額。編注］は、その年において同条第５項［新生命保険契約等の意義・P808参照。編注］に規定する新生命保険契約等（当該新生命保険契約等が他の保険契約（共済に係る契約を含む。以下この項において同じ。）に附帯して締結したものである場合には、当該他の保険契約及び当該他の保険契約に附帯して締結した当該新生命保険契約等以外の保険契約を含む［附帯した新生命保険契約と元契約のほか、元契約に付加した他の保険契約も含む。編注］。以下この項において同じ。）に基づき分配を受けた剰余金の額及び割戻しを受けた割戻金の額［、］並びに当該新生命保険契約等［附帯する契約がある場合にはそれらの契約の全部。前記参照。編注］に基づき分配を受けた剰余金又は割戻しを受けた割戻金をもつて当該新生命保険契約等に係る保険料又は掛金の払込みに充てた金額の合計額［その年に分配等を受けた新生命保険契約等に係る剰余金等の合計額。編注］に、その年中に支払つた当該新生命保険契約等［附帯する契約がある場合にはそれらの契約の全部。本号の前記参照。編注］に係る保険料又は掛金の金額の合計額［その年中に支払った新生命保険契約等に係る保険料等の合計額。分母。編注］のうちに［、］当該新生命保険契約等［附帯する契約がある場合にはそれらの

契約の全部。本号の前記参照。編注］に係る同条第1項に規定する新生命保険料［新所法76条1項カッコ書・P802参照。編注］の金額［分子。編注］の占める割合を乗じて計算した金額とする【編者注】。
2　前項の規定は、法第76条第2項第1号に規定する政令で定めるところにより計算した金額［支払介護医療保険料から控除すべき剰余金等の金額・P805参照。編注］［、］及び同条第3項第1号イに規定する政令で定めるところにより計算した金額［支払新個人年金保険料から控除すべき剰余金等の金額・P806参照。編注］について準用する【編者注】。

【編者注】本条1項の趣旨等
1　本条1項は、新生命保険契約等の支払保険料から控除すべき剰余金等（分配を受けた剰余金等のほか、支払保険料と相殺された剰余金等も含まれる）の計算方法を定めるものである。
2　平成22年改正前においては、分配を受ける剰余金等は、契約ごとに個別的に支払保険料から控除し、剰余金が支払保険料を上回る場合には、その上回る金額を他の契約の保険料から控除するものとされていた。
　　平成22年改正ではこれを改め、新生命保険契約等の保険料、介護医療保険契約等の保険料、新個人年金保険契約等の保険料ごとに、支払保険料と分配を受ける剰余金等とを総額で対応させ、支払保険料から控除すべき剰余金等の額を計算するというものである。
　（注）この総額対応計算方式は、旧生命保険契約等の保険料及び旧個人年金保険契約等の保険料には適用されないので、これらの保険料から控除すべき剰余金等については、平成22改正前の従前の方式となる（本条2項参照）。
3　新生命保険契約等の保険料から控除する剰余金等の計算方式
　〈算　式〉
　　$A \times (B / C) =$ 支払保険料から控除する剰余金等の額
　　$A =$ 新生命保険契約等に基づきその年に受けた剰余金等の合計

額
　B＝その年に支払った新生命保険契約等に係る保険料のうち、生命保険料控除額計算の対象となる保険料の額
　C＝その年に支払った新生命保険契約等に係る保険料の合計額
（注）上記AからCの範囲等については、次の4参照。

4　上記算式のAからCの意義・範囲等について
①　上記算式のA（新生命保険契約等に基づきその年に受けた剰余金等の合計額）
ⅰ　新生命保険契約等に該当する契約が複数ある場合には、それらの契約に係る全ての剰余金等の合計額をいう。
ⅱ　剰余金等には、現金配当等のほか、その年の積立配当、保険料相殺配当も含まれる（平22改正前と同様）。
　（注）特定保険契約（いわゆる貯蓄保険契約・新所令209条1項・P836参照）、又は外国生命保険会社等が国外で契約した保険契約など、その保険契約自体が新生命保険契約等に該当しないもの（新所法76条5項・P808参照）に係る剰余金等は本①の合計額には含まれない。
ⅲ　新生命保険契約等を他の保険契約（新生命保険契約等に該当しない保険契約）に附帯して契約した場合には、他の保険契約に係る剰余金等も含まれる。
　（注1）この場合、新生命保険契約等を附帯して契約した他の保険契約（新生命保険契約等に該当しないもの）に、別の保険契約（新生命保険契約等に該当しないもの）が附帯して契約されているときには、別の附帯保険契約に係る剰余金等も含まれる（例えば、A保険契約にB保険契約が附帯されており、更にA保険契約に新生命保険契約等であるC保険契約を附帯するような場合には、A，B，Cの全ての保険契約に係る剰余金等の合計額が本①の対象となる）。
　（注2）新所法76条による生命保険料控除額の計算は、新生命保険料、旧生命保険料、介護医療保険料、新個人年金保険料及び旧個人年金保険料の別にそれぞれの控除額を計算することとされ、これらの各保険料に係る剰余金等についてもそれぞれの各保険料から控除することとされている。

　　　　複数の保険料区分にわたる保険契約が附帯されている契約にあって
　　　は、上記3の算式により、各保険料区分に属すべき剰余金等の額を按分
　　　するというものである。
②　上記算式のB（その年に支払った新生命保険契約等に係る保険料のう
　　ち、生命保険料控除額計算の対象となる保険料の額）
　　　　上記3の算式のBは、新所法76条1項本文カッコ書に規定する
　　　「新生命保険料の金額」とされることから、この保険料はその年
　　　に支払った新生命保険料控除額の計算対象となるべきものに限ら
　　　れる（新所令280条の3に規定するものを含む）のは明らかである（新
　　　生命保険契約等が複数ある場合には、その保険料の合計額となる）。
　　　　したがって、新生命保険契約等に他の保険契約（新生命保険契約
　　　等以外のもの）が附帯されていても、他の保険契約に係る保険料は
　　　上記算式のBには含まれない。
③　上記算式のC（その年に支払った新生命保険契約等に係る保険料の合
　　計額）
ⅰ　その年に支払った新生命保険契約等に係る支払保険料の合計額
　　（新生命保険契約等が複数ある場合には、それらの保険料の合計額）となる。
ⅱ　新生命保険契約等を他の保険契約に附帯して締結している場合
　　には、他の保険契約に係る保険料も含まれる（この場合には、上記
　　①ⅲと同様の考え方になる）。

（介護医療保険契約等に係る保険金等の支払事由の範囲）　所令
※編者注：本条は、平22政50により追加され、平24.1.1から施行。
新**第208条の6**　法第76条第2項（生命保険料控除［介護医療保険料に係る
　　控除額の計算・P805参照。編注］）に規定する政令で定める事由［介護医
　　療保険契約等に係る保険金の支払事由。編注］は、次に掲げる事由とする
　　【編者注】。
　一　疾病にかかつたこと又は身体の傷害を受けたことを原因とする
　　人の状態に基因して生ず法第76条第2項に規定する医療費そ
　　の他の費用を支払つたこと。

二 疾病若しくは身体の傷害又はこれらを原因とする人の状態（法第76条第7項［介護医療保険契約等の意義・P811参照。編注］に規定する介護医療保険契約等に係る約款に、これらの事由に基因して一定額の保険金等を支払う旨の定めがある場合に限る。）

三 疾病又は身体の傷害により就業することができなくなつたこと。

【編者注】本条の趣旨等

　本条は、平22政50により廃止された旧所令210条の2（P759参照）と基本的に同様の規定である（ただし、一部の表現と引用する条項数に違いがある）。

　本条については、同条の編者注1～3（P760以降）参照。

（介護医療保険料の対象となる保険料又は掛金）　所令
※編者注：本条は、平22政50により追加され、平24.1.1から施行。

新第208条の7　法第76条第2項（生命保険料控除［介護医療保険料に係る控除額の計算・P805参照。編注］）に規定する政令で定めるもの［介護医療保険料の対象となる保険料等。編注］は、次に掲げる保険料又は掛金とする。

　一 法第76条第5項第1号に掲げる契約［生命保険会社と契約した新生命保険契約等・P809参照。編注］の内容と［、］同条第7項第1号に掲げる契約［生命保険会社・損害保険会社と契約した介護医療保険契約等・P811参照。編注］の内容とが一体となつて効力を有する一の保険契約のうち、特定介護医療保険契約［新所令208条の3第1項第1号・P822、金融庁告示36号・P823参照。編注］に係る保険料

　二 法第76条第5項第3号に掲げる契約［農協等と契約した新生命共済契約等・P810参照。編注］の内容と［、］同条第7項第2号に掲げる生命共済契約等［農協等と契約した介護医療共済契約等・P811参照。編注］の内容とが一体となつて効力を有する一の共済に係る契約のうち、特定介護医療共済契約［新所令208条の3第1項第2号・

P822、農水省告示535号・P826参照。編注］に係る掛金

【編者注】本条の意義等
　本条に関しては、新所令208条の3の編者注1～2（P823）参照。

（承認規定等の範囲）　所令
※編者注：本条は平22政50により追加され、平24.1.1から施行。

新第208条の8　法第76条第5項（生命保険料控除［新生命保険契約等の意義・P808参照。編注］）に規定する確定給付企業年金法第3条第1項第1号（確定給付企業年金の実施）その他政令で定める規定は、同法第6条第1項（規約の変更等）（同法第79条第1項若しくは第2項（実施事業所に係る給付の支給に関する権利義務の他の確定給付企業年金への移転）、第81条第2項（基金から規約型企業年金への移行）、第107条第1項（実施事業所に係る給付の支給に関する権利義務の厚生年金基金への移転）、第110条の2第3項（厚生年金基金の設立事業所に係る給付の支給に関する権利義務の確定給付企業年金への移転）、第111条第2項（厚生年金基金から規約型企業年金への移行）又は附則第25条第1項（適格退職年金契約に係る権利義務の確定給付企業年金への移転）に規定する権利義務の移転又は承継に伴う同法第3条第1項に規定する確定給付企業年金に係る規約（次項において「規約」という。）の変更について承認を受ける場合に限る。）、**第74条第4項**（規約型企業年金の統合）**及び第75条第2項**（規約型企業年金の分割）の規定とする。

2　法第76条第5項［新生命保険契約等の意義・P808参照。編注］に規定する確定給付企業年金法第3条第1項第2号その他政令で定める規定は、**同法第16条第1項**（基金の規約の変更等）（同法第76条第4項（基金の合併）、第77条第5項（基金の分割）、第79条第1項若しくは第2項、第80条第2項（規約型企業年金から基金への移行）、第107条第1項、第110条の2第3項又は附則第25条第1項に規定する権利義務の移転又は承継に伴う規約の変更について認可を受ける場合に限る。）、**第76条第1項、第77条第1項及び第112条第1項**（厚生年金基金から基金への移行）の規定とする。

（生命保険料控除の対象とならない保険契約等）　所令

※編者注：本条は平22政50により次のように改正され、平24.1.1から施行。

新第209条　法第76条第５項第１号（生命保険料控除［新生命保険契約等のうち、生命保険会社等が契約する保険契約・P809参照。編注］）に規定する政令で定める保険契約［生命保険料控除の対象とならない保険契約等。編注］は、保険期間が５年に満たない保険業法第２条第３項（定義［編注：P1345参照］）に規定する生命保険会社又は同条第８項［編注：P1346参照］に規定する外国生命保険会社等の締結した保険契約のうち、被保険者が保険期間の満了の日に生存している場合に限り保険金等を支払う定めのあるもの［、］又は被保険者が保険期間の満了の日に生存している場合及び当該期間中［保険期間中。編注］に災害、感染症の予防及び感染症の患者に対する医療に関する法律（平成10年法律第114号）第６条第２項若しくは第３項（感染症の定義）に規定する一類感染症若しくは二類感染症その他これらに類する特別の事由により死亡した場合に限り保険金等を支払う定めのあるものとする【編者注１】。

2　法第76条第５項第３号［新生命保険契約等のうち、農協等と契約する生命共済契約等・P810参照。編注］に規定する政令で定める生命共済に係る契約［生命保険料控除の対象とならない生命共済契約等。編注］は、共済期間が５年に満たない生命共済に係る契約のうち、被共済者が共済期間の満了の日に生存している場合に限り保険金等を支払う定めのあるもの［、］又は被共済者が共済期間の満了の日に生存している場合及び当該期間中［共済期間中。編注］に災害、前項に規定する感染症その他これらに類する特別の事由により死亡した場合に限り保険金等を支払う定めのあるものとする【編者注１】。

3　法第76条第６項第４号に規定する政令で定めるものは、外国への旅行のために住居を出発した後、住居に帰着するまでの期間（次項において「海外旅行期間」という。）内に発生した疾病又は身体の傷害その他これらに類する事由に基因して保険金等が支払われる保険契約とする【編者注２】。

4　法第76条第7項第2号［介護医療保険契約等のうち、農協等と契約した共済契約・P811参照。編注］に規定する政令で定めるもの［生命保険料控除の対象とならない共済契約等。編注］は、海外旅行期間内［前項参照。編注］に発生した疾病又は身体の傷害その他これらに類する事由に基因して保険金等が支払われる同条第5項第3号に規定する生命共済契約等とする【編者注2】。

【編者注1】いわゆる貯蓄保険契約について
　本条1項及び2項に定める保険契約は、一般に、いわゆる貯蓄保険といわれるもので、これらは新生命保険契約等には該当しない。

【編者注2】傷害保険契約等のいわゆる第三分野の保険契約について
① 本条3項が引用する新所法76条6項4号（P810参照）は、旧生命保険契約の意義・範囲のうち、生命保険会社（外国生命保険会社等を含む）及び損害保険会社（外国損害保険会社等を含む）と契約した傷害保険契約等いわゆる第三分野の保険契約といわれる契約に関する事項を定めるものである。
② ところで、同4号は、介護医療保険契約等の意義・範囲を定める新所法76条7項1号においてそのまま引用されているので、本条3項の規定は、介護医療保険契約等の範囲（新所法76条7項1号・P811参照）にも適用されることになる。
③ 本条3項に規定する保険契約は、いわゆる海外旅行保険契約といわれるもので、この保険契約は旧生命保険契約等及び介護医療保険契約等のいずれにも該当しないことが明らかになった。
④ 本条4項は、農協等と契約したいわゆる海外旅行共済契約も介護医療保険契約に該当しない旨を明示するものである。
　(注)「生命共済契約等」とは、新所法76条5項3号（P810参照）に定義があり、それによれば、「生命共済契約等」とは農業協同組合が締結する生命共済に係る契約、その他新所令210条（次頁参照）に定めるこれに類する共済に係る契約をいうものとされる。

（生命共済契約等の範囲）　所令

※編者注：本条は、平22政50により次のように改正され、平24.1.1から施行。なお、1号から5号までは、平22改正前と同文である。

新第210条　法第76条第5項第3号（生命保険料控除［新生命保険契約等のうち、農協等と契約する生命共済等・P810参照。編注］）に規定する共済に係る契約に類する政令で定める共済に係る契約［新生命保険契約等となる共済に係る契約。編注］は、次に掲げる契約とする。

　一　農業協同組合法第10条第1項第10号（共済に関する施設）の事業を行う農業協同組合連合会の締結した生命共済に係る契約

　二　水産業協同組合法第11条第1項第11号（漁業協同組合の組合員の共済に関する事業）若しくは第93条第1項第6号の2（水産加工業協同組合の組合員の共済に関する事業）の事業を行う漁業共同組合若しくは水産加工業協同組合［、］又は共済水産業協同組合連合会の締結した生命共済に係る契約（漁業協同組合又は水産加工業協同組合の締結した契約にあっては、財務省令［所規40条の5・次頁参照。編注］で定める要件を備えているものに限る。）

　三　消費生活協同組合法（昭和23年法律第200号）第10条第1項第4号（組合員の生活の共済を図る事業）の事業を行う消費生活協同組合連合会の締結した生命共済に係る契約

　四　中小企業等協同組合法第9条の2第7項（事業協同組合及び事業協同小組合）に規定する共済事業を行う同項に規定する特定共済組合又は同法第9条の9第4項（協同組合連合会）に規定する特定共済組合連合会（当該共済事業に係る同法第9条の6の2第1項（共済規程）に規定する共済規程につき同項（同法第9条の9第5項において準用する場合を含む。）の規定による認可を受けたものに限る。）の締結した生命共済に係る契約

　五　法律の規定に基づく共済に関する事業を行う法人の締結した生命共済に係る契約で［、］その事業及び契約の内容が前各号に掲げるものに準ずるものとして財務大臣の指定するもの［昭62大蔵省告示159号・P771参照。編注］

■**参考：所得税法施行規則40条の5**
　（生命共済契約等の対象となる共済に係る契約の要件の細目）
　　※編者注：本条は、平22財務令12により次のように改正され、平24.1.1から施行。
新**第40条の5**　**令第210条第2号**（生命共済契約等の範囲［編注：前頁参照］）に規定する財務省令で定める要件は、同号に規定する漁業協同組合又は水産加工業協同組合（以下この条において「組合」という。）が、その締結した生命共済に係る契約により負う共済責任を当該組合を会員とする共済水産業協同組合連合会（その業務が全国の区域に及ぶものに限る。）との契約により連帯して負担していること（当該契約［組合と共済水産業協同組合連合会との契約。編注］により当該組合はその共済責任についての当該負担部分を有しない場合に限る。）とする。

　（退職年金に関する契約の範囲）　所令
　　※編者注：現行所令210条の3は、平22政50により次のように改正（条数も210条の2と改正）され、平24.1.1から施行。
新**第210条の2**　**法第76条第5項第4号**（生命保険料控除［新生命保険契約等の範囲・P810参照。編注］）に規定する退職年金に関する契約で政令で定めるもの［新生命保険契約等となる退職年金に関する契約。編注］は、**法人税法附則第20条第3項**（退職年金等積立金に対する法人税の特例）に規定する適格退職年金契約とする【編者注】。

　【編者注】本条に関する編者注
　　本条は、旧所令210条の3と基本的に同じであるので、同条の編者注（P761）参照。

　（年金給付契約の対象となる契約の範囲）　所令
　　※編者注：本条は、平22政50により次のように改正され、平24.1.1から施行。
新**第211条**　**法第76条第8項**（生命保険料控除［新個人年金保険契約等の意義・P811参照。編注］）に規定する年金を給付する定めのある契約で政令で定めるもの［新個人年金保険契約等となる年金を給付する契約の範囲。編

注]は、次に掲げる契約とする。

一　法第76条第５項第１号［新生命保険契約等となる生命保険会社が締結する生命保険契約等・P809参照。編注］に掲げる契約で［、］年金の給付を目的とするもの【編者注１】（退職年金の給付を目的とするものを除く【編者注２】。）のうち、当該契約の内容（同条第３項に規定する特約［疾病・傷害等の特約。新所法76条３項本文・P806参照。編注］が付されている契約又は他の保険契約に附帯して締結した契約にあつては、当該特約又は他の保険契約の内容を除く［年金給付を目的のする契約に疾病・傷害等の特約付きのものは、その特約部分を除外し、他の保険契約に年金給付を目的とする保険契約を附帯しているものは、他の保険契約部分を除外して次の要件を判定する。編注］。）が次に掲げる要件を満たすもの
［イからニ省略。編注：P773に掲げる平22改正前の所令211条１号イからニと同文。］

二　法第76条第５項第２号［編注：P809参照］に規定する旧簡易生命保険契約で年金の給付を目的とするもの【編者注１】（退職年金の給付を目的とするものを除く【編者注２】。）のうち、当該契約の内容（同条第３項に規定する特約［疾病・傷害等の特約。新所法76条３項本文・P806参照。編注］が付されている契約にあつては、当該特約の内容を除く［年金給付を目的のする契約に疾病・傷害等の特約付きのものは、その特約部分を除外して前号イからニまでの要件を判定する。編注］。）が前号イからニまでに掲げる要件を満たすもの

三　第210条第１号及び第２号（生命共済契約等の範囲［編注：P838参照］）に掲げる生命共済に係る契約（法第76条第５項第３号に規定する農業協同組合の締結した生命共済に係る契約を含む【編者注３】。）で年金の給付を目的とするもの【編者注１】（退職年金の給付を目的とするものを除く【編者注２】。次号において同じ。）のうち、当該契約の内容（法第76条第３項に規定する特約［疾病・傷害等の特約。新所法76条３項本文・P806参照。編注］が付されている契約又は他の生命共済に係る契約に附帯して締結した契約にあつては、当該特約又は他の生命共済に係る契約の内容を除く［年金給付を目的のする契約に疾病・傷害等の特約付きのものは、

その特約部分を除外し、他の共済契約に年金給付を目的とする共済契約を附帯しているものは、他の共済契約部分を除外して第1号イからニまでの要件を判定する。編注］。次号ロにおいて同じ。）が**第1号イからニまでに掲げる要件に相当する要件その他の財務省令**［所規40条の6。編注］**で定める要件を満たすもの**

［編注：「その他の財務省令で定める要件」となっているので、具体的には、本号に掲げるものを含めて所規40条の6（後掲参照）に規定する要件となる。］

四　［省略。編注：P775に掲げる平22改正前の所令211条4号と同文。］

【編者注1】年金の給付を目的とするものの意義
　本条に規定する「年金の給付を目的とするもの」の意義については、昭59.8.27個別通達1(1)①・P783参照。

【編者注2】退職年金の給付を目的とするものの意義
　本条に規定する「退職年金の給付を目的とするもの」の意義については、前掲個別通達1(1)②・P784参照。

【編者注3】農業協同組合の締結した生命共済
　本条3号の生命共済には、当然に農業協同組合の締結した生命共済も含まれる。同号が引用する新所令210条の規定は、新所法76条5項3号の「農業協同組合の締結した生命共済に係る契約その他政令で定める」という委任に基づくもので、「その他」となっていることから新所令210条1号及び2号に農業協同組合が掲げられていない。以上のことから、新所令211条3号ではカッコ書でこのことを明示している。

■参考：所得税法施行規則40条の6
　（年金給付契約の対象となる共済に係る契約の要件の細目）

　※編者注：本条は、平22財務令12により次のように改正され、平24.1.1から施行。

新第40条の6　令第211条第3号（年金給付契約の対象となる契約の範囲［編注：P840参照］）に規定する財務省令で定める要件は、次に掲げる要件とする。

　［一～三省略。編注：P778に掲げる平22改正前の所規40条の6第1項1号から

3号と同文。]

2　[省略。編注：P780に掲げる平22改正前の所規40条の6第2項と同文。]

(生命保険料控除の対象となる年金給付契約の要件)　所令

※編者注：本条は、平22政50により次のように改正され、平24.1.1から施行。なお、1号から3号までは改正前と同文である。]

新第212条　法第76条第8項第3号 (生命保険料控除 [新個人年金保険契約等における年金の支払に関する要件・P812参照。編注]) に規定する政令で定める要件は、前条各号 [新所令211条・P839参照。編注] に掲げる契約に基づく同項第1号に定める個人 [年金受取人。新所法76条8項1号・P812参照。編注] に対する年金の支払を次のいずれかとするものであることとする。

一　当該年金の受取人【編者注1】の年齢が60歳に達した日の属する年の1月1日以後の日 (60歳に達した日が同年 [60歳に達した日の属する年。編注] の1月1日から6月30日までの間である場合にあつては、同年 [60歳に達した日の属する年。編注] の前年7月1日以後の日) で [、] 当該契約で定める日以後10年以上の期間にわたつて定期に行うものであること【編者注2】。

二　当該年金の受取人が生存している期間にわたつて定期に行うものであること【編者注3】。

三　第1号に定める年金 [確定年金、保証期間付有期年金等。編注] の支払のほか、当該契約に係る被保険者 [年金の対象となる者。編注] 又は被共済者の重度の障害を原因として年金の支払を開始し、かつ、当該年金の支払開始日以後10年以上の期間にわたつて【編者注2】、又はその者 [被保険者又は被共済者。編注] が生存している期間にわたつて【編者注3】定期に行うものであること。

【編者注】本条の編者注について

　本条の編者注については、旧所令212条の編者注1から同3まで (P782) を参照。

第8節　生命保険料控除の控除証明に関する法令等

所　得　税　法

（確定所得申告）

第120条　［第1項及び第2項省略。編注］

3　次の各号に掲げる居住者が第1項の規定による申告書を提出する場合には、政令［所令262条・後掲参照。編注］で定めるところにより、当該各号に定める書類を当該申告書に添付し、又は当該申告書の提出の際提示しなければならない。（直近改・平20法23）

一　第1項の規定による申告書［確定申告書。編注］に雑損控除、医療費控除、社会保険料控除（［省略］）、小規模企業共済等掛金控除、生命保険料控除、地震保険料控除又は寄附金控除に関する事項を記載する居住者

これらの控除を受ける金額の計算の基礎となる金額その他の事項を証する書類［所令262条1項参照。編注］

二　［以下省略］

所得税法施行令

※編者注：下掲の施行令262条は、平22政50によりP845に掲げるように改正されたが、現行262条は平成23年分まで適用される（平22改正附則1条4号）。

（確定申告書に関する書類の提出又は提示）

第262条　法第120条第3項第1号（確定所得申告［雑損・医療費・社会保険料・小規模企業共済等掛金・生命保険料・地震保険料・寄附金の各控除を受ける者。編注］）（法第122条第3項（還付等を受けるための申告）、第123条第3項（確定損失申告）、第125条第4項（年の中途で死亡した場合の確定申告）及び第127条第4項（年の中途で出国する場合の確定申告）において準用する場合を

含む。)に掲げる居住者は、次に掲げる書類を確定申告書に添付し[、]又は当該申告書の提出の際提示しなければならない【編者注】。

ただし、第３号から第６号までに掲げる書類[社会保険料、小規模企業共済等掛金、生命保険料、地震保険料（旧長期損害保険料を含む）に関する書類。編注]で[、]**法第190条第２号**(年末調整)の規定により同号[所法190条２号。編注]に規定する給与所得控除後の給与等の金額から控除された[省略]**社会保険料**、[省略]**小規模企業共済等掛金**[省略]、[省略]**生命保険料**[省略]、[省略]**個人年金保険料**[省略]又は[省略]**地震保険料**（以下この条において「地震保険料」[旧長期損害保険料を含む。平18改正所法附則10条２項１号参照。編注]という。）に係るものについては、この限りでない。(直近改・平20政155)

一～四　[省略]

五　確定申告書に生命保険料控除に関する事項を記載する場合にあっては、当該申告書に記載したその控除を受ける金額に係る法第76条第１項[生命保険料控除。編注]に規定する生命保険契約等のうちに[、]当該契約に基づきその年中に支払った生命保険料の金額（その年において当該契約に基づく剰余金の分配若しくは割戻金の割戻しを受け、又は当該契約に基づき分配を受ける剰余金若しくは割戻しを受ける割戻金をもって生命保険料の払込みに充てた場合には、当該剰余金又は割戻金の額を控除した残額）が**9,000円**を超えるもの[各契約ごとに判定する。編注]がある場合[、]又は同条第２項[個人年金保険。編注]に規定する個人年金保険契約等に基づきその年中に支払った個人年金保険料の金額（その年において当該契約に基づく剰余金の分配若しくは割戻金の割戻しを受け、又は当該契約に基づき分配を受ける剰余金若しくは割戻しを受ける割戻金をもって個人年金保険料の払込みに充てた場合には、当該剰余金又は割戻金の額を控除した残額）がある場合[個人年金保険料については、金額に制限がない。編注]には、当該生命保険料の金額又は個人年金保険料の金額その他財務省令[所規47条の２第１項１号及び２号・後掲参照。編注]で定める事項を証する書類

六　確定申告書に地震保険料控除に関する事項を記載する場合にあっては、当該申告書に記載したその控除を受ける金額の計算の基礎となる地震保険料［旧長期損害保険料を含む。編注］の金額その他財務省令［所規47条の２第２項。編注］で定める事項を証する書類

七　［以下省略］

【編者注】確定申告を電子申告する場合の添付書類について

　電子申告により確定申告を行う場合、所令262条に規定する書類（第三者作成書類という）のうち、平20国税庁告示37号（P853参照）に掲げる書類については、その書類に記載されている事項を入力して確定申告情報と併せて送信することにより、添付又は提示に代えることができる。

　この場合、税務署長は、必要に応じ、その確定申告に係る法定申告期限から３年を経過する日までの間、第三者作成書類を提示又は提出させることができる。（国税オンライン化省令５条・P852、平19国税庁告示８号・P854参照）。

　これらの詳細は、国税関係法令に係る行政手続等における情報通信の技術の利用に関する省令等（P852）参照。

※編者注：平22政50による改正後の施行令262条を次に掲げる。本令は平24.1.1から施行される。なお、１項６号は、平成22年改正前と同文である。

（確定申告書に関する書類の提出又は提示）

新**第262条**　法第120条第３項第１号（確定所得申告［雑損・医療費・社会保険料・小規模企業共済等掛金・生命保険料・地震保険料・寄附金の各控除を受ける者。編注］）（法第122条第３項（還付等を受けるための申告）、第123条第３項（確定損失申告）、第125条第４項（年の中途で死亡した場合の確定申告）及び第127条第４項（年の中途で出国する場合の確定申告）において準用する場合を含む。）に掲げる居住者は、次に掲げる書類を確定申告書に添付し［、］又は当該申告書の提出の際提示しなければならない【編者注】。

ただし、第3号から第6号までに掲げる書類［社会保険料、小規模企業共済等掛金、生命保険料、地震保険料（旧長期損害保険料を含む）に関する書類。編注］で［、］法第190条第2号（年末調整）の規定により同号［所法190条2号。編注］に規定する給与所得控除後の給与等の金額から控除された［省略］社会保険料、［省略］小規模企業共済等掛金（［省略］）、法第76条第1項（生命保険料控除［編注：P813参照］）に規定する新生命保険料（第5号イにおいて「新生命保険料」という。）若しくは旧生命保険料（第5号ロにおいて「旧生命保険料」という。）、同条第2項［平22改正後の所法（以下「新所法」）76条2項・P805参照。編注］に規定する介護医療保険料（第5号ハにおいて「介護医療保険料」という。）、同条第3項［新所法76条3項・P806参照。編注］に規定する新個人年金保険料（第5号ニにおいて「新個人年金保険料」という。）若しくは旧個人年金保険料（第5号ホにおいて「旧個人年金保険料」という。）又は法第77条第1項（地震保険料控除［編注：P860参照］）規定する地震保険料（第6号において「地震保険料」［旧長期損害保険料を含む。平18改正所法附則10条2項1号参照。編注］という。）に係るものについては、この限りでない。

一～四　［省略］

五　確定申告書に生命保険料控除に関する事項を記載する場合にあっては、当該申告書に記載したその控除を受ける金額の計算の基礎となる次に掲げる保険料の金額その他財務省令［平22改正後の所規（以下「新所規」）47条の2・P850参照］で定める事項を証する書類（ロに掲げる金額に係るものにあっては、当該金額が9,000円を超える法第76条第6項［編注：P810参照］に規定する旧生命保険契約等（ロにおいて「旧生命保険契約等」という。）に係るものに限る。）

［編注：生命保険料控除証明書等の提出省略範囲については、旧生命保険料について9,000円の定めがあるのみで、新生命保険料、介護医療保険料、新・旧個人年金保険料については、保険料の多寡に拘わらず、すべての保険料について控除証明に関する書類の提出が必要とされた。］

　　イ　新生命保険料の金額（その年において当該新生命保険料の金額に係る法第76条第5項［編注：P808参照］に規定する新生命保険契約等に

基づく剰余金の分配若しくは割戻金の割戻しを受け、又は当該新生命保険契約等に基づき分配を受ける剰余金若しくは割戻しを受ける割戻金をもって当該新生命保険料の払込みに充てた場合には、当該剰余金又は割戻金の額（当該新生命保険料に係る部分の金額として第208条の５第１項（新生命保険料等の金額からを控除する剰余金等の額［編注：P830参照］）の定めるところにより計算した金額に限る。）を控除した残額）

ロ　旧生命保険料の金額（その年において当該旧生命保険料の金額に係る旧生命保険契約等に基づく剰余金の分配若しくは割戻金の割戻しを受け、又は当該旧生命保険契約等に基づき分配を受ける剰余金若しくは割戻しを受ける割戻金をもって当該旧生命保険料の払込みに充てた場合には、当該剰余金又は割戻金の額（当該旧生命保険料に係る部分の金額に限る。）を控除した残額）

ハ　介護医療保険料の金額（その年において当該介護医療保険料の金額に係る法第76条第７項［編注：P811参照］に規定する介護医療保険契約等に基づく剰余金の分配若しくは割戻金の割戻しを受け、又は当該介護医療保険契約等に基づき分配を受ける剰余金若しくは割戻しを受ける割戻金をもって当該介護医療保険料の払込みに充てた場合には、当該剰余金又は割戻金の額（当該介護医療保険料に係る部分の金額として第208条の５第２項において準用する同条第１項［新生命保険料等の金額から控除する剰余金等の額・P830参照。編注］の定めるところにより計算した金額に限る。）を控除した残額）

ニ　新個人年金保険料の金額（その年において当該新個人年金保険料の金額に係る法第76条第８項［編注：P811参照］に規定する新個人年金保険契約等に基づく剰余金の分配若しくは割戻金の割戻しを受け、又は当該新個人年金保険契約等に基づき分配を受ける剰余金若しくは割戻しを受ける割戻金をもって当該新個人年金保険料の払込みに充てた場合には、当該剰余金又は割戻金の額（当該新個人年金保険料に係る部分の金額として第208条の５第２項において準用する同条第１項［新生命保険料等の金額から控除する剰余金等の額・P830参照。編注］の定めるところにより計算した金額に限る。）を控除した残額）

ホ　旧個人年金保険料の金額（その年において当該旧個人年金保険料の金額に係る法第76条第9項［編注：P812参照］に規定する旧個人年金保険契約等に基づく剰余金の分配若しくは割戻金の割戻しを受け、又は当該旧生個人年金険契約等に基づき分配を受ける剰余金若しくは割戻しを受ける割戻金をもって当該旧個人年金保険料の払込みに充てた場合には、当該剰余金又は割戻金の額（当該旧個人年金保険料に係る部分の金額に限る。）を控除した残額）

　六　確定申告書に地震保険料控除に関する事項を記載する場合にあっては、当該申告書に記載したその控除を受ける金額の計算の基礎となる地震保険料［旧長期損害保険料を含む。編注］の金額その他財務省令［新所規47条の2第2項・次頁参照。編注］で定める事項を証する書類

　七　［以下省略］

【編者注】本条の編者注について
　本条に関する編者注については、平22改正前の所令262条の編者注（P845）参照。

所得税法施行規則

※編者注：下掲の施行規則47条の2は、平22財務令12によりP850に掲げるように改正されたが、現行47条の2は平成23年分まで適用される（平22改正附則1条3号）。

（生命保険料控除に関する証明事項等）
第47条の2　令第262条第1項第5号（確定申告書に関する書類の提出又は提示［生命保険料又は個人年金保険料に関する書類・P844参照。編注］）に規定する財務省令で定める事項は、次の各号に掲げる場合の区分に応じ［、］当該各号に掲げる事項とする。（直近改・平19財務令55）
　一　法第76条第3項（生命保険料控除［生命保険契約等の意義・P747参照。編注］）に規定する生命保険契約等に係る生命保険料の場合

当該生命保険契約等の保険契約者若しくは共済契約者の氏名〔、〕又は確定給付企業年金、退職年金若しくは退職一時金の受取人の氏名〔、〕及び当該生命保険契約等に係る保険料又は掛金が法第76条第1項〔生命保険料の控除額の計算・P745参照。編注〕に規定する生命保険料に該当する旨【編者注】

二　法第76条第4項〔個人年金保険契約等の意義・P748参照。編注〕に規定する個人年金保険契約等に係る個人年金保険料の場合

当該個人年金保険契約等の種類、保険契約者又は共済契約者の氏名、年金受取人の氏名及び生年月日、当該年金の支払開始日及び支払期間〔、〕並びに当該個人年金保険契約等に係る保険料又は掛金の払込期間及び当該保険料又は掛金が法第76条第2項〔個人年金保険料の控除額の計算・P746参照。編注〕に規定する個人年金保険料に該当する旨【編者注】

2　令第262条第1項第6号〔地震保険料に関する書類・P845参照。編注〕に規定する財務省令で定める事項は、同号に規定する地震保険料に係る法第77条第1項（地震保険料控除）に規定する損害保険契約等〔具体的には、所法77条2項に規定する損害保険契約等・P860参照。旧長期損害保険契約を含む。編注〕の保険契約者又は共済契約者の氏名、保険又は共済の種類及びその目的並びに当該損害保険契約等に係る保険料又は掛金が同項〔所法77条1項・P860参照。編注〕に規定する地震保険料〔旧長期損害保険料を含む。編注〕に該当する旨とする。

3　〔以下省略〕

【編者注】生命保険料控除証明書について

通常、所令262条1項5号及び本条1項1号に規定する必要な事項は、生命保険会社等の発行する「生命保険料控除証明書」等に記載されている。

ところで、所令262条1項5号及び本条1項1号の規定の趣旨からすれば、上記「生命保険料控除証明書」の添付又は提示が絶対的に必要であるのではなく、この証明書は実務の便宜として発行され

ているに過ぎない。

　したがって、何らかの都合でこの証明書を添付又は提示できないようなときにおいても、保険証券、保険料領収書、銀行等の振込書あるいは預金通帳等から払込保険料の金額、契約者の氏名、退職年金等の場合の受取人の氏名等につき、その保険契約が控除対象に該当する旨を明らかにすることができるような場合には、これらの書類をもって上記各規定に規定する書類とすることが可能であると解される。

　以上のことは、個人年金保険料、地震保険料、旧長期損害保険料についても同様である。

※編者注：平22財務令12による改正後の施行規則47条の2を次に掲載する。本規則は平24.1.1から施行。

（生命保険料控除に関する証明事項等）

新第47条の2　令第262条第1項第5号（確定申告書に関する書類の提出又は提示［生命保険料控除に関する書類・P846参照。編注］）に規定する財務省令で定める事項は、次の各号に掲げる保険料の区分に応じ当該各号に掲げる事項とする。

　一　法第76条第1項（生命保険料控除［編注：P802参照］）に規定する新生命保険料

　　　当該新生命保険料に係る同条第5項［編注：P808参照］に規定する新生命保険契約等の保険契約者若しくは共済契約者の氏名［、］又は確定給付企業年金、退職年金若しくは退職一時金の受取人の氏名［、］及び当該新生命保険契約等に係る保険料又は掛金が同条第1項に規定する新生命保険料に該当する旨【編者注】

　二　法第76条第1項［編注：P802参照］に規定する旧生命保険料

　　　当該旧生命保険料に係る同条第6項［編注：P810参照］に規定する旧生命保険契約等の保険契約者若しくは共済契約者の氏名［、］又は確定給付企業年金、退職年金若しくは退職一時金の受取人の氏名［、］及び当該旧生命保険契約等に係る保険料又は掛金が同

条第1項に規定する旧生命保険料に該当する旨【編者注】
三　法第76条第2項〔編注：P805参照〕に規定する介護医療保険料
　　当該介護医療保険料に係る同条第7項〔編注：P811参照〕に規定する介護医療保険契約等の保険契約者若しくは共済契約者の氏名〔、〕及び当該介護医療険契約等に係る保険料又は掛金が同条第2項に規定する介護医療保険料に該当する旨【編者注】
四　法第76条第3項〔編注：P806参照〕に規定する新個人年金保険料
　　当該新個人年金保険料に係る同条第8項〔編注：P811参照〕に規定する新個人年金保険契約等の種類、保険契約者又は共済契約者の氏名、年金受取人の氏名及び生年月日、当該年金の支払開始日及び支払期間〔、〕並びに当該新個人年金保険契約等に係る保険料又は掛金の払込期間〔、〕及び当該保険料又は掛金が同条第3項に規定する新個人年金保険料に該当する旨【編者注】
五　法第76条第3項〔編注：P806参照〕に規定する旧個人年金保険料
　　当該旧個人年金保険料に係る同条第9項〔編注：P812参照〕に規定する旧個人年金保険契約等の種類、保険契約者又は共済契約者の氏名、年金受取人の氏名及び生年月日、当該年金の支払開始日及び支払期間〔、〕並びに当該旧個人年金保険契約等に係る保険料又は掛金の払込期間〔、〕及び当該保険料又は掛金が同条第3項に規定する旧個人年金保険料に該当する旨【編者注】

2　令第262条第1項第6号〔地震保険料に関する書類・P848参照。編注〕に規定する財務省令で定める事項は、法第77条第1項（地震保険料控除）に規定する地震保険料に係る同条第2項〔編注：P861参照〕に規定する損害保険契約等〔旧長期損害保険契約を含む。編注〕の保険契約者又は共済契約者の氏名、保険又は共済の種類及びその目的並びに当該損害保険契約等に係る保険料又は掛金が同条第1項〔所法77条1項・P860参照。編注〕に規定する地震保険料〔旧長期損害保険料を含む。編注〕に該当する旨とする。

3 ［以下省略］

【編者注】本条の編者注について
　本条に関する編者注については、平22改正前の所規47条の2の編者注（P849）参照。

■参考：国税関係法令に係る行政手続等における情報通信の技術の利用に関する省令5条（平15財務令71号。直近改・平22財務令1号）
（電子情報処理組織による申請等）
第5条　［第1項省略。編注］
　2　前項の申請等［確定申告等。編注］が行われる場合において、税務署長等は、当該申請等につき規定した法令の規定に基づき添付すべきこととされている書面等（以下この条において「添付書面等」という。）に記載されている事項又は記載すべき事項を併せて入力して送信させることをもって、当該添付書面等の提出に代えさせることができる。
　3　前項の場合において、国税庁長官が定める添付書面等［平20国税庁37号・次頁参照。編注］に記載されている事項又は記載すべき事項を入力するとき［入力し送信した場合。編注］は、税務署長等は、国税庁長官が定める期間［平19国税庁告示8号・P854参照。編注］、当該入力に係る事項の確認のために必要があるときは、当該添付書面等を提示又は提出させることができる。
　4　第2項の規定は、申請等を行った者が前項の規定による提示又は提出に応じない場合には、当該提示又は提出に応じない添付書面等については、適用しない【編者注】。
　5　［以下省略］

【編者注】4項の趣旨
　本条4項に該当する場合には、その確定申告書は法令の定める添付書面等の添付又は提示のない申告書となる。
　ところで、添付書面等の提示又は提出のない確定申告書の効果に

ついては、その根拠となる規定に、例えば「第1項〔収用交換の特別控除。編注〕の規定は、…適用を受けようとする年分の確定申告書に…財務省令で定める書類の添付がある場合に限り、適用する」（措法33条の4④）のように規定されている場合には、書類の添付のない確定申告書においてはその効果（収用交換の特別控除）を受けられないのは当然である。

しかし、本条3項に規定する「国税庁長官が定める添付書面等」（平20国税庁告示37号・下掲参照）に掲げる書類の根拠規定のうち所令262条1項は、「書類を確定申告書に添付し又は当該申告書の提出の際提示しなければならない」と規定し、同262条3項は、「源泉徴収票を添付しなければならない」と規定している。

これらの規定の趣旨は、添付書面等の提示又は提出が効力発生要件でないことは明らかであり、その提示又は提出のないことをもって直ちにその適用（例えば、生命保険料控除の適用）が否認されるものではなく、税務署長等が調査その他の方法によっても確定申告書に記載されている事項の内容等を確認できない場合に初めてその適用が否認されるものと解される。

■参考：国税庁告示「国税関係法令に係る行政手続等における情報通信の技術の利用に関する省令第5条第3項に規定する国税庁長官が定める添付書面等を定める件」（平20・国税庁37）

国税関係法令に係る行政手続等における情報通信の技術の利用に関する省令（平成15年財務省令第71号）第5条第3項の規定に基づき、同項に規定する国税庁長官が定める添付書面等を次のように定め、平成21年1月5日以後に入力して送信する平成19年分以後の所得税について適用する。

なお、国税関係法令に係る行政手続等における情報通信の技術の利用に関する省令第5条第3項に規定する国税庁長官が定める添付書面等を定める件（平成19年国税庁告示第31号）は、廃止する。

国税関係法令に係る行政手続等における情報通信の技術の利用に関する省

令第5条第3項に規定する国税庁長官が定める添付書面等は、次に掲げる書類とする。

一 所得税法（昭和40年法律第33号。以下「法」という。）第57条の2第3項［給与所得控除額に代わる特定支出を証する書類。編注］に規定する証明の書類［、］及び所得税法施行令（昭和40年政令第96号。以下「政令」という。）第167条の5各号［給与所得控除額に代わる特定支出を証する書類。編注］に定める書類

二 法［所法。編注］第95条第5項［外国税額控除。編注］に規定する外国所得税を課されたことを証明する書類［、］並びに所得税法施行規則（昭和40年大蔵省令第11号。以下「規則」という。）第41条各号［外国税額控除を受けるための書類。編注］［、］及び規則第42条第1項［繰越・繰戻しによる外国税額控除を受けるための書類。編注］に規定する規則第41条各号［外国税額控除を受けるための書類。編注］に掲げる書類に相当する書類

三 政令［所令。編注］第262条第1項第1号から第6号までに掲げる書類［雑損控除、医療費控除、社会保険料控除、小規模企業共済等掛金控除、生命保険料控除、地震保険料控除に関する領収書等のいわゆる第三者作成書類。所令262条の編者注・P859参照。編注］（所得税法施行令の一部を改正する政令（平成18年政令第124号）附則第14条第3項［旧長期損害保険料の支払がある場合の所令の読み替え規定。編注］の規定により読み替えられた政令第262条第1項第6号［旧長期損害保険料に関する第三者作成書類。編注］に掲げる書類を含む。）［、］並びに規則［所規。編注］第47条の2第3項各号［寄附金控除に関する第三者作成書類。編注］［、］及び［編注：所規47条の2］第4項各号［勤労学生控除に関する第三者作成書類。編注］に定める書類

四 政令［所令。編注］第262条第3項［給与所得、退職所得又は公的年金等に係る源泉徴収票。編注］に規定する源泉徴収票

五 ［以下省略］

■参考：国税庁告示「国税関係法令に係る行政手続等における情報通信の技術の利用に関する省令第5条第3項に規定する国税庁長官が定める期間を定める件（平19・国税庁8）

国税関係法令に係る行政手続等における情報通信の技術の利用に関する省

令（平成15年財務省令第71号）第5条第3項の規定に基づき、同項に規定する国税庁長官が定める期間を次のように定め、平成20年1月4日から適用する。
1　この告示で使用する用語は、国税通則法（昭和37年法律第66号）及び行政手続等における情報通信の技術の利用に関する法律（平成14年法律第151号）において使用する用語の例による。
2　国税関係法令に係る行政手続等における情報通信の技術の利用に関する省令第5条第3項に規定する国税庁長官が定める期間は、国税の法定申告期限（電子情報処理組織を使用して還付請求申告書の提出があった場合には、当該申告書の提出があった日。以下「法定申告期限」という。）から、当該法定申告期限から3年を経過する日［法定申告期限の翌日から起算し、3年目の応当日の前日。編注］（電子情報処理組織を使用して期限後申告書の提出があった場合には、同日［法定申告期限の翌日から起算し、3年目の応当日の前日。編注］とその提出があった日から2年を経過する日［提出の日の翌日から起算し、2年目の応当日の前日。編注］とのいずれか遅い日）までの間とする。

第11章

地震保険料控除に関連する法令・通達等

第1節 地震保険料控除に関連する法令・通達等の索引

　地震保険料控除に関連する法令・通達、情報、質疑応答事例、事前照会に対する文書回答事例、判例、裁決例等で、本章に収録したものは、以下のとおり。

法令等の索引

□所得税法
　　第77条　　　　　　地震保険料控除　*860*
　　第77条［平18改正前］損害保険料控除　*877*
□所得税法等の一部改正の附則（平18法10）
　　第10条　地震保険料控除に関する経過措置　*871*
□所得税法施行令
　　第213条　地震保険料控除の対象とならない保険料又は掛金　*867*
　　第214条　地震保険料控除の対象となる共済に係る契約の範囲　*869*
□所得税法施行令の一部改正の附則（平18政令124）
　　第14条　地震保険料控除に関する経過措置　*877*
□所得税法施行規則
　　第40条の7　地震保険料控除の対象となる共済に係る契約の要件の細目　*870*
□財務省告示
　　・地震保険料控除の対象となる自然災害共済に係る契約を指定する件（平18・財務139）　*871*
□所得税基本通達
　　77-1　賦払の契約により購入した資産　*863*
　　77-2　居住の用に供する家屋　*864*
　　77-3　損害保険契約等に基づく責任開始日前に支払った地震保険料　*864*

77-5 一の契約に基づく地震保険料のうちに控除の対象となるものとならないものとがある場合の区分 *865*

77-6 店舗併用住宅等について支払った地震保険料の特例 *866*

77-7 支払った地震保険料の金額等 *866*

第2節　地震保険料控除に関連する法令等の条項

所　得　税　法

（地震保険料控除）

※編者注：｛　｝は、平18法改正附則10条2項に規定する旧長期損害保険料がある場合の読み替えである。同2項本文後段（P871）参照。

第77条　居住者が、各年において、自己若しくは自己と生計を一にする【編者注1】配偶者その他の親族【編者注2】の有する【編者注3】家屋【編者注4】で常時その居住の用に供するもの［、］又はこれらの者［自己及び生計を一にする配偶者その他の親族。編注］の有する第9条第1項第9号（非課税所得）に規定する資産［家庭用動産。編注］を保険又は共済｛保険若しくは共済｝の目的とし、かつ、地震若しくは噴火又はこれらによる津波を直接又は間接の原因とする火災、損壊、埋没又は流失による損害（以下この項において「地震等損害」［地震・噴火・津波を原因とする火災・損壊・埋没・流失による損害。編注］という。）によりに［、］これらの資産［家屋、家庭用動産。編注］について生じた損失の額をてん補する保険金又は共済金｛保険金若しくは共済金｝が支払われる損害保険契約等に係る地震等損害部分の保険料又は掛金｛若しくは掛金｝【編者注5】（政令［所令213条・P867参照。編注］）で定めるものを除く。以下この項において「地震保険料」という。）を支払った場合｛又は所得税法等の一部を改正する等の法律（平成18年法律第10号）附則第10条第2項（地震保険料控除に関する経過措置）に規定する長期損害保険契約等に係る同項［附則10条2項。編注］に規定する損害保険料［旧長期損害保険料。編注］を支払った場合｝【編者注6】には、その年中に支払った地震保険料の金額【編者注7、8】の合計額（その年において損害保険契約等に基づく剰余金の分配若しくは割戻金の割戻しを受け、又は損害保険契約等に基づき分配を受ける剰余金若しくは割戻しを受ける割戻金をもって地震保険料の払込みに

充てた場合には［、］当該剰余金又は割戻金の額（地震保険料に係る部分の金額に限る。）を控除した残額とし、その金額［剰余金等を控除した後の保険料金額］が5万円を超える場合には5万円とする。）を、その居住者のその年分の総所得金額、退職所得金額又は山林所得金額から控除する【編者注9】。（直近改・平18法10）

［編注：損害保険契約等の意義］

2　前項に規定する損害保険契約等とは、次に掲げる契約に附帯して締結されるもの［、］又は当該契約［次に掲げる契約。編注］と一体となって効力を有する一の保険契約【編者注10】若しくは共済に係る契約をいう。

　一　保険業法第2条第4項（定義［編注：P1346参照］）に規定する損害保険会社又は同条第9項［編注：P1346参照］に規定する外国損害保険会社等の締結した保険契約のうち［、］一定の偶然の事故によって生ずることのある損害をてん補するもの（前条第3項第4号［いわゆる第三分野の保険契約である傷害保険契約等・P748参照。編注］に掲げるもの及び当該外国損害保険会社等が国外において締結したものを除く。）

　　※編注：平24.1.1以降、■■■の部分は、「第6項」に改まる（平22法6改正）。

　二　農業協同組合法第10条第1項第10号（共済に関する施設）の事業を行う農業協同組合の締結した建物更生共済又は火災共済に係る契約その他政令［所令214条・P869。編注］で定めるこれらに類する共済に係る契約

3　第1項の規定による控除｛控除（所得税法等の一部を改正する等の法律（平成18年法律第10号）附則第10条第2項の規定による控除を含む。）｝は、地震保険料控除という。

【編者注1】「生計を一にする」の意義

　「生計を一にする」に意義については、所基通2-47（生計を一にするの意義・掲載略）参照。

【編集者注2】配偶者その他の親族の意義

　「配偶者その他の親族」と規定されているから、配偶者は親族に含まれ、その範囲は民法725条（親族の範囲）に規定する親族と同義で、同法727条・809条等による養子、養親も含まれる（所基通2-46・配偶者・掲載略）。

【編集者注3】「有する」の意義等

　割賦等により購入した資産についての地震保険料については、所基通77-1（P863参照）に取扱いがある。

【編集者注4】居住用家屋の範囲

　地震保険控除の対象となる居住用家屋の範囲については、所基通77-2（P864参照）に取扱いがある。

【編集者注5】地震等損害部分の保険料

　現在、いわゆる地震保険のみを単独の商品とした保険は販売されていない。いわゆる地震保険は、損害保険契約に附帯して契約するか、又は一の損害保険契約のうちに損害保険契約と地震保険契約とが一体となっている保険契約のいずれかである。

　このため、所法77条に規定する地震保険料控除の対象となる保険料は、損害保険料のうち地震保険契約に対応する部分のみということになる。

【編集者注6】「支払った」の意義

　地震保険料を「支払った」時については、所基通77-3（P864参照）に取扱いがある。

　なお、「支払った」とは、現実に保険料の支出をしたことをいうのであるから、支払期日が到来しているものであっても、未払いの保険料は所法77条1項に規定する「支払った保険料」に該当しないのは当然である。

【編集者注7】店舗併用住宅等に係る地震保険料の金額

　居住用家屋と事業用家屋、商品等とが一括して保険の目的となっているような地震保険料を支払った場合、その保険料のうち地震保険料の控除の対象となるべき金額の計算については、所基通77-5

（P865参照）、77-6（P866参照）に取扱いがある。

【編者注8】支払った地震保険料の金額、分配を受けた剰余金等

　支払った地震保険料の金額、分配を受けた剰余金等については生命保険料控除の取扱いに準ずる（所基通77-7・P866参照）。

【編者注9】分離課税の所得金額がある場合

　分離課税所得がある場合の地震保険料控除の順序については、所法72条の編者注5（P453）参照。

【編者注10】一体となって効力を有する保険契約の意義

　本条2項に規定する「一体となって効力を有する一の保険契約」とは、いわゆる組込み型の保険契約をいうものと解されている（前掲の個人課税課情報3号の問7・P768参照）。

所得税基本通達

（賦払の契約により購入した資産）

77-1　賦払の契約により購入した資産で、その契約において代金完済後に所有権を移転する旨の契約が付されているものであっても、常時その居住の用又は日常の生活の用に供しているものは、その者が所有する資産として、法第77条第1項の規定を適用することができるものとする【編者注】。

【編者注】割賦購入資産に含まれている損害保険料等

　平16年版「所得税基本通達逐条解説」（大蔵財務協会）P653には、「賦払契約により購入した資産の賦払代金そのものについては、たとえその賦払代金の計算要素として損害保険料が加味されていても、損害保険料控除の対象とはならない」との記述があるが、同書の平成19年版には、その記述がない。この変更の理由については詳らかでないが、平成16年当時は損害保険料控除であり、平成19年以降は地震保険料控除となったこととの関係で、地震保険料が割賦購入資産の割賦代金の計算要素として加味されるようなことがないというこ

とによるものとも思われる。

　ところで、平18所法改正附則10条 2 項の規定による旧長期損害保険料がある場合については、その部分につき割賦代金の計算要素となることもあり得るので、このような場合には上記の取扱いに準ずることになるものと思料される。

（居住の用に供する家屋）　所基通
77-2　法第77条第 1 項に規定する居住の用に供する家屋については、次のことに留意する。（直近改・平18課個2-7）
　(1) 居住の用と事業等の用に併用している家屋は、居住の用に供している部分だけが居住の用に供する家屋に該当すること。
　(2) 次に掲げるようなもので居住の用に供する家屋と一体として居住の用に供していると認められるものは、居住の用に供する家屋に含まれること。
　　イ　門、塀又は物置、納屋その他の附属建物
　　ロ　電気、ガス、暖房又は冷房の設備その他の建物附属設備
　（注）通常の損害保険約款等によれば、イに掲げるものは保険証券等に明記されていない限り保険等の目的に含まれないものとされ、ロに掲げるものは特約のない限り保険等の目的に含まれるものとされている。

（損害保険契約等に基づく責任開始日前に支払った地震保険料）　所基通
77-3　損害保険契約等（法第77条第 2 項に規定する損害保険契約等をいう。以下この項及び77-5において同じ。）に基づく責任開始日（保険会社等において損害についててん補責任を生ずる日をいう。以下この項において同じ。）前に支払った当該損害保険契約等に係る地震保険料（法第77条第 1 項［編注：P860参照］に規定する地震保険料をいう。以下77-7までにおいて同じ。）については、現実の支払の日によらず、その責任開始日において支払ったものとする。（直近改・平18課個2-7）

（一の契約に基づく地震保険料のうちに控除の対象となるものとならないものとがある場合の区分）　所基通

77-5　法第77条第１項［編注：P860参照］に規定する家屋又は資産（以下この項及び次項において「居住用資産」という。）と事業用の家屋、商品等とが一括して保険又は共済（以下この項及び次項において「保険等」という。）の目的とされている場合のように［、］一の損害保険契約等［所基通77-3・前頁参照。編注］に基づく保険等の目的とされた資産のうちに居住用資産とそれ以外の資産とが含まれている場合には、その契約に基づいて支払った地震保険料［所基通77-3・前頁参照。編注］のうちに居住用資産に係るものだけが控除の対象となることに留意する。

この場合において、保険等の目的とされた資産ごとの地震保険料が保険証券等に明確に区分表示されていないときは、次の算式により計算した金額を居住用資産に係る地震保険料の金額とする。（直近改・平18課個2-7）

(1) 居住の用と事業等の用とに併用する資産が保険等［本項本文参照。編注］の目的とされた資産に含まれていない場合　［編注：算式の表示は、便宜的に変えている。］

　　$A \times (B / C)$

　　　A＝その契約に基づいて支払った地震保険料の金額［編注：所法77条の編者注5、6、8・P862、所基通77-3・前頁参照。］

　　　B＝居住用資産［本項本文参照。編注］に係る保険金額又は共済金額［地震保険金額。編注］

　　　C＝その契約に基づく保険金額又は共済金額の総額［地震保険金の総額。編注］

(2) 居住の用と事業等の用とに併用する資産が保険等［本項本文参照。編注］の目的とされた資産に含まれている場合　［編注：算式の表示は、便宜的に変えている。］

　　居住用資産につき(1)により計算した金額＋$\{A \times (B / C) \times D\}$

　　　A＝その契約に基づいて支払った地震保険料の金額［編注：所法77条の編者注5、6、8・P862、所基通77-3・前頁参照。］

B＝居住の用と事業等の用とに併用する資産に係る保険金額又は
　　　　共済金額［地震保険の金額。編注］
　　　C＝その契約に基づく保険金額又は共済金額の総額［地震保険金
　　　　の総額。編注］
　　　D＝その資産［併用している資産。編注］を居住の用に供している
　　　　割合
　（注）店舗併用住宅のように居住の用に供している部分が一定して
　　　いるものについては、次の割合を居住の用に供している割合と
　　　して差し支えない。
　　　居住の用に供している部分の床面積÷その家屋の総床面積

（店舗併用住宅等について支払った地震保険料の特例）　所基通

77-6　保険等［所基通77-5本文参照。編注］の目的とされている家屋を、店舗併用住宅のように居住の用と事業等の用とに併用している場合であっても、その家屋の全体のおおむね90％以上を居住の用に供しているときは、その家屋について支払った地震保険料の全額を居住用資産［所基通77-5本文参照。編注］に係る地震保険料の金額として差し支えない。（直近改・平18課個2-7）

（支払った地震保険料の金額等）　所基通

77-7　法第77条第1項［編注：P860参照］に規定する支払った地震保険料の金額、使用者が負担した使用人等の負担すべき地震保険料及び同項［所法77条1項。編注］かっこ内に規定する剰余金又は割戻金については、76-3から76-7まで［編注：76-3「支払った生命保険料等の金額」・P795、76-4「使用者が負担した使用人等の負担すべき生命保険料等」・P798、76-5「保険金等の支払とともに又は保険金等の支払開始の日以後に分配を受ける剰余金等」・P799、76-6「支払った生命保険料又は個人年金保険料の金額の合計額の計算」、76-7「保険会社等に積み立てられた剰余金等で生命保険料等の金額から控除するもの」・P800］の取扱いに準ずる。（直近改・平18課個2-7）。

所得税法施行令

（地震保険料控除の対象とならない保険料又は掛金）

第213条　法第77条第１項（地震保険料控除）に規定する政令で定める保険料又は掛金［所法77条１項本文カッコ書に規定する地震保険料控除の対象とならない保険料又は掛金。編注］は、同項［所法77条１項・P860参照。編注］に規定する損害保険契約等［所法77条２項・P861参照。編注］に係る地震等損害［所法77条１項本文・P860参照。編注］部分の保険料又は掛金のうち、次に掲げる保険料又は掛金とする。（直近改・平18政124）

一　法第77条第１項［編注：P860］に規定する地震等損害（次号において「地震等損害」という。）により臨時に生ずる費用、同項に規定する資産［地震保険料控除の対象となる資産。編注］（同号［次号。編注］において「家屋等」という。）の取壊し又は除去に係る費用［、］その他これらに類する費用に対して支払われる保険金又は共済金に係る保険料又は掛金【編者注１】

二　一の法第77条第１項に規定する損害保険契約等［所法77条２項・P861参照。編注］（当該損害保険契約等においてイに掲げる額が地震保険に関する法律施行令（昭和41年政令第164号）第２条（保険金額の限度額）に規定する金額以上とされているものを除く【編者注２】。）においてイに掲げる額［分子。編注］のロに掲げる額［分母。編注］に対する割合が100分の20未満とされている場合における当該損害保険契約等に係る地震等損害部分［本条１号参照。編注］の保険料又は掛金（前号に掲げるものを除く【編者注３】。）

イ　地震等損害［所法77条１項本文・P860、本条１号参照。編注］により家屋等［地震保険料控除の対象となる資産、前号参照。編注］について生じた損失の額をてん補する保険金又は共済金の額（当該保険金又は共済金の額の定めのない【編者注４】場合にあっては、当該地震等損害により支払われることとされている保険金又は共済金の限度額）

ロ　火災（地震若しくは噴火又はこれらによる津波を直接又は間接の原因

とするものを除く。）による**損害により家屋等**［地震保険料控除の対象となる資産、前号参照。編注］について**生じた損失の額をてん補する保険金又は共済金の額**（当該保険金又は共済金の額の定めのない【編者注4】場合にあっては、当該火災による損害により支払われることとされている保険金又は共済金の限度額）

【編者注1】所令213条1号の趣旨

　地震保険料控除の対象となる保険料は、「家屋等」（地震保険料控除の対象となる資産、所令213一）に係る保険料部分に限られ、地震等損害（所法77①本文・P860参照）に伴って発生する費用等をてん補する保険金に係る保険料部分については、控除の対象とならない。

【編者注2】地震保険に関する法律に定める地震保険金額の最高額との関係

　地震保険に関する法律施行令2条（P1362参照）によれば、地震保険金額の限度額（最高額）は、居住用家屋につき5,000万円、生活用動産については1,000万円とされている。

　その損害保険契約等に係る地震保険金額が、その目的とされる各資産につきそれぞれ上記の各金額以上となっている場合には、所令213条2号の割合を問うことなく（仮に、同号の割合が20％未満となるようなときであっても）、その地震保険料は控除の対象となる。このことを明示しているのが同2号本文のカッコ書である。

【編者注3】所令213条2号の趣旨

　地震保険に関する法律2条2項（P1361参照）によれば、地震保険契約とは、損害保険契約に附帯して締結される契約で、地震保険金額が附帯の基となる損害保険契約の保険金額の30％以上50％以下の範囲内にあるものとされている。

　所令213条2号においては上記との関係から、「家屋等」（上記編者注1参照）に係る地震保険金額が、地震保険が附帯される損害保険契約の火災保険金額の20％未満の場合には、他の要件を具備するときであっても、その地震保険料は地震保険料控除の対象としない、

というものである（なお、上記編者注２の取扱いのあることに留意）。

　この場合において、地震保険金額にはいわゆる費用てん補保険金を含めず、火災には地震等を直接又は間接の原因とする火災を含めないで上記20％を判定する。

【編者注４】「当該保険金の額の定めがない」の意義

　所令213条２号イに規定する「当該保険金又は共済金の額の定めがない」とは、地震保険契約でその目的を「家屋等」（上記編者注１参照）とする他、地震に伴い生ずる費用等をてん補するものである場合において、保険契約上、家屋等の損失をてん補する保険金と費用てん補保険金とが明確に区分されていないような場合をいうものと解される。

　同条２号ロの場合についていえば、火災による損失保険金額と、火災に伴い生ずる費用損失保険金額とが明確に区分されていないような場合をいうものと解される。

（地震保険料控除の対象となる共済に係る契約の範囲）　所令
第214条　法第77条第２項第２号（地震保険料控除［建物更生共済又は火災共済契約に類する契約・P861参照。編注］）に規定する政令で定める共済に係る契約は、次に掲げる契約とする。（直近改・平19政391）
　一　農業協同組合法第10条第１項第10号（共済に関する施設）の事業を行う農業協同組合連合会の締結した建物更生共済又は火災共済に係る契約
　二　農業災害補償法（昭和22年法律第185号）第83条第１項第７号（任意共済）又は第132条の２第１項（農業共済組合連合会の行う任意共済事業）の事業を行う農業共済組合又は農業共済組合連合会の締結した火災共済［、］その他建物を共済の目的とする共済に係る契約
　三　水産業協同組合法第11条第１項第11号（漁業協同組合の組合員の共済に関する事業）若しくは第93条第１項第６号の２（水産加工業協同組合の組合員の共済に関する事業）の事業を行う漁業協同組合若

しくは水産加工業協同組合［、］又は共済水産業協同組合連合会の締結した建物若しくは動産の共済期間中の耐存を共済事故【編者注】とする共済［、］又は火災共済に係る契約（漁業協同組合又は水産加工業協同組合の締結した契約にあっては、財務省令［所規40条の7・後掲参照。編注］で定める要件を備えているものに限る。）

四　火災共済協同組合の締結した火災共済に係る契約

五　消費生活協同組合法第10条第1項第4号（組合員の生活の共済を図る事業）の事業を行う消費生活協同組合連合会の締結した火災共済又は自然災害共済に係る契約

六　法律の規定に基づく共済に関する事業を行う法人の締結した火災共済［、］又は自然災害共済に係る契約でその事業及び契約の内容が前各号に掲げるものに準ずるものとして財務大臣の指定するもの［平18財務省告示139号・次頁参照。編注］

【編者注】「耐存を共済事故とする」の意義

　本条3号に規定する「共済期間中の耐存を共済事故とする」とは、共済の目的物が共済期間終了の時においてなお現存する場合に共済金を支払うという意に解される。

■参考：所得税法施行規則40条の7

（地震保険料控除の対象となる共済に係る契約の要件の細目）

第40条の7　令第214条第3号（地震保険料控除の対象となる共済に係る契約の範囲）に規定する財務省令で定める要件は、同号に規定する漁業協同組合又は水産加工業協同組合（以下この条において「組合」という。）が、その締結した建物若しくは動産の共済期間中の耐存を共済事故とする共済又は火災共済に係る契約により負う共済責任を当該組合を会員とする共済水産業協同組合連合会（その業務が全国の区域に及ぶものに限る。）との契約により連帯して負担していること（当該契約により当該組合はその共済責任についての当該負担部分を有しない場合に限る。）とする。（直近改・平20財務令24）

■参考：財務省告示「地震保険料控除の対象となる自然災害共済に係る契約を指定する件」（平18・財務139。直近改：平22・財務103）

　所得税法施行令（昭和40年政令第96号）第214条第6号の規定に基づき、地震保険料控除の対象となる自然災害共済に係る契約を次のように指定し、平成19年分以後の所得税について適用する。

　消費生活協同組合法（昭和23年法律第200号）第10条第1項第4号の事業を行う次に掲げる法人の締結した自然災害共済に係る契約
一　教職員共済生活協同組合
二　全国交通運輸産業労働者共済生活協同組合
三　全日本自治体労働者共済生活協同組合
四　電気通信産業労働者共済生活協同組合
五　日本郵政グループ労働者共済生活協同組合

「所得税法等の一部を改正する法律」附則（平18法10）

（地震保険控除に関する経過措置）
第10条　新所得税法第77条の規定は、平成19年分以後の所得税について適用し、平成18年分以前の所得税については、なお従前の例による。
　2　居住者が、平成19年以後の各年において、平成18年12月31日までに締結した長期損害保険契約等（旧所得税法第77条第1項［編注：P877参照］に規定する損害保険契約等であって、当該損害保険契約等が保険期間又は共済期間の満了後満期返戻金を支払う旨の特約のある契約［、］その他政令［平18所令改正附則14条1項・P877参照。編注］で定めるこれに準ずる契約でこれらの期間［保険期間又は共済期間。編注］が10年以上のものであり、かつ、平成19年1月1日以後に当該損害保険契約等の変更をしていないものに限るものとし、当該損害保険契約等の保険期間又は共済期間の始期（これらの期間［保険期間又は共済期間。編注］の定めのないものにあっては、その効力を生ずる日）が平成19年1月1日以後であるものを除く。以下この条において

同じ。)に係る損害保険料（同項〔旧所法77条１項。編注〕に規定する損害保険料をいう【編者注１】。以下この項において同じ。)を支払った場合には、新所得税法第77条第１項の規定により控除する金額は、同項〔新所法77条第１項。編注〕の規定にかかわらず、次の各号に掲げる場合の区分に応じ当該各号に定める金額として、同条〔新所法77条。編注〕の規定を適用することができる。

　この場合において、同項〔新所法77条第１項。編注〕中「保険又は共済」とあるのは「保険若しくは共済」と、「保険金又は共済金」とあるのは「保険金若しくは共済金」と、「又は掛金」とあるのは「若しくは掛金」と、「を支払った場合」とあるのは「又は所得税法等の一部を改正する等の法律（平成18年法律第10号）附則第10条第２項（地震保険料控除に関する経過措置）に規定する長期損害保険契約等に係る同項〔附則10条２項。編注〕に規定する損害保険料を支払った場合」と、同条第３項〔新所法77条第３項。編注〕中「控除は」とあるのは「控除（所得税法等の一部を改正する等の法律（平成18年法律第10号）附則第10条第２項の規定による控除を含む。）は」とする。

一　その年中に支払った地震保険料等（新所得税法第77条第１項に規定する地震保険料（以下この項において「地震保険料」という。）及び長期損害保険契約等〔本項本文参照。編注〕に係る損害保険料（以下この項において「旧長期損害保険料」という【編者注２】。）をいう〔本項において地震保険料等とは、地震保険料と旧長期損害保険料の双方をいう。編注〕。以下この項において同じ。）に係る契約のすべてが同条第１項〔新所法77条１項。編注〕に規定する損害保険契約等（以下この項及び次項において「損害保険契約等」という。）に該当するものである場合〔編注：地震保険料及び旧長期損害保険料の基となる損害保険契約等の内容が、いずれも地震等損害（新所法77条１項）により生じた損失をてん補する保険金の支払を目的とする損害保険契約である場合。〕

　　その年中に支払った当該損害保険契約等〔新所法77条１項に規定する損害保険契約等。編注〕に係る地震保険料〔新所法77条１項に規定する地震保険料。編注〕の金額の合計額（その年において損害保険契

等に基づく剰余金の分配若しくは割戻金の割戻しを受け、又は損害保険契約等の基づき分配を受ける剰余金若しくは割戻しを受ける割戻金をもって地震保険料の払込みに充てた場合には当該剰余金又は割戻金の額(地震保険料に係る部分の金額に限る。)を控除した残額とし、その金額[支払保険料から剰余金等を控除した金額。編注]が50,000円を超える場合には50,000円とする。第3号において同じ。)

二　その年中に支払った地震保険料等[本項において地震保険料等とは、地震保険料と旧長期損害保険料の双方をいう、本項1号参照。編注]に係る契約のすべてが長期損害保険契約等【編者注1、2】に該当するものである場合　[編注：支払った保険料の全部が旧長期損害保険料のみで、新所法77条1項に規定する地震保険料がない場合。]

　次に掲げる場合の区分に応じそれぞれ次に定める金額

　イ　その年中に支払った旧長期損害保険料【編者注2】の金額の合計額(その年中において長期損害保険契約等に基づく剰余金の分配若しくは割戻金の割戻しを受け、又は長期損害保険契約等に基づき分配を受ける剰余金若しくは割戻しを受ける割戻金をもって旧長期損害保険料の払込みに充てた場合には、当該剰余金又は割戻金の額を控除した残額。以下この項において同じ。)が10,000円以下である場合

　　当該合計額

　ロ　その年中に支払った旧長期損害保険料【編者注2】の金額の合計額[本号イ参照。編注]が10,000円を超え20,000円以下である場合

　　10,000円と[、]当該合計額から10,000円を控除した金額の2分の1に相当する金額との合計額

　ハ　その年中に支払った旧長期損害保険料【編者注2】の金額の合計額[本号イ参照。編注]が20,000円を超える場合

　　15,000円

三　その年中に支払った地震保険料等[本項において地震保険料等とは、地震保険料と旧長期損害保険料の双方をいう、本項1号参照。編注]に係る契約のうちに[、]第1号に規定する契約と前号に規定する契

約とがある場合［編注：新所法77条１項に規定する地震保険に該当する損害保険契約等と、地震保険に該当しない旧長期損害保険契約等とがある場合。］

　次に掲げる場合の区分に応じそれぞれ次に定める金額
　イ　その年中に支払った第１号に規定する契約［地震保険に該当する損害保険契約。編注］に係る地震保険料の金額の合計額［前号イ参照。編注］と、その年中に支払った前号に規定する契約［地震保険に該当しない旧長期損害保険契約。編注］に係る旧長期損害保険料【編者注２】の合計額［前号イ参照。編注］につき同号［前号。編注］の規定に準じて計算した金額との合計額が50,000円以下である場合

　　当該合計額
　ロ　イにより計算した金額［計算した金額の合計額。編注］が50,000円を超える場合

　　50,000円

3　前項各号に定める金額を計算する場合において、一の損害保険契約等又は一の長期損害保険契約等が同項第１号又は第２号に規定する契約のいずれにも該当するときは、いずれか一の契約のみに該当するものとして、同項の規定を適用する。

　　［編注：その損害保険契約等が、新所法77条１項の地震保険料控除の対象となる損害保険契約等にも、附則10条２項に規定する長期損害保険契約等にも該当するような場合には、いずれか一方の保険契約にのみ該当するものとし、その選択は納税者の選択するところによる。］

4　前項に定めるもののほか、第２項の規定の適用がある場合［旧長期損害保険料の支払がある場合。編注］における所得税に関する法令の規定の適用に関し必要な事項は、政令［平18所令改正附則14条２項・掲載略。編注］で定める。

【編者注１】長期損害保険契約等に係る損害保険料について
　　附則10条２項に規定する「長期損害保険契約等に係る損害保険料

（同項［旧所法77条１項。編注］に規定する損害保険料をいう。）」とは、旧所法77条１項に規定する損害保険契約等のうち、附則10条２項に掲げる要件を備える契約で、かつ、旧所法77条１項に定める内容の保険料をいうものと解され、その具体的な要件等は次の編者注２のようになるものと考えられる。

【編者注２】旧長期損害保険料の範囲

　平18所法改正法附則10条２項に規定する旧長期損害保険料とは、次に掲げる契約の保険料をいう（①〜④の要件は所法附則10条２項本文（P871参照）及び所令附則14条１項（P877参照）に規定するところによる）。

①　平18.12.31以前に締結した契約で、かつ、その契約の保険期間（共済期間を含む）の始期（責任開始日）が平18.12.31以前であるもの。なお、保険期間の定めのない契約にあっては、契約の効力の生ずる日が平18.12.31以前であるもの。

②　その契約を平19.1.1以後に変更していないこと（変更の対象は③以下の全てにわたる）。

③　保険期間（共済期間を含む）が10年以上であること。

④　保険期間（共済期間を含む）の満了後、満期返戻金を支払う旨の特約があること。なお、所令附則14条１項（P877参照）に規定する建物又は動産を目的とする共済契約の共済金は、本④の満期返戻金に当たる。

⑤　損害保険契約等の目的又は内容は、次に掲げるものに該当するものであること（旧所法77①・P877参照）。

ⅰ　自己又は自己と生計を一にする親族（配偶者を含む。以下同じ）の有する家屋で、常時、居住の用に供するものを保険・共済の目的とする損害保険契約（共済契約を含む）であること。

ⅱ　自己又は自己と生計を一にする親族の有する生活用動産（所法９条１項９号に掲げる譲渡所得が非課税の対象となる動産に限る）を保険・共済の目的とする損害保険契約（共済契約を含む）であること。

ⅲ　自己又は自己と生計を一にする親族の身体の傷害に基因して保険金・共済金が支払われる損害保険契約（共済契約を含む）である

こと（本ⅲは、身体の傷害のみに基因して保険金・共済金が支払われる損害保険契約をいい、損害保険会社と契約した保険契約のうち、身体の傷害又は疾病による病院等への入院したこと等により保険金が支払われるものは、いわゆる第三分野の保険契約として所法76条3項4号の規定により生命保険料控除の対象とされている）。

ⅳ 自己又は自己と生計を一にする親族の身体の傷害又は疾病を原因として、次に掲げる事由に基因して共済金が支払われる共済契約（本ⅳの契約には損害保険会社との契約は含まれない。本ⅳの契約はいわゆる第三分野の保険契約に該当せず、旧損害保険料の控除の対象とされている。）

　ア 身体の傷害・疾病又はこれらを原因とする状態に基因し、共済約款（約定）に基づき一定額の共済金が支払われるもの（旧所令212条の2）。

　イ 身体の傷害又は疾病に基因して医療費（所法73条2項に規定する医療費控除の対象となる医療費）、その他の費用（医療費控除の対象とならない費用）を支払ったことにより共済金が支払われるもの（所令210条の2一）。

　ウ 身体の傷害又は疾病により就業することができなかったことにより共済金が支払われるもの（いわゆる所得補償保険、所令210条の2三）。

⑥ 損害保険契約等とは、次の契約であること。

ⅰ 損害保険会社（外国損害保険会社等を含む）と締結した損害保険契約で、一定の偶然の事故による損害をてん補するもの（身体の傷害のみによって保険金が支払われる損害保険契約を含み（旧所法77②三・P878参照）、生命保険料控除の対象となるいわゆる第三分野の保険契約に該当するもの、及び外国損害保険会社等が外国において締結したものを除く（旧所法77②一・P878参照））。

ⅱ 次に掲げる共済契約

　ア 農協の締結した建物更生共済・火災共済に係る契約、身体の傷害又は医療費の支出に関する共済に係る契約（旧所法77②二）

イ　農業協同組合連合会の締結した建物更生共済・火災共済に係る契約、身体の傷害に関する共済に係る契約（旧所令214一）

ウ　農業共済組合又は農業共済組合連合会の締結した火災共済、その他建物を共済の目的とする共済に係る契約（旧所令214二）

エ　漁協等の締結した建物・動産を目的とする満期共済金の支払をする共済契約又は火災共済契約、身体の傷害に関する共済に係る契約（旧所令214三）

オ　火災共済協同組合の締結した火災共済に係る契約（旧所令214四）

カ　消費生活協同組合連合会の締結した火災共済契約・自然災害共済契約、身体の傷害に関する共済に係る契約（旧所令214五）

キ　財務大臣が指定する共済に係る契約（旧所令214六）

■参考：「所得税法施行令の一部を改正する政令」附則14条（平18政令124）

（地震保険料控除に関する経過措置）

第14条　改正法附則［平18改正所法附則。編注］第10条第２項［２項本文カッコ書。編注］（地震保険料控除に関する経過措置）に規定する政令で定める契約は、建物又は動産の共済期間中の耐存を共済事故とする【編者注】共済に係る契約とする。

２　［以下省略］

【編者注】「耐存を共済事故とする」の意義

附則14条１項に規定する「共済期間中の耐存を共済事故とする」とは、共済の目的物が共済期間終了の時においてなお現存する場合に共済金を支払うという意に解される。

■参考：平18改正前の所得税法77条

（損害保険料控除）

第77条　居住者が、各年において、自己若しくは自己と生計を一にする【編

者注1】配偶者その他の親族【編者注2】の有する【編者注3】家屋【編者注4】で常時その居住の用に供するもの［、］若しくはこれらの者［自己及び生計を一にする配偶者その他の親族。編注］の有する第9条第1項第9号（生活用動産の譲渡所得の非課税）に規定する資産［家庭用動産。編注］を保険若しくは共済の目的とする損害保険契約等、これらの者［自己及び生計を一にする配偶者その他の親族。編注］の身体の傷害に基因して保険金若しくは共済金が支払われる損害保険契約等［、］又はこれらの者［自己及び生計を一にする配偶者その他の親族。編注］の身体の傷害若しくは疾病により病院若しくは診療所に入院して第73条第2項（医療費控除）に規定する医療費を支払ったことその他の政令［所令212条の2。編注］で定める事由に基因して共済金が支払われる【編者注5】損害保険契約等に係る保険料又は掛金（以下この条において「損害保険料」という。）を支払った場合には［省略］所得金額から控除する。

一　［以下省略］

2　前項に規定する損害保険契約等とは、次に掲げる契約をいう。

一　保険業法第2条第4項（定義）に規定する損害保険会社又は同条第9項に規定する外国損害保険会社等の締結した損害保険契約のうち［、］一定の偶然の事故によって生ずることのある損害をてん補するもの（第3号又は前条第3項第4号［平22改正前所法76条3項4号。いわゆる第三分野の保険契約である傷害保険契約等・P748参照。編注］に掲げるもの及び当該外国損害保険会社等が外国において締結したものを除く。）

二　農業協同組合法第10条第1項第10号（共済に関する施設）の事業を行う農業協同組合の締結した建物更生共済若しくは火災共済［、］又は身体の傷害若しくは医療費の支出に関する共済に係る契約［、］その他政令［所令214条。編注］で定めるこれらに類する共済に係る契約

三　第1号に規定する損害保険会社若しくは外国損害保険会社等又は保険業法第2条第3項に規定する生命保険会社若しくは同条第8項に規定する外国生命保険会社等の締結した身体の傷害に基因して保険金が支払われる保険契約（当該外国損害保険会社等又は当該外国生命保険会社等が外国において締結したものを除く。）

3　［省略］

【編者注1～4】
　編者注1～4については、平18改正後の所法77条の編者注1～4（P861）参照。

【編者注5】いわゆる第三分野の保険契約に類似する共済契約
　旧77条1項本文に規定する「又はこれらの者の身体の傷害［省略］により［省略］入院して［省略］医療費を支払ったことその他の政令で定める事由に基因して共済金が支払われる」の部分は、同条2項2号に規定する共済契約のみにかかる要件で、損害保険会社（外国損害保険会社等を含む）と締結した損害保険契約についてはかからない。

　旧損害保険料控除の対象となっていたいわゆる第三分野の保険契約に類似する共済契約は、農協等の共済に係る契約に限られ、損害保険会社と契約した第三分野の保険契約は平成18年改正前から生命保険料控除の対象とされており、現行においても同様である。

　なお、「その他の政令で定める」となっているので、具体的な内容は、上記に引用する部分を含めて旧所令212条の2に規定されている。

第4編

生命保険金・損害保険金等と法人税の課税関係

第1章

受け取る保険金・給付金等に関連する法人税の法令・通達等

第1節　受け取る保険金（生命保険金・損害保険金）・給付金等に関連する法人税の法令・通達等の索引

　受け取る保険金（生命保険金・損害保険金）、給付金等に関連する法人税の法令・通達、情報、質疑応答事例、事前照会に対する文書回答事例、判例、裁決例等で、本章に収録したものは、以下のとおり。

法令等の索引

□法人税法
　第22条　各事業年度の所得の金額の計算　*887、953*
　第47条　保険金等で取得した固定資産等の圧縮額の損金算入　*973*
　第48条　保険差益等に係る特別勘定の金額の損金算入　*1008*
　第49条　特別勘定を設けた場合の保険金等で取得した固定資産等の圧縮額の損金算入　*1019*

□法人税法施行令
　第84条　　　保険金等の範囲　*982*
　第84条の2　所有権が移転しないリース取引の範囲　*985*
　第85条　　　保険金等で取得した代替資産等の圧縮限度額　*987*
　第86条　　　保険金等で取得した固定資産等についての圧縮記帳に代わる経理方法　*992*
　第87条の2　保険金等で取得した固定資産等の取得価額　*992*
　第88条　　　代替資産の取得に係る期限の延長の手続　*1013*
　第89条　　　保険差益等に係る特別勘定への繰入限度額　*1014*
　第90条　　　保険差益等に係る特別勘定の金額の取崩し　*1015*
　第91条　　　特別勘定を設けた場合の保険金等で取得した固定資産等の圧縮限度額　*1020*
　第91条の2　特別勘定を設けた場合の保険金等で取得した固定資産等の取得価額　*1022*

第135条　確定給付企業年金等の掛金等の損金算入　*951*

□法人税法施行規則
　第24条の9　保険差益等に係る特別勘定の設定期間延長申請書の記載事項　*1017*

□法人税基本通達
　2-1-43　損害賠償金等の帰属の時期　*958*
　2-2-13　損害賠償金　*960*
　9-2-9　債務の免除による利益その他の経済的な利益　*919*
　9-2-10　給与としない経済的な利益　*920*
　9-2-28　役員に対する退職給与の損金算入の時期　*920*
　9-3-12　保険事故の発生による積立保険料の処理　*962*
　9-7-16　法人が支出した役員等の損害賠償金　*963*
　9-7-18　自動車による人身事故に係る内払の損害賠償金　*965*
　9-7-19　社葬費用　*923*
　10-1-1　特別勘定の経理　*1018*
　10-5-1　保険金等の範囲　*993*
　10-5-2　圧縮記帳をする場合の滅失損の計上時期　*994*
　10-5-3　同一種類かどうかの判定　*996*
　10-5-4　代替資産の範囲　*997*
　10-5-5　滅失等により支出した経費の範囲　*998*
　10-5-7　所有固定資産の滅失等により支出した経費の見積り　*999*
　10-5-8　先行取得した代替資産等についての圧縮額の損金算入　*1004*
　13の2-1-2　外貨建取引及び発生時換算法の円換算　*924*

□法人税関係個別通達
・　家庭計画保険の生存給付金および保険金に対する法人税および所得税の取扱いについて（昭43官審（法）29）　*928*
・　法人が契約する個人年金保険に係る法人税の取扱いについて（平2直審4-19）　*931*

□租税特別措置法関係通達
　64(3)-8　取壊し等が遅れる場合の圧縮記帳の計算の調整　*1005*

64(3)-10　　取壊し等が遅れる場合の特別勘定の計算　*1005*
　65の7(3)-8　譲渡経費の支出が遅れる場合の圧縮記帳等の計算の調整
　　　　　　　1006
□会社法
　第361条　取締役の報酬等　*926*
□建物の区分所有等に関する法律
　第47条　成立等　*957*
□判　例
・　死亡保険金と役員退職金との課税上の関係を判断した事例（長野地裁　昭62.4.16判決）　*904*
□裁決例
・　役員に支給した入院見舞金のうち損金とされる「相当な額」の範囲を判断した事例（平14.6.13）　*911*
・　車両の盗難による損失計上時期と盗難保険の保険金の収益計上時期につき判断した事例（平15.2.6）　*966*

第2節 受け取る生命保険金・給付金等に関する法人税の基本的条項

法人税法

(各事業年度の所得の金額の計算)
第22条 〔第1項省略〕
2 内国法人〔法人法2条3号。編注〕の各事業年度〔法人法13条、14条（みなし事業年度）。編注〕の所得の金額の計算上当該事業年度の益金の額に算入すべき金額は、別段の定めがあるものを除き、資産の販売、有償又は無償による資産の譲渡又は役務の提供、無償による資産の譲受けその他の取引で資本等取引〔本条5項。編注〕以外のものに係る当該事業年度の収益の額とする。
3 〔以下省略〕

編者解説

第1 益金に算入される生命保険金、各種給付金
1 通則
　法人税においては、所得税と異なり、保険契約の種類、保険金又は給付金の支払原因の如何を問わず、支払を受ける生命保険金、生命保険契約に係る各種給付金については、全て受取人たる法人の益金の額に算入される。
2 公益法人等が保険金を受け取る場合
　法人法2条6号に規定する公益法人等（具体的には法人法別表第2に掲げる法人）又は人格のない社団等（法人法3条）が生命保険契約を締結し、その支払保険料を非収益事業部門で経理している場合には、その契約に係る保険金（給付金を含む）は、原則として、法人税の課税対象とならない（法人法7条参照）。

3 役員又は使用人が満期保険金等を受け取る場合

　法人を契約者（保険料負担者）、役員又は使用人を被保険者及び保険金受取人とする生命保険契約の保険金（満期保険金又は高度障害保険金等をいう。死亡保険金については、次の4参照）は、通常、保険金受取人たる役員又は使用人に直接支払われるので、保険金は契約者である法人の損益に影響しない（保険金の受取人である役員又は使用人の一時所得となる。）。

　なお、法人が、その生命保険契約に係る保険料又は積立配当金等を保険料積立金等として資産に計上している場合には、次の4と同様の経理をすることになる。

　この場合、何らかの事情により契約者である法人を経由して保険金の支払があったとしても、契約上の保険金受取人が法人でないのであるから、法人はいわば為替として「預かり金」処理をすれば足り、法人の損益には関係しない。

4 役員又は使用人の死亡によりその遺族が死亡保険金を受け取る場合

　法人を契約者（保険料負担者）、役員又は使用人を被保険者、被保険者の遺族を保険金受取人とする生命保険契約の死亡保険金は、通常、保険金受取人たる役員又は使用人の遺族に直接支払われるので、保険金は契約者である法人の損益に影響しない（保険金の受取人である役員又は使用人の遺族については、その保険金が被相続人のみなす相続財産として相続税の課税対象となる。相基通3-17（雇用主が保険料を負担している場合）・P187参照）。

　なお、この場合において、契約者である法人が、支払保険料の全部又は一部を保険積立金等として資産に計上しているときは、保険事故発生（被保険者の死亡時等）の日を含む事業年度において次の仕訳をする必要がある。

　　雑損失　×××　／　保険積立金　×××(注)

　（注）1　保険積立金の額は、契約期間中の契約者配当金等を含むその契約に係るものの全額である。

　　　　2　雑損失は保険契約の消滅による単純な損失であり、死亡した役員又は使用人に対する退職給与、又はその遺族に対する贈与等の問題は生じない。それは、保険契約の内容により、保険料支払時において、保険料の全部又

は一部が被保険者である役員又は使用人に対する給与等として課税関係が完結していることによる。

第2 生命保険金、各種給付金等の収益計上の時期

生命保険金、生命保険契約に基づく各種給付金等の収益計上の時期については、次のようになる。

1 満期保険金

生命保険契約（共済契約を含む。以下同じ）の満期保険金については、保険契約の満期日を経過した日（期間満了の日の翌日）の属する事業年度の収益に計上する。

この理由等については、所基通36-13の編者注②（P521）参照。

2 死亡保険金等、各種給付金等

生命保険契約の死亡保険金（高度障害保険金等を含む）、生命保険契約の各種給付金等（例えば、入院給付金等）保険事故の発生（満期の到来を除く）により支払を受けるものについては、実務上、支払を受けることが確定した日（具体的には、保険会社等からの支払通知を受けた日）の属する事業年度の収益に計上すれば足りるとされている（渡辺前掲書・P127参照）。

この理由については、次のように考えられる。

死亡等の保険事故発生による保険金・給付金については、保険契約に定める保険事故の発生により保険契約者等が保険会社等に対し、保険金等の支払請求のための通知及び必要書類の提出を行うのであるが（養老保険約款(例)5条①、②・P1369参照）、この行為によって直ちに保険金に係る金銭債権債務関係が確定するものではない。

保険金に係る金銭債権債務関係は、上記の通知、書類の提出等に基づき保険会社等が必要な調査・確認を行い、保険金等の支払を決定することによって成立するものである（同約款(例)5条④・P1370参照）。

この次第からすると、保険金受取人である法人がその支払決定のあったことを知った日（支払通知を受けた日）を基準として収益計上をするのが合理的であると解される。

3　解約返戻金等

　生命保険契約の解約等（保険会社による解除、契約者による解約、失効）に係る解約返戻金等（同約款(例)22条②・P1374、23条・P1374参照）については、解約等の効力の生じた日の属する事業年度の収益に計上することになるものと考えられる。なお、6編3章4節（P1229）参照。

4　保険金据置の場合

　一時金で支払を受けるべき死亡保険金又は満期保険金を保険事故発生時（死亡又は満期到来時）に一時に受け取らず、その保険金の全部又は一部を据置き、据置期間満了時又は据置期間中に請求によって保険金の支払を受けるという方法を選択することができる（例えば、養老保険約款(例)5条⑩・P1370参照）。

　この場合、死亡保険金又は満期保険金の収益計上の時期は、保険金一時払の場合と同様、死亡保険金については上記2により、満期保険金については上記1によって収益計上をすべきものとされている（所基通35-1の編者注1・P559参照）。この場合の経理は次の第3の1と同様であり、借方科目は「積立保険金」等となる。

　なお、据置期間中は利息が付され（積立利息）、利息相当額は毎期収益に計上する必要がある。その計上時期は、保険会社等からの通知を受けた日の属する事業年度である。

　　積立保険金　×××　／　雑収入　×××

5　一時払の保険金を年金の方法で受け取る場合

①　死亡保険金（高度障害保険金等を含む）又は満期保険金で、本来一時払されるべき保険金につき、主契約に年金支払特約（P1412参照）を付加することにより、これらの保険金の全部又は一部を年金の方法で受け取ることができる（上記4の保険金の据置きとは異なる）。

　年金支払特約は、保険事故発生日（満期保険金の場合には満期の到来日）前にあっては保険契約者の随時の申込、保険事故発生日（満期保険金の場合には満期の到来日）以後にあっては、保険事故発生日から具体的な保険金の支払日までの間における保険金受取人の申込によって成立する（年金支払特約(例)1条・P1412参照）。

この場合、保険金の収益計上の時期については、実務上、次のように取り扱われている（平15.12.15国税庁「法人受け取りの収入保障保険、年金払特約付養老保険の税務取り扱い」国税局宛事務連絡。掲載省略）。
　i　年金支払特約が、保険事故発生日前に付されている場合には、原則として次の②によるが、次の③の方法によることも差し支えないとされている。
　ii　年金支払特約が、保険事故発生日以後に付された場合には、次の②の方法に限る。
②　保険事故発生（満期到来を含む）により一時金として支払を受けるべき保険金（積立配当等の額を含む）の全額を、保険事故発生日の属する事業年度の益金に算入する。
　なお、実務上は上記2との権衡上、満期保険金以外の保険金・給付金については、保険会社から保険金又は年金に関する計算書類等（例えば、年金証書）の通知を受けた日の属する事業年度の益金とすることも許されるものと考えられる。
③　次のア又はイのうち、法人の選択する方法。
　なお、法人が複数の保険契約を有する場合においては、契約ごとに選択するのではなく、いずれかの方法を継続して選択することを要するものと考えられている。
　ア　保険事故発生時には一時払保険金に相当する金額を益金とせず、毎年の年金受取期日に、その年金受取額を益金に計上する。
　　なお、この方法による場合には、年金支払開始日以後（第1回目の年金支払時を含む）、年金支払期間中に残余の年金の一部を一括して支払を受けるときは、その時における未支払年金の全額につき、その年金現価に相当する金額（保険会社の定める方法により計算した金額によるものと考えられる）を、一括受取時の事業年度の益金に算入するものとされている（その理由は、利益操作を抑止するためとされている）。

〈設　例〉
　・　定期保険の死亡保険金について期間10年、年金年額100万円と

する年金支払特約をした
- 年金支払期間5年経過後6年目に、年金年額を60万円に減額し、180万円(減額した年金40万円×残余期間5年＝200万円の年金現価に相当する)を一括受領
- 年金支払開始時における資産計上の積立保険料はないものとする

〈仕 訳〉

i 一部一括受領時（単位：万円）

現金・預金　180　／　雑収入(注)　450
未収金　　　270　／

(注) 雑収入の450万円は、6年目から10年目までに受け取る予定額であった500万円の年金現価に相当する。

ii 6年目から10年目までの年金受取時（単位：万円）

現金・預金　60　／　未収金(注)　54
　　　　　　　　／　雑収入　　　 6

(注) 未収金54万円＝上記iの270万円÷6年目から10年目までの年数5

イ 保険事故発生時において、第1回目に受け取る年金額と、第2回目以降に受け取るべき年金合計額の年金現価（第1回目の年金支払期日において保険会社の定める方法により計算した金額によるものと考えられる）との合計額を未収金等として資産計上し、同額を益金の額に算入する。

この場合、第1回目以降の年金受取時には、上記により資産計上した未収金総額を年金受取回数で除した金額を未収金から取り崩し、その差額に相当する金額を各事業年度の益金に算入することになる。

なお、その保険契約に係る支払保険料のうち保険積立金等として資産計上している金額（積立配当金等を含む）がある場合には、保険事故発生時において、その全額を取り崩し、損金に算入することになるものと考えられる。

第3　保険金受取時の経理

保険金受取時の経理処理は、次のようになる。

1　一時払生命保険金の場合

① 保険積立金がある場合

保険料又は剰余金（契約者配当金等）を保険料積立金等資産に計上している場合の仕訳は、次のとおり。

　　現金・預金　×××　／　保険積立金　×××
　　　　　　　　　　　／　雑収入　　　×××

　（又は）

　　現金・預金　×××　／　保険積立金　×××
　　雑損失　　　×××　／

② 保険積立金のない場合

　　現金・預金　×××　／　雑収入　×××

③ 一時払養老保険の満期保険金を受ける場合

　　現金・預金　×××　／　保険積立金　×××
　　租税公課　　×××　／　雑収入　　　×××

（注）1　一時払養老保険で保険期間5年以下の契約に係る満期保険金の差益、又は一時払養老保険で保険期間5年超の契約に係るものを契約から5年以内に解約した場合の解約返戻金の差益については、20％の所得税等（所得税15％、地方税5％）が源泉徴収される（所法174・P659参照）。

（注）2　この源泉徴収された所得税等は、通常の場合と同様、法人税等の申告において法人税額等から控除又は還付の対象となる。

2　保険金を年金の方法で受け取る場合

死亡保険金又は満期保険金を年金の方法で受け取る場合の仕訳は、次のとおり。

① 保険事故発生時に保険金の全額を、その事業年度の益金に算入する場合（上記第2の5②の場合）

　保険料等の積立金の有無により、上記1①又は②のいずれかと同一の処理となる。

② 年金受取のつど受取年金の額を益金に算入する場合（上記第2の5③

アの場合）

i 保険積立金がある場合

　保険料又は剰余金（契約者配当金等）を保険料積立金等資産に計上している場合の仕訳は、次のとおり。

　　現金・預金　×××注1）　／　保険積立金　×××注2）
　　　　　　　　　　　　　　／　雑収入　　　×××

　（注1）各支給期に支払われる年金（保険金）の額。
　（注2）保険積立金の額は、次の算式によって計算した金額。
　　　　B×（C／D）
　　　　B＝死亡等保険事故発生時（満期到来時を含む）における保険積立金額（配当等の金額を含む）
　　　　C＝支払を受ける年金額（注1の額と同額）
　　　　D＝年金支払総額

ii 保険積立金のない場合

　　現金・預金　×××注）　／　雑収入　×××

　（注）各支給期に支払われる年金（保険金）の額。

③ 保険事故発生時に年金現価に相当する金額の全額を益金に算入する場合（上記第2の5③イの場合）

i 保険積立金がある場合

　A　保険事故発生時

　　　未収金　×××注1）　／　保険積立金　×××注2）
　　　　　　　　　　　　／　雑収入　　　×××

　　（注1）第1回目年金額＋第2回目以降の年金の現価の合計額
　　（注2）保険事故発生時の保険料積立金の全額（配当金等を含む）

　B　年金受取時（第1回目を含む）

　　　現金・預金　×××注1）　／　未収金　×××注2）
　　　　　　　　　　　　　　／　雑収入　×××

　　（注1）各期の具体的な年金受取額
　　（注2）資産計上した未収金の総額÷年金の支払回数

ii 保険積立金がない場合

A　保険事故発生時

　　未収金　×××注)　／　雑収入　×××

　　(注) 第1回目年金額＋第2回目以降の年金の現価の合計額

B　年金受取時（第1回目を含む）

　　現金・預金　×××注1)　／　未収金　×××注2)

　　　　　　　　　　　　　／　雑収入　×××

　　(注1) 各期の具体的な年金受取額

　　(注2) 資産計上した未収金の総額÷年金の支払回数

3　終身保険の生存保険金を受け取る場合

　終身保険のうち保険期間中の一定期間ごと（例えば、加入後5年目、10年目等）に生存保険金（契約によっては給付金という場合もある）を支払い、あるいは終身保険を払済定期保険に変更し、その定期保険の期間満了時に被保険者が生存している場合に生存保険金を支払うという保険契約がある。

　この場合の保険金受取法人の経理処理は、次のようになる（「家庭計画保険の生存給付金および保険金に対する法人税および所得税の取扱いについて」昭43官審(法)29・P928参照）。

　　現金・預金　×××　／　保険積立金　×××注)

　　(注)　1　受取保険金と同額の保険積立金を取り崩すことになるので、原則として、生存保険金の受取りによる所得は生じない。

　　　　　　　受取生存保険金額が、その時の保険積立金額より多い場合には、その差額が益金となる。

　　　　　2　終身保険を払済定期保険に変更している場合にあっては、生存保険金の受取りによりその保険契約が終了するので、その時の保険積立金の全額を取り崩すこととなる。したがって、受取生存保険金額と保険積立金との差額が保険差益又は保険差損として、益金又は損金となる（計上時期は、生存保険金の支払通知を受けた日の属する事業年度である）。

第4　高度障害保険金、生存給付金（リビング・ニーズ特約による保険金）受取時の処理

1　高度障害保険金

①　法人が高度障害保険金（養老保険約款(例)3条・P1367参照）の支払を受けた場合には、死亡保険金等と同様に益金とされ、その場合の経理処理は、上記第3の1と同様である。

　　法人が高度障害保険金を年金の方法で受け取る場合（年金支払特約(例)1条・P1412参照）の経理処理は、上記第3の2と同様である。

(注)　法人が保険契約者及び死亡保険金受取人となっている場合においては、原則として、高度障害保険金の受取人もその法人となる。この場合であっても、契約者である法人は、予め、被保険者の同意のもとに高度障害保険金の受取人を被保険者とすることができる（養老保険約款(例)3条②項・P1368参照）。

②　被保険者が高度障害保険金の受取人となっている場合（上記①(注)参照）には、高度障害保険金は被保険者である役員又は使用人等へ直接支払われるので、法人の益金となることはない（この場合、高度障害保険金受取人である役員又は使用人については、その全額が非課税所得となる。所基通9-21）。

　　高度障害保険金の支払はその保険契約の消滅原因となる（養老保険約款(例)18条・P1373参照）から、契約者である法人がその保険契約に係る保険料又は契約者配当金等を保険積立金等として資産計上している場合には、その全額を取り崩して損金の額に算入する。この場合の経理処理等については、前記第1の4（P888）と同様である。

2　生存給付金（リビング・ニーズ特約による保険金）

生存給付金とは、主契約に付加したリビング・ニーズ特約により、被保険者の余命が6か月以内とされる場合に、保険金受取人の請求により、主契約の死亡保険金の範囲内の金額で請求人の指定する金額の保険金を支払うというものである（リビング・ニーズ特約(例)1条・P1409参照）。

法人がこの保険金の受取人である場合には、その保険金は益金とされ、その経理処理は次のようになる。

　　　　現金・預金　×××　／　保険積立金　×××
　　　　　　　　　　　　　　／　雑収入　　　×××

この場合、取り崩すべき保険積立金等の金額は、次のようになるもの

と考えられる。
i 支払を受ける保険金が、主契約の死亡保険金と同額の場合
　この場合には、その支払を受けることにより、その保険契約（主契約）が消滅する（リビング・ニーズ特約(例)1条⑥・P1411参照）ので、保険積立金等の全額（積立配当金等を含む）を取り崩すことになる。
ii 支払を受ける保険金が、主契約の死亡保険金に満たない場合
　この場合には、その保険金の支払により主契約の死亡保険金の減額があったものとされ、保険契約はなお存続し、存続する保険契約の死亡保険金は、（従前の死亡保険金－支払を受けた生存給付金）に相当する金額となる（リビング・ニーズ特約(例)1条⑦・P1411参照）。
　このことから、保険積立金等のうち取り崩すべき金額は、次の金額となる。

　　保険積立金×（支払を受ける生存給付金／従前の死亡保険金）

（注）生存給付金の受取人が被保険者又はその親族等である場合、契約者である法人の処理は、前記第1の4（P888）と同様であり、取り崩すべき保険積立金等の額は、上記i又はiiのいずれかとなる。

第5　入院給付金等受取時の処理

1　法人が入院特約の入院給付金（養老保険総合医療特約(例)1条・P1408参照）、傷害特約の障害給付金（養老保険傷害特約(例)1条・P1407参照）等の支払を受けた場合には、その全額が益金に算入される。
　この場合、主契約が養老保険であっても、特約の保険料はその支払時に全額が損金とされているので、取り崩すべき保険金積立金等の金額はないことになる。

（注）法人が保険契約者及び死亡保険金受取人となっている場合には、原則として、入院給付金、障害給付金の受取人もその法人となる。この場合であっても、契約者である法人は、予め、被保険者の同意のもとにこれらの給付金の受取人を被保険者とすることができる（養老保険傷害特約(例)1条③・P1408、給付特約付加に関する特則［普通保険約款の特則］(例)16条・P1391参照）。

2　被保険者が入院給付金、障害給付金の受取人となっている場合（上

記(注)参照)には、これらの給付金は被保険者である役員又は使用人等へ直接支払われるので、法人の益金となることはない(これらの給付金受取人である役員又は使用人については、その全額が非課税所得となる。所令30条)。

この場合も、上記1と同様、主契約が養老保険であっても、特約の保険料はその支払時に全額が損金とされているので、取り崩すべき保険金積立金等の金額はないことになる。

第6 入院給付金等の受入れと見舞金等との関係

法人が契約上の受取人として入院給付金、障害給付金等を受け取り、その全部又は一部を役員又は使用人に見舞金等として支出したような場合、その見舞金等の課税関係は次のようになる。

1 支出した法人

① 支出した見舞金等が、社会通念上相当な額である場合には、実務上、福利厚生費(給与及び交際費に該当しない支出)として損金の額に算入される。

この場合、相当な額の判定は、役員又は使用人の地位等により、所基通9-23(葬祭料、香典・P419参照)又は相基通21の3-9(社交上必要と認められる香典等の非課税の取扱い・P419参照)の趣旨等を総合して合理的に判定することになるものと考えられる。

法人税の取扱いにおいて、役員又は使用人に対して支出する見舞金等が福利厚生費(給与及び交際費以外の支出)として損金となる旨を明示する法基通9-2-9(債務の免除による利益その他の経済的利益・P919)の本文カッコの趣旨もこれと同様であるものと考えられる(所基通9-23は支払を受ける役員又は使用人の立場からのものであり、法基通9-2-9は支払う法人の立場からのものであるから、その相当な額は同一となるべきものであろう)。

② 例えば、法人が、役員及び使用人の全部を被保険者とする傷害保険(主契約に付加する傷害特約を含む)に加入し、被保険者の事故等により支払を受ける入院給付金等の全額を、見舞金として被保険者(その家族を含む)に支給する旨を「慶弔・見舞金規程」等に定めているよう

な場合には、一般的に、その支給する金額はここにいう「相当な額」に当たるものと考えられているようである（保険税務事例研究グループ編「保険税務（五訂版）」税務研究会出版局・P184参照。）。

　この場合に注意すべきは、被保険者が法人の役員及び使用人の全員であること（いわゆる普遍的加入）が前提とされている。したがって、役員又は特定の使用人のみを対象とする保険契約の場合には、仮に、慶弔規程等に上記のような規定があったとしても、その支給の都度個別にここにいう「相当な額」を判定すべきことになるものと考えられる。

③　また、いわゆる普遍的加入をしているような場合であっても、その慶弔規程等により算出される金額が、明らかに社会通念上相当な額を超えるようなときには、その超える部分の金額は役員又は使用人に対する賞与として取り扱われるのは当然である（P911に掲げる裁決例参照）。なお、相当の額の判定については、下記4（参考）に掲げるような例がある。

　仮に、相当な額を超えるような場合には、次のようになる。
　ⅰ　役員に対するもの
　　　見舞金等のうち、相当な額を超える部分の金額が法人法34条1項各号（定期同額給与等）に該当しないものとして、損金とならない（見舞金等の全額ではなく、相当な額を超える部分の金額が損金とならない。法基通9-2-9の編者注・P919参照）。
　ⅱ　使用人に対するもの
　　　見舞金等のうち、相当な額を超える部分の金額は使用人に対する給与となり、原則として、損金となる。

2　役員又は使用人
　見舞金等のうち、相当な額を超える部分の金額が給与所得の収入金額となる。

3　上記1及び2に対する対応
　入院給付金等の受取人を予め被保険者である役員又は使用人とする指定を行うこと（当初契約の他、契約期間中の変更を含む。前記第5の1（注）参照）

により、これらの給付金等が直接に役員又は使用人に支払われる場合には、契約者である法人には格別の課税関係は生ぜず、受取人である役員又は使用人については、その全額が非課税所得となる（前記第5の2参照）。

この場合、給付金支払事由の発生があったときには、契約者である法人の意思とは無関係に直接被保険者である役員又は使用人にその支払が行われることになるので、その保険契約の趣旨・目的等から誰をこれらの給付金受取人とすることが適当であるか十分考慮する必要があろう。

なお、役員又は特定の使用人のみの契約につきこれらの給付金受取人を被保険者とすることも可能であるが、この場合には、これらの給付金に係る特約保険料に相当する金額は、その役員又は使用人に対する給与等に該当する（所基通36-31の4・P701参照。役員に対するものは、定期同額給与に該当するものとして損金とされる、法基通9-2-11(5)・P1059参照）。

4 〔参考〕見舞金・弔慰金の相当な額
① 裁決例
　役員に対して支給した入院見舞金につき、損金とされる「相当な額」の範囲を判断した事例（P911参照）
② 見舞金規程（例）
　役員又は使用人に対する見舞金・弔慰金で社会通念上相当とされる額として、次に掲げるような例がある（若林孝三他共編「報酬・賞与・複利厚生費・退職金の税務」（平成11年版）大蔵財務協会・P346から転載）。
i 　従業員等が災害で死亡した場合、次の見舞金又は弔慰金を支給する。
　ア　死亡した場合：死亡者に応じ次の金額
　　　従業員本人100万円、配偶者50万円、子供・両親各30万円
　イ　1か月以上入院の傷害を受けた場合：被災者に応じ次の金額
　　　従業員本人10万円、配偶者5万円、子供・両親各3万円
ii 　住宅に被害を受けた場合、次の見舞金（最高限度50万円）を支給する。
　ア　住宅が全壊した場合：年齢及び同居親族数に応じ次の金額
　　・従業員の年齢が30歳未満の場合
　　　20万円＋5万円×同居親族数
　　・従業員の年齢が40歳未満の場合

25万円＋5万円×同居親族数
　・従業員の年齢が40歳以上の場合
　　30万円＋5万円×同居親族数
　イ　住宅が半壊した場合：年齢及び同居親族数に応じ次の金額
　　概ね、①の1/2の金額

第7　保険金の取得と退職金支払との関係

　法人が生命保険契約の死亡保険金（高度障害保険金を含む）又は満期保険金の支払を受け、これを原資として退職金（役員退任慰労金等を含む）の支払をする場合の課税関係は、次のようになる。
① 取得した保険金の益金算入時期は、通常の場合の同様に保険会社等からの支払通知を受けた日の属する事業年度となる。
　仮に、死亡保険金等を取得し、その事業年度内に死亡退職金等の支払が行われないような場合においても、保険金の益金算入時期を遅らせることはできない。
② 取得した保険金と退職金の支払とは次元の異なる行為である（つまり、ひも付きの取引ではない）から、取得した保険金を原資として退職金の支払をしても、その退職金の損金算入額については通常の例により過大額の有無を判定することになる。なお、法基通9-3-5の編者注9（P1076）及び後掲（P904）裁判例参照。
③ 役員退職金の損金算入時期は、次のようになる。
ⅰ　役員の場合
　次のアが原則であるが、法人の選択によりイによることもできる（法基通9-2-28・P920参照）。
　ア　株主総会の決議等により、支給すべき金額が具体的に確定した日の属する事業年度
　イ　実際に退職金の支払をした日の属する事業年度（上記の決議の前後を問わない）
ⅱ　使用人の場合
　ア　就業規則又は退職給与規程等により、退職と同時に退職金債務が

確定し（通常、これらの規程が存する場合には、使用人の退職と同時に退職金債務は確定することになる）、かつ、支払うべき金額の計算が可能となっているような場合においては、退職の日の属する事業年度（その事業年度末までに支払が行われないときは、当該事業年度において未払計上ができる。法基通2-2-12（債務の確定の判定）掲載略・参照。）
　イ　退職後において現実に退職金の支払をした日

第8　死亡保険金の取得と社葬費との関係

　法人が生命保険契約の死亡保険金（高度障害保険金を含む）の支払を受け、この中から死亡した役員又は使用人の社葬費を支出した場合の課税関係は、次のようになる。
1　死亡保険金等の一部を死亡した被保険者の社葬費の支出に充てたとしても、死亡保険金の取得と社葬費の支出とは本来別の次元のものであることから、社葬費については法基通9-7-19（社葬費用・P923参照）の取扱いによって処理することになる。
2　同9-7-19によれば、法人が、死亡した役員又は使用人の社葬を行うことが社会通念上相当であると認められるときで、その支出した金額のうち社葬に通常要する部分の金額は、支出した日の属する事業年度の損金とされる（その費用は福利厚生費とされ、原則として、交際費には該当しない）。
　　この場合、会葬者等が持参した香典等については、法人の収入とせず、遺族の収入とすることも認められる。
3　社葬のために要した上記2の費用に相当する金額については、遺族については、格別の課税関係は生じない（相法3条1項2号に規定する死亡退職金及び相基通3-20の弔慰金との関係で、課税庁が社葬費用も退職金又は弔慰金の一部を構成すると主張した審査請求事案において、裁決ではその主張は失当であるとしている。P247に掲げる裁決例［判断］Ⅰ7③（P255参照））。
　　上記2より香典等を遺族の収入とした場合においても、その収入は非課税とされる（所基通9-23、相基通21の3-9）。

第9 契約者貸付金、保険料自動振替貸付のある保険金の支払を受けた場合の処理

1 契約者貸付金のある保険金

生命保険契約につき、保険金支払の際に契約者貸付金の残高がある場合には、支払保険金から貸付金の元利が控除される。この場合、保険金受取人である法人の経理処理は、次のようになる。

現金・預金　×××　／　保険積立金　×××
借入金　　　×××　／　雑収入　　　×××
支払利息　　×××　／

2 保険料自動振替貸付のある保険金

保険期間中において保険料の一部の支払が滞っている場合には、通常、保険会社はその未払保険料につき、保険料自動振替貸付制度により保険料の支払に充てている。

① この場合、保険会社は保険契約者にその旨の通知をしているので、通常、その時点において契約者である法人は、次の経理を行っている。

保険積立金　×××　／　未払金（又は借入金）×××
保険料　　　×××　／

保険金支払の際、この貸付けの残高がある場合には、支払保険金からその元利が控除されるので、保険金受取時においては、上記1と同様の経理を行うことになる。

② 保険料自動振替貸付時に上記①の経理を行っていない場合には、保険金受取時に次のような経理をしても、一般的には許容されるものと考えられる。

現金・預金　×××　／　保険積立金　×××
保険料(注)　×××　／　雑収入　　　×××
支払利息　　×××　／

（注）保険料の金額は、自動振替貸付の残高に相当する金額。

第10 外貨建て生命保険契約の保険料・保険金の邦貨換算

外貨建て生命保険契約に係る保険料を外貨で支払い、又は保険金等を

外貨で受け取る場合の邦貨換算については、次のようになる（法基通13の2-1-2（外貨建取引及び発生時換算法の円換算）・P924参照）。

① 原則として、保険料支払期日（通常は保険料の支払日）又は保険金支払の確定時（通常は保険金の受取日）における「対顧客直物電信買相場」（TTB）と「対顧客直物電信売相場」（TTS）の仲値（TTM）により邦貨に換算する。

② 継続適用を条件として、受取保険金等についてはTTBにより、支払保険料についてはTTSによることができる。

■参考：判例「死亡保険金と役員退職金との課税上の関係を判断した事例」（長野地裁　昭62.4.16判決　ＴＫＣ法律情報データベース・文献番号22001650）

《事案の概要》

1　原告（納税者・法人）は、代表取締役甲の業務上の死亡を原因として、次の生命保険金の支払を受け、これを原資として甲の遺族に対し合計7,929万1千円を弔慰金名義で支払い、この全額を損金の額に算入した。

① B生保：8,515万410円
② C生保：1,000万円

2　被告（課税庁）は、上記弔慰金のうち3,000万円を役員退職金相当額として認め、これを超える部分の損金算入を否認する更正処分をした。

(注)1　上記3,000万円算出の根拠等は、判決からは詳らかでない。

2　被告は、本件訴訟上、損金算入適正額として次のように主張している。

① 弔慰金：20万円（甲死亡時の月額報酬）×36月（相基通3-20に掲げるところと同一）＝720万円

② 適正退職金額：20万円（甲死亡時の月額報酬）×2.8（在任期間）×1.97（同種同規模の比較法人5社の平均功績倍率）＝110万3,200円

《判決・理由（要旨）》

※編者注：1、2等の付番は編者が適宜付したものであり、[　]は編注である。

第4編　第1章　受け取る保険金・給付金等に関連する法人税の法令・通達等

1　原告［納税者。法人］は、本件のように役員が死亡した際にその遺族に対して支払うことを予定して、法人を受取人とする生命保険契約が締結されていたところ、保険事故が発生し、法人が入手した生命保険［金］をその遺族に対して支払った場合には、その金額のいかんを問わず、全額を損金算入するのが法人税法36条［現行34条2項］の趣旨にも税務行政の実態にも合致すると主張し、更に、その根拠として
　①　役員退職金の高額化傾向に伴い、企業、特に資本金の小さい同族企業にあっては生命保険金を役員退職金の唯一の原資としているのが実態である。
　②　生命の代償たる死亡保険金に対し相続税及び法人税が課せられるのは二重課税として許されない。
　③　退職金額の相当性は経済事情からみて正常か否かで決すべきものであるところ、法人の退職金支払の能力は、生命保険金の支払を受けたことにより生じたものであり、役員の死亡が右原資を得るについての貢献であるから、生命保険金の全額又は大半を役員の退職金として遺族に支給することは経済事情からみて正常である、などと主張する。
2　しかしながら、法人税法36条［現行34条2項、法人令70条2号］の趣旨からみて、役員退職給与の損金性は、役員の法人に対する役員としての役務提供による貢献度によって決せられるべきものであるから、退職給与の支給とその原資は切り離して考えるべきであり、その原資が当該役員の死亡を原因として支払われた生命保険金であるからといって、当然に支給額の全部又は一部が相当な額として損金に算入されるべき理由はない。
3　更に、役員を被保険者、保険金受取人を法人とする生命保険契約の実態についてみるに、［証拠略］に弁論の全趣旨を総合すると、現今右生命保険の大型化傾向があること及び右生命保険契約締結の目的に役員の退職給与の原資の準備が含まれていることは否定できないものの、その主たる目的は役員死亡に伴う法人の経営上の損失を補填することにあると認められるから、生命保険契約の実態は、必ずしも、生命保険金を原資とする退職給与を損金に算入すべき根拠たりえない。
4　また、原告の主張するような税務行政の実態［前記1参照］を認めるに足

る証拠はなく、本件において、相続税と法人税は課税の対象及び租税の性質を異にするから、二重課税にあたらない。

　退職金額の相当性判断の基準として原告が挙げる経済事情も前記法人税法36条の趣旨と合致しない独自の見解というほかない。以上のとおり、原告の反論1は失当といわざるをえない。

5　［原告の反論2－被告（課税庁）の採った相当な退職金額の判定方法の合理性に係る部分については省略］

6　原告は、その反論3において、原告が甲［死亡した元代表取締役］の遺族に対し受取保険金を支払ったについては、甲の遺族に対する損害賠償金支払の趣旨が含まれていたのであるから、支払額全額が損金に算入されるべきであると主張する。

　しかしながら、原告の主張する損害賠償請求権の法的根拠、発生原因については必ずしも明らかであるとはいい難く、［証拠略及び証人乙の］証言に弁論の全趣旨を総合すると、本件事故［甲の死亡原因となった工事現場における作業中の事故］の発生した作業現場において、当時の原告の代表取締役であった甲が、ヒューム管が落下する危険があるため立ち入るべきでない掘削中の井戸の穴の中に自ら立ち入ったことが本件死亡事故の一因と認められ、本件事故は、原告の当時の代表取締役である甲自身の注意義務違反に起因するものであることが明らかである。

　右事情からすれば、法的主張を債務不履行、不法行為のいずれを構成するとしても、甲の遺族が原告に対し損害賠償請求権を取得したものとは認め難く、他に右請求権の発生を認めるに足る証拠もないから、原告の右主張は前提を欠き失当である。

7　そうすると、［原告が主張する損金とした本件役員退職金のうち］法人税法36条及び同施行令72条の規定に基づき役員に対する退職金として相当である金額は124万3,200円［算出方法は被告主張と同様であるが、功績倍率につき判決は2.22とし、被告主張は1.97とする点に差異のある程度である。］と認められ、その余の金額は不相当に高額な役員退職金として損金不算入とされるべきこととなる。

［以上のように認定した上、被告は本件更正処分においては、この相当額を超え

る3,000万円を損金の額に算入しているのであるから、結果的に、本件更正処分に違法はないとした。〕

〔参　考〕
損害賠償請求に関する原告・被告の主張（要旨）は、次のようである。
① 原告の主張
　本件事故の原因は、通常では予想されないワイヤーの突然の切断によるものであり、その際甲が穴の中に入っていたこともヒユーム管を正しく接合するためにやむを得ないことであり、甲個人の重大な過失によるものとはいえないものである。
　右のような事故内容に照らすと、原告が甲の遺族に受取保険金を支払った趣旨には、甲の遺族に対する損害賠償債務の履行が含まれていたものであり、一般に法人の代表者の重大な過失によらない業務上の死亡により、法人が代表者の遺族に損害賠償金を支払った場合には、税務上その全額が損金として処理されるべきである。
② 被告の主張
ⅰ　本件事故は、ヒユーム管を井戸中に埋設するに際し、ドーザシャベルの先端にワイヤーロープを引っ掛けてクレーンの代用としたことによるものであるが、ドーザシャベルは掘削用機械であるから、これを主たる用途以外の用途に使用してはならないのであり（労働安全衛生規則164条）、労働大臣の定める基準に適合するクレーンを使用すべきであったにもかかわらず（労働省令・クレーン等安全規則17条）、これを使用せず、またワイヤーロープの破損により危険の生ずるおそれのある箇所に労働者を立ち入らせてはならないのに（同規則28条）、吊り上げたヒユーム管の下に立ち入って被災したものである。
ⅱ　この点、労働安全対策上、事業を行う責任者、すなわち会社代表者に責任がなかったとはいえないところであり、右安全保障義務を履行すべき事業の責任者がまさに被災した元代表者自身であって、被災者自身が責任を負うべきものである。
　更にヒユーム管落下の危険を冒して掘削中の井戸の穴の中に入った点に

おいて工事に従事した甲自身の重大な過失が存したといわざるを得ないのである。

iii 以上のことからすると、損害賠償請求権は被災者自身の代表者としての責任と自己の重大な過失とにより、不存在あるいは相当額相殺されるべきであり原告の主張する損害賠償請求権が存するとは到底認め難く、仮に存したとしても原告の賠償責任は極めて少額なものにすぎず、本件更正処分において被告が現実に損金認容した3,000万円の範囲を到底こえるものではない。

【編者注1】死亡保険金と死亡役員退職金について税務上考慮すべきこと等

1 本件は、法人が業務上死亡した役員の遺族に約8,000万円弱の死亡退職金を弔慰金名義で支給したというもので、常識的には、役員の業務上の死亡に伴う退職金の絶対額としては異常に高額とも断じられない。

にもかかわらず、その損金算入額に関する納税者の主張が認められていないということについての問題点を、税の実務から検討してみる。

2 本件において、税の実務上考慮すべき点は、以下のようになるものと考えられる。納税者は、以下の諸点につき、税務調査上はもとより、不服申立て、訴訟においても十分主張・立証すべき必要があるものと思われる。

① 役員退職金・弔慰金の基礎となるべき役員月額報酬について

事実関係によれば、死亡した元代表取締役甲の死亡当時の月額報酬は20万円である。ところで、同族会社にして土木工事業を営む会社において現業をも担当する壮年（判決からは年齢不詳）の代表者の月額報酬が20万円というのは、そのこと自体が異常に低額であるというべきものであろう。

役員退職金の適正額の算定につき、退職当時の報酬月額が基礎金額とされるのは、それが会社に対する貢献度を評価するのに最

も合致しているような場合に限られるものと解すべきである。

　本件においては、年齢・経験・会社に対する役務提供の状況等から見て、その報酬額は到底適正な額とはいえないと考えられる。

　そうだとすると、関係各般の資料等に基づきあるべき適正報酬額を求めることが肝要であろう。

② 弔慰金について

　当事者間において、業務上の死亡であることに争いがないのであるから、死亡退職金とは別にいわゆる弔慰金を支給すること、及びその計算根拠を月額報酬の36月にすることについては格別の問題は生じないものと考えられる。この場合の基礎となるべき報酬月額は、上記①の適正報酬額によるべきものであろう。

③ 退職金算定における功績倍率、特別功労加算について

　甲は概ね5年間個人で営業していた土木工事業をいわゆる法人成によって本件法人を設立し、その代表者に就任し、その後現業に携わっていたというものであるから、役員退職金算定要素である功績倍率については、被告主張のようなサンプルによる単純平均値によるべきものではなく、創業者としての功績倍率によるのは当然である。この場合、功績倍率を適用すべき月額報酬は、上記②と同様であると考えられる。

　また、当該法人を創業し、個人事業を継続していたという事実は重く、相当な特別功労加算も許されるべきものと思われる。

④ 法人の損害賠償について

　本判決においては、「甲の遺族が原告に対し損害賠償請求権を取得したものとは認め難く、他に右請求権の発生を認めるに足る証拠もない」として、法人の損害賠償額の存在を否認しているが、その物言いからすると、本件のような場合には常に法人の損害賠償責任及び損害賠償金の支払を否認するというものではなく、原告において、その責任の存否を明確に主張・立証することにより、損賠賠償金の支払を損金の額に算入する方法も十分検討する余地があろう。

法人に損害賠償責任があるような場合には、仮に、弔慰金の支払が行われるようなときであっても、弔慰金の支払によって損害賠償金支払義務が消滅することにはならないと考えるべきであるから（もっとも、法人と遺族の間において、弔慰金が損害賠償金の一部であるとする合意が存するような場合には、その限りにおいて賠償金の支払義務の消滅要因とあることはあろう）、弔慰金とは別に損害賠償金を損金の額に算入することは許されるものと思われる。

　また、法律上、法人の損害賠償責任の存否が明確でないような場合においても、その死亡が業務上のものであるときにはその死亡に至った経緯等を勘案し、裁判上の和解ないしは当事者間における合意等によって損害に係る損失の補償をしている例が世上存することは疑いのない事実である。

　このような場合の損失補償は、得べかりし利益の補償として所得補償方式等によってその金額を求める等のことが考えられる。いずれにしても、これら損害賠償等に関することは法人税の申告書作成段階においてその事実等を明確にすることが肝要であろう。

　なお、一般的にいえば、本件のような場合における損害賠償金は被相続人甲の相続財産に該当せず、支払を受ける遺族においては非課税所得となる。

【編者注2】本件のような場合における生命保険契約の事前対応
1　本件のように、設立後の期間が比較的短い法人等であって、支払を受ける死亡保険金等の大部分を被保険者の遺族に対する退職金に充当することを予定している場合には、生命保険契約等の契約方法等に次のような配慮が必要であろう。
①　生命保険等の契約時において、法人の退職金規程等により算定される退職金と死亡保険金等（高度障害保険金を含む）を比較し、保険金が退職金に比して著しく多額であるような場合には、一の保険契約とはせず、二以上の適当な保険契約とし、そのうち、死亡退職金に見合う金額の保険契約の保険金受取人を契約者である

法人とし、他の契約の保険金受取人を被保険者の遺族等とする（この場合、遺族が保険金受取人となっている保険契約に係る保険料相当額は、被保険者である役員等に対する給与所得となるが、その給与はいわゆる定期同額給与として損金の額に算入されるのであるから、給与の非課税扱いにのみ拘泥するのは妥当とは言えないのではなかろうか）。

② 契約後、一定期間の経過後に①の比較を行い、必要な限度で保険金受取人を法人に変更する手続きを行い、常に退職金と死亡保険金等とが均衡する状態にあることを確認する。

2 上記1とは逆に、生命保険契約時においてはその死亡保険金は被保険者である役員の退職金予定額と比較して相当であったものが、その後、事業規模の縮小等によって役員退職金規程により算出される役員退職金額が死亡保険金を大幅に下回るに至るというような場合には、保険契約者を被保険者に、死亡保険金受取人を被保険者の遺族にそれぞれ変更する等の手当てをすることも肝要であろう（この変更によって、その契約に係る保険料は被保険者である役員に対する給与となるが、上記1①と同様に考えるべきではなかろうか）。

なお、契約者変更に伴う変更時の課税関係については、6編3章4節の解説第5（P1237）参照。

■参考：裁決例「役員に支給した入院見舞金のうち損金とされる『相当な額』の範囲を判断した事例」（平14.6.13裁決　国裁例集平成14年度第1 No63-21　前掲「国税不服審判所裁決例集」5・P7507-437）

《事案の概要》

1 平成10年7月期において、請求人（同族会社）は、取締役会長（常勤と同様の状況にある。以下甲という）に対し、その入院見舞金として合計3,995,000円（以下「本件見舞金A」という）を支給し、その全額を福利厚生費として損金の額に算入した。

この支給及びその額は、請求人の定める「弔慰金・見舞金規程」により、請求人が生命保険会社から支払を受けた入院給付金の2分の1に相当する

金額を支給したものである。

2　平12.5.31、甲の死亡後甲の妻に対し、甲の入院見舞金として1,190,980円（以下「本件見舞金Ｂ」という）を支給し、その全額を福利厚生費として損金の額に算入した。

3　課税庁は、上記１の見舞金につき、損金に算入される「社会通念上相当な額」（以下「相当な額」）は入院１回（１日ではない）について３万円が相当であるとして、本件の入院回数７回分合計21万円を超える部分の金額を甲に対する役員賞与に当たるとして、損金算入を否認した。

4　課税庁は、上記２の見舞金につき、その支給が甲の死亡後になされていることから、この見舞金は甲に対する役員退職金に当たるとした上、他の退職金と合わせ不相当に高額な退職金として、この見舞金全額の損金算入を否認した。

《原処分庁の主張（要旨）》
1　役員に対して社内規程に基づいて支払われた見舞金の全額が、直ちに福利厚生費として損金の額に算入されるものではなく、損金の額に算入できるのは、社会通念上相当であると認められる金額部分である。

　社会通念上相当である金額について、病気等の入院に係る見舞金等の福利厚生費の規定が存するＸ税務署管内の法人の役員に対する見舞金等の支給状況を検討したところ、入院１回当たり、30,000円が社会通念上相当である金額と認められることから、これを超える金額を甲に対する賞与としたものである。

2　保険契約上の受取人である請求人において、保険事故の発生により受領した保険金が請求人に帰属するのは当然のことであるのに、社内規程を設け、社内規程によって、保険金の一部が請求人を経ずに直ちに被保険者に帰属することとなるという請求人の主張は不当であり、請求人が入院給付金を受領して益金の額に算入することと［,］病気等をした役員等に見舞金を支給し損金の額に算入することとは全く別のことであり、個々に判断されるべきものである。

3　平12.5.31に請求人が甲に支払った見舞金1,190,980円は、同人の死亡後に

支払われていることから、見舞金としての性質を有するものではなく、その全額が、同人に対する退職給与に含まれる支払であると認められる。

《請求人の主張（要旨）》
1　請求人は、会社規程に基づき保険会社から受領した入院給付金の半額を甲に対する見舞金として支払い、当該金額を福利厚生費として損金の額に算入しているが、受領した保険金の半額を本人受取りとする当該会社規程の内容は、判例からみても十分合理的である。
　　また、甲に付された保障の内容は、他の役員及び従業員と比べて不相当に高額なものではない。
2　保険の加入に関する取締役会決議及び弔慰金・見舞金規程については、その制定の際に全役員及び全従業員に対して説明を行い、新たに入社する者については規程を交付して、その周知徹底を図っており、すべての役員及びすべての従業員が当該規程の存在及び当該規程により保障されていることを知っている。
3　請求人が甲に支払った見舞金は、会社規程により当然個人が受け取るべきものを支出しただけであり、臨時の給与として支給したものではなく、いわば会社を経由した保険会社からの保険金の支払というべきものである。

《判断（要旨）》
※編者注：1、2等の付番は編者が適宜付したものであり、[　]は編注である。
1　原処分関係資料、請求人提出資料及び当審判所の調査によると次の事実が認められる。
①　甲が病院等に入退院等した状況は、別表5［省略］のとおりである。
　　［別表5の概要：平5.6.28から同11.8.18までの間、18回以上にわたり入退院等を繰り返し、その間4回に及ぶ手術等を受け、平12.4.21死亡している等の旨が記載されている。］
②　請求人の弔慰金・見舞金規程には、全役員及び全従業員に関する死亡、入院障害の弔慰金及び見舞金に関する事項が規定されており、役員に関し

ては保険給付金の受取りは一旦会社が行い、その半額を死亡、入院障害の弔慰金及び見舞金として被保険者若しくはその家族に支給する旨規定されている。
③ 請求人はT生命保険相互会社［以下「T生命保険」という。］との間で、契約者及び保険金受取人を請求人、被保険者を甲とする定期保険契約を締結しており、その契約内容は別表7［省略］のとおりである。

なお、請求人は、甲以外の全役員及び全従業員を対象に特約付の定期保険に加入している。

［別表7の概要：入院特約等の内容　病気入院1日当たり5日目から184日目まで1万円（成人病のとき2万円）・手術保障1回につき20万円から50万円・看護保障5日目以後1日当たり1万円等］

④ 請求人は、被保険者甲の保険事故により、T生命保険から入院給付金等として、次の金額を受領し、それを雑収入として経理処理している。
・平9.8.28　：3,540,000円（平6.5.12～平9.5.13間の入院回数5回分）
・平9.10.27：2,920,000円（平9.4.16～平9.10.1間の入院2回分）
・平10.4.28：1,530,000円（平9.10.20～平10.3.30間の入院2回分）
・平12.5.26：2,381,960円（平10.10.1～平12.4.21間の入院3回分）

⑤ 請求人は、甲に見舞金として、次の金額を支払っており、それぞれ福利厚生費として損金の額に算入している。
・平9.8.29　：1,770,000円
・平9.10.29：1,460,000円
・平10.5.1　：　765,000円
・平12.5.31：1,190,980円（甲の死亡により甲の妻に支払）

⑥ 甲は上記(イ)［省略］のとおり請求人の常勤の取締役と認められるところ、［省略］その影響力は代表取締役に匹敵するほどであったと推認される。

2　役員賞与

① 請求人は、本件見舞金A［事案の概要1に当たる］は、合理的な会社規程に基づき支払われており、不相当に高額なものでない旨主張する。

ところで、法人がその役員や使用人の慶弔、禍福に際し一定の基準に従って支給する金品に要する費用は、福利厚生費として取り扱われることとさ

れ、役員に対する病気見舞金も、その金額が社会通念上相当なものであれば福利厚生費として［給与及び交際費以外の経費として］損金経理できるものと解されている。

② 法人税基本通達9-2-10《債務の免除による利益その他の経済的な利益［現行9-2-9の本文カッコ書を指しているものと思われる。］》によると、役員に支払われた見舞金のうち社会通念上相当な金額を超える部分の金額については、同人に対する給与を支給したと同様の経済的効果をもたらすものとして、同人に対する給与に該当すると取り扱っており、当審判所においてもその取扱いは相当と認められる。

③ これを本件についてみると、上記１②ないし⑤の認定事実のとおり、甲の入院を原因に請求人の弔慰金・見舞金規程に基づき、保険会社から受領した入金給付金の半額である本件見舞金Ａ［事案の概要１に当たる］が支払われたものである［中略］ことが認められる。

④ 一般に、慶弔、禍福に際し支払われる金品に要する費用の額は、地域性及びその法人の営む業種、規模により影響されると判断されることから、当審判所においては、改定類似法人［原処分庁が採った類似法人を改めたという意か。］のうち見舞金等の福利厚生費の規定が存する８社について［、］その役員に対する見舞金等の支給状況を検討したところ、別表９［省略］のとおり、［中略］その規定している額及び支払例において見舞金の額が50,000円を超えていないことから、法人の役員に対して支払われる福利厚生費としての見舞金の額は、入院１回当たり50,000円が社会通念上相当である金額の上限と認められる【編者注】。

したがって、この点に関する請求人の主張には理由がなく、また、入院１回当たり30,000円が社会通念上相当である金額とした原処分庁の主張も採用できない。

⑤ 請求人は、甲に支払った見舞金は、会社規程により当然個人が受け取るべきものを支出しただけであり、いわば会社を経由した保険金の支払というべきものである旨主張する。

しかしながら、請求人が保険金を受領することと、見舞金の引き当てとして保険に加入し、これを原資として見舞金を支払うこととは本来全く別

個の問題であると解すべきである。

　また、法人税法上、福利厚生費としての見舞金が損金の額に算入されるか否かは、当該見舞金の額が社会通念上相当であるか否かにより判断されるものであり、会社規程に従って支払われたものかどうか及び保険金の原資のいかん並びに会社規程の作成過程及び保険契約の締結過程のいかんによって左右されるものではない。

⑥　以上のことから、社会通念上相当であると認められる見舞金の額は、入院1回当たり50,000円と認められることから、本件見舞金A［事案の概要1に当たる］のうち当該金額を上回っている部分の金額は社会通念上相当な金額を超える部分の金額に該当し、甲に支払われた見舞金は、同人に対して給与を支給したと同様の経済的効果をもたらすものというべきものであり、同人に対する給与に該当する。

　また、当該給与は、［中略］甲に対する賞与に該当する。

⑦　そうすると、本件見舞金A［事案の概要1に当たる］のうち、それぞれ次に掲げる金額は、甲に対する賞与となり、同人が請求人の役員であることから、当該賞与の額は、法人税法第35条第1項の規定により請求人の所得金額の計算上、損金の額に算入することはできない。

　ⅰ　平9.8.29支払の1,770,000円のうち、50,000円の入院5回分である250,000円を超える1,520,000円

　ⅱ　平9.10.29支払の1,460,000円のうち、50,000円の入院2回分である100,000円を超える1,360,000円

　ⅲ　平10.5.1支払の765,000円のうち、50,000円の入院2回分である100,000円を超える665,000円

3　役員退職給与

①　原処分庁は、本件見舞金B［事案の概要2に当たる］は甲に対する退職給与である旨主張する。

　しかしながら、本件見舞金Bは、甲が死亡した平成12年4月21日以降に支払われてはいるものの、請求人の役員に対する退職給与は、その定める「役員退職功労金支給規程」によって支給することとされ、当該支給規程に基づき平成12年7月17日に甲に対して退職功労金が既に支給されているこ

と、株主総会等において本件見舞金Bを役員退職功労金として支給する旨の決議がされていないことから、当該支給規程に基づかない見舞金を甲の退職に起因して支払われた退職給与と認めるのは相当でなく、本件見舞金Bは、その支払が甲の入院を起因として、請求人の「弔慰金・見舞金規程」に基づき支払われたものであると認められるから、一義的には請求人が主張するように本件見舞金A［事案の概要1に当たる］と同様に福利厚生費としての見舞金であるとするのが相当である。

② そうすると、上記2のとおり、福利厚生費としての見舞金の社会通念上相当な額は入院1回当たり50,000円と認められるところ、本件見舞金B［事案の概要2に当たる］は3回分の入院に対する見舞金と認められるから、本件見舞金Bの額である1,190,980円のうち50,000円の3回分である150,000円を超える1,040,980円が甲に対する賞与となる。

したがって、役員退職給与に関する原処分庁の主張にはいずれも理由がない。

【編者注】判断2④の妥当性について

本裁決の判断2④については、その論証の方法及び結論の双方について、以下に掲げる点からも説得性に疑問なしとしない。

1 論証の方法について

① 本裁決の判断2④では「慶弔、禍福に際し支払われる金品に要する費用の額は、地域性及びその法人の営む業種、規模により影響される」という。

仮に、見舞金等のいわば「相場」に地域性が存することが本判断の指摘するとおりであるとしても、その地域が本判断が示すような1税務署の管轄区域というほど狭いものではなく、もっと広い生活空間（例えば、市、県のようなもの）をいうものとするのが妥当であろう。

本件において、判断は1税務署管轄内の僅か8件のみを標本とし、その結果を「社会通念上相当な金額」と断じているが、その妥当性には疑問なしとしない。

次に、役員又は使用人に対する社会通念上相当とされる見舞金等の額が、法人の営む業種や事業規模によって多寡が存するという根拠はいかなるところによるのであろうか。そのような合意ないしは了解が世間一般に存するとは到底考えられないのではなかろうか。

　このような考え方は、役員報酬又は役員退職金等対価性を伴うものの判断にはなじむとしても、対価性がなく、民族の生活習慣から生じていると考えられる、事故、病気又は災害等に伴う見舞金について、このような方法によることは妥当性に欠けるものと思料される。

② 　本裁決の判断２④では「見舞金等の福利厚生費の規程が存する８社についてその役員に対する見舞金等の支給状況を検討した」といい、同判断２⑤において、見舞金の額は社会通念上相当であるか否かにより判断されるものであり、「会社規程に従って支払われたものかどうか」によりこの相当な額は左右されないと指摘する。

　つまり、一方において、慶弔規程等に従って支給されたものであるか否かは見舞金の相場に影響しないとしながら、他方で、見舞金の相場と目される金額の算定には専ら慶弔規程等に定める額を基礎とするということであり、このことは明らかに矛盾するものと考える。

　按ずるに、法人が慶弔規程等において見舞金等の額を明示する場合には、その金額が労働契約等の内容として使用者の債務となることから、その金額は低めに設定されているのが実状であろう。

　そうだとすると、本件のような病気見舞金等の相場と目される金額を推測するには、規程の有無に関係なく、現実に支払われている金額を数多く採り標本とすべきものであろう。その結果は、到底本判断が指摘する「入院１回当たり50,000円」に止まるものとは思われない。

２　見舞金等の社会通念上の相当額について

一義的には、病気等に係る見舞金の社会通念上相当な額は明確になっているとは言い難く、結局、見舞金等の支払を受ける者の地位・法人に対する貢献度等を総合して、支払を受ける者にとって非課税所得（所基通9-23（葬祭料、香典））又は贈与税の非課税（相基通21の3-9（社交上必要と認められる香典等の非課税の取扱い））となるべき範囲内の金額と同一のものと考えるべきものではなかろうか（法人税における見舞金の損金算入を取り扱う法基通9-2-9本文カッコ書（P919参照）の趣旨もこのようなものであると考えられる。）。

■**参考：法人税基本通達9-2-9～10、9-2-28、9-7-19、13の2-1-2**
（債務の免除による利益その他の経済的な利益）

9-2-9　法第34条第4項《役員給与》及び法第36条《過大な使用人給与の損金不算入》に規定する「債務の免除による利益その他の経済的な利益」とは、次に掲げるもののように、法人がこれらの行為をしたことにより実質的にその役員等（役員及び同条［法人法36条。編注］に規定する特殊の関係のある使用人をいう。以下9-2-10までにおいて同じ。）に対して給与の支給をしたと同様の経済的効果をもたらすもの（明らかに株主等の地位に基づいて取得したと認められるもの［、］及び病気見舞、災害見舞等のような純然たる贈与と認められるものを除く【編者注】。）をいう。（直近改・平22課法2-1）

(1)　［以下省略］

【編者注】本項本文カッコ書の趣旨等

　本項本文カッコ書の趣旨は、本項(1)以下に掲げるようなものの中には、病気見舞、災害見舞等のように、雇用契約等に基づく労務の対価とは切り離される純然たる贈与で、その額が社会通念上相当と認められるものは含まれない。すなわち、給与等に該当しないというものである。なお、法基通9-2-10（次頁）及び法人法22条の解説第6の1（P898）参照。

（給与としない経済的な利益）　法基通

9-2-10　法人が役員等に対し9-2-9［債務の免除による利益その他の経済的な利益・前掲。編注］に掲げる経済的な利益の供与をした場合において、それが所得税法上経済的な利益として課税されないもの【編者注1】であり、かつ、当該法人がその役員等に対する給与として経理しなかったものであるときは、給与として取り扱わないものとする【編者注2】。（平19課法2-3追加）

【編者注1】非課税所得の例

　　所得税法等における非課税所得の例としては、次のようなものがある。
　①　所法9条1項16号（相続・遺贈、個人からの贈与により取得するもの）
　②　所令30条（損害保険契約に基づく保険金等で、心身又は資産の損害に起因して取得するもの）
　　　これに含まれるものとして、所基通9-23（葬祭料、香典、見舞金等のうち社会通念上相当な金額の非課税・P419参照）の取扱いがある。

【編者注2】本項の趣旨

　①　給与に該当するかどうかは、所得税の取扱いにより判定すべきものであるから、法人税においては、その具体的な判定等については格別その取扱いを定めず、法人が給与経理を行ったものは給与とし、その他のものについては所得税の取扱いによる。
　②　病気見舞金等についていえば、支出する法人が福利厚生費等と経理した場合には、それが給与に当たるか否かの判定は、専ら所得税の取扱いに基づいて行うことになる。

（役員に対する退職給与の損金算入の時期）　法基通

9-2-28　退職した役員に対する退職給与の額の損金算入の時期は、株主総会の決議等【編者注1】によりその額が具体的に確定した日の属する事業年度とする。

　　ただし、法人がその退職給与の額を支払った日の属する事業年度においてその支払った額につき損金経理をした場合には、これを認める【編者注2、

3】。(直近改・平19課法2-3)

【編者注1】役員退職金の決議機関等

　株式会社にあっては、役員の退職給与の支給は株主総会の決議を要する（会社法361条1項・P926参照）。役員退任慰労金規程等において具体的な金額の計算方法、支給時期等の定めがある場合においても、株主総会の決議を要する。

　つまり、役員退職金は株主総会の決議によってその支払債務が確定するものとされている。株主総会では退職金を支払う旨のみを決議し、具体的な支給金額の決定を取締役会等に委任した場合には、取締役会等においてその金額が確定した時に債務の確定があったものとされる。

　なお、株主総会において役員退職金の額を具体的に決定し、その支給の時期、支給方法を取締役会等に委任したような場合にも、退職金の債務確定の時期は株主総会決議の時であり、取締役会等の支給時期・支給方法の決定は、単なる事務執行のためのものと解される。

【編者注2】本項ただし書の趣旨等について

　本項ただし書については、次のように考えられている（前掲「法人税基本通達逐条解説」・P754参照）。

1　本項本文の取扱い（原則的な取扱い）は会社法（361①・P926参照）との関係上、そのようになるが、次のような場合には、実務上不都合の生ずる虞がある。

①　例えば、死亡辞任した役員に対し、役員退職金規程等に基づき取締役会等の決議によってその規程に従った退職金の支払をし、翌期中の株主総会において退職金支給の決議を行ったような場合には、原則的取扱いでは、その支払をした事業年度の損金に算入されないこととなる。

②　上記の場合であっても、相続税においては、その支払時（相続開始時）に、その退職金は死亡した役員のみなす相続財産として

相続税の課税対象となり（生前退職の場合には、支払時に退職所得として所得税の源泉徴収の対象となるなど）、課税時期等に差異が生じ、実状に合わない。
③ 原則的取扱いによれば、株主総会等の決議の行われた日の属する事業年度中に現実の支払がない場合には、税務上未払金の計上が強制される結果となり、未払金計上のない場合には以後支払時の損金とする途がなくなり、実状にそぐわない。
2 このようなことから、本項ただし書において、株主総会等の決議の前後を問わず、現実に役員退職金の支払をした日の属する事業年度においても、損金経理を要件として、損金算入を認めるというものである。

【編者注3】役員退職金の損金経理について
1 従前、役員退職金について付されていた損金経理の要件は、平成18年の法人税法の改正により廃止された。
　これは、会社法において役員退職金についても職務執行の対価性を有する役員給与の範囲に属し（会社法361条1項・P926参照）、役員退職金を利益処分により支給することができないことになり、すべて損益計算書科目による支出が予定される等のことから、損金経理の要件が取り除かれたとされている（「改正税法のすべて（平成18年版）」大蔵財務協会・P329参照）。
2 この結果、次のような処理も税務上認められることとなる（衛藤政憲「役員給与の損金不算入制度重要点解説」大蔵財務協会・P207-208参照）。
① 株主総会等の決議による支給額確定後、仮払金処理を行った役員退職金の申告調整による損金算入（申告書別表4表減算処理。次の②において同じ。）
② 役員退職給与引当金（従前の利益処分による退任慰労金積立金等を含む）の取崩しによる支給額の申告調整による損金算入
③ 役員退職金を現物で支給し、その経理を帳簿価額で行っているような場合における、時価と帳簿価額との差額に相当する金額の

損金算入（従前は、このような場合には、その差額が益金に算入されるのみで、損金経理要件を満たしていないとして損金算入は認められていない。）

3　ところで、本項（法基通9-2-28）ただし書による場合、つまり、株主総会等の決議が行われる前に役員退職金を支給する場合、又はその決議が行われた日の属する事業年度において役員退職金の未払計上をせずに、その後の事業年度において支給するような場合には、従前どおり損金経理が要件となっていることから、上記2①～③のような処理は認められないものと考えられる。

（社葬費用）　法基通

9-7-19　法人が、その役員又は使用人が死亡したため社葬を行い、その費用を負担した場合において、その社葬を行うことが社会通念上相当と認められるときは【編者注1】、その負担した金額のうち社葬のために通常要すると認められる部分の金額【編者注2】は、その支出した日の属する事業年度の損金［給与及び交際費に該当しない。編注］の額に算入することができるものとする。（直近改・昭55直法2-15）

（注）会葬者が持参した香典等を法人の収入としないで遺族の収入としたときは、これを認める【編者注3】。

【編者注1】社葬を行うことが相当である場合の意義
　「社葬を行うことが社会通念上相当と認められるとき」とは、死亡した役員等の死亡の事情（例えば、業務上の死亡等）、生前における当該法人に対する貢献度等を総合して判断するものとされている。

【編者注2】通常要する金額の範囲及び交際費との関係
　1　社葬に通常要する部分の金額とは、葬儀に際して通常要する費用（いわゆる当日返し、お通夜時の参会者に供する精進料理に要する費用、回向料を含む）に限られるのであるから、例えば、次に掲げるような費用はこれに含まれないものとされている。
　　密葬の費用、墓石、仏壇、位牌等に係る費用、院号を受けるために特別に要する費用

2　社葬に通常要する費用は、原則として、交際費には該当しないが、葬儀の後に場所をホテル等に移して行われる、いわゆる「おとき」に要する費用は、飲食に要する費用として交際費に該当するものとされている（昭60.2.27裁決　裁決事例集Ｎｏ29・111頁）。
　3　法人が香典等を自己の収入とし、いわゆる香典返し（いわゆる当日返しに要する費用を除く）に要する費用を支出した場合、その支出は交際費に該当するのであるが、税務上の交際費の計算に際し、支出した費用から収入した香典等の金額を控除することができるかという問題がある。
　　この点に関しては、通常の交際費の例により、支出した金額の全額が交際費に該当する（つまり、香典等の額を控除できない）とされているようである。

【編者注3】社葬・香典等に関する遺族に対する課税関係
　本項(注)により遺族の収入とされる香典等についても、通常の例により、非課税（所得税及び贈与税）の収入とされる（所基通9-23、相基通21の3-9）。
　また、社葬が行われたことにより、社葬に通常要する費用については、遺族に対し格別の課税関係は生じない。

（外貨建取引及び発生時換算法の円換算）　　法基通
13の2-1-2　法第61条の8第1項《外貨建取引の換算》及び法第61条の9第1項第1号イ《発生時換算法の意義》の規定に基づく円換算（法第61条の8第2項［先物外国為替契約等に係る外貨建取引。編注］の規定の適用を受ける場合の円換算を除く。）は、その取引を計上すべき日（以下この章において「取引日」という【編者注】。）における対顧客直物電信売相場（以下この章において「電信売相場」という。）と［、］対顧客直物電信買相場（以下この章において「電信買相場」という。）との仲値（以下この章において「電信売買相場の仲値」という。）による。
　ただし、継続適用を条件として、売上その他の収益［編注：保険取引についていえば、受取保険金等］又は資産については取引日【編者注】の電信買

相場、仕入その他の費用（原価及び損失を含む［編注：保険取引についていえば、支払保険料］。以下この章において同じ。）又は負債については取引日【編者注】の電信売相場によることができるものとする。（直近改・平12課法2-19）
(注)1　本通達の本文の電信売相場、電信買相場及び電信売買相場の仲値については、原則として、その法人［納税者。編注］の主たる取引金融機関のものによることとするが、法人が、同一の方法により入手等をした合理的なもの［例えば、新聞等で公表されている合理的な為替レート等。編注］を継続して使用している場合には、これを認める。

2　［省略］

3　円換算に係る当該日（為替相場の算出の基礎とする日をいう。以下この(注)3において同じ。）の為替相場については、次に掲げる場合には、それぞれ次によるものとする。以下この章において同じ。
（1）当該日に為替相場がない場合には、同日前の最も近い日の為替相場による。
（2）当該日に為替相場が2以上ある場合には、その当該日の最終の相場（当該日が取引日である場合には、取引発生時の相場）による。
　　ただし、取引日の相場については、取引日の最終の相場によっているときもこれを認める。

4　［以下省略］

【編者注】取引日の意義
　保険取引についていえば、本項にいう「取引日」（取引を計上すべき日）とは、次のようになるものと考えられる。
①　受取保険金等
　保険金等を益金に計上すべき日と同一となり、具体的には法人法22条の解説第2（P889参照）に掲げる日である。
②　支払保険料
　保険料の支払期日

■参考：会社法361条
(取締役の報酬等)
第361条　取締役の報酬、賞与その他の職務執行の対価［退職慰労金等を含む。編注］として株式会社から受ける財産上の利益（以下この章において「報酬等」という。）についての次に掲げる事項は、定款に当該事項を定めていないときは、株主総会の決議によって定める【編者注1】。
　一　報酬等のうち額が確定しているもの【編者注2】については、その額
　二　報酬等のうち額が確定していないもの【編者注3】については、その具体的な算定方法
　三　報酬等のうち金銭でないものについては、その具体的な内容【編者注4】
　2　［省略］

【編者注1】本条1項の趣旨等
　役員に対する報酬、賞与、退職金は職務執行の対価として認識されていることから、これらの支給は損益計算書科目をもって支出するものとされる。
　したがって、これらの全部又は一部を利益処分として経理すること（利益処分による退任慰労金の積立を含む）は許されないと解されている。
　なお、P1350に掲げる361条の編者注参照。
【編者注2】本条1項1号の報酬等
　本条1項1号の「額が確定しているもの」とは、「上限が定まっているもの」という意味であるから、毎期の報酬、賞与、退職金を指し、これらの支給額（報酬、賞与についてはその最高額）を株主総会が決議する。
【編者注3】本条1項2号の報酬等
　本条1項2号は、いわゆる業績連動型の報酬・賞与等を指している。

【編者注4】**本条1項3号の報酬等**

　本条1項3号に該当するものとしては、例えば、現物の給付（低額の賃料による社宅の提供等）、退職年金の受給権又は保険金請求権（取締役の親族を保険金受取人とする生命保契約等）の付与、ストック・オプションの付与等がある。

（注）退職年金の受給権又は保険金請求権を付与する場合には、本条1項3号に該当するものとして処理する方法の他、会社が支払う保険料を報酬とみなして、同項1号又は2号に該当するものとして処理する方法もあり得るとされている（江頭憲治郎「株式会社法（第2版）」有斐閣・P414参照）。

第3節　生存給付金・満期生存保険金に関する課税関係

法人税関係個別通達

◇家庭計画保険の生存給付金および保険金に対する法人税および所得税の取扱いについて　(昭43官審(法)29)

　標題のことについて、○○生命保険相互会社取締役社長から別紙2のような照会があり、これに対し、審議官名で別紙1のとおり回答したから、了知されたい。

《別紙1》
［前略］
　標題のことについては、貴見のとおり取り扱いますからご了承ください。

《別紙2》
［前略］
　弊社が発売しております家庭計画保険【編者注】に法人が保険契約者かつ保険金受取人（被保険者は役員あるいは従業員）となって加入した場合、あるいは個人で加入した場合、5年目、10年目に受け取る生存給付金および満期、死亡時に受け取る保険金に対する法人税あるいは所得税の取扱いについては別紙のとおり処理いたしたく、何卒格別のご詮議を賜わりますようお願い申し上げます。
〔別　紙〕
1　法人税の取扱い
(1) 法人が契約者かつ保険金受取人となって役員あるいは従業員を被保険者としてこの保険に加入した場合、法人の払込む保険料は退職給与

の前払として利益を留保したものと認められ損金には算入されない。
　したがって、法人の払込む保険料は退職給与前払金として資産勘定で処理されることになる。

(2) 5年間保険料を払込み5年目（5年経過後）に生存給付金を受取った場合の処理（保険金300万円、30才加入、年払保険料213,000円の場合。以下すべてこの設例による。）

　　現金　1,000,000　／　退職給与前払金　1,000,000

　　5年間の払込み保険料の累計額1,065,000円のうち1,000,000円を現金勘定に振替、退職給与前払金勘定は65,000円となる。この場合、損益は発生せず、したがって課税関係は生じない。

(3) 10年目に生存給付金1,000,000円を受取った場合の処理も同様である。（退職給与前払金勘定の額は130,000円となる）

(4) 満期時に満期保険金100万円と増加保険金60万円（推定額）を受取った場合の処理

　　現金　1,600,000　／　退職給与前払金　1,195,000
　　　　　　　　　　／　保険差益　　　　　　405,000

　　受取った保険金と払込保険料の差額はその期の益金として課税される。一方、受取った保険金を退職金や弔慰金として支出した時全額損金に計上される。

(5) 死亡保険金受取の場合

　　例えば11年目の保険料を払込んだあと、被保険者が死亡したような場合

　　現金　3,000,000＋B　／　退職給与前払金　343,000
　　　　　　　　　　　　／　保険差益　　　　2,657,000＋B

　　B＝増加保険金相当額

　　この場合、既に5年目、10年目に各100万円ずつ生存給付金を受取っているがこの処理は前記のとおりである。

2　所得税の取扱い

　個人がこの保険に、保険契約者、保険金受取人および被保険者を同一人として加入した場合、受け取る生存給付金等は一時所得となる。

この際の課税所得の計算は、5年目、10年目の生存給付金の場合、
（100万円（生存給付金）－100万円（払込保険料）－30万円（特別控除額））
×1／2　［編注：一時所得の特別控除額は当時30万円、現行50万円］
となり、課税所得は生じないので、生存給付金受取に対しては課税されないことになる。

満期の際の課税所得の計算は、
（1,000,000（満期保険金）＋600,000（増加保険金）－1,195,000（払込保険料）－300,000（特別控除額））×1／2＝52,500円
となり、これが他の所得と合算され課税されることになる。

【編者注】家庭計画保険の概要

　　家庭計画保険の概要は、次のとおり（回答当時の商品内容）。（前掲「保険税務のすべて」P1006から転載）。

　　3倍型の定期付養老保険で、加入後5年目および10年目に死亡保険金の1／3にあたる生存給付金を支払い、満期まで生存したときも死亡保険金の1／3に相当する満期生存保険金を支払う。

　　また死亡時には、生存保険金の支払の有無にかかわらず死亡保険金を支払う。

　　さらに、配当金は一時払の生存保険金に充当し、満期時にこの増加生存保険金を満期保険金に併せて支払う仕組みとなっている。15年満期のみ。

第4節 法人契約の個人年金保険契約（生命保険）に関連する法人税の各条項

法人税関係個別通達

◇法人が契約する個人年金保険に係る法人税の取扱いについて（平2直審4-19）

　標題のことについては、当面下記により取り扱うこととしたから、今後処理するものからこれによられたい。
（趣旨）
　個人年金保険は、年金支払開始日に被保険者が生存しているときには、同日以後の一定の期間にわたって年金が支払われ、また、同日前に被保険者が死亡したときには、所定の死亡給付金が支払われる生命保険であるが、いわゆる満期保険金はなく、死亡給付金の額が保険料支払期間の経過期間に応じて逓増するなど、同じく被保険者の死亡又は生存を保険事故とする生命保険である養老保険とはその仕組みが異なっている。
　このため、法人が、自己を契約者とし、役員又は使用人を被保険者とする個人年金保険に加入してその保険料を支払った場合における支払保険料の損金算入等の取扱いについては、法人税基本通達9-3-4及び9-3-8の定めをそのまま準用することは適当でない。
　また、年金の収受に伴う保険差損益の計上時期等についても明らかにする必要がある。そこで、その支払保険料の損金算入等の取扱いを明らかにすることとしたものである。

記

1　個人年金保険の内容

　この通達に定める取扱いの対象とする個人年金保険は、法人が、自己を契約者とし、役員又は使用人（これらの者の親族を含む。）を被保険者として加入した生命保険で、当該保険契約に係る年金支払開始日に被保険

者が生存しているとき【編者注1】に所定の期間中、年金が当該契約に係る年金受取人に支払われるものとする。

(注) 法人税法施行令第135条《適格退職年金契約等の掛金等の損金算入[編注:現行・確定給付企業年金等の掛金等の損金算入・P951参照]》の規定の適用のあるもの及び法人税基本通達9-3-4[養老保険に係る保険料・P1048参照。編注]の定めの適用のあるものは、この通達に定める取扱いの対象とならないことに留意する。

2　個人年金保険に係る保険料の取扱い

法人が個人年金保険に加入してその保険料を支払った場合には、その支払った保険料の額(傷害特約等の特約に係る保険料の額を除く。)については、次に掲げる場合の区分に応じ、それぞれ次により取り扱うものとする。

(注) 傷害特約等の特約に係る保険料の取扱いについては、法人税基本通達9-3-6の2[傷害特約等に係る保険料・P1106参照。編注]の定めを準用する。

(1) 死亡給付金(年金支払開始日前に被保険者が死亡した場合に支払われる死亡給付金又は死亡保険金[個人年金保険約款(例)7条・P1437参照。編注]をいう。以下同じ。)及び年金(年金支払開始日に被保険者が生存している場合に支払われる年金をいう【編者注1③】。以下同じ。)の受取人が当該法人[契約者である法人。編注]である場合

その支払った保険料の額[保険料の全額。編注]は、下記の5《資産計上した保険料等の取崩し》の定めにより取り崩すまでは資産に計上するものとする。

(2) 死亡給付金及び年金の受取人が当該被保険者又はその遺族である場合

その支払った保険料の額は、当該役員又は使用人[被保険者である役員又は使用人。編注]に対する給与とする。

(3) 死亡給付金の受取人が当該被保険者の遺族で、年金の受取人が当該法人である場合

その支払った保険料の額のうち、その90％に相当する金額は(1)により資産に計上し、残額は期間の経過に応じて損金の額に算入する[保険料の支払方法が年払又は月払の場合には、保険料の10％相当額をその支払

の日の属する事業年度の損金とする。編注]。

　ただし、役員又は部課長その他特定の使用人（これらの者の遺族を含む。）のみを被保険者としている場合には、当該残額［保険料の10％相当額。編注]は、当該役員又は使用人に対する給与とする。

3　年金支払開始日前に支払を受ける契約者配当の取扱い

　法人が個人年金保険［1項参照。編注]の保険契約に基づいて年金支払開始日前に支払を受ける契約者配当の額【編者注2】については、その通知を受けた日の属する事業年度の益金の額に算入する。

　ただし、当該保険契約の年金の受取人が被保険者［役員又は使用人等。編注]であり、かつ、当該法人と当該被保険者との契約［契約者である法人と被保険者との間の合意をいい、保険会社の同意等を要しない。編注]により、当該法人が契約者配当の支払請求をしないでその全額を年金支払開始日まで積み立てておくこと（当該積み立てた契約者配当の額が、生命保険会社において年金支払開始日に当該保険契約の責任準備金に充当され、年金の額が増加する（これにより増加する年金を「増加年金」という。以下同じ。）こと）が明らかである場合には、当該契約者配当の額を益金の額に算入しないことができる【編者注3】。

（注）契約者配当の額に付される利子の額については、本文ただし書の定めにより当該契約者配当の額を益金の額に算入しない場合を除き、その通知を受けた日の属する事業年度の益金の額に算入するのであるから留意する。

4　年金支払開始日以後に支払を受ける契約者配当の取扱い

　法人が個人年金保険［1項参照。編注]の年金の受取人である場合に［、］当該保険契約に基づいて年金支払開始日以後に支払を受ける契約者配当の額については、その通知を受けた日の属する事業年度の益金の額に算入する【編者注4】。

　ただし、年金支払開始日に分配される契約者配当で、生命保険会社から年金として支払われるもの（年金受取人の支払方法の選択によるものを除く。）については、当該契約者配当の額をその通知を受けた日の属する事業年度の益金の額に算入しないことができる【編者注5】。

　なお、益金の額に算入した契約者配当の額を一時払保険料に充当した

場合には、下記の5《資産計上した保険料等の取崩し》に定めるところにより取り崩すまでは資産に計上するものとする（以下この通達において、契約者配当を充当した一時払保険料を「買増年金積立保険料」という【編者注4-2】。）。

（注）契約者配当の額に付される利子の額については、その通知を受けた日の属する事業年度の益金の額に算入するのであるから留意する【編者注4-3】。

5 資産計上した保険料等の取崩し

資産に計上した保険料等の取崩しについては、次に掲げる場合の区分に応じ、それぞれ次に掲げるところによる。

(1) 年金支払開始日前に死亡給付金支払の保険事故が生じた場合［個人年金保険約款(例)7条・P1437参照。編注］

当該保険事故が生じた日（死亡給付金の受取人が当該法人［契約者である法人。編注］である場合には、死亡給付金の支払通知を受けた日）の属する事業年度において、当該保険契約に基づいて資産に計上した支払保険料の額及び資産に計上した契約者配当等（配当を積み立てたことにより付される利子を含む。以下同じ。）の額の全額を取り崩して損金の額に算入する。

（注）この場合、死亡給付金の受取人が法人であるときには、支払を受ける死亡給付金の額及び契約者配当等の額を［、］法人の益金の額に算入するのであるから留意する【編者注6】。

(2) 年金の受取人が役員又は使用人である保険契約に係る年金支払開始日が到来した場合

当該年金支払開始日の属する事業年度において、当該保険契約に基づいて資産に計上した契約者配当等の額の全額を取り崩して損金の額に算入する【編者注7】。

(3) 年金の受取人が当該法人［契約者である法人。編注］である保険契約に基づいて契約年金（年金支払開始日前の支払保険料に係る年金をいう［主契約に係る年金。編注］。以下同じ。）［、］及び増加年金［年金支払開始日前の配当積立金（利息含む）をもって、年金支払開始日において買増した一時払年金に係る年金・編者注2-1①参照］の支払を受ける場合（年金の一時支払を受ける場合を除く［本5(5)参照。編注］。）

当該年金の支払通知を受けた日【編者注8-1】の属する事業年度におい

て、当該保険契約に基づいて年金支払開始日までに資産に計上した支払保険料の額［、］及び年金支払開始日に責任準備金に充当された契約者配当等の額［年金支払開始日において買増した一時払年金の保険料に充てられた年金買増配当等の額・編者注２参照。編注］の合計額（以下この通達において、「年金積立保険料の額」という。］）に、当該支払を受ける［その事業年度において具体的に支払を受ける。編注］契約年金の額［主契約に係る年金の額。編注］及び増加年金［年金支払開始日に買増した一時払年金に係る年金。年金支払開始日後の買増年金に係る年金を含まない。本５(4)参照。編注］の額の合計額［分子。編注］が［、］年金支払総額（次に掲げる場合の区分に応じ、それぞれ次に掲げる金額をいう。以下同じ。）［分母。編注］に占める割合を乗じた金額に相当する額の年金積立保険料の額を取り崩して損金の額に算入する【編者注8-2】。

イ　当該保険契約が確定年金（あらかじめ定められた期間（以下この通達において、その期間を「保証期間」という。）中は被保険者の生死にかかわらず年金が支払われることとされているものをいう【編者注９】。以下同じ。）である場合

　　当該保険契約に基づいて当該保証期間中に支払われる契約年金［主契約に係る年金。編注］の額及び増加年金［年金支払開始日において買増した一時払年金に係る年金。年金支払開始日後の買増年金に係る年金を含まない。本５(4)参照。編注］の額の合計額

ロ　当該保険契約が保証期間付終身年金（保証期間中は被保険者の生死にかかわれず年金が支払われ、あるいは保証期間中に被保険者が死亡したときには保証期間に対応する年金の支払残額が支払われ、保証期間経過後は年金支払開始日の応当日［毎年の年金支払期日。編注］に被保険者が生存しているときに年金が支払われるものをいう。以下同じ。）である場合

　　当該保険契約に基づいて当該保証期間と被保険者の余命年数（年金支払開始日における所得税法施行令の別表「余命年数表」［編注：P575参照］に掲げる余命年数をいう。以下同じ。）の期間とのいずれか長い期間中に支払われる契約年金［主契約に係る年金。編注］の額及び増加年金［年金支払開始日において買増した一時払年金に係る年金。年金支払開始日後の買増年金

に係る年金を含まない。本5(4)参照。編注]の額の合計額。

　ただし、保証期間中に被保険者が死亡したとき以後 [被保険者の死亡による継続年金の支払を受ける場合・個人年金保険約款(例) 3条④・P1434参照。編注] にあっては、当該保険契約に基づいて当該保証期間中 [残余の保証期間中ではなく、約定による当初の保証期間中。編注] に**支払われる契約年金の額及び増加年金の額の合計額**

　　[編注：本ロの場合の取崩額については、本(3)の後段なお書に特別の取扱いがある。]

ハ　当該保険契約が**有期年金**（保証期間中において被保険者が生存しているときに年金が支払われ、保証期間中に被保険者が死亡した場合で年金基金残額があるときには死亡一時金が支払われるものをいう。以下同じ。）**である場合**

　被保険者の生存を前提に、当該保険契約に基づき当該保証期間中に**支払われる契約年金** [主契約に係る年金。編注] **の額及び増加年金** [年金支払開始日において買増した一時払年金に係る年金。年金支払開始日後の買増年金に係る年金を含まない。本5(4)参照。編注] **の額の合計額**

　なお、保証期間付終身年金で、かつ、被保険者の余命年数 [上記ロ参照。編注] の期間中の年金支払総額に基づき年金積立保険料の額の取崩額を算定している保険契約 [上記ロの場合。編注] に係る被保険者が死亡した場合には、その死亡の日の属する事業年度において、その日 [被保険者死亡の日。編注] が当該保険契約に係る保証期間経過後であるときは、当該保険契約に係る年金積立保険料の額 [本(3)本文参照。編注] の取崩残額 [死亡の日における年金積立保険料の残高。編注] の全額を、また、その日 [被保険者死亡の日。編注] が保証期間中であるときは、当該保険契約に係る年金積立保険料の額 [本(3)本文参照。編注] に、**既に支払を受けた契約年金** [主契約に係る年金。編注] **の額及び増加年金** [年金支払開始日において買増した一時払年金に係る年金。年金支払開始日後の買増年金に係る年金を含まない。本5(4)参照。編注] **の額の合計額** [分子。編注] が [、] **保証期間中の年金総額** [分母。編注] **に占める割合から** [、] **同合計額** [既に支払を受けた契約年金の額及び増加年金の額の合計額。分子。編注] **が余命年数の期間中の年金支払総額** [分母。

編注］に占める割合を控除した割合を乗じた額に相当する額の年金積立保険料の額を、それぞれ取り崩して損金の額に算入することができる【編者注10】。

(4) 年金受取人が当該法人［契約者である法人。編注］である保険契約に基づいて買増年金（年金支払開始日後の契約者配当により買い増した年金をいう［編者注4参照］。以下同じ。）の支払を受ける場合（年金の一時支払を受ける場合を除く。）

当該買増年金の支払を受ける日［支払通知を受けた日。編注］の属する事業年度において、当該保険契約［配当をもって買い増した一時払年金保険契約。編注］に基づいて支払を受ける1年分の買増年金ごとに［、］次の算式により求められる額に相当する額（当該支払を受ける買増年金が分割払の場合にあっては、当該金額［次の算式による金額。編注］を分割回数によりあん分した額）の買増年金積立保険料［年金支払開始日後の配当金のうち、一時払年金の買増保険料に充てられた額。4のなお書及び編者注4参照］の額を取り崩して損金の額に算入する。

なお、当該保険契約［主契約。編注］が保証期間付終身年金で、保証期間及び被保険者の余命年数の期間のいずれをも経過した後においては、当該保険契約に係る買増年金積立保険料の額の全額を取り崩して損金の額に算入する。［編注：取崩しの時期は、これらの期間のいずれをも経過した日の属する事業年度と考えられる。］

〔算式〕［編注：算式は便宜その表示を変えている。］

　　A＋（B÷C）＝買増年金の受取に伴い取り崩すべき「買増年金積立保険料」の額（年額）

　　A＝前年分の買増年金の受取の時においてこの算式により算定される取崩額（年額）［買増年金の初回受取時にはこの額はなく、（B÷C）のみの額となる。編注］

　　B＝新たに一時払保険料に充当した契約者配当の額［個人年金保険約款(例)32条⑦項・P1442参照。編注］

　　C＝新たに一時払保険料に充当した後の年金の支払回数

(注)1　算式の「新たに一時払保険料に充当した後の年金の支払回数」について

は、次に掲げる場合に応じ、それぞれ次に掲げる年金の支払回数（年１回払の場合の支払回数をいう。）による。

(1) 当該保険契約［主契約。編注］が確定年金［本5(3)イ参照。編注］である場合［、］及び当該保険契約［主契約。編注］が保証期間付終身年金［本5(3)ロ参照。編注］であり、かつ、被保険者が既に死亡している場合［保証期間付終身年金で被保険者が死亡している場合。つまり、確定年金の場合には被保険者の生死は問わない。編注］

　　当該保険契約［主契約。編注］に係る保証期間中の年金の支払回数から［、］新たに買増年金の買増しをするときまでに経過した［編注：主契約の］年金の支払回数を控除した回数

　［編注：例えば、確定年金の保証期間を10年（年金支払回数10回）とし、第２回目の主契約の年金支払時に一時払年金を買増したとすると、買増年金の支払回数は10回－１回＝９回、第10回目に買増すと10回－９回＝１回となる。］

(2) 当該保険契約［主契約。編注］が保証期間付終身年金であり、かつ、被保険者が生存している場合

　　当該保険契約［主契約。編注］に係る保証期間と当該被保険者の余命年数の期間とのいずれか長い期間中の年金の支払回数から［、］新たに買増年金の買増しをする時までに経過した［編注：主契約の］年金の支払回数を控除した回数

2　保険契約［主契約。編注］が保証期間付終身年金に係る買増年金積立保険料の取崩しにつき、被保険者の余命年数の期間の年金支払回数に基づき算定される額を取り崩すべきものであるものに係る被保険者が死亡した場合の取崩額の調整については、上記(3)のなお書を準用する。

(5) 年金受取人が当該法人［契約者である法人。編注］である保険契約に基づいて年金の一時支払を受ける場合

当該保険契約が年金の一時支払のときに消滅するものか否かに応じ、それぞれ次に掲げるところによる。

イ　当該保険契約が年金の一時支払のときに消滅するもの［個人年金保険約款(例)22条・P1438参照。編注］

年金の一時支払を受ける日の属する事業年度において、当該保険契約に係る年金積立保険料の額の取崩残額及び買増年金積立保険料の額（既に取り崩した額を除く。）の全額を取り崩して損金の額に算入する。

ロ　当該保険契約が年金の一時支払のときには消滅しないもの［個人年金保険約款(例)5条②項・P1436参照。編注］

年金の一時支払を受ける日の属する事業年度において、当該保険契約に係る年金積立保険料の額及び買増年金積立保険料の額につき保証期間の残余期間を通じて年金の支払を受けることとした場合に取り崩すこととなる額に相当する額［本5(3)本文と同口により計算した額等。編注］を取り崩して損金の額に算入し、その余の残額については、保証期間経過後の年金の支払を受ける日の属する事業年度において、上記(3)［主契約に係る保険料の取崩額で本5(3)本文と同口により計算した額。編注］及び(4)［買増年金に係る保険料の取崩額の計算。編注］に基づき算定される額に相当する額の年金積立保険料の額及び買増年金積立保険料の額を取り崩して損金の額に算入する。

なお、年金の一時支払を受けた後に被保険者が死亡した場合には、その死亡の日の属する事業年度において、当該保険契約に係る年金積立保険料の額の取崩残額及び買増年金積立保険料の額（既に取り崩した額を除く。）の全額を取り崩して損金の額に算入する。

(6) 保険契約を解約した場合及び保険契約者の地位を変更した場合

当該事実が生じた日の属する事業年度において、当該保険契約に基づいて資産に計上した支払保険料の額及び資産に計上した契約者配当等の額の全額を取り崩して損金の額に算入する【編者注11】。

（注）保険契約を解約したときには、解約返戻金の額及び契約者配当等の額を法人の益金の額に算入するのであるから留意する。

6　保険契約者の地位を変更した場合の役員又は使用人の課税関係

保険契約者である法人が、年金支払開始日前において、被保険者である役員又は使用人が退職したこと等に伴い［、］個人年金保険の保険契約者及び年金受取人の地位（保険契約の権利）を当該役員又は使用人に変更した場合には、所得税基本通達36-37［保険契約等に関する権利の評価・

P674参照。編注]に準じ、当該契約を解約した場合の解約返戻金の額に相当する額【編者注12】（契約者配当等の額がある場合には、当該金額を加算した額）の退職給与又は賞与の支払があったものとして取り扱う【編者注13】。

【編者注１】この通達の対象となる個人年金保険の範囲
① この通達１項（P931参照）にいう「個人年金保険」とは、生命保険契約たる（生命共済契約を含む）年金給付契約（生命保険会社等と契約した年金保険契約）で、次のⅰ及びⅱの要件を備えているものをいう。
ⅰ 契約者：法人、被保険者（年金の対象となる者）：役員又使用人（これらの者の親族を含む）とする契約であること。
ⅱ 年金支払開始日に被保険者が生存しているときに、契約上の年金受取人（受取人については格別の条件はない）に対して、契約による所定の期間、年金が支給されるものであること。
② 次に掲げるものは、この通達の個人年金保険には該当しない。
ⅰ 適格退職年金契約等に該当するもの（１項(注)・P932参照）
ⅱ 養老保険又は定期保険の満期保険金又は死亡保険金を年金の方法で支払を受ける場合のそれらの保険金（１項(注)・P932参照）
③ 被保険者の死亡を年金支払開始事由とする年金保険契約が、１項の要件を満たす年金契約といえるか、という問題がある。
「年金支払開始日に被保険者が生存しているとき」とは、その年金保険契約に基づく年金支払開始日の到来を指すものと思われる。
そうだとすると、被保険者の死亡が年金支給開始事由となっている契約は、年金支払開始日の到来を有するので１項の要件を満たすものと考えられる。このことは、２項(1)カッコ書の場合も同様であろう。

【編者注２】年金支払開始日前に受ける契約者配当金の処理等
１ 年金支払開始前の契約者配当の種類
年金支払開始日前に受ける契約者配当の種類は、次のようで（個

人年金保険約款(例)32①・P1440参照)、契約者はそのいずれかを契約時に選択するものとされている（同約款32⑥・P1442参照）。
① 年金買増配当（年金支払開始日まで利息を付して積立て、年金支払開始日に一時払年金保険を買い増し、その保険料に充当するもの。ただし、契約者は年金支払開始前随時、現金での支払を請求できる。）
② 積立配当（利息を付して積立て、契約者（年金支払開始後は年金受取人）は随時、現金での支払を請求できる。）

2 配当金の経理等

3項本文（P933参照）により配当金を益金に算入する場合には、保険会社等から配当の通知を受けた日の属する事業年度において次のような経理処理を行う。

年金買増配当積立金 ××× ／ 雑収入 ×××

（又は）

積立配当金 ××× ／ 雑収入 ×××

(注1) 法基通9-3-8（生命保険契約に係る契約者配当・P1160参照）の場合と異なり、配当金の額を資産計上の保険料積立金等の額から控除することは認められない。

(注2) 年金支払開始日以後においては、年金買増配当積立金の年金支払開始日における残高（利息の額を含む）を主契約の積立保険料に合算し、年金の支払を受けるごとに取り崩すことになる（5項(3)・P934参照）。

　このため、年金支払開始日において年金買増配当積立金の残高（一時払年金保険の買増しに充てられた金額）を、主契約の保険料である「年金積立保険料」等の勘定に振り替えておくと便利である。

3 配当金に係る利息の経理等

年金買増配当又は積立配当には毎年利息が付されるので、保険会社等から利息の通知を受けた日の属する事業年度において次のような経理処理を行う（ただし、3項ただし書（P933参照）により配当金の益金算入をしない場合には、この経理処理も不要である）。

年金買増配当積立金 ××× ／ 雑収入 ×××

（又は）

積立配当金　×××　／　雑収入　×××

【編者注３】３項ただし書の趣旨
　　年金保険契約に係る契約者配当金の請求権は、契約者である法人に留保されている（個人年金保険約款（例）32条⑪項・P1443参照）から、その請求権は法人の資産に属する。
　　しかし、３項ただし書（P933参照）のような場合には、法人がその請求権の行使を凍結し、結果的にその配当金は年金受取人である被保険者に支払われることとなる実質に着目し(個人年金保険約款（例）32条⑪項・P1443参照)、法人の益金に算入しないとしたものであろう。
　　したがって、３項ただし書にいう、契約者である法人と被保険者との間の契約を解消したような場合、あるいは年金受取人を契約者である法人に変更したような場合には、その時点における契約者配当金の全額を、その変更のあった事業年度の益金の額に算入することになるものと考えられる（解消するまでの間は、３項ただし書の要件を満たしているのであるから、過去の年度に遡ってそれぞれの年度の益金を修正する必要はないものと思われる）。

【編者注４】年金支払開始日以後に受ける契約者配当金の処理等
　１　年金支払開始日以後の契約者配当の種類
　　年金支払開始日以後に受ける契約者配当の種類は、次のようで、契約者はそのいずれかを選択するものとされている（同約款32④・P1441参照）。
　①　年金買増配当（第２回目以後の年金支払期日に、主契約の年金と同種の一時払年金を買増し、配当金をその保険料に充当するもの。買増年金に係る年金は主契約の年金支払期日に主契約の年金と同時に支払われる（同約款33②・P1444参照）。なお、買増年金に係る配当は年金買増配当とされている（同約款33①(4)・P1444参照）。)
　②　積立配当（利息を付して積立て、年金受取人は随時、現金での支払を請求できる。）
　２　配当金の経理等
　　４項本文（P933参照）により配当金を益金に算入する場合には、

保険会社等から配当の通知を受けた日の属する事業年度において次のような経理処理を行う。
① 上記1①の配当金については
　　買増年金積立保険料　×××　／　雑収入　×××
② 上記1②の配当金については
　　積立配当金　×××　／　雑収入　×××
(注) 上記①及び②の場合とも、法基通9-3-8（生命保険契約に係る契約者配当・P1160参照）の場合と異なり、配当金の額を資産計上の保険料積立金等の額から控除することは認められない。

3　配当金に係る利息の経理等
　積立配当金には毎年利息が付されるので、保険会社等から利息の通知を受けた日の属する事業年度において次のような経理処理を行う（買増年金積立保険料には利息は付されない）。
　　積立配当金　×××　／　雑収入　×××

【編者注5】4項ただし書の趣旨
1　4項ただし書（P933参照）の「年金支払開始日に分配される契約者配当」とは、いわゆる特別配当金（個人年金保険約款(例)31条②項・P1440参照）等をいうものとされている。
　　特別配当金の支払方法は、次のようである。
　① 年金として支払うもの（具体的には、その配当金をもって、主契約と同種の一時払年金保険を買増す方法）で、年金受取人に選択権がないもの。
　② 年金受取人が、次のいずれかを選択することができるもの。
　　ⅰ　現金支払の方法
　　ⅱ　積立配当とするもの
　　ⅲ　年金とするもの（上記①と同様）
2　特別配当が上記1①のものである場合には、その配当は、保険契約期間中の一種の保険差益の精算として主契約の基本年金年額を増加させるものであり、年金の支払期間を通じて年金受取人に支払われるものである等のことから、上記1①に該当するものに

943

限り、その特別配当金は年金支払開始日の属する事業年度の益金に算入しなくてもよいとしたものである（上記１②ⅲに該当するものは、経済的な実質は上記１①と異なるところはないが、年金受取人の選択によるものであることから、４項ただし書のカッコ書（P933参照）によってこの取扱いがなく、益金算入が強制される）。

なお、年金支払開始日の属する事業年度において特別配当金を益金に計上する場合には、上記編者注4-2①と同様の経理を行うことになる。

【編者注６】死亡給付金の受取人が被保険者の遺族である場合の資産計上額の処理等

個人年金保険契約の死亡給付金受取人が被保険者の遺族である場合には、法人の益金に算入されるべき金額はないが、死亡給付金の支払によりその保険契約は消滅するのであるから、５項(1)（P934参照）により法人の資産に計上している保険料・配当金等の全部を取り崩し、法人の損金に算入することになる。

この場合、その取崩しによって、被保険者である役員・使用人又はその遺族に対して給与又は一時所得等の課税関係が生じるかという問題がある。

このことに関しては、その契約形態によって、この通達２項（P932参照）により保険料の支払時に給与等の課税関係が完結しているのであるから、資産計上額の取崩しによって新たな課税関係が生じることはないとされている。

なお、死亡給付金は、被相続人たる役員又は使用人（被保険者）の相法３条１項１号に規定する死亡保険金（みなす相続財産）に該当する。

【編者注７】年金受取人が役員又は使用人である場合の資産計上額の処理等

年金受取人が被保険者たる役員又は使用人である場合には、支払保険料はこれらの者に対する給与とされるので（２項・P932参照）、資産に計上されることはない。

しかし、契約形態等によっては、年金支払開始日前に係る契約者配当等を法人の資産に計上する場合がある。
　年金支払開始日の到来によって、配当等の請求権が契約者である法人から年金受取人に移転する（個人年金保険約款(例)32⑪・P1443参照）ことから、法人はその資産計上した配当等の額の全額を取り崩し、損金とすることとなる（3項ただし書（P933参照）によって配当等の全額を資産に計上していない場合には、取り崩すべき金額のないことは当然である）。
　なお、この取崩しに係る課税関係については、上記編者注6と同様である。

【編者注8-1】支払を受ける年金の益金算入の時期
　法人が毎期に受ける年金の益金算入時期について、この通達では明示されていないが、その計上時期は、保険会社等から年金の支払通知を受けた日の属する事業年度において、その通知に係る年金の額を益金に算入するということが前提となっている。

【編者注8-2】年金支払開始時の到来により法人が年金を受取り、その全額を退職した使用人の退職年金として支給した場合の課税関係
　法人を契約者・年金受取人とし、被保険者を使用人とする個人年金保険の年金支払開始時が到来し、法人がその支払を受けた年金の全額（又は一部）を、退職した被保険者である使用人に対し退職年金として支給した場合の、法人及び個人の課税関係を設例により示すと次のようになる。

1　契約内容等
　①　契約者・年金受取人：法人甲
　②　被保険者：使用人乙
　③　年金の種類：支給期間10年の確定年金、毎年の年金年額300万円（基本年金と増加年金との合計額）
　④　年金支払開始後の配当金：年金と共に現金で支払を受ける（当期の現金配当額50万円）

⑤ 年金支払開始時における保険積立金等の状況
 i 保険料の積立金：2,000万円
 ii 配当積立金：400万円（年金支払開始日に増加年金の買増しに充てられた金額）
⑥ 乙への退職年金支払：毎年300万円、10年間の支給

2 甲における経理等
 ① 年金支払開始日に次の仕訳を行う（単位：万円）
  年金積立保険料　2,400　／　保険料積立金　2,000
  　　　　　　　　　　　　／　配当積立金　　　400
 ② 年金受取時（単位：万円）
  現金・預金　350　／　年金積立保険料(注)　240
  　　　　　　　　　／　雑収入　　　　　　　110
 （注）年金積立保険料の取崩額の計算（単位：万円）
   A×（B／C）＝240
    A＝年金支払開始時の年金積立保険料の額：2,400
    B＝年金年額（基本年金年額＋増加年金年額）：300
    C＝年金総額見込額（300×10年）：3,000
    （B及びCには、いずれも年金支払開始後の配当金を含まない。）
 ③ 乙への退職年金支払時（単位：万円）
  退職年金（経費）　300　／　現金・預金　225
  　　　　　　　　　　　　／　預り金(注)　 75
 （注）1　退職年金の損金算入の時期
    退職年金の損金算入時期は、具体的に退職年金を支給すべき日の属する事業年度である。したがって、仮に、退職時に支給すべき退職年金の総額が確定し、退職時にその総額につき損金経理により未払金に計上したような場合においても、退職時にその総額を一時の損金とすることはできない（法基通9-2-29）。
    なお、一時金として支給すべき退職金を任意に分割して支給するような場合は、確定した退職金の分割支払であるから、それは退職年金に当たらない。

2 本例のように、過去の勤務に基づき使用者から支給される年金についての源泉徴収税額は、支払金額の25％相当である（所法203の3三）。

3 退職年金の支給を受けた乙の課税関係

乙が甲から毎年支給される退職年金は、公的年金等として雑所得の収入金額となり、他の公的年金等と合算して公的年金等控除額の控除対象となる（所法35②、③）。

【編者注9】確定年金、有期年金の範囲

この通達5項(3)イ・ハ（P935参照）にいう確定年金、有期年金の範囲については、次のように考えられる。

① 確定年金

同(3)イによれば、確定年金とは、予め定められた期間（いわゆる保証期間）中は、被保険者の生死にかかわらず年金の支払をする契約をいうとされている。

例えば、個人年金保険約款(例)3条③項(1)(P1434参照)では、支払期間中に被保険者が死亡した場合には、残余の支払期間に係る年金現価の一時支給を原則とし（同条③項）、同条④項で、残余の期間の年金につき継続年金として支払を受ける方法を選択することができるとされている。

死亡時未支払年金の受取人がこの方法を選択した場合は、結果的に同(3)イにいう確定年金に該当することになるものと考えられる。

② 有期年金

同(3)ハによれば、有期年金とは、保証期間のある年金で、保証期間中に被保険者が死亡した場合で年金基金残額があるときは、死亡一時金の支払があるものとされている。

例えば、上記①の約款(例)3条③項(1)(P1434参照)により、死亡時の未支払年金の現価を一時金で支払を受けるような場合は、同(3)ハにいう有期年金に該当することになるものと考えられる。

なお、同(3)イの確定年金及びハの有期年金に係る計算式は同一となっていることから、同イ又はハのいずれに該当しても計算結果

に影響はない。

　また、一般的に「有期年金」とは、年金受取人（生命保険契約の場合は被保険者）が年金の支給期間（保証期間ではなく、支給予定期間）内に死亡した場合には、残余の期間については年金の支給をせず、年金契約が消滅するもの（例えば、簡易保険の定期年金など）をいう。

　この通達においては、この「有期年金」の取扱いを明示していない。これは、「生命保険」契約としての個人年金契約にはこの種の「有期年金」契約が存在していないということによるものであろう。

【編者注10】　5項(3)なお書の趣旨等
1　保証期間付終身年金の場合は、積立保険料等の取崩額の計算は、原則として、5項(3)ロ（P935参照）により行うのであるが、次の要件を備えている場合には、その取崩額を次の2又は3に掲げる額とすることができる（法人の選択であるが、その選択には格別の手続等を要しない）。

〈要件〉
　保証期間付終身年金で、被保険者の余命年数の期間中の年金支払総額に基づいて、年金積立保険料の取崩額を計算している場合において、被保険者が死亡したこと。

2　被保険者が保証期間経過後に死亡した場合
　死亡の日における年金積立保険料(注)の残額の全額を一時に取り崩し、損金の額に算入する。

（注）年金積立保険料とは、次の合計額をいう（5項(3)本文・P934参照）。
　　① 主保険の保険料のうち、資産に計上した金額の合計額
　　② 年金支払開始前の年金買増配当積立金（利息の額を含む）のうち、年金支払開始日において一時払年金保険の保険料に充てられた額（年金支払開始日における年金買増配当積立金の残高に相当する）。

　　　なお、年金支払開始日後において、配当金をもって一時払年金の買増しに充てられた保険料（買増年金積立金・4項なお書・P933参照）は、別途5項(4)にその処理があるので、本②の配当積立金には含まれない（買増年金積立保険料には利息は付されない）。

3　被保険者が保証期間中に死亡した場合

　次の算式によって計算される額を年金積立保険料（上記2(注)参照）から取り崩す。

A×（B－C）＝取崩額

　A＝年金支払開始日における年金積立保険料の額（上記2(注)参照）

　B＝（既に支払を受けた主契約に係る年金の合計額＋既に支払を受けた増加年金(注)の合計額）÷保証期間中の年金総額（主契約分と増加年金分の総額）

　　（注）増加年金とは、年金支払開始日において年金支払開始日前の配当積立金をもって買い増した一時払年金に係る年金をいう。

　　　　したがって、年金支払開始後の配当をもって買増した買増年金に係る年金額を含まない。

　C＝（既に支払を受けた主契約に係る年金の合計額＋既に支払を受けた増加年金の合計額）÷余命年数の期間中の年金総額（主契約分と増加年金分の総額）

【編者注11】年金保険契約者の地位を有償で変更する場合の課税関係

　年金保険契約者の地位を、他の法人又は被保険者等の個人に有償で変更するような場合の課税関係は、次のようになるものと考えられる。

① 　変更の対価の額は、変更時の解約返戻金（契約者配当等の額を含む）に相当する金額。

② 　対価の額が上記①の金額に満たない場合には、その差額は、寄附金、被保険者である役員又は使用人に対する賞与等の課税関係が生ずる。

③ 　変更後の契約者が他の法人である場合には、その法人は、対価の額で年金保険契約を取得したことになるので、対価の額に相当する金額を年金積立保険料として資産に計上する（支払う対価の額が上記①に満たないため受贈益が益金に算入される場合には、その額を含む）。

④　変更後の契約者が被保険者である役員又は使用人である場合には、その役員・使用人又はこれらの者の遺族等が支払を受ける年金、一時金に係る一時所得・雑所得の計算上、年金又は一時金から控除すべき保険料の額は、次のⅰ又はⅱのうちいずれか多い方の金額になるものと考えられる（P497に掲げる裁決例・その編者注（P501）参照）。

ⅰ　支払った対価の額と、契約変更時以後に役員又は使用人が支払った保険料の額の合計額

ⅱ　契約変更前に法人が資産計上した保険料の額と、契約変更時以後に役員又は使用人の支払った保険料の額との合計額

【編者注12】解約返戻金を計算する時期

　6項（P939参照）による解約返戻金を計算する時期については、従前の契約者である法人が具体的に保険契約の変更手続を行う時、と考えられる。

　所基通36-37によれば、「その支給時」の解約返戻金とされており、保険契約に関する権利をいわゆる現物給与として支給する場合、その支給時とは、その権利が受給者において使用収益することが可能な状態になるときと考えられ、その状態に至るのは契約変更手続開始の時であろう。

　また、支給すべき事由発生時（例えば、退職の時）と契約変更手続の時までの間に係る保険料の支払義務は、当事者間において格別に明らかであるような場合（例えば、退職後の保険料については変更手続の有無にかかわらず、直ちに受給者が負担する等）を除き、従前の契約者である法人が負う。

　このことから、退職時と契約変更時との間に保険料の支払期日がある場合には、それぞれの時における解約返戻金が異なるのが一般であろう。仮に、退職時の解約返戻金によった場合、契約変更時の解約返戻金との差額に相当する金額は、退職金又は賞与の追加払いと認識する必要が生ずるなどの不都合がおこる虞があり、相当でないと思料される。

【編者注13】受給者である役員等が年金等の支払を受ける場合の課税関係

　6項により、退職金又は賞与として個人年金保険契約の権利を現物支給された場合も、退職金又は賞与の額を対価として保険契約に関する権利を有償取得したことになるのである。

　したがって、受給者である役員等が年金又は一時金の支払を受けることによる一時所得又は雑所得の計算については、上記編者注11④と同様になるものと考えられる。

■参考：法人税法施行令135条

（確定給付企業年金等の掛金等の損金算入）

第135条　内国法人が、各事業年度において、次に掲げる掛金、保険料、事業主掛金、信託金等又は信託金等若しくは預入金等の払込みに充てるための金銭を支出した場合には、その支出した金額は（［省略］）、当該事業年度の所得の金額の計算上、損金の額に算入する。（直近改・平15政131）

　一　独立行政法人勤労者退職金共済機構又は所得税法施行令第74条第5項（［省略］）に規定する特定退職金共済団体が行う退職金共済に関する制度に基づいて［、］その被共済者（［省略］）のために支出した掛金（［省略］）

　二　確定給付企業年金法（［省略］）第3条第1項（［省略］）に規定する確定給付企業年金に係る規約に基づいて同法第2条第4項（定義）に規定する加入者のために支出した同法第55条第1項（［省略］）の掛金（［省略］）又はこれに類する掛金若しくは保険料で財務省令［法規27条の20第2項。編注］で定めるもの

　三　確定拠出年金法（［省略］）第4条第3項（［省略］）に規定する企業型年金規約に基づいて同法第2条第8項（定義）に規定する企業型年金加入者のために支出した同法第3条第3項第7号（［省略］）に規定する事業主掛金（［省略］）

　四　勤労者財産形成促進法（［省略］）第6条の2第1項（［省略］）に規定する勤労者財産形成給付金契約に基づいて同項第2号に規定する信託

の受益者等（［省略］）のために支出した同項第１号に規定する信託金等（［省略］）

五　勤労者財産形成促進法第６条の３第２項（［省略］）に規定する第１種勤労者財産形成基金契約に基づいて信託の受益者等のために支出する信託金等又は同条第３項に規定する第２種勤労者財産形成基金契約に基づいて同項第２号に規定する勤労者について支出する同項第１号に規定する預入金等の払込みに充てるために同法第７条の20（［省略］）の規定により支出した金銭

【編者注】本条に掲げる保険料等に係る役員・使用人に対する課税関係

　本条各号に掲げる掛金、保険料等については、被共済者、加入者等である役員・使用人の給与所得にならない（所令64条・P689、所基通36-31の編者注２・P682参照）。

第5節 受け取る損害保険金・給付金等に関する法人税の基本的条項

法 人 税 法

（各事業年度の所得の金額の計算）
第22条 ［第1項省略］
　2　内国法人［法人法2条3号。編注］の各事業年度［法人法13条、14条（みなし事業年度）。編注］の所得の金額の計算上当該事業年度の益金の額に算入すべき金額は、別段の定めがあるものを除き、資産の販売、有償又は無償による資産の譲渡又は役務の提供、無償による資産の譲受けその他の取引で資本等取引［本条5項。編注］以外のものに係る当該事業年度の収益の額とする。

編 者 解 説

第1　損害保険契約の保険金・給付金の益金算入
① 法人税においては、所得税と異なり、損害保険契約（所得補償保険契約を含む）に係る保険金（満期返戻金等を含む）・給付金等の支払を受ける場合には、その保険契約の内容・支払の原因等に係らず、すべて益金に算入される。
② 公益法人等が支払を受ける損害保険金・給付金については、生命保険金等の場合と同様に、原則として、法人税の課税対象にならない（第2節に掲げる法人法22条の解説第1の2・P887参照）。
　例えば、マンション管理組合が積立型マンション・団地保険に加入し、保険金又は満期返戻金を取得したような場合の課税関係は、その組合が人格のない法人であれば法人法7条（内国公益法人等の非収益事業所得等の非課税）により、その組合が建物の区分所有等に関する法律47条（法人の成立等・P957参照）に規定する法人であれば、同条13項によっ

てその組合は法人法2条6号の公益法人等とみなされ、法人法7条の適用があり、いずれも次のようになる。
　i　組合が収益事業を行っていない場合、又はその保険契約の保険料を非収益部門で経理している場合には、受取保険金又は満期返戻金は、非課税の収入となる。
　ii　組合が収益事業を行い、その保険契約の保険料を収益部門で経理している場合には、収益事業の益金に算入される。

第2　益金算入の時期

損害保険契約の保険金・給付金を益金に算入すべき時期は、その保険金・給付金の支払を受けることが確定した日の属する事業年度であり、具体的に次のようになる。なお、P966に掲げる裁決例の編者注1（P971）参照。

① 満期返戻金等

保険契約の満期日を経過した日（期間満了の日の翌日）の属する事業年度（第2節に掲げる法人法22条の解説第2の1・P889参照）。

② 事故保険金、各種給付金

保険会社の査定等により、保険金の支払を受けることが確定した日の属する事業年度の益金に算入する。

車両の盗難保険のように、保険事故が発生した場合において、保険会社の査定等を要せず、事故発生と同時に具体的な保険金の支払額が確定するような損害保険契約に係る保険金の収益計上時期は、その保険事故の発生した事業年度になる、とする裁決例（P966）のあることに留意する。

③ 解約返戻金等

解約等の効力の生じた日の属する事業年度の益金に算入することになるものと考えられる（第2節に掲げる法人法22条の解説第2の3・P890参照）。

④ 保険金据置きの場合

損害保険金等について、その全部又は一部を一時に受け取らず、保険会社等に据置きにするような場合には、生命保険金の場合と同様の取扱いになるものと思われる（第2節に掲げる法人法22条の解説第2の4・P890参

照)。

⑤ 一時払の保険金を年金の方法で受け取る場合

一時金として支払われるべき事故保険金又は満期返戻金等を年金の方法で受け取るような場合には、生命保険金の場合と同様の取扱いになるものと思われる（第2節に掲げる法人法22条の解説第2の5・P890参照）。

第3 保険金受取時の経理

① 損害保険契約の保険金・給付金の受取時の経理は、原則として、生命保険金の場合と同様である（第2節に掲げる法人法22条の解説第3・P893以降参照）。

② 損害保険契約の種類によっては、保険事故が発生し、保険金等の支払が行われても、支払われる保険金の額等によって損害保険契約が失効せず、保険金額も減らずに保険契約がそのまま継続するというものもある。

この場合には、保険金の受取りによっても資産計上の保険料積立金の取崩しを行わず、保険契約が終了するまでその積立金の全額を積み立てておくこととされている（法基通9-3-12・P962参照）。

③ 支払を受けるべき損害保険金等につき、保険差益の圧縮記帳の適用を受けない場合において、損害保険金（共済金を含む）の支払額の確定した事業年度中に滅失等関連経費（法基通10-5-5・P998に掲げるようなもの）の額の全部又は一部が確定していない場合、損害保険金を益金の額に算入すべき事業年度（つまり、保険金支払額が確定した事業年度）において、その滅失等関連経費の適正な見積額を未払計上し、損金の額に算入できるかという問題がある（保険差益の圧縮記帳の適用を受ける場合には、法基通10-5-7・P999に取扱いがある）。

このことについては、法令・通達に明示がない。加藤文夫編「圧縮記帳の実務」（新日本法規）には、「火災により支出する経費については、当事業年度中［保険金の支払を受けた事業年度中の意。編注］にその後始末が終了していない［経費の額がその事業年度末までに確定していないの意。編注］ことから、費用として計上することはできません（法基通2-2-

12)。」(同書・P138参照) という記述があり、実務上もそのように取り扱われているようである。法人税における費用（販売費、一般管理費その他の費用）の損金算入に関する一般的な原則からすると上説のようになろう。

しかし、火災、風水害、突発的な事故等により支払を受けるべき損害保険金が確定し、その保険金を益金の額に算入した事業年度において、その事故等に起因して支払を余儀なくされる経費（法基通10-5-5・P998に掲げる滅失等関連経費のようなものに限る）が、保険金を益金に算入した事業年度末までに偶々確定していないということのみで、その経費の損金算入が認められないというのは、保険差益に対する法人税の課税が先行することになり、相当でないと思料される。

第4　被災資産等の損失と損害保険金の計上時期

法人の有する資産（棚卸資産、固定資産等）につき災害その他の事由により損失が発生した場合には、損失額をその損失の生じた日の属する事業年度において損金の額に算入することができる（法基通2-1-43(注)・P958参照）。

損失額を損金に算入する場合、支払われるべき損害保険金の支払を受けていない等のため、その事業年度において損害保険金を収益計上していないときは、損失計上と同時に受けるべき損害保険金額を合理的に見積もり、益金の額に算入する必要がある（同2-1-43(注)参照）。

第5　損害保険金の受取りと消費税の課税関係

建物等が火災等によって損害を受けたことにより損害保険金の支払を受け、その保険金の全部又は一部を損害を受けた建物等の修繕等に充て、又は新たに取得する建物等の取得に充てたような場合の消費税の課税関係は、次のようになる。

① 支払を受ける損害保険金

資産の譲渡対価に当たらないから、消費税の不課税取引となる（非課税売上げではない）。

② 支出した修繕費、改良費、新たな資産の取得費は、いずれも課税仕入れとなる（保険差益の圧縮記帳の特例を受けたか否かを問わない）。

■参考：建物の区分所有等に関する法律47条
　（成立等）
第47条　第３条に規定する団体〔区分所有者の団体。編注〕は、区分所有者及び議決権の各４分の３以上の多数による集会の決議で法人となる旨並びにその名称及び事務所を定め、かつ、その主たる事務所の所在地において登記をすることによって法人となる。
　２　前項の規定による法人は、管理組合法人と称する。
　３～12　〔省略〕
　13　管理組合法人は、法人税法（〔省略〕）その他法人税に関する法令の規定の適用については、同法第２条第６号に規定する公益法人等とみなす。
　〔以下省略〕

第6節 受け取る損害保険金・給付金に関する法人税の他の条項

法人税基本通達

（損害賠償金等の帰属の時期）

2-1-43 他の者から支払を受ける損害賠償金（債務の履行遅滞による損害金を含む。以下2-1-43において同じ。）の額は、その支払を受けるべきことが確定した日の属する事業年度の益金の額に算入するのであるが、法人がその損害賠償金の額について実際に支払を受けた日の属する事業年度の益金の額に算入している場合には、これを認める【編者注1】。

（注）当該損害賠償金の請求の基因となった損害に係る損失の額［発生した損失の額。編注］は、保険金又は共済金により補てんされる部分の金額を除き、その損害の発生した日の属する事業年度の損金の額に算入することができる【編者注1、2】。（直近改・平12課法2-7）

【編者注】本項の趣旨

本項の趣旨は、概ね次のようである。

1 益金の計上時期
① 民事上、損害を受けたと同時に加害者等に対し損害賠償請求権を取得（潜在的な損害賠償請求権の取得）するが、具体的な損害賠償額は、その請求に基づき当事者の合意又は裁判等の結果を待たなければ確定しない（このことから潜在的な損害賠償請求権には担税力がない）。
② 具体的な賠償額が確定しても、損害賠償という特殊な状況下にあっては、相手方の支払能力等から約定の履行が行われない虞がある（この場合には賠償金は画餅となり、担税力に乏しい）。
③ 以上のことを踏まえ、損害賠償金については、法人が現実の受

入ベースで益金に計上することを認めるというものである。

2 賠償金の支払者側の損金計上時期

損害賠償金の支払者においては、賠償金の受入側の経理基準とは関係なく、法基通2-2-13（損害賠償金・P960参照）の取扱いにより、支払うべき賠償金が確定した時、又は一定の事実が生じた時の属する事業年度の損金とすることができる。

3 損失額の損金算入時期

相手方の不法行為、債務不履行等によって具体的な損失が生じている場合には、その損失額については賠償金の受入れとは切り離し、損失の生じた事業年度の損金の額に算入することができる（本項(注)の「損害に係る損失の額」には資産の損失額（帳簿価額ベース）の他、その損失の発生に起因して支出する経費（法基通10-5-5・P998に掲げるような滅失等関連経費に限る）を含むものと考えられる）。

この場合において、その損失を補填する保険金・共済金がある場合には、その保険金等は損失との対応関係を要求されるので、その損失の生じた事業年度の益金の額に算入することになる。保険金等の額がその事業年度中に確定していないような場合は、合理的な見積額を益金の額に算入する（本項(注)、法基通9-7-18「自動車による人身事故に係る内払の損害賠償金」・P965、同10-5-2「圧縮記帳をする場合の滅失損の計上時期」・P994、P966に掲げる裁決例参照）。

なお、留意すべきは、本項(注)により損害額から控除し、又は見積額を益金に算入すべきこととなるのは、「保険金と共済金」に限られ、損害賠償金はこれに含まれないということである。

4 本項本文の「他の者」意義

本項の「他の者から支払を受ける」とは、その法人の外部の者をいうものとされ、法人の役員又は使用人を含まないものとされている。

例えば、法人の役員等が横領等により法人に損害を与えていたことが、税務調査等で事後的に発覚したような場合、法人がその役員等に対して有する不当利得返還請求権又は損害賠償請求権について

は、本項をそのまま適用せず、個々の実態に基づいて、その損失及び益金となるべき金額を処理するものとされている（前掲「法人税基本通達逐条解説」P168参照）。

つまり、役員又は使用人に係るものについては、一律に本項の適用又は不適用を決するのではなく、その不法行為が明らかに当該役員等の個人的行為によるものであるような場合で、本項を適用することが著しく不相当であるとする各別な事情がない限り、本項の適用が認められるのではないかと思料される。

【編者注2】損失額の損金算入の方法等

被災資産に係る損失の額を損金に算入するには、損金経理を要するかという問題がある。

法人法22条3項は「当該事業年度の損金の額に算入すべき金額は、別段の定めがあるものを除き、次に掲げる額とする。」とし、その3号において「当該事業年度の損失の額で資本等取引以外の取引に係るもの」と規定している。

被災資産に係る損失の損金算入については、別段の定めは置かれていない。そうすると、同条の文理から明らかなように、損金経理の要件は付されていないので、法人が財務諸表等において損失の経理を行っていない場合においても、法人税申告書別表4表上の調理（減算・留保）によって損金の額に算入することも認められるものと解される。

（損害賠償金）　法基通

2-2-13　法人が、その業務の遂行に関連して他の者に与えた損害につき賠償をする場合において、当該事業年度〔賠償すべき事実の生じた日の属する事業年度。編注〕終了の日までにその賠償すべき額が確定していないときであっても、同日までにその額として相手方に申し出た金額（相手方に対する申出に代えて第三者に寄託した額を含む。）に相当する金額（保険金等により補てんされることが明らかな部分の金額を除く。）を当該事業年度の未払金に計上したときは、これを認める【編者注】。（直近改・平15

課法2-7)

(注) 損害賠償金を年金として支払う場合には、その年金の額は、これを支払うべき日の属する事業年度（その事業年度が連結事業年度に該当する場合には、当該連結事業年度）の損金の額に算入する【編者注】。

【編者注】 本項の趣旨等
① 法人税の損金算入の原則からすれば、損害賠償金についても、その支払うべき金額（総額）の確定した時点で、債務の確定があったものとして、その時の損金に算入することになる。
　しかし、損害賠償金については、一般に、相手方等との示談等による合意まで長期間を要することが多く、その過程において、法人が相手方等に対し損害賠償金として具体的に提示した金額がある場合には、その部分の金額は当事者間に争いのない部分の金額として、部分的に債務の確定があったものとして、その提示をした日の属する事業年度の損金に算入することを認めるというものである。
② 本項により賠償金を損金の額に算入するには、確定した決算において未払金計上が要件とされていることから、損金経理と同様の経理をする必要があるものと考えられる。
③ 支払うべき損害賠償金につき、損害保険契約の保険金等により補填される部分の金額がある場合には、損金の額に算入する金額は、提示した賠償金額から補填されるべき保険金等の額を控除した残額で、未払金として経理した金額である。
　この場合、提示した賠償金の全額を未払金（相手科目は損失）に計上し、補填されるべき保険金等の全額（その額が賠償金を超えるときは、賠償金に達するまでの金額）を未収金（相手科目は収益）に計上することも何等差し支えない。
④ 補填される保険金等の額は、支払われる保険金等が確定している場合には、その確定した保険金額であり、保険金額等が確定していない場合には、保険会社へ保険金支払請求の有無にかかわら

ず、賠償金を未払計上する時点における保険契約による見積額によるものと考えられる（法基通9-7-18(注)、同編者注・P965参照）。

この点に関し、前掲「法人税基本通達逐条解説」では、支払うべき損害賠償金等につき「その全部又は一部が保険金等によって補てんされることが明らかなときは、その補てんされる部分については、保険金収入等との対応計算が要求されることになるので、単独で損金算入することは認められない。仮に損金算入するとすれば、保険金収入等を見積計上すべきことになるし、保険金収入等につきその確定時まで収益計上しないのであれば、これにより補てんされるべき金額に相当する損害賠償金についてもその損金算入を見合わせなければならない。」（同書・P200参照）としている。

⑤ 本項と法基通9-7-18との関係

本項と法基通9-7-18（P965参照）とは基本的な考え方は同一のものと思われる。つまり、双方とも、その基本は損害賠償金の一部の金額につき、その総額確定前であっても損金算入を認めるというものである。

ところで、本項は「法人が、その業務の遂行に関連して他の者に与えた損害」を対象とし、同9-7-18は法人の役員又は使用人が起こした自動車による人身事故に係る損害賠償金を対象としている。

（保険事故の発生による積立保険料の処理）　法基通

9-3-12　法人が長期の損害保険契約〔9-3-9・P1135参照。編注〕につき資産に計上している積立保険料に相当する部分の金額は、保険事故の発生により保険金の支払を受けた場合においても、その支払により当該損害保険契約が失効しないときは損金の額に算入されないことに留意する【編者注】。（直近改・昭55直法2-15）

【編者注】本項の趣旨

次のような場合には、保険金の支払が行われても損害保険契約は

失効せず、従前と同一の補償内容が維持される。このような損害保険契約に係る積立保険料については、その保険契約の解約、失効、期間満了の時まで資産に計上しておく必要がある。
① 長期総合保険・満期戻長期保険・建物更新保険
　1回の保険事故による支払保険金が、保険金額（契約保険金額）の80％以内の場合
② 建物更生共済
　自然災害による1回の支払共済金が、災害時における共済金額（契約共済金額）の20％未満の場合
③ 建物更新共済
　支払共済金の合計額が、共済金額（契約共済金額）未満の場合
④ 満期保険
　1回の保険事故による支払保険金が、保険金額（契約保険金額）未満の場合

（法人が支出した役員等の損害賠償金）　法基通
9-7-16　法人の役員又は使用人がした行為等によって他人に与えた損害につき法人が損害賠償金を支出した場合には、次による【編者注1】。
（1）その損害賠償金の対象となった行為等が法人の業務の遂行に関連するものであり、かつ、故意又は重過失に基づかないものである場合には、その支出した損害賠償金の額は給与以外の損金の額に算入する【編者注2】。
（2）その損害賠償金の対象となった行為等が、法人の業務の遂行に関連するものであるが故意又は重過失に基づくものである場合〔、〕又は法人の業務の遂行に関連しないものである場合には、その支出した損害賠償金に相当する金額は当該役員又は使用人に対する債権とする【編者注3】。

【編者注1】本項の趣旨、法基通2-2-13及び9-7-18との関係
　本項は、役員・使用人がした行為に起因する損害賠償金を法人が

支出した場合における、法人と当該役員等とのいわば法人内部における損害賠償金の取扱いを明示したものと考えられる。

役員等のした行為に起因する損害賠償金を法人が負担する場合における、その損金算入時期については、本項によっても、法基通2-2-13（P960参照）及び同9-7-18（P965参照）の適用を排除していないと考えられる。

【編者注2】本項(1)の趣旨

① 本項(1)に該当する損害賠償金、例えば、交通事故に係る損害賠償金の場合には、法人が自動車の保有者であるときは、法人は保有者責任によって損害賠償責任を負うことになる。

　また、法人が加害者である役員又は使用人に対し、求償権を有するとしても、使用者責任等との関連（例えば、その事故が無理な労働条件等に起因するような場合）で、その求償権の行使が裁判上維持されるか否かに疑問が残る等のことから、法人が現実に損害賠償金の支払をしたときに、その支払をした金額を損金の額に算入する（損金算入額は、加害者の給与にはならない）。

② 「対象となった行為等が法人の業務の遂行に関連するもの」の範囲については、「交通事故等の場合には、保有者責任との関係から、かなり幅の広い解釈が認められることになろう」（前掲「法人税基本通達逐条解説」P911参照）とされている。

【編者注3】本項(2)の趣旨

① 役員又は使用人の行為等が、故意・重過失又は法人の業務の遂行に関連しないものである場合には、それに起因する損害賠償金は行為者である役員又は使用人が負担すべきものであり、法人が何らかの都合によりその賠償金の支払をしても、それは当該役員又は使用人に対して求償すべき性質のものでる。

② 本項(2)により法人が役員又は使用人に対する債権として資産に計上したものについて、それ以後の処理に関しては法基通9-7-17（損害賠償金に係る債権の処理）の取扱いがある。

(自動車による人身事故に係る内払の損害賠償金)　法基通
9-7-18　自動車による人身事故（死亡又は傷害事故をいう。）に伴い、損害賠償金（9-7-16(2)に係る損害賠償金［行為者である役員・使用人の故意又は重過失による損害賠償金、賠償金の原因たる行為等が法人の業務の遂行に関連しない損害賠償金・P963参照。編注］を除く。）として支出した金額は、示談の成立等による確定前においても、その支出の日の属する事業年度の損金の額に算入することができるものとする。

この場合には、当該損失の額に算入した損害賠償金に相当する金額（その人身事故について既に益金の額に算入した保険金がある場合には、その累積額を当該人身事故に係る保険金見積額から控除した残額を限度とする。）の保険金は益金の額に算入する【編者注】。（昭46直審(法)20追加）

(注)　保険金見積額とは、当該法人が自動車損害賠償責任保険契約又は任意保険契約を締結した保険会社に対して保険金の支払を請求しようとする額をいう。

【編者注】本項の趣旨等
①　本項は、所基通37-2の2（損害賠償金の必要経費算入の時期）と同様に、自動車による人身事故に係る損害賠償金については、最終的な債務確定前であっても、法人が損金経理で損害賠償金(治療費、治療期間中の休業補償費等を含む)を支出した場合には、その支出した日の属する事業年度の損金にすることができるというものである。

その理由は、人身事故にあっては、一般的に、被害者の治療期間等が長く、示談等による最終的な賠償金確定まで相当長期間を要することから、損害賠償金の一部に当たるものを内払していることが多く、その金員が後日返還されるということはない。このようなことから、内払の都度、損金経理を要件として損金算入を認めるというものである（前掲「法人税基本通達逐条解説」P913参照)。

②　損害賠償金等の内払金額を損金に算入する場合には、同時に、その事故に関し、保険会社から支払われるべき損害保険の見積額

を益金に算入することになる。

　保険金の見積額とは、自動車損害賠償責任保険契約又は任意保険契約により、法人が保険会社に対し保険金の支払を請求しようとする金額であり、その事業年度において具体的な請求を行ったか否かを問わないものとされている。

③　保険金見積額の益金算入額は、内払損害賠償金の支払累計額がその見積額以内である場合には、損金算入損害賠償金と同額である。

　例えば、事故の生じた事業年度の損金算入損害賠償金を100万円、保険金見積額を150万円とすると、その事業年度においては損金算入額と益金算入額はいずれも100万円となる。

　その翌事業年度において、更に90万円の内払をし、この全額を損金に算入したような場合には、その事業年度の益金に算入すべき保険金見積額は50万円（150万円－100万円）となる。

　つまり、本項による課税上の効果は、支払損害賠償金の累計額が、保険金見積額を超える場合における、その超える部分の金額について生ずる（先の例では、翌事業年度における190万円－150万円＝40万円の実質損金算入）というものである。

　なお、益金に算入すべき保険金見積額を、確定した決算において収益に計上していないで、法人税申告書別表4表において加算・留保の調理をすることも課税上格別の問題はないと考えられる。

■参考：裁決例「車両の盗難による損失計上時期と盗難保険の保険金の収益計上時期につき判断した事例」（平15.2.6裁決　ＴＫＣ法律情報データベース・文献番号26011756）

《事案の概要》

1　請求人は、婦人既製服輸入業を営む同族法人で、平12.8.1から平13.7.31までの事業年度（以下「本件事業年度」という。）において、次の2に掲げる処理を行った。

2　請求人は、平13.7.22盗難にあった車両（以下「本件車両」という）に係る固定資産除却損9,376,000円（以下「本件盗難損失」という）を盗難の発生した日の属する事業年度の損金の額に算入した。

3　原処分庁は、本件盗難損失のうち、本件車両の減価償却費に相当する2,243,208円を超える7,132,792円は損金の額に算入されないとして、法人税の更正処分（以下「本件更正処分」という）及び過少申告加算税の賦課決定処分をした。

4　基礎事実

① 　請求人は、平12.11.20に、本件車両を9,376,000円で取得した。
② 　請求人は、上記同日、従前からＦ保険会社（以下Ｆ社という）と契約していた自家用自動車総合保険契約の被保険自動車を本件車両に変更するとともに、車両価額協定保険特約に基づく協定保険価額を9,500,000円とした（以下、この変更後の保険契約を「本件保険契約」という）。
③ 　Ｆ社は、平13.8.31付の「保険金のお支払のご案内」で、保険車両の盗難に係る保険金9,690,000円（内訳、全損盗難9,500,000円、臨時費用100,000円、盗難代車費用90,000円）を請求人に通知した。
④ 　請求人は、上記の保険金の額を平13.8.1から平14.7.31間での事業年度（以下「平成14年7月期」という。）の益金の額に算入した。

《原処分庁の主張（要旨）》

1　損失の全部又は一部が保険金収入によって補てんされることが明らかなときには、損失とそれに起因する保険金収入の会計処理は、一般に公正妥当な会計処理基準として認められている費用収益対応の原則に従い、同一の事業年度において対応させる必要があるため、保険金収入の計上がない時点においては、損失だけを先行して損金の額に算入できない。

2　この損失と当該損失に起因する保険金収入との対応については、法人税基本通達（以下「基本通達」という。）2-1-43の注書において、当該損害賠償金の請求の起因となった損害に係る損失の額は、保険金により補てんされる部分の金額を除き、その損害の発生した日の属する事業年度の損金の額に算入することができる旨定めている。

3 本件保険契約では、全損（盗難を含む）の場合、協定保険価額の全額が保険金として支払われることになっている。

4 以上のことから、本件盗難損失だけ先行して本件事業年度［盗難があった事業年度］の損金の額に算入することはできない。

《請求人の主張（要旨）》

1 法人税法22条3項に規定する当該事業年度の損失の額は、保険金で補てんされる金額を控除すべき旨が明文をもって規定されていない以上、当該事業年度の損失の額から保険金で補てんされる金額を除いたものであるとは当然には解されない。

2 原処分庁は、本件盗難損失の計上を認めなかった根拠として、基本通達2-1-43の注書の定めを引用するが、これに定める当該損害賠償金の請求の起因となった損害に係る損失の額は、車両の盗難による損失の額とは別異のものであり、本件盗難損失について、当該通達を適用する余地はない。

3 原処分庁は、本件保険契約により、全損の場合は協定保険価額の全額が保険金として支払われることが明らかであるので、本件盗難損失だけ先行して損金の額に算入されない旨主張する。

　しかしながら、本件保険契約の保険約款には、F社が保険金を支払わない場合としての免責事項（以下「免責事項」という。）が定められており、F社の調査の結果、重過失と認められる場合には、保険金が一切支払われない場合もあることから、請求人が無条件に保険金を受け取ることができるものではない。

4 本件において、請求人が車両盗難に係る保険金を受領することを認識したのは、F社から「保険金のお支払のご案内」の通知を受けた平13.8.31であるから、保険金収入を計上すべき事業年度は、車両価額協定保険特約によって保険金が支払われることが明らかであるかどうかにかかわりなく、上記通知を受けた日の属する平成14年7月期である。

《判断・要旨》

※編者注：1、2等の付番は、編者が便宜付したものであり、文中の［　］は編注

である。
1 原処分関係資料、請求人提出資料及び当審判所が調査したところによれば、次の事実が認められる。
① 本件保険契約に係る保険約款において、保険金に関する事項は、要旨次のとおりである。
ⅰ 盗難事故が発生した場合、保険者（F社）は、被保険者（請求人）に保険金を支払う。
ⅱ 保険金請求権を行使することができる時期は、事故発生の時からである。
ⅲ 車両価額協定保険特約が付されている場合、保険金を支払うべき損害の額は、全損の場合は協定保険価額とされ、この全損には、車両の盗難事故の場合が含まれる。
② 原処分庁が請求人に通知した法人税額等の更正通知書及び加算税の賦課決定通知書（以下「本件通知書」という。）の「翌期首現在の利益積立金額」欄には、本件更正処分に基づいて計上された「未収保険金7,132,792円」の記載がある。
③ F社の担当者は、当審判所に対し、重過失に起因する車両盗難事故による損害は本件保険契約の保険約款の免責事項に該当せず、仮に重過失があったとしても、保険金が支払われる旨答述した。
2 損失等の計上
① 法人税法22条3項3号にいう「損失」とは、会計上、一般に収益の獲得のための活動に貢献せず、収益と因果関係のない財産上の価値の喪失をいい、典型的なものとして、災害損失、為替損失、盗難による損失などがある。
　また、損失は、資産の滅失等があった場合と、事故等により債務が生じた場合とに区分できるが、前者に該当する災害や盗難（以下「災害等」という。）による損失は、後者のように債務が確定して初めて損失として認識することができる場合（不法行為に基づく損害賠償金なども含む。）と違って、災害等の事実が生じた時点において損失を認識することができるから、災害等による損失の額は、基本的には、災害等のあった日の属する事業年度の損金の額に算入することになる。
② しかしながら、災害等による滅失等に備えて資産に損害保険が付されて

いる場合においては、災害等により損失が発生すると同時に、保険会社に対する保険金の支払請求権が発生し、当該損失額の全部又は一部が補てんされることとなる。

　そうすると、適正な期間損益の算定という観点からは、企業会計上の費用収益対応の原則に準じて、当該損失と当該保険金との間に対応関係を求めることが、法人税法22条４項にいう「一般に公正妥当と認められる会計処理の基準」によった処理ということになる。

③　したがって、資産に損害保険が付されている場合においては、災害等による損失は、損失額を補てんする保険金の額が確定するまで仮勘定とし、その保険金の額が確定した日の属する事業年度において処理することが妥当である。

④　なお、上記③の場合でも、保険契約の内容等に照らして受け取るべき保険金の額が確定しているときは、保険会社から支払われる保険金額の通知等がなくても、その金額が確定した時点において、当該保険金を収益に計上し、同時に、災害等の損失を計上すべきである。

3　これを本件について見れば、請求人が、本件盗難損失が発生した平13.7.22以降、Ｆ社に対して、本件保険契約に基づいて、協定保険価額である9,500,000円の保険金請求権を行使できることが明らかであり、当該保険金の額は本件事業年度［盗難があった事業年度］に確定しているから、当該保険金の額である9,500,000円を本件事業年度の益金の額に算入すべきであり、同時に、本件盗難損失も本件事業年度の損金の額に算入することになる【編者注１】。

4　これに対して、請求人は、本件保険契約の保険約款には保険会社の免責事項があり、無条件に保険金が保険会社から支払われるものでないから、本件盗難に係る保険金収入の計上時期は、「保険金のお支払のご案内」の日付である平13.8.31の属する平成14年７月期である旨主張する。

　しかしながら、前記［判断１③］のとおり、重過失に起因する車両盗難は、当該保険約款の免責事項に該当せず、たとえ、請求人に重過失があったとしても、保険金が支払われることが明らかであるから、上記3のとおり、本件盗難損失に係る保険金収入を本件事業年度［盗難のあった事業年度］

の益金の額に算入すべきである。
5 　他方、原処分庁は、盗難損失と保険金収入とは、費用収益対応の原則に従い、同一事業年度において対応させるべきである旨主張し、原処分において、本件盗難損失（9,376,000円）から本件車両の減価償却費（2,243,208円）を差し引いた金額（7,132,792円）は、本件事業年度［盗難のあった事業年度］の損金額に算入されないとするとともに、前記のとおり、未収保険金（7,132,792円）が計上漏れであったとする処理をしている。

　このうち、盗難損失と保険金収入を同一事業年度において対応させるべきであるとし、未収保険金の計上漏れであったとする処理をしている点については、損害保険の付された資産の損失であることを前提として、費用収益対応の原則に準じて扱っていると解される限りにおいては、妥当であるといえる。

　しかしながら、本件盗難損失から当該減価償却費を差し引いた7,132,792円を損金にされないとし、当該金額を未収保険金としている点については、前記3で述べたように、本件事業年度［盗難のあった事業年度］においては、本件盗難損失を損金の額に算入し、同時に保険金収入（9,500,000円）を益金の額に算入すべきであったことに照らし、適切とはいえない【編者注1】。

6 　［結論］
　以上のとおり、本件盗難損失は本件事業年度［盗難のあった事業年度］の損金の額に算入され、また、保険金収入の9,500,000円は益金の額に算入されるべきであるから、請求人の本件事業年度の所得の金額は、別表2「審判所認定額」欄［略］のとおり×××円となる。

　そうすると、本件更正処分にとる所得金額××××円は、上記認定額を下回るから、この範囲でされた当該更正処分は適法と認められる【編者注2】。

【編者注1】損害保険金の益金計上の時期について
　1 　法人税・所得税の実務において、生命保険金の益金算入時期は、法人が保険会社等からの保険金支払通知を受けた日の属する事業年度とされ、損害保険金の益金算入時期は、その保険金の支払われることが確定した日の属する事業年度とされている。

この違いは、以下のように理解することができる。
2　生命保険契約の死亡保険金についていえば、「死亡」という事実の確認と、保険契約の約款等に基づきその死亡が保険金の支払に該当するかどうかということの事務手続き上の確認行為のみで、保険金支払の有無が確定するという性質を有することから、保険会社からのその結果である保険金支払通知の到達をもって保険金支払請求権（金銭債権）を取得したものとみる、というものと考えられる。
3　損害保険契約の対物保険金についていえば、保険事故の発生により観念的な保険金請求権が生ずるが、対物損害保険金の場合には、一般的に、損害の程度の査定・確認等の事実行為を要し、この査定等を通じて、保険会社と保険金受取人との間に保険金額の合意ないしは同意が形成されることになる。
　このことから、当事者間における保険金額の合意・同意等のあった日をもって保険金支払請求権（金銭債権）を取得したものとみる、というものと考えられる。
　なお、その後保険会社等から保険金支払通知が発せられるが、税務上、それは上記合意等のあったことを単に通知するという程度のものとされ、保険金支払請求権（金銭債権）の益金算入時期には影響しないものとされているようである。
4　本件車両の盗難保険のように、保険事故が発生した場合において、保険会社の査定等を要せず、事故発生と同時に具体的な保険金の支払額が確定するような損害保険契約に係る保険金の収益計上時期は、その保険事故の発生した事業年度になる、とする本裁決例には実務上十分に注意する必要があろう。

【編者注2】本件に関する訴訟
　本件は、その後大阪地裁に提訴され、平16.4.20に判決があったが、本裁決例とほぼ同様の理由により、納税者の敗訴となっている。

第7節　保険差益の圧縮記帳に関連する各条項

法　人　税　法

（保険金等で取得した固定資産等の圧縮額の損金算入）
［編注：保険金等で取得した代替資産の圧縮限度額の損金算入］

第47条　内国法人（清算中のものを除く。以下この条において同じ。）が、各事業年度［法人法13条「事業年度の意義」、同14条「みなし事業年度」参照。編注］においてその有する固定資産【編者注１】（当該内国法人が合併法人［法人法２条12号。編注］、分割承継法人［法人法２条12号の３。編注］、被現物出資法人［法人法２条12号の５。編注］又は被現物分配法人［法人法２条12号の６の２。編注］（第８項において「合併法人等」という。）とする適格合併［法人法２条12号の８。編注］、適格分割［法人法２条12号の11。編注］、適格現物出資［法人法２条12号の14。編注］又は適格現物分配［法人法２条12号の15。編注］（以下この項及び第８項において「適格組織再編成」という。）が行われている場合には、当該適格組織再編成に係る被合併法人［法人法２条11号。編注］、分割法人［法人法２条12号の２。編注］、現物出資法人［法人法２条12号の４。編注］又は現物分配法人［法人法２条12号の６。編注］（第８項において「被合併法人等」という。）の有していたものを含む。以下この条において「所有固定資産」という。）の滅失又は損壊により保険金、共済金又は損害賠償金で政令［法人令84条・P982参照。編注］で定めるもの（以下第49条までにおいて「保険金等」という。）の支払を受け【編者注２】、当該事業年度［保険金等の支払を受け、又は保険金等を益金の額に算入すべき事業年度。編注］においてその保険金等をもってその滅失をした所有固定資産に代替する同一種類【編者注３】の固定資産（以下この条において「代替資産」という。）の取得【編者注４】（第64条の２第３項（リース取引に係る所得の金額の計算）に規定するリース取引のうち所有権が移転しないものとして政令［法人令84条の２・P985参照。編注］で定めるものによ

973

る取得を除く。以下この項及び第5項において同じ。）をし、又はその損壊をした所有固定資産若しくは代替資産となるべき資産の改良【編者注5】をした場合において、これらの固定資産につき、その取得又は改良に充てた保険金等に係る差益金の額として政令［法人令85条・P987参照。編注］で定めるところにより計算した金額（以下この項において「圧縮限度額」という。）の範囲内でその帳簿価額を損金経理［法人法2条25号。編注］により減額し【編者注6】、又はその圧縮限度額以下の金額を当該事業年度［保険金等の支払を受け、又は保険金等を益金の額に算入すべき事業年度。編注］の確定した決算【編者注7】において積立金として積み立てる方法（政令［法人令86条・P992参照。編注］で定める方法を含む。）により経理【編者注8】したときは、その減額し又は経理した金額に相当する金額は、当該事業年度の所得の金額の計算上、損金の額に算入する【編者注9、10、11、12、13】。（直近改・平22法6）

［編注：代替資産の交付を受けた場合の代替資産の圧縮限度額の損金算入］

2　内国法人が、各事業年度［本条1項参照。編注］において所有固定資産［本条1項参照。編注］【編者注1】の滅失又は損壊による保険金等［本条1項参照。編注］の支払に代わるべきものとして代替資産［本条1項参照。編注］の交付を受けた場合において、その代替資産につき、その代替資産に係る差益金の額として政令［法人令87条。編注］で定めるところにより計算した金額（以下この項において「圧縮限度額」という。）の範囲内でその帳簿価額を損金経理［本条1項参照。編注］により減額し、又はその圧縮限度額以下の金額を当該事業年度［固定資産の交付を受けた事業年度。編注］の確定した決算【編者注7】において積立金として積み立てる方法（政令［法人令86条・P992参照。編注］で定める方法を含む。）により経理【編者注8】したときは、その減額し又は経理した金額に相当する金額は、当該事業年度の所得の金額の計算上、損金の額に算入する【編者注9、10、11、13】。（直近改・平18法10）

第4編　第1章　受け取る保険金・給付金等に関連する法人税の法令・通達等

［編注：適用の手続要件］
3　前2項の規定は、確定申告書にこれらの規定に規定する減額し又は経理した金額に相当する金額の損金算入に関する明細〔具体的には、法人税申告書別表13⑵「保険金等で取得した固定資産等の圧縮額等の損金算入に関する明細書」。編注〕の記載がある場合に限り、適用する。

［編注：税務署長による宥恕規定］
4　税務署長は、前項の記載がない確定申告書の提出があった場合においても、その記載がなかったことについてやむを得ない事情があると認めるときは、第1項又は第2項の規定を適用することができる。

5　〔省略。編注：取得した代替資産等を適格分社型分割等により移転する場合の圧縮記帳の適用〕

6　〔省略。編注：交付を受けた代替資産を適格分社型分割等により移転する場合の圧縮記帳の適用〕

7　〔省略。編注：5項及び6項適用の手続要件〕

8　〔省略。編注：適格組織再編成により移転を受けた代替資産の取得価額等〕

【編者注1】固定資産の意義・範囲
1　法人法47条においては、固定資産の意義等について格別の規定をしていない。
　　そうすると、同条の固定資産の意義については、法人法2条22号に規定する固定資産と同義に解すべきものと考えられ、同22号によれば、固定資産とは、次のものをいうとされている（法人令12）。
①　土地、土地の上に存する権利
②　法人令13条各号に掲げる資産（同13条の「減価償却資産の範囲」に掲げる各資産をいうが、必ずしも、同13条の規定する減価償却の対象となるべき「減価償却資産」と同一とは限らない。無形固定資産及び生物・動物を含む。）
③　電話加入権

④　①から③に掲げる資産に準ずるもの（繰延資産は含まれない。）
　2　損害の発生の当時において遊休等により法人の事業の用（主たる事業であるか従たる事業であるかを問わない）に供していないもの（遊休資産）は、法人法47条1項及び2項の固定資産に該当するか、という問題がある。
①　法人令12条2号（固定資産の範囲）に規定する「次条各号に掲げる資産」とは、法人令13条1号から9号に掲げる資産を指す。同令12条2項が「次条に規定する資産」となっていないことからすると、同令13条本文（同本文カッコ書に規定する「事業の用に供していないもの及び時の経過によりその価値の減少しないものを除く」の部分を含む）は12条2号によって引用されないと解すべきであるから、法人令12条の規定上、遊休資産も固定資産に該当するものと解される。
②　また、法人法47条1項及び2項は、代替資産を取得し又は交付を受けたことを要件とし、その代替資産の事業供用を圧縮記帳の必要要件としていない。
③　更に、法基通10-6-1（遊休資産の交換・掲載略）の取扱いによれば、固定資産の交換による圧縮記帳の特例においては、遊休資産についても法人法50条の固定資産の交換の特例適用を認めるものとされており、法人法47条1項及び2項の適用についても、これと異なる扱いをする合理的な理由は見出し難い。
④　以上を総合すると、遊休資産もそれが固定資産に該当する限り、保険差益の圧縮記帳の対象となる資産に該当するものと解される。

　　保有資産が固定資産に当たるかどうかは、取得の経緯、保有目的、管理の状況等を勘案し、明らかに販売又は投資等のために保有していると認められる場合を除き、固定資産に該当するものと解される（事業の用に供していない固定資産の保有目的に多少の投資目的があったとしても、そのことをもって、直ちに固定資産から外れることにはならないものと考えられているようである（前掲「法人税基本通達逐条

解説」・P952参照))。

　なお、法人の有する遊休土地等が棚卸資産であるか、固定資産であるかの判定については、一般に、次のように考えられている。
　ⅰ　不動産販売業者
　　遊休土地等が固定資産であることが明らかでない限り、販売用の資産（棚卸資産）に該当すると判定されることが多い。
　ⅱ　上記ⅰ以外の一般事業法人
　　その取得し又は保有するに至った経緯等を勘案し、遊休土地等であることをもって、直ちに販売用の土地等など固定資産以外の資産であると決め付けることはできないことが多い。
3　上記1及び2を総合すると、法人法47条1項及び2項に規定する固定資産の範囲は、次のようになる。
①　土地等、電話加入権、書画骨董等の非減価償却資産
②　減価償却資産（無形固定資産・生物・動物を含み、繰延資産を含まない。）
③　遊休資産（上記①又は②のうち、事業の用に供されていないもの。）
（注）1　上記①～③に該当するものであれば、帳簿価額の有無を問わない。
　　　2　保険差益の圧縮記帳の対象となる資産は、自己の所有資産に限られ、賃貸借又は使用貸借に係る借り上げ資産については適用がない。

【編者注2】保険差益の圧縮記帳の対象となる保険金等の範囲

　保険差益の圧縮記帳の対象となる保険金等の意義・範囲については法人令84条（P982参照）に定めるところであるが、次に掲げるような保険金等については、圧縮記帳の適用のないことは、法人法47条の規定上明らかである（法基通10-5-1・P993参照）。
①　棚卸資産の滅失等に係る保険金等
②　固定資産の滅失等に伴う休廃業等に関連して生ずる収益又は費用の補填として支払を受ける保険金等

【編者注3】同一種類かどうかの判定

　法人法47条1項に規定する「同一種類の固定資産」（代替資産）に該当するかどうかの判定については、法基通10-5-3（P996参照）に取扱いがある。

【編者注4】代替資産取得の意義等
① いわゆる焼け太りにより取得した資産

例えば、火災により機械3台が損壊し、保険金2,000万円の支払を受け、この保険金のうち1,200万円を損壊した機械の改良に充て、残り800万円と手持ち金1,000万円とで1,800万円の機械を新たに取得した（新規取得の機械は損壊した機械と同一種類の固定資産とする）。

このような場合、機械の新規取得に充てた800万円が保険差益の圧縮記帳の対象となる代替資産に該当するか否かについては、これを適用除外とする法令上の規定がないことから、実務上、代替資産に該当するものとされている。

② 法人法47条1項に規定する「代替資産の取得」については、その取得は滅失等があった日以後に、滅失等した固定資産に代わるべきものとして取得したものに限られることから、滅失等のあった日現在において既に建築に着手している建物等は代替資産に該当しないものとされている（法基通10-5-4・P997参照）。

③ 保険差益に係る代替資産の取得については、「新品」に限られていない。したがって、中古資産をもって代替資産とすることも何等問題はない。

この場合、代替資産である中古の減価償却資産につき、減価償却資産の耐用年数等に関する省令3条に規定する中古資産の耐用年数の見積り（同条1項1号の見積法（原則的方法）又は同2号の簡便法をいう）ができるか、という問題ある。

同条には、殊更、圧縮記帳の特例の適用を受けた固定資産を除外する旨の規定がないことから、中古の代替資産についてもこれらに規定する中古資産の耐用年数の見積りを行うことはできるものと解される（西片晴一他「圧縮記帳の税務」ぎょうせい・P134参照）。

【編者注5】資産の改良の意義

法人法47条1項に規定する「損壊をした所有固定資産若しくは代替資産となるべき資産の改良」とは、損壊した固定資産等に対する

いわゆる資本的支出をいうのであるから、資本的支出も保険差益の圧縮記帳の対象となる。

この場合において、資本的支出は、損壊した固定資産そのものに対するものに限られるのではなく、法人が従前から有している固定資産でも、仮にその資産を新たに取得するとしたとすれば、損壊した固定資産に代替する資産になり得るもの（上記編者注3の同一種類の固定資産に該当するもの）について支出した資本的支出も圧縮記帳の対象となると解されている（「代替資産となるべき資産の改良」の部分がこれに該当する）。

例えば、甲機械の損壊によって取得した保険金等をもって、甲機械の改良を行わず、従前から有する乙機械の改良を行ったような場合でも、乙機械が甲機械の代替資産となるとき（甲機械と乙機械とが同一種類の固定資産に該当するとき）は、乙機械に対する資本的支出も圧縮記帳の対象となる。

【編者注6】圧縮額を損金経理した場合の圧縮記帳に関する会計処理及び表示

保険差益の圧縮記帳等の特例により、取得した代替資産等の取得価額を減額する方法により損金算入した場合の会計処理・財務諸表の表示については、個別通達「圧縮記帳に関する会計処理及び表示」（昭51直法2-19・掲載略）がある。

【編者注7】確定した決算の意義

一般に、法人税法（法令・通達を含む）において「確定した決算」とは、会社法438条2項（計算書類の定時株主総会における承認の必要）により、同法309条（株主総会の決議）によって承認の決議を受けた決算書類をいうものとされている。

【編者注8】圧縮額を積立金として積み立てる方法について

1　積立ての方法

法人法47条1項及び2項では「確定した決算において積立金として積み立てる方法（政令で定める方法を含む。）」と規定し、政令で定める方法とは法人令86条に規定する剰余金処分による積立金とし

て積み立てる方法をいう。

　これらの規定の仕方からすると、同47条１項及び２項にいう積立金として積み立てる方法とは、法人令86条に規定する方法と、それ以外の方法（例えば、圧縮損／圧縮記帳積立金、等の仕訳による経理等）をいうものと解されるが、一般的には、剰余金処分による積立ての方法によるのではないかと考えられる。

２　毎期の減価償却限度額との調整

　圧縮額を積立金として経理している場合には、法人の毎期の減価償却額は実際の取得価額を基礎として計算される。他方、法人税の償却限度額は実際の取得価額から圧縮額を控除した後の金額を基礎として計算されるので、毎期減価償却超過額が生ずることとなる。

　この調整方法としては、次の①と②があり、そのいずれの方法でもよい（法基通10-1-3・積立金の任意取崩しの場合の償却超過額等の処理）。

①　毎期の償却超過額を法人税申告書別表４表において所得に加算し（加算・留保）、同５表の利益積立金として累積処理し、その資産の処分（譲渡・除却等）があったときに、決算上積立金の額を取り崩して利益計上し、同５表上の償却超過額の累計額を同４表において所得から減算（減算・留保）の調理を行う。

②　決算上、毎期の償却超過額に相当する金額の積立金を取り崩して利益に計上し、その同額を申告書４表において所得から減算の調理を行う。

【編者注９】保険差益の圧縮記帳の特例を受けた資産の取得価額等

　保険差益の圧縮記帳の適用を受けた代替資産の取得価額、損金算入圧縮額を積立金経理した場合における、その積立金等の税務処理に関連して、次の取扱いがある。

①　法人令87条の２（保険金等で取得した固定資産等の取得価額・P992参照）

②　法基通10-1-2（資産につき除却等があった場合の積立金の取崩し・掲載略）

③　法基通10-1-3（積立金の任意取崩しの場合の償却超過額等の処理・掲載

④　法基通10-1-4（圧縮記帳の適用を受けた固定資産の移転を受けた場合の取得価額［適格組織再編成により移転を受けた合併法人等の取得価額。編注］・掲載略）

【編者注10】圧縮記帳をする場合の資産滅失損の計上時期

　保険差益につき圧縮記帳をする場合、資産の滅失等による損失の額の計上時期については、法基通10-5-2（圧縮記帳をする場合の滅失損の計上時期・P994）に取扱いがある

【編者注11】法人法47条の趣旨

　この制度は、例えば、法人の有する建物が火災により滅失し、損害保険金等の支払を受けた場合において、一定の要件に従って新たな建物等を取得したようなときには、その取得価額のうち、保険差益に相当する金額を損金の額に算入するというものである。

　この場合であっても、受取り保険金の全部又は一部を非課税にするというものではなく、保険金は益金とし、圧縮額を損金として両建経理を要し、その実質的な効果は新規取得建物等の減価償却費を通しての課税の繰延べに過ぎない（非減価償却資産である場合には、その資産を他に譲渡するなど最終的な処分の時まで課税の繰延べをし、譲渡等の時に処分損益を通じて課税関係を清算するというものである）。

【編者注12】保険差益の圧縮記帳と特定資産買換の圧縮記帳との併用について

　保険金収入と特定資産の譲渡収入との双方をもって固定資産を取得した場合、その固定資産について保険差益の圧縮記帳と、特定資産の買換えによる圧縮記帳との双方が適用できるかについては、次のように解されている（成松洋一「圧縮記帳の法人税務（九訂版）」大蔵財務協会・P154参照）。

　同一の資産につき、これら2つの圧縮記帳の適用を除外する規定が存しないこと、これら2つの圧縮記帳の適用を認めても課税上特に弊害がないことから、それぞれの要件を満たす限り、これら2つの圧縮記帳の適用は認められる。

この場合には、その適用に当たっては、一方の圧縮記帳の適用をした残りの取得価額について他方の圧縮記帳を適用することになるとされている。

【編者注13】圧縮限度額を超えて圧縮した場合
　圧縮限度額を超えて圧縮記帳を行った場合には、その超える部分の金額は損金の額に算入されず、税務上、次のように処理される。
①　対象資産が減価償却資産である場合
　その超える額は、減価償却費として損金経理を行ったものとして、以後の事業年度において法人税申告書上、減価償却超過額の認容（所得減算）の調理を行うことになる（法基通7-5-1「償却費として損金経理をした金額の意義」）。
②　非減価償却資産である場合
　損金不算入の評価損を計上したものとして取り扱われる。

法人税法施行令

（保険金等の範囲）
第84条　法第47条第１項（保険金等で取得した固定資産等の圧縮額の損金算入［編注：P973参照］）に規定する政令で定めるものは、保険金若しくは共済金（保険業法第２条第２項（定義）に規定する保険会社、同条第６項に規定する外国保険業者又は同条第18項に規定する少額短期保険業者が支払う保険金又は次に掲げる法人が行う共済で固定資産について生じた損害を共済事故とするものに係る共済金に限る。）又は損害賠償金で、法第47条第１項に規定する減失又は損壊［所有固定資産の減失又は損壊。編注］【編者注１】のあった日から３年以内［減失又は損壊のあった日の翌日から起算し、３年目の起算日に応当する日の前日までの期間。編注］に支払の確定したものとする【編者注２】。（直近改・平22政196）
一　農業協同組合法第10条第１項第10号（共済に関する施設）に掲げる事業を行う農業協同組合及び農業協同組合連合会
二　農業共済組合及び農業共済組合連合会

三　水産業協同組合法（昭和23年法律第242号）第11条第1項第11号（組合員の共済に関する事業）に掲げる事業を行う漁業協同組合及び同法第93条第1項第6号の2（組合員の共済に関する事業）に掲げる事業を行う水産加工業協同組合並びに共済水産業協同組合連合会

四　事業協同組合及び事業協同小組合（中小企業等協同組合法（昭和24年法律第181号）第9条の2第7項（事業協同組合及び事業協同小組合）に規定する特定共済組合に限る。）、火災共済協同組合並びに協同組合連合会（同法［中小企業等協同組合法］第9条の9第4項（協同組合連合会）に規定する特定共済組合連合会に限る。）

五　生活衛生関係営業の運営の適正化及び振興に関する法律（昭和32年法律第164号）第8条第1項第10号（共済事業）に掲げる事業を行う生活衛生協同組合〔、〕及び同法第54条第8号又は第9号（共済事業）に掲げる事業を行う生活衛生同業組合連合会

六　漁業共済組合及び漁業共済組合連合会

七　森林組合法（昭和53年法律第36号）第101条第1項第13号（共済に関する事業）に掲げる事業を行う森林組合連合会

【編者注1】固定資産の滅失、損壊の意義

　法人法47条1項、2項及び法人令84条に規定する固定資産の滅失、損壊とは、固定資産そのものの滅失（無くなること）、損壊（一部又は全部が壊れること）をいい、その原因は、事故、自然災害、不法行為その他事由の如何を問わないものと解される。

　また、保険金又は損害賠償金の支払を受けることが法人法47条1項及び2項の前提条件であることからすると、所有者である法人の過失の有無も問うものでないと考えられる（所有者の故意の有無は、保険金・損害賠償金の支払自体に関することであるから、法人法47条の解釈には直接関係を有しないであろう）。

　このようなことから、実務上、固定資産の盗難も、滅失の一態様とされている。

【編者注2】保険金等の範囲

保険差益の圧縮記帳の対象となる保険金、損害賠償金は、次に掲げるもので、かつ、滅失等のあった日から３年以内に支払の確定したものに限られる（「支払の確定」が３年以内であれば足り、具体的に保険金等の支払を受ける時期が３年後であっても、この要件は具備することとなる）。

　なお、この場合の３年の期間については法令上期間の延長規定がない。損害賠償金については、その支払確定まで長期間を要する場合が多いので、保険差益の圧縮記帳の適用に当たっては、特に注意をする必要があろう。

① 　保険金、共済金、損害賠償金は、固定資産自体の滅失又は損壊そのものの損失を補填するものであること（保険金等に固定資産の滅失・損壊により支出することとなる経費を補填する部分の金額が含まれている場合には、その金額を含む。その理由は、保険差益の額の計算上、これらの経費を保険金から控除するからである）。

　　　したがって、固定資産の滅失・損壊に伴い支払われるものであっても、固定資産の滅失等に伴う休業等による収益又は費用（固定資産の滅失等に関連して支出する経費を除く）を補填する目的の保険金等は、圧縮記帳の対象とならない（法基通10-5-1・P993参照）。

　　　このことから、いわゆる利益保険（休業等を原因として、休業期間中の収益又は費用を補填するもの）は、圧縮記帳の対象外となる。

② 　損害保険会社（保険業法２④・P1346参照）又は外国損害保険会社等（保険業法２⑨・P1346参照）と契約した損害保険契約のうち、上記①に該当する保険金。

③ 　法人令84条各号に掲げるものと契約した共済契約のうち、上記①に該当する共済金。

　　（注）共済契約については、法人令84条各号に掲げる者と締結した共済契約に限られる。したがって、その契約内容が同条各号に掲げる共済契約に類似するようなものに係る共済金（例えば、事業協同組合等（法人令84条４号該当するものを除く）が行う共済契約の共済金）であっても、それは同条の共済金に該当しない（同84条は限定列挙であり、規定中に「そ

の他これらに類するもの」との定めがないことによる)。
④ 損害賠償金のうち、上記①の損失を補塡する目的で支払を受けるもの(損害賠償金のうちに、固定資産の滅失等を補塡する部分の金額と、損害による精神的・肉体的苦痛に伴う慰謝料や減少利益等の補塡に充てる部分とがある場合には、それらを合理的に区分し、固定資産の滅失等に係る部分の金額に限られるのは当然である)。

(注) 損害賠償金について法人法47条1項又は2項を適用する場合には、保険金・共済金のように支払を受ける目的が必ずしも明確でない場合が多い。

　そこで、当事者間の合意内容等からみて、その賠償目的が明示されている場合(例えば、2以上の固定資産の滅失等があった場合における個々の資産ごとの賠償金額、固定資産の滅失等の賠償額と休業に伴う収益・費用の補塡等の額の明示等)には、それにより区分することになろう。

　そうでない場合には、損害の発生状況及びその程度、損害賠償金につき当事者の合意に至った経緯等を総合勘案し、その事案ごとに合理的に判断することになるものと思われる。

(所有権が移転しないリース取引の範囲)　法人令
第84条の2　法第47条第1項(保険金等で取得した固定資産等の圧縮額の損金算入 [編注：P973参照]) に規定する政令で定めるリース取引 [代替資産の取得とならないリース取引。編注] は、第48条の2第5項第5号(減価償却資産の償却の方法) に規定する所有権移転外リース取引とする 【編者注】。(平19政83追加)

【編者注】所有権移転外リース取引の意義、本条の趣旨
1　所有権移転外リース取引の意義
　本条が引用する法人令48条の2第5項に規定する所有権移転外リース取引とは、次のようになる。
① 「所有権移転外リース取引」とは、契約内容その他の事情からみて、経済的実質においても、リース物件を賃借人が買い取りを

したとは認められないもの(つまり、そのリース取引は、本来、リース取引の目的物の賃貸借に過ぎないと認められるもの)をいう。

② 「所有権移転外リース取引」の範囲は、次のとおり(法人令48条の2第5項5号「平成19年4月1日以降に取得した減価償却資産の償却方法等に係る用語の意義」)。

i 先ず、そのリース取引が、資産の賃貸借で、次の要件に該当するものであること(法人法64条の2第3項)。

　ア　その賃貸借に係る契約が、賃貸借期間の中途で解除することができないこと、又はこれに準ずるものであること。

　イ　賃借人が、その賃貸借の目的物(資産)から生ずる経済的な利益を実質的に享受し、かつ、その資産の使用に伴う費用(維持・管理費、修繕費等)を実質的に負担すべきこととされていること。

(注)　賃貸借契約を解除することができないとされている期間中において、賃借人が支払う資産の賃料の合計額が、その資産の取得のために通常要する価額の概ね90％に相当する金額を超える場合には、本イの要件に該当するものとされている(法人令131条の2「リース取引の範囲」)。

ii 次に、そのリース取引が、以下の要件のいずれか一つにでも該当しないものであること(法人令48条の2第5項5号「用語の意義」)。

　ア　リース期間終了の時、又はリース期間の中途において、リースの目的資産を、無償又は名目的な対価の額で賃借人に譲渡されるものであること。

　イ　賃借人に対し、リース期間終了の時、又はリース期間の中途において、リースの目的資産を、著しく有利な価額で買い取る権利を付与しているものであること。

　ウ　リースの目的資産の種類、用途、設置の状況等に照らし、その資産が専ら賃借人にのみ使用されるものであると見込まれること、又は目的資産の識別が困難であると認められるものであること。

　エ　リース期間が、目的資産の法定耐用年数に比して相当短いもの(賃借人の法人税の負担を著しく軽減することになると認められるも

のに限る）であること。

2 法人令84条の２の趣旨

　法人法64条の２（リース取引に係る所得の金額の計算）１項によれば、法人税においては、リース取引の目的物たる資産は、リース取引成立のときに売買があったものとされる。

　しかし、保険差益の圧縮記帳の場合においては、この原則をそのまま適用するのは相当でないことから、リース取引のうち、資産の買い取りがあったものと認められないものについては、仮に、それが代替資産に該当する場合においても、それは代替資産の「取得」には当たらないというものである。

　したがって、リース取引に係る資産であっても、所有権移転外リース取引に係る資産（法人令48条の２第５項４号に規定する「リース資産」）に当たらない場合には、それが代替資産に該当する限り、代替資産の「取得」に該当するというものである。

　なお、この場合の資産の取得価額は、通常の資産の取得価額の計算と同様に計算することになるものと解される。

（保険金等で取得した代替資産等の圧縮限度額）　法人令
第85条　法第47条第１項（保険金等で取得した固定資産等の圧縮額の損金算入［編注：P973参照］）に規定する政令で定めるところにより計算した金額［損金となるべき圧縮限度額。編注］は、同項の内国法人が支払を受ける同項に規定する保険金等（以下この条において「保険金等」［法人法47条１項・P973参照。編注］という。）に係る保険差益金の額［本条２項参照。編注］に、第１号に掲げる金額［分母。編注］のうちに第２号に掲げる金額［分子。編注］の占める割合を乗じて計算した金額とする【編者注１】。（直近改・平13政135）

一　その保険金等［本項本文参照。編注］の額から［,］その保険金等に係る法第47条第１項に規定する所有固定資産［法人法47条１項・P973参照。編注］の滅失又は損壊により支出する経費の額【編者注２、３、４】（当該所有固定資産が同項に規定する適格組織再編成（当該内

国法人が同項に規定する合併法人等［法人法47条１項・P973参照。編注］となるものに限る。）に係る同項に規定する被合併法人等［法人法47条１項・P973参照。編注］の有していたものである場合（次項において「被合併法人等所有資産である場合」という。）には、当該被合併法人等が支出した当該経費［滅失等により支出する経費。編注］の額を含むものとし、保険金等の支払を受けるとともに同条第１項に規定する代替資産［法人法47条１項・P973参照。編注］の交付を受ける場合には、当該支出する経費の額のうち［、］その保険金等［本項本文参照。編注］の額に対応する部分の金額とする【編者注5】。）を控除した金額

二　法第47条第１項に規定する固定資産の取得又は改良に充てた保険金等の額［代替資産の取得等に充てた保険金額。法人法47条１項・P973参照。編注］のうち、前号に掲げる金額［保険金等の額から滅失等関連経費の額を控除した金額。編注］（同号［前号。編注］の保険金等の一部を既に固定資産の取得又は改良に充てている場合には、当該取得又は改良に要した金額を控除した金額）に達するまでの金額

2　前項に規定する保険差益金の額とは、同項第１号に掲げる金額［保険金等の額から滅失等関連経費の額を控除した金額。編注］が［、］その滅失又は損壊をした同号に規定する所有固定資産［法人法47条１項に規定する所有固定資産・P973参照。編注］の被害直前の帳簿価額【編者注6】（当該所有固定資産が被合併法人等所有資産［前項１号参照。編注］である場合には、同号［前項１号。編注］に規定する被合併法人等における当該所有固定資産［被合併法人等所有資産。編注］の当該直前［被害直前。編注］の帳簿価額）のうち［、］被害部分に相当する金額（保険金等［本条１項本文参照。編注］の支払を受けるとともに同号に規定する代替資産［法人法47条１項に規定する代替資産。編注］の交付を受ける場合には、当該金額［滅失等固定資産の帳簿価額のうち被害部分に相当する金額。編注］のうちその保険金等の額に対応する部分の金額【編者注7】）を超える場合における［、］その超える部分の金額【編者注8】をいう。

【編者注1】 先行取得した代替資産についての圧縮額の損金算入

　支払を受けるべき保険金等の額が確定する前に代替資産を取得し、保険金等の額が確定した日の属する事業年度において、その代替資産につき法人法47条1項（又は5項）による保険差益の圧縮記帳の適用を受ける場合の圧縮限度額の計算は、法人令85条1項の規定によらず、法基通10-5-8（P1004参照）により計算した金額によるものとされている。

【編者注2】 滅失等により支出した経費の範囲

　固定資産の滅失等により支出した経費の範囲については、法基通10-5-5（P998参照）に取扱いがある。

【編者注3】 2以上の種類の資産が滅失等し、滅失等関連経費のうちに共通経費がある場合の取扱い

　同一の災害等により、2以上の種類の資産が滅失等し、支出した滅失等関連経費のうちに共通経費がある場合には、法基通10-5-6（2以上の種類の資産の滅失等により支出した共通経費・掲載略）に取扱いがある。

【編者注4】 滅失等関連経費の見積り

　保険金等の支払を受け、保険差益の圧縮記帳の適用を受けようとする場合において、未だ滅失等関連経費の額が確定していないような場合には、法人令85条1項1号の計算上、その滅失等関連経費の額を適正に見積もって行うものとされている（法基通10-5-7・P999参照）。

【編者注5】 1項1号カッコ書の趣旨等

① 本条1項1号カッコ書は、次のように2つに分かれる。
　i 被災等の資産が、適格組織再編成に係る被合併法人等所有資産である場合の滅失等関連経費の取扱い
　ii 法人が、保険金等とともに代替資産を取得する場合における滅失等関連経費の取扱い

② 適格組織再編成に係るもの
　適格組織再編成（法人法47条1項・P973参照）に係る合併法人等（法

人法47条1項・P973参照）が、その組織再編成に係る被合併法人等（法人法47条1項・P973参照）の所有していた資産（被合併法人等所有資産）につき、保険差益の圧縮記帳の適用を受ける場合には、被合併法人等が支出した滅失等関連経費も、保険金等から控除すべき経費に含まれる。

③　保険金等とともに代替資産の交付を受ける場合

　保険金等と代替資産の双方を取得した場合における、滅失等関連経費は、通常、次の算式により保険金等に対応する部分の金額と、交付を受けた代替資産に対応する部分の金額とに按分する。この取扱いは、適格組織再編成の場合にも同様である。

　　$A \times (B / B+C) =$ 保険金等に対応する滅失等関連経費額
　　$A \times (C / B+C) =$ 交付を受けた代替資産に対応する滅失等関連経費額
　　　A＝滅失等関連経費の額
　　　B＝支払を受けた保険金等の額
　　　C＝交付を受けた代替資産の価額（交付を受けた時におけるその資産の通常の取引価額・つまり時価）

【編者注6】**帳簿価額の意義**

①　法人令85条2項に規定する被災等固定資産の「帳簿価額」とは、税務上の帳簿価額をいう。したがって、その固定資産につき減価償却超過額等の税務否認金がある場合は、会計上の帳簿価額に、その税務否認金を調整した後の金額となる。

②　法人令85条2項が「被害直前の帳簿価額」と規定する趣旨は、減価償却資産についていえば、滅失等のあった事業年度開始の日から、その滅失等のあった日までの期間に対応する減価償却費を控除した後の未償却残高をいうものと解され、実務においてもそのように取り扱われている。

③　滅失等した固定資産についての廃材等の処分収入がある場合には、保険差益の額の計算上、その額を帳簿価額から控除すべきものとされている。

【編者注7】保険金等とともに代替資産の交付を受ける場合の保険差益額の計算

　保険金等とともに代替資産の交付を受ける場合における、保険差益額の計算は次のようになる。
① 通常の保険差益の額は、次の算式により計算される。
　　（保険金等の額－滅失等関連経費）－被災資産の帳簿価額（一部被災の場合は、被害部分の帳簿価額）＝保険差益の額
② 保険金等と代替資産の両方を取得する場合には、上式を次のように変更する必要がある（つまり、経費と帳簿価額を保険金と代替資産の各取得割合に応じ、それぞれに対応する部分の金額に按分する必要がある）。
ⅰ 保険金等に対応する保険差益の額
　　$A－(B×E)－(D×E)$
ⅱ 交付を受けた代替資産に対応する保険差益の額
　　$C－(B×F)－(D×F)$
　（注）A＝保険金等の額
　　　　B＝滅失等関連経費の額
　　　　C＝交付を受けた代替資産の価額（交付を受けた時におけるその資産の通常の取引価額・つまり時価）
　　　　D＝滅失等固定資産の被害直前の帳簿価額（一部被災の場合は、被害部分の帳簿価額）
　　　　E＝保険金等の取得割合（A／A＋C）
　　　　F＝代替資産の取得割合（C／A＋C）

【編者注8】保険差益の意義

　保険差益の計算上、滅失等固定資産の帳簿価額と滅失関連経費の額との合計額を保険金から控除するのは、これらの損失及び経費は損失等として損金に算入されていることから、圧縮記帳における圧縮対象額は、実質的に課税の対象となるべき保険金の部分に限るとしたものである。

(保険金等で取得した固定資産等についての圧縮記帳に代わる経理方法)　法人令
第86条　法第47条第１項及び第２項（保険金等で取得した固定資産等の圧縮額の損金算入［編注：P973参照］）、第48条第１項（保険差益等に係る特別勘定の金額の損金算入［編注：P1008参照］）並びに第49条第１項（特別勘定を設けた場合の保険金等で取得した固定資産等の圧縮額の損金算入［編注：P1019参照］）に規定する政令で定める方法は、これらの規定に規定する決算の確定の日【編者注１】までに剰余金の処分により積立金として積み立てる方法【編者注２】とする。（直近改・平18政125）

【編者注１】決算確定の日等について
　本条の「決算の確定の日」とは、株式会社についていえば、会社法309条（株主総会の決議）によって計算書類が株主総会において決議された日をいう。

【編者注２】剰余金の処分の意義
　本条の剰余金の処分とは、株式会社についていえば、会社法452条（株主総会の決議による剰余金の処分）をいうものと解される。

(保険金等で取得した固定資産等の取得価額)　法人令
第87条の２　内国法人がその有する固定資産について法第47条第１項、第２項、第５項又は第６項（保険金等で取得した固定資産等の圧縮額の損金算入［編注：P973参照。編注］）の規定の適用を受けた場合には、これらの規定により各事業年度の所得の金額の計算上損金の額に算入された金額は、当該固定資産の取得価額に算入しない【編者注】。（平13政135追加）
2　［省略。編注：適格合併等により被合併法人等から、保険差益の圧縮記帳の適用を受けた固定資産の移転を受けた場合の取得価額］

【編者注】本条１項の趣旨
　①　保険差益の圧縮記帳の特例を受け、圧縮額として損金の額に算

入された金額に相当する額は、経理方法（帳簿価額を直接減額する方法、帳簿価額を減額せず積立金として経理する方法）のいずれであるかを問わず、税務上、取得した代替資産の取得価額を構成しないというものである。

　したがって、減価償却の基礎となるべき金額は、損金算入圧縮額を除いた金額であり、将来の除却、譲渡等に係る資産処分の場合における譲渡原価、又は除却損の額の計算上もこれらの金額がないものとして計算することになる。

② 　圧縮記帳後の帳簿価額が1円未満となる場合（例えば、減失等資産に帳簿価額がなく、減失等関連経費の支出もないような場合）には、1円以上の備忘価額を付することとされている（法人令93）。

法人税基本通達

（保険金等の範囲）

10-5-1　法人が支払を受ける保険金、共済金又は損害賠償金（以下この節［第5節　保険金等で取得した資産等の圧縮記帳、10-5-1から10-5-8まで。編注］において「保険金等」という。）で**法第47条第1項又は第5項**《保険金等で取得した固定資産等の圧縮額の損金算入［1項－保険金等で代替資産を取得した場合・P973、5項－適格分社型分社等により保険金等で取得した代替資産を移転した場合。編注]》の規定の適用があるのは、同条第1項に規定する所有固定資産（以下この節において「所有固定資産」という【編者注1】。）の減失又は損壊（以下この節において「減失等」という【編者注2】。）に基因して受けるものに限られるのであるから、たとえ所有固定資産の減失等に関連して支払を受けるものであっても、次に掲げるような保険金等については［、］これらの規定の適用がないことに留意する。（直近改・平14課法2-1)

(1) 棚卸資産の減失等により受ける保険金等
(2) 所有固定資産の減失等に伴う休廃業等により減少し、又は生ずることとなる収益又は費用の補てんに充てるものとして支払を受ける

保険金等

【編者注１】固定資産の意義・範囲
　固定資産の意義・範囲については、法人法47条の編者注１（P975）参照。
【編者注２】滅失・損壊の意義
　固定資産の滅失・損壊の意義等については、法人令84条の編者注１（P983）参照。

（圧縮記帳をする場合の滅失損の計上時期）　法基通
10-5-2　所有固定資産［法人法47条１項・P973参照。編注］の滅失等［法基通10-5-1・P993参照。編注］があった場合において、その滅失等により支払を受ける保険金等［法基通10-5-1・P993参照。編注］の額につき［、］法第47条から第49条まで《保険金等で取得した固定資産等の圧縮額の損金算入等》の規定の適用を受けようとするときは、当該滅失等による損失の額（当該滅失等により支出した経費の額を含む。）は、保険金等の額を見積り計上する場合を除き、当該保険金等の額が確定するまでは仮勘定として損金の額に算入しないものとする【編者注１】。
　ただし、その支払を受ける保険金等が損害賠償金のみである場合には、この限りでない【編者注２】。（直近改・平14課法2-1）
　（注）適格組織再編成［法基通10-1-4参照。編注］に係る被合併法人等［法基通10-1-4参照。編注］が有する固定資産の滅失等があった場合において、その滅失等により支払を受ける保険金等の額につき、当該適格組織再編成に係る合併法人等［法基通10-1-4参照。編注］が法第47条から第49条［保険金等で取得した固定資産の圧縮額の損金算入等］までの規定の適用を受けようとするときの被合併法人等においても、同様とする【編者注３】。

【編者注１】本項本文の趣旨
　保険差益の圧縮記帳における保険差益とは、保険金等の額から減

失等固定資産の帳簿価額と滅失等関連経費の合計額を控除した残額である。

このことから、保険差益の圧縮記帳を受けようとする場合には、滅失等による損失と受入保険金等とは対応関係が求められ、滅失等による損失のみを単独で損金の額に算入することはできない。

そこで、本項本文においては、受入保険金等が専ら保険金・共済金である場合、又は保険金と損害賠償金の双方である場合（その判定は、滅失等固定資産ごとに行うことになるものと考えられる）には、滅失等による損失（固定資産の帳簿価額と滅失関連経費）は、保険金等の支払が確定するまで損金とせず、仮勘定として経理すべきことを明示したものである。

この場合において、保険金等の支払が、滅失等の日から3年以内に確定しないときには、保険差益の圧縮記帳の適用が受けられないのであるから、その時点において仮勘定の金額を損金に算入することになる。

なお、その時点において保険金等の支払が見込まれるようなときには、その保険金等の額を未収金として益金に算入するか、又は仮勘定の金額からその見込額を控除した残額を損金に算入することになる（法基通2-1-43・P958参照）。

【編者注2】本項ただし書の趣旨
① 不法行為等によって生じた事実に基づく損失の損金算入時期、及び損害賠償金の益金算入時期については、法基通2-1-43（P958参照）に取扱いがある。

これによれば、損失については、その事実の生じた事業年度の損金とし、支払を受ける損害賠償金については、現実に受入れた時の事業年度の益金に算入することが認められている。

この場合、損金に算入する損失の額は、生じた損失額（滅失固定資産の帳簿価額と滅失等関連経費）の全額であり、仮に、損失の生じた事業年度末までに支払を受ける損害賠償金が確定しているとき、又は支払を受けるべき損害賠償金の額を合理的に見積もるこ

とができるようなときであっても、支払を受けるべき損害賠償金の額を損失の額から控除することを要しないというものである。

②　本項ただし書は、上記①との関係から、支払を受ける保険金等の全部が損害賠償金である場合には、その損害賠償金に係る保険差益につき圧縮記帳の適用を受けようとする場合においても、損失と損害賠償金との対応関係を求めず、損失額を仮勘定経理することなく、法基通2-1-43によって損失の生じた事業年度の損金とすることができるというものである。

なお、翌事業年度以降において損害賠償金が支払われ、その賠償金につき保険差益の圧縮記帳を適用する場合の保険差益の額の計算については、既に損失額（滅失等した固定資産の帳簿価額と支払の確定した滅失等関連経費の額）を損金としたか否かに関係なく、法人令85条2項の規定に従って行うことになる。

【編者注3】本項(注)の趣旨

適格組織再編成に係る被合併法人等が有していた固定資産が滅失等し、その保険金等について合併法人等が圧縮記帳の適用を受けようとする場合にも、その滅失等のあった事業年度末までに保険金等の額が確定しないときには、被合併法人等においては損失額を損金とはせず、仮勘定として経理し、これを合併法人等に承継させるというものである。

（同一種類かどうかの判定）　法基通

10-5-3　法第47条第1項又は第5項《保険金等で取得した固定資産等の圧縮額の損金算入［編注：P973参照］》の規定の適用上、法人が取得等をした固定資産がその滅失等［法基通10-5-1・P993参照。編注］をした所有固定資産と同一種類の固定資産であるかどうかは、耐用年数省令別表第1に掲げる減価償却資産［機械及び装置以外の有形減価償却資産。編注］にあっては［、］同表に掲げる種類の区分［建物、建物附属設備、構築物、船舶、航空機、車両及び運搬具、工具、器具及び備品の各種類。編注］が同じであるかどうかにより【編者注1】、機械及び装置にあっては［、］減価償

却資産の耐用年数等に関する省令の一部を改正する省令（平成20年財務省令第32号）による改正前の耐用年数省令（以下10-6-7において「旧耐用年数省令」という。）別表第２に掲げる設備の種類［同表の番号１から369までに掲げる種類。編注］の区分が同じであるかどうか又は類似するものであるかどうかによる【編者注２】。（直近改・平20課法2-5）

【編者注１】種類の区分が同一であることの意義
　本項は、代替資産の範囲について、機械装置以外の減価償却資産については、資産の「種類」が同一であれば、その構造、用途、細目等が異なっていても同一種類の固定資産に該当することを明らかにしている。
　例えば、従前食料品製造業の用に供していた建物（木造平屋建）が焼失し、火災保険金の支払を受けた。これを機に業種を変更し、その保険金（焼失した建物に対応する部分の金額に限る）をもって、新たに家具製造業の用に供する建物（鉄骨造２階建）を取得したような場合、資産の「種類」が「建物」として同一種類であるから業種が異なっていても代替資産に該当することになる。

【編者注２】設備の種類が同一であることの意義
　本項は、代替資産の範囲について、機械装置については、設備の「種類」（旧耐用年数省令別表第２・機械及び装置の耐用年数表の種類）が同じであるか又はその種類に類似するものであれば足りることを明示している。
　したがって、取得する機械装置に含まれる個々の機械の構成内容についても、滅失等した機械装置の個々の機械の構成内容と全く同一であることを要しない。

（代替資産の範囲）　法基通
10-5-4　法第47条第１項《保険金等で取得した固定資産等の圧縮額の損金算入［編注：P973参照］》に規定する代替資産は、所有固定資産［法人法47条１項・P973参照。編注］が滅失等［法基通10-5-1・P993参照。編注］をしたことに

よりこれに代替するものとして取得等をされる固定資産に限られるのであるから、例えば滅失等のあった時において現に自己が建設、製作、製造又は改造中であった資産は代替資産に該当しないことに留意する【編者注】。(直近改・平14課法2-1)

【編者注】既に建築に着手していた建物につき、固定資産滅失等の後に建築計画を変更した場合
① 代替資産とは、固定資産の滅失等の後に、その滅失等をした固定資産に代わるべきものとして取得したものに限られるのであるから、滅失等があった時に現に建設中の資産は、たとえ、その完成が滅失等後であり、その建設費に保険金等を充てたとしても、その資産は代替資産に該当しないということを本項は明示している。
② ところで、例えば、工場建物の火災により保険金の支払を受けた。たまたま火災発生の時点において新工場建物を建築中であったが、火災後に新工場建物の建築計画を変更し、建物を拡張して建築したような場合、その新工場建物は代替資産に該当するかという問題がある。
　資本的支出についても代替資産とされていることとの関連からみて、上記建物の拡張部分に相当する金額は、代替資産になり得るものと考えられている（成松前掲書・P159参照）。

（滅失等により支出した経費の範囲）　法基通
10-5-5　令第85条第1項第1号《保険等の額［編注：P987参照]》に規定する「所有固定資産の滅失又は損壊により支出する経費」には、その滅失等［法基通10-5-1・P993参照。編注］があった所有固定資産［法人法47条1項・P973参照。編注］の取壊費、焼跡の整理費、消防費等のように当該所有固定資産の滅失等に直接関連して支出される経費が含まれるが、類焼者に対する賠償金、けが人への見舞金、被災者への弔慰金等のように当該所有固定資産の滅失等に直接関連しない経費はこれに含まれない

ものとする【編者注】。(直近改・平14課法2-1)

【編者注】本項の趣旨
　本項は、滅失等関連経費の範囲を例示するものである。したがって、例示以外の費用については、本項に準じて判定することになる。
　本項により滅失等関連経費に含まれないとされる費用については、保険差益の圧縮記帳の適用の有無とは切り離し、通常の費用の例によって損金に算入されるのは当然である。

（所有固定資産の滅失等により支出した経費の見積り）　法基通
10-5-7　法人が所有固定資産［法人法47条１項・P973参照。編注］の滅失等［法基通10-5-1・P993参照。編注］により保険金等［法基通10-5-1・P993参照。編注］の支払を受けた場合において、まだ焼跡の整理に着手していない等のため当該所有固定資産の滅失等により支出すべき経費の額が確定していないときは、その経費の額を見積もって令第85条第１項第１号《保険金等の額［保険差益の基となるべき保険金額・P987参照。編注］》の金額を計算し、当該所有固定資産の滅失等により支出すべき経費の額が確定した場合に、その額が確定した日の属する事業年度（その事業年度が連結事業年度に該当する場合には、当該連結事業年度）においてその確定した経費の額により調整する【編者注１、２】。(直近改・平15課法2-7)
（注）本文の取扱いにより所有固定資産の滅失等により支出すべき経費の額を見積って圧縮記帳の規定の適用をした固定資産を適格組織再編成［法基通10-1-4参照。編注］により移転した場合には、当該固定資産の移転を受けた合併法人等［法基通10-1-4参照。編注］においてその経費の額が確定したときに、その額が確定した日の属する事業年度（その事業年度が連結事業年度に該当する場合には、当該連結事業年度）でその確定した経費の額により調整する【編者注３】。

【編者注１】本項の趣旨
　①　本項は、保険金の支払を受けた事業年度において滅失等関連経

費の額が確定していない場合における、圧縮記帳に係る保険差益の計算の基となるべき保険金額についての取扱いを明示している。

　保険金を受け入れた事業年度末までに滅失関連経費の額が確定していないときであっても、その経費の額を適正に見積もって、見積経費額を受入保険金額から控除し、控除した残額を基にして保険差益を計算すべきものとしている。

② ところで、本項により保険金等から控除した見積経費額を、保険金の支払を受けた事業年度の所得金額の計算上どのように扱うのかという問題がある。

　問題の本質は、この経費は保険差益の圧縮限度額の対象外となることから、見積経費額に相当する金額が保険金の支払を受けた事業年度の益金に算入され、その年度の課税所得になってしまうということである（保険金受入年度においてこの経費が確定している場合には、当然に損金に算入されるから、上記益金とされている保険金額と通算され、課税上不都合は生じない）。

　このことについては、本項の取扱い上詳らかでない。この点に関し、加藤前掲書・P139では「この場合［保険差益の計算に際し、滅失等関連経費を見積もる場合。編注］でも、支出する経費の額については、あくまでも圧縮限度額の計算に含めるだけで、当期［保険金の支払を受けた事業年度。編注］の費用として計上することはできません」との見解が示されている。

③ しかしながら、次に掲げるようなことからこの見解には疑問なしとしない。

i　滅失等関連経費については受取保険金との同一事業年度における対応関係が求められていること。

ii　保険差益の圧縮限度額の計算の基礎となるべき保険差益の計算において滅失等関連経費額を保険金から控除する趣旨は、次のように解することができる。

　これらの経費は圧縮記帳の適用の有無にかかわらず損金に算入

される。仮に、保険差益の計算上これらの経費を保険金から控除しないと、圧縮限度額中にこれらの経費に相当する金額が含まれることとなり、重複して損金に算入される結果となるので、それを排除する目的からでたものである。

　このことは、保険金を取得した事業年度においてこれらの経費の額が確定していない場合においても、異なるところがない。

ⅲ　ところで、たまたま保険金を取得した事業年度末までにこれらの経費の額が確定していないような場合（保険事故が期末近くに発生したような場合には、事故の処理作業等との関係でしばしば生ずることであり、特に異常、特別なこととは言い難い）、これらの経費の額を保険差益の計算上のみ控除し、これをその期の損金に算入しないとすると、次の例にみるような不都合が生ずる。

　つまり、保険差益に相当する金額は圧縮額として損金に算入されながら、その支出が確実であると認められる滅失等関連経費の損金算入が拒否される結果、これらの経費の額に相当する金額が当期の所得金額を構成し、課税の対象となる。このような不合理は法人法47条の圧縮記帳が予定していないものというべきものと解される。

④　このようなことから、この見積経費については、措置法通達65の7(3)-8（譲渡経費の支出が遅れる場合の圧縮記帳等の計算の調整）の(1)の(注)の取扱いに準じ（P1006参照）、保険差益の計算上控除した滅失等関連経費の見積額は、保険金の支払を受けた事業年度の損金に算入するが相当であると思料される。

　これを設例で見ると次のようになる。

◇保険金額：10,000万円（単位・以下同じ。）
◇見積経費額：400
◇滅失資産の帳簿価額：2,000
◇代替資産の取得価額：9,600
　〔保険差益の額〕10,000 − 400 − 2,000 ＝ 7,600
　〔圧縮限度額〕7,600 ×（9,600 ／ 9,600）＝ 7,600

〔損益の状況〕
- 収入：保険金　　　　　10,000
- 損失：帳簿価額　　　　 2,000
　　　　圧縮損　　　　　 7,600
　　　　未払滅失等経費　　 400
- 差引当期利益（課税対象額）　0

※　仮に、未払滅失等経費400を損金にしないと課税対象額は400となる。

【編者注2】調整の方法等

1　設例により、本項にいう調整を示すと次のようになる。

《設　例》

◇保険金等の額：6,000万円（単位・以下同じ。）
◇滅失固定資産の帳簿価額：2,000
◇経費の見積額：1,000
◇代替資産の取得価額：10,000
◇償却率：0.10

ⅰ　圧縮限度額

（6,000−1,000）−2,000＝3,000（保険差益の額）
3,000×（5,000／5,000）＝3,000（圧縮限度額）

ⅱ　圧縮後の帳簿価額

10,000−3,000＝7,000

ⅲ　減価償却費

7,000×0.10＝700

ⅳ　翌事業年度に経費の額が1,600と確定したとする。その改定圧縮限度額

（6,000−1,600）−2,000＝2,400（保険差益の額）
2,400−（4,400／4,400）＝2,400（圧縮限度額）
10,000−2,400＝7,600（圧縮後の帳簿価額）

これにより、本項の調整額として次の仕訳を行う。

（借方）固定資産　600　（貸方）経費　600※

※　経費は、その確定時に次のような仕訳がされている。

（借方）未払金　1,000　（貸方）現金預金　1,600
　　　　　経費　　　 600

2　調整後の減価償却費は7,600×0.10＝760となり、前期において計上した償却費は700であるから、60の償却不足となる。

　減価償却費の損金算入については、損金経理が求められているところ、この不足額60は前期において損金経理がなされていないことから、更正の請求の対象となりえず、また、普通償却限度額については、その繰越を認められていないので、この不足額は経費確定の事業年度以後の各事業年度における償却期間を通じて損金の額に算入されることになる。

3　本例とは逆に、見積経費額が過大であったような場合には、一般的には、圧縮限度額が過少（つまり、圧縮後の固定資産の帳簿価額が過大）となっていることから、その過大額に対応する部分の前期減価償却費も過大となっている。

　本項のものいいからすると、この場合の前期償却超過額についても修正申告を要せず、上記2と同様に、経費確定の事業年度以後の各事業年度の償却費を通じて調整されることになるものと考えられる。

　上記の設例で、見積経費額1,600、確定経費額1,000とすると、その修正仕訳は、以下のようになる。

　　（借方）　未払金　1,600　（貸方）　現金預金　1,000
　　　　　　　　　　　　　　　　　　　固定資産　　 600※

※　固定資産の金額は、見積経費と確定経費との差額である。

【編者注3】本項(注)の趣旨

　適格組織再編成により、被合併法人等において滅失等関連経費を見積計上して保険差益の圧縮記帳の対象としていた代替資産を合併法人等に移転した場合には、合併法人等において、経費の確定があった時に本項本文による調整を行う。

　これは、適格組織再編成においては、被合併法人等の従前の課税関係を合併法人等に継続させるという考え方による。

（先行取得した代替資産等についての圧縮額の損金算入）　法基通
10-5-8　法人が保険金等［法基通10-5-1・P993参照。編注］の額が確定する前［滅失等のあった日以後保険金等の額が確定する日前までの期間。編注］にその滅失等［法基通10-5-1・P993参照。編注］をした所有固定資産［法人法47条1項・P973参照。編注］に係る代替資産の取得等をした場合において、当該代替資産につき保険金等の額が確定した日の属する事業年度において法第47条第1項又は第5項《保険金等で取得した固定資産等の圧縮額の損金算入［編注：P973参照］》の規定を適用するときは、その圧縮限度額は、令第85条第1項《保険金等で取得した代替資産等の圧縮限度額［編注：P987参照］》の規定にかかわらず、次の算式により計算した金額とする【編者注】。（直近改・14課法2-1）

（算式）［編注：算式の表示は便宜的に変えている。］

A×（B／C）

A＝同項［法人令85条1項。編注］の規定により計算した圧縮限度額

B＝圧縮額の損金算入をしようとする時における固定資産の帳簿価額（改良した固定資産については、その改良に係る部分の帳簿価額）

C＝取得等をした固定資産のその取得等に要した金額

【編者注】本項の趣旨等

　　固定資産の滅失等のあった日以後保険金等の額が確定した日の属する事業年度前の事業年度において取得した固定資産を、その確定した日の属する事業年度において代替資産として保険差益の圧縮記帳の適用を受ける場合には、圧縮限度額の計算上その資産についてした既往の減価償却費に相当する金額を調整しようとするものである。

《設　例》

◇保険金額：5,000万円（単位・以下同じ。）

◇滅失等関連経費：100

◇滅失固定資産の帳簿価額：900

◇代替資産の取得価額：7,000

◇上記資産の圧縮記帳時の帳簿価額：6,650
◇既往の減価償却費：350

i 保険差益の額
  （5,000 − 100）− 900 = 4,000

ii 本来の圧縮限度額
  4,000 ×（4,900／4,900）= 4,000

iii 改定圧縮限度額
  4,000 ×（6,650／7,000）= 3,800

※ つまり、本来の圧縮限度額4,000と改定圧縮限度額3,800との差額200に相当する金額は、既往の減価償却額350のうちに包含され既に損金の額に算入されていると観念し、この金額に相当する部分を圧縮限度額で調整するというものである。

■参考：租税特別措置法関係通達64(3)-8、64(3)-10、65の7(3)-8

（取壊し等が遅れる場合の圧縮記帳の計算の調整）
64(3)-8 法人が収用等をされた資産の全部又は一部を当該収用等があった日を含む事業年度後の事業年度（その事業年度が連結事業年度に該当する場合には、当該連結事業年度。以下64(3)-8において「事業年度等」という。）において取壊し等をすることとしている場合における措置法第64条若しくは第65条の規定による圧縮記帳又は措置法第65条の2の規定による5,000万円損金算入の特例の適用については、当該収用等があった日を含む事業年度終了の日における現況により、資産の譲渡に要する経費の額で対価補償金の額から控除すべき金額及び発生資材に付ける帳簿価額等の適正な見積額を基礎として計算する。この場合においてその確定額が見積額と異なることとなったときは、その確定した日を含む事業年度等において、次により調整する。（直近改・平15課法2-7）

(1) ［以下省略］

（取壊し等が遅れる場合の特別勘定の計算）　措通
64(3)-10 法人が収用等をされた資産の全部又は一部を当該収用等があった

日を含む事業年度後の事業年度(その事業年度が連結事業年度に該当する場合には、当該連結事業年度)において取壊し等をすることとしている場合における措置法第64条の2の規定による特別勘定に経理することができる金額は、64(3)-8の前段に準じて計算する。ただし、法人がこの計算に代えて取壊し等をしていない資産に係る対価補償金で代替資産の取得に充てようとするものについて、その全額を特別勘定として計算したときは、これを認める。(直近改・平15課法2-7)

(譲渡経費の支出が遅れる場合の圧縮記帳等の計算の調整)　措通
65の7(3)-8　法人が、譲渡資産の譲渡に要する経費を支出することとなる場合における措置法第65条の7から第65条の9までの規定による圧縮記帳又は特別勘定の計算については、次に掲げる場合に応じ、それぞれ次の取扱いに準ずるものとする。(直近改・平15課法2-7)
(1) 当該譲渡があった日を含む事業年度において、翌事業年度(その事業年度が連結事業年度に該当する場合には、当該連結事業年度)以後に当該譲渡に要する経費の全部又は一部を支出することが予定されている場合　64(3)-8及び64(3)-10の取扱い
　(注) これらの取扱いに準じて譲渡資産の譲渡に要する経費の額の見積りをする場合におけるその見積額については、当該譲渡があった日を含む事業年度において未払金に計上することができる【編者注】。
(2) 当該譲渡資産の譲渡に伴い当該特別勘定を設けた事業年度(その事業年度が連結事業年度に該当する場合には、措置法第68条の79の規定により特別勘定を設けた当該連結事業年度)後の事業年度において当該譲渡に要する経費を支出した場合　64(3)-11の取扱い

【編者注】本項(1)(注)の趣旨について
　本稿(1)(注)の「未払金に計上することができる」については、その未払計上経費を未払に計上した事業年度の損金に算入することができるとして、次のような解説がある(前掲「法人税関係　措置法通達逐条解説」p1030参照)。

「ところで、このように譲渡経費の額の見積計算をした場合には、その経費の見積額について未払金に計上することもできるのかどうかという疑問が生じる。この点については、その譲渡経費について期末までに債務確定がない限りは、たとえ圧縮記帳の計算上は見積計算を要するとしても、未払金計上自体は認められないのではないかという意見がありうるのであるが、圧縮記帳の計算上経費の見積計算を要求してそれだけ圧縮限度額を切り下げておきながら、未払金計上を認めないというのでは、事実上課税が先行することになり、はなはだ首尾一貫しない結果になる。

そこで、このように譲渡経費の見積計算をした上で、圧縮限度額等の計算をする場合には、その譲渡があった日を含む事業年度において、その経費の見積額につき未払金に計上することができることとされている」。

第8節 保険差益につき特別勘定を設けた場合の損金算入に関連する各条項

法 人 税 法

（保険差益等に係る特別勘定の金額の損金算入）
［編注：保険差益等に係る特別勘定の金額の損金算入］
第48条　保険金等［法人法47条1項・P973参照。編注］の支払を受ける内国法人（清算中のものを除く。以下この条において同じ。）が、その支払を受ける事業年度【編者注1】（被合併法人の合併（適格合併［法人法2条12号の8参照。編注］を除く。次項及び第3項において「非適格合併」という。）の日の前日の属する事業年度を除く【編者注2】。）終了の日の翌日から2年を経過した日の前日［支払を受ける事業年度終了の日の翌日起算、2年目の起算日に応当する日の前日。編注］（災害その他やむを得ない事由により同日［保険金等の支払を受ける事業年度終了の日の翌日から2年を経過した日の前日。編注］までに前条第1項に規定する代替資産の同項に規定する取得［取得のうち、法人法47条1項に規定する所有権移転外リース取引に係る取得を除く意。編注］をすることが困難である場合【編者注3】には、政令［法人令88条1項・P1013参照。編注］で定めるところにより納税地の所轄税務署長が指定した日（第6項及び第8項において「指定日」という。）とする。）までの期間内［1年を事業年度とする法人についていえば、保険金の支払を受ける事業年度の翌期又は翌々期の期中。編注］に［、］その保険金等をもって同条［法人法47条。編注］第1項に規定する取得又は改良をしようとする場合（当該内国法人［保険金等の支払を受ける法人。編注］が被合併法人となる適格合併［法人法2条12号の8参照。編注］を行い、かつ、当該適格合併に係る合併法人が当該取得又は改良をしようとする場合［、］その他の政令［法人令88条の2。編注］で定める場合を含む。）において、当該取得又は改良に充てようとする保険金等に係る差益金の額として政令［法人令89条・P1014参照。編注］で定めるところにより計算した金額以

下の金額を当該事業年度［保険金等を益金の額に算入すべき事業年度。編注］の確定した決算【編者注4】において特別勘定を設ける方法（政令［法人令86条・P992参照。編注］で定める方法を含む。）により経理【編者注5】したときは、その経理した金額に相当する金額は、当該事業年度の所得の金額の計算上、損金の額に算入する【編者注6】。（直近改・平19法6）

［編注：特別勘定を取り崩すべき場合］

2　前項の特別勘定を設けている内国法人は、前条第1項に規定する代替資産の同項に規定する取得［取得のうち、法人法47条1項（P973参照）に規定する所有権移転外リース取引に係る取得を除く意。編注］をした場合【編者注7】、当該内国法人が非適格合併［前項参照。編注］により解散した場合その他の政令［法人令90条・P1015参照。編注］で定める場合には、その保険金等に係る特別勘定の金額のうち政令［法人令90条・P1015参照。編注］で定めるところにより計算した金額を取り崩さなければならない。（直近改・平19法6）

［編注：取り崩すべき特別勘定の金額等の益金算入］

3　前項の規定により取り崩すべきこととなった第1項の特別勘定の金額［、］又は前項の規定に該当しないで取り崩した［いわゆる任意取崩し。編注］当該特別勘定の金額（第8項の規定により合併法人［法人法2条12号参照。編注］、分割承継法人［法人法2条12号の3参照。編注］又は被現物出資法人［法人法2条12号の5参照。編注］（第8項及び第10項において「合併法人等」という。）に引き継ぐこととされたものを除く。）は、それぞれその取り崩すべきこととなった日（前項に規定する内国法人［特別勘定の金額を取り崩す必要が生じた法人。編注］が非適格合併［本条1項参照。編注］により解散した場合には、当該非適格合併の日の前日）又は取り崩した日の属する事業年度の所得の金額の計算上、益金の額に算入する。（直近改・平22法6）

［編注：適用の手続要件］

4　第1項の規定は、確定申告書に同項に規定する経理した金額に相当する金額の損金算入に関する明細［具体的には、法人税申告書別表13

(2)「保険金等で取得した固定資産等の圧縮額等の損金算入に関する明細書」。編注]の記載がある場合に限り、適用する。
[編注：税務署長による宥恕規定]
5　税務署長は、前項の記載がない確定申告書の提出があった場合においても、その記載がなかったことについてやむを得ない事情があると認めるときは、第1項の規定を適用することができる。
6　[省略。編注：適格分社型分割等に係る分割承継法人等が代替資産を取得する見込みである場合の特別勘定の設定]
7　[省略。編注：6項適用の手続要件]
8　[省略。編注：適格組織再編成による合併法人等への特別勘定の引き継ぎ]
9　[省略。編注：8項適用の手続要件]
10　[省略。編注：合併法人等が引継いだ特別勘定]
11　[省略。編注：合併等が行われた場合における前項の適用事項等]

【編者注1】保険金等の支払を受ける事業年度の意義
　　法人法48条1項に規定する「その支払を受ける事業年度」とは、一般的には、現実に保険金等の支払を受けた事業年度をいうのであるが、支払を受けることが確定した事業年度と現実にその支払を受ける事業年度とが異なる場合には、どの事業年度において特別勘定を設定するのか、という問題がある。
　　例えば、盗難保険の保険金のように盗難の発生と同時に支払を受けるべき保険金額が確定するような場合には、その保険金の益金算入の時期は、その盗難発生の日の属する事業年度であるとされている（P966に掲げる裁決例参照）。
　　そうすると、法人法48条1項に規定する「その支払を受ける事業年度」とは、保険金等を益金の額に算入すべき事業年度ということになるものと解される。
【編者注2】特別勘定を設定することができない事業年度
　　法人法48条1項による特別勘定を設定することができない事業年度は、次のようになる。

① 清算中の各事業年度
② 非適格合併に係る被合併法人の、合併の日の前日の属する事業年度（被合併法人の最終事業年度）

【編者注3】災害その他やむを得ない事由の意義等
1 法人法48条1項に規定する「災害その他やむを得ない事由」については、実務上、次のように考えられている。
　原則として、具体的な事案に即して個々に判断するが、次のような場合には、通常、これに当たるとされている（成松前掲書・P173参照）。
① 風水害、地震、火災等法人が予知することのできない事情が発生し、代替資産の建築等がその期間内に完成しないとき。
② 被災地が土地区画整理法に規定する土地区画整理事業の施行区域内にあって、その施行地区の仮換地が遅れ、また、指定された仮換地に他人の建物がある等のため、その期間内に代替資産の建築ができないなど、法人の責めに帰することのできない事情により、代替資産の取得又は改良が困難であるようなとき。
2 同48条1項カッコ書に規定する代替資産の取得期間の延長に関する「取得」とは、字義どおり代替資産の取得のみをいい、代替資産となるべき資産の改良は含まれないものと解される。
　したがって、代替資産となるべき資産の改良については、原則どおり、保険金等の支払を受けるべき事業年度終了の日の翌日から2年以内に行わなければならないものと考えられる。
（注）47条1項では、「取得をし、又は‥‥改良をした」となっており、48条1項カッコ書では「同項〔47条1項〕に規定する取得」となっている。

【編者注4】確定した決算の意義
　法人法48条1項に規定する「確定した決算」の意義等については、法人法47条の編者注7（P979）参照。

【編者注5】特別勘定の経理の方法
① 法人法48条1項に規定する特別勘定を設ける方法は、確定した決算において特別勘定を計上すれば足り、必ずしも損金経理を要

しないものと解される。
　したがって、次の仕訳のいずれでもよい。
　ⅰ　（借方）特別勘定繰入損　（貸方）特別勘定
　ⅱ　（借方）雑収入等　　　　（貸方）特別勘定
② 剰余金の処分により特別勘定に相当する金額を積立金として積み立てる方法による場合は、法人令86条（P992）参照。
③ 保険差益の特別勘定の設定については、その性質から見て、上記①及び②の外、保険差益に係る特別勘定の繰入限度額に相当する金額を仮受金等として経理する方法も認められている（法基通10-1-1・P1018参照）。

【編者注6】用語の意義等
　法人法48条は、同47条の規定が前提となっている。
① したがって、例えば、同48条1項に規定する保険金等、清算中、支払を受ける事業年度、代替資産、取得、改良、確定した決算等の意義等については、同47条1項（P973参照）に規定するところと同意義である。
② 特別勘定を設定する場合における資産損失の計上時期については、同47条の編者注10（P981参照）の場合と同様である。
③ 特別勘定の設定と、特定資産買換の圧縮記帳との併用についても、同47条の編者注12（P981参照）の場合と同様である。

【編者注7】代替資産を取得又は改良した場合の意義
　法人法48条2項（P1009参照）に規定する取得をした場合及び法人令90条（P1015参照）に規定する取得又は改良をした場合とは、その取得・改良した代替資産につき保険差益の圧縮記帳の適用を受けたか否かに係らず、代替資産を取得又は改良した事実をいうものと解されている（成松前掲書・P176参照）。
　つまり、特別勘定を設けている場合、その取得等をすべき期間内に2以上の代替資産を取得等するような場合においても、法人に特別勘定取崩しの選択権はなく、その取得等の都度、それに対応する特別勘定の金額を取崩し、益金に算入すべきこととなっている（法

人令90・P1015、同91・P1020参照)。

　このこととの関係から、特別勘定に係る保険金で取得等した代替資産の圧縮記帳の対象資産についても、法人の選択権は制限され、その取得等の都度その資産を代替資産として圧縮記帳対象資産とせざるを得ないものと解される。

　もっとも、2以上の取得等が、取得等をすべき期間内に属する同一の事業年度中に行われるような場合には、取得等の時間的な前後関係を殊更に言い立てる実益はないから、その限りにおいて法人の選択は許されるものと解される。

　これに反し、事業年度が異なる場合や、同一の事業年度中であっても取得等をすべき期間がその事業年度の中途で終了するような場合には、原則どおり、それぞれその取得等の都度に取り崩すことになるものと思われる。

法人税法施行令

(代替資産の取得に係る期限の延長の手続)
第88条　法第48条第1項（保険差益等に係る特別勘定の金額の損金算入［代替資産の取得期限の延長・P1008参照。編注］）**の指定を受けようとする内国法人は、同項に規定する事業年度**［保険金等の支払を受けるべき事業年度。編注］**終了の日の翌日から2年を経過した日の2月前まで**［保険金等の支払を受けるべき事業年度終了の日の翌日から起算し、22か月目の起算日に応当する日の前日までの間。編注］**に、同項**［法人法48条1項。編注］**に規定する代替資産の同項に規定する取得**［取得のうち、法人法47条1項に規定する所有権移転外リース取引に係る取得を除く意。編注］**をすることが困難である理由、その指定を受けようとする期日その他財務省令**［法人規24条の9・P1017参照。編注］**で定める事項を記載した申請書を納税地の所轄税務署長に提出しなければならない。**（直近改・平19政83）

**2　税務署長は、前項の申請書の提出があった場合において、その申

請に係る理由が相当でないと認めるときは、その申請を却下することができる。
3　税務署長は、第1項の申請書の提出があった場合において、法第48条第1項［編注：P1008参照］の指定又は前項の却下の処分をするときは、その申請をした内国法人に対し、書面によりその旨を通知する。
4　第1項の申請書の提出があった場合において、法第48条第1項に規定する事業年度の終了の日の翌日から2年を経過した日の前日まで［保険金等の支払を受けるべき事業年度終了の日の翌日から起算し、2年目の起算日に応当する日の前日までの間。編注］に同項［本条1項。編注］の指定又は第2項の却下の処分がなかったときは、その申請に係る指定を受けようとする期日［申請どおりの期日。編注］により同条［法人法48条。編注］第1項の指定がされたものとみなす。

（保険差益等に係る特別勘定への繰入限度額）　法人令
第89条　第85条（保険金等で取得した代替資産等の圧縮限度額［編注：P987参照］）の規定は、法第48条第1項（保険差益等に係る特別勘定の金額の損金算入［編注：P1008参照］）に規定する政令で定めるところにより計算した金額［特別勘定への繰入限度額。編注］の計算について準用する。
　この場合において、第85条第1項第2号中「取得又は改良に充てた保険金等」とあるのは、「取得又は改良に充てようとする保険金等」と読み替えるものとする【編者注】。

【編者注】特別勘定繰入限度額の計算
　本条により、特別勘定への繰入限度額を設例により示すと次のようになる。
　《設　例》
　　◇保険金：1,100万円（単位・以下同じ）
　　◇滅失等関連経費：100
　　◇被災資産の帳簿価額：500

◇当期中に保険金で取得した代替資産の取得価額：300（☆）
◇翌期以降に取得しようとする代替資産の予定価額：1,200

① 保険差益の額
1,100 − 100 − 500 ＝ 500

② 特別勘定繰入限度額の最高額（設例の☆がない場合の限度額）
500（①）×（1,100 − 100 ／ 1,100 − 100）＝ 500

　※　翌期以降に取得しようとする代替資産の予定価額は1,200であるが、分子の金額は、分母の金額を限度とする（法人令89条後段）。

③ 設例の特別勘定繰入限度額
500（①）×（700※／ 1,100 − 100）＝ 350

　※　1,100 − 100 − 300 ＝ 700

(注) 1　代替資産の取得に充てられる最高額は、保険金額1,100万円から滅失等関連経費の100万円を控除した1,000万円であり、当期においてそのうち300万円は既に代替資産の取得に充てられているのであるから、翌期以後その取得に充てられるべき金額は700万円となる。

　2　当期において取得した代替資産につき、圧縮記帳の適用を受けたか否かにかかわらず、保険金を代替資産の取得に充てている以上、上記のように計算することになる（通常は、当期取得の300万円について圧縮記帳を適用するものと思われ、その場合の圧縮限度額は150万円である）。

　3　仮に、当期中取得の固定資産300万円の資金が保険金以外の資金をもって賄われていることが明らかであり、その資産を代替資産として当期の圧縮記帳の対象にしていないような場合には、特別勘定繰入限度額は上記②と同様に計算することになるものと考えられる。

（保険差益等に係る特別勘定の金額の取崩し）　法人令
第90条　法第48条第2項（保険差益等に係る特別勘定の金額の損金算入［特別勘定の金額を取り崩すべき場合・P1009参照。編注］）に規定する政令で定める場合は、次の各号に掲げる場合とし、同項に規定する政令で定めるところにより計算した金額［取り崩すべき金額。編注］は、それぞれ当該各号に定める金額とする。（直近改・平13政135）

一　法第48条第１項［編注：P1008参照］に規定する取得又は改良に充てようとする保険金等の全部又は一部をもって当該取得又は改良をした場合【編者注】

　当該取得又は改良に係る固定資産につき第91条（特別勘定を設けた場合の保険金等で取得した固定資産等の圧縮限度額［編注：P1020参照］）の規定により計算した金額

二　法第49条第１項（特別勘定を設けた場合の保険金等で取得した固定資産等の圧縮額の損金算入［編注：P1019参照］）に規定する取得指定期間［延長又は適格組織再編成による場合を含み、代替資産を取得すべきものとされる期間。編注］（以下この条において「取得指定期間」という。）を経過した日の前日［取得指定期間満了の日。編注］において法第48条第２項［編注：P1009参照］に規定する特別勘定の金額（既に取り崩すべきこととなったものを除く。以下この条において同じ。）を有している場合［取得指定期間満了の日において未使用の特別勘定残額がある場合。編注］

　当該特別勘定の金額［取得指定期間満了の日における未使用の特別勘定残高。編注］

三　取得指定期間内［前号参照。編注］に解散（合併による解散を除く。）をした場合において、特別勘定の金額を有しているとき。

　当該特別勘定の金額［解散の日における未使用の特別勘定残高。編注］

四　取得指定期間内［前号参照。編注］において合併（適格合併を除く。）により解散した場合において、特別勘定の金額を有しているとき。

　当該特別勘定の金額［合併による解散の日における未使用の特別勘定残高。編注］

【編者注】取得又は改良をした場合の意義

　本条１号の取得又は改良をした場合の意義については、法人法48条の編者注７（P1012）参照。

法人税法施行規則

(保険差益等に係る特別勘定の設定期間延長申請書の記載事項)
第24条の9 令第88条第1項（代替資産の取得に係る期限の延長の手続［編注：P1013参照］）に規定する財務省令で定める事項は、次に掲げる事項とする。（直近改・平19財務令13）

一　申請をする内国法人の名称及び納税地並びに代表者の氏名
二　法第47条第1項（保険金等で取得した固定資産等の圧縮額の損金算入［編注：P973参照］）に規定する保険金等の支払を受けた日（前号の内国法人［期限の延長を申請する法人。編注］が有する法第49条第1項（特別勘定を設けた場合の保険金等で取得した固定資産等の圧縮額の損金算入［特別勘定に係る保険金等で取得した固定資産の圧縮記帳・P1019参照。編注］）の特別勘定の金額が［、］法第48条第8項（保険差益等に係る特別勘定の金額の損金算入［適格組織再編成による合併法人等への特別勘定の引き継ぎ。編注］）の規定により法第47条第1項に規定する被合併法人等（以下この号において「被合併法人等」という。）から引継ぎを受けたものである場合（以下この号において「引継ぎを受けた場合」という。）には、当該被合併法人等が当該特別勘定に係る当該保険金等の支払を受けた日）［、］及びその支払を受けた事業年度（引継ぎを受けた場合には、当該被合併法人等の当該保険金等の支払を受けた事業年度）終了の日の翌日から2年を経過した日の前日［保険金等の支払を受けた事業年度終了の日の翌日から起算し、2年目の応当日の前日に相当する日。編注］
三　前号の保険金等の支払を受ける基因となった滅失又は損壊をした法第47条第1項［編注：P973参照］に規定する所有固定資産の種類、構造及び規模
四　その申請の日における法第48条第1項［編注：P1008参照］又は第49条第1項［編注：P1019参照］に規定する特別勘定の金額
五　取得（令第88条第1項［編注：P1013参照］に規定する取得［取得のうち、法人法47条1項に規定する所有権移転外リース取引に係る取得を除く意。編注］をいう。次号において同じ。）をする見込みである法第47

条第1項［編注：P973参照］に規定する代替資産の種類、構造及び規模並びにその見込取得価額

法人税基本通達

（特別勘定の経理）

10-1-1 法第43条及び第48条《国庫補助金等に係る特別勘定の金額の損金算入等［48条「保険差益等に係る特別勘定の金額の損金算入」P1008参照。編注］》に規定する特別勘定の経理は、積立金として積み立てる方法のほか、仮受金等として経理する方法によることもできるものとする。(直近改・平19課法2-3)

第4編　第1章　受け取る保険金・給付金等に関連する法人税の法令・通達等

| 第9節 | 特別勘定を設けた場合の保険金等で取得した固定資産の圧縮記帳に関連する各条項 |

法 人 税 法

(特別勘定を設けた場合の保険金等で取得した固定資産等の圧縮額の損金算入)

[編注：特別勘定を設けた場合の保険金等で取得した固定資産の圧縮額の損金算入]

第49条　前条第1項［編注：P1008参照］の特別勘定の金額（既に取り崩すべきこととなったもの［法人令90条・P1015参照。編注］を除く。）を有する内国法人が、同項［前条1項。編注］に規定する期間（当該特別勘定の金額が同条第8項の規定により被合併法人から引継ぎを受けたものである場合その他の政令［法人令90条の2。編注］で定める場合には、政令［法人令90条の2。編注］で定める期間。第4項において「取得指定期間」という。）内に[、]同条［前条。編注］第1項に規定する取得又は改良をした場合において、その取得又は改良に係る固定資産につき、その取得又は改良をした日における当該特別勘定の金額のうち[、]その取得又は改良に充てた保険金等に係るものとして政令［法人令91条・P1020参照。編注］で定めるところにより計算した金額（以下この項及び第4項において「圧縮限度額」という。）の範囲内でその帳簿価額を損金経理により減額し、又はその圧縮限度額以下の金額を当該事業年度［取得等をした事業年度。編注］の確定した決算において積立金として積み立てる方法（政令［法人令86条・P992参照編注］で定める方法を含む。）により経理したときは、その減額し又は経理した金額に相当する金額は、当該事業年度の所得の金額の計算上、損金の額に算入する。（直近改・平13法18）

[編注：適用の手続要件]

2　第1項の規定は、確定申告書に同項に規定する減額し又は経理し

1019

た金額に相当する金額の損金算入に関する明細［具体的には、法人税申告書別表13(2)「保険金等で取得した固定資産等の圧縮額等の損金算入に関する明細書」。編注］の記載がある場合に限り、適用する。

［編注：税務署長による宥恕規定］
3　税務署長は、前項の記載がない確定申告書の提出があった場合においても、その記載がなかったことについてやむを得ない事情があると認めるときは、第1項の規定を適用することができる。
4　［省略。編注：適格分社型分割等を行った法人が分割等の直前において、特別勘定に係る保険金等で取得等した固定資産の圧縮額の損金算入］
5　［省略。編注：4項適用の手続要件］
6　［省略。編注：適格組織再編成により移転を受けた代替資産の取得価額等］

法人税法施行令

（特別勘定を設けた場合の保険金等で取得した固定資産等の圧縮限度額）

第91条　法第49条第1項（特別勘定を設けた場合の保険金等で取得した固定資産等の圧縮額の損金算入［編注：P1019参照］）に規定する政令で定めるところにより計算した金額は、同項に規定する取得又は改良をした日における同項に規定する特別勘定の金額のうち、同項の内国法人［特別勘定を有する法人。編注］が支払を受ける法第47条第1項（保険金等で取得した固定資産等の圧縮額の損金算入［編注：P973参照］）に規定する保険金等（当該特別勘定の金額が法第48条第8項（保険差益等に係る特別勘定の金額の損金算入［適格組織再編成による合併法人等への特別勘定の引き継ぎ。編注］）の規定により法第47条第1項に規定する被合併法人等（以下この条において「被合併法人等」という。）から引継ぎを受けたものである場合には、当該被合併法人等が支払を受ける当該特別勘定の金額に係る当該保険金等［適格組織再編成による合併法人等への特別勘定の引き継ぎを受けたものである場合には、被合併法人等が支払を受けた保険金等。編注］。以下この条において「保険金等」という。）に係る第85条第2項（保険差益金の

額の意義［編注：P988参照］）に規定する保険差益金の額に［、］第１号に掲げる金額［分母。編注］のうちに［、］第２号に掲げる金額［分子。編注］の占める割合を乗じて計算した金額に相当する金額とする。(直近改・平13政135)

一　その保険金等の額［支払を受けるべき保険金等の全額。編注］から［、］その保険金等に係る法第47条第１項に規定する所有固定資産の滅失又は損壊により支出する経費の額［滅失等関連経費の額・P973参照。編注］（当該所有固定資産が同項［法人法47条１項・P973。編注］に規定する適格組織再編成（当該内国法人が同項［法人法47条１項。編注］に規定する合併法人等となるものに限る。）に係る被合併法人等の有していたものである場合には、当該被合併法人等が支出した当該経費の額を含むものとし、保険金等の支払を受けるとともに同項［法人法47条１項。編注］に規定する代替資産の交付を受ける場合には、当該支出する経費の額のうち［、］その保険金等の額に対応する部分の金額とする【編者注１】。）を控除した金額

二　当該取得又は改良に充てた保険金等の額のうち、前号に掲げる金額［保険金等の額から滅失等関連経費の額を控除した金額。編注］（第48条第１項の適用を受けなかった部分の金額［保険金等のうち、保険金等の支払を受けるべき事業年度において特別勘定の金額として経理しなかった部分の金額］［、］及び同号の保険金等［支払を受けるべき保険金、前号参照。編注］の一部を既に固定資産の取得又は改良に充てている場合には当該取得又は改良に要した金額を控除した金額【編者注２】）に達するまでの金額

【編者注１】本条１号カッコ書の趣旨等

　本条１号カッコ書の趣旨等については、法人令85条の編者注５（P989）参照。

【編者注２】本条２号カッコ書の趣旨等

　本条２号の金額の最高額は、一般的には、本条１号の金額（保険金等の額から滅失等関連経費の額を控除した金額）と同額である。

しかし、次に該当する場合には、それぞれ次のようになる。
① 保険金等の支払を受けるべき（支払を受けることが確定した）事業年度において、受取保険金の一部を特別勘定に経理していない（特別勘定に繰り入れていない）場合には、仮に、その経理していなかった部分の保険金等の金額を代替資産の取得又は改良に充てたとしても、本条の算式上、分子となるべき金額（2号の金額）は、特別勘定に経理した部分の保険金等の金額（繰入限度額以内の金額）が上限となる。

なお、この場合においても、本条本文の保険差益の計算及び本条1号の金額（分母となるべき金額）の計算は、保険金等及び滅失等関連経費の総額を基にして行うことになる。

② 支払を受けた保険金等を特別勘定に経理した法人（特別勘定を有する法人）が、その後、その保険金等の一部を代替資産の取得又は改良に充てている場合には、その取得等に充てた部分の金額につき、法人法49条の圧縮記帳の適用を受けたか否かに関係なく、法人令91条の算式上、分子となるべき金額（2号の金額）は、特別勘定の金額から既に取得等に充てた部分の保険金等の額を控除した金額となるものと解される。

つまり、法人令91条2号の「取得又は改良に充てた」場合とは、法人法48条2項及び法人令90条に規定する「取得又は改良をした場合」と同義に解すべきものと考えられる（法人法48条の編者注7・P1012参照）。

（特別勘定を設けた場合の保険金等で取得した固定資産等の取得価額）　法人令
第91条の2　内国法人がその有する固定資産について法第49条第1項又は第4項（特別勘定を設けた場合の保険金等で取得した固定資産等の圧縮額の損金算入［編注：P1019参照。編注］）の規定の適用を受けた場合には、これらの規定により各事業年度の所得の金額の計算上損金の額に算入された金額は、当該固定資産の取得価額に算入しない【編者注】。（平

13政135追加）

2　［省略。編注：適格合併等により被合併法人等から、保険差益の圧縮記帳の適用を受けた固定資産の移転を受けた場合の取得価額］

【編者注】本条１項の趣旨
　　本条１項の趣旨については、法人令87条の２の編者注（P992）参照。

第2章

支払保険料に関連する法人税の法令・通達等

第1節 支払保険料（生命保険料・損害保険料）に関連する法人税の法令・通達等の索引

　支払保険料（生命保険料・損害保険料）の損金算入等に関する法人税の法令・通達、情報、質疑応答事例、事前照会に対する文書回答事例、判例、裁決例等で、本章に収録したものは、以下のとおり。

法令等の索引

□法人税法施行令
　第69条　定期同額給与の範囲等　*1057*

□法人税基本通達
　2-2-12　債務の確定の判定　*1028*
　2-2-14　短期の前払費用　*1036*
　9-2-9　債務の免除による利益その他の経済的な利益　*1058*
　9-2-11　継続的に供与される経済的利益の意義　*1059*
　9-3-4　養老保険に係る保険料　*1048*
　9-3-5　定期保険に係る保険料　*1073*
　9-3-6　定期付養老保険に係る保険料　*1104*
　9-3-6の2　傷害特約等に係る保険料　*1106*
　9-3-9　長期の損害保険契約に係る支払保険料　*1135*
　9-3-10　賃借建物等を保険に付した場合の支払保険料　*1140*
　9-3-11　役員又は使用人の建物等を保険に付した場合の支払保険料　*1141*
　9-3-12　保険事故の発生による積立保険料の処理　*1139*

□租税特別措置法関係通達
　61の4(1)-7　事業者に金銭等で支出する販売奨励金等の費用　*1081*

第4編　第2章　支払保険料に関連する法人税の法令・通達等

□法人税関係個別通達
- 法人が契約する個人年金保険に係る法人税の取扱いについて（平2直審4-19）　*1071*
- 法人が支払う長期平準定期保険等の保険料の取扱いについて（昭62直法2-2）　*1094*
- 法人契約の「がん保険（終身保障タイプ）・医療保険（終身保障タイプ）」の保険料の取扱いについて（平13課審4-100）　*1111*
- 法人契約の新成人病保険の保険料の取扱いについて（昭54直審4-18）　*1118*
- 団体信用保険に係る課税上の取扱いについて（昭44官審(法)34他）　*1120*
- 会社役員賠償責任保険の保険料の税務上の取扱いについて（平6課法8-2）　*1133*

□事前照会に対する文書回答事例
- 団体信用生命保険がん診断給付金特約に係る課税上の取扱いについて（平16.12.17　東京国税局審理課長）　*1122*
- 団体信用生命保険に係る課税上の取扱いについて（平15.2.26　東京国税局審理課長）　*1125*

□質疑応答事例
- 解約返戻金のない定期保険の取扱い　*1101*

□裁決例
- 養老保険に係る経済的利益の額が給与となるか否かの判定基準である、いわゆる「普遍的加入要件」について判断した事例（平5.8.24）　*1060*
- 役員退職時の報酬月額が職務内容等からみて著しく低額であるなど、最終報酬月額を基礎とする功績倍率方式による算出退職金額が不合理であるなど特段の事情がある場合には、最終報酬月額を基礎としない「1年当たりの退職給与の額」によって、相当な役員退職金を算定することも認められる、とした事例（昭61.9.1）　*1086*

□参考
- 役員退職慰労金規程(例)　*1082*

第2節　生命保険料等の損金算入時期に関連する法人税の各条項

法人税基本通達

（債務の確定の判定）

2-2-12　法第22条第3項第2号《損金の額に算入される販売費等》の償却費以外の費用で当該事業年度終了の日までに債務が確定しているものとは、別に定めるものを除き、次に掲げる要件のすべてに該当するものとする【編者注】。（直近改・昭55直法2-8）
（1）当該事業年度終了の日までに当該費用に係る債務が成立していること。
（2）当該事業年度終了の日までに当該債務に基づいて具体的な給付をなすべき原因となる事実が発生していること。
（3）当該事業年度終了の日までにその金額を合理的に算定することができるものであること。

【編者注】本項の趣旨、生命保険料等の損金算入の時期

　　本項は「債務確定基準」といわれるもので、その本旨するところは、原則として、費用についての引当金や見越し計上を認めないというものである。

　　なお、法人法22条3項2号及び3号に規定する費用又は損失について、本項による債務の確定があったものとされる場合には、法人税法等において特別に損金経理の要件を求められる場合を除き、法人税申告書別表4において損金の額に算入する（所得から減算処理をすること）ことも認められるものと解される

　　これを生命保険料の損金算入時期についてみると、次のようになる。

(1) 第1回目の保険料
① ②以外の契約の場合

　生命保険契約が、次の②に掲げる「口座振替払込」又は「団体・集団扱払込」に該当しない契約である場合における第1回目の保険料の損金算入時期は次のようになる。

ⅰ　保険会社が契約の申込を承認した後に、第1回目の保険料の払込が行われた場合には、その払込の日が生命保険契約の契約日（保険会社の給付責任開始の日）となる（養老保険約款(例)8条①(1)、②・P1370参照）ことから、その払込の日に本項（法基通2-2-12）の要件の全てを充足することになり、その払込日の属する事業年度の損金にすることができるものと考えられる。

ⅱ　第1回目の保険料に相当する金額が払込まれた後に、保険会社が契約の申込を承諾した場合には、その保険料に相当する金額が払込まれた日（なお、保険会社に対する告知・診査前に払込がなされてる場合には、その告知の日）が生命保険契約の契約日（保険会社の給付責任開始の日）となる（養老保険約款(例)8条①(2)、②・P1371参照）ことから、保険料払込日と告知・診査日とのうちいずれか遅い日に本項の要件の全てを充足することになり、そのいずれか遅い日の属する事業年度の損金にすることができるものと考えられる。

②　「口座振替払込」又は「団体・集団扱払込」に該当する契約

ⅰ　保険料の支払方法が月払で、かつ、「口座振替払込」による契約（「保険料口座振替特則」(例)1条・P1393参照）の場合、又は「団体・集団扱払込」による契約（「団体扱特約」(例)2条・P1395、「集団扱特約」(例)2条・P1397参照）の場合には、これらに規定するところにより、それぞれ上記①ⅰ又はⅱに掲げる「給付責任開始の日」となるべき日の属する月の翌月1日が契約日となる。

　これらの契約に該当する場合には、契約成立の日は第1回目の保険料に相当する金額の払込が行われた月の翌月1日となり、保険料の額も翌月1日を基準として計算されていることから、第1回目の保険料に相当する金額の支払をした日の属する事業年

度と、その日の翌月1日の属する事業年度とが異なる場合（事業年度の最終月に第1回目の保険料に相当する金額の支払をしたような場合）には、その支払った金額は、「契約日」を基準とする限り本項（法基通2-2-12）(1)及び(2)の要件を満たさず、したがって、その支払をした日の属する事業年度の損金とすることはできないことになるものとも考えられる。

(注) このことにつき、前掲「保険税務のすべて」・P497では次のように述べられている。

「月払契約の団体扱・口座振替扱のケースでは、責任開始日（診査・告知日または保険料払込日のいずれか遅い日）の属する月の翌月1日を「契約日」とし、保険期間はその日を基準として計算することになっています。

こうしたことから、通常のケースのように診査・告知日と保険料払込日のいずれか遅い日でもって本勘定へ振り替えること［編注：損金に算入すること］は無理があります。

したがって、保険料の処理については、払い込んだ日は仮勘定で計上し、契約日となる翌月1日になってから本勘定へ振り替えることが適切であると考えられます。」

ⅱ しかし、契約日に関する上記の「特則」又は「特約」の扱いは、保険会社の保険料集金事務の簡素化等による保険料の割引、その他の管理上の必要等から、これらの保険契約についての契約日を統一的に定めるという、いわば事務上の要請等によるもので、契約の実質的な内容からのものとは思われない。

これらの契約であっても、個々の契約についてみれば、上記にいう「給付責任開始の日となるべき日」から契約日（給付責任開始日となるべき日の翌月1日）の前日までの間に保険金支払事由が生じた場合には「給付責任開始日となるべき日」から給付責任を開始し（保険金等の支払をすること）、契約日を「給付責任開始日となるべき日」に改める（この場合には、その期間についての保険料を再計算し、不足保険料を精算することになる）とされている（同特則1条(2)・

P1393、同特約2条(2)・P1396、1398参照)。

　保険会社におけるこれらの扱いは、保険事故の発生があった場合にはそれを原因として「契約日」を遡及して改めるというもので、保険契約の最重要項目の一つである給付責任開始日が、「給付責任開始日となるべき日」として担保されているといえる。

　そうだとすると、上記「特則」又は「特約」に係る生命保険契約についても、法基通2-2-12(1)の債務の成立（保険契約の成立）及び(2)の具体的な給付原因の発生（保険契約に基づく給付責任の開始）についていえば、「給付責任開始日となるべき日」にこれらの要件を具備しているものと考えられ、法人法22条3項2号の解釈上も「給付責任開始日となるべき日」の属する事業年度の損金とすることが合理的であると解する余地があるものと思料される。

　なお、これらの「特則」又は「特約」に係る保険料の期間対応が「契約日」を基準として計算されている（つまり、保険料が「給付責任開始日となるべき日」から計算されていない）ことから、「契約日」前の損金算入には問題があるとの指摘もあり得よう。

　しかし、ある費用を通常支払うべき日以後に1年以内分の支払をした場合には、支払をした日の属する事業年度の損金に算入することができるとされ（法基通2-2-14「短期の前払費用」・P1036参照）、この場合には、具体的な役務提供開始の日が翌事業年度中であるものも含まれるとされている（同2-2-14の編者注3-2⑥・P1043参照）。

　これらの契約に係る保険料は必ず「契約日」前に支払を要する（つまり、通常支払うべき日は常に「契約日」前となる）のであるから、法2-2-14の適用を受ける限り、保険料の期間対応の問題は生じないものと思料される。

(注) このことにつき、前掲「保険税務のすべて」・P498では次のように述べられている。

　「責任開始日から契約の前日までの間に給付事由が生じたときは、責任開始日を基準として支払が行われることになっており、このことから責任開始日の属する月に本勘定処理［編注：損金算入］をしてもいいの

ではないかという意見もあります。

　しかし、①契約日は翌月であり、保険期間もそこから始まること、②当月に支払う保険料は翌月期月のものであること、などから、やはり支払保険料はいったん仮勘定で計上し、翌月1日（または保険会社からの承諾通知日のいずれか遅い日）に本勘定処理することが適切といえます。」

iii　例えば、保険料の払込方法が口座振替払込であっても年払（又は半年払）によるもので、かつ、「団体・集団扱払込」に該当しない契約の場合には、上記 ii の「特則」の適用はないので（「特則」(例)1条・P1393参照）、上記①の場合と同様になるものと考えられる。

iv　月払保険料の支払方法が口座振替払込による契約、又は団体・集団扱払込による契約に係る第1回目の保険料の損金算入時期を巡ってのトラブルを避けるためには、これらの契約の申込み、告知・診査及び第1回目保険料に相当する金額の支払を、法人の期末月の前月までに終了させておくことが肝要であろう。

　つまり、期末月の前月にこれらの事務が終了している場合、その契約は期末月の1日には保険契約が成立しており、本項（法基通2-2-12）にいう債務の成立に何らの問題も生じないこととなる。

(2) 第2回目以降の保険料

　第2回目以降の保険料については、その保険料の払込期月（保険料を払込むべき月、定期保険約款(例)8条・P1425参照）以降に支払をした場合には、その支払をした事業年度の損金とする。

　なお、年払又は半年払の保険料については、次の(3)参照。

(3) 前払保険料の取扱い

①　保険料の支払方法が年払又は半年払（定期保険約款(例)8条・P1425参照）の場合、支払の時点においては前払（未経過）保険料となるが、この未経過保険料については法基通2-2-14（短期の前払費用・P1036）の取扱いにより、その支払をした日の属する事業年度の損金とすることができる。

②　保険契約者は、保険料の全部又は一部を前納することができる

(定期保険約款(例)12条・P1428参照)。前納保険料に係る保険期間(前納保険料を各保険期月の保険料に充当する期間)が1年を超える場合には、その全額が前払金等となり、短期の前払費用の適用はない(同2-2-14・P1036参照)。

　他方、前納保険料に係る保険期間が、その支払の時から1年以内であるような場合には、一般的には、短期の前払費用として、その支払の日の属する事業年度において、その支払額の全部を損金とすることができるものと考えられる(同2-2-14の編者注1・P1037、同編者注3・P1040、同編者注4・P1043参照)。

③　一時払の保険料、全期全納保険料について

　一時払の保険料とは、全保険期間に係る保険料の支払期日が1回であるものをいう。これに対し、全期前納保険料とは、保険期間中の全部の保険料払込期月(年払・半年払・月払により保険料を払込むべき期日)に係る保険料を一括して一時に支払うというものである。

　一時払保険料と全期前納保険料との保険契約上の性質は上記のとおりそれぞれ異なるが、その経済的な効果は共に保険料を一時に支払うということに尽きる。

　したがって、法人税の取扱いにおいては、いずれも前払の保険料となり(保険積立金、長期前払保険料等の科目)、保険料のうち損金の額に算入される部分がある場合には、時の経過に応じその事業年度に対応する部分の金額が損金に算入されることとなる。

(4) 未納の保険料について

①　保険契約に基づく保険料の払込期月(支払期限)までに約定保険料の支払が行われていない場合には、その払込期月終了の時(上記(2)参照)に支払うべき債務が確定するので未払金等に計上してその額を損金に算入する。

　つまり、保険料の支払がない場合においても、保険料払込猶予期間(養老保険約款(例)11条・P1372参照)満了の日まで、又は保険料の自動貸付(同14条・P1372参照)が行われるときはその貸付期

間が終了するまでの間、その保険契約は有効に存続することとの関係から上記のようになるものと解される。
② 　将来その保険契約が失効した場合には、その失効の時点における未払保険料に相当する金額の支払義務は消滅することになるので、その時点で未払保険料に相当する金額を取崩し、益金に算入することになるものと考えられる。
③ 　契約による保険料の支払方法が年払又は半年払の場合に、その年払分又は半年払分に相当する金額の保険料を保険料払込期月（支払期限）に未払計上するとしても、その全額をその保険料払込期月の属する事業年度において短期の前払費用として損金に算入することは許されず、未払計上した保険料のうち、その事業年度に属する保険期間に対応する部分の金額のみを損金に算入することになるものと考えられる。

　　つまり、法基通2-2-14の取扱いの前提は、前払費用に相当する金額の支払が現実に行われている場合に限られることから、当然のことであろう。

(5) 保険料の自動貸付がある場合
① 　保険料が契約による所定の時期までに支払われない場合には、契約の内容により保険会社が未納の保険料に相当する金額を契約者に自動的に貸付け、これをその保険料に充当するという制度がある（養老保険約款(例)14条・P1372参照）。
② 　保険料の自動貸付は、保険契約者が第三者からの借入金により保険料を支払ったのと同様の効果が生ずることから、その貸付が行われる都度又は期末に一括して「（借方）保険料等／（貸方）借入金等」の経理を行い、通常の保険料の支払を行った場合と同一の処理をすることになる。
③ 　保険料の払込方法が年払又は半年払であるときは、その年払又は半年払により支払うべき金額に相当する金額の貸付が行われる（同14条①(1)・P1373参照）。

　　この場合の短期の前払費用の取扱い（法基通2-2-14）については、

その保険料は現実に支払が行われていると認識される（上記②参照）ことから、通常の例によりその適用があるものと考えられる。

(6) 保険料を短期払で支払う場合

　例えば、保険期間を20年とする保険料を、5年間で払込むというような場合、支払保険料の損金算入額をどのように計算するか、という問題がある。

① 定期保険の保険料

　《設例》保険期間20年、保険料払込期間5年　払込期間中の1年当たり払込保険料の額480万円

　i　保険期間中の1月当たり保険料

　　480万円×5年÷（20年×12月）＝10万円

　ii　当該事業年度損金算入額

　　10万円×12月（当該事業年度の月数）＝120万円

　iii　1年目から5年目までの仕訳（単位：万円）

　　（借方）　前払保険料　360　（貸方）現預金　480
　　　　　　　保険料　　　120

　　※　保険契約は事業年度の初月に成立したものとしている。

　iv　6年目以降

　　（借方）　保険料　120　（貸方）前払保険料　120

　　※　第6年目の事業年度開始時の前払保険料の総額

　　　360万円×5年＝1,800万円

　(注) 本例の場合において、その保険料が給与となる場合には、実際の支払時にその支払保険料の全額が給与に該当することになる（法基通9-3-4の編者注7⑥・P1053、同9-2-11の編者注②・P1059参照）。

② 養老保険の保険料

　《設例》保険期間10年、保険料払込期間3年　払込期間中の1年当たり払込保険料の額800万円とし、保険料の2分の1相当額が損金となる契約に該当するものとする（法基通9-3-4(3)に該当するもの）。

　i　保険期間中の1月当たり保険料

　　　　　800万円×3年÷(10年×12月) ＝20万円
　　ⅱ　当該事業年度損金算入額
　　　　　20万円×(1/2)×12月(当該事業年度の月数) ＝120万円
　　ⅲ　1年目から3年目までの仕訳(単位：万円)
　　　　(借方)　前払保険料　　560　(貸方)　現預金　　800
　　　　　　　　保険料積立金　120
　　　　　　　　保険料　　　　120
　　　　※　保険契約は事業年度の初月に成立したものとしている。
　　ⅳ　4年目以降
　　　　(借方)　保険料積立金　120　(貸方)　前払保険料　240
　　　　　　　　保険料　　　　120
　　　　※　第4年目の事業年度開始時の前払保険料の総額
　　　　　　560万円×3年＝1,680万円
　(注)　本例の場合において、その保険料が給与となる場合には、実際の支払時に、その支払保険料の全額が給与に該当することになる(法基通9-3-4の編者注7⑥・P1053、同9-2-11の編者注②・P1059参照)。

(短期の前払費用)　法基通

2-2-14　前払費用(一定の契約に基づき継続的に役務の提供を受けるために支出した費用のうち当該事業年度終了の時においてまだ提供を受けていない役務に対応するものをいう【編者注1、2】。以下2-2-14において同じ。)の額は、当該事業年度の損金の額に算入されないのであるが、法人が、前払費用の額でその支払った日から1年以内に提供を受ける役務に係るものを支払った場合【編者注3、4、5】において、その支払った額に相当する金額を継続して【編者注6】その支払った日の属する事業年度の損金の額に算入しているときは、これを認める。(直近改・昭61直法2-12)

　(注)　例えば借入金を預金、有価証券等に運用する場合のその借入金に係る支払利子のように、収益の計上と対応させる必要があるものについては、後段[支払時の損金算入。編注]の取扱いの適用はないものとする【編者注7】。

【編者注1】本項の趣旨等
1　本項は、1年以内の短期前払費用については、期間対応による経理をせず、支払の時点で損金算入を認めるというものである。

　このような処理は、企業会計上は重要性の原則に基づく経理であり、税務上の考え方もこれと同様の立場に立っているとされている（前掲「法人税基本通達逐条解説」・P201参照）。

　なお、同原則注解1によると、重要性の原則の適用例として「前払費用のうち、重要でないものは、経過勘定処理をしないことができる」とされており、前払費用が常に経過勘定処理の対象外となるのではなく、「重要でない」ものという制限のあることに留意すべきであろう。

（注1）企業会計原則注解にいう「重要性の乏しいもの」の意義等については、昭43.5.13日本公認会計士協会監査委員会意見がある。

　この見解によれば、その企業の営業の性質上重要な営業費用については、重要性の原則の適用はない（原則どおり期間対応により経費とする）とされている。

（注2）本項（法基通2-2-14）の前払費用については、必ずしも、営業上重要な費用であるかどうかによる区分はされていないと考えられている（本項の表現上、重要性の原則には触れていない）。

　つまり、仮に、その前払費用が営業上重要な費用であっても、その前払費用の額が、その期の財務内容（損益計算書、貸借対照表等）に与える影響の程度が大きくないような場合には、本項の前払費用に該当すると考えられる（山本守之「体系法人税法」税務経理協会・P310参照）。

（注3）本項の適用及び重要性の乏しいものの範囲等を判断した裁判例として、長崎地裁平12.1.25判決、この控訴審である福岡高裁平12.12.15判決のようなものがある（いずれも掲載略）。

　これら判決では、次のように判断している。
　ⅰ　売上原価等に当たる支出は、収益との個別対応をさせるべきものであるから、法基通2-2-14の適用はない。
　ⅱ　前払費用に係る税務処理が重要性の原則で認められた範囲を逸脱し

ていないかどうかの判断にあたっては、前払費用の金額だけでなく、当該法人の財務内容に占める割合や影響等も含めて総合的に考慮する必要がある。

　つまり、本項の前払費用に該当するかどうかの判断は、その費用が営業上重要な費用に該当するか否かという外形的な基準だけではなく、企業会計上における実質的な重要性の原則に基づいて行う必要性を示したものと解される。

　このようなことから、営業上重要な費用で、かつ、その前払金額が相当程度であるようなものは、重要性の乏しいものとはいえないから本項の適用はないことに帰すると判断している。

2　本項（法基通2-2-14）の前払費用は、元々継続的に役務の提供を受けるために支出した費用を前提としているが、費用の支出そのものが反復継続していることを要するかという点については、必ずしも本項適用の要件とされている訳ではないと考えられている（前掲「法人税基本通達逐条解説」・P201参照）。

　本項の前払費用とは、必ずしも毎期継続的に支出されるものに限られるのではく、原則として、契約により継続的に役務の提供を受けるものに係る費用であればこの適用の対象となるものと考えられる（次の編者注2参照）。

3　本項の適用用件を整理すると、次のようになる。

i　一定の契約に従って継続的に役務の提供を受けるものであること。つまり、等質等量の役務がその契約期間中継続的に提供されるものであること。

ii　役務提供の対価であること。

iii　翌期以降において、時の経過に応じて費用とされるものであること。

iv　現実に支払をしたものであること。

4　本項は、短期の前払費用について、課税上弊害が生じない範囲内で費用計上の基準（費用の期間対応）を緩和し、支払時に費用の損金算入を認めるというものであるから、「この取扱いを悪用し、

支払ベースにより一括損金算入することによって利益の繰り延べ等を図ることがおよそ認められないことはいうまでもない」（前掲「法人税基本通達逐条解説」・P201参照）とされている。

　この見解にいう「利益の繰り延べ等を図る」についていえば、例えば、利益が出たから今期だけまとめて１年分の費用の支払をするというような、いわゆる利益操作のための支出等をいうものと思われる。

【編者注２】短期前払費用の対象となる費用の範囲
1　法基通2-2-14の対象となる費用は、契約期間中継続的に等質等量の役務を受けることの対価としての費用であるから、例えば、次のようなものがこれに当たる。

　　土地・建物等の賃借料、工業所有権等の使用料、手形の割引料、借入金の利息、信用保証料、保険料、ロイヤリティー（繰延資産に該当するものを除く）等

　（注）プロ野球のシーズン予約席料について

　　　例えば、３月決算法人が来シーズン用のシーズン予約席（ボックスシート）を取得し、予約料の支払をした場合の費用は、その支払をした日から１年以内に役務の提供を受けることが確実であることから、本項の前払費用に該当するとされている（渡辺淑夫他編「法人税基本通達の疑問点（四訂版）」ぎょうせい・P165参照）。

2　次に掲げるようなものは、本項（法基通2-2-14）の前払費用には該当しないものとされている。

①　一定の時期に特定の役務を受けるために予め支払った対価で、次に掲げるようなもの。

　　前払の給与、特定の目的のために支払った前払の顧問料、翌期に放映されるテレビＣＭ料等

②　物の購入又は生産に対する対価の前払金（これらは、前払金・前渡金・手付金であって、費用の前払いではない。）

③　その費用が繰延資産とされるもの。

3　本項（法基通2-2-14）の前払費用は、販売費・一般管理費に限ら

れるのかという問題がある。この点に関し、渡辺淑夫「法人税解釈の実際」（中央経済社）には次のような記述がある。

「本通達の適用される前払費用の範囲は、必ずしも販売費・一般管理費等として期間費用処理されるものに限られない。

その費用が製品の製造に直接関連するものであるため、製造原価に算入されるものである場合にも、本通達の適用があるものと解してよい。

ただし、この場合には、その損金算入により単純に期間費用として原価外処理してよいということでななく、その損金算入ベースにより原価要素が発生したものとして製造費用に含める必要があるのである。」（山本守之「法人税の争点を点検する」税務経理協会・P30）

売上原価等を構成する支出については、一般的に、収益との対応関係が求められることから、本項の前払費用に該当しないものとされているようである。

しかし、上記の見解によれば、製造原価又は工事原価等の個々の費用について見れば、例えば、製造経費又は工事経費等のうちには一定の契約により継続的に役務の提供を受けるための対価として上記1に掲げるようなものもあり、これらの内、重要性の乏しいものについては、それが製造原価又は工事原価項目に属する支出であるということのみで本項の適用を排除するのではなく、個々の支出ごとにその費用につき本項の適用があるかどうかを判断する、ということになるものと考えられる。

【編者注3】1年以内の役務に係るものの意義
1　法基通2-2-14の「支払った日から1年以内に提供を受ける役務に係るもの」とは、一般的には、通常支払うべき日以後に、1年以内分の額の支払をすることとされている（山本守之「体系法人税法」・P308参照）。

（注1）通常支払うべき日とは、次のように考えられている。

　　i　契約又は慣習により一定の支払期間がある場合（例えば、生命保険

契約の保険料の払込期月）　その支払期間内
　ⅱ　契約又は慣習により一定の履行期（支払期限等）がある場合　その履行期（例えば、契約上の地代・家賃の支払期限）
　ⅲ　契約又は慣習による履行期の定めがない場合　相手方から履行の請求を受けたとき（その請求に支払期日がある場合には、その支払期日）

（注2）通常支払うべき日前に支払ったものにつき、本項の取扱いの適用があるかについては、「本項に明記されていないが、原則として、支払期日が到来した日以後に支払った前払費用に限り、本項の適用があるものと解されている」（小田島清治「法人税質疑応答集」大蔵財務協会・P76参照）とされている。

　「原則として」という言い方からすれば、期日前支払のものには常に本項の適用がないと割り切るのではなく、期日前の支払に相当の理由があるような場合には、本項の適用もあり得るものと思われる。

（注3）契約により半年払又は年払となっているものを、その支払期日等通常支払うべき日以後に支払をした場合には格別の問題は生じないが、例えば、契約上月払となっている家賃の1年以内分を一括して支出したというような場合、通常支払うべき日以後の支払との関係で、本項の適用を受ける前払費用に該当するかという問題がある。

　月払契約の家賃の支払期日は契約に定める毎月の一定の日であるから、数か月分以上を一時に支払う場合には、常に期日前の支払分が含まれることになることから、期日前支払分につき疑問の余地がある。

　上記注2のように、本項の適用用件として期日前支払のものを除く旨が明示されていないことからすると、期日前の支払ということのみで本項の適用が認められないとするのは、本項の趣旨からみて妥当ではないと思われる。

　月払の約定であっても、当事者間において数ヶ月分以上を一括して支払ことが慣例となっているような場合や、その他一括支払につき合理的な事由があるような場合には、本項の適用が認められるのではないかと考えられる。

　もっとも、格別の理由もなく、たまたまある時期だけ1年分以内の家

賃を支払ったというような場合には、上記編者注1-4にいう「いわゆる利益操作」との関係で、本項の適用が認められない場合もあり得ることに注意すべきであろう。

2　支払った日から1年以内の期間の計算等
① 「支払った日から1年以内」とは、実務上、支払をした日を起算日とし、1年後の起算日に応当する日の前日までの期間とされているようである（渡辺淑夫「法人税基本通達の疑問点」・P164参照）。

　例えば、2008年3月31日に支払をした場合、支払った日から1年以内とは2009年3月30日までの期間となる。

② 「支払った日から1年以内に提供を受ける役務に係るもの」とは、提供を受ける役務の終期が支払をした日から1年以内に到来するということである。

　例えば、家賃についていえば、通常1か月分の家賃に係る役務提供期間はその月1日からその月末までであろう。3月末決算法人がその年3月31日に1年分の家賃の支払をした場合、その役務提供期間の終期は翌年3月31日であるが、その日は支払をした日から起算すると1年と1日となり（上記①参照）、本項（法基通2-2-14）にいう「支払った日から1年以内」の要件を具備せず、本項の適用がないということになりかねない。

③ このことにつき、実務上は、「1年を超える期間分に相当する支払額が1年を数日程度超える期間に係るものであるとき」は、その支払額は1年以内に係るものとして取り扱っても差し支えないとされている（小田嶋前掲書・P75参照）。

　この取扱いは、1年を超える期間が僅少であるような場合には、本項を適用しても税務上の弊害はないものと認められることによるものとされている（渡辺淑夫「法人税基本通達の疑問点」・P164参照）。

　これに当たるものとしては、上記②のようなもののほか、例えば、3月末決算法人が期末近くに新たに建物を賃借し、3月分の日割家賃と4月分から翌年3月分までの家賃とを一括して3月中に支払ったような場合がある。

④ 他方、3月末決算法人が、5月分（役務提供開始日は5月1日）から1年分の家賃を3月中に支払った場合には、その役務提供の終期は翌年4月30日であり、その日（役務提供の終期）は支払の日から1年を超えていることから本項の適用のないことは明らかである。

⑤ 1年を超える期間の費用を支払った場合には、本項の適用がないのであるから、支払の日の属する事業年度の損金となる金額は、原則に従い、支払費用のうちその事業年度に属する経過期間に対応する部分の金額のみであり、その余の金額は経過勘定として損金不算入となる（つまり、支払費用を1年以内分と1年超分とに分けて計算することはしない）。

　例えば、上記④の場合には支払額の全額が支払日の属する事業年度の損金とならない。

⑥ 1年以内の費用を支払った場合、支払をした事業年度にその費用に係る役務提供の始期が含まれる必要があるかという問題がある。

　本項（法基通2-2-14）にはその明示がないし、継続的な役務の提供を受けるという前提からすれば、殊更その必要性はないものと考えられる。

　例えば、3月末決算法人が3月末に4月分から翌年3月分までの家賃を支払うような場合、その前払家賃に係る役務提供の始期は翌事業年度開始の日であるが、本項の適用が認められる（上記③参照）。

【編者注4】生命保険料についての短期前払費用の取扱いの適用

　生命保険料を前払した場合の本項（法基通2-2-14）の適用については概ね次のようになる。

① 前払保険料に係る役務提供の開始時が支払をした日の属する事業年度に含まれていない場合であっても、支払をした日から1年以内分の保険料を支払ったときは、本項の適用がある（上記編者注3-2⑥参照）。

1043

例えば、3月末決算法人が、4月1日から1年以内分の保険料を3月中に支払ったような場合は、その支払をした日の属する事業年度の損金とすることができる（このことは、第1回目の保険料についても同様であると考えられる）。
② 　前払保険料に係る役務提供の終期が、その支払をした日から1年と数日程度である場合には、「1年以内」に含まれるものとされているので、本項の適用がある。
　　例えば、3月末決算法人が、3月25日に4月1日以後1年分の期間に係る保険料の支払をしたような場合、その保険料の保障対象期間の終期は翌年3月31日であり、支払日から計算すると1年と7日となるが、その支払額は「1年以内」分に該当するものとして、その支払をした日の属する事業年度の損金とすることができる（上記編者注3-2③参照）。
③ 　保険料の支払方法が年払の場合は、保険料の全部又は一部を前納することができるが、月払又は半年払の保険料については、その支払方法を年払に変更しない限り、保険料を前納することはできない（定期保険約款(例)12条①・P1428参照）。
　　年払保険料を前納することは、通常、その前納期間は1年を超えるに至ることから、短期前払費用としての本項（法基通2-2-14）の適用がなく、原則に従って、その前納保険料は前払費用として、期間の経過に応じて損金とすることになる。
　　このようなことから、短期前払費用の取扱いの関係からすれば、保険料を前納することの効果は生じないものと考えられる。
④ 　一時払保険料又は全期前納保険料等については、その前払の期間が通常1年を超えていることから本項の適用がないことは明らかである。
　（注）全期前納保険料等については、その保険料は「払込期月の基準日」ごとに保険料の払込に充当される。
　　　　保険契約の保険料支払方法が年払又は半年払である場合には、充当される金額は1年分又は半年分に相当する保険料で、充当の経済的効果は

保険料の支払と同様であろう。

　このことから、その充当された日に「1年以内分の支払」があったものとして、本項の適用があるかという問題がある。

　本項にいう「支払った場合」とは、その事業年度において具体的な支払行為があった場合をいうものと考えられ、全期前納保険料等は予め保険会社に預託している預け金等に係る金銭債権であり、「充当」はその金銭債権と保険料の支払債務との対等額による相殺と同様の経済的効果を有するものではあるが、本項にいう「支払」に「充当」は含まれないものと思われる。

　したがって、1年以内分の保険料の充当があったとしても、その充当額につき本項を適用することはできず、原則どおり、充当額のうち当該事業年度に対応する部分の金額のみをその事業年度の損金とすることになろう。

【編者注5】「支払った」意義

　本項（法基通2-2-14）にいう「支払った」とは、字義どおり支払をしたことをいい、支払手段としては通貨のほか、小切手・手形によるものも含まれるとされている（前掲「法人税基本通達逐条解説」・P201参照）。

　支払うべき債務が確定しても、支払がない以上本項の適用はないことになる。

【編者注6】「継続」の意義

① 本項（法基通2-2-14）にいう「継続して」とは、1年分以内の費用を支払った場合に限り、その支払額を継続して支払った日の属する事業年度の損金の額に算入することを要する、というものである。

　つまり、ある費用につき継続して一括払をすることは要件となっていないので、支払方法の継続性は問わないとされている。

　本項の継続の趣旨は、ある事業年度において本項の適用を受けた場合には、以後の事業年度においても必ず支払時の損金にすることが求められ、その支払額をある年度においては前払費用とし

て資産に計上し、又はある年度においては支払時の損金とする選択は許されないというものである。

(注) この点に関しては、法基通2-2-15（消耗品費等）の「継続」とは異なる。

同2-2-15では「事務用消耗品、作業用消耗品、……見本品その他これらに準ずる棚卸資産（各事業年度においておおむね一定数量を取得し、かつ、経常的に消費するものに限る。）の取得に要した費用の額を継続してその取得した日の属する事業年度の損金の額に算入」している場合にはそれを認めるとしている。

同2-2-15の継続の趣旨は、毎期概ね一定数量を取得し、かつ、経常的に消費する事務用消耗品等については、継続的に取得するということを条件として、その取得時（対価の支払時は問わない）の損金とすることを認めるというものである。

同2-2-14においては支払事実（毎期継続して支払が発生する等）又は支払方法（ある期間分の一括払等）の継続を求めるのではなく、支払の事実があった場合の支払時損金算入という経理方法の継続を求めるものであるのに対し、同2-2-15は毎期一定数量の取得と経常的な消費という事実の継続を求めるところに違いがある。

② 例えば、同一の事業年度において、いずれも本項（法基通2-2-14）の適用対象となるべきA費用とB費用とがあるような場合、A費用についてのみ本項を適用し、B費用については原則どおり前払費用として資産計上するという費用ごとの選択が認められるかという問題がある。

本項の表現が「役務に係るものを支払った場合において、その支払った額に相当する金額を継続してその支払った日の属する事業年度の損金の額に算入」するとなっていることから、費用ごとの選択は認められず、対象となるべき全ての費用につき本項を適用することが求められているものと考えられる。

【編者注7】一時払養老保険の保険料に係る借入金の利子

一時払の養老保険契約等に係る差益は、金融類似商品として他の所得と分離して源泉分離課税の対象となっていることから、その保

険料の全部又は一部を借入金によって支払っている場合のその支払利息については、本項（法基通2-2-14）(注)により、本項の適用はないものとされている。

第3節 養老保険に係る保険料の損金算入等に関連する法人税の各条項

法人税基本通達

（養老保険に係る保険料）

9-3-4　法人が、自己を契約者とし、役員又は使用人（これらの者の親族を含む）を被保険者とする養老保険（被保険者の死亡又は生存を保険事故とする生命保険【編者注1】をいい、傷害特約等の特約【編者注1】が付されているものを含むが、9-3-6［編注：P1104］に定める定期付養老保険を含まない。以下9-3-7までにおいて同じ。）に加入して保険料（令第135条《確定給付企業年金等の掛金の損金算入［編注：P951参照］》の規定の適用があるものを除く。以下9-3-4において同じ【編者注2】。）を支払った場合には、その支払った保険料の額（傷害特約等の特約に係る保険料の額を除く【編者注3】。）については、次に掲げる場合の区分に応じ、それぞれ次により取り扱うものとする。（直近改・平15課法2-7）

(1) 死亡保険金（被保険者が死亡した場合に支払われる保険金をいう。以下9-3-5までにおいて同じ。）及び生存保険金（被保険者が保険期間の満了の日その他一定の時期に生存している場合に支払われる保険金をいう。以下9-3-4において同じ。）の受取人が当該法人［契約者である法人。編注］である場合

　　その支払った保険料［本項本文参照。編注］の額は、保険事故の発生［死亡・高度障害又は保険期間の満了等。編注］又は保険契約の解除【編者注4】若しくは失効【編者注4】により当該保険契約が終了する時までは資産に計上するものとする【編者注5】。

(2) 死亡保険金［上記(1)参照。編注］及び生存保険金［上記(1)参照。編注］の受取人が被保険者又はその遺族【編者注6】である場合

　　その支払った保険料［本項本文参照。編注］の額は、当該役員又は使用人に対する給与とする【編者注7】。

(3) 死亡保険金［上記(1)参照。編注］の受取人が被保険者の遺族で、生

存保険金［上記(1)参照。編注］の受取人が当該法人［契約者である法人。編注］である場合

　その支払った保険料［本項本文参照。編注］の額のうち、その2分の1に相当する金額は(1)により資産に計上し、残額は期間の経過に応じて損金の額に算入する。

　ただし、役員又は部課長その他特定の使用人（これらの者の親族を含む。）のみを被保険者としている場合には、当該残額［支払保険料の2分の1に相当する金額。編注］は、当該役員又は使用人に対する給与とする【編者注8、9】。

【編者注1】養老保険の意義
① 　本項にいう養老保険の具体的な例は、養老保険普通保険約款（例）1条、2条、3条（P1366）参照。
② 　本項にいう傷害特約等の具体的な例は、傷害特約（例）1条（P1407）、総合医療特約（例）1条（P1408）参照。

【編者注2】特別条件付保険特約の保険料の取扱い
① 　特別条件付保険特約の保険料（以下、特別保険料）とは、高血圧、心臓病、肥満等により経験的にみて死亡率の高いとみられる被保険者に対し、割増保険料の支払を求めるというものである。

　　特別保険料は、主契約の保険料の他、定期保険特約、傷害特約等の特約の保険料にも適用され。一般的に、通常の保険料と特別保険料とは保険料払込案内書等において区分が明示されている。
② 　特別保険料は、保険会社において単年度ごとに清算され、責任準備金として積み立てられる金額はない（つまり、解約返戻金等として貯蓄部分に充てられる金額はない）ことになっている。
③ 　これらのことから、実務においては、特別保険料は、その保険契約に係る通常の保険料とは切り離し、単独で損金とすることができるものとされている（渡辺淑夫「保険・年金の税務Q＆A」・P70参照）。

　　なお、月払、半年払又は年払の場合には、その支払時の損金と

し、これ以外の前納の保険料については、保険期間の経過に従って損金に算入することになるものと思われる。

(注) 特別保険料であっても、上記②と異なり責任準備金に積み立てられる部分の金額がある場合（特別保険料について解約返戻金等がある場合）には、特別保険料の全額につき、その保険契約に係る通常の保険料に準じた取扱いになるとされている（前掲・「保険税務のすべて」・P459参照）。

【編者注3】傷害特約等の保険料の処理

本項から除かれる傷害特約等の保険料の取扱いについては、法基通9-3-6の2（P1106）参照。

【編者注4】解除・失効の意義

本項の解除・失効の意義等については、次のようである。

① 解除

保険約款においては、保険会社が行う契約の終了を「解除」といい、契約者が行う契約の終了を「解約」として、その用語を区別しているが、本項の「解除」には、この解除と解約の双方が含まれるものと考えられる。

なお、保険約款のいう解除及び解約の場合、それぞれ約款に定める解約払戻金が保険契約者に支払われる（養老保険約款(例)23条・P1374参照）。

② 失効

失効とは、一般的には、保険料の支払が一定期間ない場合に、保険約款に定める日に保険契約の効力を失うことをいう。

この場合には、保険約款に定める解約払戻金が保険契約者に支払われる（養老保険普通保険約款(例)22条・P1374参照）。

(注1) 失効の場合には、失効による解約払戻金の支払を受けたときを除き、保険契約者は一定の期間に限り、その失効した契約の復活を保険会社に請求し、保険会社の承諾を得てその契約を復活させることができる（同約款(例)26条・P1375参照）。

(注2) 復活の場合には、過去の未払保険料の支払をすることになる。保険契約が失効した場合であっても、解約払戻金の支払があるまでは資産計上し

た保険料の額はそのまま資産として計上されている（次の編者注5参照）のであるから、復活に伴って支払うこととなる過去の未払保険料は、その保険契約に係る従前の経理処理と同様の処理を行うことになり、法人税上格別の課税関係は生じない。

【編者注5】資産とされること（本項(1)）の効果

① 本項（法基通9-3-4)(1)に該当する場合には、保険料の支払方法の如何（月払、半年払、年払、一時払、全期前納等）を問わず、支払保険料の全額が資産に計上され、支払時に損金となるべき金額はない。

② 保険事故の発生（満期の到来を含む）による保険金、解約による解約払戻金の支払を受ける場合には、その支払を受けるべき日に、その受取りに係る経理処理を行うことになる。

③ 失効の場合には、その失効と同時に積立保険料（資産計上額）の全部又は一部を取り崩して損金の額に算入するのではなく、失効に伴って支払を受けることとなる解約払戻金の支払を受けるべき日に、その受取りに係る経理処理を行うことになる。

なお、失効した保険契約が復活した場合（上記編者注4②(注)参照）には、以後、その失効に係る解約払戻金の支払を受けることはないので、従前資産に計上した保険料はそのまま資産計上を継続することになる。

【編者注6】「その遺族」の意義

本項（法基通9-3-4)(2)にいう「その遺族」とは、被保険者（役員・使用人・これらの者の親族）の遺族（必ずしも被保険者の相続人に限らない）を指している。

【編者注7】給与とされること（本項(2)）の効果

① 本項（法基通9-3-4)(2)に該当する場合には、保険契約者である法人においては、その支払時にその保険料に相当する金額の給与の支払をしたものとして、法人税の規定を適用するというものである（給与とされることの効果については、所基通36-31の編者注3・P682参照）。

② 被保険者が、一般使用人（役員及び役員との特殊関係使用人以外の者）である場合には、通常、その保険料の額は給与として支払時の損金となる。
③ 被保険者が、役員との特殊関係使用人（法人令72条）である場合は、その保険料相当額は給与の支払として支払時又は支払をすべき日（次の⑤参照）の経費として経理する。

　しかし、その保険料の額を他の給与と合算して不相当に高額であるか否かを判定した場合に、不相当に高額な給与となるときは、その高額であると認められる部分の金額は損金の額に算入されない（法人法36条、法人令72条の2）。
④ 被保険者が役員である場合には、定期同額給与との関係で注意を要するが、保険料等のいわゆる現物給与は、一般的に定期同額給与に該当するものとされている（法人令69①二・P1057、同条の編者注・P1057、法基通9-2-9・P1058、同9-2-11・P1059参照）。

　したがって、保険料相当額と他の定期同額給与額との合計額が不相当に高額な給与に該当しない限り（法人法34②）、法人の負担する保険料相当額は、その支払をした日又は支払をすべき日の属する事業年度の定期同額給与として損金の額に算入されることとなる。
⑤ 保険料の支払方法が半年払又は年払の場合における、法人及び被保険者である役員又は使用人の課税関係は次のようになる。
ⅰ　法人

　その支払時又は支払うべき時期に、その保険料に相当する金額の給与を支給したものとされる。

　被保険者が使用人である場合には、損金算入につき格別の問題は生じない（仮に、その支給が賞与と認定されるようなことがあっても、使用人賞与は原則的に損金となる）。

　被保険者が役員である場合には、定期同額給与との関係で注意を要するが、保険料の支払方法が年払又は半年払の保険料に係る経済的利益については、その保険料の支払対象期間中の定期同額

給与に該当すると解されている（法基通9-2-11の編者注・P1059参照）ので、支払時又は支払うべき時期の損金とすることができる。
　ⅱ　被保険者（役員又は使用人）
　　保険料の支払方法が年払又は半年払の場合は、被保険者にとって生命保険料に係る経済的な利益は、保険料支払対象期間中を通じて毎月一定であることは明らかである（法基通9-2-11の編者注・P1059参照）から、法人における経理とは切り離し、その一定額をその期間中の給与に加算して源泉所得税の課税対象とすれば足りると解される（支払時における賞与等臨時の給与として扱うことを要しないものと考えられる）。
⑥　一時払又は前納する保険料（短期払込の保険料を含む）
　　給与とされる保険料が一時払又は前納（保険料の全部又は一部を前納するもの。年払又は半年払のものを除く）するものである場合には、その保険料は定期同額給与には該当しないものと考えられる（法基通9-2-11の編者注②・P1059参照）ので、被保険者が役員であるものに係る保険料は全額損金不算入となる。
　　この場合、役員に対しては、臨時的な給与（賞与）として源泉税が課税されることになろう。
　　これらのことは、短期払込保険料（例えば、保険期間10年の保険料を初めの3年間で払込むというようなもの）についても同様となる。
⑦　給与とされる保険料と契約者配当金との関係
　　保険料相当額が被保険者に対する給与とされる場合においても、その保険契約に係る契約者配当金の額は、契約者である法人に支払われる。
　　そこで、本項（法基通9-3-4)(2)及び(3)ただし書により、保険料相当額が被保険者に対する給与となる場合において、保険契約者である法人が受ける契約者配当金に相当する金額を、給与とされる保険料額から控除することができるか（つまり、支払保険料から支払われるべき契約者配当金の額を控除した残額をもって、課税対象となる給与額（生命保険料に係る経済的利益の額）とすることができるか）と

いう問題がある。

　このことについては、次のように考えられている（昭61.5.26付「週刊税務通信」・国税庁審理室村上泰治補佐、同吉田行雄係長担当・参照）。

　「次のような理由から払込保険料の額から、契約者配当の額を控除した後の額をもって給与とされる経済的利益の額として取り扱うことが相当であると考えられます。

　保険契約に基づいて支払われる配当の性格については、一般に既払込保険料の払い戻しとしての性質を有するものと解されています。

　したがって、使用者が使用人のために負担することによる経済的利益の額の計算に当っても、使用者が受領する契約者配当は、使用人の給与の収入金額（払込保険料相当額）の減少項目として取り扱うことが相当であると考えられること。」

【編者注8】1／2を資産計上、1／2を損金とすること（本項(3)）の効果及び「普遍的加入」の要件等について

　本項（法基通9-3-4）(3)は、2分の1資産計上、2分の1損金算入といわれるもので、次のようになる。

① 　本項(3)本文の部分は、原則としてその法人の使用人及び役員の全員を被保険者とする生命保険契約など、いわゆる普遍的加入要件を満たしている場合の取扱いである。

ⅰ　この場合には、支払保険料の2分の1に相当する金額は保険料支払時の損金とされ、損金とされる部分の金額につき、被保険者である使用人及び役員に対し給与とされる経済的な利益の額はないものとされる。

　なお、保険料が年払又は半年払の場合は、原則的として前払保険料となるが、その保険料が法基通2-2-14（短期の前払費用）に該当するときは、支払時の損金とすることができる（同2-2-14の編者注4・P1043参照）。

ⅱ　本項(3)本文の取扱いについては、実務上、契約の継続性を重視しているとされ、早期の解約・払済保険への変更については注

意すべきものとされている（この場合の早期とは契約後3年程度が目安とされているようである。保険税務事例研究グループ編前掲書・P27参照）。
② 「普遍的加入」の要件等については、所基通36-31（P680参照）の（注）2に掲げるところと同様である（同36-31の編者注6・P686参照）。

 なお、普遍的加入要件等につき判断した裁決例として、P1060に掲げるようなものがある。
③ 保険料の2分の1が損金（給与以外の損金）となる養老保険の保険料が一時払のもの、又は保険期間と保険料払込期間とが異なるもの（例えば、保険期間10年、払込期間5年というようなもの）に係る保険料のうち損金に算入すべき額の計算は、いずれも契約上の保険期間の経過に応じて行うものとされている（法基通2-2-12の編者注(6)・P1035参照）。

 また、保険料の全部又は一部を前納するもの（全期前納又は1年を超える期間の保険料を前納するもの。年払又は半年払のものを除く）については、前納に係る期間（前納保険料が保険料に充当されるべき期間。全期前納の場合は保険期間）の経過に応じ、損金に算入される保険料を計算することになる。
④ 保険料の2分の1が損金（給与以外の損金）となる一時払養老保険の保険料の支払を仕訳例で示すと、次のようになる。
 ◇法人の事業年度：1月から12月
 ◇7月1日、普遍的加入要件を具備して、保険期間を10年、役員及び使用人を被保険者とする一時払養老保険契約の保険料1,000万円の支払をした。
 ◇仕　訳
 〈契約初年度〉
 　保険料積立金　　5,000,000　／　現金預金　10,000,000
 　長期前払保険料　4,750,000
 　保険料　　　　　　250,000
 〈次年度以降〉
 　保険料　500,000　／　長期前払保険料　500,000

※　損金となる保険料

　　1,000万円×1／2＝500万円（総額）

　　500万円×12月／120月（10年×12月）＝50万円（平年度分）

　　50万円×6月／12月＝25万円（初年度分）

⑤　本項(3)ただし書の部分は、いわゆる普遍的加入要件を満たしていない場合の取扱いで、法人において損金とされる部分の金額（支払保険料の2分の1に相当する金額）は、被保険者である役員又は使用人に対する給与に該当するものとして扱われる。

　給与となる部分の金額についての法人又は役員・使用人に対する取扱いについては、上記編者注7と同様である。

【編者注9】養老保険契約で、死亡保険金受取人を法人、満期保険金受取人を被保険者とするものの保険料の扱い

　法人を契約者・死亡保険金受取人、被保険者及び満期保険金受取人を役員又は使用人とする養老保険契約に係る保険料の取扱いについては、法令及び通達に明示がない。

　この契約の場合には、保険料のうち満期保険金に対応する分（積立保険料に相当する）については、結果的に、法人が満期保険金受取人である役員又は使用人に対し、貯蓄資金を支出しているのと同様の経済的効果が生ずるとの観点から、次のようにすべきものと考えられている（渡辺淑夫「保険・年金の税務Q＆A」・P40参照）。

ⅰ　保険料の2分の1に相当する部分を被保険者である役員又は使用人に対する給与とする。

　（注）趣旨からすると、全従業員を対象とするなど、いわゆる普遍的加入要件を具備している場合であっても、この部分は給与となるものと思われる。

ⅱ　残額につき、保険期間の経過に応じ、給与以外の損金とする。

　（注）普遍的加入要件を具備していない場合には、この部分についても、給与に該当するものと思われる。

　この場合、給与及び損金の取扱いについては、上記編者注7及び8にそれぞれ準ずるものと思われる。

■参考：法人税法施行令69条

（定期同額給与の範囲等）

第69条　法第34条第1項第1号（役員給与の損金不算入［定期同額給与。編注］）に規定する政令で定める給与は、次に掲げる給与とする。（直近改・平19政83）

一　法第34条第1項第1号に規定する定期給与（以下この条において「定期給与」という。）で、次に掲げる改定（以下この号において「給与改定」という。）がされた場合における当該事業年度開始の日又は給与改定前の最後の支給時期の翌日から給与改定後の最初の支給時期の前日又は当該事業年度終了の日までの間の各支給時期における支給額が同額であるもの

イ〜ハ　［省略］

二　継続的に供与される経済的な利益のうち、その供与される利益の額が毎月おおむね一定であるもの【編者注】

2　［以下省略］

【編者注】継続的に供与される経済的な利益について

①　いわゆる現物給与（法基通9-2-9「債務の免除による利益その他の経済的な利益」に掲げるようなもの）のうち、本条（法人令69条）1項2号により定期同額給与とされるものの範囲については、法基通9-2-11（P1059参照）に取扱いがある。

②　上記①により定期同額給与とされるもの（例えば、給与とされる生命保険料）がある場合、その生命保険料の支払開始が事業年度の中途で行われる場合（又は事業年度の中途で支払が終了ないし支払額の変更が行われるような場合を含む）に、本条1項1号本文との関係はどのようになるかという問題がある。

　問題の本質は、事業年度の中途において継続的な経済的利益の供与の開始又は終了あるいはその額の変更等があった場合に、その開始等が本条1項1号本文に規定する「給与改定」に該当するかどうか（つまり、いわゆる現物給与についても同号に規定する給与改定

の対象となる「定期給与」に当るかどうか）ということにある。

　本条１項本文が「法第34条第１項第１号（役員給与の損金不算入［定期同額給与。編注］）に規定する政令で定める給与［定期同額給与。編注］は、次に掲げる給与とする」と規定し、本条１項１号と同２号とが並存の関係にあることは文理上明白である。

　そうすると、その現物給与が同２号に規定する継続的に供与される経済的な利益に該当する限り、同１号の給与には当らず、他に同２号の現物給与が法人法34条１項１号の「定期同額給与」に該当するため必要とされる要件等を定めた規定も存しないのであるから、同２号に規定するいわゆる現物給与額は何らの手続を要せず、常に法人法34条１項１号に規定する「定期同額給与」に該当するものと解される。

■参考：法人税基本通達9-2-9、9-2-11
　（債務の免除による利益その他の経済的な利益）
9-2-9　法第34条第４項《役員給与》及び法第36条《過大な使用人給与の損金不算入》に規定する「債務の免除による利益その他の経済的な利益」とは、次に掲げるもののように、法人がこれらの行為をしたことにより実質的にその役員等（役員及び同条［法人法36条。編注］に規定する特殊の関係のある使用人をいう。以下9-2-10までにおいて同じ。）に対して給与を支給したと同様の経済的効果をもたらすもの（明らかに株主等の地位に基づいて取得したと認められるもの［、］及び病気見舞、災害見舞等のような純然たる贈与と認められるものを除く。）をいう。（直近改・平22課法2-1）
　（1）～（11）［省略］
　（12）法人が役員等［本項本文参照。編注］を被保険者及び保険金受取人とする生命保険契約を締結して［、］その保険料の額の全部又は一部を負担した場合における［、］その負担した保険料の額に相当する金額【編者注】

【編者注】生命保険料等
　①　本(12)における生命保険契約及び保険料は例示であるから、こ

れに類する契約（生命共済契約、損害保険契約、損害共済契約等）及び掛金等も含まれる。

② 本(12)では契約者を法人としているが、所基通36-31の8（使用人契約の保険契約等に係る経済的利益・P718参照）(1)との関係等からすると、契約者が役員又は使用人である保険料についても、本項の適用があるものと考えられる。

（継続的に供与される経済的利益の意義）　法基通

9-2-11　令第69条第1項第2号《定期同額給与の範囲等［編注：P1057参照］》に規定する「継続的に供与される経済的な利益のうち、その供与される利益の額が毎月おおむね一定であるもの」とは、その役員が受ける経済的な利益の額がおおむね一定であるものをいうのであるから、例えば、次に掲げるものはこれに該当することに留意する。（直近改・平19課法2-17）

(1) ～ (4) ［省略］

(5) 9-2-9の(11)及び(12)［生命保険料等・P1058参照。編注］に掲げる金額で経常的に負担するもの【編者注】

【編者注】毎月おおむね一定であることの意義

① 本項にいう「利益の額が毎月おおむね一定である」かどうかの判断は、法人の具体的な支出時期によるのではなく、役員等が受ける経済的利益が毎月おおむね一定であるかどうかにより行うものとされている。

　したがって、年払保険料又は半年払保険料のようなものであっても、役員等からすればその保険料に係る経済的な利益は、保険料支払対象期間中を通じて毎月一定であることは明らかであるから、このような支払形態による生命保険料等も定期同額給与に該当することになる（前掲「法人税基本通達逐条解説」・P736参照）。

② 一時払保険料、保険料の全部又は一部を前納するもの（年払及び半年払のものを除く）については、本項の「利益の額が毎月おおむね一定である」に該当しないものと考えられている（渡辺淑夫「保

険・年金の税務Q＆A」・P37参照）。

したがって、これらの保険料の支払があった場合には、定期同額給与以外の給与として損金に額には算入されないことになる。

これらのことは、短期払込保険料（例えば、保険期間10年の保険料を初めの３年間で払込むというようなもの）にも適用される。

■参考：裁決例「養老保険に係る経済的利益の額が給与となるか否かの判定基準である、いわゆる『普遍的加入要件』について判断した事例」（平5.8.24裁決　ＴＫＣ法律情報データベース・文献番号26010866）

《事案の概要》
1　審査請求人（以下「請求人」という）は、印刷業を営む同族会社である。
2　請求人（納税者）は、請求人を契約者とする養老保険契約の保険料につき、いわゆる２分の１損金算入の取扱いに基づき、支払保険料のうち２分の１相当額を資産計上し、他の２分の１相当額を給与以外の損金として経理し、法人税の申告をした（本件生命保険契約の契約日は平3.2.25）。
3　原処分庁（課税庁）は、平3.12.27付で、同年２月分の給与所得に係る源泉所得税につき、当該２分の１に相当する金額の全額を給与（養老保険に係る経済的利益）に当るとして源泉所得税額の納税告知処分（以下「本件納税告知処分」という。税額は3,785,709円）、及び不納付加算税の賦課決定処分をした（税額は378,000円）。
4　本件の争点は、養老保険契約に係る保険料の２分の１に相当する金額が、養老保険に係る経済的利益として給与所得に該当するか否かである（法人税の損金算入自体は格別の問題とはなっていないものと思われる）。

《請求人（納税者）の主張（要旨）》
1　いわゆる普遍的加入要件について
①　原処分庁は、従業員の福利厚生が前提である以上、全従業員が保険加入の対象となるべきであるにもかかわらず、請求人が本件保険契約の被保険

者を従業員のうち役付者のみに限定しているとして原処分を行っている。

　しかしながら、養老保険自体、必ずしも一挙に全従業員を被保険者にしなければ加入できないものではなく、税務関係法令、通達においても、全従業員が被保険者でなければならない、あるいは、全従業員の何パーセント以上の人員を被保険者にすべきであるとは定めておらず、また、役付者のみが被保険者の場合には、本件両通達〔法基通9-3-4（養老保険に係る保険料）の(3)、所基通36-31（使用者契約の養老保険に係る経済的利益）の(3)をいう。〕のただし書にいう特定の使用人として取り扱う旨の明示はない。

② 本件両通達のただし書にいう役員又は特定の使用人とは、役付者の中の何人かの高位置にある役員又は部課長という意味であり、特定の使用人とは、使用者の同族関係者並びに使用者が恣意的に限定した者と解釈すべきである。

　また、本件通達〔所基通36-31の(3)をいう。〕に係る注書の2の(2)において、「役員又は使用人の全部又は大部分が同族関係者である法人については、たとえその役員又は使用人の全部を対象として保険に加入する場合であっても、その同族関係者である役員又は使用人については、ただし書を適用する」としていることからすると、本件通達のただし書は、同族関係者を対象とした行為に適用することを意図したものである。

③ 本件通達に係る注書の2の(1)において、「保険加入の対象とする役員又は使用人について、加入資格の有無、保険金額等に格差が設けられている場合であっても、それが職種、年齢、勤続年数等に応ずる合理的な基準により、普遍的に設けられた格差であると認められるときは、ただし書を適用しない」とされている。

　この注書は、本件通達のただし書を適用しない一般的な例示に過ぎない。

④ 請求人は、
　　i　勤続年数15年以上
　　ii　年齢40歳以上
　　iii　定年60歳までの定着度

　の各要件を勘案し、総合的に検討して、役員3人、次長・所長3人、課長5人、主任14人及びその他の社員1人の計26人を第1回保険加入の対象

者としたものである。

　企業における従事員の定着性は、年齢や勤続年数に比例しないばかりか、転職者の中途採用や退職者がすくなくない現下の雇用情勢にかんがみれば、年齢や勤続年数のいずれかによる基準は、普遍的基準ではあるが合理的基準とはいい得ず、むしろ重きを置くべき基準は定着性であり、定着度を推定することこそ合理的基準である。

　したがって、たとえば主任以上という基準も、上記注書にいう合理的な基準である。

　なお、請求人において、主任は、いわゆる管理者ではなく課長の統率指揮の下で業務を推進する経験豊かな職種技能を有する者であり、定着意欲が高いと見られる者である。

⑤　したがって、本件保険契約に係る被保険者は、本件両通達のただし書にいう役員又は特定の使用人に該当しない。

2　請求人の保険加入目的との関係について

①　原処分庁は、本件保険契約が請求人の保険加入目的に即応するものでないとしているが、本件保険契約は、以下に述べるとおり、従事員の福利厚生あるいは退職慰労金の財源確保という目的に即応したものである。

　ⅰ　全従事員を一度に被保険者とするには相当多額の保険料を必要とすること、従事員の中には勤続定着性のない者も多数存在する等の理由から、請求人にとって、最初から全従事員を被保険者とすることは不可能である。

　ⅱ　そこで、請求人は、経営状態を勘案して計画的に被保険者拡大を図る方針で、初年度に役員及び主任以上の役付者全員を被保険者とし、次年度以降に勤続15年以上の従事員、次に勤続10年以上の従事員を被保険者として養老保険に加入する計画を立て、現実に平成4年2月（本件保険料の支払後概ね1年後）には被保険者を増加させている。

②　したがって、原処分庁が、平成3年2月の保険加入状況のみをもって、本件保険契約が福利厚生あるいは退職慰労金の財源確保等の目的に即応されていないと決めつけるのは不当である。

《原処分庁（課税庁）の主張（要旨）》
1　請求人は、本件保険契約に係る被保険者について、請求人主張の1④に掲げる各要件を総合して選定した旨主張する。
　　しかしながら、本件保険契約の被保険者には、勤続年数15年以上で、かつ、年齢が40歳以上という請求人がいう要件に該当しない者が9人含まれており、むしろ、請求人は、実質的に主任以上の役付者を被保険者の対象としたものと認められる。
　　したがって、本件保険契約に係る被保険者は、本件両通達［法基通9-3-4（養老保険に係る保険料）の(3)、所基通36-31（使用者契約の養老保険に係る経済的利益）の(3)をいう。］のただし書にいう役員又は特定の使用人に該当する。
2　請求人は、本件保険契約を従事員の福利厚生及び退職慰労金の財源確保を目的に締結している旨主張しているが、実質的に主任以上の従事員を保険加入の対象にしたものと認められ、従事員のうち役付者でないものをその対象としていないことから、本件保険契約は請求人が主張する保険加入目的に即応するものとは認められない。

《判断（要旨）》
　※編者注：1、2等の付番は編者が適宜付したものであり、文中の［　］は編注である。
　本件審査請求の争点は、請求人が支払った本件保険料について本件両通達［法基通9-3-4（養老保険に係る保険料）の(3)、所基通36-31（使用者契約の養老保険に係る経済的利益）の(3)］のただし書による取扱いをすべきであるか否か、すなわち、本件保険契約の被保険者が、本件両通達のただし書にいう役員又は特定の使用人に該当するか否かにあるので、以下審理する。
1　［事実関係］
　請求人提出資料及び原処分関係資料並びに当審判所の調査の結果によれば、次の事実が認められる。
①　請求人は、平3.2.25、甲生命との間において本件保険契約を締結していること。
②　本件保険契約は、満期保険金の受取人を請求人、死亡保険金の受取人を

被保険者の遺族等とするいわゆる養老保険であり、主契約以外に特約は付されていないこと。
③ 請求人は、平3.2.25、本件保険料に充当するため29,058,700円を支払い、甲生命は、同月28日に成立保険料との差額3,920円を請求人に返戻して結果、本件保険料の金額は、29,054,780円であること。
④ 本件保険契約に係る保険加入に関して、平3.2.1に取締役会が開催され、同日付で生命保険加入規程が作成されており、その議事内容及び規程内容のうち、保険加入の目的及び被保険者の選定に係る事項の概要は、それぞれ次のとおりであること。
　ⅰ　取締役会議事録
　ア　保険加入の趣旨は、定年退職者の退職金の財源を積み立てることを第一義とし、併せて従事員の安定定着性の向上を図る。
　イ　被保険者とする従事員は、定着度を重視して年齢、勤続年数、職種、能力を合理的に検討の上選定する。
　ウ　次年度、次々年度と段階的に被保険者を増加していく方針とする。
　ⅱ　生命保険加入規程
　ア　被保険者の範囲は、主任以上の全役付者を対象とし、次年度の被保険者については勤続10年以上の従業員を対象とする。
　イ　保険金額は、加入資格のある従事員は1,000万円とし、管理職者は2,000万円とする。
⑤ 請求人の就業規則には、第12条（役職の任免）において「会社は、業務運営上の必要に応じ、役職に任命し、またはこれを解任することがある。」とされていること。
⑥ 請求人の職制規程には、その第3条（役職者の設置）において、請求人の「社員の役職名はこれを次のとおりとする。(1)部長、(2)工場長、(3)課長、(4)主任」とされていること。
⑦ 本件保険契約の被保険者であるBは、年齢が47歳、勤続年数が1年であるが、いわゆるヘッドハンティングにより獲得した人材で、実質的に主任とみることができる者であること。
⑧ 本件保険契約時において、主任以上の従業員で本件保険契約の被保険者

となっていないのは、営業課課長のＣのみであるが、同人は甲生命が被保険者として契約するための取扱基準に該当しない者であること。

2　本件両通達が定められた趣旨について

①　当該生命保険契約［養老保険契約］における保険金受取人は、保険契約者が別段の意思表示をしない限り［契約者が受取人の変更等をしないという意か］、契約者が指定したときに保険金請求権を自己固有の権利として原始的に取得するものと解すべきところ、本件保険契約は、被保険者である請求人の従事員に保険事故が生じた場合、被保険者の遺族が死亡保険金を取得することとされているので、請求人が負担した保険料の全額のうち当該部分［死亡保険金に対応する部分］に係る保険料すなわち危険保険料については、被保険者である請求人の従事員が利益を享受することになり、請求人の従事員に対する経済的利益の金額となる［請求人が保険料を負担した時に、被保険者に給与を支給したと同様の効果が生ずる意］。

②　ところで、本件両通達［法基通9-3-4の(3)、所基通36-31の(3)］は、その本文において、本件保険契約のような場合［満期保険金受取人を契約者である法人とし、死亡保険金受取人を被保険者の遺族等とする場合］、被保険者が受ける経済的利益はないものとするとともに、法人については、その支払った保険料の額のうち、その２分の１に相当する金額は資産に計上し、残額は期間に応じて損金の額に算入する旨定める一方、ただし書において、役員又は（部課長その他）特定の使用人のみを被保険者としている場合には、その支払った保険料の額のうち、その２分の１に相当する金額は、当該役員又は使用人に対する給与等とする旨定めている。

③　更に、本件通達［所基通36-31の(3)］の注書の２には、「(1)保険加入の対象とする役員又は使用人について、加入資格の有無、保険金額等に格差が設けられている場合であっても、それが職種、年齢、勤続年数等に応ずる合理的な基準により、普遍的に設けられた格差であると認められるときは、ただし書を適用しない。(2)役員又は使用人の全部又は大部分が同族関係者である法人については、たとえその役員又は使用人の全部を対象として保険に加入する場合であっても、その同族関係者である役員又は使用人については、ただし書を適用する。」と定められている。

④　この本件両通達の趣旨は、使用人（法人）が支払った保険料のうち、死亡保険金に係る部分については、受取人が被保険者の遺族等となっていることからみて、資産計上することを強制することは適当でなく、また、被保険者が死亡した場合に初めて遺族等が保険金を受け取るものであることからすれば、保険料の掛け込み段階で直ちに被保険者に対する給与として課税するのも実状に即さないことから、これを一種の福利厚生費と同視することとしたものである。

⑤　このような趣旨からすると、本件両通達の本文は、福利厚生費が従事員全体の福利のために使用されることを要するとの同様、原則的には従事員の全部を対象として保険に加入する場合を想定しているものと解するのが相当であり、このことは、特定の者のみが対象とされる場合には、その者が受ける経済的利益に対し給与して課税するというただし書の定めからも明らかである。

⑥　ただ、注書は、全従事員を保険に加入させない場合であっても、保険料を一種の福利厚生費と同視する以上、少なくとも全従事員がその恩恵に浴する機会が与えられていることを要することから、それが「合理的な基準により普遍的に設けられた格差」であると認められるときには、本件通達［所基通36-31の(3)］の本文の適用を認めるものの、逆に全従事員を保険に加入させる場合であっても、その全従事員が同族関係者であるような法人には、本件通達の本文の適用を認めない旨を明らかにしたものと認められる。

　　当審判所においても、これらの通達の定める取扱いは相当なものとして是認できる。

3　前記イ［上記1］の各認定事実に基づき上記ロ［上記2］に照らし、請求人の主張について検討したところ、次のとおりである。

①　請求人は、本件保険契約に係る被保険者が本件両通達のただし書にいう役員又は特定の使用人に当らないと主張し、その理由として、本件両通達のただし書にいう役員又は特定の使用人に当らないというためには全従事員を被保険者にしなければならない旨［、］あるいは一定以上の割合の従事員を被保険者とすべき旨を定めた法令、通達はない旨主張する。

　　確かに請求人が主張するとおり、本件両通達の本文の適用に関して、全

従事員が被保険者でなければならない旨あるいは被保険者とすべき従事員の割合を明確に定めた法令、通達はない。

しかしながら、上記2に記載の本件両通達の趣旨に照らせば、少なくとも、全従事員がその恩恵に浴する機会を与えられていることを要すると解すべきである。

したがって、本件両通達のただし書を、請求人が主張するように限定的に解釈するのは相当でない［請求人の主張1②に対応する］。

② また、請求人は、本件通達［所基通36-31の(3)］に係るただし書の注書2の(2)において、役員又は使用人の全部又は大部分が同族関係者である法人についての取扱いを示していることをもって、本件両通達のただし書は同族関係者を対象とした行為に適用することが意図されている旨主張する［請求人の主張1②参照］が、当該注書は全従事員を対象として保険に加入する場合であってもただし書が適用される例外的な場合の説明であることが明らかであるから、請求人のこの点に関する主張は採用できない。

③ 請求人は、本件通達［所基通36-31の(3)］の注書の2の(1)は、本件通達のただし書を適用しない一般的な例示にすぎず、請求人における主任以上という基準も同注書にいう合理的な基準である旨主張する［請求人の主張1③、④参照］。

確かに、前記イ［上記1⑧］のとおり、1名のやむ得ない例外を除いては、主任以上の全従事員が本件保険契約の被保険者となっており、上記除外者に代わって被保険者になった者［上記1⑦参照］も実質的には主任とみることのできる者であることからすれば、請求人は、保険加入の対象者として暗黙のうちに主任以上の者という基準を設けていたことが推認される［請求人の主張1④について、「判断」では上記1④ⅱアその他の事実によりこのように推認したという意。］。

④ ところで、上記1⑤及び⑥のとおり、請求人においては、主任とは役職名の一つであって、役職の任免は請求人の業務運営上の必要に応じて行われるものとされているのであるから、必ずしもすべての従事員が主任以上の役付者になれるとは限らない。

そうすると、主任以上という基準は、一種の福利厚生費として、原則的

には全従事員にその恩恵に浴する機会を与えられていることを予定している本件両通達の趣旨に合致するものでないことは明らかである【編者注】。
⑤　そこで、請求人が本件保険契約に係る保険加入者の選定に用いた基準について検討したところ、上記１④ⅰ及びⅱの事実から、請求人は、被保険者とする従事員について、定着度を重視し、年齢、勤続年数、職種、職能を合理的に検討したとしても、その結果として主任以上の全役付者を本件保険契約の被保険者選定基準としたことが認められるところである。

次に、主任以上の全役付者という基準により設けられた格差に普遍性が認められるか否かについて検討したところ、上記１⑤及び⑥の各事実から、請求人においては、主任とは役職名の一つであって、役職の任免は請求人の業務運営上の必要に応じて行われるもので、現に別表２［略・請求人の人員構成、加入状況等一覧表］に記載のとおり、課長又は主任に任命されていない者で、勤続15年以上かつ年齢40歳以上の者が３人認められるほか［、］勤続15年以上年齢40歳未満の者１人、勤続15年未満年齢40歳以上の者が５人認められるところである［請求人の主張１④ⅰ及びⅱの基準と異なることを指摘している。］【編者注】。

したがって、請求人が採用した主任以上の全役付者という基準により設けられた格差に普遍性があるとは認められない。
⑥　上記１④によれば、請求人は順次被保険者の範囲を拡大していく方針であったことが認められ、その結果、次年度以降には格差に普遍性のある基準により被保険者が決定されることがあるとしても、本件保険契約に限っては被保険者は、本件両通達のただし書にいう役員又は特定の使用人に該当する【編者注】。

4　本件保険契約と請求人の保険加入目的との関係について
　本件保険契約が上記１④ⅰに記載の請求人の保険加入目的にどの程度即応したものであるかはともかく、本件両通達のただし書の適用があるか否かは、保険加入資格の有無及び保険金額に設けられた格差が、合理的な基準により普遍的に設けられた格差であるような場合に経済的利益が普遍的に享受されているか否かにあるのであって、この点に関する請求人の主張が、本件納税告知処分の取消しを求める理由となるものではない【編者注】。

【編者注】本判断について
1 本件請求人（同族会社）の役員及び使用人の状況は、常勤役員3人、役付者を含む社員100人、準社員20人合計123人で、そのうち、本件保険契約の被保険者となっていたのは、役員と主として主任以上の役付社員26人（全社員の21％相当）である。

普遍的加入については実務上、一般に、全社員の80％以上を被保険者とすることが必要と考えられているようである（保険税務事例研究グループ前掲書・P28参照）。

2 本件における最大の争点は、全社を通じて単に「主任以上」という加入基準が、いわゆる普遍的加入要件の「合理的な基準により普遍的に設けられた格差」に該当するか否かにある。

① 納税者（請求人）は、従業員の定着性を重視する立場から、年齢や勤続年数のいずれかによる基準は普遍的であるが合理的でないとし、定着度を推定する基準こそが合理的な基準であるとして「主任」以上の者を被保険者に選定した。

なお、本件納税者において「主任」は管理者（いわゆる役職者）ではなく、経験豊かな職種技能者であるとも主張する。

② 本裁決においては、次のように判断している（課税庁の主張も同様である）。

i 納税者の「主任」は、納税者の有する職制規程等を基に判定すれば役職者に当り、役職の任免は納税者の業務運営の必要に応じて行われる（一般的にいえば、従業員の勤務成績、能力等の個別的な要素が重要な任免基準となるであろう）ものであるから、必ずしも全ての従業員が主任以上の役付者となるとは限らない。

ii 法基通9-3-4（養老保険に係る保険料）の(3)及び所基通36-31（使用者契約の養老保険に係る経済的利益）の(3)の本文の趣旨は、その前提として、全従業員を対象として保険に加入することが予定される。

しかし、文字どおり全従業員を対象とするというのでは事業運営上等から必ずしも実状に即さない等のことから、その例外的な

取扱いとして、所基通36-31(注)2（P680）を設けたものである。

同(注)2の「合理的な基準により普遍的に設けられた格差」とは、「全従事員を保険に加入させない場合であっても、保険料を福利厚生費と同視する以上、少なくとも全従事員がその恩恵に浴する機会を与えられていることを予定している」ものであるとしている。

③　本判断の趣旨は、いわゆる普遍的加入要件にいう「普遍的に設けられた格差」とは、年齢、勤続年数等の格差で、その対象者の全員が将来その基準に到達することが可能な要件（格差）を指すものと思われる。

本判断3⑤は、このことにつき詳述したものと考えられる。

④　一般的にいえば、通達の定める例外的取扱いを適用する場合には、その部分の字句に拘泥せず、原則的な取扱いとの関係等から慎重に実務を行うことが肝要であろうし、特に、実務においては、通達の文言を法令におけると同様に文理解釈的にのみ理解することは避けるべきであろう。

⑤　本判断3⑥は、本件のように2年上の期間を通じて順次被保険者となるべき者の範囲を拡大し、仮に最終的には普遍的加入要件を具備するというような場合においても、普遍的加入要件を具備しているか否かは、それぞれの保険料の支払時の状況で判断すべきである旨を明示したものである。

例えば、最初の保険加入後3年目に普遍的加入要件が具備さるような場合には、1年目及び2年目の支払保険料については、その2分の1相当額がそれぞれ被保険者に対する給与として所得税の課税対象となり、3年目以降の保険料については、給与とされる金額がないことになるものと考えられる。

⑥　本判断4は、当然のことで、保険契約者である法人の保険加入目的と、いわゆる普遍的加入要件とは直接的な関係はないことに帰する。

第4節 法人契約の個人年金保険契約（生命保険）に係る保険料の損金算入等に関連する法人税の各条項

法人税関係個別通達

◇法人が契約する個人年金保険に係る法人税の取扱いについて（平2直審4-19）

標題のことについては、当面下記により取り扱うこととしたから、今後処理するものからこれによられたい。

（趣旨）［省略。編注：P931参照］

記

1　個人年金保険の内容

［省略。編注：P931参照］

2　個人年金保険に係る保険料の取扱い

　法人が個人年金保険に加入してその保険料を支払った場合には、その支払った保険料の額（傷害特約等の特約に係る保険料の額を除く。）については、次に掲げる場合の区分に応じ、それぞれ次により取り扱うものとする。

（注）傷害特約等の特約に係る保険料の取扱いについては、法人税基本通達9-3-6の2［傷害特約等に係る保険料・P1106。編注］の定めを準用する。

（1）死亡給付金（年金支払開始日前に被保険者が死亡した場合に支払われる死亡給付金又は死亡保険金［個人年金保険約款(例)7条・P1437参照。編注］をいう。以下同じ。）及び年金（年金支払開始日に被保険者が生存している場合に支払われる年金をいう【編者注1】。以下同じ。）の受取人が当該法人［契約者である法人。編注］である場合

　その支払った保険料の額［保険料の全額。編注］は、下記の5《資産計上した保険料等の取崩し》の定めにより取り崩すまでは資産に計上する

ものとする。
(2) 死亡給付金及び年金の受取人が当該被保険者又はその遺族である場合

その支払った保険料の額は、当該役員又は使用人［被保険者である役員又は使用人。編注］に対する給与とする【編者注２】。
(3) 死亡給付金の受取人が当該被保険者の遺族で、年金の受取人が当該法人である場合

その支払った保険料の額のうち、その90％に相当する金額は(1)により資産に計上し、残額は期間の経過に応じて損金の額に算入する【編者注３】。

ただし、役員又は部課長その他特定の使用人（これらの者の親族を含む。）のみを被保険者としている場合には、当該残額［保険料の10％相当額。編注］は、当該役員又は使用人に対する給与とする【編者注３】。

3　［以下省略。編注：P933以下参照］

【編者注１】被保険者が生存している場合に支払われる年金について
　　２(1)カッコ書にいう「年金支払開始日に被保険者が生存している場合に支払われる年金」については、P940に掲げる本通達の編者注１③（P952）参照。
【編者注２】給与とされること（２(2)）の効果
　　この通達２項(2)に該当する場合（保険料の全額が被保険者に対する給与されること）の効果等については、法基通9-3-4の編者注７（P1051）と概ね同様である。
【編者注３】保険料の90％を資産計上し、10％を損金とすること（２(3)）、及び「普遍的加入」の要件について
　　この通達２項(3)に該当する場合（保険料の90％を資産計上し、10％を損金とすること）の効果、及び「普遍的加入」の要件については、法基通9-3-4の編者注８（P1054）と概ね同様である。

| 第5節 | 定期保険に係る保険料の損金算入等に関連する法人税の各条項 |

法人税基本通達

（定期保険に係る保険料）

9-3-5　法人が自己を契約者とし、役員又は使用人（これらの者の親族を含む。）を被保険者とする定期保険（一定期間内における被保険者の死亡を保険事故とする生命保険をいい、傷害特約等の特約が付されているものを含む【編者注1】。以下9-3-7までにおいて同じ。）に加入してその保険料［法基通9-3-4本文・P1048参照。編注］【編者注2】を支払った場合には、その支払った保険料の額（傷害特約等の特約に係る保険料の額を除く【編者注3】。）については、次に掲げる場合の区分に応じ、それぞれ次により取り扱うものとする。（直近改・昭59直法2-3）

(1) 死亡保険金［法基通9-3-4(1)・P1048参照。編注］の受取人が当該法人［定期保険契約の契約者たる法人。編注］である場合

　　その支払った保険料［法基通9-3-4本文・P1048参照。編注］の額は、期間の経過に応じて損金の額に算入する【編者注4】。

(2) 死亡保険金の受取人が被保険者の遺族【編者注5】である場合

　　その支払った保険料の額は、期間の経過に応じて損金の額に算入する【編者注6】。

　　ただし、役員又は部課長その他特定の使用人（これらの者の親族を含む。）のみを被保険者としている場合には、当該保険料［役員又は特定の使用人を被保険者とする保険料。編注］の額は、当該役員又は使用人に対する給与とする【編者注7、8、9、10、11、12】。

【編者注1】定期保険の意義

①　本項にいう定期保険の具体的な例は、定期保険普通保険約款（例）1条・2条（P1423）参照。

② 本項にいう傷害特約等の具体的な例は、法基通9-3-4の編者注1（P1049）参照。

（注1）定期保険契約では、一般的に、死亡保険金のほか高度障害保険金の支払を定めており、それは特約ではなく、主契約の内容となっている（定期保険約款(例) 2条・P1423参照）。

　　　高度障害保険金受取人は、原則として、被保険者であるが、定期保険契約の契約者と死亡保険金受取人とが、同一の法人である場合には、高度障害保険金受取人はその法人とされる（同約款(例) 2条（P1423）、養老保険約款(例) 3条②・P1368参照）。

　　　この場合であっても、予め被保険者を高度障害保険金受取人として指定することができる（養老保険約款(例) 3条②・P1368参照）。

（注2）ところで、本項（9-3-5）の取扱いによれば、死亡保険金受取人が誰であるかを基準として、保険料を単純損金とするか、被保険者に対する給与とするかを区分しており、死亡保険金受取人と高度障害保険金受取人とが異なる場合については明示されていない。

（注3）このことから、死亡保険金受取人と高度障害保険金受取人とが異なる場合に、本項の適用関係がどのようになるか、という疑問がある。

　　　本項の趣旨が専ら死亡保険金の受取人を中心としていることからすると、高度障害保険金受取人が誰であるかに係らず、死亡保険金受取人によって本項の適用関係を整理することになるものと思料される。

【編者注2】特別条件付保険特約の保険料の取扱い

　特別保険料（被保険者の健康状態等によって払込む割増保険料）がある場合の取扱いについては、法基通9-3-4の編者注2（P1049）参照。

【編者注3】傷害特約等の保険料の処理

　本項から除かれる傷害特約等の保険料の取扱いについては、法基通9-3-6の2（傷害特約等に係る保険料・P1106）参照。

【編者注4】単純損金とされること（本項(1)）の効果

① 本項(1)の場合には、その支払保険料の全額を法人の損金とし、被保険者等については、格別の課税関係は生じない。

② 保険料の損金算入時期等については、法基通2-2-12の編者注

（P1028）参照。

③　保険料の支払方法が年払又は半年払の場合における、短期の前払費用の取扱いについては、法基通2-2-14（P1036）及び同2-2-14の編者注4（P1043）参照。

【編者注5】遺族の意義

本項（法基通9-3-5）(2)の「遺族」とは、必ずしも、被保険者の相続人に限られない。

【編者注6】普遍的加入により損金とされること（本項(2)本文）の効果及び「普遍的加入」の要件等について

①　本項（法基通9-3-5）(2)本文の部分は、原則として法人の使用人及び役員の全員を被保険者とする生命保険契約など、いわゆる普遍的加入要件を満たしている場合の取扱いである。

この場合には、上記編者注4と同様の取扱いとなる。

②　普遍的加入要件を満たしている場合であっても、その契約に係る剰余金・割戻金等を被保険者が受け取ることとなっているような場合（例えば、法人を契約者とし、役員・使用人の全部を被保険者とする団体定期保険に加入し、その保険料の一部を法人が負担する場合において、法人が受ける剰余金等の全部又は一部を被保険者に分配する（被保険者が負担すべき保険料に充当する場合を含む）ようなとき）には、法人の負担した保険料の全額に相当する金額が、被保険者に対する給与に該当する、とされていることに留意する（所基通36-31の2の編者注3・P693参照）。

③　「普遍的加入」の要件等については、法基通9-3-4の編者注8②（P1055）参照。

【編者注7】給与とされること（本項(2)ただし書）の効果

①　本項（法基通9-3-5）(2)ただし書の部分は、普遍的加入要件を具備しない場合の取扱いで、保険料相当額は、被保険者に対する給与として取り扱うというものである。

②　給与に該当する場合の課税関係については、法基通9-3-4の編者注7（P1051）参照。

【編者注8】遺族が取得する死亡保険金と相基通3-17との関係

　法人を契約者、役員又は使用人を被保険者、死亡保険金受取人を被保険者の遺族とする定期保険契約又は養老保険契約に基づき、保険事故の発生により保険金受取人が死亡保険金を取得した場合、その保険金は、みなす相続財産たる死亡保険金等（相法3①一）に当るのか、死亡退職金等（相法3①二）に当るかという問題がある。

　このことについては、相基通3-17本文ただし書に明示されている。その詳細は同3-17の編者注3-1（P190）参照。

【編者注9】死亡保険金の取得と役員退職金との関係

① 法人が役員を被保険者とする定期保険（又は養老保険）契約を締結し、保険事故の発生により死亡保険金（高度障害保険金を含む）を取得した場合において、その保険金の全部又は一部を死亡した役員の死亡退職金の支払に充てることはもとより差し支えない。

　しかし、法人税上、保険金の取得と死亡退職金の支給とは次元の異なる行為である（つまり、ひも付きの取引ではない）とされていることから、保険金を原資として死亡退職金の支払をしたとしても、その退職金が過大な役員退職金に当るかどうかについては、通常の例により判定することになる（法人法22条の解説7・P901参照）。

　過大な役員退職金に当るかどうかは法人令70条2号により判定するとしても、納税者において、その支給した退職金の額が法人税上相当な額であることを主張・立証するに最低限必要なものは役員退任慰労金規程等を整備していることであろう。その整備は、定期保険契約等を締結すると同時に行うことが望ましい。

② 役員退任慰労金規程の例は種々あるが、一例を挙げればP1082に掲げるようなものがある。

③ 法人を契約者・保険金受取人とし、被保険者を取締役社長又は経営の中枢にある取締役として定期保険契約を締結する場合、契約の死亡保険金額が相当高額で、保険加入当時における役員退任慰労金規程によって計算される退職金の額を大幅に上回るような

ものであるときの契約上の留意点については、P904に掲げる判例の編者注2（P910）参照。

【編者注10】下請・特約店等の従業員を被保険者とする定期保険料の取扱い

　法人が、下請又は特約店等の従業員等（役員及び使用人をいう）を被保険者とし、被保険者の遺族を保険金受取人とする定期保険に係る保険料を負担した場合の課税関係は、次のようになる。

① 特約店等の従業員の場合

ⅰ 特約店等の従業員の全部を被保険者としている場合（いわゆる普遍的加入要件を満たすとき）には、その保険料は、販売奨励金等に該当するものとして、その全額が損金となる（措通61の4(1)-7(注)・P1081参照）。

ⅱ 特約店の役員、部課長その他特定の従業員のみを被保険者とする場合（いわゆる普遍的加入要件を満たさないとき）は、その保険料は交際費に該当する（上記措通参照）。

② 下請、子会社等の従業員の場合

ⅰ 専属下請又は子会社の全従業員を被保険者としている場合（いわゆる普遍的加入要件を満たすとき）は、その全額が損金となるものと考えられている（渡辺淑夫「保険・年金の税務Q＆A」・P24参照。次のⅱ及びⅲにおいて同様）。その理由は、上記①ⅰに準ずるものであろう。

ⅱ 専属下請等でない場合には、常時その法人（保険契約者である法人）の業務に従事する者の全部を被保険者としている場合（いわゆる普遍的加入要件を満たすとき）には、上記ⅰと同様になる。

ⅲ 上記ⅰ又はⅱ以外の場合は、その保険料は交際費に該当する。

（注1）上記①及び②のいずれの場合にも、特約店等が保険料を負担しない場合には、特約店等においては、保険料に係る経理をすることを要しない。

（注2）特約店等が、その保険料の一部を負担する場合の経理は、次のようになる。

　ア　特約店等の経理

ｉ　上記①ⅰ及び②ⅰ・ⅱに該当する場合
　　　　　保険料負担時において、その保険料の全額を保険料等の科目で経理し、損金とする。
　　　ⅱ　上記ⅰ以外の場合
　　　　　保険料負担時において、被保険者に対する給与を支給したものとして処理をする。
　　イ　保険契約者である法人の経理
　　　　上記アⅰの場合にのみ、特約店等の負担する保険料を預り金等として受入れ、保険料支払時にその減少処理をするほか、自己が負担する保険料については、保険料等の科目で処理する。
　　　　上記アⅱの場合には、格別の経理を要しない。

【編者注11】団体定期保険の制度とその税務
（1）団体定期保険の制度
1　団体定期保険とは、保険契約上、団体として選択可能な団体の所属員のうち、一定の資格を有する者を被保険者とし、団体（法人等）又は被保険者の代表者を保険契約者とする、期間１年の定期保険をいう（一般に「Ａグループ保険」といわれている）。
2　この種の保険については、法人等企業が受け取った保険金の帰属、保険加入につき予め被保険者の同意を得ていたかどうか、など従業員又はその遺族と、企業あるいは保険会社との間においてトラブルとなることが生じていた。
　　平成８年、これらの問題に対処し、商品内容を改訂したのが新種の団体定期保険「総合福祉団体定期保険」である。改訂のポイントは、概ね次のようである。
　①　被保険者の同意確認の強化
　　　約款上に加入資格として「被保険者になることに同意したものであること」を明記すると共に、被保険者同意の確認方法として、同意者全員の記名押印のある名簿を保険会社へ提出するなどし、同意した者を被保険者とすることにした。
　②　法人（企業）が定めた遺族補償規程の内容に応じた保険金額を

設定する。

　　遺族補償規程とは、次のようなものをいう。

　　死亡退職金規程、弔慰金規程、通勤途上災害補償規程、法定外労働災害規程、遺族年金規程、遺児育英年金規程、その他これらに準ずる規程

　　契約の締結に当たり、予めこれらの規程の提出を受け、保険金額を合理的に設定する。
③　超過付保の排除

　　同一法人で複数の保険会社と契約する場合もありうるので、「目的を同じくする他の保険契約の状況」について、契約申込書に記載し、超過付保を防ぐこととし、万一超過付保となった場合は契約解除権を行使できることになった。
④　保険金受取人と遺族の了知

　　総合福祉団体定期保険の保険金受取人は、原則として、上記②に掲げる規程に定める死亡退職金の受給者（つまり、被保険者の遺族）としているが、被保険者の同意を得て法人を受取人とすることも可能である。

　　これは、法人が支払う死亡退職金の財源確保のために加入する場合を想定していることによるのであるが、この場合には、遺族に保険金請求の内容について了知してもらうことになっている。
⑤　「ヒューマン・バリュー特約」（従業員の死亡等により発生する代替雇用者の採用、育成費用、企業が負担すべき費用（例えば、遺族の渡航費用、企業が負担する葬儀費用等）を補償することを目的とする特約）は、保険金受取人が、法人の場合に限られる。

　　この特約の保険金は、主契約の保険金の同額以下とし、その上限は2,000万円とされている。
3　総合福祉団体定期保険の概要
①　期間を1年、自動更新型の定期保険。
②　従業員が死亡又は所定の高度障害状態となったとき、企業が定める死亡退職金、弔慰金等に係る規程に定める額を上限として、

　　　　死亡保険金、高度障害保険金が支払われる。
　　　（注）企業が定める規程（2②に掲げる規程）上、高度障害補償がない場合には、高度障害保険金は支払われない。
　　③　保険金受取人は、原則として、被保険者の遺族。ただし、被保険者の同意を得て、法人を受取人とすることもできる（上記2④参照）。
　　④　「ヒューマン・バリュー特約」（上記2⑤参照）。
　　⑤　災害総合保障特約
　　　　不慮の事故による障害・入院給付。受取人は、上記③と同様の扱いとなる。
　　⑥　従前の団体定期保険契約は、平成9年4月1日以降の契約更新日から、総合福祉団体定期保険への切り替えが行われている。
(2) 団体定期保険の保険料に係る税務
　　①　団体定期保険契約の保険料に係る法人税の取扱いについては、概ね、法基通9-3-5（P1073）と同様である。
　　②　団体定期保険（総合福祉団体定期保険を含む）については、被保険者の中に退職者を含める場合であっても、その保険料の全部につき法基通9-3-5に準じた取扱いをするという個別通達がある（団体定期保険の被保険者に退職者を含める場合の保険料の税務上の取扱いについて・昭49直審3-59・P694参照）。
　　　　ただし、この取扱いは団体定期保険の保険料に限られるので、法人が、退職者を被保険者とする団体定期保険以外の保険料を負担する場合には、その事情等により、交際費又は寄附金に該当する場合があろう。

【編者注12】集団定期保険の仕組みとその税務
　1　集団定期保険の仕組み
　　①　集団定期保険は、個別の定期保険に集団扱特約を付し、ある一定数以上の集団（協同組合、商店会、チェーンストア等を含む）を対象とする保険である。
　　②　基本的特徴

　　　　i　危険選択は個人単位で行う個別定期保険である。
　　　　ii　一定の加入人員数以上になると保険料の割引がある。
　③　契約の形態
　　〔保険契約者〕集団の代表者
　　〔被保険者〕集団の会員（法人）の役員又は従業員（個人事業者が
　　　　　　　　会員の場合は、会員である事業主又はその従業員等）
　　〔保険金受取人〕集団の代表者、会員またはその家族
2　保険料の取扱い等
　①　法人契約の場合
　　　会員である法人が契約者となる場合には、その実質は、個別の定期保険契約と異なるところがないものと考えられるので、法基通9-3-5（定期保険に係る保険料・P1073）の取扱いと同様になる。
　　　なお、集団定期保険の場合には、解約等により返戻金等が生ずるので、その返戻金等については、現実にその返戻金等を受け入れた日の属する事業年度の益金に算入することになる。
　②　集団の代表者を契約者とする場合
　　　集団の代表者を契約者とし、会員である法人が、自己の役員又は従業員を被保険者として集団定期保険に加入する場合も、支払保険料及び返戻金等についての取扱いは、上記1と同様である。
　　（注）会員が個人事業主であるときには、事業主及びその家族を被保険者とする部分の保険料は家事費とされ、その他の従業員に係る保険料は事業所得の必要経費となる。

■参考：租税特別措置法関係通達61の4(1)-7
　（事業者に金銭等で支出する販売奨励金等の費用）
61の4(1)-7　法人が販売促進の目的で特定の地域の得意先である事業者【編者注1】に対して販売奨励金等として金銭又は事業用資産を交付する場合のその費用は、交際費等に該当しない。
　　ただし、その販売奨励金等として交付する金銭の全部又は一部が61の4(1)-15の(5)に掲げる交際費等の負担額【編者注2】として交付されるもの

である場合には、その負担額に相当する部分の金額についてはこの限りでない。(直近改・平19課法2-3)
(注) 法人が特約店等の従業員等（役員及び従業員をいう。以下同じ。）を被保険者とするいわゆる掛捨ての生命保険又は損害保険（役員、部課長その他特定の従業員等のみを被保険者とするものを除く【編者注3】。）の保険料を負担した場合の［、］その負担した金額は、販売奨励金等に該当する。

【編者注1】得意先である事業者の範囲
　本項の「得意先である事業者」とは、その奨励金等を支出する法人の直接の取引先だけではなく、例えば、その取引先が卸売業者である場合、その得意先である小売業者も含まれる。
　つまり、取引系列を同じくするものであれば、間接的支出も販売奨励金等として取り扱われる、とされている（小山真輝「法人税関係・措置法通達逐条解説」財経詳報社・P475参照）。

【編者注2】61の4(1)-15の(5)の負担額
　61の4(1)-15の(5)に掲げる交際費等の負担額とは、製造業者等が卸売業者に対し、その卸売業者が小売業者等を旅行・観劇等に招待する費用の全部又は一部を負担することをいう。

【編者注3】本項(注)カッコ書の趣旨（いわゆる「普遍的加入」の要件について）
　本項(注)カッコ書（いわゆる「普遍的加入」の要件）については、法基通9-3-4の編者注8②（P1055）参照。

■参考：役員退職慰労金規程（例）

〔出典：前掲「保険税務のすべて」P429〕

第1条　当会社の取締役又は監査役（以下役員という。）が退職したとき又は、分掌が大きく変更し、日常業務に関与しなくなったときは、株主総会の決議を経て、退職慰労金を支給することができる。
第2条　退職した役員に支給すべき退職慰労金は下の各号のうちいずれかの

額（以下基準額という。）の範囲内とする。
- 一 この規程に基づき取締役会が決定した金額にして、株主総会において承認された確定額
- 二 この規程に基づき計算すべき旨の株主総会の決議に従い、取締役会が決定した額。

第3条 役員退職慰労金の基準額は、次の各項目をそれぞれ乗じた額とする。
- 一 退任時最終報酬月額
- 二 役員在任期間（役員就任の月から退任の月までの年数）
- 三 退任時役位別倍率

退任時役位	倍率
取締役社長	
取締役副社長	
専務取締役	
常務取締役	
取締役	
監査役	

（注）上記の倍率は上限を「3」とし、順次逓減させていく形が好ましく思われるが、所轄の税務署か顧問税理士に事前に相談しておくことをお勧めする。

第4条 役員がその任期中に死亡しまたはやむをえない事由により退職したときは、任期中の残存期間を在任期間に加算し計算する。

第5条 特に功績顕著と認められる役員に対しては、第3条により計算した金額にその　％相当額を超えない功労加算をした額をもって第2条の基準額とすることができる。死亡時にはこの額の範囲内で死亡退職金を支払うことができる。

② 退職役員のうち、在任中特に重大な損害を会社に与えたものに対しては第3条により計算した金額を減額、又は支給しないことができる。

第6条 この規程は、退職した役員を相談役又は顧問等の名義をもって任用し、相当額の報酬を支給することを妨げるものでない。

第7条 この規定を執行するため、別途に○○保険相互会社と役員を被保険者とする生命保険契約を締結する。

②　役員が退職したときは退職慰労金の全部又は一部として、この保険契約上の名義を退職役員に変更の上保険証券を交付することがある。

　③　前項の場合、保険契約の評価額は解約返戻金と積立配当金の合計額とする。

第8条　この規程は、取締役会の決議をもって、随時、改正することができる。ただし、株主総会において決議を得た特定の役員に対して支給する退職慰労金は、決議当時の規定による。

第9条　この規程により支給する役員退職慰労金中には、使用人兼務役員に対し使用人として支給すべき退職給与金を含まない。

第10条　この規程は、平成　年　月　日から施行し、施行後に退職する役員に対して適用する。

【編者注】役員退職金慰労金規程について

　1　本規程と労働基準法等との関係

　　取締役又は監査役（以下「役員」）は、労働基準法、賃金の支払の確保等に関する法律に定める「労働者」に該当せず、退職慰労金は、これらの法律に定める「賃金」に該当しないから、原則として、本規程の内容がこれらの法律に抵触することはないとされる。

　2　本規程と会社法との関係

　①　会社法には「退職慰労金」を規定した条文はない。

　　会社法では、「退職慰労金」とは役員を退職した者に対し、会社から支払われる「報酬等」の金銭と解されている。

　②　会社が退職役員に対し、退職慰労金を支給するには、株主総会の決議が必要である（会社法361①・P1350参照）。

　　株主総会において、退職する役員ごとに支給する具体的な金額を決議する場合には、その決議のみで、退職した役員の会社に対する退職慰労金請求権が具体的に発生することになり、別に取締役会決議又は監査役の協議は不要である。

　　他方、株主総会においては、会社所定の一定の基準（例えば、本規程のようなもの）に従って算定される金額を支給することとし

て、役員ごとの具体的な支給額の決定を取締役会又は監査役の協議に一任するという内容の決議をする場合には、後日、取締役会又は監査役の協議により金額が定められることにより初めて具体的な退職慰労金請求権が発生することになる。
③　会社法上、退職役員に対する退職慰労金の支給には、上述のように株主総会の決議が絶対的な要件である。

　本規程があっても、同決議のない限り、退職役員は会社に対し退職慰労金の支払請求権を有しないのであるから、本規程の趣旨は、退職慰労金を支払う場合の算定方法等を定める取扱いに過ぎないと解される。

　この点は、労働者（使用人）に関する退職金規程と著しく異なる。労働者に関する退職金規程を置くことは、その規程自体が労働契約の内容の一部となり、その規程に定める事実が生じた場合には、当然に、労働者は会社に対し、退職金の支払請求権を有することになる。

3　役員退職慰労金と過大な役員退職金の判定

①　法人税の実務上、役員に支給した退職慰労金が、法人令70条2号に規定する相当な金額であるか否かの判定に当っては、一般的に、本規程3条のような、いわゆる功績倍率方式を基に行われている。

　この場合、課税庁は、相当な功績倍率として、一般的には、管内における同業種・同規模法人を複数選定し、その平均的な功績倍率を算出していることが多いようである（この方法は、判例・P904、裁決例・P1086においても採用されている）。

　このようなことから、功績倍率の設定に当っては、関係する情報を集め（例えば、役員退職金に関する各種の規程例や裁判例、裁決例等）、慎重に設定することが肝要であろう。

②　役員退職金の相当額は、原則的には、上記①のように功績倍率方式によるのであるが、最終月額報酬（退職時の報酬月額）が役員の在任期間を通じ、その会社に対する貢献を適正に反映していな

いなど特段の事情があり、特に最終報酬額が低額であるようなときには、功績倍率法による算定は妥当でない。

このような場合には、「1年当たり平均法」により役員退職金を算出することが合理的であるとする裁決例（後掲）がある。

「1年当たり平均法」とは、同業種・同規模法人の役員退職金を複数選定し、各々につき、退職金の総額を役員在職年数で除して得た金額の平均額（単純平均額のようである）をもって、退職した役員の1年当たり退職金とみなし、これにその役員の在任年数を乗じて得た金額を相当な役員退職金とする、という方法である。

この方法による場合には、納税者においてその必要性及び相当性を主張・立証することを要するものと思われる。

■参考：裁決例「役員退職時の報酬月額が職務内容等からみて著しく低額であるなど、最終報酬月額を基礎とする功績倍率方式による算出退職金額が不合理であるなど特段の事情がある場合には、最終報酬月額を基礎としない『1年当たりの退職給与の額』によって、相当な役員退職金を算定することも認められる、とした事例」（昭61.9.1裁決　国裁例集昭和61年第2 No32-9　ＴＫＣ法律情報データベース・文献番号26009520）

《事案の概要》

1　審査請求人（納税者）は塗装工事業を営む同族会社で、昭和56年8月期の事業年度（以下「昭和56年8月期」という）において、退職した取締役甲及び乙に対し、それぞれ15,552,000円及び16,632,000円、合計32,184,000円の役員退職給与（以下「本件役員退職給与」という）を支給する旨の決議（56.8.4臨時株主総会決議）をし、同8月31日にこれらを支給し、その全額を損金の額に算入した。

2　原処分庁は、本件役員退職給与のうち、甲分については5,100,000円を超える10,452,000円、乙分については5,720,000円を超える10,912,000円をそれぞれ法人税法36条（現行法人法34条2項、同法人令70条2号）に規定する不相

当に高額な役員退職金に当たるとして損金不算入の更正処分をした。

《請求人の主張》（要旨）
1　本件役員退職給与は、請求人の取締役として長期間職人よりも低額の報酬を受けながら会社の発展に貢献した退職役員らの功績に報いるため、次のように算定したものである。
①　退職慰労金（以下「本件退職慰労金」という。）
　　退職役員らの最終報酬月額に勤務年数を乗じ、これに請求人が任意に決定した功績倍率を乗じて計算した金額
　甲分　100,000円（最終報酬月額）×17年（勤続年数）×3倍（功績倍率）
　　　　＝5,100,000円
　乙分　220,000円（最終報酬月額）×13年（勤続年数）×2倍（功績倍率）
　　　　＝5,720,000円
②　退職功労金（以下「本件退職功労金」という。）
　　退職役員らの勤続期間中における職人の平均賃金月額と、同期間中における退職役員らの平均報酬月額との差額に調整率を乗じ、これに退職役員らの勤続期間の月数を乗じて計算した金額
　（注）功労金計算の基礎金額

	甲	乙
期間中の職人の平均賃金月額	227,500円	222,500円
期間中の役員報酬月額の平均	94,860円	149,270円
功労金月額の基礎	132,640円	73,230円
調整率	40%	─
調整後の功労金月額	53,056円	73,230円

　　※　甲の調整率は、高齢であることから、職人より生産性が低いことによる。

　甲分：53,056円×197月＝10,452,000円
　乙分：73,230円×149月＝10,912,000円
2　原処分庁は、本件役員退職給与のうち本件退職功労金（上記1②参照）については、法人税法36条に規定する不相当に高額な部分の金額に当たる旨主張するが、本件役員退職給与（上記「事案の概要」1参照）のうち不相当

に高額な部分の金額があるかどうかの判定は、本件退職功労金を含めた本件役員退職給与の全額を対象として判断すべきであり、次のいずれかの方法によって算出した金額のうち、いずれか高額となる金額を退職役員らの退職給与の相当額とし、これを超える部分の金額を不相当に高額な部分の金額とすべきである。

ア　平均功績倍率法

役員に対する退職給与が支給されている他の法人で、請求人と同種の事業を営み、その事業規模が類似する法人（以下「類似法人」という）を選定した上、その平均功績倍率（退職役員給与額を、退職役員の最終報酬月額に勤続年数を乗じた額で除して得た倍率（以下「功績倍率」という）の平均値をいう。以下同じ）に、退職役員らの最終報酬月額及び勤続年数を乗じて算出する方法（以下「平均功績倍率法」という）。

イ　1年当たり平均法

類似法人（上記ア参照）における退職役員の退職給与の額を、その勤続年数で除して得た額（以下「1年当たり退職給与の額」という）の平均額に、退職役員らの勤続年数を乗じて算出する方法（以下「1年当たり平均法」という）。

《原処分庁の主張（要旨）》

1　請求人が本件退職慰労金［請求人の主張1①参照］の計算の基礎とした退職役員らの最終報酬月額は、請求人と退職役員らとの間の委任契約により任意に取り決められた適正なものであり、また、同じく請求人が計算の基礎とした功績倍率は、最終報酬月額と勤続年数以外で役員退職給与の額の算定に影響を及ぼす一切の事情の総合評価と考えるべきもので、退職役員らの請求人に対する功績の度合いを係数化したものといえる。

そうすると、これらの数値を基礎として算出された本件退職慰労金には、退職役員らの功績を評価した功労部分の金額も含まれていると認めるのが相当であるから、請求人には、別途算出した本件退職功労金［請求人の主張1②参照］を退職役員らに加算して支給すべき合理的理由がない。

2　請求人主張の1年当たり平均法は、役員退職給与の額の算定の重要な要

素である最終報酬月額が考慮されないこととなるため、平均功績倍率法に比べて合理性を欠くと認められることから、この方法によることはできない。
3　株式会社政経研究所（以下「政経研究所」という）が、昭和58年1月現在で調査した類似法人（3社）の平均功績倍率は2.3倍となっており、本件更正処分はこれを基に計算した金額の範囲内であるからその処分は適法である。

《判断（要旨）》

※編者注：1、2等の付番は編者が適宜付したものであり、［　］は編注である。
　本件役員退職給与［事案の概要1参照］のうちに法人税法第36条［現行34条2項］に規定する不相当に高額な部分の金額があるか否かについて争いがあるので審理したところ、次のとおりである。
1　同法施行令［法人令］第72条《過大な役員退職給与の額》［現行70条2号］は、同法［法人法］第36条［現行34条2項］に規定する不相当に高額な部分の金額は、その退職役員の業務従事期間、退職の事情、その法人と同種の事業を営む法人でその事業規模が類似するものの役員に対する退職給与の支給状況等に照らし、その退職した役員に対する退職給与として相当であると認められる金額を超える場合におけるその超える部分の金額とする旨規定している。
2　これらの規定によれば、請求人が退職役員らに支給した本件役員退職給与のうちに不相当に高額な部分の金額があるかどうかを判断するためには、本件役員退職給与［事案の概要1参照］の全額を対象として、退職役員らの業務に従事した期間及びその退職の事情を考慮するとともに、類似法人の役員に対する退職給与の支給の状況等を比較して検討しなければならず、この場合の具体的な検討の方法としては、
　①まず、退職役員給与の支給がある類似法人を合理的な基準によって選定し、
　②次に、その類似法人の退職した役員の「勤続年数」、「退職給与の額」及び「適正報酬月額」等の数値を求め、
　　これら数値から合理的と認められる方法によって検討するのが相当と認

められる。

3 原処分庁は、本件退職慰労金［請求人の主張1①参照］は退職役員らの功績を評価して算定された相当な金額であるとして、請求人が別途加算した本件退職功労金［請求人の主張1②参照］は不相当に高額な部分の金額である旨主張する。

しかしながら、役員退職給与のうちに不相当に高額な部分の金額があるかどうかは、前記1に記載したとおり、その支給の内訳のいかんを問わず、その支給の全額を対象とし、類似法人の役員退職給与の支給状況等と比較して判断すべきであるから、この点に関する原処分庁の判断は、前記1の法令等の解釈として妥当性を欠いたものと認められる。

4 次に、原処分庁は、仮に本件役員退職給与［事案の概要1参照］の金額を対象として不相当に高額な部分の金額を算定したとしても更正処分は適法である旨主張し、類似法人3社の役員退職給与の支給状況等から得られた平均功績倍率に基づき退職役員らの退職給与の相当額を算定しているので、この類似法人3社が、請求人の類似法人として合理的な基準によって選定されているかどうかにつき検討したところ、次のとおりである。

① 類似法人3社は、［中略］、請求人の事業規模に比較してかなり大きいものであることが推認される。また、請求人の本店所在地はC県D市であるところ、類似法人3社のそれは不明であり、地域的類似性も何ら考慮されなかったことがうかがわれ、加えて、類似法人3社の営む事業は、日本産業分類の大分類である建設業であることから、業種の類似性の判断についても厳格さを欠くきらいがあったものと認められる。

② したがって、原処分庁が本件出版物［原処分庁の主張3参照］に基づき選定した類似法人3社は、他に類似法人の選定方法がない場合は別として、法人税法第36条及び同法施行令第72条が予定する類似法人としては、選定の合理性に問題があるものと言わざるを得ず、類似法人3社の数値から退職役員らの退職給与の相当額を判断するのは相当ではない。

5 そこで、当審判所は、［中略］、次の方法により、新たに類似法人として別表4［省略］に記載する5社（以下「類似法人5社」という。）を選定した。

① E国税局が有する資料に基づき、同局管内で職別土木事業を営む法人の

うち昭和56年1月1日から昭和59年12月31日までの間に役員退職給与の支給のある法人56社を選定した。
② 次に、前記①の法人のうち請求人と同様にD市内に本店を有し、かつ、次のすべての基準に該当する法人について調査し、類似法人5社を選定したものである。
 i 役員退職給与を支給した日の属する事業年度のうち
   売上金額が2,000万円超6,000万円未満のもの
   資本金額が100万円超2,000万円未満のもの
   従業員数が10人以下のもの
 ii 上記iに該当する法人の退職役員のうち
   勤続年数が10年以上40年未満のもの
   退職の事情が自己都合によるもの
6 次に、前記5により選定した類似法人5社の役員退職給与の支給状況等から得られる数値のうち、どのような数値を用いて退職役員らの退職給与の相当額を算定するのが合理的であるかについて検討したところ、次のとおりである。
① 一般に、役員退職給与の相当額を算定する方法としては、類似法人の功績倍率を用いて算定する方法[、]及び1年当たりの退職給与の額を用いて算定する方法がある[請求人の主張2ア及びイ参照]。
② ところで、役員退職給与の額は、通常、その役員の会社に対する功績が最も反映される勤続年数及び最終報酬月額を基礎として算出されていると認められるところ、功績倍率を用いて算定する方法は、この勤続年数及び最終報酬月額をその計算の基礎としているから、一般的には役員退職給与の相当額の算定方法としては妥当なものであると解されるが、最終報酬月額が役員の在職期間を通じての会社に対する功績を適正に反映したものでない場合、例えば、長年、代表取締役として会社の中枢にあった者が、退職時は非常勤役員となっておりその報酬月額が減額されている場合、あるいは、退職時の報酬月額がその役員の在職期間中の職務内容等からみて著しく低額であると認められる場合には、功績倍率は最終報酬月額に大きく左右される結果著しく高率となる[低額である最終報酬月額をベースとして

相当な退職金額を算出しようとすると、功績倍率が高率なものとなる意〕から、比較そのものが不合理なものとならざるを得ない。
③ したがって、このような特段の事情がある場合には、最終報酬月額を基礎とする功績倍率を用いて算定する方法は妥当ではなく、最終報酬月額を計算の基礎としない１年当たりの退職給与の額によって算定するのがより合理的な方法と認められる。
7 当審判所が、請求人から提出された退職役員らに対する報酬の支給状況等に関する資料及び原処分関係資料を調査したところよによれば、次の事実が認められる。
① 甲は、昭和11年１月に丙店を創立して以来その経営に従事してきたが、昭和40年４月いわゆる法人成りにより請求人を設立後は、その取締役として請求人の経営に従事する一方、使用人と同様に現場作業にも従事し、請求人の発展に貢献してきたこと。

また、この間の同人の報酬は、昭和40年４月が71,000円、最高は退職時の100,000円で、その平均額は84,451円であり、同期間中における職人の平均賃金月額は227,500円であったこと。
② 乙は、昭和33年12月から使用人として丙店に勤務していたが、請求人設立後は甲と同様取締役に就任し、請求人の経営に従事する一方現場作業にも従事し、請求人の発展に貢献してきたこと。

また、この間の同人の報酬は、昭和40年４月が100,000円、最高は退職時の220,000円で、その平均額は131,469円であり、同期間中における職人の平均賃金月額は222,500円であったこと。
8 前記７の事実によれば、退職役員らの最終報酬月額は、いずれもその在任中の職内容等からみて著しく低額であると認められるから、本件の場合、類似法人５社の功績倍率を用いて退職役員らの退職給与の相当額を算定するよりは、その１年当たりの退職給与の額を用いて算定するのがより合理的な方法と認められる。

また、この場合の具体的な方法としては、請求人の事業規模が類似法人５社のそれと比較してほぼ中程度であると認められることから、類似法人５社の１年当たり退職給与の平均額を基礎とする１年当たり平均法による

のが相当である。

9　そこで、当審判所が類似法人5社の1年当たりの退職給与の平均額1,632,764円を基礎として、1年当たり平均額法により退職役員らの退職給与の相当額を算定したところ、別表5［略。概要は下記参照］のとおり、甲27,603,988円、乙21,108,932円となり、これらの金額はいずれも退職役員らに支給された本件役員退職給与の額を上回る。

10　そうすると、本件役員退職給与のうちには、法人税法36条に規定する不相当に高額な部分の金額はないこととなるから、更正処分はその全部を取り消すべきである。

〈参考〉別表5の概要

(単位：円)

類似法人	退職時役職	勤続年数	退職給与額	最終月額報酬	功績倍率	1年当退職給与額
a	取締役	17	25,000,000	100,000	14.71	1,470,588
b	同　上	30	35,000,000	600,000	1.940	1,166,667
c	同　上	32	74,400,000	800,000	2.910	2,325,000
d	同　上	36	40,000,000	430,000	2.580	1,111,111
e	同　上	36	45,000,000	500,000	4.090	2,045,455
5社平均	同　上			486,000	5.250	1,623,764

第6節 長期平準定期保険・逓増定期保険に係る保険料の損金算入等に関連する法人税の各条項

（法人税関係個別通達）

◇**法人が支払う長期平準定期保険等の保険料の取扱いについて**（昭62直法2-2、直近改・平20課法2-3）

※編者注：文中の ｜ ｜ の部分は、平20課法2-3による改正箇所である。各改正箇所の従前の文言は、脚注に「※従前、〈 〉」で表示した。

標題のことについては、当面下記により取り扱うこととしたから、これによられたい。

（趣　旨）

定期保険は、満期保険金のない生命保険であるが、その支払う保険料が平準化されているため、保険期間の前半において支払う保険料の中に前払保険料が含まれている。

特に保険期間が長期にわたる定期保険や［、］保険期間中に保険金額が逓増する定期保険は、当該保険の保険期間の前半において支払う保険料の中に相当多額の前払保険料が含まれていることから、その支払保険料の損金算入時期等に関する取扱いの適正化を図ることとしたものである。

記

1　対象とする定期保険の範囲

この通達に定める取扱いの対象とする定期保険は、法人が、自己を契約者とし、役員又は使用人（これらの者の親族を含む。）を被保険者として加入した定期保険（一定期間内における被保険者の死亡を保険事故とする生命保険をいい、障害特約等の特約の付されているものを含む【編者注1】。以下同じ。）のうち、次に掲げる長期平準定期保険及び逓増定期保険（以下これらを「長期平準定期保険等」という。）とする。

(1) 長期平準定期保険【編者注2、3】
　（その保険期間満了の時における被保険者の年齢が70歳を超え、かつ、当該保険に加入した時における被保険者の年齢に［、］保険期間の2倍に相当する数を加えた数が105を超えるものをいい、(2)に該当するものを除く。）
(2) 逓増定期保険【編者注2】
　（保険期間の経過により保険金額が5倍までの範囲で増加する定期保険のうち、その保険期間満了の時における被保険者の年齢が｛45歳を｝※超えるものをいう。）
　　（注）「保険に加入した時における被保険者の年齢」とは、保険契約証書に記載されている契約年齢をいい、「保険期間満了の時における被保険者の年齢」とは、契約年齢に保険期間の年数を加えた数に相当する年齢をいう。

※　従前、〈60歳を超え、かつ、当該保険に加入した時における被保険者の年齢に保険期間の2倍に相当する数を加えた数が90を〉

2　長期平準定期保険等に係る保険料の損金算入時期

　法人が長期平準定期保険等［上記1本文参照。編注］に加入してその保険料【編者注4】を支払った場合（役員又は部課長その他特定の使用人（これらの者の親族を含む。）のみを被保険者とし、死亡保険金の受取人を被保険者の遺族としているため、その保険料の額が当該役員又は使用人に対する給与となる場合を除く【編者注5】。）には、**法人税基本通達9-3-5**［定期保険に係る保険料・P1073参照。編注］**及び9-3-6**《定期保険に係る保険料等［定期付養老保険に係る保険料・P1104参照。編注］》にかかわらず、次により取り扱うものとする。
(1) 次表に定める区分に応じ、それぞれ次表に定める前払期間を経過するまでの期間にあっては、各年の支払保険料の額のうち次表に定める資産計上額を前払金等として資産に計上し、残額については、**一般の定期保険**（法人税基本通達9-3-5［定期保険に係る保険料・P1073参照。編注］の適用対象となる定期保険をいう。以下同じ。）**の保険料の取扱いの例により損金の額に算入する【編者注6、7】。**

〔前払期間、資産計上額等の表〕

種　類	区　　分	前払期間	資産計上額
長期平準定期保険	保険期間満了の時における被保険者の年齢が70歳を超え、かつ、当該保険に加入した時における被保険者の年齢に保険期間の2倍に相当する数を加えた数が105を超えるもの	保険期間の開始の時から当該保険期間の60％に相当する期間	支払保険料の2分の1に相当する金額
逓増定期保険	① 保険期間満了の時における被保険者の年齢が |45歳|※1を超えるもの（②又は③に該当するものを除く。）	保険期間の開始の時から当該保険期間の60％に相当する期間	支払保険料の2分の1に相当する金額
	② 保険期間満了の時における被保険者の年齢が70歳を超え、かつ、当該保険に加入した時における被保険者の年齢に保険期間の2倍に相当する数を加えた数が |95|※2を超えるもの（③に該当するものを除く。）	同　上	支払保険料の3分の2に相当する金額
	③ 保険期間満了の時における被保険者の年齢が80歳を超え、かつ、当該保険に加入した時における被保険者の年齢に保険期間の2倍に相当する数を加えた数が120を超えるもの	同　上	支払保険料の4分の3に相当する金額

（注）前払期間に1年未満の端数がある場合には、その端数を切り捨てた期間を前払期間とする。

※1　従前、〈60歳を超え、かつ、当該保険に加入した時における被保険者の年齢に保険期間の2倍に相当する数を加えた数が90〉

※2　従前、〈105〉

(2) 保険期間のうち前払期間を経過した後の期間にあっては、各年の支払保険料の額を一般の定期保険［上記(1)本文参照。編注］の保険料の取扱いの例により損金の額に算入するとともに、(1)により資産に計上した前払金等の累積額を［、］その期間［前払期間を経過した後の期間。編注］の経過に応じ取り崩して損金の額に算入する【編者注6、7】。

（注1）保険期間の全部又はその数年分の保険料をまとめて支払った場合には、いっ

たんその保険料の全部を前払金として資産に計上し、その支払の対象となった期間（全保険期間分の保険料の合計額を［、］その全保険期間を下回る一定の期間に分割して支払う場合には、その全保険期間とする【編者注8】。）の経過に応ずる経過期間分の保険料について、(1)又は(2)の処理を行うことに留意する。

(注2) 養老保険等に付された長期平準定期保険等特約（特約の内容が長期平準定期保険等［本通達1本文参照。編注］と同様のものをいう。）に係る保険料が［、］主契約たる当該養老保険等に係る保険料と区分されている場合には、当該特約に係る保険料［特約である長期平準定期保険等の保険料。編注］についてこの通達に定める取扱いの適用があることに留意する【編者注2】。

《経過的取扱い》逓増定期保険に係る改正通達の適用時期

｛この法令解釈通達による改正後の取扱いは［、］平成20年2月28日以後の契約に係る改正後の1(2)に定める逓増定期保険（2(2)の注2の適用を受けるものを含む。）の保険料について適用し、同日前の契約に係る改正前の1(2)に定める逓増定期保険の保険料については、なお従前の例による【編者注9】。｝※

※ 従前、〈3　既契約分の取扱い

平成8年9月1日以前の契約に係る逓増定期保険（上記2の(2)の注2の適用を受けるものを含む。）の保険料については、同日以後にその支払期日が到来するものにつきこの通達の取扱いを適用する。〉

【編者注1】傷害特約等の特約の保険料の取扱い

　この取扱いの対象となるのは、本通達1に掲げる長期平準定期保険、及び逓増定期保険の主契約部分であり、これらの保険契約に傷害特約等の特約が付されていても、その特約部分の保険料については、本通達では何ら触れていないことから、原則的取扱いである法基通9-3-6の2（P1106参照）の取扱いを受けることになる（前掲「保険税務のすべて」・P169参照）。

つまり、主契約の保険料と傷害特約等の保険料とは、損金算入方法等が異なる扱いになる。

(注) 本通達1カッコ書にいう「障害特約」等の特約とは、「傷害特約」（障害給付金の支払を行うもの）等の特約をいうものと思われる。なお、傷害特約による障害給付金と、定期保険に係る高度障害保険金（所定の障害状態となった時に、死亡保険金と同額を高度障害保険金として支払うもの、定期保険普通保険約款(例)2条・P1423参照）とは異なる。

【編者注2】長期平準定期保険、逓増定期保険の内容

① 長期平準定期保険とは、保険期間が長期の定期保険で、その保険期間内の各保険料払込期日における払込保険料額が、全保険期間を通じて定額であるものをいう。

このことから、保険期間の前半の保険料中には、いわば前払保険料に相当する金額が含まれており、保険期間の中途で解約等をする場合には、相当額の解約返戻金の支払を受けることになる（一般的な定期保険は保険期間が、例えば、1年、5年、10年等比較的短期であることから、通常は課税上問題とする程の解約返戻金等は生じない。保険期間が相当長期であっても、約定上、解約返戻金等の支払がない定期保険は、本通達の対象となることはないとされている。次の編者注3参照）。

② 逓増定期保険とは、満期保険金のない定期生命保険で、保険金間の経過により、保険金額が5倍までの範囲で増加する保険で、中途解約の場合には相当多額の解約返戻金等の支払が受けられるものである。

保険金の逓増率や最高倍率、中途解約返戻率や最高解約返戻率には、各保険会社の商品によって異なる。

③ 上記①及び②の保険は、単体商品だけでなく、養老保険又は終身保険などに特約として付加されることもある。これら主契約に付加された特約に係る保険料についても、主契約とは切り離し、本通達の取扱いの対象となる（本通達2(2)(注)2参照）。

【編者注3】長期の定期保険であっても、本通達に該当しないもの

保険期間が相当長期である定期保険については、被保険者の加入

年齢によっては、形式的にはこの通達に該当するような場合もあり得る。

しかし、このような場合においても、その定期保険が保険料掛捨てのもので、保険期間中における解約等の場合に解約返戻金等の支払がないものについては、この通達を適用せず、通常の定期保険に係る保険料の取扱いをするとされている（「質疑応答事例」・P1101参照）。

【編者注４】特別条件付保険特約の保険料の取扱い

特別保険料（被保険者の健康状態等によって払込む割増保険料）がある場合の取扱いについては、法基通9-3-4の編者注２（P1049）参照。

【編者注５】本通達２の本文カッコ書の趣旨

役員又は特定の使用人のみを対象（被保険者）として、定期保険に加入し、保険金受取人が被保険者の遺族である場合には、その保険料は法基通9-3-5(2)ただし書により、被保険者である役員又は使用人に対する給与の支払として取り扱われている（同9-3-5・P1073、同編者注７・P1075参照）。

本通達２の本文カッコ書の趣旨は、本通達１(1)又は(2)に該当する長期平準定期保険又は逓増定期保険であっても、その保険料が上記により給与として扱われる場合には、法基通9-3-5の取扱いを優先させ、本通達の取扱いの対象外とすることを確認したものである。

保険料が給与となる場合においては、実際に保険料の支払が行われる都度、保険料に相当する金額の給与の支払があったものとされるのであるから、本通達２(2)(注)にいう保険料の一時払等に係る取扱いも、適用外となることは明らかである。

【編者注６】長期平準定期保険の損金算入額等の計算

《設　例》

◇契約者・保険金受取人：法人

◇被保険者：役員

◇契約内容：85歳満期、60歳契約

◇年間保険料：主契約保険料45万円、特約保険料５万円

・　通達２(1)該当の検討 → 60歳＋（85歳－60歳）×２＝110

※該当する。
- 保険期間の60％に相当する期間 → （85歳－60歳）×0.6＝15年
- 当初の15年間の処理（単位：円）
  （借方）定期保険料　225,000　（貸方）現預金　500,000
  　　　　特約保険料　 50,000
  　　　　前払保険料　225,000
- 16年以降の10年間の処理
  （借方）定期保険料　450,000　（貸方）現預金　　500,000
  　　　　特約保険料　 50,000　　　　　前払保険料　337,500
  　　　　定期保険料　337,500
  ※当初15年間の前払保険料の累計額
  　→ 225,000円×15年＝3,375,000円
  　　1年当たり取崩額：3,375,000÷10年＝337,500円

【編者注7】逓増定期保険の損金算入額等の計算

《設　例》

◇契約者・保険金受取人：法人
◇被保険者：役員
◇契約内容：80歳満期、50歳契約
◇年間保険料：120万円
- 通達2(2)該当の検討 → 50歳＋（80歳－50歳）×2＝110
  ※該当する。
- 保険期間の60％に相当する期間 → （80歳－50歳）×0.6＝18年
- 当初の18年間の処理（単位：円）
  （借方）定期保険料　 400,000　（貸方）　現預金　1,200,000
  　　　　前払保険料　 800,000
  　　　　※損金算入割合1／3
- 18年以降の12年間の処理
  （借方）定期保険料　1,200,000　（貸方）現預金　1,200,000
  　　　　定期保険料　1,200,000　　　　　前払保険　1,200,000
  　　　　※当初18年間の前払保険料の累計額

→ 800,000円×18年＝14,400,000円

１年当たり取崩額：14,400,000÷12年＝1,200,000円

【編者注8】本通達２(2)(注)１の趣旨

① 一時払保険料又は全期前納保険料

　これらの保険料については、その保険契約の全保険期間に単純期間按分し、１年当たり保険料額を計算する。

② 短期払保険料

　保険料払込期間が保険期間よりも短い場合、１年当たりの保険料額の計算については、法基通2-2-12の編者注(6)①（P1035）参照。

③ 保険料の一部を前払する場合（年払又は半年払を除く）

　保険料の数年分を一括して支払ったような場合には、支払保険料の額を、その保険料の支払の対象となった期間で除して１年当たり保険料を計算する

【編者注9】平成20年改正の適用関係

　平成20年における改正は、専ら逓増定期保険に係る事項の改正で、長期平準定期保険に関する事項の改正はない。

　逓増定期保険の改正事項の適用は、平成20年２月28日以後に契約するものについてのみ適用され、同日前の契約に係るものについては、従前どおりの取扱いとなっている。

■参考：質疑応答事例「解約返戻金のない定期保険の取扱い」（国税庁ホームページ）

※編者注：長期の定期保険で、外形的には「長期平準定期保険」に該当するときであっても、通常の定期保険に係る保険料の取扱いをする場合

《照会要旨》

　法人が自己を契約者及び保険金受取人とし、役員又は従業員を被保険者として次のような内容の定期保険に加入した場合には、被保険者の加入年齢等によっては長期平準定期保険の要件に該当するときもありますが、契約者である法人の払い込む保険料は、定期保険の原則的な処理に従って、その支払

時に損金の額に算入して差し支えないでしょうか。
（定期保険の内容）
1　保険事故及び保険金
　　・被保険者が死亡した場合：死亡保険金
　　・被保険者が高度障害状態に該当した場合：高度障害保険金
2　保険期間と契約年齢

保険期間	加入年齢	保険期間	加入年齢
30歳満了	0歳から50歳まで	75歳満了	0歳から70歳まで
70歳満了	0歳から65歳まで	80歳満了	0歳から75歳まで

3　保険料払込期間
　保険期間と同一期間（短期払込はない）
4　払戻金
　この保険は掛捨てで、いわゆる満期保険金はありません。また、契約失効、契約解除、解約、保険金の減額及び保険期間の変更等によっても、金銭の払戻しはありません。
（注）傷害特約等が付された場合も解約返戻金等の支払は一切ありません。

《回答要旨》
　契約者である法人の払い込む保険料は、その支払時に損金の額に算入することが認められます。
（理　由）
1　定期保険の税務上の取扱い
　定期保険は、養老保険と異なり満期返戻金や配当金がないことから、その支払保険料については、原則として、資産に計上することを要せず、その支払時に支払保険料、福利厚生費又は給与として損金の額に算入することとされています（法人税基本通達9-3-5）。
　ただし、定期保険といっても、保険期間が非常に長期に設定されている場合には、年を経るに従って事故発生率が高くなるため、本来は保険料は年を経るに従って高額になりますが、実際の支払保険料は、その長期の保険期間にわたって平準化して算定されることから、保険期間の前半において支払う

保険料の中に相当多額の前払保険料が含まれることとなります。

このため、例えば、保険期間の前半に中途解約をしたような場合は、支払保険料の相当部分が解約返戻金として契約者に支払われることになり、支払保険料を支払時に損金算入することに課税上の問題が生じます。

そこで、このような問題を是正するため、一定の要件を満たす長期平準定期保険の保険料については、保険期間の60％に相当する期間に支払う保険料の2分の1相当額を前払保険料等として資産計上することとされています（平8.7.4付課法2-3、平20.2.28付課法2-3による改正後の昭62.6.16付直法2-2「法人が支払う長期平準定期保険等の保険料の取扱いについて」通達参照）。

(注) 長期平準定期保険とは、その保険期間満了の時における被保険者の年齢が70歳を超え、かつ、当該保険に加入した時における被保険者の年齢に保険期間の2倍に相当する数を加えた数が105を超えるものをいいます。

2 解約返戻金のない定期保険の取扱い

本件の定期保険についても、加入年齢によっては、上記の長期平準定期保険の要件に該当する場合がありますが、当該定期保険は、その契約内容によると、支払保険料は掛け捨てで、契約失効、契約解除、解約、保険金の減額及び保険期間の変更等があっても、一切解約返戻金等の支払はなく、純粋な保障のみを目的とした商品となっています。

したがって、当該定期保険については、保険料の支払時の損金算入による税効果を利用して、一方で簿外資金を留保するといった、課税上の問題は生じることもなく、また、長期平準定期保険の取扱いは本件のような解約返戻金の支払が一切ないものを対象とする趣旨ではありません。

このため、本件定期保険については、長期平準定期保険の取扱いを適用せず、定期保険の一般的な取扱い（法人税基本通達9-3-5）に従って、その支払った保険料の額は、期間の経過に応じて損金の額に算入して差し支えないものと考えられます。

第7節 定期付養老保険に係る保険料の損金算入等に関連する法人税の各条項

法人税基本通達

（定期付養老保険に係る保険料）

9-3-6　法人が、自己を契約者とし、役員又は使用人（これらの者の親族を含む。）を被保険者とする定期付養老保険（養老保険［法基通9-3-4・P1048参照。編注］に定期保険［法基通9-3-5・P1073参照。編注］を付したものをいう［傷害特約等の特約が付されているものを含む。同9-3-4及び9-3-5参照。編注］。以下9-3-7までにおいて同じ。）に加入してその保険料【編者注1】を支払った場合には、その支払った保険料の額（傷害特約等の特約に係る保険料の額を除く【編者注2】。）については、次に掲げる場合の区分に応じ、それぞれ次により取り扱うものとする【編者注3】。（直近改・昭59直法2-3）

(1) 当該保険料の額が［、］生命保険証券等【編者注4】において養老保険に係る保険料の額と［、］定期保険に係る保険料の額とに区分されている場合

　　それぞれの保険料の額について9-3-4［P1048参照。編注］又は9-3-5［P1073参照。編注］の例による。

(2) (1)以外の場合

　　その保険料の額について9-3-4の例による【編者注5】。

【編者注1】特別条件付保険特約の保険料の取扱い

　　特別保険料（被保険者の健康状態等によって払込む割増保険料）がある場合の取扱いについては、法基通9-3-4の編者注2（P1049）参照。

【編者注2】傷害特約等の特約保険料の取扱い

　　傷害特約等の特約に係る保険料については、法基通9-3-6の2（P1106参照）の取扱いとなる。

【編者注3】既契約の養老保険に定期保険を付した場合

既に契約している養老保険に、その保険期間の中途で定期保険を付加するような場合においても、本項の取扱いは変わらない。

【編者注4】保険証券等の範囲

本項(1)にいう保険証券等とは、養老保険と定期保険のそれぞれの部分の保険料が客観的に明らかになっている書面をいうものと考えられるので、必ずしも保険証券に限られず、保険料払込案内書等でもよいとされている。

【編者注5】保険料が区分されていない場合

養老保険部分と定期保険部分の保険料が区分されていない場合には、その保険料の全部が養老保険の保険料として取り扱われることから、保険料の全額を資産計上することになる。

| 第8節 | 傷害特約等に係る保険料の損金算入等に関連する法人税の各条項 |

法人税基本通達

（傷害特約等に係る保険料）

9-3-6の2　法人が、自己を契約者とし、役員又は使用人（これらの者の親族を含む。）を被保険者とする傷害特約等の特約【編者注1】を付した養老保険［法基通9-3-4・P1048参照］、定期保険［法基通9-3-5・P1073参照］又は定期付養老保険［法基通9-3-6・P1104参照］に加入し、当該特約に係る保険料【編者注2】を支払った場合には、その支払った保険料の額は、期間の経過に応じて損金の額に算入することができる【編者注3、4、5】。

　ただし、役員又は部課長その他特定の使用人（これらの者の親族を含む。）のみを傷害特約等に係る給付金の受取人としている場合には、当該保険料の額は、当該役員又は使用人に対する給与とする【編者注6】。（昭59直法2-3追加）

【編者注1】傷害特約等の特約の例
　　傷害特約等の特約の例については、法基通9-3-4の編者注1②（P1049）参照。
【編者注2】特別条件付保険特約の保険料の取扱い
　　特別保険料（被保険者の健康状態等によって払込む割増保険料）がある場合の取扱いについては、法基通9-3-4の編者注2（P1049）参照。
【編者注3】本項の趣旨等
　　傷害特約等の特約は、主契約に付加して契約するものであるが、主契約とは別に保険料の払込、無効・失効・消滅、特約給付金の受取人等が規定されており（給付特約に関する特則(例)・P1389参照）、満期返戻金及び解約返戻金等は予定されていない。

これらのことから、傷害特約等の特約に係る保険料については、主契約の保険料とは切り離し、原則的には、定期保険に係る保険料に準じた取扱いをしようというものである。

【編者注4】本項本文に該当する場合
① 普遍的加入要件を具備する場合
　役員及び使用人の全部を対象とするなど、いわゆる普遍的加入要件を備えている場合（法基通9-3-4の編者注8②・P1055参照）には、特約に係る給付金の受取人が誰であるかを問わず（つまり、受取人が法人であっても、被保険者であっても）、期間の経過に応じて（例えば、月払保険料等については、その支払時の）損金とすることができる。
② 特約の給付金の受取人を法人とする場合
　特約に係る給付金の受取人を契約者である法人とする場合には、仮に、役員又は特定の使用人のみを対象とするときであっても、その保険料は上記①と同様の扱いとなる。
　（注）傷害特約等の特約に係る給付金の受取人は、契約により契約者、被保険者又は死亡保険金受取人のいずれかとすることができる。この詳細については、給付特約付加に関する特則16条の編者注（P1391）参照。

【編者注5】特約保険料を資産計上した場合
　本項本文は「損金の額に算入することができる」とし、「算入する」とはしていない。つまり、特約保険料の法人税上の取扱いについては、納税者の選択に任されていることになる。
　このことからすると、一度資産に計上した保険料部分については、損金に算入していなかったことを理由として、更正の請求をすることはできないものと考えられる。

【編者注6】本項ただし書に該当する場合
① 特約給付金の受取人を役員又は特定の使用人としている場合
　普遍的加入要件を備えているときであっても、役員又は特定の使用人だけを特約給付金の受取人とし、他の者の特約給付金の受取人を法人としている場合には、役員又は特定の使用人に係る保険料は、その者に対する給与となる。

② 役員又は特定の使用人のみを被保険者とする傷害特約等の特約を付加し、かつ、特約給付金の受取人を被保険者としている場合にも、上記①と同様に取り扱われる（実務上、本項ただし書の文意からそのように取り扱われている）。

第9節 終身保険に係る保険料の損金算入等に関連する法人税の各条項

編者解説

終身保険の保険料の取扱いについては、法令・通達等に明示がない。

1 終身保険の意義

終身保険とは、被保険者につき一定額の死亡保険金が一生涯継続する保険で、必ず死亡保険金の支払があるものをいう（保険期間及び満期保険金はない）。これらのことから、終身保険の保険料は、養老保険に係る保険料に準じた扱いとなる。

2 保険金受取人が契約者である法人である場合

法人を契約者・保険金受取人、役員又は使用人を被保険者とする終身保険の保険料は、保険事故発生まで資産に計上する（普遍的加入要件の有無を問わない）。

3 保険金受取人が被保険者の遺族である場合

法人を契約者、被保険者を役員又は使用人、保険金受取人を被保険者の遺族とする終身保険の保険料は、役員又は使用人に対する給与となる（普遍的加入要件の有無を問わない）。

4 終身保険で保険料払込期間が有期型の保険料払込満了後の処理

終身保険の保険料の払込方法は、保険料の払込期間を一定期間とする有期型と、保険継続中は保険料の払込をする終身型とがある。

有期型の場合、保険料の払込が満了してもその保険は継続するのであるから、資産に計上した保険料は、保険事故が発生するまで継続して資産に計上することになる。

5 終身保険に付加した定期保険特約又は傷害特約等の特約保険料の扱い

終身保険に定期保険特約又は傷害特約等の特約を付加する場合の、こ

れらの保険料の取扱いは次のようになる。
(注) 通常、これらの特約に係る保険料は、主契約の保険料とは区分されている。
① 普遍的加入要件を具備する場合

　主契約である終身保険は元より、定期保険特約又は傷害特約等ごとに普遍的加入要件を備えている場合（法基通9-3-4の編者注8②・P1055参照）には、定期保険特約の死亡保険金又は傷害特約等の特約給付金の受取人が誰であるかを問わず（つまり、これらの保険金又は給付金の受取人が法人であっても、被保険者又はその遺族であっても）、定期保険特約又は傷害特約等に係る保険料は、保険期間の経過に応じて損金（給与以外の損金）とすることができる。

　　(注) 全従業員を対象として主契約である終身保険に加入するなど、主契約についていわゆる普遍的加入要件を具備することが前提であることに留意する。

② 定期保険特約の死亡保険金又は傷害特約等の給付金の受取人を法人とする場合には、普遍的加入要件の有無を問わず、定期保険特約又は傷害特約等に係る保険料は、保険期間の経過に応じて損金（給与以外の損金）とすることができる。

③ 役員又は特定の使用人のみを対象として定期保険特約又は傷害特約等を付加し、かつ、定期保険特約の死亡保険金の受取人が被保険者の遺族となっている場合、又は傷害特約等の給付金の受取人が被保険者となっている場合には、定期保険特約又は傷害特約等の保険料は、役員又は使用人に対する給与となる。

④ 普遍的加入要件を具備して定期保険特約又は傷害特約等を付加している場合であっても、役員又は特定の使用人についてのみ定期保険特約の死亡保険金の受取人が被保険者の遺族となっている場合、又は傷害特約等の給付金の受取人が被保険者となっている場合には、定期保険特約又は傷害特約等の特約の保険料は、役員又は使用人に対する給与となる。

6　特別条件付保険特約の保険料の取扱い

　特別保険料（被保険者の健康状態等によって払込む割増保険料）がある場合の取扱いについては、法基通9-3-4の編者注2（P1049）参照。

第10節 がん保険・医療保険に係る保険料の損金算入等に関連する法人税の各条項

法人税関係個別通達

◇法人契約の「がん保険（終身保障タイプ）・医療保険（終身保障タイプ）」の保険料の取扱いについて（法令解釈通達）（平13課審4-100）

　標題のことについて、社団法人生命保険協会から別紙２のとおり照会があり、これに対して当庁課税部長名をもって別紙１のとおり回答したから、平成13年９月１日以降にその保険に係る保険料の支払期日が到来するものからこれによられたい【編者注１】。
　なお、昭和50年10月６日付直審4-76「法人契約のがん保険の保険料の取扱いについて」（法令解釈通達）は、平成13年９月１日をもって廃止する。

《別紙１》
［前略］
　標題のことについては、貴見のとおり取り扱って差し支えありません。
　なお、ご照会に係る事実関係が異なる場合又は新たな事実が生じた場合には、この回答内容と異なる課税関係が生ずることがあります。
　おって、当庁においては、平成13年９月１日以降にその保険に係る保険料の支払期日が到来するものから御照会のとおり取り扱うこととしましたので申し添えます。

《別紙２》
［前略］
　当協会の加盟会社の中には、下記の内容のがん保険（終身保障タイプ）及び医療保険（終身保障タイプ）を販売している会社があります。

つきましては、法人が自己を契約者とし、役員又は使用人（これらの者の親族を含む。）を被保険者としてがん保険（終身保障タイプ）及び医療保険（終身保障タイプ）に加入した場合の保険料の取扱いについては、以下のとおり取り扱って差し支えないか、貴庁の御意見をお伺いしたく御照会申しあげます。

記

〈がん保険（終身保障タイプ）の概要〉

1　主たる保険事故及び保険金

保険事故	保険金
初めてがんと診断	がん診断給付金
がんによる入院	がん入院給付金
がんによる手術	がん手術給付金
がんによる死亡	がん死亡保険金

（注）保険期間の終了（保険事故の発生による終了を除く。）に際して支払う保険金はない。

なお上記に加えて、がん以外の原因により死亡した場合にごく小額の普通死亡保険金を支払うものもある【編者注2】。

2　保険期間

　終身

3　保険料払込方法

　一時払、年払、半年払、月払

4　保険料払込期間

　終身払込、有期払込

5　保険金受取人

　会社、役員又は使用人（これらの者の親族を含む。）

6　払戻金

この保険は、保険料は掛け捨てでいわゆる満期保険金はないが、保険契約の失効、告知義務違反による解除及び解約等の場合には、保険料の払込期間に応じた所定の払戻金が保険契約者に払い戻される。

これは、保険期間が長期にわたるため、高齢化するにつれて高まる死

亡率等に対して、平準化した保険料を算出しているためである。

〈医療保険（終身保障タイプ）の概要〉
1　主たる保険事故及び保険金

保険事故	保険金
災害による入院	災害入院給付金
病気による入院	病気入院給付金
災害又は病気による手術	手術給付金

　　（注）保険期間の終了（保険事故の発生による終了を除く。）に際して支払う保険金はない。

なお上記に加えて、ごく小額の普通死亡保険金を支払うものもある【編者注2】。
2　保険期間
　　終身
3　保険料払込方法
　　一時払、年払、半年払、月払
4　保険料払込期間
　　終身払込、有期払込
5　保険金受取人
　　会社、役員又は使用人（これらの者の親族を含む。）
6　払戻金
　　この保険は、保険料は掛け捨てでいわゆる満期保険金はないが、保険契約の失効、告知義務違反による解除及び解約等の場合には、保険料の払込期間に応じた所定の払戻金が保険契約者に払い戻される。
　　これは、保険期間が長期にわたるため、高齢化するにつれて高まる死亡率等に対して、平準化した保険料を算出しているためである。

〈保険料の税務上の取扱いについて〉
1　保険金受取人が会社の場合
(1)　終身払込の場合は、保険期間の終了（保険事故の発生による終了を除く。)

に際して支払う保険金がないこと及び保険契約者にとって毎年の付保利益は一定であることから、保険料は保険期間の経過に応じて平準的に費用化することが最も自然であり、その払込の都度損金の額に算入する。
(2) 有期払込の場合は、保険料払込期間と保険期間の経過とが対応しておらず、支払う保険料の中に前払保険料が含まれていることから、生保標準生命表の最終の年齢「男性106歳、女性109歳」を参考に「105歳」を「計算上の満期到達時年齢」とし、払込保険料に「保険料払込期間を105歳と加入時年齢の差で除した割合」を乗じた金額を損金の額に算入し、残余の金額を積立保険料として資産に計上する【編者注3】。
(3) 保険料払込満了後は、保険料払込満了時点の資産計上額を「105歳と払込満了時年齢の差」で除した金額を資産計上額より取り崩して、損金の額に算入する【編者注3】。

　　ただし、この取り崩し額は年額であるため、払込満了時が事業年度の中途である場合には、月数あん分により計算する

2　保険金受取人が役員又は使用人（これらの者の親族を含む。）の場合
(1) 終身払込の場合は、保険期間の終了（保険事故の発生による終了を除く。）に際して支払う保険金がないこと及び保険契約者にとって毎年の付保利益は一定であることから、保険料は保険期間の経過に応じて平準的に費用化することが最も自然であり、その払込の都度損金の額に算入する。
(2) 有期払込の場合は、保険料払込期間と保険期間の経過とが対応しておらず、支払う保険料の中に前払保険料が含まれていることから、生保標準生命表の最終の年齢「男性106歳、女性109歳」を参考に「105歳」を「計算上の満期到達時年齢」とし、払込保険料に「保険料払込期間を105歳と加入時年齢の差で除した割合」を乗じた金額を損金の額に算入し、残余の金額を積立保険料として資産に計上する。
(3) 保険料払込満了後は、保険料払込満了時点の資産計上額を「105歳と払込満了時年齢の差」で除した金額を資産計上額より取り崩して、損金の額に算入する。

ただし、この取り崩し額は年額であるため、払込満了時が事業年度の中途である場合には、月数あん分により計算する
(4) ただし、役員又は部課長その他特定の使用人（これらの者の親族を含む。）のみを被保険者としている場合には、当該役員又は使用人に対する給与とする【編者注4】。

【編者注1】この通達と類似するもの
本通達に類似する次のような個別通達がある。
① 法人契約の新成人病保険の保険料の取扱いについて（昭54直審4-18・P1118参照）
② 定年退職者医療保険制度に基づき負担する保険料の課税上の取扱いについて（昭60直審3-30・P697参照）

【編者注2】この通達の対象となる保険の範囲
① がん保険・医療保険の全てが無条件にこの取扱いの対象となるのではなく、普通死亡保険金が小額であるものに限られている。
　これらの保険であっても、普通死亡保険金（給付金）が高額であるものについては、保障が終身であることから終身保険の例により、普通死亡保険金に対応する部分の保険料が区分される場合には、その部分の保険料は保険事故（普通死亡保険金支払事由）の発生時まで資産計上する等（普通死亡保険金受取人が被保険者の遺族の場合には給与）の処理をすることとなり、区分が明らかでない場合には、保険料の全額を同事故発生時まで資産計上する等（普通死亡保険金受取人が被保険者の遺族の場合には給与）の処理をするものとされている（前掲「保険税務のすべて」P336参照）。
② 普通死亡保険金（給付金）が高額とされる場合としては、例えば、一律100万円とか、入院給付金日額の100倍以上となっているようなものとされているようである。
　なお、商品設計上、保険金額10万円程度の終身保険に終身タイプの医療保険特約等を付加し、約款により主契約（終身保険）と特約部分を分離できないようにしているものもある。

このような保険契約については、終身保険の保険金額が小額であったとしても、主契約である終身保険に係る保険料部分は、がん保険・医療保険に係る保険料と区分し、上記①のように取り扱われているようである（前掲「保険税務のすべて」P337参照）。
③　がん保険のなかには、保険期間中にがんによる保険事故がない場合、保険期間満了時を給付事由とする無事故給付金の支払を約するものがある。
　　この保険の保険料は、危険保険料、付加保険料、積立保険料からなっており、支払保険料に占める積立保険料の割合は最大で50％程度となっており、かつ、積立保険料に対する無事故給付金の割合が養老保険の場合と同様になっているようである。
　　以上のようなことから、実務上、このようながん保険の保険料については、養老保険の保険料に準じて取り扱われている（渡辺淑夫「保険・年金の税務Ｑ＆Ａ」・P74参照）。
④　がん保険、医療保険で保険期間が有期のものについての保険料の処理は、次のようになるものと考えられる。
ⅰ　死亡保険金（がん保険のがん死亡保険金を除く）の支払がない保険契約の保険料は、傷害特約等の特約の保険料の取扱い（法基通9-3-6の2・P1106参照）に準じ、保険期間の経過に応じて損金に算入することができる。
ⅱ　死亡保険金（がん保険のがん死亡保険金を除く）の支払がある場合で、その保険契約が「長期平準定期保険等の保険料の取扱い」通達（P1094参照）の要件に該当するときには、死亡保険金（死亡給付金）に係る部分の保険料は、同通達の取扱いに準じた処理を要し、その他の部分の保険料は上記ⅰと同様の処理をする（同通達に該当しない場合には、その保険料は上記ⅰと同様の処理となる）。
⑤　特定疾病保障保険の保険料は、その保険契約が定期保険（P1073参照）、長期平準定期保険（P1094参照）、終身保険（P1109参照）のいずれに該当するかにより、それぞれの保険料の取扱いに準じた処理を行うこととされている。

（注）特定疾病保障保険とは、保険金の支払事由が被保険者の死亡や高度障害だけでなく、がん、脳卒中、急性心筋梗塞などとなったときにも保険金が支払われるものである。

【編者注3】保険料が有期払込の場合の処理

本通達1(2)・(3)及び2(2)・(3)を設例で示すと次のようになる。

《設　例》
- がん保険（終身保障）
- 契約者及び保険金受取人：法人
- 被保険者：役員
- 30歳契約、60歳払込満了、年間保険料20万円

① 保険料払込中（契約後60歳間での期間）（単位：円）

（借方）保険料　　　　80,000　（貸方）現預金　200,000
　　　　前払保険料　120,000

※　20万円×（30／105－30）＝80,000円

② 保険料払込満了後（61歳以後）

（借方）保険料　80,000　（貸方）前払保険料　80,000

※　保険料払込満了時の前払保険料累計額：12万円×30年＝360万円

取崩保険料（年額）：360万円÷（105歳－60歳）＝8万円

【編者注4】普遍的加入要件を満たしていない場合

① 本通達の対象となる保険の保険金（給付金）受取人が被保険者又はその遺族であっても、いわゆる普遍的加入要件を満たしている場合には、その保険料は本通達2(1)から(3)により、保険期間の経過に従って損金（給与以外の損金）となる。

② 普遍的加入要件を具備しない場合には、その保険料は被保険者に対する給与となる。

給与となる場合には、保険料の払込が有期払込のときであっても、本通達2(2)及び(3)の適用はないのであるから、保険料の支払の都度、支払保険料の全額を給与とすることになる。

なお、普遍的加入要件については法基通9-3-4の編者注8②

(P1055)、給与とされることの課税関係については同9-3-4の編者注7（P1051）参照。

■参考：法人税関係個別通達「法人契約の新成人病保険の保険料の取扱いについて」（昭54直審4-18）

　標題のことについて、〇〇生命保険株式会社取締役社長〇〇から別紙2のとおり照会があり、これに対して当庁直税部審理課長名をもって別紙1のとおり回答したから了知されたい。

《別紙1》
［前略］
　標題の新成人病保険については、保険期間満了時に給付金がないこと等に鑑み、法人が当該保険の保険料をその払込みの都度損金経理した場合には、その計算を認めることとします。

《別紙2》
［前略］
　当社では、昭和54年5月1日付で次の内容の新成人病保険の発売認可を得ました。
　つきましては、法人が自己を契約者及び保険金受取人とし、役員又は従業員を被保険者としてこの新成人病保険を契約した場合、契約者である法人の払込む保険料は、その払込のつど損金の額に算入されるものと考えますが、この保険の発売にあたり、貴庁の御見解をお伺いしたくご照会申し上げます。
記
（新成人病保険の概要）
1　保険事故および保険金・給付金
　・　成人病により死亡したとき：死亡保険金および成人病割増保険金
　・　成人病以外により死亡したとき：死亡保険金
　・　成人病により入院したとき：成人病入院給付金

・　成人病により介護状態になったとき：成人病介護給付金

2　法人契約の場合の受取人に関する特則

　法人が契約者および死亡保険金受取人の場合には、この保険による諸給付金および特約による保険金、給付金の受取人も契約者である法人となります。

3　保険期間と契約年齢

保険期間	保険料払込期間	契約年齢
60歳満期	全期払	30 〜 55歳
65歳満期	全期払	35 〜 60歳
70歳満期	全期払	40 〜 65歳

4　保険料払込方法

　年払い、半年払い、月払い

5　払戻金

　この保険は、保険料は掛捨てで満期保険金はありませんが、契約年齢により保険期間が長期にわたる場合には、中途で解約したとき保険料の払込期間に応じた所定の解約払戻金が保険契約者に払戻されます。

　これは、保険期間が長期にわたるため、高齢化するにつれて高まる死亡率に対して、平準化した保険料を算出しているためです。

第11節 団体信用保険に係る保険料の損金算入等に関連する法人税の各条項

法人税関係個別通達

◇団体信用保険に係る課税上の取扱いについて （昭44官審（法）34他）

　標題のことについて、別紙2のとおり〇〇生命保険相互会社取締役社長〇〇から照会があり、別紙1のとおり、当庁特別審理室参事官名をもって回答したから了知されたい。

《別紙1》
［前略］
　標題のことについては、貴見のとおりでさしつかえありません。

《別紙2》
［前略］
　団体信用保険は、企業の信用販売制度における利用をねらいとしたもので、債権者である信用供与機関（月賦販売会社、銀行等）が債務者の死亡または廃疾に際して支払われる保険金をもってその債務者に対する賦払債権の回収を確実に行うことを目的とする特殊の団体保険であり、その内容はおおむね次のとおりであります。
(1) 契約者及び保険金受取人
　賦払償還によって債務の弁済を受ける信用供与機関または信用供与機関に対して保証債務を負う販売機関等（月賦販売会社、銀行等）
(2) 被保険者
　同一の信用供与機関に対して賦払償還債務を負う債務者の全部または一部の集団で、契約者と保険会社との協議をもって定める者（顧客）

(3) 保険金
　被保険者の保険事故発生時における賦払償還債務残高相当額。
(4) 保険事故
　被保険者の死亡及び一定程度以上の廃疾
(5) 被保険期間
　賦払期間。ただし、被保険者の一部に一定年齢（60歳または65歳）に達した者が生じた場合または被保険者の一部が脱退した場合には、それらの部分についてはその一定年齢に達した時または脱退の時までとし、解約があった場合には解約の時をもって終了する。
(6) 保険料
　保険料は、保険金額（賦払償還債務残高）に応じて年1回改算し、月払とする。なお、料率は被保険者の年齢に応じて逓増する。
(7) 返戻金
　保険契約の解除、解約、被保険者の脱退等による返戻金はない。
(8) 社員配当金
　年1回契約応当日において有効な契約に対し社員配当金を保険料相殺により支払う。

　以上に基づき保険金受取人たる月賦販売会社、銀行等は被保険者たる顧客との間に、保険金の受領を停止条件として賦払償還債務を免除する旨の特約を結ぶ。

　しかして、これについてその課税関係は下記のとおりと解してさしつかえありませんか。お伺いいたします。

記

1　保険料の損金算入
　契約者たる月賦販売会社、銀行等が保険会社に払い込む保険料は、いわゆる債権の保全費用または販売費用（顧客の借入れについて保証する場合）の性格を有するものと認められ、かつ返戻金のないいわゆる掛捨てであることから、単純な期間費用として損金算入を認められる。

なお、契約上被保険者たる顧客が負担することとしている保険料を月賦販売会社等が負担することとしている場合においても、実質的には販売代金等に変形して回収しているということもできるので寄附金または交際費に該当せず、同様に損金算入を認められる。
2　保険金を収入した場合の債務免除
　債権者たる月賦販売会社、銀行等が保険金受取人になっていることは、実質的には顧客が受取人となっている保険金請求権上に質権を設定し、これに基づいて本来の弁済を受けるものと解することもできるし、あるいは保険会社から契約に基づいて代位弁済を受けるものと解することもできる。したがって、この場合の顧客に対する債務免除について、貸倒れの判定は要しない。
　すなわち、債権者たる月賦販売会社、銀行等が受け取った保険金は、単に入金処理をすればよい（益金とする必要はない）。
3　死亡事故が起きた場合
　保険事故が死亡であった場合の賦払償還債務の免除に関しては、相続税の課税上は相続人によって承継される債務がないものとし、被保険者である顧客および相続人について所得税の課税関係は生じない。
4　廃疾事故が起きた場合
　保険事故が廃疾であった場合の賦払償還債務の免除に関しては、その利益が身体の障害に基因して受けるものであるので、所得税の課税関係は生じない。

事前照会に対する文書回答事例

◇団体信用生命保険がん診断給付金特約に係る課税上の取扱いについて
　（平16.12.17　東京国税局審理課長）

　標題のことについては、ご照会に係る事実関係を前提とする限り、貴見のとおりで差し支えありません。ただし、次のことを申し添えます。
(1)　ご照会に係る事実関係が異なる場合又は新たな事実が生じた場合

は、この回答内容と異なる課税関係が生ずることがあります。
(2) この回答内容は、東京国税局としての見解であり、事前照会者の申告内容等を拘束するものではありません。

《別　紙》
1　事実関係
　団体信用生命保険（以下「主契約」という。[編注：P1120参照]）は、債権者である信用供与機関が債務者の死亡又は高度障害に際して支払われる保険金をもってその債務者に対する賦払債権の回収を行うのに対して、団体信用生命保険がん診断給付金特約（以下「特約」という。）は、債務者が特定の「がん」（上皮内がん、皮膚がんを除く。）と初めて診断されたときに支払われる給付金をもって賦払債権の回収を行うものであり、その内容は、おおむね次のとおりです。

(1) 契約者及び給付金受取人
　主契約[上記本文参照。編注]の契約者及び給付金受取人（賦払償還によって債務の弁済を受ける信用供与機関又は信用保証期間である銀行、不動産会社、信販会社など（以下「金融機関等」という。））

(2) 被保険者
　主契約の被保険者（同一の信用供与機関に対して賦払償還債務を負う債務者の全部又は一部の集団で、契約者たる金融機関等と保険会社との協議をもって定めるもの）

(3) 給付金
　被保険者の保険事故発生時における賦払償還債務残額の一定割合（10％～100％）
　なお、割合については、契約締結時に契約者が設定する。

(4) 保険事故
　被保険者が特定の「がん」と初めて診断されたときの1回限りの支払
　[以下略]

(5) 被保険期間
　主契約の被保険期間（賦払期間）と同じ。ただし、被保険者の一部に

一定年齢（75歳等）に達した者が生じた場合又は被保険者の一部が脱退した場合には、それらの部分についてはその一定年齢に達した時又は脱退した時までとし、解約があった場合には解約の時をもって終了する。

なお、給付金額が賦払償還債務残額の100％未満の場合には、引き続き主契約は継続する。

(6) 特約保険料

主契約の保険料と同時に払い込むものとし、給付金額（賦払償還債務残額の一定割合）に応じて年1回改算し、月払いとする。

なお、料率は、被保険者の年齢に応じて逓増する。

(7) 返戻金

主契約と同じ（保険契約の解除、解約、被保険者の脱退等による返戻金はない。）

(8) 契約者配当金

年1回契約応当日において有効な契約に対し、契約者配当金を支払う。

2 照会の趣旨

上記の団体信用生命保険がん診断給付金特約に係る課税上の取扱いは、下記のとおりでよろしいか、ご照会申し上げます。

記

(1) 保険料の損金算入

契約者たる金融機関等が保険会社に払い込む特約の保険料は、主契約の保険料と同時に払い込むものであり、主契約の保険料と同様に、いわゆる債権の保全費用又は販売費用（顧客の借入れについて保証する場合）の性格を有するものと認められ、かつ、返戻金のないいわゆる掛捨てであることから、単純な期間費用として損金算入が認められる。

(2) 給付金を受け取った場合の金融機関等の処理

債権者たる金融機関等が給付金受取人となっていることは、主契約と同様に、実質的には債務者たる顧客が受取人となっている給付金請求権上に質権を設定し、これに基づいて本来の債務の弁済を受けるものと解することもできるし、あるいは保険会社から契約に基づいて代位弁済を受けるものと解することもできることから、この場合の顧客に対する債

務免除については、貸倒れの判定は要しない。

したがって、債権者たる金融機関等が受け取った給付金は、益金とする必要はなく、ただ単に入金処理［債権の回収としての入金処理。編注］をすることとなる。

(3) 保険事故が発生した場合の顧客の課税関係

本特約は、保険事故が発生した場合、すなわち、特定の「がん」と初めて診断された場合に、保険会社から金融機関等にがん診断給付金が支払われ、同給付金をもって顧客の債務が返済されることに伴い、顧客には債務免除益が発生することになるものの、①同給付金をもって顧客の債務が弁済されることは、実質的には顧客が受取人になっている給付金請求権上に金融機関等が質権を設定し、これに基づいて本来の債務が弁済されたものと解することができること、また、②がん診断給付金は、所得税基本通達9-21により所得税法施行令第30条第1号に掲げる「身体の傷害に基因して支払われるもの」に該当するものと考えられることから、所得税の課税関係は生じない。

以　上

◇**団体信用生命保険に係る課税上の取扱いについて**（平15.2.26　東京国税局審理課長）　文書回答事例

※編者注：「請負契約・売買契約用　団体信用生命保険」についての取扱い。

標題のことについては、ご照会に係る事実関係を前提とする限り、貴見のとおりで差し支えありません。

ただし、ご照会に係る事実関係が異なる場合又は新たな事実が生じた場合は、この回答内容と異なる課税関係が生ずることがあることを申し添えます。

《別　紙》

1　事実関係

　当社は、住宅の建築請負契約又は売買契約を締結した個人が、金融機

関等からの融資が実行される前に死亡等した場合に、保険金をもって報酬支払債務又は代金支払債務の残額に充てることを目的として、団体信用生命保険の付保範囲を拡大することとしました。その内容はおおむね次のとおりです。
(1) 契約者及び保険金受取人

住宅建築会社、住宅販売会社〔、〕又は報酬支払債務若しくは代金支払債務に係る保証の委託を受けた保証会社。
(2) 被保険者

同一の住宅建築会社若しくは住宅販売会社に対して報酬支払債務若しくは代金支払債務を負う債務者〔、〕又は同一の保証会社に対して債務保証を委託した債務者のうち、金融機関等からの融資を受けることとしている者の全部又は一部の集団で、契約者と保険会社との協議をもって定めるもの（顧客）。
(3) 保険金

被保険者の保険事故発生時における報酬支払債務又は代金支払債務の残額相当額。ただし、保険金額は金融機関等の融資額の範囲内とする。
(4) 保険事故

被保険者の死亡及び一定程度以上の高度障害。
(5) 被保険期間

建築請負契約に係る工事着工日（着工日以前に金融機関等の融資が決定していた場合はその決定日を着工日とみなすことができる。）から建築請負契約終了日（金融期間等の最終融資が報酬支払債務の残額に充当されることにより債務が消滅する日をいう。）まで〔、〕又は売買契約締結日から売買契約終了日（金融機関等の最終融資が代金支払債務の残額に充当されることにより債務が消滅する日をいう。）まで。ただし、保険期間は1年未満とする。
(6) 保険料

保険料は、保険金額（報酬支払債務又は代金支払債務の残高相当額）に応じて年1回改算し、月払とする。なお、料率は被保険者の年齢に応じて逓増する。

(7) 返戻金

　保険契約の解除、解約、被保険者の脱退等による返戻金はない。

(8) 配当金

　年1回契約応当日において有効な契約に対し、配当金を現金又は保険料相殺により支払う。

(9) 債務免除特約

　以上に基づき、保険金受取人たる住宅建築会社、住宅販売会社又は保証会社は、被保険者たる顧客との間に、保険金の受領を停止条件として、報酬支払債務又は代金支払債務を免除する旨の特約を結ぶ。

（参考）住宅の工事代金又は売買代金を融資する金融機関等は、通常、融資に係る債権額に相当する金額を保険金額とする団体信用生命保険を付保し、注文者又は買主が融資期間中に死亡等した場合は遺族等が債務負担を免れるようにしています。

　　しかしながら、稀に、建築請負契約又は売買契約を締結した後、金融機関等の融資が実行されるまでの間に注文者又は買主の死亡等が発生し、融資が実行されないことがあり、この場合には、遺族等において残金の支払が困難となり、あるいは違約金を支払って契約の解除を行うことになります。

　　そこで、このようなデメリットの発生を防止するため、上記のとおり付保範囲を拡大するものです。

2　照会の趣旨

　上記団体信用生命保険に係る課税上の取扱いは下記のとおりでよろしいでしょうか、ご照会申し上げます。

記

(1) 保険料

　契約者たる住宅建築会社、住宅販売会社又は保証会社が保険会社に払い込む保険料は、いわゆる販売費用の性格を有するものと認められ、かつ、返戻金のない掛捨てであることから、単純な期間費用として損金算入が認められる。

また、契約上被保険者たる顧客が負担することとしている保険料を住宅建築会社又は住宅販売会社が負担することとしている場合においても、実質的に請負金額又は売買金額に変形して回収しているということもできるので、寄附金又は交際費に該当せず、同様に損金算入が認められる。

(2) 保険金等

　住宅建築会社又は住宅販売会社が保険会社から受け取る保険金又は保証会社から受け取る保証金は、建築請負契約または売買契約に係る収入金額となる。

　また、保証会社が保険会社から受け取る保険金及び住宅建築会社又は住宅販売会社に支払う保証金は、保証契約に係る収入金額及び支出金額となる。

　したがって、顧客に対する債務免除について、寄附金等の問題は生じない。

(3) 債務免除益等

　保険事故が死亡であった場合の報酬支払債務又は代金支払債務の免除に関しては、相続税の課税上は相続人によって承継される債務がないものとし、被保険者である顧客及びその相続人について所得税の課税関係は生じない。

　また、保険事故が高度障害であった場合の報酬支払債務又は代金支払債務の免除に関しては、その利益が身体の傷害に基因して受けるものであるので、所得税の課税関係は生じない。

　なお、消費税に関しては、、当該団体信用生命保険の付保の有無にかかわらず、住宅建築会社又は住宅販売会社は、建物の引渡し又は所有権移転登記の申請日等において住宅の建築又は販売に係る課税売上げを計上することとなり、顧客に対する債務免除については売上げの対価の返還等又は売掛債権の貸倒れ控除のいずれにも該当しない。

| 第12節 | 損害保険に係る保険料の損金算入等に関連する法人税の各条項 |

編 者 解 説

1 短期損害保険等の保険料に係る法人税上の取扱い

① 損害保険料のうち長期損害保険契約の保険料（保険期間3年以上で、かつ、保険期間満了後に満期返戻金が支払われるもの）については、法基通9-3-9（P1135参照）に取扱いがある。

　これに該当しない損害保険契約に係る保険料（保険期間3年未満のもの、又は保険期間が3年以上でも満期返戻金のないもの）の損金算入等に関する一般的な取扱いを明示する法令・通達はない。

　これらの損害保険契約の保険料については、次のように解されている。

　i 販売費・一般管理費の原則に従い、その事業年度終了の日までに債務の確定している保険料は、その事業年度の損金に算入する（法人法22③二）。

　ii 損金に算入すべき金額は、一般に公正妥当と認められる会計処理の基準に従って計算する（法人法22④）。

② 債務の確定については、基本的には生命保険契約の場合と同様になるものと考えられるので、法基通2-2-12の編者注（P1028）参照。

③ 損害保険料についても生命保険料の場合と同様に短期の前払費用の取扱い（法基通2-2-14）の適用があり、その詳細は同2-2-14編者注（P1037以降）参照。

　ただし、損害保険料固有の問題として、次のようなものがある。

　i 例えば、運送業における各種自動車保険の保険料は、その性質及び金額等から見て、事業経費の中でも重要な費用であることから、短期前払費用（法基通2-2-14）適用の有無につき疑問が生ずる。

　　このことについては、運送業における自動車保険料が重要な費用

1129

であっても、実務上は、保険料が運送収入と直接的な対応関係にない期間費用であることから同2-2-14の適用が認められている（法基通2-2-14の編者注1、2・P1037、渡辺淑夫「保険・年金の税務Q＆A」・P207参照）。
ⅱ　期間建運送保険料について
　期間建運送保険料とは、ｱ)保険期間：１年、ｲ)保険料：運送業者の過去の運送実績等に基づき、年間見積輸送額に一定の基準料率を適用して暫定保険料を算定し、これを保険契約開始日までに支払う(暫定保険料は、通常、確定保険料を下回るように算定される)、ｳ)暫定保険料：最終的には確定保険料に充当される、というものである。
　このような暫定保険料については、その支払時においては未だ債務の確定がない等のことから、原則的には、その支払時の損金とすることはできない。
　しかし、保険契約の効力が暫定保険料の支払により開始すること、保険期間が１年であること、暫定保険料が最終的に確定保険料に充当される等のことから、暫定保険料についても短期の前払費用（法基通2-2-14）の取扱いに準じて、支払の日の属する事業年度の損金とすることが認められるものと考えられている（渡辺前掲書・P209参照）。
④　交通事故傷害保険の保険料
　法人が、役員又は使用人を被保険者及び保険金受取人とする交通事故傷害保険（期間１年、返戻金なし）に加入し、その保険料を支払った場合は、その保険料は法人の損金とし、被保険者については給与としての課税は行わない。
　この場合の給与の取扱いについて、いわゆる普遍的加入要件（法基通9-3-4の編者注8②・P1055参照）を要するか否かについては、傷害特約等の保険料の取扱い（法基通9-3-6の２・P1106参照）との関連、又は所基通36-31の７（使用者契約の保険契約等に係る経済的利益・P704参照）、同36-31の８（使用人契約の保険契約等に係る経済的利益・P718参照）からすると、交通事故傷害保険の保険金受取人が被保険者（役員又は使用人）となっていることから、普遍的加入要件を要するものと考えられる。
　なお、損害保険契約の場合には、特約のない限り、被保険者と保険

金受取人は同一人となっている。特約により交通事故傷害保険の受取人を法人としている場合には、仮に、役員又は特定の使用人のみを被保険者としているときであっても、その保険料は期間の経過に従って損金とし、被保険者の給与とされることはない（同9-3-6の2の編者注4・P1107参照）。
⑤　法人が、次の火災保険料を負担した場合も、上記①と同様な取扱いとなる。
　役員又は使用人が所有し、その居住の用に供する家屋又は家庭用動産を保険の目的とする火災保険で、保険金受取人を役員又は使用人とするもの。

2　法人契約の所得補償保険の保険料

　所得補償保険とは、国内外を問わず、病気やケガにより就業不能の状態となった場合に、被保険者が喪失した所得を補償する保険で、傷害による死亡、後遺障害についても特約を付することにより保険金が支払われる。
　この保険は、通常、期間1年、期間満了時に無事故の場合には、契約者に対し、支払済保険料の一定割合（例えば、20%）の割戻しが支払われる。
　法人が、役員又は使用人を被保険者として所得補償保険を契約し、その保険料を支払った場合には、通常の損害保険料と同様に、保険期間の経過に応じ損金とすることができる（期間及び満期返戻金の点から、長期の損害保険契約に該当しない）。
　保険期間が1年であることから、この保険料については、原則として、短期前払費用の取扱い（法基通2-2-14）の適用があり、支払保険料の全額を支払時の損金とすることができる。
　また、役員又は使用人に対する給与の課税関係については、上記1④の場合と同様である（所基通36-31の7の編者注9・P706参照）。

3　損害賠償責任保険の保険料

　法人が各種の損害賠償責任保険契約を締結し、その保険料の支払をし

た場合、その保険契約が長期の損害保険契約（P1135参照）に該当しない限り、その保険料は保険期間の経過に応じて損金とすることができる。

なお、役員損害賠償責任保険の保険料については、後掲の個別通達（平6課法8-2）に取扱いがある（次頁参照）。

4　ゴルファー保険の保険料

① ゴルファー保険には、個人ゴルファーを対象とする一般契約と、ゴルフ場又はゴルフ練習場を対象とする包括契約とがある。

個人ゴルファーを対象とする一般契約は、他人に対する賠償責任保険、ゴルファー自身の傷害保険、ゴルフ用品保険及びホールインワン費用保険を担保している。

② 法人がゴルファー保険を契約し、その保険料を支払った場合、役員又は使用人の全部を対象としているなど、いわゆる普遍的加入要件（法基通9-3-4の編者注8②・P1055参照）を具備する場合には、その保険料は保険期間の経過に応じて損金となる。

しかし、一般的には、この保険は、役員又は取引先等を接待することの多い営業部員等特定の使用人を対象として契約をするのが常態であろう。このような場合には、その保険料は、通常、普遍的加入要件を備えていないものとして被保険者である役員又は使用人に対する給与となるものとされている（所基通36-31の7・P704参照）。

なお、この保険料の支出は、接待等に直接関連して支出するものではないことから、交際費には該当しないものとされている（渡辺淑夫「保険・年金の税務Q&A」・P220参照）。

③ 法人が、役員又は使用人が契約したゴルファー保険の保険料を負担した場合には、その役員又は使用人が法人の得意先等の関係者をゴルフに接待することが多いとしても、その保険料は被保険者である役員又は使用人に対する給与とされているようである（所基通36-31の8・P718参照）。

5　介護費用保険の保険料

　法人が契約する介護費用保険については、個人通達「法人又は個人事業者が支払う介護費用保険の保険料の取扱いについて」(平元直審4-52、直審3-77) に取扱いがある。その全文はP707参照。

■参考：法人税関係個別通達「会社役員賠償責任保険の保険料の税務上の取扱いについて」(平6課法8-2)

　標題のことについて、社団法人日本損害保険協会から別紙2のとおり照会があり、これに対し当庁課税部長名をもって別紙1のとおり回答したから了知されたい。

《別紙1》

［前略］

　標題のことについては、貴見のとおり解して差し支えありません。

　なお、照会事項2に例示された「保険料負担の配分方法」は、経営活動等の状況からみて、その法人にとって合理性があり、かつ課税上の弊害も生じない場合に限り認められるものであることを、念のため申し添えます。

《別紙2》

［前略］

1　支払保険料の税務処理

(1) 基本契約（普通保険約款部分）の保険料

　基本契約に係る保険料を会社が負担した場合の当該保険料については、役員個人に対する給与課税を行う必要はないものとする。

（理　由）

① 第三者から役員に対し損害賠償請求がなされ役員が損害賠償責任を負担する場合の危険を担保する部分の保険料は、所得税基本通達36-33及び法人税基本通達9-7-16の趣旨に照らし、この部分の保険料を会社が負担した場合であっても、役員に対する経済的利益の供与はないものとして給与課

税を行う必要はない。
② 役員勝訴の場合の争訟費用を担保する部分の保険料は、役員が適正な業務執行を行い損害賠償責任が生じない場合にその争訟費用を担保する保険料であり、この部分の保険料を会社が負担した場合であっても、役員に対する経済的利益の供与はないものとして給与課税を行う必要はない。
(2) 株主代表訴訟担保特約の保険料（特約保険料）
　この特約保険料について、契約者は商法上の問題を配慮し役員個人負担又は役員報酬から天引きとすることになると考えられるが、これを会社負担とした場合には、役員に対する経済的利益の供与があったものとして給与課税を要する。

2　保険料負担の配分方法
(1) 特約保険料の役員間の配分について
　取締役の報酬の総額及び監査役の報酬の総額は定款又は株主総会の決議により定めることになっているが、通常その配分は取締役会及び監査役の協議に委ねられている。したがって、特約保険料の役員間の分配もまた取締役会及び監査役の協議において合理的な配分方法を定め得るものと考えるが、実務上は、次のいずれかの方法など合理的な基準により配分を行った場合には、課税上許容される。
　① 役員の人数で均等に分担する方法
　　役員は会社に対して連帯して責任を負うものとされていることを考慮し、役員全員において均等に負担する方法（無報酬あるいはごくわずかな役員報酬しか得ていない取締役にまで均等に負担させることが適当でないと認められる場合には、その者への配分割合を縮小もしくは配分しない方法を含む。）
　② 役員報酬に比例して分担する方法
　　役員と会社との関係は有償の委任及び準委任と解されており、報酬に差がある以上危険負担も同程度の差があると考えられることから、報酬額に比例して保険料を負担する方法
　③ 商法上の区分別に分担する方法

商法に定められた代表取締役、取締役、監査役ごとにそれぞれの役割に応じた額を定める方法
(2) 保険料の会社間の配分方法について
　子会社を含めた契約を契約者が希望する場合は、保険料は一括して算定されることになるが、契約に当たっては、保険会社からそれぞれの子会社ごとの保険料を内訳として示すこととしているから、契約者においては、これに従って各社ごとの配分額を決定する

　【編者注】役員賠償責任保険の意義等
　　役員賠償責任保険とは、会社役員が株主代表訴訟又は第三者訴訟を受けた場合の損害賠償金及び争訟費用を補償する保険をいう。本項は、保険契約者を法人、被保険者を全ての役員、保険金受取人を役員として役員賠償責任保険に加入した場合の取扱いである。

法人税基本通達

（長期の損害保険契約に係る支払保険料）
9-3-9　法人が、保険期間が３年以上で、かつ、当該保険期間満了後に満期返戻金を支払う旨の定めのある損害保険契約（これに類する共済に係る契約を含む。以下9-3-12までにおいて「長期の損害保険契約」という【編者注１】。）について保険料（共済掛金を含む。以下9-3-12までにおいて同じ。）を支払った場合には、その支払った保険料の額のうち、積立保険料に相当する部分の金額【編者注２】は［、］保険期間の満了又は保険契約の解除若しくは失効の時までは資産に計上するものとし、その他の部分【編者注３、４】の金額は期間の経過に応じて損金の額に算入する【編者注５、６】。（直近改・昭56直法2-16）
　　（注）支払った保険料の額のうち、積立保険料に相当する部分の金額とその他の部分の金額との区分は、保険料払込案内書、保険証券添付書類等により区分されているところによる。

1135

【編者注1】長期の損害保険契約の意義等

　本項にいう長期の損害保険契約は、保険の目的を限定することなく、保険期間が3年以上で、かつ、契約上満期返戻金の支払が約定されている損害保険契約である（仮に、中途解約時等において解約返戻金の支払があるとしても、その契約上満期返戻金支払の約定のない契約はこれに該当しないものと考えられる）。

　典型的なものとしては、積立傷害保険、年金払積立傷害保険、積立火災保険、積立介護費用保険（介護費用保険の取扱いについては上記5参照）などであり、これに類する共済（例えば、建物更生共済、建物更新共済等）も含まれる。

【編者注2】積立部分の金額の計算

　積立部分の金額は、保険料払込案内書等により確認するが、具体的な計算は次のようになる。

《設　例》
・長期総合保険
・年払保険料：50,000円
・保険金額：400万円
・保険金100万円に対する積立保険料の額：7,500円
◇積立保険料の額
　7,500円×400万円／100万円＝30,000円

【編者注3】損金算入部分の金額と給与との関係

　例えば、法人を契約者、役員又は使用人を被保険者及び保険金受取人とする積立傷害保険契約の場合、保険料のうち積立部分を除いた金額は、保険期間の経過に応じて損金とされる。

　被保険者が役員及び使用人の全部などいわゆる普遍的加入要件を具備している場合には、損金とされる部分の保険料については、被保険者に対する給与課税の問題は生じない。

　しかし、役員又は特定の使用人のみを被保険者としている場合、又は普遍的加入要件を満たしている場合においても、役員又は特定の使用人だけを保険金受取人とし、他の者の保険金受取人を法人と

しているようなときには、その損金とされる部分の保険料は、当該役員又は特定の使用人に対する給与なる。

なお、損害保険契約においては、保険金受取人は特約のない限り被保険者となっている。役員又は特定の使用人のみを被保険者とする傷害保険（積立傷害保険を含む）契約においても、特約により、保険金受取人を法人としている場合には、損金とされる部分の金額につき当該役員又は使用人に対する給与課税の問題は生じない（法基通9-3-6の2の編者注4・P1107参照）。

【編者注4】特約保険料の取扱い

例えば、主契約である積立火災保険（保険期間10年、満期返戻金あり）に、店補休業担保特約、普通傷害担保特約、賠償責任担保特約（特約はいずれも保険期間1年）を附帯特約とした契約をした場合、その保険料の処理は次のようになる。

① これらの附帯特約は本来独立した保険種目として販売されているものである。

契約実務上、同一の申込書でこれらの保険を販売できるように特約の形にしているに過ぎず、その内容は単独保険と同じであるとされている。保険料も主契約とは別に、各特約（保険）ごとに積算されている。

② 以上のことから、各特約（保険）ごとにその内容に従って法基通9-3-9に該当するか否かを確認し、同項該当の場合には、積立保険料とその他の保険料とに区分し、それぞれの処理を行い、同項に該当しない場合には、それらの保険料を通常の損害保険料の例により、損金とする。

【編者注5】その他の部分の損金算入時期等

積立保険料に該当しない部分の保険料の額は、保険期間の経過に応じて損金となる。

損金となる部分の保険料については、短期前払費用の取扱い（法基通2-2-14）の適用があるから、半年払又は年払場合においても、その支払をした日の属する事業年度の損金とすることに格別の問題は

ない。

　なお、初回保険料の損金算入時期については、本節1②（P1129）参照。

【編者注6】特約店の従業員等を被保険者及び保険金受取人とする長期の損害保険料

①　法人が契約者となり、下請又は特約店等の従業員（役員及び使用人）を被保険者及び保険金受取人として、長期の損害保険料を支払った場合にも、その保険料のうち積立保険料以外の部分の金額は交際費に該当せず、損金とすることができる。

　この場合、下請等の役員又は特定の使用人のみを対象としているときは、損金とされる部分の金額は交際費に該当する（法基通9-3-5の編者注10・P1077、措通61の4(1)-7（注）・P1081参照）。

（注）法人が契約者となっていることから、満期返戻金は契約者である法人に支払われるのであるから、積立部分の金額は法人の資産に計上されるのは当然である。

②　法人が、次に掲げるような契約に係る長期の損害保険料を負担した場合には、その保険料の全額が交際費に該当するものと考えられている（渡辺淑夫「保険・年金の税務Q＆A」・P217参照）。

　〔契約者〕法人の特約店を会員とする共済会（会員相互の親睦を目的とする任意団体）

　〔被保険者〕会員の役員又は店主

　〔保険金受取人〕被保険者又はその遺族等

　※　満期返戻金は契約者に支払われる。

　この契約の場合には、次のことから、法人の負担する保険料の全額が交際費に該当するものとされる。

　ⅰ　保険料のうち積立保険料を除く部分の金額（つまり、損金とされる部分の金額）は、役員又は特定の使用人のみを対象とする契約であることから、交際費に当たる（上記①参照）。

　ⅱ　保険料のうち積立保険料に相当する部分の金額は、本来損金とならず、満期返戻金の受取人が親睦団体である共済会である

ことから、この部分の金額も交際費に該当する。

(保険事故の発生による積立保険料の処理)　法基通
9-3-12　法人が長期の損害保険契約［9-3-9・P1135参照。編注］につき資産に計上している積立保険料に相当する部分の金額は、保険事故の発生により保険金の支払を受けた場合においても、その支払により当該損害保険契約が失効しないときは損金の額に算入されないことに留意する【編者注】。(直近改・昭55直法2-15)

【編者注】本項の趣旨等
　本項の趣旨等については、P962に掲げる9-3-12の編者注参照。

| 第13節 | 賃借建物等に係る長期損害保険契約の保険料の損金算入等に関連する法人税の各条項 |

法人税基本通達

(賃借建物等を保険に付した場合の支払保険料)
9-3-10　法人が賃借している建物等(役員又は使用人から賃借しているもので当該役員又は使用人に使用させているものを除く【編者注1】。)に係る長期の損害保険契約[法基通9-3-9・P1135参照。編注]について保険料を支払った場合には、当該保険料については、次に掲げる区分に応じ、次による。(直近改・昭56直法2-16)
(1) 法人が保険契約者となり、当該建物等の所有者が被保険者となっている場合
　　9-3-9[P1135参照。編注]による【編者注2】。
(2) 当該建物等の所有者が保険契約者及び被保険者となっている場合
　　保険料の全部を当該建物等の賃借料とする【編者注2】。

【編者注1】役員又は使用人から賃借している建物等に係る長期の損害保険料
　① 法人が、役員又は使用人所有の建物等を借り上げ、その借上建物等を当該役員又は使用人に使用させている場合(例えば、役員所有の建物を法人が借り上げ、その建物を当該役員の住宅として使用させているような場合)におけるその建物等に係る長期の損害保険料については、法基通9-3-11(次頁参照)の取扱いによる。
　② 法人が、役員又は使用人所有の建物等を賃借し、その賃借建物等に係る長期の損害保険料を支払った場合でも、上記①に該当しない限り(例えば、賃借建物を法人の店舗・事務所等として事業の用に供している場合、又は賃借建物を他の役員又は使用人の住宅として使用させているような場合)、その保険料は本項の取扱いとなる。

【編者注２】本項の考え方

　損害保険契約においては、保険事故の発生による保険金の受取人は、保険契約上の被保険者(保険の目的物の所有者)となり、満期返戻金・解約返戻金の受取人は、保険契約者となっている。このことから、
① 本項(1)の場合には、契約者である法人に満期返戻金等が支払われるので、法人の所有する建物等に対する保険契約と同様の取扱いとなる。
② 本項(2)の場合には、貸主である建物等の所有者に満期返戻金等及び保険金が支払われることになるので、その保険料はいわば賃料に準ずる支出であり(保険契約上の保険料支払義務者は契約者であり、法人は賃貸借契約等の約束によって保険料の支払をしているに過ぎない)、法人にとっては何ら資産性のないものであるから、その全額を損金に算入するというものである。

　なお、この場合における個人貸主の所得計算については、所基通36・37共－18の5 (P737) に取扱いがあり、法人が貸主となっている場合もこの取扱いに準じ、貸主である法人において次のような経理を行うことになる。

　　(借方) 積立保険料　×××　(貸方) 賃料収入　×××
　　　　　損害保険料　×××

(注) 本項(1)の場合、個人貸主の所得計算上、借主である法人が損金に算入した損害保険料相当額を次の仕訳により経理することとされている(所基通36・37共－18の5(1)・P737参照)。

　　(借方) 損害保険料　×××　(貸方) 賃料収入　×××

　貸主が法人の場合においても、これに準じた処理を行うことになるものと思われる。この処理を行っても所得金額自体には影響を及ぼさないが、消費税額の計算上、課税売上げ額に影響が生ずる。

(役員又は使用人の建物等を保険に付した場合の支払保険料) 法基通
9-3-11　法人がその役員又は使用人の所有する建物等 (9-3-10かっこ書に該当する建物等を含む【編者注１】。) に係る長期の損害保険契約〔法基通

9-3-9・P1135参照。編注]について保険料を支払った場合には、当該保険料については、次に掲げる区分に応じ、次による。（直近改・昭56直法2-16）

(1) 法人が保険契約者となり、当該役員又は使用人が被保険者となっている場合

　保険料の額のうち、積立保険料に相当する部分の金額は資産に計上し、その他の部分の金額は当該役員又は使用人に対する給与とする。

　ただし、その他の部分の金額で所得税法上経済的な利益として課税されないものについて法人が給与として経理しない場合には、給与として取り扱わない【編者注2】。

(2) 当該役員又は使用人が保険契約者及び被保険者となっている場合

　保険料の額の全部を当該役員又は使用人に対する給与とする【編者注3、4】。

【編者注1】9-3-10かっこ書に該当する建物等の意義

　法基通9-3-10かっこ書に掲げる建物等の意義については、同9-3-10の編者注1①（P1140）参照。

【編者注2】本項(1)について

① 本項(1)本文は、保険の目的物が法人の事業の用に供されるものではなく、専ら役員又は使用人の生活その他の用に供されるものであることから、保険料のうち積立部分以外の金額を役員又は使用人に対する給与にするというものである（このことは、仮に、全従業員を対象としているような場合においても、変わることがない）。

② (1)ただし書は、保険の目的物が役員又は使用人の居住用建物等（所基通36-31の7(3)に掲げるものに限る・P704参照）である場合で、全従業員を対象とするなどいわゆる普遍的加入要件（法基通9-3-4の編者注8②・P1055参照）を具備している場合には、上記①により給与とされるものであっても、法人が給与としての経理をしない限り、課税上も給与としないというものである。

（注）この考え方は、長期損害保険に該当しない損害保険料についても同様である。

【編者注3】本項(2)について

本項(2)は、役員又は使用人が長期損害保険契約の契約者となっている場合の扱いである。この場合には、保険金及び満期返戻金の双方が当該役員又は使用人に支払われることから、普遍的加入要件の有無を問うまでもなく、積立保険料部分を含む支払保険料の全額を給与とするというものである。

【編者注4】法人から賃貸料の支払を受ける場合の不動産所得の計算

① 設　例

〔甲〕建物賃借人である乙の従業員（役員又は使用人・本件賃貸借建物の所有者）

〔乙〕建物賃借人である法人

ⅰ　乙は甲の建物を賃借した上、その建物を社宅として甲に使用させる（乙は甲に対し、賃貸借契約の対価として相当額の家賃の支払を行い、甲は乙に対し、所得税の課税上問題とならない程度の社宅の使用料の支払を行っている）。

ⅱ　乙は、賃借した建物に係る長期の損害保険料を負担している。

②　甲の不動産所得計算上における長期損害保険料の取扱い

甲が乙から支払を受ける家賃は、甲の不動産所得の収入金額となる。

この場合、乙が負担する長期の損害保険料については、保険契約者が甲であるか乙であるかによって、本項（法基通9-3-11）(1)又は(2)のいずれかの金額が甲に対する給与とされる。ということは、甲は給与収入のうちから自らがこれらの保険料の支払を行ったと同様の効果を生ずることになるものと考えられる。

そうすると、この家賃収入に関する甲の不動産所得の計算上は、これらの保険料のうち建物に係る部分の保険料については、所基通36・37共-18の2（P734参照）の取扱いによって処理することになるものと考えられる（同36・37共-18の5（P737）によるのでないことに留意

1143

する)。

　なお、甲乙間の建物賃貸契約に基づく家賃収入についての不動産所得の計算であるから、甲が当該建物に居住しているとしても、当該建物を業務の用に供していることに問題はないものと考えられる。

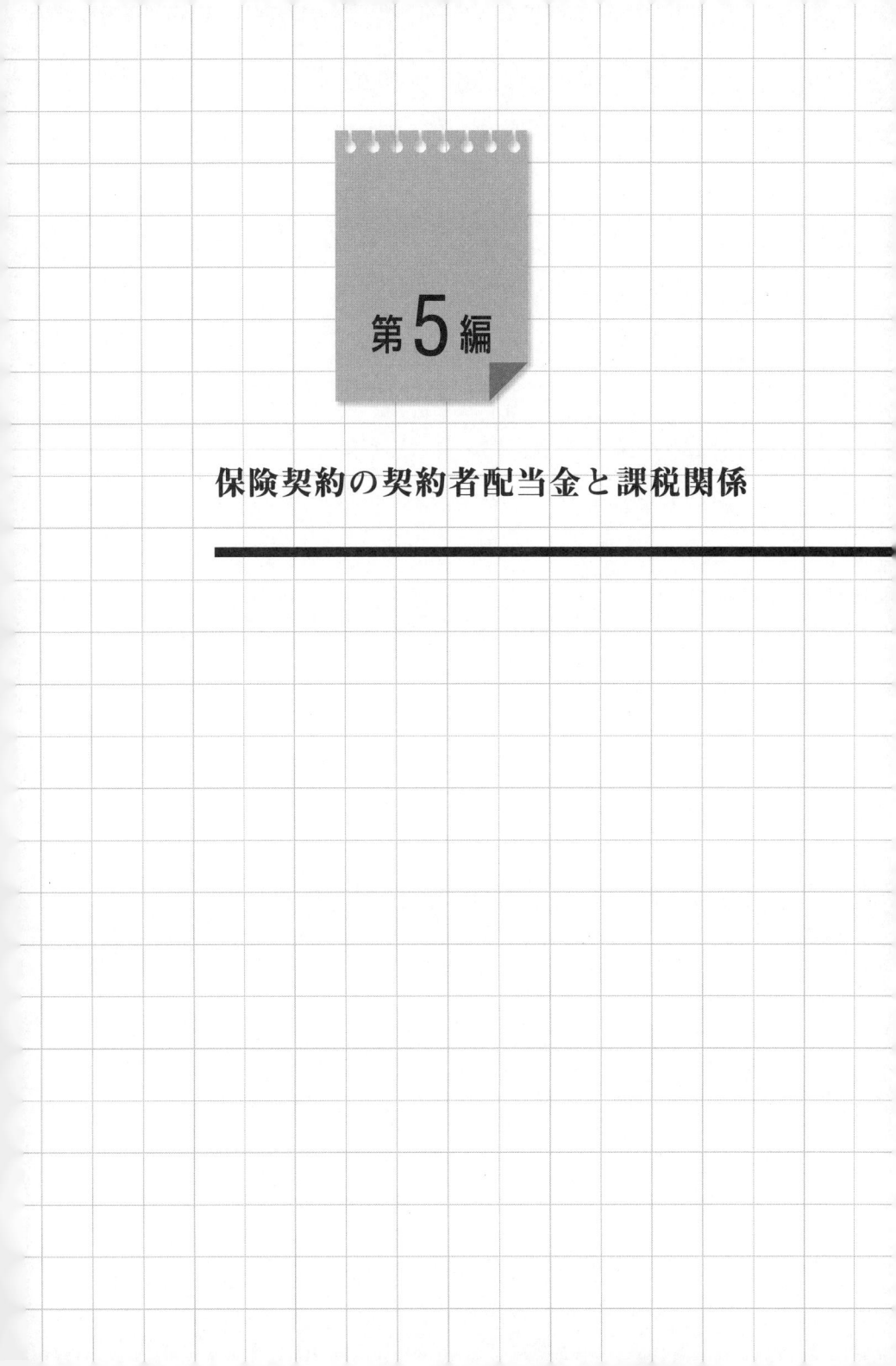

第5編

保険契約の契約者配当金と課税関係

第1章

契約者配当金等に関連する相続税・贈与税の法令・通達等

第1節 契約者配当金等と相続税・贈与税の課税関係

編 者 解 説

1 保険金とともに支払を受ける剰余金等
① 被保険者の死亡によって支払を受ける死亡保険金（生命保険金又は損害保険金）が、相続財産とされる場合（相法3①一）には、その保険金と共に支払われる契約者配当金等（積立配当金等を含む）をも含めて相続財産とされる（相基通3-8）。
② 死亡保険金（生命保険金又は損害保険金）又は満期保険金（生命保険金）が、贈与財産とされる場合（相法5①）には、その保険金と共に支払われる契約者配当金等（積立配当金等を含む）をも含めて贈与財産とされる（相基通5-1）。

　なお、生命保険契約又は一定の損害保険契約の解約等により支払を受ける返還金等が、贈与財産とみなされる場合（相法5②）には、その返還金等と共に支払を受ける契約者配当金等（積立配当金等を含む）も、返還金等に含めて贈与財産になるものと考えられる（相法5条の編者注4-1②・P303参照）。
③ 例えば、契約者・甲（子）、被保険者・甲（子）、保険金受取人・乙（母）、保険料の支払者・丙（父）とする生命保険契約において、保険期間中に甲が支払を受ける契約者配当金等の課税関係は、どのようになるかという問題がある。このことに関し、法令・通達には明示がないが、次のように考えられる。
i 契約者配当金等の請求権は、保険金請求権とは独立した債権として、保険期間中においては保険契約者が留保し、保険事故の発生以後においては保険金受取人が有することとなる（養老保険約款（例）28条⑥・P1378参照）。
ii 相基通3-8（P170参照）は、このことを前提として、保険金と共に支

払を受ける契約者配当金等についての取扱いを示しているものである。

iii 本例において、契約者配当金等は、保険期間中は甲に、保険事故発生以後は乙にそれぞれ支払われることになる。

　乙が、保険事故の発生（満期の到来を含む）により保険金と共に支払を受ける契約者配当金等は、上記②によって丙からのみなす贈与財産とされる保険金に含まれることは明らかである。

iv 他方、甲が、保険期間中に支払を受ける契約者配当金等についても、丙からの贈与とみなされるか、という問題がある。

　相法5条1項は「その取得した保険金」と規定し、相基通3-8は「取得したものとみなされる保険金には、保険契約に基づき分配を受ける剰余金、割戻しを受ける割戻金…の額で、…保険金とともに当該保険契約に係る保険金受取人（…）が取得するものを含む」ものとして取り扱っている。

　同5条の文理及び同3-8の取扱いからすれば、甲が支払を受ける契約者配当金等については、同5条1項の適用はないものと解され、甲の受ける配当金等は丙からのみなす贈与財産には該当しないものと考えられる。

v また、所得税においては、保険期間中に支払を受ける剰余金・割戻金は、課税対象となる収入金額とは認識せず、支払保険料の修正要素として捉えていることから、甲が支払を受ける契約者配当金等は所得税の課税対象にもならないことになる。

2 定期金の評価における契約者配当金等の取扱い
　① 平成22年改正前
i 相続開始時において給付事由の発生している定期金（保証期間付定期金等）で相続財産とされるもの（相法3条1項5号等）、又は個人年金保険契約等の年金開始時の到来により贈与財産とされるもの（相法5条1項）についての価額の評価には、契約者配当金等の額はその評価に直接的な影響を及ぼさない（相法旧24条）。

ⅱ　これらの定期金又は年金保険を年金の方法によらず、相続開始時又は年金保険の年金支払開始時において一時金として支払を受ける場合には、同旧24条1項4号により、その支払を受ける一時金の額を評価額とする。
　その一時金と共に契約者配当金等（積立配当金等を含む）が支払われる場合には、当然に、その配当金等の額も評価額に含まれることになるものと考えられる（相法新24条の編者注11・P353参照）。
　② 平成22年改正後
ⅰ　定期金（給付事由の発生しているもの、及び発生していないもの）を、相続開始時等の課税時期における解約払戻金に相当する金額で評価する場合には、課税時期における積立配当金等の額も解約払戻金に含まれる（相基通新24-3、同25-1）。
ⅱ　上記①のⅱについては、平22改正後においても同様である。

3　生命保険契約に関する権利の評価における契約者配当金等の取扱い
　相続開始時において保険事故の発生していない生命保険に関する権利の相続税における評価額は、その時における解約返戻金相当額であり、積立配当金等がある場合には、その額も評価額に含まれる（評基通214）。

第2章

契約者配当金等に関連する所得税の法令・通達等

第1節　契約者配当金等と所得税の課税関係

編者解説

1　契約者配当金等の支払請求権と、保険金支払請求権との関係

　契約者配当金等（以下「配当金等」）に関する支払請求権は、保険金等に関する支払請求権とは別個の債権で、配当金等の支払を受けるべき者は、保険契約の約款等により次のようになる（養老保険普通保険約款(例)28条⑥・1378参照）。

i　保険契約期間中に支払を受ける配当金等は、保険契約者がその請求権を有するから、配当金等は保険契約者に支払われる（保険契約期間中にその契約を解約し又は解除された場合に、解約返戻金等とともに受ける配当金等を含む）。

ii　死亡等保険事故の発生（満期の到来を含む）以後、保険金等とともに支払を受ける配当金等（保険金等の支払後に支払われる配当金等を含む）は、保険契約上の保険金受取人に対して支払われ（約款の定めるところにより、何らの手続きを要せず、配当金等の請求権は保険金受取人に移転する）、契約者はその支払請求権を有しない。

2　非課税とされる保険金と共に支払われる契約者配当金等

　所法9条・所令30条の趣旨及び所得税における他の取扱い（例えば、所令183②一等）からすれば、非課税所得とされる保険金等と共に支払を受ける契約者配当金等については、その保険金に含め非課税所得になると解するのが相当であろう。

3　生命保険契約期間中に支払を受ける契約者配当金等と所得税の課税関係

① 所得税においては、生命保険契約等の保険料の支払を要する期間中

に支払を受ける剰余金・割戻金は、課税対象となる収入金額とは認識せず、支払保険料の修正要素として捉えている。

　この場合の剰余金・割戻金には、現金等により現実に支払を受けたもの（支払うべき保険料から控除されたものを含む）の他、いわゆる積立配当金等として保険会社に積み立てられているものも含まれる。

　このこととの関係で、生命保険料控除額の計算に当たっては、支払保険料額から剰余金・割戻金を控除することになっている（所法76①一カッコ書等）。

② 生命保険契約等に係る保険金支払事由の発生日又は年金の支払開始日以後に支払を受ける剰余金・割戻金等は、その保険金・年金が一時所得又は雑所得に該当する場合には、それぞれ一時所得又は雑所得の収入金額とされるのであるから（所令183①一、②一）、これらの配当金等については、生命保険料控除額の計算上、支払保険料から控除すべき剰余金・割戻金に該当しない。

③ 上記①に掲げる剰余金・割戻金であっても、その生命保険契約等が個人事業の遂行上必要なものとして事業上の保険契約に該当する場合には、それらの配当金等は事業所得の収入金額とされる。

④ 生命保険契約の保険期間中に積立配当金等の払戻しを受けた場合には、その金額の多寡を問わず、格別の課税関係は生じない。

　他方、その保険契約の保険金・年金が一時所得又は雑所得の収入金額となる場合には、一時所得又は雑所得の金額の計算上、保険金又は年金から控除する支払保険料の額は、保険期間中の支払保険料総額から保険期間中に受けた現金配当金（保険料と相殺された配当金及び積立配当の払戻金を含む）を控除した金額となる（所令183④三）。

　つまり、これらの配当金等については、保険金又は年金が一時所得又は雑所得として課税されるまで、課税の繰延べが行われていたと同様のことになる（支払を受ける保険金・年金から控除する支払保険料の計算を通じて、結果的に課税所得に取り込まれることになる）。

4 生命保険契約の配当金等の種類と、所得税の課税関係（概要）

生命保険契約に係る配当金等の種類と所得税の課税関係は、以下のようになる。

① 現金配当金・相殺配当金

保険契約期間中に現金で支払を受け、又は払込むべき保険料等と相殺される配当金等をいう。

これらの配当金等は、所得税上は支払保険料の修正要素として捉えられ、課税所得は生じない。

② 積立配当金（自由引出型）

ⅰ 保険契約期間中に割当てられた契約者配当金等を、保険会社の定める方法により保険会社に積み立てておくもので、保険契約者は随時その支払を請求することができるものをいう（養老保険普通保険約款(例)28①・P1376参照）。

配当金の積立時（割当時）においては、上記①と同様に課税所得は生じない。

（注）積立配当金については、生命保険料控除額の計算上は現実の支払の有無に係らず、その年に積み立てられた配当金相当額を、その積み立られた年分の支払保険料から控除すべきものとされている。

ⅱ 保険金と共に積立配当金の支払を受けるとき、保険金等が一時所得となる場合、又は年金が雑所得となる場合には、積立配当金もそれぞれ一時所得又は雑所得の収入金額となる（所令183①一、同②一）。

ⅲ 保険契約期間中に積立配当金の全部又は一部の支払を受ける場合の課税関係は、現金配当金を受けた場合と同様に、支払保険料の修正要素として捉えるので、課税所得は生じない。

（注）1 保険契約等により、積立配当金の引出しが一定の期間ごと（例えば、3年又は5年に1度）、あるいは第1回目の引出しは3年目、第2回目の引出しは10年目というようになっているような場合においても、その支払われる積立配当金については、上記と同様である（前掲「保険税務のすべて」・P1053参照）。

2 積立配当金については、生命保険料控除額の計算上、その積み立てら

れた年において支払保険料から控除されている（上記ⅰ（注）参照）から、現実の支払を受けた年においては、生命保険料控除額の計算にも影響を及ぼさない。
3　上記(注)1の取扱いは、満期保険金のある養老保険等についてのもので、終身保険については満期保険金がないことから、次のように考えられている（前掲「保険税務のすべて」・P1053。なお、文中の［　］は編注である）。

「当該契約［終身保険契約］に係る払込保険料累計額の範囲までの配当積立金のとりくずしについては、満期保険金のある契約に準じた取り扱い［本ⅲと同様］でよい。つまり、課税関係は発生しない。

配当積立金のとりくずし額累計額が払込保険料（表定保険料［約定上の保険料］）累計額を上回った場合には、その上回った金額について所得税を課すべきである（契約者＝保険料負担者）。

ただ、この上回った配当積立金のとりくずし額を一時所得とすべきか雑所得として取り扱うべきかには議論の余地があり、過去において国税当局で生命保険契約に係る一時金を一時所得としてどの範囲までにしぼり、取り扱うかの論議があったとき、支払い間隔が5年ごとである一時金については一時所得扱いにしようとした反面、3年間隔の一時金については雑所得として取り扱うべきだとした意見からすると、配当積立金のとりくずしは大体5年間隔以上で定期的に行うとすれば一時所得扱いとして問題を生じないようである。従って、現行ではこうした目安で実務面は取り扱われていくことになろう。」

③　**積立配当金**（最終指定時まで積立型）

保険契約期間中に割当てられた契約者配当金等を、保険約款等により保険契約の満了時まで、又はその他一定の時期までその支払を受けられないものについては、積立時において課税所得が生じないし、生命保険料控除額の計算にも影響を及ぼさない（所基通76-7）。

一般的には、この配当金については、保険金等と共に支払を受けるので、上記②ⅱの場合と同様である。

④ 保険金買い増し配当金（増加保険金）

保険金買い増し配当金とは、配当金相当額の保険料で元契約の保険金を増加（買い増し）させるものである（養老保険又は定期付養老保険に多い）。一般に、増加保険金は、配当金で買い増す一時払養老保険、又は元契約と相似形の定期付養老保険などである。

配当時には課税所得は生じない（この部分の保険料については、「保険料－配当金＝0」となるので保険料控除の対象額もない）。

保険金受取時の一時所得又は雑所得の計算上控除する保険料は、元契約に係る保険料のみで計算する（増加部分の保険金に係る保険料は、「支払保険料－配当金＝0」となっている）。

仮に、増加保険金部分を元保険金と分離して解約等をするような場合の一時所得の計算については、増加保険金に係る保険料（配当金に相当する金額）のみを必要経費として通常の例により計算する。この場合において、その後、元契約の保険金に係る一時所得又は雑所得を計算するときの保険金から控除する保険料は、元契約に係る払込保険料総額から増加保険金に対応する部分の保険料（配当金相当額）を控除した金額となる。

（注）年金支払開始の日以後に生じた剰余金をもって、一時払の年金保険を買い増すことができるとされる個人年金保険の雑所得の計算方法等については、P570に掲げる個別通達（昭60直審3-222）に取扱いがある。

⑤ キャッシュバックシステムにより支払われる給付金

「キャッシュバックシステム」とは、平成11年頃から、高額加入者に対し、毎年キャッシュバックの形で価格還元する契約通算扱特約で、その「契約通算特約給付金」は自動的に積み立てられるなどのことから、この給付金は税務上、前記②の積立配当金（自由引出型）に当たるものとされている（前掲「保険税務のすべて」・P1104参照）。

したがって、税務上、この給付金については前記②の積立配当金（自由引出型）と同様の取扱いになる。

なお、この契約通算扱特約は定期保険や終身保険等、満期保険金のないものも対象としているので、定期保険・終身保険等に係るものについては、前記②ⅲ(注)3の取扱いも受けることになる。

5　損害保険契約の配当金等と、所得税の課税関係（概要）

損害保険契約について、保険契約期間中に支払を受ける（支払保険料と相殺されるものを含む）契約者配当金（以下「配当金等」）、及び保険金（満期返戻金等・解約返戻金等を含む）又は年金と共に支払を受ける配当金等に関する所得税の課税関係は、生命保険契約の配当金等の取扱いと概ね同様である。

6　保険金据置の利息

一時に支払われるべき生命保険金の全部又は一部を保険会社に据置き、据置期間満了時又は随時の請求によりその支払を受けるという方法を選択することができる。

この場合には、据置期間中、毎年利息が付され、その利息相当額は毎年の雑所得の収入金額とされる（当該利息は保険契約に係る契約者配当金等とは異なるものであるから、保険金が一時所得となる場合においても、その利息相当額は常に雑所得となる）。

所得税基本通達

（保険金等の支払とともに又は保険金等の支払開始の日以後に分配を受ける剰余金等）

76-5　生命保険契約等［所基通76-3(1)・P795参照。編注］に基づく剰余金の分配又は割戻金の割戻しで、その契約に基づく生命保険料等［所基通76-3(1)・P795参照。編注］の払込みを要しなくなった後において保険金［解約返戻金等を含む。編注］、年金又は共済金等の支払開始の日以後に支払を受けるものは、法第76条第1項第1号又は同条第2項第1号のかっこ内に規定する剰余金の分配又は割戻金の割戻し［支払保険料等から控除する剰余金等。編注］には該当しないものとする。（直近改・平2直所3-6）

【編者注】本項の趣旨等
　① 保険事故の発生（満期の到来を含む）・年金支払の開始又は解約

等により、保険金（年金を含む）と共に支払を受ける契約者配当金等（保険金の支払以後に支払を受けるものを含む）は、その保険金の性質等により一時所得、雑所得又は非課税所得の収入金額とされる。

　したがって、これらの配当金等については、支払保険料の修正要素として認識する必要がないことから、生命保険料控除額の計算に影響させないということを本項で確認したものである。

② 　生命保険契約期間中にその保険契約を払済保険（保険料の支払を中止し、その時点での解約返戻金等を基に、元の契約の保険期間を変えないで、一時払養老保険又は元の契約と同種の保険に切り換えることをいう）、又は延長保険（保険料の支払を中止し、その時点での解約返戻金等を基に、元の契約の保険金額を変えないで、一時払の定期保険に切り換えることをいう）に変更した場合、積立配当金は変更後においてもそのまま引き継がれる。

　その引き継がれた積立配当金等の全部又は一部を、契約変更後の保険期間中に支払を受ける場合、その配当金等は、「生命保険料等の払込みを要しなくなった後において」支払を受けるものではあるが、「保険金［解約返戻金等を含む。編注］、年金又は共済金等の支払開始の日以後に支払を受けるもの」ではないから、本項の適用はなく、保険契約期間中に支払を受ける配当金等の例により、支払保険料の修正要素として課税所得とはならない。

　他方、生命保険料控除との関係では、これらの積立配当金は、その積立時（分配時）の支払保険料から控除して保険料控除額を計算すべきものとされているので、積立配当金を取り崩し、現金で支払を受けても同控除額の計算には影響を及ぼさない。

（注）1 　払済保険又は延長保険に変更した後においては、一般的に、これらの契約には新たな契約者配当は付されないようである。

　　　2 　これらの配当金等は、一時所得又は雑所得の金額の計算上、必要経費等とされる保険料累計額から控除すべき金額に該当する。

　　　3 　本編者注の他、P799に掲げる所基通76-5の編者注参照。

第3章

契約者配当金等に関連する法人税の法令・通達等

第1節　契約者配当金等に関連する法人税の各条項

法人税基本通達

（契約者配当）

9-3-8　法人が生命保険契約（適格退職年金契約に係るものを含む。）に基づいて支払を受ける契約者配当の額については、その通知（据置配当については、その積立てをした旨の通知）を受けた日の属する事業年度の益金の額に算入するのであるが【編者注1】、当該生命保険契約が9-3-4の(1)に定める場合［契約者及び満期保険金と死亡保険金の双方の受取人を法人とする養老保険契約。編注］に該当する場合（9-3-6の(2)により9-3-4の(1)の例による場合［契約者及び満期保険金と死亡保険金の双方の受取人を法人とする定期付養老保険で、その契約に係る保険料の全額を資産に計上すべき場合。編注］を含む。）には、当該契約者配当の額を［、］資産に計上している保険料の額から控除することができるものとする【編者注2、3、4、7】。（直近改・昭55直法2-15）

　（注）　1　契約者配当の額をもっていわゆる増加保険に係る保険料の額に充当することになっている場合には、その保険料の額については、9-3-4から9-3-6までに定めるところによる【編者注5】。

　　　　2　据置配当又は未収の契約者配当の額に付される利子の額については［、］その通知のあった日の属する事業年度の益金の額に算入するのであるから留意する【編者注6】。

【編者注1】生命保険契約に係る契約者配当等と法人税の課税関係
　1　契約者配当等の種類等
　　生命保険契約に係る契約者配当等の種類、配当等の支払請求権と保険金請求権との関係については、前章（P1152）を参照。

2　法人税における契約者配当金等の原則的な取扱い

生命保険契約に基づいて受ける契約者配当金等は、その性質が、支払保険料の割戻し、あるいは支払保険料の運用益等であることから、法人が受ける契約者配当金等は、その種類を問わず、原則として、その支払通知を受け取った日の属する事業年度の益金の額に算入することになる（本項前段参照）。

満期保険金又は死亡保険金等と共に支払を受ける契約者配当等については、それぞれその保険金等を益金に算入すべき時の益金となる。

3　定期保険に係る契約者配当金等

① 法人が契約者である定期保険（いわゆる長期平準定期保険・逓増定期保険等その保険契約の基本が定期保険であるものを含む）に係る契約者配当金等（キャッシュバックシステムにより支払われる給付金を含む。）は、法人に支払われるから、保険金受取人が誰であるかを問わず、全て法人の益金となる。

② 保険期間中の契約者配当金の経理処理は、次のようになる。

ⅰ　現金配当

現預金　100,000円　／　雑収入　100,000円

ⅱ　相殺配当（支払保険料の全額20万円、内相殺配当10万円）

支払保険料　200,000円　／　雑収入　100,000円
　　　　　　　　　　　　　　現預金　100,000円

ⅲ　積立配当金（据置配当金）

保険積立金　100,000円　／　雑収入　100,000円

(注) 死亡保険金の受取人が被保険者の遺族である場合における、保険事故発生時の積立配当金の処理については、法人法22条の解説第1の4・P888参照。

4　支払保険料の全額が資産計上されていない保険契約に係る契約者配当金等

法人を契約者とする生命保険契約のうち、支払保険料の全額を資産に計上すべきものとされるものに係る契約者配当金を除き、保険

の種類を問わず、法人が支払を受ける契約者配当金等については、法人の益金とされ、その処理は上記3②と同様である。

（注1）これに該当するものとしては、保険料の全部又は一部が厚生費・給与等（役員報酬を含む）とされている養老保険（定期付養老を含む）、又は終身保険（定期付終身を含む）に係る配当金等がある。

（注2）保険料が給与（役員報酬を含む）とされている生命保険契約に係る契約者配当金等が、買増配当（配当金をもって元契約の保険金を増加させるもの）である場合の法人における経理は次のようになる。

　　　給与　×××　／　雑収入　×××

　この場合、被保険者が使用人のときは、その給与は損金となるので結果的に法人の損益には影響を及ぼさない。

　しかし、被保険者が役員である場合には、その給与は一時払の保険料に係るものであるから（第2章の解説4④・P1156参照）、定期同額給与との関係で臨時的な給与として損金不算入となる虞がある（法基通9-3-4の編者注7⑥・P1053参照）。

　この場合であっても、保険料が給与とされる保険契約に係る配当金は、その給与とされる保険料から控除することができるとされていることからすれば、買増一時払保険料と買増配当金とは同額であるから、結局、給与とされる保険料は零円となることもあり得る（法基通9-3-4の編者注7⑦・P1053参照）。

【編者注2】積立保険料から控除することができる配当金等

1　法基通9-3-8後段の趣旨

　生命保険契約の契約者配当金等の性質が保険料の割戻し又は保険料の運用益等からなるものとすれば、資産に計上されている保険料中には、その性格上貯蓄性のない危険保険料部分も含まれていることに鑑み、いわば一種の割切りとして、配当金等を支払保険料の割戻し等として捉え、受け取る契約者配当金等の額を過去の積立保険料の額から控除しようというものである。

　（注）このことによる効果は、配当金等の支払を受けるべき時点の益金とはせず、契約終了時（満期の到来、保険事故の発生、解約等）まで課税を繰り

延べるというものであろう。

つまり、保険契約の終了により保険金等の支払を受ける場合には、保険差益の計算上、その時における保険積立金額（支払保険料累計額と契約者配当金等の累計額の合計額）は当然に保険金等から控除されるものである。

2 養老保険に係る契約者配当金等

① 保険金受取人が法人である場合

i 法人を契約者とし、満期保険金及び死亡保険金の受取人を法人とする養老保険契約に係る保険料は全額資産に計上すべきものとされている。

このような契約に係る契約者配当金は、その支払の通知を受けた日の属する事業年度において、積立保険料の額から控除し、その事業年度の益金としないことができる。

(注) このような養老保険契約に傷害特約等の特約が付されている場合、その特約に係る保険料は、養老保険の保険料とは元々分離し、損金等として処理することが認められていることから、特約保険料を損金としている場合においても、そのことが本項後段の適用に影響を及ぼすことはない。

ii 経理処理等

ア この控除は、配当金等の種類を問わないから、現金配当等もその対象となる。現金配当10万円を受けたとする。

現預金　100,000円　／　保険積立金　100,000円

イ 積立配当（据置配当）、相殺配当については、仮に会計上の仕訳を行っても損益に影響を及ぼさないことから、格別の経理処理は要しないものとされている。

ウ 保険買増配当の場合には、次のようになる。

i 養老保険を買い増す場合には、上記イと同様のことから、格別の経理処理を要しない。

ii 定期保険を買い増す場合には、通常、その買増す定期保険は一時払定期保険であることから、その保険期間と法人の事業年度との関係から前払保険料が生ずるので、次のような仕訳を要する。

配当金10万円で定期保険を買い増し、そのうち前払保険料が9万円であるとする。

　保険料　　　10,000円　／　保険積立金　100,000円
　前払保険料　 90,000円　／

(注) この処理は、買増定期保険に係るもので、この処理によっても、主契約である養老保険の契約内容及びその経理処理等には何らの影響を及ぼさないことは明らかであるから、主契約部分の配当金等につき法基通9-3-8後段の適用があるのは当然である。

　なお、買増定期保険部分に係る配当金を受ける場合には、その部分には同後段の適用はないのであるから、その配当を受けるべき時の益金となる。

② 法人を契約者とする養老保険であっても、満期保険金又は死亡保険金の受取人を役員又は使用人等としているため、その保険料の全部又は一部が資産に計上されていない場合には、上記①の適用はなく、配当金等の通知を受けた日の属する事業年度の益金とすることになる。

3　定期付養老保険に係る契約者配当金等

① 法人を契約者とし、満期保険金及び死亡保険金の受取人を法人とする定期付養老保険契約のうち、その保険料が保険証券等において、定期保険部分の保険料と養老保険部分の保険料とに区分されていないものに係る保険料は全額資産に計上すべきものとされている。

　このような契約に係る契約者配当金は、その支払の通知を受けた日の属する事業年度において、積立保険料の額から控除し、その事業年度の益金としないことができる。

② 法人を契約者、満期保険金及び死亡保険金の受取人を法人とする定期付養老保険契約であっても、その保険料が保険証券等において、定期保険部分の保険料と養老保険部分の保険料とに区分されているものに係る保険料については、養老部分の保険料を資産に計上し、定期部分の保険料は損金の額に算入する、とされてい

る。

　このような契約に係る契約者配当金等については、実務上、上記①の取扱いの適用がなく、その配当金等はその受けるべき時の益金の額に算入される。

　（注）法基通9-3-8後段適用の前提は、一の生命保険契約に係る保険料の全額が、資産に計上される場合である。

4　終身保険に係る契約者配当金等

①　終身保険に係る契約者配当金等

　法人を契約者及び保険金受取人とする終身保険の保険料は、実務上、養老保険の例により、その全額を資産に計上すべきものとされている。

　このような終身保険に係る契約者配当金等については、実務上、養老保険の例により、積立保険料から控除することができるものとされている。

②　定期付終身保険に係る契約者配当金等

　法人を契約者とし、定期保険及び終身保険の保険金の受取人を法人とする定期付終身保険の保険料の取扱いは、実務上、終身保険部分の保険料を資産計上し、定期保険部分の保険料は損金とすることができる、とされている。

　（注）この取扱いは、保険料が定期部分と終身部分とに区分されている場合のものであるが、定期付終身保険の保険料は、一般的に、定期部分の保険料と、終身部分の保険料とが区分されている。

　このような終身保険に係る契約者配当金等については、実務上、定期付養老保険の例により、積立保険料から控除することはできないものとされている（上記3②参照）。

　なお、仮に、定期保険部分の保険料を含む支払保険料の全額を資産計上しているような場合における、その配当金等については、一の保険契約に係る保険料の全額を資産に計上しているものとして、法基通9-3-8後段を適用して積立保険料から控除することができるものと考えられる。

【編者注3】積立保険料から控除していない契約者配当金等の取扱い

　法基通9-3-8後段の取扱いにより、積立保険料から控除することができるとされている契約者配当金等を、積立保険料から控除せず、益金の額に算入している場合、その後の事業年度において、積立保険料から控除すべき旨の更正の請求ができるか、という問題がある。

　このことにつき通達等に明示はない。按ずるに、同後段の物言いが「控除することができるものとする」となっていることからすれば、控除するか否かは一種の選択であり、理由はともあれ結果において法人がその選択をしなかった場合には、更正の請求の一つの要件である「法律の規定に従っていなかったこと」（この場合の「法律」には「通達」も含む）には当たらないと解されるので、更正の請求はできないものと考えられる。

　したがって、その配当金等が積立配当の場合には、積立配当金の引き出しや、保険契約終了等による配当金の支払を受けるまで積み立てておくことになる。

【編者注4】配当金の受取方法を変更した場合の取扱い

　例えば、積立配当方式を保険料相殺方式に変更するような場合には、保険実務上、その変更時における積立配当金の全額を一時に契約者に支払うこととなっているようである。

　この場合の経理処理は、次のようになる。

　　現預金　　×××　／　保険積立金※1　　×××
　　　　　　　　　　／　雑収入※2　　　　　×××

　※1　変更時における法人の積立配当金の額。
　※2　実際の受取額と上記1との差額。

　なお、変更時に既往の積立配当金の払い出しをせず、契約の消滅まで積み立てておくような場合には、格別の課税関係は生ぜず、以後、積立配当に対する毎年の利息額につき、下記編者注6の処理をすることになる。

【編者注5】契約者配当金をもって買増保険の保険料に充てた場合

　①　法基通9-3-8（注）1の趣旨は、主契約の契約者配当金等をもっ

て、増加保険（買い増し保険・P1156参照）の保険料に充てた場合の、その保険料の取扱いを明示したものである。

この場合の保険料の処理は、増加保険の種類と、その契約内容等により、仕訳例で示すと次のようになる。

ⅰ　増加保険が養老保険の場合

　　積立保険料（又は給与等）　×××　／　雑収入（又は保険積
　　　　　　　　　　　　　　　　　　　　　立金)※　×××

　　※　保険積立金勘定は、配当金等を積立保険料から控除できる場合に限られる。以下同じ。

ⅱ　増加保険が定期保険の場合

　　支払保険料（又は給与等）　×××　／　雑収入（又は保険積
　　　　　　　　　　　　　　　　　　　　　立金）　×××

　　前払保険料※　　　　　　　×××　／

　　※　増加保険が定期保険である場合には、通常、一時払定期保険であることが多く、その場合には、増加する定期保険の保険期間との関係で、前払保険料が生ずる。

【編者注6】積立配当金等、前払保険料、据置保険金に対する利息

1　契約者配当金等の利息

　契約者配当金等が積立配当（据置配当）である場合には、通常、保険会社の定める利率による利息が付され、その利息は保険会社に積み立てられる。その支払は、積立配当金等の引き出し、又は保険金の支払と同時に支払われる（養老保険約款(例)28条①(1)・P1376参照）。

　この積立配当等に係る利息については、生命保険契約の契約者配当金等とはその性質が異なり、いわば通常の金銭債権（預け金等）に対する利息と異なるところがないと考えられることから、契約者配当金等の処理方法とは切り離し、受取利息に対する通常の例（法基通2-1-24）により、毎期ごとの積立利息相当額を、その通知を受けた日の属する事業年度の益金の額に算入することとなる（積立利息の処理は「積立保険料」等に含めても差し支えない）。

　このことは、積立配当金等につき法基通9-3-8後段の取扱いによ

り、益金の額に算入されていないもの（つまり、保険積立金から控除している積立配当金）に係る利息であっても、異なるところがない。
本項（注）2は、このことを確認的に明示したものである。

2　前納保険料の利息

　生命保険料を前納（全期前納を含む）した場合には、前納保険料に対し、通常、保険会社の定める利率による利息が付され、その利息は保険会社に積み立てられ、前納保険料と同様に順次支払うべき保険料に充当される。

　この場合の利息額については、上記1と同様の理由から、利息に関する通知を受けた日の属する事業年度の益金の額に算入することとなる。

　なお、保険料が一時払である生命保険契約については、保険料の支払期日が全保険期間を通じて1回であることから、保険料を支払期日前に「前納」するということはないので、この問題が起こる余地はない。

3　据置保険金の利息

　据置保険金（一時金で受けるべき保険金の全部又は一部を一時金で受け取らずに保険会社に据置く保険金）には、保険会社の定める利率による利息が付される。

　この利息については、上記1と同様の理由から、利息に関する通知を受けた日の属する事業年度の益金の額に算入することとなる。

【編者注7】法人が契約する個人年金保険に係る契約者配当金について

　法人が契約する個人年金保険契約に係る契約者配当金については、個別通達「法人が契約する個人年金保険に係る法人税の取扱いについて」（平2直審4-19）の3及び4（P933参照）に取扱いが明示されている。

第2節 損害保険契約に係る配当金と法人税の課税関係

編者解説

1 損害保険契約に係る配当金に関する法人税の原則的な取扱い

　一般的に、短期の損害保険契約については配当金等の分配はないものが多い。保険実務上、長期の損害保険契約については、配当金等がある場合であっても、契約の解約時又は満期時までその旨の通知が契約者になされないとされているようである。

　法人税の実務上、損害保険契約の配当金については、配当割当時においては会計処理等を行わず、解約時又は満期時等に一括して処理すればよいとされている（保険税務事例研究グループ編前掲書・P356参照）。

2 建物更生共済の割戻金

① 建物更生共済（農業協同組合の商品、一般的にいえば、地震保険を付した満期返戻金のある長期の火災保険に類似するもの）の掛金は、危険掛金、付加掛金（農協の事業費に当たる）、積立掛金（返戻金の原資）からなっている。

　建物更生共済契約の掛金のうち、危険掛金及び付加掛金部分はいわば掛捨ての保険料と同様に、共済期間の経過に応じて損金とし、積立掛金部分は資産に計上すべきものとされている（法基通9-3-9・P1135参照）。

② 建物更生共済契約に係る割戻金については、その割戻の都度、契約者へ通知が行われ、その割戻金が据置かれる（積み立てられる）場合においても、契約者は任意にその引出しができるものとされている。

　このようなことから、法人税の実務上、この割戻金については、その通知を受けた日の属する事業年度の益金とするものとされている。

　なお、掛金の一部が損金とされていることから、割戻金に相当する金額を資産計上している積立掛金の額から控除することはできない。

第6編

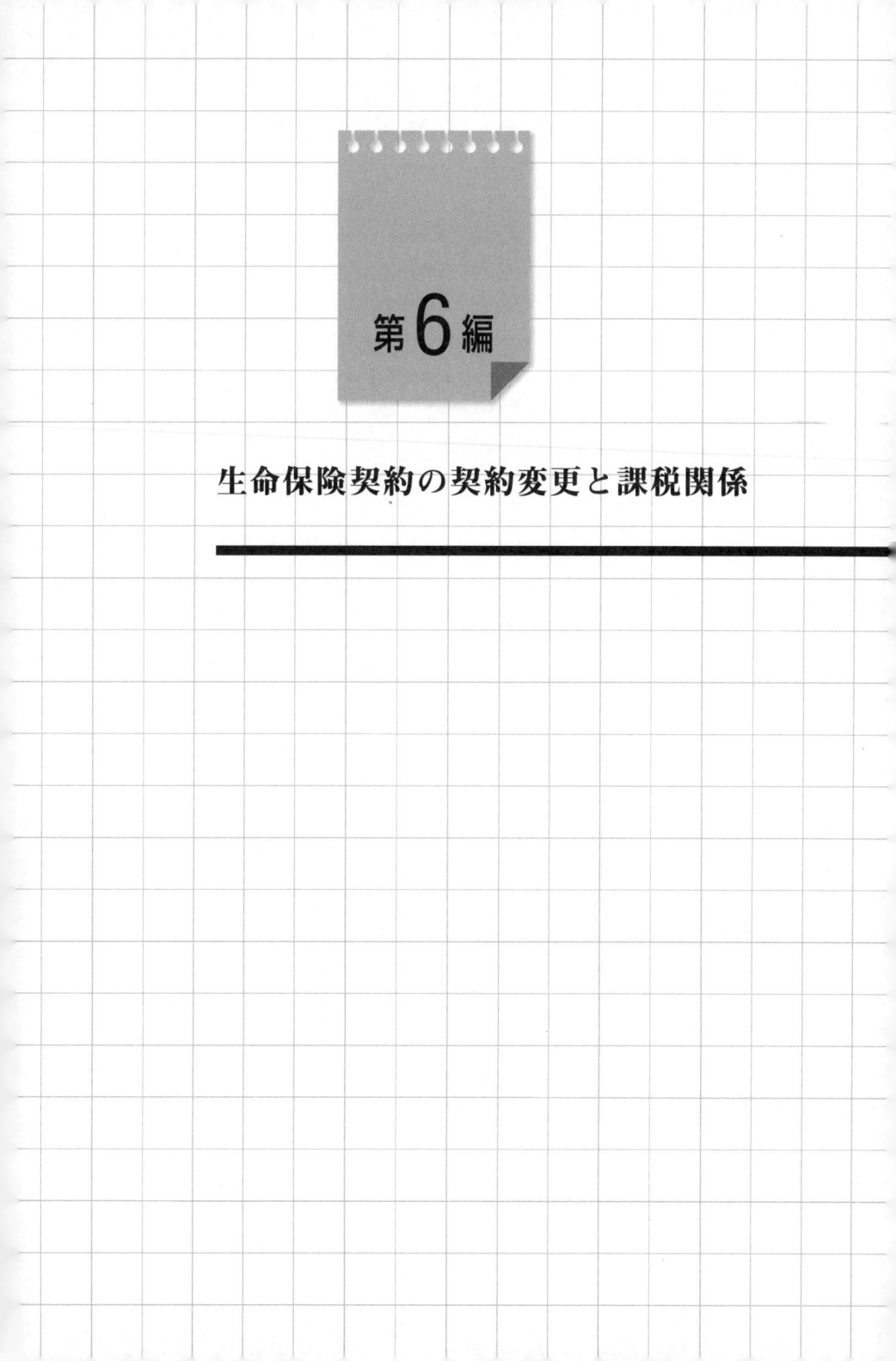

生命保険契約の契約変更と課税関係

第1章

生命保険契約の転換・契約変更等に関連する相続税・贈与税の法令・通達等

第1節　生命保険契約の転換・変更等に関連する相続税・贈与税の法令・通達等の索引

　生命保険契約の転換・契約変更等に関する相続税・贈与税の関連法令・通達、情報、質疑応答事例、事前照会に対する文書回答事例、判例、裁決例等で、本章に収録したものは、以下のとおり。

法令等の索引

☐相続税法基本通達
　5-7　生命保険契約の転換があった場合　*1175*

☐相続税関係個別通達
・　契約転換制度の所得税法及び相続税法上の取扱いについて（昭53直資2-36）　*1177*

☐事前照会に対する文書回答事例
・　生命共済契約から医療共済契約への転換及び共済掛金充当払特則による契約転換制度の所得税法及び相続税法上の取扱いについて（平17.4.19　東京国税局審理課長）　*1179*

☐質疑応答事例
・　生命保険契約について契約者変更があった場合　*1188*

第6編　第1章　生命保険契約の転換・契約変更等に関連する相続税・贈与税の法令・通達等

第2節　生命保険契約の転換に関連する相続税・贈与税の各条項

相続税法基本通達

（生命保険契約の転換があった場合）

5-7　いわゆる契約転換制度【編者注1】により生命保険契約［相法3条1項1号（P119参照）、相令1条の2の第1項（P155参照）及び大蔵省告示125号（P161参照）に掲げる生命保険契約・生命共済契約をいう。相基通3-13の（注）（P182）参照。編注］を転換前契約［既存の生命保険契約。相基通3-13の（注）・P182参照。編注］から転換後契約［新たな生命保険契約。相基通3-13の（注）・P182参照。編注］に転換した場合において、当該転換に際し転換前契約に係る契約者貸付金等の額［相基通3-9本文・P170参照。編注］が［、］転換前契約に係る責任準備金（共済掛金積立金、剰余金、割戻金及び前納保険料を含む【編者注2】。）をもって精算されたときは、当該精算された契約者貸付金等の額に相当する金額は、転換前契約に係る契約者が取得した法第5条第2項［贈与により取得したものとみなす保険契約の解約返戻金等・P298参照。編注］に規定する「返還金その他これに準ずるもの」に該当するものとする【編者注2】。（昭57直資2-177追加）

【編者注1】生命保険契約の転換制度の意義
　　本項にいう「いわゆる契約転換制度」の概要については、「契約転換に関する特約（例）」3条の編者注（P1402）、個別通達「契約転換制度の所得税法及び相続税法上の取扱いについて」（昭53直資2-36）（P1177）参照。

【編者注2】本項の趣旨等
① 　生命保険契約の転換が行われた場合には、税務においても、転換前契約（転換により消滅する旧契約）と転換後契約（転換による新たな保険契約）とは実質的に契約の継続性を失わないものとして、

これを契約内容の変更と解することにより、転換による旧契約の消滅を課税原因とは認識しないということが、本項の前提になっている（後掲「契約転換制度の所得税法及び相続税法上の取扱いについて」（個別通達・昭53直資2-36）参照）。

② 本項は、生命保険契約の転換があった場合には、原則として、転換については、旧契約の保険料の負担者が誰であるかを問わず、贈与税の課税関係は生じないものとして取扱い、次の③に該当する場合に限り、贈与税の課税対象とするというものである（後掲・昭53直資2-36通達の別紙2の記1参照）。

③ 転換により消滅する旧契約（転換前契約）につき、契約者貸付金又は未払込保険料（以下「契約者貸付金等」）がある場合には、転換に際し、旧契約に係る解約返戻金等に相当する金額（責任準備金）をもって清算されることとなっている（契約転換に関する特約2条(4)・P1401参照）。

　この場合において、旧契約の保険料の全部又は一部を契約者以外の者が負担していたときは、その清算された契約者貸付金等に相当する金額を旧契約の一部解約に係る解約返戻金として捉え、その額を相法5条2項に規定する解約返戻金等として贈与税の課税対象とする（つまり、契約者以外の者が保険料の全部を負担している場合には、その清算された金額の全額、一部負担の場合には、保険料の負担割合に対応する部分の金額がみなす贈与財産となる。後掲・昭53直資2-36通達の別紙2の記3参照）。

　(注) 旧契約の契約者がその保険料の全部を自ら支払っていた場合の取扱いについては、後掲・昭53直資2-36通達の別紙2の記2参照。

④ 責任準備金とは、一般的にいえば、その保険契約に係る解約返戻金に相当する金額で、転換の場合には、転換価格（いわゆる下取価格）の基本となる金額である（相基通3-13の編者注4・P184参照）。

⑤ 近時、保険会社によっては、養老保険契約、定期付養老保険契約、終身保険契約、個人年金保険契約等（いずれも中途解約等の場合に解約払戻金等のある契約）から、医療保険等いわゆる第三分野の保険

契約(その概要については、個人課税課情報「いわゆる第三分野の保険契約に係る生命保険控除等に関する質疑応答事例について」(平14.5.17)の別紙「問1」、「問2」・P763参照)に転換する制度を設けているところもあるようである。

　相続税法上、いわゆる第三分野の保険契約も「生命保険契約」に含まれることは明らかであるから、このような転換についても本項(相基通5-7)の取扱いの適用を受けることになるが、そのことについては、文書回答事例「生命共済契約から医療共済契約への転換及び共済掛金充当払特則による契約転換制度の所得税法及び相続税法上の取扱いについて」(平成17.4.19)(P1179参照)により確認されている。

相続税関係個別通達

◇契約転換制度の所得税法及び相続税法上の取扱いについて（昭53直資2-36）

　標題のことについて、社団法人生命保険協会から別紙2のとおり照会があり、これに対して当庁直税部長名をもって別紙1のとおり回答したから了知されたい。

《別紙1》
［前略］
　標題のことについては、貴見のとおりで差支えありません。

《別紙2》
［前略］
　最近生命保険会社では、既存の生命保険契約(以下「転換前契約」という。)の責任準備金等を新たな生命保険契約(以下「転換後契約」という。)の責任準備金等に引継ぐ方法による契約転換制度を設けました。

この制度は、転換後契約において、
① 　転換前契約と保険契約者・被保険者が同一であること
② 　契約者配当の権利を引継ぐこと
③ 　転換前契約の死亡保障の範囲内（死亡保険金、保険期間）での危険選択を行わないこと
④ 　告知義務違反による契約解除や自殺による保険金支払免責等の場合での転換前契約への復帰が認められること
⑤ 　転換前契約を解約処理するものではないこと
等から、この転換は、実質的には、契約の継続性を失わないものとして、これを契約内容の変更と解すべきものと考えます。
　なお、この契約転換制度について、行政当局も別添のとおり同様の見解を示しております。
　かような転換制度に対する所得税法及び相続税法の適用に当たって、下記のとおり解釈することについて貴庁のご見解をお伺い申しあげます。

記

1 　上記のとおり、転換前契約の責任準備金等【編者注1】を転換後契約の責任準備金等に引継ぐ方法により行われる契約転換は、実質的に契約内容の変更であり、転換に伴う所得税及び贈与税の課税関係は生じないと考えます。

2 　但し、契約者と保険料負担者とが同一である場合において、契約者に対する貸付金が転換時に、責任準備金との相殺により精算されたときは、その責任準備金との相殺部分については、転換前契約の一部解約があったものとして契約者の各種所得の金額の計算上収入金額になるものと存じます。
　　この場合には、転換時までに支払った転換前契約に係る保険料の額から転換時までに支払を受ける社員配当金の額を控除した残額［実質的な支払保険料の総額。編注］のうち、責任準備金との相殺部分に相当する額（すなわち、責任準備金と相殺された貸付金に相当する額）が［、］その各種所得の計算上控除する金額［必要経費等。編注］となり、実際には、

課税所得は発生しないと存じます。
　そしてこの責任準備金との相殺部分に相当する額［転換時に必要経費等に算入された保険料の額。編注］は、転換後契約の消滅時［満期時、解約時、保険事故発生時等。編注］における各種所得の計算上控除する金額から控除すべきもの［転換前契約及び転換後契約に係る保険料の払込金額の合計額から、転換時における必要経費等算入額から控除する。編注］と存じます。
3　また、契約者と保険料負担者とが異なる場合において、契約者に対する貸付金が転換時に責任準備金、社員配当金（積立てられた社員配当金を含む）又は前払保険料をもって精算されたときは［、］契約者に贈与税の課税関係［相殺された貸付金相当額が保険料負担者から、契約者に贈与されたものとなる。編注］が生ずることになると存じます【編者注2】。

【編者注1】
　　責任準備金の意義については、相基通5-7編者注2④（P1176）参照。
【編者注2】
　　本通達3の取扱いは、相基通5-7（P1175参照）と同一の内容である。

事前照会に対する文書回答事例

◇生命共済契約から医療共済契約への転換及び共済掛金充当払特則による契約転換制度の所得税法及び相続税法上の取扱いについて（平17.4.19　東京国税局審理課長）

　標題のことについては、ご照会に係る事実関係を前提とする限り、貴見のとおりで差し支えありません。
　ただし、次のことを申し添えます。
(1)　ご照会に係る事実関係が異なる場合又は新たな事実が生じた場合には、この回答内容と異なる課税関係が生ずることがあります。
(2)　この回答は、東京国税局としての見解であり、事前照会者の申告内容等を拘束するものではありません。

《別紙》
1 事前照会の趣旨

　ＪＡ共済では、公的医療保険制度の改正や少子化・高齢化の進展による自助努力の必要性が向上する中、既存の死亡保障を見直し医療保障にシフトさせたいというニーズに応えるため、新たに、既存の養老生命共済契約、終身共済契約、年金共済契約から、入院、手術、通院などの医療保障を主軸とする医療共済契約への転換制度を導入します。

　この制度は、既存の養老生命共済契約、終身共済契約、年金共済契約の責任準備金を、いったん共済掛金充当払特則の責任準備金に引き継ぎ、その後医療共済契約の掛金の払込みの都度、払い込まれる掛金の一部に充当する方法による点で、従来の契約転換制度と異なりますが、昭和53年２月10日付直資2-36、直所3-5「契約転換制度の所得税法及び相続税法上の取扱いについて」（以下「転換通達」という。）と同様に、所得税及び贈与税の課税関係は生じないものと取り扱ってよろしいか伺います。

　なお、従来の契約転換制度との比較は別表［省略］のとおりです。

2 事前照会に係る取引等の事実関係

　転換通達では、転換前契約の責任準備金等を転換後契約の責任準備金等に引き継ぐ方法による契約転換については、次の①から⑤を要件として、実質的には、契約の継続性を失わない契約内容の変更と考えられることから、転換に伴う所得税及び贈与税の課税関係は生じないものとして取り扱われています。

　①　転換前契約と保険契約者・被保険者が同一であること
　②　契約者配当の権利を引き継ぐこと
　③　転換前契約の死亡保障の範囲内（死亡保険金、保険期間）での危険選択を行わないこと
　④　告知義務違反による契約解除や自殺による保険金支払免責等の場合での転換前契約への復帰が認められること
　⑤　転換前契約を解約処理するものではないこと

　今回導入する医療共済契約への転換制度は、養老生命共済契約、終身共済契約、年金共済契約から医療共済契約への転換ですが、これらの契

約はいずれも生命総合共済として行う共済事業によるものであり、上記①から⑤の要件を満たすものです。

ただし、この転換制度は、共済掛金充当払特則による責任準備金の引継方法を採るため、転換前契約の責任準備金をいったん共済掛金充当払特則の責任準備金に引き継ぎ、その後医療共済契約の掛金の払込みの都度、払い込まれる掛金の一部に充当することとなり、従来の契約転換制度が採っている、転換前契約の責任準備金を転換後契約の一時払掛金として直接充当する方法とは、その点で異なります。

3 事前照会者の求める見解となることの理由

今回導入する医療共済契約への転換制度は、共済掛金充当払特則による転換方法を採るため、転換前契約の責任準備金は共済掛金充当払特則の責任準備金に引き継がれ、転換後契約である医療共済契約の責任準備金には直接引き継がれませんが、共済掛金充当払特則の責任準備金であっても契約者勘定であるという点では同じであり、転換前契約の責任準備金は最終的に転換後契約である医療共済契約の掛金に充当され、その責任準備金として積み立てられることになります。

この点は、実質的に転換前契約の責任準備金を転換後契約の責任準備金に引き継ぐのと同じように評価できるものであり、かつ、転換通達で示されている要件をすべて満たすものであることからすれば、転換通達に定められている取扱いと同様に、当該転換に伴う所得税及び贈与税の課税関係は生じないものとして取り扱われるものと考えます。

第3節 払済保険・延長保険（生命保険契約）に関連する相続税・贈与税の各条項

編 者 解 説

□払済保険・延長保険への変更と贈与税の課税関係等

① 払済保険・延長保険の意義

ⅰ 払済保険

払済保険とは、養老保険契約・終身保険契約又は定期付養老保険契約・定期付終身保険契約等を、保険期間の中途で以後の保険料の払込みを止め、既払い保険料に係る解約払戻金に応じて、既契約の保険金を減額するというものである。

なお、変更時に契約者貸付金・未払込保険料がある場合には、解約返戻金に相当する金額からこれらの元利額を控除した金額（弁済等による精算後の金額）を基礎として、変更後の保険金を算出することとされている。

変更後の保険契約は、元契約と同種の保険とされ、養老保険の場合は、満期保険金額と死亡保険金額は同額となる。変更後の保険期間は、変更前の保険期間の残存期間となる（養老保険約款(例)35条・P1383参照）。

元契約と同種の保険とは、例えば、変更前契約が養老保険（定期付養老保険を含む）の場合は、変更後も養老保険（変更前契約が定期付養老保険であっても変更後は養老保険）となる。同様に終身保険（定期付終身保険を含む）の場合は、終身保険となる。

ⅱ 延長保険

延長保険とは、養老保険契約又は定期付養老保険契約等を、保険期間の中途で以後の保険料の払込みを止め、定期保険（死亡保険金又は高度障害保険金のみを支払うもの）に変更するというものである。

変更後の保険契約の死亡保険金額は、原則として、変更前契約の死亡保険金額と同額とし、保険期間は、既払い保険料に係る解約返戻金に応

じて計算するが、変更前の保険契約に係る残存期間を限度とする（養老保険約款(例)36条・P1385参照）。

なお、変更時に契約者貸付金・未払込保険料がある場合には、解約返戻金に相当する金額からこれらの元利額を控除した金額（弁済等による精算後の金額）を基礎として、変更後の保険期間等を算出することとされている。

(注) 解約返戻金に相当する金額から、上記による変更後の保険契約に充当した金額を控除して、なお残額がある場合には、その残額に相当する金額をもって生存保険金額を計算し、被保険者が保険期間満了の時まで生存した場合に、その生存保険金額が満期保険金として満期保険金受取人に支払われる（養老保険約款(例)36条①(4)・P1385参照）。

iii 払済保険・延長保険への変更と、変更前保険契約に係る積立配当金等の関係

生命保険契約が払済保険又は延長保険に変更された場合においても、変更前の保険契約に係る積立配当金等は、これらの変更時の解約返戻金には算入されず、変更後の保険契約にそのまま承継されるようである。

なお、変更前契約が特約付のもので、その特約に係る積立配当金等がある場合には、保険金実務上、変更時にその全部を契約者に現金で支払い、清算するようである（養老保険約款(例)36条の編者注4・P1386参照）。

② **払済保険・延長保険への変更による贈与税の課税関係**

i 生命保険契約を払済保険・延長保険へ変更しても、変更の前後を通じてその保険契約の同一性は変わらないので、変更前契約の保険料を誰が負担していたかを問わず、その変更による贈与税の課税関係は生じない（前掲・昭53直資2-36通達の別紙2の記1・P1178参照）。

ii 上記 i の場合において、変更前契約に係る契約者貸付金又は未払込保険料がある場合には、その元利金を解約返戻金で清算（弁済又は払込に充当）することになっており、税法上、その清算額は変更前契約の一部解約返戻金等に当たるものと解されている。

契約者以外の者が、変更前契約に係る保険料の全部又は一部を負担

している場合には、解約返戻金による清算額に相当する金額は、相法5条2項に規定する「返還金その他これに準ずるもの」に該当する。

　この場合には、同条1項によって計算される金額が、保険料負担者から変更前契約の契約者に対するみなす贈与財産として贈与税の課税対象となる（前掲・昭53直資2-36通達の別紙2の記3・P1179参照）。

(注) 払済保険又は延長保険に変更し、変更前保険契約に係る保険料の全部を契約者が支払っているときで、契約者貸付金等の清算があった場合には、その清算された貸付金等に相当する金額は、契約者の一時所得の収入金額となる（次章4節・P1199参照）。

第4節 保険金の減額、解約、失効、「保険金を支払わない場合」、保険期間の短縮等に関連する相続税・贈与税の各条項

■ 編 者 解 説

□保険金の減額、解約、失効、「保険金の支払をしない場合」、保険期間の短縮等と贈与税の課税関係

① 契約者は、満期保険金額及び死亡保険金額を減額することができ、減額部分は、保険契約の一部解約として、その保険契約に解約払戻金の約定がある場合には、その金額が契約者に支払われる。

② 解約（保険会社のする解除を含む）、失効、「保険金の支払をしない場合」は、保険契約の終了となり、その保険契約に解約払戻金の約定がある場合には、その金額が契約者に支払われる。

③ 上記①及び②の解約払戻金は、相法5条2項に規定する「返還金その他これに準ずるもの」に該当する（相基通3-39（P270）、同5-6（P315）参照）。

　これらの生命保険契約に係る保険料の全部又は一部が、保険契約者以外の者によって負担されている場合には、これらの解約払戻金のうち、同条1項によって計算される金額が、保険料負担者から保険契約者に対するみなす贈与財産として贈与税の課税対象となる。

（注）保険金の減額、解約、失効、「保険金の支払をしない場合」が生じ、これらの保険契約に係る保険料の全部を契約者が支払っている場合には、これらに起因する解約払戻金は、契約者の一時所得の収入金額となる（次章5節・P1202参照）。

④ 保険期間の中途において、保険期間又は保険料払込期間を短縮することができ、これにより清算金として払戻金の支払を受けることがある（養老保険約款（例）33条・P1381参照）。

　この払戻金については、実務上、上記③と同様に取り扱われている（前掲「保険税務のすべて」P1056参照）。

| 第5節 | 生命保険契約の契約者・保険金受取人の変更に関連する相続税・贈与税の各条項 |

編者解説

1 生命保険契約等に対する現行相続税・贈与税の課税の前提

① 生命保険契約の保険料の支払義務者は、保険契約者であり（保険法2条三・P1329参照）、契約者以外の者が保険料を負担する行為は、第三者の債務を弁済する行為に当たる。したがって、相続税法の原則からすれば、第三者が保険料を負担する（支払う）都度、その負担した保険料に相当する金額が、負担した者から保険契約者に贈与されたものとして課税対象とされることになろう。

② しかし、現行の相続税法の規定（相法3①一、同5①等）は、この法理と異なり、保険期間中の保険料の支払時における贈与税の課税関係は不問とし、保険事故の発生（満期の到来を含む）による現実の保険金の支払、又は解約など保険契約の終了による解約払戻金の支払時までその課税時期を延期する措置を採っている。

つまり、現実に保険金又は解約払戻金等の支払があった時に、その保険契約に係る保険料が誰によって負担されていたかにより、相続税（被相続人が負担している場合）、贈与税（生存する第三者が負担している場合）又は所得税（保険金・解約払戻金等の受取人が負担している場合）の課税対象にするというものである。

③ その理由は、次のようである。

生命保険契約による利益の受益者は、保険事故の発生（満期の到来を含む）により現実に保険金等の支払を受ける者（保険金等の受取人）、又は保険契約を解約等したことにより現実に解約払戻金等の支払を受ける者（契約者）である。

つまり、保険契約期間中においては、保険契約者又は保険金受取人といえども、実際の保険金又は解約払戻金の支払があるまでは、その

権利の内容は、いわば一種の期待権ということができる。

　保険契約者が支払うべき保険料の全部又は一部を他の者が負担することにより、契約者に利益（保険料の支払を免れたという利益）が生じたとしても、契約者が保険金受取人として現実に保険金の支払を受ける場合、又は保険契約の解約等による解約払戻金の支払を受けるまでは、その利益は確定しないし、契約者以外の者が保険金受取人である場合には、保険事故の発生による保険金は受取人が取得するので、契約者は、結局、保険契約の利益を受けたことにならない。

　このようなことから、現行相続税法の規定は、生命保険契約の終了時（保険事故の発生、解約等の時）に、その保険契約の保険料の支払者が誰であったかにより、課税関係を律する制度を採っている。

2　保険契約者の変更と課税関係

① 　生命保険契約者の変更

　生命保険契約の契約者は、被保険者の同意及び保険会社の承諾があれば、いつでも契約者を変更することができる（養老保険約款(例)29条・P1378参照）。

　生命保険契約の契約者が死亡した場合には、その契約に関する権利は、相続によって承継される。

② 　被保険者でない生命保険契約者が死亡し、その者が保険料の支払を行っている場合には、生命保険に関する権利は本来の相続財産として、相続税の課税対象となる（相基通3-36(1)・P268参照）。

　(注) 被保険者でない生命保険契約者が死亡し、その者が保険料の支払をしていない場合には、契約に関する権利自体は相続よって承継されるとしても、その権利の価額は相続税の課税対象財産にならない（同(2)・P268参照）。

③ 　上記②の場合を除き、保険契約期間中に、個人間において生命保険契約（個人年金保険契約を含む）の契約者の変更が無償で行われたとしても、現行の相続税法が生命保険契約について契約終了時課税の方法を採っているので、そのことにより贈与税が課税されることはあり得ない（次頁・質疑応答事例参照）。

(注) 個人間において、保険契約者の変更が有償で行われた場合（例えば、変更時の解約払戻金相当額を、新旧の契約者間において授受する等）の課税関係については、次章6節（P1206）参照。

3 生命保険金受取人の変更と課税関係

① 生命保険契約の受取人の変更

　生命保険契約の契約者は、保険事故の発生（満期の到来を含む）があるまでは、いつでも被保険者の同意を得て保険金受取人を変更することができる（保険法43条・P1334、養老保険約款(例)30条・P1379参照）。その変更は、遺言によっても行うことができる（保険法44条・P1336参照）。

　保険金受取人の変更は、被保険者の同意がなければ、その効力を生じないものとされ（同法45・P1338参照）、その旨が保険証券に表示された後でなければ、保険会社に対抗することができないとされている（同法44条・P1336参照）。

② 保険金受取人の変更と課税関係

　上記①のように、保険事故発生までの間における生命保険契約の受取人の地位は、極めて流動的なもので、その権利の実態は、保険契約上の受取人である期間内に保険事故が発生した場合に限り保険金を取得することができるという一種の期待権を有するに過ぎない。

　つまり、生命保険契約上の受取人は、保険事故の発生があるまでは、保険契約による利益を何ら享受していないことになる。

　このようなことから、課税の実務上、生命保険契約（個人年金保険契約を含む）の保険事故の発生（満期又は年金支払時期の到来を含む）があるまでの間に行われる保険金受取人の変更については、格別の課税関係は生じないものとされている。

質疑応答事例

◇**生命保険契約について契約者変更があった場合**（国税庁ホームページ）

《照会事項》

生命保険契約について、契約者変更があった場合には、生命保険契約に関する権利の贈与があったものとして、その権利の価額に相当する金額について新しく契約者となった者に対し、贈与税の課税が行われることになりますか。

《回答要旨》

相続税法は、保険事故が発生した場合において、保険金受取人が保険料を負担していないときは、保険料の負担者から保険金等を相続、遺贈又は贈与により取得したものとみなす旨規定しており、保険料を負担していない保険契約者の地位は相続税等の課税上は特に財産的に意義のあるものとは考えておらず、契約者が保険料を負担している場合であっても契約者が死亡しない限り課税関係は生じないものとしています。

したがって、契約者の変更があってもその変更に対して贈与税が課せられることはありません。

ただし、その契約者たる地位に基づいて保険契約を解約し、解約返戻金を取得した場合には、保険契約者はその解約返戻金相当額を保険料負担者から贈与により取得したものとみなされて贈与税が課税されます。

《関係法令通達》

相続税法第5条第2項、相続税法基本通達3-36

（注記）平成22年7月1日現在の法令・通達等に基づいて作成しています。
　　この質疑事例は、照会に係る事実関係を前提とした一般的な回答であり、必ずしも事案の内容の全部を表現したものではありませんから、納税者の方々が行う具体的な取引等に適用する場合においては、この回答内容と異なる課税関係が生ずることがあることにご注意ください。

第2章

生命保険契約の転換・契約変更等に関連する所得税の法令・通達等

第1節 生命保険契約の転換・変更等に関連する所得税の法令・通達等の索引

　生命保険契約の転換・契約変更等に関する所得税の関連法令・通達、情報、質疑応答事例、事前照会に対する文書回答事例、判例、裁決例等で、本章に収録したものは、以下のとおり。

法令等の索引

□所得税基本通達
　36-31の5　使用者契約の生命保険契約の転換をした場合　*1196*

□質疑応答事例
・　一時払養老保険の保険金額を減額した場合における清算金等に係る一時所得の金額の計算　*1203*

第6編　第2章　生命保険契約の転換・契約変更等に関連する所得税の法令・通達等

第2節　生命保険契約の転換と所得税の課税関係

━━━━━━━　編　者　解　説　━━━━━━━

1　生命保険契約の転換に係る所得税の課税関係
① 　生命保険契約の転換があっても、転換の前後を通じて、その保険契約の継続性は保たれているので、契約者が自らその保険料の支払をしている場合には、所得税の課税関係は生じない。
（注）転換前契約の保険料の全部又は一部を保険契約者以外の者が負担している場合、転換による贈与税の課税関係については、相基通5-7の編者注2③（P1176）参照。
② 　生命保険契約の転換があった場合において、転換前契約に係る契約者貸付金等（未払込の保険料を含む）がある場合には、その貸付金等の額は、転換に際し、旧契約に係る解約払戻金等に相当する金額をもって清算（弁済等）されることになっている。
　　この場合、転換前契約の保険料を契約者自身が支払っている場合の所得税の課税関係は、次のようになる（個別通達「契約転換制度の所得税法及び相続税法上の取扱いについて（昭53直資2-36）」の別紙2・P1178参照）。
ⅰ 　清算された貸付金等に相当する金額は、生命保険契約の一部解約として、一時所得の収入金額となる。
ⅱ 　収入金額から控除する金額（いわゆる必要経費）は、原則として上記ⅰの金額と同額となる（既払保険料の累計額から、転換時までに支払を受けるべき契約者配当金等の額を控除した金額（実質的な支払保険料の額）が、上記ⅰの金額に満たないときは、実質的な支払保険料の額を限度とする）。
ⅲ 　この結果、転換時においては、原則として、課税される一時所得の金額は生じないことになる。
ⅳ 　将来、転換後契約の消滅（満期、解約、保険事故の発生等）により支払を受ける保険金、解約払戻金等に係る一時所得又は雑所得の金額の計

算に際しては、支払を受ける保険金等から控除する保険料の額につき、次のような調整を行う。

　必要経費等となる保険料の額＝（転換前及び転換後契約に係る支払保険料の累計額－これらの保険期間中に支払を受けるべき契約者配当等の額）－上記ⅱにより転換時に必要経費等とした保険料相当額
③　養老保険契約、定期付養老保険契約、終身保険契約、個人年金保険契約等から、医療保険等いわゆる第三分野の保険契約への転換が行われる場合についても、上記①及び②と同様である（相基通5-7の編者注2⑤・P1176参照）。

2　生命保険契約の転換と生命保険料控除との関係

　生命保険契約を転換した場合における、転換をした年分の生命保険料控除については、次のようになる。
①　転換のあった年において、転換前契約につき支払うべき保険料の額は、その年分の保険料控除の対象となる。
　（注）転換時までに未払いとなっている保険料がある場合には、転換に際し、その未払保険料は転換価格の中で清算される（転換価格とされるべき金額から控除される）ので、その清算された未払保険料額も転換のあった年分の保険料控除の対象となる。
②　転換後契約に引継がれた転換前契約の転換価格（転換前契約に係る解約払戻金等に相当する金額）は、経済的には、転換後契約の一時払保険料に充当するのと同様の効果をもつが、生命保険料控除との関係では、前年以前において既に保険料控除の対象とされているもの（されるべきもの）であることから、転換時の保険料控除の対象外となる。
　（注）転換前契約は、転換後契約の給付責任開始と同時に消滅し、保険契約の内容によっては、その消滅を原因として「特別配当」が行われることもある。
　　この特別配当については、転換後契約の一時払保険料に充当されるので、転換のあった年分の保険料控除の対象となる。なお、特別配当金は、転換前契約に係る契約者配当金であるから、転換前契約に係る保険料控除額の計算に当たっては、支払保険料から控除すべきものと考えられる。

③ 転換後契約の保険料は、当然に保険料控除の対象となる。

| 第3節 | 使用者契約の生命保険契約を転換した場合の給与等の取扱いに関連する所得税の各条項 |

所得税基本通達

（使用者契約の生命保険契約の転換をした場合）

36−31の5　使用者がいわゆる契約転換制度【編者注1】により[、]その加入している養老保険［36-31本文・P680参照。編注］又は定期付養老保険［36-31の3本文・P699参照。編注］を他の養老保険、定期保険［36-31の2本文・P692。編注］又は定期付養老保険（以下この項において「転換後契約」という。）に転換した場合【編者注2】には、その転換のあった日に転換後契約の責任準備金に充当される部分の金額【編者注3】（36-31から36-31の3まで［養老保険、定期保険、定期付養老保険の保険料に係る給与所得の課税関係。編注］の取扱いにより、役員又は使用人に対する給与等とされている金額がある場合には当該金額を除く【編者注4】。）に相当する金額の保険料［転換後契約の保険料。編注］の一時払いをしたものとして、転換後契約の内容に応じて36-31から36-31の3までの例による【編者注5】。（昭63直所3-8追加）

【編者注1】契約転換制度の意義
　　本項にいう「契約転換制度」の概要については、「契約転換に関する特約」（例）3条の編者注（P1402）、個別通達「契約転換制度の所得税法及び相続税法上の取扱いについて」（昭53直資2-36・P1177）参照。

【編者注2】転換契約の範囲
　①　本項の表現からすると、本項の適用があるのは、転換前契約が養老保険又は定期付養老保険に限られ、定期保険を他の保険（養老保険、定期保険又は定期付養老保険）に転換する場合を含まないと読める。一般的には、定期保険については転換価格とされる解約払戻金等が存しないので、それを前提として本項の取扱いがされ

ているものと考えられる。
　しかし、定期保険であっても転換価格を有するような生命保険契約につき転換があった場合には、その転換について本項の適用を排除する合理的な理由もないと考えられるので、本項に準じた取扱いになるものと思われる。終身保険についても同様に考えられる。
② 本項の前提となっているのは、使用者が支払保険料の全部又は一部を資産に計上している生命保険契約を転換した場合、転換契約によりその資産計上金額を課税上どのようにするかということである。
　したがって、転換前契約が定期保険のように資産計上金額のないものである場合には、本項の適用の余地がない。

【編者注3】転換後契約の責任準備金に充当される部分の金額
　転換後契約の責任準備金に充当される部分の金額とは、従前の保険契約（転換前契約）に係る解約払戻金のうち、転換後契約の保険料の一時払に充当される部分の金額ということになる。
　なお、定期保険を他の保険（養老保険、定期保険、定期付養老保険）に転換した場合にも、上記編者注2①のように本項に準じた取扱いになるものと思われるので、転換前の定期保険がいわゆる「長期平準定期保険等」（昭62直法2-2・P1094）に該当するような契約で、使用者において支払保険料の全部又は一部を前払費用又は保険積立金等として資産に計上している金額（計上されるべき金額）がある場合には、その解約払戻金等についても、本項の適用があるものと考えられる（法基通9-3-7・P1211参照）。

【編者注4】本項カッコ書の意義等
① 本項（所基通36-31の5）カッコ内の「当該金額」とは、転換前契約の保険金受取人が役員又は使用人（これらの者の親族を含む。以下「役員等」）となっていること等により、その保険料の全部又は一部が役員・使用人に対する給与されていた場合における、既に給与とされた保険料の累計額に相当する金額をいうものと考えられる。

② 転換後契約の保険金受取人が役員等である場合には、その契約内容等により、転換時の解約払戻金等（転換価額）の全部又は一部が役員・使用人に対する給与（賞与）とされる。

　この場合において、転換前契約に係る保険料のうち給与とされていた金額がある場合には、転換時に給与とされる解約払戻金等に相当する金額から、既に給与とされていた金額を除くのは当然である。

【編者注5】一時払いをした保険料とされる金額の給与と賞与との区分

　本項（所基通36-31の5）が引用する同36-31から36-31の3までにおいては、給与等（役員報酬を含む）とされているが、転換制度による一時払の保険料は「経常的に負担するもの」（法基通9-2-11「継続的に供与される経済的利益の意義」(5)）には該当しないので、賞与になるものと考えられる。

　所基通36-31から36-31の3までの取扱いは、専ら役員又は使用人に対する給与所得としての取扱いであり、法人（又は個人事業者）の処理については、法基通9-3-7（保険契約の転換をした場合・P1211）の取扱いによる。

（注）・所基通36-31「使用者契約の養老保険に係る経済的利益」（P680参照）
　　　・同36-31の2「使用者契約の定期保険に係る経済的利益」（P692参照）
　　　・同36-31の3「使用者契約の定期付養老保険に係る経済的利益」（P699参照）

第4節　払済保険・延長保険（生命保険契約）と所得税の課税関係

──── 編　者　解　説 ────

1　一時所得の収入金額となる「生命保険契約に係る一時金」の範囲

所令183条2項の「生命保険契約等に基づく一時金」とは、保険事故による保険金及び満期保険金のほか、保険金の減額、契約の一部解約による払戻金等も含まれる。

2　払済保険、延長保険への変更による所得税の課税関係

生命保険契約を払済保険、延長保険へ変更した場合の所得税の課税関係は、以下のようになる。なお、払済保険、延長保険の意義等については、前章3節の解説①（P1182）参照。

① 　生命保険契約を払済保険・延長保険へ変更しても、変更の前後を通じてその保険契約の同一性は変わらないので、変更前契約の保険料を契約者が負担している場合には、所得税の課税関係は生じない（前掲・昭53直資2-36通達の別紙2の記1・P1178参照）。

② 　上記①の場合において、変更前契約に係る契約者貸付金又は未払込保険料がある場合には、その元利金を解約払戻金で清算（弁済又は払込に充当）することになっており、税法上、その清算額は変更前契約の一部解約払戻金等に当たるものと解されている。

　変更前契約の契約者が、変更前契約に係る保険料の全部を負担している場合には、その清算額に相当する金額は、所令183条2項の一時金に該当し、一時所得の収入金額になるものと解される（前掲・昭53直資2-36通達の別紙2の記2・P1178参照）。

（注）契約者以外の者が、変更前契約に係る保険料の全部又は一部を負担している場合には、解約払戻金による清算額に相当する金額は、保険料負担者から変更前契約の契約者に対するみなす贈与財産として贈与税の課税対象となる

（相基通5-7の編者注２③・P1176参照）。

③　上記②の一時所得の計算上、収入金額から控除すべき保険料額については、次のように考えられる。

　解約払戻金等の額から貸付金等の額を控除した残額を基礎として、変更後の保険金を減額し（払済保険）、又は保険期間を算定する（延長保険）というものであるから、その経済的実質は保険金の減額又は一部解約の場合と同視することができるものと思われる。

　そうだとすると、控除する保険料の額は、前掲・個別通達（昭53直資2-36・P1177参照）及び後掲・質疑応答事例「一時払養老保険の保険金額を減額した場合における清算金等に係る一時所得の金額の計算」（P1203参照）の例に準じ、既払の実質保険料（支払保険料から契約者配当金等を控除した金額）のうち、これらの変更により清算された貸付金等の額に達するまでの額となる。

《設　例》
◇これらの変更に伴って清算された契約者貸付金等の元利金：100万円
◇既払保険料の累計額：300万円（契約者配当金控除後の金額）
◇一時所得の金額：100万円（収入金額）－100万円（支払保険料額）＝0円

3　払済保険、延長保険への変更と生命保険料控除との関係

　生命保険契約を払済保険、延長保険へ変更した場合における、変更した年分の生命保険料控除については、次のようになる。

① 　これらの変更があった年において、変更前契約につき支払うべき保険料の額は、その年分の保険料控除の対象となる。

　　（注）変更時までに未払いとなっている保険料がある場合には、変更に際し、その未払保険料を解約払戻金に相当する金額の中で清算される（解約払戻金とされるべき金額から控除される）ので、その清算された未払保険料額もこれらの変更のあった年分の保険料控除の対象となる。

② 　これらの変更により、変更後の保険に充てられた解約払戻金等に相

当する金額は、生命保険料控除との関係では、前年以前において既に保険料控除の対象とされているもの（されるべきもの）であることから、変更時の保険料控除の対象とならない。

第5節 保険金の減額、解約、失効、復活、「保険金を支払わない場合」、保険期間の短縮等に関連する所得税の各条項

編者解説

1 一時所得の収入金額となる生命保険契約に係る一時金の範囲

所令183条2項の「生命保険契約等に基づく一時金」とは、保険事故による保険金及び満期保険金のほか、次に掲げるような事由により支払を受ける解約払戻金等も含まれる。

　ⅰ　保険金の減額（契約の一部解約）
　ⅱ　契約の解約（契約者がする契約の全部の終了）
　ⅲ　失効、契約の解除（保険会社が行う契約の終了）
　ⅳ　被保険者の自殺等、一定の「保険金を支払わない場合」
　ⅴ　保険期間の短縮、保険料払込期間の短縮

2 解約等、生命保険契約の終了による所得税の課税関係

生命保険契約の解約、解除、失効、被保険者の自殺等一定の「保険金の支払がない場合」等、保険金の支払を伴わないで生命保険契約が終了したことにより支払われる解約払戻金は、所令183条2項の一時金に該当し、一時所得の収入金額となる（契約者が保険料の全部を支払っている場合に限る）。

この場合の一時所得の計算は、保険金の支払があったときと同様に、同条2項に規定するところに従って行うことになる。

（注）これらの事由により終了した保険契約の保険料の全部又は一部を契約者以外の者が負担している場合の課税関係については、前章4節（P1185）参照。

3 生命保険契約の保険金を減額した場合の所得税の課税関係

生命保険契約の保険金の減額は、契約の一部解約とされる（養老保険

約款(例)34条・P1382参照)。

　その契約の保険料の全部を契約者が支払っている場合には、減額に伴い支払を受ける解約払戻金は、契約者の一時所得の収入金額とされる。

　この解約払戻金に係る一時所得の計算上、収入金額から控除する保険料については、下掲の質疑応答事例のように、収入金額と同額とされ、通常、課税所得金額は０円となる。

（注）保険金を減額した保険契約の保険料の全部又は一部を、保険契約者以外の者が負担している場合の課税関係については、6編1章4節（P1185）参照。

4　保険期間、保険料払込期間の短縮と所得税の課税関係

　保険期間の中途において保険期間又は保険料払込期間を短縮することができ、これにより清算金として払戻金の支払を受けることがある（養老保険約款(例)33条・P1381参照）。

　その保険契約の保険料の全部を契約者が支払っている場合には、その払戻金は、所令183条2項の一時金に該当し、一時所得の収入金額となる。

　この場合の一時所得の計算方法については、上記3と同様であるとされている（前掲「保険税務のすべて」・P1058参照）。

5　生命保険契約を復活した場合

　保険料の不払込により生命保険契約が失効した場合でも、契約者は失効の日から一定期間内に限り契約の復活を請求することができ、保険会社の指定する日までに未払込の保険料を支払うことにより契約を復活することができる（養老保険約款(例)26条・P1375参照）。

　この場合の課税関係は、支払保険料が生命保険料控除の対象となるのみで、他に格別の課税関係は生じない。

■■■　質疑応答事例　■■■

◇一時払養老保険の保険金額を減額した場合における清算金等に係る一時所得の金額の計算（国税庁ホームページ）

《照会要旨》
　次の事例のように一時払養老保険の保険金額を減額した場合には、減額した保険金額に対応する清算金が支払われることになりますが、この場合に一時所得の収入金額から控除する「その収入を得るために支出した金額」は、次のいずれによりますか。
　〔A案〕既払保険料のうち清算金の金額に達するまでの金額
　〔B案〕次の算式により計算した金額
　　　　既払保険料×減額部分の保険金額／減額前の保険金額

《事　　例》
1　保険種類：一時払養老保険（10年満期）
2　保険金額：5,000万円
3　保険料：3,000万円
4　清算金等の支払状況
　①　2年目（保険金2,800万円を減額）：清算金1,600万円
　②　7年目（保険金1,700万円を減額）：清算金1,300万円
　③　満期：満期保険金500万円（他に配当金5万円）

《回答要旨》
　A案によります。
　生命保険契約に基づく一時金の支払を受ける居住者のその支払を受ける年分の当該一時金に係る一時所得の金額の計算については、所得税法施行令第183条第2項に規定されており、この場合の収入を得るために「支出した金額」とは、当該生命保険契約等に係る保険料又は掛金の総額とされています。
　この規定は、保険金額の減額により支払われる清算金に係る一時所得の計算について明定したものではありませんが、次の理由からA案によるのが相当と考えられます。
①　一時所得は、臨時・偶発的な所得であることから、B案のような継続的に収入があることを前提としたあん分方式は、その所得計算に馴

② 生存給付金付養老保険や生命保険契約の転換により責任準備金が取り崩された場合には、次のように既払保険料のうち一時金の金額に達するまでの金額を支出した金額に算入することとしており、本件においても異なる取扱いをする特段の理由はないこと。

　イ　生存給付金付養老保険（満期前に生存給付金が複数回支払われる養老保険）においては、その保険金から控除する金額は先取方式（払込保険料の額を給付の早いものから順次配分するという考え方）により取り扱っています。

　ロ　保険契約の転換時に、契約者に対する貸付金が責任準備金をもって清算された場合には、保険契約者は、転換前契約に係る保険金支払のための資金である責任準備金の取崩しを受けて借入金を返済したことになる（生命保険契約の一部解約によって解約返戻金の支払を受けたと同様に考えられる）から、一時所得の金額の計算上収入金額から控除する保険料の額は、既払保険料のうち収入金額（貸付金の額）に達するまでの金額に相当する金額と取り扱っています（昭53直資2-36）。

《関係法令通達》
　所得税法施行令第183条、昭53直資2-36

（注記）平成22年7月1日現在の法令・通達等に基づいて作成しています。
　　　この質疑事例は、照会に係る事実関係を前提とした一般的な回答であり、必ずしも事案の内容の全部を表現したものではありませんから、納税者の方々が行う具体的な取引等に適用する場合においては、この回答内容と異なる課税関係が生ずることがあることにご注意ください。

| 第6節 | 生命保険契約の契約者・保険金受取人の変更と所得税の課税関係 |

編者解説

1 保険金受取人の変更と所得税の課税関係

　課税の実務上、生命保険契約（個人年金保険契約を含む）の保険事故の発生（満期又は年金支払時期の到来を含む）があるまでの間に行われる保険金受取人の変更については、格別の課税関係は生じないものとされている。

　その理由等については、前章5節の解説1（P1186）参照。

2 契約者の変更と所得税の課税関係
① 生命保険契約者の変更

　生命保険契約の契約者は、被保険者の同意及び保険会社の承諾があれば、いつでも契約者を変更することができる（養老保険約款(例)29条・P1378参照）。

　生命保険契約の契約者が死亡した場合には、その契約に関する権利は、相続によって承継される。

② 個人間において生命保険契約の契約者の変更があった場合

ⅰ　個人間で無償による契約者の変更があった場合（契約者の死亡による変更を除く）、その変更時においては、贈与税の課税関係は生じないものとされている（前章5節の解説2・P1187参照）。

ⅱ　個人間において有償（例えば、解約払戻金に相当する金銭を授受する等の方法）による契約者の変更が行われたような場合、その課税関係がどうなるかについては、所得税の法令・通達に明示がない。

　　現行の所得税法及び相続税法に定める生命保険金等に対する課税の原則は、保険契約の終了時課税、つまり、保険金（死亡保険金、満期保険金等）・解約払戻金等の支払があった時に、これらの支払を受ける者

に対して贈与税（これらの支払を受ける者以外の者が保険料を負担しているとき）、又は所得税（これらの支払を受ける者自身が保険料を負担しているとき）を課すというものである。

　この原則に照らせば、生命保険契約の期間中に有償による契約の変更という行為は、そもそも所得税及び贈与税の課税対象となることを予定していないものと解される。

iii　契約者の変更に伴って授受される金銭の額が、その変更時における解約払戻金に相当する金額であるとしても、旧契約者から見れば、その金員は保険会社からの支払でないことが明らかであるから、その金員が所令183条2項による一時所得の収入金額に該当するとは考えられないし、その金員が新契約者からの贈与でないことも明らかである。

iv　結局、新旧契約者間において授受される金員の趣旨は、変更時までに旧契約者の支払った保険料の全部又は一部の金額を清算して授受することにより、生命保険契約に係る全ての権利・義務を旧契約者から新契約者に承継されるというものであろう。

　そうだとすると、旧契約者が取得する金員は既払保険料の全部又は一部の清算金として受けたに過ぎず、課税所得を構成しないものと解される。

　なお、その授受される金員の額が、旧契約者が支払った保険料累計額（支払保険料額から契約者配当等の額を控除した正味の保険料額）を超えるような場合には、その超える部分の金額は、非経常的な収入として一時所得の収入金額になるもの考えられる（収入から控除すべき保険料等はない）。

　　（注）法人と個人との間における契約者変更の課税関係については、次章4節第5（P1237）参照。

③　有償により変更した新契約者等の課税関係

　有償による契約者の変更があった場合、その後の生命保険契約に係る課税関係は、次のようになるものと考えられる。

　その生命保険契約に係る保険料は、次のように負担されたものとして、保険金又は解約払戻金の支払を受ける時等において所得税又は相続税・

贈与税の課税関係が生じる。
 i 旧契約者が負担した保険料額
　　旧契約者が変更時までに支払った正味保険料額－契約者変更に伴って授受された金額
 ii 新契約者が負担した保険料額
　　その保険契約に係る正味支払保険料累計額－上記 i の額
　(注)　例えば、契約者変更に際して授受された金員の額が、旧契約者の負担した保険料の額を超えるような場合において、新契約者が保険金又は解約払戻金等の支払を受けた場合の一時所得の計算上、その超える部分の金額を収入金額から控除できるかという問題がある。
　　　契約者の変更があっても、変更の前後を通じてその生命保険契約の一貫性は失われず、その超える部分の金額は保険会社に支払った保険料に該当しないから、所令183条2項2号の保険料の総額には含まれないことになる。
　　　しかし、保険金等に係る一時所得の計算上、その超える部分の金額は生命保険契約上の権利を有償取得するについて支出した金額とみることができることから、所法34条2項により、その超える部分の金額も収入金額から控除することができるものと考えられる（P497に掲げる裁決例参照）。

第3章

生命保険契約の転換・契約変更等に関連する法人税の法令・通達等

第1節　生命保険契約の転換・変更等に関連する法人税の法令・通達等の索引

　生命保険契約の転換・契約変更等に関する法人税の関連法令・通達、情報、質疑応答事例、事前照会に対する文書回答事例、判例、裁決例等で、本章に収録したものは、以下のとおり。

法令等の索引

□法人税基本通達
　9-3-7　　　保険契約の転換をした場合　*1211*
　9-3-7の2　払済保険へ変更した場合　*1217*
□法人税関係個別通達
・　［延長保険に変更した場合］（昭47直審4-13）*1224*

第2節　生命保険契約の転換に関連する法人税の各条項

法人税基本通達

（保険契約の転換をした場合）

9-3-7　法人がいわゆる契約転換制度【編者注1】により[、]その加入している養老保険又は定期付養老保険【編者注2】を他の養老保険、定期保険又は定期付養老保険（以下9-3-7において「転換後契約」という。）に転換した場合には、資産に計上している保険料の額（以下9-3-7において「資産計上額」という。）のうち、転換後契約の責任準備金に充当される部分の金額（以下9-3-7において「充当額」という【編者注3】。）を超える部分の金額［資産計上額から解約払戻金等である転換価格を控除した残額。編注］を[、]その転換をした日の属する事業年度の損金の額に算入することができるものとする【編者注4】。

この場合において、資産計上額のうち充当額に相当する部分の金額［解約払戻金等である転換価格。編注］については、その転換のあった日に保険料［転換後契約の保険料。編注］の一時払いをしたものとして、転換後契約の内容に応じて9-3-4から9-3-6まで［養老保険、定期保険及び定期付養老保険の取扱い。編注］の例による【編者注5、6】。（昭55直法2-15追加）

【編者注1】契約転換制度の意義

　本項にいう「契約転換制度」の概要については、「契約転換に関する特約」（例）3条の編者注（P1402）参照。

　保険実務における転換の法的性格については、旧契約の効力を存続させながら新たな契約に更改させるというもののようである（所得税及び相続税においては、この考え方に立って課税関係が処理されている）。

　本項の取扱いは、この考え方との調整として、経済的な観点から、契約の転換により既契約を新契約に転換した場合には、その時点に

おいて既契約について一種の清算があったものとみなして（経済的にみれば保険期間中の解約等と同視して）、既契約の損益を認識するというものである。

【編者注2】転換契約の範囲

　本項にいう転換契約の対象となる契約の範囲については、所基通36-31の5の編者注2（P1196）参照。

【編者注3】転換後契約の責任準備金に充当される部分の金額

　転換後契約の責任準備金に充当される部分の金額の意義等については、所基通36-31の5の編者注3（P1197）参照。

【編者注4】法人税における契約転換の考え方

① 　法人税においては、生命保険契約の転換があった場合には、その転換の時に、転換前契約につき一種の清算があったものとみて、転換前契約に係る保険料の清算処理をする（清算による益金又は損金の発生を認識する）という考え方に立っている。

　（注）所得税においては、これと異なり、転換の前後を通じて契約の継続性は維持されているものとして、原則として、転換時においては、所得は生じないものとされている。

　　仕訳例で示すと次のようになる。

　　仮払金※1　　　×××　／　保険料積立金※2　　×××
　　借入金※4　　　×××　／　雑収入※3　　　　　×××
　　支払利息※5　　×××　／
　　雑損失※6　　　×××　／

　※1　転換による転換価格（解約払戻金等に相当する金額のうち、転換後契約の一時払（又は前納）保険料に充当される金額。いわゆる下取価格）。

　※2　転換前契約の保険料のうち資産に計上した金額。転換の場合には、積立配当金等の額も転換価格を構成するので（契約転換に関する特約（例）2条・P1400参照）、既往の積立配当金等の額もこれに含める。

　※3　契約転換に際しては、一般的に特別配当が割当てられることがあり（上掲「特約」（例）3条・P1402参照）、この配当は転換時の益金となる。転換前契約が定期保険である等により、保険料の資産計上額がない場合

には、転換価格から資産として計上済の積立配当金等を控除した金額が益金となる。

※4～5　転換前契約に契約者貸付金（保険料の自動振替貸付を含む）がある場合には、転換に際し、解約払戻金に相当する金額からその元利金が清算（弁済）され、清算後の残額が※1の転換価格となる（上掲「特約」（例）2条・P1400参照）。

なお、転換時までの自動振替貸付についてその全部又は一部につき借入金の経理を行っていなかった場合には、転換時において、借入金を相手科目として転換前契約に係る保険料を通常の例により経理処理する必要がある。

転換時に転換前契約に係る未払込保険料がある場合も、上記と同様に解約払戻金で清算されるが、清算された保険料は次のような経理処理となり、結局、転換価格の内に吸収されることになるので、強いて経理処理を要しないものと考えられる。

保険積立金　×××　／　保険積立金　×××

（又は）

保険料等　　×××　／

※6　上記（※2＋※3）－（※1＋※4＋※5）＝※6

この金額は、転換後契約の内容（養老保険・定期保険等）の如何に係らず、転換時の損金の額に算入することができる（納税者の選択であることに留意）。

上記（※1＋※4＋※5）の金額が、上記（※2＋※3）の金額を超える場合には、その超える部分の金額は、転換時の益金となる。

② 本項（法基通9-3-7）前段の「損金の額に算入することができるものとする」については、「法人が転換時に旧保険契約と新保険契約についてなんらの処理もしていない（洗替えをしていない）場合、税務上、積極的に認容（減額）することはありません」（渡辺淑夫前掲「保険・年金の税務Ｑ＆Ａ」・P160参照）とされている。

つまり、転換による転換前契約に係る資産計上保険料の損金算入については法人の選択とされ、本項の物言いからすると、その

選択権の行使は転換時の属する事業年度に限られるものと思われる。
③　生命保険契約を転換する場合の「転換時」とは、転換後契約に係る診査・告知日又は保険料払込日（転換後契約に係る保険料の払込がないときは転換申込日）のうちいずれか遅い日となる。
　　上記の日の属する事業年度において転換に係る損益を認識し、転換後契約に係る保険料の損金算入時期等は転換時を基準にして判断することになる。

【編者注5】転換の仕訳例
　本項（法基通9-3-7）後段の取扱いを仕訳で示すと以下のようになる。
(1)　転換後の保険金受取人が法人である場合
①　転換価格の全部を転換後の養老保険（終身保険を含む）に充当した場合
　　保険積立金　×××　／　仮払金[※1]　×××
　※1　仮払金は、上記編者注4の仕訳例に示す仮払金に相当する金額（以下同じ）。
　※2　転換後の契約が終身保険の場合も、同様の処理となる。
②　転換価格の全部を転換後の定期保険に充当した場合
　　前払保険料[※1]　×××　／　仮払金　×××
　　保険料[※2]　　　×××　／
　※1　転換価格から※2の額を控除した残額。
　※2　定期保険に充当された転換価格は、定期保険の前納保険料であるから、その損金算入額は次のように計算する。
　　　ⅰ　前納保険料を転換後保険契約の全期間に充当する契約である場合
　　　　　定期保険に充当した転換価格×（転換日からその事業年度末までの月数÷転換後の全保険期間の月数）［次年度以降は、1／全保険期間の年数］
　　　ⅱ　前納保険料を転換後保険契約期間の一定期間（例えば5年）に充当する契約である場合
　　　　　定期保険に充当した転換価格×（転換日からその事業年度末までの

月数÷転換後の保険期間のうち一定期間の月数）［次年度以降は、1／一定期間の年数］

　　　　1年を超える前納保険料については、短期前払費用の適用はない（法基通2-2-14）。
③　転換価格の全部を転換後の定期付養老保険に充当した場合
　　保険積立金※1　　×××　／　仮払金　×××
　　前払保険料※2　　×××　／
　　保険料※3　　　　×××　／

※1　定期付養老保険の保険料は、通常、定期部分と養老部分の保険料が保険証券等により区分されているので、養老保険部分の充当される一時払保険料相当額。

　　なお、その保険料の区分が保険証券等により明らかにされていない場合には、定期付養老保険に充当された転換価格の全額をこの科目で処理する。

※2～3　上記②と同様。なお、保険実務においては、定期付養老保険に転換した場合には、転換価格の全部を養老部分の一時払保険料に充当することが多いようである。

　　この場合には、定期保険部分に充当される金額は存しないので、※2及び※3の処理は必要なく、以後支払われる定期部分の保険料を保険期間の経過に従って損金とすることになる。

④　転換後の保険契約につき保険料の支払がある場合には、その支払保険料の処理は、保険契約の内容によって通常の処理を行う。

(2) 転換後の保険金受取人が役員又は使用人である場合

①　生命保険の転換は個々の保険契約について行われることから、一般的には、転換後契約がいわゆる普遍的加入要件（法基通9-3-4の編者注8②・P1055参照）を満たすことは極めて少ないものと思われる。

　　転換後契約が普遍的加入要件を満たしていない場合には、養老保険、定期保険、定期付養老保険の別を問わず、これらの保険に充当された転換価格の全額が給与とされる。

一時払の保険料は「賞与」に該当することから、被保険者が役員である場合には、その保険料相当額は定期同額給与に該当せず、転換価格の全額が損金不算入となる（同9-3-4編者注7⑥・P1053参照）。
　　このようなことから、転換後契約の保険金受取人を役員（その親族を含む）とする生命保険の転換については慎重に対処すべきであろう。
② 転換後の生命保険契約がいわゆる普遍的加入要件を満たすものである場合には、養老保険、定期保険、定期付養老保険の別に、かつ、満期保険金、死亡保険金の受取人の状況に応じて、法基通9-3-4（養老保険）、同9-3-5（定期保険）、同9-3-6（定期付養老保険）、終身保険（4編2章9節）の例により処理することになる。

【編者注6】**本来資産に計上されるべき保険料を損金としていた生命保険を転換した場合**

　例えば、法人を受取人とする終身保険の保険料を誤って全額損金としていたような場合において、その保険を養老保険に転換したようなときは、原則としては、過去に遡って、保険料を資産に計上する（損金否認の）修正申告を提出し、その後、転換の処理を行うことになる。
　しかし、過去の処理が単なる失念等による誤りであり、転換価格の金額が多額でないような場合には、転換時において次の修正をすることも認められるとされているようである（渡辺淑夫前掲「保険・年金の税務Q＆A」・P158参照）。

　　保険積立金　×××　／　前期損益修正益　×××

第3節 払済保険・延長保険（生命保険契約）に関連する法人税の各条項

法人税基本通達

（払済保険へ変更した場合）

9-3-7の2　法人が既に加入している生命保険をいわゆる払済保険【編者注1】に変更した場合には、原則として、その変更時における解約返戻金相当額とその保険契約により資産に計上している保険料の額（以下9-3-7の2において「資産計上額」という。）との差額を、その変更した日【編者注2】の属する事業年度の益金の額又は損金の額に算入する【編者注3】。

　ただし、既に加入している生命保険の保険料の全額（傷害特約等に係る保険料の額を除く。）が役員又は使用人に対する給与となる場合は、この限りでない【編者注4】。（平14課法2-1追加）

(注)1　養老保険、終身保険及び年金保険（定期保険特約が付加されていないものに限る。）から同種類の払済保険に変更した場合に、本文の取扱いを適用せずに、既往の資産計上額を保険事故の発生又は解約失効等により契約が終了するまで計上しているときは、これを認める【編者注5】。

　　2　本文の解約返戻金相当額については、その払済保険へ変更した時点において当該変更後の保険と同一内容の保険に加入して保険期間の全部の保険料を一時払いしたものとして、9-3-4から9-3-6までの例により処理するものとする【編者注3】。

　　3　払済保険が復旧【編者注6】された場合には、払済保険に変更した時点で益金の額又は損金の額に算入した金額を[、]復旧した日の属する事業年度の損金の額又は益金の額に、また、払済保険に変更した後に損金の額に算入した金額は復旧した日の属する事業年度の益金の額に算入する。

【編者注1】払済保険の意義等

① 本項の「払済保険」とは、一般的にいえば、養老保険（終身保険を含む）又は定期付養老保険（定期付終身保険を含む）を、満期保険金と死亡保険金とを同額とする養老保険、又は終身保険に変更し、保険金は変更時における解約払戻金を基に計算し（通常は元契約の保険金額を減額することが多い）、保険期間は元契約の残存期間になるというものである（6編1章3節の解説①ⅰ・P1182参照）。

なお、変更後の養老保険又は終身保険に定期特約が付されることはない。

(注) 元契約に付帯する各種特約は、払済保険への変更により消滅する。例えば、定期付養老保険を払済保険（払済養老保険）に変更した場合には、特約である定期部分は変更により消滅し、定期保険部分の解約払戻金がある場合には、上記の解約払戻金に含められる（養老保険約款(例)35条の編者注2・P1384参照）。

② 保険会社によっては、既存のいわゆる長期平準定期保険を払済の長期平準定期保険に変更する取扱いをすることもある。

この場合の税務上の取扱いは、変更後契約が定期保険であっても、長期平準定期保険から同種の長期平準定期保険への変更として捉え、本項（法基通9-3-7の2）本文の適用があるとされている（前掲「保険税務のすべて」・P152参照）。

この場合には、その変更時に新たな長期平準定期保険の契約があったものとして、変更後の保険料につき長期平準的保険の取扱いの例によることになる。

【編者注2】「変更した日」について

本項にいう「変更した日」とは、払済保険への変更の効力が生じた日をいうものと考えられる。

払済保険への変更手続きは、保険契約者が必要な書類を保険会社へ提出してその変更を求め、保険会社がその請求を承諾することによって変更の効力が生ずるとされ、保険会社は契約者に対し変更した旨を通知する（養老保険約款(例)36条・P1385参照）。

このことからすると、上記通知書に変更した日が明記されているような場合には、その記載された日が変更の日になるものと考えられる。

【編者注3】法人税における払済保険の考え方

① 法人税における払済保険の取扱いは、生命保険契約の転換があった場合と同様に、その変更時に、変更前契約につき一種の清算があったものとみて（経済的にみて保険期間中の解約等と同視する）、変更前契約に係る保険料の清算処理をする（清算による益金又は損金の発生を認識する）という考え方に立っている。

(注) 所得税においては、これと異なり、変更の前後を通じて契約の継続性は維持されているものとして、原則として、変更時においては、所得は生じないものとされている。

② 変更に伴う既払保険料の処理等は、原則として、法基通9-3-7の編者注4（P1212）の場合と同様であり、仕訳例で示すと次のようになる。

保険料積立金※1　　×××　／　保険料積立金※2　　×××
借入金※3　　　　　×××　／
支払利息※4　　　　×××　／
雑損失※5　　　　　×××　／

※1　変更後契約の保険料に充当される金額。

※2　変更前契約の保険料のうち、資産に計上した金額（払済保険への変更の場合には、変更前契約の積立配当金は変更後契約に承継されるので、積立配当金に相当する金額はこの額に含めない。次の③参照）。

※3　契約者貸付金又は保険料の自動振替貸付がある場合の変更時残高（法基通9-3-7の編者注4①※4・P1213参照）。

　なお、保険料の自動振替貸付以外に未納の保険料がある場合の処理については、同※4・P1213参照。

※4　上記借入金に係る支払利息額（保険料の自動振替貸付については利息が先払いとなっているので、通常は変更時に支払うべき利息は生じないし、場合によっては、未経過利息の清算として解約払戻金に加算され

ることもある。この場合には、その額を（貸方）「雑収入」又は「支払利息」として益金処理することになる）。

※5　上記※2－（※1＋※3＋※4）＝※5
　　なお、上記（※1＋※3＋※4）の額が、※2の額を超える場合には、その超える部分の金額は変更時の益金となる。

③　払済保険への変更の場合には、変更前契約に係る積立配当金等は変更時の解約払戻金に算入されず、変更後の契約にそのまま承継されることが多いようである（6編1章3節の解説①ⅲ・P1183参照）。

　この場合には、積立配当金等の取崩し処理を行わず、変更後契約の消滅又は配当金の引出しの時まで資産計上することになる。なお、変更前契約が特約付のもので、その特約に係る積立配当がある場合には、保険実務上、変更時にその全部を契約者に現金で支払い、清算されるようであるので（同解説①ⅲ・P1183参照）、その支払を受ける場合には、その部分の積立配当金等の取崩し処理を行うことになる。

（注）払済保険への変更については、保険契約の転換の場合におけるような特別配当の割当てはない。

【編者注4】本項ただし書（既往の保険料が給与とされている場合）の取扱い

①　変更前契約の保険料の全額が、保険料支払時において役員又は使用人に対する給与とされているものである場合には、法人に資産計上の保険料がないこと等のことから、変更時の洗替処理を必要としないものとされている。

　なお、ただし書のカッコ書において傷害特約等の特約保険料を除くとされているのは、これらの特約保険料は、原則として、給与外の損金とされることから、「保険料の全額」から除くのは当然である。

（注1）保険料の全額が役員又は使用人に対する給与とされている保険契約を払済保険に変更した場合には、本項（法基通9-3-7の2）ただし書によ

第6編　第3章　生命保険契約の転換・契約変更等に関連する法人税の法令・通達等

り洗替処理を要しないとされていることから、このような保険契約を払済保険に変更したことによる経済的利益につき、変更時に役員又は使用人に対する給与されることはないものと考えられる（所基通36-31の5・P1196参照）。

（注2）例えば、変更前養老保険契約（定期付養老保険を除く）の保険料の2分の1を資産計上し、他の2分の1を役員又は使用人に対する給与としているような契約を払済保険に変更した場合には、原則として、洗替えを要することとなるが、本項（法基通9-3-7の2）（注）1により、洗替えをしないこともできるとされている（次の編者注5①参照）。

　なお、洗替えを行う場合の役員又は使用人に対する給与の取扱いについては、所基通36-31の5（P1196）参照。

② 変更前契約に契約者貸付金（債務者は契約者である法人）がある場合には、元契約に係る保険料の全額が役員又は使用人に対する給与とされているものであっても、その貸付金は変更時に解約払戻金に相当する金額をもって清算されるので、上記①により契約自体の洗替えを行わないとしても、次の経理処理により契約者である法人に益金が生ずることとなる（前掲「保険税務のすべて」・P230参照）。

　これは、解約払戻金の支払を受ける者が保険契約上契約者である法人であることによるものであり、保険金受取人である役員又は使用人については、格別の課税関係は生じないものと考えられる。

〈仕　訳〉
借入金　　×××　／　雑収入　×××
支払利息　×××　／

【編者注5】変更時に洗替処理を行わない場合
① 払済保険への変更は、変更の前後を通じて同種の保険契約で（養老保険から養老保険への、終身保険から終身保険への変更）、かつ、保険期間も変更の前後を通じて同一であり、単に、保険金額が変更（減額）されるに過ぎない。つまり、資産計上の保険料額は変更の前

後を通じて変動しないとみることができるとされている。

　このようなことから、変更前契約に定期特約が付されていない場合には、その保険契約については変更時の洗替処理を行わず、その保険契約の終了時（満期の到来、保険事故の発生、解約等）まで従前の資産計上額を継続することを認めるというものである（変更前養老保険契約（定期付養老保険を除く）の保険料につき、2分の1資産計上、他の2分の1を福利厚生費又は給与としているものについても同様とされている（前掲「保険税務のすべて」・P242参照）。）。

　なお、この場合であっても、元契約に契約者貸付金があり、解約払戻金に相当する金額でその元利金が清算される場合には、次の経理処理をする必要がある。

　　借入金　　×××　／　保険積立金　×××
　　支払利息　×××　／

（注）元契約に係る未払込保険料額が変更時に解約払戻金に相当する金額で清算される場合においても、その清算された保険料は次のように経理されることから、その経理処理は省略することができるものと考えられる。

　　　保険積立金　×××　／　保険積立金　×××

　この取扱いは、法人における一種の選択であるから、変更時の属する事業年度後の任意の事業年度において洗替処理をすることは許されないものと考えられる。

② 　定期保険特約が付されている養老保険又は終身保険の場合には、変更により定期部分の解約払戻金に相当する金額が、変更後の養老保険又は終身保険の保険金に充当されることから、上記①の取扱いはなく、原則どおり、変更時に洗替処理を要する。

【編者注6】保険契約を復旧した場合　　払済でしかできない

① 　本項（法基通9-3-7の2）（注）3の「復旧」の意義等については、養老保険約款(例)37条及びその編者注（P1387）参照。

② 　復旧とは、以前に、払済に変更した養老保険（終身保険を含む）を変更前の養老保険契約（元契約）に戻すというものであるから、復旧があった場合には、変更時に処理した経理処理（課税関係を含

む）も、元に戻す必要がある。

本項(注)３は、この経理処理等の修正時期を明示している。これによれば、復旧のあった日の属する事業年度において、変更時に行った経理処理につき前期損益修正益（又は修正損）を相手科目として修正すれば足りるとしている。

なお、同(注)３にいう「払済保険に変更した後に損金の額に算入した金額」というのが如何なることを指すのかは詳らかでないが、変更後復旧までの期間内（約款（例）によればその期間は最長で３年間）に払済養老保険等に係る積立保険料のうち損金に算入した金額をいうものと思われる。

③　復旧に際して払込む保険料（変更後復旧までの間の保険料）の処理は、元契約の保険料処理と同一である。

この保険料の払込みには、通常、保険会社の定める利息の支払を伴うが（養老保険約款(例)37条・P1387参照）、この利息相当額については保険料の処理とは区分し、支払時の損金になるものと考えられる。

(注１)　払済保険への変更時に、契約者貸付金又は未払込保険料の額が、解約払戻金に相当する金額で清算されている場合には、復旧に際し、その清算された金額と保険会社の定める利息を支払わなければならない。

　　　この支払額のうち利息に相当する金額以外の部分は、払済保険への変更時に減少した解約払戻金に相当する金額を補填するものと考えられるので、保険積立金勘定で処理し、利息相当額は支払時の損金になるものと考えられる（養老保険約款(例)37条の編者注１・P1387参照）。

(注２)　復旧により支払う保険料が、役員又は使用人に対する給与となるべきもの（元契約の保険料が給与とされているもの）である場合、復旧に伴って支払う保険料は過去の保険料の一括払いとして、外形的には「賞与」に該当するとも考えられる。

　　　そうだとすると、役員を被保険者にする保険料については、定期同額給与との関係で損金不算入となる虞がある（法基通9-3-4の編者注７⑥・P1053参照）。

法人税関係個別通達

◇ ［延長保険に変更した場合］（昭47直審4-13）

　法人契約の生死混合保険を延長保険に変更した場合の既払保険料の取扱いについては、当面下記により取り扱うこととされたい。
1　資産計上してある既払保険料の額のうち、延長定期保険【編者注1】の保険料に充当される金額（以下「保険料充当額」という）を超える部分の金額は〔、〕その延長定期保険に変更した日【編者注2】を含む事業年度の損金の額に算入する。
②　資産に計上してある既払保険料の額のうち、保険料充当額〔上記1参照。編注〕に相当する部分の金額は、次の区分に応じて、それぞれ次によるものとする。
　(1)　延長定期保険に変更後に生存保険金がない場合
　　　前払費用として変更後の延長保険期間の経過に応じて損金の額に算入する【編者注3】。
　(2)　延長定期保険に変更後も生存保険金がある場合
　　　変更後の延長定期期間の満了まで損金の額に算入しないものとする【編者注4】。

【編者注1】延長定期保険の意義等
　延長保険と一般にいわれている保険は、払済定期保険のことで、その概要は次のようである。
　①　養老保険（定期付養老保険を含む）、終身保険（定期付終身保険を含む）、逓増定期保険、長期平準定期保険等で解約払戻金を有する保険契約を、保険期間の中途において、その解約払戻金に相当する金額を原資として、保険料一時払いの定期保険に変更するというものであり、変更後の保険は概ね次に掲げるようなものである（養老保険約款(例)36条・P1385参照）。
　②　変更後保険契約の内容

ⅰ　死亡保険金又は高度障害保険金の支払をする定期保険
　ⅱ　保険金額は、変更前の保険金額と同額（ただし、変更時に契約者貸付金又は未納保険料についての自動振替貸付がある場合には、それらの元利金に相当する金額を変更前保険金から控除した金額が変更後の保険金額となる。）
　ⅲ　保険期間は、変更前契約に係る保険期間を限度として、解約払戻金に相当する金額（契約者貸付金又は保険料の自動振替貸付がある場合には、それらの元利金に相当する金額を控除した金額）をもって計算する。
　ⅳ　解約払戻金に相当する金額から、上記によって変更後保険契約に充当された金額を控除して残額が生ずる場合は、その残額に相当する金額をもって生存保険金を計算し、被保険者が保険期間満了時まで生存したときに、その生存保険金額を満期保険金として支払う。
　ⅴ　変更時に有する契約者配当金積立金
　　　変更前契約に係る積立配当金は、解約払戻金には算入されず、変更後契約にそのまま承継されることが多いようである。
　　　なお、変更前契約が特約付のもので、その特約に係る積立配当金がある場合には、変更時にその金額の全部を契約者に現金で支払い、清算するようである（養老保険契約約款(例)36条・P1385、同条の編者注4・P1386参照）。

【編者注2】「変更した日」について

　本項の「変更した日」については、法基通9-3-7の2の編者注2（P1218）と同じであると考えられる。

　なお、払済定期保険への変更手続については、養老保険約款(例)36条（P1385）参照。

【編者注3】法人税における延長保険（払済定期保険）の考え方

①　法人税における延長保険（払済定期保険）の取扱いは、生命保険契約の転換があった場合と同様に、その変更時に、変更前契約につき一種の清算があったものとみて（経済的にみて保険期間中の解約

等と同視する)、変更前契約に係る保険料の清算処理をする(清算による益金又は損金の発生を認識する)という考え方に立っている。

(注) 所得税においては、これと異なり、変更の前後を通じて契約の継続性は維持されているものとして、原則として、変更時においては、所得は生じないものとされている。

② 変更に伴う既払保険料の処理等は、原則として、法基通9-3-7の編者注4 (P1209) の場合と同様であり、仕訳例で示すと次のようになる。

保険料積立金※1　×××　／　保険料積立金※2　×××
前払保険料※3　×××　／
保険料※4　×××　／
借入金※5　×××　／
支払利息※6　×××　／
雑損失※7　×××　／

※1　変更後契約に生存保険金がある場合は、その保険料に充当される金額。

※2　変更前契約の保険料のうち、資産に計上した金額(延長保険への変更の場合には、変更前契約の積立配当金は変更後契約に承継されるので、積立配当金に相当する金額はこの額に含めない。次の③参照)。

※3　変更後定期保険の保険料に充当される額(前払保険料の総額)から次の※4の額を控除した金額。

※4　変更後の保険期間の経過に従って損金とされる金額。

$A \times B / C = ※4$

A = 変更後定期保険に充当された保険料の総額

B = 当該事業年度の月数(変更時の事業年度については、変更時からその事業年度終了までの月数)

C = 変更後契約の保険期間×12月

※5　契約者貸付金又は保険料の自動振替貸付がある場合の変更時残高(法基通9-3-7の編者注4①※4・P1213参照)。

なお、保険料の自動振替貸付以外に未納の保険料がある場合の処理に

については、同※4・P1213参照。

※6　上記借入金に係る支払利息額（保険料の自動振替貸付については利息が先払いとなっているので、通常は変更時に支払うべき利息は生じないし、場合によっては、未経過利息の清算として解約払戻金に加算されることもある。この場合には、その額を（貸方）「雑収入」又は「支払利息」として益金処理することになる）。

※7　上記※2－（※1＋※3＋※4＋※5＋※6）＝※7

　　なお、上記（※1＋※3＋※4＋※5＋※6）の額が、※2の額を超える場合には、その超える部分の金額は変更時の益金となる。

③　払済定期保険への変更の場合には、変更前契約に係る積立配当金等は変更時の解約払戻金に算入されず、変更後の契約にそのまま承継されることが多いようである（上記編者注1②v参照）。

　　この場合には、積立配当金等の取崩し処理を行わず、変更後契約の消滅又は配当金の引出しの時まで資産計上することになる。なお、変更前契約が特約付のもので、その特約に係る積立配当がある場合には、保険実務上、変更時にその全部を契約者に現金で支払い、清算されるようであるので（上記編者注1②v参照）、その支払を受ける場合には、その部分の積立配当金等の取崩し処理を行うことになる。

④　変更後保険契約の受取人が役員又は使用人である場合の（次の⑤に該当する場合を除く）、役員等に関する課税関係については、概ね契約転換の場合と同様になるものと考えられる（法基通9-3-7の編者注5(2)・P1215参照）。

⑤　変更前保険契約の保険金受取人が役員又は使用人となっていることにより、変更前契約に係る保険料が役員等に対する給与とされている場合の取扱いについては、概ね払済保険への変更の場合と同様であると考えられる（法基通9-3-7の2の編者注4・P1220参照。なお、同編者注4①(注)2の部分を除く）。

【編者注4】この通達(2)について

　この通達発遣（昭和47）後の同55年に法基通9-3-6（定期付養老保険

に係る保険料）の取扱いが明確にされたことにより、延長保険への変更については、上記編者注３のような処理になるものと考えられている（渡辺淑夫「保険・年金の税務Ｑ＆Ａ」・P150、多久和弘一「保険税務ハンドブック（2007年版）」保険毎日新聞社・P451参照）。つまり、現在、この通達(2)の部分の取扱いは、変更されていると考えられている。

　（注）渡辺前掲書12頁では「なお、上記通達［前掲・昭47直審4-13通達。編注］の変更はありませんから、実際の処理に当たっては所轄の税務署・国税局に事前に確認されるのがよろしいでしょう」とされている。

　これと異なり、前掲「保険税務のすべて」においては、変更後契約に生存保険金がある場合には、生存保険部分に充当された金額及び定期保険部分に充当された金額の全額を保険終了まで資産に計上すべき旨の記述がある（同書P290、515参照）。つまり、前掲・昭47直審4-13通達の２(2)に記載通りの処理となっている。

　ところで、延長保険（払済定期保険）の場合には、その変更時の解約払戻金に相当する金額のうち生存保険部分に充当される金額と、定期保険部分に充当される金額とは明確に区分されているのが通例であろうし、生存保険金を有する払済定期保険は定期付養老保険と同類の契約とみることができるものと考えられる。

　そうだとすると、上記法基通9-3-6の取扱いの適用があるとするのが税務の常識に合うものと思料されるから、上記編者注３のように処置することは妥当なものと思われる。

第4節 保険金の減額、保険契約の解約・解除等、契約者・保険金受取人の変更等と法人税の課税関係

■ 編者解説 ■

□法人税における生命保険契約上の権利について

　法人税においては、生命保険契約に係る権利の得喪変更は一般の取引と同様に、益金又は損金の発生を伴う取引と認識されていることから、既契約の権利から生ずべき経済的な損益についても、法人税法22条に規定する益金又は損金に該当することになる。以下、既契約に関する各項目別にその課税関係を述べる。

第1　保険金を減額した場合の課税関係

(1) 保険金減額の効果等と課税時期

① 　生命保険契約の保険金を減額した場合は、保険契約上、減額部分につき解約があったものとされ（保険契約の一部解約）、解約払戻金が契約者に支払われる（養老保険約款(例)34条・P1382参照）。その契約に前払保険料の残額がある場合は、その残額のうち減額保険金に対応する部分の金額も払い戻される（定期保険約款(例)12条・P1428参照）。

　なお、その保険契約に係る積立配当金がある場合は、通常、減額によってもその積立配当金の額は清算されず、減額後の保険契約にそのまま引継がれるようである。

② 　保険金の減額による益金又は損金の計上時期については、次のように考えられる。

　保険契約者は保険金の減額を保険会社に請求することができ、保険会社は保険金を減額したことを契約者に通知することになっている（養老保険約款(例)34条・P1382参照）。

このことからすれば、減額の効果の生じた日（上記通知書にその日が明示されている場合には、その日）の属する事業年度に減額に係る益金又は損金を計上すべきことになるものと解される。

(2) 法人の処理等

保険金の減額に伴う法人の経理処理は次のようになる。

① 保険料の全部が資産として計上されている場合（養老保険、終身保険等の場合）

現金預金※1	×××	／ 保険積立金※2	×××
借入金※5	×××	／ 前払保険料※3	×××
支払利息※6	×××	／ 雑収入※4	×××
雑損失※7	×××	／	

※1 減額による解約払戻金。

※2 保険積立金（積立配当金部分の金額を除く）のうち、次の算式によって計算した金額。

保険積立金×（減額部分の保険金額／減額前保険金額）

（注）養老保険で、支払保険料の2分の1相当額を経費（厚生費）又は給与等として経理していた契約に係る保険金を減額した場合においても、この算式によるべきものとされているようである（保険税務事例研究グループ前掲書・P142参照）。

※3 前払保険料がある場合は、減額部分に対応する部分の前払保険料の額。

※4 保険料自動振替貸付に係る未経過利息（保険料自動貸付に係る支払利息は先払いとなっているので、保険金減額による清算時には未経過利息部分の額が払い戻されることがある。）

※5 契約者貸付金又は保険料自動振替貸付の残金（保険実務上、保険金減額時にこれらの貸付金の残額がある場合には、保険金減額による解約払戻金から清算（弁済）されることになっている。）

※6 契約者貸付金に係る支払利息（保険料自動振替貸付に係る利息は、先払いとなっているので、通常、清算時には支払利息は生じない。）

※7 （※2＋※3＋※4）－（※1＋※5＋※6）＝※7

なお、(※1＋※5＋※6)の額が(※2＋※3＋※4)の額を超える場合には、

その超える部分の金額は雑収入等として益金になる。

② 保険積立金がない場合

定期保険又は養老保険等で保険金受取人が役員・使用人となっている等のため、法人において保険料の全部を資産に計上していない場合

現金預金※1　×××　／　前払保険料※2　×××
　　　　　　　　　　／　雑収入※3　　　×××

※1　減額による解約払戻金。
※2　前払保険料がある場合は、減額部分に対応する部分の前払保険料の額。
※3　※1－※2＝※3

（注）役員又は使用人（以下「役員等」）が保険金受取人となっている場合であっても、保険契約上、解約払戻金（減額によるものを含む）は保険契約者である法人に対して支払われる。

　　このことは、保険料の全部又は一部が役員等に対する給与とされる場合においても同様であるから、法人においては上記の処理を行うことになる。この場合、減額による解約払戻金の支払があっても、役員等については格別の課税関係は生じない（次の第2(2)②参照）。

③ 定期付養老保険、定期付終身保険の場合

定期付養老保険又は定期付終身保険の場合には、通常、定期部分の保険料（損金処理）と養老又は終身部分の保険料（資産計上）とに区分して経理されているので、保険金の減額部分により、次のようになる。

ⅰ　養老部分又は終身部分の保険金を減額した場合

上記①と同様の処理となる。

この場合、保険積立金×（減額部分の保険金額／減額前保険金額）の計算は、（減額した部分の養老保険金又は終身保険金／減額前の養老保険金又は終身保険金）により行う。

ⅱ　定期部分の保険金を減額した場合

定期部分の保険金を減額しても、定期部分の保険料については資産計上額がないことから、上記②と同様の処理となる。

第2　生命保険契約を解約等した場合の課税関係
(1) 解約・解除の意義等と課税時期
　生命保険契約の解約・解除等は、保険契約の終了原因の一つであり、解約及び解除については、保険約款上、次のように区分して用いられている。
① 解　約
　契約者が、将来に向って契約を解約することをいい、契約者は解約払戻金の支払を請求することができる（養老保険約款(例)23条・P1374参照）。
② 解　除
　契約者又は被保険者に告知義務違反があった場合における、保険会社が将来に向って契約を解除することをいい、契約者に対し解約払戻金の支払が行われる。
③ 　被保険者が保険契約成立後一定の期間内に自殺したとき等の場合には、生命保険金の支払は行われないが、責任準備金（解約払戻金に相当する）が契約者に支払われ（同約款(例)2条・P1366参照）、これにより保険契約は終了する（同約款(例)18条・P1373参照）。
　これは上記の解約又は解除ではないが、保険金の支払を伴わないで保険契約が終了し、責任準備金（解約払戻金に相当する）の支払を受けるということからすると、経済的にみれば解約又は解除の場合と同様の効果が生じているとみることができる。
④ 　解約等に係る解約払戻金等の収益時期については、法令・通達に明示はないが、次のようになるものと解される。
ⅰ　解約の場合
　解約は、保険契約者の意思に基づく行為であることから、解約の効果が生じた日の属する事業年度になるものと考えられる。
　解約の手続きは、通常、保険会社に対して保険会社の定める所定の請求書（解約に係る請求書）を提出することにより行われ、同請求書が保険会社に到達した時以後にその効力が生ずるものと思われる。つまり、解約には保険会社の承諾等の同意を要しないで、契約者の意思表

示によりその効果が生ずることになる。
ii 解除・「保険金を支払わない場合」
　解除、「保険金を支払わない場合」は、専ら保険会社により行われるものであることから、これらに伴う解約返戻金の収益計上時期等は、保険金の支払の場合と同様に、保険会社からの解約払戻金等の支払通知を受けた日の属する事業年度になるものと考えられる（法人法22条の解説第2・P889参照）。

(2) 法人の処理等
① 解約・解除・「保険金を支払わない場合」においては、契約の全部がこれらにより終了するのであるから、その時における保険積立金（積立配当金を含む）の全部を取崩し、支払を受ける解約払戻金との差額を益金又は損金の額に算入することになる。
　なお、解約等の時において契約者貸付金（保険料自動振替貸付を含む）がある場合は、解約払戻金をもってこれらの金額が清算（弁済）されることとなるので、第1(2)①（P1230）に準じた経理処理を行うことになる。
② 役員又は使用人（以下「役員等」）が保険金受取人となっている場合であっても、保険契約上、解約払戻金（減額によるものを含む）は保険契約者である法人に対して支払われるので、上記①と同様の処理になる。
　このことは、その保険料の全部又は一部を役員等に対する給与とされる場合においても同様であり、解約等による解約払戻金の支払があっても、役員等については格別の課税関係は生じない。
　例えば、保険料の全部が役員等に対する給与されていた等のことから、解約等による解約払戻金の全部又は一部を役員等に支給するような場合には、その支給した金員は、新たに、役員等に対する給与とされることに留意する（このような場合には、所基通36-31の5「使用者契約の生命保険契約の転換をした場合」の給与所得の課税関係（P1196参照）の取扱いの適用はないものとも思われる）。なお、次の③参照。
　これを、経済的実質から見れば、役員等が自己の給与等の収入から

その保険料を負担していた生命保険契約を解約し、その解約払戻金を当該役員等が取得したのと同様の効果が生じていると観念する余地もあろうが、税の実務においては上記のような課税関係となっている。

　このことは、生命保険契約上の保険金受取人の権利の範囲が、保険事故（満期の到来を含む）の発生があった場合に限り保険金を取得するということに留まっていることからくる結果にほかならない。

③　保険金受取人が役員等となっているため保険料の全部を給与として経理していた生命保険契約を解約し、法人が支払を受けた解約払戻金の全部を役員等に支給するような場合は、上記②の記述のように、その支給する解約払戻金に相当する金額は、新たに、給与（賞与）として課税されることになる。

　この場合においても、次のような対応方法があるとされている。

　保険金受取人が役員等となっているため、従前、その保険料の全部を給与等として経理していた保険契約について（契約者である法人には保険料の資産計上額はない）、解約前に保険契約者を法人から当該役員等に変更し、その後に新契約者である役員等がその保険契約の解約等を行い、解約払戻金の支払を受ける場合には、その解約払戻金は役員等の一時所得の収入金額となり（一時所得の計算は通常の方法により行う）、上記のような法人からの給与課税の対象にならないとされている。

　なお、このような場合においても、契約者変更前に生じた積立配当金は法人の資産として計上されているので（未計上の場合は計上される金額を含む）、その全額を取崩して役員等に対する給与（賞与）として処理するものとされる（つまり、給与等とされる金額は、法人の資産計上額（計上すべき額）が限度となる）。（保険税務事例研究グループ前掲書・P144、同旨・前掲「保険税務のすべて」P229参照）。

第3　生命保険契約の保険期間を短縮した場合の課税関係

　保険期間の中途において保険期間又は保険料払込期間を短縮することができ、これにより清算金として払戻金の支払を受けることがある（養老保険約款(例)33条・P1381参照）。

これらにより支払を受ける払戻金についての課税関係は、前記第1（P1229）の保険金減額の場合に準じた取扱いになるものと考えられる。

第4　生命保険契約の失効、復活があった場合の課税関係
(1) 失効・復活の意義等
① 失効の意義
　生命保険契約は、次の掲げるような場合にはその効力を失うものとされている。
ⅰ　保険料を払込猶予期間満了の日までに支払わないとき（養老保険約款（例）11条・P1372参照）。
　（注）保険料の自動貸付制度の適用がある場合には、その貸付によっても保険料未納の状況が生ずる場合をいう（同14条・P1372参照）。
ⅱ　契約者貸付金及び保険料自動振替貸付の元利合計が、解約払戻金額を超えるに至った場合で、保険契約者が保険会社の指定する日までに、保険会社の計算した金額の支払を行わない場合（同35条③・掲載略）。
② 復活の意義
　生命保険契約が失効した場合、それによって直ちに保険契約が確定的に消滅するのではなく、保険契約者は次のいずれかを選択することになる（同26条・P1375参照）。
ⅰ　失効による解約払戻金の支払請求を行うことにより、保険契約は終了し、以後、復活の請求をすることができない。
ⅱ　保険契約者は、失効後3年以内（定期保険の場合は1年以内）に限り、復活の請求権を有し、保険会社の承諾を得て、延滞保険料等の支払をすることにより契約の効力を回復することができる。
(2) 法人の処理等
① 失効した場合
ⅰ　失効時
　生命保険契約が失効した場合、その失効時においては格別の課税関係は生じない。
　つまり、失効した状態が継続する限り上記(1)②のいずれかを選択

することができるのであるから、何らの経理処理等を要しないし、解約払戻金の支払請求を行う前に、資産計上の保険積立金等の全部又は一部の取崩損を計上することも許されない。

ⅱ　解約払戻金の支払請求を行う場合

　　失効を原因として解約払戻金の支払を請求する場合は、その請求をした日の属する事業年度において、失効した保険の損益を確定させることになるものと考えられる（前記第2(1)④ⅰ・解約の場合・P1232参照）。

　　この場合の経理処理は、保険契約の全部の消滅であるから、資産計上している保険積立金（積立配当金を含む）の全部を取り崩し、解約払戻金との差額を益金又は損金とする（契約者貸付金又は保険料自動貸付の残高があり、その元利が解約払戻金で清算（弁済）される場合には、借入金の弁済及び支払利息の経理も行う）。

ⅲ　解約払戻金の支払がない場合

　　失効後3年（定期保険の場合は1年）を経過すると生命保険契約は確定的に消滅するので、その消滅した時に保険積立金の全部を取り崩し、損金の額に算入する。

② 　復活の場合

　失効した生命保険契約が復活した場合にあっては、復活に際して支払う保険料につき従前と同様の経理を行うだけで、他に格別の課税関係は生じない（保険料の自動貸付があり、その全部又は一部について既に借入金による保険料の経理が行われている場合は、復活に際して支払う保険料のうち、その部分に対応する金額は「借入金」となる）。

　なお、未納保険料と同時に支払う延滞利息相当額については、その支払をした日の属する事業年度の損金とする。

　　（注）復活に際して支払う延滞保険料は、それが契約上月払に係るものであっても、結果として、一定期間分を一括して支払った保険料になることから、その保険料が給与とされる場合は「賞与」に該当する。

　　　　この場合、被保険者が役員であるときは定期同額給与との関係で、一般的には、その保険料に相当する金額は損金不算入になるものと思われる（法基通9-2-11の編者注・P1059参照）。

第5 生命保険契約の契約者・保険金受取人を変更した場合の課税関係
(1) 生命保険契約の契約者変更の意義等
① 約款(例)によれば、保険契約者は、被保険者の同意及び保険会社の承諾を得れば、いつでも契約者を変更することができる(養老保険約款(例)29条・P1378参照)。
② 変更の効果は、その保険契約についての一切の権利・義務が新契約者に承継される。
③ 変更の手続きは、従前の契約者が必要な書類を保険会社に提出して変更の請求を行い、契約者を変更した場合には、保険証券に新契約者を表示する。

　これを税務の立場からみれば、保険証券にその変更した日を特定した記載がある場合には(通常そのようになっていることが多いようである)、その特定された変更の日によることが常識的であろう思われる。

　しかし、上記によらない格別の事情があるときは、保険会社が変更を承諾した日によることも許されるものと考えられる。この場合、承諾のあった日とは、約款(例)上、承諾につき特別の条件等が付されていないことからすれば、契約者変更請求書が生命保険会社の本店等に到達した日以後に承諾があったものとみることができるものと思料される。

(2) 契約者を法人から個人に変更する場合 (保険契約の権利を退職金とする場合)

　被保険者の退職に際し、法人契約の生命保険契約を変更する場合の課税関係は、次のようになる。

① 法人の課税関係

　法人を契約者及び保険金受取人とし(満期保険金及び死亡保険金の受取人とも)、被保険者を役員又は使用人とする生命保険契約(定期保険、養老保険、定期付養老保険等)につき、被保険者の退職に際し、その契約者及び保険金受取人を退職する者の名義に変更する場合には(保険金受取人は被保険者に限らず、名義は特に問わない)、退職金の全部又は一部を生命保険契約に関する権利で、現物支給したものと解されている(渡辺淑夫「保険・

年金の税務Q＆A」P166)。

この場合、現物支給である生命保険契約の権利の価額は、退職金の支給時期における解約返戻金(積立配当金を含む)に相当する金額とされる(所基通36-37・P674参照)ので、次のように経理をする。この場合、その者が役員である場合には、この権利の価額を含めたところで過大退職金となるかどうかを判定することになる。

なお、退職金とされる解約払戻金の額は、退職金支給時（通常は退職時）において計算される額であるから、退職金支給時と具体的な契約者変更手続の時期とに開きがある場合であっても、解約払戻金の額に影響しないものと考えられる。

　退職金（又は役員退職金）　×××　／　保険積立金　×××
　雑損失　　　　　　　　　　×××　／

(注)　1　退職金の金額は解約払戻金相当額であり、保険積立金（配当積立金を含む）の金額と解約払戻金との差額は、雑損失又は雑収入として経理する。

　　　2　定期保険で保険積立金（配当積立金を含む）として資産計上している金額がないものについては、解約返戻金相当額を次のように仕訳する。

　　　　　退職金（又は役員退職金）　×××　／　雑収入　×××

　　　3　解約払戻金相当額には、解約払戻金の他、積立配当金及び前納保険料等も含まれる。

② 個人の課税関係

ⅰ　その取得した生命保険の権利の価額（上記①の解約払戻金）は、退職所得の収入金額に算入される。

ⅱ　生命保険契約の権利を取得した者（新たに保険契約者となった者）は、その生命保険契約については、法人が過去に支払った保険料も自己が負担した保険料の額とされる（所基通34-4・P519、相基通3-17・P187参照）。

　つまり、将来、保険事故の発生（満期の到来を含む）により生命保険金を取得する者に対して課する相続税又は贈与税について保険料の負担割合を計算するときの支払保険料、あるいは、一時所得（又は雑所得）の金額の計算上控除する（経費とする）保険料の金額を計算するときにおける支払保険料の額は、退職所得の収入金額とされた金額（解

約払戻金相当額）とその後自己が支払った保険料の額との合計額によるのではなく、法人の支払った保険料の額を含めて自己が支払った保険料の額となる（法人の支払った保険料の額と、その後自己が支払った保険料の額との合計額）。

(注) 退職金として支給された生命保険契約の権利の価額（解約払戻金相当額）が、法人において支払った保険料の総額（配当金を控除した実質保険料の総額）を超える場合には、一時所得の計算上控除すべき保険料は、上記に係らず、退職金として課税対象となった解約払戻金相当額となる旨の裁決例がある（P497参照）。

(3) 被保険者の退職以外で法人契約の生命保険契約を個人に変更する場合（無償譲渡）

被保険者の退職以外の事由により、法人契約の生命保険契約を変更する場合の課税関係は、次のようになる。

なお、変更に伴い金銭の授受をする場合（有償譲渡）の場合の課税関係については、下記(5)参照。

① 法人の課税関係

法人を契約者及び保険金受取人とし（満期保険金及び死亡保険金の受取人とも）、被保険者を役員又は使用人とする生命保険契約（定期保険、養老保険、定期付養老保険等）につき、その役員又は使用人の退職以外でその契約者及び保険金受取人を役員又は使用人の名義に変更する場合には（保険金受取人については被保険者に限らず、名義は特に問わない）、その役員又は使用人に対する賞与の支給に当たると解されている（渡辺淑夫「保険・年金の税務Q＆A」P167）。

この場合の賞与とされる金額及びその仕訳は上記(2)①の場合と同様（但し、借方科目は役員報酬又は給与等）である。役員賞与に該当するものについては、定期同額給与にならないので損金不算入となる。

② 個人の課税関係

i その取得した生命保険の権利の価額（上記(2)①(注)3の解約払戻金相当額）は、給与所得の収入金額に算入される。

ii 上記(2)②iiについては、この場合も同様である。

(4) 保険金受取人を役員等とする法人契約の生命保険の契約者を役員等に変更する場合
〔変更前契約〕契約者・法人、被保険者・役員又は使用人（以下「役員等」）、保険金（満期・死亡とも）受取人・役員等
〔変更後契約〕契約者・役員等、被保険者・役員等、保険金（満期・死亡とも）受取人・役員等

① この場合には、契約者を法人から役員等に変更しても、変更前の保険料は支払の都度に単純損金（保険料等）又は給与等（役員報酬）として取り扱われており、法人には資産計上すべき保険積立金は存しない。
　以上のことから、この契約者変更の場合には、法人において格別の経理処理を要せず、法人及び役員等の双方に格別の関係は生じないものとされている（前掲「保険税務のすべて・P232参照）。

② 上記①の場合において、その生命保険契約に係る積立配当金が法人の資産に計上されているときは、その全額を取り崩し、給与以外の単純損金算入とする。
　他方、役員等については、保険料の支払の都度すでに給与として課税されており、実質的な保険料負担者が役員等であることに着目し、積立配当金が法人から役員等に移転したとしても、そのことが法人からの経済的利益の供与とはみなされることはないとされている（前掲「保険税務のすべて」・P232参照）。

(5) 法人契約の生命保険契約を有償で個人に変更する場合
　法人を契約者・保険金受取人とする生命保険契約（被保険者は役員又は使用人等）の契約者及び保険金受取人を被保険者等の個人に変更し、金銭を授受する場合の課税関係は、次のようになる。

① 法人の課税関係
　このような取引は生命保険契約における権利を有償譲渡する行為に他ならない。
　法人においては、通常、変更時におけるその権利の価額（時価）である解約払戻金に相当する金額で譲渡することになり、仮に、譲渡対価の額が解約払戻金に満たない場合には、その差額に相当する金額は役員・

使用人に対する給与（賞与）となる（被保険者が役員の場合には、定期同額給与とならない）。

　譲渡時の価額（時価）は、譲渡時の解約払戻金、積立配当金（利息を含む）、前払保険料がある場合の未充当保険料の額（解約したとした場合に払い戻されるべき前払保険料額）の合計額をいう（所基通36-37・P674参照）。

　　現預金[※1]　×××　／　保険積立金[※2]　×××
　　給与等[※4]　×××　／　前払保険料[※3]　×××
　　雑損失[※5]　×××　／

- ※1　譲渡対価の額。
- ※2　法人が資産計上していた保険積立金の額（配当積立金を含む）。
- ※3　法人が資産に計上している前払保険料の額。
- ※4　譲渡対価の額が、譲渡時の時価に満たない場合における、その差額。
- ※5　（※2＋※3）－（※1＋※4）＝※5

　　（※1＋※4）の額が、（※2＋※3）の額を超える場合、その超える部分の金額は雑収入等として益金となる。

② 個人の課税関係

ⅰ 生命保険契約変更時の解約払戻金に相当する金額の支払をしている場合には、生命保険契約上の権利をその時の価額により取得したものとなり、格別な課税関係は生じない。

ⅱ 契約変更時の解約払戻金相当額と支払対価の額との差額が法人において給与とされる場合には、その差額に相当する金額が給与所得とされる。

ⅲ 前記(2)②ⅱ（P1238）については、有償譲受の場合も同様である。

(6) **法人契約の生命保険契約を他の法人に変更する場合**（契約者及び保険金受取人の双方を変更する場合）

　役員又は使用人が他の法人に転籍すること等に伴って、生命保険契約の契約者及び保険金受取人を変更する場合がある。この場合、その変更により金銭等を授受する場合（有償譲渡）と、授受しない場合（無償譲渡）とで課税関係が異なる。

　なお、従前の契約の保険金受取人（満期保険金及び死亡保険金の双方とも）

が役員等となっている契約の契約者のみを変更する場合については、(7)参照。

① 有償譲渡の場合
ⅰ 譲渡した法人

法人税においては、生命保険契約に係る権利も資産価値のある権利（その本質は保険金等の支払請求権たる金銭債権と解される）として認識しているので、有償譲渡を原則としている。

譲渡価額は、変更時（譲渡時）におけるその契約に係る解約払戻金（(5)①・P1240参照）に相当する金額であり、譲渡の対価が譲渡価額とすべき金額に満たない場合は、その差額は寄附金となる。

現預金※1　×××　／　保険積立金※2　×××
寄附金※4　×××　／　前払保険料※3　×××
雑損失※5　×××　／

※1　譲渡対価の額。
※2　法人が資産計上している保険積立金の額（配当積立金を含む）。
※3　法人が資産に計上している前払保険料の額。
※4　譲渡対価の額が、譲渡時の時価に満たない場合における、その差額。
※5　（※2＋※3）－（※1＋※4）＝※5

（※1＋※4）の額が、（※2＋※3）の額を超える場合、その超える部分の金額は雑収入等として益金となる。

ⅱ 譲受法人

譲受の対価をもって生命保険契約に係る権利を取得したことになる。対価は専ら生命保険に関する権利を取得するために要するものであり、従前の契約者が支払った保険料の累計額等を承継するとは認識しないものと考えられるので、支払った対価の額は保険契約終了まで資産計上することになるものと解される。

なお、解約払戻金の額のうちに、その契約に係る前払保険料の未充当額（変更時における前払保険料の清算返戻金）に相当する金額のあることが明らかな場合には、その部分の金額は、以後、譲受法人における支払保険料となるものであるから、保険積立金とは区分し、前払保険

料として経理することになるものと考えられる(前払保険料の取崩しは、その保険契約の内容等により、保険料充当期日ごとに通常の処理を行うことになる)。

譲受対価の額が契約変更時の解約払戻金に相当する金額を下回る場合には、その差額は雑収入として益金となる。

保険積立金※1　×××　／　現預金※2　×××
前払保険料※3　×××　／　雑収入※4　×××

※1　解約払戻金相当額(従前の配当積立金及びその利息相当額を含む。)。なお、※3の金額がある場合には、解約払戻金に相当する金額から※3の金額を控除した金額。

※2　譲受対価の額。

※3　解約払戻金のうちに前払保険料の未充当額がある場合、その金額。

※4　譲受対価の額が、譲受時の時価(解約払戻金に相当する金額)に満たない場合における、その差額。

② 無償譲渡の場合

i　譲渡した法人

無償で生命保険契約の契約者及び保険金受取人を他の法人に変更する場合には、その時における解約払戻金に相当する金額の全額が寄附金になる。

寄附金※1　×××　／　保険積立金※2　×××
雑損失※4　×××　／　前払保険料※3　×××

※1　変更時の解約払戻金に相当する金額。

※2　法人が資産計上していた保険積立金の額(配当積立金を含む)。

※3　法人が資産に計上している前払保険料の額。

※4　(※2＋※3)－※1＝※4

※1の金額が、(※2＋※3)の額を超える場合、その超える部分の金額は雑収入等として益金となる。

ii　譲受法人

基本的には、上記①iiの場合と同様である。

保険積立金※1　×××　／　雑収入※3　×××

前払保険料※2　×××　／

※1　解約払戻金相当額（従前の配当積立金及びその利息相当額を含む。）。なお、※2の金額がある場合には、解約払戻金に相当する金額から※3の金額を控除した金額。

※2　解約払戻金のうちに前払保険料の未充当額がある場合、その金額。

※3　（※1＋※2）の額。

(7) 法人契約の生命保険契約を他の法人に変更する場合（保険金受取人は従前のままとし、契約者のみを変更する場合）

　役員又は使用人（以下「役員等」）が他の法人に転籍すること等に伴って、転籍等の対象である役員等が保険金受取人（満期保険金及び死亡保険金の双方の受取人。定期保険の場合は死亡保険金受取人）となっている生命保険契約の契約者のみを変更し、保険金受取人は従前のままとすることがある。

　この場合、その変更により金銭等を授受する場合（有償譲渡）と、授受しない場合（無償譲渡）とで課税関係が異なる。

　なお、転籍等に伴い契約者及び保険金受取人の双方を変更する場合については、(6)参照。

① 有償譲渡の場合

i　譲渡した法人

　譲渡した法人にあっては、生命保険契約に係る権利の譲渡であるが、保険金受取人が役員等となっている契約の保険料については、その支払の都度単純損金又は給与（又は役員報酬。以下「給与等」）として経理されていることから、契約に関する権利そのものの価額（積立配当金を除く解約払戻金に相当する金額）は譲渡の対象とならないものとされている。

　つまり、保険金受取人が役員等で、その保険料が支払時に給与又は単純損金とされているものに係る解約払戻金については、保険契約上その支払請求権を契約者である法人が留保しているとしても、税務上、その解約払戻金（積立配当金の払戻金に相当する金額を除く）は実質的な保険料負担者である役員等に属しているものと考えられているようである。

このようなことから、実務上、積立配当金（その利息相当額を含む）についてのみ経理をすれば足りるとされている（前掲「保険税務のすべて」・P231参照）。

現預金※1　×××　／　積立配当金※2　×××
寄附金※4　×××　／　前払保険料※3　×××
雑損失※5　×××　／

※1　譲渡対価の額。
※2　法人が資産計上していた配当積立金。
※3　法人が資産に計上している前払保険料の額。
※4　譲渡対価の額が、譲渡時の積立配当金の払戻額（利息相当額を含む）及び前払保険料の未充当額の合計額に満たない場合における、その差額。
※5　（※2＋※3）－（※1＋※4）＝※5
　　（※1＋※4）の額が、（※2＋※3）の額を超える場合、その超える部分の金額は雑収入等として益金となる。

ⅱ　譲受法人

譲受の対価をもって生命保険契約に係る権利のうち、積立配当金（その利息相当額を含む）に係る部分を取得したことになる。この配当積立金は新契約者がその支払を受けるまで、又はその生命保険契約が終了するまで積み立てておくほか、毎年の積立配当金の積み増し経理を行うことになる。

なお、その契約に係る前払保険料の未充当額（変更時における前払保険料の清算返戻金）に相当する金額がある場合には、その部分の金額は、以後、譲受法人における支払保険料となるものであるから、積立配当金とは区分し、前払保険料として経理することになるものと考えられる（前払保険料の取崩しは、その保険契約の内容等により、保険料充当期日ごとに通常の処理を行うことになる）。

譲受対価の額が契約変更時の積立配当金の払戻額に相当する金額（利息相当額を含む）を下回る場合には、その差額は雑収入等として益金となる。

積立配当金※1　×××　／　現預金※2　×××

前払保険料※3　×××　／　雑収入※4　×××
　※1　従前の配当積立金及びその利息相当額。
　※2　譲受対価の額。
　※3　前払保険料の未充当額がある場合、その金額。
　※4　譲受対価の額が、(※1＋※3) の額に満たない場合における、その差額。

② 無償譲渡の場合
  i 譲渡した法人
　　無償で生命保険契約の契約者を他の法人に変更する場合には、その時における積立配当金の払戻金に相当する金額（その利息相当額を含む）の全額が寄附金になる。
　　寄附金※1　×××　／　積立配当金※2　×××
　　雑損失※4　×××　／　前払保険料※3　×××
　※1　配当積立金及びその利息相当額。
　※2　法人が資産計上している配当積立金。
　※3　法人が資産計上している前払保険料の額。
　※4　(※2＋※3) －※1＝※4
　　　※1の金額が、(※2＋※3) の額を超える場合、その超える部分の金額は雑収入等として益金となる。

  ii 譲受法人
　　基本的には、上記①iiの場合と同様である。
　　保険積立金※1　×××　／　雑収入※3　×××
　　前払保険料※2　×××　／
　※1　従前の配当積立金及びその利息相当額。
　※2　前払保険料の未充当額がある場合、その金額。
　※3　(※1＋※2) の額。

(8) 個人契約の生命保険契約を法人契約に変更する場合
　個人契約の生命保険契約（定期保険、養老保険、定期付養老保険等）につき、契約者及び保険金受取人（満期保険金及び死亡保険金の受取人）を法人に変更する場合の課税関係は、次のようになる。
　このような場合の例としては、個人事業から法人成りするとき、ある

いは、新規生命保険の加入に際し、何らかの事情により既存の個人契約による方が経済的に有利である等のことから、法人の役員等が契約する定期保険等につき、その契約を法人に移転するなどの場合が考えられる。

① 法人の課税関係

i　有償で買い取る場合

契約の変更時における解約払戻金（積立配当金、前納保険料を含む。（(5)①・P1240参照））に相当する金額で、法人がその権利を個人から買取るような場合。

なお、買取りの対価の額が解約払戻金に相当する金額に満たない場合には、その差額は、一般的に、雑収入として法人の益金となるものと考えられる。

保険積立金※1　×××　／　現預金※2　×××
前払保険料※3　×××　／　雑収入※4　×××

※1　解約払戻金相当額（従前の配当積立金及びその利息相当額を含む。）。なお、※3の金額がある場合には、解約払戻金に相当する金額から※3の金額を控除した金額。

※2　譲受対価の額。

※3　解約払戻金のうちに前払保険料の未充当額がある場合、その金額。

※4　譲受対価の額が、譲受時の時価（解約払戻金に相当する金額）に満たない場合における、その差額（(※1＋※3)－※2＝※4）。

ii　無償で受け入れる場合

解約返戻金に相当する金額の受贈益が生じ、益金となる。

保険積立金※1　×××　／　雑収入※3　×××
前払保険料※2　×××　／

※1　解約払戻金相当額（従前の配当積立金及びその利息相当額を含む。）。なお、※2の金額がある場合には、解約払戻金に相当する金額から※3の金額を控除した金額。

※2　解約払戻金のうちに前払保険料の未充当額がある場合、その金額。

※3　(※1＋※2)の額。

② 個人の課税関係
　i　有償で譲渡する場合

　　譲渡価額（通常は、解約払戻金相当額）は、実務上、一時所得の収入金額になるとされている（渡辺淑夫「保険・年金の税務Ｑ＆Ａ」・P165参照）。

　　その根拠等は詳らかでないが、按ずるに、個人が生命保険契約に係る権利を法人に譲渡する場合も、その譲渡価額を所令183条２項（生命保険契約に基づく一時金の一時所得の計算）の例により、一時所得の収入金額として取り扱うというものであろう。

　　この場合の一時所得の金額の計算については、生命保険金等に係る通常の一時所得の計算の方法と同様になるとされている。したがって、既払の保険料（いわゆる正味支払保険料）合計額が、譲渡対価の額を超える場合（譲渡損失に相当する金額が生ずるとき）には、課税対象となる一時所得金額は生じない。

　　一時所得の収入金額となるべき金額は、具体的な譲渡価額であり、譲渡時における解約払戻金に相当する金額ではないと考えられる。その理由については、次のⅱ参照。

　　なお、同一年中に他の一時所得がある場合においては、上記譲渡損失に相当する金額は、他の一時所得に係る利益の金額から控除すること（いわゆる一時所得金額計算上の通算）は許されるものと解される（所法34条の編者注２・P495参照）。

　ⅱ　無償の場合

　　法人に対する権利の無償譲渡等であっても、実務上、譲渡した個人には格別の課税関係は生じないとされている。

　　生命保険契約上の権利の本質は、保険金・給付金・解約払戻金の支払請求権たる金銭債権であると考えられることからすれば、金銭債権は譲渡所得の基因たる資産に該当しないことから（所基通33-1）、生命保険契約上の権利の譲渡には所法59条（贈与等の場合の譲渡所得等の特例）の適用がなく、その権利を無償又は解約払戻金に相当する金額を下回る額で譲渡したとしても、みなす譲渡所得課税の対象となることはあり得ない。

(9) 法人契約の生命保険契約につき受取人のみを変更する場合

① 法人を契約者及び保険金受取人、被保険者を役員又は使用人とする生命保険契約のうち、保険金受取人（満期保険金及び死亡保険金の受取人）のみを役員又は使用人（役員又は使用人の親族等を含む）に変更する場合の課税関係については、実務上、次の②・③のように扱われている（渡辺淑夫「保険・年金の税務Ｑ＆Ａ」168以降参照）。

同書では、「受取人を法人から役員及び使用人に変更することは、法人が当該養老保険［編注：設例が養老保険に係るものである。養老保険に限らず、定期保険、終身保険等も含まれる。］に係る保険金の権利を実質的に失うことを意味しますから、変更時まで資産計上していた保険積立金を取り崩すこととなります」と述べているが、その根拠となるべき法令・通達等については特に触れられていない。

この扱いは、所基通36-31、同36-31の２、同36-31の３、法基通9-3-4、同9-3-5、同9-3-6の取扱いと軌を一にするものであろうと思われる。

(注) ところで、生命保険契約に関する権利のうち解約権、受取人の変更権、解約返戻金及び配当等の受給権等は契約者に留保されており、保険料の支払義務は契約者が負っている。契約者でない保険金受取人の立場は、保険金受取人である期間中に保険事故が発生した時（満期の到来を含む）に限り、保険金を取得することができるという期待権を有しているに過ぎない。

保険契約上、保険金受取人の有する権利はこのように極めて不安定で希薄なものであり、契約者でない保険金受取人になることにより生ずる経済的な利益があるとしても、それは保険金受取人となった以降について生ずるもので、保険金受取人でなかった期間分に対応する解約払戻金に相当する金額を、受取人変更時に経済的利益として給与（賞与）として課税する扱いは疑問なしとしない。

② 生命保険の満期保険金及び死亡保険金受取人を役員又は使用人（その親族を含む）に変更する場合

満期保険金及び死亡保険金の受取人を、役員又は使用人（その親族等を含む。以下「役員等」）に変更した場合には、変更時における解約返戻金相当額が役員又は使用人に対する賞与として取り扱われる（役員

に対するものは定期同額給与にならないから損金不算入）。

　なお、この場合の解約払戻金には、前納保険料の額は含まれるが、積立配当金の額は含まれないとされている。

　その理由は、契約者が法人のままであり、配当積立金の支払請求権は契約者に留保されていることから、単に保険金受取人を変更するような場合には、契約者変更等の場合と異なり、積立配当金まで取り崩してその額を賞与に加算する必要はないとの考え方によるようである（これによると、積立配当金相当額は保険事故の発生、満期到来等による保険契約の終了の時まで、法人の資産として計上するほか、毎期の配当積立金も資産に計上し、保険事故発生の時に賞与として経理することになるものと思われる。）。

　　給与（又は役員報酬）×××　／　保険積立金　×××
　　雑損失　　　　　　　×××　／

（注）1　給与の金額は解約返戻金相当額であり、保険積立金（前払保険料の額を含むが、配当積立金の額を含まない）と解約払戻金との差額は、雑損失又は雑収入として経理する。

　　　2　定期保険で保険積立金（配当積立金を含まない）として資産計上している金額がないものについては、解約返戻金相当額を次のように仕訳する。

　　　　　給与（又は役員報酬）×××　／　雑収入　×××

　　　3　解約返戻金相当額には、解約払戻金・前納保険料を含むが、積立配当金及びその利息は含まれない。

③　従前の保険金受取人のうち、死亡保険金受取人を役員等から法人に変更する場合

　〔従前の契約内容〕契約者：法人、満期保険金及び死亡保険金受取人：役員又は使用人（これらの親族等を含む）、被保険者：役員又は使用人

　〔変更後の契約内容〕契約者及び被保険者は従前のまま、満期保険金受取人：役員又は使用人（これらの親族等を含む）、死亡保険金の受取人：法人

　この場合には、変更後の支払保険料のうち、2分の1は給与又は役員報酬とし、他の2分の1は単純損金にすると考えられている（渡辺淑夫「保険・年金の税務Ｑ＆Ａ」P170参照）。

なお、従前の処理は支払保険料の全額が給与又は役員報酬とされており、法人の資産に計上されている金額はない等のことから、法人及び役員・使用人の双方に対し、この変更時には特別の課税関係は生じない。

④ 死亡保険金受取人のみを役員等の親族等に変更する場合

契約者、満期保険金及び死亡保険金受取人を法人、被保険者を役員又は使用人（以下「役員等」）とする養老保険について、死亡保険金受取人のみを役員等の親族に変更する場合には、次のように考えられている（前掲同書・P171参照）。

i 変更前の保険積立金は、保険事故の発生又は保険契約の終了の時まで資産計上する。これは、変更の前後を通じても満期保険金の受取りに関する権利が法人に留保されていることによるものと考えられる。

また、変更前の期間分については、役員等において経済的利益を受けていないことから、資産計上の保険積立金の2分の1に相当する金額が給与として課税されることはないとされている。

ii 変更後の支払保険料のうち2分の1は資産計上し、他の2分の1は、原則として、単純損金となる（役員又は特定の使用人のみを被保険者としているときは、それらの者に対する給与・役員報酬となる）。

(10) 法人契約の個人年金保険契約につき、契約者及び年金受取人を変更する場合

法人を契約者・年金受取人とし、役員又は使用人（以下「役員等」）を被保険者とする個人年金保険契約の契約者及び年金受取人を役員等に変更する場合には、その変更時の解約払戻金に相当する金額を、その役員等に対し、給与（退職を原因とする変更の場合には、退職金）の支給をしたものとして取り扱われる（個別通達「法人が契約する個人年金保険に係る法人税の取扱いについて（平2直審4-19）」6・P939参照）。

(11) 生命保険契約の契約者変更と転換とを同時に行う場合

他の者（個人を含む）が契約していた生命保険契約の権利を取得し（有償又は無償取得による契約者変更）、同時に、その取得した契約を転換する場合の課税関係は、次のようになる。

これに当たる場合としては、法人成りにより、法人が個人契約の生命保険契約を承継し、その契約者変更と同時にその承継した契約を転換するような場合、あるいは、役員又は使用人（以下「役員等」）の転籍等に伴い転籍後法人が、転籍前法人契約の生命保険契約を承継し、その契約者変更と同時にその承継した契約を転換するような場合である。
（注）例えば、役員等の転籍等に伴って、転籍前法人が転籍後法人に対し、当該役員等についての退職金相当額を現金等で支払うというような場合において、その支払うべき金額の全部又は一部につき転籍前法人契約の生命保険契約の権利を充てるという場合もこれに該当する。

　この場合は、先ず、契約者の変更に伴う経理を行い、次に転換の経理を行うことになる。
　なお、契約者変更による生命保険契約に係る経理の価額は、その変更時における解約払戻金（その時の責任準備金から保険会社の定める解約控除額を控除した残額）であるのに対し、転換価額は純保険料式責任準備金等（解約控除額を控除しない）を基に算出するので、通常、転換価額の方が解約払戻金より多くなるため、同時転換の場合には、転換による差益が生ずることがある。
（注）契約転換及びその経理等については法基通9-3-7及びその編者注（P1211）参照。

① 個人契約を法人に変更し、法人が転換する場合
〔設例〕解約払戻金：90万円、転換価額：95万円とする。
ⅰ 個人の課税関係
　　譲渡価額を90万円とすると、90万円が一時所得の収入金額となり、通常の方法で一時所得金額を計算する。
　　無償譲渡であったとすると、個人には格別の課税関係は生じない。
ⅱ 法人の課税関係
　ア 契約者変更時
　　　保険積立金　90万円　／　現・預金　90万円
　　（無償取得の場合は）
　　　保険積立金　90万円　／　雑収入　90万円

イ 転換時
　　保険積立金　95万円　／　保険積立金　90万円
　　　　　　　　　　　　／　雑収入※　　　5万円
　　※　解約払戻金と転換価額との差額。
② 法人契約を個人契約に変更し、個人が転換する場合
〔設例〕解約払戻金：90万円、転換価額：95万円、法人の保険積立金：150万円とする。
i　個人の課税関係
　ア　契約者変更時
　　有償の場合は、新契約者となる個人は、単に生命保険契約上の権利を有償取得するのみであるから、新契約者である個人に対しては格別の課税関係は生じない（取得の対価の額は、保険金又は解約払戻金の支払を受ける際、一時所得の計算上控除されることがある。）。
　　法人契約の生命保険契約の契約者を無償で変更する場合は、解約払戻金相当額が給与所得（その変更が退職によるものであるときは、退職所得）の収入金額となる（雇用契約等のない法人から、生命保険契約の契約者変更を受けることは通常あり得ないものと思われる）。
　イ　転換時
　　個人契約（契約者の変更によって当該契約は個人契約となっている）の生命保険契約を転換する場合には、転換時においては、格別の課税関係は生じない（前掲・昭53直資2-36通達・P1177参照）。
ii　法人の課税関係
　　法人は、契約者変更時に次の経理を行うことになる。
　　現・預金　90万円　／　保険積立金　150万円
　　雑損失　　60万円　／
　　（無償変更の場合）
　　給与（賞与）（又は退職金）　90万円　／　保険積立金　150万円
　　雑損失　　　　　　　　　　60万円　／
③ 法人契約を他の法人に変更し、新契約者である法人が転換する場合
〔設例〕解約払戻金：90万円、転換価額：95万円、法人の保険積立金：

50万円とする。

i 譲渡法人

譲渡法人は、契約者変更時に次の経理を行うことになる。

現・預金　90万円　／　保険積立金　150万円
雑損失　　60万円　／
（無償変更の場合）
寄附金　　90万円　／　保険積立金　150万円
雑損失　　60万円　／

ii 譲受法人

ア　契約者変更時

保険積立金　90万円　／　現・預金　90万円
（無償変更の場合）
保険積立金　90万円　／　雑収入　90万円

イ　転換時

保険積立金　95万円　／　保険積立金　90万円
　　　　　　　　　　／　雑収入※　　 5万円

※　解約払戻金と転換価額との差額。

④　役員等の転籍等に伴って、転籍前法人契約の生命保険契約を転籍後法人に変更する場合

役員又は使用人が他の法人に転籍等する場合、転籍前法人が転籍後法人に対し、転籍等の時までの退職金に相当する金員を支払うというような場合において、その支払うべき金額の全部又は一部に転籍前法人契約の生命保険契約の権利を充てるということもある。

この場合、現物による支払としての有償取引であるから、次のような課税関係が生ずる（なお、転籍後法人は、その受入れと同時にその契約を転換したものとする）。

〔設例〕解約払戻金：900万円、転換価額：950万円、退職金に相当する
　　　　金額：900万円、法人の保険積立金：1300万円とする。

i 転籍前法人

転籍時に次の経理を行う。

退職金　900万円　／　保険積立金　1300万円
雑損失　400万円　／

(注) 転籍前法人については、役員等の転籍も退職原因の一であることから、転籍時の損金となる。

　なお、当該役員等については、転籍時においては現実に退職金の支給を受けていないことから、その時点では、退職所得の課税は要しないものとされている（中野百々造「出向と転籍の税務」大蔵財務協会・P161参照）。

ⅱ　転籍後法人
　ア　転籍時

役員等の転籍に伴い、転籍後法人が転籍前法人から、転籍者に対する将来の退職金の支給に充てるため金銭又は生命保険契約の権利を受け入れたとしても、その金額を預り金等として経理することは認められず、その全額を転籍時の益金に算入することとされている（前掲書参照）。

保険積立金　900万円　／　雑収入　900万円

　イ　転換時

保険積立金　950万円　／　保険積立金　900万円
　　　　　　　　　　／　雑収入※　　　50万円

※　解約払戻金と転換価額との差額。

第7編

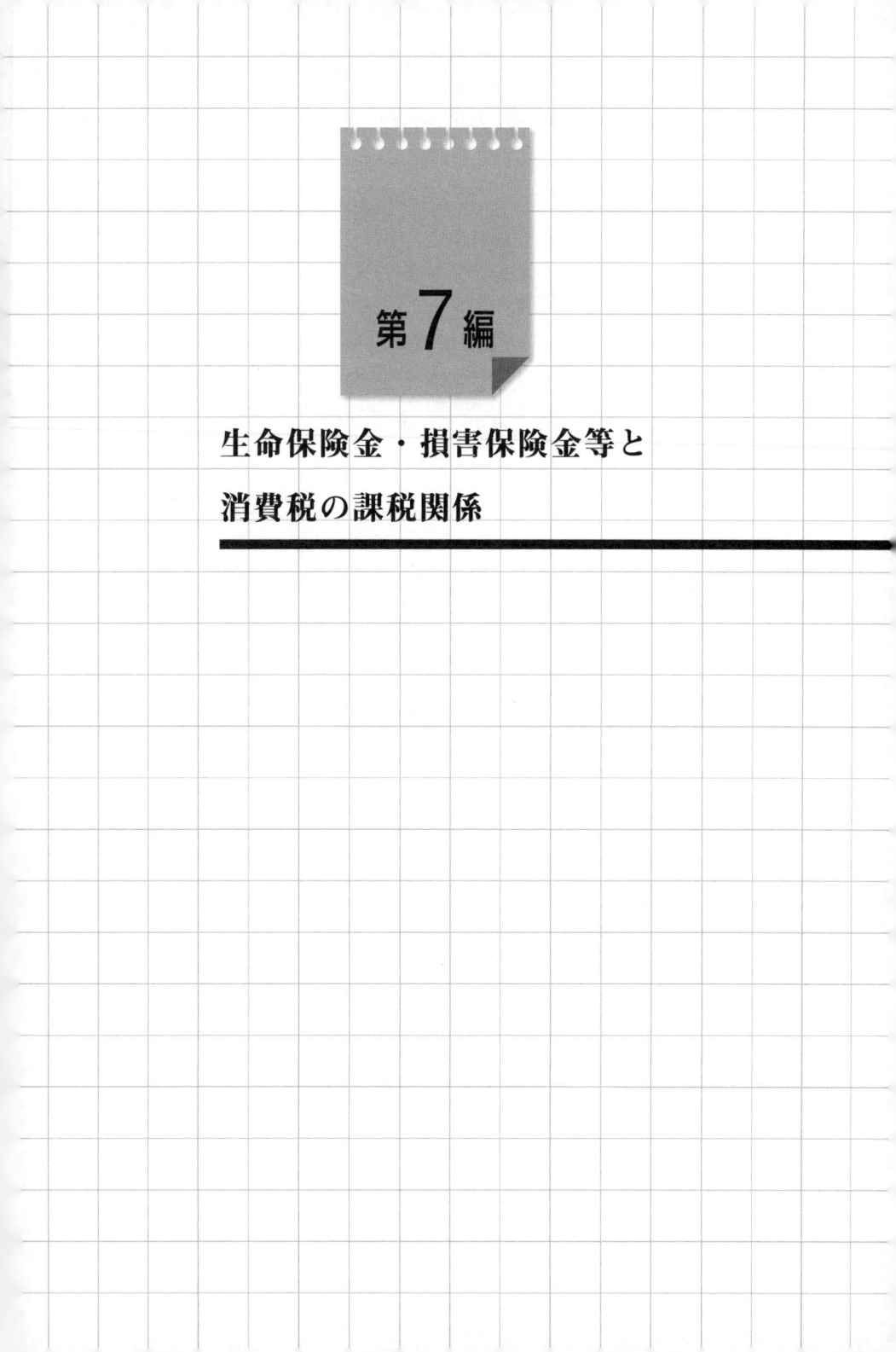

生命保険金・損害保険金等と消費税の課税関係

第1節 生命（損害）保険金、生命（損害）保険料に関連する消費税の法令・通達等の索引

　生命保険金・損害保険金、生命保険料・損害保険料に関する消費税の関連法令・通達、情報、質疑応答事例、事前照会に対する文書回答事例、判例、裁決例等で、本編に収録したものは、以下のとおり。

法令等の索引

□消費税法
　第2条　　　　　定義
　　　　第8号　　資産の譲渡等　*1261*
　　　　第9号　　課税資産の譲渡等　*1261*
　　　　第12号　課税仕入れ　*1274*
　第6条　　　　　非課税　*1265*
　第30条　　　　仕入れに係る消費税額の控除　*1270*
　別表第1（第6条関係）　*1265*
□消費税法施行令
　第2条　　資産の譲渡等の範囲　*1264*
　第9条　　有価証券に類するものの範囲等　*1267*
　第10条　利子を対価とする貸付金等　*1268*
　第48条　課税売上割合の計算方法　*1270*
□消費税法基本通達
　5-1-2　　対価を得て行われるの意義　*1263*
　5-2-4　　保険金、共済金等　*1263*
　5-5-1　　役務の提供の意義　*1263*
　6-3-2　　保険代理店報酬等　*1264*
　6-3-3　　保険料に類する共済掛金の範囲　*1269*
　6-3-5　　前渡金等の利子　*1264*

11-1-3　課税仕入れの相手方の範囲　*1276*
11-2-10　保険金等による資産の譲受け等　*1276*

第2節　支払を受ける生命保険金・損害保険金等に関連する消費税の各条項

消費税法

（定義）
第2条　この法律において、次の各号に掲げる用語の意義は、当該各号に定めるところによる。

　八　資産の譲渡等　事業として対価を得て行われる資産の譲渡【編者注1】及び貸付け並びに役務の提供（代物弁済による資産の譲渡その他対価を得て行われる資産の譲渡若しくは貸付け又は役務の提供に類する行為として政令［消令2条・P1264参照。編注］で定めるものを含む。【編者注2】）をいう。

　九　課税資産の譲渡等　資産の譲渡等［前号参照。編注］のうち、第6条第1項［編注：P1265参照］の規定により消費税を課さないこととされるもの以外のものをいう。

【編者注1】消費税における生命保険金、損害保険金、保険契約に関連する収入等の取扱い

① 生命保険契約（これに類するものを含む）、損害保険契約（これに類するものを含む）に係る保険金・各種給付金は、保険事故の発生により支払を受けるものであることから、資産の譲渡等の対価に当たらない（消基通5-2-4・P1263参照）。つまり、課税外取引（不課税取引）となる。

　（注）損害保険金についていえば、その保険金が棚卸資産に係るもの、あるいは保険金をもって取得した固定資産につき圧縮記帳の特例の適用を受けたもの等についても、その保険金等は不課税取引となる。

② 解約払戻金、契約者配当金等については、同5-2-4に明示されていないが、これらは支払保険料の払戻としての性格が強いもの

と考えられることから、資産の譲渡の対価性を有しないものと解するのが相当であり、同5-2-4にいう「(これらに準ずるものを含む。)」により、上記①に準ずるものと考えられる。
③　保険料の前払金、契約者配当の積立金、一時払保険金等を保険会社に据え置いた場合の据置保険金等については、保険約款等の定めるところにより利息が付されることがある（利率は、保険会社の定める利率）。
　　これらの利息の基となる債権は、保険契約に随伴して生じたものではあるが、保険契約上の権利（債権）とは独立した金銭債権と考えられていることからすると、これらの金銭債権の経済的実質は「貸付金」と同視することができ、その利息については非課税売上げに該当するものと考えられる（消基通6-3-5・P1264参照）。
④　生命保険・損害保険の外交員は、独立した事業と認められることから、その報酬は役務提供の対価として、課税売上げに該当する（消法2①八、九、消基通5-5-1・P1263参照）。
⑤　事業者が生命保険会社等と団体払保険に係る契約を締結し、従業員契約の生命保険料を従業員給与から天引きするなどの役務を提供することにより、事業者が保険会社等から支払を受ける手数料等は、事業者の課税売上げに該当する（消法2①八、九、消基通5-5-1・P1263参照）。
⑥　生命保険・損害保険の代理店報酬は、保険契約に関する各種の役務提供の対価であるから、支払を受ける事業者の課税売上げに該当する（消基通6-3-2・P1264参照）。
⑦　生命保険契約上の権利を他に譲渡した場合（契約者及び保険金受取人を他の者に変更し、その変更に伴って対価を受けるような場合）、その対価の額は非課税売上げに該当する（消令9条の編者注・P1267参照）。
⑧　上記⑦の金額は、課税売上割合の計算上、同計算式の「分母」には算入しないこととされている（消令48条の編者注3・P1272参照）。

【編者注2】対価を得て行う資産の譲渡等の意義

本号（消法2条1項8号）に規定する「対価を得て行われる資産の譲渡」等の意義については、消基通5-1-2（後掲参照）に取扱いがある。

消費税法基本通達

（対価を得て行われるの意義）

5-1-2　法第2条第1項第8号《資産の譲渡等の意義》に規定する「対価を得て行われる資産の譲渡及び貸付け並びに役務の提供」とは、資産の譲渡及び貸付け並びに役務の提供に対して反対給付を受けることをいうから、無償による資産の譲渡及び貸付け並びに役務の提供は、資産の譲渡等に該当しないことに留意する。

（注）［以下省略］

（保険金、共済金等）　消基通

5-2-4　保険金又は共済金（これらに準ずるものを含む。）は、保険事故の発生に伴い受けるものであるから、資産の譲渡等の対価に該当しないことに留意する。

【編者注】棚卸資産等に係る損害保険金等

　　損害保険金についていえば、その保険金が棚卸資産に係るもの、あるいは保険金をもって取得した固定資産につき圧縮記帳の特例の適用を受けたもの等についても、その保険金等は不課税取引となる（松崎也寸志編「消費税法基本通達逐条解説（平成16年版）」大蔵財務協会・P183参照）。

（役務の提供の意義）　消基通

5-5-1　法第2条第1項第8号《資産の譲渡等の意義》に規定する「役務の提供」とは、例えば、土木工事、修繕、運送、保管、印刷、広告、仲介、興行、宿泊、飲食、技術援助、情報の提供、便益、出演、著述その他のサービスを提供することをいい、弁護士、公認会計士、税理士、

作家、スポーツ選手、映画監督、棋士等によるその専門的知識、技能等に基づく役務の提供もこれに含まれる【編者注】。

【編者注】本項の趣旨
　本項は、役務提供の例示をしたもので、勿論これらに限られるものではない。

（保険代理店報酬等）　消基通
6-3-2　保険料（令第10条第2項《事務費相当額を課税の対象とする保険契約等》に規定する契約に係る保険料のうち法別表第1第3号《利子を対価とする貸付金等》に規定する事務に要する費用の額に相当する部分を除く［契約により、保険料部分と、保険契約に係る事務費に充てる部分とに区分されている場合における、その事務費部分の金額は保険会社等の課税売上げに該当する意。編注］。）を対価とする役務の提供は非課税となるのであるが［保険会社等が支払を受ける生命保険契約・損害保険契約に係る保険料は非課税売上げに該当する意。編注］、保険代理店が収受する役務の提供に係る代理店手数料又は保険会社等の委託を受けて行う損害調査又は鑑定等の役務の提供に係る手数料は、課税資産の譲渡等の対価に該当することに留意する。

（前渡金等の利子）　消基通
6-3-5　前渡金等に係る利子のようにその経済的実質が貸付金であるものに係る利子は、法別表第1第3号《利子を対価とする貸付金等》に規定する利子を対価とする資産の貸付けに該当するものとして取り扱う。

消費税法施行令

（資産の譲渡等の範囲）
第2条　法第2条第1項第8号［編注：P1261参照］に規定する対価を得て行われる資産の譲渡若しくは貸付け又は役務の提供に類する行為として政令で定めるものは、次に掲げるものとする。

一～三　［省略］
　　四　貸付金その他の金銭債権の譲受けその他の承継（包括承継を除く。）【編者注】
2　［以下省略］

【編者注】1項4号の趣旨
　本号の「貸付金その他の金銭債権の譲受け」とは、例えば、クレジット会社が、クレジット加盟店から売掛債権を譲り受ける場合などをいい、クレジット会社にとっては資産の仕入れに該当し、クレジット加盟店にとっては資産の譲渡となる。

■参考：消費税法6条、別表第1（6条関係）
（非課税）
第6条　国内において行われる資産の譲渡等のうち、別表第1に掲げるものには、消費税を課さない。
2　［以下省略］

別表第1（第6条関係）　消法
一　［省略］
二　金融商品取引法（昭和23年法律第25号）第2条第1項（定義）に規定する有価証券その他これに類するものとして政令［消令9条・P1267参照。編注］で定めるもの（ゴルフ場その他の施設の利用に関する権利に係るものとして政令で定めるものを除く。）［、］及び外国為替及び外国貿易法第6条第1項第7号（定義）に規定する支払手段（収集品その他の政令で定めるものを除く。）その他これに類するものとして政令で定めるもの（別表第2において「有価証券等」という。）の譲渡
三　利子を対価とする貸付金その他の政令［消令10条1項・P1268参照。編注］で定める資産の貸付け、信用の保証としての役務の提供、所得税法第2条第1項第11号（定義）に規定する合同運用信託、同項第15号に規定する公社債投資信託又は同項第15号の2に規定する公社債等運用投資信託に係る

信託報酬を対価とする役務の提供［、］及び保険料を対価とする役務の提供（当該保険料が当該役務の提供に係る事務に要する費用の額［例えば、適格退職年金契約に係る事務費等。編注］とその他の部分［いわゆる本来の保険料。編注］とに区分して支払われることとされている契約で政令［消令10条2項・P1268参照。編注］で定めるものに係る保険料（当該費用の額［例えば、適格退職年金契約に係る事務費等。編注］に相当する部分の金額に限る。）を対価とする役務の提供を除く【編者注】。）その他これらに類するものとして政令［消令10条3項・P1269参照。編注］で定めるもの

四　［以下省略］

【編者注】保険料に係るカッコ書の趣旨等

① 保険料（生命保険料・損害保険料等）は、本号（3号）本文により非課税売上げとなるのであるが、例えば、適格退職年金契約に係る保険料など消令10条2項（P1268）に掲げる契約に係る保険料で、その保険料が年金等の事務費に充てる部分の金額と、その他の部分の金額（いわゆる本来の保険料部分の金額）とに明確に区分されているものについては、事務費に係る部分の金額は、保険会社においては課税売上げとなる（この結果、保険契約者である事業者においては、保険料のうち事務費に当たる部分については、課税仕入れになる）。

② 例えば、適格退職年金契約を締結している場合、通常、決算に際し、保険会社等から退職年金に係る「収支計算書」等による報告がある。

この報告書の「支出項目」に記載されている「保険料比例付加保険料」、「積立金比例付加保険料」、「消費税」は、年金制度に関する事務費分担金で、上記①に該当するものである。

契約者である事業者は、この収支計算書の記載金額に基づき、以下の仕訳を行うことになる。

《税抜処理の場合》
保険料［課税仕入れ］※1　　×××　／　保険料［非課税］　×××
仮払消費税※2　　　　　　　×××　／　雑収入　　　　　　×××

※1 「収支計算書」の「保険料比例付加保険料」と「積立金比例付加保険料」との合計額。

※2 「収支計算書」の「消費税」の額（この金額は、〔※1×5％〕の金額となっている）。

《税込処理の場合》

保険料［課税仕入れ］※1　×××　／　保険料［非課税］×××
保険料［課税仕入れ］※2　×××　／　雑収入　　　　×××

※1 「収支計算書」の「保険料比例付加保険料」と「積立金比例付加保険料」との合計額。

※2 「収支計算書」の「消費税」の額（この金額は、〔※1×5％〕の金額となっている）。

■参考：消費税法施行令9〜10条

（有価証券に類するものの範囲等）

第9条　法別表第1第2号［編注：P1265参照］に規定する有価証券に類するものとして政令で定めるものは、次に掲げるものとする。

　　一〜三　［省略］

　　四　貸付金、預金、売掛金その他の金銭債権【編者注】

２　［以下省略］

【編者注】金銭債権の意義

　一般的に、金銭債権とは、金銭の給付を目的とする債権（金銭の支払を請求することができる債権）をいう。

　消費税法においては、金銭債権につき特別の定義規定を設けていないので、上記と同義に解される。

　生命保険契約に関する権利の本質は、保険金、各種給付金、解約払戻金等の金銭の支払を請求する権利であるから、金銭債権に当たり、その譲渡代金は法別表1・二（P1265参照）及び本号によって非課税売上げに該当する。

（利子を対価とする貸付金等）　消令
第10条　法別表第１第３号［編注：P1265参照］に規定する利子を対価とする貸付金その他の政令で定める資産の貸付けは、利子を対価とする金銭の貸付け（利子を対価とする国債等の取得及び前条第４項に規定する特別引出権の保有に伴うものを含む。）とする。
２　法別表第１第３号に規定する政令で定める契約は、次に掲げる契約とする。
　一　法人税法第84条第１項（退職年金等積立金の額の計算）に規定する厚生年金基金契約、確定給付年金資産管理運用契約、確定給付年金基金資産運用契約、確定拠出年金資産管理契約又は同法附則第20条第１項（退職年金等積立金に対する法人税の特例）に規定する適格退職年金契約で、生命保険又は損害保険に係るもの
　二　年金積立金管理運用独立行政法人法（平成16年法律第105号）第３条（管理運用法人の目的）に規定する年金積立金の運用のために締結される同法第21条第１項第４号（積立金の管理及び運用）（同法第24条第２項（区分経理）において準用する場合を含む。）に規定する生命保険に係る契約（同法附則第８条（承継資金運用業務）の規定による資金の運用のために締結される同法附則第13条第１項（管理運用業務に関する規定の準用等）の規定により読み替えて適用される同号（同法第24条第２項において準用する場合を含む。）に規定する生命保険に係る契約を含む。）
　三　国家公務員共済組合法（昭和33年法律第128号）第36条（準用規定）において準用する同法第19条（資金の運用）に規定する余裕金の運用のために締結される国家公務員共済組合法施行令（昭和33年政令第207号）第９条の３第１項第６号（連合会の積立金等の運用）に規定する生命保険に係る契約
　四　地方公務員等共済組合法（昭和37年法律第152号）第25条（資金の運用）（同法第38条（準用規定）及び第38条の９（準用規定）において準用する場合を含む。）に規定する余裕金の運用のために締結される地方公務員等共済組合法施行令（昭和37年政令第352号）第16条第１項第６号（資金の運用）（同令第20条（準用規定）及び第21条の４（準用規定）において準

用する場合を含む。）に規定する生命保険に係る契約
　　五　前各号に掲げる契約に類する契約として財務省令で定めるもの
　3　法別表第１第３号に掲げる資産の貸付け又は役務の提供に類するものとして同号に規定する政令で定めるものは、次に掲げるものとする。
　　一～十二　［省略］
　　十三　保険料に類する共済掛金その他の保険料に類するものを対価とする役務の提供（農業協同組合法（昭和22年法律第132号）第10条第１項第10号（事業）の事業を行う農業協同組合連合会の法人税法第84条第１項に規定する厚生年金基金契約、確定給付年金資産管理運用契約、確定給付年金基金資産運用契約、確定拠出年金資産管理契約又は同法附則第20条第１項に規定する適格退職年金契約に該当する生命共済の契約その他財務省令で定める契約に係る掛金を対価とする役務の提供のうち、当該役務の提供に係る事務に要する費用の額として区分して支払われる金額に係る部分を除く。）
　　十四　［以下省略］

■参考：消費税法基本通達6-3-3

　　（保険料に類する共済掛金の範囲）
6-3-3　令第10条第３項第13号《保険料に類するものを対価とする役務の提供》に規定する「保険料に類する共済掛金」には、法令等により組織されている団体が法令等の規定に基づき、当該団体の構成員のために行う共済制度（人の生死若しくは傷害又は資産の損失その他偶発的事由の発生を共済金の保険事故とする共済制度に限る。以下6-3-3において同じ。）に基づいて当該構成員が負担する共済掛金のほか、任意の互助組織による団体が当該団体の構成員のために行う任意の共済制度に基づいて当該構成員が負担する共済掛金が含まれる。（直近改・平15課消1-13）
　　（注）所法令第167条の２《特定の損失等に充てるための負担金の必要経費算入》若しくは法法令第136条《特定の損失等に充てるための負担金の損金算入》に規定する負担金又は租特法第28条第１項各号《特定の基金に対する負担金等の必要経費算入の特例》若しくは［租特法。編注］第66条の11第１項各号《特定の基金に対する負担金等の損金算入の特例》に掲げる

負担金又は掛金（これらの負担金又は掛金のうち令［消令。編注］第10条第３項第13号以外の各号《利子を対価とする貸付金等》に該当するものを除く。）は、令［消令。編注］第10条第３項第13号に規定する保険料に類する共済掛金その他の保険料に類するものに含まれる。

■参考：消費税法30条
　　（仕入れに係る消費税額の控除）
第30条　１～５　［省略］
　６　［前略］第２項に規定する課税売上割合とは、当該事業者が当該課税期間中に国内において行つた資産の譲渡等の対価の額の合計額［税抜き課税売上額（免税売上額を含む）と非課税売上額の合計額をいい、不課税取引の額を含まない。編注］［分母。編注］のうちに［、］当該事業者が当該課税期間中に国内において行つた課税資産の譲渡等の対価の額の合計額［税抜き課税売上額（免税売上額を含む）。編注］［分子。編注］の占める割合として政令［消令48条・後掲参照。編注］で定めるところにより計算した割合をいう。(直近改・平23法82)
　７　［以下省略］

■参考：消費税法施行令48条
　　（課税売上割合の計算方法）
第48条　法第30条第６項に規定する政令で定めるところにより計算した割合は、第１号に掲げる金額［分母。編注］のうちに第２号に掲げる金額［分子。編注］の占める割合とする【編者注１】。
　　一　［省略。編注：資産の譲渡等の対価（税抜き額）の額。つまり、税抜き課税売上額（免税売上額を含む）と非課税売上額の合計額。］
　　二　［省略。編注：税抜き課税売上額（免税売上額を含む）。］
　２　前項第１号に規定する資産の譲渡等には、事業者が行う次に掲げる資産の譲渡は、含まないものとする。
　　一　［省略］
　　二　第９条第１項第４号に掲げる金銭債権［非課税売上げとなる金銭債権。

編注]のうち資産の譲渡等を行つた者が当該資産の譲渡等の対価として取得したものの譲渡【編者注2、3】

三　［以下省略］

【編者注1】課税売上割合の計算

　課税売上割合の計算式は、次のようになる（算式中、資産の譲渡対価の返還等については考慮していない）。

　　A／B＝課税売上割合
　　　A＝税抜き課税売上額（免税売上額を含む。）
　　　B＝税抜き課税売上額（免税売上額を含む。）＋非課税売上額

（注1）不課税取引額は含まれない。
（注2）金銭債権の譲渡がある場合には、その譲渡は非課税売上げに該当するから、その譲渡代金はBに含まれるが、その金銭債権が次の編者注2に該当するものであるときは、その譲渡代金はBに含まれない。

【編者注2】課税売上割合計算上の分母に含めない金銭債権の譲渡代金

① 　金銭債権の譲渡は非課税売上げに該当するから、通常、その譲渡代金は全額が課税売上割合計算上の分母に含まれる。

　しかし、事業者が、従前、資産の譲渡等の対価として取得していた金銭債権（例えば、売掛金・未収金のように資産の譲渡等に基因して発生した債権に限る）を、第三者に譲渡する場合には、その譲渡代金に相当する金額は、上記計算式中の分母に含めない。

（注）資産の譲渡等の対価として取得した金銭債権は、課税売上げに係るものに限らないから、非課税売上げに係る金銭債権の譲渡についても上記と同様となる。

　その理由は、これらの債権は、その発生時において課税売上げ又は非課税売上げとして上記算式中の分母に算入されていることから、同算式上、二重の計上となることを避けるためであるとされている。

② 　事業者が原始的に取得していた貸付金、手付金等の金銭債権は、資産の譲渡等の対価として取得した金銭債権ではないから、その

譲渡代金は上記①に該当しない。

【編者注3】生命保険契約に係る権利を譲渡した場合の課税売上割合の計算

① 生命保険契約に関する権利は金銭債権に当たるから、その権利を譲渡した場合には、非課税売上げとなる（消令9条の編者注・P1267参照）。

この権利の譲渡代金がある場合、課税売上割合の計算に際して、その譲渡代金は同計算式の「分母」には含まれないとする、次のような記述がある（保険税務事例研究グループ前掲書・P149参照）。

「通常、非課税売上は課税売上割合に影響を与えますが、転出元法人が受け取った解約返戻金相当額は、課税売上割合の計算上、分母の非課税資産の譲渡等の対価の合計額に含まれないこととされています。」（編注：この設例は、法人の役員が子会社へ転出し、それに伴い転出元法人契約の生命保険契約の契約者及び保険金受取人を子会社に変更（譲渡）し、その対価として、変更時の解約払戻金相当額を金銭で受け入れるというものである。一般的に、生命保険契約に係る権利を第三者に譲渡する場合と異なるところがない。）

② 上記①の根拠については、同書では詳らかにされていないので、按ずると、以下のように考えられる。

ⅰ 生命保険契約に係る権利は、その契約に基因して生じたものであり、従前における資産の譲渡等の対価として取得したものでないことは明らかである。従って、保険契約の権利を譲渡したことによる譲渡代金は、消令48条2項2号の文理上、同号に該当しないことから、課税売上割合の計算式の「分母」に算入されると読まざるを得ない。

ⅱ ところで、文理解釈上は上記のようになるが、具体的な保険金等の支払事由発生前に、生命保険契約に関する権利を他に譲渡した場合（保険契約の契約者を変更し、その対価を得るような場合）、その対価の額が非課税売上げに該当するとしても、課税売上割合の計算上、その対価の額を「分母」に算入することが妥当であるかと

いう疑問がある。

　生命保険契約に基づき具体的な保険金、各種給付金、契約者配当金、解約払戻金等の支払請求をなし、その支払を受ける場合には、それらの金員はいずれも不課税取引とされる（消基通5-2-4・P1263参照）。

　生命保険契約に関する権利を他に譲渡する場合、その価額は、通常、その譲渡の時における解約払戻金相当額とされることからすれば、譲渡者が受ける金員の経済的実質は、保険契約の解約払戻金の支払を受ける場合と異なるところがないと解すべきであろう。

　そうだとすると、課税売上割合の計算上、保険契約の権利の譲渡対価は不課税取引に係る金額とみなして、同計算式の「分母」に算入しないことが、消法30条の趣旨に照らして相当であろうと思料される。

第3節　生命保険（損害保険）契約等の支払保険料に関連する消費税の各条項

消費税法

（定義）
第２条　この法律において、次の各号に掲げる用語の意義は、当該各号に定めるところによる。

一～十一　［省略］

十二　課税仕入れ　事業者が、事業として他の者【編者注１】から資産を譲り受け、若しくは借り受け、又は役務の提供（所得税法（昭和40年法律第33号）第28条第１項（給与所得）に規定する給与等を対価とする役務の提供を除く。）を受けること（当該他の者【編者注１】が事業として当該資産を譲り渡し、若しくは貸し付け、又は当該役務の提供をしたとした場合に課税資産の譲渡等［消法２条９号・P1261参照。編注］に該当することとなるもので、第７条第１項各号［輸出免税等。編注］に掲げる資産の譲渡等に該当するもの及び第８条第１項［輸出物品販売場における輸出物品の譲渡に係る免税。編注］その他の法律又は条約の規定により消費税が免除されるもの以外のものに限る【編者注２】。）をいう【編者注３、４】。

十三　［以下省略］

【編者注１】「他の者」等の意義
　本号の「他の者」には、課税事業者及び免税事業者（消法９条の小規模事業者）の他、事業者に該当しない一般消費者も含まれる（消基通11-1-3・P1276参照）。
　つまり、仕入れの相手方である消費者が、事業者として「資産の譲渡等」をしたものと仮定した場合に、その譲渡等が課税売上げに該当する場合には、「仕入れ」をした事業者においては課税仕入れ

に該当する。

　したがって、事業者が、課税売上げとなるべき「もの」の「仕入れ」をした場合には、その相手先の如何を問わず、課税仕入れに該当する。

【編者注2】課税仕入れの意義

① 　課税仕入れとは、仕入れの相手方（免税事業者及び消費者を含む）が課税売上げ（課税資産の譲渡等のうち、消法6条（P1265）及び同法別表1（P1265）により非課税売上げとなるべきものを除いたもの）となるべき「もの」を事業者が「仕入」た場合の、その仕入れをいう。

　　したがって、課税資産の譲渡等に当たる「もの」であっても、「仕入れ」の相手方においてそれが非課税売上げに該当するものである場合には、課税仕入れに該当しない。

② 　上記①にかかわらず、課税売上げとなるべき「もの」であっても、その「もの」自体が、消法7条1項、8条1項その他の法律又は条約によって、消費税が免税となっているものは、例え課税事業者から「仕入」たものであっても、課税仕入れには該当しない（本号カッコ書）。

【編者注3】「仕入れ」の代金を保険金等で支払う場合

　取得した生命保険金又は損害保険金は税外取引（不課税取引）であるが、これらの金員を「仕入れ」代金の支払に充てた場合であっても、その「仕入れ」が課税仕入れに該当する限り、支払代金の源泉を問わないから、その「仕入れ」は課税仕入れとなる（消基通11-2-10・P1276参照）。

【編者注4】生命保険料、損害保険料等の消費税における取扱い

① 　生命保険料・損害保険料等は、保険という役務提供の対価であるから資産の譲渡等に当たるが、消法6条（P1265）及び同別表1・三（P1265）により非課税売上げとされていることから、保険料の支払者においては、これを課税仕入れとすることはできない。

② 　例えば、適格退職年金契約に係る保険料など、消令10条2項（P1268）・同3項13号（P1269）に掲げる契約に係る保険料で、そ

の保険料が年金等の事務費に充てる部分の金額と、その他の部分の金額（いわゆる本来の保険料部分の金額）とに明確に区分されているものについては、事務費に係る部分の金額は、保険会社においては課税売上げとなり、保険契約者である事業者においては課税仕入れになる（消法別表１・三の編者注・P1266参照）。

消費税法基本通達

（課税仕入れの相手方の範囲）
11-1-3　法第２条第１項第12号《課税仕入れの意義》に規定する「他の者」には、課税事業者及び免税事業者のほか消費者が含まれる。
　（注）令第57条第６項《事業の種類》に規定する「他の者」についても同様である。

（保険金等による資産の譲受け等）　　消基通
11-2-10　法第２条第１項第12号《課税仕入れの意義》に規定する「他の者から資産を譲り受け、若しくは借り受け、又は役務の提供を受けること」（以下11-2-10において「資産の譲受け等」という。）が課税仕入れに該当するかどうかは、資産の譲受け等のために支出した金銭の源泉を問わないのであるから、保険金、補助金、損害賠償金等を資産の譲受け等に充てた場合であっても、その資産の譲受け等が課税仕入れに該当するときは、その課税仕入れにつき法第30条《仕入れに係る消費税額の控除》の規定が適用されるのであるから留意する。

第8編

生命保険金・損害保険金等と支払調書

第1節 生命保険金・損害保険金等に係る支払調書に関連する法令・通達等の索引

　生命保険金・損害保険金等に係る支払調書に関する関連法令・通達、情報、質疑応答事例、事前照会に対する文書回答事例、判例、裁決例等で、本編に収録したものは、以下のとおり。

法令等の索引

□相続税法
　第59条　調書の提出　*1280*
□相続税法施行令
　第30条　調書の提出を要する損害保険契約の保険金等　*1285*
□相続税法施行規則
　第30条　調書提出の限度等　*1285*
　第31条　調書の書式　*1287*
□所得税法
　第225条　支払調書及び支払通知書　*1288*
□所得税法施行令
　第351条　生命保険金に類する給付等　*1289*
□所得税法施行規則
　第86条　生命保険金等の支払調書　*1296*
　第87条　損害保険等給付金の支払調書　*1300*
□所得税関係個別通達
・　生命共済契約に基づく給付金等で身体の傷害に基因するものに対する非課税の取扱い等について（昭40直審(源)53）　*1304*
□質疑応答事例
・　生命保険契約等の一時金の支払調書の提出省略範囲　*1303*

| 第2節 | 生命保険金・損害保険金等の支払調書に関連する相続税法の各条項 |

相 続 税 法

（調書の提出）

［編注：生命保険金、損害保険金、退職手当金等の支払調書の提出］

第59条　次の各号に掲げる者でこの法律の施行地に営業所、事務所その他これらに準ずるもの（以下この項において「営業所等」という。）を有するものは【編者注1】、その月中に支払つた生命保険契約の保険金【編者注2】若しくは損害保険契約の保険金のうち政令［相令30条1項・P1285参照。編注］で定めるもの【編者注3】［、］又は支給した退職手当金等（第3条第1項第2号に掲げる給与をいう【編者注4】。以下この項において同じ。）について【編者注5】、翌月15日までに、財務省令［相規31条・P1287参照。編注］で定める様式に従つて作成した当該各号［本条1項各号。編注］に定める調書を当該調書を作成した営業所等の所在地の所轄税務署長に提出しなければならない。

　ただし、保険金額又は退職手当金等の金額が財務省令［相規30条1項・P1285参照。編注］で定める額以下である場合は、この限りでない［支払調書の提出を要しない意。編注］。（直近改・平23法82）

　一　保険会社等【編者注6】

　　　支払つた保険金（退職手当金等［本項本文カッコ書参照。編注］に該当するものを除く。）に関する受取人別の調書

　二　退職手当金等を支給した者［編注：特に限定がないので全ての法人及び個人事業者を含むものと解される。］

　　　支給した退職手当金等［本項本文カッコ書参照。編注］に関する受給者別の調書

　2　［省略。編注：信託の受益者等に係る支払調書の提出］

　　　［編注：税務署長の請求による財産又は債務に係る調書の提出］

3　この法律の施行地に営業所又は事務所を有する法人は、相続税又は贈与税の納税義務者又は納税義務があると認められる者について税務署長の請求があつた場合においては、これらの者の財産又は債務について当該請求に係る調書を作成して提出しなければならない。

4　［以下省略］

【編者注１】国内非免許の外国保険事業者から支払を受ける保険金等の支払調書

　保険業法の適用を受けない国内非免許の外国保険事業者から支払を受ける生命保険金等又は損害保険金等もみなす相続財産又はみなす贈与財産となるが（相令１条の２の編者注１・P157参照）、これらの者は、通常、日本国内に営業所等を有しないので、本条による支払調書の提出義務は生じないから、実際にもその提出は行われていない。

　しかし、その外国保険事業者が、日本国内に支店等を有する場合には、その者が国内非免許保険事業者であっても、本条による支払調書の提出義務が生ずると解されている（平成19年「改正税法のすべて」大蔵財務協会・P490参照）。

【編者注２】生命保険契約の保険金の範囲等

①　相法59条１項本文では「生命保険契約の保険金」とのみ規定しているので、相法59条による調書提出の対象となる生命保険金は、相法３条１項１号のみなす相続財産に該当するもの、又は相法５条のみなす贈与財産に該当するものに限られず、全ての生命保険契約の保険金（解約返戻金を含む）と解される。また、同59条では保険金受取人の範囲を限定していないので、受取人が法人の場合も調書提出の対象となる。

　この場合、保険金は一時に支払うもの（一時金として支払う保険金）の他、保険金を年金の方法で支払うものも相法59条１項１号の保険金に該当し、調書提出の対象となる。

なお、その生命保険契約が専ら年金の支払を目的とするもの（定期金給付契約・個人年金保険契約等）であるときには、その契約により支払う年金等は相法59条1項1号の保険金に該当しないものと解され、この年金については、所令351条1項1号（P1289参照）の「生命保険契約に基づいて支払う保険金（年金を含む。）」に該当し、所法225条（P1288参照）の規定により提出すべき調書の対象になるものと思われる。

② 　相法59条に規定する、生命保険金の支払調書の提出の趣旨は、主として、みなす相続財産又はみなす贈与財産の補足である。

　したがって、支払われる生命保険金（給付金）が相続税法上明らかにみなす相続財産及びみなす贈与財産とならないもの、例えば、死亡を伴わない傷害、疾病その他これに類する保険事故により支払を受ける保険金等は、同条の生命保険金には該当しないものと解される。

　保険会社の実務においても、傷害特約等の入院給付金・手術給付金等の支払に際しては、その支払金額に係らず調書の提出は行われていないようである。

　なお、死亡を伴わない災害給付金、高度障害給付金は、通常、みなす贈与財産に該当せず、非課税所得となるものであるが、これらについては、支払調書提出の対象になるとする個別通達（昭40直審（源）53・P1304参照）がある。

③ 　上記②に該当する保険金等であっても、一回に支払う金額が100万円以下である場合には、支払調書の提出を要しない（相法59条1項本文ただし書、相規30条1項・P1285参照）。

　この場合の100万円の判定については、相規30条の編者注1（P1286）参照。

　なお、「一回に支払う金額」の判定については、質疑応答事例「生命保険契約等の一時金の支払調書の提出省略範囲」（国税庁ホームページ・P1303）を参照。

④ 　相法59条の定めとは別に、所法225条1項4号（P1288参照）に

も生命保険金等に関する調書提出の規定があるので留意する。

なお、所規86条3項3号（P1299参照）の定めにより、相法59条によってすでに調書が提出されている保険金等については、所得税法の規定による調書の提出は不要とされている。

これは、所得税法と相続税法の調書提出限度が同一であり、相続税法の提出期限（支払月の翌月15日）が、所得税法の提出期限（支払年の翌年1月31日）より早いため、相続税法の調書のみで足りるとしていることによる。

【編者注3】損害保険契約の保険金の範囲等
① 相法59条1項本文の「政令で定めるもの」は、同項の「若しくは損害保険契約の保険金」のみにかかるので、相令30条1項（P1285参照）で規定するのは損害保険契約に関するもののみである。
② 相令30条1項によれば、相法59条の損害保険契約の保険金の範囲は、相令1条の4（P309）に規定する贈与税の課税対象となる損害保険契約の保険金の範囲と同様である（損害保険契約に係る保険金の範囲を特定するものであるから、その保険金が具体的に贈与税の課税対象になるかどうかを問わないのは当然である。）。

具体的には、偶然な事故に基因する死亡保険金である。しかし、その死亡保険金が損害賠償責任に関する保険契約に基づく保険金（共済金を含む）である場合には、その提出を要しない（相法5①・P298、相令1条の4・P309参照）。

(注)1 損害保険契約に基づく保険金のうち、保険の対象が「もの」である場合（例えば、動産・不動産（棚卸資産を含む）を保険の目的とする火災保険・地震保険等）の保険金は、金額の多寡を問わず、支払調書提出の対象とならない（所得税法に規定する支払調書も同様である）。

  2 損害保険契約（傷害共済契約を含む）に係る解約返戻金は、相法59条の支払調書の提出対象とはならないが、所法225条（P1288参照）の支払調書の提出範囲に該当するものがある。

③ 上記②に該当する保険金等であっても、一回に支払う金額が

100万円以下である場合には、支払調書の提出を要しない（相法59条1項本文ただし書、相規30条1項・P1285参照）。

この場合の100万円の判定については、相規30条の編者注1（P1286）参照。

なお、「一回に支払う金額」の判定については、質疑応答事例「生命保険契約等の一時金の支払調書の提出省略範囲」（国税庁ホームページ・P1303）を参照。

④　相法59条の定めとは別に、所法225条1項5号（P1288）にも損害保険金等に関する調書提出の規定があることに留意する。

【編者注4】「支給した退職手当金等」の意義
①　相法59条1項本文に規定する「支給した退職手当金等」の意義については、相法3条1項2号の編者注2（P212）、同5（P213）参照。
②　相法59条1項に規定する退職手当金等は、相法3条1項2号（P212参照）に規定するいわゆる死亡退職金等に限られ、所法30条の退職所得に該当するものは含まれない。

したがって、所法226条2項により提出する退職手当金等の源泉徴収票と相法59条による退職手当金等の調書とは、その範囲を異にしているので、生命保険金等の場合のように重複することはない。

【編者注5】保険金・退職手当金等を年金により支払う場合
保険金、退職手当金等を年金の方法により支払う場合の支払の「時」、「支払金額」については、相規30条2項（次頁）に定めがある。

【編者注6】保険会社の意義等
相法59条1項1号に規定する保険会社とは、相令1条の2（P155参照）に掲げる各保険会社をいい、同条に掲げる各共済契約を行う者を含む。

相続税法施行令

(調書の提出を要する損害保険契約の保険金等)
［編注：調書の提出を要する損害保険契約の保険金］
第30条　法第59条第1項［調書の提出・P1280参照。編注］に規定する政令で定める損害保険契約の保険金は、第1条の4［贈与により取得したものとみなされる損害保険契約の保険金の範囲・P309参照。編注］の規定に**該当する保険金とする【編者注】**。（直近改・平23政197）

2　［以下省略］

【編者注】損害保険金の範囲

　相令30条1項の損害保険契約の保険金の範囲は、偶然な事故に起因する死亡保険金で、損害賠償責任に関する保険契約に基づく保険金（共済金を含む）を除いたものとなる（相法5①・P298、相令1条の4・P309参照）。

　なお、損害保険契約（傷害共済を含む）に係る満期返戻金・解約返戻金等の支払は相法59条の支払調書の提出範囲には含まれないが、所法225条1項5号（P1288参照）の支払調書の提出範囲に該当するものがあることに留意する。

相続税法施行規則

(調書提出の限度等)
［編注：調書の提出限度］
第30条　法第59条第1項［編注：P1280参照］ただし書に規定する財務省令で定める額［保険金及び退職手当金等の支払調書の提出限度。編注］は、100万円とする【編者注1、2】。（直近改・平23財令31）
［編注：年金により保険金、退職手当金等を支払う場合］

2　法第59条第1項に規定する保険金又は退職手当金等を年金として支払又は支給を受ける権利については、当該権利が確定したとき

【編者注3】に法第24条［編注：P346参照］の規定により評価した金額による当該保険金又は退職手当金等の支払又は支給があつたものとして、同項［相法59条1項。編注］の規定を適用する【編者注4】。

3　［以下省略］

【編者注1】保険金額
　①　相規30条1項の100万円の判定の基礎となる保険金は、保険契約の約定上の保険金（災害割増等の保険金がある場合には、その保険金を含み、解約等の場合には、解約返戻金）と解され、保険会社等の実務においても、保険金と共に支払われる剰余金、割戻金、払戻を受ける前納保険料の額があっても、これらを含めないで100万円の判定をしている。

　　なお、相法3条1項1号（P119参照）の保険金については、相基通3-8（保険金とともに支払を受ける剰余金等・P170参照）の取扱いにより、保険契約の約定上の保険金と剰余金等の合計額を保険金としているが、相規30条1項の保険金と相法3条1項1号の保険金を同義に解すべき合理的な理由はなく、また、相基通3-8の取扱いもその表現からすると同3条1項1号の取扱いに限られるものと考えられる。

　②　保険金（生保、損保とも）又は退職手当金等を年金の方法で支払う場合の100万円の判定は、それらを相法24条（P346参照）により定期金として評価した相続税の評価額に基づいて行う（相規30条2項）。

【編者注2】退職手当金等の金額
　①　相規30条1項の100万円の判定の基礎となる退職手当金等の金額は、相法3条1項2号の編者注2（P212）に掲げる範囲のものをいい、相基通3-20から3-23（P241以降参照）に掲げる弔慰金等は含まれない、と解される。

　　なお、死亡退職金等が年金の方法で支給される場合については、上記編者注1②参照。

② 適格退職年金契約等に基づいて、2以上の信託会社又は生命保険会社が支給する年金については、それらの年金の合計額で100万円を判定する（相基通59-1「退職手当金等の支払調書の提出限度」・掲載略）。

【編者注3】年金による保険金の支払又は退職手当金等の支給が確定する時

年金の方法による保険金の支払又は退職手当金等の支給が確定する時期は、保険契約又は適格退職年金契約等の約定等によって定められている時期をいうものと解される。

【編者注4】分割による退職手当金等の支払の時

退職手当金等の調書の提出時期は「その月中に支給した」ものを基準としている（相法59条1項本文。P1280参照）。

ところで、本来一時に支給すべき退職手当金等を、支払者（雇用主）の都合（資金繰りその他）によって、支給を受けるべき者との個別的な任意の合意により、月払又は年払等の分割で支給するような場合における調書の提出時期については、格別に定めがない。

相法59条の趣旨等からすると、このような場合には、相規30条2項の規定に準じ、その退職手当金等を支給すべきことが確定した時（役員退任慰労金等の場合は株主総会・取締役会等の決議の時、使用人退職給与の場合は就業規則等による通常支給すべき時）に「支払」があったものとして調書を提出することになるものと解される。

■参考：相続税法施行規則31条

（調書の書式）

第31条　法第59条第1項第1号［保険金の調書。編注］の調書は第5号書式又は第6号書式により、同項第2号［退職手当金等の調書。編注］の調書は第7号書式により、同条第2項［信託の調書。編注］の調書は第8号書式による。（直近改・平19財令14）

第3節　生命保険金・損害保険金等の支払調書に関連する所得税法の各条項

所　得　税　法

（支払調書及び支払通知書）

第225条　次の各号に掲げる者は、財務省令［所規82条から92条の3まで。編注］で定めるところにより、当該各号に規定する支払（［省略］）に関する調書を、その支払（［省略］）の確定した日（［省略］）の属する年の翌年1月31日まで（［省略］）に、税務署長に提出しなければならない。（直近改・平23法82）

一～三　［省略］

四　居住者又は内国法人に対し国内において**生命保険契約**（保険業法第2条第3項（定義）に規定する生命保険会社［編注：P1345参照］若しくは同条第8項に規定する外国生命保険会社等［編注：P1346参照］の締結した保険契約［、］又は同条第18項に規定する少額短期保険業者［編注：P1346参照］の締結したこれ［生命保険会社・外国生命保険会社等が締結した保険契約。編注］に類する保険契約をいい、当該外国生命保険会社等が国外において締結したものを除く。第6号において同じ。）**に基づく保険金その他これに類する給付で政令**［所令351条1項・P1289参照。編注］**で定めるものの支払をする者**【編者注】

五　居住者又は内国法人に対し国内において**損害保険契約**（保険業法第2条第4項に規定する損害保険会社［編注：P1346参照］若しくは同条第9項に規定する外国損害保険会社等［編注：P1346参照］の締結した保険契約［、］又は同条第18項に規定する少額短期保険業者［編注：P1346参照］の締結したこれ［損害保険会社・外国損害保険会社等が締結した保険契約。編注］に類する保険契約をいい、当該外国損害保険会社等が国外において締結したものを除く。次号において同じ。）**に基づく給付その他これに類する給付で政令**［所令351条2項・P1290参照。］**で定めるものの支

払をする者【編者注】

六　［以下省略］

【編者注】支払調書提出の対象となる保険金等の範囲

　生命保険金等、損害保険契約の給付金等で、支払調書提出の対象となるものの範囲は、具体的には所令351条（下掲）に定めるところによる。

所得税法施行令

（生命保険金に類する給付等）

［編注：生命保険金及びこれに類する給付］

第351条　法第225条第1項第4号（支払調書等［生命保険金の支払調書・P1288参照。編注］）に規定する政令で定める給付は、次に掲げるもの（法第28条第1項（給与所得）に規定する給与等、法第30条第1項（退職所得）に規定する退職手当等又は法第35条第3項（公的年金等の定義）に規定する公的年金等に該当するものを除く。）とする。（直近改・平22政50）

一　生命保険契約（法第225条第1項第4号［編注：P1288参照］に規定する生命保険契約をいう。次項第1号において同じ。）又は旧簡易生命保険契約（第30条第1号（非課税とされる保険金、損害賠償金等［編注：P407参照］）に規定する旧簡易生命保険契約をいう。）に基づいて支払う保険金【編者注1】（年金を含む【編者注2】。）及び解約返戻金（法第174条第8号（内国法人に係る所得税の課税標準）に掲げる差益［保険期間が5年以下の一時払生命保険契約等の満期等に係る差益・P659参照。編注］に係るものを除く。）

二　法第76条第6項［平22政50による改正後のもの。編注］第3号（生命保険料控除）に掲げる契約［農業協同組合等が締結した生命共済契約。編注］又は第326条第2項第2号（生命保険契約等に基づく年金に係る源泉徴収）に掲げる契約［事業協同組合等の締結した生命共済契約。編注］に基づいて支払う共済金【編者注1】（共済年金を含む【編者注2】。）

1289

及び解約返戻金（法第174条第8号に掲げる差益［保険期間が5年以下の一時払生命保険契約等の満期等に係る差益・P659参照。編注］に係るものを除く。）

三～九　［省略］

［編注：損害保険契約等に基づく給付に類する給付］

2　法第225条第1項第5号［損害保険契約等に基づく給付に係る支払調書・P1288参照。編注］に規定する政令で定める給付は、次に掲げるものとする。

一　損害保険契約等（法第76条第6項第4号に掲げる契約［平22政50による改正後のもの。編注］で生命保険契約以外のもの［損害保険会社・外国損害保険会社等の締結した傷害保険等いわゆる第三分野の保険契約といわれているもの・P810参照。編注］、法第77条第2項各号（地震保険料控除）に掲げる契約［損害保険会社、外国損害保険会社等又は農業協同組合等の締結した地震保険の元となる損害保険契約・火災共済契約等・P861参照。編注］及び第326条第2項各号（［編注：所令326条2項］第2号を除く。）に掲げる契約［損害保険会社・外国損害保険会社等の締結した傷害保険等いわゆる第三分野の保険契約といわれているもの。編注］をいう。次号において同じ。）**及び法第225条第1項第5号**［編注：P1288参照］**に規定する少額短期保険事業者の締結した同号**［所法225条1項5号。編注］**規定する損害保険契約の第184条第4項**（満期返戻金等に係る一時所得の計算上控除する保険料等［満期返戻金等の意義・P551参照。編注］）**に規定する満期返戻金等**（法第174条第8号に掲げる差益［保険期間が5年以下の一時払生命保険契約等の満期等に係る差益・P659参照。編注］に係るものを除く。）【編者注3】

二　損害保険契約等［前号参照。編注］に基づく年金である中途返戻金（当該年金に係る損害保険契約等の保険期間の満了後に支払われる満期返戻金を含む。）【編者注3】

【編者注1】支払調書提出の対象となる生命保険金の範囲等
①　所令351条1項1号及び2号により支払調書提出の対象となる

生命保険金の範囲は、次のようになる。
- ⅰ　生命保険契約に基づく保険金、解約払戻金、年金（次の編者注2参照。以下、ⅱ・ⅲにおいて同じ。）
- ⅱ　所法新76条6項3号（P810参照）に掲げる生命共済契約（農協等の締結する生命共済）に基づく共済金、解約払戻金、年金
- ⅲ　所令326条2項2号に掲げる中小企業等協同組合法の規定による事業協同組合等の締結する生命共済に基づく共済金、解約払戻金、年金

（注）上記ⅰからⅲの保険金、解約払戻金等であっても、それが保険期間5年以下の一時払生命保険契約に係るものである場合には、源泉分離課税の対象となっていることから（措置法41条の10・P657、所法174条8号・P659参照）、支払金額の多寡に係らず、支払調書提出の対象とならない。

② 　所法225条に規定する生命保険金等の支払調書提出の趣旨は、主として、生命保険金等に係る個人の雑所得（年金）又は一時所得となるべきものの補足であろう（このことは、所規86条1項4号に規定する調書記載事項から明らかに推測される）。

　したがって、傷害特約等の入院給付金・手術給付金、医療保険金等は元々非課税所得となっていることから（所令30条）、同225条の保険金には該当しないものと解される。

　保険会社の実務においても、傷害特約の入院給付金・手術給付金等の支払に際しては、その支払金額に係らず調書の提出は行われていないようである。

　なお、死亡を伴わない災害給付金、高度障害給付金は、通常、みなす贈与財産に該当せず、非課税所得となるものであるが、これらについては、支払調書提出の対象になるとする個別通達（昭40直審（源）53・P1304参照）がある。

③ 　上記①に該当する保険金であっても、一回に支払う金額が100万円以下である場合には、支払調書の提出を要しない（所規86条3項2号・P1298参照）。

　この場合の100万円の判定については、所規86条の編者注3

(P1299)参照。

　なお、「一回に支払う金額」の判定については、質疑応答事例「生命保険契約等の一時金の支払調書の提出省略範囲」（国税庁ホームページ・P1303）を参照。

④　上記①に該当する年金であっても、一暦年中（1月から12月までの間）に支払う年金の合計額が20万円以下である場合には、支払調書の提出を要しない（所規86条3項1号・P1298参照）。

⑤　所法225条1項4号の定めとは別に、相法59条（P1280参照）にも生命保険金等に関する調書提出の規定があるので留意する。

　なお、所規86条3項3号（P1299参照）の定めにより、相法59条によってすでに調書が提出されている保険金等については、所得税法の規定による調書の提出は不要とされている。

　これは、所得税法と相続税法の調書提出限度が同一であり、相続税法の提出期限（支払月の翌月15日）が、所得税法の提出期限（支払年の翌年1月31日）より早いため、相続税法の調書のみで足りるとしていることによる。

⑥　上記③、④による支払調書提出の省略については、「提出することを要しない」と規定されている（所規86条2項、同87条2項。相法59条1項の場合は「この限りでない」と規定する）。

　この趣旨は、本来は支払調書を提出すべきものではあるが、強いてその提出を求めないということであろう。従って、保険会社等が提出省略範囲に属するものの提出をしたような場合においても、その調書は法定の支払調書として取り扱われることに変わりはない。

【編者注2】年金の範囲

　生命保険金等を年金の方法で支払う場合には、保険金に対して相続税が課税される（課税対象となる）ほか、具体的な年金の受取時に雑所得として所得税の課税対象にもなる。

　そうすると、所令351条1項1号及び2号に規定する年金には、専ら年金の給付を目的とする生命保険契約（生命共済契約を含む）に

より給付される年金のほか、生命保険金を年金の方法で支払う場合の年金も含まれるものと解される。

【編者注3】支払調書提出の対象となる損害保険契約等の給付の範囲等
① 支払調書提出の対象となる給付の範囲
　所令351条2項により支払調書提出の対象となる損害保険契約等に基づく給付は、次のように限定されている。
　i　同項1号によるものは、損害保険契約等（下記③参照）及び少額短期保険業者と締結した損害保険契約に係る満期返戻金等の支払。
　ii　同項2号によるものは、損害保険契約等（下記③参照）に基づく年金である中途返戻金の支払。
　　（注）「年金である中途返戻金」とは、満期返戻金等を年金の方法で支払うものを指すものと解され、一般的に言えば、損害保険契約等に係る年金の支払をいう。なお、年金に係る保険期間満了後に満期返戻金が支払われる場合には、その金額は同項2号の年金に含まれる（同項2号カッコ書参照）。

　つまり、所得税法に規定する支払調書提出の対象となる損害保険契約に基づく給付は、保険金・各種給付のうち、満期返戻金等と年金（年金の中途解約返戻金を含む）に限られ、死亡保険金を含む各種保険金は、所得税法に定める支払調書提出の対象外となっている。
② 損害保険契約に基づく給付につき、所得税法がその支払調書の提出を求める趣旨は、一時所得又は雑所得の課税対象となるべきものの補足であろう（このことは、所規87条の規定からそのように推測される）。
　生命保険金については、相続税法のほか、所得税法においても支払調書提出の対象とされていることから、所規86条2項3号において、相続税法の規定による支払調書提出との調整が図られている。しかし、損害保険契約に基づく死亡保険金については、この調整規定は置かれておらず、損害保険契約の死亡保険金は所得

税法の支払調書提出の対象となっていないことが窺える（損害保険契約に基づく死亡保険金は相続税法の規定によってのみ支払調書提出の対象となる）。

　また、資産（固定資産・棚卸資産その他の資産）の損害等を対象とする損害保険金は、元々が所得税の非課税所得となっていることから（所令30条）、これらの保険金については支払調書の提出を求めないという趣旨のものであろう思われる。

③　支払調書提出の対象となる満期返戻金等の基となる損害契約等の範囲

　所令351条2項1号の規定により、支払調書提出の対象となる満期返戻金等の基となる契約は、次のものをいう。

　i　損害保険会社・外国損害保険会社等の締結した身体の傷害又は疾病により保険金が支払われる保険契約（いわゆる第三分野の保険契約と言われる傷害保険等で、所法新76条6項4号（P810参照）に掲げる契約）

　　（注）令351条2項1号に規定する「法第76条第6項第4号に掲げる契約で生命保険契約以外のもの」とは、生命保険会社と締結した医療保険等も同4号の契約に含まれるものと定められているところ、支払調書提出に関しては、生命保険会社と契約したこれらの契約は、所令351条1項1号の生命保険契約に該当するので損害保険契約から除いているものである。

　ii　損害保険会社又は外国損害保険会社等の締結した損害保険契約のうち、一定の偶然の事故によって生ずる損害を補填するもの（所法77条2項1号（P861参照）に掲げる契約のうち、上記iに該当するものを除くもの。）

　iii　農協等の締結した建物更生共済、火災共済その他所令214条（P869参照）に規定するこれらに類する契約

　iv　年金の支払をする際に、その年金につき源泉徴収をすべきものとされている損害保険会社・外国損害保険会社等の締結した傷害保険等、いわゆる第三分野の保険契約といわれているもの

に係る年金契約等、所令326条2項各号に掲げる契約
　(注)　所令351条2項1号中「第326条第2項各号（第2号を除く。）」の趣旨は、同2号の事業協同組合等の締結した生命共済契約は、支払調書提出に関しては、所令351条1項1号の生命保険契約に該当するので損害保険契約から除いているものである。
　ⅴ　少額短期保険事業者（保険業法2条18号・P1346参照）と締結した損害保険契約
④　支払調書提出の対象となる満期返戻金等の範囲
　所令351条2項1号が引用する所令「184条4項に規定する満期返戻金等」とは、「保険期間の満了後返戻金を支払う旨の特約がされているものに基づき支払を受ける満期返戻金及び解約返戻金」をいうものとされている（所令184条の編者注6・P555参照）。
　したがって、支払調書提出の対象となる満期返戻金等は、上記③に掲げる契約で、予め満期返戻金の支払を約して契約したものの満期返戻金及びその解約返戻金に限られるものと解される。
　(注)　1　上記③に該当する契約であっても、予め満期返戻金の支払を約していない契約に係る返戻金等は、その額の多寡に係わらず支払調書提出の対象にならないものと考えられる。
　　　　2　上記④に該当する満期返戻金等であっても、保険期間が5年以下の一時払保険契約等の満期等に係る差益につき源泉徴収がされるものは、支払調書提出の対象外とされている（所令351条2項1号カッコ参照）。
⑤　支払調書提出の対象となる年金の基となる損害契約等の範囲等
　所令351条2項2号に規定により、支払調書提出の対象となる年金は、上記③ⅰからⅳに掲げる契約に係る年金の支払に限られる。
⑥　支払調書提出の限度額
ⅰ　上記④に掲げる満期返戻金等であっても、同一人に対する1暦年中（1月から12月まで）における満期返戻金等の支払合計額が100万円以下である場合には、支払調書の提出を要しないものと

されている（所規87条3項2号・P1302参照）。
- （注）1　100万円の判定は、生命保険金等の場合と異なり、1暦年中の同一人に対する支払額の合計額で行う（所規87条の編者注・P1302参照）。
- 　　　2　100万円の判定については、生命保険金等の場合と同様に、契約者配当金等の額を含めないで行うものとされている（所規86条の編者注3・P1299参照）。

ⅱ　上記⑤に掲げる年金であっても、同一人に対する1暦年中（1月から12月間で）の年金の支払額の合計額が20万円以下である場合には、支払調書の提出を要しないものとされている（所規87条3項1号・P1302参照）。
- （注）年金の支払額とは、例えば、年金払積立傷害保険の場合についていえば、〔基本給付金＋増額給付金＋加算給付金〕の合計額をいう。

所得税法施行規則

（生命保険金等の支払調書）

［編注：生命保険金等の支払調書の提出及び調書の記載事項］

第86条　国内において法第225条第1項第4号（生命保険金等の支払調書［編注：P1288参照］）に規定する保険金又は給付（その支払を受ける者が非居住者又は外国法人である場合には、法第161条第10号（国内源泉所得）又は第209条第2号（源泉徴収を要しない年金）に掲げるものに限る。以下この条において「生命保険金等」という。）の支払をする者は、法第225条第1項第4号［生命保険の調書の提出。編注］又は第8号［非居住者又は外国法人に対し国内源泉所得を支払う場合の調書の提出。編注］の規定により、生命保険金等［本項本文カッコ書参照。編注］の支払を受ける者の各人別に、次に掲げる事項を記載した調書を、その支払をする者の事務所、事業所その他これらに準ずるものでその生命保険金等の支払事務を取り扱うものの所在地の所轄税務署長に提出しなければならない。（直近改・平23財令29）

一　［省略。編注：受取人の氏名・住所等］

二　その年中に支払の確定した生命保険金等［本項本文カッコ書参照。編注］の金額【編者注1】
三　その年中に生命保険金等の支払の基礎となる契約に基づき分配又は割戻しをする剰余金又は割戻金で［、］その生命保険金等とともに又はその生命保険金等の支払の後に分配又は割戻しをするものの金額
四　前号の契約［生命保険金等の支払の基礎となる契約。編注］に係る令第183条第4項第3号（生命保険契約等に基づく年金に係る雑所得の金額の計算上控除する保険料等）に掲げる金額につき同項の規定を適用しないで同条第1項第2号若しくは第3号の規定により計算した金額［生命保険契約等の年金に係る雑所得金額の計算上、控除する保険料の額。編注］［、］又は同条［所令183条。編注］第2項第2号［生命保険金等に係る一時所得金額の計算・P505参照。編注］に規定する保険料若しくは掛金の総額若しくは同項第3号［所令183条2項3号。一時金と年金とがある場合の一時所得金額の計算・P507参照。編注］の規定により計算した金額［生命保険金等に係る一時所得金額の計算上、控除する保険料の額。編注］【編者注2】
五　［省略。編注：源泉徴収される所得税の額］
六　支払の確定した日
七　［省略。編注：納税管理人が明らか場合、その氏名・住所］
八　その他参考となるべき事項

［相続等生命保険年金に係る調書の記載事項］
2　生命保険金等の支払をする者は、当該生命保険金等が法第209条第2号に掲げる年金である場合には、当該生命保険金等（以下この条において「相続等生命保険年金」という。）に係る前項の調書に、同項各号に掲げる事項のほか、当該相続等生命保険年金に係る次に掲げる事項を記載しなければならない。（平23財令29追加）［編注：この新2項は、平25.1.1以後に支払の確定する年金について適用。同改正附則2条］
　一　支払開始日（令第185条第1項第1号（相続等に係る生命保険契約等に基づく年金に係る雑所得の金額の計算）に規定する支払開始日をいう。）

二　令第185条第1項第1号イに規定する残存期間年数、同項第2号イに規定する支払開始日余命年数に係る同号イに規定する契約対象者についての支払開始日における年齢（以下この号及び次条第2項第2号において「支払開始日年齢」という。）、令第185条第1項第3号に規定する支払期間年数及び支払開始日余命年数に係る支払開始日年齢、同項第4号イに規定する保証期間年数及び同号ロに規定する支払開始日余命年数に係る支払開始日年齢又は同項第5号に規定する支払期間年数及び支払開始日余命年数に係る支払開始日年齢並びに同号イに規定する保証期間年数

三　令第185条第1項第1号に規定する支払総額又は同項第2号から第5号までの規定によりその年分の雑所得に係る総収入金額に算入すべきものとされる金額の計算の基礎となるべき支払総額見込額

四　令第185条第1項第8号又は第9号に規定する割合

五　当該相続等生命保険年金が令第185条第2項の規定の対象となる年金である場合には、当該相続等生命保険年金に係る権利について相続税法（昭和25年法律第73号）第24条（定期金に関する権利の評価）の規定により評価された額

［編注：調書の提出を要しない場合］

3　第1項の場合において、次の各号に掲げる場合に該当するときは、当該各号の規定に該当する年金又は一時金に係る同項［本条1項。編注］の調書は、提出することを要しない。

　一　同一人に対するその年中の令第183条第1項［生命保険契約等に基づく年金に係る雑所得の金額の計算・P561参照。編注］に規定する年金（相続等生命保険年金を除く。）の支払金額が20万円以下である場合

　二　令第183条第2項［生命保険契約等に基づく一時金（一時に支払われる生命保険金）に係る一時所得の金額の計算・P505参照。編注］に規定する一時金［、］又は令第351条第1項第9号（生命保険金に類する給付等）に掲げる財産形成給付金、第1種財産形成基金給付金若し

くは第２種財産形成基金給付金で[、] １回に支払うべき金額が100万円【編者注３】以下である場合

三　前号に掲げる場合のほか、その年中に支払うべき生命保険金等（相続等生命保険年金を除く。）につきすでに相続税法第59条第１項第１号（生命保険金等の調書の提出［編注：P1280参照］）の規定による調書が提出されている場合

【編者注１】その年中に支払の確定した生命保険金等の金額の意義等

①　所規86条１項２号に規定する「その年中に支払の確定した生命保険金等の金額」とは、一の保険契約ごとの保険金支払確定額をいうものと解される（調書の書式には保険事故発生日・保険金支払日があり、これを前提にしているものと考えられる）。

　　したがって、１暦年（１月から12月）中に一の保険会社等が、同一の保険金受取人に対し、２以上の保険契約による保険金の支払を確定した場合においても、これらの支払確定保険金額を合計して一の調書に記載するのではなく、その保険契約の異なるごと（１回に支払うべき保険金ごと）に調書を作成することになる（所規86条２項２号参照）。

②　調書に記載すべき所規86条１項２号の「生命保険金等の金額」は、保険契約上の保険金（約定上の割増保険金等を含む）及び解約返戻金に限られ、保険金（又は解約返戻金）と共に支払う剰余金、割戻金等があっても、これが「生命保険金等の金額」に含まれないのは同項３号（所規86①三）の規定から明らかである。

【編者注２】前払保険料の取扱い

　　前払保険料は、保険会社と保険契約者との間においては、金銭の預託等としての性質を有するものであろう。したがって、所規86条１項４号に規定する保険料・掛金の総額には、前払保険料等に相当する金額は含まれない。

【編者注３】一時に支払われる生命保険金等についての100万円の判定

　　所規86条２項２号が引用する所令183条２項は、その本文で「生

命保険契約等に基づく一時金」とし、所令183条2項1号では「分配を受ける剰余金又は割戻しを受ける割戻金の額で、当該一時金とともに又は当該一時金の支払を受けた後に支払を受けるもの」と規定し、一時金（一時に支払われる生命保険金及び解約返戻金）と剰余金及び割戻金とはその概念を明確に区分している。

ところで、所規86条2項2号は「令第183条第2項に規定する一時金」とのみ規定しているのであるから、同2号の一時金は所令183条2項本文の一時金と同義であることは文理上明らかである。

したがって、生命保険金等（生命共済金等を含む）の調書に係る100万円の判定は、1回に支払うべき金額ごとに、保険契約上の保険金（約定上の割増保険金を含む）又は解約返戻金のみで判定すれば足り、保険金と共に支払う剰余金等があってもこれを考慮する必要はないことになる（「1回に支払う金額」の判定については、後掲「質疑応答事例」・P1303参照）。

（損害保険等給付の支払調書）　　所規
［損害保険等給付の支払調書の提出及び調書の記載事項］
第87条　国内において法第225条第1項第5号（損害保険等給付の支払調書）に規定する政令［所令351条2項・P1290参照。編注］で定める給付（その支払を受ける者が非居住者又は外国法人である場合には、法第161条第10号（国内源泉所得）又は第209条第2号（源泉徴収を要しない年金）に掲げるものに限る。以下この条において「損害保険等給付」という。）の支払をする者は、法第225条第1項第5号［損害保険給付の調書の提出・P1288参照。編注］又は第8号［非居住者又は外国法人に対し国内源泉所得を支払う場合の調書の提出。編注］の規定により、損害保険等給付の支払を受ける者の各人別に、次に掲げる事項を記載した調書を、その支払をする者の事務所、事業所その他これらに準ずるものでその損害保険等給付の支払事務を取り扱うものの所在地の所轄税務署長に提出しなければならない。（直近改・平23財令29）

一　［省略。編注：受取人の氏名・住所等］

二　その年中に支払の確定した損害保険等給付［本条本文カッコ書参照。編注］の金額
三　その年中に損害保険等給付の支払の基礎となる契約に基づき分配又は割戻しをする剰余金又は割戻金で［、］その損害保険等給付とともに又はその損害保険等給付の支払の後に分配又は割戻しをするものの金額
四　前号の契約［損害保険等給付の支払の基礎となる契約。編注］に係る令第184条第３項第１号（損害保険契約等に基づく年金に係る雑所得の金額の計算上控除する保険料等）に掲げる金額につき同項の規定を適用しないで同条第１項第２号の規定により計算した金額［損害保険契約等の年金に係る雑所得の計算上、必要経費に算入する保険料の額。編注］［、］又は同条［所令184条。編注］第２項第２号［損害保険契約の満期返戻金等に係る一時所得金額の計算上、控除する保険料の額・P550参照。編注］に規定する保険料若しくは掛金の総額
五　［省略。編注：源泉徴収される所得税の額］
六　支払の確定した日
七　［省略。編注：納税管理人が明らか場合、その氏名・住所］
八　その他参考となるべき事項

［相続等損害保険年金に係る調書の記載事項］
２　損害保険等給付の支払をする者は、当該損害保険等給付が法第209条第２号に掲げる年金である場合には、当該損害保険等給付（以下この条において「相続等損害保険年金」という。）に係る前項の調書に、同項各号に掲げる事項のほか、当該相続等損害保険年金に係る次に掲げる事項を記載しなければならない。（平23財令29追加）［編注：この新２項は、平25.1.1以後に支払の確定する年金について適用。同改正附則３条］
　　一　支払開始日（令第186条第１項第１号（相続等に係る損害保険契約等に基づく年金に係る雑所得の金額の計算）に規定する支払開始日をいう。）
　　二　令第186条第１項第１号の規定により当該相続等損害保険年金を令第185条第１項第１号（相続等に係る生命保険契約等に基づく年金に係る雑所得の金額の計算）に規定する確定年金とみなして計算す

る場合における同号イに規定する残存期間年数又は令第186条第1項第2号の規定により当該相続等損害保険年金を令第185条第1項第5号に規定する特定有期年金とみなして計算する場合における同号に規定する支払期間年数及び支払開始日余命年数に係る支払開始日年齢並びに同号イに規定する保証期間年数

三　令第186条第1項第1号に規定する支払総額又は同項第2号の規定によりその年分の雑所得に係る総収入金額に算入すべきものとされる金額の計算の基礎となるべき支払総額見込額

四　令第186条第1項第5号又は第6号に規定する割合

五　当該相続等損害保険年金が令第186条第2項の規定の対象となる年金である場合には、当該相続等損害保険年金に係る権利について相続税法第24条（定期金に関する権利の評価）の規定により評価された額

［編注：調書の提出を要しない場合］

3　第1項の場合において、次の各号に掲げる場合に該当するときは、当該各号［次の各号。編注］の規定に該当する年金又は満期返戻金等（令第184条第4項［編注：P551参照］に規定する満期返戻金等をいう。第2号において同じ。）に係る同項の調書は、提出することを要しない。（直近改・平10大令44）

一　同一人に対するその年中の令第184条第1項［損害保険契約に基づく年金に係る雑所得の金額の計算・P576参照。編注］に規定する年金（相続等損害保険年金を除く。）の支払金額が20万円以下である場合

二　同一人に対するその年中の満期返戻金等［本項本文。編注］の支払額が100万円以下である場合【編者注】

【編者注】100万円の判定

①　本項2号の100万円の判定は、満期返戻金等の基となる契約の異なるごとではなく、1暦年中の同一人に対する満期返戻金等の支払確定額の合計額で行うことになるものと解される。

　　その理由は、以下のようである。

生命保険金の一時金についての支払調書提出の範囲を定める所規86条２項２号では「一時金……で１回に支払うべき金額が100万円以下」と規定されているところ、本項２号では「同一人に対するその年中の……支払額が100万円以下」と規定され、損害保険契約の満期返戻金等については「１回に支払うべき金額」という制限が付されていない。

　このことから、損害保険契約の満期返戻金等については１暦年中の支払をいわば名寄せして100万円の判定を行うことになるものと思われる。

　なお、支払調書の書式からすると、満期返戻金等の支払の異なるごとに支払調書を作成・提出するものと思われる。

② 　満期返戻金等と共に支払われる契約者配当金等がある場合の100万円の判定については、所規86条の編者注３（P1299）と同様である。

■参考：質疑応答事例「生命保険契約等の一時金の支払調書の提出省略範囲」（国税庁ホームページ）

《照会要旨》

　次のような場合には、「生命保険契約等の一時金の支払調書」は提出省略となりますか。

① 　被保険者の死亡により、死亡保険金が同一の生命保険会社の２つの契約からそれぞれ同一日に80万円と60万円の支払があった場合

② 　被保険者の死亡保険金が80万円、満期による保険金の60万円が同一の生命保険会社より同日に支払われた場合

《回答要旨》

①については、同一日に同一の保険事由に基因する支払ですから、合計140万円で判定することとなり、支払調書を提出する必要があります。

②については、同一日に支払われていますが、保険事由が異なることから、

それぞれ80万円と60万円で判定することとなり、支払調書を提出する必要はありません。

「生命保険契約等の一時金の支払調書」は、所得税法施行令第183条第2項［一時所得となる生命保険金等。編注］に規定する一時金又は同施行令第351条第1項第9号に掲げる財産形成給付金、第一種財産形成給付金若しくは第二種財産形成給付金若しくは財産形成貯蓄活用給付金で1回に支払うべき金額（当該財産形成貯蓄活用給付金については、同一人に対するその年中の支払金額）が100万円以下である場合には、提出を要さないこととされています（所得税法施行規則第86条第2項第2号）。
（注）上記の規定については、受取人が法人の場合も含まれます。

　　ところで、提出省略基準は、保険金等についての支払を受ける者の各人別に提出することになっていることから（所得税法施行規則第86条第1項）、契約者ベースでなく受取人ベースで判定することとなります。また、「1回に支払うべき金額」とは、保険契約等において定められている「支払うべき金額」をいいます。

《関係法令通達》
　所得税法第225条第1項第4号、所得税法施行令第351条、所得税法施行規則第86条

（注記）平成22年7月1日現在の法令・通達等に基づいて作成しています。
　　この質疑事例は、照会に係る事実関係を前提とした一般的な回答であり、必ずしも事案の内容の全部を表現したものではありませんから、納税者の方々が行う具体的な取引等に適用する場合においては、この回答内容と異なる課税関係が生ずることがあることにご注意ください。

■参考：所得税関係個別通達「生命共済契約に基づく給付金等で身体の傷害に基因するものに対する非課税の取扱い等について」（昭40直審(源)53）

標題について、全国共済農業協同組合連合会会長から別紙2のような照会があり、これに対し当庁審議官名で別紙1のように回答したから通知する。

《別紙1》
［前略］
　生命共済契約に基づく給付等で身体の傷害に基因するものに対する非課税の取扱い等について、下記のとおりお答えいたします。
記
1　所得税法施行令第30条第1号に規定する「生命保険契約に基づく給付金で、身体の傷害に基因して支払を受けるもの」とは、原則として、自己の身体の傷害に基因して支払を受けるものをいいますが、配偶者、親又は子の傷害に基因して支払を受けるものもこれに準じて取扱われますから、御照会の養老生命共済契約に基づく災害給付金、こども共済契約に基づく高度障害共済金及び定期生命共済契約に基づく高度障害共済金についても、これに当たるものは、所得税は非課税所得とされます。
2　前記の災害給付金及び高度障害給付金についての所得税法第225条に規定する支払調書は、相続税法第59条第1項第1号の規定による調書が提出されている場合を除き、その提出を要するものとしてお取扱いください。

《別紙2》
［前略］
1　所得税非課税の範囲について
　改正後の所得税法及び同法施行令で「生命保険契約に基づく給付金で、身体の傷害に基因して支払われるもの、その他これに類するもの」の非課税が明定されましたが、農業協同組合並びに同連合会が行う共済事業においても、次のとおり身体の傷害等を基因とする死亡又は高度障害について、給付金又は共済金を支払っておりますので、これが非課税所得と認定されるか否か御照会いたします。
(1)　養老生命共済契約に基づく災害給付金
　　［省略］

(2) こども共済契約に基づく高度障害共済金

　［省略］

(3) 定期生命共済契約に基づく高度障害共済金

　［省略］

2　所得税非課税に該当する給付金等に係る支払調書の取扱いについて

　前記1の(1)から(3)の給付金又は共済金が非課税所得であれば、これらの給付金又は共済金については、当然支払調書は提出する必要がないと考えられますので、明らかにしていただきたく御照会いたします。

第9編

生命保険相互会社が株式会社へ組織変更した場合の保険契約者に係る課税関係

第1節 生命保険相互会社の株式会社への組織変更に伴う保険契約者をめぐる課税関係に関連する各条項

事前照会に対する文書回答事例

◇大同生命保険相互会社が株式会社へ組織変更した場合の税務上の取扱いについて（通知）（平13.7.11　国税庁課税部長）

　標題のことについては、御照会に係る事実関係を前提とする限り、貴見のとおりで差し支えありません。
　なお、御照会に係る事実関係が異なる場合又は新たな事実が生じた場合には、この回答内容と異なる課税関係が生ずることがあることを申し添えます。

《別　紙》
　大同生命保険相互会社（以下「大同生命」という。）は、去る6月18日に開催された取締役会において、保険業法に基づく株式会社化のための組織変更計画書(案)を総代会に付議することが決議されたところであります。
　この株式会社化に当たっては、社員（保険契約者）に対し寄与分に応じて株式を割り当て、また、その際に端株が生じたときは組織変更と同時に大同生命が一括売却して売却代金を交付することとなります。
　大同生命における組織変更計画(案)の概要は下記1のとおりですが、この場合の税務上の取扱いについては、下記2のとおり取り扱って差し支えないか、貴庁のご意見をお伺いいたしくご照会申し上げます。
　なお、大同生命を含む株式会社化を行う生命保険会社は、割当株数の通知や売却代金の振込通知を行う際、株式割当に伴う税務上の取扱いについて社員に案内するなど、税務執行上混乱が生じないように努める所

存であります。

　また、本件の取扱いにつきましては、生命保険協会加盟各社に周知徹底を図りたいと考えております。

記

1　組織変更計画(案)の概要

(1) 新会社の概要

〔商号〕大同生命保険株式会社

〔資本金額〕750億円

〔社員に対する割当てにより発行する株式の総数〕150万株（無額面）

(2) 社員に対する株式の割当て

〔対象者〕平成13年3月31日（補償基準日）における社員名簿に記載の社員

〔保険契約ごとの寄与分の計算方法〕保険料＋運用益－保険金・給付金・事業費・配当金等の支出－保険契約上の債務を履行するために確保すべき資産の額（将来の見通し及び割引率等に基づいた将来の寄与分も考慮して計算）

〔社員ごとの寄与分〕保険契約ごとの寄与分を合計。なお、同一社員に複数の保険契約がある場合で、いずれかの保険契約の寄与分がマイナスとなる場合は、当該保険契約に係る寄与分を0として合計する。

〔割当株数の計算方法〕（社員ごとの寄与分）÷（全社員の寄与分合計）×150万株

　（注）各社員の割当株数については、9月下旬ごろ、各社員に個別に通知予定

(3) 株式の上場

・　新会社は、組織変更の日以後速やかにその株式を証券取引所に上場する（組織変更と同日を予定）。

・　上場に伴う株式の売出価格は、ブックビルディング方式（需要積上方式）により決定する。

(4) 端株・端株未満の売却方法

・　大同生命が一括して売却し、社員に対して売却代金を支払う。

・　引受会社（証券会社）が株式を取得し、これを売出しの方法により

投資家に販売する。社員に支払われる売却代金は、引受会社が当該株式を投資家に販売する売出価格から引受会社が受領すべき手取金額を差し引いた額となる。

(5) 今後の予定
・ 平成13年7月12日　総代会
・ 平成13年7月13日～平成13年10月31日　保険契約者の異議申立て期間
・ 平成13年11月～　監督当局に認可申請～認可
・ 平成14年3月　ブックビルディングの実施・価格の決定
・ 平成14年4月1日　組織変更、上場、株券受渡し、端株の売却

2　税務上の取扱い
(1) 割当てを受けた株式に係る経済的利益の課税関係
・ 社員が受ける株式割当てに係る経済的利益は、株式会社化に伴って偶然に実現する一時の所得であり、労務その他の役務又は資産の譲渡の対価の性質を有しないものであることから、組織変更時に、個人については一時所得の収入金額、法人については益金の額に算入される。
・ この場合、大同生命は組織変更と同時に株式を上場し、ブックビルディング方式により売出価格を決定することとしており、当該売出価格は適正な時価を反映していると考えられることから、割り当てられた株式は、売出価格により評価することとなる。
・ ただし、組織変更と同時に強制売却される端株については、社員が端株に関する権利を行使できないことから、実際に社員に交付される金銭の額により評価する。

(2) 端株の売却代金相当額の交付に当たっての本人確認等
　端株をまとめた売却は、大同生命が端株主に代わってその手続を行うに過ぎず、譲渡を受けた引受会社が本人確認義務等を負うものと考えられるが、多数の保険契約者を抱える保険相互会社の実態を踏まえ、譲渡者（端株主）が誰であるか最も知り得る立場にある大同生命が自ら本人確認及び支払調書の提出を行う。

【編者注】生命保険相互会社が株式会社へ組織変更するに際して、保険契約者が受ける経済的利益に対する課税関係の概要

この回答による取扱いは、以後、同様の事案に対しても格別の事情のない限り、これと同様の取扱いとなるものと思われる。

この回答による課税関係を整理すると、次のようになる。

1 割当てを受ける株式に係る利益についての課税関係

① 割当てを受ける株式に係る利益は、次のⅰとⅱの合計額となる。

ⅰ 割当てられた株式の整数株式数×売出価格（上記「照会」1(3)参照）＝整数株式の価額

ⅱ 端株部分についての売却価額（契約者に対し、実際に交付される売却代金）

② 契約者が個人の場合

ⅰ 上記①の金額が、組織変更日（上記「照会」1(5)参照）の属する年分の一時所得の収入金額となる。

一時所得金額の計算上、控除すべき金額はなく、他の一時所得と併せて通常の計算方法により一時所得金額を計算する（50万円控除と、控除後の金額の2分の1）。

したがって、上記①の金額が50万円以下で、かつ、他に一時所得の収入金額がない場合には、課税される経済的利益は生じないことになる。

ⅱ 端株部分については、強制売却とされることから、株式の譲渡行為が生ずるが（割当てを受けた契約者が、その受けた株式のうち端株部分を譲渡したと同様の効果が生ずる）、その株式の譲渡価額と取得価額とは同額となる（株式の取得に係る一時所得計算上、取得価額は上記①の売出価格であり、端株の譲渡価額も同一の売出価額となっている）ことから、課税されるべき株式の譲渡益は発生しない（措法37の10参照）。

ⅲ 契約者が個人事業者で、株式割当ての基礎となる生命保険契約がいわゆる事業上の生命保険契約に該当する場合（被保険者が従業員等で、その保険料の全部又は一部を必要経費に算入しているような契約

等）であっても、株式割当てに係る経済的利益は上記 i 及び ii と同様な処理となる（つまり、この経済的利益は事業所得の収入金額とならない）。

③　契約者が法人の場合

上記①の金額が、組織変更日（上記「照会」1(5)参照）の属する事業年度の益金に算入される。これに対応すべき損金の額はない。

〈仕　訳〉

有価証券※1　×××　／　雑収入　×××
現・預金※2　×××　／

※1　整数株式の価額に相当する金額。
※2　端株に相当する金銭の受入額（法人法61の2参照）。

2　割当てを受けた株式について金銭での受取りを選択する場合

本件質問には明示されていないが、本件に関する実務においては、割当てを受けた整数株式の全部について、予め株式の交付に代えて金銭での交付を選択する方法も行われた。

この場合の課税関係は、次のようになる。

① 　契約者が個人の場合

この場合には、上記1②による取扱いのほか、割当てを受けた整数株式をその後譲渡したと同様の行為が行われていることから、組織変更日を含む年分の確定申告において、整数株式の売却価額を、申告分離課税の上場株式譲渡等の総収入金額とし、取得費は上記1①iの金額（整数株式×売出価格）とする。通常、譲渡価額と取得費とは同額となる。

なお、この譲渡に係る「送金費用」は、株式の譲渡費用にならない（所基通33-7参照）。

また、整数株式の譲渡により、通常、「引受証券会社の手取金額」（譲渡経費）に相当する金額の損失が生ずるが（つまり、整数株式の譲渡代金とその取得費とが同額であることから、譲渡に伴う「引受証券会社の手取金額」相当額の損失が生ずる）、この損失額は同年中の他の上場株式等に係る譲渡所得の金額の計算上控除でき（つまり、上場株

式等の譲渡内における損益を通算することができる)、それによってもなお譲渡損がある場合には、申告分離課税の上場株式等の配当所得の金額から控除することができる(措法37の12の2参照)。

② 契約者が法人の場合

この場合には、上記1③による取扱いのほか、割当てを受けた整数株式をその後譲渡したと同様の行為が行われていることから、組織変更日を含む事業年度において、割当てを受けた整数株式の譲渡による経理を行う(法人法61の2①参照)。

〈仕 訳〉

現金預金※1　　　　　　　×××／　有価証券※2　×××
送金費用(損金)　　　　　×××／
引受証券会社手取金額(損金)×××／

※1　譲渡代金の手取り額。
※2　割当てを受けた整数株式の価額(上記1①ⅰの金額)。

3　消費税の取扱い

① 株式の割当てによる取得は、対価を伴わない取引であるから、消費税の不課税取引に当たる(消法2①八)。

② 株式の譲渡(端株の強制売却部分を含む)は、組織変更日の属する課税期間の非課税売上げとなる(消法6、同別表1二参照)。課税売上割合の計算式上、売却価額の5％相当額を「分母」に算入する(消法30⑥、消令48①・⑤参照)。

3　支払調書について

① 組織変更に伴う株式の割当てによる株式の交付については、該当する法定調書が存しないので、その提出はない。

② 契約者が個人(居住者又は国内に恒久的施設を有する非居住者)である場合、端株の強制売却に係る「株式等の譲渡の対価等の支払調書」(所規別表5(28))は、組織変更した生命保険会社(本件の場合は大同生命保険株式会社)が提出する(前掲照会の2(2)参照)。

なお、この支払調書は、同一人に対する年間の株式等の譲渡対価の支払額が100万円以下である場合には、その提出を要しない

が（所規90の２②）、１回の株式等の譲渡代金の支払ごとに支払調書を作成する場合には、１回の支払金額（契約者が受ける端株の譲渡代金）が30万円以下であるときには、その提出を要しないものとされる（措法38①、措規18の17①）。

支払調書の「支払金額」には、端株部分の譲渡価額が記載される。

③　個人（居住者又は国内に恒久的施設を有する非居住者）が前記２により、整数株式部分を譲渡しその代金を受ける場合には、引受証券会社は整数株式の譲渡に係る「株式等の譲渡の対価等の支払調書」（所規別表５(28)）を提出することになる（所法224の３①二、225①十、所規90の２①、同91）。

なお、この支払調書は、同一人に対する年間の株式等の譲渡対価の支払額が100万円以下である場合には、その提出を要しないが（所規90の２②）、１回の株式等の譲渡代金の支払ごとに支払調書を作成する場合には、１回の支払金額（契約者が受ける整数株式の譲渡代金）が30万円以下であるときには、その提出を要しないものとされる（措法38①、措規18の17①）。

支払調書の「支払金額」には、整数株式部分の譲渡価額が記載される。

第10編

生命保険等の税務に関連する他の法令等

第1章

生命保険等の税務に関連する他の法令等の索引

生命保険等の税務に関しては、本編に掲げるような他の法令が、各税法の解釈と密接に関連していると考えられる。これらの法令については、一括して掲記した方が実務に便利であろうと思われるので、必要な編者注とともに本編に掲記した。
　本編に掲記した他の法令等は、以下のとおり。

法令等の索引

□保険法

第1条	趣旨	*1328*
第2条	定義	*1329*
第8条	第三者のためにする損害保険契約	*1332*
第18条	損害額の算定	*1332*
第19条	一部保険	*1333*
第40条	生命保険契約の締結時の書面交付	*1333*
第42条	第三者のためにする生命保険契約	*1334*
第43条	保険金受取人の変更	*1334*
第44条	遺言による保険金受取人の変更	*1336*
第45条	保険金受取人の変更についての被保険者の同意	*1338*
第46条	保険金受取人の死亡	*1338*
第47条	保険給付請求権の譲渡等についての被保険者の同意	*1343*
第63条	保険料積立金の払戻し	*1344*
第95条	消滅時効	*1344*
第96条	保険者の破産	*1345*
附則第1条	施行期日	*1345*
附則第2条	経過措置の原則	*1345*

□保険業法

第2条	定義	*1345*
第3条	免許	*1347*
第185条	免許	*1348*

第272条　登録　*1349*

□会社法

　第361条　取締役の報酬等　*1350*

□旧簡易生命保険法

　第5条　保険契約　*1351*

　第6条　[簡易生命保険特約]　*1352*

　第15条　定期年金保険　*1352*

　第16条　夫婦年金保険　*1352*

　第18条　特約　*1353*

　第34条　保険金受取人　*1353*

　第55条　無指定の場合の保険金受取人　*1353*

□簡易生命保険法の一部を改正する法律（平2法律第50号）附則

　第3条　郵便年金法の廃止　*1354*

　第5条　用語の意義　*1354*

　第7条　郵便年金契約の取扱い　*1355*

□旧郵便年金法

　第10条　年金の種類　*1356*

　第11条　保証即時年金　*1356*

　第12条　保証すえ置年金　*1357*

□小規模企業共済法

　第2条　　　定義　*1357*

　第7条　　　契約の解除　*1357*

　第9条　　　共済金　*1358*

　第9条の2　共済金の支給方法　*1358*

　第9条の3　共済金の分割支給等　*1358*

　第9条の4　[分割支給の共済金の繰上げ一括支給]　*1359*

　第12条　　解約手当金　*1360*

　第12条の2　解約手当金の支給方法　*1360*

　附則第5条　旧第2種共済契約に係る小規模企業共済法の規定の適用についての読替規定　*1360*

□地震保険に関する法律
　第2条　定義　*1361*
□地震保険に関する法律施行令
　第2条　保険金額の限度額　*1362*
□健康保険法
　第87条　療養費　*1362*
　第99条　傷病手当金　*1363*
　第101条　出産育児一時金　*1363*
　第102条　出産手当金　*1364*
　第115条　高額療養費　*1364*
□恩給法
　第2条　［定義］　*1364*
　第73条　［扶助料］　*1365*
　第74条　［成年の子に対する扶助料］　*1365*
□厚生年金保険法
　第41条　受給権の保護及び公課の禁止　*1365*
□国民年金法
　第25条　公課の禁止　*1365*
□保険約款等
《養老保険普通保険約款(例)》
　第1条　満期保険金の支払　*1366*
　第2条　死亡保険金の支払およびその免責　*1366*
　第3条　高度障害保険金の支払およびその免責　*1367*
　第5条　支払・払込免除の請求、支払時期、支払場所および支払方法の選択　*1369*
　第8条　当会社の給付責任の開始および終了　*1370*
　第11条　保険料の払込猶予期間　*1372*
　第14条　保険料の自動貸付による継続払込　*1372*
　第18条　支払事由の発生による保険契約の消滅　*1373*
　第22条　保険契約の失効　*1374*

第23条　保険契約者による保険契約の解約　*1374*
第25条　解約払戻金　*1375*
第26条　失効した保険契約の復活　*1375*
第27条　契約者配当金の割当　*1376*
第28条　契約者配当金の支払　*1376*
第29条　保険契約者の変更　*1378*
第30条　当会社への通知による保険金受取人の変更　*1379*
第31条　遺言による保険金受取人の変更　*1380*
第32条　保険金受取人の死亡　*1381*
第33条　保険期間・保険料払込期間の短縮　*1381*
第34条　保険金額の減額　*1382*
第35条　払済養老保険への変更　*1383*
第36条　払済定期保険への変更　*1385*
第37条　払済の保険への変更後の元の保険契約への復旧　*1387*

《**給付特約付加に関する特則**(例)(普通保険約款の特則)》
第1条　この特則の適用　*1388*
第2条　給付特約の付加等　*1389*
第7条　給付特約の保険料の払込　*1389*
第11条　給付特約の解除・無効・取消・失効・消滅　*1390*
第16条　給付特約にもとづく給付金の受取人の指定および変更　*1391*

《**保険料口座振替特則**(例)(普通保険約款の特則)》
第1条　契約日の取扱　*1393*
第3条　保険料の払込　*1395*

《**団体扱特約**(例)(普通保険約款の特約)》
第1条　特約の適用範囲　*1395*
第2条　契約日の取扱　*1395*
第9条　団体との取りきめによる取扱　*1396*

《**集団扱特約**(例)(普通保険約款の特約)》
第1条　特約の適用範囲　*1397*
第2条　契約日の取扱　*1397*

第9条　集団との取りきめによる取扱　*1398*

《**契約者配当金特殊支払特則**（例）（普通保険約款の特則）》
　　第1条　契約者配当金による一時払特殊養老保険の買増　*1399*
　　第6条　買増契約の払戻金　*1400*
　　第7条　買増契約の契約者配当金　*1400*

《**契約転換に関する特約**（例）（普通保険約款の特約）》
　　第1条　特約の付加および契約の転換　*1400*
　　第2条　転換される旧契約の取扱　*1400*
　　第3条　旧契約の契約者配当金の特別取扱　*1402*

《**養老保険普通保険約款　定期特約**（例）》
　　第1条　特約死亡保険金の支払　*1403*
　　第2条　特約高度障害保険金の支払　*1403*

《**養老保険普通保険約款　無配当災害割増特約**（例）》
　　第1条　災害死亡保険金の支払　*1404*
　　第2条　災害高度障害保険金の支払　*1406*

《**養老保険普通保険約款　無配当傷害特約**（例）》
　　第1条　障害給付金の支払　*1407*

《**養老保険普通保険約款　無配当総合医療特約**（例）》
　　第1条　特約の型の選択　*1408*
　　第8条　入院給付金の受取人　*1409*

《**養老保険普通保険約款　リビング・ニーズ特約**（例）》
　　第1条　特約保険金の支払　*1409*

《**年金支払特約**（例）（普通保険約款の特約）》
　　第1条　特約の締結　*1412*
　　第2条　年金基金の設定　*1413*
　　第4条　年金受取人　*1415*
　　第6条　年金の種類　*1415*
　　第7条　年金の型　*1415*
　　第8条　年金の支払　*1416*
　　第9条　年金受取人の死亡　*1416*

第10条　年金の分割払　*1418*

第11条　年金の一時支払　*1419*

第20条　当会社への通知による年金受取人・死亡時未支払年金受取人の変更　*1419*

第21条　遺言による死亡時未支払年金受取人の変更　*1421*

第22条　死亡時未支払年金受取人の死亡　*1421*

《無配当年満期定期保険（無解約払戻金型）普通保険約款（例）》

第1条　死亡保険金の支払およびその免責　*1423*

第2条　高度障害保険金の支払およびその免責　*1423*

第4条　支払・払込免除の請求、支払時期、支払場所および支払方法の選択　*1423*

第7条　当会社の給付責任の開始および終了　*1423*

第8条　保険料の払込方法〈回数〉および払込期月　*1425*

第9条　保険料の払込方法〈経路〉　*1427*

第12条　保険料の前納　*1428*

第22条　解約払戻金　*1430*

第25条　契約者配当金　*1430*

第31条　死亡保険金額の減額　*1430*

《個人年金保険普通保険約款（例）》

第1条　年金の種類　*1432*

第2条　年金の型　*1433*

第3条　年金の支払　*1433*

第4条　年金の分割払　*1435*

第5条　年金の一時支払　*1436*

第6条　年金証書の交付　*1437*

第7条　年金開始日前の死亡給付金の支払およびその免責　*1437*

第22条　被保険者の死亡等による保険契約の消滅　*1438*

第27条　保険契約者による契約の解約　*1438*

第31条　契約者配当金の割当　*1439*

第32条　契約者配当金の支払　*1440*

第33条　増加年金契約の取扱　*1443*

第34条　年金開始による保険契約の承継　*1444*

第35条　保険契約者の変更　*1444*

第36条　当会社への通知による年金受取人・死亡給付金受取人・死亡時未支払年金受取人の変更　*1445*

第37条　遺言による死亡給付金受取人・年金受取人・死亡時未支払年金受取人の変更　*1446*

第38条　年金受取人・死亡給付金受取人・死亡時未支払年金受取人の死亡　*1448*

第2章

生命保険等の税務に関連する他の法令等の各条項

第1節 保険法・保険業法

保　険　法

（趣旨）
第１条　保険に係る契約の成立、効力、履行及び終了については、他の法令に定めるもののほか、この法律の定めるところによる。

【編者注】保険法の位置、他の法令・約款との関係
① 　保険法は、民法の特別法として位置づけられており、保険契約にも民法の契約の一般原則が適用されることが前提とされる。
② 　保険法は、保険契約の成立、効力、履行、終了に関する一般法であり、これらの事項に関し他の法令に保険法と異なる特別の規定がある場合には、それらの規定が保険法に優先して適用される。
　　これに該当するものとして、例えば、海上保険契約、自賠責保険契約、保険業法等がある。
③ 　保険業法（309条）には、契約者が契約の撤回又は解約（クーリング・オフ）できる権利を規定しているが、これに関しては、保険業法が優先して適用される。
④ 　保険契約に重要な役割を果たすものに「約款」がある。「約款」で保険法の規定と異なる特約を設けることも可能であって、保険の実務においては保険法の条文よりも「約款」の果たす役割が大きいといわれている。
　　しかし、「約款」による特約でも、保険法に規定される強行規定に反するもので、契約者・被保険者に不利なものは無効とされる（保険法７条等）。

（定義）　保険法
第２条　この法律において、次の各号に掲げる用語の意義は、当該各号に定めるところによる。
一　保険契約　保険契約、共済契約その他いかなる名称であるかを問わず、当事者の一方が一定の事由が生じたことを条件として財産上の給付（生命保険契約及び傷害疾病定額保険契約にあっては、金銭の支払に限る【編者注１】。以下「保険給付」という。）を行うことを約し、相手方がこれに対して当該一定の事由の発生の可能性に応じたものとして保険料（共済掛金を含む。以下同じ。）を支払うことを約する契約をいう。
二　保険者　保険契約の当事者［保険者及び保険契約者をいう。編注］のうち、保険給付［前号参照。編注］を行う義務を負う者をいう。
三　保険契約者　保険契約の当事者のうち、保険料［１号参照。編注］を支払う義務を負う者をいう。
四　被保険者　次のイからハまでに掲げる保険契約の区分に応じ、当該イからハまでに定める者をいう【編者注２】。
　　イ　損害保険契約　損害保険契約によりてん補することとされる損害を受ける者
　　ロ　生命保険契約　その者の生存又は死亡に関し保険者が保険給付［１号参照。編注］を行うこととなる者
　　ハ　傷害疾病定額保険契約　その者の傷害又は疾病（以下「傷害疾病」という。）に基づき保険者が保険給付［１号参照。編注］を行うこととなる者
五　保険金受取人　保険給付［１号参照。編注］を受ける者として生命保険契約又は傷害疾病定額保険契約で定めるものをいう【編者注３】。
六　損害保険契約　保険契約のうち、保険者が一定の偶然の事故によって生ずることのある損害をてん補することを約するものをいう。
七　傷害疾病損害保険契約　損害保険契約［前号参照。編注］のうち、

保険者が人の傷害疾病によって生ずることのある損害（当該傷害疾病が生じた者が受けるものに限る。）をてん補することを約するものをいう［傷害・疾病につき生じた損害に基づき、その損害を填補する方式の保険契約をいう。編者注］。
八　生命保険契約　保険契約のうち、保険者が人の生存又は死亡に関し一定の保険給付を行うことを約するもの（傷害疾病定額保険契約に該当するものを除く。）をいう。
九　傷害疾病定額保険契約　保険契約のうち、保険者が人の傷害疾病に基づき一定の保険給付を行うことを約するものをいう【編者注4】。

【編者注1】財産上の給付の意義
①　生命保険契約の給付については、2条1号カッコ書により金銭に限るとされる。
②　損害保険契約の給付については、必ずしも金銭であることの必要はなく、現物給付もあり得る。

【編者注2】被保険者の意義
被保険者とは、次の者をいう。
①　損害保険契約
保険給付の対象となる損害を受ける（蒙る）者。
なお、損害保険契約においては、損害保険金等の給付は被保険者が取得し、満期返戻金等は契約者に支払われることから、生命保険契約におけるような保険金受取人に関する特別な規定は存しない。
②　生命保険契約
保険金等の支払原因となる保険事故（人の生存又は死亡）の基となるべき者。
③　傷害疾病定額保険契約
保険金等の支払原因となる保険事故（傷害又は疾病）の基となるべき者。

【編者注3】保険金受取人

① 2条5号に規定する保険金受取人は、生命保険契約又は傷害疾病定額保険契約上の保険金受取人のみを指す。

　保険金（満期保険金を含む）は、保険金受取人に支払われるが、中途解約払戻金・保険期間中の契約者配当等は契約者に支払われる。なお、損害保険契約の保険金等の受取人については、上記編者注2①参照。

② 保険契約者は、保険事故又は給付事由が発生するまでの間は、保険者や保険金受取人の同意なく、いつでも保険金受取人を変更することができるとされている（保険法43条参照）。

　このことからすれば、保険金受取人の有する権利は確定的なものとは言い難く、一種の期待権又は条件付の権利ということもできる。この権利の取得の時期は、保険金受取人として指定された時に取得するものと解されている。

③ 保険金受取人は、保険契約の効果として保険金請求権を取得する。この保険金請求権は、保険金受取人が自己固有の権利として原始的に取得するものであり、保険契約者又は被保険者の権利を承継的に取得するものではないとされている。

　したがって、生命保険契約者と被保険者とが同一人で、保険金受取人が被保険者の相続人である場合においても、保険金受取人が取得する保険金請求権（死亡保険金に相当する）は、契約者にして被保険者である被相続人の相続財産に該当しない(このことから、一般的には、死亡保険金は、遺産分割の対象とならないとされる)。

　また、保険契約者又は被保険者の相続人である保険金受取人が、その相続について相続の放棄をし、又は限定承認したような場合においても、保険金請求権を取得することができ、相続債権者は保険金請求権を引当財産とすることはできないとされる（もっとも、この場合でも、保険金受取人自身が被相続人の債務につき保証人等として相続債権者に対して債務を負担するときには、相続債権者はその保険金請求権についても引当財産とすることができる）。

【編者注4】傷害疾病定額保険契約の内容等
　　　この保険契約はいわゆる第三分野の保険契約といわれるもので、給付内容は、傷害又は疾病等による疾病・災害給付金、手術給付金、健康祝金等その契約で定める事由であり、給付額は契約で予め定める一定額である。

（第三者のためにする損害保険契約）　保険法
第8条　被保険者が損害保険契約の当事者以外の者［保険契約者でない者。編注］であるときは、当該被保険者は、当然に当該損害保険契約の利益を享受する【編者注】。

【編者注】他人の所有物等を保険の目的とする損害保険契約
　　　損害保険契約は、通常、契約者と被保険者（保険の目的物の所有者等）とが同一であるが、例えば、他人の建物等を賃貸借又は使用貸借により使用している者が、その建物等を保険の目的物として火災保険等の損害保険契約を締結するような場合がこれに当たる。この場合、被保険者は建物所有者であることから「被保険者が損害保険契約の当事者以外の者」に該当することになる。

（損害額の算定）　保険法
第18条　損害保険契約によりてん補すべき損害の額（以下この章において「てん補損害額」という。）は、その損害が生じた地及び時における価額によって算定する。
　2　約定保険価額【編者注】があるときは、てん補損害額は、当該約定保険価額によって算定する。ただし、当該約定保険価額が保険価額を著しく超えるときは、てん補損害額は、当該保険価額によって算定する。

【編者注】約定保険価額の意義
　　　約定保険価額とは、損害保険契約時に、保険会社等と保険契約者

との間で、保険価額（本条１項により算定する損害物の時価に相当する）を予め協定し（いわゆる価額協定）、保険事故発生時には本条１項によらず、その協定した価額を基にして支払保険金を算定するというものである。このような保険を一般に評価済保険といっている。

（一部保険）　保険法
第19条　保険金額が保険価額（約定保険価額があるときは、当該約定保険価額［編注：18条参照］）に満たないときは、保険者が行うべき保険給付の額は、当該保険金額［編注：分子］の当該保険価額［編注：分母］に対する割合をてん補損害額に乗じて得た額とする。

（生命保険契約の締結時の書面交付）　保険法
第40条　保険者は、生命保険契約を締結したときは、遅滞なく、保険契約者に対し、次に掲げる事項を記載した書面を交付しなければならない【編者注】。
　一　保険者の氏名又は名称
　二　保険契約者の氏名又は名称
　三　被保険者の氏名その他の被保険者を特定するために必要な事項
　四　保険金受取人の氏名又は名称その他の保険金受取人を特定するために必要な事項
　五　保険事故
　六　その期間内に保険事故が発生した場合に保険給付を行うものとして生命保険契約で定める期間
　七　保険給付の額及びその方法
　八　保険料及びその支払の方法
　九　第56条第１項第１号［危険増加による解除。編注］の通知をすべき旨が定められているときは、その旨
　十　生命保険契約を締結した年月日
　十一　書面を作成した年月日
　２　前項の書面には、保険者（法人その他の団体にあっては、その代表者）

が署名し、又は記名押印しなければならない。

【編者注1】本条の趣旨等
① 本条に定める書面は一般に「保険証券」と言われている。保険証券は、私法上の有価証券でななく、証拠証券に過ぎないと解されている。
② 本条は任意規定であることから、約款（保険会社が定めるもの）で保険証券を発行しないことを規定するか、申込書等で別段の合意をする措置をした場合には、証券発行義務は免れ、電磁的記録による提供も認められるとされている（福田弥夫・古笛恵子編「改正保険法」ぎょうせい・P31参照）。

（第三者のためにする生命保険契約）　保険法
第42条　保険金受取人が生命保険契約の当事者以外の者［生命保険契約者でない者。編注］であるときは、当該保険金受取人は、当然に当該生命保険契約の利益を享受する。

（保険金受取人の変更）　保険法
第43条　保険契約者は、保険事故が発生するまでは、保険金受取人の変更をすることができる【編者注1】。
2　保険金受取人の変更は、保険者に対する意思表示によってする【編者注2】。
3　前項の意思表示は、その通知が保険者に到達したときは、当該通知を発した時にさかのぼってその効力を生ずる。ただし、その到達前に行われた保険給付の効力を妨げない【編者注3】。

【編者注1】　1項の趣旨等
　本条1項は任意規定であるとされる。したがって、「約款」において、保険金受取人の変更を認めない旨を定めた場合、その規定は有効とされる。また、保険金受取人を一定の者、例えば、法定相続

人とする旨の約款規定も、保険金受取人となる者の範囲を限定するに過ぎないから、有効であるとされている（前掲「改正保険法」・P132参照）。

【編者注２】２項の趣旨等
① 本条２項及び３項は、絶対的強行規定であるとされる。
② 保険金受取人の変更は、保険者に対して意思表示をすることにより、その効力が生ずる。受取人の変更権は形成権であるとされているので、保険者に対するその旨の意思表示で足りる（前掲「改正保険法」・P132参照）。

【編者注３】３項の趣旨等
① 受取人変更の効力要件は、その変更通知が保険者に到達することである。
　なお、保険契約者と被保険者とが異なる死亡保険契約の保険金受取人を変更する場合には、その変更に関し被保険者の同意のあることが絶対的な要件（効力発生要件）となっている（保険法45条・P1338参照）。
② 変更の効力発生の時期は、変更通知が保険者に到達した時ではなく、保険契約者が変更通知を保険者に発した時に遡る。
　これは、隔地者に対する意思表示の到達主義の原則（民97①）の例外とされる。
③ 保険金受取人の変更は、保険事故発生前に行わなければならないが、保険契約者が変更の意思表示を発した後、それが保険者に到達するまでの間に保険事故（例えば、被保険者の死亡）の発生があった場合においても、上記②のとおり、変更の旨の通知を保険者に発した時にその効力が生ずることになる（前掲「改正保険法」・P133参照）。
　このことは、契約者と被保険者が同一人である場合においても変わるところがない。
④ ３項ただし書は、保険者の二重弁済の危険を防止するための規定である。したがって、保険金受取人変更の効力を制限するもの

ではないと考えられる。

　例えば、保険契約者と被保険者を同一人とする生命保険契約の保険金受取人変更の通知が保険者に到達する前に被保険者が死亡し、保険者が従前の保険金受取人に対して死亡保険金の支払をしたような場合、一般的には、変更後の保険金受取人は従前の保険金受取人に対し、その金員の引渡しを求める権利を有すると考えられる。つまり、この場合は新旧保険金受取人間で解決すべき問題ということになり、保険者は当事者とならないことは明らかである。

　なお、その支払われた保険金が新旧保険金受取人のうち、いずれの者の相法3条のみなす相続財産になるかについては、保険金受取人の変更通知が真正なものである限り、変更後の受取人のみなす相続財産に該当するものと解される。

(遺言による保険金受取人の変更)　保険法
第44条　保険金受取人の変更は、遺言によっても、することができる【編者注1】。
　2　遺言による保険金受取人の変更は、その遺言が効力を生じた後、保険契約者の相続人がその旨を保険者に通知しなければ、これをもって保険者に対抗することができない【編者注2】。

【編者注1】1項の趣旨等
　①　本条1項は任意規定であるとされる。したがって、「約款」において、遺言による保険金受取人の変更を認めない旨を定めた場合、その規定は有効とされる（前掲「改正保険法」・P134参照）。
　②　保険契約者と被保険者とが異なる生命保険契約の保険金受取人を、遺言によって変更することもできる。
　　その変更が死亡保険契約の保険金受取人の変更である場合には、被保険者の同意が必要となる（保険法43条の編者注3①・P1335参照）。この場合の同意は、遺言の効力発生前（遺言者の死亡の時前

である必要はなく、遅くても被保険者の死亡等保険事故発生の時までに同意があれば足りると考えられている。

　同意の相手方については、受取人変更の表意者である保険契約者だけでなく、それ以外の者に対しても同意の表示をすることができる（前掲「改正保険法」・P135参照）。

　つまり、契約者である遺言者が死亡し、遺言によって受取人の変更をする場合には、被保険者はそれに対する同意を保険契約者に表示することはできないこととなるので、契約者の相続人等その保険契約の権利を承継する者に対して意思表示をする以外に方法がないことになる。

【編者注2】2項の趣旨等
① 本条2項は絶対的強行規定であるとされる。
② 本項の趣旨は、保険者の二重弁済の危険を防止するための制度であるから、保険契約者の相続人を通知義務者としている。
　なお、その通知を遺言執行者が行うことができるのは当然のこととして、特段の規定を設けていないとされている（前掲「改正保険法」・P135参照）。
③ 本項は保険金受取人の保険会社に対する対抗要件を定めるもので、遺言による受取人変更の効力を制限するものではないと考えられる。
　例えば、保険契約者及び被保険者を被相続人とする生命保険契約について、遺言によって保険金受取人を変更するような場合、契約者の相続人（遺言執行者を含む）が遺言による保険金受取人変更の通知を保険者にする前に、保険者が従前の保険金受取人に対して死亡保険金の支払をしたような場合、一般的には、変更後の保険金受取人は従前の保険金受取人に対し、その金員の引渡しを求める権利を有すると考えられる。つまり、この場合は新旧保険金受取人間で解決すべき問題ということになり、保険者は当事者とならないことは明らかである。
　なお、その支払われた保険金が新旧保険金受取人のうち、いず

れの者の相法3条のみなす相続財産になるかについては、遺言による保険金受取人の変更が真正なものである限り、変更後の受取人のみなす相続財産に該当するものと解される。

（保険金受取人の変更についての被保険者の同意）　保険法
第45条　死亡保険契約の保険金受取人の変更は、被保険者の同意がなければ、その効力を生じない【編者注】。

【編者注】本条の趣旨等
　保険契約者と被保険者とが異なる死亡保険契約の保険金受取人の変更には、被保険者の同意が効力要件となっている。
　同意の時期及び変更の手続等については、43条、44条及びそれらの編者注参照。

（保険金受取人の死亡）　保険法
第46条　保険金受取人が保険事故の発生前に死亡したときは、その相続人の全員が保険金受取人となる【編者注】。

【編者注】本条の趣旨等
① 　本条は任意規定であり、予め保険金受取人を特定の者に定める約定や、保険金受取人の権利割合を異なるものとする約定も有効であるとされる（前掲「改正保険法」・P137参照）。
　本条では明示されていないが、本条による保険金受取人が複数いる場合には、その保険金の取得割合は、民法427条（分割債権及び分割債務）により各人均等の割合となる（これらの者の法定相続分でないことに留意。後掲判例・P1340参照）。
② 　保険契約者は、被保険者の同意を得れば、いつでも保険金受取人を変更することができる（保険法43～45条参照）。
　したがって、保険事故発生前に保険金受取人が死亡した場合にも、保険契約者はこれらの条項により、新たな保険金受取人を指

定することができることになる（保険金受取人が死亡した場合には、本条により当然に死亡した保険金受取人の相続人の全員が新たな受取人となるが、保険金受取人の変更には、被保険者の同意のみで足りるから、これらの者の同意を要しないことはいうまでもない。）。

　保険事故発生前に保険金受取人が死亡し、その後、保険契約者が新たな保険金受取人を指定しない状態で保険事故が発生したような場合、本条によって保険金受取人を決するというものである。

　本条が適用される場合には、保険金受取人に関する保険契約者の意向を推測し、それを反映させる余地は全くない。保険事故発生前における保険金受取人の死亡は、その時点においては、相続税等の税務上格別の課税関係が生じないこと等から等閑に付されることがしばしばあろう。

　しかし、本条が適用される場合には、結果として、特定の者に保険金を取得させるという保険契約者の意思と異なる事実が生ずる虞もあり得ることに留意し、契約者は保険金受取人の死亡後直ちに新たな受取人の指定を行うことが望ましい。

③　本条に規定する「その相続人の全員」とは、判例（最高第3小平5.9.7判決・民集47巻7号4740頁・次頁参照）にいう「保険金受取人として指定された者の法定相続人又はその順次の法定相続人であって、被保険者の死亡時に現に生存している者」と同様であるとされる（この場合の「法定相続人」には、子及び兄弟姉妹の代襲相続人が含まれるのは当然である。）（前掲「改正保険法」・P137参照）。

　例えば、
〔01年〕保険金受取人が死亡し、その相続人は甲・乙。
〔02年〕甲が死亡し、その相続人はB・C。
〔03年〕被保険者が死亡した。
　この場合の本条の適用関係は、次のようになる。
　先ず、01年、従前の保険金受取人の死亡によって、本条により、新たな保険金受取人は甲及び乙となる。
　次に、02年、01年に保険金受取人となっていた甲の死亡によっ

て、再度本条が適用され、B及びCが保険金受取人に加わる。

この結果、03年における被保険者死亡時の保険金受取人は乙・B・Cの3人となり、その取得割合は各3分の1となる。

■参考：判例「商法676条2項［現行・保険法46条］に規定する相続人の意義、及びその相続人が複数いる場合の各人の保険金取得割合を判断した事例」（最高第3小　平5.9.7判決　民集47巻7号4740頁、判例時報1484号）

《事案の概要》

1 〔上告人〕X（原告、控訴人、死亡した保険金受取人の相続人）
〔被上告人〕Y（被告、被控訴人、生命保険会社）
2 生命保険契約の内容
   ・ 保険契約者及び被保険者：甲（乙の子）
   ・ 保険金受取人：乙（甲の母）
   ・ 死亡保険金：2,000万円
3 関係者の死亡及び相続人関係
   ・ 昭62.5.9：乙死亡
      ※ 法定相続人：甲とXら3名の合計4名（いずれも乙の子）
   ・ 昭63.11.13：甲死亡
      ※ 法定相続人：Xら3名（いずれも乙の子で甲の兄弟）と、甲の異母兄姉等11名の合計14名
      ※ 乙の死亡後、甲は保険金受取人を再指定することなく死亡している。
4 保険金の請求
① Xらは、本件において商法676条2項［現行・保険法46条］にいう相続人は、Xら3名であるとして、Yに対し、それぞれ死亡保険金2,000万円の3分の1に相当する金額の保険金の支払を求めた。
② Yは、本件において商法676条2項にいう相続人には、死亡した法定相続人（死亡した保険金受取人乙の法定相続人である甲）の法定相続人（甲の異母兄姉等11名）も含まれるとして、Xらが取得した保険金の額はそれぞれ死

亡保険金2,000万円の14分の1に相当する金額に過ぎないと主張した。

《主　文》

本件上告を棄却する。

上告費用は上告人らの負担とする。

《理由（要旨）》

※編者注：①、②等は編者が適宜付したものであり、［　］は編注である。

一

① 　商法676条2項にいう「保険金額ヲ受取ルヘキ者ノ相続人」とは、保険契約者によって保険金受取人として指定された者（以下「指定受取人」という。）の法定相続人又はその順次の法定相続人であって［、］被保険者の死亡時に現に生存している者をいうと解すべきである（大審院大正10年（オ）第898号同11年2月7日判決・民集1巻1号19頁）。

② 　けだし、商法676条2項の規定は、保険金受取人が不在となる事態をできる限り避けるため、保険金受取人についての指定を補充するものであり、指定受取人［上記①］が死亡した場合において、その後保険契約者が死亡して同条1項の規定による保険金受取人についての再指定をする余地がなくなったとき［指定受取人の死亡後、保険契約者が受取人を再指定しないまま死亡したとき］は、指定受取人の法定相続人［民法5編2章］又はその順次の法定相続人【編者注】であって［、］被保険者の死亡時に現に生存する者が保険金受取人として確定する趣旨のものと解すべきであるからである。

③ 　この理［上記②］は、指定受取人の法定相続人が複数存在し、保険契約者兼被保険者が右法定相続人［指定受取人の法定相続人］の1人である場合のおいても同様である。［編注：指定受取人の相続人の一人が保険契約者兼被保険者となっている保険契約において、指定受取人の死亡後、保険契約者が受取人を再指定しないで死亡した場合には、その死亡と同時に上記②の理によって保険金受取人が確定する意。］

二

① 　そして、商法676条2項の規定の適用の結果、指定受取人の法定相続人と

その順次の法定相続人とが保険金受取人として確定した場合に、各保険金受取人の権利の割合は、民法427条の規定の適用により、平等の割合になるものと解すべきである。

② けだし、商法676条2項の規定は、指定受取人の地位の相続による承継を定めるもので、また、複数の保険金受取人がある場合に各人の取得する保険金請求権の割合を定めるものでもなく、指定受取人の法定相続人という地位に着目して保険金受取人となるべき者を定めるものであって、保険金支払事由の発生により原始的に保険金請求権を取得する複数の保険金受取人の間の権利の割合を決定するのは、民法427条の規定であるからである。

三

① そうすると、甲が被上告人［生命保険会社］との間で、昭和61年5月1日、被保険者を甲、保険金受取人を甲の母である乙、死亡保険金額を2,000万円とする生命保険契約を締結したが、乙が同62年5月9日に死亡し、次いで甲が同63年11月13日に保険金受取人の再指定をすることなく死亡し、乙の法定相続人として甲及び上告人ら4名［いずれも乙の子］がおり、甲の法定相続人として上告人ら以外に11名の異母兄姉等［甲の異母兄姉等］がいるとの原審［控訴審］が適法に確定した事実関係の下においては、上告人ら及び甲の11名の異母兄姉等の合計14名が保険金受取人となったというべきであるから、右死亡保険金額の各14分の1について上告人らの請求を認容し、

② その余を棄却すべきものとした原審の判断は正当として是認することができる。

【編者注】順次の法定相続人の意義等

1 「その順次の法定相続人」とは、死亡した指定保険金受取人の法定相続人の法定相続人をいい、それは代襲相続人（民887）とは異なる概念である。

つまり、指定受取人の死亡により相続人となったものが、その後、被保険者の死亡（保険事故の発生）以前に死亡している場合には、その死亡した相続人の法定相続人が指定受取人の順次の法定相続人となる。

2 「指定受取人の法定相続人又はその順次の法定相続人」の「又は」については、上記二①及び三①のものいいからすると、「指定受取人の法定相続人と指定受取人の順次の法定相続人」という意であり、並存的選択の意味ではない。

（保険給付請求権の譲渡等についての被保険者の同意）　保険法
第47条　死亡保険契約に基づき保険給付を請求する権利の譲渡又は当該権利を目的とする質権の設定（保険事故が発生した後にされたものを除く。）は、被保険者の同意がなければ、その効力を生じない【編者注】。

【編者注】本条の趣旨等
① 本条の対象となるのは、保険事故発生前の保険金請求権である。
保険事故発生前の保険金請求権は、保険事故が発生すれば保険金の支払を受けることができるという、一種の期待権（債権）で、条件付又は期限付の権利とされる。
② 保険事故発生後の保険金請求権は、具体的な金銭債権となり、保険金受取人は固有の権利としてそれを取得するから、自由に譲渡又は質入等をすることができる。
③ 保険法は、保険金請求権の譲渡、質権設定には被保険者の同意を必要とし、その同意を効力発生要件としているが、具体的な譲渡方法、質権設定方法、その対抗要件については規定を設けず、民法及び約款の規定に従うことになるとされている（前掲「改正保険法」・P141参照）。
④ 生命保険契約の契約者の変更も経済的にみれば保険契約に関する権利の譲渡の一種であろうが、保険法上、契約者変更の場合の被保険者の同意については明文による規定を設けず、従前（旧商法）と同じく解釈及び約款にその規律が委ねられることになったとされる（前掲「改正保険法」・P142参照）。

（保険料積立金の払戻し）　保険法
第63条　保険者は、次に掲げる事由により生命保険契約が終了した場合には、保険契約者に対し、当該終了の時における保険料積立金（受領した保険料の総額のうち、当該生命保険契約に係る保険給付に充てるべきものとして、保険料又は保険給付の額を定めるための予定死亡率、予定利率その他の計算の基礎を用いて算出される金額に相当する部分をいう。）を払い戻さなければならない。ただし、保険者が保険給付を行う責任を負うときは、この限りでない【編者注】。
　一　第51条各号［保険者の免責。編注］（第２号を除く。）に規定する事由
　二　保険者の責任が開始する前における第54条［保険契約者による解除。編注］又は第58条第２項［被保険者による解除請求。編注］の規定による解除
　三　第56条第１項［危険増加による解除。編注］の規定による解除
　四　第96条第１項［保険者の破産。編注］の規定による解除又は同条第２項の規定による当該生命保険契約の失効

【編者注】本条の趣旨等
　①　本条による保険料積立金の払い戻しは、本条各号に規定する場合（保険会社等が保険金支払を免責される場合）に限定される。
　②　本条各号に該当しない生命保険契約の中途解約に係る解約返戻金については、保険法に規定がなく、約款等の保険実務による。

（消滅時効）　保険法
第95条　保険給付を請求する権利、保険料の返還を請求する権利及び第63条［生命保険契約の保険料積立金の払戻し。編注］又は第92条［傷害疾病定額保険契約の保険料積立金の払戻し。編注］に規定する保険料積立金の払戻しを請求する権利は、３年間行わないときは、時効によって消滅する。
　２　保険料を請求する権利は、一年間行わないときは、時効によって消滅する。

（保険者の破産）　保険法
第96条　保険者が破産手続開始の決定を受けたときは、保険契約者は、保険契約を解除することができる。
　2　保険契約者が前項の規定による保険契約の解除をしなかったときは、当該保険契約は、破産手続開始の決定の日から3箇月を経過した日にその効力を失う。

《附　則》
（施行期日）
第1条　この法律は、公布の日［編注：平20.6.6］から起算して2年を超えない範囲内において政令で定める日［編注：平22.4.1］から施行する。

（経過措置の原則）　保険法附則
第2条　この法律の規定は、この法律の施行の日（以下「施行日」という。）以後に締結された保険契約について適用する。ただし、次条から附則第6条までに規定する規定の適用については、次条から附則第6条までに定めるところによる。

保　険　業　法

（定義）
第2条　この法律において「保険業」とは、人の生存又は死亡に関し一定額の保険金を支払うことを約し保険料を収受する保険、一定の偶然の事故によって生ずることのある損害をてん補することを約し保険料を収受する保険その他の保険で、第3条第4項各号又は第5項各号に掲げるものの引受けを行う事業（次に掲げるものを除く。）をいう。［後略］
　2　この法律において「保険会社」とは、第3条第1項の内閣総理大臣の免許を受けて保険業を行う者をいう。
　3　この法律において「生命保険会社」とは、保険会社のうち第3条

第4項の生命保険業免許を受けた者をいう。

4　この法律において「損害保険会社」とは、保険会社のうち第3条第5項の損害保険業免許を受けた者をいう。

5　［省略］

6　この法律において「外国保険業者」とは、外国の法令に準拠して外国において保険業を行う者（保険会社［本条2項参照。編注］を除く。）をいう。

［編注：外国保険業者とは、外国の保険会社（生命保険会社及び損害保険会社の双方を含む）をいい、保険業法の規定による日本国内における営業について免許を得ているか否かを問わない。

　これらのうち、日本国内の営業につき免許を得た者は「外国生命保険会社等」又は「外国損害保険会社等」となるので、単に「外国保険業者」という場合には、「外国生命保険会社等」、「外国損害保険会社等」及び国内非免許の外国の保険会社を総称することになる。］

7　この法律において「外国保険会社等」とは、外国保険業者［前項参照。編注］のうち第185条第1項の内閣総理大臣の免許を受けた者をいう。

8　この法律において「外国生命保険会社等」とは、外国保険会社等［前項参照。編注］のうち第185条第4項の外国生命保険業免許を受けた者をいう。

9　この法律において「外国損害保険会社等」とは、外国保険会社等［本条7項参照。編注］のうち第185条第5項の外国損害保険業免許を受けた者をいう。

10～16　［省略］

17　この法律において「少額短期保険業」とは、保険業［本条1項参照。編注］のうち、保険期間が2年以内の政令で定める期間以内であって、保険金額が1,000万円を超えない範囲内において政令で定める金額以下の保険（政令で定めるものを除く。）のみの引受けを行う事業をいう。

18　この法律において「少額短期保険業者」とは、第272条第1項

の登録を受けて少額短期保険業を行う者をいう。
19　［以下省略］

（免許）　保険業法
第3条　保険業［2条1項参照。編注］は、内閣総理大臣の免許を受けた者でなければ、行うことができない。
2　前項の免許は、生命保険業免許及び損害保険業免許の2種類とする。
3　［省略］
4　生命保険業免許は、第1号に掲げる保険の引受けを行い、又はこれに併せて第2号若しくは第3号に掲げる保険の引受けを行う事業に係る免許とする。
　一　人の生存又は死亡（当該人の余命が一定の期間以内であると医師により診断された身体の状態を含む。以下この項及び次項において同じ。）に関し、一定額の保険金を支払うことを約し、保険料を収受する保険（次号ハに掲げる死亡のみに係るものを除く。）
　二　次に掲げる事由に関し、一定額の保険金を支払うこと［、］又はこれらによって生ずることのある当該人の損害をてん補することを約し、保険料を収受する保険
　　イ　人が疾病にかかったこと。
　　ロ　傷害を受けたこと又は疾病にかかったことを原因とする人の状態
　　ハ　傷害を受けたことを直接の原因とする人の死亡
　　ニ　イ又はロに掲げるものに類するものとして内閣府令［保険規則4条。編注］で定めるもの（人の死亡を除く。）
　　ホ　イ、ロ又はニに掲げるものに関し、治療（治療に類する行為として内閣府令で定めるものを含む。）を受けたこと。
［編注：本号に掲げるものは、いわゆる第三分野の保険契約といわれるものである。］
　三　［省略］

5　損害保険業免許は、第１号に掲げる保険の引受けを行い、又はこれに併せて第２号若しくは第３号に掲げる保険の引受けを行う事業に係る免許とする。
　一　一定の偶然の事故によって生ずることのある損害をてん補することを約し、保険料を収受する保険（次号に掲げる保険を除く。）
　二　前項第２号に掲げる保険
　三　前項第１号に掲げる保険のうち、人が外国への旅行のために住居を出発した後、住居に帰着するまで間（以下この号において「海外旅行期間」という。）における当該人の死亡又は人が海外旅行期間中にかかった疾病を直接の原因とする当該人の死亡に関する保険
6　［省略］

(免許)　保険業法
第185条　外国保険業者［２条６項参照。編注］は、第３条第１項の規定にかかわらず、日本に支店等（外国保険業者の日本における支店、従たる事務所その他の事務所［、］又は外国保険業者の委託を受けて当該外国保険業者の日本における保険業に係る保険の引受けの代理をする者の事務所をいう。以下この節から第５節までにおいて同じ。）を設けて内閣総理大臣の免許を受けた場合に限り、当該免許に係る保険業を当該支店等において行うことができる。
2　前項の免許は、外国生命保険業免許及び外国損害保険業免許の２種類とする。
3　［省略］
4　外国生命保険業免許は、第３条第４項第１号に掲げる保険の引受けを行い、又はこれに併せて同項第２号若しくは第３号に掲げる保険［生命保険業免許に係る保険。編注］の引受けを行う事業に係る免許とする。
5　外国損害保険業免許は、第３条第５項第１号に掲げる保険の引受けを行い、又はこれに併せて同項第２号若しくは第３号に掲げる保険［損害保険業免許に係る保険。編注］の引受けを行う事業に係る免許

とする。
6 ［省略］

（登録）　保険業法
第272条　内閣総理大臣の登録を受けた者は、第3条第1項の規定にかかわらず、少額短期保険業を行うことができる。
2　少額短期保険業者は、小規模事業者（その収受する保険料が政令で定める基準を超えないものをいう。第272条の26第1項第3号において同じ。）でなければならない。

第2節　その他の法令

会　社　法

（取締役の報酬等）
第361条　取締役の報酬、賞与その他の職務執行の対価として株式会社から受ける財産上の利益（以下この章において「報酬等」という。）についての次に掲げる事項は、定款に当該事項を定めていないときは、株主総会の決議によって定める。
　一　報酬等のうち額が確定しているもの【編者注】については、その額
　二　報酬等のうち額が確定していないもの【編者注】については、その具体的な算定方法
　三　報酬等のうち金銭でないものについては、その具体的な内容
２　前項第２号又は第３号に掲げる事項を定め、又はこれを改定する議案を株主総会に提出した取締役は、当該株主総会において、当該事項を相当とする理由を説明しなければならない。

【編者注】取締役、監査役の報酬
　　以下に記述するほか、P926に掲げる本条の編者注参照。
　①　取締役の報酬は本条に定める。監査役の報酬については387条（監査役の報酬等・掲載略）で定め、その内容は本条と概ね同様の規定である。
　②　報酬のうち「額が確定しているもの」とは、受けるべき報酬の額が予め年額又は月額等として決められるべきものという意であり、この場合にはその額を株主総会において決議するというものである（総会で報酬総額を決議し、各取締役ごとの具体的な報酬額は取締役会で決定することも差支えない）。

③　報酬のうち「額が確定していないもの」とは、例えば、業績連動の報酬にように、一定期間の経過後でなければその報酬額が確定しないようなものをいい、この場合には、その算定方法等を株主総会において決議するというものである。
④　本条１項１号の決議は、事業年度ごとに決定する必要はなく、増額又は減額するときに決議すれば足りるとされている（大阪地裁　昭2.9.26判決）。
⑤　一人株主の意思によって取締役の報酬が決定された場合には、正規の株主総会決議がなくても、その決議があったものと同視される（東京地裁　平3.12.26判決）。
⑥　株主総会の決議を経ずに支払われた役員報酬について、事後的に株主総会の承認決議があれば、平成17年改正前商法269条・279条（会社法361条・387条）の趣旨目的は達せられるので、「当該決議の内容等に照らして上記規定の趣旨目的を没却するような特段の事情があると認められない限り」役員報酬の支払は有効なものとされる（最高三小　平17.2.15判決）。

旧簡易生命保険法

※編者注：この法律は、郵政民営化法等の施行に伴う関係法律の整備等に関する法律（平17法律102号）２条（法律の廃止）により、廃止されたが、廃止以前にこの法律により締結した契約については、租税法上なおその効力を有する。例えば、所法76条３項（新６項）２号。

（保険契約）
第５条　保険契約においては、公社が保険契約者又は第三者の生死（常時の介護を要する身体障害の状態にあることを含む。）について保険金又は年金を支払うことを約し、保険契約者が公社に保険料を支払うことを約するものとする。
２　保険契約には、次条に規定する簡易生命保険特約を付すること

ができる。ただし、第13条の財形貯蓄保険の保険契約にあっては、この限りでない。

[編注：簡易生命保険特約]　簡保法
第6条　簡易生命保険特約（以下「特約」という。）においては、公社が、前条第1項の契約に係る被保険者がかかった疾病及び不慮の事故又は第三者の加害行為（以下「不慮の事故等」という。）により受けた傷害並びにその者の生存について保険金を支払うことを約し、保険契約者が公社に保険料を支払うことを約するものとする。

（定期年金保険）　簡保法
第15条　定期年金保険とは、保険契約の効力が発生した日若しくは被保険者が年金支払開始年齢に達した日から一定の期間［、］又は保険契約者（[省略]）が死亡した日から保険期間の満了の日までの期間、被保険者の生存中に限り、年金の支払をするものをいう。

（夫婦年金保険）　簡保法
第16条　夫婦年金保険とは、一の保険契約において保険契約者（[省略]）を主たる被保険者とし、その者の配偶者（[省略]）をその余の被保険者とする生命保険であって、主たる被保険者につき第1号に掲げる日［契約の発効日又は主たる被保険者の年金支払開始年齢到達日。編注］からその者［主たる被保険者。編注］の死亡に至るまで、配偶者たる被保険者につき第2号に掲げる日［配偶者たる被保険者の年金支払開始年齢到達日等。編注］からその者［配偶者たる被保険者。編注］の死亡に至るまでそれぞれ年金の支払をし、又は主たる被保険者につき第3号に掲げる日［配偶者たる被保険者が死亡した日等。編注］からその者［主たる被保険者。編注］の死亡に至るまで、配偶者たる被保険者につき第4号に掲げる日［主たる被保険者が死亡した日等。編注］からその者［配偶者たる被保険者。編注］の死亡に至るまでそれぞれ年金の支払をするものをいう。

一　[以下省略]

(特約)　簡保法
第18条　特約［6条参照。編注］においては、被保険者（家族保険及び夫婦年金保険の保険契約にあっては、主たる被保険者及び保険約款に定める被保険者）がその保険期間中に疾病にかかったとき、又は不慮の事故等［6条参照。編注］により傷害を受けたときは、保険約款の定めるところにより、次に掲げる事由に対し保険金を支払うほか、保険約款の定めるところにより、被保険者の生存中にその保険期間又は保険約款の定める期間が満了したことに対し保険金を支払う。
一　当該疾病又は傷害を直接の原因とする常時の介護を要する身体障害の状態
二　当該傷害を直接の原因とする死亡又は身体障害（常時の介護を要する身体障害の状態を除く。）
三　当該疾病又は傷害を直接の原因とする病院又は診療所への入院
四　前3号に掲げるもののほか、当該疾病又は傷害によって生じた結果

(年金受取人)　簡保法
第34条　終身年金保険、定期年金保険、終身年金保険付終身保険、定期年金保険付終身保険又は定期年金保険付養老保険の保険契約においては、被保険者（当該保険契約が確定拠出年金法（平成13年法律第88号）第25条第4項（同法第73条において準用する場合を含む。）に規定する措置として締結されたものであるときは、保険契約者）を年金受取人とする。
2　夫婦年金保険又は夫婦年金保険付家族保険の保険契約においては、主たる被保険者（主たる被保険者の死亡後にあっては、配偶者たる被保険者）を年金受取人とする。

(無指定の場合の保険金受取人)　簡保法
第55条　終身保険、定期保険、養老保険又は財形貯蓄保険の保険契約（特

約［6条参照。編注］に係る部分を除く。）においては、保険契約者が保険金受取人を指定しないとき（保険契約者の指定した保険金受取人が死亡し更に保険金受取人を指定しない場合を含む。）は、次の者を保険金受取人とする。
　一　被保険者の死亡以外の事由により保険金を支払う場合にあっては、被保険者
　二　被保険者の死亡により保険金を支払う場合にあっては、被保険者の遺族
2　前項第2号の遺族は、被保険者の配偶者（届出がなくても事実上婚姻関係と同様の事情にある者を含む。）、子、父母、孫、祖父母及び兄弟姉妹並びに被保険者の死亡当時被保険者の扶助によって生計を維持していた者及び被保険者の生計を維持していた者とする。
3　胎児たる子又は孫は、前項の規定の適用については、既に生まれたものとみなす。
4　前項の規定は、胎児が死体で生まれたときは適用しない。
5　第2項に規定する遺族が数人あるときは、同項に掲げる順序により先順位にある者を保険金受取人とする。
6　［省略］

簡易生命保険法の一部を改正する法律(平2法律50号)附則

（郵便年金法の廃止）
第3条　郵便年金法（以下「旧年金法」という。）は、廃止する。

（用語の定義）　簡保法の一部改正法附則
第5条　この条から附則第9条までにおいて、次の各号に掲げる用語の意義は、それぞれ当該各号に定めるところによる。
　十五　年金保険契約　附則第7条第1項から第3項までの規定により保険契約となった年金契約をいう。
　十六　旧年金保険契約　附則第7条第4項の規定により保険契約と

なった旧年金契約をいう。

(郵便年金契約の取扱い)　簡保法の一部改正法附則
第7条　次の各号に掲げる年金契約（[省略]、年金特約に係る部分を除く。）は、この法律の施行の日[平成3年4月1日。編注]において、それぞれ当該各号[次の各号。編注]に定める保険契約（特約に係る部分を除く。）となるものとする。

　この場合において、旧年金法の規定によってした返還金受取人又は有期年金継続受取人の指定は、特別還付金受取人及び特別年金継続受取人の指定を除き、その効力を失うものとする。
　一　終身年金の年金契約（夫婦年金の年金契約を除く。）　年金契約者を保険契約者とし、年金受取人を被保険者とする終身年金保険の保険契約
　　　[編注：本条の年金契約とは、昭和56年9月1日以後に効力が生じた郵便年金契約をいい、郵便年金契約とは、旧年金法2条の2に規定する郵便年金契約をいう（附則5二、三）。]
　二　定期年金の年金契約　年金契約者を保険契約者とし、年金受取人を被保険者とする定期年金保険の保険契約
　三　夫婦年金の年金契約　年金契約者を保険契約者とし、年金受取人を主たる被保険者とし、指定配偶者を配偶者たる被保険者とする夫婦年金保険の保険契約
　四　有期保証期間付年金契約　新保険法第69条第3項[保証期間付年金保険の年金受取人が死亡した場合における継続年金受取人に対する年金の支払。編注]の規定による年金の支払を約した保険契約
2　前項各号に掲げる年金契約に付されている年金特約は、この法律の施行の日[平成3年4月1日。編注]において、それぞれ当該各号[前項各号。編注]に定める保険契約に付されている特約（夫婦年金特約にあっては、配偶者たる被保険者を特約に係る被保険者とする特約）となるものとする。
3　[省略]

4　次の各号に掲げる旧年金契約［昭和56年８月31日以前に効力が生じた郵便年金契約をいう。附則５四。編注］は、この法律の施行の日［平成３年４月１日。編注］において、それぞれ当該各号［次の各号。編注］に定める保険契約となるものとする。
　一　旧終身年金の旧年金契約　年金契約者を保険契約者とし、年金受取人を被保険者とする終身年金保険の保険契約
　二　旧定期年金の旧年金契約　年金契約者を保険契約者とし、年金受取人を被保険者とする定期年金保険の保険契約
5　［省略］
6　この附則に別段の定めがあるもののほか、旧年金法（昭和56年改正法附則第２条第２項の規定によりなおその例によるものとされた昭和56年改正前の旧年金法を含む。）の規定によってした掛金の払込み、年金、給付金若しくは返還金の支払、剰余金の分配その他の行為又は年金契約者に交付された年金証書は、平成２年改正保険法の相当する規定によってした保険料の払込み、年金、特約に係る保険金若しくは還付金の支払、剰余金の分配その他の行為又は保険契約者に交付された保険証書とみなす。
7　［省略］

旧郵便年金法

（年金の種類）
第10条　郵便年金は、保証期間附即時終身年金（以下「保証即時年金」という。）、保証期間附すえ置終身年金（以下「保証すえ置年金」という。）及び定期年金とする。

（保証即時年金）　旧郵便年金法
第11条　保証即時年金とは、年金契約の効力が発生した日から年金受取人の死亡に至るまで年金の支払をする外、一定の期間内に年金受取人が死亡したときは、その残存期間中年金継続受取人に継続して

年金の支払をするものをいう。

(保証すえ置年金)　旧郵便年金法
第12条　保証すえ置年金とは、年金受取人が年金支払開始年齢に達した日からその死亡に至るまで年金の支払をする外、一定の期間内に年金受取人が死亡したときは、その残存期間中年金継続受取人に継続して年金の支払をするものをいう。

小規模企業共済法

(定義)
第2条　1～2　［省略］
　3　この法律において「共済契約者」とは、共済契約の当事者である個人たる事業者及び会社又は中小企業団体（以下「会社等」という。）の役員をいう。
　［編注：共済の契約者は全て個人であり、その個人が掛金を負担する。］

(契約の解除)　小規模企業共済法
第7条　1～2　［省略］
　3　共済契約者［2条3項参照。編注］は、いつでも共済契約を解除することができる。
　4　共済契約者に次の各号に掲げる事由が生じたときは、共済契約は、当該事由が生じた時に解除されたものとみなす。
　　一　個人たる小規模企業者としての地位において締結した共済契約に係る共済契約者が［、］その事業と同一の事業を営む会社を設立するため［、］事業を廃止したとき。
　　二　個人たる小規模企業者としての地位において締結した共済契約に係る共済契約者が［、］その配偶者又は子に対し事業の全部を譲り渡したとき。
　　三　会社等の役員たる小規模企業者としての地位において締結した

共済契約に係る共済契約者が〔、〕第９条第１項各号に掲げる事由が生じないでその会社等の役員でなくなったとき。
5　共済契約の解除は、将来に向かってのみその効力を生ずる。

（共済金）　小規模企業共済法
第９条　共済契約者に次の各号の一に掲げる事由が生じた場合であって、その者の掛金納付月数が６月以上のときは、機構は、その者（第１号又は第２号に掲げる事由が死亡によるものであるときは、その遺族）に共済金を支給する。
　一　事業の廃止（会社等の役員たる小規模企業者としての地位において締結した共済契約に係る共済契約者にあっては、その会社等の解散）があったとき（第７条第４項第１号及び第２号に掲げるときを除く〔この場合には、12条による解約手当金の支給となる。編注〕。）。
　二　会社等の役員たる小規模企業者としての地位において締結した共済契約に係る共済契約者にあっては、疾病、負傷又は死亡によりその会社等の役員でなくなったとき。
　三　65歳以上で、その共済契約者の掛金納付月数が180月以上である共済契約者にあっては、前２号に掲げる事由が生じないで共済金の支給の請求があったとき。
2　〔以下省略〕

（共済金の支給方法）　小規模企業共済法
第９条の２　共済金は、一時金として支給する。

（共済金の分割支給等）　小規模企業共済法
第９条の３　機構は、前条の規定にかかわらず、共済契約者の請求により、共済金の全部又は一部を分割払の方法により支給することができる。ただし、次の各号のいずれかに該当する場合には、この限りでない。
　一～三　〔省略〕

2　[省略]
3　分割払の方法による共済金の支給期月は、毎年2月、5月、8月及び11月とする。ただし、前支給期月に支給すべきであった共済金は、その支給期月でない月であっても、支給するものとする。
4　分割払の方法による共済金の支給の期間（以下「分割支給期間」という。）は、共済契約者の選択により、第1項の請求後最初の支給期月から10年間又は15年間のいずれかとする。
5　支給期月ごとの共済金（以下「分割共済金」という。）の額は、共済金の額（共済金の一部について分割払の方法により支給する場合にあっては、分割払対象額）に、分割支給期間に応じ政令で定める率（次条第2項において「分割支給率」という。）を乗じて得た金額とする。
6　[省略]

[編注：分割支給の共済金の繰上げ一括支給]　小規模企業共済法
第9条の4　機構は、共済金の全部又は一部を分割払の方法により支給することとした場合において次の各号に掲げる事由が生じたときは、それぞれ当該各号に定める者に対し、その事由が生じた時までに支給期月の到来していない分割共済金の額の現価に相当する金額（以下「現価相当額」という。）の合計額を一括して支給するものとする。
　一　共済契約者が死亡したとき
　　　相続人
　二　共済契約者に重度の障害その他の経済産業省令で定める特別の事情が生じた場合であって、その者が機構に対し現価相当額の合計額を一括して支給することを請求したとき
　　　その者
2　現価相当額は、分割共済金の額をその額に係る分割支給率の算定の基礎となった利率として経済産業大臣が定める利率による複利現価法によって[、]前項各号に掲げる事由が生じた後における直近の支給期月から当該分割共済金に係る支給期月までの期間に応じて割り引いた額ととする。

1359

（解約手当金）　小規模企業共済法
第12条　共済契約が解除された場合であって共済契約者の掛金納付月数が12月以上のときは、機構は、共済契約者に解約手当金を支給する。
　２　［以下省略］

（解約手当金の支給方法）　小規模企業共済法
第12条の２　解約手当金は、一時金として支給する。

《**附則**（平7.3.27法律44号）》
（旧第２種共済契約に係る小規模企業共済法の規定の適用についての読替規定）
第５条　この法律の施行［平8.4.1。編注］前に効力を生じた旧第２種共済契約については、次の表の上欄に掲げる小規模企業共済法の規定中同表の中欄に掲げる字句を、同表の下欄に掲げる字句と読み替えてこれらの規定を適用するほか、同法の規定の適用に関し必要な技術的読替えは、政令で定める。

［上欄］	［中欄］	［下欄］
第９条第１項	一　事業の廃止（会社等の役員たる小規模企業者としての地位において締結した共済契約に係る共済契約者にあつては、その会社等の解散）があつたとき（第７条第４項第１号及び第２号に掲げるときを除く。）。	一　事業の廃止（会社等の役員たる小規模企業者としての地位において締結した共済契約に係る共済契約者にあつては、その会社等の解散）があつたとき。
	二　会社等の役員たる小規模企業者としての地位において締結した共済契約に係る共済契約者にあつては、疾病、負傷又は死亡によりそ	二　会社等の役員たる小規模企業者としての地位において締結した共済契約に係る共済契約者にあつては、前号に掲げる事由が生じない

の会社等の役員でなくなつたとき。	でその会社等の役員でなくなつたとき	
	三　65歳以上で、その共済契約者の掛金納付月数が180月以上である共済契約者にあつては、前2号に掲げる事由が生じないで共済金の支給の請求があつたとき。	三　65歳以上で、その共済契約者の掛金納付月数が180月以上である共済契約者にあつては、前2号に掲げる事由が生じないで共済金の支給の請求があつたとき。
		四　前3号に掲げる事由が生じないで共済契約者の掛金納付月数が360月に達したとき。
［以下省略］	［以下省略］	［以下省略］

地震保険に関する法律

（定義）

第2条　［第1項省略］

　2　この法律において「地震保険契約」とは、次に掲げる要件を備える損害保険契約（火災に係る共済契約を含む。以下同じ。）をいう。

　一　居住の用に供する建物又は生活用動産のみを保険の目的とすること。

　二　地震若しくは噴火又はこれらによる津波（以下「地震等」という。）を直接又は間接の原因とする火災、損壊、埋没又は流失による損害（政令［地震保険令1条1項。編注］で定めるものに限る。）を政令［地震保険令1条1項。編注］で定める金額によりてん補すること。

　三　特定の損害保険契約に附帯して締結されること。
　　　［編注：地震保険単独の保険契約は認められず、火災保険等の損害保険契約に付帯して契約するものであること。］

　四　附帯される損害保険契約の保険金額［契約の基となる損害保険契約

の保険金額。編注］の100分の30以上100分の50以下の額に相当する金額（その金額が政令［地震保険令２条。編注］で定める金額を超えるときは、当該政令で定める金額［地震保険令２条に規定する地震保険金額の最高額。編注］）を保険金額［地震保険金額。編注］とすること。
3　［省略］

地震保険に関する法律施行令

（保険金額の限度額）
第２条　法第２条第２項第４号に規定する政令で定める金額は、居住用建物については5,000万円、生活用動産については1,000万円とする。
　　ただし、当該居住用建物又は生活用動産について既に締結されている地震保険契約がある場合には、これらの金額からそれぞれ当該既に締結されている地震保険契約の保険金額に相当する金額を控除した金額とする【編者注】。

【編者注】ただし書の趣旨等
　　ただし書の趣旨は、複数の地震保険契約を締結する場合においても、各地震保険契約の保険金額の合計額は、本条本文に規定する金額を超えることはできない、というものである。

健 康 保 険 法

（療養費）
第87条　保険者［政府又は健康保険組合。編注］は、［中略］、保険者がやむを得ないものと認めるときは、療養の給付等に代えて、療養費を支給することができる。
　2　療養費の額は、［中略］、保険者が定める。
　3　［省略］

【編者注】療養費の受給要件

本条による療養費の受給要件等は、概略以下のとおり。
① 次のⅰ又はⅱのいずれかに該当すること。
　ⅰ　山間僻地等のため、被保険者の近くに保険療養担当機関等がないか、あってもそれが専門外又は天災地変のため利用できないとき。
　ⅱ　主として被保険者側の特別な理由（至急処置を要する等）により、保険療養担当機関以外の医療機関その他の者の診療や薬剤の支給を受け、被保険者がその費用を自弁した場合において、保険者がやむを得ないと認めたとき。
② 療養費の額は、保険者が診療報酬として保健医療機関に支払う額（被保険者が本来負担すべき一部負担金相当額を除く）を標準として、保険者が決定する。

（傷病手当金）　健保法
第99条　被保険者（［省略］）が療養のため労務に服することができないときは、その労務に服することができなくなった日から起算して3日を経過した日から労務に服することができない期間、傷病手当金として、1日につき、標準報酬日額（［省略］）の3分の2に相当する金額（［省略］）を支給する。
　2　［省略］

（出産育児一時金）　健保法
第101条　被保険者が出産したときは、出産育児一時金として、政令で定める金額を支給する【編者注】。

【編者注】被扶養者の出産育児一時金

健保法114条（家族出産育児一時金・掲載略）に被保険者の被扶養者の出産育児一時金について、本条と同旨の規定がある。

（出産手当金）　健保法
第102条　被保険者が出産したときは、出産の日（[省略]）以前42日（[省略]）から出産の日後56日までの間において労務に服さなかった期間、出産手当金として、一日につき、標準報酬日額の３分の２に相当する金額（[省略]）を支給する【編者注】。

【編者注】出産手当金
　被保険者が出産した場合には、出産育児一時金と出産手当金との双方を受給する場合がある。出産手当金は、労務に服さなかったことに基因するものであるので、傷病手当金と同様に医療費の補てんを目的としたものでなく、したがって、医療費控除に当たっては、支払った医療費から控除することを要しない。

（高額療養費）　健保法
第115条　療養の給付について支払われた一部負担金の額又は療養（食事療養及び生活療養を除く。次項において同じ。）に要した費用の額から[、]その療養に要した費用につき保険外併用療養費、療養費、訪問看護療養費、家族療養費若しくは家族訪問看護療養費として支給される額に相当する額を控除した額（[省略]）が著しく高額であるときは、その療養の給付又はその保険外併用療養費、療養費、訪問看護療養費、家族療養費若しくは家族訪問看護療養費の支給を受けた者に対し、高額療養費を支給する。
２　[省略]

恩　給　法

[定義]
第２条　本法ニ於テ恩給トハ普通恩給、増加恩給、傷病賜金、一時恩給、扶助料及一時扶助料ヲ謂フ
２　普通恩給、増加恩給及扶助料ハ年金トシ[、]傷病賜金、一時恩給

及一時扶助料ハ一時金トス

[扶助料]　恩給法
第73条　公務員左ノ各号ノ一ニ該当スルトキハ〔、〕其ノ遺族ニハ配偶者、未成年ノ子、父母、成年ノ子、祖父母ノ順位ニ依リ之ニ扶助料ヲ給ス
　一　在職中死亡シ〔、〕其ノ死亡ヲ退職ト看做ストキハ之ニ普通恩給ヲ給スヘキトキ
　二　普通恩給ヲ給セラルル者死亡シタルトキ
２　[以下省略]

[成年の子に対する扶助料]　恩給法
第74条　成年ノ子ハ〔、〕公務員死亡ノ当時ヨリ重度障害ノ状撃ニ在リ且生活資料ヲ得ルノ途ナキトキニ限リ〔、〕之ニ扶助料ヲ給ス

厚生年金保険法

（受給権の保護及び公課の禁止）
第41条　[第1項省略]
　２　租税その他の公課は、保険給付として支給を受けた金銭を標準として、課することができない。ただし、老齢厚生年金については、この限りでない。

国民年金法

（公課の禁止）
第25条　租税その他の公課は、給付として支給を受けた金銭を標準として、課することができない。ただし、老齢基礎年金及び付加年金については、この限りでない。

第3節　保険約款（例）――「養老保険」

※編者注：本編に収録した生命保険約款・その附属規程等は、いずれも大同生命保険株式会社において使用されているもののうち、本書に必要と思われる部分を抜粋し、転載したものです。なお、これらの規定中の［　］は、編者が本書のために任意に付したものであり、この部分及び各条項の脚注（【編者注】）については、同社と関係のないことを予め明示します。

養老保険普通保険約款（例）

※出典：大同生命保険株式会社『養老保険』（平成23年4月作成）

第1条　満期保険金の支払

　　当会社は、次のとおり満期保険金を満期保険金受取人に支払います。

（1）支払事由 (備-1)

　　被保険者が、保険期間満了時まで生存した場合

（2）支払金額

　　満期保険金額

第1条　備考

（備-1）満期保険金を支払う場合をいいます。

養老保険約款

第2条　死亡保険金の支払およびその免責

　　当会社は、次のとおり死亡保険金を死亡保険金受取人に支払います。

（1）支払事由 (備-1)

　　被保険者が、保険期間中に死亡した場合 (備-2)

（2）支払金額

死亡保険金額

　　　ただし、［以下略。編注：戦争、変乱等の場合の死亡保険金支払の特例］

　(3)　免責事由 (備-4)

　　　被保険者が、次の(ア)から(ウ)のどれかによって死亡した場合。この場合、(イ)によって支払事由 (備-1) が発生したときを除き、責任準備金額 (備-3) を保険契約者に支払います。

　　　(ア)〜(ウ)　［省略。編注：死亡保険金を支払わない事由］

第2条　備考

(備-1) 死亡保険金を支払う場合をいいます。

(備-2) 被保険者の生死が不明の場合でも、当会社が死亡したものと認めたときには、死亡保険金を支払います。

(備-3) 当会社が受け取った保険料のうち、この保険契約の将来の保険給付に充てるべきものとして、保険料または保険給付の額を定めるための計算の基礎を用いて計算した金額をいいます。

(備-4) 支払事由 (備-1) が発生した場合でも、当会社が死亡保険金の支払を行わない場合をいいます。

養老保険約款

第3条　高度障害保険金の支払およびその免責

①　当会社は、次のとおり高度障害保険金を高度障害保険金の受取人に支払います【編者注】。

　(1)　支払事由 (備-1)

　　　被保険者が、給付責任開始の日（第8条）以後に発生した傷害または発病した疾病によって、保険期間中に、別表3に定める高度障害状態に該当 (備-2)(備-3) した場合

　(2)　支払金額

　　　死亡保険金と同額を高度障害保険金額とします。

　　　ただし、［以下略。編注：戦争、変乱等の場合の高度障害保険金支払の特例］

　(3)　免責事由 (備-5)

　　　被保険者が、次の(ア)または(イ)によって高度障害状態に該当し

た場合
  (ア)～(イ)　［省略。編注：高度障害保険金を支払わない事由］
② 高度障害保険金の受取人は、次のとおりとします。
  (1) 被保険者。ただし、保険契約者および死亡保険金受取人が同一法人である場合には、死亡保険金受取人とします。
  (2) (1)にかかわらず、保険契約者は、保険契約の申込の際に、被保険者の同意を得て、保険契約者、被保険者または死亡保険金受取人のいずれかを高度障害保険金の受取人として指定することができます。
    また、第30条または第31条の規定により、高度障害保険金の受取人を変更することができます。
  (3) (1)または(2)にかかわらず、被保険者が高度障害保険金の受取人であった場合で、被保険者が、高度障害保険金の支払を請求する前に死亡したときには、死亡保険金受取人とします。
③ 死亡保険金または満期保険金を支払った場合には、その支払後に高度障害保険金の支払の請求を受けても、当会社は、高度障害保険金を支払いません。
  第3条　備考
(備-1) 高度障害保険金を支払う場合をいいます。
(備-2) ［省略］
(備-3) ［省略］
(備-5) 支払事由（備-1）が発生した場合でも、当会社が高度障害保険金の支払を行わない場合をいいます。

【編者注】高度障害保険金の受取人とその課税関係
  ① 高度障害保険金の受取人は、原則として、被保険者である。
  ② 上記①に係わらず、法人が契約者で、かつ、死亡保険金受取人である場合には、何らの手続を要せず、当然に高度障害保険金受取人も、法人となる（本条②(1)）。
  ③ 上記②の場合においても、契約者が所定の手続を経て被保険者

を高度障害保険金の受取人として指定することができる（契約時に限らず、保険事故発生前における変更を含む。本条②(2)参照）。
④　被保険者が高度障害保険金の受取人としてその支払を受ける場合は、保険金額の多寡に係わらず非課税所得となっている。次の⑤以下のことを併せ勘案すると、上記③の取扱いは、課税上、税負担の側面からすると十分に留意して契約又は変更を行うべきものと思われる。
⑤　法人が高度障害保険金の支払を受ける場合には、その保険金の内容を問わず益金とされ、課税所得を構成する。
　　もっとも、その保険金を原資として、退職金の支払をし、又は相当の見舞金等の支出をすることは妨げないが、保険金の取得とこれらの支出とは本来その次元を異にするものであることから、不相当に高額な退職金や見舞金については、その高額である部分の金額は法人の損金とならず、他方、それらの支払を受ける被保険者たる役員又は使用人については、その全額につき退職所得又は給与所得としての課税が生ずる。
⑥　被保険者が高度障害保険金の受取人となってその支払を受ける場合は、その金額の多寡を問わず非課税所得とされる。

養老保険約款

第5条　支払・払込免除の請求、支払時期、支払場所および支払方法の選択

①　保険金^(備-1)の支払事由または保険料の払込の免除事由（第4条）が発生した場合には、保険契約者、被保険者またはその受取人は、遅滞なく当会社に通知してください。
②　その受取人^(備-2)は、すみやかに請求に必要な書類（別表1）を当会社に提出して、その請求をしてください。
③　[省略。編注：会社等を契約者及び保険金受取人、被保険者を従業員とする死亡保険金を、死亡退職金として被保険者の遺族等に支給する場合の、死亡保険金の請求についての特例]

④　保険金 (備-1)(備-5) は、請求に必要な書類が当会社に到着した日の翌日からその日を含めて5営業日以内に、当会社の本店または当会社が窓口として指定した場所で支払います。

⑤～⑧　[省略]

⑨　解約払戻金（第25条）または契約者配当金（第28条）の支払請求があった場合についても、第④項と同様に取り扱います。

⑩　保険金 (備-1) の受取人は、保険金 (備-1)(備-5) を一時金で受け取る方法にかえて、当会社の定める期間の範囲内で、当会社の定めた率の複利による利息を付けて、すえ置いて受け取る方法を選択することができます【編者注】。

　　ただし、すえ置かれる保険金 (備-5) の額が当会社の定める金額以上であることを要します。

第5条　備考

(備-1) 満期保険金（第1条）、死亡保険金（第2条）または高度障害保険金（第3条）をいいます。

(備-2) 保険料の払込の免除の場合は保険契約者とします。

(備-5) 保険金 (備-1) とともに支払われることとなる金額を含みます。

【編者注】据置き保険金と課税関係

　　本条⑩項により、一時払保険金を据置く場合の課税関係については、所基通35-1の編者注1（P559）、法人法22条の解説第2の4（P890）参照。

養老保険約款

第8条　当会社の給付責任の開始および終了

①　保険契約の締結、保険契約の復活または保険契約の復旧の場合（第6・26・37条）には、当会社は、次の日から、給付責任 (備-1) を開始します。

　（1）当会社が保険契約の申込、復活の請求または復旧の請求を承諾した後に、第1回保険料または当会社へ払込を要する金額（第

26・37条）が払い込まれた場合
　(ア) 保険契約の締結の場合
　　　第1回保険料が払い込まれた日
　(イ) 保険契約の復活の場合
　　　当会社への払込を要する金額が払い込まれた日
　(ウ) 保険契約の復旧の場合
　　　当会社への払込を要する金額が払い込まれた日
(2) 第1回保険料または当会社への払込を要する金額に相当する金額が払い込まれた後に、当会社が保険契約の申込、復活の請求または復旧の請求を承諾した場合
　(ア) 保険契約の締結の場合
　　　「第1回保険料に相当する金額が払い込まれた日」と「被保険者についての告知の日」とのいずれか遅い日
　(イ) 保険契約の復活の場合
　　　「当会社への払込を要する金額に相当する金額が払い込まれた日」と「被保険者についての告知の日」とのいずれか遅い日
　(ウ) 保険契約の復旧の場合
　　　「当会社への払込を要する金額に相当する金額が払い込まれた日」と「被保険者についての告知の日」とのいずれか遅い日
② 第①項に規定する給付責任開始の日の取扱いについては、次のとおりとします。
　(1) 保険契約の締結の場合
　　　給付責任開始の日を「契約日」とし、保険期間および保険料払込期間は、契約日を含めて計算します。
　(2) 保険契約の復活の場合
　　　給付責任開始の日を「復活日」とします。
　(3) 保険契約の復旧の場合
　　　復旧による増額部分についての給付責任の開始の日を「復旧日」とします。
③ 当会社は、保険契約が有効に継続している間、保険期間満了時ま

で給付責任 (備-1) を負います。

第8条　備考

(備-1)「給付責任」とは、「満期保険金、死亡保険金もしくは高度障害保険金の支払事由（第1・2・3条）または保険料の払込の免除事由（第4条）が発生した場合に、当会社が、その支払または払込の免除を行う責任」のことをいいます。

養老保険約款

第11条　保険料の払込猶予期間

① 第2回目以後の保険料の払込については、払込期月（第9条）の翌月初日から翌々月の契約日（第8条）の応当日まで (備-1) の猶予期間があります。

② 第①項の払込猶予期間満了の日までに保険料が払い込まれなかった場合 (備-2) には、第14条「保険料の自動貸付による継続払込」の規定によって取り扱います。

　　ただし、第14条の規定による自動貸付が行われない場合には、保険契約は、その払込猶予期間満了の日の翌日から効力を失います。この場合には、第22条「保険契約の失効」の規定によって取り扱います。

第11条　備考

(備-1)「払込期月の基準日」（第9条）が、2月、6月、11月の各末日の場合、その保険料の払込猶予期間はそれぞれ4月、8月、1月の各末日とします。

(備-2) 払込猶予期間満了の日が当会社の営業日でない場合、その翌営業日のまでに保険料が払い込まれたときには、払込猶予期間満了の日までに保険料が払い込まれたものとして取り扱います。

養老保険約款

第14条　保険料の自動貸付による継続払込

① 保険料が払込猶予期間（第11条）満了の日までに払い込まれなかった場合でも、当会社は、払込猶予期間満了の日に、次の(1)または(2)

の金額を自動的に貸し付けて、保険料の払込に充当し、保険契約を有効に継続させます。

　ただし、この自動貸付金に、すでに貸付金（備-1）があるときはその元利合計額を加えた金額が解約払戻金額（第25条）（備-2）をこえる場合、またはあらかじめ保険契約者の反対の申出があった場合には、この自動貸付を行いません。
（1）年払または半年払の保険料の貸付
　　その未払込の保険料に相当する金額
（2）月払の保険料の貸付
　　その未払込の保険料の「払込期月の基準日」（第9条）から「契約日の半年ごとの応当日」（備-3）の前日までの月数分の保険料に相当する金額

② この第14条の自動貸付金の利息は、年8％（半年4％）以下の当会社の定めた利率によって、貸付を行った日の翌日から計算し、次の期間が満了するごとに、元金に繰り入れます。
（1）〔以下省略〕

第14条　備考
（備-1）この第14条の自動貸付金および第38条の現金貸付金をいいます。
（備-2）この場合の解約払戻金額は、その未払込の保険料が自動貸付により払い込まれたものとして計算します。
（備-3）半年払契約の場合の「払込期月の基準日」と同日です。

養老保険約款

第18条　支払事由の発生による保険契約の消滅

　次のどれかに該当した場合には、保険契約は、それぞれその時に消滅します。
（1）被保険者が保険期間満了時まで生存した場合には、保険期間満了時
（2）被保険者が保険期間中に死亡した場合には、被保険者が死亡した時

(3) 被保険者が保険期間中に高度障害状態（第3条）となり、高度障害保険金が支払われた場合には、被保険者が高度障害状態となった時

養老保険約款

第22条　保険契約の失効
① 保険契約が効力を失った後は、当会社は、給付責任（第8条）を負いません。
② 保険契約が効力を失った場合には、保険契約者は、次の(1)または(2)の請求をすることができます【編者注】。
(1) 解約払戻金（第25条）の支払請求
(2) 保険契約の復活（第26条）の請求

【編者注】保険契約が失効した場合の課税関係
保険契約が保険料の不払い等によって失効した場合、
① 法人の課税関係については、6編3章4節の解説第4(2)①（P1235）参照。
② 個人の課税関係については、6編2章5節の解説2（P1202）参照。

養老保険約款

第23条　保険契約者による保険契約の解約
保険契約者は、いつでも、将来に向って保険契約を解約し、解約払戻金（第25条）の支払を請求することができます【編者注】。
この場合、保険契約者は必要書類（別表1）を当会社に提出してください。

【編者注】保険契約を解約した場合の課税関係
保険契約を解約した場合、
① 法人の課税関係については、6編3章4節の解説第2（P1232）

参照。
② 所得税の課税関係については、6編2章5節の解説2（P1202）参照。
③ 贈与税の課税関係については、6編1章4節の解説（P1185）参照。

養老保険約款

第25条　解約払戻金

　　当会社は、保険契約の締結（第6条）の際に、当会社の定める経過年数に応じて計算した解約払戻金額を保険契約者に通知します。

養老保険約款

第26条　失効した保険契約の復活

① 保険契約者は、保険契約が効力を失った日（第11条第②項［保険料払込猶予期間の満了による失効。編注］、第39条第③項［自動貸付金及び契約者貸付金の元利が、解約払戻金を超えることとなる場合等による失効。編注］）からその日を含めて3年以内は、その効力を回復させるため、保険契約の復活の請求（第6条）を行うことができます【編者注】。

　　この場合、保険契約者は必要書類（別表1）を当会社に提出してください。

　　ただし、保険契約者が解約払戻金の支払請求（第22条）を行った後は、保険契約の復活を請求することはできません。

② 当会社が保険契約の復活を承諾した場合には、保険契約者は、当会社の指定した日までに、延滞した保険料（備-1）と年6％の複利による利息との合計額を払い込んでください。

第26条　備考

（備-1）「遅延した保険料」とは、復活した時までにすでに「払込期月の基準日」（第9条）の到来していた未払込の保険料のことをいいます。

【編者注】保険契約が復活した場合の課税関係

　　保険契約が復活した場合、

① 法人の課税関係については、6編3章4節の解説第4(2)②（P1236）参照。
② 個人の課税関係については、6編2章5節の解説5（P1203）参照。

養老保険約款

第27条　契約者配当金の割当

① 当会社は、当会社の定める方法により積み立てた契約者配当準備金の中から、毎事業年度末（毎年3月31日）に、次のそれぞれの場合に契約者配当金を割り当てます。
　(1) 保険契約が、その事業年度末に契約日（第8条）からその日を含めて1年をこえて有効に継続している場合
　(2) 翌事業年度中に保険期間満了となる場合 ^(備-1)
　(3) 翌事業年度中の契約応当日（第9条）以降に死亡保険金または高度障害保険金の支払によって保険契約が消滅する場合
② 第①項の場合のほか、当会社は、保険契約が契約日から所定の年数を経過し、かつ所定の要件を満たした場合にも、契約者配当金を割り当てることがあります。

第27条　備考
（備-1）この保険契約に付加された保険金または給付金の支払その他の給付を行う特約の保険期間が満了となる場合を含みます。

養老保険約款

第28条　契約者配当金の支払

① 第27条第①項(1)の規定によって割り当てた契約者配当金は、その翌事業年度中に次の(1)から(3)の方法のどれかによって支払います【編者注】。
　なお、積み立てられた契約者配当金の支払請求をする場合には、保険契約者は必要書類（別表1）を当会社に提出してください。
　(1) 翌事業年度中の契約応当日（第9条）に有効に継続しているとき、

　　　　および、翌事業年度中の契約応当日にこの保険契約が有効に継続している場合で付加されている給付特約 (備-1) の保険期間が満了するときには、翌事業年度中の契約応当日から、当会社の定めた率の複利による利息をつけて契約者配当金を積み立てておき、保険契約者の支払請求があった場合〔、〕または保険契約が消滅した場合（第18・19・21・22・23条）に、現金で支払います。
　　　　　この場合、その契約応当日の前日までの保険料が払い込まれていることを要します。
　　(2) 翌事業年度中に満期保険金を支払うときには満期保険金とともに、また、払済定期保険の保険期間が満了するときには保険期間満了の日の翌日以後に現金で支払います。
　　(3) 翌事業年度中の契約応当日前に、死亡保険金または高度障害保険金の支払によって消滅するときには、死亡保険金または高度障害保険金とともに現金で支払います。
② 　第27条第①項(2)の規定によって割り当てた契約者配当金は、次の(1)または(2)の方法によって支払います。
　　　なお、(1)および(2)のどちらの場合にも、保険期間満了の日までの保険料が払い込まれていることを要します。
　　(1) 満期保険金を支払うときには満期保険金とともに、また、払済定期保険の保険期間が満了するときには保険期間満了の日の翌日以後に現金で支払います。
　　(2) この保険契約の保険期間中に付加されている給付特約 (備-1) の保険期間が満了するときには、翌事業年度中の契約応当日に、第①項(1)の方法によって支払います。
③ 　第27条第①項(3)の規定によって割り当てた契約者配当金は、死亡保険金または高度障害保険金とともに現金で支払います。
④ 　〔省略〕
⑤ 　第27条第②項の規定よって割り当てた契約者配当金は、当会社の定めた方法によって支払います。
　　　この場合、一時払特殊養老保険の一時払保険料に充当する方法に

よって支払う契約者配当金については、「契約者配当金特殊支払特則」［編注：P1398参照］によるものとします。
⑥　契約者配当金の受取人は、次のとおりとします。
　（1）保険金（備-2）を支払う場合には、その受取人
　（2）その他の場合には、保険契約者
　第28条　備考
（備-1）「給付特約」とは、保険金または給付金の支払その他の給付を行う特約をいいます。
（備-2）満期保険金（第1条）、死亡保険金（第2条）または高度障害保険金（第3条）をいいます。

【編者注】契約者配当金の課税関係
　契約者配当金に関する各税の課税関係は、
①　相続税・贈与税の課税関係については、5編1章1節の解説（P1148）参照。
②　所得税の課税関係については、5編2章1節の解説（P1152）参照。
③　法人税の課税関係については、法基通9-3-8及びその編者注1～6（P1160）参照。

養老保険約款

第29条　保険契約者の変更

①　保険契約者は、被保険者の同意および当会社の承諾を得て、保険契約についての一切の権利義務を第三者に承継させて、その第三者を新たな保険契約者とすることができます【編者注】。
　この場合、保険契約者は必要書類（別表1）を当会社に提出してください。
②　保険契約者を変更した場合には、当会社は、保険証券に変更後の保険契約者を表示します。

【編者注】保険契約者の変更と課税関係

契約者変更に関する各税の課税関係は、
① 相続税・贈与税の課税関係については、6編1章5節の解説2（P1187）参照。
② 所得税の課税関係については、6編2章6節の解説2（P1206）参照。
③ 法人税の課税関係については、6編3章4節の解説第5（P1237）参照。

養老保険約款

第30条 当会社への通知による保険金受取人の変更

① 保険契約者は、保険金（備-1）の支払事由（第1・2・3条）が発生するまでは、被保険者の同意を得たうえで、当会社に対する通知により、保険金受取人（備-2）を変更することができます【編者注】。

ただし、次の場合には、被保険者の同意を要しません。なお、変更後の高度障害保険金の受取人は、保険契約者、被保険者または死亡保険金受取人のいずれかとします。
(1) 満期保険金受取人を変更する場合
(2) 高度障害保険金の受取人を変更する場合で、変更後の高度障害保険金の受取人が被保険者となる場合

② 第①項の規定により、保険金受取人（備-2）を変更する場合、当会社は、保険契約者に手続書類（別表1）の提出を求めます。

③ 第①項の規定により、保険金受取人（備-2）が変更された場合、当会社は、保険証券に変更後の保険金受取人（備-2）を表示します。

④ 第①項の通知が当会社に到達する前に変更前の保険金受取人（備-2）に保険金（備-1）を支払ったときは、その支払後に変更後の保険金受取人（備-2）から保険金（備-1）の請求を受けても、当会社はこれを支払いません。

第30条　備考
（備-1）満期保険金（第1条）、死亡保険金（第2条）または高度障害保険金（第

3条）をいいます。

(備-2) 満期保険金受取人、死亡保険金受取人または高度障害保険金の受取人をいいます。

【編者注】保険金受取人の変更と課税関係
　保険金受取人の変更に関する各税の課税関係は、
① 相続税・贈与税の課税関係については、6編1章5節の解説3（P1188）参照。
② 所得税の課税関係については、6編2章6節の解説1（P1206）参照。
③ 法人税の課税関係については、6編3章4節の解説第5（P1237）参照。

養老保険約款

第31条　遺言による保険金受取人の変更

① 第30条に定めるほか、保険契約者は、保険金(備-1)の支払事由（第1・2・3条）が発生するまでは、法律上有効な遺言により、保険金受取人(備-2)を変更することができます。なお、変更後の高度障害保険金の受取人は、保険契約者、被保険者または死亡保険金受取人のいずれかとします。

② 第①項の保険金受取人(備-2)の変更は、次の場合を除き、被保険者の同意がなければ、その効力を生じません。
　(1) 満期保険金受取人を変更する場合
　(2) 高度障害保険金の受取人を変更する場合で、変更後の高度障害保険金の受取人が被保険者となる場合

③ 第①項および第②項による保険金受取人(備-2)の変更は、保険契約者が死亡した後、保険契約者の相続人が当会社に通知しなければ、これを当会社に対抗することはできません。

④ 第①項および第②項により、保険金受取人(備-2)を変更する場合、当会社は、保険契約者の相続人に手続書類（別表1）の提出を求め

ます。

⑤　第①項および第②項により、保険金受取人 (備-2) が変更された場合、当会社は、保険証券に変更後の保険金受取人 (備-2) を表示します。

第31条　備考

(備-1)　満期保険金（第1条）、死亡保険金（第2条）または高度障害保険金（第3条）をいいます。

(備-2)　満期保険金受取人、死亡保険金受取人または高度障害保険金の受取人をいいます。

養老保険約款

第32条　保険金受取人の死亡

①　保険金 (備-1) の受取人が保険金 (備-1) の支払事由の発生以前に死亡したときは、その法定相続人を保険金 (備-1) の受取人とします。

②　第①項の規定により保険金 (備-1) の受取人となった者が死亡した場合に、この者に法定相続人がいないときは、第①項の規定により保険金 (備-1) の受取人となった者のうち生存している他の保険金 (備-1) の受取人を保険金 (備-1) の受取人とします。

③　第①項または第②項により保険金 (備-1) の受取人となった者 (備-2) が2人以上いる場合、その受取割合は均等とします。

第32条　備考

(備-1)　満期保険金（第1条）、死亡保険金（第2条）または高度障害保険金（第3条）をいいます。

(備-2)　第①項および第②項の規定により保険金 (備-1) の受取人となった者が死亡し、第①項および第②項の規定によりあらたに保険金 (備-1) の受取人となった者を含みます。

養老保険約款

第33条　保険期間・保険料払込期間の短縮

①　保険契約者は、当会社の承諾を得て、保険期間および保険料払込期間を短縮することができます。この場合、保険契約者は必要書類

（別表１）を当会社に提出してください。
　　ただし、短縮後の保険期間および保険料払込期間が当会社の定めた取扱範囲外となる場合には短縮することができません。
② 　保険期間および保険料払込期間を短縮した場合には、次のとおりとします【編者注】。
　(1) 当会社の定めた方法によって計算した金額を次のとおり精算します。
　　(ｱ) 払い戻す金額がある場合には、保険契約者に払い戻します。
　　(ｲ) 当会社への払込を要する金額がある場合には、保険契約者は、当会社の指定した日までに払い込むことを要します。
　(2) 保険料は、次回払込期月（第４条）からあらためます。
　(3) 保険契約者に保険期間および保険料払込期間を短縮したことを通知します。

【編者注】保険期間の短縮等があった場合の課税関係
　　保険期間の短縮等により、精算金の支払があった場合、
　① 　相続税・贈与税の課税関係については、６編１章４節の解説（P1185）参照。
　② 　所得税の課税関係については、６編２章５節の解説４（P1203）参照。
　③ 　法人税の課税関係については、６編３章４節の解説第３（P1234）参照。

養老保険約款

第34条　保険金額の減額
① 　保険契約者は、満期保険金額および死亡保険金額を減額することができます。
　　ただし、減額後の満期保険金額および死亡保険金額が当会社の定めた金額に満たない場合には、減額することはできません。
② 　満期保険金額および死亡保険金額を減額した場合には、次のとお

りとします【編者注】。
(1) 減額部分は解約されたものとし、その解約返戻金（第25条）を保険契約者に支払います。
(2) 保険料は、減額後の満期保険金額および死亡保険金額によって、次回払込期月（第4条）からあらためます。
(3) 保険契約者に満期保険金額および死亡保険金額を減額したことを通知します。

【編者注】保険金額の減額があった場合の課税関係

保険金額（満期保険金額及び死亡保険金額）の減額により、解約払戻金の支払があった場合、
① 相続税・贈与税の課税関係については、6編1章4節の解説（P1185）参照。
② 所得税の課税関係については、6編2章5節の解説3（P1202）参照。
③ 法人税の課税関係については、6編3章4節の解説第1（P1229）参照。

養老保険約款

第35条　払済養老保険への変更

① 保険契約者は、保険料払込期間中、当会社の承諾を得て、次回払込期月（第4条）以後の保険料を払い込まないこととし、保険契約を次の(1)から(3)に規定する内容の払済養老保険に変更することができます【編者注1】。この場合、保険契約者は必要な書類（別表1）を当会社に提出してください。

ただし、変更後の満期保険金額および死亡保険金額が当会社の定めた金額に満たない場合には、変更することができません。

(1) 保険種類は、この保険契約［変更前の保険契約。編注］と同種類で、満期保険金額と死亡保険金額とを同額とする養老保険とします【編者注2】。

(2) 保険期間は、変更前の保険契約の保険期間の残存期間とします。

(3) 満期保険金額および死亡保険金額は、次の(ア)および(イ)の合計額によって計算した金額にあらためます。

　　この場合、自動貸付金（第14条）または現金貸付金（第38条）があったときには、その元利合計額を(ア)および(イ)の合計額から差し引いて計算します。

(ア) 変更前の保険契約の解約払戻金額（第25条）【編者注3】

(イ) 未経過保険料（第9条第④項）

② 払済養老保険に変更した場合には、保険契約者に払済養老保険に変更したことを通知します。

【編者注1】払済養老保険への変更があった場合の課税関係

　従前の保険契約を払済養老保険に変更した場合、

① 相続税・贈与税の課税関係については、6編1章3節の解説（P1182）参照。

② 所得税の課税関係については、6編2章4節の解説（P1199）参照。

③ 法人税の課税関係については、6編3章3節（P1217）参照。

【編者注2】変更前契約が特約付のものである場合

　定期特約その他の給付特約が付されている養老保険を払済養老保険に変更する場合には、定期特約等の給付特約は変更時に消滅する。

　消滅する定期特約等に係る解約払戻金がある場合には、その金額は本条①項(3)の解約払戻金に含められる。

【編者注3】変更前の保険契約に係る積立配当金

　本条による払済養老保険に変更した場合、保険実務上、変更前の契約に係る積立配当金等の額（変更時の残額）は本条1項(3)の解約払戻金には算入されず、変更後の保険にそのまま承継されるようである。

　なお、変更前契約が特約付のもので、その特約に係る積立配当金が存する場合には、保険実務上、変更時にその金額の全部を契約者に現金で支払い、清算するようである。

(注) 払済保険（払済養老保険・払済定期保険）への変更については、保険契約の転換の場合におけるような特別配当（契約転換に関する特約３条・P1402参照）の割当はないとされている。

養老保険約款

第36条　払済定期保険への変更

① 保険契約者は、保険料払込期間中、当会社の承諾を得て、次回払込期月（第４条）以後の保険料を払い込まないこととし、保険契約を次の(1)から(4)に規定する内容の払済定期保険に変更することができます【編者注１】。この場合、保険契約者は必要書類（別表１）を当会社に提出してください。

　　ただし、変更後の保険期間が１年に満たない場合には、変更することはできません。

(1) 保険種類は、第２条に規定する死亡保険金または第３条に規定する高度障害保険金を支払う定期保険とします【編者注２】。

(2) 死亡保険金額は、変更前の保険契約の死亡保険金額^(備-1)と同額とします【編者注３】。

　　ただし、自動貸付金（第14条）または現金貸付金（第34条）があった場合には、その元利合計額を差し引いた金額とします。

(3) 保険期間は、次の(ア)および(イ)の合計額によって計算した期間とします。

　　この場合、自動貸付金（第14条）または現金貸付金（第38条）があったときには、その元利合計額を(ア)および(イ)の合計額から差し引いて計算します。

　(ア) 変更前の保険契約の解約払戻金額（第25条）【編者注４】

　(イ) 未経過保険料（第９条第④項）

(4) (3)に規定する保険期間は、変更前の保険契約の保険期間の残存期間を限度とします。

　　この場合、解約払戻金に残額があるときには、(1)にかかわらず、その残額によって生存保険金額を計算し、被保険者が保険期

間満了まで生存した場合に、この生存保険金額を満期保険金として満期保険金受取人に支払います。
② 払済定期保険に変更した後は、保険契約者に対する現金貸付（第38条）は行いません。
③ 払済定期保険に変更した場合には、保険契約者に払済定期保険に変更したことを通知します。

第36条　備考
(備-1)　この保険契約に定期特約を付加した場合には、定期特約の特約死亡保険金額を含みます。

【編者注1】延長保険
　本条による払済定期保険を、一般に延長保険と呼んでいる。

【編者注2】払済定期保険(延長保険)への変更があった場合の課税関係
　従前の保険契約を払済定期保険（延長保険）に変更した場合、
① 相続税・贈与税の課税関係については、6編1章3節の解説（P1182）参照。
② 所得税の課税関係については、6編2章4節の解説（P1199）参照。
③ 法人税の課税関係については、6編3章3節に掲げる個別通達［延長保険に変更した場合］（P1224）参照。

【編者注3】変更前契約が特約付のものである場合
　定期特約その他の給付特約が付されている養老保険を払済定期保険に変更する場合には、定期特約等の給付特約は変更時に消滅する。消滅する定期特約等に係る解約払戻金がある場合には、その金額は本条①項(3)の解約払戻金に含められる。

【編者注4】変更前の保険契約に係る積立配当金
　本条による払済定期保険に変更した場合、保険実務上、変更前の契約に係る積立配当金等の額（変更時の残額）は本条1項(3)及び(4)の解約払戻金には算入されず、変更後の保険にそのまま承継されるようである。

なお、変更前契約が特約付のもので、その特約に係る積立配当金が存する場合には、保険実務上、変更時にその金額の全部を契約者に現金で支払い、清算するようである。
(注) 払済保険（払済養老保険・払済定期保険）への変更については、保険契約の転換の場合におけるような特別配当（契約転換に関する特約3条・P1402参照）の割当はないとされている。

養老保険約款

第37条　払済の保険への変更後の元の保険契約への復旧

① 保険契約者は、保険契約を払済養老保険（第35条）または払済定期保険（第36条）に変更した日からその日を含めて2年以内は、被保険者の同意を得て、元の保険契約への復旧の請求（第6条［復旧請求の手続等。掲載省略。編注］）をすることができます【編者注1、2】。この場合、保険契約者は必要書類（別表1）を当会社に提出してください。

② 当会社が第①項の請求を承諾した場合には、保険契約者は、当会社の指定した日までに、次の(1)および(2)の金額を払い込んでください。

(1) 払済養老保険又は払済定期保険に変更した時から、元の保険契約に復旧した時までの未払込の保険料とこれに対する年6％の複利による利息の合計額

(2) 払済養老保険または払済定期保険に変更した時に自動貸付金（第14条）または現金貸付金（第38条）があった場合には、その時の元利合計額とこれに対するその時から元の契約に復旧した時までの年6％の複利による利息の合計額

【編者注1】復旧の意義等
　　契約の復旧とは、保険契約を払済養老保険又は払済定期保険（いわゆる延長保険）に変更した後、更に変更前の元契約に戻すというものである。

復旧した元契約は、復旧の前後を通じて保険契約の内容等が全く同一のものとなる。

　元契約に未納保険料及び貸付金があった場合には、払済養老保険又は払済定期保険への変更時に、これらの債務はその時の解約払戻金に相当する金額をもって清算され、弁済により存在しない状態になっている。

　契約を復旧するには、解約払戻金の額も変更前の状態に復す必要があり、このため変更時に貸付金等の清算に充当された金額がある場合には、その金額を補てんすることになる。この補てんのための支払後においては、元契約に係る貸付金等の金額は存しない契約となる。

【編者注2】払済保険を復旧した場合の課税関係

　払済保険を元契約に復旧した場合の法人税の課税関係については、法基通9-3-7の2の編者注6（P1222）参照。

給付特約付加に関する特則（例）

［編注：普通保険約款の特則］

第1条　この特則の適用

① この特則は、主契約に、給付特約を付加する場合の取扱について規定したものです。

② 給付特約を付加した場合、付加した給付特約またはこの特則に特に規定のない事項については、次のとおりとします。

(1) 主約款の保険料の自動貸付による継続払込、保険契約者に対する現金貸付および貸付金の返済ならびに契約者配当金の割当および支払の規定については、「付加した給付特約を含んだ保険契約」として、主約款の規定を適用します。

(2) (1)による場合のほかは、その性質に反しない限り、主約款の規定を準用します。

給付特約特則

第2条　給付特約の付加等

① 保険契約者は、主契約の締結の際に、給付特約の被保険者の同意および当会社の承諾を得て、当会社の定めた給付特約を主契約に付加して締結することができます。

② 第①項に定めるほか、保険契約者は、主契約の締結の後に、給付特約の被保険者の同意および当会社の承諾を得て、次の給付特約を主契約に付加して締結することができます。

　この場合、保険契約者は必要書類（別表）を当会社に提出してください。なお、主契約の締結の後に、給付特約を付加した場合には、保険証券を交付する代わりに、保険契約者にその給付特約の種類、給付基準額（第14条）、保険期間および保険料を記載した書面を交付します。

(1)　保険料払込免除特約
(2)　無配当災害割増特約
(3)　無配当傷害特約
(4)　無配当総合医療特約
(5)　無配当入院初期割増給付特約

③ ［以下省略］

給付特約特則

第7条　給付特約の保険料の払込

① 給付特約の保険料払込方法が一時払込以外の場合、主約款に規定するほか、給付特約の保険料の払込については、次のとおりとします。

(1) 主契約の保険料払込期間中は、主約款の保険料の払込の規定により、主契約の保険料とともに払い込んでください。

(2)［省略］

(3) 給付特約の保険料払込期間中に給付特約だけの保険料が払い込まれなかった場合には、特約は、保険料払込猶予期間満了の日の翌日から、将来に向って解約されたものとします。

(4) ［以下省略］

給付特約特則

第11条　給付特約の解除・無効・取消・失効・消滅
① 　第4条「告知義務違反による給付特約の解除および保険金等の不支払等」、第9条「重大事由による給付特約の解除および保険金等の不支払等」および第10条「詐欺による給付特約の取消または不法取得目的による給付特約の無効」のほか、主契約が解除された場合、主契約が無効となりもしくは効力を失った場合または主契約が取り消された場合には、給付特約も同時に解除され、無効となりもしくは効力を失いまたは取り消されます。
② 　次の(1)または(2)の場合には、給付特約は、同時に消滅します。
(1) 主契約が消滅した場合。

　　この場合、主契約が死亡保険金または死亡給付金の支払についての免責事由［死亡保険金を支払わない事由。編注］に該当し、かつ主契約の責任準備金を支払うときには、当会社は、給付特約の責任準備金(備-1)を主契約の責任準備金とともに支払います。

　　また、主契約の消滅に際して主契約の解約払戻金を支払う場合、給付特約に解約払戻金があるときには、当会社は、給付特約の解約払戻金を主契約の解約払戻金とともに支払います。

　　ただし、主契約の被保険者以外の人を被保険者とする給付特約については、その給付特約に特に規定する場合、その給付特約は消滅しません。
(2) 主契約が払済養老保険、払済終身保険、払済定期保険その他の保険料払込済の保険に変更された場合。

　　この場合、変更後の主契約の保険金額もしくは年金年額または保険期間の計算において、給付特約の解約払戻金を主契約の解約払戻金に加算して計算します。
③ ［以下省略］
　　第11条　備考

(備-1)〔省略〕

給付特約特則

第16条　給付特約にもとづく給付金の受取人の指定および変更

① 　給付特約を付加した場合、給付特約にもとづく給付金^(備-1)の受取人は、主契約の高度障害保険金、高度障害給付金または介護年金の受取人に指定されたものとします。なお、給付特約にもとづく給付金^(備-1)の受取人をこれ以外の者に指定または変更することはできません【編者注】。

② 　主契約の高度障害保険金、高度障害給付金または介護年金の受取人を変更した場合、変更後の主契約の高度障害保険金、高度障害給付金または介護年金の受取人を、給付特約にもとづく給付金^(備-1)の受取人とします。なお、給付特約にもとづく給付金^(備-1)の受取人をこれ以外の者に変更することはできません。

③ 　主契約が個人年金保険の場合、定期特約の特約高度障害保険金の受取人について、第①項および第②項の規定は適用しません。

　　第16条　備考
　　(備-1)　給付特約の被保険者の死亡または生存を支払事由とする保険金または給付金を除きます。

【編者注】本条の趣旨等

① 　各給付特約に定める給付金受取人は、主契約の高度障害保険金、高度障害給付金又は介護年金の受取人と同一人となる。
　　(注)　高度障害保険金とは、被保険者が所定の高度障害状態となった場合に支払われるもの（死亡保険金と同額）（養老保険約款(例)3条・P1367参照）。

② 　主契約の高度障害保険金受取人は、次のようになる（養老保険約款(例)3条②項・P1368参照）。
　　ⅰ　原則として、被保険者。
　　ⅱ　保険契約者及び死亡保険金受取人が、同一の法人である場合

には、上記ⅰに係らず死亡保険金受取人（法人）となる。
　　（注）上記ⅰ及びⅱの場合には、何らの手続きを要せず、当然にそのようになる。
ⅲ　保険契約者は、予め被保険者の同意を得て、保険契約者、被保険者、死亡保険金受取人のいずれかを高度障害保険金の受取人として指定することができる（指定の変更を含む）。
　　（注）この場合には、約款所定の手続きを要する。
③　例えば、法人契約の養老保険で、死亡保険金受取人が契約者である法人の場合には、高度障害保険金の受取人は当然にその法人となるので、本特則16条により、各特約の給付金の受取人もその法人となるものと考えられる。
④　例えば、法人契約の養老保険で、死亡保険金受取人を法人とし、高度障害保険金の受取人を被保険者とする指定を行った場合（上記③ⅲ参照）には、主契約上、高度障害保険金の受取人を「指定」しているのであるから、本特則16条の「高度障害保険金…の受取人に指定されたものとします」の規定により、各特約の給付金受取人は被保険者になるものと考えられる。
⑤　保険実務における本条の取扱いは、課税上重要な影響の生ずることがある。
　　つまり、本特則2条②項各号に掲げる給付特約に係る給付金を、被保険者が保険会社から直接支払を受ける場合には、金額の多寡に係わらず、非課税所得となる。
　　他方、法人がこれらの特約給付金の受取人となっている場合には、その支払を受ける給付金は法人の益金となる。
　　この場合、その支払われた給付金を原資として法人が見舞金等を支出することは妨げないが、支出した見舞金が福利厚生費等として損金とされる額については、社会通念上相当な額に限られるという実務上の取扱いに留意する必要があろう。このことの詳細については、法人法22条の解説第5、第6（P897以降）参照。

保険料口座振替特則(例)

［編注：普通保険約款の特則］

第1条　契約日の取扱

　保険料月払の保険契約の締結の際に、保険契約者が、保険料の払込方法〈経路〉として、指定金融機関の口座振替により払い込む方法を選択した場合には、主約款の契約日についての規定を適用しないで、次の(1)および(2)のとおりとします。

(1) 契約日は、主約款に規定する保険契約の締結の際の給付責任開始の日（備-1）［編注：例えば、養老保険約款(例)8条②項(1)に掲げる給付責任が開始されるべき日・P1371参照］の属する月の翌月1日とし、年齢および保険期間その他保険契約についての期間は、その日［翌月1日。編注］を基準として計算します。

(2) (1)の場合でも、その給付責任開始の日（備-1）［上記(1)に掲げる給付責任が開始されるべき日。編注］から契約日［上記(1)に規定する翌月1日。編注］の前日までの間に、主約款に規定する保険金、給付金もしくは年金の支払事由（備-2）または保険料の払込の免除事由が発生したときには、その給付責任開始の日（備-1）［上記(1)に掲げる給付責任が開始されるべき日。編注］から給付責任を開始するものとし、その日［上記(1)に掲げる給付責任が開始されるべき日。編注］を契約日にあらためます。

　この場合には、年齢および保険期間その他保険契約についての期間は、その日［あらたに契約日とされた日。編注］を基準として再計算し、保険料の過不足金額を精算します【編者注1、2】。

第1条　備考

(備-1) 保険契約が、がん医療保険の場合には、普通死亡の給付責任開始の日、無配当重大疾病保障保険の場合には、がん以外の給付責任開始の日とします。

(備-2) 保険契約が、がん医療保険の場合には、普通死亡保険金の支払事由とします。

【編者注1】本条の趣旨
① 保険約款に定めるところによれば、原則として、保険約款に規定する給付責任開始の日と保険契約の契約日とは同日となっている（例えば、養老保険約款(例)8条②・P1371参照）。

　ところで、月払の保険料を口座振替の方法によって払い込む契約の場合には、契約日と保険約款に定める給付責任開始の日となるべき日とが異なることになっている（この特則の適用がある場合の契約日は、常に、給付責任開始の日となるべき日の属する月の翌月1日付となる）。

(注) 後掲の「団体扱特約」、「集団扱特約」の場合には、保険料の支払方法が月払であるかどうかに拘わらず、原則として、本①と同様の取扱いになっている。しかし、契約日の取扱い（それぞれの特約の2条参照）については、団体又は集団と特別の取決めを交わすことができ、その取決めがある場合はそれに拠ることとなっている（それぞれの特約の9条参照）。

② この効果は、保険料の計算期間の開始、年齢、保険期間等の期間の計算は、契約日を基準として行うというものである。
③ 本条(2)の趣旨は、一定の条件を満たす場合には、この特則による契約日を結果的に保険約款に定める給付責任開始の日と同日とすることに改めるというものである（つまり、保険約款に規定する原則に戻すのと同様の効果が生ずる）。

　その条件は、保険約款に定める給付責任開始の日（例えば、養老保険約款(例)8条②・P1371参照）とされるべき日から、本条による契約日（給付責任開始の日とされるべき日の翌月1日）の前日までの間に保険事故の発生があった場合である。

【編者注2】本条と法基通2-2-12との関係
　本条の適用がある場合における第1回目の保険料の損金算入時期については、法基通2-2-12の編者注(1)②（P1029）参照。

口座振替特則

第3条　保険料の払込

① 　保険料は、主約款の保険料払込の規定［編注：例えば、定期保険約款（例）8条・P1425参照］にかかわらず、当会社の定めた日を振替日^(備-1)として、指定口座から、保険料相当額を当会社の口座に振り替えることによって、当会社に払い込まれるものとします。

② 　第①項の場合には、振替日に保険料の払込があったものとします。

③ 　［以下省略］

　第3条　備考

(備-1) 振替日について、当会社の定めた日が指定金融機関の休業日に該当する場合には、翌営業日を振替日とします。

団体扱特約（例）

［編注：普通保険約款の特約］

第1条　特約の適用範囲

① 　この特約は、次の(1)または(2)の保険契約の保険契約者からこの特約の付加の申出があった場合に適用します。

(1) 官公署、会社、工場等の団体（以下、「団体」といいます。）に所属し、団体から給与（役員報酬を含みます。以下、同様とします。）の支払を受ける団体員(以下「団体員」といいます。)を保険契約者とするもの(以下、「個別保険契約」といいます。)

(2) 団体を保険契約者とし、団体員を被保険者とするもの（以下、「事業保険契約」といいます。）

② 　前項の団体は、この特約を付加した保険契約の取扱い等について当会社と団体扱契約を締結した団体であることを要します。

団体扱特約

第2条　契約日の取扱

　　　この特約を付加して締結した保険契約の契約日は、普通保険約款（給付を行う特約が付加されている場合には、その特約条項を含みます。以下、

「主約款」といいます。）の契約日についての規定を適用しないで、次の(1)および(2)のとおりとします。
(1) 契約日は、主約款に規定する保険契約の締結の際の給付責任開始の日［編注：例えば、養老保険約款(例) 8 条②項(1)に掲げる給付責任が開始されるべき日・P1371参照］（保険契約が、がん医療保険の場合には、普通死亡の給付責任開始の日、無配当重大疾病保障保険の場合には、がん以外の給付責任開始の日とします。以下、同様とします。）の属する月の翌月1日とし、年齢および保険期間その他保険契約についての期間は、その日［翌月1日。編注］を基準として計算します。
(2) (1)の場合でも、その給付責任開始の日［上記(1)に掲げる給付責任が開始されるべき日。編注］から契約日［上記(1)に規定する翌月1日。編注］の前日までの間に、主約款に規定する保険金、給付金もしくは年金の支払事由（保険契約が、がん医療保険の場合には、普通死亡保険金の支払事由とします。）または保険料の払込の免除事由が発生したときには、その給付責任開始の日［上記(1)に掲げる給付責任が開始されるべき日。編注］から給付責任を開始するものとし、その日［上記(1)に掲げる給付責任が開始されるべき日。編注］を契約日にあらためます。
　この場合には、年齢および保険期間その他保険契約についての期間は、その日［あらたに契約日とされた日。編注］を基準として再計算し、保険料の過不足金額を精算します【編者注】。

【編者注】
　本条については、保険料口座振替特則1条の編者注1及び2（P1394）参照。

団体扱特約
第9条　団体との取りきめによる取扱
　契約日の取扱（第2条）、保険料の払込（第4条）、契約者配当金の支払（第7条）またはその他の事項について、当会社と団体とが特に

別の取りきめを行った場合には、その取り決めによるものとします。

集団扱特約（例）

[編注：普通保険約款の特約]

第1条　特約の適用範囲

① この特約は、次の(1)または(2)の保険契約の保険契約者からこの特約の付加の申出があった場合に適用します。

(1) 官公署、会社、工場等の団体または組合、連合会、同業団体等の集団（以下、「集団」といいます。）に所属する集団員（以下「集団員」といい、集団員が会社等である場合には、その集団員の役職員を含むものとします。）を保険契約者とするもの（以下、「個別保険契約」といいます。）

(2) 集団または集団の代表者を保険契約者とし、集団員（その親族または使用人を含みます。）を被保険者とするもの（以下、「事業保険契約」といいます。）

② 前項の集団は、この特約を付加した保険契約の取扱等について当会社と集団扱契約を締結した集団で、かつ次の(1)および(2)の条件を満たす集団であることを要します。

(1) 保険料の一括払込が可能であること

(2) 個別保険契約の保険契約者の数または事業保険契約の被保険者の数が10名以上

第2条　契約日の取扱

　　この特約を付加して締結した保険契約の契約日は、普通保険約款（給付を行う特約が付加されている場合には、その特約条項を含みます。以下、「主約款」といいます。）の契約日についての規定を適用しないで、次の(1)および(2)のとおりとします。

(1) 契約日は、主約款に規定する保険契約の締結の際の給付責任開始の日［編注：例えば、養老保険約款（例）8条②項(1)に掲げる給付責任が開始されるべき日・P1371参照］（保険契約が、がん医療保険の場合には、

普通死亡の給付責任開始の日、無配当重大疾病保障保険の場合には、がん以外の給付責任開始の日とします。以下、同様とします。）の属する月の翌月１日とし、年齢および保険期間その他保険契約についての期間は、その日［翌月１日。編注］を基準として計算します。

(2)　(1)の場合でも、その給付責任開始の日［上記(1)に掲げる給付責任が開始されるべき日。編注］から契約日［上記(1)に規定する翌月１日。編注］の前日までの間に、主約款に規定する保険金、給付金もしくは年金の支払事由（保険契約が、がん医療保険の場合には、普通死亡保険金の支払事由とします。）または保険料の払込の免除事由が発生したときには、その給付責任開始の日［上記(1)に掲げる給付責任が開始されるべき日。編注］から給付責任を開始するものとし、その日［上記(1)に掲げる給付責任が開始されるべき日。編注］を契約日にあらためます。

　　この場合には、年齢および保険期間その他保険契約についての期間は、その日［あらたに契約日とされた日。編注］を基準として再計算し、保険料の過不足金額を精算します【編者注】。

【編者注】
　　本条については、保険料口座振替特則１条の編者注１及び２(P1394)参照。

集団扱特約

第９条　集団との取りきめによる取扱
　　契約日の取扱（第２条）、保険料の払込（第４条）、契約者配当金の支払（第７条）またはその他の事項について、当会社と集団とが特に別の取りきめを行った場合には、その取り決めによるものとします。

契約者配当金特殊支払特則(例)

［編注：普通保険約款の特則］

《用語の定義》

この特則で用いる用語の定義については次のとおりです。
(1)、(2)［省略］
(3)「買増契約」とはこの特則により主契約に付加する一時払特殊養老保険をいいます。

第1条　契約者配当金による一時払特殊養老保険の買増

① 当会社は、所定の条件を満たす保険契約に対して、当会社が特別に割り当てた契約者配当金を、その割り当てられた事業年度の翌事業年度中に始まる保険年度の契約応当日に、保険契約が有効に継続している場合に、主契約に付加する買増契約の一時払保険料に充当する方法によって支払うことがあります。なお、この買増契約を付加する場合、保険証券は交付しません。

② 買増契約の内容は、次のとおりとします。

(1) 保険種類は、満期保険金と死亡保険金を同額とする養老保険とします。

(2) 給付責任開始の日は、契約者配当金を一時払保険料に充当した契約応当日とし、保険期間は、その日から主契約の保険期間満了の日（備-1）までとします。

(3) 保険契約者、被保険者、満期保険金受取人、死亡保険金受取人、高度障害保険金の受取人および高度障害給付金の受取人は、それぞれ主契約の場合と同一人とします。

ただし、主契約が終身保険または生存給付金付終身保険の場合には、満期保険金受取人は、主契約の保険契約者とします。なお、満期保険金受取人、死亡保険金受取人、高度障害保険金の受取人および高度障害給付金の受取人をこれ以外の者に指定または変更することはできません。

第1条　備考

（備-1）主契約が終身保険または生存給付金付終身保険の場合には、当会社の定める日とします。

配当金支払特則

第6条　買増契約の払戻金
① 買増契約の払戻金は、主契約が消滅し、かつ主契約の払戻金を支払う場合に限り同時に保険契約者に支払います。
② 主契約について「保険料の自動貸付」または「保険契約者に対する現金貸付」が行われる場合でも、その際の払戻金には、買増契約の払戻金は含みません。

配当金支払特則

第7条　買増契約の契約者配当金
この買増契約については、契約者配当金はありません。

契約転換に関する特約(例)

［編注：普通保険約款の特約］

《この特約の内容》
　この特約は、保険契約者の保険設計上の必要性の変化に応じて、すでに締結されている1また2以上の保険契約を新たな保険契約に転換する場合の取扱いについて規定したものです。

第1条　特約の付加および契約の転換
① 保険契約者は、当会社の定めた取扱基準によって、新たな保険契約（以下、「新契約」といいます。）の締結の際に、この特約［契約転換に関する特約。編注］を新契約に付加して締結することができます。
② この特約を付加した場合には、契約者は、被保険者の同意および当会社の承諾を得て、有効に継続中の1または2以上の他の保険契約（配当契約または特約が付加されている場合には、それらを含みます。以下、「旧契約」といいます。）を新契約に転換することができます。

契約転換特約

第2条　転換される旧契約の取扱

新契約に転換される旧契約については、次の(1)から(4)によって取り扱います。
(1) 旧契約の契約者および被保険者は、それぞれ新契約の契約者および被保険者と同一人であることを要します。
(2) 当会社が新契約の申込を承諾した場合には、旧契約は新契約の普通保険約款（特約が付加されている場合には、その特約条項を含みます。以下、「約款」といいます。）に規定する給付責任の開始と同時に消滅します。
(3) 旧契約の転換価格は、当会社の定めた方法により、新契約の責任準備金等に充当します。
(4) (3)の旧契約の転換価格は、次の(イ)から(ホ)の金額の合計額とします。
　　ただし、保険料の自動貸付金、契約者に対する現金貸付金その他契約が消滅した場合に当会社へ返済することとなる金額があった場合〔、〕または「払込期月の基準日」の到来した未払込の保険料があった場合には、その元利合計額または未払込の保険料を差し引いた残額とします。
　(イ) 責任準備金
　(ロ) 旧契約の約款の規定により割り当てられた契約者配当金（積み立てられた契約者配当金または保険料から差し引かれていない契約者配当金の残額を含みます。）および第3条の規定によって割り当てられた契約者配当金
　(ハ) 旧契約の普通保険約款に、保険契約が消滅する際に未経過保険料を払い戻すことが定められている場合には、その未経過保険料
　(ニ) 保険料前納金の残額
　(ホ) その他当会社に積み立てられた金額の元利合計額（その受取人が契約者と同一人の場合に限ります。）

第3条 旧契約の契約者配当金の特別取扱

当会社は、旧契約の約款に定めるほか、旧契約に対して、新契約の給付責任開始の日の直前の事業年度末に、当会社の定める方法により、契約者配当金を割り当てます、ただし、旧契約に契約者配当金がない場合を除きます。

【編者注1】生命保険契約の転換の概要

生命保険契約の転換とは、概ね次のようなことをいう。
① 保障額の見直しと同時に、保険の種類、期間、付加する特約等を総合的に変更することができる。
② 現在の、保険会社との保険契約を解約することなく、旧契約の責任準備金（一般的に言えば、その保険契約に係る解約払戻金に相当する金額）や配当金（積立配当金の残額、本特約3条に規定する配当金等）などを転換価格として、新契約（転換後契約）の保険料の一部に充当する。
③ 旧契約は、新契約の給付責任の開始と同時に消滅する。
④ 転換時における被保険者の年齢・保険料率等によって新契約の保険料を計算し、転換価格の充当によって割り引かれた後の保険料を新契約の保険料とする。
⑤ 旧契約の契約者及び被保険者と、新契約の契約者及び被保険者とは同一であること。
⑥ 契約転換に際しては、原則として、転換時に転換前契約に対し特別配当金を割り当て、その額を転換価格に算入する。

【編者注2】契約転換と課税関係

生命保険契約を転換した場合の課税関係は、
① 贈与税の課税関係については、相基通5-7の編者注2（P1175）参照。
② 所得税の課税関係については、6編2章2節の解説（P1193以降）参照。

③ 法人税の課税関係については、法基通9-3-7の編者注4（P1212）参照。

養老保険普通保険約款　定期特約（例）

第1条　特約死亡保険金の支払

当会社は、次のとおり特約死亡保険金を主契約の死亡保険金受取人に支払います。なお、主契約の死亡保険金受取人以外の者を特約死亡保険金の受取人として指定または変更することはできません。

（1）支払事由（備-1）

被保険者が、この特約の保険期間中に死亡した場合（備-2）

（2）支払金額

特約死亡保険金額

ただし、［以下略。編注：戦争、変乱等の場合の死亡保険金支払の特例］

（3）免責事由（備-4）

被保険者が、次の(ア)から(ウ)のどれかによって死亡した場合。この場合、(イ)によって支払事由（備-1）が発生したときを除き、**責任準備金額**（備-3）を保険契約者に支払います。

(ア)～(ウ)　［省略。編注：死亡保険金を支払わない事由］

第1条　備考

（備-1）特約死亡保険金を支払う場合をいいます。

（備-2）被保険者の生死が不明の場合でも、当会社が死亡したものと認めたときには、特約死亡保険金を支払います。

（備-3）［省略］

（備-4）支払事由（備-1）が発生した場合でも、当会社が特約死亡保険金の支払を行わない場合をいいます。

定期特約

第2条　特約高度障害保険金の支払

① 当会社は、次のとおり特約高度障害保険金を主契約の高度障害保

険金の受取人に支払います。なお、主契約の高度障害保険金の受取人以外の者を特約高度障害保険金の受取人として指定または変更することはできません。

(1) 支払事由 ^(備-1)

被保険者が、この特約の給付責任開始の日以後に発生した傷害または発病した疾病によって、この特約の保険期間^(備-2)中に別表2に定める高度障害状態に該当^{(備-3)(備-4)}した場合

(2) 支払金額

特約死亡保険金と同額を特約高度障害保険金額とします。

ただし、［以下略。編注：戦争、変乱等の場合の死亡保険金支払の特例］

(3) 免責事由 ^(備-6)

被保険者が、次の(ア)または(イ)によって高度障害状態に該当した場合

(ア)～(イ) ［省略。編注：高度障害保険金を支払わない事由］

② 特約高度障害保険金を支払った場合には、この特約は、被保険者が高度障害状態となった時にさかのぼって消滅します。

③ 特約死亡保険金を支払った場合には、その支払後に特約高度障害保険金の支払の請求を受けても、当会社は、特約高度障害保険金を支払いません。

第2条　備考

(備-1) 特約高度障害保険金を支払う場合をいいます。

(備-2) この特約を更新した場合には、更新後の保険期間を含みます。

(備-3) ［省略］

(備-4) ［省略］

(備-6) 支払事由^(備-1)が発生した場合でも、当会社が特約高度障害保険金の支払を行わない場合をいいます。

養老保険普通保険約款　**無配当災害割増特約**(例)

第1条　災害死亡保険金の支払

① 当会社は、次のとおり災害死亡保険金を災害死亡保険金の受取人に支払います。
(1) 支払事由 (備-1)
被保険者が、この特約の保険期間 (備-2) 中に、次の(ア)または(イ)に該当した場合
(ア) この特約の給付責任開始日以後に発生した不慮の事故（別表2）を直接の原因として、その事故の日からその日を含めて180日以内に死亡した場合
(イ) この特約の給付責任開始日以後に発病した別表4に定める感染症を直接の原因として死亡した場合
(2) 支払金額
災害死亡保険金額
ただし、支払事由 (備-1) が、次の(ア)または(イ)によって発生した場合には、それによって支払事由 (備-1) に該当した被保険者の数の増加の程度に応じ、当会社は、支払金額を削減することがあります。この場合でも、削減して支払う金額は、責任準備金額 (備-3) を下まわることはありません。
(ア) 地震、噴火または津波
(イ) 戦争その他の変乱
(3) 免責事由 (備-4)
支払事由 (備-1) が、次の(ア)から(ク)のどれかによって発生した場合。この場合、(ア)によって支払事由 (備-1) が発生したときを除き、責任準備金額 (備-3) を保険契約者に支払います。
(ア)〜(ク) ［省略。編注：災害死亡保険金を支払わない事由］
② 災害死亡保険金の受取人は、主契約の死亡保険金受取人または死亡年金受取人とします。
ただし、主約款に死亡保険金または死亡年金についての規定がない場合には、死亡給付金の受取人とします。なお、災害死亡保険金の受取人を主契約の死亡保険金受取人、死亡年金受取人または死亡給付金の受取人以外の者に指定または変更することはできません。

第1条　備考
(備-1)　災害死亡保険金を支払う場合をいいます。
(備-2)　この特約を更新した場合には、更新後の保険期間を含みます。
(備-3)　［省略］
(備-4)　支払事由（備-1）が発生した場合でも、当会社が災害死亡保険金の支払を行わない場合をいいます。

無配当災害割増特約

第2条　災害高度障害保険金の支払

① 当会社は、次のとおり災害高度障害保険金を災害高度障害保険金の受取人に支払います。

(1) 支払事由（備-1）

被保険者が、次の(ｱ)または(ｲ)に該当した場合

(ｱ) この特約の給付責任開始日以後に発生した不慮の事故（別表2）を直接の原因として、その事故の日からその日を含めて180日以内のこの特約の保険期間（備-2）中に、高度障害状態（別表3）に該当した場合（備-3）（備-5）

(ｲ) この特約の給付責任開始日以後に発病した別表4に定める感染症を直接の原因として、この特約の保険期間（備-2）中に、高度障害状態に該当した場合（備-4）（備-5）

(2) 支払金額

災害死亡保険金と同額を災害高度障害保険金額とします。

ただし、支払事由（備-1）が、次の（ｱ）または（ｲ）によって発生した場合には、それによって支払事由（備-1）に該当した被保険者の数の増加の程度に応じ、当会社は、支払金額を削減することがあります。この場合でも、削減して支払う金額は、責任準備金額（備-6）を下まわることはありません。

(ｱ) 地震、噴火または津波

(ｲ) 戦争その他の変乱

(3) 免責事由（備-7）

支払事由（備-1）が、次の(ア)から(キ)のどれかによって発生した場合

(ア)〜(キ)　［省略。編注：災害高度障害保険金を支払わない事由］

② 　災害高度障害保険金の受取人の指定および変更については、「給付特約付加に関する特則」第16条、「給付特約付加に関する特則（5年ごと利差配当付保険用）」第16条または「給付特約付加に関する特則（無配当保険用）」第16条の規定を適用します。

③ 　災害死亡保険金を支払った場合には、その支払後に災害高度障害保険金の支払の請求を受けても、当会社は、災害高度障害保険金を支払いません。

④ 　災害高度障害保険金を支払った場合には、この特約は、被保険者が高度障害状態となった時にさかのぼって消滅します。

第2条　備考

（備-1）災害高度障害保険金を支払う場合をいいます。

（備-2）この特約を更新した場合には、更新後の保険期間を含みます。

（備-3）［省略］

（備-4）［省略］

（備-5）［省略］

（備-6）［省略］

（備-7）支払事由（備-1）が発生した場合でも、当会社が災害高度障害保険金の支払を行わない場合をいいます。

養老保険普通保険約款　**無配当傷害特約**（例）

第1条　障害給付金の支払

① 　当会社は、次のとおり障害給付金を障害給付金の受取人に支払います。

(1) 支払事由（備-1）

被保険者が、次の(ア)および(イ)の条件を全部満たす身体障害状態に該当した場合

(ア) この特約の給付責任開始日以後に発生した不慮の事故（別表2）を直接の原因とした身体障害状態であること
(イ) その事故の日から180日以内のこの特約の保険期間(備-2)中に、障害給付倍率表（別表3）に規定する身体障害状態のどれかに該当していること(備-3)(備-4)
(2) 支払金額
［省略］
(3) 免責事由(備-5)
［省略］
(4) 支払限度
［省略］
② ［省略］
③ 障害給付金の受取人の指定および変更については、「給付特約付加に関する特則」第16条（P1391参照）、「給付特約付加に関する特則（5年ごと利差配当付保険用）」第16条または「給付特約付加に関する特則（無配当保険用）」第16条の規定を適用します。

第1条 備考
(備-1) 障害給付金を支払う場合をいいます。
(備-2) この特約を更新した場合には、更新後の保険期間を含みます。
(備-3) ［省略］
(備-4) 支払われることとなる障害給付金の単位障害給付金額に対する倍率をいいます。
(備-5) 支払事由(備-1)が発生した場合でも、当会社が障害給付金の支払を行わない場合をいいます。

養老保険普通保険約款　無配当総合医療特約（例）

第1条　特約の型の選択
① 保険契約者は、特約の締結の申込の際、特約の型を選択するものとします。

② この特約で支払う給付金は、第①項により選択した特約の型に応じて次のとおりとします。

特約の型	この特約で支払う給付金
(1) 標準型	(ｱ) 災害入院給付金（第2条） (ｲ) 疾病入院給付金（第3条） (ｳ) 手術給付金（第5条） (ｴ) 放射線治療給付金（第6条）
(2) 特定疾病長期入院保障型	(ｱ) 災害入院給付金（第2条） (ｲ) 疾病入院給付金（第3条） (ｳ) 特定疾病入院給付金（第4条） (ｴ) 手術給付金（第5条） (ｵ) 放射線治療給付金（第6条）

③ 第①項により選択した特約の型は、変更することはできません。

無配当総合医療特約

第8条　入院給付金の受取人

入院給付金の受取人の指定または変更については、「給付特約付加に関する特則」第16条（P1391参照）、「給付特約付加に関する特則（5年ごと利差配当付保険用）」第16条または「給付特約付加に関する特則（無配当保険用）」第16条の規定を適用します。

養老保険普通保険約款　リビング・ニーズ特約(例)

《この特約の内容》

この特約は、主たる保険契約の被保険者を被保険者とし、保険契約の死亡保険金の全部または一部について、被保険者の余命が6カ月以内と判断される場合に、保険金を支払う取扱いについて規定したものです。

第1条　特約保険金の支払

① 当会社は、被保険者の余命が6カ月以内と判断される場合には、

特約保険金を特約保険金の受取人に支払います。
　　ただし、請求に必要な書類（別表）が当会社に到着しない限り、当会社は特約保険金を支払いません。
　　また、特約保険金の請求に必要な書類が当会社に到着した日（以下、「支払請求日」といいます。）が、主たる保険契約（以下、「主契約」といいます。）の保険期間満了の日前1年以内である場合にも、当会社は特約保険金を支払いません。
② 特約保険金額は、主契約の死亡保険金額の当会社で定める範囲内で特約保険金の受取人が指定するものとします。
③ 特約保険金を支払う場合には、前項の規定により特約保険金の受取人が指定した特約保険金額から、当会社の定めた方法により計算した支払請求日から6カ月間の特約保険金額に対応する利息および保険料を差し引くものとします。
④ ［省略］
⑤ 特約保険金の受取人は、被保険者とし、被保険者以外の者に変更することはできません。ただし、保険契約者（以下、「契約者」といいます。）および主契約の死亡保険金受取人が同一法人である場合には、次の(1)から(4)に定めるとおりとします【編者注】。
　(1) 契約者は、この特約の付加の申込の際に、被保険者の同意を得たうえで、被保険者の代わりに、主契約の死亡保険金受取人を特約保険金の受取人として指定することができます。
　(2) 特約保険金の支払事由が発生するまでは、被保険者の同意を得たうえで、当会社に対する通知により、特約保険金の受取人を変更することができます。ただし、変更後の特約保険金の受取人が被保険者となる場合には、被保険者の同意を要しません。なお、変更後の特約保険金の受取人は主契約の死亡保険金受取人または被保険者のいずれかとします。
　(3) 前号の規定により、特約保険金の受取人を変更する場合、当会社は、契約者に手続書類（別表）の提出を求めます。
　(4) (1)の通知が当会社に到達する前に変更前の特約保険金の受取

人に特約保険金を支払ったときは、その支払後に変更後の特約保険金の受取人から特約保険金の請求を受けても、当会社はこれを支払いません。
⑥　主契約の死亡保険金額の全額が特約保険金額として指定され、特約保険金が支払われた場合には、主契約は、支払請求日にさかのぼって消滅するものとします。
　　この場合、主契約に付加されている特約も同時に消滅するものとします。ただし、それぞれの特約の特約条項の規定にかかわらず、当会社は、特約の払戻金を支払いません。
⑦　主契約の死亡保険金額の一部が特約保険金額として指定され、特約保険金が支払われた場合には、主契約は、特約保険金額分だけ支払請求日にさかのぼって減額されたものとします。
　　この場合、主契約の普通保険約款（約款細則を含みます。以下、「主約款」といいます。）の規定にかかわらず、当会社は、払戻金を支払いません。
⑧　［以下省略］

【編者注】特約保険金の受取人と課税関係
　①　この特約による特約保険金（主契約の死亡保険金のうち、特約保険金受取人が指定した金額）の受取人は、次のようになる。
　ⅰ　原則として、主契約の被保険者。
　ⅱ　主契約の契約者と死亡保険金受取人とが、同一の法人である場合で、契約者が主契約の死亡保険金受取人を特約保険金の受取人とする指定（当初契約時の指定のほか、契約中の変更を含む）を行えば（つまり、契約者である法人を特約保険金受取人とする指定を特別に行うと）、特約保険金の受取人は法人となる。
　②　被保険者が特約保険金の受取人である場合には、その保険金は、金額の多寡に係わらず、高度障害保険金等に準じて非課税所得となる（所基通9-21の編者注・P417参照）。
　③　法人が特約保険金の受取人である場合は、通常の例により、その支払通知を受けた日の属する事業年度の益金となる。

特約保険金の全部又は一部を退職金の支払原資に充てるなど、労務上の必要がある場合には、法人を特約保険金の受取人とすることにそれなりの理由はあろうが、被保険者が代表取締役等で格別労務上の配慮を必要としないような場合には、税負担の面からすれば、被保険者を特約保険金の受取人とすることには十分な理由があるであろう。

年金支払特約(例)

[編注：普通保険約款の特約]

《用語の定義》

この特約で用いる用語の定義については次のとおりです。

(1)、(2) ［省略］

(3)「保険金等」とは、第1条第①項(1)から(10)に規定するこの特約の対象となる保険金等をいいます。

第1条 特約の締結

① この特約は、主契約の締結の際および有効継続中は、保険契約者の申出により当会社の承諾を得て、主契約に付加して締結し、主契約または主契約に付加された特約の次の保険金または給付金の支払事由発生後はその受取人の申出により当会社の承諾を得て、締結します。

 (1) 満期保険金
 (2) 死亡保険金
 (3) 死亡給付金
 (4) 災害死亡給付金
 (5) 高度障害保険金
 (6) 高度障害給付金
 (7) 災害高度障害給付金
 (8) 重大疾病保険金 (備-1)
 (9) 重度障害保険金 (備-2)

(10) 生活障害保険金
② 第①項の規定にかかわらず、保険金等［用語の定義(3)参照。編注］の支払後は、この特約を締結できません。
［編注：保険金等の支払事由発生後に、その受取人がこの特約を締結しようとする場合は、保険金支払事由発生後、具体的な支払が行われるまでの間に、その旨の申出をする必要がある。］
③ 主契約の有効継続中に、この特約を付加した場合には、保険契約者にこの特約を付加したことを通知します。
④ 次のいずれかの特約を付加した保険契約で、特約重大疾病保険金または特約重度障害保険金の支払事由が発生した場合には、それぞれの保険金について、別個にこの特約を締結することができます。
　(1)　重大疾病保障定期特約
　(2)　５年ごと利差配当付重大疾病保障定期特約
　(3)　５年ごと利差配当付重度障害保障定期特約
　(4)　無配当重大疾病保障定期特約
　(5)　無配当重度障害保障定期特約
⑤ 同一の保険金等［用語の定義(3)参照。編注］について受取人が２人以上ある場合には、それぞれの受取人について、別個にこの特約を締結するものとします。
⑥ この特約を締結した場合でも、当会社は、保険証券は交付しません。
第１条　備考
(備-1) 特約重大疾病保険金を含みます。
(備-2) 特約重度障害保険金を含みます。

年金支払特約

第２条　年金基金の設定

① 主契約の締結の際または有効継続中にこの特約を付加した場合には、保険金等［用語の定義(3)参照。編注］の支払事由が発生したときに、その日を「年金基金設定日」として、保険金等の受取人に支払われることとなる保険金等(備-1)の全部または一部を年金基金に充当し

ます【編者注】。
② 保険金等の支払事由発生後にこの特約を締結した場合には、その締結の日を「年金基金設定日」として、保険金等の受取人に支払われることとなる保険金等(備-1)の全部または一部を年金基金に充当します【編者注】。

第2条　備考
(備-1)　保険金等とともに支払われる金額を含みます。

【編者注】主契約の保険金に係る課税関係
　一時に支払を受けるべき保険金（満期保険金、死亡保険金等）を、この特約に基づき年金として受ける場合、その保険金自体に係る課税関係は、次のようになる。
①　主契約の保険金が、相続税又は贈与税の課税対象となるべきものである場合には、この特約の締結時期を問わず（つまり、保険金支払事由発生後に保険金受取人がこの特約の締結をした場合を含む）、一時金として支払われるべき保険金は相続税又は贈与税の課税対象となる。
　この場合、相続税又は贈与税の課税価格に算入すべき金額（課税対象となるべき金額）は、この特約による年金が確定年金（本特約6条の編者注・次頁参照）であることから、相法24条（給付事由が発生している有期定期金の評価）により評価した金額である。
②　主契約の保険金が、保険金受取人の一時所得とされるものである場合は、この特約の締結時期により次のようになる（所基通35-1の編者注2・P560参照）。
　ⅰ　保険金支払事由発生前に保険契約者がこの特約を締結している場合には、一時金で支払われるべき保険金自体については、一時所得の課税は行わない。
　ⅱ　保険金支払事由発生後に保険金受取人がこの特約を締結した場合には、一時金として支払われるべき保険金については、通常どおり、保険事故発生時に一時所得課税が行われる。つまり、この

場合は、保険金受取人がいったん保険金を取得し、その後、その保険金をもって一時払年金保険契約の保険料の支払に充てたものと観念するというものであろう。

（注）高度障害保険金等、その保険金自体が本来非課税所得となるべきものである場合には、その保険金等につきこの特約によって年金を設定したとしても、その保険金等は当然に非課税所得である。

③　主契約の保険金受取人が法人である場合の課税関係については、法人法22条の解説第2の5（P890）参照。

年金支払特約

第4条　年金受取人

この特約の年金受取人は、年金基金に充当［2条参照。編注］された保険金等の受取人［この特約の対象とされた保険金等の、主契約により定められた保険金等の受取人。編注］とします。なお、第20条「年金受取人の変更」の規定により年金受取人を変更することもできます。

年金支払特約

第6条　年金の種類

年金の種類は、確定年金【編者注】とし、あらかじめ定めた支払期間中、年金支払期日（第8条）に年金を支払います。

【編者注】確定年金の意義

確定年金とは、一般的にいえば、約定による年金支払期間中は、保険金受取人の生死に関係なく、年金の支払をするものをいう。

年金支払特約

第7条　年金の型

年金の型は、定額型とし、毎年の年金年額は、基本年金年額と同額とします。

第8条　年金の支払

① 当会社は、年金の種類（第6条）および年金の型（第7条）にもとづき、年金受取人［4条、20条①項参照。編注］に年金を支払います【編者注】。

② 第1回の年金支払期日は、年金開始日とし、主契約の締結の際または有効継続中にこの特約を付加した場合には、この特約の締結の際に保険契約者が、保険金等の支払事由発生後にこの特約を締結した場合には、保険金等の受取人が、当会社の定める範囲内で、指定することができます。

［編注：この特約の締結時期に応じ、保険契約者又は保険金等受取人が、年金開始日を指定することができるという意。］

③ 第2回以後の年金支払期日は、年金開始日［前項参照。編注］の毎年の応当日とします。

【編者注】支払われる年金についての課税関係

① 個人が、この特約により支払を受ける年金は、その年金設定時の課税関係がどのようであったかを問わず（本特約2条の編者注参照）、年金の支払を受けた年分の雑所得の収入金額とされる。

　　（注）年金の基礎となった保険金が、相続税又は贈与税の課税対象となるべきものである場合には、具体的な年金の支払を受ける年の雑所得の計算については、所令185条（P580参照）の適用がある。

② 高度障害保険金等で非課税とされる保険金等を年金の方法で支払を受けても、その年金は非課税所得とされる。

③ 法人がこの特約による年金の支払を受けるときの課税関係については、法人法22条の解説第2の5（P890）参照。

第9条　年金受取人の死亡

① 年金受取人［4条。編注］が死亡した場合には、次のとおりとします【編者注】。

ただし、死亡時未支払年金受取人［本条④項参照。編注］が年金受取人［4条。編注］を故意に死亡させた場合には、年金受取人の死亡時の年金基金の価額または未支払の年金の現価を一時に、年金受取人の法定相続人に支払います。
(1) 年金基金設定日［2条参照。編注］以後年金開始日（第8条）前に死亡した場合には、死亡時の年金基金の価額を一時に、死亡時未支払年金受取人［本条④項参照。編注］に支払います。
(2) 年金開始日以後に死亡した場合には、未支払の年金の現価を一時に、死亡時未支払年金受取人に支払います。
②　第①項(2)の場合、死亡時未支払年金受取人［本条④項参照。編注］は、未支払の年金の現価の一時支払にかえて、支払期間（第6条）の残存期間中の年金の継続支払を請求することができます。
③　年金受取人の生死が不明の場合でも、当会社が死亡したものと認めたときには、死亡したものとして取り扱います。
④　年金受取人が法人以外の場合、年金受取人は、年金基金設定の際に、死亡時未支払年金受取人を指定してください。

【編者注】年金受取人の死亡と課税関係
　　年金支払特約に基づく年金受取人が死亡した場合の課税関係の概要は、次のとおり。
①　本条により、死亡時未支払年金受取人は、年金の受給権を原始的に取得するが、その権利は給付事由の発生している保証期間付定期金に関する権利として、死亡した年金受取人に係るみなし相続財産となり、相続税の課税対象となる。
②　年金受給権の相続税評価額は、次のようになる。
ⅰ　本条①項により一時金として支払を受ける場合は、その支払われるべき金額（契約者配当金等を含む）が評価額となる。
　（注）この場合には、一時金の支払を受ける者には、所得税の課税は行われない。
ⅱ　本条②項により、死亡時未支払年金受取人が継続年金支給を受

ける場合には、相法24条1項1号（有期定期金の評価）により評価した金額。
- (注) 死亡時未支払年金受取人が継続年金での受給を選択し、継続年金の支給の開始があった後、その者が本特約11条によって残余の年金額につき一時に支払を受けるような場合であっても、年金受取人死亡時の評価は、本ⅱによることになるものと考えられる。

③ 継続年金受取人が支払を受ける年金は、その支払を受ける者の雑所得となり、雑所得の金額の計算上控除する保険料額等は、所令185条（P580参照）に規定するところによる。

年金支払特約

第10条　年金の分割払

① 年金受取人^(備-1)は、当会社の定めた分割回数の範囲内で、年金の分割払を請求することができます【編者注】。

ただし、分割後の1回あたりの支払金額が当会社の定めた金額に満たない場合には、当会社は年金の分割払を取り扱いません。なお、年金の分割払を行う場合には、当会社の定めた利率によって計算した利息をつけます。

② 年金の分割支払を行っている場合で、年金受取人が死亡したときには、次の年金支払期日の前日までの未支払の年金を一括して、死亡時未支払年金受取人［9条④項参照。編注］に支払います。

第10条　備考
(備-1) 第9条第②項の規定によって、年金の継続支払を行っている場合には、死亡時年金未支払年金受取人とします。

【編者注】年金の分割支払と課税関係

この特約による年金につき、分割の方法で支払を受ける場合の課税関係は、次のようになる。

① 主契約の保険金が相続税又は贈与税の課税対象となるもので、年金設定時（つまり、主契約の保険金支払事由発生時）に本条①項の

分割支払を選択する場合、相続税又は贈与税の課税価格に算入される保険金額（保険金の評価額）については、相基通旧24-3（P378）及び同新24-2（P364）参照。
② 年金の分割支払を受けている年金受取人が死亡した場合、その者のみなす相続財産とされる年金受給権の評価額は、本条②項により一時金として支払われるべき金額（利息相当額を含む）となる。
③ 分割の方法で年金の支払を受ける場合は、その支払を受ける額は雑所得の収入金額とされる。なお、本特約11条の編者注（下掲）参照。

年金支払特約

第11条　年金の一時支払

年金受取人（備-1）は、年金開始日（第8条）以後、当会社の定めた方法によって、未支払の年金の現価の一時支払を請求することができます【編者注】。

第11条　備考
（備-1）第9条第②項の規定によって、年金の継続支払を行っている場合には、死亡時未支払年金受取人とします。

【編者注】年金残額の一括支払と課税関係
年金支払開始後、年金受取人が、残余の年金額の支払を一時に一括して受ける場合には、その支払を受ける金額は一時所得の収入金額とすることができるという取扱いがある（所基通35-3）。
（注）残余の年金の一部の支払を一括して受ける場合には、その支払を受けるごとに雑所得となることに留意する（本特約10条の編者注③参照）。

年金支払特約

第20条　当会社への通知による年金受取人・死亡時未支払年金受取人の変更

① 年金受取人は、年金基金設定日以後年金開始日（第8条）前に限り、

当会社に対する通知により、年金受取人を変更することができます【編者注】。それ以外の場合には、年金受取人を変更することはできません。
② 年金受取人が法人以外の場合、年金受取人は、当会社に対する通知により、死亡時未支払年金受取人を変更することができます。
③ 第①項の規定によって年金受取人が変更された場合には、変更後の年金受取人は、この特約についての一切の権利義務を承継するものとします。
④ 年金受取人は、第①項の規定によって年金受取人を法人から法人以外に変更する場合にはその変更の際に、死亡時未支払年金受取人を指定してください。
⑤ 第①項または第②項の規定により、年金受取人または死亡時未支払年金受取人を変更する場合、当会社は、年金受取人に手続書類（別表）の提出を求めます。
⑥ 第①項または第②項の規定により、年金受取人または死亡時未支払年金受取人が変更された場合、当会社は、年金証書（第5条）に変更後の年金受取人または死亡時未支払年金受取人を表示します。
⑦ 第①項または第②項の通知が当会社に到達する前に変更前の年金受取人または死亡時未支払年金受取人に年金を支払ったときは、その支払後に変更後の年金受取人または死亡時未支払年金受取人から年金の請求を受けても、当会社はこれを支払いません。

【編者注】本条①項による年金受取人の変更と課税関係

　本条①により年金受取人の変更が行われた場合の課税関係は、次のようになるものと考えられる。

　変更前の年金受取人は、その年金受給権を原始的に取得しているのであるから、年金受給者としての地位を他の者に変更する行為は、税務上、年金受給権の贈与と解すべきであろう。

　そうすると、年金設定時（主契約の保険金支払事由発生時）以後に年金受給権者の意思に基づき行われる年金受取人変更の効果は、年金

設定時の課税関係には何らの影響を及ぼさないと見るべきであるから、その設定時における通常の課税関係（相続税・贈与税の課税対象、一時所得の課税対象）が生ずる他、変更後の年金受取人に対する贈与税の課税が新たに生ずることとなる。

年金支払特約

第21条　遺言による死亡時未支払年金受取人の変更

① 年金受取人が法人以外の場合、第20条に定めるほか、年金受取人は、法律上有効な遺言により、死亡時未支払年金受取人を変更することができます。

② 第①項による死亡時未支払年金受取人の変更は、年金受取人が死亡した後、年金受取人の相続人が当会社に通知しなければ、これを当会社に対抗することはできません。

③ 第①項の規定により、死亡時未支払年金受取人を変更する場合、当会社は、年金受取人の相続人に手続書類（別表）の提出を求めます。

④ 第①項の規定により、死亡時未支払年金受取人が変更された場合、当会社は、年金証書（第5条）に変更後の死亡時未支払年金受取人を表示します。

年金支払特約

第22条　死亡時未支払年金受取人の死亡

① 死亡時未支払年金受取人が年金受取人の死亡以前に死亡したときは、その法定相続人を死亡時未支払年金受取人とします。

② 第①項の規定により死亡時未支払年金受取人となった者が死亡した場合に、この者に法定相続人がいないときは、第①項の規定により死亡時未支払年金受取人となった者のうち生存している他の死亡時未支払年金受取人を死亡時未支払年金受取人とします。

③ 第①項および第②項により死亡時未支払年金受取人となった者(備-1)が2人以上いる場合、その受取割合は均等とします。

第22条　備考

（備-1）第①項および第②項の規定により死亡時未支払年金受取人となった者が死亡し、第①項および第②項の規定によりあらたに死亡時未支払年金受取人となった者を含みます。

| 第4節 | 保険約款（例）
——「無配当年満期定期保険（無解約払戻金型）」 |

無配当年満期定期保険（無解約払戻金型）普通保険約款（例）

※出典：大同生命保険株式会社『無配当年満期定期保険（無解約払戻金型）』（平成23年4月作成）

第1条 死亡保険金の支払およびその免責

当会社は、次のとおり死亡保険金を死亡保険金受取人に支払います。

(1) ［以下省略。編注：条文中の引用条数を除き、養老保険約款（例）2条（P1366）と同文である。］

（無配当・無解約払戻金型）定期保険約款

第2条 高度障害保険金の支払およびその免責

① 当会社は、次のとおり高度障害保険金を高度障害保険金の受取人に支払います。

(1) ［以下省略。編注：条文中の引用条数、第③項の「または満期保険金」の部分及び備考の番号を除き、養老保険約款（例）3条（P1367）と同文である。］

（無配当・無解約払戻金型）定期保険約款

第4条 支払・払込免除の請求、支払時期、支払場所および支払方法の選択

［以下省略。編注：解約払戻金及び契約者配当金に関する部分を除き、養老保険約款（例）5条（P1369）と概ね同旨である。］

（無配当・無解約払戻金型）定期保険約款

第7条 当会社の給付責任の開始および終了

① 保険契約の締結または保険契約の復活の場合（第5・23条）には、当会社は、次の日から、給付責任(備-1)を開始します【編者注】。

(1) 当会社が保険契約の申込または復活の請求を承諾した後に、第1回保険料または当会社へ払込を要する金額（第23条）が払い

込まれた場合
　(ｱ) 保険契約の締結の場合
　　　第1回保険料が払い込まれた日
　(ｲ) 保険契約の復活の場合
　　　当会社への払込を要する金額が払い込まれた日
(2) 第1回保険料または当会社への払込を要する金額に相当する金額が払い込まれた後に、当会社が保険契約の申込または復活の請求を承諾した場合
　(ｱ) 保険契約の締結の場合
　　　「第1回保険料に相当する金額が払い込まれた日」と「被保険者についての告知の日」とのいずれか遅い日
　(ｲ) 保険契約の復活の場合
　　　「当会社への払込を要する金額に相当する金額が払い込まれた日」と「被保険者についての告知の日」とのいずれか遅い日

② 第①項に規定する給付責任開始の日の取扱いについては、次のとおりとします。
(1) 保険契約の締結の場合
　　給付責任開始の日を「契約日」とし、保険期間および保険料払込期間は、契約日を含めて計算します。
(2) 保険契約の復活の場合
　　給付責任開始の日を「復活日」とします。

③ 当会社は、保険契約が有効に継続している間、保険期間(備-2)満了時まで給付責任(備-1)を負います。

第7条　備考

(備-1)「給付責任」とは、「死亡保険金もしくは高度障害保険金の支払事由（第1・2条）または保険料の払込の免除事由（第3条）が発生した場合に、当会社が、その支払または払込の免除を行う責任」のことをいいます。

(備-2) この保険契約を更新した場合には、更新後の保険期間を含みます。

【編者注】契約日と第1回保険料の損金算入時期

① 本条②項(1)によれば、給付責任開始の日が生命保険契約日となり、この日が保険証券に契約日として記載されることになる。
② 法人契約の生命保険契約に係る保険料が損金となるべきものである場合、第1回保険料の損金算入時期は、契約日の属する事業年度である。

したがって、第1回保険料に相当する金額を支出した事業年度と、契約日の属する事業年度とが異なる場合には、第1回分として支出した保険料の損金算入時期は、支出した日の属する事業年度ではなく、契約日の属する事業年度となる（この詳細は、法基通2-2-12の編者注(1)①・P1029参照）。
③ 保険料を口座振替の方法によって払込場合（保険料口座振替特則）、団体扱特約・集団扱特約の適用を受ける場合は、契約日に特別な取扱いがある。

この場合の第1回保険料の損金算入時期については、法基通2-2-12の編者注(1)②（P1029）参照。

（無配当・無解約払戻金型）定期保険約款

第8条　保険料の払込方法〈回数〉および払込期月

① 第2回目以後の保険料は、保険料払込期間中、次の払込方法〈回数〉の中から保険契約の申込の際に選択された払込方法〈回数〉によって、その払込期月内に払い込んでください。

なお、払込期月は、次の「払込期月の基準日」の属する月の初日から末日までとし、払込方法〈回数〉による保険契約の呼称は、それぞれ次のとおりとします。

払込方法〈回数〉	払込期月の基準日	払込方法〈回数〉による保険契約の呼称
(1) 年払（毎年1回払込）	契約応当日 (備-1) (備-2)	「年払契約」【編者注】
(2) 半年払（毎年2回払込）	契約日の半年ごとの応当日 (備-2)	「半年払契約」【編者注】
(3) 月払（毎年12回払込）	契約日の毎月の応当日 (備-2)	「月払契約」

② 保険契約者は、当会社の定めた取扱基準によって、保険料の払込方法〈回数〉を変更することができます。この場合、保険契約者は必要書類（別表１）を当会社に提出してください。

　なお、保険契約者は次回払込期月（第３条）以降、最初に到来する変更後の払込方法〈回数〉の払込期月より、変更後の払込方法〈回数〉によって保険料を払い込んでください。

③ 「保険契約が消滅した場合」（第15・16・18・20条）または「保険料の払込を要しなくなった場合」（第３条）には、当会社は、それまでに払い込まれた第①項の保険料のうち、「払込期月の基準日」の到来していない保険料を保険契約者（備-3）に払い戻します。

④ 年払契約または半年払契約で、「保険契約が消滅した場合」または「保険料の払込が免除された場合」（第３条）には、それまでに払い込まれた保険料（備-4）の保険料期間（備-5）のうち、まだ経過していない期間の月数（備-6）に相当する保険料として、月割によって計算した「未経過保険料」（備-7）を保険契約者（備-3）に払い戻します。ただし、保険料の払込を要しなくなった場合には、その後に保険契約が消滅したとしても「未経過保険料」の払い戻しはありません。

⑤ ［以下省略］

第８条　備考

（備-1）契約日（第７条）の毎年の応当日をいいます。

（備-2）応当日がない場合には、その月の末日とします。

（備-3）保険金（備-8）を支払う場合には、その受取人とします。

（備-4）第⑤項または第11条「払込猶予期間中に支払事由等が発生した場合の保険料の取扱」第①項の規定により当会社が支払うこととなった金額から差し引かれた未払込の保険料を含みます。

（備-5）その保険料の払込期月の基準日（備-10）から次回払込期月の基準日の前日までの期間をいいます。

（備-6）次回払込期月の基準日の前日までの月数をいい、保険料期間（備-5）の月数未満の月数とします。なお、月数は、契約日の毎月の応当日（備-2）（備-10）から次の契約日の毎月の応当日（備-2）の前日までの期間を１か月として

計算し、1か月未満の期間は切り捨てます。
(備-7) 保険契約の一部が消滅する場合、その消滅する部分については、消滅前後の保険料の差額について未経過保険料を計算します。
(備-8) 死亡保険金（第1条）または高度障害保険金（第2条）をいいます。

【編者注】年払契約又は半年払契約の保険料とその損金算入時期等
① 法人が、年払契約又は半年払契約により支払った保険料のうちに、翌事業年度に属する月分の保険料があるときであっても、その保険料は、一般的には、短期前払費用として、支払をした日の属する事業年度の損金とすることができる。
② 法人の支払う保険料が役員又は使用人に対する給与（役員報酬を含む。以下、同じ）とされるものである場合、年払契約又は半年払契約により支払った保険料が、いつの月分の給与（賞与となることはない）となるかについては、法基通9-3-4の編者注7（P1051）参照。

（無配当・無解約払戻金型）定期保険約款

第9条　保険料の払込方法〈経路〉
① 保険契約者は、保険契約の申込の際に保険料の払込方法〈経路〉について、次のどれかを選択してください。
(1) 口座振替払込
　　当会社の指定した金融機関等の口座振替により払い込む方法で、保険契約者の指定する口座が当会社の指定した金融機関等に設置してある場合に限り、選択できます(備-1)。
　　この払込方法〈経路〉を選択した場合には、その金融機関等に対して保険料の口座振替を委任してください。
(2) 振替送金振込
　　金融機関等の当会社の指定した口座に送金することにより払い込む方法で、当会社が承諾した場合に限り、選択できます。
(3) 団体・集団扱払込

所属団体または集団を通じて払い込む方法で、所属団体または集団と当会社との間に団体扱契約、集団扱契約、定期保険特別集団扱契約または専用集団扱契約が締結されている場合に限り、選択できます（備-2）。

② ［以下省略］

第9条　備考

(備-1) 保険料の払込方法〈経路〉が「口座振替払込」の場合、「保険料口座振替特則」［編注：P1393参照］を適用します【編者注】。

(備-2) 保険料の払込方法〈経路〉が「団体・集団扱払込」の場合、団体扱特約［編注：P1395参照］、集団扱特約［編注：P1397参照］、定期保険特別集団扱特約または専用集団扱特約を付加します【編者注】。

【編者注】保険料口座振替特則、団体扱特約、集団扱特約について

　　これらの特則又は特約の適用がある場合には、この保険約款7条②項(1)に定める「契約日」は、これらの特則又は特約に定める「契約日」となることに留意する。

　　なお、これらの特則等に定める「契約日」となることによる税務上の効果等については、口座振替特則1条の編者注1及び2（P1394）参照。

（無配当・無解約払戻金型）定期保険約款

第12条　保険料の前納

① 保険料の払込方法〈回数〉が年払の場合、保険契約者は、当会社が定める期間中の保険料について、前納（備-1）をすることができます【編者注1】。

　　なお、保険料の払込方法〈回数〉が月払または半年払の場合には、保険料の払込方法〈回数〉を年払に変更してください。

② 保険料を前納（備-1）する場合には、当会社の定めた率による割引をします。

③ 保険料前納金は、毎年、当会社の定めた率の複利による利息をつ

けて積み立てておき、「払込期月の基準日」（第8・24・41条）ごとに保険料の払込に充当します【編者注2】。

④　次の(1)から(4)のどれかの場合で、保険料前納金の残額（備-2）があるときには、保険契約者（備-3）に払い戻します。

(1) 前納期間（備-4）が満了した場合

(2) 保険料の払込を要しなくなった場合（第3条）

(3) 保険契約が消滅した場合（第15［支払事由の発生による契約の消滅。編注］・16［保険会社による契約の解除。編注］・18［重大事由による契約の解除。編注］・19［保険契約の失効。編注］・20条［契約者による契約の解約。編注］）【編者注3】

(4) 死亡保険金額を減額した場合（第31条）【編者注3】

第12条　備考

(備-1)　将来の保険料をあらかじめ一時に払い込むことをいいます。

(備-2)　死亡保険金額を減額した場合には、減額部分に対応する保険料前納金の残額とします。

(備-3)　死亡保険金（第1条）または高度障害保険金（第2条）を支払う場合には、その受取人とします。

(備-4)　「前納期間」とは、前納された保険料が充当される期間をいいます。

【編者注1】法人が保険料を前納した場合の課税関係

①　法人が本条により保険料を前納した場合の損金算入時期等については、法基通2-2-14の編者注4（P1043）参照。

②　法人の支払う保険料が役員又は使用人に対する給与（役員報酬を含む）となるべきものである場合、その保険料を前納した場合の法人の経理、役員又は使用人の給与の課税関係については、法基通9-3-4の編者注7（P1051）参照。

【編者注2】前納保険料の利息相当額に対する課税関係

　法人が、前納した保険料につき、本条③項により受けるべき利息相当額の課税関係については、法基通9-3-8の編者注6-2（P1168）参照。

【編者注3】保険金の支払と共に払い戻される前納保険料の課税関係

① 法人が保険金と共に前納保険料の払戻しを受けた場合は、単に前払保険料の減少経理となるのみで格別の課税関係は生じない。
　　前払保険料の払戻金と共に受ける利息相当額については、通常は、各事業年度ごとにその事業年度に属するべき金額を未収利息等として益金に計上されていることから（上記編者注２）、その累計額と実際の受取額との差額を益金とする。
（注）前納した保険料の全部が役員又は使用人に対する給与とされている場合においても、その保険契約の保険金減額や中途解約による前納保険料は契約者である法人に支払われる（本条④項）。
　　　この場合、払戻された前納保険金は法人の益金とされ、役員又は使用人においては格別の課税関係は生じない。

② 保険金が相続税又は贈与税の課税対象となるべきものである場合は、その保険金と共に支払われる前納保険料及び前納保険料に係る利息相当額も、保険金に含めることとなる。
（注）解約払戻金が贈与税の課税対象となる場合は、その解約払戻金にこれらの金額を含める。

（無配当・無解約払戻金型）定期保険約款

第22条　解約払戻金
　この保険契約については、解約払戻金はありません。

（無配当・無解約払戻金型）定期保険約款

第25条　契約者配当金
　この保険契約については、契約者配当金はありません。

（無配当・無解約払戻金型）定期保険約款

第31条　死亡保険金額の減額
① 契約者は、死亡保険金額を減額することができます。この場合、保険契約者は必要書類（別表１）を当会社に提出してください。
　　ただし、減額後の死亡保険金額が当会社の定めた金額に満たない

場合には、減額することはできません。
② 死亡保険金額を減額した場合には、次のとおりとします。
  （1）減額部分は解約されたものとします。だたし、減額した場合でも、解約払戻金（第22条）の支払はありません。
  （2）保険料は、減額後の死亡保険金額によって、次回払込期月（第3条）からあらためます。
  （3）保険契約者に死亡保険金額を減額したことを通知します。

第5節 保険約款(例)――「個人年金保険」

個人年金保険普通保険約款(例)

※出典：大同生命保険株式会社『個人年金保険』（平成23年4月作成）

第1条　年金の種類

① 保険契約者は、保険契約の申込の際に、年金の種類について、次のいずれかを選択してください。

　　ただし、保険料一時払込の保険契約の場合には、(2)の保証期間付終身年金に限ります。

　(1) 確定年金【編者注1】

　(2) 保証期間付終身年金【編者注2】

② 第①項(1)「確定年金」を選択した場合、保険契約者は、保険契約の申込の際に、当会社の定めた範囲内で支払期間を選択するものとします。また、第①項(2)「保証期間付終身年金」を選択した場合、保険契約者は、保険契約の申込の際に、当会社の定めた範囲内で保証期間を選択するものとします。

【編者注1】確定年金の意義

　　確定年金とは、約定による年金支払期間中、被保険者（年金の対象となる人のことで、年金受取人とは異なる）が生存している場合に年金の支払をし、被保険者が年金支払期間の中途で死亡した場合には、残余の期間分の年金現価を一時に支払うか、継続年金受取人に継続して残余の年金の支払をするものをいう（本約款3条③・④項参照）。

【編者注2】保証期間付終身年金の意義

　　保証期間付終身年金とは、被保険者（年金の対象となる人のことで、年金受取人とは異なる）が生存している限り年金を給付するほか、被保険者が給付保証期間中に死亡した場合には、残余の期間分の年金現価を一時に支払うか、継続年金受取人に継続して残余の年金の支

払をするものをいう（本約款3条③・④項参照）。

個人年金保険約款

第2条　年金の型

　　保険契約者は、保険契約の申込の際に、年金の型について、次のいずれかを選択してください。ただし、年金の種類（第1条）が確定年金の場合には、(1)の定額型に限ります。
　(1) 定額型
　(2) 逓増型

個人年金保険約款

第3条　年金の支払

①　当会社は、次のとおり年金を年金受取人に支払います【編者注1、2】。
　(1) 支払事由 (備-1)
　　　保険契約者が選択した年金の種類（第1条）に応じて、次のとおりとします。
　　(ア) 確定年金
　　　　支払期間（第1条）中の年金支払期日に被保険者［編注：1条の編者注1参照］が生存 (備-2) しているとき
　　(イ) 保証期間付終身年金
　　　　保証期間（第1条）中および保証期間経過後の年金支払期日に被保険者が生存 (備-2) しているとき
　(2) 支払金額
　　　保険契約者が選択した年金の型（第2条）に応じて、次のとおりとします。
　　(ア) 定額型
　　　　毎年の年金年額は、基本年金年額と同額とします。
　　(イ) 逓増型
　　　　保証期間中の年金年額は基本年金年額と同額とし、保証期間

経過後の年金年額は、毎年、前回の年金年額に、基本年金年額の７％を加えた金額とします。

② 第①項(1)「支払事由」に規定する年金支払期日について、第１回の年金支払期日は、年金開始日［第１回目の年金が支払われる日で、被保険者の年齢が年金支払開始年齢となった直後に到来する契約応当日。編注］とし、第２回以後の年金支払期日は、年金開始日の毎年の応当日とします。

③ 次の場合には、確定年金の支払期間中または保証期間付終身年金の保証期間中の年金のうち、未支払の年金の現価を一時に死亡時未支払年金受取人［本条⑥項参照。編注］に支払います。

　ただし、死亡時未支払年金受取人が被保険者［編注：１条の編者注１参照］を故意に死亡させた場合には、その未支払の年金の現価を一時に被保険者の法定相続人に支払います。

(1) 確定年金については、被保険者［編注：１条の編者注１参照］が年金開始日［上記②項参照。編注］以後に死亡(備-2)した場合

(2) 保証期間付終身年金については、被保険者が年金開始日［上記②項参照。編注］以後、保証期間中に死亡(備-2)した場合

④ 第③項の場合、死亡時未支払年金受取人［本条⑥項参照。編注］は、未支払の年金の現価の一時支払にかえて、確定年金の支払期間の残存期間中または保証期間付終身年金の保証期間の残存期間中の年金の継続支払を請求することができます。

⑤ 保険契約者は、保険契約の申込の際に、保険契約者または被保険者［編注：１条の編者注１参照］のいずれかを年金受取人として指定してください。

⑥ 死亡時未支払年金受取人は次のとおりとします。

(1) 年金受取人と被保険者が同一人でない場合には、年金受取人とします。

(2) 年金受取人と被保険者が同一人の場合、保険契約者は、保険契約の申込の際に、被保険者の同意を得て、死亡時未支払年金受取人を指定してください。

第3条　備考
(備-1) 年金を支払う場合をいいます。
(備-2) 被保険者の生死が不明の場合でも、当会社が死亡したものと認めたときには、死亡したものとして取り扱います。

【編者注1】法人が個人年金保険契約を締結した場合の課税関係
　法人が、個人年金保険契約を締結した場合の課税関係については、「法人が契約する個人年金保険に係る法人税の取扱いについて」（平2直審4-19・P931参照）に、詳細な取扱いが明示されている。

【編者注2】相続又は贈与により取得した年金受給権に対する所得税の課税関係
　契約により、個人である年金受取人が支払を受ける年金収入は、その者の雑所得の収入金額とされる。
　個人が年金受給権を相続又は贈与により取得したものとみなされて、その年金受給権が相続税又は贈与税の課税対象となっているものに係る年金についても、その年金受給権に基づく具体的な年金の支払を受ける時に、その支払を受ける年金額は雑所得として課税の対象となることに留意する。この場合の雑所得金額の計算等については、所令185条（相続等に係る生命保険契約等に基づく年金に係る雑所得の金額の計算・P580参照）の定めるところによる。

個人年金保険約款

第4条　年金の分割払

① 年金受取人（備-1）は、当会社の定めた分割回数の範囲内で、年金の分割払を請求することができます【編者注】。
　ただし、分割後の1回あたりの支払金額が当会社の定めた金額に満たない場合には、当会社は年金の分割払を取り扱いません。なお、年金の分割を行う場合には、当会社の定めた利率によって計算した利息をつけます。

② 年金の分割払を行っている場合で、被保険者［編注：1条の編者注

1参照］が死亡したときには、その死亡した日の属する保険年度の未支払の年金を一括して、死亡時未支払年金受取人［3条⑥項参照。編注］に支払います【編者注】。

第4条　備考

(備-1)　第3条第④項の規定によって、年金の継続支払を行っている場合には、死亡時未支払年金受取人とします。

【編者注】年金の分割払いと課税関係

　　分割の方法で年金の支払を受ける場合の所得税及び相続税の課税関係は、養老保険約款の年金支払特約(例)10条の編者注②及び③(P1419)参照。

個人年金保険約款

第5条　年金の一時支払

①　確定年金については、年金受取人(備-1)は、年金開始日［3条②項参照。編注］以後、支払期間中の未支払の年金の現価の一時支払を請求することができます【編者注】。

②　保証期間付終身年金については、年金受取人(備-1)は、年金開始日［3条②項参照。編注］以後、保証期間中の未支払の年金の現価の一時支払を請求することができます【編者注】。

　　この場合でも、保証期間経過後最初の年金支払期日［3条②項参照。編注］以後に被保険者［1条の編者注1参照］が生存しているときには、年金を継続して支払います。また、この一時支払を行なった場合には、年金受取人(備-1)に一時支払を行ったことを通知します。

【編者注】残余年金の一括支払を受ける場合の所得税の課税関係

　　個人である年金受取人が、年金支払開始後、残余の年金の全部につき一時に一括して支払を受ける場合には、一時所得に該当するという取扱いがある（所基通35-3）。

個人年金保険約款

第6条　年金証書の交付

当会社は、第1回年金を支払う際に、次の事項を記載した年金証書を年金受取人に交付します。

(1) 当会社名
(2) 被保険者の氏名
(3) 年金の受取人 (備-1) の氏名または名称その他のその受取人を特定するために必要な事項
(4) 年金の種類、型および支払期間または保証期間
(5) 年金開始日
(6) 基本年金年額
(7) 年金証書を作成した年月日

第6条　備考

(備-1) 年金受取人と被保険者が同一人の場合、指定または変更された死亡時未支払年金受取人を含みます。

個人年金保険約款

第7条　年金開始日前の死亡給付金の支払およびその免責

当会社は、次のとおり死亡給付金を死亡給付金受取人に支払います【編者注】。

(1) 支払事由 (備-1)

被保険者［編注：1条の編者注1参照］が給付責任開始の日（第12条）以後年金開始日［3条②項参照。編注］前に死亡した場合 (備-2)

(2) 支払金額

当会社が定める方法で計算した金額

ただし、［以下省略］

(3) 免責事由 (備-4)

被保険者が、次の(ア)から(ウ)のどれかによって死亡した場合。

［以下省略］

第7条　備考

（備-1）死亡給付金を支払う場合をいいます。

（備-2）被保険者の生死が不明の場合でも、当会社が死亡したものと認めたときには、死亡給付金を支払います。

（備-4）支払事由（備-1）が発生した場合でも、当会社が死亡給付金の支払を行わない場合をいいます。

【編者注】死亡給付金の課税関係
　本条の死亡給付金は、相法3条1項1号に規定する死亡保険金に該当するものとして取り扱われている。

個人年金保険約款

第22条　被保険者の死亡等による保険契約の消滅
　　次のどれかに該当した場合には、保険契約は、それぞれの時に消滅します。
（1）被保険者［編注：1条の編者注1参照］が死亡した場合には、被保険者が死亡した時。ただし、第3条第④項の規定によって、年金の継続支払を行った場合を除きます。
（2）確定年金［1条①項(1)参照。編注］の支払期間満了時
（3）確定年金の一時支払（第5条）を行った時
（4）年金の継続支払を行った保証期間付終身年金［1条①項(2)参照。編注］の保証期間満了時。ただし、年金の一時支払を行った場合には、その一時支払を行った時とします。

個人年金保険約款

第27条　保険契約者による契約の解約
①　保険契約者は、年金開始日［3条②項参照。編注］前に限り、いつでも、将来に向って保険契約を解約し、解約払戻金（第29条）の支払を請求することができます。この場合、保険契約者は必要書類（別表1）を当会社に提出してください【編者注】。
②　保険契約者および保険契約者から保険契約についての一切の権利

義務を承継した年金受取人は、年金開始日以後は、保険契約を解約することはできません。

【編者注】解約払戻金の課税関係
① 個人年金保険契約の解約払戻金は、保険料の支払者が誰であるかを問わず、年金保険契約者に支払われる。
② 個人年金保険契約に係る保険料を、契約者以外の者が支払っていた場合には、その解約払戻金は、保険料負担者から契約者に対する贈与とみなされ、贈与税の課税対象となる。
③ 個人年金保険契約の契約者自身が保険料を負担している場合、その解約払戻金は、保険契約者の一時所得の収入金額とされる。
④ 本約款39条によれば、年金開始日前であれば、年金年額を減額することができ、この減額は年金保険契約の一部解約とされている。

　税務上、この一部解約については、その解約の都度上記②又は③に該当するものとして取り扱われる（所基通35-3の編者注・P569参照）。

個人年金保険約款

第31条　契約者配当金の割当
① 当会社は、当会社の定める方法により積み立てた契約者配当準備金の中から、毎事業年度末（毎年3月31日）に、次のそれぞれの場合に契約者配当金を割り当てます。
　(1) 年金開始日［3条②項参照。編注］前の保険契約で、その事業年度末に契約日（第12条）からその日を含めて1年を超えて有効に継続している場合
　(2) 年金開始日［3条②項参照。編注］前の保険契約で、翌事業年度中に年金開始日が到来する場合
　(3) 年金開始日［3条②項参照。編注］前の保険契約で、翌事業年度中の契約応当日（第13条）以後に死亡給付金の支払（第7条）によっ

て消滅する場合
　(4)　年金開始日［3条②項参照。編注］以後の保険契約で、その事業年度末に有効に継続している場合
②　第①項の場合のほか、当会社は、保険契約が契約日から所定の年数を経過し、かつ所定の要件を満たした場合にも、契約者配当金を割り当てることがあります。

個人年金保険約款

第32条　契約者配当金の支払

①　第31条第①項(1)の規定［年金開始日前の契約で、契約が1年を超えて継続している場合の配当。編注］によって割り当てた契約者配当金は、この保険契約が翌事業年度中の契約応当日（第13条）に有効に継続していて、かつ、その契約応当日の前日までの保険料が払い込まれている場合、その翌事業年度中に次の方法のうち、保険契約者の選択した方法によって支払います。

　また、翌事業年度中の契約応当日前に、死亡給付金の支払によって消滅する場合には、死亡給付金とともに現金で支払います。

　なお、積み立てられた契約者配当金の支払請求をする場合には、保険契約者（備-1）は必要書類（別表1）を当会社に提出してください。

(1)　年金買増配当

　　翌事業年度中の契約応当日から、当会社の定めた率の複利による利息をつけて積み立てておき、年金開始日［3条②項参照。編注］まで保険契約が継続した場合には、年金開始日に支払われる契約者配当金［編注］とともに、年金開始日にこの保険契約と同種類の年金保険契約の一時払保険料に充当することにより基本年金年額を増額する支払方法です。

　　ただし、年金開始日前に保険契約者の支払請求があった場合または保険契約が消滅した場合（22条［被保険者の死亡等による契約の消滅。編注］・23条［告知義務違反による契約の解除。編注］・25条［重大事由による契約の解除。編注］・26条［契約の失効。編注］・27条［契約者

による契約の解約。編注］）には現金で支払います。

　　［編注：年金開始日に支払われる契約者配当金とは、31条②項による、いわゆる特別配当金等をいうものと考えられる。］

　(2) 積立配当

　　　翌事業年度中の契約応当日から、当会社の定めた率の複利による利息をつけて積み立てておき、保険契約者^(備-1)の支払請求があった場合または保険契約が消滅した場合［上記(1)参照。編注］に現金で支払う方法です。

② 　第31条第①項(2)の規定［翌事業年度中に年金開始日が到来する契約についての配当。編注］によって割り当てた契約者配当金は、この保険契約の年金開始日が到来する場合に、その事業年度中に次の(1)または(2)の方法のうち、保険契約者の選択した方法によって支払います。

　　なお、(2)の積み立てられた契約者配当金の支払請求をする場合には、年金受取人は必要書類（別表１）を当会社に提出してください。

　(1) 年金買増配当

　　　年金開始日にこの保険契約と同種類の年金保険契約の一時払保険料に充当する方法により基本年金年額を増額する支払方法です。

　(2) 積立配当

　　　翌事業年度中の契約応当日から、当会社の定めた率の複利による利息をつけて積み立てておき、年金受取人の支払請求があった場合または保険契約が消滅した場合［本条①項(1)参照。編注］には現金で支払う方法です。

③ 　第31条第①項(3)の規定［年金開始日前の契約で、翌事業年度中に死亡給付金の支払によって契約が消滅する場合の配当。編注］によって割り当てた契約者配当金は、死亡給付金とともに現金で支払います。

④ 　第31条第①項(4)の規定［年金開始日以後の契約で、その事業年度末に有効に継続しているものに対する配当。編注］によって割り当てた契約者配当金は、保険契約が、その翌事業年度中の契約応当日に有効に継

続している場合には、その翌事業年度中に次の(1)または(2)の方法のうち、保険契約者の選択した方法によって支払います。

　なお、(2)の積み立てられた契約者配当金の支払請求をする場合には、年金受取人は必要書類（別表1）を当会社に提出してください。
(1) 年金買増配当

　　第2回以後の年金支払期日（第3条）に、第33条に規定する増加年金契約を買い増し、契約者配当金をその一時払保険料に充当することにより支払う方法です。
(2) 積立配当

　　翌事業年度中の契約応当日から、当会社の定めた率の複利による利息をつけて積み立てておき、年金受取人の支払請求があった場合または保険契約が消滅した場合［本条①項(1)参照。編注］には現金で支払う方法です。

⑤　［省略］

⑥　保険契約者は、保険契約の申込の際に契約者配当金の支払方法について、第①項(1)または(2)の方法のどちらかを選択してください。

⑦　「年金買増配当」［本条①項(1)参照。編注］を選択した保険契約の年金の種類（第1条）が保証期間付終身年金の場合で、年金の一時支払（第5条）を行ったときには、保証期間の残存期間中に支払われるべき契約者配当金は、第④項(2)に定める方法によって積み立てておき、年金受取人の支払請求があったとき、保険契約が消滅したときまたは保証期間経過後最初の年金を支払うときに支払います。

　なお、積み立てられた契約者配当金の支払請求をする場合には、年金受取人は必要書類（別表1）を当会社に提出してください。

⑧　「年金買増配当」［本条①項(1)参照。編注］を選択した保険契約が、年金の継続支払（第3条）を行った場合には、「積立配当」［本条①項(2)参照。編注］に変更します。

⑨　保険契約者（備-1）は、当会社の定めた取扱基準によって、契約者配当金の支払方法を変更することができます。この場合には、保険

契約者^(備-1)は必要書類（別表１）を当会社に提出してください。
⑩　第31条第②項の規定によって割り当てた契約者配当金は、当会社の定めた方法によって支払います。この場合、一時払特殊養老保険契約の一時払保険料に充当する方法によって支払う契約者配当金については、「契約者配当金特殊支払特則（個人年金保険用）」によるものとします。
⑪　契約者配当金の受取人は、次のとおりとします。
　（１）年金開始日［３条②項参照。編注］前は、契約者。ただし、死亡給付金を支払う場合には、その受取人［死亡給付金受取人。編注］とします。
　（２）年金開始日以後は、年金受取人。ただし、被保険者［１条の編者注１参照］が死亡した後は死亡時未支払年金受取人とします。
第32条　備考
（備-1）年金開始日以後は年金受取人とします。

【編者注】年金買増配当、積立配当の課税関係
①　個人が個人年金保険契約に係る年金買増配当又は積立配当の割当てを受けた場合の課税関係については、５編２章１節の解説４②・④（P1154）参照。
②　法人が個人年金保険契約を締結している場合の年金保険に係る契約者配当金の課税関係については、P931に掲げる個別通達（平２直審4-19）の３及び４参照。
③　本条⑩項の「契約者配当金特殊支払特則（個人年金保険用）」は、P1399に掲げる「契約者配当金特殊支払特則」（養老保険普通保険約款附属のもの）と概ね同様である。

個人年金保険約款

第33条　増加年金契約の取扱
①　増加年金契約の内容は、次の(1)から(4)に規定するとおりとします。

なお、増加年金契約については、年金証書を交付する代わりに、毎年買い増した年金年額を年金受取人に通知します。
(1) 年金の種類は、次のとおりとします。
　　(ア) 主たる年金が確定年金［1条の編者注1参照］の場合には確定年金とし、その支払期間満了の日は、主たる年金と同一とします。
　　(イ) 主たる年金が保証期間付終身年金［1条の編者注2参照］の場合、主たる年金の保証期間中は保証期間付終身年金とし、その保証期間満了の日は、主たる年金と同一とします。主たる年金の保証期間経過後は終身年金とします。
(2) 年金の型は、主たる年金の型にかかわらず、すべて定額型［2条参照。編注］とします。
(3) 被保険者、年金受取人および死亡時未支払年金受取人は、それぞれ主たる年金の場合と同一人とします。
(4) 契約者配当金の支払方法は、「年金買増配当」（第32条）とします。
② 増加年金契約の年金は、主たる年金を支払う場合に限り、同時に年金受取人に支払います。
　［編注：増加年金の買増時は、第2回目以降の主たる年金の支払期日であり（32条④項(1)）、その支払金額は本条①項本文なお書により通知された金額で、年金の支払は買増時と同時に開始する。］
③ 主契約が消滅した場合（第22条）には、増加年金契約も消滅します。
④ ［省略］

個人年金保険約款

第34条　年金開始による保険契約の承継

　年金受取人は、年金開始日［3条②項参照。編注］以後、保険契約者から契約についての一切の権利義務を承継するものとします。

個人年金保険約款

第35条　保険契約者の変更

① 保険契約者は、年金開始日［3条②項参照。編注］前に限り、被保険者の同意および当会社の承諾を得て、保険契約についての一切の権利義務を第三者に承継させて、その第三者を新たな保険契約者とすることができます。この場合、保険契約者は必要書類（別表1）を当会社に提出してください。
② 保険契約者を変更した場合には、当会社は、保険証券に変更後の保険契約者を表示します。

個人年金保険約款

第36条　当会社への通知による年金受取人・死亡給付金受取人・死亡時未支払年金受取人の変更

① 保険契約者（備-1）は、年金または死亡給付金の支払事由（第3・7条）が発生するまでは、被保険者の同意を得たうえで、当会社に対する通知により、年金受取人または死亡給付金受取人を変更することができます。ただし、年金受取人を変更する場合には、被保険者の同意を要しません。なお、年金開始日前に年金受取人を変更する場合、変更後の年金受取人は、保険契約者または被保険者のいずれかとし、年金開始日以後に年金受取人を変更する場合、変更後の年金受取人は、被保険者に限ります。
② 年金受取人と被保険者が同一人の場合、保険契約者（備-1）は、被保険者が死亡するまでは、被保険者の同意を得たうえで、当会社に対する通知により、死亡時未支払年金受取人を変更することができます。なお、年金受取人と被保険者が同一人でない場合、死亡時未支払年金受取人を年金受取人以外の者に変更することはできません。
③ 第①項の規定によって年金開始日以後に年金受取人が変更された場合には、変更後の年金受取人は、保険契約についての一切の権利義務を承継するものとします。
④ 保険契約者（備-1）は、第①項の規定によって年金受取人を被保険者に変更する場合には、その変更の際に、第②項の規定により死亡

時未支払年金受取人を変更してください。

⑤　第①項の規定によって年金受取人を保険契約者に変更した場合には、死亡時未支払年金受取人は年金受取人に変更されたものとします。

⑥　第①項または第②項の規定により、死亡給付金受取人、年金受取人または死亡時未支払年金受取人を変更する場合、当会社は、保険契約者(備-1)に手続書類（別表1）の提出を求めます。

⑦　第①項または第②項の規定により、死亡給付金受取人、年金受取人または死亡時未支払年金受取人が変更された場合、当会社は、保険証券(備-2)に変更後の死亡給付金受取人、年金受取人または死亡時未支払年金受取人を表示します。

⑧　第①項または第②項の通知が当会社に到達する前に変更前の死亡給付金受取人、年金受取人または死亡時未支払年金受取人に死亡給付金または年金(備-3)を支払ったときは、その支払後に変更後の死亡給付金受取人、年金受取人または死亡時未支払年金受取人から死亡給付金または年金(備-3)の請求を受けても、当会社はこれを支払いません。

第36条　備考
(備-1)　年金開始日以後は、年金受取人とします。
(備-2)　年金開始日以後は、年金証書とします。
(備-3)　未払の年金の現価を含みます。

個人年金保険約款

第37条　遺言による死亡給付金受取人・年金受取人・死亡時未支払年金受取人の変更

①　第36条第①項に定めるほか、保険契約者(備-1)は、年金または死亡給付金の支払事由（第3・7条）が発生するまでは、法律上有効な遺言により、年金受取人または死亡給付金受取人を変更することができます。なお、年金開始日前に年金受取人を変更する場合、変更後の年金受取人は、保険契約者または被保険者のいずれかとし、年

金開始日以後に年金受取人を変更する場合、変更後の年金受取人は、被保険者に限ります。

② 第36条第②項に定めるほか、年金受取人と被保険者が同一人の場合、保険契約者 ^(備-1) は、被保険者が死亡するまでは、法律上有効な遺言により、死亡時未支払年金受取人を変更することができます。なお、年金受取人と被保険者が同一人でない場合、死亡時未支払年金受取人を年金受取人以外の者に変更することはできません。

③ 第①項の規定によって年金開始日以後に年金受取人が変更された場合には、変更後の年金受取人は、保険契約についての一切の権利義務を承継するものとします。

④ 保険契約者 ^(備-1) は、第①項の規定によって年金受取人を被保険者に変更する場合には、その変更の際に、第②項の規定により死亡時未支払年金受取人を変更してください。この変更が行われなかった場合、この保険契約を承継した新たな保険契約者 ^(備-1) は、第36条第②項の規定により、死亡時未支払年金受取人を変更してください。

⑤ 第①項の規定によって年金受取人を保険契約者に変更した場合には、死亡時未支払年金受取人は年金受取人に変更されたものとします。

⑥ 第①項、第②項または第⑤項の死亡給付金受取人または死亡時未支払年金受取人の変更は、被保険者の同意がなければ、その効力を生じません。

⑦ 第①項および第⑥項による年金受取人もしくは死亡給付金受取人の変更または第②項および第⑥項による死亡時未支払年金受取人の変更は、保険契約者 ^(備-1) が死亡した後、保険契約者 ^(備-1) の相続人が当会社に通知しなければ、これを当会社に対抗することはできません。

⑧ 第①項および第⑥項の規定により、年金受取人もしくは死亡給付金受取人を変更する場合または第②項および第⑥項の規定により、死亡時未支払年金受取人を変更する場合、当会社は、保険契約者 ^(備-1)

の相続人に手続書類（別表1）の提出を求めます。
⑨　第①項および第⑥項の規定により、年金受取人もしくは死亡給付金受取人が変更された場合、第②項および第⑥項の規定により、死亡時未支払年金受取人が変更された場合、当会社は、保険証券^(備-2)に変更後の死亡給付金受取人、年金受取人または死亡時未支払年金受取人を表示します。

第37条　備考
（備-1）年金開始日以後は、年金受取人とします。
（備-2）年金開始日以後は、年金証書とします。

個人年金保険約款

第38条　年金受取人・死亡給付金受取人・死亡時未支払年金受取人の死亡

①　年金受取人または死亡給付金受取人が年金または死亡給付金の支払事由（第3・7条）の発生以前に死亡したときは、その法定相続人を年金受取人または死亡給付金受取人とします。
②　死亡時未支払年金受取人が、被保険者の死亡以前に死亡した時は、その法定相続人を死亡時未支払年金受取人とします。
③　第①項および第②項の規定により年金受取人、死亡給付金受取人または死亡時未支払年金受取人となった者が死亡した場合に、この者に法定相続人がいないときは、第①項および第②項の規定により年金受取人、死亡給付金受取人または死亡時未支払年金受取人となった者のうち生存している他の年金受取人、死亡給付金受取人または死亡時未支払年金受取人を年金受取人、死亡給付金受取人または死亡時未支払年金受取人とします。
④　第①項または第③項の規定によって年金開始日以後に年金受取人が変更された場合には、変更後の年金受取人は、保険契約についての一切の権利義務を承継するものとします。
⑤　第①項または第③項の規定により、被保険者が年金受取人となる場合には、保険契約者^(備-1)は、第36条第②項の規定により、死亡

時未支払年金受取人を変更してください。
⑥　第①項から第③項により年金受取人、死亡給付金受取人または死亡時未支払年金受取人となった者（備-2）が２人以上いる場合、その受取割合は均等とします。

第38条　備考

（備-1）年金開始日以後は、年金受取人とします。

（備-2）第①項から第③項の規定により年金受取人、死亡給付金受取人または死亡時未支払年金受取人となった者が死亡し、第①項から第③項の規定によりあらたに年金受取人、死亡給付金受取人または死亡時未支払年金受取人となった者を含みます。

参 考 文 献

- 『保険税務のすべて（平成21年版）』新日本保険新聞社
- 加藤千博編『相続税法基本通達逐条解説（平成22年版）』大蔵財務協会
- 租税裁決例研究会編『国税不服審判所裁決例集』ぎょうせい
- 吾妻光俊編『注解労働基準法』青木書院新社（昭和40年1月発行）
- 橋本守次『資産税重要事例選集』大蔵財務協会（平成13年8月発行）
- 笹岡宏保『財産評価の実務（平成22年3月改訂版）』清文社
- 租税判例研究会編『判例租税法4』新日本法規出版
- 後藤昇他編『所得税基本通達逐条解説（平成21年版）』大蔵財務協会
- 渡辺淑夫監修『保険・年金の税務Q&A』ぎょうせい（平成3年9月発行）
- 注解所得税法研究会編『注解所得税法（三訂版）』大蔵財務協会
- 須佐正秀編『税務相談事例集』大蔵財務協会（平成17年7月発行）
- 村川満夫編『所得税実務問答集（平成20年12月改訂版）』納税協会連合会
- 苫米地邦男編『所得税質疑応答集（平成18年版）』大蔵財務協会
- 今田繁雄編『所得税確定申告の手引（平成20年分）』税務研究会出版局
- 渡辺淑夫他編『所得税・源泉税通達の問題点』ぎょうせい（平成8年4月発行）
- 窪田悟嗣編著『法人税基本通達逐条解説（五訂版）』税務研究会出版局
- 保険実務研究会編『Q&A生命保険・損害保険をめぐる法律と税務』新日本法規出版（平成9年5月発行）
- 松本善夫編『年末調整のしかた（平成22年版）』大蔵財務協会
- 『改正税法のすべて（平成22年版）』大蔵財務協会
- 保険税務事例研究グループ編『保険税務Q&A（五訂版）』税務研究会出版局
- 若林孝三他編『報酬・賞与・複利厚生費・退職金の税務』大蔵財務協会（平成11年1月発行）
- 『改正税法のすべて（平成18年版）』大蔵財務協会
- 衛藤政憲『役員給与の損金不算入制度重要点解説』大蔵財務協会（平成19年5月発行）

- 江頭憲治郎『株式会社法（第2版）』有斐閣
- 加藤文夫『圧縮記帳の実務』新日本法規出版（平成9年10月発行）
- 西山晴一他『Q&A圧縮記帳の税務』ぎょうせい（平成4年2月発行）
- 成松洋一『圧縮記帳の法人税務（九訂版）』大蔵財務協会
- 山本守之『体系法人税法』税務経理協会（平成20年9月発行）
- 渡辺淑夫他編『法人税基本通達の問題点（四訂版）』ぎょうせい
- 渡辺淑夫『法人税解釈の実際』中央経済社
- 山本守之『法人税の争点を検証する（増補版）』税務経理協会
- 小田嶋清治『法人税質疑応答集』大蔵財務協会（平成16年2月発行）
- 『週刊税務通信（昭和61.5.26号）』税務研究会
- 小山真輝『法人税関係　措置法通達逐条解説（平成19年12月1日現在版）』財経詳報社
- 多久和弘一『保険税務ハンドブック（2007年版）』保険毎日新聞社
- 中野百々造『出向と転籍の税務（改訂三版）』大蔵財務協会
- 松崎也寸志編『消費税法基本通達逐条解説（平成16年版）』大蔵財務協会
- 『改正税法のすべて（平成19年版）』大蔵財務協会
- 『改正税法のすべて（平成22年版）』大蔵財務協会
- 福田弥夫・古笛恵子編『逐条解説　改正保険法』ぎょうせい（平成20年9月発行）

法令等の総合索引

　この「法令等の総合索引」は、本書に収録した全ての法令、通達、情報、質疑応答事例、事前照会に対する文書回答事例、裁判例、裁決例等の一覧であり、次の要領で掲載している。

1. 相続税関係、所得税関係、法人税関係、消費税関係、租税特別措置法関係、国税関係法令に係る行政手続等、その他の法令、保険約款等の順で掲載している。
2. 各税法とも、本法、政令、省令、告示、基本通達（相続税については、相続税法基本通達、評価基本通達の順）、個別通達、情報、質疑応答事例、事前照会に対する文書回答事例、裁判例、裁決例等の順によっている。
3. ［　］は、編注である。

相続税関係

■相続税法

第3条	相続又は遺贈により取得したものとみなす場合	119
第1項第1号	［死亡保険金］	119
第1項第2号	［退職手当金等］	212
第1項第3号	［保険事故の発生していない生命保険契約に係る権利］	261
第1項第4号	［給付事由の発生していない定期金に関する権利］	275
第1項第5号	［給付事由の発生している保証期間付定期金に関する権利］	282
第1項第6号	［契約に基づかない定期金に関する権利］	290
第3条第2項	［被相続人の被相続人が負担した保険料等］	120
第3条第3項	［遺言により払い込まれた保険料等］	120
第5条	贈与により取得したものとみなす場合	298
第6条	［贈与により取得したものとみなす定期金］	329
第12条	相続税の非課税財産	195
第15条	遺産に係る基礎控除	201

第18条	相続税額の加算	204
第24条	定期金に関する権利の評価［給付事由が発生しているもの］	346
第24条［旧］	定期金に関する権利の評価［給付事由が発生しているもの］	373
第25条	［給付事由が発生していない定期金に関する権利の評価］	388
第25条［旧］	［給付事由が発生していない定期金に関する権利の評価］	395
第59条	調書の提出	1280

〈平成22年改正附則〉

第32条	定期金に関する権利の評価に関する経過措置	357

■相続税法施行令

第1条の2	生命保険契約等の範囲	155
第1条の3	退職手当金等に含まれる給付の範囲	225
第1条の4	贈与により取得したものとみなされる損害保険契約の保険金	309
第1条の5	返還金等が課税される損害保険契約	310
第2条の2	心身障害者共済制度の範囲	199
第3条の2	特別養子縁組等による養子に準ずる者の範囲	205
第5条の7	［余命年数］	356
第30条	調書の提出を要する損害保険契約の保険金等	1285

〈平成22年改正附則〉

第2条	定期金に関する権利の評価に関する経過措置	360

■相続税法施行規則

第1条の2	漁業協同組合等の締結した生命保険契約等に類する共済に係る契約の要件	160
第12条の2	複利年金現価率	356
第12条の3	平均余命	357
第12条の4	複利年金終価率	390
第30条	調書提出の限度等	1285
第31条	調書の書式	1287

〈平成22年改正附則〉

第1条	施行期日	362
第2条	定期金に関する権利の評価に関する経過措置	362

■大蔵・財務省告示

- 相続税法施行令第1条の2第1項第6号に規定する生命共済に係る契約を指定する等の件　*161*
- 相続税法施行令第1条の2第2項第5号に規定する傷害共済に係る契約を指定する等の件　*162*

■相続税法基本通達

3-1	「相続を放棄した者」の意義	*194*
3-2	「相続権を失った者」の意義	*194*
3-4	法施行令第1条の2第1項に含まれる契約	*163*
3-5	法施行令第1条の2第2項に含まれる契約	*163*
3-6	年金により支払を受ける保険金	*164*
3-7	法第3条第1項第1号に規定する保険金	*164*
3-8	保険金とともに支払を受ける剰余金等	*170*
3-9	契約者貸付金等がある場合の保険金	*170*
3-10	無保険車傷害保険契約に係る保険金	*173*
3-11	「保険金受取人」の意義	*175*
3-12	保険金受取人の実質判定	*175*
3-13	被相続人が負担した保険料等	*182*
3-14	保険料の全額	*187*
3-15	養育年金付こども保険に係る保険契約者が死亡した場合	*177*
3-16	保険料の負担者が被相続人以外の者である場合	*318*
3-17	雇用主が保険料を負担している場合	*187*
3-18	退職手当金等の取扱い	*229*
3-19	退職手当金等の判定	*229*
3-20	弔慰金等の取扱い	*241*
3-21	普通給与の判定	*244*
3-22	「業務上の死亡」等の意義	*245*
3-23	退職手当金等に該当しないもの	*231*
3-24	「給与」の意義	*233*
3-25	退職手当金等の支給を受けた者	*257*

3-26	「その他退職給付金に関する信託又は生命保険の契約」の意義	234
3-27	「これに類する契約」の意義	234
3-28	退職手当金等に該当する生命保険契約に関する権利等	235
3-29	退職年金の継続受取人が取得する権利	236
3-30	「被相続人の死亡後3年以内に支給が確定したもの」の意義	237
3-31	被相続人の死亡後支給額が確定した退職手当金等	238
3-32	被相続人の死亡後確定した賞与	238
3-33	支給期の到来していない給与	238
3-35	契約者が取得したものとみなされた生命保険契約に関する権利	268
3-36	被保険者でない保険契約者が死亡した場合	268
3-37	保険契約者の範囲	269
3-38	保険金受取人が取得した保険金で課税関係の生じない場合	269
3-39	「返還金その他これに準ずるもの」の意義	270
3-40	定期金受取人が死亡した場合で課税関係の生じない場合	277
3-41	定期金給付事由の発生前に契約者が死亡した場合	277
3-42	定期金給付事由の発生前に掛金又は保険料の負担者が死亡した場合	278
3-43	定期金給付契約の解除等があった場合	336
3-44	被相続人が負担した掛金又は保険料等	279
3-45	保証据置年金契約の年金受取人が死亡した場合	286
3-46	契約に基づかない定期金に関する権利	292
3-47	退職手当金等を定期金として支給する場合	239
5-1	法第3条第1項第1号の規定の適用を受ける保険金に関する取扱いの準用	318
5-2	保険金受取人の取扱いの準用	318
5-3	保険金受取人以外の者が負担した保険料等	319
5-4	損害賠償責任に関する保険又は共済の契約に基づく保険金	313
5-5	搭乗者保険等の契約に基づく保険金	314
5-6	返還金その他これに準ずるものの取扱いの準用	315
5-7	生命保険契約の転換があった場合	1175

6-1	「定期金受取人」等の意義　336
6-2	定期金受取人以外の者が負担した掛金又は保険料　337
6-3	定期金受取人が掛金又は保険料の負担者である場合　337
12-8	相続を放棄した者等が取得した保険金　199
12-9	保険金の非課税金額の計算　199
12-10	保険金についての取扱いの準用［退職手当金等についての保険金に関する取扱いの準用］　200
18-1	遺贈により財産を取得した一親等の血族　205
18-3	養子、養親の場合　206
21の3-9	社交上必要と認められる香典等の非課税の取扱い　246、419
24-1［新］	「定期金給付契約に関する権利」の意義　363
24-2［新］	年金により支払を受ける生命保険金等の額　364
24-3［新］	解約返戻金の金額　365
24-3［旧］	年金により支払を受ける生命保険金等の額　378
24-4	解約返戻金の金額等がない場合　365
25-1	解約返戻金の金額　390

■財産評価基本通達

200［新］	給付を受けるべき金額の1年当たりの平均額　366
200-2	定期金に関する権利を取得した日が定期金の給付日である場合の取扱い　369
200-3	完全生命表　372
200-4	予定利率の複利による計算をして得た元利合計額　391
200-5	経過期間に払い込まれた掛金又は保険料の金額の1年当たりの平均額　392
200-6	予定利率　372、393
214	生命保険契約に関する権利の評価　396

■個別通達

- 相続税法基本通達の一部改正に伴う相続税等関連事務の運営について　180
- 団体信用保険にかかる課税上の取扱いについて　141
- 人身傷害補償保険金に係る所得税、相続税及び贈与税の取扱い等について　319

- 契約転換制度の所得税法及び相続税法上の取扱いについて　*1177*

■質疑応答事例
- 生命保険契約について契約者変更があった場合　*1188*
- 生命保険契約等の一時金の支払調書の提出省略範囲　*1303*

■事前照会に対する文書回答事例
- 変額個人年金保険に関する課税上の取扱いについて　*380*
- 生命共済契約から医療共済契約への転換及び共済掛金充当払特則による契約転換制度の所得税法及び相続税法上の取扱いについて　*1179*

■判　例
- 相続財産とみなされる退職手当金等は、死亡退職金に限られないとした事例（死亡退職手当金等がみなす相続財産とならない場合には、その退職金等は一時所得に該当するとされた事例）　*220*
- 無利息債権の評価は、複利現価率を用いて計算した元本の現在価値によるのが相当であるとされた事例　*386*

■裁決例
- 取得した保険金が、固有財産か相続財産かを判断した事例　*192*
- みなす相続財産とされる死亡保険金の取得の時期等を判断した事例　*147*
- 雇用主が保険料を負担していた団体定期保険契約の保険金を相続人が取得した場合、それが死亡保険金か退職手当金等かを判断した事例　*145*
- 団体信用生命保険契約による死亡保険金をもって住宅ローン残債務の弁済が行われた場合の債務控除等　*143*
- 会社が役員の死亡退職に伴い遺族に支給した弔慰金は、その全額が退職手当金等に当たるとした原処分の一部を取り消した事例（業務上の死亡について判断した事例）　*247*

■参　考
- 簡易保険の「夫婦年金保険」の課税関係　*138*
- 年金払積立傷害保険に係る課税関係　*338*

所 得 税 関 係

■所得税法

第2条	定義	
第1項第27号	災害 *447*	
第9条	非課税所得	
第1項第16号	［相続、遺贈、個人からの贈与により取得するもの］ *405*	
第1項第17号	［損害保険金、損害賠償金等］ *405*	
第34条	一時所得 *494*	
第35条	雑所得 *558*	
第36条	収入金額 *475*	
第51条	資産損失の必要経費算入 *424*	
第62条	生活に通常必要でない資産の災害による損失 *439*	
第70条	純損失の繰越控除 *444*	
第72条	雑損控除 *450*	
第73条	医療費控除 *463*	
第76条	生命保険料控除 *745*	
第76条［新］	生命保険料控除 *802*	
第77条	地震保険料控除 *860*	
第77条［平18改正前］	損害保険料控除 *877*	
第120条	確定所得申告 *843*	
第174条	内国法人に係る所得税の課税標準	
第8号	［一時払養老保険等に係る保険差益］ *659*	
第207条	源泉徴収義務 *665*	
第208条	徴収税額 *667*	
第209条	源泉徴収を要しない年金 *667*	
第225条	支払調書及び支払通知書 *1288*	

〈平成18年改正附則〉

第10条	地震保険料控除に関する経過措置 *871*	

■所得税法施行令

第9条	災害の範囲	*447*
第30条	非課税とされる保険金、損害賠償金等	*407*
第64条	確定給付企業年金規約等に基づく掛金等の取扱い	*689*
第65条	不適格退職金共済契約等に基づく掛金の取扱い	*690*
第76条	退職金共済制度等に基づく一時金で退職手当等とみなさないもの	*524*
第82条の3	確定給付企業年金の額から控除する金額	
第2項	［支払開始の日において支給総額が確定していない年金の支給総額の見込額の計算方法］	*573*
第94条	事業所得の収入金額とされる保険金等	*476*
第142条	必要経費に算入される資産損失の金額	*431*
第178条	生活に通常必要でない資産の災害による損失額の計算等	*440*
第183条	生命保険契約等に基づく年金に係る雑所得の金額の計算上控除する保険料等	
第1項	［生命保険契約等に基づく年金に係る雑所得の金額の計算方法］	*561*
第2項	［生命保険契約等に基づく一時金に係る一時所得の金額の計算方法］	*505*
第3項	［生命保険契約等の意義］	*508*
第4項	［保険料又は掛金の総額の計算］	*509*
第184条	損害保険契約等に基づく年金に係る雑所得の金額の計算上控除する保険料等	
第1項	［損害保険契約等に基づく年金に係る雑所得の金額の計算方法］	*549、576*
第2項	［損害保険契約等に基づく満期返戻金等に係る一時所得の金額の計算方法］	*549*
第3項	［保険料又は掛金の総額の計算］	*550*
第4項	［満期返戻金等の意義］	*551*

第185条	相続等に係る生命保険契約等に基づく年金に係る雑所得の金額の計算	*580*
第186条	相続等に係る損害保険契約等に基づく年金に係る雑所得の金額の計算	*649*
第202条	被災事業用資産の損失等に係る純損失の金額	*448*
第203条	被災事業用資産の損失に含まれる支出	*448*
第206条	雑損控除の対象となる雑損失の範囲等	*456*
第208条の3	生命保険料控除の対象とならない保険料	*790*
第208条の3 ［新］	新生命保険料の対象となる保険料又は掛金	*822*
第208条の4 ［新］	旧生命保険料の対象とならない保険料	*828*
第208条の5 ［新］	新生命保険料等の金額から控除する剰余金等の額	*830*
第208条の6 ［新］	介護医療保険契約等に係る保険金等の支払事由の範囲	*833*
第208条の7 ［新］	介護医療保険料の対象となる保険料又は掛金	*834*
第208条の8 ［新］	承認規定等の範囲	*835*
第209条	生命保険料控除の対象とならない生命保険契約等	*756*
第209条 ［新］	生命保険料控除の対象とならない保険契約等	*836*
第210条	生命保険契約等となる共済に係る契約の範囲	*757*
第210条 ［新］	生命共済契約等の範囲	*838*
第210条の2	保険金の支払事由の範囲	*759*
第210条の2 ［新］	退職年金に関する契約の範囲	*839*
第210条の3	生命保険契約等となる退職年金に関する契約の範囲	*761*
第211条	個人年金保険契約等の対象となる契約の範囲	*773*
第211条 ［新］	年金給付契約の対象となる契約の範囲	*839*
第212条	生命保険料控除の対象となる個人年金保険契約等の要件	*781*
第212条 ［新］	生命保険料控除の対象となる年金給付契約の要件	*842*
第213条	地震保険料控除の対象とならない保険料又は掛金	*867*
第214条	地震保険料控除の対象となる共済に係る契約の範囲	*869*
第262条	確定申告書に関する書類の提出又は提示	*843*
第262条 ［新］	確定申告書に関する書類の提出又は提示	*845*

第326条	生命保険契約等に基づく年金に係る源泉徴収	
第2項	［生命保険契約等に類する契約に基づく年金で、源泉徴収の対象となるものの範囲］ *668*	
第3項	［年金から控除する金額の計算］ *669*	
第4項	［源泉徴収の要否を判定する場合の保険差益計算上控除する金額］ *670*	
第5項	［源泉徴収を要しない年金の限度額］ *670*	
第6項	［金額に関わらず源泉徴収を要しない年金契約］ *670*	
第351条	生命保険金に類する給付等　*1289*	
別表「余命年数表」 *575*		

〈平成18年改正附則〉

第14条	地震保険料控除に関する経過措置　*877*

〈平成22年改正附則〉*605*

■所得税法施行規則

第38条の3	損害保険契約等に基づく年金に係る支払総額の見込額の計算　*578*
第40条の5	生命保険契約等の対象となる共済に係る契約の要件の細目　*759*
第40条の5［新］	生命共済契約等の対象となる共済に係る契約の要件の細目　*839*
第40条の6	個人年金保険契約等の対象となる共済に係る契約の要件の細目　*778*
第40条の6［新］	年金給付契約の対象となる共済に係る契約の要件の細目　*841*
第40条の7	地震保険料控除の対象となる共済に係る契約の要件の細目　*870*
第47条の2	生命保険料控除に関する証明事項等　*848*
第47条の2［新］	生命保険料控除に関する証明事項等　*850*
第86条	生命保険金等の支払調書　*1296*
第87条	損害保険等給付金の支払調書　*1300*

■大蔵・財務省告示

- 生命保険料控除の対象となる生命共済に係る契約を指定する件　*771*
- 所得税法第76条第2項に規定する個人年金保険契約等に該当する生命共済に係る契約を指定する件　*788*
- 地震保険料控除の対象となる自然災害共済に係る契約を指定する件　*871*

■金融庁告示
- 所得税法施行令第208条の3第1項第1号の規定に基づき、所得税法第76条第7項第1号に掲げる契約の内容を主たる内容とする保険契約として、金融庁長官が財務大臣と協議して定めるものを定める件　*823*

■農林水産省告示
- 所得税法施行令第208条の3第1項第2号の規定に基づき、所得税法第76条第7項第2号に掲げる契約の内容を主たる内容とする共済に係る契約として農林水産大臣が財務大臣と協議して定めるものを定める件　*826*

■所得税基本通達

9-2	非課税とされる年金の範囲	*215*
9-17	相続財産とされる死亡者の給与等、公的年金等及び退職手当等	*216*
9-18	年金の総額に代えて支払われる一時金	*567*
9-19	必要経費に算入される金額を補てんするための金額の範囲	*412*
9-20	身体に損害を受けた者以外の者が支払を受ける傷害保険金等	*414*
9-21	高度障害保険金等	*417*
9-22	所得補償保険金	*418*
9-23	葬祭料、香典等	*247、419*
27-5	事業の遂行に付随して生じた収入	*480*
34-1	一時所得の例示	*495、548*
34-2	遺族が受ける給与等、公的年金等及び退職手当等	*217*
34-4	生命保険契約等に基づく一時金又は損害保険契約等に基づく満期返戻金等に係る所得金額の計算上控除する保険料等	*519*
35-1	雑所得の例示	*558*

35-3	年金に代えて支払われる一時金　568、605	
35-4	生命保険契約等又は損害保険契約等に基づく年金に係る所得金額の計算上控除する保険料等　570	
35-4の2	年金の種類の判定　607	
35-4の3	保証期間における当初年金受取人の契約年額と当初年金受取人以外の者の契約年額が異なる場合　609	
36-9	給与所得の収入金額の収入すべき時期　218	
36-10	退職所得の収入金額の収入すべき時期　218	
36-13	一時所得の総収入金額の収入すべき時期　520	
36-14	雑所得の収入金額又は総収入金額の収入すべき時期　219	
36-31	使用者契約の養老保険に係る経済的利益　680	
36-31の2	使用者契約の定期保険に係る経済的利益　692	
36-31の3	使用者契約の定期付養老保険に係る経済的利益　699	
36-31の4	使用者契約の傷害特約等の特約を付した保険に係る経済的利益　701	
36-31の5	使用者契約の生命保険契約の転換をした場合　1196	
36-31の6	生命保険契約に係る取扱いの準用［生命共済等についての準用］　689	
36-31の7	使用者契約の保険契約等［傷害保険・損害保険等］に係る経済的利益　704	
36-31の8	使用人契約の保険契約等に係る経済的利益　718	
36-37	保険契約等に関する権利の評価　674	
36・37共-18の2	長期の損害保険契約に係る支払保険料　734	
36・37共-18の3	賃借建物等を保険に付した場合の支払保険料　734	
36・37共-18の4	使用人の建物等を保険に付した場合の支払保険料　736	
36・37共-18の5	賃借建物等を保険に付している場合の建物等の所有者の所得計算　737	
36・37共-18の6	満期返戻金等の支払を受けた場合の一時所得の金額の計算　557	
36・37共-18の7	保険事故の発生により保険金の支払を受けた場合の積立保険	

	料の処理 737
51-2	損失の金額 432
51-3	原状回復のための費用 433
51-5	親族の有する固定資産について生じた損失 435
51-6	保険金、損害賠償金に類するものの範囲 437
51-7	保険金等の見込控除 437
51-8	盗難品等の返還を受けた場合のそ及訂正 438
56-1	親族等の資産を無償で事業の用に供している場合 739
72-1	事業以外の業務用資産の災害等による損失 454
72-3	原状回復のための支出と資本的支出との区分の特例 462
73-1	生計を一にする親族に係る医療費 466
73-2	支払った医療費の意義 467
73-8	医療費を補てんする保険金等 467
73-9	医療費を補てんする保険金等に当たらないもの 469
73-10	医療費を補てんする保険金等の見込控除 470
76-1	控除の対象となる生命保険料等 794
76-3	支払った生命保険料等の金額 795
76-4	使用者が負担した使用人等の負担すべき生命保険料等 798
76-5	保険金等の支払とともに又は保険金等の支払開始の日以後に分配を受ける剰余金等 799、1157
76-7	保険会社等に積み立てられた剰余金等で生命保険料等の金額から控除するもの 800
76-8	生命保険料の金額を超えて剰余金の分配を行うこととなっている場合の取扱い 777
77-1	賦払の契約により購入した資産 863
77-2	居住の用に供する家屋 864
77-3	損害保険契約等に基づく責任開始日前に支払った地震保険料 864
77-5	一の契約に基づく地震保険料のうちに控除の対象となるものとならないものとがある場合の区分 865

1465

77-6		店舗併用住宅等について支払った地震保険料の特例	866
77-7		支払った地震保険料の金額等	866

〈平成22年改正附則〉 610

■個別通達
- 年金支払開始の日以後に生じた剰余金をもって一時払の年金保険を買増しすることができることとされている個人年金保険の所得税法上の取扱いについて 570
- 相続等に係る生命保険契約等に基づく年金に係る雑所得の金額の計算書(様式)の制定について 643
- 団体定期保険の被保険者に退職者を含める場合の保険料の税務上の取扱いについて 694
- 定年退職者医療保険制度に基づき負担する保険料の課税上の取扱いについて 697
- 法人又は個人事業者が支払う介護費用保険の保険料の取扱いについて 707
- 青色専従者を受取人とする交通傷害保険の保険料に対する課税上の取扱いについて 731
- 交通事故傷害保険の保険料等の取扱いについて 724
- 集団定期保険料等の所得税法上の取扱いについて 725
- 定期保険の保険料にかかる所得税および法人税の取扱いについて 727
- 所得税法等の施行に伴う所得税の暫定的取扱いについて「63 雇用主が負担する損害保険の保険料」 732
- 生命保険控除の対象となる個人年金保険契約等の範囲及び要件 783
- 契約転換制度の所得税法及び相続税法上の取扱いについて 1177
- 生命共済契約に基づく給付金等で身体の傷害に基因するものに対する非課税の取扱い等について 1304

■情　報
- 相続等に係る生命保険契約等に基づく年金に係る雑所得の計算について 610
- いわゆる第三分野の保険契約に係る生命保険料控除等に関する質疑応答事例について 762

■質疑応答事例
- 一時払養老保険の保険金額を減額した場合における清算金等に係る一時所得の

金額の計算　*1203*
- 生命保険契約に係る保険料の支払利息について　*502*

■事前照会に対する文書回答事例
- 積立利率変動型個人年金保険（米ドル建）の保険料及び保険金の邦貨換算について　*522*
- 大同生命保険相互会社が株式会社へ組織変更した場合の税務上の取扱いについて　*1309*

■判　例
- 生命保険契約に基づき、保険金受取人が支払を受ける年金につき、「みなす相続財産である保険金」として相続税が課税されるときは、年金受取人がその後に受け取る年金については、所得税を課すことはできないとされた事例　*637*
- 満期生命保険金に係る一時所得金額の計算上、収入保険金から控除すべき保険料には、保険金受取人が負担した保険料の他、契約者である法人が損金として経理した保険料も含まれるとした事例　*529*

■裁決例
- 退職金として現物支給された生命保険契約に関する権利につき、その後その保険契約を解約したことによる解約返戻金に係る一時所得の金額の計算上控除すべき金額につき判断した事例　*497*
- 契約者及び死亡保険金受取人を使用者（法人）、被保険者及び満期保険金受取人を役員とする養老保険契約に係る満期保険金につき、受取人である役員の一時所得の計算に際し、使用者が負担した保険料のうち使用者が保険料として損金に算入していた部分の金額は、一時所得の収入から控除することはできないとされた事例　*528*
- 養老保険契約の保険料の必要経費性について判断した事例　*729*

法 人 税 関 係

■法人税法
　第22条　各事業年度の所得の金額の計算　*887、953*
　第47条　保険金等で取得した固定資産等の圧縮額の損金算入　*973*

第48条　保険差益等に係る特別勘定の金額の損金算入　*1008*

　　第49条　特別勘定を設けた場合の保険金等で取得した固定資産等の圧縮額の損金
　　　　　　算入　*1019*

■法人税法施行令

　　第69条　　　定期同額給与の範囲等　*1057*

　　第84条　　　保険金等の範囲　*982*

　　第84条の2　所有権が移転しないリース取引の範囲　*985*

　　第85条　　　保険金等で取得した代替資産等の圧縮限度額　*987*

　　第86条　　　保険金等で取得した固定資産等についての圧縮記帳に代わる経理方
　　　　　　　　法　*992*

　　第87条の2　保険金等で取得した固定資産等の取得価額　*992*

　　第88条　　　代替資産の取得に係る期限の延長の手続　*1013*

　　第89条　　　保険差益等に係る特別勘定への繰入限度額　*1014*

　　第90条　　　保険差益等に係る特別勘定の金額の取崩し　*1015*

　　第91条　　　特別勘定を設けた場合の保険金等で取得した固定資産等の圧縮限度
　　　　　　　　額　*1020*

　　第91条の2　特別勘定を設けた場合の保険金等で取得した固定資産等の取得価額
　　　　　　　　1022

　　第135条　　確定給付企業年金等の掛金等の損金算入　*951*

■法人税法施行規則

　　第24条の9　保険差益等に係る特別勘定の設定期間延長申請書の記載事項　*1017*

■法人税基本通達

　　2-1-43　損害賠償金等の帰属の時期　*958*

　　2-2-12　債務の確定の判定　*1028*

　　2-2-13　損害賠償金　*960*

　　2-2-14　短期の前払費用　*1036*

　　9-2-9　　債務の免除による利益その他の経済的な利益　*919、1058*

　　9-2-10　給与としない経済的な利益　*920*

　　9-2-11　継続的に供与される経済的利益の意義　*1059*

　　9-2-28　役員に対する退職給与の損金算入の時期　*920*

9-3-4	養老保険に係る保険料	*1048*
9-3-5	定期保険に係る保険料	*1073*
9-3-6	定期付養老保険に係る保険料	*1104*
9-3-6の2	傷害特約等に係る保険料	*1106*
9-3-7	保険契約の転換をした場合	*1211*
9-3-7の2	払済保険へ変更した場合	*1217*
9-3-8	契約者配当	*1160*
9-3-9	長期の損害保険契約に係る支払保険料	*1135*
9-3-10	賃借建物等を保険に付した場合の支払保険料	*1140*
9-3-11	役員又は使用人の建物等を保険に付した場合の支払保険料	*1141*
9-3-12	保険事故の発生による積立保険料の処理	*962、1139*
9-7-16	法人が支出した役員等の損害賠償金	*963*
9-7-18	自動車による人身事故に係る内払の損害賠償金	*965*
9-7-19	社葬費用	*923*
10-1-1	特別勘定の経理	*1018*
10-5-1	保険金等の範囲	*993*
10-5-2	圧縮記帳をする場合の減失損の計上時期	*994*
10-5-3	同一種類かどうかの判定	*996*
10-5-4	代替資産の範囲	*997*
10-5-5	減失等により支出した経費の範囲	*998*
10-5-7	所有固定資産の減失等により支出した経費の見積り	*999*
10-5-8	先行取得した代替資産等についての圧縮額の損金算入	*1004*
13の2-1-2	外貨建取引及び発生時換算法の円換算	*924*

■個別通達

- 家庭計画保険の生存給付金および保険金に対する法人税および所得税の取扱いについて　*928*
- 法人が契約する個人年金保険に係る法人税の取扱いについて　*931、1071*
- 法人が支払う長期平準定期保険等の保険料の取扱いについて　*1094*
- 法人契約の「がん保険（終身保障タイプ）・医療保険（終身保障タイプ）」の保険料の取扱いについて　*1111*

- 法人契約の新成人病保険の保険料の取扱いについて　*1118*
- 団体信用保険に係る課税上の取扱いについて　*1120*
- 会社役員賠償責任保険の保険料の税務上の取扱いについて　*1133*
- ［延長保険に変更した場合］　*1224*

■質疑応答事例
- 解約返戻金のない定期保険の取扱い　*1101*

■事前照会に対する文書回答事例
- 団体信用生命保険がん診断給付金特約に係る課税上の取扱いについて　*1122*
- 団体信用生命保険に係る課税上の取扱いについて　*1125*

■判　例
- 死亡保険金と役員退職金との課税上の関係を判断した事例　*904*

■裁決例
- 役員に支給した入院見舞金のうち損金とされる「相当な額」の範囲を判断した事例　*911*
- 車両の盗難による損失計上時期と盗難保険の保険金の収益計上時期につき判断した事例　*966*
- 養老保険に係る経済的利益の額が給与となるか否かの判定基準である、いわゆる「普遍的加入要件」について判断した事例　*1060*
- 役員退職時の報酬月額が職務内容等からみて著しく低額であるなど、最終報酬月額を基礎とする功績倍率方式による算出退職金額が不合理であるなど特段の事情がある場合には、最終報酬月額を基礎としない「1年当たりの退職給与の額」によって、相当な役員退職金を算定することも認められる、とした事例　*1086*

■参　考

　役員退職慰労金規程（例）*1082*

消　費　税　関　係

■消費税法
　第2条　　　定義
　　　第8号　資産の譲渡等　*1261*

第9号　　課税資産の譲渡等　*1261*
　　　第12号　　課税仕入れ　*1274*
　　第6条　　非課税　*1265*
　　第30条　　仕入れに係る消費税額の控除　*1270*
　　別表第1　*1265*
■消費税法施行令
　　第2条　　資産の譲渡等の範囲　*1264*
　　第9条　　有価証券に類するものの範囲等　*1267*
　　第10条　　利子を対価とする貸付金等　*1268*
　　第48条　　課税売上割合の計算方法　*1270*
■消費税法基本通達
　　5-1-2　　対価を得て行われるの意義　*1263*
　　5-2-4　　保険金、共済金等　*1263*
　　5-5-1　　役務の提供の意義　*1263*
　　6-3-2　　保険代理店報酬等　*1264*
　　6-3-3　　保険料に類する共済掛金の範囲　*1269*
　　6-3-5　　前渡金等の利子　*1264*
　　11-1-3　　課税仕入れの相手方の範囲　*1276*
　　11-2-10　　保険金等による資産の譲受け等　*1276*

租税特別措置法関係

■租税特別措置法
　　第41条の10　　定期積金の給付補てん金等の分離課税等　*657*
■措置法関係通達
　　3-1　　　　　　源泉分離課税の効果　*658*
　　41の10・41の12共-1　　利子所得に係る取扱いの準用　*658*
　　61の4(1)-7　　事業者に金銭等で支出する販売奨励金等の費用　*1081*
　　64(3)-8　　　取壊し等が遅れる場合の圧縮記帳の計算の調整　*1005*
　　64(3)-10　　　取壊し等が遅れる場合の特別勘定の計算　*1005*

65の7(3)-8	譲渡経費の支出が遅れる場合の圧縮記帳等の計算の調整 *1006*	
70-1-5	「相続又は遺贈により取得した財産」の範囲 *207*	
70-3-1	保険金又は退職手当金等 *208*	

国税関係法令に係る行政手続等

■国税関係法令に係る行政手続等における情報通信の技術の利用に関する省令
　第5条　電子情報処理組織による申請等　*852*
■国税庁告示
・　国税関係法令に係る行政手続等における情報通信の技術の利用に関する省令第5条第3項の規定に規定する国税庁長官が定める添付書面等を定める件　*853*
・　国税関係法令に係る行政手続等における情報通信の技術の利用に関する省令第5条第3項の規定に規定する国税庁長官が定める期間を定める件　*854*

その他の法令

■労働基準法
　第9条　定義　*239*
■会社法
　第329条　選任　*240*
　第361条　取締役の報酬等　*926、1350*
■自動車保険搭乗者傷害危険担保特約
　第1条　当会社の支払責任　*316*
　第4条　死亡保険金　*316*
■自動車損害賠償保障法
　第5条　責任保険又は責任共済の契約の締結強制　*316*
■原子力損害の賠償に関する法律
　第8条　原子力損害賠償責任保険契約　*316*
■建物の区分所有等に関する法律

■保険法
　第1条　趣旨　*1328*
　第2条　定義　*1329*
　第8条　第三者のためにする損害保険契約　*1332*
　第18条　損害額の算定　*1332*
　第19条　一部保険　*1333*
　第40条　生命保険契約の締結時の書面交付　*1333*
　第42条　第三者のためにする生命保険契約　*1334*
　第43条　保険金受取人の変更　*1334*
　第44条　遺言による保険金受取人の変更　*1336*
　第45条　保険金受取人の変更についての被保険者の同意　*1338*
　第46条　保険金受取人の死亡　*1338*
　第47条　保険給付請求権の譲渡等についての被保険者の同意　*1343*
　第63条　保険料積立金の払戻し　*1344*
　第95条　消滅時効　*1344*
　第96条　保険者の破産　*1345*
　〈附則〉
　　第1条　施行期日　*1345*
　　第2条　経過措置の原則　*1345*
■保険業法
　第2条　定義　*1345*
　第3条　免許　*1347*
　第185条　免許　*1348*
　第272条　登録　*1349*
■旧簡易生命保険法
　第5条　保険契約　*1351*
　第6条　［簡易生命保険特約］　*1352*
　第15条　定期年金保険　*1352*
　第16条　夫婦年金保険　*1352*

第47条　成立等　*957*

第18条　特約　*1353*
第34条　保険金受取人　*1353*
第55条　無指定の場合の保険金受取人　*1353*

■簡易生命保険法の一部を改正する法律（平2法律50号）附則
第3条　郵便年金法の廃止　*1354*
第5条　用語の意義　*1354*
第7条　郵便年金契約の取扱い　*1355*

■旧郵便年金法
第10条　年金の種類　*1356*
第11条　保証即時年金　*1356*
第12条　保証すえ置年金　*1357*

■小規模企業共済法
第2条　　　定義　*1357*
第7条　　　契約の解除　*1357*
第9条　　　共済金　*1358*
第9条の2　共済金の支給方法　*1358*
第9条の3　共済金の分割支給等　*1358*
第9条の4　［分割支給の共済金の繰上げ一括支給］　*1359*
第12条　　 解約手当金　*1360*
第12条の2　解約手当金の支給方法　*1360*

〈附則〉
第5条　　　旧第2種共済契約に係る小規模企業共済法の適用についての読替規定　*1360*

■地震保険に関する法律
第2条　定義　*1361*

■地震保険に関する法律施行令
第2条　保険金額の限度額　*1362*

■健康保険法
第87条　療養費　*1362*
第99条　傷病手当金　*1363*

第101条　出産育児一時金　*1363*

第102条　出産手当金　*1364*

第115条　高額療養費　*1364*

■恩給法

第2条　［定義］　*1364*

第73条　［扶助料］　*1365*

第74条　［成年の子に対する扶助料］　*1365*

■厚生年金保険法

第41条　受給権の保護及び公課の禁止　*1365*

■国民年金法

第25条　公課の禁止　*1365*

■判　例

・商法676条2項［現行・保険法46条］に規定する相続人の意義、及びその相続人が複数いる場合の各人の保険金取得割合を判断した事例　*1340*

保険約款等

■養老保険普通保険約款（例）

第1条　満期保険金の支払　*1366*

第2条　死亡保険金の支払およびその免責　*1366*

第3条　高度障害保険金の支払およびその免責　*1367*

第5条　支払・払込免除の請求、支払時期、支払場所および支払方法の選択　*1369*

第8条　当会社の給付責任の開始および終了　*1370*

第11条　保険料の払込猶予期間　*1372*

第14条　保険料の自動貸付による継続払込　*1372*

第18条　支払事由の発生による保険契約の消滅　*1373*

第22条　保険契約の失効　*1374*

第23条　保険契約者による保険契約の解約　*1374*

第25条　解約払戻金　*1375*

第26条　失効した保険契約の復活　*1375*

　第27条　契約者配当金の割当　*1376*

　第28条　契約者配当金の支払　*1376*

　第29条　保険契約者の変更　*1378*

　第30条　当会社への通知による保険金受取人の変更　*1379*

　第31条　遺言による保険金受取人の変更　*1380*

　第32条　保険金受取人の死亡　*1381*

　第33条　保険期間・保険料払込期間の短縮　*1381*

　第34条　保険金額の減額　*1382*

　第35条　払済養老保険への変更　*1383*

　第36条　払済定期保険への変更　*1385*

　第37条　払済の保険への変更後の元の保険契約への復旧　*1387*

■給付特約付加に関する特則（例）——普通保険約款の特則

　第1条　この特則の適用　*1388*

　第2条　給付特約の付加等　*1389*

　第7条　給付特約の保険料の払込　*1389*

　第11条　給付特約の解除・無効・取消・失効・消滅　*1390*

　第16条　給付特約にもとづく給付金の受取人の指定および変更　*1391*

■保険料口座振替特則（例）——普通保険約款の特則

　第1条　契約日の取扱　*1393*

　第3条　保険料の払込　*1395*

■団体扱特約（例）——普通保険約款の特約

　第1条　特約の適用範囲　*1395*

　第2条　契約日の取扱　*1395*

　第9条　団体との取りきめによる取扱　*1396*

■集団扱特約（例）——普通保険約款の特約

　第1条　特約の適用範囲　*1397*

　第2条　契約日の取扱　*1397*

　第9条　集団との取りきめによる取扱　*1398*

■契約者配当金特殊支払特則（例）——普通保険約款の特則

第1条　契約者配当金による一時払特殊養老保険の買増　*1399*

　第6条　買増契約の払戻金　*1400*

　第7条　買増契約の契約者配当金　*1400*

■契約転換に関する特約（例）──普通保険約款の特約

　第1条　特約の付加および契約の転換　*1400*

　第2条　転換される旧契約の取扱　*1400*

　第3条　旧契約の契約者配当金の特別取扱　*1402*

■養老保険普通保険約款　定期特約（例）

　第1条　特約死亡保険金の支払　*1403*

　第2条　特約高度障害保険金の支払　*1403*

■養老保険普通保険約款　無配当災害割増特約（例）

　第1条　災害死亡保険金の支払　*1404*

　第2条　災害高度障害保険金の支払　*1406*

■養老保険普通保険約款　無配当傷害特約（例）

　第1条　障害給付金の支払　*1407*

■養老保険普通保険約款　無配当総合医療特約（例）

　第1条　特約の型の選択　*1408*

　第8条　入院給付金の受取人　*1409*

■養老保険普通保険約款　リビング・ニーズ特約（例）

　第1条　特約保険金の支払　*1409*

■年金支払特約（例）──普通保険約款の特約

　第1条　特約の締結　*1412*

　第2条　年金基金の設定　*1413*

　第4条　年金受取人　*1415*

　第6条　年金の種類　*1415*

　第7条　年金の型　*1415*

　第8条　年金の支払　*1416*

　第9条　年金受取人の死亡　*1416*

　第10条　年金の分割払　*1418*

　第11条　年金の一時支払　*1419*

第20条　当会社への通知による年金受取人・死亡時未支払年金受取人の変更　*1419*

第21条　遺言による死亡時未支払年金受取人の変更　*1421*

第22条　死亡時未支払年金受取人の死亡　*1421*

■無配当年満期定期保険（無解約払戻金型）普通保険約款（例）

第1条　死亡保険金の支払およびその免責　*1423*

第2条　高度障害保険金の支払およびその免責　*1423*

第4条　支払・払込免除の請求、支払時期、支払場所および支払方法の選択　*1423*

第7条　当会社の給付責任の開始および終了　*1423*

第8条　保険料の払込方法〈回数〉および払込期月　*1425*

第9条　保険料の払込方法〈経路〉　*1427*

第12条　保険料の前納　*1428*

第22条　解約払戻金　*1430*

第25条　契約者配当金　*1430*

第31条　死亡保険金額の減額　*1430*

■個人年金保険普通保険約款（例）

第1条　年金の種類　*1432*

第2条　年金の型　*1433*

第3条　年金の支払　*1433*

第4条　年金の分割払　*1435*

第5条　年金の一時支払　*1436*

第6条　年金証書の交付　*1437*

第7条　年金開始日前の死亡給付金の支払およびその免責　*1437*

第22条　被保険者の死亡等による保険契約の消滅　*1438*

第27条　保険契約者による契約の解約　*1438*

第31条　契約者配当金の割当　*1439*

第32条　契約者配当金の支払　*1440*

第33条　増加年金契約の取扱　*1443*

第34条　年金開始による保険契約の承継　*1444*

第35条　保険契約者の変更　*1444*

第36条　当会社への通知による年金受取人・死亡給付金受取人・死亡時未支払年金受取人の変更　*1445*

第37条　遺言による死亡給付金受取人・年金受取人・死亡時未支払年金受取人の変更　*1446*

第38条　年金受取人・死亡給付金受取人・死亡時未支払年金受取人の死亡　*1448*

■著 者

山口　昇（やまぐち のぼる）

　昭和18年　北海道生まれ
　昭和42年　中央大学卒業
　昭和44年　税理士登録
　昭和47年　税理士事務所開設　以後平成19年12月まで所長
　平成20年　上甲会計事務所顧問就任　現在に至る

〔著書〕『消費税の試算・対策マニュアル』（第一法規）
　　　　『消費税の計算・申告マニュアル』（第一法規）
　　　　『相続税の物納・延納』（第一法規）
　　　　『借地権の評価と課税の実務』（TKC出版）　※「第15回飯塚毅賞」受賞

生命保険・損害保険をめぐる評価と課税の実務
2011年11月15日　第1版第1刷　　　　　　　　定価（本体6,500円＋税）

　　　　　　　　　　　著　者　　山　口　　昇
　　　　　　　　　　　発行者　　石　岡　正　行
　　　　　　　　　　　発行所　　株式会社TKC出版
　　　　　　　　　　　〒102-0074　東京都千代田区九段南4-8-8
　　　　　　　　　　　日本YWCA会館4F　TEL(03)3239-0068
　　　　　　　　　　　装　丁　　株式会社キャデック

©Noboru Yamaguchi 2011　Printed in Japan
落丁本・乱丁本はお取り替えいたします。
ISBN978-4-905467-01-4